Über den Herausgeber

Dieter Lenzen, geb. 1947 in Münster (Westf.), studierte Erziehungswissenschaft, Philosophie, Deutsche, Englische und Niederländische Philologie an der Westfälischen Wilhelms-Universität Münster, M. A. 1970, Dr. phil. 1973, 1973 bis 1975 Bildungsforschung für das Kultusministerium des Landes Nordrhein-Westfalen, 1975 bis 1977 Professor an der Westfälischen Wilhelms-Universität Münster, seit 1977 ordentlicher Professor für Erziehungswissenschaft (Philosophie der Erziehung) an der Freien Universität Berlin. Gründungsmitglied des Forschungszentrums für Historische Anthropologie, Berlin. Seit 1994 Vorsitzender der Deutschen Gesellschaft für Erziehungswissenschaft (DGfE).

Wichtigste Veröffentlichungen:
Didaktik und Kommunikation, Frankfurt/M. 1973; Die Struktur der Erziehung und des Unterrichts, Frankfurt/M. 1975; Thema: Sprache, 6 Bde., Frankfurt/M. 1977 ff (gemeinsam mit D. Wunderlich); Abitur-Normen gefährden die Schule, München 1977 (gemeinsam mit A. Flitner); Pädagogik und Alltag, Stuttgart 1980; Herausgeber der «Enzyklopädie Erziehungswissenschaft», 12 Bde., Stuttgart 1983 ff; Mythologie der Kindheit, Reinbek 1985; Mitautor von G. Gebauer u. a.: Historische Anthropologie, Reinbek 1989; Vaterschaft. Vom Patriarchat zur Alimentation, Reinbek 1991; Krankheit als Erfindung, Frankfurt/M. 1991; Herausgeber von «Erziehungswissenschaft. Ein Grundkurs», Reinbek 1994. – Zahlreiche Beiträge für Fachzeitschriften und Rundfunkanstalten.

Über den Leiter der Arbeitsstelle erziehungswissenschaftliche Nachschlagewerke

Friedrich Rost, geb. 1949 in Jugenheim/Bergstraße, 1968 bis 1970 Ausbildung zum Verlagsbuchhändler beim S. Fischer Verlag, Frankfurt/M.; Studium der Erziehungswissenschaft, Soziologie und Psychologie an der Pädagogischen Hochschule Berlin; Dipl.-Päd. 1977; 1977 bis 1981 wissenschaftlicher Mitarbeiter des Deutschen Zentralinstituts für soziale Fragen (DZI), Berlin; 1981 bis 1988 wissenschaftlicher Mitarbeiter an der Freien Universität Berlin; seit 1989 Akademischer Rat und Leiter der Service-Einrichtung «Information und Datenverarbeitung» am Fachbereich 12 der Freien Universität Berlin; Dr. phil. 1993.

Hinweise auf die Autoren mit der Angabe der vom jeweiligen Autor verfaßten Artikel finden sich ab Seite 1645 im 2. Band dieses Werks.

Dieter Lenzen (Herausgeber)
unter Mitarbeit von Friedrich Rost

Pädagogische Grundbegriffe

2 Jugend – Zeugnis

rororo

rowohlts enzyklopädie

rowohlts enzyklopädie

Herausgegeben von Burghard König

4. Auflage
15.–16. Tausend Februar 1997

Redaktion im Verlag Wolfgang Müller
Veröffentlicht im Rowohlt Taschenbuch Verlag GmbH,
Reinbek bei Hamburg, Mai 1989
Mit freundlicher Genehmigung der Verlagsgemeinschaft
Ernst Klett Verlag – J. G. Cotta'sche Buchhandlung, Stuttgart

Umschlaggestaltung Jens Kreitmeyer
Satz Times (Linotron 202)
Gesamtherstellung Clausen & Bosse, Leck
Printed in Germany
2990-ISBN 3 499 55488 7

Benutzungshinweise

Informationssuche

Wenn man sich einen Überblick über den gesamten Bestand der Artikel dieses Nachschlagewerks verschaffen will, zieht man das Stichwortverzeichnis auf S. 11ff heran. Die Artikel sind innerhalb dieses Nachschlagewerks alphabetisch angeordnet. Zwischen den einzelnen Lexikonartikeln sind sogenannte Blankverweise eingearbeitet, die auf die Titel der Artikel hinweisen, in denen eine Information zu dem gesuchten Schlagwort enthalten ist. Bei diesen Blankverweisen handelt es sich also um Stichworte, für die kein eigener Artikel existiert, die aber innerhalb eines anderen Artikels behandelt werden. Innerhalb der einzelnen Artikel verweisen Pfeile auf andere Beiträge dieses Nachschlagewerks, in denen weiterführende Informationen zu finden sind.

Alphabetische Anordnung

Die Ansetzung der Artikeltitel erfolgte jeweils im Singular; Adjektive sind nachgestellt (Antiautoritäre Erziehung → Erziehung, antiautoritäre), weitere Eingrenzungen des Stichworts ebenfalls (Pädagogik, Geisteswissenschaftliche [historisch]). Bei der alphabetischen Einordnung sind I und J getrennt aufgeführt; Umlaute bleiben unberücksichtigt (ä=a, ö=o, ü=u). Letztere Regeln gelten auch für die Literaturverzeichnisse sowie für das Abkürzungsverzeichnis der zitierten Zeitschriften und das Autorenverzeichnis.

Literaturverzeichnisse

Jedem Artikel ist ein Literaturverzeichnis beigegeben, das die zitierte und weiterführende Literatur nennt. Die in Versalien und Kapitälchen gedruckten Namen im Text (zum Beispiel: MEYER 1983, S. 24ff) verweisen auf das Literaturverzeichnis. Die Literaturangaben sind nach denselben Alphabetregeln sortiert wie die Stichwörter, wobei allein verfaßte oder herausgegebene Publikationen vor solchen mit Ko-Autoren oder Mitherausgebern stehen. Danach ist das Erscheinungsjahr der vom Verfasser des Beitrags verwendeten Ausgabe weiteres Sortierkriterium, wobei die zeitlich jüngste Ausgabe die letztgenannte ist. Publikationen ohne Verfasser- oder Herausgeberangaben werden nach dem Sachtitel eingeordnet.

Gesetze von Bund und Ländern sind in der Regel nicht gesondert in den Literaturverzeichnissen ausgewiesen. Sie werden bei Inkrafttreten im Bundesgesetzblatt beziehungsweise im Gesetz- und Verordnungsblatt des betreffenden Bundeslandes veröffentlicht und sind dort oder im «Verzeichnis Amtlicher Druckschriften» der Deutschen Bibliographie zu finden.

Beschlüsse der Ständigen Konferenz der Kultusminister der Länder in der Bundesrepublik Deutschland (KMK) sind in der «Sammlung der Beschlüsse der Ständigen Konferenz der Kultusminister der Länder in der Bundesrepublik Deutschland» (Loseblattsammlung Neuwied/Darmstadt 1963ff) auffindbar.

Abkürzungen
Auf Abkürzungen in den Texten wurde weitgehend verzichtet; lediglich in Zitaten oder bei im Text eingeführten Abkürzungen wird von dieser Regel abgewichen. In den Literaturverzeichnissen sind einige Angaben der bibliographischen Beschreibung abgekürzt, aus Umfangsgründen vor allem die *Zeitschriftentitel*. Um gleichlautende Abkürzungen für verschiedene Zeitschriften auszuschließen, wurde ein an der DIN-Norm 1502 für Zeitschriftenabkürzungen orientiertes System entwickelt, das die Rekonstruktion des vollständigen Zeitschriftentitels in der Regel mühelos ermöglicht. Dabei konnten sonst übliche und schon eingeführte Abkürzungen für Zeitschriften nicht übernommen werden. Die Groß- und Kleinschreibung in den Abkürzungen folgt den Titeln der Zeitschriften. Alle Zeitschriftenabkürzungen sind im Abkürzungsverzeichnis der zitierten Zeitschriften (S. 14ff) nachzuschlagen.

Abkürzungsverzeichnis der zitierten Zeitschriften

Allg. Stat. Arch.	– Allgemeines Statistisches Archiv
Am. Psychologist	– American Psychologist
Am. Sociol. Rev.	– American Sociological Review
Ann. Rev. of Sociol.	– Annual Revue of Sociology
a. pol. u. zeitgesch.	– aus politik und zeitgeschichte
Arch. f. Gesch. d. Phil.	– Archiv für Geschichte der Philosophie
Arch. f. R.- u. Sozialphil.	– Archiv für Rechts- und Sozialphilosophie
Ästh. u. Komm.	– Ästhetik und Kommunikation
Auslki. in S. u. Kigart.	– Ausländerkinder in Schule und Kindergarten
beitr. z. fem. th. u. prax.	– beiträge zur feministischen theorie und praxis
betr. e.	– betrifft: erziehung
B. u. E.	– Bildung und Erziehung
Bull. de Psych.	– Bulletin de Psychologie
Bull. Int. des Sc. Soc.	– Bulletin International des Sciences Sociales
Cahiers de Phil.	– Cahiers de Philosophie
Cahiers Int. de Sociol.	– Cahiers Internationaux de Sociologie
Cent. Eur. Hist.	– Central European History
Cogn. Psych.	– Cognitive Psychology
Comp. E.	– Comparative Education
Comp. E. Rev.	– Comparative Education Revue
Cont. Psych.	– Contemporary Psychology
Curr. konkret	– Curriculum konkret
D. Arg.	– Das Argument
D. Dt. Ber.- u. Fachs.	– Die Deutsche Berufs- und Fachschule
D. Dt. S.	– Die Deutsche Schule
D. E.	– Die Erziehung
Dem. E.	– Demokratische Erziehung
d. ev. erz.	– der evangelische erzieher
Dev. Psych.	– Developmental Psychology
D. Grunds.	– Die Grundschule
D. Samml.	– Die Sammlung
Dt. Philologenblatt	– Deutsches Philologenblatt

E. and Psych. Measurem.	– Educational and Psychological Measurement
Engl.-Am. Stud.	– Englisch-Amerikanische Studien
E. Rev.	– Educational Revue
e. tech.	– educational technology
Ev. Theol.	– Evangelische Theologie
Frankf. Hefte	– Frankfurter Hefte
Freie Wohlfpfl.	– Freie Wohlfahrtspflege
Geist. Beh.	– Geistige Behinderung
Gesch. u. Gesellsch.	– Geschichte und Gesellschaft
Gl. u. Lern.	– Glauben und Lernen
Grupdyn.	– Gruppendynamik
Harv. E. Rev.	– Harvard Educational Revue
Health E. J.	– Health Educational Journal
Hochsausb.	– Hochschulausbildung
Infodienst. z. Auslarb.	– Informationsdienst zur Ausländerarbeit
Int. Z. f. Ew.	– Internationale Zeitschrift für Erziehungswissenschaft
IPTS-Schr.	– IPTS-Schriften (Landesinstitut Schleswig-Holstein für Praxis und Theorie der Schule)
J. of E. Psych.	– Journal of Educational Psychology
J. of Exp. Soc. Psych.	– Journal of Experimental Social Psychology
J. of Int. and Comp. E.	– Journal of International and Comparative Education
J. of Verbal Learn. and Verbal Beh.	– Journal of Verbal Learning and Verbal Behavior
Jugschutz.	– Jugendschutz
Jugwohl.	– Jugendwohl
Kant-Stud.	– Kant-Studien
Köln. Vjhefte. f. Soziol.	– Kölner Vierteljahreshefte für Soziologie
Köln. Z. f. Soziol. u. Sozpsych.	– Kölner Zeitschrift für Soziologie und Sozialpsychologie
Krit. Justiz	– Kritische Justiz
Kunst u. U.	– Kunst und Unterricht
Leb. S.	– Lebendige Schule
Ling. u. Did.	– Linguistik und Didaktik

Lit. in W. u. U.	– Literatur in Wissenschaft und Unterricht
Mat.- u. Nachrdienst. d. Gewerksch. E. u. W.	– Material- und Nachrichtendienst der Gewerkschaft Erziehung und Wissenschaft (GEW)
medien + e.	– medien + erziehung
Med., Mensch, Gesellsch.	– Medizin, Mensch, Gesellschaft
Mitt. d. GVT	– Mitteilungen der Deutschen Gesellschaft für Verhaltenstherapie (DGVT)
Monogr. of the Society f. Res. in Ch. Dev.	– Monographs of the Society for Research in Child Development
Natw. im U.	– Naturwissenschaften im Unterricht
n. hefte f. phil.	– neue hefte für philosophie
N. Prax.	– Neue Praxis
N. Rsch.	– Neue Rundschau
N. Samml.	– Neue Sammlung
ökopäd	– ökopäd. Zeitschrift für Ökologie und Pädagogik
P.	– Pädagogik (Berlin, DDR)
päd. extra	– päd.extra
Phen. + Ped.	– Phenomenology + Pedagogy
Phil. Rsch.	– Philosophische Rundschau
Prakt. Sexualmed.	– Praktische Sexualmedizin
Progr. Lern., Utech. u. Ufo.	– Programmiertes Lernen, Unterrichtstechnologie und Unterrichtsforschung
P. Rsch.	– Pädagogische Rundschau
Psychanal.	– Psychanalyse
Psych. Bull.	– Psychological Bulletin
psych. heute	– psychologie heute
Psychiat.	– Psychiatry
Psych. Monogr.	– Psychological Monographs
Psych. Rev.	– Psychological Revue
Psych. Rsch.	– Psychologische Rundschau
Psych. u. Gesellschkrit.	– Psychologie und Gesellschaftskritik
Pub. Op. Quart.	– Public Opinion Quarterly
P. Welt	– Pädagogische Welt
R. d. Jug. u. d. Bwes.	– Recht der Jugend und des Bildungswesens
Rev. Franç. de Psychanal.	– Revue Française de Psychanalyse
Rev. of E. Res.	– Revue of Educational Research

Sachu. u. Math. in d. Grunds.	– Sachunterricht und Mathematik in der Grundschule
Scandin. J. of Psych.	– Scandinavian Journal of Psychology
Schweiz. S.	– Schweizer Schule
Sexualmed.	– Sexualmedizin
Sexualp.	– Sexualpädagogik
Sexualp. u. Fampl.	– Sexualpädagogik und Familienplanung
Sociol.	– Sociology
Sociol. of. E.	– Sociology of Education
Soc. Pol.	– Social Policy
Sonderpäd.	– Sonderpädagogik
SO – S.- u. Uorganisat.	– SO – Schul- und Unterrichtsorganisation
Sowjetw. – Gesellschw. Beitr.	– Sowjetwissenschaft. – Gesellschaftswissenschaftliche Beiträge
Soz. Arb.	– Soziale Arbeit
Soz. Prax.	– Soziale Praxis
Soz. Welt	– Soziale Welt
srep.	– schulreport
S. rev.	– School review
Student. Pol.	– Studentische Politik
Stud. Gen.	– Studium Generale
Stud. in E. Eval.	– Studies in Educational Evaluation
Stud. Ling.	– Studium Linguistik
S. u. Psych.	– Schule und Psychologie
Tech. E.	– Technische Erziehung
Textilarb. u. U.	– Textilarbeit und Unterricht
The Am. J. of Sociol.	– The American Journal of Sociology
The Brit. J. of Sociol.	– The British Journal of Sociology
The Bull. of the Atomic Sct.	– The Bulletin of the Atomic Scientists
The J. of E. Psych.	– The Journal of Educational Psychology
The J. of Soc. Psychol.	– The Journal of Social Psychology
Thema ‹Curr.›	– Thema ‹Curriculum›
The Quart. J. of Ec.	– The Quarterly Journal of Economics
The Sociol. Quart.	– The Sociology Quarterly
Uw.	– Unterrichtswissenschaft
Vergl. P.	– Vergleichende Pädagogik
Vjs. f. Soz.- u. Wirtschgesch.	– Vierteljahresschrift für Sozial- und Wirtschaftsgeschichte
Vjs. f. w. P.	– Vierteljahresschrift für wissenschaftliche Pädagogik

Welt d. Ki.	–	Welt des Kindes
Westerm. P. Beitr.	–	Westermanns Pädagogische Beiträge
Wirtsch. u. Ber.-E.	–	Wirtschaft und Berufs-Erziehung
Wirtsch. u. Stat.	–	Wirtschaft und Statistik
W. Z. d. Humboldt-Univ., Gesellsch.- u. Sprw. Reihe	–	Wissenschaftliche Zeitschrift der Humboldt-Universität, Gesellschafts- und Sprachwissenschaftliche Reihe
Z. d. Sächs. Stat. Ldamt.	–	Zeitschrift des Sächsischen Statistischen Landesamtes
Z. f. angew. Psych.	–	Zeitschrift für angewandte Psychologie
Z. f. Ber.- und Wirtschp.	–	Zeitschrift für Berufs- und Wirtschaftspädagogik
Z. f. betriebswirtsch. Fo.	–	Zeitschrift für betriebswirtschaftliche Forschung
Z. f. Did. d. Phil.	–	Zeitschrift für Didaktik der Philosophie
Z. f. Emp. P.	–	Zeitschrift für Empirische Pädagogik
Z. f. Entwp.	–	Zeitschrift für Entwicklungspädagogik
Z. f. Entwpsych. u. P. Psych.	–	Zeitschrift für Entwicklungspsychologie und Pädagogische Psychologie
Z. f. ew. Fo.	–	Zeitschrift für erziehungswissenschaftliche Forschung
Z. f. exp. u. angew. Psych.	–	Zeitschrift für experimentelle und angewandte Psychologie
Z. f. gemeindl. Sverw.	–	Zeitschrift für gemeindliche Schulverwaltung
Z. f. Heilp.	–	Zeitschrift für Heilpädagogik
Z. f. Kath. B.	–	Zeitschrift für Katholische Bildung
Z. f. P.	–	Zeitschrift für Pädagogik
Z. f. phil. Fo.	–	Zeitschrift für philosophische Forschung
Z. f. P. Psych.	–	Zeitschrift für Pädagogische Psychologie
Z. f. p. Psych., exp. P. u. jugku. Fo.	–	Zeitschrift für pädagogische Psychologie, experimentelle Pädagogik und jugendkundliche Forschung
Z. f. Psych.	–	Zeitschrift für Psychologie
Z. f. Sozialisatfo. u. Esoziol.	–	Zeitschrift für Sozialisationsforschung und Erziehungssoziologie
Z. f. Soziol.	–	Zeitschrift für Soziologie
Z. f. Sozpsych.	–	Zeitschrift für Sozialpsychologie
Z. f. Wirtsch.- u. Sozw.	–	Zeitschrift für Wirtschafts- und Sozialwissenschaften
Z. f. Wth.	–	Zeitschrift für Wissenschaftstheorie

J

Jugend

Begriff. «Jugend» umfaßt eine Fülle umgangssprachlicher Assoziationen, wird selten definiert und in sehr unterschiedlichem Sinne verwendet. (Gemeint sein kann: eine Alterskohorte; eine ontogenetische Entwicklungsphase; eine soziale Gruppe mit bestimmten auffälligen Merkmalen; eine im Rückblick häufig emotional betrachtete Phase des eigenen →Lebenslaufs; die dynamische Komponente des Menschseins, altersunabhängig verstanden als «Jugendlichkeit».) Meist wird mit «Jugend» eine bestimmte Altersphase bezeichnet (mit unscharfen Rändern, heute in der Regel von 13 bis zirka 25 Jahren); dabei ist das chronologisch gemessene Lebensalter – obgleich gerade dies zu einer Ausdifferenzierung der Altersphase «Jugend» geführt hat – unscharf, so daß eher von einer «Relativität des Jugendbegriffs» gesprochen werden muß (Ferchhoff 1985, S. 46). So wird etwa ein 35jähriger als Inhaber einer Führungsposition der Wirtschaft als «junger Unternehmer» bezeichnet, während der gleichaltrige Funktionär einer Jugendorganisation als «Berufsjugendlicher» abqualifiziert wird. Das in Jahren gemessene Lebensalter zur Kennzeichnung von «Jugend» ist ebenso vage und unbestimmt wie die Verwendung von Altersnormen im Rechtssystem. Erste Stufen der Religionsmündigkeit sind beispielsweise schon mit 10 beziehungsweise 12 Jahren erreicht; mit 13 Jahren beginnt die Strafmündigkeit, die Strafbarkeit nach dem Jugendstrafrecht; mit 16 Jahren die Ehemündigkeit, mit 18 Jahren die unbeschränkte Geschäftsfähigkeit sowie die volle Ehefähigkeit, Ende des Jugendarbeitsschutzes, Beginn der Wehrpflicht für Männer, aktives und passives Wahlrecht zum Bundestag, Fahrerlaubnis aufgrund des Führerscheins der Klassen 1 und 3, Filmmündigkeit; mit 21 Jahren ist die volle Strafmündigkeit erreicht, mit 25 Jahren das Ende des Rechts auf Jugend-Bildungsurlaub in Berlin, Bremen und Hessen; mit 27 Jahren endet das Recht auf Ausbildungszuschüsse der Eltern, mit 35 Jahren endet die Mitgliedschaft in Jugendorganisationen von politischen Parteien, während das Ende der Mitgliedschaft in Organisationen der «jungen Unternehmer» erst mit 40 Jahren erreicht ist (vgl. Clausen 1976, S. 16ff). Aus diesem Grunde sind die Kennzeichen von «Jugend» relativ vage und allgemein gehalten. Es handelt sich um eine Zwischenstellung zwischen → Kindheit und Erwachsenenalter mit der Aufgabe, eine stabile Persönlichkeitsstruktur und eine verläßliche Ich-Identität (vgl. ERIKSON 1974) zu gewinnen (vgl. OERTER 1982, S. 242). Die Einheit des Zeitraums kann dann darin gesehen werden, daß durch den Einbruch der Pubertät (physiologisch-biologische Veränderungen zur Geschlechtsreife hin, Ausbildung sekundärer Geschlechtsmerkmale, Auftreten der ersten Menstruation bei Mädchen, der ersten Ejakulation/Pollution bei Knaben, begleitet durch einen puberalen Wachstumsschub) die selbstverständliche Welthinnahme des Kindesalters abgeschlossen wird und eine neue Einheit aus physisch-psychischen Erfahrungen entsteht, die zur wachsend bewußten Entwicklung einer Ich-Identität führen, die die Abgrenzung von anderen Personen erlaubt und dadurch die Aufnahme von selbstgewählten Beziehungen auf breiterer Basis ermöglicht. Beginn und Ende der Pubertät variieren historisch und kulturell. In der Industriegesellschaft beginnt sie heute zwischen dem 12./13. und endet etwa mit dem 18./20. Lebensjahr, bei Mädchen eher als bei Jungen (vgl. BAACKE 1989, S. 20ff). Die erheblichen Differenzierungen, die heute notwendig sind, machen «Jugend» zu einem nur ungefähren Sammelbegriff. Daneben wird der Begriff «Adoleszenz» benutzt, vor allem in eher wissenschaftlichen und vor allem entwicklungspsychologisch und psychoanalytisch orientierten Schriften.

Die Bestimmung von «Jugend» als *Übergangszeit* macht sie leicht zu einer gesellschaftlichen Randgruppe, wenngleich die «Geschichte der Jugend» (vgl. GILLIS 1980) sehr schnell deutlich macht, daß das Verhältnis der Altersgruppen und Generationen sich seit dem Beginn der Moderne (18. Jahrhundert) immer wieder verändert hat, wobei Ausdehnung, Struktur und Autonomie der historischen Jugendphasen sich im einzelnen sehr verschieden darstellen.

Während «Jugend» eine zeitlich bestimmte Phase meint, sind «Jugendliche» diejenigen, die in ihr leben. Der Vorläufer des neuzeitlichen Jugendlichen ist der «Jüngling» des 18. Jahrhunderts (vgl. HORNSTEIN 1965, 1966; vgl. MUCHOW 1962). ROTH bestreitet in seiner begriffsgeschichtlichen Arbeit «Die Erfindung des Jugendlichen» (1983), daß es einen Übergang vom «Jüngling» zum «Jugendlichen» gab. Weder habe es eine einheitliche Gestalt des Jünglings gegeben (die Leipziger, die Göttinger und die Jünglinge des Sturm und Drang seien Vertreter sehr unterschiedlicher Lebensstile – von der Anakreontik über den Freundschaftsbund bis zum einzelgängerischen «Originalgenie» – gewesen), noch seien die neuen «Jugendlichen» aus den Jünglingen hervorgegangen. Jünglinge waren «immer die Wenigen» (ROTH 1983, S. 136); Bauernburschen, Gesellen, Soldaten und später die jungen Arbeiter seien damit nie gemeint gewesen. Diese fänden sich eher in den Quellen zur Vorgeschichte des «Jugendlichen» (Gedanken und Berichte von Erziehern, Rettungshauspädagogen, Fürsorgern und Wohlfahrtspflegern). Auch das damit entstehende Jugendkonzept sah die Heranwachsenden als Gefährdete: «Der Jugendliche war in der Rettungshausbewegung vorgeprägt worden: er war der Verwahrloste, Gottlose, Kriminelle, der Korrektionsbedürftige!» (ROTH 1982, S. 137) Mit der Bezeichnung «Jugendlicher» hat sich ein obrigkeitsstaatliches Kontrolldenken gegenüber einer bestimmten Altersgruppe durchgesetzt. Der Begriff gelangt aus der Gefangenenfürsorge, Jugendfürsorge, Jugendpflege und Sozialarbeit in allgemeine Verwendung – bis zur Aufhebung des Jugendlichen durch die «Staatsjugend» des Nationalsozialismus. Nach 1945 knüpfte man in Westdeutschland an den Begriff «Jugendlicher» an in der Meinung, eine wertfreie Bezeichnung zu haben, was – wie gezeigt – historisch fragwürdig ist. Dennoch hat sich inzwischen die Rede von den «Jugendlichen» allgemein durchgesetzt.

Entwicklungskonzepte. Die Jugend gilt wie die Kindheit als formbare Phase, in der über die zukünftigen Chancen des Heranwachsenden entschieden wird. Dementsprechend ist die Tradition und Zahl entwicklungspsychologisch orientierter Beiträge. In der Regel wird die Entwicklung des Menschen dabei von ihrem Ziel her verstanden, dem «Erwachsensein». Der junge Mensch wird gesehen «als sich entfaltendes Ganzes, Seelisches und Geistiges» (BUSEMANN 1965, S. 3). Solche und ähnliche Vorstellungen waren weit verbreitet (vgl. PETZELT 1951). Sie gingen von einer grundsätzlichen Harmonie zwischen Gesellschaft, →Kultur und psychischer Entwicklung aus und waren bestrebt, auf anthropologischer Grundlage das «Wesen des Menschen» herauszuarbeiten. Seine «Bestimmung» liegt in der optimalen Entfaltung der in ihm angelegten Begabungspotentiale. Solchen Entwicklungsbildern waren normative Vorstellungen inhärent. Eine Verlängerung der Jugendphase wurde über die Lernaufgabe begründet, einer zunehmend komplexen Gesellschaft Herr zu werden. BUSEMANNS weit verbreitetes Werk beispielsweise (1965, S. 464) schließt mit den Sätzen: «Je höhere psychische, besonders intellektuelle Ansprüche die geschichtlich gegebene Lage an die Erwachsenen stellt, desto länger muß die Jugend ausgedehnt werden. Eine in der Artanlage vorgegebene Länge der Jugend war einmal Voraussetzung und Anlaß für die ersten Schritte der Menschheit zur Kultur, eine fortgesetzte Verlängerung der Jugend ist, ganz sinngemäß, Voraussetzung einer weiteren Steigerung der technischen Zivilisation».

Heute sind Entwicklungskonzepte entschieden differenzierter und weniger normativ. Die mehr globalen Annahmen über die Zielbestimmung des Menschen, die aber in der →Pädagogik äußerst wirksam waren, sind zwar nicht in ihren humanistischen Intentionen, aber doch in entscheidenden Einzelheiten inzwischen variiert, kritisiert und verfeinert worden. Wesentliche Beiträge leisteten dazu die Theorien der Persönlichkeitsentwicklung, wie sie von Freud, Piaget, Kohlberg, Erikson und anderen vorgelegt wurden. Mit Hilfe dieser und anderer Autoren gelang es nicht nur, Jugend differenzierter darzustellen und vielen Behauptungen eine empirische Grundlage zu geben; es liegen nun auch Theorien vor, die den Zusammenhang von «Reifung» und →«Entwicklung», kognitivem, emotionalem, physisch-motorischem und moralischem Wachstum, von psychischer Struktur, sozialen Beziehungen und historisch-gesellschaftlichen Bestimmungsfaktoren angemessener einzuschätzen erlauben. Während die Arbeiten Freuds hier die Bedeutung *kindlicher Sozialisationserfahrungen* ausarbeiteten (beispielsweise in der Analyse von oraler und analer Phase oder der Darstellung von Formen frühkindlicher Sexualität) und damit die *Affektstruktur* des Menschen untersuchten, heben die Arbeiten Piagets und Kohlbergs (über Sprache, Denken, Weltbild und Moral, erwachender →Intelligenz und Aufbau der Wirklichkeit beim Kind, zur Entwicklung im Schulalter – Zahl und Mengenbegriff, räumliches Denken, Geometrie – bis zu übergreifenden Analysen der geistigen Entwicklung insgesamt) eher auf die *kognitive* Dimension menschlicher Entwicklung ab.

Besondere Aufmerksamkeit finden seit den 70er Jahren die Arbeiten Eriksons. Dessen psychoanalytisch-klinische Erfahrungen führten ihn zu einem heuristischen Konzept acht kritischer Phasen der menschlichen Entwicklung. Bemerkenswert daran ist, daß das *gesamte menschliche Leben* umfaßt wird und damit die Entwicklung des Jugendlichen nicht isoliert betrachtet wird. Der Entwicklungsverlauf geht über die Ablösung unterschiedlicher Krisenpunkte, wobei psychische Binnenstruktur und soziale Erfahrungen aufeinander bezogen werden (vgl. Erikson 1966). Ein zentraler Drehpunkt im Schema ist die fünfte Stufe der Entwicklung, als «psychosexuelle Phase» der Pubertät zugeordnet. Hier geht es um die Gewinnung der psychosozialen →*Identität*, die nach Erikson (vgl. 1977) drei Aspekte umfaßt: das Verhältnis von persönlicher Kohärenz und Rollenintegration; von eigenen Leitbildern und gesellschaftlichen Leitideologien; von persönlicher Lebensgeschichte und historischem Augenblick. Wesentlich ist, daß Erikson auch das *Mißlingen* der Identitätsgewinnung ins Auge faßt und daher von einer *«Identitätskrise»* spricht. Persönliche Erfahrungen und gesellschaftlicher Rahmen entsprechen sich dabei nicht mehr wie bei Busemann in prästabilisierter Harmonie: «Daher ist es so wichtig, die in der Adoleszenz eintretende Identitätskrise zu studieren, denn sie ist das Lebensstadium, da der Organismus sich auf dem Gipfel seiner Vitalität und Kraft befindet; der Heranwachsende muß weitere Perspektiven und intensivere Erfahrungen integrieren; und die Gesellschaftsordnung muß ihren neu hinzukommenden Mitgliedern eine erneuerte Identität bieten, um ihre kollektive Identität zu behaupten – oder zu erneuern» (ERIKSON 1977, S. 47). Er billigt dem Jugendlichen ein «Moratorium» zu, einen Zeitraum also, in dem Probehandeln gilt, Möglichkeiten der Identität durchgespielt, → Rollen ergriffen, aber auch wieder aufgegeben werden können. Erikson übersieht hier freilich, daß solche «Moratorien» nur selten freiwillig gewählt werden können. Häufig sind sie Folge sozialer Institutionalisierung (verlängerte Schulverweildauer) oder sie besitzen Zwangscharakter (zum Beispiel bei jugendlicher Arbeitslosigkeit). Dennoch erschließt Eriksons Konzept die Deutung menschlichen Lebens unter dem Gesichtspunkt *differentieller Expansion*, weist damit nicht nur auf den Zusammenhang von Kindheit und Jugend, sondern auch auf die Dynamik des Erwachsenenalters hin. Erst (immer noch fehlende) Längsschnittuntersuchungen können allerdings zeigen, inwieweit der Drehpunkt «Ich-Identität» (= zentrale Entwicklungsaufgabe der Adoleszenz) richtig postiert ist und welche grundlegenden Lernvorgänge ihr vorangehen oder noch folgen – mit dem möglichen Ergebnis einer Umstrukturierung der Identität auch noch im Erwachsenenalter.

Jugend-Typologien und Differenzierungen. In eher sozialwissenschaftlicher, heute soziologisch bestimmter Hinsicht hat man immer wieder versucht, eine einheitliche *Gestalt* oder ein einheitliches *Problem* von «Jugend» insgesamt ausfindig zu machen. Nicht mehr nachhaltig wirksam sind systematisch-*anthropologisch* ausgerichtete Typologien, wie etwa die Wert-Typologie von SPRANGER (vgl. 1924). Dieser unterscheidet sechs Wertbezirke und ordnet jedem einen primär auf ihn bezogenen Menschentyp zu: den Intellektuellen, den Ökonomischen, den Ästhetischen, den Sozialen, den Politischen und den Religiösen. In diesen Typen spiegelt sich nach Spranger die zeitlos gegebene «objektive Kultur». Solche normativen Kulturtheorien in der Entwicklungsbestimmung von «Jugend» werden heute kaum noch vertreten. Dennoch wird immer wieder versucht, *generationstypische* Tendenzen anzugeben: SCHELSKY schrieb 1957 von der «skeptischen Generation» und meinte damit die Nachkriegsjugend, die aufgrund nationalsozialistischer Erfahrungen Staat und Gesellschaft eher nüchtern gegenüberstand; Graf BLÜCHER sprach 1966 von der «Generation der Unbefangenen». Zwei Jahre später wurde Jugend aufgrund der Schüler- und Studentenrevolte des Jahres 1968 als *politische Bewegung* interpretiert. *Jugendproteste,* Jugendarbeitslosigkeit und andere Jugend*probleme* (→ Drogen, Alkoholmißbrauch, Fanatismus beim Fußball und im Bereich der Popmusik) führen bis heute immer wieder zu auch medienwirksam werdenden Etikettierungen («no future generation», «verunsicherte Generation», «Schicki-Micki-Generation» ...). Eine «inflationäre Übersteigerung der Wahrnehmung von Abweichendem» (ALLERBECK/HOAG 1985, S. 46) führt zu einer «Exotisierung» der Jugend (WIRTH 1984, S. 87). Jugend erscheint als das nichtnormale, als permanentes Problem.

Inzwischen setzt sich die Einsicht durch, daß ein derart einheitliches Jugendbild nicht der entschieden differenzierteren Realität entspricht. Man sollte vielleicht eher von «Jugend im Plural» sprechen (PÖGGELER 1982, S. 389). Klassen- oder schichtspezifische Einteilungen (Arbeiterjugend, Landarbeiterjugend, bürgerliche Jugend, bäuerliche Jugend ...); Einteilungen nach dem jeweiligen Bildungs- und Sozialstatus (Sonderschule, Hauptschule, Realschule, Fachoberschule, Gymnasialjugend; Auszubildende; Studenten, Zivildienstleistende, Bundeswehrangehörige ...); siedlungstypologische Einteilungen (ländliche Jugend; Jugend der Klein- und Mittelstädte; großstädtische Jugend; Jugend in Ballungsgebieten oder Randzonen ...); Organisationsformen der Jugend (Vereins- und Verbandsjugend); jugendkulturelle Merkmale (Punker, Popper, Rocker, Teds, Skinheads, Fan-Gruppen ...); Einteilungen der Jugend nach der Aneignung unterschiedlicher Sozialräume (Straße, Park, Klub, Kneipe, Bank, Schulhof, Freizeitheim): Es gibt eine Fülle von Differenzierungen, die die Lebenslage der Jugend jeweils nur sehr abstrakt als einheitlich zu beschreiben erlauben (vgl. FERCHHOFF 1985, S. 66ff).

Entwicklungsaufgaben. Einigkeit besteht in der Gewichtung von «Jugend» als intensiver Lernphase. Freizeit, →Familie, Peer-Gruppen, Jugendarbeit, Medien und Betriebe sind unterschiedliche Lernfelder, die Jugendlichen weitreichende Erfahrungen und Handlungsräume (zum Teil sehr unterschiedlicher Art) vermitteln (vgl. HORNSTEIN u. a. 1975). Dabei steht der Entwicklungsdynamik des Jugendlichen eine Reihe gesellschaftlich definierter *Entwicklungsaufgaben* gegenüber. Nach HAVIGHURST (vgl. 1972) gehören dazu: Akzeptieren der eigenen körperlichen Erscheinung und effektive Nutzung des →Körpers/Erwerb der männlichen beziehungsweise weiblichen Rolle/Erwerb neuer und reiferer Beziehungen zu Altersgenossen beiderlei Geschlechts/Gewinnung emotionaler Unabhängigkeit von den Eltern und anderen Erwachsenen/Vorbereitung auf eine berufliche Karriere/Vorbereitung auf Heirat und Familienleben/Gewinnung eines sozial verantwortungsvollen Verhaltens/Aufbau eines Wertsystems und eines ethischen Bewußtseins als Richtschnur für eigenes Verhalten. Eine integrierte Bewältigung dieser Aufgaben führt zu dem zentralen Lernziel «Identität» in der Jugendphase. Freilich muß ein solcher Katalog immer neu überprüft und reformuliert werden. Die Formulierung der Entwicklungsaufgaben muß die Entwicklungsstufe und die Bedürfnisse der Jugendlichen berücksichtigen, aber auch die gesellschaftlichen Erwartungen und Anforderungen, die an Jugendliche gestellt werden. Individuelle →Autonomie und gesellschaftlicher Anspruch verbinden sich heute in den den Jugendlichen gestellten Entwicklungsaufgaben nur schwer. Eine *pädagogische* Diskussion wird daher ihr Konzept von Entwicklungsaufgaben nicht in erster Linie an den sogenannten gesellschaftlichen Anforderungen (formuliert von Parteien, staatlichen Institutionen und anderen) orientieren, sondern an einer verstehenden Analyse jugendlicher Interessenlagen und Entwicklungschancen (vgl. BAACKE 1986, S. 84ff).

Standardisierung versus Entstrukturierung. Die zeitliche Differenzierung von Lebensläufen (heutzutage: häusliches Milieu/Kindergarten/Einschulung/Übergang in eine weiterführende Schulform/Übergang in eine Berufsausbildung/Eintritt in den Beruf/Heirat und Familiengründung ...) hat zu einer Standardisierung der Lebensläufe und zur Herausbildung von «Normalbiographien» geführt (LEVY 1977), die durchschnittliche Abläufe und Einteilungen in heutigen vergesellschafteten Lebensformen auf bestimmte Erwartbarkeit hin konturieren. Die Verzeitlichung von Lebensläufen hat inzwischen zu recht genauen Einteilungen geführt, etwa bei den Schulklassen, die jahrgangsweise getrennt werden. Was ein Jugendlicher zu erwarten und zu erreichen hat, wird durch relativ genaue Zeitwerte heute recht präzise eingegrenzt. Dennoch ist es keineswegs so, daß für Jugendliche heute geschlossene Lebenswelten zur Verfügung stehen – wie etwa in der vormodernen, ständischen Gesellschaft, die für jeden Heranwachsenden kalkulierbare Aspirationsniveaus bereithielt. Die Ausdifferenzierung vieler Handlungs- und Erlebniszonen in der modernen Gesellschaft hat vielmehr, gegenläufig zur Standardisierung, zu einer wachsenden *Entstrukturierung* der Jugendphase geführt (vgl. OLK 1986). Einerseits haben sich die der «Jugend» zugeschriebenen Lebensformen zeitlich ausgedehnt. Vergleichsuntersuchungen von Jugendgenerationen (16- bis 18jährige aus den Jahren 1962 und 1983; vgl. ALLERBECK/HOAG 1985) zeigen, daß der Anteil von Schülern von 19,8% auf 59% angestiegen, der Anteil der Auszubildenden jedoch von 38% auf 32% und der Anteil der jugendlichen Erwerbstätigen von 39,7% auf 4,6% gesunken ist. Die Studie «Jugendliche und Erwachsene '85» des JUGENDWERKS DER DEUTSCHEN SHELL (vgl. 1985) zeigt, daß im Jahr 1984 befragte Jugendliche im Gegensatz zu Erwachsenen, die in den 50er Jahren jung waren, ihre Schulzeit nicht nur erheblich später abgeschlossen haben, sondern auch die zeitliche Streubreite bis zum Erreichen dieses Lebenseinschnitts (Abschluß der Schulausbildung) zunimmt. Die Verweildauer im Bildungssystem hat sich erheblich erhöht (vor allem für *Mädchen*); gleichzeitig wird die früher fast ‹automatische› Abfolge von Schulabschluß und Berufsausbildung/Berufseintritt heute durch fehlende Arbeitsplätze, durch Jugendarbeitslosigkeit unterbrochen, so daß tendenziell eine *Abkopplung* von Ausbildung und Berufstätigkeit zu konstatieren ist. Dies führt zum

Phänomen der sogenannten *Postadoleszenz*: Junge Menschen zwischen 20 und 35 Jahren sind politisch, kulturell und sozial selbständig, ohne über eigenständige Ressourcen zur Lebenssicherung zu verfügen. Insofern dehnt sich die Jugendphase Ende der 80er Jahre aus. Welche Änderungen eintreten werden, wenn die Zahl der Jugendlichen erheblich abnimmt (in den 90er Jahren dieses Jahrhunderts zu erwarten), ist noch nicht vorauszusehen. Dennoch wird auch zukünftig gelten, daß Jugendliche im Bereich von Sexualität, Mediennutzung und allgemeinem Konsum eigene Lebensstile entwickeln, ohne daß diese Selbständigkeit durch frühe Autonomie im Erwerbsleben unterstützt wird. Im Gegenteil: Der sogenannte *Werte-Wandel* (vgl. BAACKE 1981) zeigt, daß Jugendliche zunehmend dazu tendieren, zwar Arbeit und Erwerbsleben als wichtigen Bezugspunkt zu betrachten, aber die damit traditionell verbundenen Orientierungen wie: Erfolg, Prestige, materieller Reichtum nicht ohne weiteres nach vorne setzen. Wichtig sind heute vielmehr: sinnvolle Tätigkeit, gute kollegiale Beziehungen, Erhalt der Umwelt und des Friedens. Nimmt man hinzu, daß Jugendliche heute sich zunehmend in altersgleichen Peer-Gruppen zusammenfinden und eigene, jugendkulturell ausgeprägte Lebensstile entwickeln (vgl. BAACKE 1987), dabei zugleich «neue Widersprüche» (BAACKE/HEITMEYER 1985) auftreten (vor allem für Mädchen: sie sollen sich als selbständige Akteure im Berufsleben verhalten und haben doch keine hinreichenden Freiräume, dies auch zu tun), ergibt sich als Fazit eine komplizierte Mischung von Einflußfaktoren, die «Jugend» immer weniger als einheitlich strukturierte Lebensphase erfahrbar machen.

Die Vielzahl der skizzierten Entwicklungen wirft eine Vielzahl pädagogischer Fragen auf. Wenn «Jugend» heute früher beginnt und die «Kindlichkeit» des Kindes (→Kindheit) frühzeitig in Frage gestellt ist, ist eine pädagogisierende Ausdehnung behütender Maßnahmen problematisch: «Wir sollten die Kinder erwachsen sein lassen, ihnen die Verantwortung dafür so früh wie möglich übertragen und ihnen bei den daraus resultierenden Schwierigkeiten unsere Hilfe anbieten» (GIESECKE 1985, S. 122). An die Stelle pädagogischer Kontrolle und Einvernahme sollte zukünftig wohl eher ein *solidarisches Verhältnis der Generationen* treten, die ihre unterschiedlichen Kompetenzen in die Bewältigung der gesellschaftlichen Entwicklungsprobleme einbringen.

ALLERBECK, K./HOAG, W.: Jugend ohne Zukunft? Einstellungen, Umwelt, Lebensperspektiven, München/Zürich 1985. BAACKE, D.: Jugend heute: Der leise Widerstand. In: Lebens-Wandel. Die Veränderung des Alltags, Weinheim/Basel 1981, S. 22ff. BAACKE, D.: Pädagogische Jugendforschung – Eine Disziplin mit offenen Rändern. In: Heitmeyer, W. (Hg.): Interdisziplinäre Jugendforschung, Weinheim/München 1986, S. 77ff. BAACKE, D.: Jugend und Jugendkulturen, Weinheim/München 1987. BAACKE, D.: Die 13- bis 18jährigen. Einführung in Probleme des Jugendalters,

Weinheim/Basel [4]1989. BAACKE, D./HEITMEYER, W. (Hg.): Neue Widersprüche, Weinheim/München 1985. BLÜCHER, V.: Die Generation der Unbefangenen, Düsseldorf/Köln 1966. BUSEMANN, A.: Kindheit und Reifezeit. Die menschliche Jugend in Entwicklung und Aufbau, Frankfurt/M. 1965. CLAUSEN, L.: Jugendsoziologie, Stuttgart 1976. ERIKSON, E. H.: Identität und Lebenszyklus, Frankfurt/M. 1966. ERIKSON, E. H.: Jugend und Krise, Stuttgart 1974. ERIKSON, E. H.: Lebensgeschichte und historischer Augenblick, Frankfurt/M. 1977. FERCHHOFF, W.: Zur Pluralisierung und Differenzierung von Lebenszusammenhängen bei Jugendlichen. In: Baacke, D./Heitmeyer, W. (Hg.): Neue Widersprüche, Weinheim/München 1985, S. 46ff. GIESECKE, H.: Das Ende der Erziehung, Stuttgart 1985. GILLIS, J. R.: Geschichte der Jugend, Weinheim/Basel 1980. HAVIGHURST, R. J.: Developmental Task and Education, New York [3]1972. HORNSTEIN, W.: Vom «jungen Herrn» zum «hoffnungsvollen Jüngling». Wandlungen des Jugendlebens im 18. Jahrhundert, Heidelberg 1965. HORNSTEIN, W.: Jugend in ihrer Zeit. Geschichte und Lebensformen des jungen Menschen in der europäischen Welt, Hamburg 1966. HORNSTEIN, W. u. a.: Lernen im Jugendalter. Ergebnisse, Fragestellungen und Probleme sozialwissenschaftlicher Forschung, Stuttgart 1975. JUGENDWERK DER DEUTSCHEN SHELL (Hg.): Jugendliche und Erwachsene '85. Generationen im Vergleich, 5Bde., Hamburg 1985. KOHLI, M.: Lebenslauftheoretische Ansätze in der Sozialisationsforschung. In: Hurrelmann, K./Ulich, D. (Hg.): Handbuch der Sozialisationsforschung, Weinheim/Basel 1980, S. 299ff. LEVY, R.: Der Lebenslauf als Statusbiographie, Stuttgart 1977. MUCHOW, H. H.: Jugend und Zeitgeist. Morphologie der Kulturpubertät, Reinbek 1962. OERTER, R.: Jugendalter. In: Oerter, R./Montada, L.: Entwicklungspsychologie, München/Wien/Baltimore 1982, S. 242ff. OERTER, R./MONTADA, L.: Entwicklungspsychologie, München/Wien/Baltimore 1982. OLK, TH.: Jugend und Gesellschaft. Entwurf für einen Perspektivenwechsel in der sozialwissenschaftlichen Jugendforschung. In: Heitmeyer, W. (Hg.): Interdisziplinäre Jugendforschung, Weinheim/München 1986, S. 41ff. PETZELT, A.: Kindheit, Jugend, Reifezeit, Frankfurt/M. 1951. PÖGGELER, F.: Auf der Suche nach der «normalen» Jugend. Neue Thesen zur Jugendforschung. In: Jugwohl. 63 (1982), S. 384ff. ROTH, L.: Die Erfindung des Jugendlichen, München 1983. SCHELSKY, H.: Die skeptische Generation, Düsseldorf/Köln 1957. SPRANGER, E.: Psychologie des Jugendalters, Leipzig 1924. WIRTH, H.-H.: Die Schärfung der Sinne. Jugendproteste als persönliche und kulturelle Chance, Frankfurt/M. 1984.

Dieter Baacke

Jugend, Bündische → Jugendbewegung

Jugend, Freideutsche → Jugendbewegung

Jugendamt → Heimerziehung

Jugendarbeit → Pädagogik, Geisteswissenschaftliche (systematisch)

Jugendarbeit, gruppenpädagogische → Gruppendynamik – Gruppenpädagogik

Jugendberatung → Beratung

Jugendbewegung

Begriff. «Unsere Stärke ist unsere Programmlosigkeit» – so lautete eine der obersten Maximen der deutschen Jugendbewegung im ersten Drittel des 20. Jahrhunderts. Sie stellt den Historiker vor schwierige Fragen: Läßt sich diese unüberschaubare Vielfalt unterschiedlichster Aktivitäten exzentrischer Einzelgänger, charismatischer Führer und Erneuerer und buntscheckiger Gruppierungen von jugendlichen und erwachsenen Wandergefährten, Abstinenzlern, Vegetariern, Schulreformern, Antifeministen, Bodenreformern, Nudisten, Naturschützern, Päderasten, Volkslied- und Volkstanzfreunden, Bibelforschern, Künstlern, Pfadfindern, Völkischen, Antisemiten, Zionisten, Pazifisten, Sozialisten, Militaristen überhaupt als ein identisches geschichtliches Phänomen abgrenzen und legitimerweise unter den Begriff «Jugendbewegung» subsumieren? Auf welche Quellen kann sich der Historiker dabei stützen, wenn von den Zeitgenossen dieser Bewegung behauptet wird: «[...] das Einigende lag eben nicht in aussprechbaren Sätzen, sondern in einem Grundgefühl, das sich in der verbindenden Haltung, in dem ‹neuen Lebensstil› dem Wissenden offenbarte»? (WENIGER 1963, S. 527)

Die Ungeklärtheit dieser methodischen Grundfragen dürfte die Hauptursache dafür sein, daß die *historischen* Urteile über die Jugendbewegung trotz umfangreicher neuer Forschungsarbeiten noch immer erheblich differieren. Das gilt vor allem für das seit 1945 im Zentrum der Diskussion stehende Verhältnis von Jugendbewegung und Nationalsozialismus. Hier reicht das Spektrum der Urteile von dem Vorwurf, die Jugendbewegung sei die eigentliche Keimzelle und Vorschule für den Faschismus gewesen, bis zu der Behauptung, daß die Widerstandsbewegungen gegen das «Dritte Reich» zum großen Teil ihr Verdienst gewesen seien und daß die Nationalsozialisten lediglich einige ihrer äußeren Formen übernommen hätten.

Weit größere Einhelligkeit besteht hingegen in der Beurteilung der *pädagogischen* Bedeutung der Jugendbewegung, sowohl, was ihre eigene Entwicklung, als auch, was ihre Auswirkungen auf die Theorie und Praxis von →Erziehung und →Unterricht betrifft. So wird kaum bezweifelt, daß «alles, was in den 20er Jahren an pädagogischen Reformen unternommen worden ist, von einem Personenkreis getragen wurde, der aus der Jugendbewegung hervorgegangen oder mindestens von ihr berührt worden ist» (W. FLITNER 1968, S. 16).

Geschichte. Hervorgegangen ist die Jugendbewegung aus einer kleinen Gruppe Steglitzer Gymnasiasten, die um 1895 auf Initiative des Studenten Hoffmann und ab 1899 unter der Führung des 19jährigen «Oberbachanten» K. Fischer nach dem Vorbild der fahrenden Scholaren des

Mittelalters Wanderfahrten in die Umgebung von Berlin unternahm. Dieser «Urwandervogel» gründete 1901 unter dem rechtlichen Schutz einiger Erwachsener den Verein «Wandervogel, Ausschuß für Schülerfahrten». Verbindende Elemente seiner zumeist aus der Mittelschicht stammenden jugendlichen Mitglieder waren zunächst nur ein durch die Kulturkritik des ausgehenden 19. Jahrhunderts beeinflußtes Unbehagen an den bürgerlich-großstädtischen Lebensverhältnissen und die romantische Begeisterung für die gemeinsame «zünftige Fahrt» in eigener «Kluft», mit Gewaltmärschen durch möglichst urwüchsige Landschaften, einfachster Lebensweise und Übernachtungen in Scheunen oder unter freiem Himmel. Abspaltungen, Neugründungen und Zusammenschlüsse sowie eine verstärkte Unterstützung der Bewegung durch namhafte Persönlichkeiten wie Diederichs, Gurlitt, Natorp, Sohnrey, Wyneken führten im ersten Jahrzehnt des 20. Jahrhunderts zu einer Ausbreitung der Wandervogelidee auf ganz Deutschland, Österreich und die Schweiz sowie auf neue Bevölkerungskreise (Studenten, Mädchen, ansatzweise auch Lehrlinge und jugendliche Arbeiter). Im Zuge dieser Expansion und verstärkten organisatorischen Konsolidierung wurde das ursprüngliche Interessengebiet des Fahrtenwesens überschritten. Es kristallisierten sich in Anknüpfung an Traditionen des Sturm und Drang, der Frühromantik und der frühen Burschenschaften spezifische Gesellungsformen (wie «Nestabende», Landheimaufenthalte, überregionale Jugendlager mit Volksmusik, Volkstanz, Laienspielen, Sonnwendfeuern) und eigene «jugendgemäße» Lebensideale heraus (Natur-, Heimat-, Volksverbundenheit, Askese, Wahrhaftigkeit, Echtheit, Gemeinschaftsgeist, Führertum, Freundschaft, Gesundheit, Freiheit und Einheit von →Körper, Seele, Geist), die mehr und mehr auch eine theoretische Fundierung erfuhren und damit den Charakter einer eigenen Weltanschauung annahmen. In den allerorten aus dem Boden schießenden «jugendbewegten» Verbandspostillen wurden nicht mehr nur Fahrtenberichte, Wandertips, Gedichte und wiederentdeckte Volkslieder abgedruckt, sondern auch philosophische, kultur- und gesellschaftskritische Abhandlungen, die einer «schöpferischen Erneuerung des Menschen an Haupt und Gliedern» das Wort redeten und sich davon grundlegende →Reformen in allen Lebensbereichen erhofften. Über die Ziele solcher Reformen war man sich jedoch keineswegs einig, und Probleme ihrer politischen Durchsetzbarkeit spielten kaum eine Rolle; man begnügte sich damit, die propagierten Lebensideale im persönlichen Wirkungskreis treulich zu realisieren, und war von der Hoffnung erfüllt, dadurch zum Vorreiter einer «neuen Zeit» und zum Repräsentanten eines «verjüngten Menschentums» zu werden.

Ihren Höhepunkt erreichte diese Phase der Jugendbewegung im Oktober 1913 beim Treffen auf dem Hohen Meißner, wo sich die unterschiedlichen Gruppen vereinigten, um fernab von den bierselig-patriotischen Festlichkeiten der Erwachsenen das hundertjährige Jubiläum der Völkerschlacht von Leipzig zu feiern und sich zum Dachverband «Freideutsche Jugend» zusammenzuschließen. Die theoretischen Kontroversen dieser Tage standen vor allem im Zeichen der konkurrierenden Auffassungen Wynekens einerseits, der die Jugend zu einem verstärkten gesellschaftlichen und politischen Engagement im Geiste seiner Utopie der «Jugendkultur» aufforderte (vgl. Wyneken 1919), und Natorps andererseits, der den pädagogischen Sinn und die kulturelle Aufgabe der Jugendbewegung vor allem in ihrer «reinen Absichtslosigkeit» und gesellschaftlich-politischen Zweckfreiheit als Voraussetzungen für echte «Selbstverantwortlichkeit» erblickte (vgl. Natorp 1914). Nach äußerst langwierigen Diskussionen einigte man sich schließlich auf die berühmte «Meißner-Formel»: «Die Freideutsche Jugend will aus eigener Bestimmung, vor eigener Verantwortung, mit innerer Wahrhaftigkeit ihr Leben gestalten. Für diese innere Freiheit tritt sie unter allen Umständen geschlossen ein.» Viele von denen, die sich feierlich zu dieser Formel bekannt hatten, waren bereits ein gutes Jahr danach als begeisterte Freiwillige mit «jugendbewegten» Liedern auf den Lippen auf den Schlachtfeldern des Ersten Weltkrieges gefallen. Andere schlossen sich im Laufe des Krieges zum «Feldwandervogel» zusammen.

Sowohl die durch den Krieg hervorgerufene Ernüchterung und Enttäuschung unter den mittlerweile erwachsenen Wandervögeln als auch die veränderten politischen Verhältnisse der Weimarer Republik führten zu einer realistischen Wende innerhalb der Jugendbewegung und leiteten die sogenannte «Bündische Phase» ein. Sie zeichnet sich im Unterschied zur «Wandervogelzeit» vor allem durch eine verstärkte Institutionalisierung und gesellschaftliche Integration sowie durch eine zunehmend politische und weltanschauliche Orientierung und Polarisierung aus. Die Ideen und Lebensformen der Jugendbewegung, die aus antizivilisatorischen Affekten und Kritik an der →Lebenswelt der Erwachsenen entstanden waren, fanden in der Weimarer Zeit mehr und mehr öffentliche Anerkennung und teilweise sogar staatliche Unterstützung (etwa in der Bildungsreform, der staatlichen Jugendarbeit, der Jugendmusikbewegung, im Jugendherbergswesen). Dadurch war der ursprüngliche Impetus der Bewegung verlorengegangen, und ihre Anhänger gerieten in den Sog der öffentlichen politischen und ideologischen Auseinandersetzungen der jungen Republik. Außerdem zwangen die demokratischen Staatsverhältnisse alle Parteien und Interessengruppen verstärkt dazu, sich um die Gefolgschaft der jungen Generation zu bemühen. Es gab kaum eine Interessengruppe im Staat, die nicht mit mehr oder weniger großem Erfolg versuchte, die Wasser der Jugendbewegung auf ihre Mühlen zu leiten. Nur wenigen *Bünden* gelang es, eine autonome und neutrale Stellung gegenüber dem Staat und den sich bekämpfenden parteipolitischen und weltanschaulichen Richtungen zu bewahren und das zweckfreie Erbe der Wandervogelzeit weiterzuentwickeln.

Mit diesem Selbstverständnis- und Funktionswandel ging ein Wandel der Binnenstruktur und des Lebensstils der meisten Bünde einher (Straffung und Hierarchisierung der Organisationsformen, Uniformierung der Fahrtenkluft, Ritualisierung des Fahrtenstils und der Gesellungsformen vor allem in Anlehnung an das expandierende Pfadfindertum). Die «Treue zur eigenen Fahne» des Bundes wurde dadurch jedoch keineswegs geschwächt, und die mehrfachen Einigungsversuche während der 20er Jahre schlugen weitgehend fehl. Auch der «Gleichschaltung» durch die Nationalsozialisten gelang es nicht, die «Bündische Jugend» geschlossen in die neue «Staatsjugend» überzuführen. Nur einige «völkische» Gruppen liefen 1933 zur Hitlerjugend über. Die anderen wurden entweder sofort verboten oder spätestens durch das «Reichsjugendgesetz» von 1936 liquidiert. Ihre Anhänger gingen teils ins Exil, teils in die innere Emigration, teils schlossen sie sich zu Widerstandsgruppen zusammen.

Pädagogische Bedeutung und Problematik. Am eindeutigsten läßt sich die pädagogische Bedeutung der Jugendbewegung an ihren praktischen Auswirkungen auf dem Gebiet des Bildungswesens ablesen. Die von Anfang an vorherrschende Skepsis gegenüber der «Tyrannei der traditionellen Lehrer- und Stoffschule» (vgl. GURLITT 1905) führte im Laufe ihrer Entwicklung nicht nur zu einer unüberschaubaren Flut schulkritischer und -programmatischer Schriften, sondern auch zu einer Fülle von Gegen- und Reformschulgründungen (→Alternativschule; →Reformpädagogik), von denen einige noch heute existieren (Landerziehungsheime, Waldorfschulen, Odenwaldschule). Auch die vor allem unter dem Einfluß der Arbeitsschulbewegung und Kunsterziehungsbewegung besonders in den 20er Jahren durchgeführten inneren und äußeren Reformen der Staatsschule waren sowohl sachlich als auch personell eng mit der Jugendbewegung verflochten. Nicht zuletzt sind von ihr vielfältige Impulse im Bereich der →Erwachsenenbildung, der Lehrerbildung und der →Sozialpädagogik ausgegangen. Gemeinsamer Angelpunkt dieser vielfältigen Reformbestrebungen war das durch die Erfahrung des gemeinschaftlichen Fahrtenlebens gestärkte →Bewußtsein einer natürlichen Eigenwertigkeit des Jugendalters. Die →Jugend wurde nicht länger als Anhängsel der ebenfalls in dieser Zeit wiederentdeckten →Kindheit oder lediglich als Vorstufe des Erwachsenendaseins verstanden, sondern ihr wurden eigene positive Qualitäten und Potenzen zugesprochen (wie zum Beispiel Natürlichkeit, →Spontaneität, Schönheit, Innovationsbereitschaft). Das Spektrum der daraus gezogenen pädagogischen Folgerungen reichte von radikalen Selbsterziehungskonzeptionen («Jugend muß von Jugend geführt werden») – zumeist im Zusammenhang mit Utopien von einem künftigen «Jugendreich» oder einer autonomen «Jugendkultur» – über eher reformpädagogische Ansätze der Vermittlung zwischen der «erneuernden Jugendkraft» und der durch die Erwachsenenwelt repräsentierten Kulturtradition bis hin zu Positionen, in denen die Rücksicht auf die «jugendliche Eigenart» nur noch als Mittel zur effektiveren Durchsetzung ideologischer Zielvorstellungen fungierte nach dem Motto: «Wer die Jugend hat, hat die Zukunft.»

Unbestreitbar hat die «Entdeckung» der Eigenart des Jugendalters durch die Jugendbewegung wertvolle Beiträge für die pädagogische Theorie und Praxis geleistet. Ob dies auch für jene theoretischen Ansätze gilt, die dem Typus «Jugend» per se positive Qualitäten und Potenzen für eine Erneuerung der Menschheit und Reform der Gesellschaft beizumessen versuchten, erscheint hingegen pädagogisch fragwürdig. Denn der ihnen zugrundeliegende Jugendmythos ist nicht nur – wie die Geschichte lehrt – höchst anfällig für Ideologien und «Bewegungen», die sich als Inkarnationen und Vorkämpfer jener jugendlichen Qualitäten und Potenzen verstehen und unter deren Herrschaft Erziehung und Unterricht zur bloßen →Indoktrination und Schulung degenerieren, sondern er verleitet auch dazu, die pädagogische Fragestellung auf das Generationenverhältnis zu reduzieren. Der pädagogische Problemhorizont verengt sich dann auf die Dialektik von «Führen oder Wachsenlassen», «Fremd- oder Selbsterziehung», «Lehrer- oder Schülerinteressen». Dabei gerät die für die Pädagogik möglicherweise konstitutive, generationenübergreifende, das heißt für →Erzieher und Zöglinge gleichermaßen verbindliche und sie verbindende Aufgabe leicht aus dem Blickfeld, durch besonnenes Nachdenken, rückhaltloses Befragen und Bedenken des bisher Gedachten und Getanen zum sokratischen Wissen um das Nichtwissen zu gelangen.

Ob auch durch die «Entdeckung» der sozioökonomischen und politischen Dimensionen der →Bildung im Zuge der «Jugendbewegung» der 60er Jahre neben den vielfältigen pädagogischen und sozialen Errungenschaften ähnliche Verengungen der pädagogischen Fragestellung eingetreten sind, wird erst die Geschichte erweisen.

Flitner, W.: Ideengeschichtliche Einführung in die Dokumentation der Jugendbewegung. In: Kindt, W. (Hg.): Dokumentationen..., Bd. 2, Düsseldorf/Köln 1968, S. 10ff. Gurlitt, L.: Der Deutsche und seine Schule, Berlin 1905. Kindt, W. (Hg.): Dokumentation der Jugendbewegung, 3 Bde., Düsseldorf/Köln 1963/1968/1974. Natorp, P.: Hoffnungen und Gefahren unserer Jugendbewegung, Jena 1914. Weniger, E.: Die Jugendbewegung und ihre kulturelle Auswirkung (1928). In: Kindt, W. (Hg.): Dokumentation..., Bd. 1, Düsseldorf/Köln 1963, S. 525ff. Wyneken, G.: Der Kampf für die Jugend, Jena 1919.

Walter Müller

Jugenddelinquenz → Kinder-/Jugendkriminalität

Jugendforschung

Phänomene und Probleme des Jugendalters haben von jeher die Aufmerksamkeit der Öffentlichkeit auf sich gezogen, wobei von der Antike bis ins 19. Jahrhundert hinein das philosophische und theologisch-pädagogische Interesse an der menschlichen Entwicklung und Generationenfolge dominierte. Als der eigentliche Wegbereiter einer *wissenschaftlichen* Beschäftigung mit der → Jugend kann die gegen Ende des 19. Jahrhunderts einsetzende, reformpädagogisch motivierte Kinderforschung angesehen werden (vgl. PREYER 1882). Einen weiteren Anstoß zur Entstehung der Jugendforschung gab die Verbreitung empirischer Verfahren im Gefolge des Positivismus. Neben dieser wissenschaftlichen Wurzel gilt es das *zeitgeschichtliche* Ursprungsmotiv der → Jugendbewegung zu Beginn des 20. Jahrhunderts zu beachten.

Den ersten umfassenden Beitrag zu einer spezifischen Jugendforschung auf empirischer Grundlage hat der Amerikaner HALL (1919) vorgelegt. Mit dieser Arbeit setzt nach HORNSTEIN (vgl. 1976, S. 241) die zweite, vorwiegend psychologisch ausgerichtete Periode der Jugendforschung ein. Das seinerzeit wachsende Interesse an Fragen der Jugendentwicklung weist zurück auf Rousseau, dem wir in erster Linie die Behandlung der Jugendphase als einer Altersstufe mit eigenen Bedürfnissen verdanken (vgl. RASSEM 1975, S. 100). In Weiterführung der Darwinschen Evolutionstheorie bezieht sich Halls Zentralthese auf die biogenetische Determinierung der psychischen Entwicklung im Jugendalter, die sich mehr oder minder abgeschwächt in zahlreichen Reifungs- und Phasentypologien der Folgezeit niedergeschlagen hat (vgl. BÜHLER 1922, GESELL 1958).

Eine andere, kulturphilosophisch-phänomenologisch geprägte Richtung dieser Periode (1900–1933) wird repräsentiert durch SPRANGERS «Psychologie des Jugendalters» (1924), die bis 1963 27 Auflagen erlebte. In dieser geisteswissenschaftlichen Theorie («verstehenden Strukturpsychologie») wird die Persönlichkeitsentwicklung des Jugendlichen als Vorgang einer geistigen Krise und Reifung auf dem Wege einer Auseinandersetzung mit der objektiven Kultur aufgefaßt. Nach Spranger ist die dominierende Wertrichtung («Lebensform») des Individuums für dessen Persönlichkeitswerdung entscheidend.

In dieser Zeit entstehen bereits erste empirische Einzeluntersuchungen zum Lebensschicksal der *proletarischen* Jugend (vgl. BONDY 1922), die sozialpädagogischen und soziologisch-politischen Intentionen verpflichet sind. In diesem Zusammenhang muß Bernfeld erwähnt werden, der schon 1917 die Gründung eines eigenen Instituts für Jugendkunde anregte, das psychologische (vor allem psychoanalytische) und soziologische Sichtweisen und Befunde zusammenführen sollte. Dieser Plan geht zurück auf MEUMANN (vgl. 1912), der als erster Aufgabenfeld und Fragestellung sowie methodologisch-wissenschaftstheoretische Grundlagen dieses Forschungszweiges zu umreißen und zu klären versucht hat. Sein Hauptinteresse ging dahin, der Pädagogik in Gestalt der Jugendforschung einen tragfähigen empirischen Unterbau zu verschaffen. Obwohl seine konkreten Jugenduntersuchungen nur geringen Ertrag brachten, ebnete Meumann dem positivistisch-pragmatischen Forschungsansatz den Weg (vgl. SCHÄFER 1974, S. 27). Durch den Einfluß von Bernfeld und Lazarsfeld dominierte diese Forschungsrichtung in der Folgezeit insbesondere in Österreich (vgl. ROSENMAYR 1976). An Sprangers «klassische[m] Werk des Jugendverständnisses» (A. FLITNER 1963, S. 22) wurde von dieser empirischen Forschungsrichtung vor allem die eingeschränkte Gültigkeit der Auslegung des normativen Zeitgeistes kritisiert. So empfahl LAZARSFELD (1931, S. 31), «aus Daten über politische und sportliche Betätigung, über Berufswahl und Lektüre [...] das Hineinwachsen der Jugend in die Gebilde des ‹objektiven Geistes› wirklich nachzukonstruieren». Auch für BERNFELD (vgl. 1927) war die Stellung der Jugend in der Gesellschaft im wesentlichen ein sozialwissenschaftliches Problem der Eingliederung. Mit diesem soziologischen Theorem – einschließlich desjenigen der schichtspezifisch verkürzten und daher benachteiligten Kulturpubertät – hat er schon zu seiner Zeit Kernpunkte der Jugendforschung unserer Tage vorweggenommen.

Die auf Hall zurückgehenden Ansätze psychophysischer Determination, denen zufolge das Hauptcharakteristikum der Jugendzeit ihr «Sturm und Drang» ist, zogen schon sehr früh die Kritik der Kulturanthropologen und Soziologen auf sich (vgl. MEAD 1949). Vergleichende ethnologische Feldforschungen ergaben, daß die vermeintlich naturwüchsigen Pubertätskrisen eben nicht endogen-reifungsbedingt sind, sondern vielmehr aus den bestimmten gesellschaftlichen Bedingungen resultieren, unter denen sich der Übergang in die Erwachsenenwelt vollzieht. Diese Kritik mußte sich auch die psychoanalytische Entwicklungstheorie gefallen lassen, denn sie geht ebenfalls davon aus, daß die Stadien psychosexueller Entwicklung phylogenetisch determiniert sind, wie etwa in der These von der Universalität des Ödipuskomplexes. Das Jugendalter ist nach psychoanalytischer Auffassung gekennzeichnet durch das Wiedererwachen sexueller Aktivität im geschlechtsreifen Individuum nach einer längeren, auf die ödipale Krise folgenden Phase sexueller Verdrängung und Sublimation, der Latenzzeit. Mit der psychosexuellen Entwicklung während der Adoleszenz hat sich erst A. Freud intensiver befaßt, wobei sie einen direkten Einfluß der physiologischen und endokrinologischen Prozesse der Sexualreifung auf die Psyche annahm (vgl. MUUSS 1971, S. 40). In seiner von S. Freud abweichenden Theorie betont RANK (vgl. 1945) im Zentralbegriff des Willens die aktive und positive Instanz des →Ich, das die Triebimpulse sinnvoll anleiten und kontrollieren kann. Den entscheidend neuen Aspekt des Jugendalters stellt für ihn das Verlangen nach Unabhängigkeit dar. Eine weiterreichende Modifikation am ursprünglichen psychoanalytischen Konzept hat Erikson vorgenommen, indem er das Stufenkonzept psychosexueller Entwicklung um die sozial-kulturanthropologische Perspektive ergänzte. Kernstück seiner Theorie psychosozialer Entwicklung ist der Begriff der Ich-Identität, die sämtliche durch frühere Identifikationen erreichten Qualitäten umfaßt. Jene Form der →Identität, die sich am Ende der Adoleszenz ausbildet, ist jeder einzelnen Identifikation mit den Beziehungspersonen der Vergangenheit übergeordnet (vgl. ERIKSON 1966, S. 139). Eine Unsicherheit in der Jugendzeit rührt daher, daß der Jugendliche keine Anerkennung für das findet, was er selbst zu sein glaubt oder wünscht.

Der Periode psychologisch orientierter Jugendforschung schloß sich nach dem Zweiten Weltkrieg eine soziologische, überwiegend mit Meinungsumfragen arbeitende Jugendforschung an (vgl. HORNSTEIN 1976, S. 241). Hier sind namentlich die Jugenduntersuchungen von HOLLINGSHEAD (vgl. 1949) in einer amerikanischen Kleinstadt und die Feldtheorie von LEWIN (vgl. 1963) zu erwähnen. Im Unterschied zu zahlreichen einseitigen Theorieentwürfen versteht sich Lewins sozialpsychologische Theorie des Lebensraums als «Summe aller in Wechselwirkung stehenden Faktoren von Person und sozialer Umwelt» (GRIESE 1977, S. 37). Nach Lewin befindet sich der Jugendliche in einem Zustand «sozialer Lokomotion» von einer Gruppenzugehörigkeit (Kindheit) zur anderen (Erwachsensein), wobei das psychisch-soziale Zwischenfeld noch unstrukturiert ist und somit beim Heranwachsenden Unsicherheit und Orientierungslosigkeit hervorrufen kann. Obwohl der feldtheoretische Ansatz einen wesentlichen Beitrag zur Weiterführung der Jugendforschung leisten könnte, ist er in der gegenwärtigen Forschungssituation unterrepräsentiert. Eine Ausnahme ist wohl BAACKES (vgl. 1976) sozialökologischer Ansatz.

Die Jugendforschung in der Bundesrepublik Deutschland ist nach 1945 zum einen gekennzeichnet durch eine Vielzahl demoskopischer Erhebungen, die der «Überblick zur wissenschaftlichen Jugendkunde» (vgl. DEUTSCHES JUGENDINSTITUT 1963) zusammenfaßt, und zum anderen durch generalisierende, epochaltheoretische Betrachtungen der Jugendgeneration (vgl. Schelskys «skeptische» und v. Blüchers «unbefangene» Generation). Das strukturelle Dilemma des Auseinanderfallens des intim-kleingruppenhaften Sozialhorizontes der →Familie und der arbeitsteilig-zweckrationalen Erwachsenen- und Berufswelt hat die Nachkriegsgeneration nach SCHELSKY (vgl. 1957) auf ihre Weise gelöst, indem sie sich pragmatisch der eigenen Familie, dem beruflichen Fortkommen und dem materiellen Wohlstand zuwandte. Als ein grundsätzlicher Einwand gegen solche «Zeitgeist-Diagnosen» läßt sich geltend machen, daß es in ihnen notwendige soziologische Differenzierungen (zum Beispiel der Sozialschicht) und tiefergehende Ursachenanalysen zugunsten einer mehr oder minder «intuitiven Gesamtschau» zurücktreten (ROSENMAYR 1976, S. 43).

In der Fachdiskussion steht außer Frage, daß die Persönlichkeitsentwicklung nur als integrierter Prozeß zu verstehen ist; daher sind verstärkt Bemühungen im Gange, die Jugendforschung als Teil einer interdisziplinären Sozialisationsforschung zu betrachten (vgl. HORNSTEIN u. a. 1975). Den Impuls zu einer Neuorientierung gab die Protestwelle der Studenten, Gymnasiasten und Lehrlinge nach 1967/68, die die herkömmliche Jugendforschung samt ihren Methoden und Ergebnissen (vgl. v. BLÜCHER 1966) in Frage stellte. Die Jugendunruhen provozierten geradezu die Beschäftigung mit neuen Fragestellungen, vor allem mit dem politischen Abweichungspotential der Jugend (vgl. JAIDE 1978). Es häuften sich auch die *gesellschaftstheoretischen Auseinandersetzungen* mit funktionalistischen Jugendtheorien, etwa mit EISENSTADTS (vgl. 1966) Theorem einer jugendlichen Teilkultur, die im deutschsprachigen Raum von TENBRUCK (vgl. 1962, S. 50) gar in mancher Hinsicht zur dominanten Teilkultur erweitert wurde (zur Kritik: vgl. LESSING/LIEBEL 1975, S. 33). Parallel dazu trifft man – wohl stimuliert durch den Primat der Bildungspolitik in der Regierungserklärung von Brandt 1970 – vermehrt auf Einzelstudien zur Situation beruflicher wie schulischer Ausbildung oder Bildung (vgl. DEUTSCHES JUGENDINSTITUT 1973, SCHMIDT-WELLENBURG 1974, SEIDENSPINNER 1974).

Die «Identitätskrise» der Jugendforschung ist noch nicht überwunden: Sie ist beherrscht von den herkömmlichen Theoremen – unter anderem von rollentheoretischen Erklärungsmodellen (vgl. ALLERBECK/ROSENMAYR 1971), von Überlegungen zum Generationenkonflikt (vgl. MANNHEIM 1978, MÜLLER 1978) und vom Teilkulturkonzept (vgl. TENBRUCK 1962). Vereinzelt stößt man auf Initiativen, eine Theorie der Jugend auf der Grundlage des →Interaktionismus und der →Ethnomethodologie zu entwickeln (vgl. BOHNSACK 1973); doch sie verdienen bislang nur das Prädikat «Ad-hoc-Theorien» (vgl. GRIESE 1977, S. 131, S. 168f). Ansätze, die Jugendforschung als eigenständige Integrationswissenschaft zu entwerfen, wurden in der DDR bereits in den 50er Jahren unternommen. Es ist allerdings auch der marxistisch-interdisziplinären Jugendforschung als einer Stabilisierungswissenschaft noch nicht gelungen, die unterschiedlichen soziologischen, psychologischen und pädagogischen Ansätze zu einem Gesamtkonzept zu integrieren (vgl. SCHÄFER 1974, S. 192).

Mit Blick auf zukünftige Forschungsaufgaben scheint ein sozialwissenschaftliches Identitätskonzept die tragfähigste Theorieplattform zu bieten. Umrisse eines solchen integrativen Bezugsrahmens für die Analyse der Adoleszenzentwicklung liegen bereits vor (vgl. DÖBERT/NUNNER-WINKLER 1975).

ALLERBECK, K./ROSENMAYR, L. (Hg.): Aufstand der Jugend, München 1971. BAACKE, D.: Die 13- bis 18jährigen. Einführung in Probleme des Jugendalters, München/Wien/Baltimore 1976. BERNFELD, S.: Die heutige Psychologie der Pubertät, Wien 1927. BLÜCHER, V. v.: Die Generation der Unbefangenen, Düsseldorf/Köln 1966. BOHNSACK, R.: Handlungskompetenz und Jugendkriminalität, Neuwied/Berlin 1973. BONDY, C.: Die proletarische Jugendbewegung in Deutschland, Lauenburg 1922. BÜHLER, CH.: Das Seelenleben des Jugendlichen. Versuche einer Analyse und Theorie der psychischen Pubertät, Jena 1922. DEUTSCHES JUGENDINSTITUT (Hg.): Überblick zur wissenschaftlichen Jugendkunde, München 1963. DEUTSCHES JUGENDINSTITUT (Hg.): Hamburger Lehrlingsstudie der Hochschule für Wirtschaft und Politik Hamburg, 5 Bde., München 1973. DÖBERT, R./NUNNER-WINKLER, G.: Adoleszenzkrise und Identitätsbildung. Psychische und soziale Aspekte des Jugendalters in modernen Gesellschaften, Frankfurt/M. 1975. EISENSTADT, S. N.: Von Generation zu Generation. Altersgruppen und Sozialstruktur, München 1966. ERIKSON, E. H.: Identität und Lebenszyklus, Frankfurt/M. 1966. FLITNER, A.: Soziologische Jugendforschung, Heidelberg 1963. GESELL, A.: Jugend. Die Jahre von zehn bis sechzehn, Bad Nauheim 1958. GRIESE, H. W.: Sozialwissenschaftliche Jugendtheorien, Weinheim/Basel 1977. HALL, G. ST.: Adolescence (1904), New York/London 1919. HOLLINGSHEAD, A. B.: Elmtown's Youth, New York 1949. HORNSTEIN, W.: Jugendforschung. In: Roth, L. (Hg.): Handlexikon zur Erziehungswissenschaft, München 1976, S. 240ff. HORNSTEIN, W. u. a.: Lernen im Jugendalter. Gutachten und Studien der Bildungskommission des Deutschen Bildungsrates, Bd. 54, Stuttgart 1975. JAIDE, W.: Achtzehnjährige – Zwischen Reaktion und Rebellion, Opladen 1978. LAZARSFELD, P. F.: Jugend und Beruf, Jena 1931. LESSING, H./LIEBEL, H.: Jugend in der Klassengesellschaft, München [2]1975. LEWIN, K.: Feldtheorie in den Sozialwissenschaften, Bern/Stuttgart 1963. MANNHEIM, K.: Das Problem der Generationen (1928). In: Kohli, M. (Hg.): Soziologie des Lebenslaufs, Darmstadt/Neuwied 1978, S. 38ff. MEAD, M.: Coming of Age in Samoa (1928), New York 1949. MEUMANN, E.: Über Institute für Jugendkunde und die Gründung eines Instituts für Jugendforschung in Hamburg, Leipzig/Berlin 1912. MÜLLER, W.: Der Lebenslauf von Geburtskohorten. In: Kohli, M. (Hg.): Soziologie des Lebenslaufs, Darmstadt/Neuwied 1978, S. 54ff. MUUSS, R. E.: Adoleszenz, Stuttgart 1971. PREYER, W.: Die Seele des Kindes, Leipzig 1882. RANK, O.: Will, Theory and Truth and Reality, New York 1945. RASSEM, M.: Entdekkung und Formierung der Jugend in der Neuzeit. In: Jugend in der Gesellschaft. Ein Symposion, München 1975, S. 98ff. ROSENMAYR, L.: Jugend. In: König, R. (Hg.): Handbuch der empirischen Sozialforschung, Bd. 6, Stuttgart 1976. SCHÄFER, H. P.: Jugendforschung in der DDR, München 1974. SCHELSKY, H.: Die skeptische Generation, Frankfurt/M. 1957. SCHMIDT-WELLENBURG, A.: Gymnasiasten im Konfliktfeld Schule, München 1974. SEIDENSPINNER, G.: Lehrlinge im Konfliktfeld Betrieb, München 1974. SPRANGER, E.: Psychologie des Jugendalters (1924), Heidelberg 1949. TENBRUCK, F. H.: Jugend und Gesellschaft, Freiburg 1962.

Jürgen Wilbert

Jugendfürsorge → Sozialpädagogik – Sozialarbeit
Jugendhilfe → Heimerziehung; → Sozialpädagogik – Sozialarbeit
Jugendhilfeforschung → Ethnomethodologie
Jugendlicher → Jugend
Jugendpflege → Sozialpädagogik – Sozialarbeit
Jugendprotest → Jugendforschung
Jugendsexualität → Sexualerziehung
Jüngling → Jugend

K

Kapazitätsplanung → Bildungsplanung
Kind → Kindheit
Kind, ausländisches → Ausländerpädagogik
Kind, behindertes → Sonderpädagogik
Kinderbuch → Kinderliteratur
Kinderdelinquenz → Kinder-/Jugendkriminalität
Kindergarten → Bildungssystem (Bundesrepublik Deutschland); → Vorschulerziehung
Kinderhaus → Montessoripädagogik
Kinderkleidung → Kinderkultur
Kinderkollektiv → Erziehung, antiautoritäre; → Erziehung, sozialistische

Kinder-/Jugendkriminalität

Delikttypen und -häufigkeit. Mit Kinder- und Jugendkriminalität werden die polizeilich erfaßten Gesetzesverstöße von Kindern und Jugendlichen bezeichnet. Die Handlungen von Kindern und Jugendlichen werden dabei nach den Kriterien des Strafgesetzbuches klassifiziert und nach dem Jugendgerichtsgesetz sanktioniert (zu Überlegungen der Erneuerung des Jugendrechts: vgl. KAISER 1983, S. 348ff). In der Literatur und sozialpädagogischen Praxis wird heute der umfassendere Begriff *Kinder- und Jugenddelinquenz* bevorzugt, der alle normabweichenden, also auch nicht strafrechtlich sanktionierten Verhaltensweisen beinhaltet. Die altersmäßige Abgrenzung von Kindern, Jugendlichen und Erwachsenen unterliegt historischen und sozialen Gegebenheiten. So wurde in Deutschland 1923 das Strafmündigkeitsalter von 12 auf 14 Jahre heraufgesetzt, und in das Jugendgerichtsgesetz von 1953 wurden auch die Heranwachsenden (18–21 Jahre) einbezogen.

Im Jahre 1985 ermittelte die Polizei 1290999 *tatverdächtige Personen*; davon sind 72,3% Erwachsene, 11,8% Heranwachsende, 11,4% Jugendliche und 4,6% Kinder (BUNDESKRIMINALAMT 1985, S. 29). Die hauptsächlich bekanntgewordenen Delikte bei Kindern und Jugendlichen sind Bereicherungsdelikte, voran der Diebstahl ohne erschwerende Umstände, insbesondere Ladendiebstahl. Der Diebstahl unter erschwerenden Umständen ist nur bei den männlichen Jugendlichen bedeutsam, während insgesamt bei Kindern und Jugendlichen alle anderen Delikte mit Ausnahme der Sachbeschädigung quantitativ eine vergleichsweise geringe Rolle spielen. Wenn im Vergleich zu 1985 im Jahre 1963 mit 8,4% der Anteil der Jugendlichen an der Gesamtzahl Tatverdächtiger niedriger war, so ist mit dem Ansteigen dieser Prozentzahlen allein noch kein tatsächlicher Anstieg der Jugendkriminalität angezeigt. Von einem solchen Anstieg kann erst die Rede sein, wenn der Anteil Tatverdächtiger an der entsprechenden Altersgruppe steigt (Kriminalitätsbelastungsziffer). Im Vergleich zu 1978 ist dieser 1985 sogar gesunken. Im Jahre 1985 sind als Tatverdächtige bekannt geworden: 1,4% aller 8- bis 14jährigen (1,6% aller Jungen, 0,7% aller Mädchen dieser Altersgruppe); 3,6% (1978: 4,3%) aller 14- bis 16jährigen (5,2% aller Jungen, 1,9% aller Mädchen dieser Altersgruppe); 4,2% (1978: 5,3%) aller 16- bis 18jährigen (6,4% aller Jungen, 1,9% aller Mädchen dieser Altersgruppe) (vgl. Bundeskriminalamt 1978, S. 28; 1985, S. 30). Der Vergleich der Kriminalitätsbelastungsziffern von 1978 und 1985 zeigt eine Abnahme bei den Jungen und eine leichte Zunahme bei den Mädchen. «Zu berücksichtigen ist bei diesen Zahlen, daß es sich bei den Delikten mit hoher Beteiligung von Kindern oder Jugendlichen meist um weniger gravierende wie Ladendiebstahl, Zweiraddiebstahl, Sachbeschädigung oder Leistungserschleichung handelt, bei denen die statistische Entwicklung auch vom Anzeigeverhalten der Geschädigten oder Zeugen abhängen kann. Zu beachten ist ferner der vielfach noch eher spielerische und häufig nur episodenhafte Charakter der Kinder- und Jugenddelinquenz» (Bundeskriminalamt 1985, S. 30). Die Aussagefähigkeit der Kriminalstatistik wird zusätzlich dadurch eingeschränkt, daß längst nicht jede strafbare Handlung bekannt wird. Hier versprechen Dunkelfelduntersuchungen, in denen direkt nach nicht entdeckten Straftaten gefragt wird, eine bessere Aufhellung des Phänomens. Die Ergebnisse sind jedoch vor allem wegen der Schwierigkeit der Einordnung bestimmter Handlungen unter die strafgesetzlichen Kriterien problematisch (vgl. Kaiser 1977, S. 33).

Probleme der Beurteilung von Kinder- und Jugenddelinquenz. Eine neuere umfassende Untersuchung zur Kinderdelinquenz (vgl. Pongratz u. a. 1975), die alle in einem Zeitraum von zehn Jahren polizeilich bekannt gewordenen Kinder einer norddeutschen Stadt einbezieht, kommt zu dem Schluß, daß die Verwendung des Begriffsapparats der Straftatbestände als Analysekriterium für kindliches Verhalten ungeeignet sei. Bei dem kindlichen Verhalten gehe es nicht um Schuldvorwurf und Strafzurechnung, «sondern um die Schwierigkeit, Verhalten von der eigentlichen Handlung her als für die Entwicklung des Kindes gefährdendes Verhalten einzuschätzen oder nicht» (Pongratz u. a. 1975, S. 44). Bevor ein abweichendes Verhalten (vgl. Busch 1983) sanktioniert werden kann, müssen gesellschaftliche Normen erst erlernt worden sein. Dieser Lernprozeß zeichnet sich dadurch aus, daß dem Kind Normen in frühen Phasen durch wenige Bezugspersonen vermittelt werden und personbezogen bleiben. Erst mit dem Kontakt zu anderen Sozialisationsinstanzen wie der →Schule lernt das Kind die Allgemeinverbindlichkeit bestimmter Normen und damit zusammenhängender Sanktionen kennen. Pongratz u. a. (1975, S. 45) versuchten, Analysekriterien zur Beurteilung von Kinderdelinquenz zu entwickeln, die darauf basieren, «ob Kinder die soziale Bedeutung ihres Handelns (schon) erkennen können». Danach war lediglich bei 20% der von ihnen untersuchten 1200 Kinder ein Wissen um die sozialen Konsequenzen der Normverletzung vermutlich vorhanden. Pongratz u. a. (vgl. 1975, S. 53) stellen fest, daß rund 60% der kindlichen Handlungen im typischen Spielgelände der Kinder stattfinden, wobei Kaufhäuser im Untersuchungszeitraum einen zunehmenden Stellenwert gewinnen. Der mehr spielerische, jedenfalls eher ungeplante Charakter delinquenter Handlungen drückt sich außerdem noch in den in der Regel sehr geringen Schadenssummen aus – in den meisten Fällen bleibt der angerichtete Schaden unter 25 DM (vgl. Bundeskriminalamt 1985, S. 89). Bei Kindern und Jugendlichen scheint die Zielgerichtetheit auf Geld oder Sachen häufig zu fehlen. Man nimmt sich eher, was momentan in die Augen fällt, was unmittelbar verwertbar erscheint und was das Prestige in der Gruppe erhöht. Kinder und Jugendliche begehen die meisten Delikte in Gruppen. Insgesamt sind Mädchen jeweils zu einem geringeren Prozentsatz beteiligt (unter 20%) – eine Folge der unterschiedlichen geschlechtsspezifischen Sozialisation und Selektion (vgl. Gipser 1975, S. 32). Für etwa 75% der Kinder (vgl. Pongratz u. a. 1975, S. 63) und Jugendlichen bleibt die Bekanntschaft mit der Polizei einmalig.

Ursachen und Verlauf devianten Verhaltens. Über die Ursachen von Kinder- und Jugendkriminalität gibt es inzwischen zahlreiche Untersuchungen (vgl. Kaiser 1977, S. 5), wobei im Vordergrund die Analyse des abweichenden Verhaltens männlicher Jugendlicher steht; Kinder und Mädchen werden erst in neuerer Zeit in die Analyse einbezogen. In der Kriminologie kann man prinzipiell zwei theoretische Erklärungsansätze unterscheiden:

Der *ätiologische Ansatz* setzt bei den abweichenden Individuen an und versucht, Gesetzmäßigkeiten zwischen abweichendem Verhalten und psychischen oder sozialen Bedingungen herauszufinden. Am wichtigsten sind hier die sozialisationstheoretischen Ansätze, die erstmaliges abweichendes Verhalten (primäre Devianz) bedingt durch Sozialisationsdefizite zu erklären versuchen. Demgegenüber untersucht der *Stigmatisierungsansatz* (→Stigmatisierung), in welcher Weise die beteiligten Institutionen (Jugendamt, Polizei, Gericht) durch ihr Vorgehen bestimmte Personen auswählen und stigmatisieren, abstempeln und damit den Beginn einer kriminellen Karriere (sekundäre Devianz) einleiten können.

Um die Frage zu klären, bei welchen Jugendlichen es zu Selektionsvorgängen kommt, müssen beide Ansätze miteinander verbunden und mit *sozioökonomischen Faktoren* in Beziehung gesetzt werden. Denn alle Untersuchungen stellen fest, daß die als kriminell registrierten Kinder und Jugendlichen aus *sozial benachteiligten* Bevölkerungsgruppen stammen (vgl. GIPSER 1975, S. 32ff; vgl. KAISER 1977, S. 152ff; vgl. MOSER 1970, S. 291ff). Solche Kinder und Jugendliche geraten eher in die Gefahr, wegen ihrer Handlungen angezeigt zu werden, weil sie aufgrund eines anderen Sozialisationsstils ihre Freizeit zumeist in der Öffentlichkeit verbringen und dadurch häufiger zur Anzeige kommen und weil sie aufgrund ihrer Schichtzugehörigkeit verstärkt der Überwachung staatlicher Institutionen unterstehen. Jeder Selektionsvorgang durch Instanzen sozialer Kontrolle bedeutet für den Betroffenen eine Beschneidung seiner sozialen Teilnahmechancen, seiner Handlungskompetenzen, seiner sozialen Kontakte und materiellen Belohnungen. Das erweist sich besonders deutlich bei denjenigen, die frühzeitig und zwangsweise von der Außenwelt abgesondert werden und in Einrichtungen wie Fürsorgeerziehungsheimen oder Jugendgefängnissen aufwachsen müssen.

Eine wichtige Rolle im *Stigmatisierungsprozeß* spielt die Schule, die in der Regel von der Polizei oder dem Jugendamt über Delikte ihrer Schüler informiert und um Auskunft gebeten wird. In der →Interaktion mit den Instanzen sozialer Kontrolle ändert der Betroffene nach und nach sein *Selbstbild* und wird nicht selten in einer delinquenten Karriere das, was die Umwelt von ihm erwartet: ein Krimineller.

Theoretisch wie kriminalpolitisch gewinnt die Kinder- und Jugendkriminalität besondere Bedeutung durch die These, daß sie eine *Einstiegsfunktion* für spätere Kriminalität habe, weil man bei erwachsenen Straftätern in der Regel auf frühkindliche Auffälligkeiten verweisen kann. Davon auf eine Einstiegsfunktion zu schließen, ist ein häufig begangener Fehler, denn über die Hälfte polizeilich erfaßter Kinder und Jugendlicher werden ja nicht wieder straffällig (hier stehen befriedigende Erklärungsversuche noch aus). Eine an modernen wissenschaftlichen Erkenntnissen orientierte Jugendhilfe darf nicht die Normverletzung als solche, sondern muß vielmehr die Situation der Betroffenen in den Vordergrund stellen. Dazu gehört, zu berücksichtigen, daß Kinder- und Jugendkriminalität in weiten Bereichen normales Verhalten von Kindern und Jugendlichen ist, dem prognostische Relevanz nur in sehr beschränktem Maß zukommt.

BUNDESKRIMINALAMT: Polizeiliche Kriminalstatistik, Wiesbaden 1963, 1978, 1985. BUSCH, M.: Verhalten, abweichendes. In: Enzyklopädie Erziehungswissenschaft, Bd. 9.2, Stuttgart 1983, S. 681 ff. GIPSER, D.: Mädchenkriminalität, München 1975. KAISER, G.: Jugendkriminalität, Weinheim/Basel 1977. KAISER, G.: Jugendkriminalität. In: Enzyklopädie Erziehungswissenschaft, Bd. 9.2, Stuttgart 1983, S. 348 ff. MOSER, T.: Jugendkriminalität und Gesellschaftsstruktur, Frankfurt/M. 1970. PONGRATZ, L. u. a. (Hg.): Kinderdelinquenz, München 1975.

Dietlinde Gipser

Kinderkrippe → Vorschulerziehung

Kinderkultur

Begriff/Geschichte. Der Terminus wurde unter anderen von K.-D. LENZEN (vgl. 1978) unter Bezug auf seine Verwendung im «Kursbuch» (vgl. HOFFMANN'S COMIC THEATER 1973) sowie durch BAUER/HENGST (vgl. 1978) der erziehungswissenschaftlichen Diskussion zugeführt, existiert jedoch bereits wesentlich länger (vgl. PERKINS GILMAN 1906) und auch außerhalb der Pädagogik, beispielsweise in der Volkskunde (vgl. KINDERKULTUR 1987). Das analytische Interesse von K.-D. Lenzen richtet sich dabei im Gefolge der sich seinerzeit abzeichnenden neuen Orientierung an den Gegenständen des erzieherischen → *Alltags* auf die in der spätkapitalistischen Gesellschaft beobachtbare Warenkultur *für* Kinder. Diese, vor dem Hintergrund einer materialistischen Zugriffsweise verständliche Konzentration, impliziert allerdings eine Einengung des Kulturbegriffs mit der Folge, daß zwei wichtige Dimensionen der Kinderkultur vernachlässigt bleiben:

- Erstens fehlt der vergleichende Blick auf die → Kindheit und ihre Kultur in anderen Gesellschaftsformationen, traditionell eine Domäne der Kulturanthropologie. Ein Beispiel für diese Form der Analyse von Kinderkultur lieferten die Studien MEADS (vgl. 1928, 1930, 1935; deutsch: 1970).
- Zweitens bleibt jene Kultur vergessen, die nicht von Dritten, also Erwachsenen, für Kinder errichtet wird, sondern die Kultur, die ein Produkt *der* Kinder selber ist. Für das Jugendalter ist ein Eigenrecht dieser «Jugendkultur» bereits durch die → Jugendbewegung am Beginn des 20. Jahrhunderts nachhaltig gefordert worden. Für Wyneken ist «Jugendkultur» ein Kampfbegriff gegen die «Versklavung der Jugend» (WYNEKEN 1914, S. 34) durch die Erwachsenenkultur, wie sie ihren Ausdruck in der Schule jener Zeit fand.

Nun hat es eine Kinderbewegung, die es erlauben würde, im gleichen Sinne von ihr zu reden wie von einer Jugendbewegung, bislang nicht gegeben. Der Eintritt für ein «Eigenrecht des Kindeslebens» ist beginnend mit der Bewegung «Vom Kinde aus» (vgl. KEY 1902, MONTESSORI 1913) in der Rezeption Rousseaus über die «antiautoritäre Erziehung» (vgl. NEILL 1960, deutsch: 1965 und nochmals deutsch, unter Anspielung auf die antiautoritäre Erziehung [→Erziehung, antiautoritäre]: 1969) bis zur Kinderrechtsbewegung in den USA (vgl. HOLT 1975, deutsch: 1978) und zur →«Antipädagogik» (vgl. v. BRAUNMÜHL 1975) immer eine von Erwachsenen initiierte und getragene Aktivität gewesen. Das bedeutet, daß über Kinderkultur als Kultur *der* Kinder in emphatischer Befreiungsliteratur *für* Kinder nichts erfahren werden kann.

Von Kinderkultur zu reden, sollte deshalb immer ein Doppeltes heißen: Analyse einer vorgefundenen →Kultur unter dem Gesichtspunkt, mit welchen Mitteln sogenannte Erwachsene den Typus Kind in einer spezifischen Kinderkultur konstituieren und wie sogenannte Kinder an dieser Konstitution selber aktiv teilhaben. Nach dieser Bestimmung besteht ein Unterschied zwischen beispielsweise dem Element der Kinderkultur «Kinderkleidung» und dem Element «Kinderspiel» (→Spiel).

Kinderkleidung ist ein von Erwachsenen für Kinder verfertigtes Objekt, mit dessen Hilfe Erwachsene Zeichen setzen: Dieses ist ein Kind! Das Kinderspiel, soweit es nicht ein von Erwachsenen angeleitetes Spielen darstellt, ist demgegenüber eine Aktivität aus der Initiative der Kinder, die zu einem – nicht intentionalen – Zeichen für die Kindlichkeit eines Menschen geworden ist.

Behält man diese Differenzierung zu analytischen Zwecken bei, so findet man gegenüber einer großen Zahl von Elementen einer Kultur *für* Kinder eine vergleichsweise kleine Anzahl von kindlichen Kulturprodukten.

Kultur für Kinder. Der Kinderkultur als Kultur *für* Kinder sind zuzurechnen:

- Institutionen (der Ausbildung: Schulen und Pädagogik; der Gesundheitsfürsorge: Kinderkrankenhäuser, -ärzte und Pädiatrie; der Sozialfürsorge: Kinderheime und vergleichbare Einrichtungen sowie Sozialpädagogik; der Rechtspflege: Familien- und Vormundschaftsgerichte sowie Jugend- und Schulrecht);
- Objekte (der Ernährung: von der funktionalen Babykost zu dysfunktionalen Kindersüßigkeiten wie Überraschungseiern, Wundertüten und Gummibären; der Bekleidung: Kinderkleidung von der funktionalen Latzhose zum dysfunktionalen T-Shirt-Comic-Aufdruck; der Architektur: vom funktionalen «eigenen» Kinderzimmer zum multi-

funktionalen Spiel-Lern-Environment; des Spiels: vom Holzbaukasten zum «Activity-Center»);
- Kunst (Kinderepik: von Defoes «Robinson Crusoe» bis «Micky Maus»; Kinderdramatik: vom Puppenspiel zur «Sesamstraße»; Kinderlyrik: vom Nachtgebet zum Abzählreim; Kindermusik: von Leopold Mozarts Symphonie C-dur, der «Kindersymphonie», zu «Die Rübe» von «Christiane und Fredrik»; Kinderbilder: von den Illustrationen des «Leipziger Wochenblatt für Kinder», gegründet 1772, zu denen von «Superman»);
- Ereignisse (Initiationsriten wie Kindtaufe, Heilige Erstkommunion, Einschulung, Konfirmation ...; Feste und Feiern wie Kindergeburtstag, Schulfest ...; Spiele wie Nullsummenspiele, Wettbewerbe, Glücksspiele ...; Reisen wie Kinderluftkuren, Kinderheimaufenthalte, Ferienlager ...).

Diese Übersicht ist unvollständig und ihre Klassifikation lediglich an den Dimensionen des «Sachlichen» (Objekte), «Zeitlichen» (Ereignisse), des «Sozialen» (Institutionen) sowie des «Ästhetischen» (Kunst) orientiert. Eine Theorie der Kinderkultur wird sich andere Kategorien zur Grundlage machen müssen. Sie wird nicht rekurrieren können auf die unübersehbare Literatur, die zu den vier Dimensionen der Kultur *für* Kinder verfertigt worden ist. Dieses deshalb nicht, weil die *mediale Funktion* jener Kulturelemente für die Konstitution des Typus Kind und damit für den (pädagogischen) Umgang mit ihnen selber im Mittelpunkt des Interesses steht.

So konzentriert sich die Untersuchung der → *Institutionen* der Kinderkultur zum einen auf *bestimmte* Institutionen, die der Ausbildung und der sozialen Versorgung, und zum anderen unter dem vorwiegenden Interesse ihrer Optimierung (mehr Lernen, mehr Gleichheit). Die bereits von Bernfeld (1967, S. 26f) eingeforderte «Instituetik» ist, auch nach der Orientierung der Erziehungswissenschaft an Psychologie und Soziologie in den 60er und 70er Jahren nicht entstanden. Der vielversprechende, weil vom doppelten, psychologischen und soziologischen Boden aus operierende Ansatz einer «Soziologie der Kindheit» von Fürstenau (vgl. 1973) blieb ohne nennenswerte Nachfolger. Die für die Kinderkultur außerordentlich bedeutsame medizinische Dimension (Kinderärzte sind oftmals pädagogische Ratgeber in Einzelfällen wie in der Politik) wird kaum und der juristische Bereich (Verrechtlichung der kindlichen Lebenszusammenhänge) zumeist auf dem Kontinuum «Freiheit oder Reglementierung» diskutiert (vgl. etwa Dietze 1976, Kokemohr 1985, I. Richter 1974).

Hinsichtlich der *Objekte* der Kinderkultur ist die Situation etwas anders. Mit dem wachsenden Interesse an der gesellschaftlichen «Wirklichkeit» der Kinder, zumal historisch, werden Arbeiten begünstigt, die eine

Bestandsaufnahme dieser Objektwelt versuchen (Kindersüßigkeiten: vgl. WAWRZYN 1977; Kinderkleidung: vgl. DIRX 1964, S. 320ff; vgl. STOFFER 1964, S. 68ff; vgl. WEBER-KELLERMANN 1979a, S. 23ff; vgl. WEBER-KELLERMANN 1985; Architektur: vgl. LEDIG/NISSEN 1987, WEBER-KELLERMANN 1979b; Spielzeug: vgl. FRITZSCH/BACHMANN 1965, HERZBERG 1987, KAZEMI-VEISARI 1987, RETTER 1979, SUTTON-SMITH 1986). Diese und zahlreiche weitere Veröffentlichungen haben es allerdings aufgrund ihres archivarischen Charakters nicht vermocht, zu einer integrativen Theorie der Objekte der Kinderkultur beizutragen.

Das gilt nicht für den künstlerischen Bereich: Die gesellschaftliche Akzeptanz der Kunst in der Tradition des Bildungsbürgertums sowie die Repräsentanz der schönen Literatur, der Musik und der bildenden Kunst im Kanon des öffentlichen Schulwesens ist Anlaß vielfältiger Analysen nicht nur erziehungswissenschaftlicher, sondern auch literaturwissenschaftlicher, musikwissenschaftlicher beziehungsweise kunstwissenschaftlicher Provenienz geworden. Die wichtigste Literatur enthalten: HURRELMANN (vgl. 1983), STROH (vgl. 1983) und das Stichwort →Kinderliteratur.

Die Orientierung an einer letztlich bildungstheoretischen Fragestellung, derjenigen nach den «richtigen» Inhalten des Literatur-, Musik- und Kunstunterrichts, gewährleistet zwar eine theoretische Integration, dieses jedoch nicht zu kultur*analytischen*, sondern zu *konstruktiven* Zwecken der Lehrplangestaltung beziehungsweise der Kritik und Steuerung des «Kunstkonsums» (vgl. beispielsweise für den Bereich der Literatur: BETTELHEIM 1984, D. RICHTER/VOGT 1974).

Allein im Bereich kinderspezifischer *Ereignisse* finden sich kulturanthropologische Schriften, eine Tradition, die mit den völkerkundlichen Studien von PLOSS (vgl. 1911/1912) ihren Anfang nahm, ohne jedoch in der Erziehungswissenschaft eine nennenswerte Rezeption zu erfahren, weil eine im emphatischen Sinne «pädagogische» Anthropologie ihren Platz besetzt hielt (vgl. FLITNER 1963; vgl. LANGEVELD 1964, 1978; vgl. LOCH 1963; →Pädagogik, phänomenologische).

Erst am Ende der 70er Jahre erscheinen im Gefolge des neu erwachten Interesses an der Ethnologie und den «einfachen» Kulturen Arbeiten, die sich insbesondere mit den rituellen Vollzügen an und mit Kindern befassen (vgl. BOYER 1979, LIEDLOFF 1980), zu denen Riten und Feste in besonderer Weise gehören. Von einer erziehungswissenschaftlichen Rezeption, geschweige denn einer theoretischen Verarbeitung, kann indessen noch keine Rede sein.

Kultur der Kinder. Der Kinderkultur im zweiten, häufig übersehenen Sinne sind Elemente zuzurechnen, die sie der tragenden Aktivität von Kindern verdanken. Das kann ökonomische Aktivität (Kinderarbeit) sein, aber auch ästhetische (Kinderlieder, -reime und -verse), sexuelle und vor allem spielerische. Dabei gehört das Kinderspiel zu den innerhalb und außerhalb der Erziehungswissenschaft am besten recherchierten (vgl. BUYTENDIJK 1934, FLITNER 1982, HUIZINGA 1956). Allerdings überwiegen auch hier gegenüber kulturanalytischen Zugriffen soziologische, psychoanalytische, lerntheoretische, in den meisten Fällen also solche, die nach einer Erklärung der objektiven oder subjektiven Funktion des Spiels suchen. Das ist strukturell bei der Untersuchung von Kinderliedern oder der Geschichte der Kinderarbeit nicht anders. Die Untersuchung der Phänomene ist selbst funktionalisiert, wie beispielsweise Bornemans Aufarbeitung der «verbotenen» Kinderlieder, -reime, -verse und -rätsel (die er als «Studien zur Befreiung des Kindes» bezeichnet – BORNEMAN 1974, S. 15), oder wie KUCZYNSKIS «Studien zur Geschichte der Lage des arbeitenden Kindes in Deutschland von 1700 bis zur Gegenwart» (1968), die erklärtermaßen eine parteiliche Analyse des Phänomens darstellen.

Perspektiven. Faßt man die Forschungslage in beiden Dimensionen der Kinderkultur zusammen, so läßt sich sagen, daß die vorfindbaren Arbeiten bei aller Berechtigung und Sorgfalt im Detail zu einer integrierten Theorie der Kinderkultur keine Orientierung bieten, weil sie oftmals durch eine kausalistische Zugriffsweise Hypothesen über die mediale Wirkung bestimmter Phänomene der Kinderkultur verfolgen, wo allererst der Versuch angezeigt wäre, die Phänomene in ihrem kulturellen Zusammenhang zu verstehen, im zeitlichen und kulturellen Vergleich. Erst wenn man beispielsweise verstanden hat, daß, um ein ungewöhnliches Beispiel zu wählen, die Praxis des «Rooming-in» in einer Entbindungsstation die letzten Spuren eines mindestens 4000 Jahre alten Ritus beseitigt, der in der Isolation des Kindes von der →Mutter bestand, indem man sie für «unrein» erklärte, während der →Vater über die Annahme des Kindes, rituell begleitet, entschied, indem er das Kind vom Boden aufhob, dann können die Implikationen dieses Stücks Kinderkultur daraufhin abgetastet werden, ob sie beispielsweise die Position des Vaters vernichten und ob dieses eine kulturelle Entwicklung ist, die gesellschaftlich gewollt werden kann.

Erst wenn es also gelingt, die tragenden Elemente der alltäglichen Kinderkultur auf ihre historischen und kulturellen Quellen hin zu untersuchen, besteht die Aussicht, die vorgefundene Kinderkultur angemessen zu verstehen, vielleicht sogar zu modifizieren. Die Aufgabe einer solchen Rekonstruktion unserer Kinderkultur obliegt einer «Mythologie der Kindheit» (vgl. D. LENZEN 1985).

BAUER, K. W./HENGST, H. (Hg.): Kritische Stichwörter zur Kinderkultur, München 1978. BERNFELD, S.: Sisyphos oder die Grenzen der Erziehung (1926), Frankfurt/M. 1967. BETTELHEIM, B.: Kinder brauchen Märchen, München [7]1984. BORNEMAN, E.: Die Umwelt des Kindes im Spiegel seiner ‹verbotenen› Lieder, Reime, Verse und Rätsel, Olten/Freiburg 1974. BOYER, L. B.: Kindheit und Mythos, Stuttgart 1979. BRAUNMÜHL, E. v.: Antipädagogik, Weinheim/Basel 1975. BUYTENDIJK, F. J. J.: Wesen und Sinn des Spiels, Berlin 1934. DIETZE, L.: Von der Schulanstalt zur Lehrerschule, Braunschweig 1976. DIRX, R.: Das Kind, das unbekannte Wesen. Geschichte, Soziologie, Pädagogik, Hamburg 1964. FLITNER, A. (Hg.): Wege zur pädagogischen Anthropologie. Versuch einer Zusammenarbeit der Wissenschaften vom Menschen, Heidelberg 1963. FLITNER, A.: Spielen – Lernen. Praxis und Deutung des Kinderspiels, München [7]1982. FRITZSCH, K. E./BACHMANN, M.: Deutsches Spielzeug, Hamburg 1965. FÜRSTENAU, P.: Soziologie der Kindheit, Heidelberg 1973. HERZBERG, I.: Kinder, Computer, Telespiele, München 1987. HOFFMANN'S COMIC THEATER, Kinderkultur. In: Kursbuch (1973), 34, S. 25ff. HOLT, J.: Escape from Childhood, o. O. 1975. HOLT, J.: Zum Teufel mit der Kindheit, Wetzlar 1978. HUIZINGA, J.: Homo Ludens, Hamburg 1956. HURRELMANN, B.: Kommunikation, literarische. In: Enzyklopädie Erziehungswissenschaft, Bd. 1, Stuttgart 1983, S. 461ff. KAZEMI-VEISARI, E.: Zur gesellschaftlichen und pädagogischen Funktion von Spielwaren in der Gegenwart, Frankfurt/M. 1987. KEY, E.: Das Jahrhundert des Kindes, Berlin 1902. KINDERKULTUR. 25. Deutscher Volkskundekongreß (Bremen, 7.–12. 10. 1985), Bremen 1987. KOKEMOHR, R.: Zur Verrechtlichung unterrichtlicher Interaktion. In: Enzyklopädie Erziehungswissenschaft, Bd. 7, Stuttgart 1985. KUCZYNSKI, J.: Studien zur Geschichte der Lage des arbeitenden Kindes in Deutschland von 1700 bis zur Gegenwart, Berlin (DDR) 1968. LANGEVELD, M. J.: Studien zur Anthropologie des Kindes, Tübingen [2]1964. LANGEVELD, M. J.: Einführung in die theoretische Pädagogik, Stuttgart [9]1978. LEDIG, M./NISSEN, U.: Kinder und Wohnumwelt. Eine Literaturanalyse zur Straßensozialisation, München 1987. LENZEN, D.: Mythologie der Kindheit, Reinbek 1985. LENZEN, K.-D.: Kinderkultur – Die sanfte Anpassung, Frankfurt/M. 1978. LIEDLOFF, J.: Auf der Suche nach dem verlorenen Glück, München 1980. LOCH, W.: Die anthropologische Dimension der Pädagogik, Essen 1963. MEAD, M.: Coming of Age in Samoa, New York 1928. MEAD, M.: Growing up in New Guinea, New York 1930. MEAD, M.: Sex and Temperament, New York 1935. MEAD, M.: Jugend und Sexualität in primitiven Gesellschaften, 3 Bde., München 1970. MONTESSORI, M.: Selbsttätige Erziehung im frühen Kindesalter, Stuttgart 1913. NEILL, A. S.: A Radical Approach to Child Rearing, New York 1960. NEILL, A. S.: Erziehung in Summerhill. Das revolutionäre Beispiel einer freien Schule, München 1965. NEILL, A. S.: Theorie und Praxis der antiautoritären Erziehung. Das Beispiel Summerhill, Reinbek 1969. PERKINS GILMAN (STETSON), CH.: Kinder-Kultur, Berlin 1906. PLOSS, H.: Das Kind in Brauch und Sitte der Völker, 2 Bde., Leipzig 1911/1912. RETTER, H.: Spielzeug. Handbuch zur Geschichte und Pädagogik der Spielmittel, Weinheim/Basel 1979. RICHTER, D./VOGT, J. (Hg.): Die heimlichen Erzieher. Kinderbücher und politisches Lernen, Reinbek 1974. RICHTER, I.: Grundgesetz und Schulreform, Weinheim/Basel 1974. ROUSSEAU, J.-J.: Emil oder über die Erziehung, Paderborn 1978. STOFFER, H.: Die Bedeutung der Kindlichkeit in der modernen Welt, Basel 1964. STROH, W. M.: Kommunikation, musikalische. In: Enzyklopädie Erziehungswissenschaft, Bd. 1, Stuttgart 1983, S. 463ff. SUTTON-SMITH, B.: Toys as Culture, New York 1986. *Wawrzyn, L.*: Eßbares Spielzeug – von Kaugummis, Gummibärchen und dem, was man damit machen kann. In: Ästh. u. Komm. (1977), 27, S. 28ff. WEBER-KELLERMANN, I.: Die Kindheit. Arbeit und Spiel. Eine Kulturgeschichte, Frankfurt/M. 1979a. WEBER-KELLERMANN, I.: Die gute Kinderstube. Zur Geschichte des Wohnens von Bürgerkindern. In: Niethammer, L.

(Hg.): Wohnen im Wandel, Wuppertal 1979, S. 44 ff (1979b). WEBER-KELLERMANN, I.: Der Kinder neue Kleider. Zweihundert Jahre deutsche Kindermoden, Frankfurt/M. 1985. WYNEKEN, G.: Schule und Jugendkultur, Jena 1914.

Dieter Lenzen

Kinderladen → Vorschulerziehung
Kinderladenbewegung → Erziehung, antiautoritäre

Kinderliteratur

Kinderliteratur ist, lange bevor das Kind zum Selbstleser wird, Themenreservoir und Medium der Erwachsenen-Kind-Kommunikation. Die von sprachlich erzogenen Erwachsenen im Kontakt mit ihren Kindern verfertigten Texte erzeugen Inseln gemeinsamer Innen-, Mit- und Umwelten, die über den Nahhorizont der Erzähler hinausweisen. Das Kind steigert seine Zentralperspektive (Ich-Erleben, motiviertes Spielen, Imaginieren, Anthropomorphismen) und rückt doch über die persönliche Aneignung der tradierten Spiel- und Erzählweisen in die Perspektiven und Sinnhorizonte seiner Mitwelt, in der Geschichte und Geschichten gemacht werden.

Kinderliteratur spiegelt die Erzähl- und Schriftkultur der Erwachsenen, steigert sich im Selbstbezug, findet ihren je neuen Ton im Kontakt zu den klassischen Erzählmustern, so daß spezifische Kinderliteratur als Bereicherung in die Weltliteratur eingeht (beispielsweise: Carroll, Alice im Wunderland, 1864).

Kinderliteratur ist sodann der ausgezeichnete Versammlungsort der Volkspoesie und religiösen Erzählkultur, sie hebt die «Kindheit der Erwachsenen» auf. Endlich ist sie die Literatur, die speziell für das lernende/lesende Kind in Schule und Freizeit andauernd fort- und umgeschrieben wird.

Die Grenzen zur Jugend- und Erwachsenenliteratur sind offen, so daß eine Normierung altersgebundener Lesestufen nicht möglich ist (vgl. BEINLICH 1980), sofern sie sich an Themen und Stoffen orientiert (Märchen-, Abenteueralter). Demgegenüber ist eine kognitiv-strukturelle Limitierung unbestreitbar (vgl. KREFT 1977). Die spezifische Kinderliteratur, die seit dem 18. Jahrhundert ausgearbeitet wird, ist heute Teil der Innenwelt der Erwachsenen und schematisiert ihre Erwartungen auf das hin, was Kinder als Akteure und Publikum erwarten. Die Verhäuslichung und Verschulung der Kinder, die über Literatur erst ermöglicht wird, kann nicht als Domestizierung und Gettoisierung kritisch notiert werden (vgl. DODERER 1981), ohne die weltweite, nichtwählbare Umstellung in den → Lebenswelten sensibel im Auge zu behalten. Erwachsene brauchen Kinder, die Märchen, Pinocchio, Struwwelpeter und Robinson Crusoe lesen, so werden gemeinsame Geschichten gestiftet und Erzählkulturen eröffnet, um kontingenten Sinn zu versprachlichen. Den modernen fiktionalen und zeitgeschichtlichen Erzählungen kommt das Verdienst zu, dem latenten Sinn der Erwachsenen-Kind-Jetztwelt, in der immer auch Sprachlosigkeit droht, zur Ausdrückbarkeit zu verhelfen (so beispielsweise Ch. Nöstlinger, M. Ende, J. Kerr, P. Härtling).

Kinderliteratur ist heute nur ein Teil einer allanwesenden → «Kinderkultur» (vgl. DAHRENDORF 1980) mit ihrer Fülle von Spielzeug, gedruckten und elektronischen Medien, die Texte auf Verbrauch hin liefern. Die Innenwelt wird so klischiert, wenn der aktive Umgang nicht angebahnt wird, der im Erwachsenen-Kind-Spiel und -Gespräch seinen Anfang nimmt (vgl. GOTH 1976, HURRELMANN 1981, KARST 1978).

Erwachsenen-Kind-Kommunikation. Poesie, Drama und Prosa sind immer schon anwesend, wenn Erwachsene und Kinder sich sprachlich zueinander in Beziehung setzen. Gespräch, Spiel und Erzählung interpunktieren die Besorgungen und Gesellungen; beim Pflegen, Spazieren und Essen werden ununterbrochen flüchtige Texte gesponnen (vgl. DEHN 1974), zufällige Sprachspiele ritualisiert (vgl. PIAGET 1969) und um einige bereichert, die in der Buchkultur tradiert und in der Kinderkultur variiert werden:

Ene, mene, minke, manke ...
Ix, ax, ux, der rote Fuchs,
die graue Maus,
und du bist raus.
Der Affe gar possierlich ist,
Zumal wenn er vom Apfel frißt.

Sprache, die sich zu vergnügten Ritualen versteift hat, ist von E. Lissauer zutreffend als «gedichtetes Spielzeug, gesungenes Gerät» (zitiert nach BEINLICH 1961, S. 699) bezeichnet worden. Ihr gesellen sich die «Kernsprüche» aus der → Kultur der Erwachsenen hinzu (vgl. HOGGART 1969, S. 102ff), deren verzuckerte Versionen in den Poesiealben der Mädchen aufgehoben werden: «Immer heiter – Gott hilft weiter.» Gerade jene Sprachfiguren werden geliebt, die besonders herzstärkend, artistisch, verfremdet klingen: «Der Erde köstlicher Gewinn/ist frohes Herz und reiner Sinn» (GEIGER 1981, S. 131).

Dem «gedichteten Spielzeug» gesellen sich die ausgemünzten Sprachbilder hinzu, die in Märchen, Lied, Schlager und Schwank die Innenwelt von Liebe, Trauer, Tod und Schmerz bannen, aber auch die → Phantasie anstoßen, das Glück, den Zufall beim Schopfe zu fassen. Die fabulierte Welt ist «nicht frei von einem ironisch-satanischen Einschlag» (BENJA-

MIN 1969, S. 52) – sowenig wie die Comics, das Kasperdrama und die Eulenspiegeleien. Das «Tri-tra-trullala – seid ihr alle da?» kündet aber davon, daß alles in Ordnung ist und abgekorkt in der Erzählwelt (... wenn sie nicht gestorben sind, dann leben sie noch heute), bisweilen aber wird die Wonne-Angst durchgehalten, nur Bild und Sprachton verfremden und weisen die Bilder in die fiktionale Welt (Struwwelpeter, Max und Moritz).

Der Sprache der Bilder aber folgt schon die Sprache der Sprache. Dialog-Situationen werden ausgegrenzt und als besondere Institute des Erzählens in den → Alltag eingerückt (Zubettgehritual), das Erzählen des Erzählens wird Genuß, Thema und Reflexionsanlaß («so geht das nicht; du mußt immer so sagen»); das Sprechen des Sprechens, die Vorfreude auf zu empfindende bekannte Empfindungen steigern das Erzählarrangement. Man löst sich aus dem Duktus der Erzählung; gerade dann, wenn Eltern von ihrer → Kindheit erzählen, werden Jetzt und Damals, Erleben und bloß erzähltes Erleben, Nacherleben und Kommentar kombiniert. Das Erzählen selbst führt zum Fortspinnen von Wahrheit und Dichtung. Die soziale Partitur erzeugt reversibles Erzählen, die Geschichte kann angehalten, kommentiert, verändert, gemixt, durch Alter und Ego ergänzt werden. Die alltägliche Prosa und Poesie bringt die ästhetische Dimension der Sprache zur Funktion. «Begreift man denn nicht, daß, da die Poesie ursprünglich in der Sprache daheim ist, diese nie so gänzlich depoetisiert werden kann, daß sich nicht überall in ihr eine Menge zerstreute poetische Elemente finden sollten, auch beim willkürlichsten und kältesten Verstandesgebrauch der Sprachzeichen, wieviel mehr im gemeinen Leben, in der raschen, unmittelbaren, oft leidenschaftlichen Sprache des Umgangs» (SCHLEGEL 1964, S. 99).

Campe hat 1779 mit «Robinson der Jüngere» auf faszinierende Weise für das bürgerliche Milieu gezeigt, daß «Kinderliteratur» auf Anstiftung zu erziehlicher Eltern-Kind-Kommunikation zielt. Der Text ist Dialog- und Monologmuster, in dem die umgeschriebene Robinsongeschichte durchmischt ist von frommer Poesie, Belehrungen, Dialogen und Vorhaben der besonderen Anwesenden. Der Leser wohnt der Texterzeugung in den abendlichen Stunden bei, erhält Exempel über die Rezeptionsweisen der Kinder (Nachahmung, Dramatisieren, Selbsttätigkeit), endlich werden die Kinder zu Mitautoren, wenn Campe ihre Briefe an Robinson einfügt. «Ich hoffe nemlich, durch eine treue Darstellung wirklicher Familienszenen ein für angehende Pädagogen nicht überflüssiges Beispiel des väterlichen und kindlichen Verhältnisses zu geben, welches zwischen dem Erzieher und seinen Zöglingen nothwendig obwalten muß» (CAMPE 1981, S. 14). Campe trifft damit die sozio-kulturelle Dimension einer vertrauten und ambitionierten (selbstreflexiven) Kultur, in der allein über den Hörer, Sprachspieler und aktiven Erzähler sich der zukünftige Leser selbst aufbaut, der wiederum in seiner Mitwelt auf ein gesprächsfähiges Publikum trifft.

Ästhetische Dimensionen liegen in jeder subkulturellen Sprachwelt, aber in den ländlichen und proletarischen Subkulturen dominiert die literarisch nicht orientierte orale Kultur (vgl. HOGGART 1969, S. 31), die nur durch eine Literatur ergänzt wird, die die Zentrik und Thematik konkreten familiengebundenen Lebens teilt (vgl. HOGGART 1969, JACKSON/MARSDEN 1966). Die Erzählkultur bleibt kontext- und lebenslaufgebunden, sie schottet sich ab gegen Außenwelten, die nicht nach dem Familienmuster das Erleben kodieren, und gegen Innenwelten, die die profanen Ereignisse wie Tod, Liebe, Aufstieg und Fall, Essen und Vergnügen hintersinnig und luxurierend steigern.

Die ästhetische Kompetenz dieser Kinder wird durch die familiären Habituden, Themen und Kontrollformen dort zur Funktion gebracht, wo das Erleben konkret oder drastisch interpretiert wird. In der Kinderkultur vertiefen sich diese Erwartungshaltungen, in der Jungenkultur werden agonale Versionen (Sport, Abenteuer, Krimi) bevorzugt, die Mädchen erwarten Bebilderungen von femininer Attraktivität, kosmetischer Innenwelt, vom Zufall und Geschick (Horoskop) als Gegenwelten zur erwartbaren Arbeitswelt des repetitiven Tuns (vgl. HOGGART 1969). Die →Schule erwartet aber in der Regel eine kultivierte Witzigkeit, ästhetisierte Sinnlichkeit und literarisierte Innerlichkeit (wie beispielsweise bei Härtling, Ben liebt Anna, Weinheim/Basel 1979).

Die moderne Literaturpädagogik versucht, die Kinder dort abzuholen, wo ihre Sprach- und Erzählkultur sie hinverwiesen hat (Kontinuität), um dann über die Stiftung einer schulischen Erzähl- und Vorlesekultur (Montagskreis, Leseecke, Vorstellen von Lieblingsbüchern) zeitelastisch Kinder mit anderen Textsorten vertraut zu machen, um Anschlüsse an den Lesekanon zu sichern (Diskontinuität), dessen Durchlaufen erst die mögliche ästhetische Kompetenz zur vollen Funktion bringt (vgl. KREFT 1977).

Kinderliteratur als Kanon und Curriculum. Kinderliteratur liegt in einer Kultur mit großer Texttradition (vgl. BRÜGGEMANN/EWERS 1982), dem Buch als Ware (vgl. DAHRENDORF 1980) und Pädagogen als Wächtern (vgl. DODERER 1981) einerseits als schönes Chaos mit unbestimmten Grenzen vor, andererseits als sequentielles →Curriculum – analog dem «guten Spielzeug» – für die Erwachsenen-Kind-Kommunikation und das selbstschauende, selbstlesende Kind. Die altehrwürdige Reihe vom Kinderreim, Bilderbuch, über Kasper, Struwwelpeter zum Märchen, endlich zur Abenteuer-, Mit- und Umweltgeschichte liegt nach dem Alter (und Geschlecht) geordnet in den Buchhandlungen und Kinderstuben vor. Diese Sequenz wird modifiziert und angereichert durch die Textreihe in Kindergarten und Schule; die Zahl kommunikationsfähiger Themen wird gesteigert und in tradierbare neue Formen überführt. Dem Kanon der Pädagogen korreliert die Textfülle in den Kaufhäusern, endlos werden «kindertümliche» Themen durchgespielt (Osterhasen, Wichtelmänner, Tiergesellschaften, Kobolde und Winzlinge). Sie demonstrieren – wie die Antihelden von Tarzan bis Mickey Mouse – das figurative, imitative und konsumtive Verlangen nach Kopien von Kopien von Kopien, sie wirken aber klischierend nur dann, wenn sich auch die Kommunikationsformen in →Familie und Schule versteifen, sind doch beide auch Produzenten von Kitsch und Trivialitäten. Lebensläufe von Lesern zeigen an (vgl. BEINLICH 1961), daß das endlose Lesen von – wie auch immer identifizierter – Trivial-, Kitsch- und Schundliteratur in Phasen der Schmökerlust, des Imitierens, des Endlich-einmal-nicht-Lernens beinahe so notwendig ist wie das Anstarren, Kopieren und Sammeln einer putzigen Bildergalerie aus Oblaten, Kleinbildern und Fotos mit Goldrand, Rosen, Lametta und niedlichen Kindlein. Im Gegenzug werden Fratzen, Blitze und Genitalien von demonstrativer Obszönität gemalt.

Dem Kritiker zum Trotz, der seine eigene Simplizität und Kitschnischen verbirgt, bleiben die «Hasenschule», «Waldi», «Hanni und Nanni» wie die «Poesiealben» Klassiker. Sie spiegeln weder die erlebte Erziehungssprache noch die erlebten Kinderinnenwelten. Gerade die konditionierte Ästhetik, szenische Simplizität und umweglose Moral wird als Differenz, Komik, nicht erlebbares Erleben erlebt, das man spielen kann, weil die Machart durchschaubar ist, so daß man weiterdichten kann. Der Erwachsene spielt züchtig vor dem Kinde:

«Ich hab' dich so lieb!
Ich würde dir ohne Bedenken
eine Kachel aus meinem Ofen schenken»
(Ringelnatz)

Das kindliche Unschuldsmäulchen dagegen negiert prall die pädagogischen Botschaften; in der Einheit dieser Differenzen liegt die Lust an Literatur:

«Müde bin ich, geh' zur Ruh
Decke mich mit Kuhdreck zu
Kommt der böse Feind herein
Faßt er in den Kuhdreck rein.»
(RÜHMKORF 1967, S. 54)

Der →Lebenslauf, in dem das Kind auf diffuse, zufällige, aber doch unvermeidbare Weise die Redeinseln, Moraldenkmäler und Tabuzonen aufspürt, wird durch das öffentliche Erzählkonzept interpunktiert. Kann man schon die Selbsterfahrungen und Erfindungen der Kinder, ihre Dreistigkeiten und Sprachblitze («aus Kindermund») nicht vermeiden, so sind die Erwachsenen doch den Kindern schuldig, Lebensbilder,

Welt-Spiele, Prosa und Poesie zu inszenieren, um sie aus ihren subkulturellen, ästhetischen Emballagen herauszuführen. Jeder Kanon zeigt einen hochselektiven, aber betreubaren Weg zur Steigerung umsichtigen und genauen Lesens an, um die Kinder am Allzu-Menschlichen in ihrer Mitwelt teilhaben zu lassen, was sie auch neugieriger macht auf sich selbst und ihre inneren, offenen, noch ganz unbestimmten Möglichkeiten. Lesen ist zugleich Steigerung der Sprechsprache, denn zur Person zu werden heißt, die Sprache durch sich hindurch tönen zu lassen. Zuhören wie expressives Lesen stiften an, sich in der Sprache einzunisten, in ihr zu spielen.

Kroklokwafzi? Semememi!
Seiokronto – prafriplo:
Bifzi, bafzi; hulalemi:
quasti basti bo...
Lalu lalu lalu lalu la!
(Morgenstern)

Wie emsig doch das Krokodil
Den Schwanz sich aufgebessert
Und jede Schuppe, fern am Nil,
Im Golde hat gewässert.

Wie freundlich blickt sein Auge drein,
Wie klar quillt seine Träne,
Wenn es die Fischlein lockt herein
In seine milden Zähne.
(Carroll)

Der Kanon liefert Muster für «gebändigten Schall», «gepflegte Semantik», «musikalisch syntaktische Partituren» und zeigt den Nachfahren an, wie die Vorfahren, die noch in uns sind, das Kind als tönendes Wesen haben wollten, um Resonanz zwischen großen und kleinen Personen zu erzeugen; zugleich werden Textsorten eingespielt (Mythos, Sprüche), die den historischen Sinn (humaniora) kultivieren.

Kanon und identifizierte Lesestufen, wie sie von Bühler und anderen konstruiert werden (vgl. Beinlich 1961, 1980), erzeugen sich im Wechselbezug – soviel ist heute gewiß! Bühler (vgl. Beinlich 1961, 1980) liest am Lieblingsbuch der Kinder aus gepflegten Milieus die Lieblingsbücher der institutionalisierten Eltern-Kind-Kommunikation ab: 2–4 Jahre – Struwwelpeter; 4–8 Jahre – Märchen; 9–10/12 Jahre – Robinson; 12–14/15 Jahre – Heldengeschichten; 14 Jahre – Übergang zur Erwachsenenliteratur.

Bei Abblendung des gesellschaftlichen Kontextes identifiziert der Psychologe, ja, selbst der unachtsame kritische Sammler von Kinderreimen (vgl. H. M. Enzensberger 1961, S. 349f; zur Kritik: Rühmkorf 1967, S. 21ff), als «Natur», was pädagogisierte Erwachsene gesammelt, gereinigt, beschnitten und als Schrebergarten-Innenwelt Kindern einverseelt haben (zum Märchen: vgl. Richter/Merkel 1974). Der Kritiker aber muß beachten, daß Laien Kinderliteratur handhaben können müssen, auch wenn sie nicht an der spezifischen Ästhetisierung literarischer Texte interessiert sind, sondern diese in ihren traditionalen Wertbindungen schätzen (Belehrung, Moral, Unterhaltung, Individuierung – vgl. Arendt 1981).

Der Kanon legt hochselektive Wege durch die Literatur, verbunden mit dem Anspruch, die Selektion zu begründen und die Bedingungen für Änderungen zu reflektieren; an der Geschichte der Selektionen und Wertbindungen (vgl. Killy 1967) aber kann man den eigenen Kanon als ein Vorurteil unter anderen erkennen. Der Kanon erzwingt Reflexionen auf die generelle Norm gelingender Verständigung; literarische Texte liefern Themen (Gegensinn), die der Einbettung in Dialoge bedürfen, die Kinder zur Ausdrückbarkeit, Verfertigung ihrer Gedanken beim themengebundenen Reden verführen. Die Kinder erwerben so durch Ausdrückbarkeit ihrer Eindrücke (Assimilation – Akkommodation) Geschicktheit, um latenten überschüssigen Sinn zur Sprache zu bringen, um die Kommunikationsmodi wie Humor, Ironie, Satire, Witz, Diskussion voneinander abzusondern (vgl. Bateson u. a. 1969, S. 14). Texte verführen zum Durchspielen kontingenten Sinns, zur Negation der Negation, zum sprachspielerischen «Aufstand der Regeln» (Ch. Enzensberger in Carroll 1963), um so das Maßgebende zu identifizieren.

Von Kindern rezipierte Literatur. Der Kanon nötigt zur bewußten Selektion, Wertung und Selbstthematisierung und schärft die Aufmerksamkeit für die Wege, die Kinder einschlagen oder die ihnen an den pädagogischen Wächtern vorbei gewiesen werden von den öffentlich-rechtlichen und den geheimen Miterziehern. Wenn alles als Kinderliteratur interpretiert wird, was Kinder rezipieren (empirische Norm), dann ist Kinderliteratur ein konturloser Familienname für die bunte Vielheit der Texte, die täglich im Nahhorizont wirken: Schulbücher, Lieder, Theater, Filme, Platten, Kassetten, Comics, Zeitschriften ...

Die empirische Forschung lüftet den Vorhang, zeigt, was wirklich gelesen wird, soweit das empirische Setting dazu taugt. Die Flüchtigkeit und Irrelevanz der Situation für den Befragten (Gedächtnis, Erwartungserwartungen, Wahrhaftigkeit), die Relevanz für die Befrager (Auftragsforschung) ergeben nur Momentaufnahmen davon, wie «Sinn» zirkuliert, sich verteilt, nicht aber welche Fernwirkungen das tägliche Bad in den Medien bewirkt. Statistisch stehen in jedem Haushalt 184 Bücher

(Börsenverein des Deutschen Buchhandels e. V. 1984: dpa-Meldung), die mit dem Fernseher, der Zeitung, den Comics konkurrieren. Das Buch ist über die Schule als Pflichtlektüre in den Alltag eingebaut. Elternhaus und Schule sichern, wie eine Studie der Bertelsmann-Stiftung von 1977/78 zeigt, daß auch «die Generation, die bereits von Kindheit an mit dem Fernsehen konfrontiert wurde und mit diesem Medium groß geworden ist, auch das Buch ausgiebig nutzt. Drei Viertel der Zeit, die Büchern gewidmet wird, gilt dabei dem Schul- und Lehrbuch, das nach wie vor Leitmedium im Unterricht geblieben ist. Aber auch das nicht zu Schulzwecken dienende Buch erhält vom Durchschnitt der 6- bis 17jährigen noch ebensoviel Zuwendung wie die übrigen gedruckten Medien zusammengenommen. Ausgehend von der Einübung in Rezeptions- und Verarbeitungstechniken, haben also die Lesemedien gute Chancen, sich auch später gegen das Fernsehen behaupten zu können» (STEINBORN/FRANZMANN 1980, S. 191; vgl. Abbildung 1).

Abbildung 1: Zeitbudget pro Kopf/pro Tag in Minuten

	Kinder von 6 bis 17 Jahren insges.	Jungen	Mädchen	Altersgruppen 6 bis 9 Jahre	10 bis 12 Jahre	13 bis 17 Jahre	Soziale Schichten I	II	III	IV/V
Fernsehen	72	77	68	58	79	80	55	72	78	78
Elektronische Medien insges.	134	139	128	85	120	180	123	132	138	138
Buch ohne Schulbücher	25	23	27	16	25	33	29	28	27	17
Schulbücher	78	78	72	55	84	92	71	86	69	85
Übrige gedruckte Medien	25	28	21	15	23	33	23	26	24	25
Gedruckte Medien insges.	128	129	125	86	132	158	123	140	120	127
Medien insges.	262	268	253	171	252	338	246	272	258	265

(Quelle: STEINBORN/FRANZMANN 1980, S. 168)

Das Buch hat über das Schulbuch seinen festen Platz im → Alltag und dominiert unter den gedruckten Medien (Zeitschriften, Romanhefte, Comics); aber es ist nicht in allen Familien freigewählter, alltäglicher Gebrauchsgegenstand wie der Fernseher (vgl. Abbildung 2).

Das Fernsehen wird nur dort zum dominierenden Freizeitmedium, wo Spielmöglichkeiten eingeschränkt sind und Bücher fehlen. Da Kinder

	Kinder/Jugendliche von 6–17 Jahren insges.		Häufigkeit der Buchnutzung					
			Häufig		Durchschnittl.		Selten	
	im Haushalt %	selbst %	im Haushalt %	selbst %	im Haushalt %	selbst %	im Haushalt %	selbst %
Weniger als 5 Bücher	0	7	–	4	–	5	1	10
5– 10 Bücher	2	16	1	14	2	14	2	19
11– 20 Bücher	6	25	5	24	3	26	10	26
21– 50 Bücher	21	34	19	32	20	40	23	30
51–100 Bücher	23	11	21	17	25	11	24	8
Mehr als 100 Bücher	43	5	52	8	45	4	35	4
Keine Bücher	0	1	–	0	–	1	0	2
Weiß nicht/ keine Angabe	4	0	1	1	4	–	5	–
	99	99	99	100	99	101	100	99

Abbildung 2: Von Kindern/Jugendlichen geschätzte Zahl von Büchern im Haushalt und in eigenem Besitz sowie Häufigkeit der Buchnutzung

(Quelle: Steinborn/Franzmann 1980, S. 172)

keineswegs Kinderprogramme bevorzugen, Fernsehen als Ablenkung, Unterhaltung und Information schätzen (Werbefernsehen, Tierfilme, Familiensendungen), liegen bereits Vorschläge vor, dem Fernsehkonsum zur Vorbeugung eines visuellen Analphabetismus mit aktiven und reflexiven Mitteln zu begegnen (Fernsehfibel – vgl. Goth 1976).

Wenn die Untersuchungen nicht täuschen, dann geht aber der Fernsehkonsum bei 13- bis 16jährigen zurück, während anderen elektronischen Medien stärker zugesprochen wird. Drei Viertel der Jugendlichen besitzen eigene Plattenspieler und Recorder (vgl. Baacke 1983). Die Medien wirken auf Kinder, wie ihre veränderten Spielthemen anzeigen, zudem steigern perfekte Plattenmärchen, -krimis die Anforderungen an eine Vorlesekultur. Das Bad in den Medien steigert die Flexibilität und Geschicktheit im Umgang mit Stilen und Informationen, sofern die Medienerfahrungen immer wieder eingebettet werden können in Gespräche oder aktive Rezeptionsweisen (Spiele, Umdichtungen, Verfremdungen). Dem Buch kommt deshalb eine ausgezeichnete Rolle zu, weil der Leser selber aktiv in sich oder für andere die Inszenierung erzeugen muß, die ihn zugleich als Autor und Publikum unterhält. Die Vielheit der Texte führt zwangsläufig zu spezifischen Leserkarrieren, die aber auch immer wieder diskontinuiert werden können. Der Weg zur Literatur muß nicht über den Lesekanon führen.

Von Kindern produzierte Literatur. Kinderliteratur für Kinder ist immer im Kontakt mit Kindern entstanden (J. H. Campe, H. Hoffmann, L. Carroll, P. Härtling), und sei es im Selbstkontakt zu dem Kind, das man (gewesen) ist (A. Lindgren, Ch. Nöstlinger). In diesem Sinne sind Kinder immer schon Mitautoren der Literatur für Kinder, während ihre Eigentexte wiederum die geheime Mitautorenschaft der Erwachsenen bezeugen. So spiegelt sich in den sogenannten «freien Aufsätzen» in der Kunsterziehungsbewegung weniger die →Spontaneität der Kinder als die den Kindern einverseelte Poesie unserer Vorfahren. Analog werden unsere Nachfahren an den Texten der heutigen Kinder unsere Vorurteile und ästhetischen Vorlieben ablesen.

Von Eltern, Lehrern (vgl. GMELIN 1977) und Mundartforschern (vgl. OPIE/OPIE 1977, RÜHMKORF 1967) gesammelt, kommen bisweilen authentische Texte *von* Kindern in die Druckpresse. Dem traditionellen Wunsch, sich am Kinde zu ergötzen, entstammen die Textsammlungen, die aufheben, was absichtswidrig in Lehr-/Lernsituationen als Jux aus Kindermund herauskommt: «Die drei großen Epochen der Menschlichkeit sind das Steinzeitalter, das Bronzealter und das Pensionsalter»; Zellengewebe: «Ein derber Stoff, der in Gefängniszellen angefertigt wird»; «Die Kuh ist ein Säugetier, dessen Beine bis zur Erde reichen» (zitiert aus JEAN-CHARLES 1980).

Bisweilen sind Erwachsene und Kinder nur Sprachpapageien – zumal dann –, wenn es nichts zu sagen gibt, aber Nähe und Zuneigung beide zu sozialen Geräuschen verpflichten. Texte zu Spielen, in therapeutischen Situationen protokolliert, stoppen das Lachen des Erwachsenen (vgl. AXLINE o. J.), gebrochen ist das Lachen, wenn Kinder die politischen Umstände besingen:

«Run, Hitler, run, Hitler, run, run, run
Don't give the Allies their fun, fun, fun;
They'll get by
Without their Hitler pie
So run Hitler, run, Hitler, run, run, run.»
(OPIE/OPIE 1977, S. 173)

Die Tagebücher der Kinderjugendlichen Anne Frank und David Rubinowicz haben Kinder dann als literarische Chronisten ihrer Lebens- und Zeitgeschichte zu ernsthaften Zeitgenossen gemacht. Literatur von Kindern erinnert daran, daß Kinder bei aller Spiel- und Fabulierlust Zeitgenossen sind, die mitleiden und scharfsinnig hinter den Texten der Erwachsenen weiterlesen. Die orale und literale Erzählkultur der Kinder zeigt die ganze Bandbreite vom Ulk bis zum Hilfeschrei, vom sozialen Geräusch bis zur gesellschaftlichen Enthüllung. Die realistische Geschichte für Kinder kann ohne die Mitautorenschaft von Kindern gar nicht geschrieben werden, in diesen klingt bei Präsenthalten auch düsterer Vergangenheiten die Suche nach gemeinsamen lohnenden Zukünften an.

Kinderliteratur und Primarschule. Kinderliteratur wird nach und neben dem Elternhaus und der Medienwelt in der Primarschule betreut. Die besondere Funktion der Schule besteht darin, dafür Sorge zu tragen, daß alle Kinder zu Selbstlesern werden können. Die Primarschule kann diese Leistung nur bewirken, wenn sie erstens selbst der Ort einer artikulierten oralen Kultur ist und bei Kindern die Lust erhalten kann, sich mitzuteilen und darzustellen hinter Masken und als Individualitäten; und wenn es ihr zweitens gelingt, beim Schriftspracherwerb Fremdsinn als eigenen anderen Sinn aufzuzeigen, den man als nicht selbst erlebtes Erleben durchspielen und in seiner Sprache wiederformulieren kann.

Gegenüber der Nötigung, Kindern Textsorten aufzuschließen und geläufig verfügbar zu machen, in denen die persönliche Hinsicht und Wissensgenese im Text zuletzt getilgt ist, hebt die narrative Kultur kontingenten Sinn auf und schärft den ästhetischen, auf Hintersinn spezialisierten Sprachgebrauch (vgl. Eco 1972, S. 145). In Differenz zu begriffs- und regelgebundenen Sprachspielen (Rechensprache, Notenlesen, erdkundliche Legenden) steigert sich auch die prosaische Sprache, wenn in ihr das Kind auf seine Weise zur persönlichen Ausdrückbarkeit gelangen kann.

Der literarische Code ist zunächst nichts Selbständiges (ist Teil alltäglichen Redens, Berichtens, Fragens) und nichts Selbstverständliches, ist selbst Resultat einer verständigungsorientierten Gesprächskultur, die auf die Sprache selbst aufmerksam macht. Im Sprechen geht es immer auch darum, noch nicht Verstandenes mitteilbar zu machen. «Sprechen heißt Handeln durch Enthüllen» (SARTRE 1958, S. 17).

In der Schulzeit verändert sich dann die Sprache des Kindes. Das szenisch gebundene Nach- und Nebeneinander (Juxtaposition) weicht Texten mit Ein- und Rückblenden, indirekter und direkter Rede, womit das Nachsinnen vom Standpunkt anderer geprobt wird. Dem Kind als Leser, der es nur als Mitautor werden kann, korreliert das Kind als Erzähler und Selbstschreiber, und damit muß zwangsläufig die subkulturelle Ästhetik in der Schule zum Tragen kommen (Erzählweise, Vorlesen von Lieblingsbüchern, Deklamieren von Schallplatten, Dramatisieren).

Prämisse jeder literarischen Erziehung in der Primarschule ist die andauernde Förderung und Bewahrung einer oralen Kultur. «Der Lehrer des Deutschen soll nichts lehren, was die Schüler selbst aus sich finden können, sondern alles das sie unter seiner Leitung finden lassen. Das Hauptgewicht sollte auf die gesprochene und gehörte Sprache gelegt werden, nicht auf die geschriebene und gesehene» (HILDEBRAND 1898, S. 6). Das Fernziel einer ein- und ausbildenden literarischen Erziehung wird nicht (nur) über stetig im Anspruch steigende Textsorten (Lesebuch, Ganzschriften) erreicht, sondern in der langen Schulzeit auch über das Sich-Freisprechen und Freischreiben an liebevollen Simplizitäten: Sprachbasteleien, Witzen, Geschichten, dramatischen Szenen (vgl. Karst 1978, Kochan 1981).

Arendt, D.: Jugendliteratur zwischen Ästhetik und Didaktik oder «So fühlt man Absicht und man ist verstimmt». In: Doderer, K. (Hg.): Ästhetik der Kinderliteratur, Weinheim/Basel 1981, S. 64ff. Axline, V.: Dibs. Die wunderbare Entfaltung eines menschlichen Wesens, Bern/München o. J. Baacke, D.: Massenmedien und Sozialisation. In: Enzyklopädie Erziehungswissenschaft, Bd. 8, Stuttgart 1983, S. 90ff. Bateson, G. u. a.: Schizophrenie und Familie, Frankfurt/M. 1969. Beinlich, A.: Über die literarische Entwicklung in Kindheit und Jugend. In: Beinlich, A. (Hg.): Handbuch des Deutschunterrichts, Bd. 2, Emsdetten 1961, S. 695ff. Beinlich, A.: «Lesealter»? Die literarische Entwicklung der Kinder und Jugendlichen. In: Maier, K. E. (Hg.): Kind und Jugendlicher als Leser, Bad Heilbrunn 1980, S. 13ff. Benjamin, W.: Über Kinder, Jugend und Erziehung, Frankfurt/M. 1969. Brüggemann, Th./Ewers, H.-H.: Handbuch zur Kinder- und Jugendliteratur. Von 1750 bis 1800, Stuttgart 1982. Bürger, Ch.: Sage und Märchen im Deutschunterricht der Primarstufe. Für eine ideologiekritische Textinterpretation. In: Zander, S. (Hg.): Deutschunterricht in der Grundschule, Bad Heilbrunn 1977, S. 108ff. Campe, J. H.: Robinson der Jüngere, hg. v. A. Binder u. H. Richarts, Stuttgart 1981. Carroll, L.: Alice im Wunderland. Mit zweiundvierzig Illustrationen von J. Tenniel und einem Nachwort von Ch. Enzensberger, Ulm 1963. Dahrendorf, M.: Lesersoziologische Voraussetzungen. In: Maier, K. E. (Hg.): Kind und Jugendlicher als Leser, Bad Heilbrunn 1980, S. 129ff. Dehn, W.: Erzählen und Zuhören. In: Dehn, W. (Hg.): Ästhetische Erfahrung und literarisches Lernen, Frankfurt/M. 1974, S. 133ff. Doderer, K.: Kinder- und Jugendliteratur im Ghetto? In: Doderer, K. (Hg.): Ästhetik der Kinderliteratur, Weinheim/Basel 1981, S. 9ff. Eco, U.: Einführung in die Semiotik, München 1972. Enzensberger, H. M.: Allerleirauh. Viele schöne Kinderreime, Frankfurt/M. 1961. Geiger, K. F.: Das Poesiealbum – Ein Kindermedium im Wandel. In: Doderer, K. (Hg.): Ästhetik der Kinderliteratur, Weinheim/Basel 1981, S. 130ff. Gmelin, O.: Kinderkunst. In: Doderer, K. (Hg.): Lexikon der Kinder- und Jugendliteratur, Bd. 2: I–O, Weinheim/Basel 1977, S. 189f. Goth, J.: Vorüberlegungen zu einer Fernsehfibel für Grundschüler. In: Halbfas, H. u. a. (Hg.): Lernwelten und Medien, Neuorientierung im Primarbereich, Bd. 5, Stuttgart 1976, S. 105ff. Hildebrand, R.: Vom deutschen Sprachunterricht in der Schule und von deutscher Erziehung und Bildung überhaupt, Leipzig/Berlin 1898. Hoggart, R.: The Uses of Literacy, Harmondsworth 1969. Hurrelmann, B.: Über die Verkümmerung ästhetischen Lernens. In: Doderer, K. (Hg.): Ästhetik der Kinderliteratur, Weinheim/Basel 1981, S. 48ff. Jackson, B./Marsden, D.: Education and the Working Class, Harmondsworth 1969. Jean-Charles: Die Knilche von der letzten Bank, Reinbek 1980. Karst, Th. (Hg.): Kinder- und Jugendlektüre im Unterricht, Bd. 1: Primarstufe, Bad Heilbrunn 1978. Killy, W.: Zur Geschichte des deutschen Lesebuchs. In: Lämmert, E. u. a.: Germanistik – eine deutsche Wissenschaft, Frankfurt/M. 1967, S. 43ff. Kochan, B. (Hg.): Rollenspiel als Methode sozialen Lernens, Königstein 1981. Kreft, J.: Grundprobleme der Literaturdidaktik, Heidelberg 1977. Opie, J./Opie, P.: The Lore and Language of Schoolchildren, Frogmore 1977. Piaget, J.: Nachahmung, Spiel und Traum, Stuttgart 1969. Richter, D./Merkel, J.: Märchen, Phantasie und soziales Lernen, Berlin 1974. Rühmkorf, P.: Über das Volksvermögen. Exkurse in den literarischen Untergrund, Reinbek 1967. SARTRE, J.-P.: Was ist Literatur? Reinbek 1958. SCHLEGEL, W.: Poesie. In: Schlegel, W.: Über Literatur, Kunst und Geist des Zeitalters. Eine Auswahl aus den kritischen Schriften, hg. v. F. Finke, Stuttgart 1964, S. 95ff. STEINBORN, P./FRANZMANN, B.: Kommunikationsverhalten und Buch bei Kindern und Jugendlichen. Ergebnisse einer empirischen Untersuchung. In: Maier, K. E. (Hg.): Kind und Jugendlicher als Leser, Bad Heilbrunn 1980, S. 159ff. WEIR, R.: Language in the Crib, The Hague 1962.

Hubert Wudtke

Kinderpflege → Mutter
Kinderschutz → Kindesmißhandlung
Kinderspiel → Kinderkultur; → Spiel
Kindertagesheim → Vorschulerziehung
Kindertagesstätte → Vorschulerziehung
Kindesalter → Kindheit

Kindesmißhandlung

Kindesmißhandlung als moralisch verwerfliche Handlung gibt es erst, seit sich ein Begriff von → «Kindheit» als einer besonderen – besonders schutzbedürftigen – Lebensphase herausgebildet hat, also seit ungefähr 200 Jahren. «Die Geschichte der Kindheit ist ein Alptraum, aus dem wir gerade erst erwachen. Je weiter wir in der Geschichte zurückgehen, desto unzureichender wird die Pflege der Kinder, die Fürsorge für sie, und desto größer die Wahrscheinlichkeit, daß Kinder getötet, ausgesetzt, geschlagen, gequält und sexuell mißbraucht wurden» (DEMAUSE 1980, S. 12). Das heißt aber nicht, daß Eltern in früheren Jahrhunderten ihre Kinder nicht geliebt hätten; nach De Mause fehlte ihnen aber lange Zeit die Fähigkeit zur Empathie (Hineinversetzen in die emotionale Situation eines anderen). Ende des 18. Jahrhunderts, im Zuge der Aufklärung, haben sich Pädagogen und Staatstheoretiker wie Locke, Rousseau, de Montaigne oder Pestalozzi verstärkt dafür eingesetzt, daß der Kindheit und der Erziehung der Kinder ein besonderer Stellenwert zugewiesen wurde. Als erstes Land der Welt hat Schweden durch Gesetz vom 1. 7. 1979 die körperliche Züchtigung der Kinder durch die Eltern verboten. In der Bundesrepublik wurde dagegen lediglich 1980 im § 1626 des Bürgerlichen Gesetzbuches der Begriff der «elterlichen Gewalt» durch den Begriff «elterliche Sorge» ersetzt. Schläge als Erziehungsmittel sind bei uns nicht nur nicht verboten, sondern werden nach wie vor von einem großen Teil der Eltern als mögliches Erziehungsmittel angesehen.

Begriff. Eine eindeutige Definition von Kindesmißhandlung läßt sich aus der vorliegenden Literatur nicht ableiten. Je nach Interessenlage kann man kriminologische, ärztliche, psychotherapeutische oder soziale Definitionen unterscheiden.

Kempe beispielsweise bezeichnet «jedes Kind, dem eine nicht zufällige körperliche Verletzung (oder Verletzungen) als Resultat von Handlungen (oder Versäumnissen) seitens seiner Eltern oder seiner Erziehungsberechtigten zugefügt wird, als mißhandelt» (zitiert nach SCHMUDE o. J., S. 41). Eine weitergefaßte Definition kommt aus dem Kinderschutzzentrum Berlin und besagt: «Kindesmißhandlung ist nicht allein die isolierte gewaltsame Beeinträchtigung eines Kindes. Die Mißhandlung von Kindern umfaßt vielmehr die Gesamtheit der Lebensbedingungen, der Handlungen und Unterlassungen, die dazu führen, daß das Recht der Kinder auf Leben, Erziehung und wirkliche Förderung beschnitten wird. Das Defizit zwischen diesen Rechten und ihrer tatsächlichen Lebenssituation macht die Gesamtheit der Kindesmißhandlungen aus.» (KINDERSCHUTZZENTRUM BERLIN e. V. o. J., S. 41 f) Nach dieser Definition wären die etwa 60000 Kinder, die jährlich im Straßenverkehr schwer verletzt werden, Opfer von Kindesmißhandlung.

Häufigkeit. Zuverlässige statistische Daten über das Ausmaß von Kindesmißhandlungen in der Bundesrepublik gibt es Ende der 80er Jahre nicht. Nach Schätzungen werden jährlich zwischen 30000 und 80000 Kinder körperlich und seelisch mißhandelt. 600 bis 1000 Kinder werden pro Jahr von ihren Eltern getötet. Die Suizidversuche von Kindern und Jugendlichen werden auf jährlich 18000 geschätzt (vgl. TRUBE-BECKER 1982). Trotzdem sind nach Angaben des Statistischen Bundesamtes, Wiesbaden, 1986 nur 2017 Personen wegen Kindesmißhandlungen verurteilt worden. Im gleichen Jahr haben 40 Kinder Selbstmord verübt.

Die hohe Dunkelziffer hat verschiedene Ursachen: Es besteht keine allgemeine Meldepflicht (wie in den USA), man hat Angst, sich in den Intimbereich einer Familie einzumischen, Ärzte haben zu wenig Erfahrung mit den spezifischen Erscheinungsformen von Mißhandlungsfolgen, und die Opfer sind nicht in der Lage, sich selbst zu melden. Besonders gefährdet sind Kinder im Kleinkind- und Vorschulalter. Da sie später durch den Schulbesuch mehr den Augen der Öffentlichkeit ausgesetzt sind, werden Mißhandlungen mit offensichtlichen körperlichen Folgen dann etwas seltener (vgl. SCHREIBER 1971). Mißhandlungsschwerpunkte sind das erste Säuglingsalter, das durch das Hervortreten der Ichkräfte des Kindes charakterisierte dritte und vierte Lebensjahr und, vor allem für Mädchen, der Beginn der Pubertät, also Entwicklungsphasen, die durch Abgrenzungsversuche gegenüber den Eltern gekennzeichnet sind (vgl. ARBEITSGRUPPE KINDERSCHUTZ 1975, S. 30). Insgesamt kann man feststellen, daß sich 64% aller Kindesmißhandlungen im Vorschulalter ereignen (vgl. STEINHAUSEN 1975) und daß Kindesmißhandlung die häufigste Todesursache im Alter bis zu drei Jahren darstellt (vgl. KEMPE/HELFER 1972).

Formen. Die häufigsten Erscheinungsformen sind: Verletzungen der Haut, wie blaue Flecken, Striemen, Verbrennungen, Verbrühungen, Quetschungen und offene Wunden; Verletzungen des Schädels, des Gehirns (Schädelbrüche, subdurale Hämatome); Skelett-Verletzungen (Knochenbrüche, Stauchungen, Prellungen); innere Verletzungen; Vergiftungen und sexueller Mißbrauch. Dazu kommen Vernachlässigungen im gesundheitsschädigenden Ausmaß wie Verhungern, Verdursten oder Erfrierungen. Der Unterschied zwischen Kindesmißhandlung und Vernachlässigung liegt in der aktiven oder passiven Beteiligung der Erziehungsberechtigten.

Wirkungen. Mißhandelte Kinder zeigen in Behandlung zwei unterschiedliche Formen von Reaktionen: Entweder sind sie überangepaßt, ängstlich darauf bedacht, ihren Eltern jeden Wunsch von den Augen abzulesen, still, zurückgezogen, ängstlich und passiv. Ihr Sozialverhalten ist überaus vorsichtig und eingeschränkt, weil sie nur negative Reaktionen auf sich selbst erfahren haben. Oder sie sind – weit weniger häufig – aggressiv, auf den ersten Blick unabhängig und durch nichts zu beeindrucken. In jedem Fall führen Kindesmißhandlungen zu gestörtem Selbstwertgefühl, starken Ambivalenzen gegenüber den Eltern sowie zu Unsicherheit durch erzwungene Realitätsverleugnung. Besonders auf das Lernen und die Intelligenzentwicklung haben Kindesmißhandlungen tiefe Auswirkungen.

Ursachen. Eine systematische Ursachenforschung der Kindesmißhandlung gibt es bisher nicht. Zur Erklärung des Vorkommens von Kindesmißhandlung gibt es verschiedene Ansätze; sie reichen von der «täterzentrierten» Betrachtungsweise bis zur «gesellschaftspolitisch orientierten», wie sich dies auch in den unterschiedlichen Definitionsversuchen niederschlägt (vgl. SCHMUDE o. J.).

Da Kindesmißhandlung in erster Linie als juristisch-medizinisches Problem in das Bewußtsein der Öffentlichkeit gelangt, liegt es nahe, bei der Aufdeckung von Kindesmißhandlung nach dem Täter zu fahnden und ihn zu verurteilen. Psychische Deformationen, Depression, Schizophrenie, Haltlosigkeit und Trunksucht werden dann verantwortlich gemacht für die verabscheuungswürdige Handlung. Man kann Kindesmißhandlung aber nicht nur als Folge individueller Psychopathologie betrachten, sondern muß die Familiendynamik, die →Sozialisation der Eltern, vor allem aber auch das gesellschaftliche Umfeld und den Erfahrungshorizont der →Familie miteinbeziehen. Folgende Faktoren spielen bei dem Zustandekommen von Kindesmißhandlung häufig eine Rolle: soziale Isolierung der Familie, gestörte eheliche Beziehungen, schlechte ökonomische Lebensverhältnisse, übersteigerte Erwartungen der Eltern, eigene Mißhandlungserfahrungen der Eltern, vorgeburtliche oder geburtliche Komplikationen (vgl. WOLFF 1979).

Prävention. Eine 1979 durchgeführte Umfrage des Deutschen Jugendinstitutes in 25 repräsentativ ausgewählten Großstädten hat erbracht, daß die Jugendämter mit ihren Hilfs- und Therapieangeboten nicht zufrieden sind (vgl. HONIG 1982). Nur selten können sie in Familienkrisen schnell, unbürokratisch oder gar vorbeugend tätig werden. Ein besonderes Problem stellt die Tatsache dar, daß sie als staatliche Behörden für Eltern mit einer Strafinstanz gleichgesetzt werden, was eine vertrauensvolle Zusammenarbeit – Grundlage jeder Therapie – von vornherein zumindest sehr erschwert. 1977 haben Kinderschutzzentren in Berlin und Hamburg ihre Arbeit aufgenommen. Das Kinderschutzzentrum Berlin sieht seine Möglichkeiten zur Hilfe vor allem in der engen Verbindung von lebenspraktischer Unterstützung und einer → Beratung, die auf dem Prinzip der Freiwilligkeit beruht. Das Kinderschutzzentrum versucht so weit als möglich zu vermeiden, Strafverfolgungen in Gang zu setzen oder Tatbestände an Behörden weiterzuleiten. Die bisherigen Erfahrungen des Kinderschutzzentrums haben gezeigt, daß durch verschärfte Strafmaßnahmen Kindesmißhandlungen nicht abnehmen, sondern nur seltener Hilfe gesucht wird. In den Niederlanden hat sich ein Hilfssystem für betroffene Familien (vgl. KOERS 1982) als nützlich herausgestellt, das aus vier Faktoren besteht: erstens der Sorge (Versorgung der Familie mit Nahrung, Kleidung, angemessener Wohnung und Arbeit, der Gesundheit und der Beachtung sozialer Kontakte); zweitens der Begleitung im Sinne von «Nahebleiben» und «Gesellschaft leisten», dabei wird zwischen einer pädagogischen und einer psychologischen Begleitung unterschieden; drittens der Krisenintervention, das heißt einer aktuellen Hilfe in einer Situation, möglicherweise einer kurzfristigen Herausnahme des Kindes aus der Familie; viertens der Therapie, wobei unterschiedliche Therapieformen angewendet werden, zum Beispiel die non-direktive Therapie, die Verhaltenstherapie, die psychoanalytische Therapie, die Gestalt- oder Familientherapie. Insgesamt sind Hilfsmaßnahmen nur erfolgreich, wenn sie das komplexe Ursachengefüge miteinbeziehen.

ARBEITSGRUPPE KINDERSCHUTZ: Gewalt gegen Kinder. Kindesmißhandlung und ihre Ursachen, Reinbek 1975. BERNECKER, A. u. a. (Hg.): Ohnmächtige Gewalt. Kindermißhandlungen: Folgen der Gewalt – Erfahrungen und Hilfen, Reinbek 1982. DEMAUSE, L. (Hg.): Hört ihr die Kinder weinen. Eine psychogenetische Geschichte der Kindheit, Frankfurt/M. 1980. HONIG, M.-S. (Hg.): Kindesmißhandlung, München 1982. KEMPE, C. H./HELFER, R. E. (Hg.): Helping the Battered Child and his Family,

Philadelphia/Toronto 1972/deutsch: Das geschlagene Kind, Frankfurt/M. 1978. KEMPE, R. S./KEMPE, C. H.: Kindesmißhandlung, Stuttgart 1980. KINDERSCHUTZZENTRUM BERLIN e. V. (Hg.): Forum Kindesmißhandlung, Berlin o. J. KOERS, A. J.: Wege der Hilfe bei Kindesmißhandlung. In: Bernecker, A. u. a. (Hg.): Ohnmächtige Gewalt..., Reinbek 1982, S. 123ff. SCHMUDE, M.: Zum Problem der Definition von Kindesmißhandlung. In: Kinderschutzzentrum Berlin e. V. (Hg.): Forum Kindesmißhandlung, Berlin o. J., S. 41ff. SCHREIBER, L. H.: Mißhandlung von Kindern und alten Menschen, Hamburg 1971. STEINHAUSEN, H.-CH.: Sozialmedizinische Aspekte der körperlichen Kindesmißhandlung. In: Arbeitsgruppe Kinderschutz: Gewalt gegen Kinder, Reinbek 1975, S. 277ff. TRUBE-BECKER, E.: Gewalt gegen das Kind, Heidelberg 1982. WOLFF, R.: Gewalt gegen Kinder. Thesen, Mimeo. Kinderschutzzentrum Berlin, Berlin 1979. ZENZ, G.: Kindesmißhandlung und Kindesrechte, Frankfurt/M. 1979.

Imme de Haen

Kindheit

Begriff. Kindheit bezeichnet in der deutschen Sprache mehrere Sachverhalte, die selten deutlich voneinander geschieden werden: erstens einen Abschnitt der menschlichen → Entwicklung, eigentlich *Kindesalter*; zweitens eine Phase des Lebenslaufs je bestimmter Individuen, die dann von ihrer *persönlichen Kindheit* sprechen; drittens (inzwischen ungebräuchlich, indessen bis zum ausgehenden 19. Jahrhundert die Hauptbedeutung) die *Art und Weise des Kindes* (vgl. GRIMM/GRIMM 1873, Spalte 763), heute durch «Kindlichkeit» ersetzt, und viertens ein alltägliches oder theoretisches Konzept für die historisch veränderliche *Seinsweise des Menschen im Kindesalter*. Die drei heute gebräuchlichen Bedeutungen haben für die Erziehungswissenschaft einen jeweils unterschiedlichen Stellenwert.

Kindheit als Kindesalter. Im Zusammenhang dieses Begriffsverständnisses sind Theorien und Untersuchungen zu finden, die sich mit den tatsächlichen Funktionen, Entwicklungsphasen und den pädagogischen Aktivitäten befassen, die angesichts der empirischen Gegebenheiten angezeigt sind. Die Erziehungswissenschaft hat dabei in der Regel auf außerpädagogische Forschungsresultate, inbesondere aus der Entwicklungspsychologie, der Psychoanalyse und der Soziologie zurückgegriffen. Über die *Phaseneinteilung* des Kindesalters bestanden und bestehen unterschiedliche Auffassungen. So umfaßt noch bei mittelalterlichen Autoren Kindheit einen Altersraum, der bis zum 25. Lebensjahr reicht; im Mittelhochdeutschen wird die Bezeichnung ‹kint› bis zum Mannesalter verwendet. Das heutige Alltagsverständnis unterscheidet häufig zwischen dem Neugeborenen (Geburt bis zum 10. Lebenstag), dem Säugling (11. Lebenstag bis 12. Lebensmonat), dem Kleinkind (2.–5. Lebensjahr) und dem Schulkind (6.–14. Lebensjahr).

Biologisch akzentuierte Phasenmodelle wie das frühe Schema Charlotte BÜHLERS (vgl. 1959) aus dem Jahr 1933 differenzieren nach dem Gesichtspunkt der *Körperentwicklung* und kommen zu anderen Unterteilungen. In der (Entwicklungs-)Psychologie hat es seit ihren Anfängen zahlreiche, zum Teil voneinander sehr abweichende Phasierungen gegeben. Die Unterschiede resultieren aus den verschiedenen zugrunde gelegten Kriterien. So kommt ein Modell, das die Kindheit nach dem Gesichtspunkt der Entwicklung *körperlicher Fähigkeiten* differenziert (vgl. SCAMMON 1930), zu anderen Resultaten als ein solches, das sich an der Entwicklung *sozialer Fähigkeiten* wie der Rollenübernahme orientiert (vgl. KELLER 1976), oder als eines, das der Entwicklung intellektueller Fähigkeiten folgt (vgl. BRUNER u. a. 1971). Die Entwicklungspsychologie von Piaget hat versucht, alle drei Kriterien als Bestandteile der *kognitiven Entwicklung* miteinander zu verbinden (vgl. PIAGET/INHELDER 1972). Daraus ist das heute am meisten verbreitete Altersnormenkonzept entstanden. Wegen der außerordentlich schmalen empirischen Basis der Untersuchungen Piagets sind Versuche der Universalisierung dieses Ansatzes allerdings kritisch zu beurteilen. Das gilt insbesondere für die Stufenmodelle moralischer Kompetenz von KOHLBERG (vgl. 1974), in welche zusätzliche normative Gesichtspunkte eingegangen sind.

Die Psychoanalyse gelangt wiederum zu anderen Resultaten, da sie dem Kriterium der Verarbeitung kindlicher Sozialisationserfahrungen in der Vater-Mutter-Kind-Konstellation folgt und sich etwa in der Unterscheidung von oraler, analer und ihnen folgender Latenzphase am Gesichtspunkt affektiv-sexueller Determinanten der Entwicklung orientiert. Die in den letzten 20 Jahren am häufigsten rezipierte und die zugleich am weitesten ausgearbeitete soziologische Phasierung des Kindesalters ist der Idee der Entwicklung von Ich-Identität verpflichtet (→ Identität). Im engen Zusammenhang mit psychologischen Annahmen hat ERIKSON (vgl. 1966, 1977) ein Modell entwickelt, dessen Struktur an der besonderen Bedeutung der Pubertät als einer «psychosexuellen Phase» orientiert ist. In dieser Phase wird das Individuum von der Kindheit in das Erwachsenenalter transformiert, welches durch die Stabilität eines mit sich identischen → Ich charakterisiert ist. Das Modell ist insofern ein soziologisches, als es das Verhältnis des Individuums zu den anderen Gesellschaftsmitgliedern zum Ausgangspunkt macht, das im Konzept der Ich-Identität als einer Balance seinen Ausdruck findet.

Die Auffassungen über die *Funktion* des Kindesalters sind mit den Phasenmodellen immer eng verknüpft. Das jeweils zugrunde gelegte Kriterium (gesunder → Körper, Körperbeherrschung, moralisches Handeln, funktionierende → Intelligenz, «normale» Sexualität, ausgeglichenes Verhältnis zur Gesellschaft) zeigt, welche Hauptaufgabe dem Kindesalter zugeschrieben wird. Damit geht eine erhebliche Einseitigkeit der Funktionszuweisung einher. Das bedeutet, daß nicht nur zu historisch verschiedenen Zeitpunkten, sondern auch von verschiedenen, letztlich gesellschaftstheoretischen beziehungsweise -politischen Vorstellungen aus eine Normierung der Kindheit und ihrer Aufgaben erfolgt. Denn aus den gewonnenen empirischen «Resultaten» werden erzieherische Konsequenzen gezogen. Je nachdem, welchem Entwicklungskonzept eine erziehungswissenschaftliche Position verpflichtet ist, sieht sie die Aufgabe der Erziehung im Kindesalter folglich in der Optimierung von entweder Körperentwicklung, Moralität, Intelligenz, Sexualität, Sozialverhalten oder von mehreren dieser beziehungsweise weiterer Elemente.

Dabei werden die Funktion und die Phasen des Kindesalters nicht selten als anthropologisch konstant angenommen, obwohl sie sich tatsächlich den vorab getroffenen Entscheidungen über das Sollen des Menschen im Verhältnis zur Gesellschaft verdanken. Erfahrungswissenschaftliche, aber auch anderen →Forschungsmethoden folgende Analysen des Kindesalters sind also nur scheinbar objektiv; ihre Ergebnisse sind nur scheinbar anthropologische Konstanten oder universelle Strukturen. Faktisch handelt es sich um «Tatsachen», die historisch und kulturell bedingt sind. Pädagogisches →Handeln kann, wenn überhaupt, an ihnen nur orientiert werden, wenn es sich der Tatsache bewußt ist, daß es implizit immer einem unausgesprochenen Menschenbild folgt, welches den empirischen Daten zugrunde liegt. So erfüllt das Konzept einer Herausbildung von Ich-Identität beispielsweise eine Vorstellung des ständigen Fortschritts der Menschheit; es hat mythologische Wurzeln in sehr alten Ideen von der Möglichkeit der Selbstheiligung durch eine sukzessive Annäherung an Gott (vgl. LENZEN 1987a). Als solche kann die Erforschung des Kindesalters deshalb nur in sehr begrenztem Rahmen pädagogischem Handeln dienen. Ihre Resultate eignen sich allerdings als Material, an welchem je herrschende Verständnisse, Erwartungen und Zumutungen an die Kindheit abgelesen werden können.

Persönliche Kindheit. Dieses Verständnis von Kindheit hat in der Pädagogik und den ihr verwandten Humanwissenschaften eine vergleichsweise geringe Bedeutung gehabt. Insofern →Pädagogik als Wissenschaft von der →Erziehung an dem interessiert ist, was den Kindern gemeinsam ist oder im Sinne des Gleichheitsprinzips sein soll, sind individuelle Kindheiten in der Regel, auch dann, wenn sie außergewöhnliche Kindheiten waren, unter dem Gesichtspunkt der Entdeckung von allgemeinen →Strukturen und Elementen untersucht worden. Diese Betrachtung von Kindheit gehört in das Feld der *Biographie- oder Lebenslaufforschung* (→Autobiographie, →Lebenslauf), deren Resultate aus Psychologie und Soziologie, aber auch aus Literaturwissenschaft (Autobiographie als Textsorte), Volkskunde und Geschichtswissenschaft in der Erziehungswissenschaft teilweise rezipiert wurden.

Kindheit als menschliche Seinsweise. Wenn in diesem Sinne von Kindheit die Rede ist, dann wird zunächst *anthropologisch* argumentiert. Es geht dabei um die Frage, ob Kindheit eine (erste) Lebensphase des Menschen ist, die sich von den Kindheiten anderer Lebewesen unterscheidet und die gleichzeitig eine überzeitliche und überkulturelle Aufgabe hat. In diesem Sinne ist davon gesprochen worden, daß die Kindheit die Phase der Menschwerdung sei, ein Prozeß, für den die Erziehung als Menschheitsspezifikum die zentrale Aufgabe zu erfüllen habe. Diese theoretische Sicht ist in der heute vorfindbaren Form aufklärerischer Herkunft. So hatte ROUSSEAU (vgl. 1970) auf dem Eigenrecht der Kindheit als von dem Erwachsenenalter zu unterscheidender Phase bestanden, einen kind- oder altersgemäßen Umgang mit Kindern verlangt und die Opferung der Gegenwart des Kindseins für eine Erziehung zur Zukunft verurteilt. LANGEVELD (vgl. 1956, 1959, 1978) hat den Schwerpunkt seiner Anthropologie des Kindes demgegenüber verschoben. Er sieht in der Tatsache, daß der Mensch als einziges Lebewesen eine sehr lange Kindheit und →Jugend durchlebt, den anthropologischen Beleg für die Notwendigkeit der Erziehung. Nur durch Erziehung könne der Mensch zum Menschen werden, eine *Personagenese* erfahren. Insofern unterscheidet er sich von Rousseau, der auf die natürlichen Entwicklungsimpulse des Menschen vertraut. Der Langeveldsche Ansatz steht im zeitlichen Kontext mit einer Reihe weiterer Versuche einer pädagogischen Anthropologie (→Anthropologie, pädagogische), die besonders nach dem Zusammenbruch des «Dritten Reiches» 1945 in der Bundesrepublik Deutschland aufmerksam rezipiert wurden, weil man in ihnen einen Humanitätsanspruch angelegt sah, der vor einer Wiederholung des Faschismus schützen sollte.

Erst die sogenannte sozialwissenschaftliche Wende der Erziehungswissenschaft ließ anthropologische Ansätze der Kindheit in den Hintergrund treten, weil besonders unter dem Einfluß der Frankfurter Schule in den 60er und 70er Jahren das Hauptaugenmerk auf die Bedeutung der Gesellschaft gerichtet wurde. Kindheit wurde hier als Phase der →*Sozialisation* konzipiert, das spezifisch Menschliche in seiner Sozialität entdeckt und Erziehung als Vergesellschaftung des Individuums gedacht. In der Krise dieses Denkens am Ausgang der Bemühungen um eine grundlegende Reform des Bildungswesens in der Bundesrepublik Deutschland ist der anthropologischen Spur der Erziehungswissenschaft neue Aufmerksamkeit geschenkt worden, insbesondere in der Form einer Wiederentdeckung phänomenologischer Pädagogik (vgl. LIPPITZ/MEYER-DRAWE 1984; →Pädagogik, phänomenologische). Aber selbst dann, wenn die Bestimmungen von Kindheit in diesen Ansätzen sich sehr eng an der Erziehungswirklichkeit zu orientieren suchen, entgehen sie nicht einer doppelten Normativität: Sie müssen nämlich unterstellen, daß sowohl die Kindheitstatsache als auch die Erziehungstatsache historisch und kulturell unverrückbare Größen sind. Diese Auffassung ist indessen durch neuere und wiederentdeckte ältere Untersuchungen zur Geschichte der Kindheit nachhaltig erschüttert worden.

Geschichte der Kindheit. Auslöser für die erneute Beschäftigung mit der Geschichte der Kindheit war in der Bundesrepublik Deutschland, aber auch in anderen europäischen Ländern, die (Wieder-)Entdeckung des 1960 erstmals erschienenen Buches «L'enfant et la vie familiale sous l'ancien régime» von Ariès, das 1975 unter dem ambitionierten Titel «Geschichte der Kindheit» in deutscher Sprache erschien (vgl. ARIÈS 1978). In seinem Vorwort faßte Hartmut von Hentig als Hauptthese dieses Buches simplifizierend zusammen: «‹Kindheit› hat es nicht immer gegeben – nämlich jener von uns wahrgenommene und wahrgemachte prinzipielle Abstand zwischen Erwachsenen und Kindern» (vgl. v. HENTIG 1978, S. 9f). Abgesehen davon, daß diese These in der universellen Form dem Buch von Ariès nicht entnommen werden kann, das sich auf eine bestimmte historische Epoche Frankreichs bezieht, und abgesehen davon, daß die behauptete Abwesenheit eines Kindheitsbegriffs etwa im Mittelalter inzwischen widerlegt worden ist (vgl. BORST 1983, S. 311ff), verfehlte die These ihre Wirkung nicht. Zum einen unterstützte sie einen mentalen Trend der Abwendung von Erziehung, schulischer Bildung und Erziehungswissenschaft, wie er sich auch in der →Antipädagogik äußerte, und machte eine These wie diejenige Postmans vom «Verschwinden der Kindheit» (vgl. POSTMAN 1983) plausibel, weil Kindheit nun als historische Episode verstanden werden konnte. Zum anderen löste sie eine dichte Folge neuer Untersuchungen und Reformulierungen älterer Ergebnisse zur Geschichte der Kindheit aus, so daß sich heute etwa sechs Hauptauffassungen über die Geschichte der Kindheit unterscheiden lassen:

Kindheitsgeschichte als Verfallsgeschichte. Abgesehen von der These einer Historizität der Kindheit enthält der Arièssche Ansatz eine Theorie über die Logik der Kindheitsgeschichte. Er wertet nämlich die Ausgrenzung der Menschen in ihrer ersten Lebensphase aus dem Zusammenhang des Erwachsenenlebens keineswegs als Gewinn, sondern als Verlust. Die Übertragung der erzieherischen Aufgaben auf öffentliche →Institutionen wird von ihm als sukzessive Erzwingung von Unfreiheit, sozialer Exkommunikation und Repression durch die Erwachsenen gesehen. Das Verdienst der Entdeckung oder Deklaration der Historizität von Kindheit teilt sich der *mentalitätsgeschichtliche* Ansatz von Ariès mit VAN DEN BERG (vgl. 1960). Die – vermeintlich aus der Sicht der Kinder – pessimistische Einschätzung der Kindheitsgeschichte ist inzwischen zum Tenor zahlreicher Arbeiten geworden. Wenn Ariès indessen den Verlust der kindlichen Freiheit durch die Konstitution des Kindlichen beklagt, dann enthält diese Perspektive nur die halbe Wahrheit, insofern sie sich gegen die anderen, die sogenannten Erwachsenen richtet. Die Gettoisierung des Kindlichen ist logisch gar nicht ohne ihr Pendant, die Gettoisierung der Erwachsenen, denkbar.

Kindheitsgeschichte als Fortschrittsgeschichte. Weniger wegen der zu Ariès konträren These von einer Fortschrittsgeschichte der Kindheit als wegen des ungewöhnlichen psychohistorischen Zugriffs fanden die Arbeiten aus dem Umfeld von DeMause (vgl. DEMAUSE 1977) eine bemerkenswerte Aufnahme. Allerdings hängt beides miteinander zusammen. Geht man wie DeMause und seine Mitautoren von einer psychoanalytischen Interpretation der Beziehungsqualität zwischen Kindern und Erwachsenen in der Geschichte aus und wertet die «Unterstützung» in christlich-jüdischer Tradition als gegenwärtig vorfindbare Charakteristik der Erwachsenen-Kind-Beziehung und als höchste Möglichkeit, dann liegen historisch frühere Stufen wie «Ambivalenz» oder «Kindesmord» weit hinter den inzwischen erreichten zurück. Sieht man aber von der moralischen Implikation der Beziehungsqualitäten ab, die selber historisch ist und durchaus nicht selbstverständlich, weil sie etwa das Recht der Erwachsenen völlig vernachlässigt, dann unterläuft DeMause ein kategorialer Fehler: Er bewertet eine Beziehung zwischen jungen und älteren Menschen in der Antike mit dem Verständnis des 19./20. Jahrhunderts. Wenn eine spezifische Erwachsenen-Kind-Beziehung, die sich von Erwachsenen-Erwachsenen-Beziehungen unterscheidet, zu einem bestimmten Zeitpunkt gar nicht festgestellt werden kann, ist es nicht nachvollziehbar, diese trotzdem als «ambivalent» zu kennzeichnen.

Kindheitsgeschichte als Klassengeschichte. Es sind nicht diese historischen Unverträglichkeiten des psychohistorischen Ansatzes, die die vielen anderen Arbeiten eher dem Spektrum pessimistischer Geschichtsbetrachtung zuweisen. Vielmehr setzen sich zum Beispiel HARDACH-PINKE/HARDACH (vgl. 1978), die ein Muster von Fischer und Heimann aus dem Jahre 1932 (Reprint: vgl. FISCHER/HEIMANN 1986) wiederholen, in der Einleitung zu ihrem Sammelband autobiographischer Zeugnisse von der psychohistorischen Methode ab, der sie eine *sozialgeschichtliche* gegenüberstellen. Die präsentierten autobiographischen Texte aus der Zeit von 1700 bis 1900 zeigen sehr unterschiedliche Selbsteinschätzungen der Kindheit durch die Autoren, die von den Herausgebern nach sozialen Ständen klassifiziert werden. Unterlegt man diesen Quellen, wie die Herausgeber es tun, eine sozialkritische Stratifikation, dann steht das Ergebnis fest: Die Klassenunterschiede verlängern sich in die Kindheit der jeweiligen Klassenangehörigen hinein. Quellensammlungen dieser Art sind inzwischen in größerer Zahl erschienen (vgl. u. a. KÜRBISCH 1983), darunter auch Dokumentationen aus der bildenden Kunst (vgl. NEUE GESELLSCHAFT FÜR BILDENDE KUNST 1979). Auch wenn man Arbeiten berücksichtigt, die sich mit einzelnen Aspekten der Kindheitsgeschichte befassen wie der Kinderarbeit (vgl. KUCZYNSKI 1968), so steht eine umfassende Sozialgeschichte der Kindheit, gleich von welchem gesellschaftstheoretischen Standpunkt, noch aus. Einen Schritt in diese Richtung macht der Sammelband «Zur Sozialgeschichte der Kindheit» (vgl. MARTIN/NITSCHKE 1986), der auch interkulturelle Studien einbezieht.

Kindheitsgeschichte als Dokumentation der Erziehungsgeschichte. Was die Geschichte der Erziehung und vor allem der →Bildung betrifft, so hat die Pädagogik seit ihrer Etablierung im 19. Jahrhundert eine Fülle von Schriften hervorgebracht, die der Expansion professionellen Erziehens und Bildens zugleich entsprangen und diese Entwicklung stützten und rechtfertigten. Es handelt sich dabei ausnahmslos um materialreiche Arbeiten *geistesgeschichtlicher* Provenienz mit einem Schwerpunkt auf institutionalisierten pädagogischen Prozessen. Eine Geschichte der Kindheit, eine Geschichte der Mythen über Kindheit in den Köpfen Erwachsener gibt es auch in dieser Gruppe nicht. Diesen groß angelegten Arbeiten steht kein umfassender Versuch gegenüber, das Erziehungsgeschehen in seiner Geschichte für die Rekonstruktion der Kindheit auszuwerten. Der Grund dafür verdeutlicht sich, wenn man die Dokumentationen liest, die zu diesem Zweck allererst einer Interpretation zugeführt werden müßten. Den Anfang machte Katharina Rutschkys Quellen-Sammlung «Schwarze Pädagogik» (RUTSCHKY 1977), der sie ihre «Deutsche Kinderchronik» (RUTSCHKY 1983) hat folgen lassen. Diesem Genre mag das zweibändige «Lesebuch zur Geschichte der Kindheit» mit dem Titel «Kinderschaukel» zugeordnet werden (vgl. KÖNNECKER 1976), das allerdings anders als Rutschkys Dokumentationen keine Zeugnisse der pädagogischen Theorie beziehungsweise des erzieherischen Alltags sammelt, sondern Texte *für* Kinder als Spiegel des erzieherischen Umgangs mit ihnen anbietet.

Untersuchungen, die den historisch einmaligen Versuch der «Eroberung des Kindes durch die Wissenschaft» pointieren und die mit der Selbstverständlichkeit brechen, mit der die Verwissenschaftlichung auch des Lebensbereichs «Erziehung» vorangeschritten ist, sind die Arbeiten von GSTETTNER (vgl. 1981) und DRESSEN (vgl. 1982). Daß an dieser Stelle bislang nicht fortgefahren wurde, hängt nicht nur mit dem Zustand der Erziehungswissenschaft zusammen, die sich selbst in Frage stellen müßte, wollte sie die Geschichte der Kindheit als Kolonialisierungsunternehmen beschreiben. Dementsprechend sind die zitierten Dokumentationen ebensowenig Produkte der Erziehungswissenschaft wie die volkskundliche Dokumentation der Alltagswelt des Kindes und der Familie von WEBER-KELLERMANN (vgl. 1976, 1979).

Wie in der Gruppe sozialgeschichtlicher Arbeiten herrscht auch in dieser Gruppe der Pessimismus bei der Einschätzung von Vergangenheit, Gegenwart und Zukunft der Kindheit vor. Dieser Skeptizismus ist gelegentlich, insbesondere bei Rutschky, geradezu zum Auswahlkriterium der Dokumente geworden. Sollte das Phänomen «Kindheit» eines Tages verstanden worden sein, so wird dieses nicht ohne die Berücksichtigung zweier wichtiger Ausschnitte kindlicher Wirklichkeit möglich gewesen sein, die in den Publikationen dieser Gruppe fehlen. Dann müssen die Geschichte der Glorifizierung der Kindheit und die der Selbstverleugnung der Erwachsenen dazugehören, durch die insbesondere das 20. Jahrhundert gekennzeichnet ist.

Kindheitsgeschichte als geschichtslose Erziehungskritik. Hierhin gehört die sich selbst als →«Antipädagogik» kennzeichnende Literatur. Sie nahm unter anderem ihren Ausgang bei den schulkritischen Schriften ILLICHS (vgl. 1972), REIMERS (vgl. 1972), GOODMANS (vgl. 1975) sowie bei der Ausdehnung dieser Kritik auf die Erziehung generell (vgl. HOLT 1978), wie sie in den USA am Ende der 60er Jahre aufkam. Im deutschsprachigen Raum sind dieser Gruppe die Polemiken von v. BRAUNMÜHL (vgl. 1975, 1978; vgl. v. BRAUNMÜHL u. a. 1976), die psychoanalytische Textserie von Alice MILLER (vgl. 1979; vgl. 1981a, b), die Proklamation einer «Freundschaft mit Kindern» von v. SCHOENEBECK (vgl. 1980, 1982) sowie die differenzierteren Essays KUPFFERS (vgl. 1980) zuzurechnen. Die rasch erfolgten Entgegnungen auf diese Angriffe aus erziehungswissenschaftlicher Sicht (vgl. FLITNER 1982, OELKERS/LEHMANN 1983, WINKLER 1982) verdeutlichen die grundlegende Irritation, die Erwachsene unserer Kultur hinsichtlich des «Erziehungsgeschäfts» erfaßt zu haben scheint, ganz gleich, ob man mit v. Braunmühl die Pädagogik für eine «groß angelegte Betrügerei zur Machterhaltung der Seeleningenieure» (v. BRAUNMÜHL 1978, S. 65) hält oder für die vernünftige Konsequenz aus einer anthropologischen Erziehungstatsache. Und sie markieren einen anhaltenden «Trend»: die Tendenz zu einer Dekonstruktion der tradierten definitorischen Grenze zwischen Kindern und Erwachsenen. Dieses gilt tendenziell auch für Arbeiten, die den Typus «Antipädagogik» in der öffentlichen Aufmerksamkeit abzulösen beginnen, nämlich die Schriften, die eine weitverbreitete Kindesmißhandlung behaupten und beklagen, indem sie den Mißhandlungsbegriff teilweise bis in den Bereich symbolischer Gewalt von Erziehungsmaßnahmen ausdehnen (vgl. z. B. BEIDERWIEDEN u. a. 1986, HONIG 1982, KEMPE/KEMPE 1984, ZENZ 1979).

Kindheitsgeschichte als Demarkationsgeschichte. Mit der Erscheinung der Destabilisierung des Verhältnisses von Kindern und Erwachsenen befassen sich neuere Arbeiten, neben WINNS «Kinder ohne Kindheit» (1984) insbesondere «Kindheit als Fiktion» von HENGST u. a. (1982) sowie POSTMANS «Das Verschwinden der Kindheit» (1983). Die beiden letztgenannten Texte betreten gewissermaßen eine zweite Ebene des Diskurses über Kindheit, auf der die Frage diskutiert wird, ob «Kindheit» als eine von anderen unterschiedene Lebensphase gegenwärtig nicht einer Modifikation unterliegt, ob nicht von einer Liquidierung der Kindheit gesprochen werden muß.

Postman bietet eine große Zahl von Belegen für seine These, daß Kindheit im Verschwinden begriffen sei. So vermißt er ein ehedem selbstverständliches Schamgefühl, er sieht ein Schwinden der Erziehungsbereitschaft bei den Erwachsenen. Daneben greife das Erwachsenenleben auf die Kultur der Kinder über, indem die Fernsehreklame nicht mehr zwischen Kindern und Erwachsenen unterscheide, indem die Menschenrechte nun auch für Kinder eingeklagt würden (zum Beispiel das Recht auf Arbeit), indem Kinder als Werbeträger benutzt würden oder Kinder sich wie Erwachsene kleiden.

Die tragende Ursache für diese Entwicklung erblickt Postman in dem Umstand, daß die modernen elektronischen Medien wie das Fernsehen sich zerstörend auf jedes Geheimnis des Erwachsenenlebens auswirken. Ohne Geheimnisse aber könne es so etwas wie Kindheit nicht geben; denn für die Entstehung der Kindheit sei historisch gerade ein Vorgang dingfest zu machen, der das Erwachsenenleben von dem der Kinder getrennt habe: die Entstehung der Literalität. Mit der Erfindung der Buchdruckerkunst sei die Schriftkundigkeit zu einem Charakteristikum der erwachsenen Welt geworden, um in diese Welt einzudringen, habe es für die jungen Menschen eines längeren Ausbildungsvorgangs bedurft, der Schulzeit, die sich gewissermaßen zwischen Kindheit und Erwachsenenstatus geschoben habe. Insgesamt schreibt Postman mit einem kulturkritischen Impetus, indem er sein Bedauern über und seinen Widerstand gegen diese Entwicklung zum Ausdruck bringt.

Die Argumentation bei HENGST u. a. (vgl. 1982) ist ähnlich, allerdings nicht ausschließlich auf die Rolle der Medien konzentriert. Hier werden als weitere Ursachen für die Liquidierung der Kindheit noch die strukturelle Angleichung der Schule an den Typus «Arbeitsplatz», das Eindringen der Außenwelt in die →Familie durch Warenangebot und Dienstleistungen genannt sowie die Spielwelt, die ihren Charakter der spielerischen Vorbereitung auf das Erwachsenenleben verloren habe. Das Buch von Postman ist deshalb so hervorzuheben, weil es wegen seiner extremen Vereinfachung in der These vom «Verschwinden der Kindheit», die HENGST (vgl. 1984) richtig als das Verschwinden einer *bestimmten Vorstellung* von Kindheit gekennzeichnet hat, eine übereifrige Rezeption erfuhr. Hengst markiert eine neue Ebene der Diskussion, auf der weitergearbeitet werden muß. Es stellt sich nicht mehr die Frage, ob der Typus Kind eine historische Erfindung war, sondern ob diese Entdeckung einer historischen Laune entsprang, die sich nun wandelt, so daß das Konzept Kind möglicherweise bedroht ist. Mit der Anspielung auf eine Bedrohung ist aber ein weiteres angesprochen, das auch diese letzte Gruppe neuerer Arbeiten zur Kindheit kennzeichnet, daß nämlich auch hier aus der Sicht der Kinder zu argumentieren versucht wird.

Diese Akzentuierung hat mit dem Erscheinen des Buches «Zum Kind reifen» von MONTAGU (1984) eine besondere Variante gefunden, indem dieser Autor, auf die Zukunft der Kindheit gewendet, verlangt, den Typus des Erwachsenen dadurch zum Verschwinden zu bringen, daß die Merkmale des Kindlichen zum Charakteristikum der dann nicht mehr präsenten Erwachsenheit werden.

Zusammenfassung: Bei allen Differenzen, die die skizzierten Gruppen der Literatur zur Geschichte der Kindheit ausmachen, sind sie doch, wenngleich mit unterschiedlicher Deutlichkeit, durchgängig durch eine nachhaltige Parteinahme für die Kinder gekennzeichnet, selbst wenn man so diametrale Einschätzungen heranzieht wie diejenigen von Ariès und DeMause. Das ist eine Folge der aufklärerischen Tradition, die selbst schon bei frühen Arbeiten zu diesem Gegenstand durchscheint, wie den völkerkundlichen Studien von PLOSS (vgl. 1911/1912). Gleichzeitig mündet jedoch die letztlich aufklärerisch begründete Entscheidung für die Position des Kindes in einer Aporie, bestenfalls in einer Dialektik. Als «die pädagogische Bewegung ‹Vom Kinde aus›» (DIETRICH 1982) ein «Jahrhundert des Kindes» eröffnete (vgl. KEY 1903), konnte kaum sichtbar werden, was die skizzierten historischen Ansätze jetzt erkennen lassen: In dem Maße, in dem Kindheit glorifiziert und letztlich sogar zum Orientierungspunkt einer künftigen Entwicklung des Erwachsenseins wird, zerstört sich der aufklärerische Impuls selbst, dem diese Entscheidung entsprang. Denn wenn das wichtigste Unterscheidungsmerkmal von Kindern und Erwachsenen, das allererst zur «Entdeckung» der Kindheit geführt hat, die (noch) fehlende Ausbildung des Ich beim jungen Menschen, aufgehoben wird, ist das tragende Moment aufklärerischer und nachaufklärerischer Bildungsphilosophie vernichtet, der Gedanke der Menschwerdung im Bildungsprozeß.

Es mag sein, daß das darin aufgehobene Identitätsdenken sich inzwischen überlebt hat und der Glaube an die Möglichkeit einer Etablierung des Humanum sich verflüchtigt. Dieses läßt sich anhand der Geschichte der Kindheit und vor allem ihrer Gegenwart aber nur dann feststellen, wenn nicht schon durch die Wahl des Standpunkts bereits das Ergebnis produziert wird. Eine unvoreingenommene Analyse der Lage der Kindheit heute dürfte deshalb nur möglich sein, wenn auf eine Parteinahme für Kinder oder Erwachsene verzichtet wird, wenn nicht das Kindliche oder Erwachsene das Interesse einfängt, sondern das Menschliche ohne jede Emphase.

Mythologie der Kindheit. Die Aufmerksamkeit auf das spezifisch Menschliche zu richten, heißt dann, erneut für eine anthropologische Betrachtungsweise zu optieren. Da dieses im Sinne der Annahme anthropologischer Konstanten der Kindheit nicht mehr möglich ist, muß eine Anthropologie der Kindheit als *historische Anthropologie* gedacht werden, eine Anthropologie, die sich ihrer mehrfachen Historizität bewußt ist (→ Anthropologie, historische). Für die Betrachtung der Kindheit heißt das: Kindheit ist weniger als soziale Wirklichkeit, denn als mentales Konstrukt in den Köpfen Erwachsener zu sehen. Dieses Konstrukt hat im *Reden* über Kindheit seinen historischen Niederschlag gefunden, das heißt im → Diskurs über sie. In diesem historischen Diskurs werden ältere und älteste, zum Teil archaische Vorstellungen über Kindheit bewahrt, weitergetragen, modifiziert und aktualisiert; er ist eine Mythengeschichte der Kindheit. Gegenstand einer historisch-anthropologischen Analyse der Kindheit ist deshalb der mythologische Diskurs, nicht die sogenannte soziale Wirklichkeit, die außerhalb ihrer Versprachlichung auch mit keiner Forschungsmethode untersucht werden kann. Eine solche «Mythologie der Kindheit» (LENZEN 1985) setzt bei der Analyse aktueller, kultureller Alltagsphänomene der Kindheit ein und versucht, die mythischen Bestandteile heutiger Auffassungen über Kindheit in diesen Alltagszeugnissen zu rekonstruieren. Auf diese Weise kann ein Kern historisch tiefsitzender und über lange Zeiträume identischer Vorstellungen, Deutungen, Muster und Wünsche von relativ kurzfristig erscheinenden Auffassungen isoliert werden. Insoweit sind die aktuellen Strukturen des Kindheitskonzepts von den stabileren Momenten unterscheidbar, können kulturelle Wandlungen des Grundkonzepts identifiziert und der jeweilige Status des Kindheitsdiskurses präziser begriffen werden. Es spricht einiges dafür, daß das Konzept Kindheit am Ende des 20. Jahrhunderts vor einer Schwelle nachhaltiger Veränderung steht. Diese Veränderung läßt sich als Bestandteil des Wandels einer modernen in eine postmoderne Kultur nur schematisch erfassen. Immerhin läßt sich nachweisen, daß traditionell sehr wirksame Differenzierungen wie diejenige zwischen den Geschlechtern oder zwischen Mensch und Gott verschwinden. Zu dieser Entdifferenzierungserscheinung gehört auch das Verschwinden der Differenz zwischen Kindern und Erwachsenen.

Betrachtet man diesen Vorgang aber genauer, dann stellt sich heraus, daß nicht von einem Verschwinden der Kindheit wie bei Postman, sondern eher von einer Erosion des Kindlichen gesprochen werden muß: Bereits auf der Ebene der Phänomene registriert man eine lebhafte Tendenz zur Verlängerung der Kindheit, zu ihrer Ausdehnung in alle Lebensphasen hinein. Dieses wird an einer sukzessiven Erweiterung der Ausbildungszeiten deutlich, die in Deutschland für etwa ein Drittel eines Altersjahrgangs bereits 25 Jahre umfassen. Ebenso läßt es sich zeigen an der schleichenden Entmündigung der Bürger durch Leistungen des Sozialstaats. Zieht man sodann die Expansion pädagogischer Berufe hinzu, deren Inhaber den einzelnen heute nicht mehr nur in seinen ersten Lebensjahren begleiten, sondern auch im Verein, im Krankenhaus, im Urlaub, am Arbeitsplatz, im Altersheim und zuletzt als Sterbehelfer am Totenbett, dann wird deutlich, daß der Modus pädagogischer Betreuung in allen Lebensaltern schon an der Oberfläche den Erwachsenen als betreuten Menschen notwendigerweise verkindlicht.

Mit diesen Oberflächenphänomenen geht nun ein strukturelles Merkmal einher. Vergleicht man nämlich den typischen Lebenslauf eines Menschen der traditionellen Gesellschaft noch des 19. Jahrhunderts mit demjenigen eines Menschen unserer Tage, dann wird eine tiefgreifende Veränderung deutlich: Der traditionelle Lebenslauf war zyklisch organisiert. Er bestand aus einer mehr oder weniger für alle verbindlichen Abfolge von Lebensphasen, beginnend mit derjenigen des noch nicht getauften Neugeborenen über Pubertät, Adoleszenz bis zur Ehe, Elternschaft und so weiter, um nur einige zu nennen. Der Übergang von einer Lebensphase zur nächsten war durch Riten geregelt, in welchen die Gemeinschaft an den Initianden physische und psychische Operationen (beispielsweise Taufe, Beschneidung, Hochzeit, rituelle Entbindung usw.) vollzog. Diese Riten, in deren Verlauf der Initiand teilweise unter dramatischen Umständen aus seiner gewohnten Umgebung entfernt und schmerzhaften Prozeduren und Belehrungen unterzogen wurde, hatten die Funktion, den Menschen der vorangehenden Lebensphase gewissermaßen sterben und ihn als Menschen der folgenden wiederentstehen zu lassen. Dieses Schema von Tod und Wiedergeburt wurde in einem Leben etliche Male durchlebt, mit einem doppelten Effekt: Der Mensch übte gleichsam das Sterben (und darin das Leben), und er erlebte sich als jemanden, der altert und sich mit der Todestatsache arrangieren muß.

Betrachtet man demgegenüber den Lebenslauf eines Zeitgenossen des 20. Jahrhunderts, so sieht man, daß die meisten Transitionsriten verschwunden sind und daß die verbliebenen zu Familienfeiern (Taufe, Hochzeit, Bestattung) degeneriert sind, welche ihre ursprüngliche Funktion verloren haben. Die heute ausbleibenden Riten der Transition von Lebensphase zu Lebensphase bewirken nun, daß die Menschen in unserer Kultur gleichsam mental in der ersten Lebensphase verharren, in der des Kindes. Dieses ist die strukturelle Expansion der Kindheit in der Kultur des 20. Jahrhunderts.

Neben den *Phänomenen* der Kindheitsexpansion in der Alltagskultur und den *Strukturen* der Konservierung von Kindheit durch ein Ausbleiben von Transitionen im Lebenslauf ist drittens auf ein *mythologisches* Strukturelement einzugehen, das auf einen Zusammenhang zwischen dem Status und der Akzeleration der Apokalyptik in unserer Kultur verweist. Es läßt sich nämlich zeigen, daß die Expansion der Kindheit oder das Verschwinden der Erwachsenen von einer «Vergöttlichung der Kindheit» begleitet wird, die nicht ohne Geschichte, in ihrem Ausmaß aber ohne Beispiel ist. Die Alltagskultur ist in nie gekanntem Umfang durchsetzt von Symbolen, die den Kindern göttliche Merkmale attribuieren. In zahlreichen Alltagsphänomenen wird an einen alten Mythos appelliert, an den von der Göttlichkeit, Heiligkeit, weil Reinheit der Kinder. Wichtig ist daran, daß den Kindern nicht irgendwelche Attribute der Göttlichkeit beigegeben werden, sondern insbesondere solche, die denjenigen Göttern zu eigen waren, welche mythengeschichtlich als Erlöser erscheinen. An diesem Vorgang läßt sich ablesen, daß die Entdifferenzierungstendenz der Kultur des ausgehenden 20. Jahrhunderts Elemente aufweist, die eng miteinander verknüpft sind.

Der Ansatz einer Mythologie der Kindheit wird innerhalb der Erziehungswissenschaft kontrovers diskutiert und versuchsweise zur Grundlage einer allgemeinen Pädagogik gemacht (vgl. Treml 1987). Außerhalb der Erziehungswissenschaft erlaubt er Übertragungen auf andere Erscheinungsfelder von Kindheit, so in der Literaturwissenschaft (vgl. Liebs 1986), der Psychologie (vgl. Asper 1988), der Medizin (vgl. Lenzen 1987b, c) oder der Theologie (vgl. Lenzen 1986, 1988).

Ariès, Ph.: Geschichte der Kindheit, München 1978. Asper, K.: Von der Kindheit zum Kind in uns, Olten/Freiburg 1988. Beiderwieden, J. u. a.: Jenseits der Gewalt – Hilfen für mißhandelte Kinder, Basel/Frankfurt 1986. Berg, J. H. van den: Metabletica. Über die Wandlung des Menschen. Grundlinien einer historischen Psychologie, Göttingen 1960. Borst, O.: Alltagsleben im Mittelalter, Frankfurt/M. 1983. Braunmühl, E. v.: Antipädagogik, Weinheim/Basel 1975. Braunmühl, E. v.: Zeit für Kinder, Frankfurt/M. 1978. Braunmühl, E. v. u. a.: Die Gleichberechtigung des Kindes, Frankfurt/M. 1976. Bruner, J. S. u. a.: Studien zur kognitiven Entwicklung, Stuttgart 1971. Bühler, Ch.: Der menschliche Lebenslauf als psychologisches Problem (1933), Göttingen 1959. DeMause, L. (Hg.): Hört ihr die Kinder weinen? Frankfurt/M. 1977. Dietrich, Th. (Hg.): Die pädagogische Bewegung «Vom Kinde aus», Bad Heilbrunn

1982. DRESSEN, W.: Die pädagogische Maschine. Zur Geschichte des industrialisierten Bewußtseins in Preußen/Deutschland, Frankfurt/Berlin/Wien 1982. ERIKSON, E. H.: Identität und Lebenszyklus, Frankfurt/M. 1966. ERIKSON, E. H.: Lebensgeschichte und historischer Augenblick, Frankfurt/M. 1977. FISCHER, R./HEIMANN, F.: Deutsche Kindheiten (1932). Wohlfahrt, Krankheit, Hunger, Krise, Düsseldorf 1986. FLITNER, A.: Konrad, sprach die Frau Mama... Über Erziehung und Nicht-Erziehung, Berlin 1982. GOODMAN, P.: Das Verhängnis der Schule, Frankfurt/M. 1975. GRIMM J./GRIMM, W.: Deutsches Wörterbuch, Bd. 5, Leipzig 1873. GSTETTNER, P.: Die Eroberung des Kindes durch die Wissenschaft. Aus der Geschichte der Disziplinierung, Reinbek 1981. HARDACH-PINKE, I./HARDACH, G. (Hg.): Deutsche Kindheiten. Autobiographische Zeugnisse 1700–1900, Kronberg 1978. HENGST, H.: Kindheit als Fiktion oder Das Verschwinden der Flügelkleider. In: Die Zeit, Nr. 41 vom 5.10.1984, S. 38. HENGST, H. u. a.: Kindheit als Fiktion, Frankfurt/M. 1982. HENTIG, H. v.: Vorwort. In: Ariès, Ph.: Geschichte der Kindheit. München 1978, S. 7ff. HOLT, J.: Zum Teufel mit der Kindheit. Über die Bedürfnisse und Rechte von Kindern, Wetzlar 1978. HONIG, M.-S. (Hg.): Kindesmißhandlung, München 1982. ILLICH, I.: Entschulung der Gesellschaft, München 1972. KELLER, M.: Kognitive Entwicklung und soziale Kompetenz, Stuttgart 1976. KEMPE, R. S./KEMPE, CH.: Kindesmißhandlung, Frankfurt/Berlin/Wien 1984. KEY, E.: Das Jahrhundert des Kindes, Berlin 1903. KOHLBERG, L.: Zur kognitiven Entwicklung des Kindes, Frankfurt/M. 1974. KÖNNECKER, M.-L. (Hg.): Kinderschaukel, 2 Bde., Darmstadt/Neuwied 1976. KUCZINSKY, J.: Studien zur Geschichte der Lage des arbeitenden Kindes in Deutschland von 1700 bis zur Gegenwart. Die Geschichte der Lage der Arbeiter unter dem Kapitalismus, Bd. 19, Berlin (DDR) 1968. KUPFFER, H.: Erziehung – Angriff auf die Freiheit. Essays gegen Pädagogik, die den Lebensweg des Menschen mit Hinweisschildern umstellt, Weinheim/Basel 1980. KÜRBISCH, F. G. (Hg.): Wir lebten nie wie Kinder, Berlin/Bonn 1983. LANGEVELD, M. J.: Studien zur Anthropologie des Kindes, Tübingen 1956. LANGEVELD, M. J.: Kind und Jugendlicher in anthropologischer Sicht, Heidelberg 1959. LANGEVELD, M. J.: Einführung in die theoretische Pädagogik, Stuttgart [9]1978. LENZEN, D.: Mythologie der Kindheit, Reinbek 1985. LENZEN, D.: Religionspädagogik oder Mythologie der Erziehung? In: Ev. Theol. 46 (1986), S. 159ff. LENZEN, D.: Heilige Identität – Identität des Heiligen. In: Kamper, D./Wulf, Ch. (Hg.): Das Heilige. Seine Spur in der Moderne. Frankfurt/M. 1987, S. 318ff (1987a). LENZEN, D.: In-vitro-Fertilisation und Funktionswandel der Familie. In: Med., Mensch, Gesellsch. 12 (1987), S. 33ff (1987b). LENZEN, D.: Der AIDS-Diskurs. Überlegungen zur historisch-anthropologischen Deutung. In: Med., Mensch, Gesellsch. 12 (1987), S. 183ff (1987c). LENZEN, D.: Ent- oder Remythisierung der Kultur? Anmerkungen zu einer falschen Entgegensetzung. In: d. ev. erz. 40 (1988), S. 50ff. LIEBS, E.: Kindheit und Tod. Der Rattenfänger-Mythos als Beitrag zu einer Kulturgeschichte der Kindheit, München 1986. LIPPITZ, W./MEYER-DRAWE, K. (Hg.): Kind und Welt. Phänomenologische Studien zur Pädagogik, Königstein 1984. MARTIN, J./NITSCHKE, A. (Hg.): Zur Sozialgeschichte der Kindheit, Freiburg/München 1986. MILLER, A.: Das Drama des begabten Kindes und die Suche nach dem wahren Selbst, Frankfurt/M. 1979. MILLER, A.: Du sollst nicht merken. Variationen über das Paradies-Thema, Frankfurt/M. 1981a. MILLER, A.: Am Anfang war Erziehung, Frankfurt/M. 1981b. MONTAGU, A.: Zum Kind reifen, Stuttgart 1984. NEUE GESELLSCHAFT FÜR BILDENDE KUNST: Die gesellschaftliche Wirklichkeit der Kinder in der Bildenden Kunst, Berlin 1979. OELKERS, J./LEHMANN, TH.: Antipädagogik. Herausforderung und Kritik, Braunschweig 1983. PIAGET, J./INHELDER, B.: Die Psychologie des Kindes, Olten/Freiburg 1972. PLOSS, H.: Das Kind in Brauch und Sitte der Völker, hg. v. B. Renz, 2 Bde., Leipzig 1911/1912. POSTMAN, N.: Das Verschwinden der Kindheit, Frankfurt/M. 1983. REIMER, E.: Schafft die Schule ab! Befreiung aus der Lernmaschine, Reinbek 1972. ROUSSEAU, J.-J.: Emile oder über die Erziehung, Stuttgart 1970. RUTSCHKY, K. (Hg.): Schwarze Pädagogik, Frankfurt/Berlin/Wien 1977. RUTSCHKY, K. (Hg.): Deutsche Kinderchronik, Köln 1983. SCAMMON, R. E.: The Measurement of Man, Minnesota 1930. SCHOENEBECK, H. v.: Der Versuch, ein kinderfreundlicher Lehrer zu sein. Ein Tagebuch, Frankfurt/M. 1980. SCHOENEBECK, H. v.: Unterstützen statt erziehen. Die neue Eltern-Kind-Beziehung, München 1982. TREML, A.: Einführung in die Allgemeine Pädagogik, Stuttgart u. a. 1987. WEBER-KELLERMANN, I.: Die Familie. Geschichte, Geschichten und Bilder, Frankfurt/M. 1976. WEBER-KELLERMANN, I.: Die Kindheit. Kleidung und Wohnen. Arbeit und Spiel. Eine Kulturgeschichte, Frankfurt/M. 1979. WINKLER, M.: Stichworte zur Antipädagogik, Stuttgart 1982. WINN, U.: Kinder ohne Kindheit, Reinbek 1984. ZENZ, G.: Kindesmißhandlung und Kindesrechte, Frankfurt/M. 1979.

Dieter Lenzen

Kindheit, persönliche → Kindheit
Kindheitsgeschichte → Kindheit
Kind-Mutter-Bindung → Mutter
Klasse, soziale → Erziehungswissenschaft, Kritische; → Schicht, soziale
Klassenanalyse → Schicht, soziale
Klassenkampf → Erziehung, sozialistische

Kleidermode

Begriffsabgrenzung. Alles, was wir am Körper tragen, ist Kleidung und dient zuerst dem Schutz vor Witterung, vor Hitze und Kälte, vor Regen und Sonnenschein. Als Mode, Tracht, Kostüm oder Uniform erhält die Kleidung eine soziale Bedeutung: Sie erfüllt Schmuckbedürfnisse, sie dient der Integration wie auch der Ausgrenzung sozialer Schichten und wird so zum Bestandteil unserer Alltagskultur. Das Wort «Kleidung» stammt vom mittelhochdeutschen *kleit*, das ursprünglich die Bedeutung «Tuch» oder «Stoff» hatte (vgl. BEYER/KAFKA 1977, S. 32). Bis in das 19. Jahrhundert hinein waren «Kleid» und «Rock» geschlechtsneutrale Bezeichnungen für Männer- *und* Frauenkleidung; heute werden die Begriffe im wesentlichen nur noch zur Bezeichnung der Bekleidung von Frauen verwendet (vgl. KYBALOVÁ u. a. 1966, S. 17ff).

Das Wort «Mode» ist vom lateinischen *modus* (Art und Weise, Regel) abgeleitet, wurde im Französischen zu «mode» und nahm im 16. Jahrhundert die zwei Bedeutungen «le mode» (Maß, Regel, Art) und «la mode» (zeitgemäße Bekleidung, Lebensart) an (vgl. BEYER/KAFKA 1977, S. 32; vgl. PETRASCHECK-HEIM 1966). Moden werden bewußt entworfen und gemacht. Sie sind also nicht fester Bestandteil einer → Tradition, sondern deren gezähmtes oder auch wucherndes Gegenstück. Ihr ständig und immer schneller wechselnder Rhythmus ist Ausdruck der rationalen und sinnlich-ästhetischen Strömungen einer Zeit.

Begriff und Bedeutung von «Tracht», «Kostüm» und «Uniform» sind deutlich abzugrenzen. Die Tracht ist die gemeinsame Kleidung einer sozial begrenzbaren Gruppe und aus ständischer, regionaler oder beruflicher Tradition erwachsen (vgl. BEYER/KAFKA 1977, S. 34; vgl. BRINGEMEIER 1980, S. 32ff). Mit Kostüm wird entweder das historische Kostüm, die Phantasieverkleidung für Kunst, Spiel, Feste und Feiern (etwa als Faschingskostüm; vgl. BERCKENHAGEN/WAGNER 1978, S. 98) oder das zweiteilige Frauenkleid bezeichnet. Uniformen werden vom Militär, von Teilen des Staatsbeamtentums und bestimmten Berufsgruppen getragen. Eine Uniform weist auf die Zugehörigkeit zu einer straff gelenkten, hierarchisch geordneten →Institution, die keinerlei Spielräume für eine individuelle Variation der Kleidung zuläßt (vgl. KANNIK o. J., KNÖTEL/SIEG 1956).

Historische Entwicklung. Die Kleidung entstand, wie mit Hilfe archäologischer Funde geklärt werden konnte, ungefähr in der Zeit von 6500 bis 4500 v. Chr. (vgl. THIEL 1982, S. 9ff). Die ersten Kleidungsstücke waren Tierfelle. Später entstanden erste Webtechniken; die Menschen begannen, Kleidungsstücke selbst herzustellen und sie zu verzieren.

Das gemeinsame Merkmal der Bekleidung vorchristlicher Kulturen war (mit Ausnahme des kretisch-mykenischen Kulturkreises) das einteilige, für Männer und Frauen gleichartige *Gewand*. Status und Herkunft des Trägers wurden durch Schmuck und Zubehör (Haube, Kragen, Gürtel, Farbstreifen, Faltenwurf) kenntlich gemacht. Diese Kleidform war bis zum Ende des Mittelalters für alle Schichten üblich; sie findet sich noch heute als Robe des Richters oder Talar des Pastors.

Am Ausgang des Mittelalters ändert sich diese Kleidform, und zwar zunächst in der höfischen Gesellschaft (vgl. ELIAS 1969). Ober- und Unterteil werden getrennt; einzelne Körperteile werden betont, die Farben erhalten heraldische Bedeutung. Die Kleidung wird männer- und frauenspezifisch (vgl. v. BOEHN 1925, S. 224ff). Mit der Entwicklung des städtischen Bürgertums, der Erweiterung der Handelsbeziehungen und der Zunahme der technischen Kenntnisse sowie mit der wachsenden Herausbildung von «Ichbewußtsein» und «Renaissancegeist» (v. MARTIN 1974, S. 35; vgl. BURKE 1984) entstehen die materiellen und ideellen Voraussetzungen für einen häufigeren Wechsel der Kleiderformen. Das Gewand im Absolutismus wird zum *Kostüm* (die Etikette «à la mode» des Louis XIV), dann zur theatralischen *Geste* im Barock. In den Städten und Gemeinden werden Kleiderordnungen erlassen und ihre Einhaltung kontrolliert, um die Klassenzugehörigkeit öffentlich sichtbar zu machen und eine Angleichung der Unterschicht an die Oberschicht zu verhindern. Zugleich wird bis in das 18. Jahrhundert hinein versucht,

1

2 a

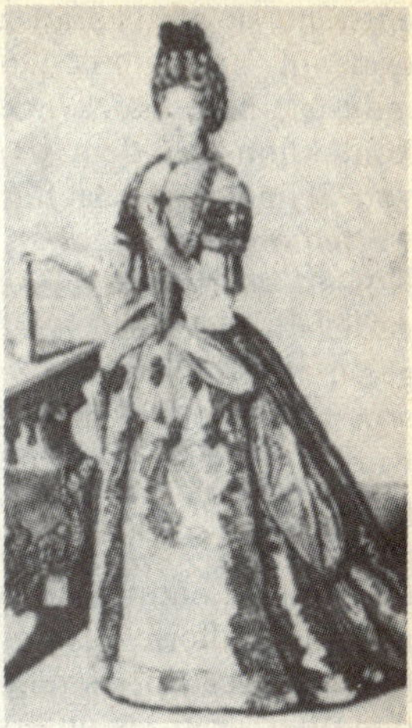

2 b

Abbildung 1: Griechisches Frauengewand (übergürteter Peplos der klassischen Zeit) (Quelle: THIEL 1982, S. 28)

Abbildung 2: Höfische Männertracht (a) und höfisches Frauenkleid (b) aus der Zeit Ludwigs des XIV. (Quelle: THIEL 1982. S. 230, S. 240)

Abbildung 3: Reformkleid aus der «Illustrierten Frauenzeitung», 1905 (Quelle: THIEL 1982, S. 377)

3

«Kleiderluxus» und «Erotisierung» der Kleidung einzudämmen (vgl. EISENBART 1962, S. 103).

Die mit der Französischen Revolution einsetzende Demokratisierung der europäischen Gesellschaft führt zu einem schrittweisen Abbau der in der Kleidung ausgedrückten sozialen Differenzierungen. Das Bürgertum bestimmt nun die Mode. Eine schnell wachsende Textilindustrie entsteht; sie wird geradezu zum Schrittmacher der industriellen Revolution (vgl. BLANKERTZ 1969, S. 56f). Die Massenproduktion in der Textilindustrie hatte Rückwirkungen auf Kleidung und Mode. Die «Herrenkonfektion» mit dem «Anzug von der Stange» entstand, der nicht mehr vom Schneider maßgefertigt zu werden brauchte und deshalb auch preiswerter war. Die nicht als industrielle Massenware herzustellenden «auf Korsett gearbeiteten» Krinolinen- und Tournürenkleider der großbürgerlichen Frau des 19. Jahrhunderts wurden langsam verdrängt. Das sogenannte *Reformkleid* wurde entwickelt, für das, aber auch gegen das von sehr unterschiedlichen Interessenstandpunkten aus gekämpft wurde, einerseits von der bürgerlichen Frauenbewegung, von anthroposophisch orientierten Naturbewegungen, den Künstlern des Bauhauses und des Deutschen Werkbundes, andererseits von Modeschöpfern der Haute Couture wie Worth und Poiret, die sich später dann doch der neuen Kleidform zuwandten. Dieses «Reformkleid» konnte industriell gefertigt werden; es führte zu einer bequemeren und gesünderen Kleidung der Frau, es unterstützte aber auch die beschleunigte Eingliederung der Frau in die Industriearbeit und in bis dahin Männern vorbehaltene Berufe (vgl. BROWNMILLER 1984, S. 75ff; vgl. B. STAMM 1978, S. 117ff; vgl. THIEL 1982, S. 7f, S. 331f).

In der zweiten Hälfte des 20. Jahrhunderts ist das Tempo des Wechsels der Bekleidungsmoden so weit beschleunigt, daß zweimal jährlich neue «Moden» kreiert und durchgesetzt werden. Darüber hinaus gibt es einen Modezyklus, der einen Sieben- bis Zehnjahresrhythmus (vgl. KROEBER 1940) durchläuft und in dieser Zeitspanne eine grundlegende Wandlung der Moden produziert (vgl. BLECKWENN 1981, S. 105).

Der häufige Wechsel der Moden hat ökonomisch-technische und politisch-sozialkulturelle Voraussetzungen: Der Aufbau einer industriellen Massenkonfektion und vor allem die wachsende vertikale und horizontale Verzahnung von Bekleidungs-, Zulieferer- und Medienindustrie ermöglichen erst den Massenkonsum modischer Kleidung. Trotzdem bleibt die Abgrenzung der Ober- von den Mittel- und Unterschichten durch die Mode ein Faktum, sie erfolgt allerdings mit subtileren Mitteln als früher. Ebensowenig ist eine Emanzipation der Frauen von männlicher Bevormundung in der Mode erreicht. Mode wird nach wie vor überwiegend *für* Frauen, aber *von* Männern gemacht. Zwischen der gesellschaftlich sanktionierten, abhängigen →Rolle von Frauen und der Präsentation oder Verhüllung des weiblichen Körpers durch Bekleidung, Frisur und modische Accessoires lassen sich, auch im historischen Verlauf, Zusammenhänge sehen. Durch die Mode werden bestimmte weibliche Haltungen diktiert, die sowohl eine körperliche als auch eine ideelle Seite haben. Die Dialektik von innerer und äußerer Körperhaltung, von Subjekt und Objekt bestimmt die Bewegungsspielräume der

Frauen innerhalb der Gesellschaft. Die von wenigen Soziologen formulierte Hoffnung, durch die Mode zur →Emanzipation der Gesellschaft beizutragen, sie als «ein wesentliches Mittel zur Selbstgestaltung der großen Massen» auffassen zu können (König 1971, S. 256), bleibt ein frommer Wunsch.

Gesellschaftliche Funktion. Kleidung erfüllt auch gesellschaftliche Funktionen und ist Ausdruck individueller Bedürfnisse und Interessen. Sie wird dem Tagesablauf gemäß gewechselt (Arbeits-, Freizeit-, Sport-, Schul-, Berufs-, Haus-, Ausgeh- oder Nachtkleidung); sie dient der sozialen →Integration, der Statussicherung, der Demonstration von Hoheitsaufgaben; sie befriedigt Schmuckbedürfnisse; sie kann Gefühle und Stimmungen ebenso wie Sexualität oder Sexualfeindlichkeit aus- und unterdrücken (Alltags-, Feiertags-, Trauerkleidung, Brautkleid). Kleidung ist nie lediglich eine zweckgebundene, neutrale «zweite Haut», sondern eine Beschreibung der innerlichen Befindlichkeit und des sozialen Standorts ihres Trägers (vgl. Thiel 1982, S. 5). Die Tatsache, daß sich Menschen kleiden, ist Ausdruck menschlicher Grundverhältnisse mit vielfältigen anthropologischen, biologischen, sozialen, ökonomischen, psychologischen, ästhetischen und erotischen Aspekten (vgl. Fuchs 1909, S. 4f, S. 164ff; 1910, S. 153ff; 1912, S. 169ff; vgl. Kiener 1956).

Eine gesellschaftstheoretische Interpretation von Kleidung und Mode ist noch wenig entfaltet, zum Teil auch nur auf Umwegen möglich, etwa über kulturanthropologische Konzepte (vgl. Benedict 1955; vgl. Bourdieu 1970, 1982; vgl. Bringemeier 1980; vgl. Greverus 1976, 1978; vgl. Weber-Kellermann 1974, 1979, 1983), über kommunikationstheoretische Ansätze (vgl. Goffman 1981, Leach 1978), über die Frauenbewegung und die Diskussion zur geschlechtsspezifischen Erziehung (vgl. de Beauvoir 1983, Bovenschen 1979, Brownmiller 1984, Hahn u. a. 1982, Wartmann 1980, Wex 1979) und die Konzepte einer ganzheitlichen politisch-ästhetischen Erziehung (vgl. Hartwig 1980, Kerbs 1975, Ropohl 1979, Selle 1981). Zum unverstellten Objekt wissenschaftlicher Analysen wird das Thema «Kleidung und Mode» jedoch erst innerhalb jener gesamtgesellschaftlichen Bewegung, die Elias (1978) als «Prozeß der Zivilisation» beschrieben und Zur Lippe (vgl. 1981) als zunehmende «Geometrisierung des Menschen» kritisiert hat.

Kleidung und Mode sind Ausdruck der sozialen Lage ihrer Träger; sie weisen aber auch darüber hinaus. Schon Benjamin sprach in der ersten Hälfte dieses Jahrhunderts von einer «Feminisierung der Kultur» (1983, S. 471f, vgl. S. 974f; vgl. Buci-Glucksmann 1984, S. 36, S. 50f) und belegte diese These mit dem Hinweis auf die Mode; er erfaßte ihre politisch-atmosphärische Dimension und ihren utopischen Überschuß, wenn er feststellte, daß die Mode «aus geheimen Flaggensignalen der kommenden Dinge» bestehe und daß derjenige, der diese Signale «entziffern» könne, bereits im voraus «um neue Gesetzesbücher, Kriege und Revolutionen» wisse (Benjamin 1983, S. 112). Bloch und Kracauer untersuchten in den 20er Jahren das Kleidungsverhalten der neuen Angestelltenklasse und konstatierten eine Sublimierung erotischer Wünsche durch und mit der Kleidung und eine wachsende Entfremdung (vgl. Bloch 1977; vgl. Kracauer 1980, S. 65f, S. 94f). Neuere soziologische Analysen aus der Bundesrepublik wirken demgegenüber eher unpräzis: König definiert Mode mit einem wissenschaftstheoretisch diffus bleibenden Begriff als «soziales Totalphänomen» (1971, S. 10) und nennt als deren wichtigste Bewegungsmittel «Wandel und Beharrung» sowie «Rivalität und Sexualität» (1971, S. 41f, S. 101f, S. 141f).

Identität – Kleidung – Mode. Der Beitrag der Kleidung für die Identitätsbildung des Menschen ist unbestritten und sprichwörtlich bekannt: «Kleider machen Leute» (Keller). Die Poesie der Kleidung hat die Dichter immer wieder fasziniert – unabhängig von wechselnden politischen Orientierungen und zeitgeschichtlichen Besonderheiten: Baudelaire, Balzac und Mallarmé, Goethe, Keller, Fontane, Stifter, Mann, Musil, Brecht, Keun oder Grass – sie alle entfalten eine sinnliche Lust am Beschreiben von Kleidung und Mode (vgl. Bleckwenn 1981, S. 112ff).

In der *Formensprache der Kleidung* findet sich der grundsätzliche Widerspruch zwischen individuellen Bedürfnissen und gesellschaftlichen Erwartungen wieder: Kleidformen drücken gesellschaftlich sanktionierte Bewegungsmuster und -verbote aus; sie können zu einem theatralischen Zitat stilisiert werden, oder durch Unauffälligkeit das Aufgehen in der Massengesellschaft ausdrücken. Kleiderformen können aber auch die Sehnsucht nach natürlichen Lebensformen symbolisieren. Der Stil der Kleidung gibt Aufschluß darüber, «wie jemand erscheinen *will*, aber nicht darüber, wie er *ist*» (Curtius 1971, S. 37). Die Formensprache von Kleidung und Mode ist deshalb innerhalb der Kulturbeschreibung Gegenstand differenzierter historischer und sozialpsychologischer Analysen geworden (vgl. Flügel 1966, Fuchs 1909ff, Kiener 1956, Lemoine-Luccioni 1983, Veblen 1981, Wiederkehr-Benz 1973).

Selbst das, was als «Anti-Mode» bezeichnet und als «Un-Mode» getragen wird, bleibt in der Negation auf Mode bezogen, greift auf vergangene Moden zurück oder nimmt zukünftige vorweg. Die Möglichkeit des Umschlagens progressiver und lebendiger Ideen und Bewegungen in modische Vermarktung und Erstarrung ist immer gegeben und den «Erfindern» dieser neuen Moden selten bewußt. Minderheiten und sozialen Randgruppen wird in bezug auf Kleidung und Mode ästhetische Freizügigkeit gewährt, aber für die große Mehrheit der Bevölkerung bleiben ungeschriebene Kleiderordnungen bestehen, die bis zur «Uniformierung» führen können (vgl. Curtius 1971, S. 36f; vgl. Pasolini 1980). Über gruppenspezifische Kleidernormen wird eine «Modellierung und Technokratisierung der Sinnlichkeit» (Haug 1980, S. 55; vgl. Selle 1981) gesteuert.

Erzieherische Aspekte. Seit das allgemeinbildende Schulwesen für alle durchgesetzt worden ist, gibt es Versuche, erzieherisch auf Kleidung und Mode der heranwachsenden Generation – fast ausschließlich der Mädchen – einzuwirken (vgl. Giffhorn 1974, Ladj-Teichmann 1983). Die Effektivität dieser schulischen Erziehung ist empirisch nicht erfaßt, sie dürfte jedoch sehr gering sein, vielleicht sogar eher negative affektive Einstellungen hervorrufen. Bedürfnisse und Einstellungen der Kinder und Jugendlichen werden nachhaltiger über die Gestaltung ihres soziokulturellen Umfeldes im Interesse der Wirtschaft geformt und zu langfristig stabilen Normen und Werten weiterentwickelt, daß Kleidung und Mode wichtig und daß beträchtliche finanzielle und zeitliche Aufwendungen dafür selbstverständlich seien (vgl. Hartwig 1980, Lenzen 1978): Kleine Mädchen spielen mit Puppen und eignen sich «problemlos» die neueste Mode an (vgl. Brownmiller 1984, S. 8); kleine Jungen spielen Cowboy in der «Original Levis»; Studentinnen frequentieren alternative Naturgarn-Läden; Mütter lesen «bestrickende» Zeitschriften («Nicole», «Brigitte»); Karrierefrauen verinnerlichen Kleiderregeln für Karrierefrauen (vgl. Bernard/Schlaffer 1984, S. 193). Die Wirtschaft hat die «Logik des Unbewußten» und der Sinne (Benjamin 1983, S. 396; vgl. Buci-Glucksmann 1984, S. 68) umfassend im Griff.

Die → Schule hat bei ihrem Versuch, auf diesen umfassenden Sozialisationsprozeß Einfluß zu nehmen, sehr enge Handlungsspielräume. Vergleicht man bundesdeutsche Richtlinien und Lehrpläne des Faches Textil (vgl. Fontaine 1982a, b), so fällt auf, daß Textilunterricht immer noch vor allem an Mädchen, nicht an Jungen, häufig an Sonder- und Hauptschulen und so gut wie überhaupt nicht auf der gymnasialen Oberstufe erteilt wird. Fachdidaktische Literatur zum Thema «Kleidung und Mode» ist entsprechend rar (vgl. Giffhorn 1974, Immenroth 1970, Löhrer 1979–1983, M. Stamm/Strohmeier 1977/1984). Erst in jüngster Zeit werden fachdidaktische und fächerübergreifende Konzepte entwickelt, in denen Kleidung und Mode auf ihre politisch-ökonomischen Voraussetzungen befragt, in Hinblick auf ihren möglichen Beitrag für die Identitätsbildung von Jugendlichen analysiert und in einen umfassenden Anspruch politisch-ästhetischer Erziehung eingebettet werden (vgl. Beyer/Kafka 1977, Bleckwenn 1981, Giffhorn 1974, Hoffmann 1983, Pazzini 1983, Ropohl 1979, Rumpf 1981, Selle 1981).

BEAUVOIR, S. DE: Das andere Geschlecht, Reinbek [3]1983. BENEDICT, R.: Urformen der Kultur (1934), Hamburg 1955. BENJAMIN, W.: Das Passagen-Werk, Frankfurt/M. 1983. BERCKENHAGEN, E./WAGNER, G.: Bretter, die die Welt bedeuten, Berlin 1978. BERNARD, CH./SCHLAFFER, E.: Liebesgeschichten aus dem Patriarchat, Reinbek 1984. BEYER, B./KAFKA, H.: Textilarbeit (Kleiden und Wohnen), Bad Heilbrunn [2]1977. BLANKERTZ, H.: Bildung im Zeitalter der großen Industrie, Hannover u.a. 1969. BLECKWENN, R.: Kleidung und Mode, Baltmannsweiler 1981. BLOCH, E.: Erbschaft dieser Zeit, Frankfurt/M. [9]1977. BOEHN, M.v.: Die Mode, 8 Bde., München 1908–1925 (Bd. 1: 1925). BOURDIEU, P.: Zur Soziologie der symbolischen Formen, Frankfurt/M. 1970. BOURDIEU, P.: Die feinen Unterschiede, Frankfurt/M. 1982. BOVENSCHEN, S.: Die imaginierte Weiblichkeit, Frankfurt/M. 1979. BOVENSCHEN, S.: Über die Listen der Moden. In: N. Rsch. 95 (1984), 1/2, S. 87ff. BRINGEMEIER, M.: Mode und Tracht, Münster 1980. BROWNMILLER, S.: Weiblichkeit, Frankfurt/M. 1984. BUCI-GLUCKSMANN, CH.: Walter Benjamin und die Utopie des Weiblichen, Hamburg 1984. BURKE, P.: Die Renaissance in Italien. Sozialgeschichte einer Kultur zwischen Tradition und Erfindung, Berlin 1984. CURTIUS, M.: Modelle für den sozialwissenschaftlichen Unterricht, Modell 12. In: Curtius, M./Hund, W.D.: Mode und Gesellschaft – Zur Strategie der Konsumindustrie, Frankfurt/M. 1971, S. 7ff. EISENBART, L.: Kleiderordnungen der deutschen Städte zwischen 1350 und 1700, Göttingen/Berlin/Frankfurt 1962. ELIAS, N.: Die höfische Gesellschaft, Neuwied/Berlin 1969. ELIAS, N.: Über den Prozeß der Zivilisation, 2 Bde., Frankfurt/M. [6]1978. ERIKSON, E.H.: Identität und Lebenszyklus, Frankfurt/M. [2]1971. FLÜGEL, J.C.: The Psychology of Clothes (1930), London [4]1966. FONTAINE, A.: Die Grobstruktur der bundesdeutschen Lehrpläne allgemeinbildender Schulen für den Textilunterricht. In: Textilarb. u. U. 53 (1982), S. 168ff (1982a). FONTAINE, A.: Die Feinstrukturen der bundesdeutschen Lehrpläne für den Textilunterricht. In: Textilarb. u. U. 53 (1982), S. 215ff (1982b). FUCHS, E.: Illustrierte Sittengeschichte vom Mittelalter bis zur Gegenwart, 3 Bde., Berlin 1909ff (Bd. 1: 1909, Bd. 2: 1910, Bd. 3: 1912). GIFFHORN, H.: Modeverhalten – ästhetische Normen und Erziehung, Köln 1974. GOFFMAN, E.: Geschlecht und Werbung, Frankfurt/M. 1981. GREVERUS, I.-M.: Kleidung, Notwendigkeit, Hoffnung oder Danaergeschenk. In: Biologische und kulturelle Komponenten im menschlichen Verhalten. Kolloquium der Schweizerischen Geisteswissenschaftlichen Gesellschaft, Bern 1976, S. 66ff. GREVERUS, I.-M.: Kultur und Alltagswelt, München 1978. HAHN, G. u.a.: Kinder, Küche, Kleider, Wien/München/Zürich 1982. HARTWIG, H.: Jugendkultur, Ästhetische Praxis in der Pubertät, Reinbek 1980. HAUG, W.F.: Kritik der Warenästhetik, Frankfurt/M. [7]1980. HOFFMANN, O.: Kleidung statt Mode, Frankfurt/M. 1983. IMMENROTH, L.: Textil-Werken, Ratingen/Wuppertal/Kastellaun 1970. KANNIK, P.: Uniform in Farben, Berlin o.J. (1970). KERBS, D.: Design, Kosmetik, Mode, Werbung – Manipulierte Werbung ohne Sinn? In: Haug, W.F. (Hg.): Warenästhetik. Beiträge zur Diskussion, Weiterentwicklung und Vermittlung ihrer Kritik, Frankfurt/M. 1975, S. 69ff. KIENER, F.: Kleidung, Mode und Mensch, München/Basel 1956. KNÖTEL, H./SIEG, H.: Handbuch der Uniformkunde (1937), Hamburg 1956. KÖNIG, R.: Macht und Reiz der Mode, Düsseldorf/Wien 1971. KRACAUER, S.: Die Angestellten, Frankfurt/M. [3]1980. KROEBER, A.L.: Three Centuries of Women's Dress Fashions, Berkeley/Los Angeles 1940. KYBALOVÁ, L. u.a.: Das große Bilderlexikon der Mode, Prag 1966. LADJ-TEICHMANN, D.: Erziehung zur Weiblichkeit durch Textilarbeit, Weinheim/Basel 1983. LEACH, E.: Kultur und Kommunikation – Zur Logik symbolischer Zusammenhänge, Frankfurt/M. 1978. LEMOINE-LUCCIONI, E.: La robe. Essai psychoanalytique sur le vêtement, Paris 1983. LENZEN, K.-D.: Kinderkultur – die sanfte Anpassung, Frankfurt/M. 1978. LÖHRER, U.: Textilgestaltung, 3 Bde., Limburg 1979–1983. MARTIN, A.v.: Soziologie der Renaissance, München [3]1974. PACKARD, V.: Die große Verschwendung,

Düsseldorf/Wien 1961. Pasolini, P.: Die Zerstörung der Kultur des Einzelnen durch die Konsumgesellschaft, Berlin 1980. Pazzini, K.-J.: Die gegenständliche Umwelt als Erziehungsmoment. Zur Funktion alltäglicher Gebrauchsgegenstände in Erziehung und Sozialisation, Weinheim/Basel 1983. Petrascheck-Heim, I.: Sprache und Kleidung, Wien 1966. Riederer, M.: Wie Mode Mode wird, München 1962. Ropohl, U.: Ästhetische Erziehung in der Jugendarbeit, Weinheim/Basel 1979. Rumpf, H.: Die übergangene Sinnlichkeit, München 1981. Saint Laurent, Y. (Hg.): Metropolitan Museum of Modern Art, New York 1983. Selle, G.: Kultur der Sinne und ästhetische Erziehung, Köln 1981. Sombart, W.: Liebe, Luxus und Kapitalismus (1922), Berlin 1984. Stamm, B.: Auf dem Wege zum Reformkleid. In: Siepmann, E. (Hg.): Kunst und Alltag um 1900. 3. Jahrbuch des Werkbund-Archivs, Lahn-Gießen 1978, S. 117ff. Stamm, M./Strohmeier, A.: Beispiele zur Textilgestaltung 1 und 2, Paderborn 1977/1984. Thiel, E.: Geschichte des Kostüms, Berlin ^{2}1982. Veblen, Th.: Theorie der feinen Leute (1899), München 1981. Wartmann, B.: Weiblich – Männlich. Kulturgeschichtliche Spuren einer verdrängten Weiblichkeit, Berlin 1980. Weber-Kellermann, I.: Die deutsche Familie, Frankfurt/M. 1974. Weber-Kellermann, I.: Die Kindheit, Frankfurt/M. 1979. Weber-Kellermann, I.: Frauenleben im 19. Jahrhundert, München 1983. Weber-Kellermann, I. (unter Mitarbeit v. D. Eicke-Jennemann u. R. Falkenberg): Der Kinder neue Kleider. 200 Jahre deutsche Kindermode, Frankfurt/M. 1985. Wex, M.: «Weibliche» und «männliche» Körpersprache als Folge patriarchalischer Machtverhältnisse, Frankfurt/M. 1979. Wiederkehr-Benz, K.: Sozialpsychologische Funktionen der Kleidermode, Zürich 1973. Zur Lippe, R.: Naturbeherrschung am Menschen, 2 Bde., Frankfurt/M. ^{2}1981.

Marita Bechthold

Kleinfamilie → Familie – Familienerziehung
Kleingruppe → Gruppendynamik – Gruppenpädagogik
Klosterschule → Schule

Koedukation

Problemstellung. Koedukation, die gemeinsame Erziehung und Interaktion von Jungen und Mädchen im Unterricht, wurde mit der Strukturreform des Bildungswesens Ende der 60er Jahre des 20. Jahrhunderts in den Ländern der Bundesrepublik Deutschland realisiert. Damit schien die Diskussion, die vor einem Jahrhundert mit dem Kampf der Frauenbewegung um eine staatliche höhere Mädchenbildung und die Zulassung von Frauen zu akademischen Berufen begonnen hatte, obsolet geworden (→Frauenbildung). Trotz formaler →Chancengleichheit für Mädchen und Frauen im Schul- und Bildungsbereich, trotz annähernd gleicher Bildungsbeteiligung mit durchschnittlich erfolgreicheren Schulabschlüssen und einer scheinbaren Annäherung der Geschlechterrollen sind Frauen jedoch aufgrund der hierarchischen Arbeitsteilung zwischen den Geschlechtern noch immer gesellschaftlich benachteiligt.

Eine Ursache dafür sieht eine der Expertisen zum sechsten Jugendbericht (vgl. HURRELMANN u. a. 1986) in der koedukativen Praxis selbst, deren «heimlicher Lehrplan» (→Lehrplan, heimlicher) eine hypostasierte polare Geschlechteranthropologie tradiere. Die koedukative Praxis zu verändern, die bisher vorwiegend in gemischt-geschlechtlichem Unterricht, Koinstruktion, bestand, ohne die Koedukation aufzugeben, ist zum pädagogischen Programm einer Neuorientierung der Geschlechterbeziehung geworden. Die Koedukationsdebatte der 80er Jahre wird vor allem von Frauen geführt.

Geschichtliche Entwicklung. Als sich infolge der Industrialisierung die gesellschaftlichen Voraussetzungen für die traditionelle bürgerliche Frauenrolle veränderten und sich die Doppelrolle der Frau in Familie und Beruf abzeichnete, entwickelte die Frauenbewegung am Ende des 19. Jahrhunderts zwei bis heute nicht eingelöste «Emanzipations»modelle (vgl. HEINRICH 1962, S. 22; vgl. KLINGER 1986); deren Grundlage bestand in einer der männlichen gleichartigen beziehungsweise gleichwertigen Bildung: Maßgeblich für die Diskussion und die Durchsetzung koedukativer Erziehung wurde nicht die Forderung einer gleichartigen, egalitär-demokratischen Bildung für Jungen und Mädchen und eines ungehinderten Zugangs der Mädchen zu den bis dahin den Männern vorbehaltenen Bildungseinrichtungen, wie es die radikalen Flügel der Frauenbewegung und sozialistische Gruppen verlangten (vgl. PFISTER 1983, S. 31 ff). Die Diskussion um eine gemischtgeschlechtliche Erziehung wurde vielmehr auf dem Boden der anthropologisch begründeten Geschlechterpolarität geführt, die seit der Romantik das Denken und die Wirklichkeit weitgehend bestimmte. Unter dieser Voraussetzung strebte die gemäßigte Fraktion der Frauenbewegung die Herstellung einer autonomen, weiblich dominierten Schul-, Arbeits- und Berufssphäre, komplementär zur männlichen, an. Das mit einem angeborenen weiblichen Formprinzip begründete Autarkiemodell geistiger Mütterlichkeit als einer kulturellen Aufgabe (H. Lange, G. Bäumer; vgl. WILDT/NAUNDORF 1986, S. 105) schloß Koedukation aus Bildungs- und Professionalisierungsgründen aus. Ökonomisch-pragmatisch forderten der gemäßigte Flügel der Frauenbewegung und andere Frauenvereinigungen seit 1907 die institutionelle Zulassung von Mädchen zu höheren Knabenlehranstalten sowie Modellversuche in koedukativer Erziehung (vgl. AROLT 1987, S. 51 ff). 1908 wurde administrativ die höhere Bildung der Mädchen der Knabenbildung gleichgestellt.

Nach dem in den protestantischen skandinavischen Ländern seit 1876 und 1899 in England eingeführten Modell, das sich an der Vorstellung natürlich sich entfaltender Geschlechtscharaktere im Rahmen der Familie orientierte, wurde Koedukation als pädagogisches Programm in Wikkersdorf (1906, G. Wyneken) und in der Odenwaldschule (1910, P. Geheeb) praktiziert (vgl. AROLT 1987, S. 46ff; vgl. BREHMER 1987, S. 91; vgl. PALMGREN 1905). Auch der «Bund Entschiedener Schulreformer» und einige Jugendverbände verstanden Koedukation als positive Verstärkung der Geschlechterdifferenz.

Ebenfalls geschlechteranthropologisch argumentierend, zeigten sich konservative Politiker, Pädagogen und, aus Konkurrenzgründen, vor allem Lehrer an Mädchenschulen als entschiedene Koedukationsgegner; am entschiedensten argumentierte die katholische Kirche in ihrer Erziehungsenzyklika vom 31. 12. 1929, in der das polare Geschlechterkonzept dualistisch, und zwar als gottgewollte Verschiedenheit von Mann und Frau, interpretiert wurde (vgl. SCHRÖTELER 1933, S. 44ff).

Die anthropologisch begründete Geschlechterpolarität bestimmte die Koedukationsdebatte bis in die 60er Jahre, als Koedukation in der Bundesrepublik Deutschland erneut von konservativ-politischer und berufsständischer Seite problematisiert wurde, und war Grundlage der differentiellen psychologischen wie empirischen Forschung (vgl. KNAB 1970, S. 79ff). Während Koedukationsgegner vor einer «Nivellierung» geschlechtsspezifischer Qualitäten, vor verfrühter Erotik, Disziplinschwierigkeiten, schulorganisatorischer Starre oder einer Vermännlichung beziehungsweise einer Verweiblichung der Schule warnten, rechtfertigten die Befürworter ihre Position mit denselben, nur unterschiedlich interpretierten Phänomenen: die schulische Situation entspreche der familialen, entschärfe sexuelle Spannungen, biete die Chance zu Kameradschaft und geschwisterlichem Umgang von Jungen und Mädchen, stelle eine fruchtbare Lern- und Erziehungssituation dar, vermittle Jungen und Mädchen gleiches Wissen und sei Vorbereitung auf die berufliche Zusammenarbeit und das Familienleben (vgl. STEINHAUS 1966, S. 47ff, S. 51ff; aktualisiert: vgl. BREHMER 1987, S. 103).

In den Volksschulen hatten Jungen und Mädchen aus pragmatisch-ökonomischen Gründen, außer in katholischen und in größeren Stadtschulen, gemeinsamen Unterricht, obwohl Geschlechtertrennung seit den «Allgemeinen Bestimmungen» (1872) für die oberen Jahrgänge empfohlen wurde. Der Anteil der an höheren Knabenschulen unterrichteten Mädchen betrug im Kaiserreich zirka 5 % (vgl. LUNDGREEN 1981, S. 68), erreichte bei erheblichen regionalen Schwankungen 1931 im Deutschen Reich 11,9 % (vgl. ZYMEK 1988, S. 196) und in Preußen 6,3 % (vgl. PFISTER 1983, S. 41), stieg im Nationalsozialismus noch leicht an und lag beispielsweise in Preußen 1937 bei 6,8 % (vgl. PFISTER 1983, S. 41). Meist auf Kosten des übrigen →Lehrplans wurde den Mädchen geschlechtsspezifischer, auf die Aufgaben in Haus und Familie vorbereitender Unterricht in einigen Fächern durch Binnendifferenzierung erteilt, etwa in Hauswirtschaft, Raumlehre, Biologie und Leibeserziehung (vgl. BREHMER 1987, S. 81f; vgl. ZINNECKER 1972, S. 87).

Die Praxis der Koedukation änderte sich nach Gründung der Bundesrepublik Deutschland (außer in den Stadtstaaten) bis in die 70er Jahre kaum (vgl. BREHMER 1987, S. 84f). Nachdem seit dieser Zeit die geschlechtsspezifische Binnendifferenzierung (→Differenzierungsform), teilweise mit Ausnahme des Sportunterrichts (vgl. PFISTER 1983), aufgehoben ist und Mädchen Werken und Jungen Hauswirtschaft und Handarbeit wählen können, wird erneut, etwa in Nordrhein-Westfalen (vgl. Gemeinsames Amtsblatt des Kultusministers Nordrhein-Westfalen 1985, S. 496: Erlaß vom 11.7.1985), eine didaktische, die Mädchen fördernde Differenzierung im mathematisch-naturwissenschaftlichen Bereich empfohlen.

Nach UNESCO-Untersuchungen aus dem Jahre 1969 (vgl. DE GRANDPRÉ 1973, S. 204) ist Koedukation, geographisch gesehen, in der UdSSR zu 100%, in Europa – vor allem durch die hohe Quote in den Ostblockstaaten – zu 35%, in Nordamerika zu 28% verwirklicht. In Südamerika erhalten 33%, in Ozeanien 12%, in Afrika 7% der Kinder koedukativen Unterricht.

Stand der Forschung. Die neuere Koedukationsforschung (vgl. WAWRZYNIAK 1959) ist durch die Widerlegung des Universalismus einer anthropologisch begründeten Geschlechterpolarität (M. Mead, B. Malinowski, E. Erikson) und durch die Sozialisationsforschung (vgl. ZINNECKER 1972) maßgeblich beeinflußt. Geschlechtsspezifische Sozialisationsforschung (vgl. BILDEN 1985, HAGEMANN-WHITE 1984, HORSTKEMPER 1987), Interaktionsforschung (vgl. OSWALD u. a. 1988) und die Berücksichtigung der sozialen Kategorie Geschlecht in der Schulforschung, für Schüler und Lehrpersonal, haben zu begrenzten Ergebnissen über die Auswirkungen gemeinsamer Erziehung von Jungen und Mädchen beigetragen. In Verbindung mit der einschlägigen empirischen Forschung (vgl. DEMANT 1955, HEPTING 1978, WAWRZYNIAK 1959) zeichnet sich ein einheitlicher werdendes Bild ab. Obwohl Koedukation in den empirischen Arbeiten als positiv für Jungen wie Mädchen erkannt wird, sah noch DEMANT (vgl. 1955, S. 60) eher die Mädchen als Gewinner, während WAWRZYNIAK (1959, S. 90) eine ungünstigere Auswirkung der Koedukation auf «Leistung und Einstellung» der Mädchen feststellen konnte. Horstkemper ermittelte schließlich für die Sekundarstufe kontinuierlich zunehmendes Selbstvertrauen der Jungen, wogegen Mädchen ihr geringer werdendes Selbstvertrauen auch nicht durch Leistungsorientierung und besseren schulischen Erfolg wettmachen könnten (vgl. HORSTKEMPER 1987, S. 214ff).

Eine breitere →Evaluation der Auswirkungen gemeinsamer Erziehung auf beide Geschlechter (→Erziehung, geschlechtsspezifische) fehlt bis heute. Trotz dieses generellen Forschungsdefizits und mangelnder Forschungsvoraussetzungen, wie etwa des Fehlens statistischer Daten, sind seitens der Schulforschung einige Ergebnissse formuliert worden (vgl. METZ-GÖCKEL 1987, S. 466):

- Das koedukative Schulsystem wird von Schülern und Schülerinnen sowie von Lehrern und Lehrerinnen bevorzugt (vgl. BREHMER 1987, S. 93f; vgl. OSWALD u. a. 1988, S. 174).
- Jungen lenken aufgrund ihrer größeren Aggressivität und der dadurch verursachten Disziplinschwierigkeiten zwei Drittel der Aufmerksamkeit von Lehrern und Lehrerinnen auf sich; selbst in einem bewußt die weibliche Seite stützenden Experiment beträgt diese Zahl noch 58% (vgl. SPENDER 1985, S. 94; vgl. ebenso FRASCH/WAGNER 1982).
- Lehrmaterial, das Frauen diskriminiert, bestimmt nach wie vor den Unterricht.
- Die Quote der Besetzung von Funktionsstellen mit Männern hat sich im koedukativen Schulsystem erhöht; damit einher geht der Verlust weiblicher Vorbilder in Leitungspositionen.
- Da die Entscheidung für die Leistungsfächer und die individuelle Geschlechtsorientierung in der Pubertät zusammenfallen, verstärkt Koedukation die geschlechtstypische Fächerwahl bei Mädchen unter dem Druck der Jungen.

Eine veränderte koedukative Praxis wird derzeit verschiedentlich erprobt (vgl. etwa CHISHOLM 1987, KAISER 1987). Am gemeinsamen Unterricht für Jungen und Mädchen als allgemeiner Voraussetzung gesellschaftlicher und beruflicher →Sozialisation wird festgehalten, auch wenn zur geschlechtlichen Neuorientierung Modifikationen, wie zeitweilige Geschlechtertrennung, empfohlen werden. Entscheidend für den Abbau von Geschlechterstereotypen ist auch das Verhalten von Lehrern und Lehrerinnen.

AROLT, A.: Koedukation in der Diskussion. In: Faulstich-Wieland, H. (Hg.): Abschied..., Frankfurt/M. 1987, S. 33ff. BILDEN, H.: Sozialisation und Geschlecht – Ansätze einer theoretischen Klärung. In: Valtin, R./Warm, U. (Hg.): Frauen machen Schule, Frankfurt/M. 1985, S. 13ff. BREHMER, I.: Koedukation in der Schule: Benachteiligte Mädchen. In: Faulstich-Wieland, H. (Hg.): Abschied..., Frankfurt/M. 1987, S. 80ff. CHISHOLM, L.: Die gesellschaftliche Situation von Mädchen als Unterrichtsthema. In: Prengel, A. u. a. (Hg.): Schulbildung und Gleichberechtigung, Frankfurt/M. 1987, S. 57ff. DEMANT, H.: Koedukation oder getrennte Erziehung? Frankfurt/M. 1955. FAULSTICH-WIELAND, H. (Hg.): Abschied von der Koedukation? Frankfurt/M. 1987. FRASCH, H./WAGNER, A. C.: «Auf Jungen achtet man einfach mehr...» In: Brehmer, I. (Hg.): Sexismus in der Schule, Weinheim/Basel 1982, S. 260ff. GRANDPRÉ, M. DE: La coéducation dans les écoles de 45 pays, Quebec 1973. HAGEMANN-WHITE, C.: Sozialisation. Weiblich – männlich? Opladen 1984. HEINRICH, K.: Geschlechterspannung und Emanzipation. In: D. Arg. (1962), 23, S. 22ff. HEPTING,

R.: Mädchenbildung versus Koedukation, Stuttgart 1978. HORSTKEMPER, M.: Schule, Geschlecht und Selbstvertrauen, Weinheim/München 1987. HURRELMANN, K. u. a.: Koedukation – Jungenschule auch für Mädchen? Opladen 1986. KAISER, A.: Koedukation als didaktische Differenzierung. In: Faulstich-Wieland, H. (Hg.): Abschied..., Frankfurt/M. 1987, S. 112ff. KLINGER, C.: Déjà vu oder die Frage nach den Emanzipationsstrategien im Vergleich zwischen der ersten und zweiten Frauenbewegung. In: Kommune 4 (1986), 12, S. 57ff. KNAB, D.: Mädchenbildung. In: Speck, J./Wehle, G. (Hg.): Handbuch pädagogischer Grundbegriffe, Bd. 2, München 1970, S. 57ff. LUNDGREEN, P.: Sozialgeschichte der deutschen Schule im Überblick, Teil 2, Göttingen 1981. METZ-GÖCKEL, S.: Licht und Schatten der Koedukation. Eine alte Debatte neu gewendet. In: Z. f. P. 33 (1987), S. 455ff. OSWALD, H. u. a.: Miteinander – Gegeneinander. Eine Beobachtungsstudie über Mädchen und Jungen im Grundschulalter. In: Pfister, G. (Hg.): Zurück zur Mädchenschule? – Beiträge zur Koedukation, Pfaffenweiler 1988, S. 173ff. PALMGREN, K. E.: Gemeinsame Erziehung für Knaben und Mädchen. In: Rein, W. (Hg.): Encyklopädisches Handbuch der Pädagogik, Bd. 3, Langensalza [2]1905, S. 314ff. PFISTER, G.: Geschlechtsspezifische Sozialisation und Koedukation im Sport, Berlin 1983. SCHRÖTELER, J. (Hg.): Geschlechtertrennung oder Geschlechtermischung, Düsseldorf 1933. SPENDER, D.: Frauen kommen nicht vor. Sexismus im Bildungswesen, Frankfurt/M. 1985. STEINHAUS, H.: Zur pädagogischen Diskussion um das Problem der Koedukation. In: Speck, J. (Hg.): Das Problem «Koedukation». Münsterische Beiträge zu pädagogischen Zeitfragen, Heft 3, Münster 1966, S. 44ff. WAWRZYNIAK, K.: Grundfragen der Koedukation, München/Basel 1959. WILDT, C./NAUNDORF, G.: «Der Streit und die Koedukation». In: Hurrelmann, K. u. a.: Koedukation..., Opladen 1986, S. 88ff. ZINNECKER, J.: Emanzipation der Frau und Schulausbildung. Zur schulischen Sozialisation und gesellschaftlichen Position der Frau, Weinheim/Basel 1972. ZYMEK, B.: Der Strukturwandel des höheren Mädchenschulsystems in Preußen 1908–1941. In: Z. f. P. 34 (1988), S. 191ff.

Christa Kersting

Kognition → Denken
Kohärenz → Struktur
Kolleg → Bildungssystem (Bundesrepublik Deutschland)

Kommunikation

Begriff. «Kommunikation» (lateinisch = Mitteilung, vermittelst deren man sich an Zuhörer wendet und sie gleichsam mit zu Rate zieht), als wissenschaftlicher Terminus zwischen → «Interaktion» und «Sprache» angesiedelt, wird jedoch häufig synonym mit diesen Termini verwendet. Diese Identifikation ist aber oberflächlich, weil sie eine wesentliche Dimension der Begriffsbedeutung unterschlägt. Kommunikation bezeichnet nämlich einerseits die mediale Funktion der Sprache für die Verständigung von Menschen über die Normen und Regeln ihrer gemeinsamen → Interaktion, die in Kommunikationsprozessen ausgehandelt werden können, und andererseits unterliegen konkrete Kommunikationsprozesse selbst den Regeln gesellschaftlicher Interaktion. Insofern kann die

Rede von «Kommunikation» immer abzielen auf den Kommunikationsprozeß in einer konkreten Situation *und* auf die Distanzierungsleistung, welche Kommunikation gegenüber konkreten Situationen zu erbringen vermag. Dieser Doppelaspekt stellt vor allen anderen Begriffsverwendungen in Biologie, Kybernetik, Nachrichtentechnik, Linguistik, Publizistik und Ökonomie (vgl. GRAUMANN 1972, S. 1242ff) die für die Erziehungswissenschaft entscheidende Bedeutungsdimension dar.

Geschichte. Die mathematische Kommunikationstheorie von SHANNON/WEAVER (vgl. 1949) gilt mit ihrem Versuch quantitativer Erfassung der Informationsvermittlung von einem Sender über einen Kanal zu einem Empfänger als der Beginn der Kommunikationsforschung. Diese vier Komponenten (Sender – Nachricht – Kanal – Empfänger) konstituieren ein Minimalmodell der Kommunikation, welches in der Folgezeit grundlegend wurde. Das Interesse daran war zunächst rein technisch vermittelt, insofern es den Auftraggebern, einem amerikanischen Telefonkonzern, um die Optimierung der Nachrichtenübertragung ging. Dieses tragende Interesse kommt gleichfalls in der inzwischen klassisch gewordenen Formel von Lasswell zum Ausdruck, mit der die Fragestellung bei der Erforschung der Massenkommunikation gekennzeichnet wird: «Who says what in which channel to whom with what effect?» (LASSWELL 1964, S. 244) Die in dieser Formel zum Ausdruck kommende, letztlich behavioristische Reduktion von Kommunikation, welche die Reziprozität der Kommunikation vernachlässigt, hat als Folge der Kritik an ihr eine wesentliche Erweiterung des Minimalmodells begünstigt: Es wurden Selektionsprozeduren für Informationen auf der Empfängerseite identifiziert, das Phänomen der kognitiven Dissonanz (vgl. FESTINGER 1978) entdeckt, das Feedback vom Empfänger zum Sender hergestellt, Interdependenzen im Kommunikationsmodell differenziert (vgl. MALETZKE 1963), verschiedene Stufen im Kommunikationsprozeß beschrieben, wie die «reine Signalübertragung», «Informationsvermittlung», «Schlüsselreize» und «Bedeutungsvermittlung» (vgl. REIMANN 1968, S. 88), und die Bedeutung des sozialen Rahmens (Selbst- und Fremdbilder, technische und gesellschaftliche Zwänge, Gruppenzugehörigkeit) erarbeitet (vgl. SCHULZ 1971, S. 93ff).

Massenkommunikation – Face-to-face-Kommunikation. Der Kritik an der eindimensionalen Beschreibung der (Massen-)Kommunikation, welche Kommunikation nicht als dialogischen Prozeß erfassen ließ, konnte durch solche, bisweilen eklektizistische Modellerweiterungen nicht begegnet werden, die Kommunikationsmodelle mit bis zu 200 Komponenten hervorbrachten. Um Massenkommunikation von (dialogischer) Face-to-face-Kommunikation unterscheidbar zu machen, bedürfte es nicht einer Häufung von Komponenten, sondern der Einführung von Differenzierungskriterien. Zu diesen Kriterien zählte zunächst die Trivialität, daß die Zahl der an Massenkommunikation beteiligten Kommunikanden größer ist als im Falle der Face-to-face-Kommunikation (vgl. BEHR u. a. 1972, S. 60; vgl. SILBERMANN 1969, S. 10ff). Ergänzend wurden das Kriterium der Vermittlungsart (direkt, unvermittelt oder indirekt, vermittelt), das der Rollenverteilung (symmetrisch mit der Möglichkeit des Rollentausches für die Kommunikanden oder asymmetrisch ohne Möglichkeit des Rollentauschs), das des Grades der Öffentlichkeit (privat oder öffentlich), das der Gegenwärtigkeit des Adressaten (präsentes oder disperses Publikum) und etliche andere genannt (vgl. BADURA/GLOY 1972, S. 18ff; vgl. GRAUMANN 1972, S. 1181ff; vgl. SCHULZ 1971, S. 92f). Eine über die Unterscheidung zweier Kommunikationstypen hinausgehende systematische Typologie der Kommunikation ist nur ansatzweise vorgelegt worden (vgl. HARTIG/KURZ 1971, S. 146ff; vgl. LENZEN 1973, S. 137ff; vgl. STERNBERG 1973), wird aber als Inventarisierung von Sprechakttypen des Unterrichts im Bereich der linguistischen Pragmatik verfolgt (vgl. EHLICH/REHBEIN 1976).

Rezeption in der Erziehungswissenschaft. Die Aufnahme «der» psychologischen, soziologischen, aber auch linguistischen Kommunikationsforschung in der Erziehungswissenschaft ist im Zusammenhang mit der Wende der →Pädagogik zu einer Sozialwissenschaft zu sehen und fällt mit ihrem Schwerpunkt in die erste Hälfte der 70er Jahre. Die Rezeption orientierte sich sowohl an Methoden und Resultaten der Massenkommunikationsforschung in der Soziologie (vgl. PROKOP 1972, 1973), besonders im Bereich der →Medienpädagogik (vgl. BAACKE 1973), als auch, für die Begründung einer «pädagogischen» Kommunikationstheorie (vgl. SCHOCH 1979), an den Methoden der Erforschung von Face-to-face-Kommunikation in der Psychologie oder Sozialpsychologie. Hierunter fand die Schrift von WATZLAWICK u. a. (vgl. 1969) besondere Beachtung, weil hier – noch auf der Grundlage der Psychotherapie – erstmalig von einer bloßen Beschreibung von Kommunikation zu einer Identifikation *gestörter* Kommunikation übergegangen wurde, wie sie sich beispielsweise in Paradoxien äußert. Für die Erziehungswissenschaft lag es nahe, sich nun die Herstellung der Bedingungen der Möglichkeit *nicht* gestörter oder *«unverzerrter»* Kommunikation zur Aufgabe zu machen. Dieser Gedanke, der durch APELS (vgl. 1973) Explikation des Begriffs einer transzendental gedachten «Kommunikationsgemeinschaft», besonders aber durch das Erscheinen des 1971 erstmals veröffentlichten Aufsatzes «Vorbereitende Bemerkungen zu einer Theorie der kommunikativen Kompetenz» von HABERMAS (vgl. 1971) zusätzlich Nahrung erhielt, ist für die Überzahl der Arbeiten tragend geblieben, die in der Erziehungswissenschaft zum Thema «Kommunikation» verfaßt wurden.

Unter ihnen sind nur wenige, die das theoretische Konstrukt der «kommunikativen Kompetenz» von Habermas in seinem Sinne als Idealkonstrukt richtig verstanden haben und in den Regeln zwangloser Kommunikation (die nur in der «idealen Sprechsituation» kontrafaktisch unterstellt werden können, ohne jemals real zu existieren) einen Horizont erblickt haben, an dem pädagogische Kommunikation sich immer werde messen müssen, als dem «Vorschein einer Wirklichkeit» (vgl. MOLLENHAUER 1972, SCHÄFER/SCHALLER 1971, SCHALLER 1978): «Für Erziehungshandeln muß *unterstellt* werden, daß es kommunikatives Handeln ist. ‹Kommunikatives Handeln› nennen wir solches Handeln, das seine Zwecke in den daran beteiligten Subjekten selbst hat; das nicht auf Naturbeherrschung direkt aus ist (also auch nicht ‹Produktion› ist), sondern Verständigung über Sinn-Orientierungen und Handlungsziele erreichen will» (MOLLENHAUER 1972, S. 42; Hervorhebung: D. L.).

Abgesehen von diesen authentischen Übertragungen einer Grundkategorie der Habermasschen Kritischen Theorie der Gesellschaft in eine Kritische Erziehungswissenschaft (→Erziehungswissenschaft, Kritische) hat es eine große Zahl von Epigonen in der Erziehungswissenschaft gegeben, die das Konstrukt der kommunikativen Kompetenz derartig praktizistisch mißverstanden, daß sie dem Edukator die Aufgabe beimaßen, Kindern und Jugendlichen, →Schülern und Auszubildenden kommunikative Kompetenz zu vermitteln, sie zwanglos kommunizieren zu lehren oder Unterricht zum Ort des Kommunikationstrainings zu machen (vgl. AHLBORN 1975, BOETTCHER 1973, BÜLOW 1972, DIEGRITZ/ROSENBUSCH 1977, HERINGER 1974, SWITALLA 1977). Dadurch wurde übersehen oder unterschlagen, daß die Gründe für die faktisch beobachtbare verzerrte Kommunikation nicht (nur) in den Subjekten, sondern (auch) in den sozialen Bedingungen zu suchen sind, unter denen diese leben (→Sprach-/Sozialverhalten, Schichtenspezifisches). Gleichzeitig wurde dadurch die Chance für die Erziehungswissenschaft, über eine (transzendentale) Rekonstruktion kommunikativer Kompetenz einem Begriff *pädagogischen* →Handelns näherzukommen, vertan, weil die bald bis auf die Ebene von →Lehrplänen und Unterrichtsentwürfen eindringenden Bemühungen um die «Herstellung» *kommunikativer Kompetenz* naturgemäß erfolglos bleiben mußten, so daß die Konjunktur des Begriffs abflaute.

Immerhin dürfte aber auch durch diese Ansätze, die besonders in der Didaktik des Deutschunterrichts (vgl. BEHR u. a. 1972, HAUEIS/HOPPE 1972, HURRELMANN 1983), der Didaktik des Kunstunterrichts (vgl. GOPON 1983), der Didaktik des Musikunterrichts (vgl. STROH 1983) und der

Fremdsprachendidaktik (vgl. PIEPHO 1974) zu einer Abwendung von den traditionellen bildungstheoretischen Ansätzen der →Fachdidaktik beitrugen, der Blick dafür geschärft worden sein, daß diese Fächer ihren theoretischen Beitrag zu einer Erweiterung der Kommunikationsfähigkeit der Schüler bis dato nicht erbracht hatten und daß →Unterricht ebenso wie andere erzieherische Situationen unter Bedingungen verzerrter Kommunikation stattfindet – eine Einsicht, ohne die der am Ende der 70er Jahre erkennbare Aufbruch zu einer Konzentration der Aufmerksamkeit auf den Schüler vielleicht nicht so schnell erfolgt wäre.

AHLBORN, H.-U.: Kommunikation und Lernprozesse, Stuttgart 1975. APEL, K.-O.: Transformation der Philosophie, Bd. 2, Frankfurt/M. 1973. BAACKE, D.: Kommunikation und Kompetenz, München 1973. BADURA, B./GLOY, K. (Hg.): Soziologie der Kommunikation, Stuttgart-Bad Cannstatt 1972. BEHR, K. u.a.: Grundkurs für Deutschlehrer. Sprachliche Kommunikation, Weinheim/Basel 1972. BOETTCHER, W.: Kritische Kommunikationsfähigkeit, Bebenhausen 1973. BÜLOW, E.: Kommunikative Ethik, Düsseldorf 1972. DIEGRITZ, TH./ROSENBUSCH, H. S.: Kommunikation zwischen Schülern, München/Berlin/Wien 1977. EHLICH, K./REHBEIN, J.: Sprache im Unterricht – Linguistische Verfahren und schulische Wirklichkeit. In: Stud. Ling. 1 (1976), 1, S. 47ff. FESTINGER, L.: Theorie der kognitiven Dissonanz, Bern/Stuttgart/Wien 1978. GOPON, K. W.: Kommunikation, visuelle. In: Enzyklopädie Erziehungswissenschaft, Bd. 1, Stuttgart 1983, S. 470ff. GRAUMANN, C. F.: Interaktion und Kommunikation. In: Metzger, W. (Hg.): Handbuch der Psychologie, Bd. 7.2, Göttingen 1972, S. 1109ff. HABERMAS, J.: Vorbereitende Bemerkungen zu einer Theorie der kommunikativen Kompetenz. In: Habermas, J./Luhmann, N.: Theorie der Gesellschaft oder Sozialtechnologie – Was leistet die Systemforschung? Frankfurt/M. 1971, S. 101ff. HARTIG, M./KURZ, U.: Sprache als soziale Kontrolle, Frankfurt/M. 1971. HAUEIS, E./HOPPE, O.: Aufsatz und Kommunikation, Düsseldorf 1972. HERINGER, H.-J.: Kommunikativer Unterricht. Ein Programm. In: Ling. u. Did. 5 (1974), S. 194ff. HURRELMANN, B.: Kommunikation, literarische. In: Enzyklopädie Erziehungswissenschaft, Bd. 1, Stuttgart 1983, S. 461ff. LASSWELL, H. D.: The Structure and Function of Communication in Society (1948). In: Bryson, L. (Hg.): The Communication of Ideas, New York 1964, S. 244ff. LENZEN, D.: Didaktik und Kommunikation, Frankfurt/M. 1973. MALETZKE, G.: Psychologie der Massenkommunikation, Hamburg 1963. MOLLENHAUER, K.: Theorien zum Erziehungsprozeß. Zur Einführung in erziehungswissenschaftliche Fragestellungen, München 1972. PIEPHO, H. E.: Kommunikative Kompetenz als übergeordnetes Lernziel im Englischunterricht, Dornburg-Frickhofen 1974. PROKOP, D. (Hg.): Massenkommunikationsforschung, 2 Bde., Frankfurt/M. 1972/1973. REIMANN, H.: Kommunikations-Systeme, Tübingen 1968. SCHÄFER, K.-H./SCHALLER, K.: Kritische Erziehungswissenschaft und kommunikative Didaktik, Heidelberg 1971. SCHALLER, K.: Einführung in die kommunikative Pädagogik, Freiburg 1978. SCHOCH, A.: Vorarbeiten zu einer pädagogischen Kommunikationstheorie, Frankfurt/M. 1979. SCHULZ, W.: Kommunikationsprozeß. In: Noelle-Neumann, E./Schulz, W. (Hg.): Publizistik, Frankfurt/M. 1971, S. 89ff. SHANNON, C. E./WEAVER, W.: The Mathematical Theory of Communication, Urbana 1949. SILBERMANN, A. (Hg.): Massenkommunikation, Bd. 1, Bielefeld 1969. STERNBERG, Y.: Eine Typologie der verbalen kommunikativen Situationen. In: Kochan, D. C. (Hg.): Sprache und kommunikative Kompetenz. Theoretische und empirische Beiträge zur sprachlichen Sozialisation und Primärsprachdidaktik, Stuttgart 1973, S. 131ff. STROH, W. M.: Kommunikation, musikalische. In: Enzyklopädie Erziehungswissenschaft, Bd. 1, Stuttgart 1983, S. 463 ff. SWITALLA, B.: Sprachliches Handeln im Unterricht, München 1977. WATZLAWICK, P. u. a.: Menschliche Kommunikation. Formen, Störungen, Paradoxien, Bern/Stuttgart/Wien 1969.

Dieter Lenzen

Kommunikation, gestörte → Kommunikation
Kommunikationspädagogik → Medienpädagogik
Kommunikationstechnik → Informationstechnik
Kompensation → Erziehung, kompensatorische

Kompetenz – Performanz

Theoretischer Status. Im Sinne der generativen Transformationsgrammatik, wie sie von CHOMSKY (vgl. 1969) entwickelt wurde, bezeichnet *Kompetenz* ein kognitives Regelsystem, mit dessen Hilfe (sprachliche) Handlungen generiert werden können. Die Kompetenz eines Hörers/Sprechers ist von dem tatsächlich wahrnehmbaren Sprachgebrauch, von der *Performanz*, zu unterscheiden. Die Unterscheidung von Kompetenz und Performanz als die Unterscheidung der (kognitiven) Tiefenstruktur von der empirisch wahrnehmbaren Oberflächenstruktur des menschlichen → Handelns entspricht der strukturalistischen Annahme zweier Ebenen: der Welt des Geistes, der Kognition, und der durch den Menschen bearbeiteten komplexen Realität (vgl. BIERWISCH 1966, LÉVI-STRAUSS 1971).

Da die Tiefenstruktur nicht der unmittelbaren Wahrnehmung durch den Menschen zugänglich ist, kann sie nur über die Strukturanalyse der Oberfläche, also der Performanzebene, rekonstruiert werden. Ein Problem besteht deshalb darin, gesicherte methodische Schritte festzulegen, nach denen es möglich ist, «aus den Daten der Sprachverwendung heraus das zugrundeliegende Regelsystem zu bestimmen» (CHOMSKY 1969, S. 14).

In seinem – gemessen an neueren Überlegungen (vgl. LAKOFF 1970) noch relativ einfachen – Kompetenz-Performanz-Modell hat Chomsky die Performanz idealisiert als die Anwendung der Kompetenz beschrieben. Die Gründe für diese Idealisierung sind in der forschungsstrategischen Absicht zu suchen, den Gegenstand linguistischer Theoriebildung, die linguistische Kompetenz, unabhängig von nichtlinguistischen Daten zu bestimmen. Dem menschlichen Sprachhandeln liegt aber in jedem Fall ein differenzierteres Handlungsmuster zugrunde, als die Eindimensionalität des Chomskyschen Modells es nahelegt. So ist am Beispiel der kommunikativen Kompetenz (→ Kommunikation) gezeigt worden, daß sprachlichem Handeln nicht nur das grammatisch beschreibbare Regelsystem sprachlicher Kompetenz zugrunde liegt, sondern auch andere Bedingungen, die die Performanz des Sprechens bestimmen (vgl. HYMES 1973). Sie sind entweder als subjektive Bestimmungsfaktoren des Handelns, wie Lebensgeschichte, →Motivation, Antriebsbasis, beschreibbar oder als gesellschaftlich bestimmte Faktoren, wie die institutionellen Bedingungen des Handelns oder Rollenerwartungen an den Handelnden.

Gemeinsam ist allen Theoremen, die mit der Unterscheidung von Performanz und Kompetenz arbeiten, daß sie das System der Kompetenzen als universal oder sehr stabil, die Performanzebene hingegen als durch die Vielfalt unterschiedlicher Realisierungen im historischen Prozeß gekennzeichnet annehmen. Unabhängig von der Frage, inwieweit der Universalitätsbegriff eher eine ahistorische Sichtweise des Kompetenzsystems befördert (vgl. LENZEN 1973, S. 15ff), sind in diesem Zusammenhang mindestens zwei Probleme zu lösen: Wie konstituieren und verändern sich stabile Kompetenzsysteme, und wie kommt es zur individuellen Differenzierung auf der Performanzebene bei prinzipiell als gleich angenommenen Kompetenzsystemen?

Kompetenztypen. Wir können davon ausgehen, daß ein neugeborenes Kind in der Lage ist, bestimmte Fähigkeiten zu erwerben und auszubauen. Das gilt, abgesehen von bestimmten physiologischen Schädigungen, für alle Menschen. LENNEBERG (vgl. 1972) spricht von einer universellen Spracherwerbskompetenz. Damit ist ein erster Typ von Kompetenz angegeben, nämlich die allen anderen Fähigkeiten zugrundeliegende Disposition der Gattung, überhaupt spezielle Fähigkeiten zu erwerben. Solche Dispositionen des Menschen können als «Kompetenz-Kompetenz» bezeichnet werden.

Von diesem ersten Typ systematisch zu unterscheiden ist die Kompetenz des «epistemischen Subjektes» (PIAGET 1972, S. 305), das die idealisierte Kompetenzstruktur der Gattung «Mensch» bezeichnet und von der tatsächlichen, individuellen Entfaltung der Kompetenz im Individualsubjekt abstrahiert.

Die in der kognitiven Struktur des je konkreten Individuums angelegten Fähigkeiten können nun als dritter Typ von Kompetenzen angegeben werden. Die Kompetenzen auf der Ebene des je konkreten Subjektes sind gegenüber der in der Kompetenzstruktur des epistemischen Subjektes angelegten Vielfalt der Möglichkeiten einer Einschränkung unterworfen, insofern im empirischen Einzelfall kein Subjekt über die gesamte Bandbreite erwerbbarer Kompetenzen verfügt. Denn die vielfältigen Bedingungen der Individualgenese legen die in der Gattung prinzipiell angelegten Möglichkeiten auf eine bestimmte Ausformung fest und schränken sie damit ein. Gleichzeitig sind die Kompetenzen des konkreten Subjektes veränderbar. Das macht sie anfälliger gegenüber störenden Einflußfaktoren und prinzipiell reversibel. Zwischen den drei genannten Typen (Kompetenz-Kompetenz; Kompetenz des epistemischen Subjektes und individueller Kompetenz) besteht ein hierarchisches Verhältnis, insofern jeweils die konkretere Kompetenz die abstraktere voraussetzt, also die individuelle Kompetenz die Kompetenz des epistemischen Subjektes und diese die Kompetenz-Kompetenz.

Transformationen. Nach strukturalistischer Sichtweise wird der Übergang der Tiefenstruktur in die Oberflächenstruktur durch Transformationen geregelt – oder anders ausgedrückt: Zwischen dem System von Regeln, das durch die Kompetenzstruktur bezeichnet wird, und der Ebene der Performanz ist ein weiteres Regelwerk geschaffen. Konstitution und Gebrauch dieses Regelwerkes folgen sowohl individuellen Mustern (wie Motivation, Intentionalität, Wissensbestand) als auch gesellschaftlichen Bedingungen (wie Normen, sozialen Handlungserwartungen, institutionalisierten Kommunikationsmustern). Bei der Beantwortung der Frage, wie es zur individuell unterschiedlichen Performanz kommt, verspricht die Rekonstruktion der Regelsysteme von Transformationsprozessen unter den sie bedingenden anthropologischen, psychogenen und soziogenen Variablen den größten Aufschluß. Weiter bezeichnen die Transformationsprozesse vermutlich jenen Bereich, in dem pädagogisches Handeln wirksam wird, insofern nämlich über die Veränderung der je individuellen, gesellschaftlichen und situativen Bedingungen dieser Transformationsprozesse auch die Veränderung der Performanz bewirkt werden kann.

Transformationsprozesse regeln nicht nur die Überführung der Tiefenstruktur in die Oberflächenstruktur, also die Hervorbringung von Akten, sondern umgekehrt ebenso die Überführung von Daten der Oberflächenstruktur in die Tiefenstruktur. Dies ist eine strukturale Beschreibung des →Lernens, der zufolge Lernen als Aufbau und ständige Erweiterung der kognitiven Struktur von Individuen durch deren Auseinandersetzung mit der naturalen und sozialen Umwelt verstanden wird (vgl. LENZEN 1976). Sie lehnt sich an die von PIAGET (vgl. 1972) entwikkelte kognitive Entwicklungspsychologie an. Nach Piaget kann nämlich die Entwicklung des →Denkens als ein Interaktionsprozeß des Lerners mit seiner Umwelt begriffen werden. Erscheint in der universalistischen Sichtweise Chomskys die Kompetenz noch als eine interne Repräsentanz von angeborenen Prinzipien, so nimmt Piaget demgegenüber an, daß sich die kognitive Struktur des Individuums im Wechselspiel der Assimilation von Erfahrungen an vorgegebene Umweltstrukturen und der Erweiterung und Umbildung dieser Umweltstrukturen durch Akkommodation entwickelt.

Assimilation und Akkomodation sind die beiden zentralen Mechanismen von Transformationsprozessen, die das Lernen als Kompetenzerwerb ausmachen. Piaget verweist weiter auf die festgelegte Abfolge des Erwerbs bestimmter hierarchischer und geordneter Kompetenzen. So nimmt er für den Bereich der operativen Kompetenz drei Entwicklungsabschnitte an, die jeweils ein höheres Strukturniveau festlegen. Diese Sequentialität der Entwicklung wird von KOHLBERG (vgl. 1974) als Kernstück einer «Doktrin der kognitiven Entwicklung» bezeichnet, deren Theorie sich durch folgende Merkmale ausweist: qualitative Unterscheidung der kognitiven Fähigkeiten auf verschiedenen Altersstufen; Ausbildung einer invarianten Sequenz der Stufen und hierarchische Integration der Stufen, die einmal erreichte höhere Stufe wird bevorzugt zur Lösung neuer Probleme herangezogen. Auf die quasi reifungstheoretischen Implikationen dieses Teils der Piagetschen Theorie hat AEBLI (vgl. 1963) hingewiesen.

Demgegenüber nimmt OEVERMANN (vgl. 1976) an, daß die Übergänge zwischen den einzelnen Phasen nicht als selbstregulierende Vorgänge zu rekonstruieren sind, sondern daß das Individuum selbst einen Anteil an der Erreichung des nächsthöheren Niveaus hat. Den größten Einfluß auf die individuelle Differenzierung der Kompetenz hat nach Oevermann die sozialisatorische →Interaktion, das sind die dem Individuum im Verlaufe seiner Lebensgeschichte und in der Auseinandersetzung mit anderen je vermittelten Erfahrungen.

Kompetenzdimensionen. Eine Klassifikation der Kompetenzen muß einerseits den gesamten menschlichen Verhaltens- und Handlungsbereich abdecken und andererseits die Grundmuster so ausdifferenzieren, daß sich verschiedene Handlungen als Elemente der Performanz möglichst eindeutig auf eines von ihnen zurückführen lassen. Die erste Dimension der *operativen Kompetenz* ist durch die Arbeiten von Piaget eingeführt worden. Er unterscheidet zwischen der präoperationalen, konkret-operationalen und der formal-operationellen Kompetenz. Damit bezeichnet er die Phasen der Intelligenzentwicklung. Die drei Dimensionen können aber zugleich als Subdimension der operativen Kompetenz begriffen werden.

Der Entwicklung einer Theorie der moralischen Kompetenz hat sich KOHLBERG (vgl. 1974) im Anschluß an Piaget gewidmet. Er unterscheidet ebenfalls mehrere Stufen der Entwicklung des moralischen Bewußtseins. Dazu gehören als Hauptstufen die «vormoralische Stufe», die «vorkonventionelle Phase», die «konventionelle Phase» und die «postkonventionelle, autonome oder prinzipiengeleitete Phase».

LIEGLE (vgl. 1972) hat die Entwicklung der *Kooperationsfähigkeit* auf kompetenztheoretischer Folie untersucht. Auch er unterscheidet drei

Niveaustufen, die situative Kooperation, die gruppenspezifische und die gesellschaftliche Kooperation. Den bisher weitestgehenden Versuch, die Dimension der *kommunikativen Kompetenz* als Teil des menschlichen Kompetenzsystems zu beschreiben, hat HABERMAS (vgl. 1971) unternommen. In der Unterscheidung von vier Sprechakttypen, deren Beherrschung die kommunikative Kompetenz ausfüllt, trifft auch Habermas eine Subdimensionierung der kommunikativen Kompetenz.

Damit ergibt sich eine dreifache Dimensionierung der menschlichen Kompetenz, wenn man berücksichtigt, daß Liegles Vorschläge zu einer eigenen Dimensionierung der Kooperationsfähigkeit «quer» zu den Bereichen der moralischen und der kommunikativen Kompetenz liegen (insofern nämlich anzunehmen ist, daß Kooperation und Kooperationsfähigkeit aus der Inanspruchnahme der moralischen und kommunikativen Kompetenz resultieren). Die Dimension der kommunikativen Kompetenz liegt zwar gleichermaßen quer zu der operativen und moralischen Kompetenz, insofern Prozesse der Kompetenzentwicklung auch kommunikative Prozesse implizieren, die kommunikative Kompetenz kann aber als eine eigenständige Dimension angenommen werden, weil, wie Chomsky gezeigt hat, die Entfaltung sprachlicher Fähigkeiten durchaus eigenen Bedingungen unterworfen ist. Als Mittel der gesellschaftlichen Reproduktion ist die Kommunikation nach HABERMAS (vgl. 1971) zudem als eine Grundbedingung der Existenz eines vernünftigen Gattungssubjektes anzusehen.

Zu einem ähnlichen Ergebnis der Dimensionierung von Kompetenzen ist LENZEN (vgl. 1973, S. 47) gelangt. Sein Dimensionierungsversuch beschreibt die drei grundlegenden Kompetenzen, die ein Individuum zu erwerben hat. Die operative, die moralische und die kommunikative Kompetenz sind Dimensionen auf der Ebene des epistemischen Subjektes und markieren die Entwicklungsmöglichkeiten des menschlichen Kompetenzerwerbs.

Einen begrifflich anders lautenden, in der Struktur allerdings ähnlichen Dimensionierungsversuch hat HABERMAS (vgl. 1975) vorgelegt. Er unterscheidet dort zwischen einer kognitiven, einer Rollen- oder Interaktionskompetenz und einer sprachlichen Kompetenz. Sein Ziel ist es, die Entwicklung des Individualsubjektes mit der Basis universeller Kompetenzstrukturen zu verbinden und eine konstruktive Darstellung der Entwicklung der Ich-Identität zu liefern. Dabei wird die Ich-Entwicklung als das Modell eines hierarchisch-gestuften Erwerbs von Kompetenzen des Denkens, des Sprechens und des kommunikativen Handelns begriffen.

Pädagogische Bedeutung. Der Durchgang durch die Theoriebildung zeigt, daß der pädagogische Optimismus, der noch mit den ersten Übernahmeversuchen der Kompetenztheorie in die erziehungswissenschaftliche Diskussion verbunden war, so nicht aufrechterhalten werden kann. Vielmehr muß die Theorie der Kompetenzentwicklung und der Performanz vor jedem einzelnen Fall pädagogisch-didaktischer Theoriebildung und vor allem auch pädagogischer Anwendung auf ihre Brauchbarkeit und auch Zuständigkeit geprüft werden, wobei folgende Gesichtspunkte zu berücksichtigen sind:

Der Universalitätsanspruch einer Theorie des Kompetenzerwerbs, wie er von Piaget entwickelt worden ist, entzieht die Theorie dem Interesse an unmittelbarem pädagogischem Handeln. Da der Universalitätsanspruch sich auf der Ebene des epistemischen Subjektes bewegt, kann er kaum einen Bezug zum konkreten →Unterricht haben, der in der Regel darauf angelegt sein muß, unmittelbar Wissen und Verhalten zu bewirken. Allerdings können die auf der Ebene des epistemischen Subjektes angelegten Möglichkeiten des Kompetenzerwerbs den Rahmen für die Planung konkreter unterrichtlicher Vorhaben abgeben. So kann man auf dem Standpunkt stehen, daß ein →Curriculum jede Dimension der Kompetenz ausbilden muß.

Auch auf der Ebene des Individualsubjektes, auf der die Fähigkeiten des einzelnen, etwas zu tun, zu handeln, etwas zu bewirken, bezeichnet werden, sind mit den Kompetenzdimensionen nicht die konkreten performativen Akte beschrieben, sondern der formale Rahmen, mit dem unterschiedliche Inhalte verknüpft werden können. Die Unterscheidung zwischen Kompetenzen als Form und dem konkreten Wissen als Inhalt eines pädagogischen Prozesses aber hat die Konsequenz, daß sich beispielsweise die Erarbeitung von Curricula nicht auf die Formulierung von Kompetenzbeschreibungen als Zielen des Unterrichts beschränken darf. Denn in jedem Unterricht geht es auch um konkrete variable Inhalte vor dem jeweiligen formalen Hintergrund, der durch die Kompetenztheorie beschrieben ist. OEVERMANN (vgl. 1976) integriert deshalb auch konsequenterweise die Theorie der Kompetenz in eine Theorie des Bildungs*prozesses*, dessen inhaltliche Komponente erst noch im jeweiligen Bildungsgang erfüllt werden muß. Andererseits muß auch gesehen werden, daß die Formulierung von Kompetenzen gegenüber den traditionellen Lernzielbeschreibungen beachtliche Vorteile enthält (vgl. HOPPE 1974), besonders den, daß durch die Abstraktion von der jeweiligen inhaltlichen Füllung die Gefahr einer Dogmatisierung in Form von Lernziel- und Inhaltskatalogen vermieden und den situativen Bedingungen des Unterrichts mehr Rechnung getragen werden kann.

Der universalistische Anspruch der Kompetenztheorie bewirkt zugleich eine eigenartige Verschiebung der Zielsetzung: Die Annahme der

Theorie, daß am Ende der Entwicklung des Individuums mehr Rationalität, Komplexität, →Individualität stehe, ist eine teleologische Aussage, deren idealistischer Charakter durch die faktische Entwicklung von Kompetenzen des konkreten Individuums widerlegt wird. OEVERMANN (vgl. 1976) hat die teleologische Aussage in dem idealen Konstrukt des autonomen, mit sich selbst identischen Subjektes als Endpunkt eines jeden Bildungsprozesses fortgeführt. Zwar bezeichnet er diese Zielstellung ausdrücklich als eine ideale Bezugsgröße, auf deren Folie Maßstäbe zur Beurteilung pädagogischer Maßnahmen zu gewinnen sind, indessen gerät sie in die Gefahr, zu einer Leerformel und damit bedeutungslos zu werden, weil vor ihrem Maßstab das Scheitern von Bildungsmaßnahmen fast zur Regel werden muß. Durch diesen Einwand ist allerdings der in der Kompetenztheorie angelegte Anspruch auf die Beschreibung der Perspektiven menschlicher Entwicklung nicht abgewehrt. Er ist vielmehr verschoben auf die Ebene des situativen Handelns und taucht dort als die sinnvolle Forderung auf, das pädagogische Handeln in einen Entwicklungsrahmen zu stellen, der die Möglichkeiten des Subjektes berücksichtigt, Kompetenzen zu erwerben, zu erweitern und zu vertiefen.

Ähnliches gilt für die in der Kompetenztheorie beschriebenen Entwicklungs*linien*. Die dort beschriebene Abfolge der Entwicklungsphasen zeichnet sich durch eine Langfristigkeit aus, auf der der schulische Unterricht in der Regel nicht fußen kann. Ein →Lehrer würde handlungsunfähig, wenn er innerhalb der von einem Curriculum bereitgestellten Frist eine bestimmte in der Kompetenztheorie angelegte Stufe erreichen wollte. Gleichwohl kann die Kompetenztheorie, vor allem durch die Strukturierung von Subkompetenzen, Anregungen für die Formulierung von Entwicklungs- und Lernlinien der →Schüler liefern.

Das Konzept des Kompetenzerwerbs durch →Selbsttätigkeit des Schülers, wie es bei Piaget angelegt ist, kann auf verschiedene Weise gedeutet werden. Wird sie als Aufgabe des Schülers aufgefaßt, seine Kompetenzen ohne Einfluß von außen zu entwickeln (wobei der naturalistische Rahmen eher eine Automatik nahelegt), dann kann sich jede pädagogische Maßnahme darauf beschränken, möglichst alle Störungen von diesem Prozeß fernzuhalten. Die Nähe zur biologisch-organologischen Pädagogik ist dann augenfällig. Ganz anders aber wirkt die kompetenztheoretische Annahme vom Kompetenzerwerb als Eigenaktivität des Schülers unter einer strukturalistischen Interpretationsfolie. Die dann in ihr zu entdeckende Lerntheorie bringt die Aktivität des Lehrers eher zur Geltung. Wenn Lernen nämlich als der Aufbau kognitiver Strukturen durch den Schüler im handelnden Umgang mit der Umwelt begriffen wird, dann setzt das voraus, daß erstens die Umwelt für den Lerner einen Sinn, eine Bedeutung hat und daß zweitens die Umwelt sich nicht als überkomplexe Realität, sondern auf einer bestimmten Ebene als strukturierter Ausschnitt präsentiert. Dem Lehrer fällt so die Aufgabe der Reduktion von Umwelt im Unterricht zu. Sein Unterricht gibt dem Schüler Gelegenheit, Transformationen vorzunehmen und Kompetenzen zu erwerben.

AEBLI, H.: Über die geistige Entwicklung des Kindes, Stuttgart 1963. BIERWISCH, M.: Strukturalismus – Geschichte, Probleme und Methoden. In: Kursbuch (1966), 5, S. 77ff. CHOMSKY, N.: Aspekte der Syntax-Theorie, Frankfurt/M. 1969. GEULEN, D.: Das vergesellschaftete Subjekt. Zur Grundlegung der Sozialisationstheorie, Frankfurt/M. 1977. HABERMAS, J.: Vorbereitende Bemerkungen zu einer Theorie der kommunikativen Kompetenz. In: Habermas, J./Luhmann, N. (Hg.): Theorie der Gesellschaft oder Sozialtechnologie – Was leistet die Systemforschung? Frankfurt/M. 1971, S. 101ff. HABERMAS, J.: Zur Entwicklung der Interaktionskompetenz, Mimeo, Frankfurt/M. 1975. HOPPE, O.: Operation und Kompetenz. In: Kochan, D. C./Wallrabenstein, W. (Hg.): Ansichten eines kommunikationsbezogenen Deutschunterrichts, Kronberg 1974, S. 159ff. HYMES, D.: Über linguistische Theorie, kommunikative Kompetenz und die Erziehung unterprivilegierter Kinder. In: Kochan, D. C. (Hg.): Sprache und kommunikative Kompetenz, Stuttgart 1973, S. 109ff. KOHLBERG, L.: Zur kognitiven Entwicklung des Kindes, Frankfurt/M. 1974. LAKOFF, G.: Linguistics and Natural Logic, Ann Arbor 1970. LENNEBERG, E. A.: Biologische Grundlagen der Sprache, Frankfurt/M. 1972. LENZEN, D.: Didaktik und Kommunikation, Frankfurt/M. 1973. LENZEN, D.: Struktur, Strukturalismus und strukturale Theorien der Erziehung und des Unterrichtes. In: Lenzen, D. (Hg.): Die Struktur der Erziehung und des Unterrichtes. Strukturalismus in der Erziehungswissenschaft? Frankfurt/M. 1976, S. 8ff. LÉVI-STRAUSS, C.: Strukturale Anthropologie, Frankfurt/M. 1971. LIEGLE, L.: Kommunikation und Kooperation im Sozialisationsprozeß. In: Z. f. P. 18 (1972), S. 871ff. OEVERMANN, U.: Programmatische Überlegungen zu einer Theorie der Bildungsprozesse und zur Strategie der Sozialisationsforschung. In: Hurrelmann, K. (Hg.): Sozialisation und Lebenslauf, Reinbek 1976, S. 34ff. PIAGET, J.: Epistémologie mathématique et psychologie. Essai sur les relations entre la logique formelle et la pensée réelle. Etudes d'épistémologie génétiques XIV, Paris 1969. PIAGET, J.: Die Entwicklung des Erkennens, Bd. 3, Stuttgart 1972.

Gerd Heursen

Körper

Gegenstandsbestimmung. Der Körper ist nicht nur Medium der → Erziehung, sondern Voraussetzung jeglichen Erziehungsprozesses. Die körperliche → Interaktion zwischen → Mutter und Kind (auch schon pränatal) ist der erste «Erziehungsprozeß», die körperliche Interaktion das erste Medium der Erziehung und gleichzeitig Matrix aller weiteren Erziehung sowie «Urbild» von pädagogischen Vermittlungsprozessen. Die körperliche Verständigung zwischen Mutter und Kind ist Grundlage der Einführung in Sprache überhaupt (vgl. LORENZER 1972, 1973, 1974), insbesondere der Körpersprache.

Die Auffassung des Körpers als Medium der Erziehung neben anderen Medien ist Resultat der Zivilisationsgeschichte und hängt eng mit der spezifisch abendländischen, widersprüchlichen Beziehung von Seele und Körper, Kopf und Hand, Geist und Leib zusammen.

Der Versuch der Integration des Körpers in andere Symbolsysteme, wie etwa der Sprache und der präsentativen Symbole, hat gewaltförmige Seiten. Die Einordnung des Körpers in Welt- und Menschenbilder geschieht über Erziehung. Die Gewaltförmigkeit erzeugt eine subversive, inoffizielle Geschichte des Körpers in der Geschichte der Erziehung bis hin zum sogenannten «Verschwinden des Körpers» (BAUDRILLARD 1982, S. 350). Die in einer paradigmatisch vereinfachenden geschichtlichen Abfolge darstellbaren Stufen bis zum Verschwinden des Körpers aus der pädagogischen Interaktion sind gleichzeitig die Ebenen der gegenwärtigen Problematisierung des Körpers im Erziehungsprozeß.

Trennung von Körper und Geist. Sowohl der Beginn expliziten und (anfänglich) gesellschaftlich organisierten pädagogisch-didaktischen →Handelns (Sophisten) in Europa als auch der Ursprung einer zunehmenden Trennung von Körper und Geist ist im 5. Jahrhundert v. Chr. paradigmatisch in Griechenland zu finden: Die allmähliche Abwendung von der päderastischen Pädagogik, vom «Einblasen des dorischen Liebhabers, zur entkörperlichten Vermittlung der Stimme des Lehrers» (SCHÉRER 1975, S. 94) läßt sich nach Schérer (mit Hinweis auf Lapassade) in Platons «Symposium» aufzeigen: Sokrates verweigert sich den Umarmungen des Alkibiades, läßt es nicht zum Geschlechtsakt kommen; er wird zum Gründervater des →Diskurses. «Mit Sokrates weicht die rituelle Initiation der spirituellen» (LAPASSADE 1963, S. 27). Körperlichkeit in Form der Sexualität wird als «Medium» aus der Pädagogik ausgeschlossen, noch nicht der Eros. Die Trennung von Körperlichkeit und pädagogischer Vermittlung, die Ausschließung des Körpers aus der Pädagogik ist *ein* Moment in der gesamten Entwicklung immer differenzierterer Arbeitsteilungen von Kopf und Hand. Deren eine Folge ist die Differenziertheit und Kopflastigkeit unseres Schulsystems bis hin zu der Schwierigkeit, über die Stufen der Geometrisierung, der Disziplinierung des Körpers, über sein Verschwinden aus pädagogischen Prozessen verständig zu reden (vgl. KAMPER 1979, S. 114; vgl. WIMMER 1982).

Der andauernde – weil in jeder individuellen Entwicklung neu initiierte – Prozeß der gesellschaftlich und historisch unterschiedlich ausgeprägten Trennung von Körper und Geist ist eng verbunden mit jedem →Erziehungsziel; ja man könnte sagen: mit jedem Lehr- oder →Lernziel. Damit ist auch jede Vorstellung von einer in Erziehungsprozessen angestrebten →Identität notwendig mit einer Vorstellung vom Verhältnis von Körper und Geist verknüpft (vgl. HARTWIG 1982, PAZZINI 1983, WIMMER 1982). Und eine hier nicht weiter belegbare Vermutung: Im Spannungsfeld des widersprüchlichen Verhältnisses von Körper und Geist, Kopf und Hand entstehen erst die anderen Medien der Erziehung.

Geometrisierung, Formalisierung und Disziplinierung des Körpers. Descartes' Unterscheidung der Welt der Dinge in Res cogitans und Res extensa reflektiert eine inzwischen substantiell gewordene Trennung von Körper und Geist und gibt damit die Matrix vor für das Erziehungsziel einer Beherrschung des Körpers: Die Res extensa, die ausgedehnten Dinge, müssen in Form gebracht werden, damit der ordnende Geist sie ergreifen, begreifen und beherrschen kann: Der Körper wird eingereiht unter die anderen «Dinge» (vgl. HORKHEIMER/ADORNO 1947, S. 276ff). Er wird Körper unter anderen «Körpern» (siehe auch die Sprache der Strukturmathematik, der in der Didaktik so genannten «neuen Mathematik», die von «Körpern» und «Unterkörpern» spricht). Auf der Suche nach Gewißheit über die eigene Existenz, deren Ergebnis das «cogitans sum» ist, sagt Descartes (1959, S. 5): «Nun, zunächst bot sich mir an, daß ich ein Gesicht, Hände, Arme und diese ganze Gliedermaschine habe, die man auch an einem Leichnam wahrnimmt und die ich als Körper bezeichnete.» Dies stimmt überein mit der Gewinnung und Vermittlung der Erkenntnisse der naturwissenschaftlich orientierten Medizin durch die Anatomie.

Descartes (1959, S. 5) formalisiert weiter: «Unter Körper verstehe ich alles, was durch irgendeine Figur begrenzt, was örtlich umschrieben werden kann und einen Raum so erfüllt, daß es aus ihm jeden anderen Körper ausschließt; was durch Gefühl, Gesicht, Gehör, Geruch oder Geschmack wahrgenommen oder auch auf mannigfache Weise bewegt werden kann, zwar nicht durch sich selbst, aber durch irgend etwas anderes, wodurch es berührt wird.» Und vollkommen geometrisiert erscheint der Körper dann in den Principia philosophiae (1644): «Wir werden erkennen, daß die Natur der Materie oder des Körpers überhaupt nicht in Härte, Gewicht, Farbe oder irgendeiner anderen sinnlichen Eigenschaft besteht, sondern nur in seiner Ausdehnung, Länge, Breite und Tiefe» (Descartes 1965, S. 4).

Die Pädagogik des →Alltags und der Schule bekommt damit eine neue Aufgabe. Erst die vor allem auf den Körper zielenden Prozesse der Selbstdistanzierung, Selbstkontrolle, Selbstbeobachtung, Dämpfung der Affekte, Entgegensetzen von Innen und Außen, von Nah und Fern erschaffen den Bourgeois, das Subjekt einer neuen Form der Gesellschaftlichkeit. Der Körper – zum individuellen geworden – wird paradox genug spätestens hier Hauptadressat der Erziehung und gleichzeitig und erst eigentlich von hier an wichtigstes Medium der Umsetzung ihrer Ziele: Aus der gesamten Körperlichkeit werden die Fernsinne, wird insbesondere das Sehen als Ziel der Formung herausgenommen. In der perspektivischen Wahrnehmung (eng verknüpft mit der Vorstellung eines individuellen Subjektes mit lokalisierbarer Identität) kommt es zu einer Geometrisierung der Wahrnehmung im Wechselspiel mit der Geometrisierung des gesamten Körpers und seiner Bewegungen (vgl. Zur Lippe 1979, S. 125ff; vgl. Theweleit 1977, S. 398ff). Zur Lippe zeigt paradigmatisch an den Veränderungen des Balletts auf, wie körperliche Bewegung mit Bewußtsein (= Wissen um Quantitäten und Symmetrien) geübt wird. «Der Triebverzicht war das verinnerlichte Prinzip der Naturbeherrschung auch am eigenen Leibe der Menschen» (Zur Lippe 1979, S. 173). Hier wird eine Haltung des Körpers und gegenüber dem Körper eingeführt, die noch bis heute (erst recht bis zum Beginn des 20. Jahrhunderts) Konsequenzen für das Setting der Unterrichtssituationen bis hin zur Ausgestaltung von Schulhäusern (Architektur, Ergonomie) und

Unterrichtssituationen (der Körper als Faktor: «Bewegungsdrang», «motorische Unruhe») hat. Wie im Tanz sollen dann auch in der Lernsituation Kopf und Schulterpartien vom übrigen Körper und seinen inneren und äußeren Bewegungen unabhängig erscheinen (vgl. Zur Lippe 1979, S. 197). Diese Trennung soll «die Kontinuität einer von den einzelnen unabhängigen Person manifestieren» (Zur Lippe 1979, S. 197). Die Schulbank, der Tisch teilt den Lernenden in zwei Teile. Von hier an dürfte es die in der Rede vom «heimlichen Lehrplan» (→Lehrplan, heimlicher) beschriebenen parallel laufenden Prozesse von «über der Bank» und «unter der Bank» geben, von öffentlichen und privaten Lernprozessen.

Die Selbsterkenntnis, insbesondere die körperliche, fällt in das Private, ebenso wie die Bedürfnisse nach Kontakt im Lernen. Durch Geometrisierung, das heißt durch jegliche Disziplinierung des Körpers und körperlicher Aktion nach sichtbaren Kriterien, wird die Erfahrung des eigenen Körpers bei →Lehrer und →Schüler, erst recht bei Lehrerin und Schüler oder bei Schülerin und Lehrer unterdrückt. Seine Regungen werden durch die Augen der Autorität der Schulordnung, der «Moral» gesehen (vgl. Zur Lippe 1979, S. 228), nicht in der gleichberechtigten Bewegung auf einen anderen zu, durch die Selbsterkenntnis im anderen in der Anerkennung und Wahrnehmung seiner Bedürfnisse.

Der Körper wird zum Medium einer stärkeren Abgrenzung der Individuen untereinander und zeigt nach innen hin eine Unterdrückung jener Triebe, die als irrational und bedrohlich für die ubiquitäre Durchsetzung eines vorwiegend naturwissenschaftlich rationalen Weltbildes angesehen werden (vgl. Rumpf 1981, S. 80ff). Mit seinem materiellen Substrat, dem Körper, wird der Eros aus der pädagogischen Beziehung vertrieben oder ins Sadistische gewendet (vgl. Rutschky 1977, D. G. M. Schreber 1858, D. P. Schreber 1973). Aus heutiger Sicht ließe sich die nunmehr geforderte Vereinzelung als das Heraustreten aus einer bis dahin in den mittelalterlichen Gesellungsformen möglichen lebenslangen Symbiose beschreiben. Medium der Trennung und des Heraustretens aus der Symbiose wird die Selbstbeherrschung, zunächst Selbstbeherrschung des Körpers und seiner Funktionen. Die Abgrenzung zur Außenwelt und zu den anderen Individuen scheint zunächst im Aufbau einer Art Körperpanzer zu bestehen: durch Muskelanspannung am ganzen Körper. Favorisiert ist eine Haltung, die im Stehen wie im Sitzen durch ein diffiziles Spiel von Anspannungen und Gegenspannungen den Körperschwerpunkt über den naturwüchsigen Schwerpunkt knapp unterhalb des Zwerchfelles ansiedelt.

In dieser Form der Disziplinierung werden die Extreme der entsprechenden körperlichen Symptome psychischer Erkrankung vorgeformt: Der «arc en cercle» der Hysterie und der wahnhafte Zerfall des Körpers in der Psychose (vgl. den «Fall» Schreber und die weitverbreiteten pädagogischen Schriften des Vaters). Auf diese psychische Misere reagiert die Psychoanalyse. Sie entwickelt eine Theorie des Unbewußten, die in bezug auf den Körper im Rahmen pädagogischer Prozesse durchaus ambivalente Auswirkungen zeigt: Sie trägt durch ihre Interpretationsverfahren bei zu einem Verschwinden des Körpers, wie sie auch durch eben diese Verfahren einen ersten Rahmen absteckt, im medizinischen, therapeutischen und pädagogischen Bereich (ausgelöst durch die Entdekkung der frühkindlichen Sexualität; vgl. FREUD 1949 und die verschiedenen Beiträge in der Zeitschrift für psychoanalytische Pädagogik [1926–1937]: vgl. BITTNER/REHM 1964) ein Terrain aufweist für seine Wiederkehr. Das Verschwinden wird begünstigt durch das, was man als Versprachlichung des Körpers und seiner Äußerungen bezeichnen könnte, den Körper zu sehen als Material für sprachähnliche Formulierungen. Die Wiederkehr ist dadurch angelegt, daß eine Rede (Diskurs) möglich wird darüber, was sich strenggenommen einem aristotelisch-descartesschen logischen, einem streng teleologischen Denken entzieht. Dieser Weg wird gangbar gemacht durch die freie Assoziation, durch die Anerkenntnis des Primärprozesses.

Die Disziplinierung und das dann folgende «Verschwinden des Körpers» gehen einher mit der Eliminierung des (weiblichen) Körperwissens durch die Hexenverfolgungen.

Verschwinden des Körpers. «Die humanistische Erziehung fing beim Körper an. Ihn im Griff zu haben ist Grundlage der Zivilisation [...] Zwischen Impuls und Handlung schob sich eine gedankliche Zensur als Teil der Vernunft» (SCHUBERT 1982, S. 69; vgl. ELIAS 1965). Resultat dieses Prozesses, dessen Ebenen auch gegenwärtig noch übereinander lagern und die Pädagogik bestimmen, ist das metaphorisch so bezeichnete «Verschwinden des Körpers» (KAMPER/WULF 1982, S. 9). Damit ist nicht nur die verlorene «Einheit» gemeint, sondern auch die «Distanzierung, Disziplinierung, Instrumentalisierung des Körperlichen als Grundlage des historischen Fortschritts, die damit einhergehende Entfernung und Ersetzung der menschlichen Natur durch ein vermitteltes gesellschaftliches Konstrukt (Rationalisierung im weitesten Sinn)» (KAMPER/WULF 1982, S. 9). Hier wird in allgemeiner Form auf eine andere Geschichte des Körpers hingewiesen: auf den Körper als Mittel (Medium) in Arbeitsprozessen, in der Produktion und die dazugehörige Affektmodellierung (zu den Normen, die im allmählichen Prozeß der reellen Subsumtion des Körpes unter das Kapital als «Teil» der Arbeitskraft «Mensch» geformt und vermittelt werden; vgl. KROVOZA 1975, PAZZINI 1983).

RUTSCHKY (vgl. 1977) weist auf der Grundlage von umfangreichem

Quellenmaterial an Herbart exemplarisch nach, daß seine theoretischen Anstrengungen der Abwehr einer emotionalen und körperlich kaum erträglichen Nähe im Kontakt zu den Schülern dienen, der Abwehr von gesellschaftlich nicht zugelassenen Triebtendenzen.

Das «Verschwinden» des Körpers in der Pädagogik verdankt sich, wie Zur Lippe (vgl. 1982a, S. 28) zeigt, jener Subtraktionslogik, in der das Menschliche dadurch bestimmt wird, daß man vom Menschen die Körperlichkeit abzieht, sie dem Tier zuschreibt und den Menschen allein durch die Fähigkeit zur Rationalität charakterisiert. Die Subtraktion findet durch Disziplinierung und Zurichtung der Körper real statt, und das Subtrahierte taucht erst wieder in der Form des Motivationsproblems auf – als Suche nach dem Motor für die notwendigen Lernprozesse. Mit dem Verlust des Körpers beginnt in der Pädagogik die Geschichte seiner Substitution. Der Wunsch nach Motivation, nach «Rück»versinnlichung und Veranschaulichung der Lernprozesse (→ Anschauung) führt dazu, daß das zentrale Medium des pädagogischen Bezugs, der Körper beziehungsweise die «verlorene» Einheit von Körper und Geist, durch eine Vielfalt instrumentell beherrschbarer Medien ersetzt werden muß. Anders könnte man sagen: Sind erst einmal die Zugänge zu den Bedürfnissen stark kanalisiert, sind die Bewegung und der Eros aus der pädagogischen Situation vertrieben, sitzen alle über der Trennlinie der Schulbänke relativ still, ist damit auch fast alle Motivation vertrieben. Ohne Bewegung wird aber nicht gelernt. Jetzt wird von außen bewegt mittels verschiedener hochgradig symbolisch organisierter Medien, die sich letztlich von der Bewegung der Körpersinne ableiten lassen: Schautafeln, Illustrationen, Arbeitsblätter, Dias, Projektoren, Overheadprojektoren (auch der Lehrende kann dann still stehen und sehend kontrollieren).

Der Körper wird besprochen, und man läßt ihn sprechen. Der Körper wird umfunktioniert zum didaktisch valenten Ausdrucksmedium:

«Die neue Interpretation des Körpers läßt sich durch fünf Merkmale kennzeichnen:

(1) Der Körper wird segmentiert, d. h. in eine Menge isolierbarer Einzelsymbole zerlegt.

(2) Die Körpereigenschaften werden als Ergebnisse von Anstrengungen aufgefaßt. Zwar wird das Rohmaterial ursprünglich durch die Natur gegeben, doch ist der Weg der Natur lenkbar und beeinflußbar.

(3) Der Körper erhält einen Produkt-Charakter. Seine Eigenschaften können zum Teil mit Hilfe von Geld erstanden werden. Der Körper wird partiell von der Person ablösbar.

(4) Die dargestellten Körpereigenschaften sind Bestandteile der Inszenierung von Personen. Sie werden als Ausdruck einer Persönlichkeit mit einer bestimmten Lebensweise, materiellen und geistigen Situation aufgefaßt.

(5) In der körperlichen Inszenierung werden die geleisteten Anstrengungen zum Verschwinden gebracht (z. B. die Arbeit des Pflegens, das Training, das Abmagern, die Askese usw.). Der darstellende Körper umgibt sich mit einer mimetischen Sinnlichkeit, die in hohem Maße auf Einbildung beruht» (GEBAUER 1982, S. 319).

Wiederkehr des Körpers. Die Gefahren und die Zerstörungskraft der oben geschilderten Tendenzen wurden immer schon in oppositionellen pädagogischen Strömungen erkannt. Spätestens seit der →Reformpädagogik, der →Jugendbewegung, →Freinetpädagogik, den verschiedensten «antipädagogischen» Vorstellungen (→Antipädagogik; vgl. BECK 1976, ILLICH 1972, RAMSEGER 1975) hat die Auseinandersetzung in schulischen und außerschulischen Konzepten um mehr «Körperlichkeit», mehr Sinnlichkeit im pädagogischen und didaktischen Diskurs ihren Platz (vgl. WÜNSCHE 1982, S. 97 ff). Gymnastikbewegung, Freiluftunterricht, die Anerkennung motorischer Bedürfnisse sind dafür ebenso Beispiele wie – auf anderer Ebene – Ausdrucks-, Anschauungs- und Gestaltungspostulate.

Hauptquellen der Wiederkehr des Körpers auch in der pädagogischen Beziehung scheinen in neuester Zeit die verschiedenen Weiterentwicklungen der psychoanalytischen (Be-)Handlungswissenschaft (etwa Freud, Ferenczi, Reich, Perls, Lowen, Feldenkrais, Haney, Guattari) und die Beschäftigung mit asiatischen Körpertechniken (und den entsprechenden Menschen- und Weltbildern) zu sein (vgl. ZUR LIPPE 1978). Daneben und teilweise angeregt durch diese beiden Quellen strahlen zivilisationshistorische (vgl. ARIÈS 1975, ELIAS 1965), kulturvergleichende (vgl. ERIKSON 1963, PARIN 1983, PARIN/MORGENTHALER 1967) und wissenschaftskritische Studien (vgl. DUERR 1978, FEYERABEND 1976, KUHN 1973) auf die pädagogische Theorie und Praxis aus.

Die Suche in diesen verschiedenen Bereichen und deren oft hektische Rezeption sind veranlaßt durch die drohende Ineffektivität einer den Körper beziehungsweise die enge Beziehung von Körper und Geist ausschließenden Erziehung. Sie reagieren auf immer deutlichere destruktive Tendenzen und Fluchtbewegungen, in deren Zentrum immer auch der Wunsch nach Intensivierung des körperlichen Erlebens steht (wie Vandalismus und Schlägereien in Schulen und Jugendzentren, Alkoholismus, Drogenkonsum, Hochleistungssport, anachronistische, handwerkliche Betätigung, Rückzug in Sekten, psychosomatische Erkrankungen – vgl. PAZZINI 1979). Die Situation ist im Moment offen: «Pädagogik, die den Körper ernst nahm, hatte ihn doch verfehlt, weil sie an ihm vorbei auf Vollkommenheit zielte [d. i. die Reformpädagogik]. Eine andere [...] hatte ihn dämonisiert [d. i. die Pädagogik des 18. und 19. Jahrhunderts] und sich mit pädagogischen Exorzismen gegen seine vermeintliche

Bedrohung des Lernens gewehrt. Beide Arten, den Körper als Ganzes ernst zu nehmen, werden wohl nicht mehr riskiert; in der Regel versucht man ihn eher zu ignorieren» (WÜNSCHE 1982, S. 107f). Die beginnenden «paratherapeutischen Didaktiken» (WÜNSCHE 1982, S. 108) haben ebenso wie ausgesprochene Körpercurricula nur dann eine Chance, wenn sie nicht wiederum den Körper zu einem instrumentellen Medium werden lassen. Es liegt in der Natur der «Sache», daß die positive Beschreibung eines «Körperkonzeptes» pädagogischen Umgangs in diskursiver Sprache schwerfällt. Wege dorthin sind Feststellungen wie: «Durch Berührungen wurde der Körper Ort und Mittler von Vertrauen, Gespür füreinander, Heilung, Trost, Versprechen. Körperliche Gewandtheit und Kraft geben Sicherheit. Geschicktes Verhalten zeigt uns, was wir vermögen» (ZUR LIPPE 1982b, S. 26).

Gegen die distanzierende und damit rationalisierende Institutionalisierung von Lehr-/Lernprozessen steht die Personalisierung der Beziehung von Lehrer und Schüler, deren letztes «Medium» der Körper ist, der körperliche Angriff des Schülers auf den Lehrer (vgl. WÜNSCHE 1982, S. 107). Das wichtigste Medium, in dem sich auch die Grundlagen sämtlicher Erziehungsziele konkretisieren und materialisieren, ist der Körper des Lehrers selber und wie dieser zu den Schülern in Beziehung tritt: «Über die Person des Lehrers und über diese Person hinaus führt die Spur in Richtung Zukunft, wenn der Lehrer als Erwachsener anwesend genug ist» (WÜNSCHE 1982, S. 105). Die Förderung einer Wiederkehr des Körpers geht, wenn sie angelockt wird durch den «Mythos eines natürlichen Körpers, der unterhalb seiner Entfremdung weiterexistiere und den es zu befreien gelte», leicht in die Irre. Es taucht dann lediglich «das idealisierte Spiegelbild des verdrängten Körpers» auf (WIMMER 1982, S. 89). Pädagogen befinden sich in einem Dilemma: Sie leben in einer sich rational(-istisch) gebenden → Kultur «in emotionsrepressiven Gesellschaften, in denen die Spontaneität des Gefühlsausdrucks überhaupt zu einem Problem wird» (DREITZEL 1983, S. 191). Sie können nicht umstandslos Partei ergreifen gegen *den* Verstand und für *die* Gefühle, für *den* Körper. Der Verstand ist gerade in einer rationalistischen Kultur zur Orientierung unverzichtbar; es führte zur Sprach- und Ausdruckslosigkeit, wollten wir auf Körper und Gefühle unmittelbar rekurrieren, zumal «der Wunsch nach dem einfachen oder ‹lebendigen Leben› nicht zuerst die Handlungen und Bewegungen ergreift, sondern das Sprechen» (HARTWIG 1982, S. 25). Und dennoch müssen Pädagogen – bei Strafe ihrer pädagogischen Wirkungslosigkeit – den Körper und seinen Ausdruck als tätige Kritik am Verstand und an der bloßen Symbolproduktion in Lehr- und Lernprozesse einbeziehen.

ARIÈS, PH.: Geschichte der Kindheit, München/Wien 1975. BAUDRILLARD, J.: Vom zeremoniellen zum geklonten Körper: Der Einbruch des Obszönen. In: Kamper, D./ Wulf, Ch. (Hg.): Die Wiederkehr..., Frankfurt/M. 1982, S. 350ff. BECK, J.: Eine Alternative im Schulalltag: Freinet-Pädagogik – Das Lernen mit dem Leben und der Arbeit verbinden. In: Beck, J./Boehncke, H. (Hg.): Jahrbuch für Lehrer 1977, Reinbek 1976, S. 202ff. BITTNER, G./REHM, W. (Hg.): Psychoanalyse und Erziehung. Ausgewählte Beiträge aus der Zeitschrift für psychoanalytische Pädagogik, Bern/Stuttgart 1964. DESCARTES, R.: Meditationes de prima philosophia (Meditationen über die Grundlagen der Philosophie), hg. v. L. Gäbe, Hamburg 1959. DESCARTES, R.: Principia philosophiae (Die Prinzipien der Philosophie), hg. v. A. Buchenau, Hamburg 1965. DREITZEL, H. P.: Der Körper als Medium der Kommunikation. In: Imhof, A. E. (Hg.): Der Mensch und sein Körper, München 1983, S. 179ff. DUERR, H. P.: Traumzeit. Über die Grenze zwischen Wildnis und Zivilisation, Frankfurt/M. 1978. ELIAS, N.: Über den Prozeß der Zivilisation, 2 Bde., Bern/München [2]1965. ERIKSON, E. H.: Kindheit und Gesellschaft, Stuttgart 1963. FEYERABEND, P.: Wider den Methodenzwang, Frankfurt/M. 1976. FREUD, S.: Drei Abhandlungen zur Sexualtheorie. Gesammelte Werke, Bd. 5, London 1949, S. 27ff. GEBAUER, G.: Ausdruck und Einbildung. Zur symbolischen Funktion des Körpers. In: Kamper, D./Wulf, Ch. (Hg.): Die Wiederkehr..., Frankfurt/M. 1982, S. 312ff. HARTWIG, H.: Spielwut zwischen Identitäts- und Bruchkultur. In: Ästh. u. Komm. 13 (1982), 49, S. 16ff. HORKHEIMER, M./ ADORNO, TH. W.: Dialektik der Aufklärung, Amsterdam 1947. ILLICH, I.: Entschulung der Gesellschaft, München 1972. KAMPER, D.: Die Trennung von Körper und Geist. In: Kamper, D.: Dekonstruktionen, Marburg 1979, S. 114ff. KAMPER, D./ WULF, CH. (Hg.): Die Wiederkehr des Körpers, Frankfurt/M. 1982. KROVOZA, A.: Zur Genese der Normen abstrakter Arbeit, Diss., Hannover 1975. KUHN, TH. S.: Die Struktur wissenschaftlicher Revolutionen, Frankfurt/M. 1973. LAPASSADE, G.: L'éducation négative. Essay sur les origines et les fondément rousseauiste du non directivisma, Diss., Paris 1963. LORENZER, A.: Zur Begründung einer materialistischen Sozialisationstheorie, Frankfurt/M. 1972. LORENZER, A.: Über den Gegenstand der Psychoanalyse oder: Sprache und Interaktion, Frankfurt/M. 1973. LORENZER, A.: Die Wahrheit der psychoanalytischen Erkenntnis. Ein historisch-materialistischer Entwurf, Frankfurt/M. 1974. PARIN, P.: Der Widerspruch im Subjekt. Ethnopsychoanalytische Studien, Frankfurt/M. 1983. PARIN, P./MORGENTHALER, F.: Observation sur la genèse du Moi chez les Dogons. In: Rev. Franç. de Psychanal. 31 (1967), S. 29ff. PAZZINI, K. J.: Mit dem ganzen Körper lernen! In: Denken und Machen. Kunst u. U., Sonderheft 1979, S. 86ff. PAZZINI, K. J.: Die gegenständliche Umwelt als Erziehungsmoment – Zur Funktion alltäglicher Gebrauchsgegenstände in Erziehung und Sozialisation, Weinheim/Basel 1983. RAMSEGER, J.: Gegenschulen – Radikale Reformschulen in der Praxis, Bad Heilbrunn 1975. RUMPF, H.: Die übergangene Sinnlichkeit. Drei Kapitel über Schule, München 1981. RUTSCHKY, K. (Hg.): Schwarze Pädagogik. Quellen zur Naturgeschichte der bürgerlichen Erziehung, Frankfurt/Berlin/Wien 1977. SCHÉRER, R.: Das dressierte Kind. Sexualität und Erziehung: Über die Einführung der Unschuld, Berlin 1975. SCHÉRER, R.: Der Körper des Kindes. In: Kamper, D./Wulf, Ch. (Hg.): Die Wiederkehr..., Frankfurt/M. 1982, S. 109ff. SCHREBER, D. G. M.: Kallipädie oder Erziehung zur Schönheit durch naturgetreue und gleichmäßige Förderung normaler Körperbildung, Leipzig 1858. SCHREBER, D. P.: Denkwürdigkeiten eines Nervenkranken, hg. v. S. M. Weber, Berlin 1973. SCHUBERT, P.: Der Abstand zwischen uns selbst. In: Scholz, R./Schubert, P. (Hg.): Körpererfahrung, Reinbek 1982, S. 39ff. THEWELEIT, K.: Männerphantasien, 2 Bde., Frankfurt/M. 1977/1978 (Bd. 1: 1977; Bd. 2: 1978). WIMMER, M.: Der gesprochene Körper. Zur Authentizität von Körpererfahrung in Körpertherapien. In: Kamper, D./Wulf, Ch. (Hg.): Die Wiederkehr...,

Frankfurt/M. 1982, S. 82ff. Wünsche, K.: Die Muskeln, die Sinne, die Reden: Medien im pädagogischen Bezug. In: Kamper, D./Wulf, Ch. (Hg.): Die Wiederkehr..., Frankfurt/M. 1982, S. 97ff. Zur Lippe, R.: Am eigenen Leibe, Frankfurt/M. 1978. Zur Lippe, R.: Naturbeherrschung am Menschen II, Frankfurt/M. 1979. Zur Lippe, R.: Am eigenen Leibe. In: Kamper, D./Wulf, Ch. (Hg.): Die Wiederkehr..., Frankfurt/M. 1982, S. 25ff. (1982a). Zur Lippe, R.: Wiederbegegnung der Industriegesellschaft mit dem Körper. In: Kükelhaus, H./Zur Lippe, R.: Entfaltung der Sinne, Frankfurt/M. 1982, S. 25ff (1982b).

Karl-Josef Pazzini

Körperbehindertenschule → Sonderpädagogik
Kosten (von Bildung) → Bildungsökonomie
Krabbelstube → Vorschulerziehung

Kreativität

Veränderung der Begriffsbedeutung. Schöpferische Leistungen höchsten Ranges – wie wir sie etwa bei bedeutenden Schriftstellern, Musikern, Malern und Wissenschaftlern finden – sind in der abendländischen → Kultur von jeher als ideale Verwirklichungen des Menschseins aufgefaßt worden. Sie haben dementsprechend auch in der → Erziehung seit dem Altertum eine herausragende Rolle gespielt: Sie setzten Maßstäbe, verkörperten die kulturelle → Tradition und forderten gleichzeitig zur Auseinandersetzung und Aneignung heraus. Der elitäre Charakter der höheren → Bildung spiegelte sich aber darin, daß solchen Schöpfungen des menschlichen Geistes eine Aura des Geheimnisvollen zugesprochen wurde; nur wenigen «genialen» Menschen schien es gegeben, in diesem Sinne Träger kulturellen Fortschritts zu werden.

Etwa um die Mitte des 20. Jahrhunderts wurde das Phänomen der Kreativität zu einem bevorzugten psychologischen und in der Nachfolge auch pädagogischen Forschungsobjekt. Dieses läßt zwei für das 20. Jahrhundert charakteristische, sich teilweise widerstrebende Tendenzen sichtbar werden:

- das Interesse an der Mach- und Planbarkeit der menschlichen Verhältnisse, also auch des künstlerischen, wissenschaftlichen und ökonomischen Fortschritts,
- das Interesse an einer Demokratisierung der Gesellschaft, an einer Angleichung der Lebenschancen, an allgemeiner Anteilnahme an den bisher nur wenigen vorbehaltenen Möglichkeiten der Selbstverwirklichung.

So dient heute der Begriff der Kreativität nicht allein zur Kennzeichnung herausragender schöpferischer → Leistungen, sondern Kreativität offenbart sich auch in alltäglichen Problemlöseprozessen. Die psychologische Kreativitätsforschung geht dementsprechend auch davon aus, daß im Prinzip alle Menschen zu kreativen Leistungen fähig sind (vgl. GUILFORD 1973, S. 29f). Aus pädagogischer Sicht liegt dann die Frage nahe, wie man entsprechende Fähigkeiten bei Heranwachsenden fördern kann.

Forschungsansätze und -ergebnisse. So leicht es ist, eine vage Idee davon zu entwickeln, was Kreativität meint, als um so schwieriger hat es sich erwiesen, eine befriedigende psychologische Definition zu finden. Ein häufig beschrittener Weg ist der gewesen, daß man sich zunächst gefragt hat, wodurch sich ein kreatives Produkt, eine kreative Leistung vor nichtkreativen Produkten oder Leistungen auszeichnet. Übereinstimmend wird das Kriterium der «Neuheit» oder «Ungewöhnlichkeit» genannt, das allerdings auch nur ein historisch und gesellschaftlich relatives Kriterium darstellt. Ergänzt wird es zumeist – um auszuschließen, daß Zufallsprodukte sowie unsinnige Schöpfungen als kreativ klassifiziert werden – durch ein Kriterium der «Angemessenheit» oder «Brauchbarkeit», wobei auch hier wieder relativierend gefragt werden muß: angemessen für wen? Ein theoretisch sehr ausgearbeiteter Kriterienkatalog von JACKSON/MESSICK (vgl. 1973, S. 109) fragt zusätzlich nach dem Ausmaß, in dem vorgegebene Beschränkungen überwunden werden («Transformation»), und nach dem Grad der «Verdichtung».

Selbst wenn klar entschieden werden könnte, wann und in welchem Maße eine menschliche Leistung als kreativ gelten kann, ist damit eine grundlegende konzeptionelle Frage noch nicht beantwortet: Sind die kreativen Fähigkeiten der hervorbringenden *Person* die wesentliche Bedingung kreativer Leistungen oder die Spezifika ihrer Handlung, also der kreative *Prozeß*? In der amerikanischen Kreativitätsforschung hat man Kreativität vorwiegend als Persönlichkeitsmerkmal aufgefaßt. Forschungsanwendungen waren im wesentlichen darauf gerichtet, Verfahren zu entwickeln, mit deren Hilfe kreative Persönlichkeiten für Führungspositionen im wirtschaftlichen, technischen und militärischen Bereich ausgelesen werden konnten, sowie Verfahren zum Training kreativer Fähigkeiten zu ersinnen (zum umfassenden Überblick: vgl. STEIN 1974/1975). Das Interesse der meisten Forscher galt dabei den spezifisch intellektuellen Fähigkeiten, die – teilweise in Absetzung vom klassischen Intelligenzkonzept (→Intelligenz), teilweise in der Absicht, es zu erweitern (vgl. ULMANN 1968) – vor allem durch faktorenanalytische Studien empirisch nachzuweisen versucht wurden. GUILFORD (vgl. 1964) beschrieb in seinem einflußreichen Modell der «Struktur des Intellekts» in der Klasse der intellektuellen Operationen das Faktorenbündel «divergente Produktion». Divergentes →Denken, charakterisiert vor allem durch Flüssigkeit, Flexibilität, Originalität, Elaboration, erlaubt im Gegensatz zum «konvergenten» Denken, das zur Lösung eindeutig vorgegebener Aufgaben gebraucht wird, verschiedenartige Problemlösungen und wird deshalb als integrierendes Merkmal kreativen Verhaltens angesehen.

Zu den persönlichkeitstheoretischen Kreativitätskonzeptionen müssen auch die Ansätze gerechnet werden, die im Rahmen der humanistischen Psychologie (vgl. MASLOW 1959, ROGERS 1959), zum Teil auch unter Rückgriff auf tiefenpsychologische Konzepte (vgl. FROMM 1959) entwickelt wurden. Die kreative Persönlichkeit wird von den genannten Forschern als offen, frei, unverfälscht wahrnehmend, integriert und reif beschrieben. Sie toleriert Widersprüche und zeigt Mut zu nichtkonformem Verhalten.

Bemühungen um eine Klärung kreativer Denkprozesse gab es schon vor den oben beschriebenen amerikanischen Ansätzen. Zum Teil handelt es sich um Deskriptionen unterscheidbarer Stufen in kreativen (produktiven, schöpferischen) Problemlöseprozessen, die introspektiv ermittelt wurden, wie etwa POINCARÉS (vgl. 1913) berühmt gewordene Unterscheidung von Vorbereitungsphase (intensive Beschäftigung mit dem Problem und Informationssammlung), Inkubationsphase (im wesentlichen unbewußte Geistestätigkeit), Erleuchtung und Verifikation. Theoretisch ausgearbeitete und empirisch untermauerte Analysen stammen aus der gestaltpsychologischen Schule, insbesondere von DUNCKER (vgl. 1935) und WERTHEIMER (vgl. 1957). Als eine entscheidende gedankliche Operation wird das Umstrukturieren erkannt, die produktive Umformung der ursprünglichen Problemstellung. In der osteuropäischen (vor allem sowjetischen) Psychologie fehlt zwar eine Kreativitätsforschung im engeren Sinne, doch dem Prozeß des schöpferischen Problemlösens als Aspekt menschlicher Tätigkeit wurde viel Aufmerksamkeit geschenkt (vgl. RUBINSTEIN 1973).

Nicht nur aus dem sozialistischen Lager (vgl. MEHLHORN/MEHLHORN 1977), sondern auch von westlichen Forschern (vgl. etwa TOYNBEE 1973) wurde an die Hauptströmungen der amerikanischen Kreativitätsforschung die Kritik herangetragen, daß sie eine zu individualistische Auffassung von der Kreativität entwickelt hätten und demgegenüber die Explizierung der gesellschaftlich vermittelten Normen, die zur Unterscheidung von kreativem und nichtkreativem Verhalten herangezogen würden, sowie der gesellschaftlichen Rahmenbedingungen, die eine persönliche Entfaltung von Kreativität förderten oder hemmten, vernachlässigt hätten. Weitere, häufig vorgebrachte Kritikpunkte sind die starke Selektionsorientierung, die Rekonstruktion der Kreativität als fast ausschließlich intellektuelles Phänomen. Schließlich – als prinzipielle Frage –, inwiefern der spezifische Charakter der Kreativität durch psychologische →Tests feststellbar sein soll, die nach herkömmlichen Konstruktionsprinzipien erstellt sind (vgl. ULMANN 1973, S. 11ff).

Erziehung zur Kreativität. Viele Forscher haben versucht, aus den Ergebnissen der Kreativitätsforschung Hinweise zu gewinnen, wie Erziehungsprozesse, insbesondere schulische Lehr-Lern-Prozesse (→Lehr-/Lernforschung), gestaltet werden sollten, um das kreative Potential der Schüler zu fördern und zu entfalten. Auch hier lassen sich idealtypisch wieder ein person- und ein prozeßorientierter Zugang unterscheiden:

Vom *personorientierten Ansatz* her bieten sich im wesentlichen zwei Vorgehensweisen an. Einmal kann man versuchen, die postulierten intellektuellen Einzelfaktoren wie etwa Flüssigkeit und Flexibilität durch entsprechende Trainingsprogramme zu entwickeln. Der Erfolg solcher Programme läßt sich relativ leicht evaluieren, da – wie schon erwähnt – solche Einzelfaktoren auch den gebräuchlichen Kreativitätstests zugrunde liegen. Zum anderen kann man allgemeine Hinweise, wie sich ein kreativitätsfördernder →Unterricht realisieren läßt, auf korrelativ oder über Fallstudien ermittelte Zusammenhänge zwischen allgemeinen Persönlichkeitsmerkmalen, Umwelt-Charakteristika und Kreativität stützen. HALLMANN (vgl. 1971) identifiziert als kreativitätshemmende Bedingungen beispielsweise Konformitätsdruck, autoritäre und spöttische Haltungen, Überbetonung von Belohnungen und Erfolgsstreben, übermäßiges Suchen nach Gewißheit, Feindseligkeit gegenüber andersartigen Persönlichkeiten und Intoleranz gegenüber spielerischen Einstellungen. Dem stellt er als positiven Katalog von Grundsätzen für kreativitätsorientiertes Lehren gegenüber: selbstinitiiertes Lernen der Schüler, intensive Beschäftigung mit Informationen, Suche nach neuen und phantasievollen Verknüpfungen zwischen den Daten, Aufschieben von Urteilen, Ermutigung von Selbstbewertung, Unterstützung bei der Überwindung von Fehlschlägen.

Wird der *prozeßorientierte Zugang* gewählt, so sind – je nach der zugrunde gelegten Rekonstruktion des kreativen Prozesses – Hilfen für die einzelnen Stadien zu geben, beispielsweise bei Zugrundelegung der oben erwähnten Stufung von STEIN (vgl. 1974/1975): Wie kann die Hypothesen-Findung angeregt werden, wie kann die Hypothesen-Testung verbessert werden und wie die Kommunikation der Resultate? Auch zu diesen Fragen gibt es eine Fülle von Vorschlägen, die sich schulisch adaptieren lassen. Ein Beispiel ist das bekannte «brainstorming» nach OSBORN (vgl. 1963), das in das Trainingsprogramm von PARNES (vgl. 1967) integriert wurde. Neben solchen fachunabhängigen und allgemeinen Techniken zur Förderung kreativen Verhaltens bei Schülern gibt es inhaltsbezogene, wie sie etwa für den Mathematikunterricht durch die Arbeiten von BIERMANN u. a. (vgl. 1977) repräsentiert werden. Im weiteren Sinne sind zu den prozeßorientierten inhaltsbezogenen Methoden zur Kreativitätsförderung auch Konzepte wie WAGENSCHEINS (vgl. 1965/1970) genetisches Lehren zu rechnen – die unterschiedliche Terminologie sollte an den sachlichen Verwandtschaften nicht vorbeisehen lassen.

Die Effektivität von Kreativitätsförderung in der Schule ist wenig ermutigend (vgl. MANSFIELD u. a. 1978). Die referierten Evaluationen fallen im einzelnen zwar meist positiv aus, bei der Interpretation der Befunde muß jedoch in mehrfacher Hinsicht zurückhaltend verfahren werden. Erstens können nur relativ umgrenzte, also auch zeitlich eingeschränkte Programme getestet werden (die Wirksamkeit des oben erwähnten Hallmann-Katalogs ließe sich beispielsweise nur schwer empirisch nachweisen). Zum zweiten übertragen sich alle Schwächen der verwendeten Kreativitäts-Konzepte und Tests auf die Gültigkeit der Evaluation. Wenn Kreativität mit divergentem Denken gleichgesetzt wird und die Messung auf einer Operationalisierung der entsprechenden Guilford-Faktoren beruht, so kann bei einem positiven Abschneiden eines Kreativitätsprogramms nicht gefolgert werden, daß tatsächlich ein kreatives Verhalten der betreffenden Schüler in komplexen Situationen nach Absolvierung des Programms wahrscheinlicher ist. Es besteht also nicht viel Grund zu der Hoffnung, daß sich durch begrenzte Maßnahmen die Kreativität von → Schülern langfristig und in einem pädagogisch erwünschten Sinne fördern läßt, denn das hieße: Es müßte erkennbar werden, daß die Chancen zu kreativer Selbstverwirklichung im privaten wie im öffentlich-gesellschaftlichen Bereich stiegen. Gezielt fördern lassen sich lediglich einzelne Denk- und Verhaltensweisen, von denen mit gewisser Plausibilität anzunehmen ist, daß sie als Teilkomponenten kreativen Handelns eine Rolle spielen. Diese Begrenzungen dürften mit der einseitig intellektuellen Ausrichtung der meisten psychologischen Kreativitätsbegriffe und der relativen Vernachlässigung der motivationalen und emotionalen Bedingungen von Kreativität zusammenhängen. Die Bedingungen der Ermöglichung kreativen Denkens sind nicht die seiner kodifizierten Resultate: Das Paradoxon einer Erziehung zur Kreativität liegt in der gezielten Hervorbringung dessen, was von Natur aus nicht festgestellt, offen und nicht planbar ist. In welchem Maße dann aber schulische Lehrprozesse so gestaltet werden können, daß Kreativität nicht verhindert wird, läßt sich nur vermuten. Generelle Hemmnisse für eine Entfaltung der Kreativität dürften in den Bedingungen der → Institution → Schule selbst gesehen werden: Lernen findet im wesentlichen unter Zwang statt, Stoffe sind vorgeschrieben, der Unterricht als Massenveranstaltung hat sich mehr am mittleren Lernfortschritt als an den kreativen Ideen einzelner Schüler auszurichten. Wenn es richtig ist – worauf viele Forscher hinweisen –, daß vor allem kreative Lehrer kreative Schüler haben, wirken sich zudem die Zwänge, denen →Lehrer ausgesetzt sind, negativ aus.

Das zu Beginn angesprochene Interesse der modernen Industriegesellschaften, das menschliche Kreativitätspotential als eine Quelle ökonomischer und gesellschaftlicher Entwicklung über gezielte Erforschung zu erschließen und verfügbar zu machen, hat sich jedenfalls als zu ehrgeizig herausgestellt. Andererseits ist ein öffentliches Bewußtsein für eine wichtige Dimension menschlicher Fähigkeiten entstanden: Kreativität kann nicht länger als ein Privileg weniger begnadeter Menschen verstanden werden, sondern stellt sich als eine uneingelöste Herausforderung für die öffentliche →Erziehung dar.

BIERMANN, N. u. a.: Schöpferisches Problemlösen im Mathematikunterricht, München 1977. DUNCKER, K.: Zur Psychologie produktiven Denkens, Berlin 1935. FROMM, E.: The Creative Attitude. In: Anderson, H. (Hg.): Creativity and its Cultivation, New York 1959, S. 44ff. GUILFORD, J. P.: Persönlichkeit, Weinheim 1964. GUILFORD, J. P.: Kreativität. In: Ulmann, G. (Hg.): Kreativitätsforschung, Köln 1973, S. 25ff. HALLMANN, R. J.: Techniken des kreativen Lehrens. In: Mühle, G./Schell, Ch. (Hg.): Kreativität und Schule, München 1971, S. 175ff. JACKSON, W. J./MESSICK, S.: Die Person, das Produkt und die Reaktion: Begriffliche Probleme bei der Bestimmung der Kreativität. In: Ulmann, G. (Hg.): Kreativitätsforschung, Köln 1973, S. 93ff. MANSFIELD, R. S. u. a.: The Effectiveness of Creativity Training. In. Rev. of E. Res. 48 (1978), S. 517ff. MASLOW, A. H.: Creativity in Self-actualizing People. In: Anderson, H. (Hg.): Creativity and its Cultivation, New York 1959, S. 83ff. MEHLHORN, G./MEHLHORN, H.-G.: Zur Kritik der bürgerlichen Kreativitätsforschung, Berlin 1977. OSBORN, A.: Applied Imagination, New York 1963. PARNES, S. J.: Creative Behavior Guidebook, New York 1967. POINCARÉ, H.: The Foundations of Science, New York 1913. ROGERS, C. R.: Toward a Theory of Creativity. In: Anderson, H. (Hg.): Creativity and its Cultivation, New York 1959, S. 69ff. RUBINSTEIN, L. S.: Die Arbeit. In: Ulmann, G. (Hg.): Kreativitätsforschung, Köln 1973, S. 196ff. STEIN, M. I.: Stimulating Creativity, 2 Bde., New York 1974/1975. TORRANCE, E. P.: Torrance Tests of Creative Thinking, Princeton 1966. TOYNBEE, F.: Vernachlässigt Amerika seine kreative Minderheit? In: Ulmann, G. (Hg.): Kreativitätsforschung, Köln 1973, S. 76ff. ULMANN, G.: Kreativität: Neue amerikanische Ansätze zur Erweiterung des Intelligenzkonzepts, Berlin 1968. ULMANN, G. (Hg.): Kreativitätsforschung, Köln 1973. WAGENSCHEIN, M.: Ursprüngliches Verstehen und exaktes Denken, 2 Bde., Stuttgart 1965/1970. WERTHEIMER, M.: Produktives Denken, Frankfurt/M. 1957.

Hans Bussmann/Hans Werner Heymann

Kriminalität →Kinder-/Jugendkriminalität; →Verwahrlosung
Krippe →Vorschulerziehung
Kritik (an der Pädagogik) →Antipädagogik

Kultur

Begriff. Der sprachliche Ausdruck Kultur (von lateinisch «cultura» = Pflege, Bearbeitung, Bebauung) ist uneindeutig. Das macht ihn in vielerlei Sprachspielen verwendbar, bereitet aber der wissenschaftlichen Rede Schwierigkeiten. Vokabeln wie «Sprachkultur», «archaische Kultur», «Alltagskultur», «politische Kultur», «Enkulturation», «Kulturtechniken», «Freizeitkultur», «bürgerliche Kultur», →«Kulturpädagogik», «Kulturgesellschaft» ... haben je besondere, teils historisch-empirische, teils theoretische Referenten, deren Kenntnis vorausgesetzt ist, will man die je mehr oder weniger bestimmte Wortbedeutung verstehen.

Hilfreich ist die Erinnerung an den vermutlichen semantischen Ursprungsort der modernen Wortbedeutung bei Cicero (Tusculanae disputationes II,5): In einem Gleichnis wird dort die Einwirkung der Philosophie auf die menschliche Seele (das Gemüt, den Geist) analog zur Bebauung und Pflege des Ackers, damit er Frucht trage, beschrieben («cultura autem animi philosophia est»). Fortan wurde die Bedeutung des zunächst nur auf den Ackerbau bezogenen Ausdrucks «cultura» zur Metapher für einen Grundsachverhalt menschlichen Zusammenlebens. Die doppelte Bedeutungsrichtung dieser Metapher, auf eine anthropologische Tatsache und auf eine Bildungsaufgabe verweisend, brachte es mit sich, daß sie sich über die Humanisten der Renaissance, über Herder, Simmel und Gehlen bis in die Gegenwart hinein halten konnte. «Cultura animi» ist, im Bedeutungskern, mithin und seitdem die historische Gestalt des Subjekts, diesem vermittelt über den ideellen Gehalt der symbolischen Formen; dem korrespondiert die seit der Frühaufklärung geläufig gewordene objektive Begriffskomponente in der Formel «vitae cultura», Kultur der Lebensverhältnisse (Pufendorf). Sie war indessen schon in Ciceros Metapher enthalten, da die Belehrung (doctrina) der Seele durch die Philosophie, wie die Fruchtbarkeit des Ackers durch dessen Pflege, von der Güte der dabei verwendeten Mittel abhängt. Daran hält noch 1908 Simmel entschieden fest: «Gewiß ist Kultiviertheit ein Zustand der Seele, allein ein solcher, der auf dem Wege über die Ausnutzung zweckmäßig geformter *Objekte* erreicht wird» (SIMMEL 1984, S. 87).

Begriffsvarianten und Hypothesen. Das derart vorläufig umschriebene Wortverständnis läßt indessen viele Auslegungsvarianten und -akzentuierungen zu. Sofern in allen Varianten das Verhältnis zwischen der «cultura animi» und der «vitae cultura» zum Ausgangspunkt des Fragens gemacht wird, enthält jede dieser Varianten auch ein für die Erziehungswissenschaft grundlegendes Problem: die Spielräume der →Bildung des Menschen im Rahmen historisch gegebener Gestalten des gesellschaftlichen Kontextes.

Philosophische Anthropologie. Die Exposition des Problems stammt, in ausgeführterer Fassung, von Herder: Zu untersuchen sei die «zweite Genesis» des Menschen, die, nach der biologischen Tatsache der Existenz der Gattung, «sein ganzes Leben durchgeht» und die wir «von der Bearbeitung des Ackers *Cultur* oder vom Bilde des Lichts *Aufklärung* nennen«, «die Kette der *Cultur* und *Aufklärung* reicht aber sodann bis ans Ende der Erde. Auch der Californier und Feuerländer lernte Bogen und Pfeile machen und sie gebrauchen: er hat Sprache und Begriffe, Übungen und Künste, die er lernte, wie wir sie lernen; sofern ward er also wirklich cultiviert und aufgekläret» (HERDER o. J., S. 228). Der Kultur-Begriff der philosophischen Anthropologie schließt, trotz mannigfacher interner Kontroversen, unmittelbar und ausdrücklich an den Gedankengang Herders an. Das gilt vor allem für GEHLEN (vgl. 1950, 1956); er nimmt die Problemstellungen Herders auf, vor allem im Hinblick auf «Sprache» und «Übungen», und erläutert sie zur objektiven Seite einer Kulturtheorie hin, als «Philosophie der Institutionen» (GEHLEN 1956, S. 9), als Beschreibung des anthropologisch notwendigen «Außenhaltes», dessen der Mensch, seines Instinktmangels wegen, zum Überleben bedarf. Demgegenüber entwickelt PLESSNER (vgl. 1981) die kulturtheoretische Problemstellung näher am Subjekt: Weniger über die durch die «Mangelhaftigkeit» der biologischen Ausstattung notwendig zu erzeugenden Objektivationen/Institutionen als vielmehr im besonderen Selbstverhältnis des Menschen sei ein Verständnis der «cultura animi» und ihrer Gestalten zu erreichen; die eigentümlich menschliche Weise, zugleich bei sich und außer sich zu sein, sich zu empfinden und dieses Empfinden zum Thema zu machen, die Sphäre des «Ich» und die des «Wir» einerseits zu konstituieren, andererseits aufeinander zu beziehen, sei die Grundkonstellation, aus der sich Kultur und Geschichte entfalte.

Die in dieser Verschiedenheit des Nachdenkens über Kultur – institutionenzentriert dort, subjektphilosophisch hier – gesetzte Differenz ist für Kulturtheorien des 20. Jahrhunderts folgenreich geworden; sie wird aufgenommen (beispielsweise) in den Formeln «Arbeit und Interaktion» oder «System und Lebenswelt» (vgl. HABERMAS 1968, 1981). Arbeit, Werkzeug, strategisches Handeln, Recht, Kirche, Schule und ähnliche Objektivationen menschlicher Tätigkeit gehören hier eher der System-Seite der Kultur zu; Selbstempfindungen, expressive Darstellungen, Sinn-Verständigungen, alltagsweltliche Ad-hoc-Inszenierungen, Ich-Definitionen, wohl auch «Archetypen» und symbolische Repräsentanten eher der Lebensweltseite. Schon Simmel hatte am Jahrhundertbeginn herausgearbeitet, wie eine Kulturanalyse derartige Problemkomponenten und die damit gegebenen Zusammenhänge aufklären könne; er diagnostizierte ein Auseinanderklaffen von «cultura animi» und «vitae cultura» (vgl. SIMMEL 1900, S. 477) und operierte mit der Unterstellung, daß die anthropologische Differenz zwischen der Subjekt- und der Objektseite der Kultur die normative Erwartung erheische, beide in Kontinuität zu setzen.

Kulturanthropologie. Von dieser Kontinuitätsannahme geht auch die vor allem im Rahmen der Ethnologie entwickelte cultural anthropology aus (vgl. BENEDICT 1955, KÖNIG/SCHMALFUSS 1972). Im Sinne sozialwissenschaftlicher Empirie wird hier die Frage gestellt, wie die je kulturspezifische «basic personality structure» beschaffen ist und wie sie den Einrichtungen, Produkten und routinisierten Handlungen des gesellschaftlichen Milieus entspricht beziehungsweise von diesen erzeugt wird (Riten, Mythen, Werkzeuge, Praktiken der Kinderaufzucht, Verwandtschaftssysteme). Gleichviel ob dies in evolutionistischer oder kulturrelativistischer Einstellung erfolgt: Für pädagogische Problemstellungen wurde diese Richtung der empirischen Kulturforschung insofern bedeutsam, als sie (hypothetisch) erlaubte, signifikante Lebensmilieus auf die Modalitäten des Generationenverhältnisses und damit auf die Bildung funktionaler Dispositionen des heranwachsenden Individuums zu beziehen; derartige Hypothesen werden bis in – andernorts als «ursprünglich» angenommene – Körpererfahrungen hinein geltend gemacht (vgl. DOUGLAS 1981) und haben sich nicht nur im Vergleich kleiner Ethnien bewährt, sondern auch in der Anwendung auf die Kulturgeschichte der europäischen Moderne (vgl. FOUCAULT 1977).

Historische Anthropologie. Daß ein Kulturbegriff, der in der bildungsbürgerlichen Version auf Kunst, Literatur und intellektuelle Produktion verengt und zumal in der deutschen Fassung auch noch von «Zivilisation» unterschieden wurde, auf die Dauer unbefriedigend sein würde, darauf machte nicht nur die philosophische und die Kulturanthropologie aufmerksam; dies ging schon aus den Erörterungen Herders hervor. Aber erst neuerdings – in Frankreich allerdings schon seit den 20er Jahren des 20. Jahrhunderts – haben sich Geschichtsschreibung und Sozialwissenschaft energischer der Aufklärung elementarer Kulturphänomene auch innerhalb der europäischen Geschichte und unserer Gegenwart zugewandt, und zwar unter verschiedenen Stichworten: Innerhalb der Sozialgeschichtsschreibung (vgl. SCHIEDER/SELLIN 1986/1987) richtet sich die Aufmerksamkeit auf die «civilisation materielle» (vgl. BRAUDEL 1985), in der Volkskunde auf die Kultur der unteren sozialen Schichten und deren Lebensformen (vgl. JEGGLE u. a. 1986), in der historischen Soziologie auf die Genese der Grundmuster von Einstellungen oder Haltungen (vgl. ELIAS 1939), in der empirischen Sozialwissenschaft auf die Rekonstruktion oder Beschreibung von Alltagswelten (vgl. HAMMERICH/KLEIN 1978) und deren kategoriale Bestandteile, in der Erziehungswissenschaft schließlich auf die, trotz aller →Aufklärung, der diskursiven Begründung entzogenen, gleichsam selbstverständlichen und deshalb «mythisch» genannten Grundmuster des Umgangs mit der nachwachsenden Generation (vgl. LENZEN 1985) oder auf den Kontakt zwischen Kultur und Bildungsgeschichte (vgl. MOLLENHAUER 1983). Soweit wissenschaftstheoretische Probleme bei derartigen Forschungsbemühungen eine Rolle spielen – die Schwierigkeit also, die sich aus der Frage ergibt, wie denn nicht nur anthropologisch allgemein, sondern historisch konkret «cultura animi» und «vitae cultura» erklärt und aufeinander bezogen werden könnten –, kommt MARX/ENGELS (vgl. 1969), G. H. MEAD (vgl. 1968) und SCHÜTZ/LUCKMANN (vgl. 1979) ein prominenter Part zu. Denn bei aller Historizität der Problemstellungen ist die Schwierigkeit unabweislich, die sich daraus ergibt, daß einerseits die ermittelten Kulturmuster (in Einstellungen, Handlungen, Produkten) von Individuen akzeptiert werden müssen, andererseits die Individuen selbst als Kulturproduzenten tätig sind.

Kulturelle Codes. Ob indessen wirklich von den Individuen als «Produzenten» von Kulturmustern gesprochen werden kann, ist fraglich. Zwar ist unstrittig, daß Kinder, Jugendliche und Erwachsene beständig sich in der Weise kulturproduktiv verhalten, daß sie ihr Inneres veräußern, in Produkten oder in deren Konsumtion vergegenständlichen; strittig ist hingegen, ob diese Tätigkeiten nichts anderes sind als ein Einfädeln individueller Antriebe in historisch bereitstehende Kulturmuster, zusätzlich noch unter der Bedingung, daß bereits diese Antriebe durch die je herrschenden Körper-Konzepte präformiert sind. Diese für pädagogische Problemstellungen fundamentale Schwierigkeit ist im Hinblick auf Trieb-Komponenten (vgl. FREUD 1955), auf kognitive Stile (vgl. BERNSTEIN 1970) und auf das Verhältnis zwischen Sozialstruktur und kulturellen Objektivationen (vgl. BOURDIEU 1982) zum Thema gemacht worden. Im «Habitus»-Begriff Bourdieus, im Versuch, «im Zentrum des Individuellen selber Kollektives zu entdecken» (BOURDIEU 1974, S. 132, vgl. auch MOLLENHAUER 1972), treffen diese Fragerichtungen zusammen:

Nicht intentional produzierende Subjekte seien es, die den Kulturzustand regieren, sondern symbolische und strukturelle Codes. Bildung ist demnach eine intersubjektiv-allgemeine Repräsentanz von Kultur oder Kulturfraktionen im Individuum (vgl. BOURDIEU 1979).

Eine für Europa bedeutsame Codierung liegt bereits, über Klassenunterschiede hinaus, in den nationalen Terminologien, die das Problemfeld je anders strukturieren: Der französische Terminus «civilisation» grenzt diachron, in der Dimension der Verhaltensmodellierung, das Frühere vom Späteren ab; der deutsche Terminus «Kultur» grenzt synchron, in der Dimension der Produkte, das Höhere vom Niederen ab (vgl. ELIAS 1939). Wohin also gehört die Kochkunst?

Bildungstheoretische und -praktische Fragen. Wenn der Begriff eines handlungsfähigen Subjektes (Praxis) weiterhin in Geltung bleiben und seinen kritischen Sinn behalten soll; wenn die Aneignung von symbolischen Formen weiterhin als ein Wechselspiel von Akkomodation und Assimilation (Piaget) gedacht werden muß; wenn der Ausdruck →«Bildung» wenigstens in der Hinsicht nicht strittig sein sollte, daß er das im Individuum inkorporierte kulturelle (oder subkulturelle) Allgemeine und zugleich den Vorgang der Inkorporation bedeutet; wenn endlich «Kultur» als ein Sammelname für ziemlich Verschiedenartiges (Einstellungen, Wissen, Künste, Werkzeuge, Moden, Mythen, Inszenierungen) gelten darf – dann stellen sich an der Bruchlinie zwischen Struktur und Praxis, kultureller Formation und Bildungsprozeß, «vitae cultura» und «cultura animi» verschiedene Fragen für die moderne Theorie der Bildung.

Bürgerliche Kultur. Der soziologischen Neigung, Kulturprobleme auf solche der Sozialstruktur zu reduzieren oder auch sich darauf zu beschränken, vornehmlich deren Homologien zu diskutieren, kann mit Gründen widersprochen werden (vgl. TENBRUCK 1986), mindestens vom *Selbstverständnis* der bürgerlichen Moderne her. Nicht nur im Hinblick auf den ideellen Entwurf, wie von Herder musterhaft vorgetragen, sondern auch faktisch, wie an Lebensläufen und Produkten mannigfach belegbar, etablierte sich spätestens im 18. Jahrhundert die Kultursphäre als ein System von Weltdeutungen, das sich gegenüber den materiellen und sozialstrukturellen Lebensnöten verselbständigte. Dieser Vorgang, dessen Anfänge sich bis in die italienischen Städte der Renaissance zurückverfolgen lassen (vgl. BURKE 1984), brachte den neuen Sachverhalt der «kulturellen Vergesellschaftung» (TENBRUCK 1986, S. 278) hervor, als relativ autonom gegenüber Sozialstruktur und Religion, von Diderot, Lessing und Herder beispielhaft vorgeführt.

Dekulturation. Unter dieser Bedingung wurden auch Vorgänge wie Kulturzerfall oder -zerstörung, Vorstellungen von dominanten und (opponierenden) Subkulturen begrifflich zugänglich, die vordem nur als Barbarei oder Häresie begriffen wurden, nun aber in der neuen Opposition von Kultur und Natur eine andere Bedeutung erhielten: «Dekulturation» (vgl. THURN 1986), als Komponente kulturellen Wandels, ist selbst ein Bestandteil von Kulturentwicklung, und zwar wegen der nicht nach

Maßgabe der kulturellen Vergesellschaftung restlos kalkulierbaren Antriebe und Selbstentwürfe (→«Subjektivität»). Die Moderne verfügt über verschiedene solcher Dekulturationsprojekte: im Hinblick auf das bildungstheoretisch zentrale Ich-Projekt von der Poesie Baudelaires zu den Bildern Francis Bacons; im Hinblick auf die Stabilität des Generationenverhältnisses vom «Anton Reiser» des Ph. Moritz zur →«Antipädagogik»; im Hinblick auf die Kräfte des Unbewußten von den «Caprichos» Goyas zu der Bildnerei der Geisteskranken; im Hinblick auf die Mode vom Schillerkragen zu den Punk-Inszenierungen. Demgegenüber gibt es auch die Dekulturation «von oben», als kulturelle Enteignung: Kolonialisierung, missionarische Pädagogik, Gefängnisse, psychiatrische Anstalten, Zwangsintegration von Ausländerkindern, Zerstörung regionaler Teilkulturen, «Gehirnwäsche». Die Beunruhigung, die von der ersten Form von Dekulturation ausgeht, und das Herrschaftsinteresse, das sich in der zweiten Form Geltung verschafft, verweisen darauf, daß mit dem Begriff der «bürgerlichen Kultur» nicht nur Teilhabe-, sondern auch Loyalitätserwartungen verknüpft sind. Kultur ist demnach (auch) ein Reservoir von Legitimationen für herrschende Zustände und gewünschte Entwicklungen. Das war schon in der organologischen Wachstums-Metapher und ihrer Verbindung mit der Fortschritts-Idee enthalten (vgl. Herder o. J.), insofern sie eine Rechtfertigung des bürgerlichen Kulturideals darstellte.

Werte. Vorgänge der Dekulturation erscheinen nicht nur deshalb bedrohlich, weil sie soziale →Integration gefährden oder →Identitäten zerstören, sondern auch deshalb, weil sie Wertorientierungen diffundieren (vgl. Benjamin 1980). In diesem Zusammenhang sind zwei Problemkomponenten bildungstheoretisch bedeutsam: *Erstens:* Der in Richtung auf Dekulturation zielende Angriff Rousseaus (vgl. 1955) auf die herrschenden Formen von Kultur wurde von ihm sogleich durch das anthropologische Konstrukt der «Perfectibilitée» kompensiert; Schleiermachers (vgl. 1983) Konstruktion einer Pluralität der verschiedenen Kultursphären wurde von ihm in die Annahme eines evolutionistischen und vernünftig konvergierenden Geschichtsverlaufs eingebaut; im Umkreis der Lebensphilosophie und des Neukantianismus galt Wertverwirklichung und Wertsteigerung als Zentrum der «Kulturpädagogik» (vgl. Cohn 1914, Hönigswald 1959, Spranger 1927); dieser historischen Kontinuität der pädagogisch interessierten Theorien scheint zu entsprechen, daß →Erziehung und Bildung zunächst immer auch «Enkulturationen» sind, das heißt Einweisungen und Einübungen in das je geltende Symbolsystem und seine Codes (die Regeln der Sprache, der Schrift, des Rechnens, der Eßgewohnheiten, des geselligen Verkehrs, des Güterkonsums, des Werkzeuggebrauchs, der «Sprachen» ästhetischer Medien), für die es naheliegt, das Verstehen, Aneignen und Können nach besser und schlechter zu unterscheiden. – *Zweitens:* Innerhalb eines «klassizistischen» Rahmens kultureller Praxis, in der materiale und formale Bildung als problemlos korrespondierend und zukunftsfähig geltend gemacht werden (vgl. kritisch BENNER 1987, S. 123ff), sind auch Kategorien wie «Vervollkommnung», «Höherbildung», «Wertsteigerung» plausibel; nehmen indessen, wie seit den Athenäums-Fragmenten SCHLEGELS (vgl. 1967) beobachtbar, Dekulturationstendenzen zu, dann werden die kulturellen Codes strittig, die jenen Wertungen zugrunde liegen (vgl. SAHLINS 1981, S. 235ff); die Folgen für die Pädagogik können verschieden sein: Verkindlichung der kulturellen Ansprüche («Der Genius im Kinde»), universalistisch-unhistorische Theorieproduktionen zum Kind-Kultur-Verhältnis, pädagogische Anpassung an kulturell wechselnde Moden, gewalthafte Kriminalisierung/Psychiatrisierung von Code-Abweichungen (Kulturpolitik des Nationalsozialismus), Rückzug in didaktisch-intellektuelle Attitüden (Kunstunterricht als Lesen-Lernen von Waren-Ästhetik), neoklassizistische Verordnung traditioneller Curricula, Herstellung «alternativer» Lernfelder für Neu-Codierungen, Erfindung neuer Professionalisierungswege (Studiengänge) für «Kulturpädagogen» (vgl. KULTURPÄDAGOGIK 1987). Damit steht nicht nur die Wertfrage, sondern das sie erst sinnvoll machende System kultureller Klassifikationen und seiner Inkorporierung, der «Habitus», zur Diskussion.

Kulturgesellschaft. Ein Begriff von kulturellem Zusammenhalt kann mittels verschiedener gesellschaftlicher Strategien aufrechterhalten werden: über mythische Erzählungen, Alltagsrituale, circensische Inszenierungen, Kirchen, Städte-, Siedlungs-, Kleider- und Armenordnungen oder auch über den universalisierten Warentausch. Daß dieser pädagogisch folgenreich ist, ergibt sich beispielsweise schon aus der Einführung der Dreisatzrechnung in den Kaufmannsschulen der Frührenaissance, unübersehbar um 1800 aus der industriellen Massenproduktion von Spielwaren, der Verbindung von Verkaufs- und Volksbildungsstrategien in den Welt- und regionalen Gewerbeausstellungen des 19. Jahrhunderts, der vom «Bauhaus» weitergeführten Entwicklungen des Industrie-Designs, den zeitgenössischen Interieurs und Exterieurs von Wohnungen, Schulen, Spielplätzen, Städten. Angesichts des durch den Markt (Tourismus, Freizeit-Entertainment, museale Großprojekte, Bild- statt Lesekultur) erzeugten «Veranstaltungscharakters der Kultur» und abstrakter Teilhabe an «inszenierten Wirklichkeiten» (TENBRUCK 1986, S. 282), die nicht selten den besonderen Sinn eines Exponats im hyperrealen Inszenierungssinn verschwinden lassen, ergeben sich eine «Fragmentierung der betroffenen und beteiligten Subjekte, die eine

Identität nur noch zeit- und probeweise zustande bringen» (KAMPER/WULF 1987, S. 31), ein Erfahrungsschwund zugunsten von Ereignisgewinn. Die Passagen des 19. und die Fußgängerzonen gegen Ende des 20. Jahrhunderts in den Metropolen scheinen, alltagssymbolisch, derartige Beobachtungen und Deutungen ebensogut zu repräsentieren wie, im pädagogischen Feld, «Friedensprojektwochen», die Präsentation von «Spurensuche» regionaler Kulturgeschichte, die Volksbildungsveranstaltung der Kasseler «Documenta» oder für Freizeit-Animationen ausgebildete Diplom-Pädagogen. Kultur scheint also zu einem ausgezeichneten Medium der Vergesellschaftung des Menschen zu avancieren, ohne allerdings an seine materielle Lebenspraxis und also auch seine individuelle Lebensgestalt («cultura animi») zuverlässig rückgebunden zu sein. WERCKMEISTER (vgl. 1988) nennt diesen, sich gegen kritische Impulse abpanzernden, aber gleichwohl abstrakt-vergesellschaftenden, aktuell-kulturellen Typus treffend «Zitadellenkultur».

Kulturpädagogik. In zwei Hinsichten ist dieser Ausdruck obsolet: *Erstens:* Gattungsgeschichtlich läßt sich keine Bemühung um das Heranwachsen der je nächsten Generation denken, die nicht wesentlich eine Einübung in die kulturellen (symbolischen) Repräsentationen der jeweiligen gesellschaftlichen Formation wäre; insofern handelt es sich also um einen Pleonasmus, denn: was könnte eine erzieherische Bemühung anderes bezwecken als die Teilhabe an der je gegebenen Kultur? – *Zweitens:* Aktuell würde, wenn die referierten Thesen zur «Kulturgesellschaft» zutreffen sollten, Kulturpädagogik nur bekräftigen, was ohnehin geschieht, freilich verdoppelt in einer Art pädagogisch gemeinter Unterhaltungsindustrie, in Schulen, Ferienlagern, Museen, Volkshochschulen, Spielplätzen; unschädlich zwar, aber keiner besonderen →Professionalisierung, zumal keiner dafür zu erfindenden «Theorie» bedürftig. Damit wäre allerdings suspendiert, wie das Problemfeld zwischen Subjektivität und Kulturation argumentationszugänglich zu machen sei. Das aktuelle Projekt einer «Kulturpädagogik» hat also, zwischen Phänomenologie und Habitus-Theorie, mindestens mit Schwierigkeiten zu rechnen. Bleiben überhaupt noch Problemstellungen verfügbar, die «pädagogisch» genannt werden dürfen und anderes sind als Beschreibungen dessen, was der Fall ist? Mindestens bleibt – für Pädagogen, die auch der Kulturgeschichte in der Regel immer ein Stück *hinterhere*ilen – die Aufgabe, der nachwachsenden Generation die *Lesbarkeit* der kulturellen Symbolwelten zu erschließen (vgl. FRANK 1977). Das impliziert semiologische Arbeit von Pädagogen und Kindern. Semiologisch kann aber nur tätig sein, wer die kulturellen Zeichen letzten Endes noch einem sinnlichen Substrat zurechnen kann (vgl. BARTHES 1964), das Design der Funktion, das objektive Produkt dem subjektiven Ausdrucksbedürfnis, die «vitae cultura» der «cultura animi» konfrontieren kann. Das aber ist, erziehungswissenschaftlich gesprochen, nichts anderes als die allgemeinste Fassung der Bildungsaufgabe.

BARTHES, R.: Mythen des Alltags, Frankfurt/M. 1964. BENEDICT, R.: Urformen der Kultur, Hamburg 1955. BENJAMIN, W.: Der destruktive Charakter. Gesammelte Schriften, Bd. 4.1, Frankfurt/M. 1980, S. 396ff. BENNER, D.: Allgemeine Pädagogik, Weinheim/München 1987. BERNSTEIN, B.: Soziale Struktur, Sozialisation und Sprachverhalten, Amsterdam 1970. BOURDIEU, P.: Zur Soziologie der symbolischen Formen, Frankfurt/M. 1974. BOURDIEU, P.: Entwurf einer Theorie der Praxis, Frankfurt/M. 1979. BOURDIEU, P.: Die feinen Unterschiede. Kritik der gesellschaftlichen Urteilskraft, Frankfurt/M. 1982. BRAUDEL, F.: Sozialgeschichte des 15.–18. Jahrhunderts. Der Alltag, München 1985. BURKE, P.: Die Renaissance in Italien. Sozialgeschichte einer Kultur zwischen Tradition und Erfindung, Berlin 1984. COHN, J.: Der Sinn der gegenwärtigen Kultur, Leipzig 1914. DIDEROT, D.: Ästhetische Schriften, hg. v. F. Bassenge, Berlin 1984. DOUGLAS, M.: Ritual, Tabu und Körpersymbolik, Frankfurt/M. 1981. ELIAS, N.: Der Prozeß der Zivilisation, Basel 1939. FOUCAULT, M.: Sexualität und Wahrheit, Frankfurt/M. 1977. FRANK, M.: Das individuelle Allgemeine, Frankfurt/M. 1977. FREUD, S.: Gesammelte Werke, Bd. 14, London 1955. GEHLEN, A.: Der Mensch. Seine Natur und seine Stellung in der Welt, Bonn 1950. GEHLEN, A.: Urmensch und Spätkultur, Bonn 1956. HABERMAS, J.: Technik und Wissenschaft als «Ideologie», Frankfurt/M. 1968. HABERMAS, J.: Theorie des kommunikativen Handelns, 2 Bde., Frankfurt/M. 1981. HAMMERICH, K./KLEIN, M. (Hg.): Materialien zur Soziologie des Alltags, Köln. Z. f. Soziol. u. Sozpsych., Sonderheft 20, Opladen 1978. HERDER, J. G.: Ideen zur Philosophie der Geschichte der Menschheit. In: Herders ausgewählte Werke, Bd. 3, Leipzig o. J. HÖNIGSWALD, R.: Analysen und Probleme, hg. v. G. Wolandt, Stuttgart 1959. JEGGLE, U. u. a. (Hg.): Volkskultur in der Moderne, Reinbek 1986. KAMPER, D./WULF, CH.: Tendenzen der Kulturgesellschaft. Ein Tagungsbericht. In: Ästh. u. Komm. 18 (1987), 67/68, S. 31ff. KÖNIG, R./SCHMALFUSS, A. (Hg.): Kulturanthropologie, Düsseldorf/Wien 1972. KULTURGESELLSCHAFT. Ästh. u. Komm. 18 (1987), 67/68. KULTURPÄDAGOGIK. Zur Zukunft eines Berufsfeldes, Loccum/Hagen 1987. LENZEN, D.: Mythologie der Kindheit, Reinbek 1985. MARX, K./ENGELS, F.: Die deutsche Ideologie (1845/1846). In: Marx-Engels Werke (MEW), Bd. 3, Berlin (DDR) 1969, S. 9ff. MEAD, G. H.: Geist, Identität, Gesellschaft, Frankfurt/M. 1968. MOLLENHAUER, K.: Theorien zum Erziehungsprozeß, München 1972. MOLLENHAUER, K.: Vergessene Zusammenhänge, München 1983. MOLLENHAUER, K.: Die Dinge und die Bildung. In: Braun, K.-H./Wunder, D. (Hg.): Neue Bildung – Neue Schule, Weinheim 1987, S. 32ff. PLESSNER, H.: Die Stufen des Organischen und der Mensch. Gesammelte Schriften, Bd. 4, Frankfurt/M. 1981. RAUHUT, F./SCHAARSCHMIDT, J.: Beiträge zur Geschichte des Bildungsbegriffs, Weinheim 1965. ROUSSEAU, J.-J.: Über Kunst und Wissenschaft. Über den Ursprung der Ungleichheit unter den Menschen, hg. v. K. Weigand, Hamburg 1955. SAHLINS, M.: Kultur und praktische Vernunft, Frankfurt/M. 1981. SCHIEDER, W./SELLIN, V. (Hg.): Sozialgeschichte in Deutschland, 4 Bde., Göttingen 1986/1987. SCHLEGEL, F.: Athenäums-Fragmente. In: Kritische Friedrich-Schlegel-Ausgabe, Bd. 2, München/Paderborn/Wien 1967. SCHLEIERMACHER, F.: Pädagogische Schriften, unter Mitwirkung v. Th. Schulze hg. v. E. Weniger, 2 Bde., Frankfurt/Berlin/Wien 1983. SCHÜTZ, A./LUCKMANN, TH.: Strukturen der Lebenswelt, Frankfurt/M. 1979. SIMMEL, G.: Philosophie des Geldes, Leipzig 1900. SIMMEL, G.: Das Individuum und die Freiheit. Essais, Berlin 1984. SPRANGER, E.: Lebensformen, Halle [6]1927. TENBRUCK, F. H.: Bürgerliche

Kultur. In: Kultur und Gesellschaft. Köln. Z. f. Soziol. u. Sozpsych., Sonderheft 27, Opladen 1986, S. 263ff. THURN, H. P.: Abbau von Kultur: Dekulturation. In: Kultur und Gesellschaft. Köln. Z. f. Soziol. u. Sozpsych., Sonderheft 27, Opladen 1986, S. 379ff. WERCKMEISTER, O. K.: Zitadellenkultur, München 1988.

Klaus Mollenhauer

Kulturanthropologie → Kultur; → Pädagogik, phänomenologische
Kulturarbeit → Kulturpädagogik – Kulturarbeit
Kulturgesellschaft → Kultur
Kulturhoheit (der Länder) → Bildungssystem (Bundesrepublik Deutschland)
Kulturpädagoge → Kulturpädagogik – Kulturarbeit

Kulturpädagogik – Kulturarbeit

Begriff und Geschichte. Von Kulturpädagogik wurde in der geisteswissenschaftlichen Pädagogik (→ Pädagogik, Geisteswissenschaftliche) vor der Jahrhundertwende zum 20. Jahrhundert und bis in die 30er Jahre des Jahrhunderts gesprochen. Der Begriff erscheint in der Diskussion erst wieder seit den 70er Jahren, zum Teil in der Fassung von «Kulturarbeit». Systematisch wird im erneuten Gebrauch des Wortes nicht auf seine Geschichte Bezug genommen; auch ist das Arbeitsfeld, das er beschreiben soll, vom Ansatz um die Jahrhundertwende verschieden.

Kulturpädagogik in ihrer ursprünglichen Bedeutung kann als die praktische Dimension der Fundierung des Kulturbegriffs (→ Kultur) verstanden werden. Geisteswissenschaftliche und -geschichtliche sowie wert-, lebens- und existential-philosophische Theoreme begründeten sie. Ihre Autoren waren B. Bauch, J. Cohn, A. u. W. Flitner, H. Johannssen, G. Kerschensteiner, Th. Litt, R. Meister, H. Nohl, G. Simmel und E. Spranger. Der kulturpädagogische Ansatz wurde nicht selten an sogenannten kulturell-werthaften Persönlichkeiten und mit ihnen verbundenen ideengeschichtlichen Daten und historischen Phasen exemplifiziert (Comenius, Fichte, Hölderlin, Kant, Luther, Rembrandt und Rousseau als kulturelle oder auch nationale Leitfiguren). Kulturpädagogik war verbunden mit der Etablierung der Pädagogik als einer eigenständigen Wissenschaft (hierfür stehen die Arbeiten von Nohl und Spranger), die sich kulturell und werthaft zu vergewissern habe (vgl. BAUCH 1930). Spranger ging in seiner Aufsatzsammlung «Kultur und Erziehung» von einer allgemeinen Seelen- und Kulturnot, von einer «eigentlichen Weltanschauungsnot» (SPRANGER 1923, S. 29; vgl. auch NOHL 1935 mit Bezug auf Lagarde) aus. BAUCH (vgl. 1930) verwahrte sich dagegen, daß Kulturgüter zu egoistischen und parteipolitischen Zwecken denaturiert würden, also außerhalb der Kulturgüter bzw. der «Wert-Darstellung» ihren Zweck hätten, und folgerte, daß jegliche Politisierung der Schule gegen alle Vernunft sei; sie sei «der Ruin ihrer eigenen Kulturbedeutung». Um aber diese Bedeutung zu wahren, bedürfe die Schule einer vollen Freiheit, eines «eigenen Kulturwirkens, einer Freiheit, die unter dem Joche politischer Parteiung zerbrechen müßte, unter dem der vernünftige Sinn der Schule zum Wahnsinn werden würde» (Bauch 1930, S. 8). Steht bei Bauch deutlich das Plädoyer für kulturelle Autonomie, Überindividualität und Überzeitlichkeit der Kulturerscheinung «Höhere Schule» im Vordergrund, so fragte Spranger (vgl. 1923, S. 138ff) nach der Bedeutung einer wissenschaftlichen Pädagogik für die Volkskultur und das Volksleben. Beide Autoren bezogen sich auf Fichtes Ideen zu einer Nationalerziehung. Konzentriert sich Bauch in seinen kulturpädagogischen Ausführungen stark auf das institutionalisierte höhere Schulwesen, so vermied Spranger bewußt den verengten Blick auf das Schulehalten. Er trat für die kulturelle Selbständigkeit des Bildungswesens ein, die durch ein Erziehungsparlament geschaffen werden sollte. Dessen Aufgabe «wäre es [gewesen; G. K.], die Bildungsfragen aus der unmittelbaren Verflechtung mit dem Klassenkampf, den Machtgegensätzen und Wirtschaftsinteressen zu lösen» (Spranger 1923, S. 148). Kulturpädagogik bekam so ein umfangreiches, über jeweilige pädagogische Institutionalisierung und Verwaltung hinausgehendes Aufgabenfeld zugeschrieben. Bauch skizzierte dieses, indem er die Fremderziehung durch Schule, Lehre, Schuladministration und die eigentliche, wichtigste Form der Erziehung, nämlich die Selbsterziehung, in eine Verbindung setzte: Fremderziehung könne das wichtigste Ziel der Erziehung, nämlich die Selbsterziehung, nicht ersetzen, wohl aber zu ihr hinführen. Adressat solcher Selbsterziehung ist nach Bauch die Persönlichkeit, das Individuum als gebundene Größe innerhalb der Menschheit als Kulturmenschheit und dort speziell in der «Eigenheit des Kulturleistens eines jeden Volkstums» (Bauch 1930, S. 29). Kulturpädagogische Aufgabe sei es nun, den subjektiven Anverwandlungsprozeß von Kulturgütern und/oder Werten in/an die Person zu gewährleisten, um aus Seelennot, Kulturnot, Werteverfall und Weltanschauungsnot subjektiv heraus zu gelangen. Die «Anverwandlung» in persönlichkeitsabhängiger Zeitlichkeit läßt realhistorische und gesellschaftliche Interventionen in den pädagogischen Kultivierungsprozeß eindringen, was bei Spranger zur Feststellung eines kulturpädagogischen Realismus führte: «Der ungeheuren Verwicklung des Kulturlebens entspricht die Mannigfaltigkeit der Erziehungsformen und -gedanken. Schon deshalb ist es unmöglich, heute wieder alles auf *ein* Bildungsideal zurückzuführen» (Spranger 1923, S. 139), obgleich solch ein Wunsch häufig das pädagogische Denken kulturpädagogischer Autoren durchzieht. Ein solcher Reduktionswunsch verdankt sich einem Kulturpessimismus der meisten kulturpädagogisch orientierten Autoren (vgl. STERN 1963).

Kulturarbeit. Der semantische Raum des aktuellen Gebrauchs von «Kulturpädagogik» ist demgegenüber sehr weit und zugleich nicht mit dem Begriff von Kulturpädagogik verbunden, wie er vor und nach der Jahrhundertwende geläufig war. «Beispiele für die Begriffsvielfalt sind: Soziokulturelle Arbeit, soziale Kulturarbeit, Stadtteil-Kulturarbeit, Kulturpädagogik, alternative Kultur, Subkultur, demokratische Kulturarbeit, freizeit-kulturelle Breitenarbeit» (RICHARD 1983, S. 32), sozio-kulturelle Animation, Lernbereich politische Kultur, Kultur zum Anfassen, Kultur zum Selbermachen, Kulturpädagogik vor Ort, Jugendkulturarbeit, Kultur des Alltagslebens, musisch-kulturelle Bildung, Kultur für alle... Kulturpädagogik im heutigen Verständnis ist keine wissenschaftliche Kategorie. Der häufiger gebrauchte Begriff Kulturarbeit deutet die eher praktische denn konzeptionelle Dimension heutiger Kulturpädagogik an. Die Zusammenfügung von Kultur und Arbeit weist zusätzlich darauf hin, daß sozial und ästhetisch vermittelte Kommunikation und Interaktion gemeint sind. Der historische Begriff Kulturarbeit war primär philosophisch und theoretisch gefaßt. Der aktuelle Gebrauch von Kulturarbeit zielt nicht in Richtung auf wissenschaftliche Kategorienbildung. Nach RICHARD (1983, S. 33) faßt Kulturarbeit «verschiedene Phänomene der sozialen und ästhetischen Praxis zusammen».

Ansätze. Die verschiedenen Zugänge der Kulturpädagogik sind seit den 70er Jahren des 20. Jahrhunderts durch eine erhebliche Heterogenität gekennzeichnet: Erstens ist das (systematisierende) Nach-Denken über Kulturpädagogik – Kulturarbeit dem Modell von Künstlertheorien nachgebildet, das heißt, kulturell-praktisches Tun erfährt eine Reflexion in theoretisierender Absicht. Die so entstehenden Theorien beziehungsweise Aussagen haben einen mittleren Abstraktionsgrad, sie sind zum Teil Kommentare zur geleisteten Arbeit und wollen sich als Verbesserungsvorschläge für neue soziokulturelle Arbeit verstehen. Zweitens umfaßt Kulturpädagogik ein großes Aktionsfeld sowie verschiedene Zielgruppen (in sozialer, geographischer und/oder altersspezifischer Sicht, etwa Jugendarbeit, Gemeinwesenarbeit, kommunale Kulturpolitik). Zugleich gehen die verschiedenen Ansätze der Frage nach, ob die Praxis mit traditionellen Ansätzen verbunden wird (zum Beispiel Sozialarbeit, Jugendförderung, Kunstunterricht) oder nicht. Begründungstheoretische Aussagen sind drittens oft nur indirekt zu erschließen, beispielsweise wenn Kulturpädagogik mit Alltags- und Lebenswelt, Subkultur, politischer Kultur, Ästhetik oder mit dem Musischen, mit Volkskunde oder empirischer Kultur-Forschung verbunden wird. Als vorwissenschaftlicher Begriff bezeichnet Kulturpädagogik oder Kulturarbeit ein synthetisierendes, integratives Verfahren. Richard unterscheidet drei Handlungszusammenhänge, in denen Kulturarbeit wirkt. Er nennt die Kulturpolitik und Kulturverwaltung. Hier ist Kulturarbeit ein Organisationsbegriff. In der Sozialarbeit und Sozialpädagogik ist Kulturarbeit ein Handlungsbegriff für soziokulturelle Methoden. In den Künsten bestimmt die Debatte um Kulturarbeit den Selbstverständigungsprozeß über künstlerische, ästhetische Praxis (vgl. RICHARD 1983, S. 33; vgl. GLASER/STAHL 1983).

Diesen Strömungen unterliegt genaugenommen ein neuer Begriff von →Kultur: So bezogen sich Theoretiker der Kulturarbeit auf die Forschungen und Untersuchungsansätze des Birminghamer Centre for Contemporary Cultural Studies (Erforschung von Lebenszielen, Deskription und teilnehmende Beobachtung des Modeverhaltens oder der Lust am Widerstand in Cliquen, Ernstnehmen der Populärkultur; vgl. CLARKE 1981, WILLIAMS 1977, WILLIS 1981) oder des Ludwig-Uhland-Instituts der Universität Tübingen. Praktiker der Kulturarbeit gehen eher aus von Defiziterfahrungen und Bedürftigkeiten in der Arbeit (vgl. SCHÄFER 1988) mit Jugendlichen, Erwachsenen, Kindern in der Stadt oder der Provinz, in Volkshochschulen oder anderen Lernorten der Sozialpädagogik. Sie leisten damit häufig unbewußt und unkoordiniert Grundlagenforschung, die sie zu ähnlichen Annahmen und Perspektiven führen, wie sie in der kulturwissenschaftlichen Forschung vorliegen. Diese Praktiker und jene Theoretiker sind sich darin einig, daß «Kultur [...] nicht mehr als ideeller Wert verstanden [wird], sondern als sozial-kulturelle Ausformung eines Lebenszusammenhangs» (RICHARD 1983, S. 26; Umstellung: G. K.) – umgangssprachlich formuliert: Kultur sei, wie der Mensch lebe... Wird der Akzent auf das Leben gelegt, dann vernebelt der Kulturbegriff mehr, und man könnte ihn auch durch den Begriff Gesellschaft ersetzen (obgleich kulturanalytische soziologische Forschungen den Kulturbegriff vornehmlich für mikrosoziologische Untersuchungen bevorzugen). Setzt man den Akzent jedoch auf das «Wie» des Lebens, dann ist man veranlaßt, die soziokulturelle und symbolische Ausformung als Aufgabenbereich von Kulturpädagogik näher zu beschreiben. Kulturarbeit hat so das Eigensinnige (Negt/Kluge), das Selbstzweckhafte (Haug) zu fördern: «Kultur markiert einen bestimmten Standpunkt innerhalb des gesellschaftlichen Widerspruchs, das Insistieren auf persönlicher Verwirklichung, auf eigenen Zielen und auf Gebrauchswert» (HOFFMANN-AXTHELM 1979, S. 98). Kultur als gelingende Geselligkeit (Schleiermacher) ist zugleich Medium wie Zweck von Kulturarbeit.

Ästhetische Praxis oder Kunst-Produktion ist den zeitgenössischen

Theoretikern und Praktikern der Kulturarbeit immer wieder Paradigma und Handlungsfeld für Kulturarbeit. Durch die Stichworte Kunst, Geselligkeit und neuerdings auch wieder →Bildung knüpft die zeitgenössische Kulturarbeit (mehr indirekt und zufällig) an die ältere Diskussion an. Ihr heutiger grundlegender Ansatz ist jedoch eher sozialpädagogisch, pragmatisch, politisch wie kulturell parteinehmend und hierbei im Selbstverständnis auffällig von früheren Konzeptionen unterscheidbar.

Perspektiven. 1977 wurde im Ergänzungsplan «Musisch-kulturelle Bildung» der Bund-Länder-Kommission für Bildungsplanung und Forschungsförderung das Netzwerk eines «Kulturpädagogischen Dienstes» vorgeschlagen. Es ist nicht verwirklicht, könnte aber nach Schäfer folgende Aufgaben wahrnehmen: «Entwicklung von kulturpädagogischen Konzepten für das gesamte Gemeinwesen. Erschließung und Unterstützung von Aktivitäten. Kulturpädagogische Betreuung bestehender Kultur- und Freizeiteinrichtungen. Koordination und Kooperation zwischen verschiedenen Institutionen in kommunaler und freier Trägerschaft, z. B. durch Initiierung von Arbeitskreisen. Information und Beratung für Vereine, in Gruppen und Initiativen. Entwicklung von stadtteil- und zielgruppenbezogenen Veranstaltungen und Projekten. Aufbau eines ‹Kulturinformationssystems›. Verwaltung eines Technikpools» (Schäfer 1988, S. 48). Des weiteren hat sich die Bundesvereinigung für kulturelle Jugendbildung (BKJ) 1983 folgende Aufgaben gesetzt: Intensivierung der Jugendkulturarbeit mit Randgruppen in sozialen Brennpunkten; kontinuierliche Kinder-Kultur-Wochen; Verbesserung der finanziellen, institutionellen und gesetzlichen Absicherung kultureller Jugendbildung; Vergrößerung des kulturellen Anteils der Jugendarbeit sowie Verbesserung und Ausweitung der Fortbildungs- und Weiterbildungsmöglichkeiten (vgl. Bundesvereinigung für kulturelle Jugendbildung 1983, S. 187). Strukturelle Arbeitslosigkeit und Arbeitszeitverkürzungen führen im übrigen zu einem neuen, erweiterten kulturpädagogischen Handlungsfeld. Kulturpädagogik kann das quantitative Mehr an Freizeit zu einem qualitativen machen, indem es «Zeit als Raum menschlicher Entwicklung» (Negt 1984, S. 25) so gestaltet, daß die Selbstzwecksetzung wächst. Sie begibt sich zugleich in eine ihrer Tätigkeit generell anhaftende Dialektik, nämlich die von Freizeit und Arbeit: Kulturpädagogisch gestaltete Freizeit wäre so als Rekreationsort zu verstehen, um die Belastung durch unselbständige Arbeit erträglich zu halten.

Kulturpädagogische Ausbildungsgänge an Hochschulen sind bisher selten: Aufbau- und Weiterbildungsangebote dominieren, einige Fachhochschulen und Universitäten setzen kulturpädagogische Akzente (so in der Freizeitpädagogik oder Medienarbeit). Universitäten bieten kulturwissenschaftliche Studiengänge mit kulturpädagogischen Anteilen an; die Hochschule Hildesheim bildet zum «Kulturpädagogen» («auf polyästhetischer» Grundlage, vgl. Roscher 1976) aus. Kulturpädagogisches und/oder -politisches Management, was in der alltäglichen Praxis vonnöten ist, wird nur am Rande (mit-)erlernt beziehungsweise erst in/mit eben dieser praktischen Tätigkeit erworben (zu Ausbildungsfragen: vgl. Kröger 1987). Umstritten ist, ob eine grundständige, akademische Ausbildung sachlich angestrebt werden soll oder ob Fort- und Weiterbildung in Kulturpädagogik/-arbeit nicht eine präzisere Berufsorientierung ermöglichen. Unumstritten ist die Notwendigkeit der kulturpädagogischen oder kulturwissenschaftlichen Grundlagenforschung für die Kulturpädagogik/-arbeit.

Bauch, B.: Die erzieherische Bedeutung der Kulturgüter, Leipzig 1930. Bund-Länder-Kommission für Bildungsplanung und Forschungsförderung: Musisch-kulturelle Bildung. Ergänzungsplan zum Bildungsgesamtplan, 2 Bde., Stuttgart 1977. Bundesvereinigung kulturelle Jugendbildung (Hg.): Jugendkulturarbeit, Bad Heilbrunn 1983. Clarke, J.: Jugendkultur und Widerstand, Frankfurt/M. 1981. Glaser, H./Stahl, K. H.: Bürgerrecht Kultur, Frankfurt/Berlin/Wien 1983. Haug, W. F.: Standpunkt und Perspektive materialistischer Kulturtheorie. In: Haug, W. F./Maase, K. (Hg.): Materialistische Kulturtheorie und Alltagskultur, Berlin 1980, S. 6ff. Hoffmann-Axthelm, D.: Kultur undsoweiter. In: Ästh. u. Komm. 10 (1979), 35, S. 97ff. Kröger, F.: Aus- und Fortbildungskonzepte in der Kulturpädagogik, Hagen 1987. Kulturpädagogik. Zur Zukunft eines Berufsfeldes, Loccum/Hagen 1987. Negt, O.: Lebendige Arbeit, enteignete Zeit, Frankfurt/New York 1984. Negt, O./Kluge, A.: Geschichte und Eigensinn, Frankfurt/M. 1981. Nohl, H.: Die pädagogische Bewegung in Deutschland und ihre Theorie, Frankfurt/M. ²1935. Richard, J.: Was bedeutet Kulturarbeit? In: Maier, H./Richard, J. (Hg.): Modellversuch «Kulturarbeit» mit Jugendlichen im Stadtteil, Berlin 1983, S. 26ff. Roscher, W. (Hg.): Polyästhetische Erziehung, Köln 1976. Schäfer, B.: Praxis Kulturpädagogik, Unna 1988. Spranger, E.: Kultur und Erziehung, Leipzig ²1923. Stern, F.: Kulturpessimismus als politische Gefahr, Bern/Stuttgart 1963. Williams, R.: Innovationen, Frankfurt/M. 1977. Willis, P.: «Profane Culture», Frankfurt/M. 1981.

Gerd Koch

Kulturtheorie → Kultur
Kunstbetrachtung → Bildung, ästhetische; → Museumspädagogik
Kunsterziehung → Bildung, ästhetische; → Kulturpädagogik – Kulturarbeit
Kunsterziehungsbewegung → Reformpädagogik
Kurs → Differenzierungsform
Kurssystem → Differenzierungsform

L

labeling approach → Stigmatisierung
Labeling-Theorie → Verwahrlosung
Landerziehungsheimbewegung → Reformpädagogik
Lebensführung, antipädagogisch-konstruktive → Antipädagogik
Lebensgeschichte → Autobiographie

Lebenslauf

Begriff. Der Terminus ist seit der Goethe-Zeit im Sinne von «curriculum vitae» belegbar. Im Alltagsverständnis wird darunter häufig die schriftliche Auflistung von Lebensstationen aus Anlaß einer Bewerbung oder ähnlichem verstanden. Im wissenschaftlichen Kontext meint der Begriff nicht die Beschreibung individueller Lebensläufe, sondern die Erforschung von Gesetzmäßigkeiten, verallgemeinerungsfähigen Strukturen, Phasen oder Eigenschaften vieler Lebensläufe zu bestimmten historischen Zeitpunkten, in bestimmten Kulturen oder Subkulturen, aber auch überzeitlich und überkulturell. Die Begriffe Lebensalter, Lebenszyklus, Lebensgeschichte, Biographie, Bildungsgeschichte und -biographie, aber auch → Autobiographie werden häufig synonym verwendet.

Geschichte der Lebenslaufforschung. Die Lebenslaufforschung hat frühe Vertreter in der Psychologie gehabt (vgl. Bühler 1933), in der Kulturanthropologie (vgl. Benedict 1938, Linton 1942) und in der Soziologie (vgl. Mannheim 1928). Ein erster Höhepunkt der Bemühungen findet sich jedoch erst in den 50er Jahren des 20. Jahrhunderts, und zwar wiederum in der Psychologie (vgl. Fischer 1949, Kehrer 1950, Stern 1955), in der Soziologie (vgl. Schelsky 1957) und der Pädagogik (vgl. Guardini 1959, Petzelt 1951). Die Ansätze sind nur partiell mit empirischem Material versehen. Es überwiegt ein Konzeptionstyp, der in geisteswissenschaftlicher Tradition kasuistische Beobachtungen oder eigene Lebenserfahrungen der Autoren generalisiert und versucht, dem Lebenslauf idealtypisch eine Teleologie und damit einen Sinn zu unterlegen. Man kann dieses als Reflex auf die Ereignisse in den 30er und 40er Jahren des 20. Jahrhunders deuten, aber auch als Folge einer ohnedies breiten Wiederaufnahme geisteswissenschaftlicher Betrachtungsweisen nach dem Zweiten Weltkrieg. Insofern ist es folgerichtig, daß mit dem Übergreifen gesellschaftstheoretischer Ansätze auf die Humanwissenschaften am Anfang der 60er Jahre geisteswissenschaftliche Lebenslaufkonzepte nicht mehr als adäquate Antwort auf Sinndefizite verstanden wurden.

Erst in der Mitte der 70er Jahre erwachte im Rahmen der Sozialisationsforschung ein neues Interesse am Lebenslauf. Dabei kam der Soziologie eine besondere Rolle zu, und zwar im Rahmen der Jugend- und Alterssoziologie (vgl. ROSENMAYR 1976a,b), einer Soziologie der Altersschichtung (vgl. RILEY 1973) und der Statusbiographie (vgl. LEVY 1977). Zwei interdisziplinäre Anthologien (vgl. ROSENMAYR 1978, KOHLI 1978) markieren den Beginn einer neuen Konjunktur dieser Forschung. Lebenslaufforschung entwickelt sich sehr schnell zu einem interdisziplinären Forschungsgebiet, so daß Kohli und Robert ihrer Bibliographie zur Biographieforschung bereits eine Systematik zugrunde legen können (vgl. KOHLI/ROBERT 1984, S. 296ff). Es gibt inzwischen beträchtliche Forschungs- und Wissensbestände in den Bereichen Arbeit/Beruf, Frauen, abweichendes Verhalten, →Jugend, sowie zur Grundlagentheorie der Lebenslaufforschung und bereits zu ihrer eigenen Geschichte. Eine Einführung in die Methodologie der Biographie- und Lebenslaufforschung liegt gleichfalls vor (vgl. VOGES 1987). Das Interesse am Lebenslauf geht im übrigen über die Soziologie und Sozialisationsforschung weit hinaus. So koinzidiert diese Konjunktur mit der Entfaltung einer «oral history» in den Geschichtswissenschaften (vgl. zum Beispiel NIETHAMMER 1980, HARDACH-PINKE 1981), mit einem ähnlichen Ansatz in der Volkskunde (vgl. LEHMANN 1983), mit dem Versuch der «psychobiography» (vgl. RUNYAN 1982) in der Psychologie und mit zahlreichen Wiederaufnahmen dieser Fragestellung in der Literaturwissenschaft (vgl. LÄMMERT 1982, SLOTERDIJK 1978), wo Biographieforschung als Beschäftigung mit der Autobiographie ihren ältesten Ort bereits im 19. Jahrhundert hatte (vgl. die 1907 erstmalig erschienene «Geschichte der Autobiographie» von MISCH 1949ff). Dieses ist auch die Disziplin, an die die erziehungswissenschaftliche Wiederaufnahme der Lebenslaufforschung angeknüpft hat. Die am Ende der 70er Jahre als Reaktion auf das Auslaufen der Bildungsexpansion und damit auf den Bedeutungsschwund der Erziehungswissenschaft versuchte «Alltagswende» (→Alltag) begünstigte eine Wiederbelebung der Beschäftigung mit Autobiographien als alltäglichen Dokumenten des Lebens von Individuen (vgl. AUERNHEIMER u.a. 1978, BAACKE/SCHULZE 1979, HEINZE u.a. 1980, HENNINGSEN 1981, KIEPER 1980, LOCH 1979).

Geschichte der Lebenslaufvorstellungen. Die Menschen haben sich schon vor jeder Wissenschaft Gedanken darüber gemacht, ob dem Lebenslauf eine gesetzmäßige Periodisierung abgelesen werden könne; eine Erscheinung, die sich auch noch in wissenschaftlichen Arbeiten des 20. Jahrhunderts findet (vgl. KÜNKEL 1932). So ist die erste bekannte Periodisierung von Solon um 600 vor Christus überliefert, die von zehnmal sieben Jahren ausgeht, eine Zahl, die auch der 90. Psalm, Vers 10 anbietet. Sieben Lebensalter enthält auch die pseudohippokratische Schrift «peri hebdomadon», offenbar in Anlehnung an die Planetenzahl beziehungsweise die Zahl der Wochentage. Erscheinungen der Natur, aber auch soziale Daten wie die Verleihung der Toga mit 15 Jahren und der Senatorenwürde mit 60 Jahren in Rom, führten zu unterschiedlichen Phasenlängen. Der Zahl sieben kam dabei immer eine herausragende Bedeutung zu, besonders als Divisor, also als Zahl der Lebensphasen. Der Umstand, daß es sich dabei um eine ungerade Zahl handelt, erlaubte später neben der Periodisierung eine Strukturierung des Lebenslaufs, etwa in der Form einer Lebensbrücke oder -treppe, die zugleich eine alltägliche, von der Zahlenmystik bestimmte Theorie des Lebenslaufs vermittelte. Die älteste Strukturvorstellung des Lebenslaufs ist indessen nicht die der Treppe, sondern die des Lebensrades. Es appelliert ikonographisch an die mittelalterliche Vorstellung von dem Rad der Fortuna, das den Menschen nach oben und wieder hinabzieht. Gelegentlich findet sich – das Rad in Bewegung haltend – bei diesen Darstellungen eine weibliche Figur, Fortuna, manchmal auch der Tod als Skelett.

Das durch das Schicksal, den Tod, manchmal auch durch den Engel der Auferstehung bestimmte Auf und Ab des Lebenslaufs verdankt sich in seinem didaktischen Gehalt, der an das stetig gegenwärtige Ende gemahnt, christlichem Denken. Es hat eine ältere Bedeutungsschicht fast verdeckt, die in der Antike mit einer zyklischen Lebenslaufvorstellung verbunden wurde. So leitet ARISTOTELES (vgl. 1967, S. 123f) in der Physikvorlesung die Kreisbewegung aus der Ortsbewegung ab, deren Veränderung er an der verstreichenden Zeit abliest. Die mit dieser naturalistischen, weil an der Himmelsdrehung orientierten Weltsicht verbundene Vorstellung von der ewigen Wiederkehr des Gleichen war für die Christen, insbesondere für AUGUSTINUS (vgl. 1955, S. 12ff, S. 83ff), nicht akzeptabel, weil die Einmaligkeit des Opfertodes Christi mit der Lehre von einer Wiederholung der Geschichte in Frage gestellt werden konnte. Dieses Ereignis deutet ebenso wie Schöpfung, Sündenfall und Jüngstes Gericht auf die Notwendigkeit einer linearen Zeitvorstellung. Da Augustinus andererseits nicht verkennt, daß der Lauf des individuellen Lebens erhebliche Momente der Wiederholung aufweist, differenziert er zwischen einer linearen Zeitvorstellung für die Progression der

Gattung und einer zyklischen für den individuellen Lebenslauf. In der Ikonographie des Lebensrades gelangt beides zur Einheit. Es ist der Mensch, der zyklisch dargestellt wird, oftmals umgeben von den Ewigen: Gott, Tod und Schicksal.

Diese Darstellungsform ist nicht die einzige geblieben. 1464 entsteht die erste bekannte lineare Darstellung des Lebenslaufs. In der Folgezeit erscheinen bis ins 19. Jahrhundert, zum Teil noch im 20. Jahrhundert, zahlreiche lineare Darstellungen, auch als Reliefs in Kirchenbauten. Ob diese Wahl eine bewußte Abkehr von antiken zyklischen Vorstellungen im Sinne des Augustinus impliziert, läßt sich nicht mit Sicherheit sagen. Verglichen mit der ikonographischen Formgebung des Lebenslaufs, der Lebenstreppe, sind lineare Darstellungen wesentlich seltener. Cornelis Anthonisz wird die älteste, um 1540 in Amsterdam entstandene Fassung einer Alterstreppe zugeschrieben. Der Treppentypus nimmt deutlich eine ältere Strukturvorstellung vom Lebenslauf wieder auf, die im Lebensrad-Typus bereits enthalten war, ohne indessen den Gedanken der Zyklizität aufrechtzuerhalten. Das Leben wird als Auf- und Abstieg aufgefaßt, wobei zumindest in den Darstellungen, die den Mann in das Zentrum stellen, der berufliche, geschäftliche Erfolg im bürgerlichen Leben in den Mittelpunkt gerückt wird. Der Gipfel des Lebens ist erstiegen, wenn der Mann erfolgreich ist.

An diesem Fundus ikonographischer Darstellungen ist verschiedenes bemerkenswert: *Erstens* ist die älteste zyklische Darstellung unter dem Einfluß des Christentums zunächst mit der Bedeutung des Auf- und Abstiegs versehen worden, bevor sie später durch den linearen und dann durch den Treppen-Typus abgelöst wird, der die antike Vorstellung vollständig überdeckt. Der zyklische Typus wurde selbst in neuhumanistischer Zeit nicht wiederentdeckt. *Zweitens* markieren die einzelnen Kreissegmente, Schritte oder Stufen jeweils Zustände, die je nach der zugrunde gelegten Arithmetik von verschiedener Dauer sind, wobei Septennien und Dezennien überwiegen. Diese Darstellungen beschreiben also Lebensphasen und nicht die markanten Einschnitte zwischen den Phasen im Leben der Menschen (wie Taufe, Hochzeit...). *Drittens* gibt es keine Darstellung, die den Lebenslauf als bloßen Aufstieg mit dem Endpunkt einer wie auch immer gearteten Erfüllung deutet. Die alltäglichen Vorstellungen vom Lebenslauf scheinen sehr lange, teilweise bis ins 20. Jahrhundert mit dem christlichen Gedanken der Bewährung verbunden zu sein, der den Lebenslauf unter eine Aufgabe stellt, von der her er eine unverwechselbare Struktur erfährt. So ist er gekennzeichnet durch die Anforderung der Leistung in der ersten Lebenshälfte, die einen kurzen Höhepunkt verspricht, und durch die Konsequenz aus dieser Leistungsbereitschaft, dem sukzessiven Verfall des Organismus in der zweiten Lebenshälfte. Bemerkenswerterweise wird in diesen Darstellungen der mit der ersten Lebensphase einsetzende Prozeß des Absterbens ignoriert.

Es unterstreicht den metaphorischen, mythologischen Charakter wissenschaftlicher Beschäftigung mit dem Lebenslauf, daß wissenschaftliche Theorien die alltäglichen exakt imitiert haben. Nach dem Muster der Lebenstreppe sind oftmals biologische Betrachtungen organisiert: Der Mensch entwickelt sich bis zu einem Scheitelpunkt, an dem ein Alterns- und Verfallsprozeß beginnt, der mit dem Tod endet. Das organisierende Kriterium dieser Konzepte ist die Nähe beziehungsweise Ferne des Todes. Das Konzept der Lebenskurve hat sowohl in der Philosophie, beispielsweise in der Lebensphilosophie DILTHEYS (vgl. 1961), aber auch in der (Entwicklungs-)Psychologie, etwa in den frühen Arbeiten BÜHLERS (vgl. 1933), und in der Pädagogik (vgl. SPRANGER 1930) immer neue Bearbeitungen erfahren. Der Aufbau solcher Konzepte gleicht nicht nur der Lebenstreppe, sondern auch der Struktur des klassischen Dramas (vgl. THOMAE 1978, S. 293) aus Vorbereitung, Höhepunkt und tragischem Ende.

Charlotte Bühler hat ihren Ansatz in den 60er Jahren zu einem aufstiegsorientierten Lebenslaufschema umgearbeitet, in dem das «Lebensziel» zur organisierenden Kategorie geworden ist. Sie sieht nun neben den biologischen Charakteristika des Lebenslaufs solche, in denen «die Dynamik des Lebenslaufs» (BÜHLER 1969, S. 13), etwa Aktivität und Bedürfnisdruck, und solche, «in denen die Zielorientiertheit des Lebens zum Ausdruck kommt» (BÜHLER 1969, S. 16f). Trotz der völlig anders gearteten psychologischen Grundorientierung steht sie damit dem Konzept ERIKSONS (vgl. 1979) sehr nahe, dessen psychoanalytisch akzentuiertes Lebenslaufschema am Aufbau des Ich, an der kontinuierlichen Identitätsentwicklung (→ Ich; → Identität; → Kindheit) interessiert ist.

Gerade das Beispiel Bühlers zeigt deutlich, wie sehr Lebenslaufkonzepte keine deduktiven, der Lebenswirklichkeit abgeschauten Beschreibungen mit universeller Gültigkeit sind. Zwischen ihren ersten Arbeiten, die mit ihrem Biologismus dem kontinentalen Denken der 20er Jahre verpflichtet sind, und den späteren Reformulierungen, welche im optimistischen Aufbauklima des Nachkriegs-Amerika angesiedelt sind, liegt eine erhebliche historische Differenz. So lesen sich ihre Beschreibungen des zielorientierten aktiven Menschen, der sein Leben dem eigenen Aufstieg und damit der «Höherbildung der Gattung» widmet, bildungsidealistisch. Unter den Bedingungen der Polarität von sozialer Sicherung und existentieller Angst – sei sie verursacht durch Sorge vor Krieg, Sorge um die Natur oder Sorge um einen Arbeitsplatz – wirkt die Befolgung eines Lebensplans am Ende des 20. Jahrhunderts dagegen eher fremd.

Das gilt auch für den sogenannten Levinson-Report (vgl. LEVINSON

1979) über «das Leben des Mannes». Levinson wendet sich mit seinem Ansatz auch der Bedeutung der Übergänge zu, wobei die sogenannte Midlife-Crisis eine besondere Rolle spielt. Die Übergänge als Krisen zu markieren, ist nicht nur aus psychologischer Sicht sinnvoll. Hier wird an eine Erfahrung angeknüpft, die aus Kulturen verbürgt ist, in denen das Christentum die Überführungsriten des Lebenslaufs noch nicht auf einige wenige wie Taufe, Trauung und Bestattung zurückgedrängt hat. Kulturen, die über eine ausgeprägte Praxis von Initiationsriten für den Übergang in jeweils neue Lebensphasen verfügen, schaffen sich damit ein doppeltes Instrument der Krisenbewältigung. Zum einen wirkt der Ritus psychologisch auf das Individuum, indem er ihm bedeutet, aus der krisenhaften Unsicherheit einer Zwischensituation (zum Beispiel: Pubertät) in die Sicherheit einer neuen Lebensphase (zum Beispiel: Erwachsenenalter) überführt worden zu sein (vgl. Erikson 1979, S. 61f; vgl. Bettelheim 1975, S. 23). Zum anderen bringt eine Übergangsphase, in der sich ein Teil einer Gesellschaft oder Gemeinschaft befindet, auch für diese eine potentielle Krise mit sich. Ihr Bestand könnte dadurch bedroht sein, daß eine neue Generation beispielsweise nicht adäquat mit dem vorhandenen Normkonzept der Gesellschaft umgeht und diese Generation nicht integriert würde. Der Initiationsritus sorgt für diese Integration (vgl. Malinowski 1962, S. 241; vgl. van Gennep 1986, S. 3).

Es gibt einen Autor aus dem römisch-katholischen Bereich, der die Bedeutung der Krisen sehr wohl gesehen hat: Guardini (vgl. 1959). Er ging von einem 14-stufigen Phasen-Krisen-Wechsel aus. Seiner geisteswissenschaftlichen Sicht auf den Lebenslauf entsprechen empirische Daten; so sehen Menschen in der Kultur des 20. Jahrhunderts auch ihr eigenes Leben oft als von persönlichen und äußeren Krisen geprägt (vgl. Lehr 1978, S. 324). Zwischen den Lebensphasen gibt es also Übergänge, «transitional phases», «Übergangsphasen», «Transitionen», die durch einen hohen Grad von Ritualisierung gekennzeichnet sind. Die wegen des gleichförmigen Ablaufs von Riten sich ergebende Vergleichbarkeit der Transitionen für die Angehörigen einer →Kultur gewährleistet erstens eine Zuordnung des Transitionsobjekts, also des Menschen, zu einer bestimmten Gesellschaft. Zweitens kann das Objekt des Ritus, beispielsweise die werdende Mutter, die durch einen bestimmten Entbindungskult eine Transition von der Frau zur Mutter erfährt, die mit dem Bruchpunkt (Entbindung) verbundene Irritation des Lebenslaufs als sinnhaft interpretieren. Die neue Lebensphase wird erst durch den Transitionsritus zu einem unentbehrlichen Stück im Lebenslauf. Der Gang des eigenen Lebens kann erst durch seine Einordnung in ein kulturell verbürgtes Ablaufschema als sinnhaft, als Lebenszyklus verstanden werden, in dem die notwendigen Diskontinuitäten keine Katastrophen, sondern zwar dramatische, aber doch Statussicherheit vermittelnde Ereignisse darstellen. Neben der Vermittlung von Sicherheit im Altersstatus haben funktionierende Transitionen noch eine weitergehende Implikation. Wenn das Transitionsobjekt kulturell gelernt hat, daß bestimmte Transitionen eine unumkehrbare Reihenfolge haben und daß die Akte nicht zurückgenommen werden können, dann konstituiert sich im Lebenszyklus auch die Richtung der →Zeit. Die Lebenszeitrichtung hat auch eine Orientierungsfunktion. Berücksichtigt man, daß Zeit eine Funktion der Bewegung ist, dann verdeutlicht sich, daß Lebenszeit erst durch die Bewegung des Transitionsobjektes wahrnehmbar wird. Deshalb sind zahlreiche Transitionsriten mit einer Dislokation des Initianden verbunden, mit einer Entfernung aus der gewohnten Umgebung, so etwa beim Pubertätsexil. Der Initiand wird dabei oftmals unter dramatischen Umständen aus seiner vertrauten Umgebung entfernt, längere Zeit versteckt gehalten, um als ein anderer zurückzukommen. Der Aufenthalt im Versteck wird dazu benutzt, um dem Initianden bestimmte Erfahrungen zu vermitteln, die für die folgende Lebensphase bedeutsam sind. Diese, von Eliade (vgl. 1973, S. 143f) für die Pubertät beschriebene Praxis findet sich auch in anderen Lebensphasen.

Das Konzept der von van Gennep (vgl. 1986) bereits 1901 beschriebenen und typisierten Transitionsriten ist durch die sozialwissenschaftliche Lebenslaufforschung nur wenig beachtet worden. Das gleiche gilt für das Konzept des Lebenszyklus. Beide werden in der Regel als Vorstellungen beurteilt, die nur für wenig entwickelte Kulturen Bedeutung haben. Es läßt sich indessen nachweisen, daß auch für die kontinentaleuropäische Kultur noch des 19. Jahrhunderts ein weitgehendes Funktionieren der Transitionsriten und der zyklischen Lebenslaufvorstellung angenommen werden kann (vgl. Lenzen 1985). Erst mit dem durch die Aufklärung verursachten Verlust der gemeinsamen christlichen Weltanschauung wird die zyklische Sicht des Lebenslaufs langsam durch eine lineare, am Fortschrittsdenken orientierte ersetzt. In demselben Maße verlieren auch die Transitionsriten an Bedeutung. Der Grund ist darin zu sehen, daß mit der Säkularisierung des Denkens das Sterben nicht mehr als Übergang in die letzte Phase eines (ewigen) Lebens geglaubt werden kann. Weil diese Sicherheit fehlt, muß der Gedanke an die Todestatsache verdrängt werden. Da die Transitionsriten aber dem Individuum das Verstreichen seiner Lebenszeit vor Augen führen, werden sie in ihrer auf den Tod vorbereitenden Funktion eliminiert. Dieser Verlust hat eine entscheidende Konsequenz für das Konzept Kindheit im 20. Jahrhundert: Weil der Übergang in das Erwachsenenalter die Todestatsache vor Augen führt, muß er vermieden werden. Dieses ist die Grundlage für die Expansion der Kindheit, des Kindlichen in der nachaufklärerischen Kultur (→Kindheit). Einer sozialwissenschaftlichen Lebenslaufforschung verschließt sich dieser anthropologische Zusammenhang. Seine Erforschung und die Betrachtung der Implikationen für Erziehung und Bildung ist Aufgabe einer historischen Anthropologie der Erziehung (→ Anthropologie, historische).

ARISTOTELES: Physikvorlesung. Werke, hg. v. E. Grumbach, Bd. 11, Berlin 1967, S. 58ff. AUERNHEIMER, G. u. a. (Hg.): Autobiographische Entwicklungsgeschichten. In: Einundzwanzig (1978), Heft 8. AUGUSTINUS: Vom Gottesstaat. Werke, Bd. 4, Zürich 1955. BAACKE, D. / SCHULZE, TH. (Hg.): Aus Geschichten lernen, München 1979. BENEDICT, R.: Continuities and Discontinuities in Cultural Conditioning. In: Psychiat. 1 (1938), S. 161ff. / deutsch: Kontinuität und Diskontinuität im Sozialisationsprozeß. In: Kohli, M. (Hg.): Soziologie des Lebenslaufs, Darmstadt 1978, S. 195ff. BETTELHEIM, B.: Die symbolischen Wunden, München 1975. BÜHLER, CH.: Der menschliche Lebenslauf als psychologisches Problem, Leipzig 1933. BÜHLER, CH.: Die allgemeine Struktur des menschlichen Lebenslaufs. In: Bühler, Ch. / Massarik, F. (Hg.): Lebenslauf und Lebensziele, Stuttgart 1969, S. 10ff. DILTHEY, W.: Die geistige Welt. Einleitung in die Philosophie des Lebens. Gesammelte Schriften, Bd. 5, Stuttgart 1961. ELIADE, M.: Die Sehnsucht nach dem Ursprung. Von den Quellen der Humanität, Wien 1973. ERIKSON, E. H.: Identität und Lebenszyklus, Frankfurt/M. [5]1979. FISCHER, A.: Seelische Wandlungen beim alternden Menschen, Basel 1949. GENNEP, A. VAN: Übergangsriten, Frankfurt/New York 1986. GUARDINI, R.: Die Lebensalter. Ihre ethische und pädagogische Bedeutung, Würzburg 1959. HARDACH-PINKE, I.: Kinderalltag: Aspekte von Kontinuität und Wandel der Kindheit in autobiographischen Zeugnissen, Frankfurt/M. 1981. HEINZE, TH. u. a. (Hg.): Interpretationen einer Bildungsgeschichte, Bensheim 1980. HENNINGSEN, J.: Autobiographie und Erziehungswissenschaft, Essen 1981. KEHRER, F. A.: Vom seelischen Altern, Münster 1950. KIEPER, M.: Lebenswelten ‹verwahrloster› Mädchen. Autobiographische Berichte und ihre Interpretation, München 1980. KOHLI, M. (Hg.): Soziologie des Lebenslaufs, Darmstadt/Neuwied 1978. KOHLI, M. / ROBERT, G. (Hg.): Biographie und soziale Wirklichkeit, Stuttgart 1984. KÜNKEL, H.: Das Gesetz des Lebens, Jena 1932. LÄMMERT, E.: Erzählforschung, Stuttgart 1982. LEHMANN, A.: Erzählstruktur und Lebenslauf. Autobiographische Untersuchungen, Frankfurt/M. 1983. LEHR, U.: Kontinuität und Diskontinuität im Lebenslauf. In: Rosenmayr, L. (Hg.): Die menschlichen Lebensalter, Münster/Zürich 1978, S. 315ff. LENZEN, D.: Mythologie der Kindheit, Reinbek 1985. LEVINSON, D. J.: Das Leben des Mannes. Werdenskrisen, Wendepunkte, Entwicklungschancen, Köln 1979. LEVY, R.: Der Lebenslauf als Statusbiographie, Stuttgart 1977. LINTON, R.: Age and Sex Categories. In: Am. Sociol. Rev. 7 (1942), S. 589ff. LOCH, W.: Lebenslauf und Erziehung, Essen 1979. MALINOWSKI, B.: Geschlecht und Verdrängung in primitiven Gesellschaften, Hamburg 1962. MANNHEIM, K.: Das Problem der Generationen. In: Köln. Vjhefte. f. Soziol. 7 (1928), S. 157ff, S. 309ff. MISCH, G.: Geschichte der Autobiographie, 4 Bde., Frankfurt/M. 1949ff. NIETHAMMER, L. (Hg.): Lebenserfahrung und kollektives Gedächtnis: Die Praxis der «Oral History», Frankfurt/M. 1980. PETZELT, A.: Kindheit, Jugend, Reifezeit, Frankfurt/M. 1951. RILEY, M. W.: Aging and Cohort Succession. Interpretations and Misinterpretations. In: Pub. Op. Quart. 37 (1973), S. 35ff. ROSENMAYR, L.: Schwerpunkte der Jugendsoziologie. In: König, R. (Hg.): Handbuch der empirischen Sozialforschung, Bd. 6, Stuttgart 1976, S. 1ff (1976a). ROSENMAYR, L.: Schwerpunkte der Soziologie des Alters (Gerosoziologie). In: König, R. (Hg.): Handbuch der empirischen Sozialforschung, Bd. 7, Stuttgart 1976, S. 218ff (1976b). ROSENMAYR, L. (Hg.): Die menschlichen Lebensalter. Kontinuität und Krisen, München 1978. RUNYAN, W. McK.:

Life Histories and Psychobiography, New York 1982. SCHELSKY, H.: Die skeptische Generation, Düsseldorf 1957. SLOTERDIJK, P.: Literatur und Lebenserfahrung. Autobiographien der Zwanziger Jahre, München 1978. SPRANGER, E.: Lebensformen, Halle 1930. STERN, E.: Der Mensch in der zweiten Lebenshälfte, Zürich 1955. THOMAE, H.: Vergleichende Psychologie der Lebensalter. In: Rosenmayr, L. (Hg.): Die menschlichen Lebensalter, München/Zürich 1978, S. 293ff. VOGES, W. (Hg): Methoden der Biographie- und Lebenslaufforschung, Opladen 1987.

Dieter Lenzen

Lebensphase → Jugend; → Kindheit; → Lebenslauf
Lebensstil → Wohnkultur
Lebensstil (Jugendlicher) → Jugend

Lebenswelt

Verheißungen. Seit einigen Jahren pflegt man die Entwicklungen pädagogischer Konzeptionen nach «Wenden» zu sortieren (zuletzt: vgl. LOCH 1984, S. 119ff). Eine dieser Wenden war die sogenannte Alltagswende (zur Darstellung und Kritik: vgl. LENZEN 1980; → Alltag), innerhalb deren sich eine Auflehnung gegen Technologisierung, Bürokratisierung, Instrumentalisierung und → Verwissenschaftlichung von → Erziehung formierte. In ihren extremen Konsequenzen führte die Protesthaltung zu schul- und erziehungsfeindlichen Projekten, in denen das alltägliche Leben schließlich selbst erzieherischen Wert erhielt. Stichworte wie «Betroffenheit», «subjektiver Faktor», die verschiedenen «Orientierungen» am → Schüler zeigen auf eine Kritik an Überfremdungen von → Unterricht, die zu vergessen schienen, daß sich Lehren und Erziehen an lebendige Subjekte in konkreten Situationen richten (vgl. THIEMANN 1980). Der Zweifel an der Tauglichkeit bloß technischer Optimierungsverfahren von Lernprozessen wurde in dem Moment möglich, als die Nachfrage nach solchen Wissensproduktionen zurückging, als sich gleichzeitig zeigte, daß eine einseitige Technisierung und Verwissenschaftlichung zu einer Pathologisierung schulischen → Lernens führte. In der Wende zum Alltäglichen soll die Situation der Lernenden in all ihren komplexen Bezügen rehabilitiert werden als unumgängliche Basis pädagogischer Prozesse. Die sich ausdrücklich dem Fanal der Alltäglichkeit verpflichtenden Pädagogen hatten, wie LENZEN (vgl. 1980, S. 8) feststellte, einen nur lokkeren Bezug zur phänomenologischen Tradition. Vom Begriff der Lebenswelt ging eher eine Verheißung als ein theoretisch differenziertes Programm aus. Verheißungsvoll ist dieser Begriff, weil er eine Illusion von Unmittelbarkeit ermöglicht, die ein lange gesuchtes Gegengewicht zur Abstraktheit von Theorie anzubieten scheint. Dabei bewahrt der Begriff «Welt» einen kosmologischen Traum, die Suche nach verlorenen Einheiten in einer Zeit zerbrochener Ordnungen, der ungelösten Normenproblematik, der Krise von Rationalität. Der Begriff «Leben» knüpft an eine Tradition an, wie sie um die Jahrhundertwende in der Lebensphilosophie ausgebildet wurde, die gegen die unausgewiesene Autorität eines Wissens kämpfte, das seine lebendigen Grundlagen vergessen hatte.

Dieses wissenschaftskritische Motiv bleibt auch in der phänomenologischen Bewegung unseres Jahrhunderts erhalten, die sich im Anschluß an Husserls Philosophie entwickelte. Unter verschiedenen Bezeichnungen verbirgt sich die gemeinsame Kritik an wissenschaftlichen und institutionellen Überfremdungen menschlichen Wissens: Rückgang auf einen natürlichen Weltbegriff (Avenarius), Welt der natürlichen Einstellung (Husserl), Lebenswelt (vgl. HUSSERL 1976, neuerdings: vgl. HABERMAS 1981), Alltagswelt (Schütz, Berger/Luckmann), Milieu (Scheler), Milieuwelt, Ambiance (Gurwitsch). In positivistischen (Avenarius, Mach) wie auch in sozialkritischen (Schütz, Habermas) Thematisierungen des «Universums prinzipieller Anschaubarkeit» (HUSSERL 1976, S. 130) geht es um die Aufwertung der konkreten Erfahrungswelt faktisch agierender Menschen als eigenständigen Bedeutungszusammenhang. Die Entmündigung vorwissenschaftlicher Erfahrungen wird in einer Genealogie der Logik (Husserl) rückgängig gemacht. Die Nähe der Wende zur Alltäglichkeit in der Pädagogik und der phänomenologischen Rehabilitierung vorwissenschaftlicher Erfahrungen (vgl. LIPPITZ 1980a) ist jedoch nur vordergründig. Während innerhalb des phänomenologischen Denkens Lebenswelt als Fundierungshorizont aufgewiesen wird, setzt ein unkritischer Alltagsbegriff gegen eine immer undurchsichtiger werdende Technologisierung und Rationalisierung konkreter Handlungsfelder einen restaurativen Erlebnisbegriff, der gleichsam als Alternative angeboten wird. Der Versuch, wissenschaftliche Rationalität durch bloßen Rekurs auf → Erfahrung zu ersetzen, verzichtet voreilig auf kritische Fortschritte innerhalb pädagogischer → Theorie und Praxis. Die Folgen lassen nicht auf sich warten. Ein unter dem Stichwort «Betroffenheit» sich entfaltender Subjektivismus treibt in die «Tyrannei der Intimität» (vgl. SENNETT 1983). In narzißtischer Begeisterung wird die Verantwortung für die konkrete Wirklichkeit in das Leistungsvermögen einzelner verlegt. Therapeutisierungen erzieherischer Verhältnisse (Rogers, Hinte) und Trivialisierungen rationaler Möglichkeiten bedeuten über die «Eskamotierung der Schuldigkeit der Pädagogik» (vgl. RUHLOFF 1981) hinaus, daß in der bloßen Orientierung an der Alltäglichkeit eine radikale Kritik umgangen wird; denn als Alternative zur Wissenschaftlichkeit und Bürokratisierung verharren solche Konzeptionen als lediglich restitutiv auf dem Boden neuzeitlich-technischer Wissenschaft. Hier erweist es sich als lohnend, den nur vagen Bezug zur Phänomenologie zu revidieren, um einen kritischen Lebensweltbegriff zu gewinnen, der imstande ist, Schrumpfungsprozesse menschlicher Rationalität aufzuklären und Wege der Reetablierung von Vernunft zu suchen.

Bedeutungen. Husserls Spätwerk, die berühmte Krisisschrift (vgl. HUSSERL 1976) entfaltet vor allem drei Bedeutungen des Lebensweltbegriffs (vgl. WALDENFELS 1979): Die Lebenswelt wird als Boden, als Fundament wissenschaftlichen Wissens aufgewiesen, sie fungiert als Einstieg in die transzendentale Frage nach einer letztkonstituierenden →Subjektivität, und sie soll schließlich eine historische Gesamtperspektive liefern. In nachfolgenden Theorien wurden vor allem die transzendentale und historische Dimension diskutiert (Schütz, Gurwitsch, Merleau-Ponty, Waldenfels). Die Fundierungsfunktion des Lebensweltbegriffs dagegen wird in fast allen Konzeptionen in wissenschaftskritischer Absicht übernommen. So weist beispielsweise Heidegger die Alltäglichkeit des Daseins als das Vor- und Zugrundeliegende alles bloß theoretischen Wissens auf (vgl. HEIDEGGER 1972, S. 63ff). Zeitlich parallel entwickelt Scheler seinen Milieubegriff (vgl. SCHELER 1966, S. 153ff), um zu demonstrieren, daß wir als Menschen primär in einer Milieuwelt existieren, in der wir nicht vorrangig erkenntnismäßig, sondern vorrational auf die Dinge gerichtet sind. «Die Milieusonne z. B. ist nicht die Sonne der Astronomie; das Fleisch, das gestohlen, gekauft wird usw., ist nicht eine Summe von Zellen und Geweben mit den in ihnen stattfindenden chemischen und physischen Prozessen» (SCHELER 1966, S. 153). GURWITSCH (vgl. 1977) führt diese Diskussion weiter, indem er die Milieukonzeption durch gestalttheoretische Ergebnisse und Heideggers Zeuganalyse anreichert. Er integriert seine phänomenologischen Einsichten in die Diskussion der Pariser Emigrantenszene der späten 30er Jahre (vgl. GRATHOFF 1978). Hier treffen psychologische Erkenntnisse auf den Streit um Phänomenologie und Marxismus (vgl. WALDENFELS 1982). Es entsteht eine phänomenologische Sozialwissenschaft.

Zeitlebens werden Schütz und Gurwitsch über Begründungsprobleme korrespondieren (vgl. GRATHOFF/WALDENFELS 1983). Dabei bleibt für Gurwitsch der Lebensbegriff als Polemik gegen wissenschaftliches Wissen bedeutsam: «Hätten wir die Wissenschaft nicht, so hätten wir diesen Begriff nicht nötig» (GRATHOFF 1983, S. 100). Schütz dagegen thematisiert die Lebenswelt als den umfassenden Horizont finiter Sinnbereiche, von denen der Alltag einen ausgezeichneten Bereich darstellt. Nach der Stillegung phänomenologischen Fragens in Deutschland knüpfen nach dem Zweiten Weltkrieg Überlegungen zu einer kritischen Theorie der Gesellschaft nicht zuletzt aufgrund von wissenssoziologischen Anregungen (vgl. BERGER/LUCKMANN 1980) vor allem an die Schützsche Variante der Sozialphänomenologie an (vgl. Bernstein 1979). Ein viel erörtertes Beispiel ist der neue Versuch von Habermas (vgl. 1981b, S. 171ff), die Lebenswelt als Komplementärmodell des kommunikativen Handelns einzuführen. Die Lebenswelt bildet hier sowohl den präreflexiven Wissensvorrat als auch das unexplizierte Metier intersubjektiven Handelns (vgl. Gripp 1984, Matthiesen 1983).

In Frankreich übernimmt vor allem Merleau-Ponty den Lebensweltbegriff Husserls, indem er ihn radikal auf seine Fundierungsfunktion zurückführt. Er betont die Unaufhebbarkeit des doxischen Grundzugs lebensweltlichen Wissens und erkennt die Unbestimmtheit als positives Phänomen an (vgl. Merleau-Ponty 1966, S. 418, S. 25). «Nie wird Wissenschaft denselben Seinssinn wie die Erfahrungswelt haben, aus dem einfachen Grunde, daß sie *deren* Bestimmung oder Erklärung ist» (Merleau-Ponty 1966, S. 4f). Husserls Programm einer vollständigen Reduktion auf letzte Gründe wird ebenso revidiert wie die Illusion unvermittelter Unmittelbarkeit (vgl. Merleau-Ponty 1966, S. 82). Die radikale Anerkennung lebensweltlicher Fundierungen menschlichen Handelns führt zu einer Pluralisierung von Rationalitätsfeldern (vgl. Foucault 1977) und damit eher in dringliche Aufgaben der Reflexion als zu handhabbaren Lösungen.

Programme. In neuerer Zeit hat vor allem Lippitz, innerhalb pädagogischer Theoriebildungen explizit an die Husserlsche Phänomenologie und deren Umbildung durch Merleau-Ponty angeknüpft (vgl. Lippitz 1978; 1980a, b; 1981, 1984). Unter der Perspektive der Rehabilitierung vorwissenschaftlicher Erfahrung arbeitet er sowohl die philosophische Tradition auf als auch die Adaptionen innerhalb pädagogischer Konzeptionen (Strasser, Langeveld, Bollnow). Er kann systematische Anfänge einer lebensweltlich orientierten Pädagogik bereits bei Dilthey aufweisen (vgl. Lippitz 1981), Spuren phänomenologischen Denkens reaktualisieren und für konkrete Untersuchungen von Unterricht fruchtbar machen (vgl. Lippitz/Plaum 1981). Es entfaltet sich ein dichtes Feld phänomenologischen Forschens innerhalb der Pädagogik (→ Pädagogik, phänomenologische), in dem Fragen nach der Relevanz einer Biographieforschung (vgl. Loch 1979), Konzeptionen «konkreten Denkens» (vgl. Bräuer 1964), Hermeneutiken der Erfahrung (vgl. Buck 1969), konkrete Milieustudien (vgl. Beekman 1984), Identitätskonzeptionen (vgl. Maurer 1983), Untersuchungen von Intersubjektivität (vgl. Schaller 1983, 1984) und anthropologische Studien (vgl. Langeveld 1968, 1983a, b; vgl. Lippitz 1980a, b) ihren Ort finden.

Innerhalb didaktischer Überlegungen haben vor allem Glatfeld/Schröder (vgl. 1984) im Bereich des Lernens von Mathematik und Redeker (vgl. 1982) im Hinblick auf das Lernen von Physik einen lebensweltlichen Erfahrungsbegriff erhärten können. Dabei zeigt sich, daß die Gewinnung einer mathematischen Perspektive beziehungsweise die Eröffnung einer physikalischen Sicht nicht durch eine kontinuierliche Erweiterung lebensweltlicher Sichtweisen zu gewinnen ist, sondern nur durch eine krisenhafte Umstrukturierung von fungierenden Erfahrungshorizonten. Die gesetzlich geordnete Welt ist keine gelebte Welt mehr, sie ist nur durch Ideation zugänglich. Mit der Thematisierung der Genealogie rationalen Wissens aus seinen präreflexiven und präpersonalen Voraussetzungen ist ein pädagogisches Themenfeld gewonnen, das in seinen Möglichkeiten noch lange nicht ausgeschöpft ist. So ist die Erfassung der Diskontinuität des Lernvollzugs zwar ein entscheidender Fortschritt im Hinblick auf die Aufklärung des konkreten Lerngeschehens (vgl. BUCK 1969, MEYER-DRAWE 1984), aber in bezug auf die genaue Erfassung des Bruchs zwischen lebensweltlichem Erfahren und wissenschaftlichem Wissen bestehen Reflexionsdefizite (vgl. RÖSLER 1983). Die Fragen nach den lebensweltlichen Voraussetzungen schulischen Lernens bedürfen der Ergänzung durch Lebensraumuntersuchungen (vgl. MUCHOW/MUCHOW 1980), durch sozialisationsgeschichtliche Erforschungen faktischer Milieuwelten, wie sie etwa von PREUSS-LAUSITZ u. a. (vgl. 1983) oder von ROLFF (vgl. 1982) vorgelegt wurden. Hier verzahnen sich pädagogisch-didaktische Fragen nach der Gegenwartsbedeutung von Unterrichtsgegenständen (Klafki) oder Fragen nach der Ausgangslage der Lernenden (Schulz) mit soziologischen Milieuuntersuchungen, wie sie im Anschluß an Schütz, Weber und Gurwitsch von Bielefelder Soziologen unter der Leitung von GRATHOFF u. a. (vgl. 1981/1982) durchgeführt werden. Von hier können sich die Debatten um methodologische Probleme einer «teilnehmenden Erfahrung» (vgl. BARRITT u. a. 1984; vgl. BEEKMAN 1983, 1984; vgl. COENEN 1984) oder einer «teilnehmenden Beobachtung» (vgl. CICOUREL 1974) mit traditionellen hermeneutischen Verfahren des Beispielverstehens (vgl. BUCK 1969, LIPPITZ 1983) oder kasuistischen Studien (vgl. BINNEBERG 1979) verknüpfen und gegenseitig revidieren.

Deutlich wird, daß mit dem Begriff der Lebenswelt eher Programme als Lösungen angeboten werden. Die Thematisierung der Lebenswelt führt in ein Zwischenreich (vgl. SCHALLER 1984, S. 330f; vgl. SCHELER 1966, S. 154; vgl. WALDENFELS 1971), in dem nicht Schatten gegen Licht, die *doxa* gegen die *episteme*, das Chaos gegen die Ordnung gesetzt wird, sondern sich Transzendentales mit Historischem unaufhörlich verbindet, Unalltägliches im Alltäglichen sichtbar wird.

Barritt, L. S. u. a.: Das «Versteck-Dich-Spiel». «Sehen und Gesehen werden» aus der Sicht des Phänomenologen. In: Lippitz, W./Meyer-Drawe, K. (Hg.): Lernen..., Königstein [2]1984, S. 84ff. Beekman, T.: Human Science as a Dialogue with Children. In: Phen. + Ped. 1 (1983), S. 36ff. Beekman, T.: Hand in Hand mit Sasha. Über Glühwürmchen, Grandma Millie und andere Raumgeschichten. In: Lippitz, W./Meyer-Drawe, K. (Hg.): Kind..., Königstein 1984, S. 11ff. Berger, P. L./Luckmann, Th.: Die gesellschaftliche Konstruktion der Wirklichkeit. Eine Theorie der Wissenssoziologie, Frankfurt/M. 1980. Bergmann, W.: Lebenswelt, Lebenswelt des Alltags oder Alltagswelt? Ein grundbegriffliches Problem «alltagstheoretischer» Ansätze. In: Köln. Z. f. Soziol. u. Sozpsych. 33 (1981), S. 50ff. Bernstein, R. J.: Restrukturierung der Gesellschaftstheorie, Frankfurt/M. 1979. Binneberg, K.: Pädagogische Fallstudien. Ein Plädoyer für das Verfahren der Kasuistik in der Pädagogik. In: Z. f. P. 25 (1979), S. 395ff. Böhme, G./Engelhardt, M. v. (Hg.): Entfremdete Wissenschaft, Frankfurt/M. 1979. Bolton, N.: Piaget and Pre-Reflective Experience. In: Curtis, B./Mays, W. (Hg.): Phenomenology and Education, London 1978, S. 28ff. Brand, G.: Die Lebenswelt. Eine Philosophie des konkreten Apriori, Berlin 1971. Bräuer, G.: Pädagogisches Denken als konkretes Denken, Essen 1964. Buck, G.: Lernen und Erfahrung. Zum Begriff der didaktischen Induktion, Suttgart/Berlin/Köln/Mainz [2]1969. Cicourel, A. V.: Methode und Messung in der Soziologie, Frankfurt/M. 1974. Coenen, H.: Improvisierte Kontexte. Bewegung und Wahrnehmung in Interaktionen tauber Kinder. In: Lippitz, W./Meyer-Drawe, K. (Hg.): Kind..., Königstein 1984, S. 39ff. Fatke, R./Flitner, A.: Was Kinder sammeln. Beobachtungen und Überlegungen aus pädagogischer Sicht. In: N. Samml. 23 (1983), S. 600ff. Flitner, A./Scheuerl, H. (Hg.): Einführung in pädagogisches Sehen und Denken, München/Zürich [10]1984. Foucault, M.: Die Ordnung des Diskurses, Frankfurt/Berlin/Wien 1977. Glatfeld, M./Schröder, E. Ch.: Anfangsunterricht in Geometrie unter phänomenologischer Hinsicht. In: Lippitz, W./Meyer-Drawe, K. (Hg.): Lernen..., Königstein [2]1984, S. 137ff. Grathoff, R.: Alltag und Lebenswelt als Gegenstand der phänomenologischen Sozialtheorie. In: Hammerich, K./Klein, M. (Hg.): Materialien zur Soziologie des Alltags, Opladen 1978, S. 67ff. Grathoff, R.: Das Problem der Intersubjektivität bei Aron Gurwitsch und Alfred Schütz. In: Grathoff, R./Waldenfels, B. (Hg.): Sozialität..., München 1983, S. 87ff. Grathoff, R./Waldenfels, B. (Hg.): Sozialität und intersubjektivität. Phänomenologische Perspektiven der Sozialwissenschaften im Umkreis von Aron Gurwitsch und Alfred Schütz, München 1983. Grathoff, R. u. a.: Empirische Analysen sozialer Milieus. Abschlußbericht, Lehrforschungsprojekt, Bielefeld 1981/1982. Gripp, H.: Jürgen Habermas. Und es gibt sie doch – Zur kommunikationstheoretischen Begründung von Vernunft bei Habermas, Paderborn u. a. 1984. Gstettner, P.: die eroberung des kindes durch die wissenschaft, Reinbek 1981. Gurwitsch, A.: Die mitmenschlichen Begegnungen in der Milieuwelt, Berlin/New York 1977. Habermas, J.: Theorie des kommunikativen Handelns, 2 Bde., Frankfurt/M. 1981 (Bd. 1: 1981a; Bd. 2: 1981b). Heidegger, M: Sein und Zeit, Tübingen [12]1972. Hinte, W.: Non-direktive Pädagogik. Eine Einführung in Grundlagen und Praxis selbsbestimmten Lernens, Opladen 1980. Husserl, E.: Erfahrung und Urteil. Untersuchungen zur Genealogie der Logik, redig. u. hg. v. L. Landgrebe, Hamburg 1972. Husserl, E.: Die Krisis der Europäischen Wissenschaften und die Transzendentale Phänomenologie, Husserliana, Bd. 6, hg. v. W. Biemel, Den Haag [2]1976. Langeveld, M. J.: Studien zur Anthropologie des Kindes, Tübingen [3]1968. Langeveld, M. J.: The Stillness of the Secret Place. In: Phen. + Ped. 1 (1983), S. 11ff (1983a). Langeveld, M. J.: The Secret Place in the Life of the Child. In: Phen. + Ped. 1 (1983), S. 181ff (1983b). Lenzen, D. (Hg.): Pädagogik und Alltag, Stuttgart 1980. Lippitz, W.: Der phänomenologische Begriff der «Lebenswelt» – seine Relevanz für die Sozialwissenschaften. In: Z. f. phil. Fo. 32 (1978), S. 416ff. LIPPITZ, W.: «Lebenswelt» oder die Rehabilitierung vorwissenschaftlicher Erfahrung. Ansätze eines phänomenologisch begründeten anthropologischen und sozialwissenschaftlichen Denkens in der Erziehungswissenschaft, Weinheim/Basel 1980a. LIPPITZ, W.: Möglichkeiten eines lebensweltlichen Erfahrungsbegriffs im pädagogisch-anthropologischen Denken – dargestellt an Langevelds Pädagogik. In: P. Rsch. 34 (1980), S. 695ff (1980b). LIPPITZ, W.: Ansätze eines Begriffs vorwissenschaftlicher Erfahrung bei Dilthey und Nohl – ihre Konsequenzen für die pädagogische Theoriebildung. In: P. Rsch. 35 (1981), S. 515ff. LIPPITZ, W.: Die Bedeutung des lebensweltlichen Erfahrungsbegriffs für eine praxisnahe Theorie. Exemplifiziert an Deutungen des Zeiterlebens und -verstehens von Kindern. In: N. Samml. 23 (1983), S. 240ff. LIPPITZ, W.: Lebenswelt und Wissenschaft. Eine problematische Alternative. In: B. u. E. 37 (1984), S. 169ff. LIPPITZ, W./MEYER-DRAWE, K. (Hg.): Lernen und seine Horizonte. Phänomenologische Konzeptionen menschlichen Lernens – didaktische Konsequenzen, Königstein [2]1984a. LIPPITZ, W./MEYER-DRAWE, K. (Hg.): Kind und Welt. Phänomenologische Studien zur Pädagogik, Königstein 1984b. LIPPITZ, W./PLAUM, J.: Tasten. Gestalten. Genießen. Einführung in konkretes pädagogisch-anthropologisches Denken an Unterrichtsbeispielen aus der Grundschule, Königstein 1981. LOCH, W.: Lebenslauf und Erziehung, Essen 1979. LOCH, W. (Hg.): Lebensform und Erziehung, Essen 1983. LOCH, W.: Die Wenden des pädagogischen Bewußtseins als Herausforderung einer phänomenologischen Pädagogik. In: B. u. E. 37 (1984), S. 119ff. LUCKMANN, TH.: Einige Überlegungen zu Alltagswissen und Wissenschaft. In: P. Rsch. 35 (1981), S. 91ff. MATTHIESEN, U.: Das Dickicht der Lebenswelt und die Theorie kommunikativen Handelns, München 1983. MAURER, F.: Das exkommunizierte Ich. Über das Recht des Schülers, den Unterricht zu «stören». In: Kümmel, F. u. a.: Vergißt die Schule unsere Kinder? München 1978, S. 55ff. MAURER, F.: Räumliche Umwelt und Identität. Eine sozialökologische Skizze. In: Loch, W. (Hg.): Lebensform..., Essen 1983, S. 27ff. MERLEAU-PONTY, M.: Phänomenologie der Wahrnehmung, Berlin 1966. METRAUX, A./GRAUMANN, C. F. (Hg.): Versuche über Erfahrung, Bern 1975. MEYER-DRAWE, K.: Lernen als Umlernen – Zur Negativität des Lernprozesses. In: Lippitz, W./Meyer-Drawe, K. (Hg.): Lernen..., Königstein [2]1984, S. 19ff. MUCHOW, M./MUCHOW, H. H.: Der Lebensraum des Großstadtkindes (1935), Bensheim [2]1980. MUTH, J.: Von acht bis eins. Situationen aus dem Schulalltag und ihre didaktische Dimension, Essen [3]1970. MUTH, J.: Pädagogischer Takt, Essen [3]1982. PREUSS-LAUSITZ, U. u. a.: Kriegskinder–Konsumkinder–Krisenkinder. Zur Sozialisationsgeschichte seit dem Zweiten Weltkrieg, Weinheim/Basel 1983. REDEKER, B.: Zur Sache des Lernens – am Beispiel des Physiklernens, Braunschweig 1982. ROGERS, C. R.: Lernen in Freiheit. Zur Bildungsreform in Schule und Universität, München 1974. ROLFF, H.-G.: Kindheit im Wandel – Veränderungen der Bedingungen des Aufwachsens seit 1945. In: Rolff, H.-G. u. a. (Hg.): Jahrbuch der Schulentwicklung. Daten, Beispiele und Perspektiven, Weinheim/Basel 1982, S. 207ff. RÖSLER, W.: Alltagsstrukturen – kognitive Strukturen – Lehrstoffstrukturen. Zur phänomenologischen Kritik an der kognitivistischen Lerntheorie. In: Z. f. P. 29 (1983), S. 247ff. RUHLOFF, J.: Die Wendung zur Alltäglichkeit – Erweiterung der Thematik oder Eskamotierung der Schuldigkeit der Pädagogik? In: Vjs. f. w. P. 57 (1981), S. 191ff. SCHALLER, K.: Herr der Welt. Mit J. A. Comenius unterwegs zu einer Pädagogik der Rationalität und Intersubjektivität. In: Berlinger, R. u. a. (Hg.): Perspektiven der Philosophie. Neues Jahrbuch, Bd. 9, 1983, S. 135ff. SCHALLER, K.: Rationale Kommunikation – Prinzip humaner Handlungsorientierung. In: Winkel, R. (Hg.): Deutsche Pädagogen der Gegenwart, Düsseldorf 1984, S. 319ff. SCHELER, M.: Der Formalismus in der Ethik und die materiale Wertethik, Bern/München [5]1966. SCHÜTZ, A./LUCKMANN, TH.: Strukturen der Lebenswelt, Bd. 1, Frankfurt/M. 1979. SENNETT, R.: Verfall und Ende des öffentlichen Lebens. Die Tyrannei der Intimität, Frankfurt/M. 1983. SPRONDEL, W. M./GRATHOFF, R. (Hg.): Alfred Schütz und die Idee des Alltags in den Sozialwissenschaften, Stuttgart 1979. STRÖKER, E. (Hg.): Lebenswelt und Wissenschaft in der Philosophie Edmund Husserls, Frankfurt/M. 1979. THIEMANN, F. (Hg.): Konturen des Alltäglichen – Interpretationen zum Unterricht, Königstein 1980. WALDENFELS, B.: Das Zwischenreich des Dialogs. Sozialphilosophische Untersuchungen im Anschluß an Edmund Husserl, Den Haag 1971. WALDENFELS, B.: Die Abgründigkeit des Sinnes. Kritik an Husserls Idee der Grundlegung. In: Ströker, E. (Hg.): Lebenswelt..., Frankfurt/M. 1979, S. 124ff. WALDENFELS, B.: Sozialphilosophie im Spannungsfeld von Phänomenologie und Marxismus. In: Fløistad, G. (Hg.): Contemporary Philosophy. A new Survey, Vol. 3: Philosophy of Action, The Hague/Boston/London 1982, S. 219ff.

Käte Meyer-Drawe

Lebenszeit → Lebenslauf; → Zeit
Lebenszyklus → Lebenslauf
Legitimation (von Lernzielen) → Lernziel
Legitimationsproblem → Wert
Lehramt → Lehrer
Lehrautomat → Bildungstechnologie
Lehrberuf → Ausbildungsberuf
Lehre → Ausbildungsberuf

Lehrer

Begriff und Geschichte des Lehrerberufs. Als Lehrer werden Personen und Personengruppen bezeichnet, die nicht nur spontan und situationsbezogen eine lehrende Tätigkeit ausüben, wobei dem oder den Lernenden über Informationen oder Fertigkeiten hinaus Kenntniszusammenhänge und darauf bezogene normative Orientierungen vermittelt werden. Nach einer engeren, hier zugrunde liegenden Begriffsbedeutung kennzeichnet der Begriff in der Bundesrepublik Deutschland die Berufsgruppe der für den Unterricht in allgemein- und berufsbildenden Schulen Ausgebildeten und dort in einem Lehramt Berufstätigen. Die Lehrämter sind in den einzelnen Bundesländern unterschiedlich nach Schularten und Schulstufen definiert und können infolge der zunehmenden Arbeitslosigkeit der für ein Lehramt Ausgebildeten inzwischen bundesweit nicht nur voll-, sondern auch teilzeitbeschäftigt wahrgenommen werden.

Die Geschichte des Lehrerberufs ist eng mit der Geschichte des Schulwesens verbunden, reicht aber bis in die Antike zurück: Drillmeister im griechischen Heer, umherreisende, für Entgelt lehrende Sophisten, Sklaven als Hauslehrer in griechischer und römischer Zeit, Wanderlehrer und -schreiber, an Katecheten- und Domschulen abgeordnete Priester, im Dienste von Städten stehende Privatlehrer und Schulmeister, in Dorfschulen nebenamtlich lehrende Küster im Mittelalter sind erste Erscheinungsformen einer verstärkt im 18. Jahrhundert einsetzenden gesellschaftlichen Ausdifferenzierung von Lehrfunktionen und ihrer Organisation in einem durch allgemeine Schulpflicht und zentralisierte Schulaufsicht sich etablierenden staatlichen Schulwesen. Die mit der beginnenden Industrialisierung fortschreitende Arbeitsteilung, das Interesse des sich formierenden zentralistisch-absolutistischen Staates an einer qualifizierten technischen und administrativen →Elite und die vielfältig motivierte Durchsetzung einer allgemeinen Volksbildung führten an der Wende vom 18. zum 19. Jahrhundert in Deutschland mit der Ablösung vorübergehender und nebenamtlicher Lehre durch hauptberuflich durchgeführten Schulunterricht, der Einführung einer spezifischen Lehrerausbildung und von bestandenen Prüfungen als Anstellungsvoraussetzung zur Entstehung des Lehrerberufs im staatlichen Dienst (vgl. MÜLLER/TENORTH 1984).

Ausbildung, berufliche Sozialisation, berufsspezifische Orientierungen, Arbeitsbedingungen, materielle Sicherung und sozialer Status der Lehrer waren der strikten Zweiteilung des sich ausbreitenden Schulwesens entsprechend sehr unterschiedlich: Die Lehrerschaft für die in die Grundfertigkeiten des Lesens, Schreibens, Rechnens und in den Katechismus einführenden «niederen» Elementarschulen (vgl. KLEWITZ/LESCHINSKY 1984) rekrutierte sich aus abgedankten Soldaten, Familien kleiner Bauern und Handwerker und dann auch aus Lehrersöhnen. Ab 1806 wurde in Preußen ihre Ausbildung durch ein- bis dreijährige Seminare und eine auf sie vorbereitende Vorbildung (Präparandenanstalt) gesichert. Für Anstellung und (Natural-)Lohn waren die Gemeinden, für die Schulaufsicht bis 1918 die Ortsgeistlichen zuständig. Erst mit der in der Weimarer Republik begonnenen und nach Rückschlägen ab 1945 fortgesetzten Akademisierung der zunächst vier-, denn sechssemestrigen Ausbildung an Pädagogischen Hochschulen erfährt der Stand des sich mit dem Schulsystem entsprechend differenzierenden Volksschullehrers als Grund- und Hauptschullehrer eine dem Grad der →Professionalisierung folgende gesellschaftliche Anerkennung.

Demgegenüber ist die Berufsgeschichte der Lehrer an «höheren» Schulen – die sich im 19. Jahrhundert mit der gesonderten staatlichen Vergabe von Abschlußprüfungsberechtigungen (Zugang zur Universität, Befreiung von der Militärpflicht) aus Schulen des städtischen Bürgertums entwickelten (vgl. LUNDGREEN 1984) – durch den Privilegiertenstatus des «Oberlehrers» (Universitätsausbildung, fachwissenschaftlich orientiertes Berufswissen, materielle Sicherung, rechtliche Gleichstellung mit den höheren Zivilbeamten) gekennzeichnet, auch wenn seit Beginn des 20. Jahrhunderts und durch die Expansion des Gymnasiums der Studienrat ein eher rückläufiges Sozialprestige hinnehmen muß.

Es ist zu erwarten, daß die Unterschiede zwischen beiden Lehrergruppen – deren Berufs- und Sozialgeschichte intensiver erforscht wurde als die wesentlich jüngere der Real-, Berufs- und Sonderschullehrer – und die traditionsbedingten lehramtsspezifischen Berufseinstellungen und -orientierungen (vgl. Gerner 1976) sich bei einer integrierten → Lehrerausbildung und gemeinsamer Berufstätigkeit in Gesamtschulen, Kollegschulen mit integrierter allgemeiner und beruflicher Bildung sowie in Regelschulen ohne Behindertenaussonderung trotz unterschiedlicher Arbeitszeitregelung und Besoldung zunehmend verwischen werden. Gemeinsam ist allen Lehrergruppen die mit dem Beamtenstatus verbundene Einschränkung autonomen beruflichen Handelns sowie die permanente Behinderung des Professionalisierungsprozesses durch Anpassungszwänge und Anpassungsbereitschaften an staatlich verordnete Vorgaben der Berufsarbeit. Müller und Tenorth (1984, S. 164) urteilen unzweideutig, wenn sie «das demokratische Potential der Zahl wie der Intensität nach [...] erheblich geringer veranschlagen [...], als es die Hagiographen der Lehrerbewegung dargestellt haben. Auch die Lehrer an niederen Schulen haben [...] sich spätestens seit dem ausgehenden 19. Jahrhundert intensiv an staatlichen Erwartungen orientiert und die Vorzüge des Beamtenstatus immer höher veranschlagt als die Ehre des protestierenden Aufklärers.»

Konfliktfelder und Orientierungen. Der Beruf des Lehrers ist im Anschluß an rollentheoretische Konzepte der Soziologie wiederholt als besonders konfliktreich beschrieben worden, da an ihn widersprüchliche, ja geradezu unvereinbare Erwartungen gerichtet werden. Seine Konfliktstruktur ergibt sich aus den divergenten und in sich heterogenen Interessen der relevanten Bezugsgruppen (→ Schüler, Schulverwaltung/Schulaufsicht, Eltern und Kollegenschaft), die, neben Interessengruppen des öffentlichen Lebens, auf unterschiedliche Weise mit Argumenten, sozialer Anerkennung und juristischen Sanktionsandrohungen auf die Berufsausübung Einfluß zu nehmen versuchen und bei der Vielfalt der der Schule zugeschriebenen Funktionen durch die Beachtung edukativer, kustodialer und selektiver Ansprüche zu polaren Aufgabendefinitionen führen. Die Unschärfe und Interpretationsbedürftigkeit der konfligierenden Anforderungen und Rollenerwartungen führt zudem zu einer strukturbedingten Verhaltensunsicherheit.

Der Inkompatibilität und Diffusität der Ansprüche entspricht ein dem Lehrer in seinem Amt gewährter Handlungsspielraum als notwendige Voraussetzung seiner Berufstätigkeit (→ Freiheit, pädagogische), die Nutzung dieses Freiraums allerdings wird zu einer persönlichen Herausforderung. Als Handlungsalternativen bieten sich zwei Möglichkeiten an: erstens der Versuch eines Ausbalancierens der konfligierenden Ansprüche (vgl. REINHARDT 1982, S. 62) – wobei unklar bleibt, wieweit im Kontext einer autoritätsorientierten →Sozialisation dabei selektive Wahrnehmung, unreflektierte Normen, «gruppen-, schicht-, geschlechts- oder altersspezifische Ideologien» handlungsleitend werden, die KRAMP (vgl. 1973, S. 20) «für die bemerkenswerten Unterschiede wie für die erstaunlichen Gemeinsamkeiten im Verhalten deutscher Lehrer gleichermaßen» verantwortlich sieht – oder eine die konfliktminimierenden Verhaltenstendenzen überwindende Besinnung auf die spezifischen pädagogischen Aufgaben des Lehrerberufs, eine entschiedene Parteinahme für die Förderung der Heranwachsenden, die Erarbeitung einer «pädagogischen Selbstrolle», zu der MOLLENHAUER (vgl. 1971, S. 100ff) unter Hinweis auf die traditionsreiche Forderung einer «pädagogischen →Autonomie» und den berufsspezifischen Bildungsauftrag auffordert.

Bei der pädagogischen Aufgabendefinition sind weitere Konflikte unvermeidbar. Die Geschichte der pädagogischen →Theorie und Praxis, auf die der Lehrer zur Klärung seines pädagogischen Auftrages verwiesen wird, ist nicht homogen und widerspruchsfrei. Gewichtungen der Ansprüche von Gesellschaft und Individuum, Gegenwarts- und Zukunftsorientierung, Sach- und Sozialverpflichtung im Erziehungs- und Unterrichtsprozeß fallen sehr unterschiedlich aus. Es werden antinomische und dialektische Denktraditionen unterscheidbar, der Lehrer als «Gehilfe der Natur, als Agent der Gesellschaft oder als Repräsentant verwirklichten Menschentums» (BÖHM 1980, S. 10) bestimmt und eine Fülle von Metaphern, vom «Gärtner» bis zum «Dompteur», vom «Klempner» bis zum «Mentor», vom «Verkäufer» bis zum «Darsteller» (v. HENTIG 1981, S. 101) als Leitbilder angeboten.

Eine ähnliche Herausforderung bedeutet die notwendige Klärung des Verhältnisses von Politik und →Pädagogik, das im Beamtenstatus des Lehrers in Konfliktfällen nach obrigkeitsstaatlicher Tradition eher hierarchisch-bürokratisch ausgelegt wird, wenngleich dem Lehrer in einem demokratischen Staat zugemutet wird, seine Bürgerrechte und Pflichten, die in Teilhabe und Mitverantwortung an der Entwicklung des Gemeinwesens ihren Ausdruck finden, mit denen seines Berufs strukturell und konkret zu vereinbaren. Ein bürokratisches wie ein demokratisches Berufsverhältnis sind gleichermaßen folgenreich nicht nur für die Wahrnehmung der pädagogischen Aufgabe und der sachlichen Auseinandersetzung mit den Unterrichtsgegenständen, es ist selbst ein Stück gestaltete politische Realität und damit nicht zuletzt der nachfolgenden Generation gegenüber zu verantworten.

Zu den unauflöslichen Konflikten des Lehrerberufs gehört das grundsätzliche Dilemma der unvereinbaren Ansprüche an die Institution Schule, das sich in dem Grundwiderspruch Fördern und Auslesen zuspitzt und in einer Leistungsgesellschaft seine Bedeutung durch die mit dem beruflichen Handeln des Lehrers verbundene Eröffnung und Versagung von individuellen Lebenschancen erhält (→Selektion). Auch an Reformschulen und Schulen in freier Trägerschaft ist diesem Konflikt prinzipiell nicht auszuweichen, er kann nur entschärft, die Zuweisungsfunktion jedoch nicht aufgehoben werden. Dem Lehrer stehen jedoch auch in dieser Schwierigkeit Handlungsalternativen offen, die er zu prüfen und als Pädagoge, Beamter und mündiger Bürger gleichermaßen zu verantworten hat: Sie erstrecken sich von der Leistungsbeurteilung als gezielt eingesetztem Mittel zur Disziplinierung und Motivierung der Schüler, der gedankenlosen Routine erwarteter und gewohnter Zensurengebung, der bewußten Verletzung der Normalverteilungsnorm bis zur Problematisierung seiner Bewertungen und ihrer Selektionsfunktion im Kontext einer den Schülern zu vermittelnden Einsicht in gesellschaftliche Bedingungszusammenhänge schulischen Lernens. GÖTZ (1975, S. 25f) sieht die «eigene Mitdefinition der Lehrerrolle» unter anderem dadurch erschwert, daß «sowohl die Unbestimmtheit und mangelnde Durchsichtigkeit des Sanktionssystems als auch seine unerwartbare Härte und Gewalt, die im Extrem bis zur Gefährdung der ökonomischen Existenzgrundlage reicht», dazu beitragen, «daß das Machtpotential der Vorgesetzten noch überschätzt wird» (GÖTZ 1975, S. 27). Es wird daher neben einer überzeugenden individuellen Nutzung und Gestaltung der bestehenden Handlungsfreiräume wissenschaftliche Aufklärung, politisches Engagement und kollektive Unterstützung der Lehrerverbände und -gewerkschaft erforderlich sein, um durch eine Veränderung der hierarchisch-bürokratischen Strukturen im Schulwesen die Voraussetzungen für eine professionelle Berufstätigkeit der Lehrer zu verbessern.

Aufgabenfelder und Berufsanforderungen. Die Vergesellschaftung der Lehrtätigkeit in institutionalisiertem Lernen bei einer in der Regel bis zur Volljährigkeit reichenden Schulpflicht (die Vollzeit- und Berufsschulpflicht ist länderspezifisch geregelt) bedeutet für den Lehrer, daß er seinen Beruf in gesellschaftlichem Auftrag, nicht aber auf Wunsch oder mit ausdrücklicher Zustimmung derer ausübt, für die er täglich Lehrer ist. Diese Situation impliziert eine doppelte Schwierigkeit: Er muß den Schulpflichtigen gegenüber die Berechtigung und Notwendigkeit der an sie gerichteten Lernanforderungen legitimieren und glaubwürdig vertreten, wenn er bei den Schülern nicht nur Anpassung an die schulischen Lernbedingungen erreichen, sondern intrinsische Lernmotivation wecken möchte. Zugleich aber muß er, ebenfalls glaubwürdig, den artikulierten, latenten und potentiellen Lerninteressen der Heranwachsenden nachgehen, sie erkunden, aufnehmen, stimulieren und fördern, wenn aus fremdbestimmten Lernbedingungen Chancen zu einem selbstbestimmten Lernen erwachsen sollen. Die Vermittlung dieser doppelten, höchst widerspruchsvollen Aufgabenstellung, die gleichermaßen Fachkompetenz, erziehungs- und sozialwissenschaftliche Kompetenz, die Erfüllung beamtenrechtlicher Pflichten, staatsbürgerliches Verantwortungsbewußtsein und pädagogisch-kommunikative Kompetenz erfordert, läßt sich als das zentrale Problem der Berufstätigkeit des Lehrers kennzeichnen, das weitgehend den Schulalltag bestimmt.

Unter den zahlreichen Versuchen, die Aufgabenfelder des Lehrers im einzelnen zu beschreiben, ist der von der Bildungskommission des Deutschen Bildungsrates (vgl. 1970, S. 217ff) vorgelegte Ansatz einer der anspruchsvollsten und zugleich umfassendsten zur Bestimmung des Berufsbildes. Im Kontext eines programmatischen Professionalisierungskonzeptes werden als Aufgben unterschieden und präzisiert: Lehren, Erziehen, Beurteilen, Beraten und Innovieren, wobei das leitende Interesse der Autoren die Gefahr nicht ausschließt, in den Einzelaspekten nicht nur die Vielfalt des Lehrerauftrags, sondern Ansatzpunkte für Spezialisierungen zu sehen, die zu einer problematischen Separierung von Teilaufgaben führen können. Die seit einigen Jahren geführte Diskussion um eine Professionalisierung der Schulsozialarbeit (vgl. Hopf 1981), aber auch die Erfahrungen von Curriculumreformansätzen und schulnaher →Lehrerfortbildung (vgl. Messner 1977) stützen die grundsätzliche Einsicht, daß in der Schule →Erziehung und →Unterricht wie Reformarbeit nicht voneinander zu isolierende Aufgabenbereiche, sondern notwendige und aufeinander bezogene Aspekte der Lehrertätigkeit sind, die einschließlich der Beurteilungs- und Beratungsfunktion zum Berufsalltag jedes Lehrers gehören.

Schwerpunkt und Zentrum der Berufstätigkeit jedes Lehrers ist der Unterricht, der mit Vorbereitungen und Korrekturen von Schülerarbeiten durchschnittlich 78% der wöchentlichen Arbeitszeit von etwas über 51 Stunden beansprucht, wobei jene nur gering nach Schularten divergiert (vgl. v. Engelhardt 1982, S. 48f). Individuell kaum beeinflußbare Vorgaben der Schulorganisation, wie Zeit- und Stundenplanung, Lerngruppengröße sowie Sach- und Raumausstattung, unbefragte Traditionen eines lehrerzentrierten und ergebnisorientierten Frontalunterrichts sowie verfestigte Rollenerwartungen und Handlungsmuster erschweren dabei die Gestaltung und Organisation von Lernsituationen, die die Vorgaben des Lehrplans mit den Lerninteressen der Schüler in problemorientierten Auseinandersetzungen zu vermitteln suchen. Didaktisches Handeln hat hier eine Fülle in einem Spannungsverhältnis zueinander stehender Ansprüche zu berücksichtigen, die in der konkreten Situation jeweils nur partiell einlösbar sind, von Lehrern aber nach Schulart, zu unterrichtendem Fach, Alter der Schüler und Dauer der Berufstätigkeit unterschiedlich gewichtet werden. Dies betrifft nicht nur die im Unterricht verfolgten Sozialisations- und Ausbildungsziele sowie deren Bezug auf die schulische und außerschulische Erfahrungswelt der Schüler und die Lebens- und Handlungsfelder ihrer zukünftigen Existenz, sondern ebenso die in den Arbeits- und Sozialformen einer lehrerdominierten oder schülerorientierten pädagogischen →Interaktion eröffneten Lern- und Entwicklungschancen (vgl. v. ENGELHARDT 1982). Der Gefahr einer Anpassung des Lehrers an eine veränderungsbedürftige Praxis, die mehrfach belegt, wenn auch kontrovers interpretiert wird (vgl. CLOETTA u. a. 1987), kann nicht allein durch eine mit der Schulrealität sich intensiver auseinandersetzenden und Reformkompetenz vermittelnden Ausbildung der Lehrer wirksam begegnet werden (vgl. MÜLLER-FOHRBRODT u. a. 1978). Ihr wird zugleich durch kollegiale Zusammenarbeit in den Schulen und Formen der Lehrerfortbildung entgegengewirkt werden müssen, die auf konkrete Schul- und Unterrichtssituationen bezogene Reformanstrengungen mit dem Versuch einer Erweiterung von Handlungsfreiräumen für die pädagogische Arbeit verbinden.

Lehrerpersönlichkeit und «déformation professionelle». Die historisch-gesellschaftlichen Rahmenbedingungen und strukturellen wie organisatorischen Vorgaben des Lehrerberufs gewinnen ihre Bedeutung für die Berufstätigkeit durch die spezifischen Wahrnehmungs- und Deutungsmuster der Lehrer, die nicht Objekte einer vordefinierten Arbeitssituation, sondern Subjekte ihrer Mitgestaltung sind. Lehrersein erfordert vor allem die Bereitschaft zum →Lernen, die Bereitschaft, sich immer neu mit den Zielsetzungen, Bedingungen und Folgen seiner Berufstätigkeit wie mit den Inhalten und didaktischen Problemen seines Unterrichts auseinanderzusetzen, zudem ein Interesse an den Lernprozessen seiner Schüler sowie Sensibilität für die Störungen, psychischen Belastungen und Gefahren des pädagogischen Interaktionsprozesses.

Gefahren und Gefährdungen ergeben sich zum einen aus der nichtsymmetrischen Kommunikationsstruktur, die dem Lehrer durch einseitige Definitionsgewalt für die Interaktionssituationen (vgl. MOLLENHAUER 1972, S. 122ff) und folgenreiche Bewertungsakte mißbrauchbare Macht über Abhängige verleiht, zum anderen aus den spezifischen Ohnmachtserfahrungen und Verletzlichkeiten jedes Pädagogen, die BRÜCK (vgl. 1978) als →Angst des Lehrers vor seinen Schülern beschreibt. Wenn Adorno in seinem 1965 gehaltenen Vortrag «Tabus über dem Lehrerberuf» nicht nur «die psychologische Deformation vieler Lehrer» (ADORNO, 1973, S. 126) konstatiert, sondern in einer kulturkritischen Analyse die soziologische Kategorie der «déformation professionelle» als Kennzeichnung berufsbedingter Persönlichkeitsmerkmale beim Lehrer geradezu zur «Definition des Berufs selbst» (ADORNO 1972, S. 122) erklärt, wird dieses auch heute noch Anlaß zum Nachdenken geben müssen (vgl. WEIDENMANN 1981). Angesichts der fortwirkenden Traditionen im Lehrerberuf, den nachwirkenden Metaphern vom gering geschätzten Sklaven, weltfremden Mönch, aufsteigenden Kleinbürger, untertänigen Beamten, Agenten des Zivilisationsprozesses und der Entfremdung sind Selbstsicherheit vermittelnde Selbstbilder selbstkritisch zu reflektieren.

ADORNO, TH. W.: Tabus über dem Lehrerberuf. (1965). In: Gerner, B. (Hg.): Der Lehrer und Erzieher, Bad Heilbrunn [2]1973, S. 115ff. BÖHM, W.: Das «Bild» des Lehrers im Wandel der Geschichte. In: Gröschel, H. (Hg.): Die Bedeutung der Lehrerpersönlichkeit für Erziehung und Unterricht, München 1980, S. 9ff. BRÜCK, H.: Die Angst des Lehrers vor seinem Schüler, Reinbek 1978. CLOETTA, B. u. a.: Schulrelevante Einstellungen junger LehrerInnen und ihr konservativer Wandel im Beruf. Eine Replik. In: Z. f. P. 33 (1987), S. 761ff. DEUTSCHER BILDUNGSRAT: Strukturplan für das Bildungswesen. Empfehlungen der Bildungskommission, Bonn 1970. ENGELHARDT, M. v.: Die pädagogische Arbeit des Lehrers. Eine empirische Einführung, Paderborn/München 1982. GERNER, B.: Selbstverständnis von Lehrern, Darmstadt 1976. GÖTZ, B.: Freiheit und Zwang der Lehrerrolle. In: Roth, H./Blumenthal, A. (Hg.): Freiheit und Zwang der Lehrerrolle, Hannover 1975, S. 21ff. HENTIG, H. v.: Vom Verkäufer zum Darsteller. Absagen an die Lehrerbildung. In: N. Samml. 21 (1981), S. 100ff, 221ff. HOPF, A.: Lehrer als Sozialpädagoge – Feuerwehr für selbstgelegte Brände? In: Westerm. P. Beitr. 33 (1981), S. 53ff. KLEWITZ, M./LESCHINSKY, A.: Institutionalisierung des Volksschulwesens. In: Enzyklopädie Erziehungswissenschaft, Bd. 5, Stuttgart 1984, S. 72ff. KRAMP, W.: Studien zur Theorie der Schule, München 1973. LUNDGREEN, P.: Institutionalisierung des höheren Schulwesens. In: Enzyklopädie Erziehungswissenschaft, Bd. 5, Stuttgart 1984, S. 98ff. MESSNER, R.: Wandel im Lehrerbild. Von der Bildung der Persönlichkeit zur Entwicklung von Arbeitsformen zur Bewältigung beruflicher Realität. In: Westerm. P. Beitr. 29 (1977), S. 9ff. MOLLENHAUER, K.: Die Rollenproblematik des Lehrerberufs und die Bildung (1962). In: Betzen, K./Nipkow, K. E. (Hg.): Der Lehrer in Schule und Gesellschaft, München 1971, S. 93ff. MOLLENHAUER, K.: Theorien zum Erziehungsprozeß, München 1972. MÜLLER, S. F./TENORTH, H. E.: Professionalisierung der Lehrertätigkeit. In: Enzyklopädie Erziehungswissenschaft, Bd. 5, Stuttgart 1984, S. 153ff. MÜLLER-FOHRBRODT, G. u. a.: Der Praxisschock bei jungen Lehrern. Formen – Ursachen – Folgerungen, Stuttgart 1978. REINHARDT, S.: Die Konfliktstruktur der Lehrerrolle. In: Beiner, F. (Hg.): Zur Konfliktstruktur der Lehrerrolle, Heinsberg 1982, S. 57ff. WEIDENMANN, B.: Deformiert der Lehrerberuf die Persönlichkeit? In: Gudjons, H./Reinert, G.-B. (Hg.): Lehrer ohne Maske? Grundfragen zur Lehrerpersönlichkeit, Königstein 1981, S. 127ff.

Klaus Riedel

Lehrerarbeitslosigkeit → Lehrerausbildung

Lehrerausbildung

Reformgeschichte. In der Reform der Lehrerausbildung spielt das zu Anfang des 19. Jahrhunderts entworfene neuhumanistische Bildungskonzept (→ Neuhumanismus) bis zur Gegenwart eine Rolle. Die Universität sollte eine allgemeine Persönlichkeitsbildung in der freien Auseinandersetzung mit Wissenschaft vermitteln. In diesem Konzept sind Bezugspunkte für Bildungsreformen die Individuen, nicht wie in gegenwärtigen Reformansätzen institutionelle Bedingungen oder gesellschaftliche Anforderungen. Die an der Universität angestrebte → Bildung wurde jedoch erkauft mit Distanz zur beruflichen und gesellschaftlichen Praxis und zu der Masse der Ungebildeten. → Emanzipation durch Bildung und Bildungsreformen hatten in Deutschland aufgrund verspäteter politischer und gesellschaftlicher Demokratisierung ein besonderes Gewicht. Ein einheitliches Bildungssystem und Ausbildung aller Lehrer an Universitäten wurden schon im 19. Jahrhundert gefordert. Realisiert wurde jedoch zunächst einmal nur eine spezifische Ausbildung für → Lehrer, getrennt für das «höhere» Schulwesen an Universitäten und für das «niedere» Schulwesen an Seminaren.

Die → Integration der getrennten Schulformen und Ausbildungsgänge von Lehrern stand im Zusammenhang politischer und gesellschaftlicher Demokratisierung nach dem Ersten Weltkrieg wieder zur Diskussion. Erreicht wurde damals als erste Stufe der Integration im Bildungssystem die gemeinsame Grundschule für alle Kinder sowie das Abitur als Voraussetzung für die Ausbildung aller Lehrer. Nur in einigen Ländern bestanden seminaristische Ausbildungsformen fort (Bayern, Baden-Württemberg), in anderen wurde damals die Ausbildung aller Lehrer an Universitäten verlegt (Hamburg, Braunschweig, Sachsen, Thüringen). In Preußen wurden während der Weimarer Republik die «Pädagogischen Akademien» als Bildnerhochschulen für Volksschullehrer gegründet (vgl. Beckmann 1968, Kittel 1957, Werth 1985). Berufsvorbereitung sollte hier nicht primär durch Auseinandersetzung mit Wissenschaft, sondern durch Persönlichkeitsbildung in der «Gemeinschaft von Lehrenden und Lernenden» stattfinden. Auch auf diese Reformphase in → Schule und Lehrerausbildung folgte eine Reaktion. Während des Nationalsozialismus wurde die akademische Lehrerbildung abgebaut, statt dessen wurden «Lehrerbildungsanstalten» eingerichtet, die strikt hierarchisch organisiert waren und für deren Besuch kein Abitur vorausgesetzt wurde.

Obwohl die philosophischen Fakultäten seit dem 19. Jahrhundert vorwiegend Lehrerausbildung leisteten, verstanden sie sich nicht als berufsbildende →Institutionen. Sowohl der Anspruch, eine allgemeine akademische Bildung zu vermitteln, als auch die Ausklammerung berufspraktischer Anforderungen wurden mit der Entwicklung der Einzelwissenschaften zunehmend problematisch (vgl. HABERMAS 1967). In Auseinandersetzung mit den veränderten Bedingungen an den Hochschulen bildete sich seit 1965 ein radikal-demokratisches Verständnis von →Wissenschaft und Hochschulorganisation als leitende Reformkonzeption der *Studentenbewegung* heraus (vgl. NITSCH u. a. 1965). Aus der Erfahrung des Widerspruchs zwischen Anspruch und Realität der Hochschule wurden in einem kumulativen Erfahrungsprozeß selbstbestimmte Organisationsformen für eine kritische Wissenschaft und Ausbildung entwickelt, wobei radikal-demokratische, sozial-revolutionäre und marxistische Konzepte angeeignet und hochschulpolitische mit gesellschaftspolitischen Perspektiven verbunden wurden. Kritik und Reformforderungen wurden besonders an den philosophischen Fakultäten artikuliert, da hier unzureichende Strukturierung und Praxisdistanz des Studiums sowie Verlängerung der Studienzeiten besonders ausgeprägt waren (vgl. LEIBFRIED 1968, MARXISTISCHE GRUPPE ERLANGEN-NÜRNBERG 1972).

Als weiteres Reformkonzept wurde vor allem in der Lehrerausbildung von Politik und Verwaltung (zusammen mit Fraktionen an der Hochschule) die Ökonomisierung, Effektivierung und Rationalisierung des Universitätsbetriebs verfolgt (vgl. REINISCH 1983). Rationalisierungsstrategien konnten sich jedoch gegen konservative und progressive Widerstände nicht voll durchsetzen (vgl. TEICHLER 1986). Auch in dieser Reformphase wurde wieder horizontale Integration der Ausbildungsgänge im Schulsystem (Gesamtschule) und im Hochschulbereich angestrebt. Mit der institutionellen Integration wurden auch institutionelle →Reformen verbunden, vor allem eine Demokratisierung von Entscheidungsstrukturen, Ausbildungsformen und -inhalten. Dieser Reformphase folgte in den 70er Jahren eine Reaktion, in der Reformansätze «eingefroren», Kompromisse aufgekündigt, Reforminitiativen eingeschränkt und oppositionelle Gruppen und Personen diszipliniert und ausgegrenzt wurden (vgl. PAECH 1983).

Institutionelle Integration. Nach dem Zweiten Weltkrieg wurde die Lehrerausbildung trotz weiterreichender Integrationskonzepte (vgl. HOMFELD 1978, S. 110ff) wieder getrennt für Gymnasiallehrer an Universitäten und für Volksschullehrer an Pädagogischen Hochschulen institutionalisiert. In den 50er Jahren wurden Ausbau und «Eigenständigkeit» der Volkschullehrerausbildung an Pädagogischen Hochschulen im Rückgriff auf Traditionen der Weimarer Zeit begründet (vgl. KITTEL 1957, REBLE 1958). Die Zunahme der Studentenzahlen, die damit einhergehende

Vergrößerung des Lehrkörpers und der Ausbau der Disziplinen standen im Gegensatz zum Konzept persönlicher Bildung, das zunächst mit diesen für zirka 300 Studenten konzipierten Hochschulen verbunden war. Auch aufgrund der Verlängerung der Studienzeiten von 4 auf 6 Semester verdoppelte sich die Zahl der Studenten an Pädagogischen Hochschulen in den 50er Jahren und dann noch zweimal in den 60er Jahren (vgl. LESCHINSKY/ROEDER 1980, S. 304ff).

Als in den 60er Jahren Bildungsreformen die ökonomische Stabilität sichern sollten, wurden alte Forderungen der Integration des Bildungssystems und der Lehrerausbildung wieder aufgegriffen (vgl. WEISS 1976, S. 46ff). Die Verwissenschaftlichung der Ausbildung der Volksschullehrer versprach Statusverbesserung. Bedenken gegen die Integration der Volksschullehrer bestanden an den Universitäten besonders bei den philosophischen Fakultäten, deren Ansprüche zweckfreier Wissenschaft durch die berufspraktische Orientierung dieses Ausbildungsgangs gefährdet schienen (vgl. KITTEL 1965, STOCK 1965). Als Bedingung für die Integration der Lehrerausbildung an der Universität wurde die Anpassung an die zweiphasige Ausbildung der Gymnasiallehrer gesehen, in der sich an das fachwissenschaftliche Studium an der Universität die berufspraktische Ausbildung in Studienseminaren der Schulverwaltung anschloß. Während bisher an den Pädagogischen Hochschulen «berufsfertige» Lehrer ausgebildet worden waren, wurde nun nur die Ausbildung «berufsfähiger» Lehrer angestrebt. Die Berufspraxis von Lehrern sollte in der ersten Ausbildungsphase nur «Studienfeld», erst in der zweiten Ausbildungsphase «Handlungsfeld» sein (vgl. GEISSLER 1964, ROTH 1964).

Institutionell fand in den Ländern zunächst entweder nur eine formale Angliederung Pädagogischer Hochschulen an Universitäten statt (Bayern 1958, Hessen 1961) oder ein Zusammenschluß eigenständiger Pädagogischer Hochschulen (Nordrhein-Westfalen 1965, Niedersachsen 1969, Saarland 1969), verbunden mit dem Recht, akademische Grade bis zur Habilitation zu verleihen. Erst als trotz Kritik daran das Referendariat auch für Volksschullehrer eingeführt worden war (Hamburg 1967, Nordrhein-Westfalen 1967), wurde im Zusammenhang mit Universitätsreformen eine integrierte, einphasige Stufenlehrerausbildung für alle Lehrer konzipiert mit Integration der berufspraktischen Ausbildung und Angleichung der erziehungs- und fachwissenschaftlichen Studienanteile (vgl. BUNDESASSISTENTENKONFERENZ 1970, FICHTEN u. a. 1978, KONFERENZ DER PÄDAGOGISCHEN HOCHSCHULEN 1970). In den Frankenthaler Beschlüssen der Kultusministerkonferenz wurde jedoch nur die Stufenlehrerausbildung festgelegt, nicht die Einphasigkeit. Das noch im Bildungsgesamtplan 1973 festgeschriebene Konzept des Stufenlehrers wurde dann ebenso wie andere bildungspolitische Kompromisse der

Bundesländer aufgegeben. In einigen Bundesländern ging die Integration der Volksschullehrerausbildung in die Universitäten weiter, indem sie als selbständige Abteilungen oder Fachbereiche angegliedert (Hessen 1966, Bayern 1970, Niedersachsen 1978) sowie teilweise oder ganz in die Fachbereiche der Universitäten eingegliedert wurden (Hessen 1970, Bremen 1973, Berlin 1980). Daneben bestehen in den 80er Jahren noch selbständige Pädagogische Hochschulen fort, einzeln (Schleswig-Holstein, Niedersachsen) sowie als Zusammenschluß der Pädagogischen Hochschulen eines Landes (Rheinland-Pfalz).

Von der Integration in die Universität wurden auch die Ausbildungsgänge von Lehrern der Berufs-, Sonder- und Realschulen erfaßt. Nachdem sich für diese Schulen zunächst erfahrene Volksschullehrer durch eine Zusatzausbildung qualifizieren konnten, wurden auch grundständige Ausbildungsgänge eingerichtet. In den 60er Jahren wurde die Berufsschullehrerausbildung ganz von den Hochschulen übernommen (vgl. Georg/Lauterbach 1979, S. 24ff). Mit der Akademisierung ging eine Reduzierung fachpraktischer Erfahrungen einher; dies brachte – auch aufgrund der sich damit verändernden Rekrutierung dieser Lehrer – größere Distanz zur Berufs- und Lebenssituation der → Schüler mit sich (vgl. B. Frank u. a. 1965, Lempert 1965). An Reformhochschulen wird deswegen Berufsorientierung in den Studiengängen und in der Vorbildung der Studenten besonders berücksichtigt (vgl. R. Drechsel/Rauner 1982, Rauner u. a. 1980). Auch in der Lehrerausbildung für das berufsbildende Schulwesen gab es neben dem eher praktischen Ausbildungsgang der Gewerbelehrer den eher theoretisch orientierten der Handelslehrer, deren Ausbildung zunächst an Handelshochschulen stattfand und dort verblieb, als diese Technische Hochschulen wurden. Auch in diesem Studiengang wurden nur wenige Wochenstunden Wirtschaftspädagogik gefordert und fand die schulpraktische Ausbildung im Referendariat statt (vgl. Giesbrecht 1984; vgl. Hesse u. a. 1975, S. 19ff).

Mit der institutionellen Integration sind die inhaltlichen und curricularen Probleme der Lehrerausbildung nicht schon bewältigt, sondern nehmen zu, da sie weniger als bisher an den philosophischen Fakultäten einerseits und an den Pädagogischen Hochschulen andererseits informell und traditionell geregelt werden können (vgl. Beckmann 1971, Händle/Nitsch 1981). Da die Veranstaltungen für die Lehrerstudenten in unterschiedlichen Fachbereichen angeboten werden, entstehen neuartige Integrationsaufgaben, die bisher weder von zentralen Kommissionen noch von didaktischen oder berufspraktischen Zentren ausreichend wahrgenommen werden. Integrierte Projektstudiengänge sind vor allem an neugegründeten Reformuniversitäten entstanden (Bremen, Kassel, Oldenburg, Osnabrück) und konnten auch da nur mit Einschränkungen realisiert werden. Auch die Überfüllung der Studiengänge erschwerte in den 70er Jahren Studienreformen. Lehrerarbeitslosigkeit und Rückgang von Studentenzahlen führten in den 80er Jahren jedoch nicht zur Konsolidierung und Weiterentwicklung der Lehrerausbildung, sondern zur Schließung von Hochschulen, Auflösung von Fachbereichen, Streichung von Stellen und Umwidmungen. Damit gingen institutionelle Traditionen verloren, wurden Kooperationszusammenhänge zerrissen und Kapazitäten sowie Potentiale im Bemühen um Bestandserhaltung und die Suche nach Nischen und anderen Arbeitsschwerpunkten gebunden (vgl. BÖNSCH 1986, REDAKTIONSKOLLEKTIV ALTERNATIVE 1975).

Verwissenschaftlichung der pädagogischen Ausbildung. Sowohl in der Ausbildung von Volksschullehrern als auch in der Ausbildung von Gymnasiallehrern war das Studium theoretischer Pädagogik bis ins 20. Jahrhundert marginal. Im Universitätsstudium der Gymnasiallehrer war vor allem philosophische und historische Pädagogik (→Pädagogik, historische) vertreten. Die Ausbildung der Volksschullehrer an Seminaren wurde in den Stiehlschen Regulativen (1854) auf Schulkunde beschränkt, um sie vor liberalen und egalitären Ideen in pädagogischen Konzepten zu bewahren (vgl. ENDERWITZ 1974, S. 78f). An den Seminaren wurden in Lehrerveranstaltungen und parallel dazu im Übungsunterricht an Seminarschulen Kenntnisse und Fertigkeiten für den Lehrerberuf in häufigen Wiederholungen und «Musterlektionen» eingeübt. Ziel der Ausbildung war der berufstüchtige Lehrer, der gelernt hatte, in allen Fächern und Klassen der Volksschule zu unterrichten (vgl. BECKMANN 1968, HANSCHMIDT/KUROPKA 1980). Reglementierung, Verschulung und Kontrolle in den Seminaren sollten die Lehrer für eine ebensolche Schulpraxis zurichten, in der sie grundlegende Disziplinierungsaufgaben wahrzunehmen hatten (vgl. TITZE 1973). Gymnasiallehrer entwickelten an der Universität ein elitäres Bewußtsein. Ideologische Integration fand bei ihnen gerade durch partielle Freiräume und relative Privilegierung statt (vgl. HERRLITZ 1973). Die Vernachlässigung des «Unterrichtshandwerks» in ihrer Ausbildung ging mit hoher Selektivität des höheren Bildungswesens einher. In den beiden Formen der Lehrerausbildung wurde so Konformität unterschiedlich erreicht, an den Seminaren durch Einschränkung pädagogischer Reflexion und Einübung in eine traditionelle Schulpraxis, an den Universitäten durch akademische Freiheit bei Entlastung von beruflichen Handlungszwängen. Aufgrund dieser Einschränkungen gibt es in der Reformdiskussion zur Lehrerausbildung im 20. Jahrhundert ausgeprägte Vorbehalte sowohl gegen eine zweckfreie theoretische Bildung als auch gegen eine berufliche Meisterlehre.

Erst in den Pädagogischen Hochschulen der Weimarer Zeit wurde die

Pädagogik zur zentralen Disziplin in der Volksschullehrerausbildung. Theoretische und schulpraktische Ausbildung waren miteinander verbunden und auf größere Handlungs- und Entscheidungsspielräume in reformpädagogischer Lehrertätigkeit bezogen (vgl. BECKMANN 1968, WERTH 1985). Mit dem Ziel, die Studenten entsprechend zu bilden, waren auch die Veranstaltungen der Hochschule an reformpädagogischen Prinzipien orientiert (→ Reformpädagogik). Der Betonung der individuellen persönlichen Verantwortung des Lehrers entsprach organisatorisch die «Eigenständigkeit» der Volksschullehrerbildung und theoretisch der Autonomieanspruch der Pädagogik, der andere Sozialwissenschaften als Hilfs- oder Grundwissenschaften zugeordnet wurden (vgl. GOLDSCHMIDT/HÄNDLE 1973, WEISSBACH 1980).

Während die Volksschullehrer berufliches Selbstbewußtsein vor allem auf ihre pädagogische Qualifikation gründeten und Statusverbesserung und → Professionalisierung durch Verwissenschaftlichung ihrer pädagogischen Ausbildung anstrebten, bezogen die Gymnasiallehrer ihr Selbstbewußtsein aus ihrer Qualifikation als Fachwissenschaftler (vgl. KRAMP 1963, MENZE 1970). Bis in die 70er Jahre reichten 6 Semesterwochenstunden Philosophie und Pädagogik als Voraussetzung für das Philosophikum, die philosophisch-pädagogische Prüfung für das gymnasiale Lehramt. Während der Wissenschaftsrat noch 1960 forderte, daß an allen philosophischen Fakultäten wenigstens ein pädagogischer Lehrstuhl eingerichtet werden sollte, fand in den 60er Jahren dann eine erhebliche Erweiterung des Lehrkörpers statt (vgl. LESCHINSKY/ROEDER 1980, S. 307f). In der Diskussion um Bildungsexpansion und Bildungsreformen wurde auch die hohe Selektivität des Gymnasiums (→ Selektion) problematisiert und die Ausweitung der pädagogischen Ausbildung der Studienräte gefordert. Ein «Kernstudium» der Erziehungswissenschaft sollte 22 Semesterwochenstunden umfassen (vgl. DEUTSCHE GESELLSCHAFT FÜR ERZIEHUNGSWISSENSCHAFT 1968). Entsprechende Konzepte und Veranstaltungen für alle Lehrergruppen wurden an Universitäten entwikkelt (vgl. BECKMANN 1971, BOKELMANN/SCHEUERL 1970).

Kritischer Berufspraxisbezug als zentrale Programmatik der Studienreform 1970 versprach beide Traditionen der Lehrerausbildung zu verbinden, berufliche Qualifizierung und reformpädagogisches Engagement mit erziehungs- und gesellschaftswissenschaftlicher Kritik. Projekte und Projektstudiengänge sollten interdisziplinäre Zusammenarbeit mit kritischem Berufspraxisbezug ermöglichen. Berichte über Studienprojekte und Publikationen, die aus der Beteiligung daran hervorgingen, zeigen, daß davon Impulse für Lehre und Forschung über den Schulalltag ausgingen (vgl. DIEDERICH/WULF 1979, MEYER 1980, SCHELLER 1980). Äußere Einschränkungen und der hohe Arbeitsaufwand führten jedoch dazu, daß der Anspruch des kritischen Berufspraxisbezugs im

Studium wieder auseinanderfiel: Auf der einen Seite wurden die Freiheit von Forschung und Lehre und die damit gegebenen Möglichkeiten der Kritik gegen den Anpassungsdruck der Berufspraxis betont (vgl. BECKER 1974, W. U. DRECHSEL/VOIGT 1982, FICHTEN u. a. 1978), auf der anderen Seite wurden gegen verselbständigte Kritik und fachwissenschaftliche Profilierung die Berufsfeldorientierung des Lehrerstudiums herausgestellt (vgl. HENNINGSEN 1981, MITTER 1981, D. NEUMANN/OELKERS 1984, DE RUDDER 1982). Im Kontrast zur Desintegration der Lehrerausbildung an den Universitäten erscheint als Vorzug der berufsbezogenen Ausbildung an Pädagogischen Hochschulen, daß in deren Rahmen das Lehrangebot besser abgestimmt war. Kritik an der Verwissenschaftlichung der Lehrerausbildung verbindet sich mit allgemeiner Kritik an Wissenschaft und Professionalisierung (vgl. C. HOFFMANN 1981, D. NEUMANN 1985, OUBAID 1986). Auch empirische Untersuchungen problematisieren die Gleichsetzung von theoretischer Ausbildung und pädagogischer Handlungskompetenz (vgl. WAHL u. a. 1984). In Untersuchungen zur beruflichen → Sozialisation von Lehrern wird die Bedeutung eigener Bildungserfahrungen und von Modellernen besonders in der Kooperation mit erfahrenen Kollegen deutlich (vgl. FISCHER 1986, ZEICHNER 1986).

Didaktik und Fachstudium. Während sich das Fachstudium der Gymnasiallehrer im 19. Jahrhundert immer mehr gegenüber den Schulfächern verselbständigte (vgl. KRAMP 1963), war die Bildung der Volksschullehrer eng an den durch Lehrpläne festgelegten Schulfächern ausgerichtet. Die Stiehlschen Regulative (1854) schrieben vor, daß die Unterrichtsgegenstände «in ihrer Beschränkung» auf die Grenzen der Elementarschule gelehrt werden sollten (vgl. ENDERWITZ 1974, S. 79). An den Pädagogischen Hochschulen forderte die Diskrepanz zwischen der gymnasialen Vorbildung der Studenten und den Unterrichtsanforderungen an Volksschulen in Verbindung mit dem Anspruch von Selbständigkeit und → Kreativität zu gezielter Auswahl und exemplarischem Lernen im Studium heraus. Mit der Einführung eines wissenschaftlichen Wahlfaches wurde die fachdidaktische Reflexion auf die Beziehung zwischen Schulfach und Fachwissenschaft ausgedehnt (vgl. GERTH 1965). Die höhere fachwissenschaftliche Qualifizierung wurde mit der Notwendigkeit der → Verwissenschaftlichung des → Unterrichts gerechtfertigt.

Im Rahmen der Studienreformdiskussion wurde die bisherige Gleichsetzung von fachwissenschaftlicher Ausbildung mit adäquater Berufsvorbereitung an den Universitäten in Frage gestellt. Didaktische Überlegungen verbanden sich mit kritischen Analysen des Entstehungs- und Verwendungszusammenhangs der Fachwissenschaften (vgl. KLÜVER/WOLF 1972). Fachdidaktik und Hochschuldidaktik wurden als neue Disziplinen an den Hochschulen institutionalisiert (vgl. BÜRMANN 1977, S. 75ff; vgl. v. HENTIG u. a. 1970). Im Zusammenhang der Hochschulreform erschien die Integration des Studiums aller Lehrer an der Universität nicht als Gefährdung wissenschaftsimmanenten Fortschritts, sondern als Beitrag zu der auch an der Universität anstehenden stärkeren Berücksichtigung didaktischer Gesichtspunkte. Dabei stehen unterschiedlich weitreichende Konzepte nebeneinander: die Integration didaktischer Gesichtspunkte und Analysen in die Einzelwissenschaften in Verbindung mit wissenschaftskritischer Selbstreflexion sowie die Addition von fachdidaktischen Disziplinen (→Fachdidaktik), die Aufgaben schulbezogener Auswahl und Vermittlung übernehmen oder die Delegation fachdidaktischer Bildungsaufgaben an andere Einrichtungen wie Fachseminare, Lehrbücher, →Lehrpläne (vgl. HANSSLER 1971, S. 143ff).

Die fachliche Sozialisation an der Hochschule und die Beziehung zwischen Fachstudium und Schulfächern (→Fach – Fächerkanon) ist sehr unterschiedlich. Besonders groß ist die Diskrepanz zwischen den etablierten Wissenschaften an der Universität und integrierten Schulfächern, wie zum Beispiel Arbeitslehre in der Sekundarstufe oder Sachunterricht in der Primarstufe (vgl. G. BECK/CLAUSSEN 1979, FEIG 1983, HÄNSEL 1980). Aber auch bei Korrespondenz von Fachwissenschaft und Schulfach gibt es große Unterschiede. So schließen sich Studienqualifikation und Berufsanforderungen in den modernen Fremdsprachen weitgehend aus, sie überschneiden sich in den kultur- und sozialwissenschaftlichen Fächern, während in den mathematisch-naturwissenschaftlichen Fächern die Studienqualifikation die Berufsanforderungen weit übertreffen (vgl. FRECH 1974, S. 103ff). Das hat unterschiedliche Anfangsschwierigkeiten im Beruf zur Folge.

Obwohl eine Zunahme der Rezeption fachdidaktischer Literatur bei den Absolventenjahrgängen zwischen 1957 und 1971 festzustellen ist (vgl. OELSCHLÄGER 1976), ist der Unterricht eher von Fachorientierungen und traditionellen →Methoden geprägt (vgl. HAGE u. a. 1985, W. HOFFMANN 1987). Ein zweckfreies Fachstudium bei Vernachlässigung didaktischer und pädagogischer Gesichtspunkte wird durch Trennung der ersten und zweiten Ausbildungsphase, durch Lehrerarbeitslosigkeit und Stagnation von Bildungsreformen gefördert.

Berufspraktische Ausbildung. In der Bundesrepublik Deutschland gibt es nach dem Studium an der Hochschule eine zweite Ausbildungsphase an Seminaren der Schulverwaltung. Beteiligung der Hochschule in der Berufseingangsphase sowie freie Fortbildung und Kooperation mit Kollegen an der Schule, die in anderen Ländern verbreitet sind und die es in der Geschichte der Lehrerausbildung auch in Deutschland gegeben hat, wurden hier zunehmend zurückgedrängt. Ursachen hierfür sind in der

Vernachlässigung der berufspraktischen Qualifizierung in der Tradition der deutschen Universität auf der einen Seite und in der staatlichen Kontrolle des Schulwesens auf der anderen Seite zu suchen. Mit dem Ausbau einer zweiten Phase der Lehrerausbildung haben hier Festlegungen, Verschulung, Kontrolle und → Prüfungen zugenommen, die im Gegensatz zum akademischen Anspruch der Lehrerausbildung stehen.

In den beiden Formen der Lehrerausbildung wurden komplementär zur Ausbildung an Seminaren und Universitäten jeweils andere Schwerpunkte der Weiterbildung in der Berufseingangsphase gesetzt (→ Lehrerfortbildung). Nach der 1810 eingeführten Ersten Prüfung für Gymnasiallehrer wurde 1826 ein Probejahr vorgeschrieben, in dem Anfänger bei einer Unterrichtsverpflichtung von 6 bis 8 Wochenstunden durch Hospitationen, Anleitung und Beratung durch Kollegen an einer Schule Erfahrungen sammeln sollten. 1890 wurde vor diesem «Probejahr» ein Seminarjahr eingerichtet, in dem die Referendare in Gruppen theoretisch und praktisch schulpädagogisch ausgebildet wurden. Erst 1917 wurde in der Gymnasiallehrerausbildung in Preußen eine zweite Staatsprüfung mit schriftlicher Hausarbeit und mündlicher Prüfung eingeführt (vgl. Bölling 1983, Bürmann 1978). Schon in der ersten Hälfte des 19. Jahrhunderts wurde die Kontrolle der «Gesinnung» in der Berufseingangsphase gefordert, vor allem in Zeiten von Lehrerüberfluß war die Selektivität der Prüfungen groß (vgl. Schreckenberg 1984, S. 49). Bis in die 60er Jahre hatten sich dann die Studienseminare als zusätzliche Institutionen der Lehrerausbildung etabliert (vgl. Frech/Reichwein 1977). Vor allem aus Statusgründen orientierten sich auch andere Lehrergruppen an dieser Organisationsform.

In der Volksschullehrerausbildung, wo gezielte Selektivität, Anpassung und berufspraktische Qualifizierung schon an den Seminaren stattfand, gab es bis 1931 keine zusätzliche verbindliche Berufseinführung. Die Lehrer unterrichteten gleich mit voller Stundenzahl und sollten sich selbständig fortbilden, was in Wiederholungsprüfungen kontrolliert wurde, die bis 1912 von den Seminaren abgenommen wurden. Fortbildung wurde vor allem von den Lehrerverbänden organisiert, nach dem Ersten Weltkrieg in «Arbeitsgemeinschaften», in denen sich erfahrene Lehrer und Anfänger zu Unterrichtshospitationen und Diskussionen trafen, um sich für reformpädagogischen Unterricht zu qualifizieren. Noch bis in die 60er Jahre war in den Stadtstaaten die Teilnahme an Ausbildungsgruppen nicht festgelegt, sondern eine Auswahl aus dem Veranstaltungsangebot der Lehrerfortbildung möglich. Auch Beratung gab es zum Beispiel in Bremen unabhängig von der Wahrnehmung von Prüfungsfunktionen (vgl. Chiout/Quehl 1964, S. 179ff). In den 20er Jahren waren Hochschullehrer mit Stimmrecht, in den 50er Jahren beratend, Mitglieder der Prüfungskommissionen (vgl. Hirschfeld 1970, S. 34ff).

Bis zur Einführung des Vorbereitungsdienstes für Volksschullehrer (1965 Nordrhein-Westfalen, 1980 Berlin) hatte die Zweite Staatsprüfung für Volksschullehrer geringe Bedeutung, da Lehrer bei vollem Gehalt und nur um wenige Stunden reduzierter Unterrichtsverpflichtung als Beamte auf Probe eingestellt waren und sich ihre Situation an derselben Schule durch die Prüfung kaum veränderte (vgl. HOLLING/BAMMÉ 1976, REDAKTION B:E 1977). Das in den 80er Jahren in allen Bundesländern eingeführte Referendariat für alle Lehrer findet in einigen Bundesländern getrennt an schulformbezogenen, in anderen an integrierten Seminaren statt. Auch Bezeichnungen und Vorschriften für die Ausbildung sind in den Ländern unterschiedlich (vgl. BAYER 1977). In der zweiten Ausbildungsphase haben Referendare etwa zwölf Stunden Unterrichtsverpflichtungen, die aus Hospitationen, Unterricht unter Anleitung und selbständigem Unterricht bestehen, der für sie eine wichtige Herausforderung ist. Parallel dazu besuchen sie in festen Gruppen ein allgemeines Seminar bei einem hauptamtlichen Seminarleiter und zwei Fachseminare, deren Leiter mit einem Teil ihrer Stunden noch als Lehrer tätig sind (vgl. WARNKEN 1977). Obwohl Untersuchungen die Bedeutung von Mentoren für die berufspraktische Qualifizierung gezeigt haben (vgl. HINSCH 1979), hat sich für sie eine Stundenermäßigung nicht durchgesetzt. Auch Übereinstimmung im Unterrichtsstil wird nicht überall durch freie Mentorenwahl ermöglicht. Eine besondere Belastung sind die unterschiedlichen Anforderungen der bis zu 10 Funktionsträger, die an Besuchen von «Lektionen» beteiligt sind (vgl. GIESBRECHT 1987). So wird die Vorbereitung von «Schaustunden» wichtiger als der Alltagsunterricht. In Tagebüchern stellen Berufsanfänger vor allem die Einschränkungen und Kontrollen in der Schule und Seminarausbildung dar (vgl. M. KRÜGER 1978, PAUSE 1979). In empirischen Untersuchungen wurde ein Abbau der an der Hochschule erworbenen liberalen Orientierung beim Übergang in den Beruf als «Praxisschock» beschrieben (vgl. MÜLLER-FOHRBRODT u. a. 1978). Es gilt Ansätze, Beratung und Kooperation in der zweiten Ausbildungsphase zu verbessern (vgl. GEPHART 1982, PEININGER 1985).

Wenn auch mit der Integration der Ausbildung aller Lehrer an Universitäten dort Praktika verbindlich geworden sind, wird Auseinandersetzung mit beruflichen Anforderungen doch beeinträchtigt durch die Existenz einer getrennten zweiten Ausbildungsphase. Dies erscheint um so problematischer, als frühere Formen der Berufsorientierung in der Lehrerausbildung abnehmen. Es gibt in der Bundesrepublik nur noch eine Labor-Schule (Bielefeld), wo Hochschullehrer gleichzeitig Verantwortung für Schulentwicklung und -unterricht übernehmen. An Pädagogischen Hochschulen gab es dagegen noch häufig «Akademie-Schulen». Waren Hochschullehrer in der Volksschullehrerausbildung bisher in der Regel doppelt qualifiziert, fachwissenschaftlich und als Lehrer an Schulen, so erhalten zunehmend wissenschaftliche Qualifikationen Gewicht (vgl. Gukenbiehl 1975). Neue Formen der Beschäftigung mit Berufsaufgaben von Lehrern durch Lehr-, Forschungs- und Entwicklungsprojekte werden jedoch in der zweiphasigen Lehrerausbildung an den Hochschulen wenig gefördert. Für Lehrerfortbildung, Schulentwicklung und Schulforschung, die in anderen Ländern Aufgaben von Universitäten sind, gibt es in der Bundesrepublik besondere Einrichtungen.

Die Integration von theoretischer und berufspraktischer Ausbildung in einer einphasigen Ausbildung an der Universität, die um 1970 gefordert wurde (vgl. Freiger 1971, Händle 1972), ist in einem Modellversuch in Oldenburg bis Anfang der 80er Jahre erprobt worden (vgl. Fichten u. a. 1981/1982; vgl. Kriszio 1986). Hier arbeiteten Kontaktlehrer mit einem Teil ihrer Stunden in Praxisprojekten der Universität mit und betreuten Studenten an ihren Schulen. Die Verantwortung der Universität für die Berufseingangsphase kann zum Abbau von Distanz zur Schulpraxis in beiden Richtungen beitragen (vgl. Döbrich u. a. 1980).

Studienanforderungen und Studienorganisation. Mit der Expansion der Hochschulen und der Ausdifferenzierung der Disziplinen wachsen Abstimmungsprobleme in der Lehrerausbildung, da dort unterschiedliche Fächer und Fachbereiche beteiligt sind und informelle Abstimmung, wie sie an Pädagogischen Hochschulen und Fakultäten stattfand, kaum noch ausreicht. Werden nicht neue Formen der Integration von Studienangebot und Studiengängen gefunden, so könnten Vorzüge der bisherigen Formen der Lehrerausbildung verlorengehen und Nachteile sich addieren. An die Stelle von Strukturierung und Klarheit der Anforderungen in der Volksschullehrerausbildung und der Freiheit der Gymnasiallehrerausbildung treten dann formale Festlegungen bei inhaltlicher Beliebigkeit.

Die Studien- und Prüfungsanforderungen sind in den Bundesländern sehr unterschiedlich (vgl. Bayer 1980, 1982; vgl. Beckmann 1980). Neben der Stufenlehrerausbildung (Nordrhein-Westfalen seit 1979) besteht die traditionelle schulformbezogene Lehrerausbildung fort (Baden-Württemberg, Rheinland-Pfalz, Schleswig-Holstein). Teilweise finden sich Kombinationen beider Ausbildungsprinzipien.

Studienreformen konzentrieren sich vor allem darauf, integrierte Lehrangebote und Studienformen zu entwickeln. Am stärksten war dies in Projektstudiengängen ausgeprägt, für die interdisziplinäre, problemorientierte Zusammenarbeit in Projektgruppen charakteristisch ist (vgl. Wildt 1983). Integrative Organisationsformen wurden vor allem an neugegründeten Hochschulen entwickelt. Sie wurden an anderen Hochschulen oft nur fakultativ angeboten, besonders am Studienanfang und zur Praktikumsbegleitung (vgl. HOMFELDT u. a. 1983, PREUSS-LAUSITZ u. a. 1975).

In Orientierungsphasen oder -einheiten zu Beginn des Studiums arbeiten Hochschullehrer unterschiedlicher Disziplinen zusammen. Solche Orientierungseinheiten können eher «lehrerorientiert» sein, vor allem wenn die Relation zwischen Hochschullehrern und Studenten sehr ungünstig ist (vgl. J. BECK u. a. 1973, BECKER u. a. 1976), sie können jedoch auch eher «lernerorientiert» sein und den Studenten vielfältige soziale Erfahrungen in kleinen Gruppen ermöglichen und dabei auch Rollenspiele und Erkundungen einbeziehen (vgl. RIECK 1983, SCHULZ 1984, ZENTRUM FÜR PÄDAGOGISCHE BERUFSPRAXIS 1975). Bei der →Evaluation von Orientierungs- und anderen Lehrveranstaltungen, die Studenten Selbständigkeit und vielfältige Lernerfahrungen ermöglichten, zeigten sich positive Auswirkungen (vgl. K. NEUMANN u. a. 1983, S. 130ff; vgl. auch KEIL/PIONTKOWSKI 1973). Schulpraktika werden oft als Unterrichtsprojekte interdisziplinär vorbereitet und ausgewertet (vgl. HÄNDLE 1978, PETERS 1985, POPP 1978; vgl. SCHRAMM 1977, 1979). Ähnlich wie schon an Pädagogischen Hochschulen, zum Beispiel im Berliner Didaktikum (vgl. SCHULZ-HAGELEIT 1982), wurden an einigen Hochschulen Praktika zusammengefaßt, um so mehr Kontinuität zu erreichen (vgl. BAYER 1982).

Mit der Einführung von Reformstudiengängen nahmen auch staatliche Kontrollen zu. So wurde besonders in Bremen und Berlin die bisherige formelle Beteiligung der Schulverwaltung an der Ersten Staatsprüfung zur materiellen Beteiligung bei aufwendigem Ausbau der Prüfungsämter (vgl. UBBELOHDE 1982, PRAHL 1983). Auch andere staatliche Maßnahmen erschwerten integrierte Studienreformansätze, so zum Beispiel Studienzeitverkürzung, Einschränkungen von →Ausbildungsförderung, Radikalenerlaß, Genehmigung und Kontrolle von Unterrichtsprojekten sowie Kapazitätsverordnungen, in denen praxisorientierte und interdisziplinäre Unterrichtsveranstaltungen im Lehrdeputat geringer gewertet werden als zum Beispiel Vorlesungen (vgl. J. BECK u. a. 1974, W. DRECHSEL/EICHWEDE 1975, PÄD. EXTRA-REDAKTION 1977, PAECH 1983). Zur Kompensation unverbundener formaler Studienanforderungen, und als Ersatz für schulpraktische Erfahrungen oder zur Vorbereitung darauf, erhalten gruppendynamische Ansätze in der Lehrerausbildung Gewicht (vgl. BRÜCK 1978, NITSCH 1982, SIENKNECHT 1976), und durch die Frauenbewegung gewinnen bisher ausgeklammerte Themen und Zugangsweisen in der Lehrerausbildung an Geltung (vgl. METZ-GÖCKEL 1979, H. KRÜGER 1986).

In Beobachtungen von Hochschullehrern und Erfahrungsberichten von Studenten werden die Heterogenität und Parzellierung des Studienangebots dargestellt und auch die Anstrengungen, hier subjektiv Zusammenhänge herzustellen und Integration zu erreichen (vgl. ALFS u. a. 1982, BOYE 1982, DOBKE u. a. 1986, RUMPF 1978). Hohe Abbruchquoten und psychische Probleme von Studenten weisen unter anderem auf die Schwierigkeiten der Verarbeitung von Studienanforderungen hin. Studienberatung und Studienführer können nur begrenzte Hilfen geben (vgl. AUERNHEIMER 1970, SCHWEIM 1973, WAGNER 1977). Besonders ausgeprägt ist die Diskrepanz zwischen dem Lehrangebot der Hochschule und den Anforderungen im Beruf (vgl. WÜNSCHE 1976). Deutliche Mehrheiten von Lehrerstudenten und Lehrern halten das Studium, besonders wegen der geringen Praxisrelevanz, für unzureichend. Gewünscht werden vor allem mehr und frühere Praxiserfahrungen im Studium und stärkere Vorbereitung auf soziale Anforderungen im Beruf (vgl. BAUER 1977, MÜLLER-FOHRBRODT u. a. 1978, OESTERREICH 1987).

Herkunft und Berufsmotivation von Lehrerstudenten. Die traditionelle Betonung der «Lehrerpersönlichkeit» weist darauf hin, daß für Lehrer auch Qualifikationen wichtig sind, die vor und neben der formellen Ausbildung erworben werden. Auch in der neueren Lehrerforschung wird die Bedeutung der «antizipatorischen Sozialisation» herausgestellt (vgl. HÄNDLE 1987, ZEICHNER 1986). Ausgehend von dem Interesse, mehr Lehrer zu gewinnen, um den Lehrermangel zu beheben, wurden in den 60er Jahren vor allem Herkunft und Berufsmotivation von Lehrerstudenten untersucht. In der Volksschul- und Gymnasiallehrerausbildung gab es unterschiedliche Rekrutierungsmuster: Die kurze, berufsbezogene Ausbildung zum Volksschullehrer zog vor allem Studenten mit pädagogischen Interessen an, für die der Lehrerberuf ein sozialer Aufstieg war. Studenten an philosophischen Fakultäten entschieden sich dagegen häufig erst sekundär für den Gymnasiallehrerberuf, so in der Untersuchung von JENNE u. a. (vgl. 1969) etwa 50% der Befragten. Im Vergleich mit anderen akademischen Berufskarrieren war Gymnasiallehrer zu werden oft eine eher resignative Entscheidung. Mit der Einführung des Abiturs für alle Lehrer wurde das Volksschullehrerstudium zunehmend von Frauen gewählt, deren Väter (und Brüder) Akademiker waren. Vorbehalte gegen diese «Feminisierung» des Lehrerberufs wurden vor allem mit den spezifischen bildungsbürgerlichen Sozialisationsvoraussetzungen dieser «höheren Töchter» begründet (vgl. HORN 1968, KRATZSCH u. a. 1967; vgl. SCHMIDT 1973, S. 137ff). An Pädagogischen Hochschulen gab es so eine geschlechtsspezifisch unterschiedliche Rekrutierung: Studentinnen kamen eher aus Familien mit einem höheren sozioökonomischen Status als Studenten. Wenn Lehrerinnen vorwiegend in der Grundschule, Lehrer eher in der Oberschule der Volksschule beziehungsweise in der Hauptschule beschäftigt wurden, so waren sie dort auch aufgrund ihres Verständnisses für die Schüler ähnlicher Herkunft erfolgreich. Qualifikationen für den Lehrerberuf können auch in anderen Berufen erworben werden, wie Studien- und Berufserfahrungen mit Absolventen des zweiten Bildungswegs (→Bildungsweg, zweiter) zeigen (vgl. GIESBRECHT 1984, HOERNING/KRAIS 1987, VOGEL 1986).

Ausgehend vom Interesse an Demokratisierung und politischer Bildung wurden in den 60er bis in die 70er Jahre hinein Gesellschaftsbild und Bewußtsein von Lehrern und Lehrerstudenten untersucht. Eher konservative Orientierungen (vgl. STIMPEL 1970) werden durch progressivere, jedoch widersprüchliche Orientierungen bei Lehrerstudenten und jungen Lehrern abgelöst (vgl. HOPF 1974, VONDERACH 1972).

In den 70er Jahren zeichnete sich eine Annäherung und Ausweitung der Ausbildungsziele von Lehrerstudenten unterschiedlicher Herkunft und Ausbildungsgänge ab. Sowohl fachliche als auch pädagogische Qualifizierung werden angestrebt, sowohl Praxis- als auch Reformorientierung (vgl. FRÖHLICH 1979, KAISER 1982). Die seit Ende der 70er Jahre stärker werdende Lehrerarbeitslosigkeit führte dazu, daß alte Selektionsmechanismen wieder auftreten: Arbeiterkinder und Frauen verzichten eher auf die Aufnahme eines (Lehrer-)Studiums (vgl. BOETTCHER 1987, PIEPER 1984). Mit zunehmender Arbeitslosigkeit scheinen sich Unterschiede zwischen Lehrerstudenten wieder stärker auszuprägen. So finden sich in diesen Studiengängen einerseits Studenten, die vor allem zweckfreie persönliche Bildung suchen, zum anderen Studenten mit besonders starker Berufsmotivation, die auf jeden Fall Lehrer werden wollen und auch Arbeitslosigkeit und Erschließung neuer Tätigkeitsfelder in Kauf nehmen (vgl. FISCHER 1986, FRANKE 1987). Diesen beiden Studentengruppen sind neben den Ansprüchen des Hochschulstudiums andere Erfahrungsbereiche und Bezugsgruppen wichtig, zum Beispiel alte Peer-Gruppenbeziehungen, Erfahrungen in sozialen Bewegungen, Erwerbstätigkeit neben dem Studium sowie andere Bildungsangebote (vgl. BURKART 1987, A. FRANK 1987, NITSCH 1986).

ALFS, G. u. a.: Ausbildungserfahrungen aus der Sicht der Absolventen. In: Bayer, M. u. a. (Hg.): Alternativen in der Lehrerausbildung, Reinbek 1982, S. 461ff. AUERNHEIMER, G.: Das Studium der Pädagogik, Ratingen 1970. BAUER, B.: Praxisbezug und Berufsvorbereitung im Erziehungswissenschaftlichen Grundstudium, Diss., Dortmund 1977. BAYER, M.: Bestandsaufnahme formaler Ausbildungsbedingungen. In: Redaktion b:e (Hg.): Praxisdruck, Weinheim/Basel 1977, S. 13ff. BAYER, M.: Das pädagogische Begleitstudium für Lehramtsstudenten. In: Z. f. P. 26 (1980), S. 511ff. BAYER, M.: Synoptische Darstellung von erziehungs- und gesellschaftswissenschaftlichen Prüfungs- und Studienmerkmalen für die Lehrerausbildung in den Ländern der Bundesrepublik Deutschland und in West-Berlin. In: Bayer, M. u. a. (Hg.): Alternativen in der Lehrerausbildung, Reinbek 1982, S. 487ff. BECK, G./CLAUSSEN, C.: Einführung in die

Probleme des Sachunterrichts, Königstein 1979. BECK, J. u.a.: Ansichten pädagogischer Berufspraxis, Frankfurt/M. 1973. BECK, J. u.a.: Bremer Lehrerbildung. Staatseingriffe als Preis für Einheitlichkeit? In: päd. extra (1974), 7, S. 9ff. BECKER, E.: Zum Problem einer «allgemeinen» Konzeption von Studienreform. In: Freiger, St. (Hg.): Was wird aus der Studienreform? Frankfurt/M. 1974, S. 115ff. BECKER, E. u.a.: Sozialwissenschaften, Studiensituation, Vermittlungsproblem, Praxisbezug, Frankfurt/New York 1976. BECKMANN, H.-K.: Lehrerseminar, Akademie, Hochschule. Das Verhältnis von Theorie und Praxis in drei Epochen der Volksschullehrerausbildung, Weinheim/Berlin 1968. BECKMANN, H.-K. (Hg.): Lehrerausbildung auf dem Wege zur Integration. In: Z. f. P., 10. Beiheft, 1971. BECKMANN, H.-K.: Modelle der Lehrerbildung in der Bundesrepublik Deutschland. In: Z. f. P. 26 (1980), S. 535ff. BOETTCHER, W.: Barrieren: Soziale Ungleichheit und ungleiche Bildungschancen. In: Habel, W. u.a. (Hg.): Blockierte Zukunft. Reaktionen von Studierenden und Lehrenden, Weinheim 1987, S. 43ff. BOKELMANN, H./SCHEUERL, H. (Hg.): Der Aufbau wissenschaftlicher Studien und der Lehrerberuf, Heidelberg 1970. BÖLLING, R.: Sozialgeschichte des deutschen Lehrers, Göttingen 1983. BÖNSCH, M.: Lehrerausbildung in Niedersachsen (1946 – 1986). In: Schittko, K./Schmid, H.-D. (Hg.): 40 Jahre Lehrerausbildung in Niedersachsen, Hannover 1986, S. 73ff. BOYE, H.: Die Kinder des Elfenbeinturms, Weinheim/Basel 1982. BRÜCK, H.: Die Angst des Lehrers vor seinem Schüler, Reinbek 1978. BUNDESASSISTENTENKONFERENZ (BAK) (Hg.): Integrierte Lehrerausbildung. Schriften der BAK 7, Bonn 1970. BURKART, G.: Studierende Erwerbstätige. In: Habel, W. u.a. (Hg.): Blockierte Zukunft, Weinheim 1987, S. 100ff. BÜRMANN, J.: Zehn Jahre praxisbezogene Studienreform, Blickpunkt Hochschuldidaktik 46, Hamburg 1977. BÜRMANN, J.: Aporien einer fachwissenschaftlichen Lehrerausbildung. Die Germanistik auf der Suche nach ihrer Praxis. Hochschuldidaktische Forschungsberichte 7, Hamburg 1978. CHIOUT, H./QUEHL, H. (Hg.): Zur Zweiten Phase der Lehrerausbildung, Frankfurt/M. 1964. DEUTSCHE GESELLSCHAFT FÜR ERZIEHUNGSWISSENSCHAFT (Hg.): Das Kernstudium der Erziehungswissenschaft für die pädagogischen Ausbildungsgänge, Weinheim 1968. DIEDERICH, J./WULF, CH.: Gesamtschulalltag, Paderborn 1979. DOBKE, B. u.a.: Studentischer Erfahrungsbericht: Pädagogikstudium 1986. In: Schittko, K./Schmid, H.-P. (Hg.): 40 Jahre Lehrerausbildung in Niedersachsen, Hannover 1986, S. 155ff. DÖBRICH, P. u.a.: Einphasige Lehrerausbildung in Oldenburg. Gutachten für die Universität Oldenburg. Zentrum für pädagogische Berufspraxis: Oldenburg 1980. DRECHSEL, R./RAUNER, F.: Berufspädagogen – Lehrer für berufliche Bildung. In: diskurs (1982), S. 287ff. DRECHSEL, W./EICHWEDE, W.: Lehrerausbildung mit eingebauter Fachaufsicht. In: betr. e. 8(1975), 12, S. 58ff. DRECHSEL, W. U./VOIGT, B.: Projektstudium in der Lehrerausbildung. In: diskurs (1982), S. 180ff. ENDERWITZ, H. (Hg.): Reform ohne Ende. Die Misere der Lehrerausbildung, Hannover 1974. FEIG, G.: Wissenschafts- und Praxisorientierung, Frankfurt/M. 1983. FICHTEN, W. u.a. (Hg.): Projektstudium und Praxisbezug. Reformmodelle der Lehrer- und Juristenausbildung, Frankfurt/New York 1978. FICHTEN, W. u.a. (Hg.): Dokumentation zur Einphasigen Lehrerausbildung, 5 Bde., Oldenburg 1981/1982. FISCHER, A.: Neuere Untersuchungen zu Berufs- und Studienmotivation, Studienschicksal und Ausbildungserfolg von Lehramtsstudenten. In: Z. f. ew. Fo. 20 (1986), S. 195ff. FRANK, A.: Wissenschaftsbilder von Studienanfängerinnen. In: Habel, W. u.a. (Hg.): Blockierte Zukunft, Weinheim 1987, S. 50ff. FRANK, B. u.a.: Untersuchungen zur Soziologie der Lehrer an berufsbildenden Schulen, Frankfurt/M. 1965. FRANKE, R.: Die Auswirkungen antizipierter Arbeitslosigkeit auf Studienentscheidungen und Studienverhalten von Erstsemestern. In: Habel, W. u.a. (Hg.): Blockierte Zukunft, Weinheim 1987, S. 60ff. FRECH, H.-W.: Die Fachsozialisation als Bestimmungsfaktor des Handlungsspielraumes von Lehrern. In: Faltin, G./Herz, O. (Hg.): Berufsforschung und Hochschuldidaktik, Bd. 2, Blickpunkt Hochschuldidaktik 33, Hamburg 1974, S. 103ff. FRECH, H.-W./REICHWEIN, R.: Der vergessene Teil der Lehrerausbildung, Stuttgart 1977. FREIGER, ST.: Integrierte Lehrerausbildung. Argumente und Vorschläge für Einphasenausbildung. In: D. Dt. S. 63 (1971), S. 206ff. FRÖHLICH, L.: Noch achtunddreißigmal Sommerferien. Studienmotive und Leitvorstellungen von Lehrerstudenten, Bensheim 1979. GEISSLER, G.: Die Differenzierung der Erziehungswissenschaft und das Problem einer pädagogischen Fakultät. In: Z. f. P. 10 (1964), S. 1ff. GEORG, W./LAUTERBACH, U.: Studiengänge für das Lehramt an beruflichen Schulen in der Bundesrepublik Deutschland, Weinheim/Basel 1979. GEPHART, H.: Zur beruflichen Sozialisation von Grundschullehrern, Diss., Bonn 1982. GERTH, K.: Fachwissenschaft und Didaktik im Wahlfach. In: Oppolzer, S. u. a. (Hg.): Zur Wissenschaftlichkeit der Lehrerausbildung, Bochum 1965, S. 46ff. GIESBRECHT, A.: Berufliche Sozialisation im Referendariat, Opladen 1984. GIESBRECHT, A.: Lehrproben als Ansatzpunkte für Beratung im Rahmen der Referendarausbildung. In: Boettcher, W./Bremerich-Vos, A. (Hg.): ‹Kollegiale Beratung› in Schule, Schulaufsicht und Referendarausbildung, Frankfurt/M. u. a. 1987, S. 321ff. GOLDSCHMIDT, D./HÄNDLE, CH.: Der Wandel der Pädagogik in der Auseinandersetzung mit der Soziologie. In: Goldschmidt, D. u. a.: Erziehungswissenschaft als Gesellschaftswissenschaft, Heidelberg 1973, S. 9ff. GUKENBIEHL, H. E.: Tendenzen zur Verwissenschaftlichung der Lehrerausbildung, Weinheim/Basel 1975. HABERMAS, J.: Vom sozialen Wandel akademischer Bildung. In: Leibfried, St. (Hg.): Wider die Untertanenfabrik, Köln 1967, S. 10ff. HAGE, K. u. a.: Das Methoden-Repertoire von Lehrern, Opladen 1985. HÄNDLE, CH.: Lehrerausbildung und Berufspraxis, Weinheim/Basel 1972. HÄNDLE, CH.: Berufliche Sozialisation von Lehrerstudenten, Blickpunkt Hochschuldidaktik 68, Hamburg 1978. HÄNDLE, CH.: Unterschiedliche Prioritäten von Lehrern für ihren Unterricht. In: Boettcher, W./Bremerich-Vos, A. (Hg.): ‹Kollegiale Beratung› in Schule, Schulaufsicht und Referendarausbildung, Frankfurt/M. u. a. 1987, S. 297ff. HÄNDLE, CH./NITSCH, W.: Steuerung des Lehrerstudiums. Blickpunkt Hochschuldidaktik 63, Hamburg 1981. HANSCHMIDT, A./KUROPKA, J. (Hg.): Von der Normalschule zur Universität, Bad Heilbrunn 1980. HÄNSEL, D.: Didaktik des Sachunterrichts, Frankfurt/M. 1980. HANSSLER, B. (Hg.): Materialien und Dokumente zur Lehrerbildung. Gutachten und Studien der Bildungskommission des Deutschen Bildungsrates, Bd. 17, Stuttgart 1971. HENNINGSEN, J.: Vom Klempner zum Schwätzer. In: N. Samml. 21 (1981), S. 84ff. HENTIG, H. v. u. a. (Hg.): Wissenschaftsdidaktik. N. Samml., 5. Sonderheft, 1970. HERRLITZ, H.-G.: Studium als Standesprivileg, Frankfurt/M. 1973. HESSE, H. A. u. a.: Berufsbild und Studienplan, Hannover 1975. HINSCH, R.: Einstellungswandel und Praxisschock bei jungen Lehrern, Weinheim/Basel 1979. HIRSCHFELD, H.: Der Vorbereitungsdienst der Junglehrer, Weinheim/Berlin/Basel 1970. HOERNING, E. M./KRAIS, B.: Der Ausbruch aus der Normalbiographie. In: Bolder, A./Rodax, K. (Hg.): Das Prinzip der aufge(sc)hobenen Belohnung, Bonn 1987, S. 207ff. HOFFMANN, C.: Smog im Hirn, Bensheim 1981. HOFFMANN, W.: Von der Notwendigkeit und dem Nutzen didaktischer Theorie für die Schule, Frankfurt/M. 1987. HOLLING, E./BAMMÉ, A.: Lehrer zwischen Anspruch und Wirklichkeit, Frankfurt/M. 1976. HOMFELD, W.: Theorie und Praxis in der Lehrerausbildung, Weinheim/Basel 1978. HOMFELDT, H. G. u. a.: Student sein – Lehrer werden, München 1983. HOPF, A.: Lehrerbewußtsein im Wandel, Düsseldorf 1974. HORN, H.: Volksschullehrernachwuchs, Weinheim/Berlin/Basel 1968. JENNE, M. u. a.: Student im Studium, Stuttgart 1969. KAISER, A.: Sozialisation von Lehrerstudenten, Frankfurt/M. 1982. KEIL, W./PIONTKOWSKI, U.: Strukturen und Prozesse im Hochschulunterricht, Weinheim/Basel 1973. KITTEL, H.: Die Entwicklung der pädagogischen Hochschulen 1926–1932, Hannover/Berlin/Darmstadt 1957. KITTEL, H.: Selbstbehauptung der Lehrerausbildung, Heidelberg 1965. KLÜVER, J./

WOLF, F. O. (Hg.): Wissenschaftskritik und sozialistische Praxis, Stuttgart-Bad Cannstatt 1972. KONFERENZ DER PÄDAGOGISCHEN HOCHSCHULEN: Vorschläge zur Reform von Schule und Hochschule, Weinheim/Berlin/Basel 1970. KRAMP, W.: Fachwissenschaft und Menschenbildung. In: Meschkowski, H. (Hg.): Wissenschaft und Bildung, Weinheim 1963, S. 153ff. KRATZSCH, E. H. u. a.: Studien zur Soziologie des Volksschullehrers, Weinheim 1967. KRISZIO, M.: Der Modellversuch Einphasige Lehrerausbildung an der Universität Oldenburg, Oldenburg 1986. KRÜGER, H.: Frauen im Studium. In: Clemens, B. u. a. (Hg.): Töchter der Alma Mater, Frankfurt/M. 1986, S. 251ff. KRÜGER, M.: Schulflucht, Reinbek 1978. LEIBFRIED, ST.: Die angepaßte Universität, Frankfurt/M. 1968. LEMPERT, W.: Gewerbelehrerausbildung und Schulreform, Heidelberg 1965. LESCHINSKY, A./ROEDER, P. M.: Didaktik und Unterricht in der Sekundarstufe I seit 1950. In: Max-Planck-Institut für Bildungsforschung, Projektgruppe Bildungsbericht (Hg.): Bildung in der Bundesrepublik Deutschland, Bd. 1, Reinbek 1980, S. 283ff. MARXISTISCHE GRUPPE ERLANGEN-NÜRNBERG (Hg.): Kapitalistische Hochschulreform, Erlangen 1972. MENZE, C.: Philologen und Pädagogen. In: Bokelmann, H./Scheuerl, H. (Hg.): Der Aufbau erziehungswissenschaftlicher Studien und der Lehrerberuf, Heidelberg 1970, S. 252ff. METZ-GÖCKEL, S. (Hg.): Frauenstudium. Zur alternativen Wissenschaftsaneignung. Blickpunkt Hochschuldidaktik 54, Hamburg 1979. MEYER, H.: Leitfaden zur Unterrichtsvorbereitung, Königstein 1980. MITTER, W.: Lehrerausbildung an der Universität im Spiegel national und international vergleichender Betrachtung. In: Busch, F.-W./Winter, R. (Hg.): Lehren und Lernen in der Lehrerausbildung, Oldenburg 1981, S. 74ff. MÜLLER-FOHRBRODT, G. u. a.: Der Praxisschock bei jungen Lehrern, Stuttgart 1978. NEUMANN, D.: Tradition und Fortschritt in der Lehrerausbildung, Bad Heilbrunn 1985. NEUMANN, D./OELKERS, J.: Zurück zur alten Lehrerbildung. In: Becker, H./Hentig, H. v. (Hg.): Der Lehrer und seine Bildung, Frankfurt/M. 1984, S. 49ff. NEUMANN, K. u. a.: Die Studieneingangsphase in der Lehrerausbildung, Frankfurt/M. 1983. NITSCH, W.: Interaktions- und Kommunikationsübungen als antizipatorische Erfahrungsproduktion. In: Bayer, M. u. a. (Hg.): Alternativen in der Lehrerausbildung, Reinbek 1982, S. 384ff. NITSCH, W.: Hochschulentwicklung und soziale Bewegungen. In: Neusel, A./Teichler, U. (Hg.): Hochschulentwicklung seit den 60er Jahren, Weinheim/Basel 1986, S. 347ff. NITSCH, W. u. a.: Hochschule in der Demokratie, Neuwied 1965. OEHLSCHLÄGER, H.-J.: Zur Praxisrelevanz pädagogischer Literatur, Stuttgart 1976. OESTERREICH, D.: Vorschläge von Berufsanfängern für die Veränderung der Lehrerausbildung. In: Z. f. P. 33 (1987), S. 771ff. OTTO, G.: Systemstabilisierung und Systemkritik durch Didaktik. In: Klafki, W. u. a.: Didaktik und Praxis, Weinheim/Basel 1977, S. 41ff. OUBAID, M.: Erziehung und Hausarbeit. In: Schlüter, A./Kuhn, A. (Hg.): Lila Schwarzbuch, Düsseldorf 1986, S. 164ff. PÄD. EXTRA-REDAKTION: Repression und Widerstand. In: Beck, J./Boehnke, A. (Hg.): Jahrbuch für Lehrer 1978, Reinbek 1977, S. 233ff. PAECH, N.: Radikalenerlaß. In: Enzyklopädie Erziehungswissenschaft, Bd. 10, Stuttgart 1983, S. 682ff. PAUSE, G. (Hg.): Lila Rotstift, Kassel 1979. PEININGER, H.: Lehrerausbildung im Team, Frankfurt/M. 1985. PETERS, S.: Sozialisation für den Lehrerberuf im Schulpraktikum. In: Hochsausb. 3 (1985), 2, S. 83ff. PIEPER, B.: Vom Lehrermangel zur Lehrerarbeitslosigkeit, Münster 1984. POPP, W.: Projekt: Schulpraktische Studien, Grundlegung und Konzeption, Kronberg 1978. PRAHL, H.-W.: Prüfungen. In: Enzyklopädie Erziehungswissenschaft, Bd. 10, Stuttgart 1983, S. 438ff. PREUSS-LAUSITZ, U. u. a.: PIL am Ende? Am Ende doch PIL? In: päd. extra (1975), 6/7, S. 9ff. RAUNER, F. u. a. (Hg.): Berufliche Bildung: Perspektiven für die Weiterentwicklung der Berufsschule und die Ausbildung ihrer Lehrer, Braunschweig 1980. REBLE, A.: Lehrerbildung in Deutschland, Ratingen 1958. REDAKTION B:E (Hg.): Praxisdruck. Lehrer in der zweiten Ausbildungsphase, Weinheim/Basel 1977. REDAKTIONSKOLLEKTIV ALTERNATIVE (Hg.):

Staatliche Bildungspolitik im Zugzwang – oder von der Notwendigkeit, Lernprozesse (administrativ) zu politisieren. In: Alternative 18 (1975), 102/103, S. 106ff. REINISCH, H.: Die Ökonomie des Hochschulwesens. In: Enzyklopädie Erziehungswissenschaft, Bd. 10, Stuttgart 1983, S. 265ff. RIECK, W.: Orientierungseinheiten/-phasen. In: Enzyklopädie Erziehungswissenschaften, Bd. 10, Stuttgart 1983, S. 668ff. ROTH, F.: Erziehungswissenschaftliches Studium und berufspraktische Ausbildung. In: Chiout, H./Quehl, H. (Hg.): Zur Zweiten Phase der Lehrerausbildung, Frankfurt/M. 1964, S. 2ff. RUDDER, H. DE (Hg.): Die Lehrerbildung zwischen Pädagogischer Hochschule und Universität, Bad Heilbrunn/Oldenburg 1982. RUMPF, H.: Alltägliche Hochschule. In: Horn, K. (Hg.): Kritik der Hochschuldidaktik, Frankfurt/M. 1978, S. 31ff. SCHELLER, I.: Erfahrungsbezogener Unterricht, Oldenburg 1980. SCHMIDT, M.: Bestimmungsfaktoren der Interessenlage des Lehrers, Diss., Bremen 1973, S. 137ff. SCHRAMM, H.: Arbeitsziele für ein schulpädagogisches Unterrichtsprojekt, Weinheim/Basel 1977. SCHRAMM, H.: Schulpraktikum. Arbeitsmaterialien zur Vorbereitung auf die Berufspraxis durch Unterrichtsversuche, Weinheim/Basel 1979. SCHRECKENBERG, W.: Der Irrweg der Lehrerausbildung, Düsseldorf 1984. SCHULZ, W.: Pädagogische Qualifizierungsprozesse von Lehrerstudenten in der Studieneingangsphase, Frankfurt/M. 1984. SCHULZ-HAGELEIT, P.: Das Berliner «Didaktikum» der Pädagogischen Hochschule. In: Bayer, M. u.a. (Hg.): Alternativen in der Lehrerausbildung, Reinbek 1982, S. 142ff. SCHWEIM, E. (Hg.): Der andere Studienführer, Weinheim/Basel 1973. SIENKNECHT, J.: Selbsterfahrung im Lehrerstudium, München 1976. STIMPEL, H. M.: Schüler, Lehrerstudenten und Politik, Göttingen 1970. STOCK, H.: Erwägungen zum Gespräch zwischen Universität und Pädagogischer Hochschule. In: Röhrs, H. (Hg.): Die Lehrerbildung im Spannungsfeld unserer Zeit, Ratingen 1965, S. 199ff. TEICHLER, U.: Strukturentwicklung des Hochschulwesens. In: Neusel, A./Teichler, U. (Hg.): Hochschulentwicklung seit den sechziger Jahren, Weinheim/Basel 1986, S. 93ff. TITZE, H.: Die Politisierung der Erziehung, Frankfurt/M. 1973. UBBELOHDE, R.: Prüfungsreformen in Bremen als Institutionalisierung des Mißtrauens zwischen Staat und Hochschule. In: diskurs (1982), S. 204ff. VOGEL, U.: Politische Sozialisation in der Hochschule. In: Hochsausb. 4 (1986), S. 193ff. VONDERACH, G.: Industriearbeit und Lehrerausbildung, Stuttgart 1972. WAGNER, W.: Uni-Angst und Uni-Bluff, Berlin 1977. WAHL, D. u.a.: Psychologie für die Schulpraxis, München 1984. WARNKEN, G.: Das Ausbildungscurriculum der Zweiten Phase der Lehrerausbildung, Kronberg 1977. WEISS, W. W.: Lehrerbildung zwischen Anspruch und Wirklichkeit, München 1976. WEISSBACH, B.: Lehrerbildung und Sozialwissenschaften, Köln 1980. WERTH, W.: Die Vermittlung von Theorie und Praxis an den Preußischen Pädagogischen Akademien 1926–1933, Frankfurt/M. 1985. WILDT, J.: Projektstudium. In: Enzyklopädie Erziehungswissenschaft, Bd. 10, Stuttgart 1983, S. 671ff. WÜNSCHE, K.: Vom Praxisbezug zur Personalisierung. In: N. Samml. 16 (1976), S. 346ff. ZEICHNER, K. M.: Lehrersozialisation und Lehrerausbildung. In: B. u. E. 39 (1986), S. 263ff. ZENTRUM FÜR PÄDAGOGISCHE BERUFSPRAXIS (Hg.): Erkundungen. Materialien zur Kooperation zwischen Schule und Universität, Oldenburg 1975.

Christa Händle

Lehrerbildung → Lehrerausbildung; → Lehrerfortbildung
Lehrerbildungsanstalt → Lehrerausbildung
Lehrer-Eltern-Zusammenarbeit → Elternarbeit

Lehrerfortbildung

Begriff. In der Bundesrepublik Deutschland wird zwischen Lehrerfortbildung und Lehrerweiterbildung unterschieden, ohne daß diese Unterscheidung allerdings systematisch durchgehalten würde. Zwar handelt es sich bei der Fort- und →Weiterbildung um Aktivitäten und Prozesse mit zum Teil divergierenden Zielbestimmungen, doch bestehen inhaltlich kaum Diskrepanzen. Versuche zur Überwindung der begrifflichen Trennung konnten sich bislang nicht durchsetzen (vgl. DEUTSCHER BILDUNGSRAT 1970, HOCHWALD u. a. 1974, PREUSS-KIPPENBERG 1980).

Nach den Vorstellungen des Strukturplans des Deutschen Bildungsrates dienen Lehrerfortbildung und Lehrerweiterbildung der *berufsbezogenen Weiterqualifikation*. Berufsbezogene Weiterqualifikation ist die «Fortsetzung oder Wiederaufnahme organisierten Lernens nach Abschluß einer unterschiedlich ausgedehnten ersten Bildungsphase»; sie findet in der Regel nach dem «Eintritt in die volle Erwerbstätigkeit» statt (DEUTSCHER BILDUNGSRAT 1970, S. 197).

Während Lehrerfortbildung in diesem Verständnis der Erhaltung, Vertiefung und Weiterentwicklung der beruflichen Kompetenzen dienen soll, bezeichnet der Begriff der Lehrerweiterbildung individuelle Initiativen und Aktivitäten, die auf die Erweiterung vorhandener und/oder den Erwerb zusätzlicher fachlicher →Qualifikationen abzielen. Lehrerfortbildungsmaßnahmen werden demgemäß nicht mit →Prüfungen, Examina oder ähnlichem abgeschlossen oder durch →Zeugnisse attestiert. Im Gegensatz dazu wird die erfolgreiche Teilnahme an Lehrerweiterbildungsaktivitäten durch Zertifikate bescheinigt, die dazu berechtigen, ein zusätzliches Fach beziehungsweise mehrere zusätzliche Fächer in der gleichen oder auch in einer «weiterführenden» Schulart/-stufe zu unterrichten. Im zweiten Fall wird gleichzeitig der Anspruch auf ein höheres Gehalt erworben. Lehrerfortbildung wird in der Bundesrepublik weitgehend in staatlichen Fortbildungsinstitutionen durchgeführt. Die Weiterbildung findet dagegen hauptsächlich an den Hochschulen statt.

Organisation. *Staatliche Lehrerfortbildungsinstitutionen* gibt es inzwischen in allen Bundesländern. Sie unterstehen generell der Aufsicht und finanziellen Trägerschaft der jeweils zuständigen Kultusministerien, denen sie, wie zum Beispiel in Rheinland-Pfalz und Bremen, auch als «Referate» unmittelbar eingegliedert sein können. In einigen Bundesländern wird die Lehrerfortbildung von vorrangig zu diesem Zweck gegründeten Landesinstituten übernommen – so zum Beispiel durch das Landesinstitut Schleswig-Holstein für Praxis und Theorie der Schule

(IPTS), das Hessische Institut für Lehrerfortbildung (HILF) und in Nordrhein-Westfalen durch das Landesinstitut für Schule und Weiterbildung (LSW) (zum vollständigen Überblick: vgl. KRÖLL 1980, S. 229f; vgl. FISCHER 1986).

Lehrerfortbildungsveranstaltungen werden darüber hinaus auch von den beiden großen Konfessionen, den Lehrergewerkschaften und anderen, sogenannten *freien Trägern* (zum Beispiel Lehrervereinigungen, wissenschaftlichen Gesellschaften) angeboten. Dabei handelt es sich zumeist um überregional organisierte Veranstaltungen, die in eigens dafür ausgestatteten Instituten stattfinden, oder aber um themenspezifische und entsprechend lokal begrenzte Angebote. Organisationsformen und inhaltliche Schwerpunkte dieser Veranstaltungen unterscheiden sich allenfalls geringfügig vom Angebot staatlicher Lehrerfortbildungsinstitutionen.

Lehrerfortbildung in *kommunaler Trägerschaft* gibt es in den Städten Bochum, Bottrop, Düsseldorf, Köln, München, Nürnberg und Sigmaringen. Ein kleiner Stab hauptamtlicher Mitarbeiter organisiert dort unter anderem Nachmittagskurse, Besichtigungen, Exkursionen und Vorträge, die überwiegend in der unterrichtsfreien Zeit stattfinden. Zusätzlich wird, ähnlich wie von einigen staatlich getragenen Institutionen der Lehrerfortbildung (so in den Stadtstaaten Bremen und Hamburg, die zugleich Bundesländer und Kommunen sind), ein mit technischen Medien und praxisorientierten Bibliotheken umfassend ausgestatteter Beratungsdienst auf- und ausgebaut, der in seiner endgültigen Form die Aufgaben eines «Zentrums für Lehrerbildung» wahrnehmen soll.

Einige pädagogische Hochschulen und Universitäten bieten Lehrerfortbildung zum Beispiel in Form von *Kontakt-Studiengängen* an (vgl. KRÖLL 1980, S. 232). Neben diesen relativ kontinuierlichen, zum Teil im Rahmen von Modellversuchen (etwa an den Universitäten Bremen und Oldenburg) institutionalisierten Aktivitäten werden Lehrerfortbildungsveranstaltungen aber auch an anderen Hochschulen beziehungsweise von einzelnen Hochschullehrern in Zusammenarbeit mit den zuständigen Kultusministerien durchgeführt (vgl. KUNTZ-BRUNNER/SCHNEIDER 1974).

Das Deutsche Institut für Fernstudien (DIFF) an der Universität Tübingen bietet bereits seit längerer Zeit *Fernstudienlehrgänge* zur Lehrerfortbildung an, die zum Teil in Zusammenarbeit mit den Rundfunkanstalten weite Verbreitung fanden. Diese Lehrgänge haben mittlerweile insofern zusätzliche Bedeutung erlangt, als sich einige staatliche Institutionen und «freie» Organisationen an der Betreuung der Teilnehmer beteiligten.

Im Hinblick auf ihr Innovationspotential wohl wichtigste Organisationsform der Lehrerfortbildung sind die verschiedenen Modellversuche. Modellversuche sind Reformprojekte im Bildungsbereich, die von Bund und Land beziehungsweise Ländern anteilig gefördert werden. Die Modellversuche zur Lehrerfortbildung waren und sind insofern besonders bemerkenswert, als mit ihnen Tendenzen zukünftiger Entwicklung vorweggenommen werden sollen. Ihre Ergebnisse und Produkte, ihr Erfolg oder ihr Scheitern liefern Anhaltspunkte und Kriterien für die Errichtung dauerhafter Institutionalisierungsformen der Lehrerfortbildung. Gerade in diesen Projekten wird versucht, Lehrerfortbildung und Curriculumentwicklung schon vom Ansatz her miteinander zu verbinden. Erste vorläufige Zusammenfassungen und Übersichten liegen vor (vgl. Bund-Länder-Kommission für Bildungsplanung und Forschungsförderung 1981, Laurenze/Radtke 1980).

Während die genannten Organisationsformen der Lehrerfortbildung im Hinblick auf ihren Institutionalisierungsgrad nahezu gleichrangig nebeneinander stehen, ergeben sich nicht unerhebliche Differenzen, wenn darüber hinaus weitere Vergleichsaspekte einbezogen werden. Das unterschiedliche Innovationspotential wurde bereits angesprochen. Ein anderer Vergleichsaspekt ist die Quantität des Angebotes. Nach Hochwald u. a. (vgl. 1974, S. 52ff) werden zirka 42% der Kurse von staatlich getragenen Institutionen angeboten, konfessionelle Träger bestreiten zirka 18% des Angebotes, zirka 20% der Veranstaltungen werden in kommunaler Trägerschaft durchgeführt, und den verbleibenden Rest teilen sich die übrigen Anbieter. Diese Angaben beziehen sich auf den Zeitraum 1973/1974. Sie können daher nicht mehr sein als ein Hinweis auf gewisse Positionsdifferenzen zwischen den oben aufgelisteten Lehrerfortbildungsinstitutionen und Trägern. Einer der Mitautoren dieser Studie, Kröll, ergänzt dazu an anderer Stelle: «Schon 1972 waren bei den etwa 25 staatlichen, freien und städtischen Lehrerfortbildungseinrichtungen zwei Drittel der gesamten Lehrerfortbildung in der Bundesrepublik konzentriert; dieser Prozeß hat sich bis heute noch bedeutend verstärkt» (Kröll 1977, S. 50; eine neuere Bestandsaufnahme: vgl. Will 1987).

Ziele und Inhalte. Die grundlegenden Ziele der Lehrerfortbildung in der Bundesrepublik Deutschland sind oben bereits genannt worden: angestrebt wird die Erhaltung, Vertiefung und Weiterentwicklung vorhandener beruflicher Kompetenzen sowie darüber hinaus die Vermittlung aktuellen Wissens zur Bewältigung veränderter berufsfeldspezifischer Anforderungen.

Im Sinne zumindest der offiziellen Verlautbarungen von Ministerien beziehungsweise staatlichen Lehrerfortbildungsinstitutionen hat institutionalisierte Fortbildung als *Professionalisierungsmedium* die gesamte

Berufskarriere des Lehrers in kontinuierlicher Weise abzudecken (vgl. Edelhoff 1980, Hessisches Institut für Lehrerfortbildung o. J., Maier 1971, Schmidt 1980). Die Entwicklungstendenzen lassen daher nicht nur einen steigenden internen Institutionalisierungs- und Professionalisierungsgrad vor allem der staatlich organisierten Lehrerfortbildung erkennen (vgl. Bloch u. a. 1981a), sondern darüber hinaus auch den Versuch, insgesamt ein *System der → Lehrerausbildung* zu verwirklichen, das von der vorberuflichen Ausbildung an den Hochschulen (erste Phase) über die praxisnahe, bereits eigene Unterrichtstätigkeit einschließende Seminarausbildung (zweite Phase) bis hin zu berufsbegleitenden Fortbildungsveranstaltungen (dritte Phase) reicht.

Es ist von daher nur folgerichtig, wenn im Zuge der Verwirklichung der genannten Rahmenziele Inhalte, die in der vorberuflichen Ausbildung relevant sind, im Rahmen der eigentlichen «Fort»bildung – wenn auch mit unterschiedlicher zeitlicher Gewichtung – wieder aufgegriffen werden.

Im Hinblick auf die Anteile und Gewichtung der Inhalte soll Lehrerfortbildung «auch ein Forum darstellen, das die praxisorientierte Kommunikation ermöglicht, also die fachdidaktische Ausbildung der 1. Phase und die schulpraktische Ausbildung der 2. Phase fortsetzt» (Maier 1971, S. 2). Auf zwei neuere Entwicklungen sei besonders hingewiesen: einmal auf breit angelegte «Fortbildungsmaßnahmen» der staatlichen Träger zu aktuellen Schulproblemen wie etwa zur Ausländerproblematik oder zur Computerbenutzung, zum anderen auf weitgehend von Schulen selbst organisierte Veranstaltungen, sogenannte «schulinterne Lehrerfortbildung». Gerade Veranstaltungen letzterer Art erfreuen sich zunehmender Beliebtheit (vgl. Landesinstitut für Schule und Weiterbildung 1988, Mutzek/Pallasch 1983).

Zusammenfassend ist zu sagen, daß das Angebot in der Lehrerfortbildung in alle Bereiche der Lehrerbildung hineinreicht. Der Schwerpunkt liegt auf unterrichtspraktischen und methodischen Inhalten sowie schulfachspezifisch auf der fachwissenschaftlichen Unterweisung. Eine *«fortbildungsdidaktische Struktur»*, die die Vielfalt der Angebote («Warenhausangebote» – Hahn 1974, S. 79) unter einer allgemein akzeptierten didaktischen Idee ordnet, ist zur Zeit nicht erkennbar.

Zentralisierung oder Dezentralisierung. Organisationsformen der Lehrerfortbildung sind als Rahmenbedingungen in doppeltem Sinne zu verstehen: Gemeint ist zum einen die zeitliche Planung und Durchführung von Lehrerfortbildungsveranstaltungen, zum anderen das übergreifende Modell oder Konzept, auf dessen Grundlage Lehrerfortbildungsmaßnahmen innerhalb eines Bundeslandes oder einer bestimmten Region angeboten werden.

Dabei wird nicht zufällig in erster Linie auf die Einheit «Bundesland» abgestellt: Lehrerfortbildungsmaßnahmen werden zum überwiegenden Teil von staatlichen Institutionen getragen und organisiert. Aufgrund der kulturellen Autonomie der Länder bedeutet staatliche Institutionalisierung in der Bundesrepublik Deutschland jedoch gleichsam automatisch Institutionalisierung auf Landesebene mit allen Folgen positiver (sichere Finanzierung, dienstrechtliche Absicherung), aber auch negativer Art (eingeschränkte Autonomie der Mitarbeiter, Planungsvorgaben – vgl. EDELHOFF 1976, S. 19). Dies verweist bereits auf die konzeptionelle Ebene der Organisation von Lehrerfortbildung, nämlich auf die Frage nach «Zentralisierung» oder «Dezentralisierung» (beziehungsweise «Regionalisierung»).

Das Fortbildungssystem in den einzelnen Bundesländern ist in den letzten Jahrzehnten systematisch ausgebaut worden. In einer internationalen Vergleichsstudie von neun Ländern, «Innovation in the In-Service Education and Training of Teachers (INSET)», der Organization for Economic Co-operation and Development (OECD), wurde die Bundesrepublik Deutschland mit am besten eingeschätzt (vgl. BOLAM 1977). Ihr wird – neben Schweden und Japan – ein weit differenziertes System mit Funktionszuordnungen zu den einzelnen Einrichtungen bescheinigt (vgl. BÜNDER/NENTWIG 1978).

Der Ausbau des jeweiligen Systems ist in den meisten Fällen begleitet von der Entwicklung zentraler Fortbildungsstrukturen. In der Bundesrepublik fiel ihre Aufbauphase vielfach mit der Durchführung von Modellversuchen zur Lehrerfort- und -weiterbildung zusammen. Diese Versuche waren in den überwiegenden Fällen an Konzeptionen der Verknüpfung von Lehrerfortbildung und Curriculumentwicklung gebunden, also an Organisationsformen mit lokal orientierten Lehrerarbeitskreisen (vgl. BONN 1974, 1977; vgl. HALLER/WOLF 1973, HEYMANN 1979). Die Diskussion über Funktionen von zentralen und dezentralen Einrichtungen war aufgrund dieser Konstellation zum Teil recht heftig. Abgesehen von dieser Auseinandersetzung lassen sich aber durchaus Zuordnungen zu zentralen und dezentralen Einrichtungen aufstellen, die, obwohl nicht durch eine allgemeine Theorie der Fortbildungsdidaktik abgesichert, breitere Übereinstimmung finden. Zentral organisierte Veranstaltungen umfassen in der Regel einen längeren Zeitraum (von drei Tagen bis zu einer Woche), finden in zentral gelegenen Fortbildungseinrichtungen statt und können unter anderem folgende Aufgaben haben: Probleme der allgemeinen Entwicklung des Schulwesens in Zusammenarbeit mit Wissenschaft und Bildungsadministration zu bearbeiten und Formen der Umsetzung von Lösungen zu entwickeln; curriculare Grundsatzfragen (Rahmenrichtlinien oder Fördermaßnahmen zur Bewältigung sprachlicher und kulturell bedingter

Integrationsprobleme von Emigrantenkindern) gründlich zu erörtern; spezielle Bedürfnisse einzelner Lehrer beziehungsweise Lehrergruppen im Hinblick auf die Weiterentwicklung des Fortbildungsangebots aufzugreifen.

An diesem Aufgabenkatalog wird deutlich, daß derart zentral organisierte Lehrerfortbildung vor allem an «Multiplikatoren» adressiert ist, um dann über informelle Kommunikationsstrukturen die Kollegien der Schulen zu erreichen. Durchaus im Sinne der Intentionen von Bildungspolitik und -verwaltung wird über die zentral organisierte Veranstaltung gleichzeitig die informell «kollegiale» Unterstützung der Einführung und Durchsetzung curricularer Reformen abgesichert.

Regional organisierte Veranstaltungen decken demgegenüber einen weitaus höheren Anteil des Gesamtangebotes ab, sind zeitlich variabler gestaltet und finden entweder in den Schulen selbst oder in deren unmittelbarer Nähe statt. Sie sollen auf die spezifischen regionalen Bedürfnisse ausgerichtete Informationen vermitteln, regional wichtige Themen ansprechen und Grundlagen für eine längerfristige kontinuierliche Zusammenarbeit von Lehrern und anderen mittelbar oder unmittelbar an curricularen Veränderungen beteiligten Personen bereitstellen.

Dezentrale Einrichtungen sollen danach sehr viel individueller und bedürfnisorientierter auf aktuelle Probleme des Lehrers eingehen. Die Arbeit bezieht sich dabei unmittelbar auf die Veränderungen des Unterrichtsgeschehens. Abstimmungen und Kooperation zwischen zentralen und regionalen Fortbildungsaktivitäten finden in den einzelnen Bundesländern mit unterschiedlichem Erfolg statt. Auch hier werden vermutlich erst mit der weiteren Entwicklung einer «fortbildungsdidaktischen Struktur» effektivere Lösungen realisierbar werden.

BLOCH, J. A. u. a.: Institutionalisierte Lehrerfortbildung im naturwissenschaftlichen Bereich. Auszüge aus einer Studie zur Lehrerfortbildung in der Bundesrepublik Deutschland. In: Uw. 9 (1981), S. 32ff (1981a). BLOCH, J. A. u. a.: Charakteristiken der Lehrerfortbildung im naturwissenschaftlichen Bereich in der Bundesrepublik Deutschland. Institut für die Pädagogik der Naturwissenschaften: IPN-Arbeitsberichte 46, Kiel 1981 b. BOLAM, R. (Hg.): Innovation in the In-Service Education and Training of Teachers. Towards a Conceptual Framework. OECD/CERI: TE 77.06, Paris 1977. BONN, P.: Entstehung und Konzeption des Modellversuches zur Konkretisierung der Rahmenrichtlinien an Gesamtschulen in Hessen (1972/1973), Frankfurt/M. 1974. BONN, P.: Curriculumentwicklung an Gesamtschulen und kooperative Lehrerfortbildung – Werkstattbericht über den Modellversuch «Konkretisierung der Rahmenrichtlinien an Gesamtschulen» (KORAG) in Hessen (1973–1976), Frankfurt/M. 1977. BUND-LÄNDER-KOMMISSION FÜR BILDUNGSPLANUNG UND FORSCHUNGSFÖRDERUNG (Hg.): Modellversuche zur Lehrerfort- und -weiterbildung, Stuttgart 1981. BÜNDER, W./NENTWIG, P. (in Zusammenarbeit mit J. A. Bloch u. a.): Modelle zur Lehrerfortbildung aus neun OECD-Mitgliedsländern. Auswertung der OECD-Berichte «Innovation in In-Service-Education and Training of Teachers» (INSET), Institut für die Pädagogik der Naturwissenschaften: IPN-Arbeitsberichte 34, Kiel 1978. DEUTSCHER BILDUNGSRAT: Strukturplan für das Bildungswesen. Empfehlungen der Bildungskommission, Stuttgart 1970. EDELHOFF, CH.: Zur Didaktik und Methodik der Lehrerfortbildung. In: Böwer-Franke, Ch. u. a. (Hg.): Zur Didaktik und Methodik der Lehrerfortbildung, Essen 1976, S. 18ff. EDELHOFF, CH.: Thesen zur Lehrerfortbildung. In: Deutscher Verein zur Förderung der Lehrerfortbildung und Lehrerweiterbildung, Informationsblatt (1980), 2, S. 7ff. FISCHER, D.: Institutionen der Lehrerfortbildung. Dokumentationen zur Organisation und Struktur staatlicher und kirchlicher Lehrerfortbildung, Münster 1986. HAHN, H.: Nachdenken über Lehrerbildung. In: IPTS-Schr. (1974), 4, S. 79ff. HALLER, I. / WOLF, H.: Die Neuorganisation der Lehrerfortbildung als Teilstück schulnaher Curriculumentwicklung. In: Curr. konkret 1 (1973), 1, S. 1ff. HESSISCHES INSTITUT FÜR LEHRERFORTBILDUNG (Hg.): Programm, o. O. o. J. HEYMANN, K.-D.: Pädagogische Begleitforschung im Prokrustesbett der Politik: Innovations- und Evaluationsverläufe von Modellversuchen zur Lehrerfortbildung und schulnahen Curriculumentwicklung in Hessen von 1972–1977. In: Mitter, W. / Weishaupt, H. (Hg.): Strategien und Organisationsformen der Begleitforschung. Vier Fallstudien, Weinheim/Basel 1979, S. 67ff. HOCHWALD, K. H. u. a.: Thesen und Materialien zur Situation der Lehrerweiterbildung in der Bundesrepublik Deutschland, Münster 1974. KRÖLL, U.: Geschichte, Entwicklungen, offene Fragen. Institutionalisierte Lehrerfortbildung. In: betr. e. 10 (1977), 1, S. 48ff. KRÖLL, U.: Institutionalisierte Lehrerfortbildung. Konzepte, Modelle und ihre Praxis, Weinheim 1980. KUNTZ-BRUNNER, R. / SCHNEIDER, W.: Kontaktstudium an den wissenschaftlichen Hochschulen der Bundesrepublik, Hamburg 1974. LANDESINSTITUT FÜR SCHULE UND WEITERBILDUNG: Schulinterne Lehrerfortbildung. Projektkonzeption, Soest 1988. LAURENZE, A. / RADTKE, F.-O.: Schulnahe Curriculum-Entwicklung. Was nun? In: D. Dt. S. 72 (1980), S. 416ff. MAIER, H.: Die Fortbildung der Lehrer. In: srep. (1971), 4, S. 1f. MUTZEK, W. / PALLASCH, W. (Hg.): Handbuch zum Lehrertraining, Weinheim/Basel 1983. PREUSS-KIPPENBERG, J.: Umfrage zur Lehrerfort- und -weiterbildung im Lande Bremen, Mimeo, Bremen 1980. SCHMIDT, A.: Thesen zur Lehrerfortbildung – Zur Diskussion gestellt. In: Deutscher Verein zur Förderung der Lehrerfortbildung und Lehrerweiterbildung, Informationsblatt (1980), 1, S. 5. WILL, K.: Lehrerfortbildung. Eine bundesweite Bestandsaufnahme, Schriftenreihe des Bildungs- und Förderungswerkes der GEW, Nr. 4, Frankfurt/M. 1987.

Henning Haft / Wolfgang Bünder

Lehrerinnenseminare → Frauenbildung

Lehrermitbestimmung → Mitbestimmung – Mitwirkung

Lehrerpersönlichkeit → Lehrer; → Lehrerausbildung

Lehrerrecht → Freiheit, pädagogische

Lehrerseminar → Lehrerausbildung

Lehrerstudium → Lehrerausbildung

Lehrertypologie → Erziehungs- / Unterrichtsstil

Lehrerverhalten → Erziehungs- / Unterrichtsstil

Lehrerweiterbildung → Lehrerfortbildung

Lehrfach → Fach – Fächerkanon

Lehr-/Lernforschung

Forschungsgegenstand. Seit Herbart (vgl. 1887) seine Theorie des «erziehenden Unterrichts» mit einer Theorie des →Lernens fundierte, versucht die sich wissenschaftlich begründende →Pädagogik, Zielsetzungen pädagogischen Handelns und Annahmen über psychologische Voraussetzungen handlungsrelevanter Veränderungen individueller Verhaltensdispositionen in einer pädagogischen Methodenlehre (→Methode) aufeinander zu beziehen. In Abgrenzung zu Theoriebildungen pädagogischer Einflußnahme über unmittelbar verhaltenssteuernde Interventionen und Erziehungsmittel einerseits, über die Organisation und →Rituale institutionalisierter Erziehung, Bildung und Ausbildung andererseits ist die Lehr-/Lernforschung zunächst als ein der Didaktik zuzuordnender Forschungsbereich zu verstehen. Sie thematisiert den Zusammenhang zwischen Veränderungen individueller Verhaltensdispositionen und Maßnahmen der Anregung und Unterstützung des Erwerbs spezifischer Kenntnisse, Einsichten, Handlungsbereitschaften und Fertigkeiten und untersucht insbesondere das Verhältnis wechselseitig fördernder und erschwerender Bedingungen von Lehren und Lernen. Von der Curriculumforschung abhebbar durch die weitgehende Ausklammerung der Probleme einer Legitimation der →Lernziele und Lerninhalte, im Vergleich zur Unterrichtsforschung in der Fragestellung nicht eingeschränkt auf institutionalisiertes Lehren und Lernen in der →Schule und bei der Beschreibung konkreter Lehr-/Lernbedingungen auf Ergebnisse der Sozialisationsforschung angewiesen, erweist sich Lehr-/Lernforschung zu einem nicht unerheblichen Teil als jeweils bestimmbare und gemeinsame Schnittmenge dieser Forschungsgebiete (vgl. Hosford 1973, S. 39f). Sie ist Forschung zur Aufklärung des Handlungs- und Bedingungsfeldes aufeinander bezogener und zu beziehender Lehr- und Lernprozesse.

Die sehr unterschiedlichen Definitionsversuche von Lernen und Lehren in behavioristischer (vgl. Skinner 1965), funktionalistischer (vgl. Dewey 1949), strukturalistischer (vgl. Piaget 1973), informationstheoretischer (vgl. Klix 1971), kulturhistorischer (vgl. Leontjew 1966) oder geisteswissenschaftlicher (vgl. Klafki 1959) Forschungstradition lassen darin Übereinstimmung erkennen, daß sie begriffliche Bestimmungen mit einem hohen Allgemeinheitsgrad anstreben. Die Kluft zwischen theoretischer Grundlegung und alltäglichem Lehren und Lernen insbesondere in der Schule konnte so trotz einiger weiterführender Ansätze (vgl. Aebli 1973, Ausubel 1974, Bruner 1974, Gagné 1980, Lompscher 1971; zusammenfassend: vgl. Edelstein 1978, Straka/Macke 1979) bisher kaum überbrückt werden. Zunehmende Bedeutung wird daher Forschungsprogrammen mit einer fachdidaktisch oder lernbereichsspezifisch konkretisierten Schwerpunktsetzung beigemessen.

Für die Konstituierung des Forschungsgegenstandes sind unabhängig von wissenschaftstheoretischen Prämissen zwei im Ansatz konkurrierende Problemdefinitionen folgenreich: Als Weiterführung lernpsychologischer Forschung und Theoriebildung entwickelte sich seit Beginn der 60er Jahre verstärkt eine lerntheoretisch fundierte Instruktionsforschung, die Lehren als eine spezifische und manipulierbare Umweltbedingung menschlichen Lernens klassifiziert und eine auf lernpsychologische Forschungsergebnisse gestützte, erfahrungswissenschaftlich zu sichernde Technologie lernzielorientierter Verhaltensbeeinflussung anstrebt. Auch dort, wo Ergebnisse der Verhaltenspsychologie als Grundlage einer Steuerung komplexer Lernprozesse in Frage gestellt und kognitive Theorien menschlichen Lernens zur Begründung lernfördernder Lehrverfahren herangezogen werden, bleibt die zentrale Problemstellung, auf der Grundlage lernpsychologischer Erkenntnisse oder zumindest in Anlehnung an sie, eine Theorie des Lehrens zu entwickeln (vgl. GLASER 1976). Nicht nur die skeptische Einschätzung der Bedeutsamkeit bisher vorliegender grundlagentheoretischer Befunde und der methodologisch problematische Schritt von der Deskription experimentell belegbarer Gesetzmäßigkeiten des Lernens zur Präskription lernsteuernder Lehrverfahren, sondern vor allem die Frage nach der grundsätzlichen Angemessenheit der vorgenommenen Konstituierung des Forschungsgegenstandes für die Strukturierung und Erfassung des zu untersuchenden Handlungs- und Bedingungsfeldes führte demgegenüber zur Neubelebung einer auf die Komplexität der Unterrichtssituation verweisenden Lehrforschung, die die Bedingungen und Formen des Lehrens insbesondere im institutionalisierten Unterricht und ihre Auswirkungen auf Lernprozesse und Lernergebnisse bei den Lernenden zum Forschungsgegenstand erklärte (vgl. TERHART 1978). Die vielfachen Versuche, Forschungsbefunde der beiden Grundpositionen in der Lehr-/Lernforschung miteinander zu vermitteln, stehen vor dem grundsätzlichen Dilemma, «daß Forschung, die durch ein einflußreiches Modell generiert worden ist, notwendigerweise an dieses Modell angekettet ist. Forschung, die von unterschiedlichen Modellen ausgeht, kann nicht einen einheitlichen Grundstock empirischen Wissens konstituieren, welcher als unabhängig von diesen Modellen gelten kann» (vgl. NUTHALL/SNOOK 1977, S. 91). Es stellt sich der Lehr-/Lernforschung daher zunehmend die Aufgabe, die ihr selbst zugrunde liegenden Modelle realitätsbestimmender Problemdefinitionen im Kontext einer Analyse notwendiger Leistungen für eine pädagogisch zu verantwortende Praxis als zentralen Forschungsgegenstand zu bestimmen.

Forschungsfelder und Fragestellungen. Es ist kein neues, wohl aber ein sachlich besonders fundiertes Urteil, wenn Travers im Vorwort zum «Second Handbook of Research on Teaching», das ein Jahrzehnt auch unterrichtsrelevanter Lehr-/Lernforschung zusammenfaßt, den Mangel an substantiell bedeutsamer Forschung beklagt und ein Mißverhältnis feststellt zwischen dem erheblichen Aufwand an öffentlichen Mitteln und tatsächlichem Erkenntnisfortschritt (vgl. TRAVERS 1973, S. VIIf). Nach Jahren bewußter Spezialisierung und der Konzentration auf Detailprobleme, der Ausdifferenzierung von Fragestellungen und Verfeinerung der Forschungsmethoden wächst die Einsicht, daß nicht die Quantität der Untersuchungen und das Streben nach methodischer Perfektion, sondern vorrangig die wissenschaftlich reflektierte theoretische und praktische Relevanz der Problemstellung über ihre Bedeutung entscheiden.

Mit zunehmender Überwindung der alten, von der Verhaltenspsychologie reaktivierten Illusion, die vielfältigen und komplexen, alltagssprachlich als «Lernen» bezeichneten Prozesse auf wenige Gesetzmäßigkeiten zurückführen und aus diesen ein allgemeines Lehrverfahren für die Schule ableiten zu können, ist das Forschungsfeld nicht nur differenzierter, sondern durch eine Vielzahl sehr verschiedenartiger theoretischer und methodischer Zugänge nahezu unüberschaubar geworden. Einen ersten Überblick über Arbeitsvorhaben der vergangenen Jahre ermöglichen HEIDENREICH/HEYMANN (vgl. 1976), ROEDER (vgl. 1982) und TERHART (vgl. 1986).

Folgende thematische Schwerpunktsetzungen verdienen für eine schulbezogene Lehr-/Lernforschung besondere Beachtung: Wesentlich beeinflußt durch Gagnés Unterscheidung von internen und externen Bedingungen des Lernens und lernpsychologisch beschreibbaren Lerntypen einerseits und durch Vertreter einer kognitiven Lernspsychologie wie Ausubel und Bruner andererseits, wurden hypothetische Konstrukte und elaborierte Modellvorstellungen zur Erklärung und gezielten Unterstützung komplexer Lernprozesse in Forschungskonzepte der Lehr-/Lernforschung eingeführt. Diese können nicht nur empirisch prüfbare Analysen notwendiger Lernvoraussetzungen für die Bewältigung spezifischer Aufgaben ermöglichen und die Planung von Lehr-/Lernprozessen theoretisch einleiten, sondern auch Zusammenhänge zwischen Lernprozessen und spezifischen Lehraktivitäten in Form detaillierter Ansprüche an das Lehrverfahren in operationalisierter Begrifflichkeit beschreibbar machen (vgl. EIGLER 1976, 1978). Auch wenn die Validierung von Lern- und Lehrhierarchien erhebliche Schwierigkeiten bereitet, eine eindimensionale Organisation von Lernprozessen unter dem Aspekt des kognitiven Transfers insbesondere von Forschungsansätzen in der Nachfolge Piagets als Einschränkung entwicklungsfördernder Lernanreize problematisiert wird (vgl. WOHLWILL 1970) und das Konzept eines lernvoraussetzungsorientierten Aufbaus intellektueller Fähigkeiten und kognitiver Strukturen Unterrichtssituationen oft in pädagogisch und didaktisch bedenklicher Weise vorstrukturiert und determiniert, gehen von schulbezogen konkretisierten Lerntheorien viele die Lehr-/Lernforschung anregende Impulse aus. Untersuchungen sind insbesondere zu Fragen der Lernziel- und Aufgabenanalyse, zur Diagnose von Lernprozessen und Lernschwierigkeiten, zur Differenzierung und Individualisierung von Lernwegen und Lernumwelten für zielerreichendes Lernen, zur Entwicklung von Lehrverfahren und Lernhilfen sowie zur systematischen Förderung einer allgemeinen Lern- und Leistungsfähigkeit vorgelegt worden (vgl. KÖTTER/MANDL 1983, RIEDEL 1973, SCHWARZER/STEINHAGEN 1975, TREIBER/WEINERT 1985).

Während die durch Unterricht zu vermittelnden Lerninhalte traditionell vorwiegend einer (Fach-)Didaktik zugeordnet werden, gewinnen mit dem Aufweis eines «Implikationszusammenhanges» (BLANKERTZ 1969, S. 92) zwischen inhaltlichen und unterrichtsmethodischen Entscheidungen und der Einsicht in die gegenstandskonstituierende Funktion der Methode (vgl. KAISER 1972) Forschungsvorhaben an Interesse, die diesen bisher eher theoretisch erörterten Zusammenhang zwischen dem Lerngegenstand und der Methode seiner Erfassung und Aneignung für die Organisation von Lehr-/Lernprozessen fruchtbar machen. Klärungen, die über Analysen zur Begründung von Projektunterricht und Entscheidungsimplikationen bei der Curriculumentwicklung hinausgehen, sind jedoch noch kaum geleistet. Dagegen mehren sich Untersuchungen zu Ansätzen einer Lehrstoffanalyse und zu Bedingungen der Verständlichkeit sprachlicher Texte, in denen die Bedeutung von spezifischen Strukturen des Lerngegenstandes für die Organisation von Lehr-/Lernprozessen hervorgehoben wird (vgl. GROEBEN 1978, SCHOTT u. a. 1982, WIENHOLD u. a. 1982).

Im Grenzbereich zwischen Lehr-/Lern- und Unterrichtsforschung sind Untersuchungen einzuordnen, die Interaktions- und Kommunikationsprozesse in Lehr-/Lernsituationen analysieren, die «dialogische Konstitution eines Themas» (KOKEMOHR/UHLE 1976, S. 861) in der Konfrontation divergierender Deutungsmuster einer Unterrichtssituation aufzeigen und damit den Aufbau von Wissenszusammenhängen unter unterrichtlichen Kommunikationsbedingungen rekonstruieren, motivationale Probleme, Ängste und Barrieren institutionalisierten Lernens aufklären und konkrete Lehr-/Lernbedingungen in der Schule untersuchen (vgl. TREIBER/WEINERT 1982). Aufmerksamkeit verdienen dabei vor allem auch jene Forschungsansätze, die den nicht beabsichtigten oder zumindest nicht unmittelbar angestrebten Effekten von Lehr-/Lernprozessen nachgehen, dem sogenannten heimlichen Lehrplan konkurrierender Nebenwirkungen planmäßigen Lehrens und Lernens (vgl. ZINNECKER 1975; →Lehrplan, heimlicher).

Forschungsinteressen und -methoden. Folgt man der von MOLLENHAUER/RITTELMEYER (1977, S. 38) formulierten Einsicht, «daß in jeder Forschungsprozedur nicht nur mehr oder weniger zweckmäßige Verfahren angewendet, sondern die sozialen ‹Tatsachen›, auf welche diese Verfahren sich richten, zugleich *konstruiert* werden», dann wird auch die Lehr-/Lernforschung immer neu zu klären haben, welches Vorverständnis von ihrem Forschungsgegenstand sie bestimmt, welche Prämissen und Interessen im Prozeß kontrollierter Erkenntnisgewinnung sie leiten und welche Handlungs- und Erkenntnismöglichkeiten sie eröffnet, fördert, hemmt oder ausschließt. Wesentlich beeinflußt und bis in die jüngste Zeit auch weitgehend mitgetragen von einer experimentell arbeitenden Lernpsychologie, hat sich die Lehr-/Lernforschung nach einer langen geisteswissenschaftlich-hermeneutischen Forschungstradition und einer nur zögernden Anerkennung empirischer Untersuchungsansätze (vgl. WEINERT 1970) in den vergangenen zwei Jahrzehnten als eine vorwiegend empirisch forschende Wissenschaft etabliert. Sie steht mit dieser Entwicklung trotz der unbestrittenen Fortschritte in Problemdifferenzierung und kategorialer Erschließung ihres Forschungsfeldes und bemerkenswerter Anstrengungen bei der Verbesserung ihrer Methoden und Verfahren kontrollierter Erkenntnisgewinnung unter dem von HABERMAS (vgl. 1964) formulierten Vorbehalt des «positivistisch halbierten Rationalismus» einer auf technisch verwertbares Wissen zielenden empirisch-analytischen Sozialwissenschaft. Insbesondere drei Orientierungen, die unabhängig von spezifizierten Problemstellungen und Untersuchungsansatz eher implizit als argumentativ ausgewiesen das wissenschaftliche Interesse bestimmen, erscheinen in der Lehr-/Lernforschung als dominant:

Auch wenn die Untersuchungen nicht immer den hohen Anforderungen theoriebezogener Hypothesenprüfung einer auf Erklärung, Prognose und technisch verfügbares Wissen ausgerichteten Forschungsmethodologie entsprechen und keineswegs nur kausalanalytische Fragestellungen verfolgt werden, wird in der Regel von der am Modell einer nomothetischen Wissenschaft orientierten Erwartung ausgegangen, daß die jeweiligen Untersuchungsergebnisse auf vergleichbare Situationen übertragen werden können. Es wird eine allgemeine →Struktur von Lehr-/Lernprozessen unterstellt, die dem Muster zweckrationalen Handelns analog ist und die instrumentelle Verwertung der empirisch gewonnenen Forschungsergebnisse erlaubt. Kritiker sehen in dieser Ausrichtung des Forschungsprozesses die Entwicklung zu einer «Taylorisierung des Unterrichts» (vgl. BRUDER 1971).

Eng verknüpft mit diesem die empirische Lehr-/Lernforschung weitgehend leitenden Vorverständnis ist ein auf die Effektivität und Optimierung von Lehr-/Lernprozessen gerichtetes Interesse. Zwar unterscheidet Gage bei der Analyse vorherrschender Forschungsparadigmen zwischen dem Versuch, Zusammenhänge zwischen dem als abhängige Variable spezifizierten Unterrichtserfolg und den dieses Kriterium beeinflussenden Bedingungen aufzuklären und einem Interaktionsprozesse nur beschreibenden Forschungsmuster (vgl. FEGER/TROTSENBURG 1970), doch wird auch in deskriptiv-analytischen Ansätzen in Fragestellung und Interpretation der Untersuchungen in der Regel ein spezifisches Effektivitäts- und Optimierungsdenken erkennbar: Lehr-/Lernforschung hat sich als ein Beitrag zu erfolgssicherndem Handeln zu legitimieren.

Mit der vorherrschenden Bestimmung dieser forschungsleitenden Perspektive ist zugleich die dritte typische Orientierung der Lehr-/Lernforschung aufgewiesen. Der sehr komplexe Beziehungs- und Wirkungszusammenhang von Lehren und Lernen wird geradezu selbstverständlich aus der Sicht des Lehrenden wahrgenommen. Dies gilt selbst für die meisten Untersuchungen zur Individualisierung des Unterrichts, denn nicht die Schülerpersönlichkeit mit ihrer spezifischen Sozialisationsgeschichte, mit ihren Erwartungen, Ängsten und Ansprüchen steht im Zentrum der Bemühungen, sondern die Vermittlung eines bestimmten Lerninhalts, deren angestrebte Optimierung die Berücksichtigung individueller Lernvoraussetzungen und Lernstrategien erfordert. Nun ist grundsätzlich jeder Lehr-/Lernprozeß durch ein Kompetenzgefälle zwischen Lehrenden und Lernenden bestimmt, und auch die Lehr-/Lernforschung muß der didaktischen Aufgabe der geplanten, erfolgskontrollierten Anregung und Unterstützung von Lernprozessen Rechnung tragen. Dies impliziert aber nicht notwendigerweise ein auf den Lernprozeß und auf die Bedingungen seines Erfolgs zentriertes Forschungsinteresse. Eine solche Orientierung ist zwar aus der Sicht verbreiteter didaktischer Theorien und bildungsökonomischer Erwägungen naheliegend und verständlich, in ihrer gegenwärtigen Dominanz aber der Einsicht in die Bedeutung diskursiver Erkenntnisgewinnung und dem Anspruch der Förderung selbstbestimmten Lernens kaum angemessen.

Die Methoden der empirischen Lehr-/Lernforschung sind weitgehend auf den konkreten Forschungsgegenstand bezogene Präzisierungen und Weiterentwicklungen der vorwiegend in der Psychologie und Soziologie elaborierten Methoden empirischer Sozialforschung, wobei insbesondere bei experimentellen Versuchsplänen zuweilen eine an naturwissenschaftlichen Vorbildern angelehnte problematische Vereinfachung von Variablenkomplexen festzustellen ist. Im folgenden sollen typische methodische Ansätze der Lehr-/Lernforschung unterschieden werden, in denen zugleich spezifische Erkenntnisziele ihren Ausdruck finden:

Experimentelle Forschungsansätze erstreben die Klärung ursächlicher Zusammenhänge zwischen Situationsbedingungen und Ereignissen und haben insbesondere als Effektivitätsprüfung von Unterrichtsmethoden eine lange Tradition. Der zentrale Konflikt bei dem Versuch einer bedingungskontrollierten Prüfung der Voraussetzungen des Lernerfolgs ist (neben der Frage einer angemessenen Definition und Erfassung der Kriteriums-Variable) in den entgegengerichteten Anforderungen, der Sicherung interner Validität durch strenge Variablenkontrolle mit einer Tendenz zum praxisfernen Laborexperiment einerseits und in der Gewährleistung von externer Validität als Übereinstimmung von Experimental- und Realbedingungen mit einer Tendenz zu vor- und quasiexperimentellen Feldstudien mit eingeschränkter Bedingungskontrolle andererseits, zu erkennen. Eine Balance in dieser Dialektik von wissenschaftlicher Exaktheit und Realitätsnähe wird in Experimentalanordnungen gesucht, die als theoriegeleitete Hypothesenprüfung unter feldähnlichen Bedingungen eine wechselseitige Optimierungsstrategie zwischen theoretischer Stringenz und praktischer Relevanz verfolgen. Zunehmende Bedeutung haben multifaktorielle Versuchspläne gewonnen, die eine Reduktion komplexer Lehr-/Lernbedingungen auf nur eine bedingungskontrollierte unabhängige Variable überwinden und auch Wechselwirkungen zwischen verschiedenen Einflußgrößen auf den Lernerfolg untersuchen. So versucht die sogenannte ATI-Forschung eine Integration der traditionellen Orientierungen experimenteller und differentieller Psychologie, indem sie den Einfluß des Lehrverfahrens *(treatment)* unter dem Gesichtspunkt individueller Leistungsvoraussetzungen *(aptitude)* differenziert und mit statistischen Methoden Wechselbeziehungen *(interaction)* zwischen beiden Variablen zu erfassen sucht (vgl. CRONBACH/SNOW 1977). Die bisher enttäuschende Leistungsfähigkeit dieses Ansatzes wird vor allem auf die noch unzureichende Generierung von Untersuchungshypothesen und auf untersuchungstechnische Probleme zurückgeführt. Von herausragendem theoretischen wie praktischen Interesse, methodisch von der Lehr-/Lernforschung aber noch kaum zu bewältigen, erweisen sich Langzeituntersuchungen mit kausalanalytischer Fragestellung.

Auch den meisten *deskriptiv-analytischen Forschungsansätzen*, in denen die Beschreibung eines vermuteten Bedingungsfeldes von Lehr-/Lernprozessen angestrebt wird, geht es um die Aufklärung relevanter Wirkungszusammenhänge, doch lassen sich diese weder in Einzelfallanalysen noch durch vergleichende Statistiken und korrelationsstatistische Analysen als Ursache-Wirkungs- oder Bedingungs-Folge-Beziehung identifizieren und prüfen. Dennoch erlaubt der sichere Nachweis der nicht zufälligen Koexistenz beobachteter/ermittelter Daten oder der zeitlichen Folge von Ereignissen eine über Alltagserfahrungen und spekulative Erörterungen hinausgehende Fundierung von Hypothesen zum Bedingungsgefüge von Lehr-/Lernprozessen und kann zu weiterführenden Analysen und experimenteller Hypothesenprüfung wie zur begründeten Veränderung von Lehr-/Lernsituationen anregen. Bedeutung gewonnen haben vor allem Untersuchungen über Zusammenhänge von Lernleistungen einerseits und individuellen Leistungsdispositionen, Lehrer- und Unterrichtsvariablen sowie außerschulischen Sozialisationsbedingungen andererseits, Prozeßanalysen von Interaktionen im Unterricht mit korrelationsstatistisch aufweisbaren Beziehungen, aber auch Fallstudien zur Sozialökologie der Schule. Die methodischen Probleme deskriptiv-analytischer Lehr-/Lernforschung, der man die in der Größenordnung einzigartigen IEA-Studien zurechnen kann (vgl. LOOSE 1977), konzentrieren sich auf die zuverlässige, gültige und je nach Untersuchungsziel repräsentative Erfassung von bedeutsamen Daten und auf deren informations- und intentionsadäquate Analyse und Interpretation. Den Ansprüchen empirisch-analytischer Forschungsmethodologie entsprechend, ist prinzipiell jede Untersuchung von der Entwicklung der Beobachtungs- und Erhebungsinstrumente bis zur Datenauswertung als ein hypothesengeleiteter Forschungsprozeß zu organisieren.

Interaktionistisch-interpretative Forschungsansätze, die entscheidende Impulse aus der Gegenstandsbestimmung sozialer Realität des Symbolischen Interaktionismus (→Interaktionismus, Symbolischer), der Methodologie-Diskussion der phänomenologisch orientierten Soziologie und zuweilen aus gesellschaftskritischen Positionen der Kritischen Theorie erhalten haben (vgl. TERHART 1978), können in gewisser Weise als Weiterführung hermeneutischer Forschungstraditionen der Erziehungswissenschaft gelten. Sie lassen bei aller Verschiedenartigkeit der erst in Anfängen entwickelten Alternative zur empirisch-analytischen Lehr-/Lernforschung darin Übereinstimmung erkennen, daß die Kategorien zur Analyse und Deutung einer Lehr-/Lernsituation nicht als klar definierte und selektiv wirksame Wahrnehmungs- und Deutungsmuster dem Verfahren empirischer Datenerhebung vorgegeben werden, sondern im Forschungsprozeß selbst, in der Annäherung an das interpretierte Situationsverständnis der «Forschungsobjekte» gewonnen werden. Während in Anlehnung an Handlungsforschungskonzepte bei allen im Forschungsprozeß Beteiligten Lernprozesse über die Bedingungen des eigenen Lernprozesses angestrebt und in der Regel reflexiv dokumentiert werden (vgl. PROJEKTGRUPPE «TEXTINTERPRETATION UND UNTERRICHTSPRAXIS» 1974), versuchen interaktionistisch-interpretative Forschungsansätze in teilnehmender Beobachtung oder durch Dokumentenanalyse, den Lehr-/Lernprozeß als sozial-kommunikativen Interaktionsprozeß zu erfassen. Forschungsergebnisse werden hier nicht als Grundlage zweckrational und effektivitätsorientiert organisierter Lehr-/Lernstrategien verfügbar, sondern sollen insbesondere die Sensibilität und Kompetenz für eine kommunikative Praxis in Lehr-/Lernsituationen erhöhen. Das Problem der Übertragbarkeit und «Anwendung» von Erkenntnissen, die in interpretativen Analysen gewonnen wurden, dürfte bei zunehmender Resonanz dieses Forschungsansatzes die Technologiediskussion in der Lehr-/Lernforschung neu beleben (vgl. DRERUP/TERHART 1979).

AEBLI, H.: Psychologische Didaktik, Stuttgart [5]1973. AUSUBEL, D. A.: Psychologie des Unterrichts, Weinheim/Basel 1974. BLANKERTZ, H.: Theorien und Modelle der Didaktik, München 1969. BRUDER, K.-J.: Taylorisierung des Unterrichts. Zur Kritik der Instruktionspsychologie. In: Kursbuch (1971), 24, S. 113ff. BRUNER, J. S.: Entwurf einer Unterrichtstheorie, Berlin 1974. CRONBACH, L. J./SNOW, R. E.: Aptitudes and Instructional Methods. A Handbook for Research on Interactions, New York 1977. DEWEY, J.: Demokratie und Erziehung (1916), Braunschweig/Berlin/Hamburg [2]1949. DRERUP, H./TERHART, E.: Wissensproduktion und Wissensanwendung im Bereich der Erziehungswissenschaft. In: Z. f. P. 25 (1979), S. 377ff. EDELSTEIN, W.: Theorie der Entwicklung und Praxis des Unterrichts. In: N. Samml. 18 (1978), S. 221ff. EIGLER, G.: Lernhierarchien. In: Uw. 4 (1976), S. 285ff. EIGLER, G.: Kognitive Struktur – Kognitive Strukturen. Zur Funktion des Konstrukts kognitive Struktur in der Lehr-Lern-Forschung. In: Uw. 6 (1978), S. 277ff. FEGER, H./TROTSENBURG, E.: Paradigmen für die Unterrichtsforschung. In: Ingenkamp, K. (Hg.): Handbuch der Unterrichtsforschung, Teil 1, Weinheim/Basel 1970, S. 269ff. GAGNÉ, R. M.: Die Bedingungen des menschlichen Lernens, Hannover [5]1980. GLASER, R.: Components of a Psychology of Instruction: Toward a Science of Design. In: Rev. of E. Res. 46 (1976), S. 1ff. GROEBEN, N.: Die Verständlichkeit von Unterrichtstexten, Münster [2]1978. HABERMAS, J.: Gegen einen positivistisch halbierten Rationalismus. In: Köln. Z. f. Soziol. u. Sozpsych. 16 (1964), S. 636ff. HEIDENREICH, W.-D./HEYMANN, H. W.: Lehr-Lern-Forschung. Neuere unterrichtswissenschaftliche Literatur im Spiegel eines neuen Forschungsansatzes. In: Z. f. P. 22 (1976), S. 225ff. HERBART, J. F.: Allgemeine Pädagogik aus dem Zwecke der Erziehung abgeleitet (1806). Sämtliche Werke, hg. v. K. Kehrbach, Bd. 2, Langensalza 1887, S. 1ff. HOSFORD, P. L.: An Instructional Theory. A Beginning, Prentice Hall 1973. KAISER, H. J.: Erkenntnistheoretische Grundlagen pädagogischer Methodenbegriffe. In: Menck, P./Thoma, G. (Hg.): Unterrichtsmethode, München 1972, S. 129ff. KLAFKI, W.: Das pädagogische Problem des Elementaren und die Theorie der kategorialen Bildung, Weinheim 1959. KLIX, F.: Information und Verhalten, Berlin/Stuttgart/Wien 1971. KOKEMOHR, R./UHLE, R.: Themenkonstitution und reflexive Legitimation in Lehr-Lern-Prozessen. In: Z. f. P. 22 (1976), S. 857ff. KÖTTER, L./MANDL, H. (Hg.): Kognitive Prozesse und Unterricht. Jahrbuch für empirische Erziehungswissenschaft 1983, Düsseldorf 1983. LEONTJEW, A. N.: Das Lernen als Problem der Psychologie. In: Kossakowski, A./Lompscher, J. (Gutachter): Probleme der Lerntheorie, Berlin (DDR) 1966, S. 11ff. LOMPSCHER, J.: Psychologie des Lernens in der Unterstufe, Berlin (DDR) 1971. LOOSE, G.: Interkultureller Vergleich über Beziehungen von Schulleistung und familialer Sozialisation: Die IEA-Studien. In: Z. f. P., 13. Beiheft, 1977, S. 327ff. MOLLENHAUER, K./RITTELMEYER, CH.: Methoden der Erziehungswissenschaft, München 1977. NUTHALL, G./SNOOK, I.: Modelle des Lehrens. In: Loser, F./Terhart, E. (Hg.): Theorien des Lehrens, Stuttgart 1977, S. 50ff.

PIAGET, J.: Der Strukturalismus, Olten 1973. PROJEKTGRUPPE «TEXTINTERPRETATION UND UNTERRICHTSPRAXIS»: Projektarbeit als Lernprozeß, Frankfurt/M. 1974. RIEDEL, K.: Lehrhilfen zum entdeckenden Lernen, Hannover 1973. ROEDER, P. M.: Einleitung zum Themenschwerpunkt «Lehr-Lern-Forschung». In: Z. f. P. 28 (1982), S. 355ff. SCHOTT, F. u. a.: Zweckmäßige Repräsentation von Lehrstoffen als Problem der Lehr-Lern-Forschung und der pädagogischen Praxis. In: Z. f. P. 28 (1982), S. 527ff. SCHWARZER, R./STEINHAGEN, K. (Hg.): Adaptiver Unterricht, München 1975. SKINNER, B. F.: Die Wissenschaft vom Lernen und die Kunst des Lehrens. In: Correll, W. (Hg.): Programmiertes Lernen und die Lehrmaschinen, Braunschweig 1965, S. 66ff. STRAKA, G. A./MACKE, G.: Lehren und Lernen in der Schule, Stuttgart 1979. TERHART, E.: Interpretative Unterrichtsforschung, Stuttgart 1978. TERHART, E.: Der Stand der Lehr-Lern-Forschung. In: Enzyklopädie Erziehungswissenschaft, Bd. 3, Stuttgart 1986, S. 63ff. TRAVERS, R. M. W. (Hg.): Second Handbook of Research on Teaching, Chicago 1973. TREIBER, B./WEINERT, F. E. (Hg.): Lehr-Lernforschung. Ein Überblick in Einzeldarstellungen, München 1982. TREIBER, B./WEINERT, F. E.: Gute Schulleistungen für alle? Psychologische Studien zu einer pädagogischen Hoffnung, München 1985. WEINERT, F. E.: Analyse und Untersuchung von Lehrmethoden. In: Ingenkamp, K. (Hg.) Handbuch der Unterrichtsforschung, Teil 2, Weinheim 1970, S. 1217ff. WIENHOLD, G. u. a.: Lernmaterial und Lehrerverhalten in institutionalisierten Lehr-Lern-Prozessen – am Beispiel des Englischanfangsunterrichtes. In: Z. f. P. 28 (1982), S. 545ff. WOHLWILL, J. F.: Place of Structured Experiences in Early Cognitive Development. In: Interchange 1 (1970), 2, S. 13ff. ZINNECKER, J. (Hg.): Der heimliche Lehrplan, Weinheim/Basel 1975.

Klaus Riedel

Lehrinhalt → Lehrplan
Lehrkunst → Didaktik, allgemeine
Lehrlingsausbildung → Ausbildungsberuf
Lehrmaschine → Bildungstechnologie

Lehrplan

Begriff. Der Lehrplan kodifiziert Bildungsvorstellungen und Lehrinhalte und ist auf eine bestimmte Schulart – beziehungsweise Schulstufe – bezogen. Aussagen über Zielsetzungen von Unterricht, über Umfang, Reihenfolge und Zuordnungen der Inhalte zu bestimmten Jahrgängen strukturieren ihn. Der Lehrplan hat Rechtsstatus. Gegenwärtig ist er eine *Verwaltungsvorschrift* mit rechtsverbindlichen, aber auch mit rechtsfreien Anteilen. Lehrpläne koordinieren die Arbeit der einzelnen →Schulen und ermöglichen damit vergleichbare Abschlüsse. Sie legen den Rahmen bei der Produktion von Unterrichtsmedien fest und bilden Grundlage und Bezugspunkt für →Leistungsbeurteilung und Auslese (→Selektion). Außerdem markieren und garantieren sie Freiräume für einen (lehrplanlosen) →Unterricht (vgl. SACHER 1983, S. 326).

Es ist die Hauptfunktion des Lehrplans, inhaltliche Vorgaben für den Unterricht festzulegen. Er verkörpert den Inhaltskanon einer → Kultur, repräsentiert einen traditionswürdigen Bestand und trägt damit zur Stabilität der Kultur sowie zur Kontinuität der kulturellen Entwicklung bei. Der Lehrplan ist als gemeinsamer Nenner unterschiedlicher gesellschaftlicher Rechte und Interessen immer auch der sichtbare gesellschaftspolitische Kompromiß. Strittig ist seine innovative Funktion. Es gab und gibt Beispiele, die eine initiierende Funktion von Lehrplänen bei schulischen Neuerungen belegen. Häufiger aber gehen schulische Veränderungen von anderen Instanzen aus und werden erst nachträglich von Lehrplänen registriert und «gebilligt».

Zur Geschichte des Lehrplans. Lehrpläne gehören zu den bedeutenden Zeugen der Erziehungswirklichkeit. Vorformen finden sich im griechischen Bildungsideal der *Paideia*, einem Programm für die Gesellschaft der Freien, die sich neben der altgriechischen Adelsgesellschaft herausbildete. Unter Plato und Aristoteles gewann die *Enkyklios paideia* Gestalt. Sie war ein Vorläufer der *septem artes liberales*, der im Altertum und im abendländischen Mittelalter vorherrschenden «Lehrordnung». Bemerkenswert ist die aus heutiger Sicht ungewöhnliche Anordnung der sieben Fächer: Sie wurden nacheinander durchlaufen. Es gab keine Jahrgangsklassen, sondern Stoffklassen. Zum nächsten Fach durfte fortschreiten, wer das vorangegangene erfolgreich absolviert hatte. Der Lehrplan nahm somit Einfluß auf die Schulorganisation.

Der Artes-Lehrplan bildete sowohl die Grundlage für die Ausbildung und Bildung des Klerus als auch für die der Ritter. Er erfuhr erst mit der Renaissance und der Reformation größere Korrekturen. Der Buchdruck ermöglichte die Verbreitung von Büchern, die nun auch in deutscher Sprache erschienen. Damit war die Voraussetzung geschaffen, Muttersprache in den Lehrplan aufzunehmen. Geschichte wurde zum Schulfach, weil mit der Renaissance eine Rückbesinnung (nicht nur auf das Altertum) einherging. Später, im Zeitalter des Merkantilismus, hielten Realienfächer Einzug in den Lehrplan. Die Veränderungen zu Beginn der Neuzeit verdeutlichen die Abhängigkeit des schulischen Kanons von der ökonomischen, der sozialen und der geistigen Situation der jeweiligen Zeit (→ Fach–Fächerkanon).

Für einen lehrplangeschichtlich bedeutsamen Einschnitt sorgten die Didaktiker Ratke und Comenius. An die Stelle eines stofforientierten Stufenganges traten nun die «*konzentrischen Kreise*»: Schüler wurden möglichst gleichaltrig eingeschult, allen Schülern einer Altersstufe wurden alle Stoffgebiete gleichzeitig angeboten. Jahrgangsklassen wurden gebildet, wie wir sie heute noch kennen. Darüber hinaus führte das Prinzip der konzentrischen Kreise auch zur Einführung anthropologischer, speziell psychologischer Kriterien, die in der Lehrplanarbeit seit der →Aufklärung präzisiert wurden (Rousseau, Pestalozzi, Herbart). Die Perspektive kindlicher und jugendlicher Fassungskraft, «Reife» für bestimmte Stoffe, war damit bewußtgemacht.

Vertreter der reformpädagogischen Bewegung wie Petersen, Montessori, B. Otto forderten eine neue Schule (vgl. NOHL 1963, S. 43), in der der Bildungsmaterialismus überwunden und einer Bildung der geistigen und seelischen Kräfte des Individuums der Vorzug eingeräumt werden sollte. Gefragt war damit allerdings nicht ein neuer Lehrplan, sondern gerade eine Rücknahme administrativ verordneter Inhalte (vgl. RUDE 1932, S. 215). *Richtlinien* für den Unterricht wurden gefordert und in den 20er Jahren auch eingeführt. Die 50er und 60er Jahre knüpften zunächst an die Tradition der reformpädagogischen Bewegung an, ehe im Zusammenhang der Curriculumdiskussion eine umfassende Lehrplanreform unter der Regie der Wissenschaften gefordert wurde (→Curriculum). Angesprochen waren die Humanwissenschaften und die Bezugswissenschaften der Unterrichtsfächer (vgl. ROBINSOHN 1967). Anläufe wurden gemacht (beispielsweise in Hessen), die Ansprüche ließen sich indes kurzfristig nicht verwirklichen. Zudem wurden die Chancen überschätzt, über die Lehrplanreform Innovationen in der Schule durchzusetzen.

Lehrplantheorien. Die ersten Lehrplantheorien waren normative Theorien, da sie von einem inhaltlich bestimmten Menschenbild ausgingen und daraus schulische Bildungsinhalte ableiteten, diese systematisierten und legitimierten. Klassische Beispiele solcher Theorien sind die «Didactica magna» (vgl. COMENIUS 1982), das scholastische Curriculum von Morhof und der «Versuch einer Pädagogik» von Trapp. Zwar weisen sie Unterschiede bei der Bestimmung der menschlichen Natur auf und entwickeln damit auch jeweils unterschiedliche Schwerpunkte bei der Festlegung des inhaltlichen Programms. Ihr Anspruch jedoch reicht jeweils von einer *anthropologischen Fundierung bis zu einer enzyklopädischen Ordnung* des Lehrplans.

In der lehrplantheoretischen Diskussion des 19. Jahrhunderts wird dieser umfassende Anspruch zurückgenommen. Im Mittelpunkt stehen Gestaltungsprinzipien für den Lehrplan. Bei DÖRPFELD (vgl. 1962) ist der Aufbau des Lehrplans zentrales Thema. Gegenüber der Artes-Tradition ist die Forderung geradezu revolutionär, man solle erst die Sache kennenlernen und sich dann mit sprachlichen Formalien abgeben. Mit Dörpfeld differenziert und spezialisiert sich gleichzeitig die Lehrplantheorie: Zwar nennt er noch unverzichtbare Inhalte des Lehrplans, sein Augenmerk gilt aber mehr der Perspektive von *Auswahl und Anordnung* von Lehrplaninhalten.

Die geisteswissenschaftliche Pädagogik (→Pädagogik, Geisteswissenschaftliche) führt diese Diskussion zwar fort, stellt sie indes unter neue Voraussetzungen. Durch ihren eigenen Anspruch, von der Erziehungswirklichkeit auszugehen und diese verstehend zu erfassen, gerät sie gleichzeitig in Schwierigkeiten mit den herkömmlichen Lehrplantheorien, die normativ angelegt und der Erziehungswirklichkeit vorgeschaltet sind. Der geisteswissenschaftliche Pädagoge kann indes nur von vorhandenen Lehrplänen ausgehen und versucht, diese als Ergebnis eines Kampfes geistiger Mächte zu begreifen (vgl. WENIGER 1956). Der Lehrplanpraktiker erfährt dadurch zwar von Bedingungen und Zwängen, denen er bei Entscheidungen ausgesetzt ist, eine inhaltlich und methodisch gehaltvolle Theorie scheint aber nach wie vor erforderlich, will man den Zufälligkeiten von Alltagswissen entkommen.

Die Curriculumdiskussion der 70er Jahre ist unter lehrplantheoretischen Gesichtspunkten als Versuch zu bewerten, umfassende Ansätze erneut zu favorisieren, indem Inhalte wissenschaftlich legitimiert, Entscheidungen rationalisiert, Konstruktionsprinzipien für curriculare Entscheidungsprozeduren aufgestellt und diskutiert werden (vgl. BLANKERTZ 1973, FLECHSIG/HALLER 1973, ROBINSOHN 1967). Ein weiteres Verdienst der Curriculumdiskussion: Sie hat neben dem Entstehungszusammenhang von Lehrplänen auch deren Verwendungszusammenhang thematisiert. Die →Lehr-/Lernforschung konnte die Fragen nach dem Einfluß von Lehrplänen auf den Unterricht sowie nach dem Rezeptionsverhalten von Lehrern wegen der Komplexität der Entscheidungsfelder noch nicht eindeutig beantworten (vgl. BITTLINGER u.a. 1980, BRINKMANN-HERZ 1984). Eine Theorie der Lehrplanverwendung steht daher noch aus.

Reformtendenzen. Die Curriculumdiskussion hat für die Lehrplantheorie und -praxis Forderungen formuliert, die sich scheinbar widersprechen: Zum einen bringt der im Curriculumbegriff beanspruchte Implikationszusammenhang von inhaltlichen und methodischen Entscheidungen eine Erweiterung der Lehrplanaussagen, wovon viele Bildungsverwaltungen in der Vergangenheit Gebrauch machten. Andererseits kommt in den Konzepten offener Curricula der weitgehende Verzicht auf Vorgaben von zentralen Instituten (und dazu zählen auch staatliche Lehrplanstellen) zum Ausdruck (vgl. BECKER u.a. 1974, S. 105ff). Vor diesem Hintergrund hat die Lehrplanung für ein demokratisches Erziehungswesen sowohl in bildungspolitischer als auch pädagogischer Hinsicht die Aufgabe, kulturell-gesellschaftliche Notwendigkeiten und individuelle Bedürfnisse in Einklang zu bringen. Ersteres macht einen verbindlichen Rahmen notwendig, letzteres wird durch garantierte Freiräume ermöglicht.

Nach den Vorstellungen des Deutschen Juristentages sollen Lehrpläne künftig nicht mehr als Verwaltungsvorschriften, sondern als *Rechtsverordnungen* erlassen werden. Sie sind nämlich der neueren Rechtsprechung des Bundesverfassungsgerichts zufolge als *wesentliche Materialien* einzustufen und fallen deshalb in die Zuständigkeit der Landesparlamente, allerdings nur in der *grundrechtlich bedeutsamen Substanz*. Das bedeutet, daß in die Rechtsverordnungen nur die wesentlichen Ziele der Unterrichtsfächer aufgenommen werden. Der Juristentag lehnt jede enzyklopädische Vollständigkeit ab, «damit Raum bleibt für die Gestaltung des Unterrichts durch den einzelnen Lehrer» (SCHULE IM RECHTSSTAAT 1980, S. 171). Betrachtet man →Struktur und Funktion solcher Rechtsverordnungen, so scheint dafür der Begriff «Richtlinien» wohl angemessener. Allerdings sind diese im Gegensatz zu den Richtlinien der 20er Jahre nicht in erster Linie aus pädagogischen Motiven gefordert.

Die Rücknahme birgt indes auch Gefahren: Freiraum kann Beliebigkeit, ja Willkür bedeuten. Soll ein Rückfall in leer-formelhafte Aussagen vermieden werden (vgl. ROBINSOHN 1967), sind vor allem zwei Bereiche der schulischen Infrastruktur zu verändern:

Erstens: Lehrpläne mit festumrissenen Verbindlichkeiten und Freiraumgarantie lassen sich nur mit einem neuen *Planungsparadigma* verwirklichen. Weder ein planrationaler Ansatz, ein Paradigma der zentralen Curriculuminstitute, noch ein handlungsorientierter, der Planung nur im unmittelbaren Kontakt mit dem Handlungsfeld und den Adressaten zuläßt, werden dem Verwendungszusammenhang solcher Lehrpläne gerecht, da der erste die bildungspolitische und pädagogische Verantwortung des einzelnen Lehrers, der zweite die des Gesetzgebers ausklammert. Zu favorisieren wäre ein vermittelndes Paradigma: Der Lehrplan enthält Entscheidungsprämissen, die unter der einmaligen Gegebenheit des Unterrichts *appliziert*, das heißt interpretiert und ausgelegt werden. Beim *applikativen Planungsparadigma* wird vor Ort entschieden, allerdings aufgrund von Ziel- und Inhaltsvorgaben, die als Rahmen gesetzt sind (vgl. KAISER 1983, S. 355).

Zweitens: Die Entscheidung vor Ort bedarf aber trotzdem inhaltlich präzisierter Anregungen. Relativ abstrakte Lehrpläne benötigen demnach als Komplement reichhaltige Curriculummaterialien, die als freie Angebote Anregungspotential und Entscheidungshilfe darstellen.

Sowohl das Planungsparadigma als auch die Curriculummaterialien schränken die pädagogische →Autonomie des →Lehrers ein (→Freiheit, pädagogische). Reformvorschläge dieser Art können deshalb nur vertreten werden, wenn die Entscheidungsvorgaben demokratisch legitimiert sind. Deshalb muß auch das Verfahren der Lehrplanerstellung und die Kontrolle der Curriculummaterialien durch die Bildungsverwaltung mehr Transparenz erhalten, was durch eine vom Gesetzgeber abgesegnete Verfahrensordnung erreicht werden kann.

BECKER, H. u. a.: Das Curriculum. Praxis, Wissenschaft und Politik, München 1974. BITTLINGER, L. u. a.: Lehrer und Lehrplan in der Grundschule, München 1980. BLANKERTZ, H. (Hg.): Fachdidaktische Curriculumforschung. Strukturansätze für Geschichte, Deutsch, Biologie, Essen 1973. BLÄTTNER, F.: Geschichte der Pädagogik, Heidelberg 41956. BRINKMANN, G. u. a. (Hg.): Theorie der Schule. Schulmodelle: Reformpädagogik, Königstein 1980. BRINKMANN-HERZ, D.: Der Einfluß innovativer Lehrpläne auf die Unterrichtsplanung der Lehrer, Bern/Frankfurt 1984. BRÜGELMANN, H.: Strategien der Curriculumreform. Eine kritische Bestandsaufnahme der Curriculumarbeit in den Ländern der Bundesrepublik Deutschland, Tübingen 1975. COMENIUS, J. A.: Große Didaktik, hg. v. A. Flitner, Stuttgart 51982. DOLCH, J.: Lehrplan des Abendlandes. Zweieinhalb Jahrtausende seiner Geschichte, Ratingen 21965. DÖRPFELD, F. W.: Schriften zur Theorie des Lehrplans, Bad Heilbrunn 1962. EGGERSDORFER, F. X.: Jugendbildung, München 41956. FLECHSIG, K.-H./HALLER, H.-D.: Entscheidungsprozesse in der Curriculumentwicklung, Stuttgart 1973. FLITNER, W.: Allgemeine Pädagogik, Stuttgart 41957. HALLER, H.-D.: Prozeßanalyse der Lehrplanentwicklung in der Bundesrepublik Deutschland, Konstanz 1973. HECKEL, H.: Einführung in das Erziehungs- und Schulrecht, Darmstadt 1977. KAISER, A.: Curriculumforschung als Planungstheorie. In: P. Rsch. 37 (1983), S. 343 ff. KERSCHENSTEINER, G.: Theorie der Bildung, Leipzig/Berlin 21928. NOHL, H.: Die pädagogische Bewegung in Deutschland und ihre Theorie, Frankfurt/M. 61963. RATKE, W.: Die neue Lehrart: Pädagogische Schriften, hg. v. G. Hohendorf, Berlin (DDR) 1957. ROBINSOHN, S. B.: Bildungsreform als Revision des Curriculum, Neuwied/Berlin 1967. RUDE, A.: Die neue Schule und ihre Unterrichtslehre, Osterwieck/Leipzig 41932. SACHER, W.: Kodifizierte Bestimmungsfaktoren curricularer Lernereignisse: Lehrpläne. In: Hameyer, U. u. a. (Hg.): Handbuch der Curriculumforschung, Weinheim/Basel 1983, S. 325 ff. SANTINI, B./TRIER, U. P.: Funktionen von Lehrplänen. In: Schweiz. S. 65 (1978), S. 427 ff. SCHULE IM RECHTSSTAAT, Bd. 2: Gutachten für die Kommission Schulrecht des Deutschen Juristentages, München 1980. WENIGER, E.: Didaktik als Bildungslehre, Teil 1: Theorie der Bildungsinhalte und des Lehrplans, Weinheim 21956. WILLMANN, O.: Didaktik als Bildungslehre, Freiburg/Wien 1957.

Hartmut Hacker

Lehrplan, heimlicher

Begriff. Der gemeinsame Nenner der Bedeutungsvarianten, in denen der Begriff «heimlicher Lehrplan» gebraucht wird, läßt sich in dem Satz zusammenfassen: Was in der →Schule vorgeht und was dort gelernt wird, ist nur zu einem geringen Teil als Inhalt des offiziellen →Lehrplans ausgewiesen und weitgehend unbekannt.

Überwiegend werden mit dem Begriff «heimlicher Lehrplan» die *sozialen* Lernerfahrungen von →*Schülern* bezeichnet, die diese dadurch machen, daß sie in und mit den organisatorischen und curricularen Strukturen der Schule leben – «Die Schule – als Institution – erzieht»

(BERNFELD 1973, S. 28). Diese begriffliche Eingrenzung wird allerdings spätestens in konkreten Analysen des Lebens in der Schule kaum noch durchgehalten, so daß dann unter der Überschrift «heimlicher Lehrplan» alle Aspekte der Schule und des Lebens in der Schule behandelt werden, die nicht zum offiziellen Bild der Schule gemäß Richtlinien oder Hausordnungen gehören. Es ist dann also nicht nur die Rede von *Lern*- oder *Lehr*prozessen, sondern allgemein vom →Handeln, →Denken und Erleben (vor allem) der Schüler.

Der Begriff «heimlicher Lehrplan» ist eine freie Übertragung des Begriffs «hidden curriculum» (vgl. JACKSON 1968, SNYDER 1971) – eine Schöpfung ZINNECKERS (1975a, b), der den Begriff im Jahre 1973 mit dem Thema «Der heimliche Lehrplan – Was wirklich gelernt wird» in der Zeitschrift «betrifft: erziehung» in die bundesrepublikanische Diskussion einführte. Beiträge zur Frage, was denn wirklich in der Schule gelernt wird, finden sich inzwischen allerdings kaum noch unter der Überschrift «heimlicher Lehrplan» (eine nennenswerte Ausnahme ist MEIGHAN 1981, S. 51ff), sondern eher in solchen Arbeiten, die die Alltagserfahrungen von Schülern oder allgemeiner das Schulleben zum Gegenstand haben – wie etwa «Schüler im Schulbetrieb» (REINERT/ZINNECKER 1978a), «Schülertaktiken» (HEINZE 1980), «Pupil Strategies»; «Teacher Strategies» (WOODS 1980a, b), «Life in the Classroom and Playground» (DAVIES 1982).

Wenn der Begriff «heimlicher Lehrplan» die Tatsache betont, *daß* Schüler neben dem, was sie in der Schule offiziell lernen sollen, immer auch anderes lernen, wiederholt er lediglich, was unter dem Begriff der «funktionalen Erziehung» (vgl. KRIECK 1922) seit langem bekannt war. Der «heimliche Lehrplan» engt hier nur die Betrachtung, die im Falle der «funktionalen Erziehung» alle nichtintentionalen Einflüsse auf den Menschen innerhalb *und* außerhalb der Schule einschloß, auf den Rahmen der Schule ein. *Daß* also Schüler vieles lernen, von dem im offiziellen Lehrplan nicht die Rede ist, war demnach keineswegs «heimlich» oder verborgen (vgl. BECK 1974, 1975).

Eine gewisse Berechtigung hatte allerdings die Rede vom «heimlichen Lehrplan» in der konkreten bildungspolitischen Situation der beginnenden 70er Jahre, weil das Wissen um diese nichtgeplanten Lernerfahrungen in der bis dahin überwiegend auf die offizielle Seite der Schule fixierten Unterrichtsforschung und Schulreform in Vergessenheit geraten war. Der Hinweis auf den «heimlichen Lehrplan» dämpfte hier – nicht zuletzt angesichts «ungewollter Nebenwirkungen» (vgl. SPRANGER 1965) der Schulreform (vgl. BERNHARDT u. a. 1974) – die Hoffnungen, schulische Lernprozesse annähernd lückenlos plan- und berechenbar machen zu können.

Neues brachte die mit dem Begriff «heimlicher Lehrplan» gemeinte

Fragerichtung insofern, als sie *differenzierter* nach dem fragte, *was* in der Schule neben den offiziellen Inhalten auch gelernt wird. Während in den Beiträgen zur «funktionalen Erziehung» eher allgemein davon die Rede war, daß Menschen durch das Leben in einer konkreten Gemeinschaft (nicht näher bezeichnete) Einstellungen und Verhaltensweisen erwerben, wurde jetzt genauer gefragt, *welche konkreten* Merkmale des Lebens in der Schule *welche* Einstellungen und Verhaltensmuster der Schüler begünstigen.

Dimensionen des heimlichen Lehrplans. Eine Reihe empirischer Untersuchungen und beispielhafter Erläuterungen des mit dem Begriff Gemeinten liegt inzwischen vor. Es ist beispielsweise gefragt worden, welche Erfahrungen den Schülern aufgrund der *Gestaltung des Schulgebäudes* und der Einrichtung der Unterrichtsräume vermittelt werden. GETZELS (vgl. 1974) und DELAMONT (vgl. 1976; vgl. auch MEIGHAN 1981, S. 65ff) gehen davon aus, daß die (oft nur impliziten) Vorstellungen der Schulplaner von dem, was Unterricht sei und was es bedeute, Schüler zu sein, über die konkrete bauliche Ausgestaltung der Schule den Schülern ebenso nachdrücklich vermittelt werden, wie dies durch die Erwartungen einzelner Lehrer an ihre Schüler über die Gestaltung der Unterrichtsräume (Anordnung der Tische, Dekoration ...) erfolgt. Die Annahme ist hier, daß die Schüler (wenn auch nicht bewußt) lernen, die Ausgestaltung eines Klassenraumes im Blick auf die Erwartungen des Lehrers an ihr Verhalten im Unterricht auszudeuten.

Anzuschließen ist dann die Frage, was die *Kontrolle über schulische Räume* (Wer darf sich wo bewegen? Wer bestimmt über die Gestaltung von Räumen?) den Schülern über ihre Stellung in der Schule und Erwartungen an ihr Verhalten mitteilt (vgl. JACKSON 1968, REINERT/ZINNEKKER 1978b).

Entsprechend ist dann die Festlegung der Zeitabläufe und die *Kontrolle über die → Zeit* von Interesse (vgl. JACKSON 1968; vgl. MEIGHAN 1981, S. 78ff). Erfahren die Schüler, wie Jackson dies vermutet, dadurch, daß sie einem festen, von außen vorgegebenen und kontrollierten Zeitplan unterworfen werden, daß Unterricht nicht von ihren Bedürfnissen bestimmt sein soll? Zumindest läßt sich annehmen, daß der schlichte Zwang, sich in festgesetzten Zeitintervallen ständig wechselnden Inhalten (und Lehrern) anzupassen, mit dazu beiträgt, den Schülern deutlich zu machen, daß nicht echtes Interesse am jeweiligen Inhalt, sondern eine hinreichend überzeugende Darstellung von Interesse von ihnen verlangt wird – in den Worten eines Schülers: «Too much interest would result in too little work» (MEIGHAN 1978, S. 127).

Als weiteres Beispiel für den heimlichen Lehrplan werden Nebenwirkungen der → *Leistungsbeurteilung* genannt. Der Effekt schulischer Leistungsbeurteilung besteht nach Einschätzung von FEND u. a. (vgl. 1975, S. 48; vgl. auch FEND 1974, SNYDER 1971, WELLENDORF 1973) darin, daß durch ein System abgestufter Enttäuschungen (cooling-out) gewährleistet wird, daß «gerade die Schüler, die in unserem Schulsystem am meisten benachteiligt sind, also die geringsten schulischen Chancen haben, am meisten die Chancengleichheit verwirklicht sehen». «Sie glauben, daß es ganz allein an ihnen liegt, wenn sie nicht so weit kommen wie die anderen Schüler, und daß es ganz gerecht in unserer Gesellschaft zugeht.»

Offiziell nichtgewollte Lernerfahrungen dürften aber nicht nur durch die organisatorischen Rahmenbedingungen begünstigt werden, sondern auch durch die Beziehungen zwischen →Lehrer und Schülern innerhalb der Schule. Dabei ist einmal von Interesse, was die Schüler über eine angemessene Auseinandersetzung mit den *Unterrichtsinhalten*, zum anderen über die erwünschten Formen des *sozialen Umgangs* miteinander und mit dem Lehrer lernen. Offensichtlich reicht es nicht aus, sich als Schüler an den offiziellen Erwartungen an die Auseinandersetzung mit den Unterrichtsinhalten zu orientieren; möglicherweise ist dies sogar hinderlich. Vielmehr ist es erforderlich, alle offenen und versteckten Hinweise des Lehrers (verbale Andeutungen, Tonfall, Mimik, Bewegung im Raume ...) heranzuziehen, um seine *tatsächlich* gültigen Anforderungen zu identifizieren und die offiziell als wichtig deklarierten inhaltlichen Anforderungen auf die *wirklich* wichtigen zu reduzieren (vgl. HOLT 1968, MILLER/PARLETT 1976, SNYDER 1971).

So lernen sie nach Einschätzung HOLTS (vgl. 1968), daß die erwünschte Auseinandersetzung mit Unterrichtsinhalten nicht darin besteht, selbständig denkend mit dem jeweiligen Inhalt umzugehen, sondern schlicht bei Bedarf die «richtigen» Antworten zu produzieren. Wie Schüler durch entsprechende Anleitung des Lehrers («Nun ratet einmal, was ich hören will.») zunehmend darin geübt werden, treffsicher nicht nur die Antworten zu produzieren, die der Lehrer vermutlich hören will, sondern dies auch in dem Begriffssystem zu tun, das er für angemessen hält, illustrieren HOLT (vgl. 1968), BARNES (vgl. 1971), EDWARDS/FURLONG (vgl. 1978) und KEDDIE (vgl. 1971).

Entsprechend lernen Schüler auch, mehr oder weniger implizite Erwartungen des Lehrers an ihr Sozialverhalten auszudeuten und sich ihnen gemäß zu verhalten oder diese Erwartungen gezielt zu unterlaufen (vgl. EDWARDS/FURLONG 1978, HARGREAVES u. a. 1975). Wie der Lernprozeß konkret aussieht, in dem Lehrer Schüler mit ihren Regeln des Umgangs im Unterricht vertraut machen, verdeutlichen etwa EDWARDS/FURLONG (vgl. 1978).

Besondere Aufmerksamkeit haben empirische Untersuchungen der *Schülerstrategien* gefunden: Schüler nutzen ihre differenzierte Kenntnis der inoffiziellen Wirklichkeit der Schule, um die Anforderungen ihrer Lehrer zu unterlaufen und ihre Einflußmöglichkeiten auf die Unterrichtsgestaltung zu erweitern. Zu diesen Strategien zählen unter inhaltlichem Aspekt die Tricks und Kniffe der Schüler, das Tempo des Unterrichts zu drosseln, den Lehrer vom Thema abzulenken, ihn seine Fragen selbst beantworten zu lassen (vgl. HOLT 1968) oder die vom Lehrer mutmaßlich erwünschte Antwort durch Ratestrategien einzugrenzen. Hinsichtlich des sozialen Umgangs miteinander sind Strategien zu nennen, gezielt gegen den Schülern zwar bekannte, aber nur implizite Erwartungen des Lehrers zu verstoßen, um dann nach ihrer expliziten Formulierung buchstabengetreu zu verfahren (vgl. HEINZE 1980, WILLIS 1979, WOODS 1980a, ZINNECKER 1978).

Konsequenzen. Diese Beispiele können nur einen ersten Eindruck von der Fragerichtung vermitteln, die unter der Überschrift «heimlicher Lehrplan» zu klären versucht, was in der Schule auch oder vielleicht vor allem geschieht. Daß die Kenntnis dieser inoffiziellen Seite der Schule wichtig ist, wenn nicht Unterrichts- und Erziehungsprogramme illusionär bleiben und möglicherweise gerade das Gegenteil des eigentlich Intendierten fördern sollen, ist offensichtlich.

Die Gewinnung dieser Kenntnisse weist allerdings noch einige Probleme auf. Zwar ist inzwischen ein Stadium, bei dem ohne Zwischenschritte «das kapitalistische System» der Gesellschaft mit dem Stundenplan und den Lernerfahrungen der Schüler in Beziehung gesetzt wurde (vgl. BECK 1975), ebenso überwunden wie die extensive Interpretation einzelner, isolierter Unterrichtsszenen (vgl. ZINNECKER 1975b). Aber auch die neueren Untersuchungen (vgl. EDWARDS/FURLONG 1978, WILLIS 1979) lassen häufig erkennen, daß die jeweiligen Forscher «eigentlich» schon zu wissen meinen, wie Schule wirklich ist und was Schüler in welchen Situationen erfahren und lernen. Hier wären konsequentere Bemühungen notwendig, von Schülern selbst zu erfahren, wie ihre Sicht der Schule aussieht.

Ein anderes Problem besteht dann in der Anwendung der Kenntnisse über die inoffizielle Seite der Schule. Wie solche Kenntnisse dazu beitragen können, das Leben in der Schule zu «verbessern» (etwa für Schüler psychisch weniger belastend zu gestalten), scheint gegenwärtig noch weitestgehend ungeklärt. Einstweilen überwiegt noch eine Darstellung und Nachzeichnung der inoffiziellen Seite der Schule, bei der die Befunde «für sich» sprechen sollen (und möglicherweise häufig vor allem Unterhaltungswert haben). Theoriegeleitete Versuche, aufzuzeigen, was sich an diesen Befunden für eine Veränderung der pädagogischen Praxis lernen läßt, sind dagegen bisher kaum über erste Ansätze hinausgekommen.

Barnes, D.: Language in the Secondary Classroom. In: Barnes, D.: Language, the Learner and the School, Harmondsworth 1971, S. 9ff. Beck, J.: Lernen in der Klassenschule, Reinbek 1974. Beck, J.: Heimlicher Lehrplan I. In: Speichert, H. (Hg.): Kritisches Lexikon der Erziehungswissenschaft und Bildungspolitik, Reinbek 1975, S. 165ff. Bernfeld, S.: Sisyphos oder die Grenzen der Erziehung (1925), Frankfurt/M. 1973. Bernhardt, M. u. a.: Soziales Lernen in der Gesamtschule, München 1974. Davies, B.: Life in the Classroom and Playground, London/Melbourne/Boston/Toronto 1982. Delamont, S.: Interaction in the Classroom, London 1976. Der heimliche Lehrplan. Was *wirklich* gelernt wird. In: betr. e. 6 (1973), 5, S. 18ff. Edwards, A. D./Furlong, V. J.: The Language of Teaching, London 1978. Fend, H.: Gesellschaftliche Bedingungen schulischer Sozialisation, Weinheim/Basel 1974. Fend, H. u. a.: «... was wir in unserer Untersuchung mit dem etwas komplizierten Titel ‹Sozialisationseffekte unterschiedlicher Schulformen› herausgefunden haben» – Ein Bericht für Schüler. In: betr. e. 8 (1975), 8, S. 43ff. Getzels, J. W.: Images of the Classroom and Visions of the Learner. In: S. Rev. 82 (1974), S. 527ff. Hargreaves, D. H. u. a.: Deviance in Classrooms, London/Boston 1975. Heinze, Th.: Schülertaktiken, München/Wien/Baltimore 1980. Holt, J.: How Children Fail, Harmondsworth 1968. Jackson, Ph. W.: Life in Classrooms, New York 1968. Keddie, N.: Classroom Knowledge. In: Young, M. F. D. (Hg.): Knowledge and Control, London 1971, S. 133ff. Krieck, E.: Philosophie der Erziehung, Jena 1922. Meighan, R.: A Pupil's Eye View of Teaching Performance. In: E. Rev. 30 (1978), S. 125ff. Meighan, R.: A Sociology of Educating, London/New York/Sydney/Toronto 1981. Miller, C. M. L./Parlett, M.: Cue-Consciousness. In: Hammersley, M./Woods, P. (Hg.): The Process of Schooling, London 1976, S. 143ff. Reinert, G.-B./Zinnecker, J. (Hg.): Schüler im Schulbetrieb, Reinbek 1978a. Reinert, G.-B./Zinnecker, J.: «Was wir Schüler in den Pausen auf dem Schulhof und in der Schule machen (auch was Lehrer eigentlich nicht wissen dürfen)». In: Reinert, G.-B./Zinnecker, J. (Hg.): Schüler..., Reinbek 1978, S. 165ff (1978b). Snyder, B. R.: The Hidden Curriculum, Cambridge (Mass.) 1971. Spranger, E.: Das Gesetz der ungewollten Nebenwirkungen in der Erziehung, Heidelberg ²1965. Wellendorf, F.: Schulische Sozialisation und Identität, Weinheim/Basel 1973. Willis, P.: Spaß am Widerstand – Gegenkultur in der Arbeiterschule, Frankfurt/M. 1979. Woods, P. (Hg.): Pupil Strategies, London 1980a. Woods, P. (Hg.): Teacher Strategies, London 1980b. Zinnecker, J.: Heimlicher Lehrplan II. In: Speichert, H. (Hg.): Kritisches Lexikon der Erziehungswissenschaft und Bildungspolitik, Reinbek 1975, S. 167ff (1975a). Zinnecker, J. (Hg.): Der heimliche Lehrplan, Weinheim/Basel 1975b. Zinnecker, J.: Die Schule als Hinterbühne oder Nachrichten aus dem Unterleben der Schüler. In: Reinert, G.-B./Zinnecker, J. (Hg.): Schüler..., Reinbek 1978, S. 29ff.

Martin Fromm

Lehrplan, humanistischer → Fach – Fächerkanon

Lehrplan, universaler → Montessoripädagogik

Lehr-/Lernprozeß (Optimierung) → Lehr-/Lernforschung

Lehrtechnologie → Bildungstechnologie

Lehrverfahren → Lehr-/Lernforschung

Lehrziel → Lernziel

Leistung

Das Leistungsproblem in der →Erziehung ist seit Ausgang der 60er Jahre in der Bundesrepublik Deutschland ein Kristallisationspunkt des pädagogischen Interesses, und zwar nicht nur im internen Kreis der Berufserzieher im Bereich des allgemeinen und des beruflichen Bildungswesens (einschließlich der betrieblichen Berufsausbildung) sowie der auf diese Problembereiche bezogenen Forschung und Theoriebildung in der Erziehungswissenschaft, sondern auch als Thema der öffentlichen, bildungspolitisch kontroversen Diskussion. Ähnliche Tendenzen und Kontroversen lassen sich in allen Industriegesellschaften nachweisen, in denen ein hoher Leistungsstand als eine Bedingung der Erhaltung des bisher erreichten Entwicklungsniveaus und des weiteren wissenschaftlich-technischen und wirtschaftlich-gesellschaftlichen Fortschritts gilt; und zwar zeigen sich hier teilweise weitreichende Parallelen zwischen nichtsozialistischen und sozialistischen Systemen.

Terminologische Bestimmungen. Die neuzeitliche Schule ist in die Polarität zweier Ansprüche hineingestellt: Auf der einen Seite stehen die Anforderungen, die – mehr oder minder direkt – von der betreffenden, historisch gewordenen Gesellschaft oder den in ihr dominierenden Gruppen und →Institutionen an die nachwachsende Generation herangetragen werden, auf der anderen der Selbstanspruch neuzeitlicher Erziehung, den Heranwachsenden zur optimalen Entwicklung ihrer Möglichkeiten, Fähigkeiten, Interessen zu verhelfen. Im Blick auf den «objektiven» Pol der Beziehung läßt sich, in einer zunächst formalen Umschreibung, «Leistung» als Inbegriff bestimmter soziokultureller Normen bestimmen, deren Erfüllung den Individuen abverlangt wird; in dem Grade, in dem solche Normen, erreicht werden, und je nach der historisch-gesellschaftlich geltenden Einschätzung des Anspruchsniveaus unterschiedlicher Normen, sind an ihre Erfüllung gesellschaftliche Berechtigungen und Wertungen gebunden, Zugänge zu bestimmten Berufen, Einkommensstufen, gesellschaftliche Funktionen und soziales Prestige. – Im Blick auf die Subjekte kann «Leistung» als Ergebnis oder Vollzug von Tätigkeiten und Handlungen (einschließlich kognitiver Lernakte) umschrieben werden, die mit Anstrengung verbunden sind, für die Gütemaßstäbe gesetzt sind oder von den betreffenden Subjekten selbst gesetzt werden und die demzufolge beurteilt werden (vgl. HECKHAUSEN 1974). Pädagogisch gesehen interessiert Leistung immer als *Lern*leistung, wobei →«Lernen» hier im weitesten Sinne verstanden werden muß, also die Aneignung von Einstellungen, Fähigkeiten, Erkenntnissen, Wissen, Fertigkeiten und damit nicht nur die kognitive, sondern auch die soziale, emotionale, psychomotorische und die Dimension der Wertungen und Handlungen einschließt.

Problemgeschichte. Das Leistungsproblem ist in seiner überkommenen, noch heute vorwaltenden Form im Zuge der Entwicklung des Berechtigungswesens im Laufe des 19. und 20. Jahrhunderts zu einem zentralen Faktor des Schulwesens geworden: Der Nachweis bestimmter Leistungen in der Schule, der Abschluß bestimmter Schul-Laufbahnen wurden in immer stärkerem Maße zur Voraussetzung dafür, bestimmte Berufsausbildungswege einschlagen, bestimmte gesellschaftliche Positionen einnehmen zu können. Darin lag zunächst durchaus ein Moment gesellschaftlichen Fortschritts, den das Bürgertum gegen feudale Privilegien erkämpfte. Es eröffnete sich damit gesellschaftliche, wirtschaftliche, politische Handlungsfelder, die ihm zuvor weitgehend verschlossen waren. Aber das gleiche Bürgertum grenzte den neu gewonnenen Handlungsspielraum zugleich in wachsendem Maße bewußter gegen die zunehmende Zahl der industriellen und der nichtindustriellen Arbeiter ab. Das Leistungsprinzip wurde vor allem gegenüber der Arbeiterklasse zum ausgrenzenden Auswahlinstrument: Weil – und zwar bis vor zwei bis drei Jahrzehnten – weitgehend verborgen blieb, daß die familiären Sozialisations- und Erziehungsbedingungen in der überwiegenden Zahl der Fälle entscheidende Vorbedingung für gute Schulleistungen sind und daß diese familiären Sozialisations- und Erziehungsbedingungen klassen- und schichtspezifisch deutlich unterschiedlich ausgeprägt sind (→ Sprach-/Sozialverhalten, schichtenspezifisches), konnte das Leistungsprinzip als scheinbar gerechter Auslesemaßstab für den Zugang zu weiterführenden Bildungswegen unbefragt bleiben. Aus diesem Prinzip leitet sich eine Reihe von Charakteristika der Schule her: vor allem das Jahrgangsklassensystem, die fest umrissenen Jahrespensen, das Zensuren- und Zeugnissystem, die Dominanz des lehrerzentrierten Unterrichts, der das Erreichen des festgelegten Pensums durch möglichst viele Schüler sichern sollte, die Betonung von «Gehorsam» und «Zucht» (vgl. FURCK 1961, KLAFKI 1985).

In den letzten zwei Jahrzehnten ist ein neuer Versuch zur Begründung des Leistungsprinzips in der Schule entwickelt worden; seine Grundlage ist gesellschaftstheoretischer Art. Unsere Gesellschaft wird in diesem Ansatz nicht mehr als sozialständisch gegliedert, sondern als «Leistungsgesellschaft» interpretiert (vgl. MCCLELLAND 1966), als ein von einem für alle Gesellschaftsmitglieder gleich geltenden Anforderungsprinzip und den damit verbundenen Chancen bestimmtes Sozialsystem. Weil Schule, so lautet hier die Folgerung, junge Menschen für das Leben in dieser Leistungsgesellschaft vorzubereiten hat, muß sie «Leistungsschule» sein. – Diese Begründung läßt sich anhand vorliegender Forschungsergebnisse als ideologisch erweisen, indem sie suggeriert, daß das Einkommen, das jemand in dieser Gesellschaft erhält, und die berufliche, soziale und politische Position, die jemand einnimmt, ausschließlich von seiner individuellen Leistung abhängen, die er zum Nutzen der Gesamtgesellschaft erbringe; daß es hinreichend eindeutige, für alle verbindliche und wohl begründete Maßstäbe gäbe, an denen jene vermeintlichen Einzelleistungen gemessen und dementsprechend Einkommen und berufliche, soziale, politische Positionen zugeteilt würden; daß im allgemeinen in dieser Gesellschaft jeder prinzipiell die gleiche Chance habe, jene Leistungen, die er zu erbringen gewillt, und jene Positionen, die einzunehmen er befähigt sei, auch tatsächlich vorzuweisen und zu erreichen. – Keine dieser drei impliziten Annahmen, die mit der Rede von der «Leistungsgesellschaft» verbunden sind, entspricht den realen Verhältnissen (vgl. OFFE 1970).

Pädagogischer Leistungsbegriff. Erkennt man den wechselseitigen Bedingungszusammenhang von individueller und gesellschaftlicher Mündigkeit (Selbst- und Mitbestimmungsfähigkeit) als →Erziehungsziel auf der einen und der Entwicklung einer freiheitlich-demokratischen Gesellschaft auf der anderen Seite an, so ist für eine daran orientierte Erziehungskonzeption eine Neubestimmung des *pädagogischen* Leistungsprinzips notwendig (vgl. FURCK 1961, KLAFKI 1985, LEMPERT 1971, SCHREINER 1970). Schule muß in dem Sinne «Leistungsschule» sein, daß sie die Bewältigung von Aufgaben und Lernprozessen *ermöglicht* und fordert, die zur Selbst- und Mitbestimmungsfähigkeit führen können. Ein solches Postulat ist allerdings nur im Zusammenhang mit der (ständigen) Neubestimmung der Teilziele, Inhalte und Lernformen der Schule (Curriculumrevision) einzulösen. – Im einzelnen lassen sich aus dem Grundprinzip mindestens folgende Konsequenzen herleiten: Erstens muß das vorwiegend individualistische, auf den Wettbewerb, die Konkurrenz zwischen Einzelschülern angesichts normierter Forderungen und Meßskalen abzielende Verständnis von Leistung zugunsten einer an gemeinsamer Aufgabenlösung und an der Solidarität lernender Gruppen orientierten Leitvorstellung zurückgedrängt werden. Zweitens ist ein Umdenken von einem vorwiegend «ergebnisorientierten» Leistungsverständnis, das primär auf Leistungs*resultate* – schriftlich fixierte Normarbeiten, abfragbare Kenntnisse, automatisierte Fertigkeiten – abhebt, zu einem *dynamischen* Leistungsbegriff notwendig: «Resultate» werden hier auf ihren Entstehungsvorgang zurückbezogen. Es bedarf dann der Entwicklung von Leistungskriterien, die sich auf geistige *Prozesse* beziehen, zum Beispiel den *Vollzug* von →Kommunikation im →Unterricht, die *Entwicklung* einer Kritik, den *Vorgang* einer mathematischen oder naturwissenschaftlichen Problemlösung. Drittens: Die bisher verwendeten Kriterien der Erziehung zur Leistung und der Leistungsbeurteilung sind vielfach sehr schematisch und unpräzise. Das läßt sich besonders an den für Schulerfolg und Berechtigungen entscheidenden, globalen Zeugniszensuren für einzelne Fächer verdeutlichen (vgl. INGENKAMP 1976). Die in sie eingehenden Gesichtspunkte (wurden eher verfügbare Kenntnisse und Lösungskalküle oder Problembewußtsein, Fähigkeit, Lösungs*wege* zu finden, produktive Transferleistungen zu vollziehen, gewertet?) sind für Schüler, Eltern oder «Abnehmer» meistens undurchschaubar, aber auch von beurteilenden Lehrern häufig nicht *vor* der Beurteilung eindeutig ausgewiesen worden. In den Prozeß der Diskussion, der Begründung und Formulierung von →Lernzielen und Beurteilungspunkten müssen in Zukunft in zunehmendem Maße auch die Lernenden selbst mit einbezogen werden, so daß eine in ihren Kriterien uneinsichtige Fremdbeurteilung schrittweise durch Mit- und Selbstbeurteilung ersetzt werden kann. Viertens müssen Leistungsanspruch und →Leistungsbeurteilung primär als Hilfen im Lernprozeß von einzelnen Schülern und Schülergruppen unter dem Gesichtspunkt der Befähigung zur Selbständigkeit und Selbstbeurteilung verstanden werden. Differenzierte Leistungsbeurteilung erhält damit ihre Funktion vor allem als Rückmeldung im Lernprozeß, nicht erst als Endkontrolle (vgl. SCHREINER 1970).

Für die geforderte Revision sprechen auch folgende Befunde bisheriger Forschung: In einer Reihe von Untersuchungen ist nachgewiesen worden (vgl. INGENKAMP 1976), daß unsere herkömmlichen Zensuren und Zeugnisse in hohem Grade unzuverlässig sind und daß sie über die einzelne Klasse hinaus kaum objektive Aussagen enthalten, da sie nicht auf generellen Beurteilungskriterien beruhen (→Zeugnis – Zertifikat). Als ebenso fragwürdig hat sich der prognostische Gehalt der herkömmlichen Leistungsbeurteilung, beispielsweise für den Übergang von der Grundschule zu weiterführenden Schulen, erwiesen (vgl. TENT 1969).

Im Zentrum einer praktischen Revision des Leistungsprinzips im Sinne demokratischer Erziehung wird also die Entwicklung einer problem- und kooperationsbezogenen Leistungsmotivation stehen müssen. Motivations- und Sozialisationsforschung haben nun einige in dieser Hinsicht wichtige Ergebnisse erbracht, obgleich dabei meistens nicht zwischen konkurrenz- und problemorientierter Leistungsmotivation unterschieden wurde. Diese Resultate beziehen sich auf die grundlegenden motivationalen Voraussetzungen, die Kinder sich unter jeweils spezifischen soziokulturellen Bedingungen in der familiären →Sozialisation bereits im Vorschulalter aneignen und die dann gewöhnlich ihre Chancen, schulischen Leistungsangeboten und -anforderungen gerecht werden zu können, wesentlich mitbestimmen: Positive Leistungsmotivation, Freude an der eigenen Leistung und Hoffnung auf Erfolg im Sinne des

Vertrauens in die eigene Leistungsfähigkeit sind aufgrund des familiären Anregungspotentials in der Mehrzahl der Fälle bei Kindern aus höheren Sozialschichten stärker ausgeprägt als in den unteren Schichten (→ Schicht, soziale). Ein demokratisches Bildungswesen müßte sich folglich auf den Tatbestand einstellen, daß Kinder gemäß ihrer sozialen Herkunft meistens mit sehr unterschiedlich entwickelter Leistungsmotivation in die Schule eintreten und daß sie auch während der weiteren Schulzeit solchen familiären und soziokulturellen Einflüssen unterliegen (vgl. Rolff 1980, S. 87ff). Die Bildungsinstitutionen müßten also das vielfach zu erwartende Defizit an problemorientierter Leistungsmotivation, an Ermutigung zur Selbständigkeit, an Planungsfähigkeit, an bestätigender Rückmeldung, an entwickeltem persönlichem Anspruchsniveau, an Hoffnung auf Erfolg, an freudigen Erfahrungen des Könnens und Gelingens insbesondere bei Unterschichtkindern auszugleichen versuchen, jedoch so, daß sie dabei zunächst an die Lebens- und Erfahrungssituation dieser Kinder anknüpfen. So selten wie möglich sollten folglich alle Kinder von vornherein am gleichen Leistungsmaßstab gemessen werden, da gerade diese scheinbare Gleichbehandlung die Verschärfung der Ungleichheit bedeutet (→ Chancengleichheit).

Beckmann, H.-K. (Hg.): Leistung in der Schule, Braunschweig 1978. Furck, C.-L.: Das pädagogische Problem der Leistung in der Schule, Weinheim 1961. Heckhausen, H.: Leistung und Chancengleichheit, Göttingen 1974. Ingenkamp, K. (Hg.): Die Fragwürdigkeit der Zensurengebung, Weinheim/Basel [6]1976. Klafki, W.: Sind und Unsinn des Leistungsprinzips in der Erziehung. In: Klafki, W.: Neue Studien zur Bildungstheorie und Didaktik, Weinheim/Basel 1985, S. 195ff. Lempert, W.: Leistungsprinzip und Emanzipation, Frankfurt/M. 1971. Lichtenstein-Rother, I. (Hg.): Schulleistung und Leistungsschule, Bad Heilbrunn 1971. McClelland, D. C.: Die Leistungsgesellschaft, Stuttgart 1966. Offe, C.: Leistungsprinzip und industrielle Arbeit, Frankfurt/M. 1970. Roeder, M./Treumann, K.: Dimensionen der Schulleistung, 2 Bde., Stuttgart 1974. Rolff, H.-G.: Sozialisation und Auslese durch die Schule, Heidelberg [9]1980. Schreiner, G.: Sinn und Unsinn der schulischen Leistungsbeurteilung. In: D. Dt. S. 62 (1970), S. 226ff. Sinn und Unsinn des Leistungsprinzips. Ein Symposion, München [3]1976. Tent, L.: Die Auslese von Schülern für weiterführende Schulen, Göttingen [2]1969.

Wolfgang Klafki

Leistung, schöpferische → Kreativität
Leistungsangst → Angst
Leistungsauslese → Selektion

Leistungsbeurteilung – Leistungsversagen

Leistungsbeurteilung in der historischen Entwicklung. Mit der «Leistungsbeurteilung» und «Leistungsmessung» wird im pädagogischen Bereich weitgehend synonym die Erfolgskontrolle curricular geplanter Lernvorgänge bezeichnet. Wenn beide Begriffe unterschieden werden, dann wird Leistungsmessung für methodisch anspruchsvollere, meist objektive Vorgehensweisen benutzt (→Test).

Die Kontrolle des Lernerfolges war schon immer Bestandteil planvollen Lehrens und Lernens und sollte im Prinzip folgenden Zwecken dienen:
- Korrektur falscher Lernergebnisse,
- Ausgleich von Lerndefiziten,
- Bestätigung erfolgreicher Lernschritte,
- Planung der folgenden Lernschritte,
- Motivierung durch Steuerung der Aufgabenschwierigkeit,
- Optimierung der Lernbedingungen.

Solange die leitenden Funktionen in der Gesellschaft überwiegend in Abhängigkeit von Merkmalen der Geburt, Rasse oder Religion verteilt wurden oder gekauft werden konnten, hatte die schulische Leistungsbeurteilung nur eine interne didaktische Bedeutung. Als in Verbindung mit dem Gedankengut der modernen Demokratie der gesellschaftliche Aufstieg an individuell erworbene Qualifikation gebunden wurde, bekam die Leistungsbeurteilung eine Bedeutung, die sie ihren eigentlichen pädagogischen Aufgaben oft entfremdet hat. Diese Beurteilung im Dienste eines staatlich reglementierten Berechtigungswesens begann im höheren Schulwesen und in Studienrichtungen, die für den Staat wichtig waren, und setzte sich bis zu Selektionsprozeduren am Ende der Grundschulzeit und im beruflichen Ausbildungswesen fort (→Selektion).

Die Abhängigkeit des sozialen Aufstiegs von individuell erlernten Merkmalen war für die Entwicklung der Demokratie unverzichtbar (vgl. HOLMES/LAUWERYS 1969) und wurde von der Gesellschaft akzeptiert, solange die Zahl der Studienplätze und leitenden Berufspositionen nicht wesentlich geringer war als die Zahl der Bewerber. Als die Bewerberzahl die Aufstiegsmöglichkeiten um ein Vielfaches überstieg, wurden Leistungsprüfungen nicht mehr als Mittel des Aufstiegs, sondern als Barriere gegen die Erreichung wichtiger Lebensziele angesehen. Dies hat der Kritik nicht nur an der Leistungsbeurteilung, sondern auch am Begriff der →Leistung eine vorher unbekannte Öffentlichkeit und Dynamik gegeben. Im deutschsprachigen Raum litt die Kritik auch darunter, daß das gleiche Wort «Leistung» auf Produkte im wirtschaftlichen Bereich und auf Lernerfolge im pädagogischen Bereich bezogen wird. Inzwischen hat sich im Hinblick auf den Leistungsbegriff eine ausgewogenere Beurteilung durchgesetzt (vgl. KAMMER DER EVANGELISCHEN KIRCHE... 1978).

Einführung objektiver Verfahren. Die wissenschaftliche Beschäftigung mit Leistungsbeurteilung ist relativ neu. Über Jahrhunderte hinweg hatten sich die schriftlichen und mündlichen →Prüfungen kaum verändert. Erst die Anfänge wissenschaftlicher Didaktik führten unter dem Einfluß einer sich verselbständigenden Psychologie zu Vorformen objektiver Verfahren, insbesondere Tests und Skalen (vgl. AYRES 1918, MARSOLEK 1978). Ende des vorigen Jahrhunderts setzten auch Untersuchungen ein, die inzwischen die Schwächen tradierter Verfahren der Leistungsbeurteilung bewiesen haben (vgl. INGENKAMP 1977). Die programmierte Instruktion und die vielen Variationen adaptiven Unterrichts haben in unserer Zeit bewirkt, daß die Bedeutung der Leistungsbeurteilung als Lernhilfe in der Didaktik stärker anerkannt wird als vorher. In der schulischen Praxis hat das wenig geändert, denn diese Praxis ist von der Leistungsbeurteilung im Dienste des Berechtigungswesens geprägt. Für die dort erforderlichen Selektionen genügt die Grobskala der Zensuren, und die diagnostische Unangemessenheit des Vorgehens ist der Administration weniger wichtig als die leichte bürokratische Handhabbarkeit des traditionellen Systems.

In Ländern, in denen →Curricula und Schulorganisation stärker dezentralisiert und regional recht unterschiedlich waren, hat man externe Abschlußprüfungen eingeführt. Diese externen Regelungen gaben häufig Anlaß zu einer wissenschaftlichen Beschäftigung mit Verfahren der Leistungsbeurteilung. Sie hat in den angelsächsischen und skandinavischen Ländern eine viel längere Tradition und eine viel breitere Forschungsintensität als bei uns (vgl. THORNDIKE 1971). Viele Anstöße gingen von der Arbeit an jenen Verfahren aus, die unter der Sammelbezeichnung «objektive Verfahren» den traditionellen Verfahren gegenübergestellt wurden. Das waren neben Kriterienkatalogen und Skalen vor allem Schulleistungstests. In der sogenannten klassischen Testtheorie (vgl. LIENERT 1969) wurden die wichtigsten Konstruktionsmerkmale und Gütekriterien einer Leistungsmessung definiert, die aber auch über den Geltungsbereich dieser Theorie hinaus Bedeutung haben (vgl. FRICKE 1974). Als wichtigste Gütekriterien der Leistungsmessung werden weitgehend übereinstimmend Objektivität, Reliabilität und Validität genannt, die durch bestimmte Methoden im Verlauf der Testkonstruktion gesichert und nachgewiesen werden sollen (vgl. INGENKAMP 1988).

Es wir häufig sowohl von Befürwortern als auch von Kritikern objektiver Beurteilungsinstrumente übersehen, daß diese nur ein Hilfsmittel sind und die pädagogische Wertung natürlich nicht ersetzen können. Sie eröffnen jedoch die Möglichkeit, zahlreichere, detaillierte und von subjektiven Verzerrungen freiere Informationen in den Vorgang der pädagogischen Bewertung einbeziehen zu können.

Die Möglichkeiten zur methodischen Verbesserung traditioneller Beurteilungsverfahren sind in Deutschland auch weniger genutzt worden als beispielsweise in Großbritannien (vgl. INGENKAMP 1975). Bei den objektiven Verfahren standen Schulleistungstests im Vordergrund, bei denen man informelle, normorientierte und kriteriumsorientierte unterscheiden kann.

Die Geschichte der *Schulleistungstests* begann mit der Entwicklung normorientierter Verfahren (vgl. MARSOLEK 1978), deren Aufgaben in Anlehnung an die →Lehrpläne von Expertenkommissionen zusammengestellt wurden und bei denen das individuelle Testergebnis auf die in einer Eichung erhaltenen Werte der entsprechenden Vergleichsgruppe bezogen werden konnte (soziale Norm). Diese normorientierten Schulleistungstests waren aufwendig in der Konstruktionsarbeit, meist auf größere Lerneinheiten bezogen und überregional einsetzbar. Daneben wurden bald von Lehrern Tests für ihren →Unterricht entwickelt, die sogenannten informellen Tests. Auch dafür wurden vereinfachte Konstruktionsregeln erarbeitet, um eine Annäherung an die geforderten Gütekriterien zu erreichen (vgl. INGENKAMP 1978, WENDELER 1976). Als im Zusammenhang mit der programmierten Instruktion in größerem Umfange Feinlernziele operationalisiert und in dieser Form in neuentwickelte Curricula aufgenommen wurden, war auch die Möglichkeit gegeben, kleinere Lerneinheiten sehr detailliert abzuprüfen. Dazu sollen die lernziel- oder kriterienorientierten Tests dienen, bei denen das individuelle Testergebnis auf ein vorher gesetztes Lernzielkriterium bezogen wird (sachliche Norm oder Realnorm). Diese Kriteriumstests erfordern wie die normorientierten eine Entwicklung durch Experten. Bei ihrer Konstruktion gibt es noch ungelöste statistische Probleme. In dem Kriteriumstest sollte man im Vergleich zu normorientierten Tests mit FRICKE (1974, S. 14) nicht einen neuen Testtyp, sondern «einen möglichen neuen Aspekt der Interpretation von Testergebnissen» sehen. Die verschiedenen Aufgaben der Leistungsbeurteilung erfordern nicht nur unterschiedliche Testtypen, sondern auch über Tests hinaus beispielsweise Skalen, Kriterienkataloge, Beobachtungstechniken. Es gibt in der Leistungsbeurteilung keine Universalmethode. Über die vielfältigen diagnostischen Möglichkeiten orientiert das Handbuch von KLAUER (vgl. 1978).

Kritische Diskussion der Leistungsbeurteilung. Im deutschen Schulwesen stützt sich die Leistungsbeurteilung immer noch fast ausschließlich auf subjektive Verfahren, wenn man von Versuchsschulen absieht. Im

Gegenteil, der Versuch zur Förderung objektiver Vorgehensweisen ist in den letzten Jahren einer ideologisch orientierten radikalen Testkritik ausgesetzt worden, die eigentlich radikale Gesellschaftskritik war und zur Messung des Lernerfolgs keine Alternativen anbot (vgl. INGENKAMP 1980a). Auch die in diesem Zusammenhang von einigen Autoren betonte «Renaissance der Zensurengebung» entbehrt einer wissenschaftlichen Fundierung (vgl. INGENKAMP 1981b). Als die Leistungsbeurteilung unter dem Druck des Berechtigungswesens immer stärker in Widerspruch zu pädagogischen Zielen geriet, sind auch Vorschläge zur grundlegenden pädagogischen Neuorientierung gemacht worden. Sie basieren meist auf einem Begriff individueller Anforderung, der Wendung von der Produkt- zur Prozeßdiagnose und vom statischen Merkmalskonzept zum dynamischen. Unabhängig von der Frage, wie dabei legitime Bedürfnisse der Gesellschaft befriedigt werden könnten, stellen uns diese Forderungen vor heute noch methodisch unlösbare Probleme, denn die Fragen der Veränderungsmessung sind wissenschaftlich noch sehr umstritten und keineswegs anwendungsreif für die Schulpraxis.

Durch die Leistungsbeurteilung wird auch die Nichterreichung von Lernzielen gekennzeichnet. Mehr oder weniger umfangreiche Rückstände und Ausfälle im Lernprozeß werden im täglichen Unterricht oder in Zeugnissen dokumentiert. Man hat der Leistungsbeurteilung vorgeworfen, daß sie zu sehr an einem medizinischen (vgl. BARKEY 1976) oder statischen Modell (vgl. FRENZ u. a. 1973) orientiert sei. Bei dieser Betrachtungsweise werde mangelnder Lernerfolg als Schwäche oder Versagen des Individuums aufgefaßt. Die Ausfälle würden auf statische und unveränderliche Eigenschaften zurückgeführt, und sowohl die soziale Bezogenheit des Lernprozesses als auch die didaktische Verantwortung der Schule blieben außerhalb des Untersuchungsfeldes. Lernstörung werde nur wie eine Krankheit als Defizit des Individuums gesehen.

Diese Modelldiskussion war bisher wenig fruchtbar, weil die Autoren ohne gründliche Analyse von einem Positivmodell ausgingen, dem sie ein Negativmodell gegenüberstellten. Von der theoretischen Schwäche dieser Modelle unberührt bleibt die Erfahrungstatsache, daß in den Methoden der Leistungsbeurteilung Lernstörungen zu oft ohne Bezug auf die Lernmöglichkeiten der Schüler diagnostiziert wurden. Zu sehr war Salzmanns erster Grundsatz für die pädagogische Arbeit in Vergessenheit geraten: «Von allen Fehlern und Untugenden seiner Zöglinge muß der Erzieher den Grund in sich selbst suchen» (zitiert nach REBLE 1971, S. 203).

Die Notwendigkeit, den differenzierten Ansprüchen moderner Industriestaaten entsprechend, einem immer größeren Anteil von Lernenden über die Elementartechniken hinaus einen zunehmenden Bestand an Kenntnissen und Einsichten zu vermitteln, hat die moderne →Didaktik gezwungen, sich um effektivere und rationellere Lerntechniken zu bemühen. In den verschiedenen Formen adaptiven Unterrichts (vgl. SCHWARZER/STEINHAGEN 1975) wird versucht, die Wechselwirkung von Schülermerkmalen und Unterrichtsmethoden zu optimieren. Carroll hat in seinem Modell des schulischen Lernens die Qualität des Unterrichts ausdrücklich als Determinante für den Grad des Lernerfolges bezeichnet, und Bloom hat auf diesem Modell sein Vorgehen des zielerreichenden Lernens aufgebaut, durch das Schulversagen zur Ausnahme werden und alle alles lernen sollten (vgl. INGENKAMP 1979).

Leistungsversagen. Das Scheitern in der Schule erreicht nicht mehr die Ausmaße wie vor und um die Jahrhundertwende, als 60 % der Schüler nicht in der vorgesehenen Zeit den Schulabschluß erreichten. Trotzdem ist mit rund 25–30 % der Schüler eines Einschulungsjahrgangs, die nicht den Hauptschulabschluß erlangen (ohne Ausländerkinder), das Ausmaß des Schulversagens noch beachtlich (vgl. STARCK 1974, TIEDEMANN 1977). Nimmt man das Sitzenbleiben als ein Indiz für Leistungsversagen, dann kann man mit TIEDEMANN (1977, S. 36) feststellen: «In absoluten Zahlen ist Schulleistungsversagen in hohem Maß ein Grundschulphänomen. Dreiviertel aller Grund- und Hauptschulversager scheitern in den ersten vier Klassen.» Auch prozentual nimmt in Grund- und Hauptschulen der Anteil der Sitzenbleiber mit steigender Klassenstufe ab. Auf den Schultyp bezogen, steigt der prozentuale Anteil der Sitzenbleiber von der Hauptschule über die Realschule zum Gymnasium an. Hier wird vor allem in den 7. bis 9. Klassen ein gewisser Höhepunkt erzielt (vgl. STARCK 1974, S. 20). Ist in der Grundschule das Versagen in Rechtschreibung ein wichtiger Faktor für das Sitzenbleiben, so sind in den weiterführenden Schulen in den ersten Jahren die Fremdsprachen, später auch Mathematik, die Fächer mit den höchsten Versagerquoten. Die soziale Komponente des Leistungsversagens ist besonders in den 60er Jahren häufiger untersucht worden. Es zeigte sich, daß in Gymnasium und Realschule Kinder der unteren Sozialschichten häufiger sitzenbleiben und daß ihre Eltern sie seltener durch Nachhilfe und Klassenwiederholung das angestrebte Schulziel dennoch erreichen lassen wollen. Es gibt Anzeichen, daß die Schichtbenachteiligung von 1950 bis 1970 abgenommen hat (vgl. MÜLLER 1977). Jungen kommen häufiger zum Leistungsversagen als Mädchen, selbst wenn ihre objektiv mit Tests erfaßten Schulleistungen denen der Mädchen nicht nachstehen.

Das traditionelle Schulsystem hat als Korrektur des Leistungsversagens organisatorisch nur die Maßnahme des Sitzenbleibens oder der Zurückstufung in Schultypen mit geringerer Abschlußqualifikation gekannt. Untersuchungen ergaben, daß das Sitzenbleiben im Durchschnitt keinen Erfolg zeigt, weil die Lernrückstände und die damit verbundenen Begleiterscheinungen nachlassender →Motivation, steigender Schulunlust und Verhaltensschwierigkeiten zum Zeitpunkt des Sitzenbleibens sich so kumuliert haben, daß der angemessene Zeitpunkt für Fördermaßnahmen schon versäumt wurde (vgl. INGENKAMP 1972). Die Häufigkeit des Sitzenbleibens, seine Schichtabhängigkeit und weitgehende Erfolglosigkeit waren ein wichtiges Argument in der Schulreformdebatte. Innere und äußere → Differenzierung sollten Umfang und Gewicht des Leistungsversagens vor allem in der Sekundarstufe I verringern.

Ursachen des Leistungsversagens. Die psychologische Forschung hat sich bereits im vorigen Jahrhundert mit der Analyse der Ursachen des Leistungsversagens beschäftigt. Im Vordergrund standen dabei zunächst mangelnde *kognitive Fähigkeiten* als möglicher Versagensgrund. In fast einem Jahrhundert Intelligenzforschung (→ Intelligenz) wurde in zahllosen Befunden gesichert, daß die mit diesen Tests erfaßte intellektuelle Fähigkeit die wichtigste Einzelvoraussetzung für allgemeinen Schulerfolg ist. Mit der Zuordnung spezieller Intelligenztests zu verschiedenen Unterrichtsfächern war man weniger erfolgreich. Im Zuge dieser Forschungen wurde zwischen allgemeinen und speziellen Intelligenzschwächen unterschieden und organisatorisch durch Sonderschulen für verschiedene Formen der Lernbehinderung und Förderkurse beispielsweise für Legastheniker reagiert. Diese einseitige kognitive Ursachenerklärung ist in den letzten Jahrzehnten durch die Einbeziehung affektiver, emotionaler, sozialer und Umweltmerkmale bedeutend erweitert worden. Diese Forschungen wurden möglich, als differenzierte Untersuchungsinstrumente entwickelt worden waren. In den vergangenen Jahrzehnten wurde in vielen Untersuchungen der Einfluß von Leistungsangst, Leistungsmotivation, Selbstkonzept, Interesse und sozialer Anerkennung auf Lernerfolg und Lernversagen untersucht. Die Ergebnisse waren teilweise widersprüchlich und ließen häufig erkennen, daß nicht einfache lineare Beziehungen bestehen, sondern daß sich *affektiv-emotionale Faktoren* auf gute und schlechte → Schüler anders auswirken als auf Schüler im mittleren Leistungsbereich. Die Forschung differenziert die erwähnten allgemeinen Konstrukte heute stärker, etwa nach verschiedenen Lerngebieten und Situationen, sie untersucht affektive und soziale Merkmale nicht nur als Ursache, sondern auch als Wirkung von Leistungsversagen und betont, daß die affektiv-emotional-sozialen Faktoren nicht nur Determinanten des Leistungserfolges, sondern auch eigenständige Lernziele sind. In jüngster Zeit kommt zunehmend auch in den Blickpunkt, wie die Leistungsbeurteilung selbst die Einstellung der Schüler zum Lernen beeinflussen kann (vgl. LISSMANN/PAETZOLD 1982). Bei den Untersuchungen zu kognitiven und affektiven Bedingungen des Leistungserfolgs und -versagens trat bald auch die *soziale Herkunft der Schüler* als weiterer wichtiger Bedingungsfaktor zutage. Die frühen Untersuchungen gingen dabei von einer recht groben Einteilung in soziale →Schichten aus, die meist durch Beruf oder Einkommen des Vaters bestimmt wurden. Bereits dabei zeigt sich, wie sehr Leistungsversagen gerade im deutschen Schulsystem mit der sozialen Herkunft korrespondiert. Die Grobeinteilung in soziale Schichten hat inzwischen ähnliche Schwächen wie die Grobklassifizierung nach einem Intelligenzquotienten erkennen lassen.

Zu Beginn der 80er Jahre hat sich die Lernumweltforschung viel differenzierter mit den verschiedenen physischen, psychischen und sozialen Einflüssen beschäftigt, die von der Umwelt auf das Lernen ausgehen (vgl. WOLF 1980). Auch die *schulische Lernumwelt* wird zunehmend differenzierter analysiert. In diese Tendenz können auch die Untersuchungen zur Wirkung des Unterrichtsklimas auf Schülerleistungen eingeordnet werden. Das Unterrichtsklima wird meist über Wahrnehmungen des Unterrichts durch Schüler erfaßt, die sich zur Kooperation mit dem Lehrer, zur Möglichkeit der Kritik am Lehrer, zur Lenkung durch den Lehrer, zu seiner Förderung des Selbstvertrauens, zu Kameradschaft, Konkurrenzdenken unter Mitschülern, zur Verständlichkeit und Schwierigkeit des Unterrichts äußern. Auch diese Klimamerkmale zeigen einen hohen Zusammenhang mit dem Lernerfolg (vgl. v. SALDERN 1987).

Ausblick. Leistungsversagen ist nicht mehr einseitig durch die Person des Lernenden oder die Lernsituation zu erklären. Um Leistungsversagen verstehen zu können, muß man die Wechselwirkung von personalen und situativen Faktoren sehr differenziert erfassen. Es zeigt sich dabei, daß pauschale Ursachenerklärungen nur einen sehr begrenzten Wert haben und daß die individuellen Umstände in die Analyse einbezogen werden müssen. Das setzt aber nicht nur genauere und validere Instrumente im Bereich der Leistungsbeurteilung voraus, als sie mit dem Lehrerurteil zur Verfügung stehen, sondern auch diagnostische Hilfsmittel und eine Schulung im diagnostischen Vorgehen, die den affektiven und sozialen Bereich im weiteren Sinne einbezieht. Leistungsversagen kann in der gegenwärtigen und künftigen Schule nur dann erfolgreich bekämpft werden, wenn eine diesen Aufgaben entsprechende pädagogische Diagnostik entwickelt wird.

AYRES, L. P.: History and Present Status of Educational Measurement. In: The 17th Yearbook of the National Society for the Study of Education, Teil 2, New York 1918, S. 9ff. BARKEY, P.: Modelle in der pädagogischen Diagnostik. In: Barkey, P. u. a.: Pädagogisch-psychologische Diagnostik am Beispiel von Lernschwierigkeiten, Bern 1976, S. 22ff. FRENZ, H.-G. u. a.: Die Unangemessenheit der herkömmlichen Testdiagnostik für schulische Entscheidungen. In: Projektgruppe des Instituts für Schullaufbahnberatung: Diagnostik in derSchule, München 1973, S. 53ff. FRICKE, R.: Kriterium-orientierte Leistungsmessung, Stuttgart 1974. HOLMES, D./LAUWERYS, J. A.: Education and Examinations. In: Lauwerys, J. A./Scanlon, D. C. (Hg.): Examinations, London

1969, S. 1ff. INGENKAMP, F. D.: Zielerreichendes Lernen – Mastery learning, Ravensburg 1979. INGENKAMP, K.: Zur Problematik der Jahrgangsklasse, Weinheim/Basel 1972. INGENKAMP, K.: Pädagogische Diagnostik, Weinheim/Basel 1975. INGENKAMP, K. (Hg.): Die Fragwürdigkeit der Zensurengebung, Weinheim/Basel [7]1977. INGENKAMP, K. (Hg.): Tests in der Schulpraxis, Weinheim/Basel [6]1978. INGENKAMP, K.: Testkritik ohne Alternative. In: Jäger, R. u. a. (Hg.): Tests und Trends 1981, Weinheim/Basel 1981, S. 71ff (1981 a). INGENKAMP, K.: Forschungsstand und «Restauration» der Zensurengebung. In.: Ingenkamp, K. (Hg.): Wert und Wirkung von Beurteilungsverfahren, Weinheim/Basel 1981, S. 11ff (1981 b). INGENKAMP, K.: Lehrbuch der Pädagogischen Diagnostik, Weinheim/Basel 1988. KAMMER DER EVANGELISCHEN KIRCHE IN DEUTSCHLAND FÜR SOZIALE ORDNUNG: Sozialethische Überlegungen zur Frage des Leistungsprinzips und der Wettbewerbsgesellschaft, Gütersloh 1978. KLAUER, K. J. (Hg.): Handbuch der pädagogischen Diagnostik, Düsseldorf 1978. LIENERT, G. A.: Testaufbau und Testanalyse, Weinheim/Basel [3]1969. LISSMANN, U./PAETZOLD, B.: Leistungsrückmeldung, Lernerfolg und Lernmotivation, Weinheim/Basel 1982. MARSOLEK, TH.: Historische Übersicht über die Testentwicklung in Deutschland – unter besonderer Berücksichtigung der Schultests. In: Ingenkamp, K. (Hg.): Tests..., Weinheim/Basel [6]1978, S. 11ff. MÜLLER, K.: Der Schulerfolg der Übergänger auf weiterführenden Schulen. In: Ingenkamp, K. (Hg.): Schüler- und Lehrerbeurteilung, Weinheim/Basel 1977, S. 111ff. REBLE, A.: Geschichte der Pädagogik, Dokumentationsband 1, Stuttgart 1971. SALDERN, M. v.: Sozialklima von Schulklassen, Frankfurt/M. u. a. 1987. SCHWARZER, R./STEINHAGEN, K. (Hg.): Adaptiver Unterricht, München 1975. STARCK, W.: Die Sitzenbleiber-Katastrophe, Stuttgart 1974. THORNDIKE, R. L. (Hg.): Educational Measurement, Washington [2]1971. TIEDEMANN, J.: Leistungsversagen in der Schule, München 1977. WENDELER, J.: Standardarbeiten, Weinheim/Basel [7]1976. WOLF, B.: Zum Einfluß der häuslichen Lernumwelt. In: Rost, D. H. (Hg.): Entwicklungspsychologie für die Grundschule, Bd. 1, Bad Heilbrunn 1980, S. 172ff.

Karlheinz Ingenkamp

Leistungsdifferenzierung → Differenzierungsform
Leistungskontrolle → Leistungsbeurteilung – Leistungsversagen; → Prüfung; → Test
Leistungskurs → Differenzierungsform
Leistungsmessung → Leistungsbeurteilung – Leistungsversagen; → Test
Leistungsmotivation → Motivation
Leistungsprinzip → Leistung
Leistungsstand (Gesamtbild) → Zeugnis – Zertifikat
Leistungsstörung → Leistungsbeurteilung – Leistungsversagen; → Verwahrlosung
Leistungstest → Test
Leistungsversagen → Leistungsbeurteilung – Leistungsversagen
Leitbild → Vorbild
Leitfrage, methodische → Methode
Lernangst → Angst
Lernbeeinträchtigung (von Behinderten) → Sonderpädagogik
Lernbehindertenschule → Sonderpädagogik
Lernbereich → Fach – Fächerkanon

Lernen – Lerntheorie

Definitionsprobleme. Wie in anderen Bereichen der Psychologie gibt es auch beim Begriff «Lernen» Definitionsprobleme. Zwei Schlüsselbegriffe sind charakteristisch: *Veränderung* und *Erfahrung*. So definieren beispielsweise BOWER/HILGARD (1981, S. 11; Übersetzung: B. W.): «Lernen bezieht sich auf eine Veränderung im Verhalten oder Verhaltenspotential eines Individuums in einer gegebenen Situation, die sich zurückführen läßt auf wiederholte Erfahrungen dieses Individuums in dieser Situation. Vorausgesetzt wird, daß man die Verhaltensänderung nicht auf der Basis von angeborenen Reaktionstendenzen, Reifung oder vorübergehenden Zuständen (z. B. Ermüdung, Trunkenheit, Triebe usw.) erklären kann» (vgl. auch BERGIUS 1971).

Lernen ist ein Vorgang, den man für eine beobachtete Veränderung verantwortlich macht: Verhalten oder Verhaltensbereitschaft haben sich geändert, also muß Lernen stattgefunden haben (sofern man andere Prozesse ausschließen kann). *Veränderung* ist das generelle Explanandum aller Lerntheorien (vgl. ULICH 1980, S. 73). Sie kann Unterschiedliches bedeuten: Neuerwerb und Eliminierung (in der Alltagssprache: Erlernen und Verlernen), Anpassung und Fehlanpassung (etwa Phobien; vgl. die Zweifaktorentheorie von MOWRER 1960), kontinuierliches Anderswerden und schlagartiger Wechsel (wie beim Lernen durch Einsicht).

→*Erfahrung* als Schlüsselbegriff zeigt, daß Lernen an Eindrücke, Inhalte, Informationen und damit an Umwelt und Verarbeitung von Umweltwahrnehmung gebunden ist. Prinzipiell ist damit keine psychologische Kategorie der Auseinandersetzung mit Umwelt ausgeschlossen. Lernen als an Erfahrung gebundener Prozeß gilt für Kognitionen, Emotionen, Verhalten (Pläne, Regulation, Ausführung) gleichermaßen.

Lerntheorien unterscheiden sich vor allem darin, wie sie die Begriffe «Erfahrung» und «Veränderung» interpretieren und konkretisieren. Hinter den einzelnen theoretischen Aussagesystemen lassen sich unschwer anthropologische Grundannahmen oder Vorannahmen über das Zustandekommen von Erkenntnis erkennen. So untersucht man andere Variablen und kommt zu unterschiedlichen Lerntheorien, wenn man im einen Fall den Organismus als eine Art Reiz-Reaktions-Verknüpfungscomputer sieht (klassischer Behaviorismus), im zweiten Fall als sensiblen Auswerter und Deuter von Verhalten anderer Personen (Theorie sozialen Lernens), als reflexiv-epistemologisches Subjekt (vgl. GROEBEN/SCHEELE 1977) oder schließlich als aktiven (Um-)Gestalter der Umwelt nach eigenen Handlungsabsichten und -plänen (Handlungstheorie). Es ist ein fundamentaler Unterschied, ob man Lernen etwa auffaßt als

Assoziationsbildung (Thorndike, Pawlow, Watson) oder als Strukturierung durch Vernunft und Einsicht (so die Gestaltpsychologen wie Duncker, Wertheimer) oder als praktische Aneignung (Leontjew). An diesen Beispielen scheinen auch philosophische Positionen durch: bei Assoziationstheorien der Empirismus, bei den Einsichtstheorien der Rationalismus, bei der Aneignungstheorie der →Pragmatismus, Konstruktivismus beziehungsweise der dialektische Materialismus (vgl. LOMPSCHER 1973). Es liegt auf der Hand, daß sich aufgrund der unterschiedlichen Ausgangspositionen, →Forschungsmethoden und -szenarien die Lerntheorien kaum vergleichen lassen. Historisch haben sich bis heute die verschiedenen Strömungen auch weitgehend isoliert entwickelt. Auseinandersetzungen erfolgten meist kontrovers (wie etwa zwischen den Assoziationisten und den Gestalttheoretikern) und führten selten zu einer Annäherung oder gar Integration (wie beispielsweise Tolmans Versuch, gestaltpsychologische Hypothesen mit behavioristischen Methoden zu bearbeiten). Eklektische Ansätze – wie zum Beispiel die Theorie des sozialen Lernens von BANDURA (vgl. 1971, 1977a) – sind eine Ausnahme. Nicht zu übersehen ist allerdings, daß sich der Reduktionismus behavioristischer Lerntheorien mit der «kognitiven Wende» gemildert hat.

Lerntheoretische Konzepte. Die verschiedenen Lerntheorien und ihre Konzepte lassen sich aufgrund unterschiedlicher Vorannahmen, Forschungsmethodik, Lerninhalte sowie unterschiedlicher (wissenschafts-) historischer Situation nur oberflächlich ordnen. Dabei sind zwei Ordnungsprinzipien üblich. Im einen Fall gruppiert man die Theorien nach *Theoriefamilien*. Für die erste Art der Gruppierung ein Beispiel (vgl. BOWER/HILGARD 1981):
- Behavioristische und assoziationistische Theorien (Thorndike, Pawlow, Guthrie, Hull, Skinner, Estes),
- Theorien der kognitiven Organisation (Gestalttheorie, Tolman, Informationsverarbeitung).

Für die zweite Gruppierungsform ist folgende Einteilung typisch:
- Signallernen (Pawlow),
- Reiz-Reaktions-Lernen (Skinner, Guthrie),
- Kettenbildung, motorisch (Skinner, Hull),
- Kettenbildung, sprachlich (sprachliche Assoziation),
- Diskriminationslernen,
- Begriffslernen,
- Regellernen,
- Problemlösen (Gestalttheorie, Bruner).

GAGNÉ (vgl. 1969) versteht diese Liste als *Prototypen des Lernens*, unterschieden nach Bedingungen – innere und äußere – für das Lernen.

«Begriffslernen» setzt bestimmte internale Fähigkeiten im Lernenden voraus (zum Beispiel Diskriminationslernen zum Unterscheiden von Buchstaben) und verlangt spezifische «äußere» Lernbedingungen (etwa sprachliche Anweisungen). Ähnlich ist eine Einteilung anhand von «lernpsychologischen Modellsituationen»: Lernen von Signalen, Lernen am Erfolg, Lernen durch Imitation, Lernen durch Einsicht, Lernen durch Einprägen, Begriffslernen und Lernen intellektueller Fähigkeiten (vgl. WINKELMANN 1973).

Die erste Einteilung wird der wissenschaftshistorischen Entwicklung eher gerecht; die zweite kommt dem Praktiker entgegen. Aus pragmatischen Gründen soll hier auf eine alte oder neue Gruppierung verzichtet werden. Statt dessen folgen einige Lerntheorien, die in der Pädagogik ausführlicher diskutiert wurden. Die Absicht ist, Nichtpsychologen einen ersten Überblick zu vermitteln. Zur weitergehenden Information sei auf gute Sekundärliteratur (vgl. BREDENKAMP/WIPPICH 1977) oder auf die Originalarbeiten verwiesen. Zum Vokabular empfiehlt sich ZEIER (vgl. 1976). Ausgeklammert wurde eine handlungstheoretische Lernkonzeption, weil lediglich der Bereich des sensumotorischen Lernens (vgl. VOLPERT 1981) ausgearbeitet wurde.

Klassisches Konditionieren. PAWLOW (vgl. 1953) ging davon aus, daß jegliche Umweltreaktion des Organismus ein Reflex sei, eine durch das Nervensystem vermittelte Reaktion. *Unbedingte Reflexe* sind solche, die angeboren sind (etwa Speichelsekretion bei Speisengeruch). *Bedingte Reflexe* sind dagegen erlernt: Durch wiederholte gleichzeitige Darbietung mit einem bereits reflexwirksamen Auslöser wird ein zuvor «neutraler» Reiz selbst zum Auslöser für einen Reflex. Der Reiz ist damit zum «bedingten Reiz» geworden, obwohl er an sich keine biologische Bedeutung hat.

Beispiel: Ein Hund erhält etwas Fleischpulver (US = *unconditioned stimulus*); Speichelfluß setzt ein (UR = *unconditioned reaction*). Man bedient in Anwesenheit des Hundes öfter einen Summer. Dieser Reiz löst nichts aus, er ist «neutral». Nun ertönt der Summer nur dann, wenn das Fleischpulver verabreicht wird. Bald setzt der Speichelreflex auch ein, wenn nur der Summer ertönt. Der Ton ist durch zeitliche Koppelung zu einem bedingten Reiz (CS = *conditioned stimulus*) geworden, der eine bedingte Reaktion (CR = *conditioned reaction*) auslöst.

Durch den Prozeß der Konditionierung werden viele Reize in der Umgebung eines Organismus zu *Signalen*, die eine Anpassung erleichtern. Bewußtsein ist für die klassische Konditionierung unerheblich. Nach Pawlow hängt es von der Beschaffenheit des jeweiligen Nervensystems ab, wieviel Reflexe gebildet werden können, das heißt, wie ausgeprägt die Lernfähigkeit ist. Beim Menschen spielt dabei die Sprache als «zweites Signalsystem» eine entscheidende Rolle. Sprache ist Signal der ersten Signale. Die sowjetische Psychologie hat gerade die Rolle der Sprache bei Regulation von Verhalten (Sprache zur Selbststeuerung) im Anschluß an Pawlow untersucht (vgl. LURIA 1961).

Im Unterricht spielen Koppelungen von Reizen an biologische Reflexe wohl vor allem im emotionalen Bereich eine Rolle (vgl. GAGE/BERLINER 1979, S. 82ff): so beispielsweise bei der Koppelung von körperlichen Angstreaktionen auf erlernte Signale, wie etwa die Ankündigung einer Prüfung.

Instrumentelles Konditionieren, operantes Lernen, Lernen durch Verstärkung. Beim klassischen Konditionieren erscheint der unconditioned stimulus (das spätere «Signal», Summton) unabhängig von einer Reaktion des Organismus. Bei Experimenten zum sogenannten *instrumentellen Konditionieren* aber wird ein bestimmter Reiz erst dann präsentiert, wenn der Organismus eine bestimmte «kritische» Reaktion zeigt. Beispiel: In der «Skinner-Box», einem besonders eingerichteten Käfig, fällt ein Futterkorn in einen Behälter immer dann, wenn die Ratte einen bestimmten Hebel drückt.

Der Reiz folgt also (wenn auch eventuell nur in Sekundenbruchteilen) auf eine bestimmte Reaktion. Der Organismus lernt, daß seine Reaktion einen bestimmten *Effekt* hat, beziehungsweise daß er etwas tun muß, um diese Konsequenz auszulösen. Daher die Bezeichnungen «instrumentell» und «operant». Als erster formulierte THORNDIKE (vgl. 1932) das «law of effect», das *Lernen am Erfolg.* Seiner Ansicht nach reagieren Tiere zunächst mit ungezielten Handlungen, wenn man sie einer Situation aussetzt, für die keine instinktiven Reaktionen programmiert sind. Durch *Versuch und Irrtum* (trial and error) erweisen sich jedoch manche Handlungen zufällig als effektiv und werden gelernt. Bewußte Einsicht spielt dabei nach Thorndike keine Rolle. Die erlernte Verbindung zwischen Reiz und Reaktion (S-R-Verbindung) ist um so dauerhafter, je häufiger sie praktiziert wird (Gesetz der Übung) und je erwünschter die Konsequenzen bewertet werden (Gesetz des Erfolges). Auch bei SKINNERS Theorie des *operanten oder instrumentellen Lernens* (vgl. 1938) sind nicht die «respondents» (Reaktionen, die reflexhaft an bestimmte Reize gekoppelt sind) entscheidend, sondern die «operants», Verhaltensweisen, die der Organismus ursprünglich spontan äußert und aufgrund einer bestimmten Wirkung in der Umwelt mit einer Reizkonstellation per Lernen verbindet. Im Unterschied zur Versuchsanordnung bei Pawlow (vgl. Abschnitt *Klassisches Konditionieren*) läßt die Skinner-Box ein bestimmtes Umweltszenarium stabil; das Tier ist in dem schalldichten und dunklen Kasten aufgefordert, ein gleichbleibendes Arrangement aktiv zu erkunden. Zwei Schlüsselbegriffe sind für diese Lerntheorie zentral: *Bekräftigung* (Verstärkung, reinforcement) und *Löschung* (Extinktion). Als Verstärker gilt jedes Ereignis, das die Auftretenswahrscheinlichkeit eines Verhaltens in der Zukunft erhöht. (Eine Zirkeldefinition, wenn man fragt, warum das Ereignis diesen Effekt hat.) Dafür kommen nicht nur angenehme Ereignisse oder positive Verstärker in Frage; auch negative Ereignisse können verstärkend wirken, wenn sie etwa ein Vermeidungsverhalten belohnen. Positive Verstärker erhöhen die Auftretenswahrscheinlichkeit eines Verhaltens, wenn sie anwesend sind, negative Verstärker, wenn sie aus der Situation herausgenommen werden. Das Wort «Verstärkung» (reinforcement) ist irreführend, weil ein Verhalten dadurch nicht intensiver («stärker»), sondern lediglich wahrscheinlicher wird.

Beispiele: Ein Schüler hat sich besonders gründlich auf eine Stunde vorbereitet und erhält dafür soziale Anerkennung. Es ist anzunehmen, daß er sich für die nächste Stunde ähnlich vorbereiten wird (positive Verstärkung).

Ein Schüler hat sich gemeldet und durch eine falsche Antwort den Spott des Lehrers auf sich gezogen. Es ist anzunehmen, daß er in Zukunft passiv bleiben wird (Vermeidungsverhalten). Die Passivität wird durch Ausbleiben von Spott belohnt (negative Verstärkung).

Skinner (vgl. 1938) hat Verstärkungspläne variiert und festgestellt, daß nicht nur kontinuierliche Bekräftigung, sondern auch *intermittierende Bekräftigung* (beispielsweise Futter nur bei jedem dritten Hebeldruck der Ratte) das konditionierte Verhalten wahrscheinlicher macht. Ohne Zweifel ist die unregelmäßige Verstärkung unter natürlichen Bedingungen die übliche. Bleibt eine Verhaltensweise nach einer Phase der Bekräftigung ohne die übliche Konsequenz, so nimmt die Auftretenswahrscheinlichkeit wieder ab. Man spricht von *Löschung* (Extinktion). Es ist bemerkenswert, daß gerade unregelmäßig (intermittierend) bekräftigte Verhaltensweisen besonders resistent gegen Löschung sind.

Aus der Theorie des operanten Lernens ergibt sich klar, daß Bestrafung kaum geeignet ist, neues erwünschtes Verhalten zu erlernen. Es kommt ja darauf an, daß der Organismus (zufällig oder nicht) erst einmal das richtige Verhalten zeigt, damit dies bekräftigt werden kann. → Strafe informiert lediglich darüber, daß das Verhalten nicht erwünscht ist; dasselbe läßt sich einfacher durch Nichtbekräftigung (Löschen) erreichen. Die emotionalen Begleitumstände von Bestrafung können zudem richtige Reaktionsweisen blockieren.

Generalisierung (Transfer) und Diskriminationslernen. Die Konzepte Transfer und Diskrimination sind Gegenpole. Transfer bedeutet Übertragung von Gelerntem auf neue, veränderte Situationen; Diskrimination meint die Fähigkeit, Unterschiede zwischen Situationen, Reizen und Reaktionen zu erkennen und das Verhalten darauf abzustimmen. Erst die Verallgemeinerung bereitet allerdings den Boden für anschließendes Differenzieren (vgl. HASELOFF/JORSWIECK 1970, S. 168).

Beispiel: Das Kind verbrennt sich die Finger an einem Ofen. Es meidet dann auch andere ähnliche Gegenstände, obwohl sie keinen Schmerz hervorgerufen haben (Generalisierung). Es hat zugleich gelernt, «Ofen» und «ofenähnliche Gegenstände» von anderen Gegenständen zu unterscheiden (Diskrimination).

Transfer und Diskrimination sind Phänomene, die in den verschiedenen Lerntheorien unterschiedlich definiert und erklärt werden. Von THORNDIKE (vgl. 1932) stammt die verbreitete Unterscheidung zwischen *positivem* und *negativem Transfer*: Lernen kann durch Transfer gefördert, aber auch gehemmt werden.

Beispiel: Man fährt ein neues Auto. Die Bedienung der Pedale, das ruckfreie Anfahren erlauben positiven Transfer von bereits Erlerntem. Zu negativem Transfer kommt es, wenn beispielsweise der Antrieb nun vorne liegt oder sich der Blinker dort befindet, wo zuvor der Scheibenwischer bedient wurde. Dies zu lernen dauert vermutlich länger, als wenn man zuvor nicht Auto gefahren wäre.

Nach Thorndike kommt es zu positivem Transfer, wenn bei zwei aufeinanderfolgenden Anforderungssituationen entweder eine inhaltliche Übereinstimmung (identity of substance) besteht oder wenn inhaltlich verschiedene Aufgaben nach einem bekannten Verfahren gelöst werden (identity of procedure). Pädagogische Konsequenzen: Wenn das Lernen auf einen Beruf vorbereiten soll, muß der Unterricht soweit als möglich die späteren Arbeitsbedingungen simulieren (identische Elemente); bestimmte Techniken des Lernens und Problemlösens sollten erlernt und an vielen Anwendungsbeispielen geübt werden (identische Verfahren). Weitere pädagogische Anwendungsmöglichkeiten zeigen GAGE/BERLINER auf (vgl. 1979, S. 172ff).

Diskriminationslernen oder Unterscheidungslernen ist zur Verbesserung des Transfers unerläßlich. Wenn die Unterschiede – sowohl im Hinblick auf die Elemente wie auf die Verfahren – zwischen der alten und neuen Situation möglichst deutlich unterschieden werden, läßt sich negativer Transfer vermeiden. Behavioristen wie Skinner unterscheiden Reizdiskrimination (Überschreiten der Straße nur bei grünem Licht) und Reaktionsdifferenzierung (Dosieren des Druckes bei einer Schleifarbeit). Beide Formen von Diskrimination führen die Verhaltenstheoretiker auf die Anwesenheit sogenannter diskriminativer Hinweisreize zurück, wie im Beispiel die Ampel oder die Oberflächenbeschaffenheit des geschliffenen Gegenstandes.

Diskriminationslernen wurde ausführlich im Zusammenhang mit dem

Lernen von Konzepten untersucht (vgl. HULL 1920). Die Unterscheidungsmerkmale sind Bestandteile von kognitiven Systemen höherer Ordnung (Kategorisierung, Klassenbildung, Gesetze).

Kognitives Lernen, Theorie der Informationsverarbeitung. Die oben geschilderten Ansätze haben sich mit relativ einfachen Reiz-Reaktions-Verbindungen beschäftigt (S-R-Theorien), die auch bei Tieren beobachtet werden können. Denken, als die komplexe Verarbeitung von Informationen, blieb aus methodischen Gründen unaufgeklärt; es wurde als unerforschte «black box» zwischen beobachtbaren Reizen und Reaktionen im dunkeln gelassen.

Bald stellte sich heraus, daß die einfachen Annahmen der S-R-Theorien der Leistungsfähigkeit des menschlichen Gehirns nicht gerecht wurden. Ein Vorgang wie die Begriffsbildung oder der Umgang mit Sprache läßt sich nicht mit Assoziationsgesetzen erklären. Die Computertechnologie gab den Anstoß für eine neue Theorienfamilie, das *«information processing»*. Man konzipiert dabei das menschliche Gehirn und seine Funktionsweise beim Umgang mit bedeutungsvoller Information analog zum «Elektronengehirn». Wie beim Computer unterscheidet man eine Input-Einrichtung (Rezeptoren), verschiedene Speicher (Gedächtnis), einen zentralen Prozessor (Denken, Beurteilen) und schließlich Effektoren, die Verhalten bewirken (Motorik). Ein vereinfachtes Modell zeigt die folgende Abbildung 1.

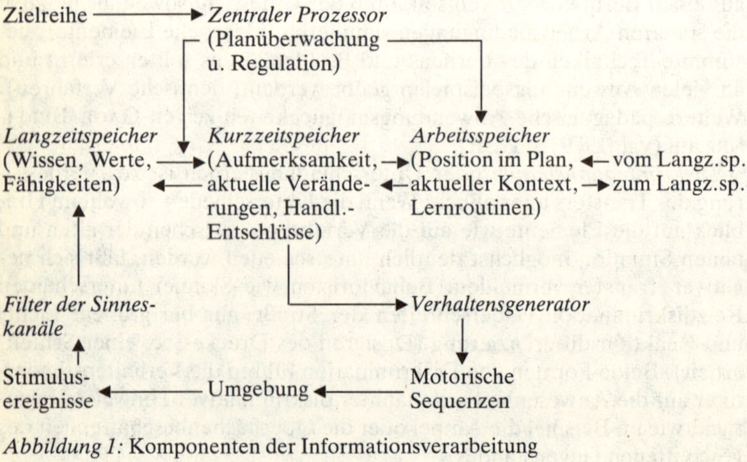

Abbildung 1: Komponenten der Informationsverarbeitung

(Quelle: BOWER/HILGARD 1981, S. 422)

Entscheidend ist, daß Reize nicht direkt Verhalten bewirken, sondern in einem komplizierten Prozeß verändert und umgestaltet werden. Es kommt zu Kodierung, Vergleich mit bereits gespeicherten Informationen, Bedeutungszuweisung, Gruppierung, Abstimmung mit Plänen, Einbau in Strategien und Handlungsentwürfen.

Die Mehr-Speicher-Theorie ist experimentell gut abgesichert. Es handelt sich nicht um gehirnanatomisch lokalisierbare Speicher, sondern um verschiedene Qualitäten der Verarbeitung. Ganz ohne die Annahme von Speichern kommt die sogenannte Mehrebenentheorie aus (vgl. CRAIK/LOCKART 1972); sie erklärt Erinnerungsleistungen mit einer unterschiedlichen *Verarbeitungstiefe* (vor allem durch Elaboration) der aufgenommenen Informationen.

Die kognitive Struktur (vgl. NEISSER 1976) eines Lernenden kann mehr oder weniger effizient sein (vgl. MANDL/HUBER 1978). In der Forschung unterscheidet man verbreitet eine *Wissens-Struktur* von einer *Problemlöse-Struktur* (vgl. KLUWE 1979): Beide, also die Organisationsform des Wissens wie die Operationen und Pläne bei Denkabläufen, werden durch Lernen ausgebildet und permanent modifiziert. Andererseits bestimmen sie, wie kognitives Lernen stattfindet. Der Prozeß der Informationsverarbeitung ist auch verantwortlich dafür, ob eine Information als bedeutungsvoll erscheint oder nicht. *Bedeutung* hängt davon ab, mit wieviel Assoziationen die neue Information verknüpft wird. Wenn sich neues Material in bestehende Schemata assimilieren läßt, wird es leichter gespeichert und verarbeitet. Die Modelle zur Informationsverarbeitung sind nicht einfach in Vorschriften für pädagogisches Handeln umzumünzen. Trotzdem regen sie zu Überlegungen an, wie Wissen und Problemlösen optimal zu erwerben und zu fördern sei. So gibt es auf Theorien der Informationsverarbeitung aufbauende Trainingsprogramme, um vor allem Problemlösefähigkeiten zu verbessern. (Man denkt nicht zufällig an die traditionelle Vorstellung von der «formalen Bildung».) Dabei wird der systematischen Ausbildung der bewußten Selbststeuerung der Denkabläufe – der *Metakognition* (vgl. KLUWE 1982) – große Bedeutung beigemessen.

Vieles, was in jüngster Zeit mit dem Vokabular des «information processing» beschrieben wird, haben bereits in der ersten Hälfte des 20. Jahrhunderts Vertreter der sogenannten *Gestalttheorie* diskutiert. Sie beschäftigten sich vor allem mit den Vorgängen beim Problemlösen und erklärten sie in Analogie zu Vorgängen bei der Wahrnehmung: Typisch für das Erlernen von Lösungswegen sind das Strukturieren eines «Feldes» (in der Wahrnehmung: Änderung des Verhältnisses von Figur und Grund), das plötzliche Erkennen («Aha-Erlebnis»), die Bildung von «guten Gestalten» (man fügt Informationen zu bekannten Schemata zusammen). In Abhebung von der uneinsichtigen S-R-Verknüpfung in behavioristischen Lernmodellen betonen Gestalttheoretiker das *einsichtige Lernen*. Der wahrnehmungspsychologische Terminus ist bewußt gewählt: «Einsicht ist in der Tat ein Sehen, Ersichtlichwerden» (DUNCKER 1963, S. 62, Anm. 2); bei der Problemlösung wird «der Sachverhalt aus einem unklaren, dämmerigen, nicht recht überschaubaren Zustand plötzlich ans Licht gebracht» (DUNCKER 1963, S. 67). Ein Problem der Gestalttheorie ist ihre Vagheit, darüber können auch sogenannte Gestaltgesetze nicht hinwegtäuschen (vgl. KOFFKA 1935), und die unbefriedigende empirische Überprüfung. In beiden Punkten ist die Theorie der Informationsverarbeitung entschieden überlegen, wenn auch die vielen experimentellen Ergebnisse zu konkurrierenden Theorien führten, die, der stürmischen Entwicklung folgend, in kurzen Zeitabständen modifiziert werden.

Soziale Lerntheorie (Lernen am Modell). Diese vor allem von BANDURA (vgl. 1971) entwickelte, mehrfach modifizierte Theorie verbindet Elemente der S-R-Theorie und der kognitiven Theorien. Sie versucht zu erklären, wie menschliches Verhalten erlernt und aufrechterhalten wird durch das Zusammenspiel von einerseits kognitiven Prozessen und andererseits Kontrolle von seiten der Umwelt. Nach Bandura muß auch Lernen erklärt werden im Kontext einer Person-Situation-Interaktion, wobei die Umwelt ebenso auf die Person einwirkt wie die Person auf die Umwelt (Transaktion). In der sozialen Lerntheorie wird berücksichtigt, daß der Mensch seine Umwelt beobachtet, Eindrücke interpretiert, Handlungsentwürfe generiert und die Wirkungen auswertet.

Zentraler Lerntyp ist das *Beobachtungslernen* (observational learning, auch Lernen am Modell). Verhaltensschemata können allein per Beobachtung erworben, das heißt kognitiv gespeichert werden. Dies scheint eine elementare, sehr ökonomische Lernform für menschliches Verhalten zu sein, die mit den klassischen Lerntheorien kaum zu erklären ist. Für die Reproduktion und Aufrechterhaltung derart erlernter Verhaltensmuster kommen jedoch Umwelteffekte (etwa als Belohnung) wieder ins Spiel.

Beispiel: Ein Kind sieht, wie ein anderes Kind eine Puppe malträtiert, dafür aber von einem Erwachsenen bestraft wird. Es speichert die beobachtete Verhaltensweise, reproduziert sie aber nur, wenn kein Erwachsener anwesend ist. Aufrechterhalten wird dieses Verhalten, wenn es dem Kind Freude bereitet, die Puppe zu mißhandeln.

BANDURA (vgl. 1971) unterscheidet vier Phasen des Beobachtungslernens:

Aufmerksamkeitszuwendung (auf das Modell-Verhalten),
Behaltens-Phase (das Verhaltensschema wird gespeichert),
Reproduktions-Phase (das Verhalten wird praktiziert),

Motivationale Phase (der Effekt wird ausgewertet und die Bereitschaft entwickelt, das Verhalten zu wiederholen oder nicht).

Lernen ist nach Auffassung von Bandura bereits nach der zweiten Phase erfolgt; die weiteren Phasen betreffen die Äußerung des erlernten, vom Modell übernommenen Verhaltens.

Das Bandura-Team untersuchte in vielen Studien die pädagogisch interessante Frage, unter welchen Bedingungen jemand als Modell wirksam wird. Die Ergebnisse stützen zum Teil psychoanalytische Aussagen zur *Identifikation* mit einer Person (→Vorbild). So übernahmen Kinder bevorzugt Verhalten von solchen Personen, die Macht oder andere sozial hochbewertete Merkmale aufwiesen. Solche Ergebnisse wurden auch von der Medienforschung rezipiert, etwa bei der Frage, ob und wann bei Gewaltdarstellungen im Fernsehen aggressives Verhalten imitiert wird.

Eine in ihren Konsequenzen weitreichende Erweiterung des Prinzips der Bekräftigung (reinforcement) ist die Annahme, daß man sich selbst belohnen und bestrafen kann. Die kognitive Ausstattung des Menschen, vor allem der Spracherwerb, erlaubt eine *Selbstregulation* des Verhaltens. Die «intrinsische Motivation», also die Leistungsbereitschaft ohne äußere Belohnung, kann durch Selbstbekräftigung, durch Zufriedenheit mit sich selbst, eventuell in Form von Selbstinstruktionen («das habe ich gut geschafft») zustande kommen. Diese Technik der Selbstregulation durch stumme Selbstinstruktionen wird bei Lernstörungen und in der Verhaltenstherapie häufig eingesetzt.

In neueren Publikationen betonte BANDURA (vgl. 1977a, b) die Bedeutung von *Wirksamkeits-Erwartungen* (efficacy expectancies) für das Verhalten. Aufgrund von Lernerfahrungen kann eine Person die Erwartung einer hohen Wirksamkeit ausbilden; eine andere Person mag sich als relativ unwirksam einschätzen. Die Ähnlichkeit zu den Konzepten der Erfolgserwartung und Mißerfolgsangst (vgl. HECKHAUSEN 1963) beziehungsweise zu Seligmans Konzept der erlernten Hilflosigkeit (SELIGMAN 1979) liegt auf der Hand. Negative Wirksamkeitserwartungen – also das Gefühl, doch nichts zu erreichen – können wiederum durch Beobachtungslernen und das Trainieren von Techniken der Selbstregulation (positive Selbstinstruktionen) therapeutisch verbessert werden.

Für die Erziehungspraxis (→Lernen, soziales) liefert die eklektische Theorie von Bandura zweifellos die brauchbarste Verhaltenstheorie (für Methoden in der Erwachsenenbildung: vgl. SEMMER/PFÄFFLIN 1978). Wie BOWER/HILGARD (1981, S. 472) bemerken, stellt sie eine Rahmentheorie dar, in die sich die Theorie der Informationsverarbeitung als Teiltheorie dort integrieren läßt, wo es darum geht, im Detail die symbolische Repräsentation der Umwelt aufzuklären.

Lerntheorien und pädagogische Entscheidungen. In der pädagogischen Praxis sind fortwährend Entscheidungen für und gegen bestimmte →Methoden und Medien zu treffen. Wer sich als Pädagoge von der Lernpsychologie eindeutige und gesicherte Entscheidungshilfen erhofft, muß allerdings enttäuscht werden, obwohl er vor allem in der angelsächsischen Literatur durch zahlreiche *instruktionspsychologische* Bücher bedient wird, in denen Erkenntnisse der Lernpsychologie für die Optimierung von Lehren und Lernen angeboten werden. Zu Skepsis gibt es mehrere Gründe. Zum einen ist umstritten, inwieweit sich «erklärende» Lerntheorien in *präskriptive* Anweisungen für die Optimierung von Lehren und Lernen übersetzen lassen (vgl. HERRMANN 1979; vgl. TREIBER/WEINERT 1982, S. 242ff). So kann man beispielsweise die Theorie des sozialen Lernens mit Gewinn heranziehen, um Effekte von Fernsehfilmen aggressiven Inhalts auf Jugendliche aufzuklären. Naiv wäre jedoch, sich beim Planen einer Unterrichtsstunde im Vertrauen auf die Theorie darauf zu verlassen, daß die Vorführung eines Filmes mit prosozialem Verhalten bei den →Schülern partnerschaftliche Umgangsweisen fördern werde. Ähnlich kann die Lerntheorie von Skinner Lerneffekte nach der Lektüre einer programmierten Instruktion (kleine Lerneinheiten, dazu jeweils eine Kontrollfrage und Antwort auf der nächsten Seite) erklären. Die Theorie des operanten Lernens wird aber keinen Lehrer von der Ungewißheit entlasten, daß ein bestimmtes Lernprogramm in seiner Klasse tatsächlich zum gewünschten Lernerfolg führt.

Unabhängig von diesem prinzipiellen Technologieproblem sind vielfach geäußerte Zweifel an der Aussagekraft der Lerntheorien. Man hat vor allem den behavioristischen Theoretikern vorgeworfen, der internen *Validität* die externe geopfert zu haben: Die skrupulöse Kontrolle der Variablen im Laborexperiment (am besten erreichbar mit Tieren) lasse es nicht zu, die Ergebnisse auf vielfältige Formen von Lernen in Aus- und Weiterbildung zu übertragen. In der Tat sind Lernuntersuchungen unter komplexen Alltagsbedingungen selten und ihre Ergebnisse meist lerntheoretisch nicht eindeutig zu interpretieren. Man findet solche Studien weniger in der pädagogischen Psychologie als in der Literatur zur →Sozialisation, neuerdings auch in der Entwicklungspsychologie der Lebensspanne (vgl. OERTER 1978). Nach dem Konzept der «ökologischen Validität» (vgl. CAMPBELL/STANLEY 1967) wäre zu fragen: Wo im Alltag finden sich Bedingungen, die denen in Experimenten gleichen, die einer Lerntheorie zugrunde liegen? Aussagen behavioristischer Lerntheorien wären extern valide vermutlich dort, wo man die Aktivität der Lernenden ebenso einschränkte und die Kontingenzen ebenso fremdkontrollierte wie beispielsweise in den Labyrinth- oder Skinner-Box-Experimenten mit Ratten (vgl. WESTMEYER 1976). Daß die behavioristische Lerntheorie ihre Hauptdomäne in den Praxisfeldern Therapie und

Schule (pädagogische Verhaltensmodifikation, programmierte Instruktion, computerunterstützter Unterricht) gefunden hat, wo jeweils tatsächlich ein hohes Maß an Situationskontrolle herrscht, spricht zumindest per Augenschein für diese These.

Wo Autoren versuchen, Ergebnisse der Lernpsychologie für Praktiker seriös zusammenzufassen und in Empfehlungen umzusetzen, zeigt sich ein drittes Problem: die Unterschiede oder Konkurrenz unter Lerntheorien. Sie enttäuschen den Praktiker, der hofft, klare und eindeutige Aussagen zu erhalten (vgl. AUSUBEL 1974, GAGE/BERLINER 1979).

«Das Argument, lerntheoretisch orientierte Lerntheoretiker könnten auf eine relativ entwickelte Disziplin zurückgreifen, wie sie die Lernpsychologie doch immerhin darstellt, wird schon dadurch außer Kraft gesetzt, daß die geheiligten Wahrheiten beispielsweise des behavioristischen Programms mittlerweile alle zusammengebrochen sind – jedenfalls da, wo man sie auf die Unterrichtssituation bezogen hat. So fördert eine sofortige Rückmeldung nicht unbedingt die Lerneffektivität, auch positive Verstärker können negativ wirken, Lernen in kleinen Schritten kann weniger Erfolg bringen als Lernen in großen Sprüngen, und sogar eine sorgfältige Lehrplanung muß nicht besser sein als die Darstellung von Unterrichtsmaterialien und -schritten nach dem Zufallsprinzip» (LOSER/TERHART 1977, S. 13). Erschwerend für eine Anwendung auf unterrichtliche Probleme ist die große Reichweite der Lerntheorien, ihr *Allgemeinheitsgrad*. So erscheinen die aus ihnen abgeleiteten Schlußfolgerungen entweder trivial oder irrelevant oder beides (vgl. TREIBER/WEINERT 1982, S. 7). Mit dem Schlüsselkonzept «Bekräftigung» (reinforcement) aus der Lerntheorie Skinners argumentieren zahlreiche Unterrichtsempfehlungen. Neuere empirische Studien zeigen aber, daß dieses Konzept in seiner Vagheit lediglich Pseudosicherheit vermitteln kann. Demnach hat etwas verbales →Lob von Schülerverhalten ganz unterschiedliche Auswirkungen, je nachdem, wie der Schüler die Lehreräußerung deutet, wie er seine →Leistung selbst bewertet, wie seiner Erfahrung nach der Lehrer andere Schüler lobt, wie der Schüler die Wirkung des auf ihn gemünzten Lobes auf die übrige Klasse einschätzt und so weiter (vgl. HOFER u. a. 1982, MEYER 1978, TACKE/LINDER 1981).

Untersuchungen wie diese zum Loben sind typisch für eine Akzentverschiebung in der Pädagogischen Psychologie der 70er Jahre bis heute. Die sogenannte kognitive Wende hat gegenüber dem klassischen Reiz-Reaktions-Paradigma Lernen als aktive, differenzierte Informationsverarbeitung durch den Lernenden herausgestellt. Medien und Methoden wurden nicht länger einseitig als unabhängige Variablen in Beziehung zu Effekten auf Schülerleistungen untersucht, sondern als mit Personvariablen interagierende Treatmentvariablen behandelt (vgl. CRONBACH/SNOW 1977, HEIDT 1976). Die neuere Forschung versteht sich als

→ *Lehr- / Lernforschung* und sucht weniger nach umfassenden Lerntheorien als nach Teiltheorien zur Erklärung von einzelnen Aspekten des Lernprozesses. Es zeigt sich, daß Mosaikstudien dieser Art – begrenzte Fragestellung, aber oft komplizierte statistische Verfahren – trotz ihrer Differenziertheit Pädagogen leichter zu vermitteln sind und näher an deren Alltagsproblemen liegen als die breiten Lerntheorien. Manche Ergebnisse üben gerade wegen ihrer Konzentration auf ein Teilproblem eine besonders herausfordernde Wirkung auf manche pädagogischen Verhältnisse und Praktiken aus: etwa die Studien zur Bedeutung der aktiven Lernzeit, zur Leistungsmotivation, zur Selbststeuerung bei Lernprozessen, zur Bewältigung von → Angst und Streß in Leistungssituationen. Bezeichnenderweise wurden aus den eben erwähnten Forschungsbeiträgen jeweils auch Trainingsprogramme für die praktische Anwendung in Schulen entwickelt. Auch dies ist zweifellos eine Folge der engeren Fragestellung und der differenzierteren Analyse.

Aber auch die neuere Lehr- / Lernforschung wird dem unterrichtenden Pädagogen die für sein Handeln wesentlichen *normativen* Entscheidungsgesichtspunkte nicht abnehmen. Ihre Ergebnisse und Aussagen sind, zumindest von der Absicht der meisten Forscher her, stumm im Hinblick auf pädagogische Wertfragen. So entlassen sie den Pädagogen nicht aus der Notwendigkeit, über die Implikationen einer praktischen Umsetzung im → Unterricht nachzudenken. Dies kann am Beispiel der «direkten Instruktion» verdeutlicht werden. Unter diesem Stichwort faßt man eine Reihe von Prozeßvariablen zusammen, die sich als Resümee aus einschlägigen empirischen Studien zur Erklärung schulischer Lerneffekte herausgeschält haben. Unter anderem gehört dazu eine intensive Steuerung des Unterrichts durch den Lehrer und eine Klassenführung, die Störungen und Unterbrechungen zu vermeiden trachtet. Ob nun ein Lehrer diese Merkmale für seinen Unterricht zu übernehmen gedenkt, setzt unter anderem die normative Entscheidung darüber voraus, ob Effizienz im Hinblick auf überprüfbare Lernziele bevorzugtes Kriterium für diesen Unterricht sein soll. Ebenso gilt es normativ zu entscheiden, ob die Abweichung eines Schülers vom geplanten Lernweg eine Störung, also zu vermeiden, sei oder ob sogar im Gegenteil dies in den Rang einer Lernchance erhoben und entsprechend zu behandeln sei. Der eine Lehrer wird, seiner privaten Unterrichtstheorie folgend, die Forschung zur direkten Instruktion als Wegweiser nutzen; der andere wird sie mit der Begründung ablehnen, hier lasse sich Lehr- / Lernforschung kritiklos für eine Leistungsideologie einspannen. Er wird diese Einschätzung auch dann nicht ändern, wenn er erfährt, daß auch ein positives Sozialklima und intensive Förderung jedes Schülers zu den Variablen der direkten Instruktion gehören (vgl. Treiber / Weinert 1982, S. 265).

Es ist bemerkenswert, daß sich die empirische Lehr- / Lernforschung in der Bundesrepublik in den letzten Jahren ausdrücklich mit dem Verhältnis zu den praktisch handelnden Pädagogen und zur Didaktik auseinandersetzt, wie etwa die Hefte 1 und 3 der Zeitschrift Unterrichtswissenschaft (1979) zum Thema «Unterrichtswissenschaft – Wissenschaft für den Unterricht?» zeigen. Eine technologische Wende der Lehr-/Lernforschung ist aber kaum zu erwarten, aus mehreren Gründen auch nicht wünschenswert. Für Vorschläge wie etwa von RÜTTER (vgl. 1980), neben erklärenden Theorien sogenannte gestaltende Theorien zu entwickeln – Forschungsfrage: Was meinen wir als zuträglicheren Unterricht verwirklichen zu können? –, fehlen derzeit ebenso überzeugende Beispiele wie für die Ergiebigkeit der pädagogischen Aktionsforschung, die in der letzten Dekade die Interessen von Forschern und Lehrern zu verbinden trachtete. Den Pädagogen und Erziehern wird somit auch weiterhin nicht erspart bleiben, Erkenntnisse der Lehr-/Lernforschung für unterrichtliche Entscheidungen auf eigenes Risiko nicht nur deskriptiv, sondern prospektiv zu verwenden. Die dazu unabdingbare Vertrautheit mit elementaren Prinzipien, Stärken und Grenzen empirischer Forschung und Theoriebildung herzustellen wäre gewiß für die Lehreraus- und -fortbildung sinnvoller, als resignativ und stereotyp die Unverträglichkeit von pädagogischer Theorie und Praxis zu beklagen (→Lehrerausbildung; →Lehrerfortbildung).

AUSUBEL, D. P.: Psychologie des Unterrichts, 2 Bde., Weinheim/Basel 1974. BANDURA, A.: Social Learning Theory, New York 1971. BANDURA, A.: Social Learning Theory, Englewood Cliffs 1977a. BANDURA, A.: Self-Efficacy: Toward a Unifying Theory of Behavior Change. In: Psych. Rev. 84 (1977), S. 191ff (1977b). BERGIUS, R.: Psychologie des Lernens, Stuttgart 1971. BOWER, G. H./HILGARD, E. R.: Theories of Learning, Englewood Cliffs 1981. BREDENKAMP, J./WIPPICH, W.: Lern- und Gedächtnispsychologie, 2 Bde., Stuttgart u. a. 1977. CAMPBELL, D. T./STANLEY, J. C.: Experimental and Quasiexperimental Design for Research, Chicago 1967. CRAIK, F./LOCKHART, R. S.: Levels of Processing: A Framework for Memory Research. In: J. of Verbal Learn. a. Verbal Beh. 11 (1972), S. 671ff. CRONBACH, L. J./SNOW, R. E.: Attitudes and Instructional Methods, New York 1977. DUNCKER, K.: Zur Psychologie des produktiven Denkens (1935), Berlin 1963. GAGE, N. L./BERLINER, D. C.: Pädagogische Psychologie, Bd. 1, München ²1979. GAGNÉ, R. M.: Die Bedingungen des menschlichen Lernens, Hannover 1969. GROEBEN, N./SCHEELE, B.: Argumente für eine Psychologie des reflexiven Subjekts, Darmstadt 1977. HASELOFF, O. W./JORSWIECK, E.: Psychologie des Lernens, Berlin 1970. HECKHAUSEN, H.: Hoffnung und Furcht in der Leistungsmotivation, Meisenheim 1963. HEIDT, E. U.: Medien und Lernprozesse, Weinheim/Basel 1976. HERRMANN, TH.: Pädagogische Psychologie als psychologische Technologie. In: Brandtstätter, J. u. a. (Hg.): Pädagogische Psychologie: Probleme und Perspektiven, Stuttgart 1979, S. 209ff. HOFER, M. u. a.: Abschlußbericht zum Projekt «Bedingungen und Konsequenzen individualisierenden Lehrerverhaltens», Bd. 2, Braunschweig 1982. HULL, C. L.: Quantitative Aspects of the Evolution of Concepts. Psych. Monogr. (1920), 123. KLUWE, R.: Wissen und Denken, Stuttgart 1979. KLUWE, R.: Kontrolle eigenen Denkens und Unterricht. In: Treiber, B./Weinert, F. E. (Hg.): Lehr-/Lern-Forschung, München 1982, S. 113ff. KOFFKA,

K.: Principles of Gestalt Psychology, New York 1935. LOMPSCHER, J. (Hg.): Sowjetische Beiträge zur Lerntheorie, Köln 1973. LOSER, F./TERHART, E. (Hg.): Theorien des Lernens, Stuttgart 1977. LURIA, A. R.: The Role of Speech in the Regulation of Normal and Abnormal Behavior, New York 1961. MANDL, H./HUBER, G. L. (Hg.): Kognitive Komplexität, Göttingen 1978. MEYER, W. U.: Der Einfluß von Sanktionen auf die Begabungsperzeptionen. In: Görlitz, D. u. a. (Hg.): Bielefelder Symposium über Attribution, Stuttgart 1978, S. 71ff. MOWRER, O. H.: Learning Theory and Behavior, New York 1960. NEISSER, U.: Kognitive Psychologie, Stuttgart 1976. OERTER, R. (Hg.): Entwicklung als lebenslanger Prozeß, Hamburg 1978. PAWLOW, J. P.: Sämtliche Werke, 6 Bde. nebst Register, Berlin (DDR) 1953–1955. RÜTTER, TH.: Unterrichtsforschung, Unterrichtsalltag. In: Uw. (1980), 3, S. 265ff. SELIGMAN, M.: Erlernte Hilflosigkeit, München/Wien/Baltimore 1979. SEMMER, N./PFÄFFLIN, M.: Interaktionstraining. Ein handlungstheoretischer Ansatz zum Training sozialer Fertigkeiten, Weinheim/Basel 1978. SKINNER, B. F.: The Behavior of Organisms, New York 1938. STRITTMATTER, P.: Unterrichtswissenschaft – Wissenschaft für den Unterricht? In: Uw. 7 (1979), S. 13ff. TACKE, G./LINDER, F.: Der Einfluß individualisierenden Lehrerverhaltens auf das Selbstkonzept von Schülern. In: Z. f. Entwpsych. u. P. Psych. 13 (1981), S. 190ff. THORNDIKE, E. L.: The Fundamentals of Learning, New York 1932. TREIBER, B./WEINERT, F. E. (Hg.): Lehr-/Lern-Forschung, München 1982. ULICH, D.: Lern- und Verhaltenstheorien in der Sozialisationsforschung. In: Hurrelmann, K./ Ulich, D. (Hg.): Handbuch der Sozialisationsforschung, Weinheim/Basel 1980, S. 71ff. VOLPERT, W.: Sensumotorisches Lernen, Frankfurt/M. 1981. WESTMEYER, H.: Verhaltenstherapie: Anwendung von Verhaltenstheorie oder kontrollierte Praxis? In: Gottwald, P./Kraiker, C. (Hg.): Zum Verhältnis von Theorie und Praxis in der Psychologie. Mitt. d. GVT, Sonderheft 1, Bochum 1976, S. 9ff. WINKELMANN, W.: Lernen, Lerntheorie. In: Wehle, G. (Hg.): Pädagogik aktuell, Bd. 1, München 1973, S. 123ff. ZEIER, H.: Wörterbuch der Lerntheorien und der Verhaltenstherapie, München 1976.

Bernd Weidenmann

Lernen (an/aus Erfahrung) → Alternativschule; → Erfahrung; → Lernen – Lerntheorie

Lernen (am Erfolg) → Lernen – Lerntheorie

Lernen (am Modell) → Lernen – Lerntheorie

Lernen, autodidaktisches → Autodidaktik

Lernen (durch Verstärkung) → Lernen – Lerntheorie

Lernen, entdeckendes → Selbsttätigkeit – Selbständigkeit

Lernen, kognitives → Lernen – Lerntheorie

Lernen, lebenslanges → Erwachsenenbildung

Lernen, operantes → Lernen – Lerntheorie

Lernen, projektorientiertes → Projekt

Lernen, selbsttätiges → Autodidaktik; → Selbsttätigkeit – Selbständigkeit

Lernen, soziales

Begriff. Der Begriff des sozialen →Lernens hat den älteren Begriff der Sozialerziehung abgelöst. Sie war auf die Vermittlung elementarer Fähigkeiten des Sozialverhaltens gerichtet und in eine sozialpädagogische Tradition eingebunden, wie sie von Pestalozzi und im weiteren von Natorp, Willmann und auch Nohl als Erziehung zur Gemeinschaft durch die Gemeinschaft geprägt worden war. Infolge der Verengung sozialpädagogischer Fragen auf außerschulische Praxisfelder geriet der Begriff der Sozialerziehung im Kontext der →Schulpädagogik zunächst in Vergessenheit. Er tauchte allerdings nach dem Zweiten Weltkrieg wieder auf, als die Gründe, die zum Konzept einer Sozialerziehung geführt hatten, nunmehr überdeutlich hervortraten: die Auflösung tradierter Normen und Werthaltungen als Orientierungsmuster sozialen Verhaltens. Damit wurde es notwendig, neue Formen des sozialen Handelns in der Gesellschaft planvoll zu vermitteln. Mit dieser Zielstellung war zuvor auch die →Reformpädagogik angetreten, ohne daß ihr indessen ein großer Erfolg beschieden war. Ihre Bemühungen vor Augen, formulierte NOHL (1949, S. 291), daß «die Pädagogik mit ganz anderer Entschiedenheit darangehen [müsse], neue Formen der sozialen Erziehung zu entwickeln».

Bedingungen sozialen Lernens. Die Umstände und Bedingungen, die soziales Lernen erst erforderlich erscheinen lassen, können nicht in singulären Anlässen allein gesucht werden. Sie müssen vielmehr gesellschaftstheoretisch und pädagogisch aufgelistet und analysiert werden. Eine soziologische Analyse wird jene Entwicklungstendenzen und Beweggründe in gesellschaftlichen Prozessen zu benennen haben, die zu der Auflösung tradierter einheitlicher sozialer Handlungsmuster infolge zunehmender Differenzierung in der spätindustriellen Gesellschaft geführt haben, wie sie etwa von HABERMAS (1974, S. 68f) als «Verflüssigung der Routinen» charakterisiert worden sind. Pädagogische Überlegungen, die sich mit den Bedingungsfaktoren planvoller sozialer Lernprozesse befassen, müssen die politisch-gesellschaftliche Funktion der →Erziehung beschreiben und ihre Ziele im Kontext einer pädagogischen Theorie bestimmen. Vor allem eine pädagogische Utopie, deren utopisches Moment im Streben nach der Auflösung gesellschaftlicher Ungleichheit zu suchen ist, kann dabei als Richtschnur für die Bearbeitung jener ethisch-normativen Fragen dienen, die für den planvollen Zugriff auf soziale Interaktion konstitutiv sind.

Ziele sozialen Lernens. Soziales Lernen wird in der Curriculumdiskussion häufig als Chiffre für solche Lernzielkomplexe verwandt, die sich Operationalisierungsversuchen weitgehend entziehen. Dadurch gewinnt der Begriff eine relativ große Interpretationsbreite. Gegenwärtig lassen sich mehrere Auffassungen über das, was soziales Lernen ausmacht und was es bewirken soll, skizzieren:

In der Folge der frühen Gesamtschuldiskussion wird mit dem Begriff des sozialen Lernens die Intention der *sozialen →Integration* verknüpft. Differenzierung und Individualisierung des Lernens legen die Notwendigkeit nahe, einen Ausgleich für den Verlust der Homogenität früherer Klassenverbände im dreigliedrigen Schulsystem zu suchen. Darüber hinaus ist es das ausdrückliche Ziel der Verfechter der Gesamtschule, →Schüler, die aus verschiedenen sozialen Schichten (→Schicht, soziale) kommen, miteinander lernen zu lassen, um zum Abbau sozialer Ungleichheit beizutragen (vgl. DEUTSCHER BILDUNGSRAT 1969). Gegen dieses Verständnis von sozialem Lernen wird vor allem seine harmonisierende und gesellschaftliche Unterschiede zudeckende Tendenz ins Feld geführt.

Nicht zuletzt als Folge dieser und anderer Kritik am bildungspolitischen Auftrag der →Schule, zur sozialen Integration beizutragen, wird soziales Lernen auch definiert als die Vermittlung der *Fähigkeit, Konflikte in der Gesellschaft auszutragen*. Soziale Lernprozesse sollen in diesem Verständnis die einzelnen und soziale Gruppen in die Lage versetzen, eigene Interessen zu erkennen, zu artikulieren und gegenüber anderen Interessen durchzusetzen. Diese Intentionen sind vor allem mit den ersten Entwürfen zu den hessischen Rahmenrichtlinien zur Gesellschaftslehre in der Sekundarstufe I und zum Fach Deutsch in der Sekundarstufe I verknüpft (vgl. KÖHLER 1974). Die Zielbestimmung «Handlungsfähigkeit in Konfliktsituationen» zieht vor allem konservative Kritik auf sich, insofern der Vorwurf erhoben wird, daß durch die Überbetonung des Konfliktes in der sozialen Interaktion die trotz aller Differenzen notwendige gemeinsame Verständigungsbasis für das soziale Zusammenleben nicht mehr gesichert sei.

Beide angeführten Positionen können Teil der politischen Erziehung sein. Soziales Lernen wird in diesem Zusammenhang als *Einübung in politische Handlungsformen* verstanden. Die Notwendigkeit eines politischen Unterrichts, der im angeführten Sinne Handlungskompetenzen vermittelt, wird zumeist damit begründet, daß dem einzelnen Mitglied einer Gesellschaft deren politische Strukturen nicht mehr transparent sind. Um sich in ihnen aber zurechtzufinden und sich gegebenenfalls von ihnen emanzipieren zu können, bedarf es eigener Lernprozesse, *die politisch-emanzipatives Handeln ermöglichen*. Gegenüber den beiden zuvor genannten Ansätzen zeichnet sich diese Auffassung von sozialem Lernen vor allem dadurch aus, daß sie das «Lernen von sozialem Verhalten in sozialem Kontakt» (FEND 1973, S. 35) nicht auf die Face-to-face-Situation reduziert, sondern in einen größeren politisch-gesellschaftlichen Kontext stellt (vgl. CALLIES u. a. 1974; vgl. SCHREINER 1973, S. 70). Kritische Einwände ergeben sich vor allem aus der Reduktion von sozialem Lernen auf strategisches Lernen.

Derzeit am weitesten verbreitet ist ein an den Ergebnissen der Kleingruppenforschung und der Gruppendynamik orientiertes Verständnis von sozialem Lernen. Eine solche Konzeption, die beispielsweise von GORDON (vgl. 1977) vertreten wird, geht von der Annahme aus, daß sich soziale Prozesse vor allem als Gruppenprozesse abspielen. Die Bedeutung dieses Konzeptes liegt vor allem darin, daß sämtliche (schulische und außerschulische) Lernprozesse oder deren erfolgreicher Abschluß als eine Funktion des *Zustandekommens und Aufrechterhaltens unmittelbarer Beziehungen* gesehen werden (vgl. BROCHER 1971). Allerdings steht diese Konzeption in der Gefahr, nur solche Momente sozialen Handelns zu thematisieren, die, weil sie lediglich auf der Beziehungsebene der →Kommunikation angesiedelt sind, jeglicher inhaltlicher Substanz entbehren. Damit blieben sie politisch folgenlos.

Soziales Lernen in der Schule. Da sich in der Schule Individuen, die miteinander lernen, in Gruppen zusammenfinden und das Lernen sozialen Verhaltens dort explizit oder implizit (→Lehrplan, heimlicher) Gegenstand des →Unterrichts ist, liegt es nahe, in der Schule *den* Ort des sozialen Lernens zu suchen. Dafür spricht auch der zunehmende Funktionsverlust der →Familie als Ort der Vermittlung basaler, sozialer Handlungskompetenzen. Bedenkt man aber, daß diese Kompetenzen vor allem darin bestehen, in einer Kommunikationssituation die sozialen Beziehungen einzuschätzen und zu berücksichtigen, dann ist *jede* soziale Situation als Kommunikationssituation geeignet, Prozesse sozialen Lernens zu bewirken. Die Schule ist unter diesem Aspekt nur *ein* Ort des sozialen Lernens.

Für seine didaktische Organisation stehen ebenso andere Lernorte (Betrieb), die Bereiche der Freizeit (Jugendheime), des kulturellen Lebens (Theater) und der Politik (Gewerkschaftsarbeit) zur Verfügung. Obwohl die Schule eine Rolle bei der Vermittlung sozialer Lernziele spielen kann, ist ihr Einfluß darauf dennoch stark begrenzt. Der Schwund des anfänglichen Optimismus, wie er noch auf dem Höhepunkt der Gesamtschuldiskussion in vielen Beiträgen gezeigt wurde (vgl. BUTSCHKAU/TILLMANN 1972), ist auf mehrere Faktoren zurückzuführen:

Gegenüber anderen Sozialisationsagenten und -agenturen kann die Schule nur einen geringeren Beitrag zur Vermittlung sozialer Verhaltensweisen leisten. Aus psychoanalytisch geprägter Sicht etwa ist der

Einfluß der ersten Lebensjahre überaus prägend auf die später ausgeführten sozialen Verhaltensweisen. Auch der zunehmende Einfluß der Peer-groups auf die Sozialisation des einzelnen stützt die Annahme von der geringeren Rolle der Schule für das soziale Lernen. Ferner ist es bis heute noch kaum gelungen, soziale Lernziele als feste Bestandteile fachlich-inhaltlich orientierter →Curricula zu etablieren. Die Konkurrenz der vorherrschenden kognitiv-zweckrationalen Orientierung des schulischen Lernens (vgl. RUMPF 1976) ist zu groß, als daß sie durch eine aufgeklärte, am sozialen Lernen orientierte Sichtweise hätte ersetzt werden können. Gleichzeitig macht es der Selektionsauftrag der Schule und der damit verknüpfte Zwang zur Leistungsmessung und zu überprüfbaren →Lernzielen fast unmöglich, die einer objektiven Begutachtung gleichsam entgegenstehenden, nur wenig faßbaren Lernziele des sozialen Bereiches gleichrangig im schulischen Unterricht zuzulassen. Ein Versuch, die inhaltlich kognitiven Ansprüche des Unterrichtes mit den Intentionen des sozialen Lernens zu verbinden, stellt das Modell der themenzentrierten Interaktion dar, das ausdrücklich vorsieht, daß neben den Inhalten auch das Beziehungsgefüge des Unterrichtes thematisiert werden kann (vgl. COHN 1975).

Forderungen an eine Theorie sozialen Lernens in der Schule. Vor allem aber macht sich in der Reihe der restriktiven Bedingungen für das soziale Lernen in der Schule das Fehlen einer fundierten Theorie bemerkbar (vgl. KEIM 1973a, 1973b). Zwar liegt eine Fülle kontroverser theoretischer Ansätze und Berichte praktischer Erfahrungen vor, eine Gesamtkonzeption, die in der Lage wäre, theoretische Bedingungen und Verknüpfungen des sozialen Lernens mit schulischem Unterricht aufzuklären, ist indessen (vgl. PRIOR 1976) noch nicht in Sicht. Eine solche Theorie müßte unter Einbeziehung verschiedener Ergebnisse der Sozialisationstheorie, der Psychoanalyse und anderer sozialwissenschaftlicher Theorien sicherstellen, daß die Antinomie zwischen inhaltlich-kognitivem und sozialem Lernen in der Kommunikationssituation des schulischen und außerschulischen Unterrichtes überwunden wird. Denn beide Aspekte des Lernprozesses sind nur um den Preis eines Verlustes des Sinnzusammenhanges, in dem das Lernen für den einzelnen steht, voneinander zu trennen.

Dabei verspricht besonders das interaktionstheoretische Konzept der Identitätsentwicklung (vgl. MEAD 1973; →Identität), einen bedeutsamen Beitrag zur Formulierung einer solchen Theorie leisten zu können. Seine Deutung des menschlichen Handelns als Folge einer gelungenen Identitätsentwicklung stellt die Kategorie der Erfahrung in den Mittelpunkt sozialer Prozesse: Aufgrund verschiedener, durchaus auch widersprüchlicher Erfahrungen gelangt der Mensch zu jenen Orientierungsmustern, die eine gelingende soziale →Interaktion erst gewährleisten. Die Aufgabe des didaktisch angeleiteten sozialen Handelns kann es dann sein, die unterschiedlichen Erfahrungen der Schüler, seien sie vergangen, seien sie gegenwärtig, so aufeinander zu beziehen, daß sie sich in einen für den einzelnen sinnvollen Zusammenhang fügen. Schule, Familie, Freizeit und Politik stehen als Erfahrungsräume nicht mehr unverbunden nebeneinander, sondern bilden einen gemeinsamen Hintergrund, auf den Lernen sich bezieht. Damit wird angeknüpft an die eingangs erwähnte sozialpädagogische Orientierung, wie sie auch auf dem Hintergrund der Diskussion um das soziale Lernen für die Schule wieder in Gang gekommen ist (vgl. HOMFELDT u. a. 1977). Eine solche Theorie muß auch die Methoden (etwa Rollenspiel, Interaktionstraining, Gesprächsübung, Gruppenspiele: vgl. FRITZ 1977) entwickeln und erproben, mit deren Hilfe soziales Lernen erst in der Schule fruchtbar gemacht werden kann. In einer Theorie des sozialen Lernens muß sichergestellt sein, daß sie sich nicht bloß an einem psychologischen Verständnis sozialen Lernens orientiert; denn so ginge ihr die gesellschaftliche Bedingtheit des sozialen Handelns verloren. Für das soziale Lernen in der Schule muß daher auch der Wandel der →Institution selbst berücksichtigt werden.

BROCHER, T.: Gruppendynamik und Erwachsenenbildung, Braunschweig 1971. BUTSCHKAU, U./TILLMANN, K. J.: Politische Sozialisation in der Gesamtschule. Ziele, Fakten, Strategien, München 1972. CALLIES, E. u. a.: Sozialwissenschaft in der Schule, Stuttgart 1974. COHN, R.: Von der Psychoanalyse zur themenzentrierten Interaktion, Stuttgart 1975. DEUTSCHER BILDUNGSRAT: Einrichtung von Schulversuchen mit Gesamtschulen. Empfehlungen der Bildungskommission, Bonn 1969. FEND, H.: Sozialisierung und Erziehung, Weinheim/Basel 1973. FRITZ, J.: Methoden des sozialen Lernens, München 1977. GEULEN, D.: Das vergesellschaftete Subjekt, Frankfurt/M. 1977. GORDON, C. W.: Die Lehrer-Schüler-Konferenz, Hamburg 1977. HABERMAS, J.: Können komplexe Gesellschaften eine vernünftige Identität herausbilden? In: Habermas, J./Heinrich, D.: Zwei Reden, Frankfurt/M. 1974, S. 25ff. HOMFELDT, H. G. u. a.: Für eine sozialpädagogische Schule. Grundlagen, Probleme, Perspektiven, München 1977. KEIM, W.: Soziales Lernen. Einführung des Herausgebers. In: Keim, W. (Hg.): Gesamtschule..., Hamburg 1973, S. 389ff (1973a). KEIM, W.: Soziales Lernen zwischen «angstfreier Erziehung» und politischer Sozialisation – Vorüberlegungen zu einer Didaktik des sozialen Lernens in der Gesamtschule. In: Keim, W. (Hg.): Gesamtschule..., Hamburg 1973, S. 297ff (1973b). KEIM, W. (Hg.): Gesamtschule – Bilanz ihrer Praxis, Hamburg 1973c. KÖHLER, G. (Hg.): Wem soll die Schule nützen? Rahmenrichtlinien und neue Lehrpläne: Soziales Lernen im Konflikt, Frankfurt/M. 1974. MEAD, G. H.: Geist, Identität und Gesellschaft aus der Sicht des Sozialbehaviorismus, Frankfurt/M. 1973. NOHL, H.: Die pädagogischen Aufgaben der Gegenwart. In: Nohl, H.: Pädagogik aus dreißig Jahren, Frankfurt/M. 1949, S. 290ff. PRIOR, H.: Soziales Lernen, Düsseldorf 1976. RUMPF, H.: Unterricht und Identität. Perspektiven für ein humanes Lernen, München 1976. SCHREINER, G.: Schule als sozialer Erfahrungsraum, Frankfurt/M. 1973. ZIMMER, J.: Curriculumentwicklung im Vorschulbereich, 2 Bde., München 1973.

Gerd Heursen

Lernziel

Begriff und Geschichte. In einem ersten Zugriff läßt sich ein Lernziel als eine sprachliche Formulierung definieren, die Aussagen über beabsichtigte Ergebnisse von →Unterricht oder vergleichbaren Situationen macht. Es beschreibt Kenntnisse, Fähigkeiten und Einstellungen, welche die →Schüler im Verlauf des Unterrichts entwickeln oder sich aneignen sollen, und zwar in einer Form, die eine Überprüfung der Lernergebnisse ermöglicht (vgl. MAGER 1973, S. 3; vgl. MESSNER/POSCH 1971, S. 9; vgl. MEYER 1975, S. 32).

Der Begriff «Lernziel» ist schon beim Herbart-Schüler Dörpfeld nachzuweisen, der ihn mehrfach bedeutungsgleich neben dem damals und auch in der Folgezeit gebräuchlicheren Begriff *«Lehrziel»* verwendet (vgl. DÖRPFELD 1905, S. 51, S. 55, S. 94). Verblüffend modern mutet den heutigen Leser dabei sein Verständnis der beiden Begriffe insofern an, als er darunter «die geforderte Endleistung» (DÖRPFELD 1910, S. 163) versteht. Erst zu Beginn der 60er Jahre wurde dann wieder öfter von Lernzielen gesprochen, und zwar zunächst vor allem im Zusammenhang mit dem programmierten Unterricht (als Übersetzung der amerikanischen Begriffe «educational objective» und «instructional objective»;

vgl. MAGER 1965; vgl. SCHRAMM 1963, S. 8), später dann auch zur Bezeichnung der Ziele von Unterricht überhaupt (vgl. MAGER 1973, MÖLLER 1969). Die ausschließliche Verwendung des Begriffs «Lernziel» in den meisten Schriften zur Bildungs- und Curriculumreform, insbesondere aber in dem viel beachteten «Strukturplan für das Bildungswesen» (vgl. DEUTSCHER BILDUNGSRAT 1970), führte dann dazu, daß konkurrierende Begriffe wie «Lehrziel», «Unterrichtsziel» oder «Bildungsziel» für einige Jahre fast völlig verdrängt wurden und trotz der inzwischen häufiger gewordenen Kritik an den vermeintlichen oder tatsächlichen Implikationen des Lernzielbegriffs dieser Begriff bis heute in weiten Bereichen der bildungspolitischen, allgemein- und fachdidaktischen Diskussion mit Abstand am häufigsten verwendet wird (vgl. FREY u. a. 1975, S. 562f; PETERSSEN 1982, S. 283ff).

Die *Einwände* gegen die seit Mitte der 60er Jahre diskutierten Fassungen des Lernzielbegriffs konzentrieren sich auf drei Punkte. Einmal wird bemängelt, er stelle keine genaue Entsprechung der ursprünglichen amerikanischen Begriffe dar (vgl. KLAUER 1973, S. 54). Zum anderen wird vorgebracht, der Lernzielbegriff täusche eine in Wirklichkeit gar nicht vorhandene Verfügungsgewalt des →Lehrers über die Lernprozesse seiner Schüler vor (vgl. BREZINKA 1974, S. 131; vgl. RUMPF 1976, S. 29ff), anders formuliert: Nur dem Lehren, nicht dem Lernprozeß wohnten Ziele inne (vgl. KLAUER 1973, S. 56ff). Der dritte Einwand besteht in dem Vorwurf, der Begriff «Lernziel» suggeriere das Mißverständnis, daß die in der Regel von den Lehrenden gesetzten Ziele auch von den Lernenden gewünscht und zu ihren eigenen gemacht würden (vgl. MEYER 1980, S. 347f; vgl. SCHULZ 1969, S. XI). Allen drei Einwänden liegt – trotz der Verschiedenheit der Standpunkte im einzelnen – die Annahme zugrunde, daß ein «Lernziel» ein «Ziel eines Lernenden» sein müsse. Da diese Annahme für weite Bereiche schulisch institutionalisierter Lehre nicht aufrechtzuerhalten ist, führte dies entweder zur Vermeidung des Lernzielbegriffs im eigenen didaktischen Konzept (vgl. HEIPCKE 1974, SCHULZ 1980) oder zur parallelen Verwendung der Begriffe «Lehrziel» und «Lernziel» (vgl. FÜGLISTER 1978, S. 54ff).

Zum ersten, sozusagen philologischen Einwand ist anzumerken, daß schon die Fülle der in der amerikanischen Literatur bedeutungsgleich verwendeten Begriffe wortgetreue Übersetzungen ausschließt, so daß die allen Begriffsvarianten gemeinsame Orientierung auf die Beschreibung der beim Lernenden beabsichtigten Verhaltensänderung (vgl. POPHAM 1969, S. 35) doch wieder die Wahl des deutschen Wortes «Lernziel» nahelegt, weil es den Blick auf den Lernenden richtet. Zu verstehen ist der Begriff dann jedoch in der Bedeutung «Ziel *für* einen Lernenden» (vgl. BREZINKA 1974, S. 131), wobei offenbleibt, wer die Ziele setzt. Damit ist zugleich der zweite Einwand von Klauer entkräftet. Auch eine Verfügungsgewalt des Lehrers über die Lernprozesse seiner Schüler wird im Lernzielbegriff, wie er eingangs definiert wurde, keineswegs suggeriert. Dieser zweite Einwand mag für den zweckrational-technologischen Kontext mancher lernzielorientierter Konzepte zutreffen, im Begriff selbst wird lediglich der in der didaktischen Tradition seit je erhobene Anspruch an den Lehrer auf den Begriff gebracht, bei aller Begrenztheit seiner Möglichkeiten dennoch alle Bemühungen darauf zu richten, daß seine Schüler etwas *Bestimmbares* lernen. Die von Schulz befürchtete Irreführung der Betroffenen findet in der Praxis nicht statt, da Schüler, Lehrer und Eltern mit der Begriffsbedeutung «Lernziel = Ziel *für* einen Lernenden» rechnen, während die von FÜGLISTER (vgl. 1978, S. 114, S. 184ff) vorgeschlagene perspektivische Differenzierung in Lehr- und Lernziele in konkreten Planungs- und Beratungssituationen, wie schon der oszillierende Sprachgebrauch in seinem eigenen Buch beweist, kaum durchzuhalten ist. Es empfiehlt sich deshalb, am Lernzielbegriff festzuhalten, da er in dem hier dargelegten offenen Begriffsverständnis sowohl für die vom Lehrer initiierten als auch für kooperativ geplante und für selbständig organisierte Lernprozesse verwendet werden kann.

Im Anschluß an die Lernzieldiskussion, wie sie in den 60er und 70er Jahren in der Curriculumtheorie und Unterrichtsforschung stattfand, sind Ansätze zu einer lernzielorientierten Didaktik entwickelt worden (vgl. BLANKERTZ 1975, S. 151ff; vgl. MÖLLER 1969, PETERSSEN 1975), die für die Richtlinienentwicklung im Rahmen der Bildungsreform der 70er Jahre, für die →Lehrerausbildung in der zweiten Phase und für die Ausarbeitung eines konkreten Konzepts lernzielorientierten Unterrichts (vgl. LEMKE 1986a) entscheidende Bedeutung erhalten haben.

Formulierung und Operationalisierung von Lernzielen. Lernziele als Beschreibungen intendierter Lernergebnisse beziehen sich auf Inhalte, an und mit denen diese Ergebnisse erzielt werden können. Lernziele sollten deshalb nach dem von Tyler schon im Jahre 1949 gemachten und heute weitgehend akzeptierten Vorschlag grundsätzlich so formuliert werden, daß ein zu lernender Inhalt *und* ein auf diesen Inhalt gerichtetes Verhalten benannt werden, das der Lernende als Ergebnis des geplanten Unterrichts zeigen können soll (vgl. TYLER 1973, S. 54).

Dadurch unterscheiden sich Lernzielformulierungen von traditionellen Zielangaben, die lediglich den im Unterricht zu behandelnden Gegenstand definieren, jedoch über die Art und Weise der Beschäftigung mit diesem Gegenstand und über die Qualität der von den Schülern zu vollziehenden Lern- und Denkprozesse wenig oder nichts aussagen (vgl. BLANKERTZ 1975, S. 146ff).

Die von den Lernzieltheoretikern vorgenommene starke Betonung der Verhaltensdimension der Zielformulierung führte bei einigen Pädagogen in der Bundesrepublik zu dem Irrtum, Lernziele mit ihrer Verhaltensdimension gleichzusetzen, so daß sie zu der falschen Annahme kamen, man könne Lernziele detailliert festlegen und dennoch die Entscheidung über die Inhalte offenlassen (zur Kritik: vgl. KLAUER 1974, S. 19, S. 44f; vgl. LEMKE 1981, S. 73; vgl. MEYER 1975, S. 22ff). Nun ist es das Ziel jedes Unterrichts, den Schüler nicht nur zu einer einmaligen Äußerung des für ihn neuen erwünschten Verhaltens zu bringen, sondern ihm die Fähigkeit, dieses Verhalten zu zeigen, als dauerhafte Eigenschaft zu vermitteln, ihm also eine *innere Disposition* zur Äußerung eines bestimmten Verhaltens in neuen, nie genau vorhersehbaren Situationen zu vermitteln. Das für den Schluß einer Lerneinheit erwünschte «Endverhalten» soll also der *Anzeiger* (= Indikator) für das Vorhandensein der Disposition sein (vgl. DE CORTE 1971, S. 77; vgl. KLAUER 1974, S. 31). Diese wichtige Unterscheidung der inneren Disposition und des äußeren Verhaltens wird von fast allen Lernzieltheoretikern betont und ist auch bei MAGER (vgl. 1973, S. 3, S. 10), der diese Form der Lernzielbeschreibung bei uns populär machte, eindeutig nachzuweisen. Nur bei Möller, die in ihrer «Technik der Lernplanung» die Lernzieldefinition von Mager in entstellter Form zitiert, fällt diese Unterscheidung weg (vgl. MÖLLER 1969, S. 17; vgl. MÖLLER 1973, S. 47). Die begriffliche Unterscheidung von beobachtbarem Verhalten und innerer Disposition macht demgegenüber deutlich, daß der für diese Art der Lernzielformulierung gesetzte Anspruch, eine Lernziel-«Operationalisierung» zu leisten, den Sachverhalt genau in dem Sinne trifft, wie ihn AEBLI (vgl. 1976, S. 286) für Operationalisierungsprobleme der Psychologie insgesamt definiert, daß nämlich ein innerer Vorgang oder Zustand durch die Angabe einer beobachtbaren Verhaltensweise sichtbar und kontrollierbar gemacht wird (vgl. HILGARD/BOWER 1970, S. 24f). Die von den Lernzieltheoretikern erhobene Forderung, Lernziele zu operationalisieren, bedeutet also keineswegs, daß alle Lernzieltheoretiker Behavioristen wären (vgl. LEMKE 1981, S. 70ff).

Die Frage, welche Anforderungen an eine gelungene Lernzieloperationalisierung zu stellen sind, ist ausführlich diskutiert worden. Erfüllt eine Formulierung die von Tyler erhobene Mindestanforderung, daß sowohl das angestrebte Endverhalten als auch der Unterrichtsinhalt benannt werden (wie dies in der Formulierung «Der Schüler soll den Satz des Pythagoras richtig anwenden können» der Fall ist), so kann bereits von einer Operationalisierung gesprochen werden, denn zumindest für einen unterrichtserfahrenen Lehrer ist es anhand dieser Formulierung möglich, sich konkrete Vorstellungen über denkbare Unterrichtsabläufe und über die Überprüfung des Lernziels zu machen. Das genannte Beispiel kann deshalb im Sinne Meyers (1975, S. 59) als «Operationalisierung im weiteren Sinne» bezeichnet werden.

Eine Lernzieloperationalisierung im engeren Sinne liegt dagegen dann vor, wenn außer der Beschreibung des gewünschten Endverhaltens auch noch die beiden weiteren von Mager (vgl. 1973, S. 53) geforderten Angaben vorliegen, nämlich die Beschreibung der *äußeren Bedingungen*, unter denen das erwünschte Verhalten gezeigt werden soll, und die Festlegung des *Beurteilungsmaßstabs* für das als ausreichend geltende Verhalten. Aber auch bei einer solchen Lernzieloperationalisierung im engeren Sinne hängt die Beurteilung, ob eine hinreichende Eindeutigkeit der Formulierung erreicht sei, davon ab, ob eine kompetente Person in der Lage ist, Erfolg oder Mißerfolg eines Lernenden zutreffend festzustellen. Nur unter diesem Vorbehalt ist die dem Verfahren der Lernzieloperationalisierung innewohnende Umständlichkeit in Grenzen zu halten. Denn der Versuch, Lernziele so genau zu formulieren, daß auch ein nichtkompetenter Beobachter erfolgreiche von nicht erfolgreichen Schülern zu unterscheiden vermag, führt zu einem auffallenden Mißverhältnis zwischen der in die Lernzielbeschreibung investierten Mühe und dem davon im Schulalltag zu erwartenden Nutzen.

Der Fachterminus «Operationalisierung» hat erst in den 60er Jahren Eingang in die Lernzieldiskussion gefunden, kaum bekannt ist demgegenüber die Tatsache, daß sich operationalisierte Lernzielformulierungen schon bei Pädagogen des 17. (Comenius und Ratke) und 18. Jahrhunderts (Trapp) finden lassen (vgl. Lemke 1981, S. 57ff): ein Beispiel aus Ratkes «Köthener Lehrplänen» aus dem Jahre 1619: «Der Zweck dieser Arbeit ist: 1. Den Inhalt eines jeglichen Kapitels oder Historie aus der Bibel ingemein verstanden haben. 2. Die allgemeine Sprachlehr also verstehen, daß er [der Schüler; D. L.] eines jeglichen Teils Namen, Natur und Eigenschaft kenne und eins vom andern durch Exempel, sowohl, die er von sich selbst erfunden, als auch im Buch begriffen, zu unterscheiden wisse» (Ratke 1967, S. 43).

Abstraktionsniveaus von Lernzielen. Selbst wenn es möglich wäre, alle Lernziele einer größeren Unterrichtseinheit im Sinne Magers zu operationalisieren, so wäre dies nicht sinnvoll, weil eine lange Liste sehr detaillierter Lernzielbeschreibungen ohne einsehbare Strukturierung weder im Schulalltag noch bei der Richtlinienerstellung und auch nicht bei der empirischen Erforschung von Unterricht handhabbar wäre (vgl. de Corte 1971, S. 85). So wundert es nicht, in der Lernzieldiskussion eine Fülle von Vorschlägen anzutreffen, Lernziele nach verschiedenen Reichweiten und Abstraktionsniveaus zu unterscheiden.

Die größte Verbreitung hat in der Bundesrepublik der von Möller gemachte Vorschlag gefunden, drei durchnumerierte Abstraktionsniveaus, nämlich Feinziele, Grobziele und Richtziele, zu unterscheiden (vgl. MÖLLER 1969, S. 49ff; vgl. MÖLLER 1973, S. 79ff): *Feinziele* haben den höchsten Grad an Eindeutigkeit und Präzision und schließen unterschiedliche Konkretisierungen im Unterrichtsprozeß aus. Ein *Grobziel* enthält demgegenüber nur eine vage Endverhaltensbeschreibung ohne Angabe des Beurteilungsmaßstabes und der äußeren Bedingungen; es hat einen mittleren Grad an Eindeutigkeit und Präzision und schließt viele Alternativen aus. Ein *Richtziel* ist schließlich die Beschreibung eines gewünschten Verhaltens mit umfassenden, unspezifischen Begriffen; es hat den geringsten Grad an Eindeutigkeit und Präzision und schließt nur sehr wenige Alternativen aus.

Die Möllersche Einteilung läßt den Eindruck aufkommen, es gäbe genau diese drei, deutlich zu unterscheidenden Abstraktionsniveaus, in die man beliebige vorliegende Lernzielformulierungen ohne Rest und ohne Zweifel einordnen könne, daß es also einen *absoluten* Maßstab für die Definition der verschiedenen Abstraktionsniveaus gäbe. Diese Annahme ist aber falsch, es ist vielmehr von einem *Kontinuum* beliebig vieler, nach Zweckmäßigkeitsgesichtspunkten zu definierender Abstraktionsgrade auszugehen, und zwar aus grundsätzlichen erkenntnistheoretischen und methodologischen Gründen (vgl. DRESSEL 1960, S. 35; vgl. LEMKE 1981, S. 78; vgl. LYSAUGHT/WILLIAMS 1967, S. 64; vgl. WHEELER 1974, S. 30ff). Auch MÖLLER (vgl. 1973, S. 78) referiert die Kontinuumthese in der Neuauflage ihres Buches zustimmend, ohne allerdings die einzig sinnvolle Konsequenz zu ziehen und ihre Dreistufenlehre aufzugeben. Die Kontinuumthese macht auch klar, warum in der Praxis die Einteilung von Lernzielformulierungen nach dem Möllerschen Stufenschema zu großen Schwierigkeiten und Widersprüchen führen mußte. Sogar Möller selbst kann ihre Stufenzuordnungen nicht exakt durchhalten (vgl. MEYER 1975, S. 52). Außerdem ist das Möllersche Stufenschema nicht geeignet, Beziehungen zwischen den einzelnen Lernzielen aufzuzeigen. Dies wird deutlich an einem Planungsbeispiel bei PETERSSEN (vgl. 1975, S. 60), in dem drei Grobziele zugleich als Teilziele eines vierten Grobzieles fungieren. Es zeigt sich also, daß es keinen Grund gibt, an einer absoluten Lernzielklassifikation nach dem Abstraktionsgrad festzuhalten. Statt dessen sollte eine *relative Klassifikation* erfolgen, die in einem gegebenen Zusammenhang übergeordnete Lernziele und Teillernziele unterscheidet. Eine solche Klassifikation, die den Abstraktionsgrad eines Lernzieles nur im Vergleich zu einem anderen Lernziel bestimmt, verschleiert nicht die Tatsache des Abstraktionskontinuums, zeigt für Planungszwecke nützliche Beziehungen zwischen den einzelnen Lernzielen auf und hat überdies den Vorteil, auch praktikabel zu sein.

Das Deduktionsproblem. Über die Frage, wie man, ausgehend von in der Regel sehr allgemeinen Zielvorstellungen, zu den konkreteren Lernzielen und Teillernzielen für die Planung von Unterricht fortschreiten kann, ist noch kein Konsens erzielt worden. In diesem Zusammenhang wird häufig von Deduktion oder, was gleichbedeutend ist, von Ableitung der konkreten Lernziele aus allgemeinen Lernzielen gesprochen. Insbesondere MÖLLER (vgl. 1966, S. 45; vgl. MÖLLER/MÖLLER 1966, S. 10) vertrat ursprünglich die Auffassung, es sei möglich, konkrete Zielsetzungen mit Hilfe mathematisch-logischer Schlußverfahren aus allgemeinen Leitvorstellungen eindeutig und zweifelsfrei zu deduzieren, im Idealfall sogar maschinell, unter Ausschluß der von ihr als «intuitives Verfahren» bezeichneten hermeneutischen Interpretation. Als Reaktion auf die von BLANKERTZ (vgl. 1969, S. 150ff) formulierte scharfe methodologische Kritik ist Möller inzwischen von ihrer ursprünglichen Ansicht abgewichen und gesteht zu, daß Ableitungen in einem strengen logischen Sinne nicht möglich sind (vgl. MÖLLER 1973, S. 81).

KLAUER (vgl. 1974, S. 78) vertritt dagegen nach wie vor die These, man könne aus allgemeinen Leitvorstellungen, sofern sie nur genügend präzise operationalisiert sind, unter Berücksichtigung empirischer Forschungsergebnisse konkrete Ziele für den Unterricht im Wege der logischen Deduktion gewinnen. Sein «deduktiv-empirisches Modell» der Lernzielfindung soll, wenn es von verschiedenen Anwendern benutzt wird, stets zu den gleichen Ergebnissen führen. Um dieses Ziel zu erreichen, nutzt er das klassische Modell des logischen Syllogismus (vgl. Abbildung 1):

Obersatz (allgemeines Ziel als Leitdefinition)	Lehrziel ist die soziale Selbständigkeit. Sie besteht in der Bewältigung der Aufgabenklasse A.
Untersatz (Ergebnis empirischer Lehrzielforschung)	Heutzutage besteht die Aufgabenklasse A aus den Teilklassen A_i, A_j, A_k.
Folgerung (empirisch-deduktiv gewonnenes Lehrziel)	Lehrziel ist heute die Bewältigung der Aufgabenklassen A_i, A_j, A_k.

Abbildung 1: Deduktiv-empirisches Modell
(Quelle: KLAUER 1974, S. 78)

Diese Darstellung ist auf einem so hohen Abstraktionsniveau angesiedelt, daß der schwache Punkt nicht sofort ins Auge fällt. Wenn wirklich für das Ziel der sozialen Selbständigkeit eindeutig feststünde, daß für seine Erreichung die Bewältigung der Aufgabenklasse A die sowohl notwendige als auch hinreichende Bedingung wäre, und wenn außerdem zweifelsfrei erwiesen wäre, daß die Teilklassen A_i, A_j und A_k, und *nur* diese Teilklassen die konstituierenden Elemente der Aufgabenklasse A sind, dann wäre das von Klauer vorgeschlagene Verfahren tatsächlich praktikabel. Aber gerade in der von ihm als bereits geleistet dargestellten Bestimmung der Aufgabenklasse A und der empirischen Erforschung ihrer Teilklassen liegt die von Klauer überspielte Schwierigkeit. Es muß damit gerechnet werden, daß auch bei sorgfältigstem Vorgehen kein allgemeiner Konsens über die Bestimmung der Aufgabenklasse A zu erzielen ist. Außerdem kann nicht ausgeschlossen werden, daß es sich bei den Teilklassen A_i, A_j und A_k um *offene* Klassen handelt, deren Elemente zum großen Teil noch unbestimmt sind. Denn eines der Hauptprobleme der Curriculumentwicklung und Unterrichtsplanung besteht ja darin, daß die Reihe der Konkretisierungsmöglichkeiten für ein übergeordnetes Lernziel nur willkürlich einzugrenzen ist, so daß die Gewißheit, alle denkbaren Alternativen gefunden, gewichtet und die beste Alternative ausgewählt zu haben, nicht zu erreichen ist. Sobald aber innerhalb einer Begriffs- oder Lernzielpyramide – und diese Form hat der Zusammenhang der Aufgabenklasse A und ihrer Teilklassen A_i, A_j und A_k – mit offenen Klassen gerechnet werden muß, ist eine Deduktion, also eine logisch zwingende Ableitung, *prinzipiell ausgeschlossen* (vgl. Lemke 1981, S. 80ff). Das Bestimmen konkreter Lernziele ist also kein logischer Ableitungsvorgang, sondern ein schöpferischer Prozeß, ein zielgerichtetes Suchen und Finden mit Umwegen, Irrwegen und Holzwegen (vgl. Messner/Posch 1971, S. 31), in dem die allgemeinen Lernziele zwar die Richtung der Suche weisen, aber die Suche nicht ersetzen und nur die nachträgliche Kontrolle zulassen, ob die gefundenen Lernziele nach Auffassung der kompetenten Beurteiler mit dem übergeordneten Ziel vereinbar sind oder nicht.

Angesichts dieses Befundes sollte man so konsequent sein, im Zusammenhang der Lernzielfindung grundsätzlich nicht mehr von Deduktion oder Ableitung zu sprechen. Es hat auch keinen Wert, den Deduktionsbegriff für die Lernzielproblematik dadurch «passend» zu machen, daß man den in ihm enthaltenen Exaktheitsanspruch relativiert, wie es Meyer (vgl. 1972, S. 141ff) und Treml (vgl. 1973, S. 159ff) tun. Eindeutigkeit und Exaktheit des Ergebnisses der Schlußfolgerung ist mit dem Deduktionsbegriff so unauflöslich verbunden, daß er in Zusammenhängen, in denen diese Eindeutigkeit nicht im entferntesten zu erreichen ist, nur Verwirrung stiften kann und deshalb vermieden werden sollte (zum Deduktionsproblem: →Erziehungsziel).

Begründung und Legitimation von Lernzielen. Wenn aber von Deduktion oder Ableitung von Lernzielen nicht sinnvoll gesprochen werden kann, stellt sich verschärft das Problem der Begründbarkeit oder Legitimation von Lernzielen, denn nun ist es nicht mehr damit getan, einen

Konsens über die Leitideen eines Curriculum zu erzielen, sondern bei jedem Konkretisierungsschritt stellt sich neu die Frage, wodurch gerade das ausgewählte Lernziel zuungunsten der möglichen Alternativen als legitimiert erscheint. Dabei ist, wie RUMPF (vgl. 1975, S. 66) richtig feststellt, schon die Festlegung oberster Sinnormen in einer pluralistischen Gesellschaft äußerst problematisch. Die komplizierten methodologischen, wissenschafts- und bildungstheoretischen Voraussetzungen der Legitimation sind in der Curriculumtheorie und Didaktik ausführlich diskutiert worden, ohne daß eindeutige und konsensfähige Lösungen gefunden worden wären (vgl. OTTO/SCHULZ 1986, RUHLOFF 1986, TENORTH 1986).

Eine Übersicht über mögliche *Verfahren der Konsensfindung bei Lernzielentscheidungen* bieten FLECHSIG u. a. (vgl. 1971, S. 247ff; zu grundsätzlichen Überlegungen zur Begründungsproblematik: vgl. FREY u. a. 1975; vgl. FÜGLISTER 1978, S. 119ff; vgl. ZENK 1983). Auf der Ebene konkreter Unterrichtsplanungen dienen die Richtlinienvorgaben der Legitimation von Zielentscheidungen. Will man sich damit nicht zufriedengeben, sondern die Schüler als Instanz bei der Entscheidung über ihre Lernziele einbeziehen, dann bietet FÜGLISTER (vgl. 1978, S. 167ff) mit seinem konsensuellen Ansatz zu einer kooperativen Entscheidung über Lernziele (in der Form einer «Lehrzielberatung») eine theoretisch fundierte Möglichkeit, dieses Vorhaben in die Praxis umzusetzen. Es fragt sich allerdings, ob zur Einbeziehung der Schülerinteressen in die Unterrichtsplanung wirklich ein theoretisch so voraussetzungsreiches und kompliziertes Verfahren der Konsensfindung unabdingbar ist (zu «einfacheren» Vorschlägen vgl. BOETTCHER u. a. 1978; vgl. LEMKE 1981, S. 119f; vgl. SCHULZ 1980).

Grenzen des Lernzielkonzepts. Die Frage nach den Grenzen des Lernzielkonzepts ist weitgehend identisch mit der Frage, wieweit pädagogische Zielvorstellungen in operationale Lernzielformulierungen umgesetzt werden können oder sollen. Darüber, daß eine möglichst weitgehende Operationalisierung anzustreben und auch möglich sei, herrscht bei *Verfechtern* einer strikten Lernzielorientierung Einigkeit. So argumentiert EBEL (vgl. 1963, S. 36), diese Forderung werde zu Recht erhoben, weil die Wichtigkeit nichtoperationalisierter Lernziele überhaupt nicht nachzuweisen sei. DE CORTE (vgl. 1971, S. 81) schließt sich Ebel im Prinzip an, gibt aber wie FLECHSIG (vgl. 1966, S. 332, Anmerkung 13) zu, daß mit den bisher vorliegenden Instrumenten nicht sämtliche Lernziele meßbar seien. Als schwierig zu operationalisieren werden komplexere intellektuelle Fähigkeiten und affektive Lernziele, das heißt Einstellungen und Haltungen, angesehen. Diese Schwierigkeiten werden aber von den Verfechtern der Lernzieloperationalisierung als überwindbar angesehen, und zumindest im kognitiven Bereich sind auch schon große Fortschritte zu verzeichnen (vgl. LEMKE 1986b).

Die *Gegner* einer weitgehenden Lernzielorientierung des Unterrichts bezweifeln grundsätzlich, daß es möglich und wünschenswert sei, alle Lernziele in operationalisierter Form in die Planung und Durchführung des Unterrichts einzubringen. Für MOSER (vgl. 1971, S. 71) scheint es fraglich, ob die operationalisierten Lernziele tatsächlich sämtliche Ziel- und Inhaltsaspekte erfassen, die in den nichtoperationalisierten Lernzielen noch vorhanden sind, denn seiner Meinung nach ist jede Operationalisierung mit einem Verlust an semantischer Information verbunden. Ähnlich argumentiert MEYER (vgl. 1975, S. 60), und noch weiter geht BRÜGELMANN (vgl. 1973, S. 21f), wenn er behauptet, es gebe Ziele, die sich ihrer Natur nach nicht in Form von Verhaltenszeichen operationalisieren lassen, wie Mündigkeit, →Kreativität und individuelle Ausdrucksfähigkeit. Für die Argumentation Mosers spricht, daß es kaum möglich sein wird, alle Bedeutungsnuancen eines sehr allgemein formulierten Lernziels bis zu Formulierungen, die den Kriterien Magers entsprechen, zu konkretisieren; und selbst wenn dies wider Erwarten möglich sein sollte, so müßte der Lehrer für seinen Unterricht doch wieder legitimationsbedürftige Auswahlentscheidungen treffen, die kaum mehr repräsentativ für die Gesamtheit aller denkbaren Bedeutungen eines allgemeinen Lernziels sein können. Andererseits dürfte die von den Gegnern der Operationalisierung postulierte Fülle potentieller Bedeutungen abstrakter Zielformeln in der Praxis wohl erst demjenigen ins →Bewußtsein kommen, der sich tatsächlich an den mühsamen Versuch der Operationalisierung macht (zum Versuch der Operationalisierung der «Leitidee Emanzipation» vgl. FISCHER 1972, S. 81ff).

Die von MEYER (vgl. 1975, S. 59) vorgeschlagene Unterscheidung einer Operationalisierung im engeren und im weiteren Sinne kann sich im Streit über die Grenzen der Operationalisierung als hilfreich erweisen: Operationalisierung im engeren Sinne wird nicht immer möglich und auch nicht immer sinnvoll sein, während eine behutsame, der jeweiligen Situation angepaßte Konkretisierung erwünschter Lernergebnisse eine Hilfe zur Realisierung gerade auch anspruchsvollerer Zielsetzungen werden kann. So können auch die von Brügelmann vorgetragenen Argumente gegen die Operationalisierung differenzierter beurteilt werden: Sie betreffen nämlich nur die Operationalisierung im engeren Sinne, das heißt, es ist sehr wohl möglich, auch Zielvorstellungen wie Mündigkeit, Kreativität und individuelle Ausdrucksfähigkeit so weit zu konkretisieren, daß klar wird, an welchen Verhaltensweisen der Lernenden ein erwünschter Lernerfolg sich zeigen könnte. Die Festlegung darf allerdings nicht so weit gehen, wie Mager es gefordert hat, weil eine genaue Normierung des erwünschten Endverhaltens der allgemeinen Zielvorstellung ja gerade zuwiderliefe. Auch wenn man, wie EISNER (vgl. 1969, S. 14ff) es mit seinen «Ausdruckszielen» (expressive objectives) versucht, die Formulierung von erwünschten Lernergebnissen dadurch vermeiden will, daß man statt dessen den Ausgangspunkt des Lernprozesses, die geplante Lernsituation, möglichst genau beschreibt, kommt man nicht daran vorbei, sich konkrete Vorstellungen über mögliche Lernergebnisse zu machen, denn dies ist ja die Voraussetzung für das sinnvolle Entwerfen der Lernsituationen. Ähnliches gilt für die von WULF (1974, S. 44) propagierten «heuristischen Lernziele», die im Rückgriff auf Eisners Ansatz die aktive Rolle der Lernenden bei der Ausfüllung und Konkretisierung von Zielentscheidungen betonen, und für das «Prozeßmodell» aus dem Curriculumkonzept von STENHOUSE (vgl. 1973, S. 447f). Situationsorientierte Curriculum- und Unterrichtskonzepte sind also – trotz des häufig gegenteiligen Selbstverständnisses ihrer Vertreter – mit der Forderung nach einer Operationalisierung von Lernzielen im Prinzip durchaus vereinbar (vgl. LEMKE 1981, S. 89ff). Es ist deshalb nicht mehr zu fragen, *ob* alle Lernziele operationalisiert werden können, sondern *welche* Ziele *wie weit* zu konkretisieren sind. Die Antwort auf diese Frage aber hängt, wie MEYER (vgl. 1975, S. 61) richtig sieht, von der Entscheidung ab, was man mit seinen operationalisierten Lernzielen anfangen will, das heißt, auch Lernzielformulierungen des engeren Typs haben dann ihren Sinn, wenn eine exakte Überprüfung der Lernleistungen erforderlich ist. Ein genereller Verzicht auf die Formulierung verhaltensbezogener Ziele, wie ihn AEBLI (vgl. 1976, S. 292) vorschlägt, ist demgegenüber als Rückschritt zu betrachten, weil bei einer Verwirklichung dieser Forderung die Beurteilung der Qualität wichtiger Teilaspekte des geplanten Unterrichts unmöglich würde.

AEBLI, H.: Grundformen des Lehrens, Stuttgart [9]1976. BLANKERTZ, H.: Theorien und Modelle der Didaktik, München 1969, [7]1975. BOETTCHER, W. u. a.: Lehrer und Schüler machen Unterricht, München/Berlin/Wien 1978. BREZINKA, W.: Grundbegriffe der Erziehungswissenschaft, München/Basel 1974. BRÜGELMANN, H.: Lernziele im offenen Curriculum. In: Thema ‹Curr.› (1973), 2, S. 16ff. CORTE, E. DE: Analyse der Lernzielproblematik. In: Z. f. P. 17 (1971), S. 75ff. DEUTSCHER BILDUNGSRAT (Hg.): Strukturplan für das Bildungswesen. Empfehlungen der Bildungskommission, Stuttgart 1970. DÖRPFELD, F. W.: Zwei Worte über Zweck, Anlage und Gebrauch des Schriftchens Enchiridion der biblischen Geschichte. Gesammelte Schriften, Bd. 3.2, Gütersloh [5]1905. DÖRPFELD, F. W.: Grundlinien einer Theorie des Lehrplans. Gesammelte Schriften, Bd. 2.1, Gütersloh [5]1910. DRESSEL, P.: Measurement and Evaluation of Instructional Objectives. In: Huddleston, E. (Hg): The Seventeenth Yearbook of the National Council on Measurement in Education, Ames (Iowa) 1960, S. 1ff. EBEL, R.: The Relation of Testing Programs to Educational Goals. In: Findley, W. (Hg.): The Impact and Improvement of School Testing Programs. Sixty-second Yearbook of the National Society for the Study of Education (NSSE), Part II, Chicago (Ill.) 1963, S. 28ff. EISNER, E.: Instructional and Educational Objectives. Their Formulation and Use in Curriculum. In: Popham, W. u. a.: Instructional Objectives. American Educational Research Association Monograph Series on Curriculum Evaluation, Bd. 3, Chicago (Ill.) 1969, S. 1ff. FISCHER, K.: Überlegungen zur Didaktik des Politischen Unterrichts, Göttingen 1972. FLECHSIG, K.-H.: Programmvariable und ihre Erforschung. In: D. Dt. S. 58 (1966), S. 327ff. FLECHSIG, K.-H. u. a.: Probleme der Entscheidung über Lernziele. In: Achtenhagen, F./Meyer, H. L. (Hg.): Curriculumrevision. Möglichkeiten und Grenzen, München 1971, S. 243ff. FREY, K. u. a. (Hg.): Curriculum-Handbuch, Bd. 1, München/Zürich 1975. FÜGLISTER, P.: Lehrzielberatung. Zur Reflexion didaktischen Handelns mit Schülern, München 1978. HEIPCKE, K.: Lehrziele und Handlungsziele im Unterricht. In: Garlichs, A. u. a.: Didaktik offener Curricula, Weinheim/Basel 1974, S. 36ff. HILGARD, E. R./BOWER, G. H.: Theorien des Lernens, Bd. 1, Stuttgart 1970. KLAUER, K. J.: Revision des Erziehungsbegriffs, Düsseldorf 1973. KLAUER, K. J.: Methodik der Lehrzieldefinition und Lehrstoffanalyse, Düsseldorf 1974. KUNERT, K.: Einführung in die curriculare Unterrichtsplanung, München 1976. LEMKE, D.: Lernzielorientierter Unterricht – revidiert, Frankfurt/Bern 1981. LEMKE, D.: Unterricht, lernzielorientierter. In: Enzyklopädie Erziehungswissenschaft, Bd. 3, Stuttgart 1986, S. 611ff (1986a). LEMKE, D.: Lernzieltaxonomie. In: Enzyklopädie Erziehungswissenschaft, Bd. 3, Stuttgart 1986, S. 546ff (1986b). LYSAUGHT, J./WILLIAMS, C.: Einführung in die Unterrichtsprogrammierung, München 1967. MAGER, R. F.: Lernziele und Programmierter Unterricht, Weinheim 1965. MAGER, R. F.: Lernziele und Unterricht, Weinheim/Basel 1973. MESSNER, R./POSCH, P.: Perspektiven für einen neuen Lehrplan. In: Messner, R./Rumpf, H. (Hg.): Didaktische Impulse, Wien 1971, S. 9ff. MEYER, H. L.: Einführung in die Curriculum-Methodologie, München 1972. MEYER, H. L.: Trainingsprogramm zur Lernzielanalyse, Frankfurt/M. ^{2}1975. MEYER, H. L.: Leitfaden zur Unterrichtsvorbereitung, Königstein 1980. MÖLLER, B./MÖLLER, CH.: Perspektiven der didaktischen Forschung, München 1966. MÖLLER, CH.: Zur Methodik der Lehrplanaufstellung. In: B. u. E. 19 (1966), S. 44ff. MÖLLER, CH.: Technik der Lernplanung, Weinheim/Basel 1969, ^{4}1973. MOSER, H.: Technik der Lernplanung: Curriculumforschung und Ideologie. In: Z. f. P. 17 (1971), S. 55ff. OTTO, G./SCHULZ, W.: Der Stand der Curriculumforschung. In: Enzyklopädie Erziehungswissenschaft, Bd. 3, Stuttgart 1986, S. 49ff. PETERSSEN, W. H.: Grundlagen und Praxis des lernzielorientierten Unterrichts, Ravensburg ^{2}1975. PETERSSEN, W. H.: Handbuch Unterrichtsplanung, München 1982. POPHAM, W.: Objectives and Instruction. In: Popham, W. u. a.: Instructional Objectives. American Educational Research Association Monograph Series on Curriculum Evaluation, Bd. 3, Chicago (Ill.) 1969, S. 32ff. RATKE, W.: Kleine pädagogische Schriften, hg. v. K. Seiler, Bad Heilbrunn 1967. RUHLOFF, J.: Die geschichtliche Dimension pädagogischer Aufgabenkonzepte. In: Enzyklopädie Erziehungswissenschaft, Bd. 3, Stuttgart 1986, S. 94ff. RUMPF, H.: Einführende Verdeutlichungen zur curricularen Fachsprache. In: Frey, K. u. a. (Hg.): Curriculum-Handbuch, Bd. 1, München 1975, S. 60ff. RUMPF, H.: Unterricht und Identität, München 1976. SCHRAMM, W.: Programmierter Unterricht heute und morgen, Berlin 1963. SCHULZ, W.: Drei Argumente gegen die Formulierung von «Lernzielen» und ihre Widerlegung. In: Mager, R. F.: Lernziele und programmierter Unterricht, Weinheim/Berlin/Basel ^{3}1969, S. XIff. SCHULZ, W.: Unterrichtsplanung, München/Wien/Baltimore 1980. STENHOUSE, L.: Curriculumentwicklung als Experiment. In: Z. f. P. 19 (1973), S. 447ff. TENORTH, H.-E.: Leitvorstellungen didaktischen Handelns. In: Enzyklopädie Erziehungswissenschaft, Bd. 3, Stuttgart 1986, S. 80ff. TREML, A. K.: (Rezension zu:) H. L. Meyer: Einführung in die Curriculum-Methodologie. In: Z. f. P. 19 (1973), S. 159ff. TYLER, R. W.: Curriculum und Unterricht, Düsseldorf 1973. WHEELER, D.: Phasen und Probleme des Curriculum-Prozesses, Ravensburg 1974. WULF, CH.: Heuristische Lernziele – Verhaltensziele. In: Robinsohn, S. B. (Hg.): Curriculumentwicklung in der Diskussion, Stuttgart [2]1974, S. 36ff. ZENK, U.: Legitimation. In: Enzyklopädie Erziehungswissenschaft, Bd. 1, Stuttgart 1983, S. 485ff.

Dietrich Lemke

Lernzielbestimmung → Curriculum; → Lernziel
Lesenlernen, frühes → Vorschulerziehung
Lesetest → Test
Leseverhalten → Kinderliteratur
Liftkurs → Differenzierungsform
Literaturpädagogik → Kinderliteratur

Lob

Begriffsbestimmung. Unter Lob versteht man die ausdrückliche Anerkennung von Leistungen oder Verhaltensweisen durch Worte oder nichtsprachliche Zeichen (Mimik, Gestik). Je nach theoretischem Interpretationsrahmen wird Lob als «positiver Verstärker» (Lernpsychologie), als «Motivationsmittel» (Motivationspsychologie) oder als «Erziehungsmittel» (Erziehungswissenschaft) bezeichnet. Wenn sich die drei genannten Formen ihren jeweiligen theoretischen Grundlagen entsprechend qualitativ erheblich voneinander unterscheiden, so ist ihnen doch die Beurteilung des Lobes als bewußt eingesetzte stabilisierende beziehungsweise positiv verändernde Maßnahme gemeinsam. Die qualitative Differenz resultiert aus der Unterschiedlichkeit der verfolgten Ziele. Abzuheben ist Lob von dem allgemeineren Begriff der «Ermutigung» wie dem spezielleren der «Belohnung». Häufig erscheint Lob im Kontext seines negativen Pendants → «Tadel».

Psychologische Aspekte. Lob als wichtiges Mittel der Stabilisierung beziehungsweise Veränderung von Motivations- oder Verhaltensstrukturen wurde früh Gegenstand empirischer Forschung im Bereich pädagogisch relevanter Psychologie. Bereits 1897 machte Binet die erste Untersuchung. Erkenntnisleitend war dabei die allgemein gehaltene Frage nach der Wirksamkeit des Lobes bezogen auf die Leistungsfähigkeit. Binet fand, daß durch anspornendes Lob alle Schüler seiner Versuchsgruppe zu erhöhten Kraftanstrengungen gebracht werden konnten. Dieses Ergebnis blieb jedoch nicht unwidersprochen, zumal sich in Folgeuntersuchungen (vgl. COMBS/TAYLOR 1952, HURLOCK 1925) zeigte, daß die Komplexität der Faktoren, die die Wirktendenz des Lobes bestimmen, erheblich größer ist, als angenommen wurde. So konnten folgende Faktoren als für die positive oder negative Wirkung des Lobes verantwortlich eruiert werden: Schwierigkeitsgrad der Aufgabe, Stärke und Häufigkeit des Lobs, Alter, Geschlecht, → Intelligenz, Reifegrad,

Persönlichkeitszüge, Einstellungen, emotionales Klima. Ein Beispiel für eine neuere und relativ differenzierte, wenn auch keineswegs alle Faktoren berücksichtigende Untersuchung ist die Arbeit von JOHANNESSON (vgl. 1972) über die Wirkung von Lob und Tadel auf Leistungen (Mathematik) und Einstellungen (Selbsteinschätzung, Verhältnis zum Lehrer, Grund der Ängstlichkeit) von Schulkindern. Die wichtigsten Ergebnisse lassen sich kurz zusammenfassen:

- Positive Wirkungen von Lob konnten bei mechanischen Mathematikaufgaben nachgewiesen werden;
- bei Problemlöseaufgaben war der Effekt von Lob gering, vor allem dann, wenn der Lösungsweg nicht bekannt war;
- im Bereich der Einstellungen konnte gezeigt werden, daß «Selbsteinschätzung» in hohem Maße von Lob abhängig ist.

Viele Ergebnisse dieser Untersuchung sind plausibel, zeigen sie doch deutlich die Abhängigkeit der Wirktendenz des Lobes von individuellen und situativen Variablen. Jedoch bleibt eine Fülle von Fragen weiterhin empirisch unbeantwortet, weil die methodologisch notwendige Reduktion von Komplexität auf einzelne Faktorengruppen nur einen Bruchteil möglicher Wirkungsvarianten des Lobes erfaßt. Als Resultat der bisherigen Untersuchungen kann eine Aussage als gesicherte Erkenntnis betrachtet werden: Lob wirkt keineswegs in jedem Fall positiv, sondern je nach individueller und situativer Faktorenkonstellation positiv oder auch negativ.

Pädagogische Aspekte. Qualitativ unterscheidet sich Lob als Erziehungsmittel von den bisher besprochenen Funktionen durch die Art und Weise der normativen Fundierung. Unter der regulativen Idee «Selbständigkeit» gewinnt Lob erst dann pädagogische Qualität, wenn es die Tiefenschichten der werdenden Persönlichkeit im Sinne der Zielsetzung unterstützend fördert. In diese Richtung weisen beispielsweise Formulierungen wie Lob als «Hilfsmittel zur Bildung einer moralischen Struktur», als «Maßnahme zur Verbesserung der Ich-Struktur» oder als «Heil- und Kräftigungsmittel», bezogen auf sachliche und sittliche Anforderungen. Weit über die Verstärkungs- oder Motivationsfunktion hinaus zielt Lob als Erziehungsmittel auf die moralische Selbständigkeit und gesellschaftliche Verantwortlichkeit des Menschen. «Pädagogisch gerechtfertigt ist es nur dort, wo es wirklich notwendig ist, mit anderen Worten, wo es sich um einen unterstützungsbedürftigen guten Willen handelt, dem durch die sichernde Kraft des Lobes geholfen werden kann» (GEISSLER 1981, S. 114). Damit ein Lob im Sinne dieser Zielsetzungen pädagogisch wirken kann, müssen einige unabdingbare Voraussetzungen erfüllt sein. Im Bewußtsein der ambivalenten Wirktendenz des Lobes muß der → Erzieher die → Individualität des zu Lobenden wie den situativen Kontext in Rechnung stellen, will er kontraindikatorische Wirkungen oder unerwünschte Nebenwirkungen des Lobes ausschließen. Solche nicht gewollten Wirkungen, die verursacht sein können durch eine oberflächliche Situationsanalyse oder eine falsche Einschätzung der Vertrauensbasis zwischen Erzieher und zu Erziehendem, sind beispielsweise: Eitelkeit, Überheblichkeit, Selbstzufriedenheit, Stabilisierung von Abhängigkeiten (Leistungsfähigkeit wird abhängig von Lob) und falsches Selbstbewußtsein. Der Maßstab der Beurteilung eines pädagogisch qualifizierten Lobes ist dessen selbständigkeitsfördernde Wirkung; sowohl das sichernde wie auch das anspornende Lob stehen deshalb im Dienste der werdenden Persönlichkeit.

Combs, A. W./Taylor, C.: The Effect of the Perception of Mild Degrees of Threat on Performance. In: J. of Exp. Soc. Psych. (1952), S. 420ff. Dinkmeyer, D./Dreikurs, R.: Ermutigung als Lernhilfe, Stuttgart 1978. Geissler, E. E.: Erziehungsmittel, Bad Heilbrunn [6]1981. Guss, K.: Lohn und Strafe, Bad Heilbrunn 1979. Hurlock, E. B.: An Evaluation of certain Inventives used in Schoolwork. In: The J. of E. Psych. (1925), S. 145ff. Johannesson, I.: Über die Wirkungen von Lob und Tadel auf Leistungen und Einstellungen von Schulkindern. In: Weinert, F. (Hg.): Pädagogische Psychologie, Köln [7]1972, S. 336ff. Lewin, K.: Die psychologische Situation bei Lohn und Strafe, Leipzig 1931. Trost, F.: Die Erziehungsmittel, Weinheim/Berlin [2]1967. Winkel, R.: Lohn und Strafe: geeignete Erziehungsmittel? In: Twellmann, W. (Hg.): Handbuch Schule und Unterricht, Bd. 1, Düsseldorf 1981, S. 251ff.

Heinz Schneider

Löschung → Lernen – Lerntheorie
Lyzeum → Frauenbildung

M

Macht → Autorität
Machtmotivation → Motivation
Mädchenbildung → Frauenbildung
Mädchenschulwesen, höheres → Frauenbildung
Magister Artium (Erziehungswissenschaft) → Erziehungswissenschaft (Studium)

Management-Education

Begriff. Management-Education (englisch für Unternehmenserziehung) bezeichnet die explizit gewollte sowie die unbeabsichtigt sich faktisch einstellende Erziehung, die zum einen Führungskräfte in ihrem betrieblichen Umfeld selbst erfahren und zum anderen ihren Mitarbeitern ihrerseits eröffnen, wobei sie in den organisationsstrukturellen und normativen Rahmen des jeweiligen Unternehmens eingebettet ist. Mit dieser Akzentuierung kann die Tradition erziehungstheoretischer Modelle aufgenommen und der bisher vorwiegend von der Betriebswirtschaftslehre und Psychologie belegte Bereich der Personalentwicklung und besonders das Spezialgebiet der Führungskräfteentwicklung für die Erziehungswissenschaft erschlossen werden (vgl. GEISSLER 1988a). Der Gegenstand von Management-Education umfaßt deshalb alle Fragen der Personalentwicklung vom quantitativen und qualitativen Status des Personals über dessen Weiterentwicklung bis zur → Evaluation verändernder Maßnahmen.

Geschichte. Als spezifisch pädagogischer Beitrag zum interdisziplinären Bereich der Personalentwicklung schließt Management-Education an die erziehungstheoretische Tradition und an die dort entwickelten Vorstellungen zur pädagogischen Eigenstruktur von → Erziehung an. Diese pädagogische Eigenstruktur ist seit der → Aufklärung als die Erkenntnis entfaltet worden, daß Erziehung nicht von außerpädagogischen Zielen in Dienst genommen und nicht auf die Aufgabe verkürzt werden darf, lediglich möglichst wirkungsvolle Mittel und Verfahren bereitzustellen. Die Eigenstruktur der Erziehung beinhaltet neben dem Kriterium der

Effektivität von Lern- und Entwicklungsarrangements immer auch das Kriterium der Legitimität, die die Beteiligung und Eigeninitiative des Lerners bei der Bestimmung und Realisierung seiner biographischen Entwicklungsperspektiven sowie bei aktuellen Lernzielen und -verfahren verlangt.

Schließt Management-Education an diese Vorstellung von der Eigenstruktur der Erziehung an, kann ihr Beitrag zu einer interdisziplinären Theorie der Personalentwicklung sich nicht darauf beschränken, lediglich effektive Erziehungsmittel, -verfahren und -arrangements für die Erreichung vorab gesetzter ökonomischer Ziele aufzuzeigen (vgl. MENTZEL 1985). Andererseits hingegen fehlen der →(Betriebs-)Pädagogik die notwendigen Kräfte, um von sich aus die betrieblichen Sozialisationsstrukturen und Erziehungsarrangements der Personalentwicklung an der gesellschaftlichen und pädagogischen Norm der Aufklärung wirkungsvoll auszurichten. Das bedeutet: Wenn Management-Education nicht nur eine zwar kritische, aber praktisch völlig folgenlose Theorie sein will, muß sie ähnlich wie die Pädagogik des 18. Jahrhunderts die Chancen nutzen und gestalten, die sich ergeben, wenn sie von außerpädagogischen Kräften als Krisenhelfer gerufen wird. Eine solche historische Situation liegt vor, seitdem das ökonomische System nicht mehr in der Lage ist, seine eigenen Krisen mit den traditionellen Mitteln privatwirtschaftlicher Zweckrationalität zu bewältigen. Ihre Merkmale sind zum einen der öffentliche Vertrauensschwund infolge übergroßer Negativwirkungen der Industrie auf die Gesellschaft, wie vor allem Umweltbelastungen und Massenarbeitslosigkeit (vgl. ULRICH 1977) und zum anderen das Ausmaß betriebsinterner Dysfunktionalitäten der individuellen Arbeitsrealisierung infolge eines globalen gesellschaftlichen Wertewandels (vgl. HOLLEIS 1987). Die Suche nach einem Ausweg aus der Krise hat eine Vielzahl verschiedener Ansätze hervorgebracht, deren gemeinsamer Bezugspunkt das Stichwort «Unternehmenskultur» ist (vgl. DEAL/KENNEDY 1982, PETERS/WATERMAN 1982, SCHEIN 1986). Es geht in diesen Arbeiten um die Analyse und vor allem um die Gestaltung derjenigen Normen und →Werte eines Unternehmens, die das Arbeits- und Kooperationsverhalten des Personals weitgehend unbewußt steuern. Eine weitergehende Entfaltung der so aufgedeckten Zusammenhänge führt zu der Frage nach der Legitimität der gegenwärtigen Wirtschaftsordnung und zur Suche nach einer besseren Alternative (vgl. ULRICH 1986). Die durch diese Problemlage gekennzeichnete Situation und ihre Spiegelung in dem beginnenden Paradigmenwechsel der Betriebswirtschaftslehre erleichtert die Begründung einer im Sinne der Aufklärung kritischen und zugleich auch praktisch folgenreichen Management-Education als einen nicht unwichtigen Beitrag auf dem Wege zu einer neuen zukunftsweisenden Wirtschaftsordnung.

Vor diesem Hintergrund kann die Geschichte und der Stand von Management-Education eingeschätzt werden (vgl. Stiefel/Kailer 1982, S. 11ff). Eine erste historische Schicht, die sich in den 50er Jahren entwikkelte (vgl. Vaubel 1952), gleichwohl aber auch heute noch die Praxis weithin beherrscht (vgl. Pillat/Lehrmann 1980), orientiert sich eng am schulpädagogischen Paradigma (→ Schulpädagogik). Im Rahmen dieses Ansatzes wird Management-Education im wesentlichen als betriebliche Bildungsveranstaltung off-the-job konzipiert, deren Kern die Lehrinhalte bilden, die mit Hilfe des in der Geschichte der Pädagogik entwickelten Methodenrepertoires zu vermitteln sind. Die zweite Stufe in der Geschichte von Konzepten der Management-Education wurde durch organisationspsychologische Analysen zum Führungsverhalten (vgl. Neuberger 1976) und vor allem durch psychologisch-therapeutisch motivierte Gruppendynamik-Experimente (vgl. Fatzer/Jansen 1980) vorbereitet. Auf der Grundlage dieser Erkenntnisse versuchte man in konstruktiver Absicht Trainings-Konzeptionen abzuleiten, wobei auf der einen Seite das Versprechen gegeben wurde, einen optimalen Führungsstil zu «produzieren» (vgl. Blake/Mouton 1968) und auf der anderen Seite der betrieblichen Erwartung entsprochen wurde, mit gruppendynamischem Training ein effektives Mittel für das interpersonale Konfliktmanagement in der Hand zu haben (vgl. Gebert 1972, Rae 1985). Obwohl auch hier immer noch der Lernort «Seminar» konzeptionell im Mittelpunkt von Management-Education steht, das heißt die Lern- und Entwicklungsmöglichkeiten des Lernorts «Arbeitsplatz» noch nicht in ihrer vollen Breite gesehen werden, unterscheidet sich diese zweite Entwicklungsstufe von Management-Education deutlich von der ersten Stufe: Denn es steht nicht mehr die Vermittlung oder Aneignung von Wissen im Vordergrund, sondern die Änderung von sozialen Verhaltensweisen und -mustern. Darüber hinaus wird der betriebliche Organisationsrahmen nicht mehr als eine kritiklos hinzunehmende Bedingung akzeptiert, sondern als eine Aufgabe an die Führungskräfte verstanden, ihn ihrerseits qualitativ im Hinblick auf vorgegebene betriebswirtschaftliche Kriterien zu verbessern, und zwar durch ihr individuelles Führungsverhalten (vgl. Burack/Smith 1982, Maier u. a. 1977, Torrington/Hall 1987).

Problemstand. Eine im Ansatz individualistisch verkürzte und betriebswirtschaftlich gegängelte Organisationsentwicklung provoziert Probleme, die zum Anlaß für die Entwicklung der dritten Stufe von Management-Education wurden. Sie setzt bei der Erkenntnis an, daß Organisationen angesichts turbulenter Umweltveränderungen nur dann erfolgreich überleben und bestehen können, wenn sie sich aus eigener Kraft entsprechend weiterentwickeln. Diese an das Unternehmen als ganzes gestellte organisatorische und unternehmenskulturelle Entwicklungsaufgabe (vgl. MERKENS 1988) muß zum Anlaß werden für die pädagogischen Entwicklungsaufgaben ihrer Mitarbeiter in einem doppelten Sinne (vgl. GLÜCKSBERG 1985, HOFER 1987): Sie müssen einerseits sich selbst an die bereits oder zukünftig veränderten Umweltbedingungen individuell anpassen, andererseits aber gleichzeitig auch ihrerseits initiativ werden, um ihre eigenen Vorstellungen in die organisationsstrukturelle und unternehmenskulturelle Entwicklung einzubringen (vgl. SCHEIN 1978). In diesem Kontext kommt vor allem der Entwicklung der Führungskräfte eine zentrale Bedeutung zu (vgl. SCHEIN 1986). Sie macht eine Konzeption von Management-Education notwendig, deren Erkenntnis- und Handlungsinteresse den traditionellen Rahmen betriebswirtschaftlicher Zweckrationalität überschreitet (vgl. NEUBERGER 1984, WESTERLUND/SJÖSTRAND 1981) und an die Stelle des Manipulations-Managements ein Sinn-Management setzt. Es definiert sich

- durch eine ganzheitliche Betrachtung des arbeitenden Subjekts im Sinne der Integration von Privat- und Arbeitsleben (vgl. HIRTH u. a. 1981),
- durch eine Konzeption von Arbeit, die als Medium individueller Sinnentfaltung und damit als Bildungsmedium erscheint (vgl. GEISSLER 1988b),
- durch eine Führungskonzeption, die Wege weist, dem «Geführten» seine Entwicklungspotentiale zu eröffnen (vgl. STIEFEL 1980, VÖLKL 1988)
- und durch Modelle zur Organisationsstruktur, die eine diskursive Verständigung über Unternehmensziele und -probleme ermöglichen und damit den Status von Bildungsstrukturen erhalten (vgl. GEISSLER 1988c, GERKEN 1986).

BLAKE, R./MOUTON, J. S.: Verhaltenspsychologie im Betrieb, Düsseldorf/Wien 1968. BURACK, E. H./SMITH, R. D.: Personnel Management, New York u. a. 1982. DEAL, T./KENNEDY, A.: Corporate Cultures – The Rites and Rituals of Corporate Life, Reading (Mass.) 1982. FATZER, G./JANSEN, H.-H.: Die Gruppe als Methode, Weinheim/Basel 1980. GEBERT, D.: Gruppendynamik in der betrieblichen Führungsschulung, Berlin 1972. GEISSLER, H.: Personalentwicklung als Herausforderung der Betriebspädagogik. In: Z. f. Ber.- u. Wirtschp. 84 (1988), S. 182ff (1988a). GEISSLER, H.: Visionäres Management – Teil 1: Persönlichkeitsentwicklung, Pinneberg 1988b. GEISSLER, H.: Organisationsstruktur-Typen betrieblicher Aus- und Weiterbildung. In: Lechner, E./Zielinski, J. (Hg.): Wirkungssysteme und Reformansätze in der Pädagogik, Frankfurt/M. u. a. 1988, S. 455ff (1988c). GERKEN, G.: Der neue Manager, Freiburg 1986. GLÜCKSBERG, K.: Das Unternehmen als lernendes System, Klagenfurt 1985. HIRTH, R. u. a.: Life-Styling: Das Leben neu gewinnen, Landsberg 1981. HOFER, F. J.: Wirkungssysteme menschlichen Handelns im Unternehmen, Frankfurt/M. u. a. 1987. HOLLEIS, W.: Unternehmenskultur und moderne Psyche, Frankfurt/New York 1987. MAIER, N. R. F. u. a.: Rollenspielpraxis im Führungstraining, Stuttgart 1977.

MENTZEL, W.: Unternehmenssicherung durch Personalentwicklung, Freiburg 1985. MERKENS, H.: Zur Bedeutung des Unternehmenskulturansatzes für die Betriebspädagogik. In: Lechner, E./Zielinski, J. (Hg.): Wirkungssysteme und Reformansätze in der Pädagogik, Frankfurt/M. u. a. 1988, S. 536ff. NEUBERGER, O.: Führungsverhalten und Führungserfolg, Berlin 1976. NEUBERGER, O.: Führung, Stuttgart 1984. PETERS, TH. J./WATERMAN, R. H.: In Search of Excellence, New York 1982. PILLAT, R./LEHRMANN, L.: Schulen, Trainieren, Unterweisen, Heidelberg 1980. RAE, L.: The Skills of Human Relations Training, Cambridge 1985. SCHEIN, E. H.: Career Dynamics: Matching Individual and Organizational Needs, Reading (Mass.) 1978. SCHEIN, E. H.: Organizational Culture and Leadership, San Francisco/London 1986. STIEFEL, R. TH.: Lernen im Zweier-Team, München 1980. STIEFEL, R. TH./KAILER, N.: Problemorientierte Managementandragogik, München 1982. TORRINGTON, D./HALL, L.: Personnel Management, Englewood Cliffs 1987. ULRICH, P.: Die Großunternehmung als quasiöffentliche Institution: Eine politische Theorie der Unternehmung, Stuttgart 1977. ULRICH, P.: Transformation der ökonomischen Vernunft, Bern/Stuttgart 1986. VAUBEL, L.: Unternehmer gehen zur Schule, Düsseldorf 1952. VÖLKL, F.: Führen heißt Lernen provozieren und Motive entfalten. In: Lechner, E./Zielinski, J. (Hg.): Wirkungssysteme und Reformansätze in der Pädagogik, Frankfurt/M. u. a. 1988, S. 592ff. WESTERLUND, G./SJÖSTRAND, S.-E.: Organisationsmythen, Stuttgart 1981.

Harald Geißler

Manipulation → Antipädagogik; → Indoktrination
Massenkommunikation → Kommunikation; → Medienpädagogik
Material, autobiographisches → Autobiographie
Materialismus, historischer → Pädagogik, historisch-materialistische
Matriarchatstheorie → Mutter
Matrix → Struktur
Maturität → Propädeutik
Mediendidaktik → Medienpädagogik
Medienerziehung → Medienpädagogik
Medienkunde → Medienpädagogik

Medienpädagogik

Begriff und Aufgabenfeld. Medienpädagogik ist die erziehungswissenschaftliche Teildisziplin, deren zentraler Gegenstand medial geprägte individuelle und gesellschaftliche Lernprozesse sind. Menschliches Kommunizieren, das ganz oder teilweise mittels materieller Zeichen- und Informationsträger geschieht, ist die Sphäre, in der sich mediales Lernen abspielt. Um das → Lernen etwa eines Kinopublikums, eines Zeitunglesers, von Kindern beim Anschauen der «Sesamstraße» aufzuspüren, sind hermeneutische und empirisch-analytische Interpretationsverfahren erforderlich. Denn wie alle Lernvorgänge sind auch mediale Lernprozesse direkter Beobachtung unzugänglich. Zugänglich ist zunächst nur das mediale Lernfeld, dessen jeweils besondere, mediengeprägte Kommunikationsstruktur auf potentielle, spezifisch mediale Lernprozesse verweist.

Man muß beispielsweise einiges über das Lernfeld «Alfred Hitchcocks Kino» wissen, muß die eigenwilligen visuellen und akustischen Argumentationstaktiken dieses Regisseurs kennen (vgl. TRUFFAUT 1973), um sinnvolle Kommunikations- und Lernpotentiale des Publikums in Hitchcocks Filmen beschreiben zu können. Solche Vorklärungen der je spezifischen Medienstruktur eines Lernfeldes sind nötig, um die realen Lerngeschichten von Individuen und Gruppen in mediengeprägten Kommunikationssituationen erforschen zu können. Gegenstand der Medienpädagogik ist also die Praxis medialen Lernens als Netz individueller und gesellschaftlicher medialer Lerngeschichten. Zum Forschungsfeld der Medienpädagogik gehören ebenso Planung und Kritik im Sinne eines Geflechts von Konstruktions- und Normfragen bei der Gestaltung und Kontrolle medialer Lernpraxis. Von der Verwendung eines bestimmten Mediums in einer pädagogischen Situation über die öffentlichen Medien und den von ihnen beeinflußten Kommunikationsprozessen als Thema pädagogischer Praxis bis zu selbstgestaltetem medialen Handeln reicht die Bandbreite kritisch-konstruktiver Aufgaben. Die Verfahrensweise wissenschaftlicher Pädagogik überhaupt – Analyse, Reflexion und kritische Neugestaltung vorfindlicher pädagogischer Wirklichkeit – charakterisiert auch die erziehungswissenschaftliche Teildisziplin Medienpädagogik. Ihre Eigenständigkeit als Teildisziplin ergibt sich aus den Besonderheiten medialer Lernprozesse auf dem Hintergrund eines sich in den Industriegesellschaften stets noch ausdifferenzierenden Massenkommunikationssystems mit all seinen Auswirkungen auf unvermittelte Humankommunikation (vgl. BAACKE 1973a).

Wissenschaftslogischer Ort. Phänomene und Probleme medialen Lernens sind angesichts der Universalität mediengeprägten Kommunizierens und Handelns ein Aspekt jeglicher pädagogischer Wirklichkeit. Selbst in der Intimität eines therapeutischen Gesprächs ließen sich noch Medieneinflüsse nachweisen. Insofern konstituiert sich die Medienpädagogik nicht wie etwa →Schul- oder →Sozialpädagogik durch den Bezug auf klassische pädagogische Institutionen (Schule oder Einrichtungen der Jugendhilfe und Wohlfahrtspflege) als Bereichspädagogik, sondern sie ist erziehungswissenschaftliche Teildisziplin kraft ihres auf den Aspekt medialen Lernens konzentrierten Fragezusammenhangs.

Zugleich markiert dieser pädagogisch motivierte Fragezusammenhang den Ort der Medienpädagogik im Verhältnis zu den sozial- und humanwissenschaftlichen Nachbardisziplinen: zur Kommunikationssoziologie und -psychologie und zur in Sachen Medien und Kommunikation gleichsam einheimischen Publizistik- und Kommunikationswissenschaft. Diese hat sich inzwischen von einer auf die Erforschung einzelner Medien bezogenen Zeitungs- und später Publizistikwissenschaft zu einer die menschliche Wirklichkeit unter dem Aspekt Kommunikation befragenden Disziplin fortentwickelt (vgl. LERG 1977), woraus sich ihre forschungslogische Nähe zur auf den Aspekt mediales Lernen konzentrierten Medienpädagogik ergibt (vgl. AUSTERMANN 1987). Ergebnisse der Kommunikationssoziologie und -psychologie liefern der Medienpädagogik wie der Publizistik- und Kommunikationswissenschaft wichtige Daten zur sozialen und psychischen Struktur menschlicher Kommunikationsrealität.

Medienpädagogische Positionen. «‹Medienpädagogik› – Was ist das?» fragte 1976 die Zeitschrift «medien + erziehung» einige prominente Fachvertreter (vgl. «MEDIENPÄDAGOGIK»... 1976), und heraus kam eine Meinungskonkurrenz, die BAACKE (1976, S. 83) pointiert als «ein Beispiel für das Chaos im Wissenschaftsbetrieb» charakterisierte. Die Fülle der Neben- und Unterbegriffe zum Oberbegriff Medienpädagogik ist allerdings verwirrend: Mediendidaktik, Medienerziehung, Medienkunde, Kommunikationspädagogik. Dies deutet auf die komplexe und kontroverse Geschichte der Disziplin.

Moralisierende und ideologiekritische Ansätze: Bewahrpädagogik. Pädagogen haben schon sehr früh Stellung bezogen zur Bedeutung des sich seit den 20er Jahren des 20. Jahrhunderts ausdifferenzierenden Massenkommunikationssystems für die → Sozialisation von Kindern und Jugendlichen. Dabei stand von frühen filmpädagogischen Beiträgen bis zur aktuellen Diskussion zum Videokonsum und zum Gebrauch von Computerspielen stets die bewahrpädagogische Warnung vor den Gefahren medialer Kommunikation im Brennpunkt. Ehe noch hermeneutisch oder empirisch begründete Analysen zu medialen Lernprozessen von Adressaten der Massenkommunikation vorlagen, machte sich eine normfixierte Medienerziehung bereits Sorgen um die Qualität ihrer Verbotsschilder.

Zwar gab es in den bewahrpädagogischen Ansätzen der 50er Jahre (vgl. KEILHACKER/KEILHACKER 1953, 1955; vgl. STÜCKRATH 1953, WASEM 1957) methodische Vorschläge, wie bei Kindern und Jugendlichen von den Erziehern über Filmgespräche eine Erziehung zum Filmverständnis in Gang zu setzen sei. Doch dienten selbst die aggressionspsychologischen Untersuchungen zum «Filmerleben» bei HEINRICH (vgl. 1961) letztlich zur Legitimation der Vermittlung außermedialer Erziehungsnormen mit dem Ziel der Fähigkeit kritischer Distanzierung gegenüber dem Medium (vgl. MEYER 1981, S. 29f). Die medial geprägten Lerngeschichten von Kindern und Jugendlichen wurden auf diese Weise kaum in ihrer Spezifik deutlich, sondern konnten mittels der Optik jeweiliger Erziehungsnormen nur verzerrt als Prozeß der Normabweichung Heranwachsender pädagogisch wahrgenommen werden.

Auch politökonomisch begründete ideologiekritische Ansätze der Medienpädagogik in den 60er und 70er Jahren gerieten bald in dasselbe bewahrpädagogische Dilemma. Pädagogisch motivierte Kritiker des Massenkommunikationssystems von ADORNO (vgl. 1971) bis DAHLMÜLLER u. a. (vgl. 1973) und HOLZER (vgl. 1974) reduzierten ihre medienpädagogischen Bemühungen darauf, die Adressaten medialer Kommunikation über deren vergesellschafteten Charakter oder über die Einbindung von Kommunikationsinstitutionen ins bürgerlich-kapitalistische System aufzuklären. Doch wurde damit nur eine bestimmte, nämlich makrosoziologische Theorie des Bedingungsgefüges medialer Lernprozesse zum Lehrprogramm für alle Medienadressaten umformuliert. Die mikrosozialen Phänomene verschränkter individueller und gesellschaftlicher Lernprozesse in den alltäglichen medialen Lernsituationen blieben unterbelichtet.

Wollten Pädagogen wie Wasem und Keilhacker in der Filmerziehung tätig werden, um das «Schöne, Wahre, Gute (und) Heilige» (WASEM 1957, S. 121) angesichts der im Kino vorgeführten «Skala menschlicher Laster» (KEILHACKER/KEILHACKER 1955, S. 11ff) zu verteidigen, so betrieben die ideologiekritisch argumentierenden Medienerzieher ihre bewahrpädagogische Strategie, «damit der lohnabhängige Zuschauer sich [...] zu seinem Klassenbewußtsein befreie.» Anders nämlich sei er innerhalb des gewohnten Mediensystems ohnmächtig «Herrschaftsideologien» ausgesetzt, «von bezahlten Zynikern in Wort und Bild perfekt organisiert» (KNILLI/REISS 1971, S. 7). Knilli und Reiss meinen, mit einem hochdifferenzierten semiologischen Analyseinstrumentarium, einer Mixtur aus Begriffen der französischen Schule der Filmsemiologie und der klassischen Rhetorik, den Fernsehzuschauer medienpädagogisch gegen die Manipulationsmechanismen des Mediums Fernsehen wappen zu können. Wann, wo und wie jedoch der einzelne sich solch ein kompliziertes Instrumentarium aneignen könne, lassen die Autoren offen.

Ideologiekritische wie moralisierende Ansätze der Medienpädagogik neigen gemäß ihres bewahrpädagogischen Charakters dazu, Gegencurricula, geschlossene Lehrprogramme im Kontrast zum öffentlichen Medienprogramm zu entwickeln – meist unter Vernachlässigung der alltäglich ablaufenden, medialen Kommunikations- und Lernprozesse ihrer Adressaten. Wie wirkungslos schließlich bewahrpädagogische Ansätze jeglicher Couleur blieben, belegt die stetig zunehmende Nutzung der jeweils neuen Medien durch Kinder und Jugendliche (vgl. DICHANZ 1986, S. 48ff), zuletzt bei Video- und Computernutzung beobachtbar.

Medien als Instrumente des Unterrichts: Mediendidaktik. Optimistisch und später euphorisch verlief im Gegensatz zum Medienpessimismus bewahrpädagogischer Ansätze die Diskussion um Verwendungsmöglichkeiten von Medien in Unterrichtssituationen zwecks Optimierung geplanter Lernprozesse. Schon 1894, im Jahr vor der Geburt des Kinos, hatte sich Lichtwark, der spätere Begründer der reformpädagogischen Kunsterziehungsbewegung zur «Bedeutung der Amateurphotographie» (LICHTWARK 1894), für eine neue, nämlich medienspezifische Geschmacksbildung geäußert. Mitarbeiter Lichtwarks bildeten 1907 eine Gruppe, die sich mit dem pädagogisch relevanten Anregungspotential von Kinoprogrammen für Schüler auseinandersetzte (vgl. RUPRECHT 1969, S. 27), und Otto, der reformpädagogische Theoretiker und Praktiker des Gesamtunterrichts, forderte bereits 1916, daß «jeder Dorfschullehrer» den Kinematographen wegen des besonderen Anschauungswertes von Filmen zur Verfügung haben müsse (OTTO 1916).

Unterichtsfilme waren für die Reformpädagogen allerdings nur sinnvoll als Anregungsmedien für selbstbestimmtes Arbeiten von Schülern. In solcher Absicht verfaßte der Schulreformer A. Reichwein 1938 sein heute noch theoretisch wie praktisch wegweisendes Werk «Film in der Landschule. Vom Schauen zum Gestalten» (REICHWEIN 1938). Seine Argumentationen und Demonstrationen sind strikt beispielorientiert. Am konkreten Filmbeispiel, etwa «Verkehrsflugzeug im Flughafen Berlin», werden dessen Einbindungsmöglichkeiten in die Lebendigkeit reformpädagogischen Unterrichts mit seinen Ideen von «Arbeitsschule» und «Gruppenunterricht» gezeigt. Reichwein, selbst begeisterter Flieger, ließ von den Kindern Flugzeugmodelle bauen und physikalische, meteorologische sowie wirtschaftliche und anthropologische Aspekte der Fliegerei bearbeiten. So ist der Film jeweils Anregung eines «Vorhabens» der Schüler. In seiner kommunikativen Eigengesetzlichkeit als bewegtes Bild-Medium (Unterrichtsfilme der Reichsanstalt für Film und Bild wurden von 1934 bis 1945 ausschließlich als Stummfilme produziert) wird er allerdings nicht eigens thematisiert. Reichwein dies vorzuwerfen, wäre problematisch: mußte er doch, durch die NS-Behörden vom Hochschullehrer zum Lehrer an einer einklassigen Dorfschule relegiert, bewußt Verzicht leisten auf jegliche Erörterung des vom Goebbels-Apparat beherrschten Massenmediums Film. Blieb der Unterrichtsfilm als Medium eines Sachthemas nach 1933 noch pädagogischer Diskussion zugänglich, wäre hingegen das Unterrichtsthema «Film» rasch in den Verdacht geraten, zur Desillusionierung eines für den NS-Staat wichtigen Massennarkotikums beizutragen (vgl. BOELCKE 1969, S. 80).

Eine Unterrichtsmedien-Diskussion auf dem Reichweinschen Niveau findet sich in den unterrichtspädagogischen Neuanfängen nach 1945 bis in die späten 60er Jahre nirgends. Offensichtlich bewirkten die massiven bewahrpädagogischen Vorbehalte einflußreicher Autoren wie Keilhakker, Wasem und Stückrath gegenüber den öffentlichen Medien Film und Fernsehen eine Art Phantasieverzicht auch im Blick auf eine mit den Entwicklungen des Mediensystems schritthaltende, theoretisch fundierte Unterrichtsmedien-Praxis. Zwar produzierte das neue Institut für Film und Bild in München als Nachfolgeinstitution der Reichsanstalt seit 1950 qualitativ erheblich verbesserte Tonfilme für Schule, Jugendarbeit und Erwachsenenbildung, etwa unter Mitarbeit später prominenter Fernseh- und Filmautoren wie Heinz Sielmann und Bernhard Wicki (vgl. SCHMID 1967), doch gab es für diese Arbeit keinen wirklich praxisrelevanten erziehungswissenschaftlichen Transmissionsriemen in Gestalt einer die mediale Unterrichtspraxis ummodelnden Theorie des kreativen Umgangs von Lehrern und Schülern mit Medien. Wie groß das Bedürfnis nach solcher Anregung auf der Praxisseite war, darauf verwies der wiederaufgelegte Reichwein-Text von 1938, nun unter dem Titel «Film in der Schule» (REICHWEIN 1967).

Heimanns die Unterrichtstheorie der Folgezeit prägender lehrtheoretischer Didaktik-Entwurf von 1962 (vgl. HEIMANN 1962) hob endlich die besondere Rolle der Unterrichtsmedien für jede unterrichtsstrukturell relevante Entscheidung in der pädagogischen Praxis hervor, setzte aber kraft seiner Planungsfixiertheit im Blick auf das Unterrichtsgeschehen bei vielen Rezipienten eine bislang unbekannte medientechnologische Euphorie frei. Im überhaupt technikfaszinierten pädagogischen Klima der 60er Jahre schien selbst die Ersetzbarkeit des Lehrers durch neue Unterrichtsmedien innerhalb des Programmierten Unterrichts in greifbare Nähe zu rücken (vgl. FLECHSIG 1969). Angesichts des Charakters von → Schule und → Unterricht als Ort kommunikativ-sozialer Prozesse wurde solch medientechnologisches Fortschrittsdenken indessen bald als naiv kritisiert. Innerhalb einer nunmehr «kommunikativen Didaktik» (vgl. SCHÄFER/SCHALLER 1971) hob sich die Problematik der Unterrichtsmedien auf in eine allgemeine Theorie von «Unterricht als einem Kommunikationsgefüge» (DICHANZ 1976, S. 88). Dies wiederum schien eine spezielle Theorie der Unterrichtsmedien, Mediendidaktik als «Spezialbereich allgemein-didaktischer Überlegungen» (DICHANZ/KOLB 1974, S. 22) überflüssig zu machen. Denn der Kommunikationsbegriff als Oberbegriff von Unterrichtstheorie und eine an den neueren Kommunikationstheorien orientierte Kommunikationsdidaktik legte den Verzicht einer speziellen Mediendidaktik zumindest auf der Ebene didaktischer Theoriebildung nahe.

Argumente für die Notwendigkeit eigenständiger mediendidaktischer

Reflexionen innerhalb jeder Unterrichtstheorie lieferte KLAFKI (vgl. 1976), indem er darauf verwies, daß in die Unterrichtsmedien noch vor ihrer Einbeziehung in das Unterrichtsgefüge bereits pädagogisch relevante Ziel-, Inhalts- und methodische Entscheidungen eingehen. Unterrichtsmedien tragen in sich ein eigenständiges Lernpotential, das simple Überlegungen ihres bloßen Einsatzes verbietet. Schließlich ergibt sich bei vielen Unterrichtsmedien die Chance, sie nicht nur fixiert auf das übrige unterrichtliche Geflecht von Zielen, Inhalten und Methoden anzuwenden. Vielmehr kann etwa von Filmen oder von Computer-Software ausgehend die dort auffindbare Problematik öffentlicher medialer Kommunikation für den Unterricht erschlossen werden (vgl. AUSTERMANN 1981). Wenn etwa ein Film im Geschichtsunterricht als nur illustratives Medium politischer Ereignisketten eingesetzt wird, wären alle Chancen vertan, den Film zugleich als kultur- und damit medienhistorisches Dokument und endlich als Dokument medialer Kommunikation selbst aufzugreifen. Mediales Kommunizieren und Lernen wird in medienpädagogischer Erweiterung eines mediendidaktischen Instruments zum eigenständigen Unterrichtsthema.

Medienpädagogik: Verständnis, Kritik und Gestaltung medialen Kommunizierens und Lernens. Die Verwendung von Unterrichtsmedien, das Thema der Mediendidaktik, ist nur ein Spezialfall medialen Kommunizierens und Lernens, des Themas der Medienpädagogik. Mediale Kommunikation als Form und Gegenstand des Unterrichts verweist auf die Einheit des Kommunikationsphänomens aus pädagogischer Sicht. Wer im Unterricht mit den →Schülern Kritik der Massenkommunikation praktiziert, unterläuft seine kritischen Intentionen, wenn er nicht zugleich die eigene (mediale) Unterrichtskommunikation kritisch zur Disposition stellt (vgl. SALZMANN u. a. 1975, S. 58ff).

Seit der grundlagentheoretischen Arbeit «Kommunikation und Kompetenz. Grundlegung einer Didaktik der Kommunikation und ihrer Medien» (BAACKE 1973a) und der gleichzeitigen Publikation medienpädagogischer Modelle zum Fernsehen (vgl. BAACKE 1973b) und zu Zeitung und Zeitschrift (vgl. BAACKE 1973c) sind Aufgabenfelder und Begründungen medienpädagogischer Arbeit deutlicher umrissen. Ausgangsorte der Medienpädagogik sind nach Baacke die vermittelten und unvermittelten Kommunikationswelten der Menschen. Im Geflecht medialer und direkter Kommunikationen sollen die Menschen sich nicht nur kritisch zurechtfinden, sondern sie sollen innerhalb dieses Geflechts auch gestaltend ihre eigene Persönlichkeit einbringen können. In den Schulen kann dies ehrgeizige Programm nicht einfach per Einführung eines neuen Schulfachs «Medienkunde» gelöst werden oder außerhalb der Schulen durch eine spezialisierte «Medienerziehung». Das wären nur schul-

oder erziehungsorganisatorische Veränderungen mit ohnehin geringen Durchsetzungschancen. Angesichts der Verflochtenheit aller Kommunikations- und Medienphänomene im Kontext der menschlichen Wirklichkeit bieten sich deshalb fächerübergreifende Theorie-Praxis-Szenarien an, medienpädagogische Modelle für verschiedene Schulfächer oder fächerübergreifend, in denen den Adressaten medialer Kommunikation ihre über die Medien erworbenen Erfahrungen zur kritischen Verfügung gleichsam zurückgegeben werden.

Der Vorteil solcher medienpädagogischer Modelle liegt darin, daß sie auch in außerschulischen Praxisfeldern, in der →Vorschulerziehung, Jugendarbeit und →Erwachsenenbildung verwendbar sind, wenn sie im Blick auf die jeweiligen Adressatengruppen und deren mediale Erfahrungen umgestaltet werden. Der Unterrichtsfilm bei Reichwein war Anlaß, war →Kreativität freisetzendes Thema für eigengestaltete →Projekte von Schülern. Es fehlte die reflexive Wendung auf die spezifisch medialen Erfahrungen der Adressaten: In Reichweins Schulklasse war der Film als solcher im Kontext öffentlicher und individueller Kommunikation noch kein Thema. Produktion und Reflexion ermöglichen im medienpädagogischen Projekt kritisches und kreatives, eigensinniges Umgehen und →Handeln im Kontext von Massenmedien und individuell nutzbaren Medien. Solche Reflexions- und Produktionsfähigkeit in medialen Kontexten trägt notwendig bei zur kritischen Kommunikationsfähigkeit der Adressaten pädagogischer Bemühungen (vgl. DE HAEN 1984).

Praxis- und Forschungsperspektiven. Etablierte Plätze in der pädagogischen Praxis für medienpädagogisches Handeln fehlen bislang. Weder gibt es im Fächerkanon (→Fach – Fächerkanon) der Schulen ein entsprechendes Fach (KERSTIENS hatte schon 1968 «Medienkunde» vorgeschlagen–vgl. 1968), noch gibt es in Kindergärten, in der Jugend- und Sozialarbeit oder in der Erwachsenenbildung schon Aufgabenfelder mit medienpädagogischer Tradition. Freilich liegt dies auch daran, daß mediales Kommunizieren und Handeln nicht Dimensionen nur einer bestimmten Wissenschaft oder einer bestimmten Alltagspraxis, sondern universelle Strukturmerkmale der modernen sozialen Welt sind. Entsprechend fächerübergreifend sind deshalb viele medienpädagogische Modelle und Materialien für die Schulpraxis angelegt (vgl. KLEINEN/SCHÖNHÖFER 1974, BRAND/SCHULZE 1982, FRITZ/SUESS 1986, MEDIEN UND KOMMUNIKATION... 1986). Gewiß besteht dabei Gefahr von Beliebigkeit und mangelnder Konzentration der Medienthemen an den Schulen, welche erst durch ein projektorientiertes, fächerübergreifendes →Curriculum für das Lernfeld Medien und →Kommunikation abgewendet werden könnte. Auch die Bilanz, die WILKE/ESCHENAUER (vgl. 1981) für das Thema «Massenmedien und Journalismus im Schulunterricht» anhand einer inhaltsanalytischen Studie von Schulbüchern vorlegen, spricht für die Entwicklung einer medienpädagogischen Fachdidaktik als Forschungsaufgabe, wie sie schon BAACKE als «Didaktik der Kommunikation und ihrer Medien» (vgl. 1973a) gefordert hatte.

Auf den außerschulischen Feldern sind medienpädagogische Projekte seit den 70er Jahren vor allem in der Vorschulerziehung geläufig (vgl. GEISLER/KALB 1975; vgl. BARTHELMES u. a. 1983/1984). Durch die langjährigen Diskussionen um Kinderfernseh-Sendungen von der «Sesamstraße» über die «Rappelkiste» bis zum Werbefernsehen als beliebtester «Kindersendung» gibt es in Kindergärten und -tagesstätten für medienpädagogische Projekte hochmotivierte Erzieherinnen und Erzieher. In der Jugend- und Sozialarbeit beginnt seit der fortschreitenden Verbreitung von Video und Computer das Interesse an medienpädagogischen Projekten zu wachsen (Bibliographie dazu: vgl. THIELE 1986). Die Erwachsenenbildung ist immer noch vornehmlich an den Medien als Instrumenten und nur selten an ihnen als Gegenständen interessiert, obwohl gerade medienpädagogische Modelle zur Aufklärung langjähriger medialer Lernprozesse von Erwachsenen beitragen könnten.

Die Aufklärung der Phänomene medialen Lernens in den konkreten, alltäglichen Kommunikationssituationen bis hin zu medialen Lerngeschichten von einzelnen und Gruppen bleibt schon angesichts des sozialen Wandels grundlagentheoretische Forschungsaufgabe der Medienpädagogik. Denn die konstruktive Entwicklung medienpädagogischer Materialien, Modelle und Curricula als praxisverbundene Forschungstätigkeit der Medienpädagogik ist angewiesen auf die Erkundung einer sich wandelnden, medial bestimmten Kommunikationskultur unserer Gesellschaft. Als praxisaufklärende und -verbessernde Theorie ist die Medienpädagogik auf Konkretheit ihrer Forschungsergebnisse festgelegt. Sie kann sich deshalb nicht in eine allgemeine Kommunikationstheorie verflüchtigen, sondern muß praktische Theorien des Lernens in konkreten medialen Situationen – im Kino, an den Bildschirmen, bei der Zeitungslektüre – vorlegen. In diesem Sinne lassen sich auch die Arbeitsplätze von Kommunikatoren, von Journalisten, Film- und Fernsehautoren, von Graphikern und Werbetextern in ihrem jeweiligen Publikumsbezug medienpädagogisch begreifen (vgl. AUSTERMANN 1977, 1981).

Berufsfeld Medienpädagogik. Ob sich zwischen den klassischen Lehrer- und Erzieherberufen in pädagogischen Institutionen und den klassischen journalistischen Berufen in publizistischen Institutionen ein spezielles medienpädagogisches Berufsfeld entweder in jenen Institutionen oder vermittelnd zwischen pädagogischen und publizistischen Einrichtungen etabliert, ist Ende der 80er Jahre keineswegs entschieden. Ein Blick in den «Studienführer Publizistik, Journalistik, Kommunikation» (BREUNIG 1987) zeigt immerhin, daß in vielen Ausbildungsgängen für Kommunikationsberufe «Medienpädagogik» ein vorgesehenes Studienelement ist. Journalisten, die für Kindermedien tätig sind, oder Jugendarbeiter, die die Mediothek ihres Jugendzentrums als Mittelpunkt ihrer Arbeit ansehen, arbeiten faktisch als hauptamtliche Medienpädagogen. Medienkompetenz und pädagogische Sensibilität zeichnen den professionellen Medienpädagogen aus – ganz gleich, ob er als Journalist bewußter pädagogisch mit seinem Publikum umgeht oder ob er als Lehrer oder Erzieher seine Adressaten gerade auch mit seinen Medienkenntnissen, etwa seinen journalistischen Fähigkeiten begeistern kann. Durchaus mit dem Ziel solcher Professionalisierung von Medienpädagogik gibt es seit 1984 in der Bundesrepublik die «Gesellschaft für Medienpädagogik und Kommunikationskultur» (vgl. DE HAEN 1984, S. 185ff).

ADORNO, TH. W.: Fernsehen und Bildung (1963). In: Adorno, Th. W.: Erziehung zur Mündigkeit, Frankfurt/M. 1971, S. 50ff. AUSTERMANN, A.: Film. Fernsehen. Lernen. Zur Struktur eines medialen Lernfeldes in historischer Perspektive, Aachen 1977. AUSTERMANN, A.: Was ist Mediendidaktik? In: D. Dt. S. 73 (1981), S. 36ff. AUSTERMANN, A.: Kommunikationsgeschichte und gesellschaftliche Lernprozesse. In: Medien & Zeit 2 (1987), 3, S. 32ff. BAACKE, D.: Kommunikation und Kompetenz. Grundlegung einer Didaktik der Kommunikation und ihrer Medien, München 1973a. BAACKE, D. (Hg.): Mediendidaktische Modelle: Fernsehen, München 1973b. BAACKE, D. (Hg.): Mediendidaktische Modelle: Zeitung und Zeitschrift, München 1973c. BAACKE, D.: Anmerkungen zum Stichwort «Medienpädagogik». In: medien + e. 20 (1976), S. 83ff. BARTHELMES, J. u. a.: Materialien zur medienpädagogischen Aus- und Fortbildung von Erziehern, 4 Bde., München 1983/1984. BOELCKE, W. A.: Wollt Ihr den totalen Krieg? Die geheimen Goebbels-Konferenzen 1939–1943, München 1969. BRAND, P./SCHULZE, V. (Hg.): Medienkundliches Handbuch: Die Zeitung, Braunschweig 1982. BREUNIG, CH. (Hg.): Studienführer Publizistik, Journalistik, Kommunikation, München 1987. DAHLMÜLLER, G. u. a.: Kritik des Fernsehens. Handbuch gegen Manipulation, Darmstadt/Neuwied 1973. DICHANZ, H.: «Medienpädagogik» oder «Mediendidaktik» oder was sonst? In: medien + e. 20 (1976), S. 86ff. DICHANZ, H.: Wirklichkeit, Medien und Pädagogik. In: Medien..., Bonn 1986, S. 39ff. DICHANZ, H./KOLB, G.: Mediendidaktik – Entwicklung und Tendenzen. In: Dichanz, H. u. a.: Medien im Unterrichtsprozeß, München 1974. FLECHSIG, K.-H.: Die technologische Wendung in der Didaktik. Konstanzer Universitätsreden, Nr. 23, Konstanz 1969. FRITZ, A./SUESS, A.: Zeitung im Unterricht, Wien 1986. GEISLER, W./KALB, P. E. (Hg.): Fernsehvorschule, Weinheim/Basel 1975. HAEN, I. DE (Hg.): Medienpädagogik und Kommunikationskultur, Frankfurt/M. 1984. HEIMANN, P.: Didaktik als Theorie und Lehre. In: D. Dt. S. 54 (1962), S. 407ff. HEINRICH, K.: Filmerleben, Filmwirkung, Filmerziehung, Berlin/Hannover/Darmstadt 1961. HOLZER, H.: Kinder und Fernsehen. Materialien zu einem öffentlich-rechtlichen Dressurakt, München 1974. KEILHACKER, M./KEILHACKER, M.: Jugend und Spielfilm, Stuttgart 1953. KEILHACKER, M./KEILHACKER, M.: Kind und Film, Stuttgart 1955. KERSTIENS, L.: Medienkunde in der Schule, Bad Heilbrunn 1968. KLAFKI, W.: Zum Verhältnis von Didaktik und Methodik. In: Z. f. P. 22 (1976), S. 77ff. KLEINEN, G./SCHÖNHÖFER, R.: Beispiel Fernsehwerbung. Visuelle und auditive Kommunikation, Boppard 1974. KNILLI, F./REISS, E.: Einführung in die Film- und Fernsehanalyse. Ein ABC für Zuschauer, Steinbach 1971. LERG, W. B.: Pressegeschichte oder Kommunikationsgeschichte? In: Presse und Geschichte. Beiträge zur historischen Kommunikationsforschung, München 1977, S. 9ff. LICHTWARK, A.: Die Bedeutung der Amateurphotographie, Halle 1894. «MEDIENPÄDAGOGIK» – WAS IST DAS? Stellungnahmen von G. Albrecht u. a. In: medien + e. 20 (1976), S. 79ff. MEDIEN UND KOMMUNIKATION ALS LERNFELD. Schriftenreihe der Bundeszentrale für politische Bildung, Bd. 236, Bonn 1986. MEYER, P.: Zur Medienpädagogik nach 1945. In: medien + e. 24 (1981), S. 23ff. OTTO, B.: Befragung. In: Der Kinematograph Nr. 497 vom 5.7.1916. REICHWEIN, A.: Film in der Landschule. Vom Schauen zum Gestalten, Stuttgart 1938; Neuauflage mit dem Titel: Film in der Schule, Braunschweig 1967. RUPRECHT, H.: Schulreform und Mediendidaktik in den Jahren 1907 bis 1934. In: Film, Bild, Ton 19 (1969), 3, S. 27ff. SALZMANN, CH. u. a.: Unterrichtsmedien im Gespräch, Neuburgweier 1975. SCHÄFER, K.-H./SCHALLER, K.: Kritische Erziehungswissenschaft und kommunikative Didaktik, Heidelberg 1971. SCHMID, F.: Zur Entwicklung des Unterrichtsfilms in der Bundesrepublik Deutschland von 1946 bis 1966. In: Hamburger Filmgespräche III, Hamburg 1967, S. 76ff. STÜCKRATH, F.: Der Film als Erziehungsmacht, Hamburg 1953. THIELE, G. A.: Neuere Unterrichtseinheiten und Arbeitshilfen. In: Medien..., Bonn 1986, S. 142ff. TRUFFAUT, F.: Mr. Hitchcock, wie haben Sie das gemacht? München 1973. WASEM, W.: Jugend und Filmerleben, München/Basel 1957. WILKE, J./ESCHENAUER, B.: Massenmedien und Journalismus im Schulunterricht, Freiburg/München 1981.

Anton Austermann

Medienstruktur (eines Lernfeldes) → Medienpädagogik
Medientechnologie → Medienpädagogik
Medikamentenmißbrauch → Droge
Medium → Simulation
Medium (der Erwachsenen-Kind-Kommunikation) → Kinderliteratur
Medium, öffentliches → Medienpädagogik
Mehrfachbehinderung → Sonderpädagogik
Mehrfächertest → Test
Menschenbild → Anthropologie, pädagogische
Menschenbildung → Bildung
Mentalitätsgeschichtsforschung → Anthropologie, historische
Meßinstrument → Forschungsmethode
Messung → Evaluation; → Forschungsmethode; → Test

Methode

Begriff. Es gibt in der Erziehungswissenschaft keine feststehende Definition von Methode, das heißt, es gibt keinen allgemeinen Konsens darüber, durch welche Merkmale sich pädagogische von nichtpädagogischen Methoden unterscheiden, wie viele verschiedene pädagogische

Methoden es gibt, wie man sie sinnvoll gliedern kann und wie weit oder eng der Begriff zu fassen ist. Ausgehend von einem relativ weiten Begriffsverständnis kann man pädagogische Methoden als kulturell-regelhafte Verfahren und Arrangements zum Zwecke der Anleitung von Lernprozessen bezeichnen (vgl. FLITNER 1968). Jene Arrangements lassen sich mit Bezug auf die organisationsstrukturelle, interpersonelle und inhaltlich-sachliche Ebene beschreiben. Betrachtet man jene drei Ebenen unter dem Gesichtspunkt ihrer Prozessualität, lassen sich entsprechend drei methodische Verfahrensebenen unterscheiden, wobei die oberste auf die biographischen Zusammenhänge des Lerners, die mittlere auf die interaktionistisch-gruppendynamischen Bedingungen des Lernens und die unterste Ebene auf den Prozeß der Inhaltsaufnahme und -verarbeitung abhebt. Anwendungsfelder pädagogischer Methoden sind die pädagogische Praxis in pädagogischen Institutionen (unter anderen: Schule, Kindergarten, Heime, Rehabilitations- und Therapiezentren, Beratungsstellen), in nichtpädagogischen Institutionen, in denen Lernen systematisch angeleitet wird, und schließlich in der pädagogischen Praxis nichtinstitutionalisierter Lernorte wie der →Familie, Peer-groups und in entsprechenden Lernfeldern des öffentlichen, kulturellen und politischen Lebens.

Innerhalb dieser Differenzierungsmöglichkeiten werden die Akzente bei der Beschreibung pädagogischer Methoden häufig auf den prozessualen Aspekt mit besonderer Berücksichtigung der inhaltlich-sachlichen und interpersonellen Ebene gesetzt, wobei vor allem die →Schulpädagogik im Vordergrund steht und in dieser engeren Begriffsfassung das Verständnis von Methode weithin geprägt hat (vgl. MENCK/THOMA 1972, TERHART 1983). Ausgehend von einer solchen Definition wird Methode abgegrenzt von den Bereichen der Medien und der pädagogischen Organisation/→Institution (vgl. SCHULZE 1978).

Merkmale. Eine Theorie der pädagogischen Methode, die auf verschiedene pädagogische Institutionen ebenso Bezug nimmt wie auf pädagogisches Handeln in nichtpädagogischen Institutionen und an nichtinstitutionalisierten Lernorten, liegt bisher noch nicht vor. Der Rahmen, innerhalb dessen sie entwickelt werden könnte, läßt sich mit Blick auf folgende Fragen- beziehungsweise Merkmalskomplexe beschreiben:

- Wer entscheidet darüber, ob eine Person lernbedürftig ist, das heißt der Lernanleitung durch pädagogische Methoden bedarf, und welche Kriterien können dafür angeführt werden? – Entscheidungsträger kann sein: der Lerner selbst; eine andere Person wie zum Beispiel die →Mutter eines Kindes; eine Gruppe wie etwa eine →Familie; eine Organisation/Institution wie die Schulbürokratie oder der Gesetzgeber, der die Schulpflicht festlegt. Entscheidungskriterien können sein:

die Eigeninitiative des Lerners, sozialpsychologische Werte oder gruppendynamischer Druck; politisch-administrative Vorschriften wie die allgemeine Schulpflicht; ökonomisch-administrative Kriterien wie zum Beispiel Karriereregelungen in einem Betrieb (vgl. FREIRE 1973, ROGERS 1972).

- Mit Bezug auf welche Kriterien werden die Personen und Institutionen ausgewählt, die zur praktischen Methodengestaltung beitragen; um wie viele Personen beziehungsweise Institutionen handelt es sich dabei, und in welcher Beziehung stehen sie? – Träger pädagogischer Methoden können eine einzelne Person, eine Gruppe sowie eine Organisation sein. Ihre Beziehung kann indifferent, harmonisch oder konflikthaft, und ihre jeweiligen Leistungen für den Lerner können gleichartig oder arbeitsteilig-komplementär sein. Als Kriterium dafür, Methodenträger zu werden oder zu sein, kommen in Frage: das biologische/soziale Kriterium der Mutter- oder Vaterschaft; politisch-administrative Regelungen wie bei der Bestimmung eines Klassenlehrers; ökonomisch-administrative Bedingungen wie bei der Zuweisung eines Ausbilders oder Vorgesetzten im Betrieb; sozial-emotionale Neigungen etwa bei der Wahl eines →Vorbildes; der explizite Wille und das Interesse des Lerners in seinem kulturellen, politischen und ökonomischen Lebensraum (vgl. GEISSLER 1988a; vgl. KLAFKI u. a. 1982, S. 529ff).
- Wie weitgehend kann der Lerner die Verfahren und Arrangements für seinen Lernprozeß selbst bestimmen? – Einerseits kann Methode als ein Mittel zur Erreichung von pädagogischen Zielen konzipiert werden, die andere setzen. Andererseits hingegen kann Methode auch das Entwicklungsmedium sein, innerhalb dessen der Lerner seine eigenen Ziele findet. Erst wenn diese typologische Alternative entschieden ist, läßt sich das Ausmaß bestimmen, in dem der Lerner an der Methodengestaltung partizipiert (vgl. FÜGLISTER 1978, NEILL 1969).
- Wie natürlich oder künstlich sind die Inhalte des Lernarrangements? – Ob man eine Fremdsprache im Sprachlabor oder im Ausland während eines Ferienurlaubs erlernt, ist nicht nur eine Frage nach der Effektivität der einen oder anderen Methode, sondern wirft auch ein Licht auf die Beziehung von gesellschaftlichem Leben und individuellem Lernen. Vor dem Hintergrund dieser Fragen kann man über die Präsentation von Lerninhalten diskutieren, ob sie etwa im Medium eines Buches, eines Films, eines Experiments oder einer Exkursion sinnvoll erscheinen (vgl. FICHTNER 1980, RUMPF 1986).
- Wie zeitlich umfangreich und gegliedert ist die jeweilige Methode? – Sie kann nur wenige Sekunden umfassen wie etwa beim TV-Werbespot, oder sich über Stunden, Wochen, Monate oder Jahre erstrecken. Intern kann der jeweilige Zeitraum unterschiedlich stark, gleichför-

mig oder abwechslungsreich gegliedert sein (vgl. HERBART 1964/1965; vgl. PRANGE 1983, S. 85ff).

- Welches interpersonelle Verhalten herrscht bei der Anleitung von Lernprozessen vor? – Der Methodenträger kann auf Lernerfolge oder -mißerfolge unmittelbar oder zeitlich verzögert, emotional zurückhaltend oder extrovertiert-impulsiv und schließlich im Sinne eines positiven oder negativen emotionalen Feedbacks reagieren. Analoge Überlegungen gelten für die Einleitung und Steuerung von Lernprozessen. Der pädagogische Beurteilungsgesichtspunkt ist dabei einerseits die Effektivität und andererseits die Legitimität der gewählten Methode (vgl. GORDON 1977, 1979; vgl. MERKENS/SEILER 1978).

Methode in der neueren Schulpädagogik. Das heutige schulpädagogische Methodenverständnis ist in entscheidendem Maße durch die Position der lerntheoretischen Didaktik (vgl. SCHULZ 1965) geprägt worden, wo Methode als eine der vier zentralen unterrichtlichen Gestaltungsfaktoren neben Intentionalität, Thematik und Medien betrachtet wird. Unter Planungsgesichtspunkten ist die Methode funktional auf die Realisierung der Intentionalität bezogen. Unter wirkungsanalytischem Aspekt jedoch stehen alle vier Faktoren im Zusammenhang wechselseitiger Beeinflussung (Interdependenzzusammenhang). Im einzelnen werden fünf Methodenbereiche unterschieden: Verfahren der Inhaltspräsentation und -verarbeitung (ganzheitlich-analytisch, elementhaft-synthetisch, Projektverfahren und spezifische fachdidaktische Verfahren), Verfahren für die zeitliche Gliederung des Lernprozesses beziehungsweise der Unterrichtsstunde, sozial-interaktive Arrangements (Frontalunterricht, Kreissituation, Teilgruppenunterricht und Einzelunterricht), Aktionsformen (direkte, medial oder situativ vermittelte Ansprache des Lerners) und Urteilsformen (implizite und explizite, zustimmende und ablehnende Urteile).

In Abgrenzung und Weiterführung dieses Methodenkonzepts hat BLANKERTZ (vgl. 1969) darauf hingewiesen, daß auch der Auswahl und intentionalen Gestaltung von Inhalten jeweils eine Methode – er nennt sie «methodische Leitfrage» – zugrunde liegt. Seine Argumentation folgt der Erkenntnis, daß Erziehung zu vermitteln habe zwischen den häufig gegenläufigen Interessen verschiedener Gesellschaftsgruppen und denen des noch nicht mündigen Lerners. Diesen Grundgedanken konkretisiert HILLER (vgl. 1973) mit Bezug auf den unterrichtlichen Arbeits- und Interaktionsprozeß. Er vertritt dabei die Position, daß Methoden nicht die Hilfsmittel zur Erreichung bestimmter pädagogischer Ziele sein dürfen, sondern als Entwicklungsmedium für die Bestimmung von →Erziehungszielen betrachtet werden müssen. →Schüler und Lerner konstituieren in diesem Sinne gemeinsam intentional ausgerichtete

Lehr-Lern-Verfahren und -Arrangements, und zwar in ihrer interaktiven Auseinandersetzung mit dem Unterrichtsinhalt. Ein weiteres Argument bringt schließlich H. MEYER (vgl. 1987) in die Diskussion, indem er darauf hinweist, daß unterrichtliches Lernen immer im Rahmen der Institution Schule und der von ihr ausgehenden Freiheitseinschränkungen und Zwänge sich vollzieht. Methoden stehen deshalb im Spannungsfeld von Lernhilfen und Zwangsmaßnahmen. Ausgehend von diesem Problemansatz lassen sich drei vorinstitutionalisierte Grunddimensionen von Methode ausweisen: Sozialformen (Raum- und Kommunikationsstruktur), Unterrichtsschritte (zeitlicher Ablauf, methodischer Gang) und Handlungsmuster (Inszenierung von Wirklichkeit, Aufbau von Handlungskompetenz). Im Rahmen schulischer Institutionalisierung verfestigen sie sich zu Differenzierungs- und Integrationsformen, Verlaufsformen und schließlich zu methodischen Großformen wie beispielsweise Lehrgang, → Projekt, Trainingsprogramm oder Lektion.

Entstehungsanlaß. Die Geschichte pädagogischer Methoden ist so alt wie die Geschichte der Menschheit. Denn der Übergang des Menschen vom Natur- zum Kulturwesen schuf mit dem Anlaß der Erziehungsbedürftigkeit des Menschen einen unhintergehbaren Bedarf nach pädagogischen Methoden, die jeder Generation aufs neue ihren spezifischen Weg zur kulturellen Selbstbestimmung und Geschichtsmächtigkeit wiesen. Aber erst im pädagogischen → Diskurs der Neuzeit entstanden theoretisch elaborierte Methodenkonzeptionen, die in Spannung zur Praxis tradierter Methoden zu treten vermochten. Der Anlaß für ihre Entstehung bestand darin, daß der Reproduktionszirkel der traditionellen Erziehungs- und Sozialisationspraxis, in dem die nachfolgende Generation das Vorbild der Alten bruchlos kopiert hatte (vgl. BENNER 1978, S. 13ff), im Zuge der sich vor allem seit dem 16. Jahrhundert entfaltenden Rationalität zerbrach. An seine Stelle mußte ein künstlicher Reproduktionszirkel treten. Er bestand in den kulturell-regelhaften Verfahren und Arrangements der pädagogischen Methodik, die sich zunächst auf der Ebene kirchlicher Bildungsorganisationen entfaltete (vgl. RATIO STUDIORUM... [von 1599] 1887–1894) und damit der im Zuge der Reformation und Gegenreformation entstandenen Labilität der kirchlichen Gesamtorganisation entgegentrat. Diese systemstabilisierende Funktion pädagogischer Methoden wurde bald auch im politisch-administrativen Bereich beim Aufbau des modernen Schulwesens genutzt (vgl. SCHULMETHODUS DES HERZOGS ERNST DES FROMMEN... [1672] 1912). Zu einem äußerst differenzierten System entfaltete sich die schulpädagogische Methodik schließlich während der Industrialisierung des 19. Jahrhunderts, die weite Bereiche der traditionell-bäuerlichen Erziehungspraktiken untergrub. Die damit entstandene Verunsicherung wurde durch ein minutiös ausgearbeitetes Methodenrepertoire paramilitärischbürokratischer Prägung aufgefangen, das gewissermaßen den Maschinentakt der Großen Industrie in der Schule widerspiegelte und die Schüler so auf ihr späteres Leben vorbereitete (vgl. F. MEYER 1976).

Auch in der Gegenwart lassen sich Beispiele für das Zerbrechen traditioneller Erziehungspraktiken und -normen und für die daraus sich ergebende Veranlassung finden, Methodenkonzepte als Ersatz zu entwikkeln. Als Beispiel bietet sich der gesellschaftliche Wertewandel an, der seit den 70er Jahren international beobachtet wird und vor allem innerhalb des ökonomischen Bereichs zu Legitimationskrisen geführt hat (vgl. HOLLEIS 1987). Im Gegensatz zu früher kann dieses Problem nicht mehr durch Maßnahmen des Schulsystems kompensiert werden, denn die neuen für die Wirtschaft zum Teil problematischen Werte wie Subjektzentrierung und Selbständigkeit werden vielfach als Produkt schulpädagogischer Methoden angesehen. Deshalb wird auf den Ausbau betrieblicher Bildung gesetzt und ein Repertoire geeignet erscheinender betriebspädagogischer Methoden entwickelt (vgl. GEISSLER 1988b).

Rationalität und Künstlichkeit. Das Paradigma neuzeitlicher Methodenkonzeptionen gründet sich auf eines der ganz zentralen Merkmale neuzeitlichen Denkens und Handelns überhaupt, nämlich auf die Rationalität, mit deren Hilfe versucht wird, die Lücke, die das Zerbrechen traditioneller Erziehungspraktiken aufreißt, durch die Konstruktion künstlicher Methoden zu schließen. Diese Verbindung von Rationalität und Künstlichkeit pädagogischer Methoden läßt sich bereits im 17. Jahrhundert bei Comenius aufzeigen (vgl. MOLLENHAUER 1983), der versuchte, die natürliche Logik des Lernens aufzudecken und aufbauend auf sie lerneffektive Methoden zu konstruieren. Er wies damit einen Weg, der bis heute vielfach beschritten worden ist und zur Konstruktion vielfältiger Methoden geführt hat (vgl. AEBLI 1974, GAGNÉ 1973). Trotz der intendierten Natürlichkeit dieser Methodenkonzeptionen erstarrten sie häufig zu einer zwanghaften Künstlichkeit, wie vor allem das Methodenschema der sogenannten Herbartianer (vgl. KEHR 1913, ZILLER 1884). Als Gegenreaktion entstand zu Beginn des 20. Jahrhunderts die →Reformpädagogik, die sich um alternative Methodenkonzeptionen mit der Akzentuierung sozial-interaktiver (vgl. OTTO 1965, PETERSEN 1937), emotional-erlebnishafter (vgl. NEUBERT 1932) oder lebensweltlich-arbeitsbezogener Elemente (vgl. KERSCHENSTEINER 1912, SCHEIBNER 1930) bemühte.

Eine noch weitergehende Kritik am Paradigma neuzeitlicher Methoden ist mit der neuerlichen Diskussion um die Postmoderne entstanden (vgl. LENZEN 1987), die die Grundlage von Rationalität in Frage stellt und damit auch bezweifelt, ob der Mensch prinzipiell zur Entfaltung seiner Vernunft, das heißt zu einer vernunftgeleiteten Gestaltung der Welt im Hinblick auf ihre besseren Möglichkeiten fähig ist. Trifft diese Kritik zu, wäre der Entwicklung und dem Einsatz pädagogischer Methoden jede Legitimationsgrundlage entzogen (ähnliche Probleme: →Forschungsmethode). Teilt man jedoch diese Kritik nicht, müssen offensiv Alternativen entwickelt werden für die durch Rationalität und Künstlichkeit bedingten Schwächen pädagogischer Methodenkonzeptionen. Es spricht einiges dafür, daß entsprechende Lösungen weniger innerhalb der Schulpädagogik, sondern eher im Bereich einer nichtinstitutionalisierten Pädagogik (vgl. ILLICH 1972) und vielleicht auch an Lernorten in nichtpädagogischen Institutionen (→Management-Education) gefunden werden können.

AEBLI, H.: Grundformen des Lehrens, Stuttgart [8]1974. BENNER, D.; Hauptströmungen der Erziehungswissenschaft, München [2]1978. BLANKERTZ, H.: Theorien und Modelle der Didaktik, München 1969. COMENIUS, J. A.: Große Didaktik, hg. v. A. Flitner, Düsseldorf/München 1954. FICHTNER, B.: Lerninhalte in Bildungstheorie und Unterrichtspraxis, Köln 1980. FLITNER, W.: Theorie des pädagogischen Weges, Weinheim [8]1968. FREIRE, P.: Pädagogik der Unterdrückten, Reinbek 1973. FÜGLISTER, P.: Lehrzielberatung, München 1978. GAGNÉ, R. M.: Die Bedingungen menschlichen Lernens, Hannover 1973. GEISSLER, G.: Das Problem der Unterrichtsmethode in der pädagogischen Bewegung, Weinheim/Berlin/Basel 1952. GEISSLER, H.: Modelle der Unterrichtsmethode, Stuttgart 1977. GEISSLER, H.: Personalentwicklung als Herausforderung der Betriebspädagogik. In: Z. f. Ber.- u. Wirtschp. 84 (1988), S. 182ff (1988a). GEISSLER, H.: Organisationsstruktur-Typen betrieblicher Aus- und Weiterbildung. In: Lechner, E./Zielinski, J. (Hg.): Wirkungssysteme und Reformansätze in der Pädagogik, Frankfurt/M. u. a. 1988, S. 455ff (1988b). GORDON, TH.: Die Lehrer-Schüler-Konferenz, Hamburg 1977. GORDON, TH.: Manager-Konferenz. Effektives Führungstraining, Hamburg 1979. HERBART, J. F.: Kleine pädagogische Schriften, 2 Bde., hg. v. W. Asmus, Düsseldorf/München 1964/1965. HILLER, G. G.: Konstruktive Didaktik, Düsseldorf 1973. HOLLEIS, W.: Unternehmenskultur und moderne Psyche, Frankfurt/New York 1987. ILLICH, I.: Entschulung der Gesellschaft, München 1972. KEHR, C.: Die Praxis der Volksschule (1868), Gotha [13]1913. KERSCHENSTEINER, G.: Der Begriff der Arbeitsschule, Leipzig 1912. KLAFKI, W. u. a.: Schulnahe Curriculumsentwicklung und Handlungsforschung, Weinheim/Basel 1982. LENZEN, D.: Mythos, Metapher und Simulation. Zu den Aussichten systematischer Pädagogik in der Postmoderne. In: Z. f. P. 33 (1987), S. 41ff. MENCK, TH./THOMA, G. (Hg.): Unterrichtsmethode, München 1972. MERKENS, H./SEILER, H.: Interaktionsanalyse, Stuttgart u. a. 1978. MEYER, F.: Schule der Untertanen, Hamburg 1976. MEYER, H.: Unterrichtsmethoden, Frankfurt/M. 1987. MOLLENHAUER, K.: Vergessene Zusammenhänge, München 1983. NEILL, A. S.: Theorie und Praxis der anti-autoritären Erziehung, Reinbek 1969. NEUBERT, W.: Das Erlebnis in der Pädagogik, Göttingen 1932. OTTO, B.: Ratschläge für häuslichen Unterricht, Heidelberg 1965. PETERSEN, P.: Führungslehre des Unterrichts, Langensalza 1937. PRANGE, K.: Bauformen des Unterrichts, Bad Heilbrunn 1983. RATIO STUDIORUM ET INSTITUTIONES SCHOLASTICAE SOCIETATIS JESU... (1599). In: Monumenta Germaniae Paedagogica, Bd. 2, 5, 9, 16, hg. v. G. M. Pachtler, Berlin 1887–1894. ROGERS, C. R.: Die klient-bezogene Gesprächstherapie, München 1972. RUMPF, H.: Die künstliche Schule und das wirkliche Leben,

München 1986. SCHEIBNER, O.: Zwanzig Jahre Arbeitsschule in Idee und Gestaltung, Leipzig [2]1930. SCHULMETHODUS DES HERZOGS ERNST DES FROMMEN nach der Ausgabe von 1672, hg. v. A. Prall, Breslau [2]1912. SCHULZ, W.: Unterricht. Analyse und Planung. In: Heimann u. a.: Unterricht. Analyse und Planung, Hannover u. a. 1965, S. 13ff. SCHULZE, TH.: Methoden und Medien der Erziehung, München 1978. TERHART, E.: Unterrichtsmethode als Problem, Weinheim/Basel 1983. ZILLER, T.: Allgemeine Pädagogik, Leipzig [2]1884.

Harald Geißler

Methode, anthropologische → Anthropologie, pädagogische
Methode (der Sozialarbeit) → Einzelfallhilfe; → Gemeinwesenarbeit; → Gruppendynamik – Gruppenpädagogik
Methode (didaktischen Handelns) → Didaktik, allgemeine
Methode, dokumentarische → Ethnomethodologie
Methode, hermeneutische → Forschungsmethode
Methode, interpretative → Ethnomethodologie
Methode, qualitative → Forschungsmethode
Methode, quantitative → Forschungsmethode
Methode, statistische → Forschungsmethode
Methode, strukturale → Struktur
Methodenlehre, pädagogische → Bildungstechnologie
Milieutheorie → Entwicklung
Mißbrauch (von Drogen) → Droge
Mißhandlung (des Kindes) → Kindesmißhandlung

Mitbestimmung – Mitwirkung

Begriffsprobleme. Partizipation als Oberbegriff für Formen der Beteiligung Betroffener ist – hier auf das Schulwesen beschränkt – in Mitbestimmungs- und Mitwirkungsrechten der Eltern, → Schüler und → Lehrer gesetzlich geregelt. Abgrenzungen hinsichtlich des Rechts auf Information, Beratung (Informations- und Meinungs*austausch*), Mitwirkung (Teilnahme-, Anhörungs-, Vorschlags- und Auskunftsrechte) und Mitbestimmung im Sinne von Zustimmungserfordernissen und Sachentscheidungsrechten sind schwer möglich wegen der in den entsprechenden Gesetzen und der in der Praxis vorkommenden Mischformen, wie etwa «Alleinentscheidungsrecht einer Gruppe bei gleichzeitigem Beratungsrecht einer anderen betroffenen Gruppe; Mitentscheidung aller Betroffenen bei Majorisierungsmöglichkeit einer oder aller anderen Gruppen, Mitbestimmungsrechte (als Entscheidungsrechte) in bezug auf Beschlüsse von empfehlendem Charakter» (DIETZE 1976, S. 23). DIETZE (1976, S. 24) schlägt zur Abgrenzung vor, den Begriff *Mitbestim-*

mung «auf die Fälle zu beschränken, in denen es um relativ endgültige Entscheidungen in der Sache geht». Gegen die Verletzung eigener Verfahrens-, Mitbestimmungs- und Mitwirkungsrechte können Schul*gremien* nach formellem Beschluß mit einfacher Mehrheit der anwesenden Mitglieder gerichtlich vorgehen (vgl. STAUPE 1978, S. 192). Außer den oben genannten Begriffen werden im Zusammenhang mit Beteiligungsrechten der Lehrer, Schüler und Eltern noch die Termini *(Schüler-)Mitverwaltung* und *Mitverantwortung* verwendet.

Geschichte. Ansätze einer Mitbestimmung/Mitwirkung in der → Schule und die damit verbundenen Auseinandersetzungen um den Einfluß auf das Erziehungswesen sind Teil der Geschichte des deutschen Schulwesens, die im 19. Jahrhundert vor allem ein Kampf zwischen Kirche und Staat um die Schulaufsicht war. Der Kirche wurde zwar schon 1794 vom Königreich Preußen die Schulaufsicht entzogen, dennoch behielten die Pfarrer als Lokalinspektoren auf Ortsebene einen unmittelbaren Einfluß (vgl. KELL 1973, S. 15f; für die Zeit von 1808–1934: vgl. NEVERMANN 1984). Bescheidenste Formen einer Mitwirkung in der Schule hatten damals nach KELL (1973, S. 15) «aus drei Gründen keinerlei Realisierungschance: (1) Infolge des Obrigkeits-Untertanen-Verhältnisses wurden Eltern und Schüler nur als Objekte staatlicher Erziehungsmaßnahmen angesehen. (2) Der Lehrer war als Bediensteter des absolutistischen Herrschers vollkommen abhängig, durch die Schulaufsicht reglementiert und wegen fehlender Ausbildung sogar angewiesen auf detaillierte Handlungsanweisungen für den Unterricht. (3) Rechtlich wurden nur die ‹äußeren› Schulangelegenheiten (Schulpflicht, Schulunterhaltung usw.) geregelt, alles weitere blieb der unnormierten Reglementierung durch die allumfassende Schulaufsicht überlassen.» Die Zeiten der geistlichen Schulaufsicht wurden erst im Jahre 1919 mit dem Artikel 144 der Weimarer Reichsverfassung (WRV) beendet.

Mit Erstarkung des Bürgertums, der Schaffung des kommunalen Schulwesens und der Beteiligung der Gemeinden an der Schulaufsicht wurden auch erste Formen der Mitwirkung der Eltern gesetzlich anerkannt, etwa durch die §§ 45, Abs. 1 und 47, Abs. 2 des Preußischen Volksschulunterhaltungsgesetzes vom 28. 7. 1906 (vgl. KELL 1973, S. 17).

Während der Weimarer Republik (1919 bis 1933) wurde die Mitwirkung der Eltern in fast allen Ländern des Deutschen Reiches durch rechtliche Bestimmungen geregelt; ein Erlaß des Preußischen Ministers für Wissenschaft, Kunst und Volksbildung vom 1. 10. 1920 läßt aber erhebliche Widerstände bei Lehrern und Schulaufsicht vermuten (vgl. BOPPEL/KOLLENBERG 1981, S. 46).

Um die → Jugend zur stärkeren Identifikation mit den vaterländischen Idealen zu bringen, schufen Kerschensteiner, Foerster und Lietz erste

Ansätze einer Schülerselbstverwaltung als Teil einer staatsbürgerlichen Erziehung und Wyneken eine kulturkritisch-idealistische Konzeption der «Schulgemeinde», die dann von Bernfeld in eine sozialistische Konzeption mit der plebiszitär-demokratischen «Schulgemeinde-Vollversammlung» umgeformt wurde. Diese Ansätze haben zwar in der Zeit von 1900 bis 1933 im öffentlichen Schulwesen kaum eine Bedeutung erlangt, sie wurden aber nach 1945 als Modelle der Schülermitverwaltung wieder aufgegriffen (vgl. AUERNHEIMER/DOEHLEMANN 1971, S. 13ff).

Mitbestimmungsrechte der *Lehrer* an öffentlichen Schulen, deren Rechte und Pflichten als Staatsbeamte erst 1919 mit dem Art. 143, Abs. 3 der WRV einheitlich geregelt wurden, blieben zu jener Zeit auf Konferenzrechte beschränkt (vgl. KELL 1973, S. 25f). Um 1930 wurden die Elternbeiräte zunehmend politisiert, was den Nationalsozialisten, die die Elternbeiräte eigentlich zu ihren Gunsten nutzen wollten, schließlich den Vorwand lieferte, am 24. 10. 1934 Satzung und Wahlordnung für die Elternbeiräte aufzuheben (vgl. BOPPEL/KOLLENBERG 1981, S. 47) und Schuljugendverwalter zu etablieren, die mit der Hitlerjugend (HJ) eng verbunden waren (vgl. KELL 1973, S. 27ff).

Schon bald nach dem Ende des Zweiten Weltkriegs wurde durch die Alliierten und später durch die einzelnen Länder der Bundesrepublik Deutschland die Mitwirkung im Schulbereich durch Erlasse geregelt. Bereits 1951 faßte die Ständige Konferenz der Kultusminister der Länder in der Bundesrepublik Deutschland einen Beschluß zum Thema «Selbstverwaltung und Schule» (vgl. KMK 1973). Die einzelnen Bundesländer ordneten die Mitwirkungsrechte der Lehrer, Schüler und Eltern in landeseigenen Gesetzen und Verordnungen.

Im Rahmen der gesamtgesellschaftlichen Diskussionen, die ab 1966 von der Studentenbewegung und der außerparlamentarischen Opposition ausgelöst wurden, wurden auch die Mitwirkungsmöglichkeiten und Herrschaftsstrukturen im Bildungsbereich kritisiert (vgl. DEMOKRATISIERUNG VON SCHULE UND SCHULVERWALTUNG 1969). Die Schülerproteste des Aktionszentrums unabhängiger und sozialistischer Schüler (AUSS), der Unabhängigen Schülervertretung (USV) und anderer Initiativen, die unter anderem eine substantielle Schülermitbestimmung forderten, wurden von Aktionsgruppen «linker» Lehrer und der Gewerkschaft Erziehung und Wissenschaft (GEW) in ihren Forderungen unterstützt (vgl. AUERNHEIMER/DOEHLEMANN 1971, S. 96ff).

Ableitungsversuche aus dem Verfassungsrecht. Schon vor der starken bildungspolitischen Polarisierung in der Bundesrepublik Deutschland und den aus der expansiven Bildungspolitik und der krisenhaften wirtschaftlichen Entwicklung resultierenden Problemen hat es immer wieder Versuche gegeben, die Rechte der Lehrer, Schüler und Eltern auf der einen und die des Staates auf der anderen Seite aus dem Grundgesetz abzuleiten (vgl. DIETZE 1976; zusammenfassend: vgl. NEVERMANN/RICHTER 1977, S. 15ff) beziehungsweise einzuklagen (zum Elternrecht im Schulbereich: vgl. DIETZE 1981; vgl. RICHTER 1973, S. 44ff). Da das Bildungsverfassungsrecht und das →Schulrecht relativ unnormiert und auch noch (durch den Kulturföderalismus), je nach Bundesland, unterschiedlich gestaltet sind, haben Gerichtsurteile an der «Verrechtlichung» des Schulwesens einen erheblichen Anteil (vgl. RICHTER 1973).

Forderungen – aus dem Rechts- und Sozialstaatprinzip sowie dem Demokratieprinzip des Grundgesetzes abgeleitet (vgl. KELL 1973, S. 48ff) –, den Parlaments(gesetzes)vorbehalt endlich auch im Schulrecht anzuerkennen, werden vom Bundesverfassungsgericht und vom 51. Deutschen Juristentag 1976 ähnlich beurteilt: Der rechtsstaatliche Grundsatz der Gesetzmäßigkeit müsse sich auch auf das Schulwesen erstrecken; das demokratische Prinzip müsse für die Ordnung wichtiger Lebensbereiche gelten und zumindest in ihren Grundzügen vom demokratisch-legitimierten Gesetzgeber selbst verantwortet und in einem öffentlichen Willensbildungsprozeß unter Abwägung der verschiedenen, unter Umständen widerstreitenden Interessen gestaltet werden (vgl. NEVERMANN/RICHTER 1977, S. 12f). Spätestens seit dem Bundesverfassungsgerichtsurteil zur Mitbestimmung an den Hochschulen ist die gesellschaftspolitische Entscheidungsfreiheit des Gesetzgebers bei der Ausgestaltung von Mitbestimmungsgesetzen verfassungsrechtlich anerkannt (vgl. RICHTER 1974a, S. 17f).

Fragen der Mitbestimmung/Mitwirkung in der Schule sind im wesentlichen «keine Fragen des Verfassungsrechts, das heißt, über die Vorzüge und Nachteile der verschiedenen Partizipationsmodelle kann man im Rahmen verfassungsrechtlicher Argumentationen nicht plausibel urteilen: Das Grundgesetz enthält kein Schulverfassungsmodell. Natürlich können sich die Lehrer, Schüler und Eltern auch in der Schule auf ihre Grundrechte berufen; natürlich gelten die Staatszielbestimmungen der Demokratie, des Sozialstaats und des Rechtsstaats für das Schulwesen auch in diesem Zusammenhang [...]. Verfassungsrechtlich kann nur ein prinzipielles Gebot für ein ‹partizipatorisches Grundmuster der Schulordnung› begründet werden, wie es der Deutsche Juristentag getan hat [...]. Fragen der Schulverfassung sind demnach in erster Linie schulpolitische und -organisatorische Fragen, für deren Beantwortung die Landesparlamente – im Rahmen und im Sinn des Grundgesetzes – einen relativ breiten politischen Gestaltungsspielraum haben» (NEVERMANN 1977, S. 173f; Auslassungen: F. R.).

Grundzüge des Schulverfassungsrechts. Ihre gesellschaftspolitische Freiheit nutzend, verabschiedeten die Parlamente einzelner Bundesländer für den Bereich der Mitbestimmung/Mitwirkung eigene Schulverfassungs- oder Schulmitwirkungsgesetze beziehungsweise novellierten bestehende Gesetze und Verordnungen (tabellarische Kurzdarstellung der Schulmitbestimmung in den einzelnen Bundesländern mit den entsprechenden Gesetzesfundorten: vgl. HAGE/STAUPE o. J., S. 102–130).

Neben zahlreichen Stellungnahmen der Parteien und Verbände (vgl. DEMOKRATISIERUNG VON SCHULE UND SCHULVERWALTUNG 1969; vgl. DIETZE 1976, S. 302ff; vgl. SCHULVERFASSUNG 1973, S. 57ff) beeinflußte die im Rahmen des Deutschen Bildungsrates seit 1971 geführte Diskussion über «Verstärkte Selbständigkeit der Schule und Partizipation der Lehrer, Schüler und Eltern» (vgl. DEUTSCHER BILDUNGSRAT 1973) die Gesetzesvorhaben (vgl. NEVERMANN 1977, S. 173). Sowohl in der Bildungskommission des Deutschen Bildungsrates (erstes Minderheitsvotum) als auch in der Öffentlichkeit wurden die Empfehlungen kontrovers diskutiert (vgl. BESSOTH 1976; vgl. NEVERMANN 1975, S. 204ff; vgl. RICHTER 1974b, S. 147). Dennoch enthalten diese Empfehlungen «die differenzierteste Ausarbeitung eines realistischen Modells zur Partizipation in der Schule» (NEVERMANN 1977, S. 173).

In diesem Modell hat die Verknüpfung von verstärkter Selbständigkeit der Einzelschule und der Partizipation der Betroffenen zentrale Bedeutung. «Übertragung von Eigenverantwortung und Partizipation sind untrennbare Teile einer Organisationsreform. Partizipation ohne verstärkte Selbständigkeit der Einzelinstitution würde eine komplizierte, aber bloß formale – weil kompetenzlose – innerschulische Willensbildung schaffen [...]. Erst eine Verbindung von verstärkter Selbständigkeit und Partizipation führt zu Handlungsformen und Entscheidungsstrukturen, die einer veränderten Vorstellung von Schule entsprechen» (DEUTSCHER BILDUNGSRAT 1973, S. A22; Auslassung: F. R.). Folgerichtig kritisiert die Bildungskommission die damaligen Gesetze und -entwürfe: «Die Diskussionen verkürzen die Frage der Mitbestimmung in doppelter Hinsicht: Zum einen entwerfen sie Partizipationsmodelle ohne verstärkte Selbständigkeit; zum anderen werden die Partizipationsmodelle nicht auf den Gegenstandsbereich Lernprozesse, sondern auf vergleichsweise eher nebensächliche Leistungs-, Verwaltungs- und Ordnungsfragen bezogen» (DEUTSCHER BILDUNGSRAT 1973, S. A24f).

Vier «Sachzwänge» filtert NEVERMANN (vgl. 1977, S. 176f) aus den Argumentationsketten der Empfehlungen der Bildungskommission:

- einen *systematischen*, weil so komplexe soziale Systeme wie Schule nicht mehr ausschließlich zentral verwaltet werden können;
- einen *innovationsstrategischen*, weil von →Reformen erst gesprochen werden kann, wenn →Unterricht sowie die Arbeits- und Inter-

aktionsformen zwischen Lehrern und Schülern sich geändert haben werden;
- einen *pädagogischen*, weil Lernprozesse eigene Anstrengungen von Lehrenden und Lernenden, persönliche Identifikation mit dem Ziel des → Lernens und intrinsische → Motivation erfordern;
- und einen *demokratischen*, weil → Schule auf das Leben in der Gesellschaft, die durch Wandel, Konflikt und Ungleichheit gekennzeichnet ist, vorbereiten soll und sich ein demokratisches Bildungsziel nicht in wesentlich fremdbestimmten Organisationsformen verwirklichen läßt.

Daraus leitet NEVERMANN (vgl. 1977, S. 178f) sechs Kriterien zur Beurteilung der bestehenden Schulverfassungs- und Schulmitwirkungsgesetze ab, die auch auf künftige Gesetzentwürfe anwendbar sind:
- gesicherte Selbständigkeit durch Reduktion der Fachaufsicht;
- Selbständigkeit in curricularen Fragen;
- Lehrerpartizipation und Stärkung der administrativen Kompetenz der Schulleitung;
- Elternpartizipation als Breitenkontakt;
- Schülerpartizipation in Unterrichtsfragen und
- Schülervertretung mit politischen Rechten.

Da die Gesetze und die institutionellen Formen der Mitbestimmung/Mitwirkung sehr unterschiedlich gestaltet sind, muß hier auf die Literatur verwiesen (vgl. HAGE/STAUPE o. J.; vgl. KOMMISSION SCHULRECHT DES DEUTSCHEN JURISTENTAGES 1981, S. 320ff) und kann nur zusammenfassend festgestellt werden,
- daß alle Gesetze hinter den Empfehlungen der Bildungskommission des Deutschen Bildungsrates zurückbleiben;
- daß in den Ländern Baden-Württemberg, Berlin, Bremen, Hamburg, Nordrhein-Westfalen, Saarland und Schleswig-Holstein erstmals ein gemeinsames Gremium der Lehrer, Schüler und Eltern, die *Schulkonferenz*, als zentrales Mitwirkungsorgan der Einzelschule gesetzlich eingeführt worden ist. Auch in Bayern (Schulforum), in Hessen (Schulgemeinde) und in Rheinland-Pfalz (Schulausschuß) gibt es gemeinsame Gremien, die aber mit geringeren Mitwirkungsrechten ausgestattet sind als die Schulkonferenzen in anderen Bundesländern. Mitgliederzahl und Zusammensetzung der Schulkonferenz sind unterschiedlich geregelt. Meistens führt der Schulleiter den Vorsitz, gehören ihr zwischen 6 und 36 gewählte Vertreter der Lehrer, Eltern und Schüler an. In einigen Bundesländern stellen die Lehrer 50 % der Stimmen, in anderen sind Drittelparität beziehungsweise schulstufenspezifische Paritäten (Zunahme des Anteils der Schülervertreter bei Abnahme des Anteils der Elternvertreter) eingeführt worden. Sehr unterschiedlich sind der Aufgabenkatalog und das Gewicht der Ent-

scheidungsrechte der Schulkonferenz (vgl. BOPPEL/KOLLENBERG 1981, S. 92ff);
- daß die neue Schulverfassung sich durchgesetzt hat und in ihrer derzeitigen Form akzeptiert wird, wenngleich die Schule immer noch zu sehr «Lehrerschule» ist.

Praxis und Weiterentwicklung. Die Praxis von Mitbestimmung/Mitwirkung in der Schule und die durch die Schulverfassungs- beziehungsweise -mitwirkungsgesetze eingetretenen Veränderungen sind bisher kaum untersucht worden. BERG (vgl. 1976) hat das Schulleben und den Unterricht *einer* Schule im Hinblick auf Bildung und Demokratie porträtiert. HÄNDLE (vgl. 1977) hat Unterrichtstage von Lehrern und Schülern untersucht und Gruppendiskussionen nachgezeichnet. Praxisberichte und Erfahrungen im Umgang mit Mitwirkungsgesetzen liegen vereinzelt vor (vgl. DANNE 1976, LAWENSTEIN/WUNDER 1977, ROST 1976). WIATER/LOHRENZ (vgl. 1980) haben ein Modell für Schülerpartizipation in Unterrichtsfragen mit drei Praxisbeispielen für verschiedene Schulstufen und -formen entworfen. Neue Wege zu einer Kooperation beschreibt HERZ (vgl. 1982), der mit Schülern einer Schule, ihren Lehrern und Eltern ein Wochenendseminar veranstaltet hat.

Die Diskussionen um eine Weiterentwicklung des Schulverfassungsrechts sind Anfang der 80er Jahre erneut in Gang gekommen durch die §§ 74–94 eines Landesschulgesetzentwurfs der KOMMISSION SCHULRECHT DES DEUTSCHEN JURISTENTAGES (vgl. 1981, S. 103ff) und dessen Ablehnung durch die KMK (vgl. 1982).

Man mag die geltenden Gesetzesvorschriften als zu weitgehend («Demokratismus») oder als zu bescheiden («Schein-Demokratisierung», «Sandkasten-Demokratie») kritisieren (vgl. NEVERMANN/RICHTER 1977, S. 26), entscheidend wird sein, wie es um Demokratie und Mitwirkung im Unterricht und an den Schulen bestellt ist und ob die Arbeits- und Interaktionsformen zwischen Lehrern und Schülern tatsächlich verändert werden können.

AUERNHEIMER, G./DOEHLEMANN, M.: Mitbestimmung in der Schule, München 1971. BERG, H. CH. (unter Mitarbeit von H. Ritter): «gelernt haben wir nicht viel». Porträt einer Schule im Hinblick auf Bildung und Demokratie. Demokratisierung und Mitwirkung im Bildungswesen Schwedens und der Bundesrepublik Deutschland, Bd. 5, Braunschweig 1976. BESSOTH, R.: Schulaufsicht und Partizipation. In: Wehnes, F.-J. (Hg.): Mitbestimmung und Mitverantwortung in der Schule, Kastellaun 1976, S. 63ff. BOPPEL, W./KOLLENBERG, U.: Mitbestimmung in der Schule, Köln 1981. DANNE, W.: Partizipation in der Schule – Idee und Wirklichkeit. In: Wehnes, F.-J. (Hg.): Mitbestimmung und Mitverantwortung in der Schule, Kastellaun 1976, S. 92ff. DEMOKRATISIERUNG UND MITWIRKUNG IN SCHULE UND HOCHSCHULE. Kommissionsbericht. Demokratisierung und Mitwirkung im Bildungswesen Schwedens und der Bundesrepublik

Deutschland, Bd. 1, Braunschweig 1973. DEMOKRATISIERUNG VON SCHULE UND SCHULVERWALTUNG. In: Mat.- u. Nachrdienst. d. Gewerksch. E. u. W. 20 (1969), 132, S. 3 ff. DEUTSCHER BILDUNGSRAT: Zur Reform von Organisation und Verwaltung im Bildungswesen, Teil 1: Verstärkte Selbständigkeit der Schule und Partizipation der Lehrer, Schüler und Eltern, Stuttgart 1973. DIETZE, L.: Von der Schulanstalt zur Lehrerschule. Demokratisierung und Mitwirkung im Bildungswesen Schwedens und der Bundesrepublik Deutschland, Bd. 3, Braunschweig 1976. DIETZE, L.: Elternrecht macht Schule, Düsseldorf u. a. 1981. HAGE, K.-H. / STAUPE, J.: Schulrecht von A–Z. Stand: Juli 1985, München o. J. HÄNDLE, CH.: Begründung und Realität von Demokratisierung in der Schule, Frankfurt/M. 1977. HERZ, O.: Schulkonflikte lösbar machen. Kooperation von Schülern, Eltern, Lehrern, Reinbek 1982. KELL, A.: Einleitung. In: Schulverfassung, München 1973, S. 13 ff. KMK: Selbstverwaltung und Schule. Beschluß vom 16./17. 11. 1951, Neuwied 1973. KMK: Zum Entwurf eines Landesschulgesetzes durch die Kommission Schulrecht des Deutschen Juristentages. Beschluß vom 11./12. 3. 1982. In: R. d. Jug. u. d. Bwes. 30 (1982), S. 252 ff. KOMMISSION SCHULRECHT DES DEUTSCHEN JURISTENTAGES: Schule im Rechtsstaat, Bd. 1: Entwurf für ein Landesschulgesetz, München 1981. LAWENSTEIN, K. / WUNDER, D.: Die Mitbestimmung in der Schule und die Stellung des Schulleiters. Erfahrungen mit dem hamburgischen Schulverfassungsgesetz. In: R. d. Jug. u. d. Bwes. 25 (1977), S. 344 ff. NEVERMANN, K.: Reform der Schulverfassung. Zwischenbilanz der Tendenzen in Diskussionen und Kodifikationen. In: R. d. Jug. u. d. Bwes. 23 (1975), S. 200 ff. NEVERMANN, K.: Grundzüge des Schulverfassungsrechts. In: Nevermann, K. / Richter, I. (Hg.): Rechte der Lehrer, Rechte der Schüler, Rechte der Eltern, München 1977, S. 173 ff. NEVERMANN, K.: Ausdifferenzierung der Schulverfassung am Beispiel Preußens. In: Enzyklopädie Erziehungswissenschaft, Bd. 5, Stuttgart 1984, S. 172 ff. NEVERMANN, K. / RICHTER, I.: Einleitung: Zur Rechtsstellung der Lehrer, Schüler und Eltern nach dem Grundgesetz. In: Nevermann, K. / Richter, I. (Hg.): Rechte der Lehrer, Rechte der Schüler, Rechte der Eltern, München 1977, S. 11 ff. RICHTER, I.: Bildungsverfassungsrecht. Studien zum Verfassungswandel im Bildungswesen, Stuttgart 1973. RICHTER, I.: Einleitung. In: Richter, I.: Grundgesetz und Schulreform, Weinheim/Basel 1974, S. 9 ff (1974 a). RICHTER, I.: Selbständigkeit und Partizipation. In: Richter, I.: Grundgesetz und Schulreform, Weinheim/Basel 1974, S. 146 ff (1974 b). ROST, F.: Partizipationsprobleme Westberliner Elternvertreter an allgemeinbildenden Schulen nach Inkrafttreten des Schulverfassungsgesetzes. Dipl.-Arb., Berlin 1976. SCHULVERFASSUNG. Thesen – Konzeptionen – Entwürfe. Eingel. u. bearb. von A. Kell, München 1973. STAUPE, J.: Klagebefugnis von Schulgremien im Schulverfassungsstreit. In: R. d. Jug. u. d. Bwes. 26 (1978), S. 188 ff. WIATER, W. / LOHRENZ, H.: Mitwirken und Mitgestalten. Schule in der gemeinsamen Verantwortung von Lehrern und Schülern, Bad Heilbrunn 1980.

Friedrich Rost

Mobilitätsforschung → Qualifikation – Qualifikationsforschung

Modell → Forschungsmethode; → Lernen – Lerntheorie; → Reform; → Simulation; → Struktur

Modellernen → Lernen – Lerntheorie

Montessoripädagogik

Standortbestimmung. Die Pädagogik Maria Montessoris (1870–1952) läßt sich nur auf dem Doppelfundament ihrer theoretischen Abhandlungen und praktischen Anweisungen verstehen. Die Eigenart ihrer Schriften besteht darin, daß sie weitgehend Mitschriften von Ausbildungsvorträgen zum «Theorie»-Aspekt in Diplom-Kursen darstellen – also praxisorientiert zu verstehen sind (vgl. SCHULZ-BENESCH 1980, S. 49ff). Seit dem Tode Montessoris führte ihr 1982 verstorbener Sohn Mario ihre pädagogische Wirksamkeit auf der internationalen Ebene fort (vgl. GÜNNIGMANN 1979, S. 99). 1929 wurde die Association Montessori Internationale (AMI) in Amsterdam gegründet. Als internationale Organisation befaßt sie sich insbesondere mit Fragen zum Erwerb des Montessori-Diploms – einer Voraussetzung für die Arbeit an Montessori-Institutionen. – Die seit 1960 verbesserte deutschsprachige Quellenlage hat Auswirkungen auf die Forschung und Praxis bestehender Institutionen gehabt und führte zu Innovationen im sonderpädagogischen Bereich (vgl. SCHULZ-BENESCH 1980, S. 34). Literarisch vertiefte Erkenntnisse lösten unter verschiedenen Aspekten kritische Besinnungen im Praxisbereich aus. «Theorie» und Praxis stehen, wie zu Montessoris Lebenszeit, so auch heute, in einem ständigen Wechselwirkungsprozeß (vgl. SCHULZ-BENESCH 1977, S. 150). Eine Übersicht bestehender Montessori-Einrichtungen in der Bundesrepublik Deutschland (Stand 1978) bietet GÜNNIGMANNS Arbeit (vgl. 1979, S. 102ff). Zur Situation dieser Institutionen ist zu sagen, daß die Bildungspolitik der einzelnen Bundesländer durch unterschiedlich reglementierende Auflagen häufig zu Kompromißlösungen zwingt, wogegen im internationalen Bereich die Realisierungschancen oft erheblich größer sind.

Erste Grundkategorie: Orientierung am Kind als Mensch. «Die menschliche Personalität muß in den Blick genommen werden und nicht eine Erziehungsmethode» (MONTESSORI 1966, S. 16). MONTESSORI (1966, S. 16) ersetzt das gängige Verständnis von Erziehungs«methode» durch Verwendung einer anderen Formulierung: «Hilfe für die menschliche Person, ihre Unabhängigkeit zu erobern...» Die zerstückelte Weise, Erziehung zu konzipieren, muß durch eine einheitliche Ausgangsposition ersetzt werden: das Kind als Mensch – die Einheit seiner Person und die Beachtung seiner sozialen Rechte. Da die menschliche Personalität unter verschiedenen soziokulturellen Lebensbedingungen und in den verschiedenen Entwicklungsphasen des Lebenszyklus sich je als eine (sozial-individuale) Einheit darstellt, muß diese *Einheit als Erziehungsprinzip* gelten: das Kind als Mensch (vgl. MONTESSORI 1966, S. 16f). Das Kind in seiner personalen Einheit – ausgestattet mit der Fähigkeit, zu handeln und «jemand in der Gemeinschaft zu sein» (MONTESSORI 1979, S. 110) – ist Angel- oder «Mittelpunkt seiner Erziehung» (MONTESSORI 1973 a, S. 120). Eine so orientierte Erziehung bedeutet das Bemühen, dem Menschen als personaler Einheit in den verschiedenen Entwicklungsphasen und unter verschiedenen soziokulturellen Lebensbedingungen *Beistand zu leisten*. An die Stelle des Unterrichtsgedankens tritt das Streben, «dem Leben zu helfen, die Persönlichkeit zu entwickeln» (MONTESSORI 1968, S. 36), also eine lebendige Einheit in der Vielfalt gestalteter Sach-, Sozial-, Selbst- und Wertbeziehungen zu verwirklichen. Als Maß für pädagogischen Beistand nennt MONTESSORI (vgl. 1974, S. 268) zwei Grundsätze im Hinblick auf die kindliche Persönlichkeitsbildung: Achtung vor der Freiheit des Kindes und – als konkreter Ausdruck – Achtung vor den spontanen Äußerungen des Kindes. Wenn im Kinde →Spontaneität (als geistige Kraft des Lebewesens Mensch) sich regt, die die Pforten seiner Aufmerksamkeit öffnet, dann ist der Aufbau des kindlichen Verstandes und, damit verbunden, die Organisation der kindlichen Person «nicht ein Problem pädagogischer Kunst, sondern notwendigerweise ein Problem der Freiheit» (MONTESSORI 1976, S. 153). Die Freiheit des Kindes und seiner Äußerungen als Keime individual-sozialen Handelns fordern Respektierung und angemessene Unterstützung.

Orientierung am Kinde als Mensch wird zum Maß für die Ermittlung von möglichen Inhalten als Angebote für kindliche Arbeit im Sinne von Lernaktivitäten. Die Betrachtung des Kindes als heranwachsendes Lebewesen fordert, herauszufinden, wo sein Platz als Mensch im Gesamtbereich des Lebens – des Universums oder des Kosmos – ist (vgl. MONTESSORI 1975, S. 51). Zwei prinzipielle Perspektiven ergeben sich:

Erstens Studium des Kosmos mit Hilfe eines «universalen Lehrplanes» (vgl. den exemplarischen Entwurf von GOBBIN-CLAUSSEN 1983). Die sich hier andeutende kosmische Erziehung (vgl. OSWALD 1977, S. 124) läßt sich mit MONTESSORIS Worten (1973 b, S. 90) umschreiben: «Einzelheiten lehren bedeutet Verwirrung stiften. Die Beziehungen unter den Dingen herstellen bedeutet Erkenntnisse vermitteln.» Kosmisches Denken ist Zusammenhangserfassen eines gegliederten Universums, dem der Mensch zugehörig ist. Er ist ermittelt durch die Stellung des Menschen im Kosmos und die sie tangierenden Wissensaspekte und ermöglicht die Erarbeitung «universaler» Strukturen.

Zweitens Ermittlung der kreativ-kosmischen Aufgabe des Menschen: Der heranwachsende Mensch muß seinen Arbeitsanteil im Aufgabenfeld «Leben auf der Erde» selbst für sich entdecken und sich auf diese Weise ein «universales Bewußtsein» erwerben (vgl. MONTESSORI 1979, S. 137). Dieser Erarbeitung dient der «universale Lehrplan». Kenntnis des gegliederten Universums ist die Voraussetzung für Einsichten, die durch Aktivierung entdeckter Beziehungen zum Handeln hinleiten sollen, «um den verantwortlichen Menschen vorzubereiten» (Montessori 1973a, S. 64).

Die hieraus resultierenden *institutionellen Prinzipien* beziehen sich auf die Forderung nach der Schaffung einer altersgemäßen (phasenspezifischen) Anregungsumwelt für das Kind. Gemäß den Prinzipien der Achtung vor der Freiheit und den spontanen Äußerungen des Kindes ist eine Anregungsumwelt im engeren Sinne, eine angepaßte und vorbereitete Umgebung, für das Kind zu schaffen. Seiner Aktivität müssen «greifbare» Dinge angeboten werden, die auf seine jeweiligen Sensibilitäten (erhöhte Lernbereitschaften) abgestimmt sind.

Das Prinzip der Einheit menschlicher Personalität im Entwicklungsprozeß wird zum übergreifenden Organisationsprinzip für die Gestaltung eines einheitlichen Bildungsweges unter Berücksichtigung der individual-sozialen Komplementarität dieses Einheitsprinzips. Die Kontinuität des Lernens ohne institutionelle Unterbrechung (vom Kinderhaus über die verschiedenen Schulstufen hinweg) sollte durch eine bauliche Einheit und eine entsprechende Organisationsstruktur für die freie Arbeit des Kindes ermöglicht werden.

Zweite Grundkategorie: Erziehung als Realisation von Freiheit. «Die Freiheit ist die Basis von allem, und der erste Schritt ist getan, wenn das Individuum ohne Hilfe anderer handeln kann mit dem Bewußtsein, eine lebendige Einheit zu sein» (Montessori 1979, S. 52). Eine auf Freiheit gegründete Erziehung (vgl. Montessori 1974, S. 63) wirft die Frage nach der Interpretation von Freiheit und ihren Realisierungsmöglichkeiten auf. Montessori reflektiert Freiheit vor dem Hintergrund des Erziehungsprozesses und gelangt so zu unterschiedlichen Perspektiven. *Biologische Freiheit* bezieht sich auf die Entwicklung des Lebewesens Mensch. Bei kleinen Kindern bedeutet sie «Befreiung ihres Lebens von Hindernissen, die ihre normale Entwicklung hemmen» (Montessori 1974, S. 71). Biologische Freiheit besteht in der «Freiheit für die schöpferische Kraft, welche der Lebensdrang zur Entwicklung des Individuums ist» (Montessori 1979, S. 20). *Soziale Freiheit* bezieht sich auf die Tatsache, daß das Kind in der Ohnmacht, in der es geboren wird, «als soziales Individuum von Bindungen umgeben ist, die seine Aktivität einschränken» (Montessori 1974, S. 63). Das Kind muß sich durch die Veränderungen dieser sozialen Beziehungen kontinuierlich Freiheit erobern können. Freiheit im biologischen und sozialen Sinne bedeutet Beseitigung aller Repressionen, aller Formen von Unterdrückung kindlicher Energien. *Pädagogische Freiheit* besteht darin, das Kind durch Freigabe seiner Energien über freie →Selbsttätigkeit zur Selbständigkeit zu führen (vgl. Abbildung 1).

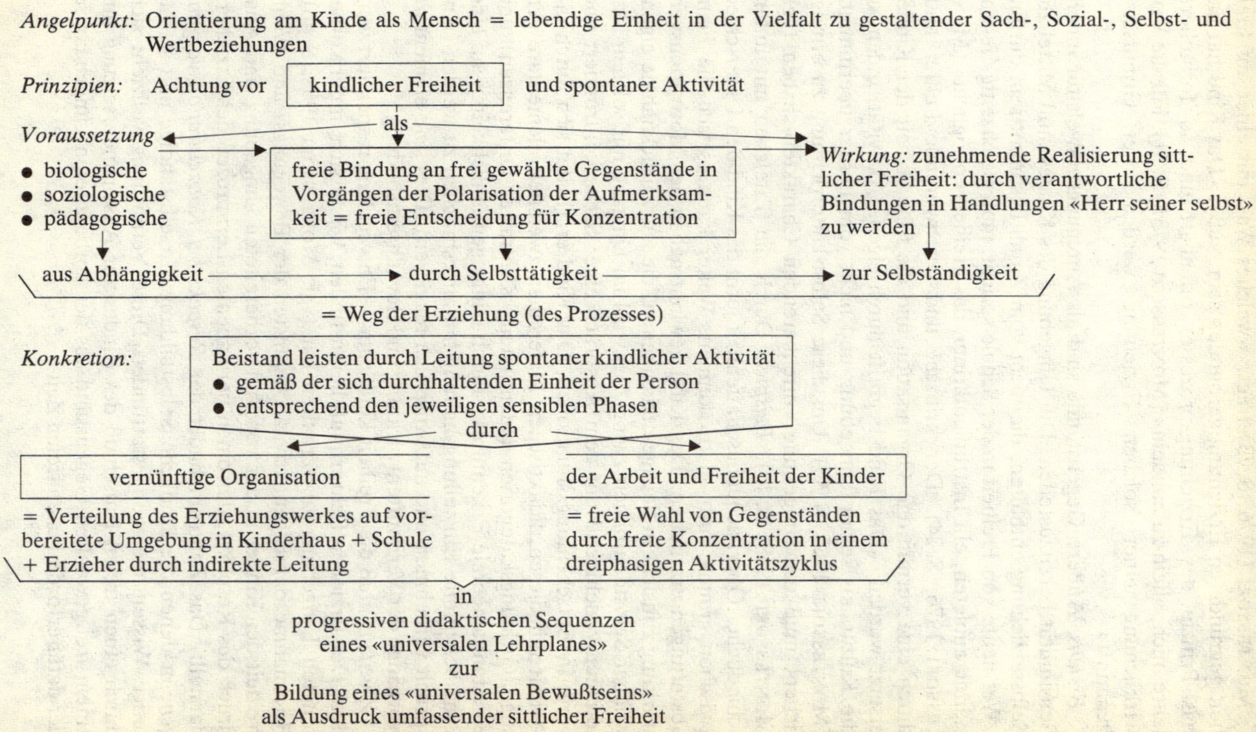

Abbildung 1: Erziehung als Realisation von Freiheit

Montessori (1976, S. 73) fragt, «‹welches Was› mit einer auf Freiheit gegründeten Erziehung verbunden sein muß». «Das Kind hat uns das Prinzip des Erziehungsprozesses offenbart und so formuliert: lehre mich, allein zu handeln» (Montessori 1973a, S. 51). Für die Verwirklichung einer solchen Erziehung werden zwei Grundsätze genannt:

Erstens: Äußere Gegenstände sind als Anregungsumwelt für innere Sensibilität bereitzustellen. Die Umgebung des Kindes muß Mittel zur Selbsterziehung enthalten, die nicht vom Zufall bestimmt sein dürfen. «Wer heute von Freiheit in der Schule spricht, muß gleichzeitig Gegenstände anbieten, ein Instrumentarium, das Freiheit ermöglicht» (Montessori 1976, S. 24). Der kritische und beschwörende Lehrer muß durch eine vernünftige Organisation und die freie Arbeit der Kinder ersetzt werden. «Das Kind begreift durch eigene Aktivität, indem es die Kultur aus seiner Umgebung und nicht vom Lehrer übernimmt» (Montessori 1966, S. 55). Um diese Selbst-Unterrichtung zu ermöglichen, muß die Umgebung «offenbarenden Charakter» haben (vgl. Montessori 1968, S. 46). *Beispiel:* Durch die Täfelchen mit unterschiedlicher Oberflächenbeschaffenheit lernt das Kind den Unterschied zwischen «rauh» und «glatt» kennen. Weiter kann es sich die Feinabstufungen erarbeiten. Das Kind gewinnt neben der Motivationsverstärkung Einsicht in Sachgesetzlichkeiten, die zur Zurücknahme eigenwilliger Selbstdeutungen zwingt. Es wird im Umgang mit solchen Materialien zunehmend mit dem Anspruch einer Sache konfrontiert und gerät in Entscheidungssituationen. Das Kind erarbeitet sich durch die Arbeit mit diesen didaktischen Materialien zweierlei: elementare geistige Ordnungskategorien (Identitäten, Kontraste, Differenzen) und eine fundamentale Erkenntnis – durch Dingeigentümlichkeiten auf eine ganz bestimmte Einstellungshaltung hin angesprochen zu werden (Anspruch vernehmen und auf Anspruch reagieren). Dies sind elementare Vorgänge der Vernunftentwicklung und Bewußtseinsbildung.

Zweitens muß die Freiheit kindlicher →Entwicklung respektiert werden. Der Erzieher/Lehrer muß herausfinden, wie er sich in der vorbereiteten Umgebung zu verhalten hat (vgl. Montessori 1968, S. 46). Rücknahme der Eigenaktivität zugunsten der Bewegungs- und Wahlfreiheit der Kinder in der von ihm vorbereiteten Umgebung sind Ausdruck des Respekts, der einen permanenten Lernprozeß des Erziehers darstellt. Das Zentrum bildet der *Respekt bei Konzentrationsvorgängen*, in denen die kindliche Selbstbildung als selbständige und selbsttätige Wissensaneignung stattfindet. Diese Vermittlung vollzieht sich durch einen freien Entschluß des Kindes zur Auseinandersetzung mit einem frei gewählten Gegenstand aus der vorbereiteten Umgebung in der dafür erforderlichen freien Zeit.

Montessori (vgl. 1971, S. 22) beschreibt die *Konzentration als Aktivitätszyklus der Selbsttätigkeit* in drei Phasen.

Phase der Einübung: Sie ist gekennzeichnet durch Suchen, Vorbereitung und Unruhe sowie vordergründig erscheinende Ermüdungsanzeichen.

Phase der großen Arbeit: Eine andauernde Bindung der Aufmerksamkeit im handelnden Umgang mit einem Material kennzeichnet sie. Montessori (1976, S. 116, 126) spricht von einem inneren Verweilen und Reagieren, einem Sich-Auftun des Geistes als «tätige[r] Meditation»; Konzentration als «aktives Verstehen» bezeichnet sie auch als «schöpferisches Phänomen» (Montessori 1976, S. 101, S. 204).

Phase der Kontemplation: Dies ist ein Ruhezustand, in dem das Kind seine Entdeckungen verarbeitet, verallgemeinert und verwertet, in dem es sich selbst studiert und mit anderen vergleicht. Selbsttätige Bildungsvermittlung und dadurch Entwicklungsfortschritt wird durch diese «gedankenvolle Pause» möglich. Wichtig ist die Vollendung der Aktivitätszyklen, da erst das verarbeitete Ergebnis der Besinnungsphase den eigentlichen Wissens- und Persönlichkeitszuwachs bringt.

Das Kind sollte wenigstens einmal am Tage zu einem solchen Aktivitätszyklus hinfinden. Angesichts der Konzentration bedeutet die Abmessung des Lehrerverhaltens im Sinne des Respektes: mögliches und erforderliches «Eingreifen» in die Anfangsphase, «Nicht-eingreifen» während der großen Arbeit und Zurückhaltung und Kommunikationsbereitschaft während der ausklingenden Phase.

Wenn dem Kinde Zeitfreiheit gewährt wird, äußert es häufig am Ende des Aktivitätszyklus die Haltung einer aktiven Disziplin. «Diszipliniertes Verhalten wird zur Haltung» (Montessori 1976, S. 105). Die Wirkung der freien Selbsttätigkeit des Kindes als Bildungsvermittlung an sich selbst führt zu einem Zuwachs seiner Persönlichkeit an sittlicher Freiheit. Das Kind vermag zunehmend «Herr seiner selbst zu werden», es ist «Herr über seine Handlungen», und es kann sie nun nach dem Wunsche einer anderen Person lenken (vgl. Montessori 1976, S. 103). Dies ist echter Gehorsam und Ausdruck einer Fähigkeit zu frei verfügbarem und verantwortlichem Handeln. Dabei «zeigt sich die freie intellektuelle Arbeit als Basis für die Disziplin [...] jene festigenden Kräfte [...] ohne die der *innere Mensch* zersplittert und unausgeglichen ist, nicht Herr seiner selbst sein kann [...]» (Montessori 1976, S. 107, S. 104). Herr seiner selbst sein können ist identisch mit der Verwirklichung sittlicher Freiheit (vgl. Montessori 1968, S. 23–26). Die behandelten Ausdrucksformen der Freiheit korrespondieren mit Bindungsfähigkeit. Freiheit ist – als je bezogene – relativ zu verstehen. Drei «relative Freiheiten» – des Interesses, der Kooperation und der Arbeitszeit – sind Grundbedingungen für die Konkretion einer Erziehung als Realisation von Freiheit (vgl. Schulz-Benesch 1982, S. 157).

Kindliche Arbeit in Kinderhaus und Primarstufe. Erziehung als Realisation von Freiheit hat eine Umgestaltung von Vorschulinstitution und Schule zur Voraussetzung, die die Freiheit des Kindes sicherstellt (vgl. MONTESSORI 1974, S. 24). Die Relativität dieser Freiheit bringt Montessori zum Ausdruck, wenn sie die veränderte Funktion der Erzieher als «Leitung spontaner Arbeit der Kinder» (MONTESSORI 1974, S. 351) bezeichnet. Sicherstellung der Freiheit geschieht durch die Verteilung des Erziehungswerkes in «eine vernünftige Organisation der Arbeit und die Freiheit des Kindes» (MONTESSORI 1974, S. 350). Die «Trennung» zwischen zwei Schulordnungen (Kinderhaus und Grundschule) ist nach MONTESSORI (vgl. 1974, S. 355) nur als «Bestimmung des Bildungsniveaus» zu verstehen. «Das Kinderhaus ist keine Vorbereitung auf die Grundschule, sondern ein Beginn des Unterrichts, der ohne Unterbrechung fortgeführt wird [...] hier wird Unterrricht nicht durch ein Programm gelenkt, sondern durch das Kind selbst, das mit Hilfe körperlicher und geistiger Arbeit lebt und sich entfaltet» (MONTESSORI 1974, S. 355). Die vernünftige Organisation der freien Arbeit des Kindes muß demgemäß für Kinderhaus und Schule gleichzeitig dargestellt werden, wenn auch die Anregungsumwelt progressive Lernangebote gemäß den sensiblen Phasen enthalten muß.

Kindliche Arbeit besteht in schöpferischen Aktivitäten (vgl. HOLTSTIEGE 1986a, S. 187). Sie hängt ab von der Möglichkeit, Interessen zu äußern, unter bereitgestellten Materialien frei wählen und sich zeitlich frei mit ihnen befassen zu können. Das Zentrum dieser freien Arbeit besteht in der freien Bindung an einen Gegenstand in Vorgängen der Polarisation kindlicher Aufmerksamkeit als Vorgang der Selbst-Unterrichtung. Wichtig ist der Hinweis, daß diese freie Arbeit als Äußerung spontaner Aktivität altersunabhängig ist. Dennoch sind phasenspezifische Empfänglichkeiten zu beobachten, die der gezielten Förderung bedürfen (vgl. MONTESSORI 1968, S. 29).

MONTESSORI (vgl. 1975, S. 202) stellt heraus, daß die Kinder in ihren Institutionen immer in einer *Arbeitsgemeinschaft* leben. Kindliche Entwicklung weist zwei Aspekte auf: Individualität und Anwendung der individuellen Aktivität auf ein soziales Leben. In den verschiedenen Perioden kindlicher Entwicklung nehmen beide unterschiedliche Formen an (vgl. HOLTSTIEGE 1986a, S. 2). Das stets unveränderliche Prinzip ist die Bereitstellung phasenspezifischer Mittel, «damit das Kind handeln und selbst Erfahrungen sammeln kann» (MONTESSORI 1973a, S. 96). Gemäß der sich bestätigenden Theorie der sensiblen Phasen (vgl. LASSAHN 1978, S. 488; vgl. SUFFENPLAN 1975, S. 239ff) läßt sich nach Montessori folgende Zuordnung von Sensibilitäten im Sinne erhöhter Lernbereitschaften und didaktischen Übungen/Materialien vornehmen:

Phase 3–6 Jahre; Kinderhaus

Sensibilitäten (Lernbereitschaften)	*Didaktische Übungen/Materialien*
1. Bewegung	Übungen des praktischen Lebens Bewegungsübungen (vgl. MONTESSORI-VEREINIGUNG 1978, S. 8ff; vgl. HOLTSTIEGE 1986a, S. 124)
2. Ordnung 3. Sprache 4. Bewußtseinsentwicklung durch Aktivitäten in der Umgebung 5. Verfeinerung und Anreicherung von Errungenschaften	Bewegungsübungen Sinnesübungen (Tast-, Geschmacks-, Geruchssinn; visuelle und auditive Unterscheidungen) durch Spiel mit entsprechenden Materialien, die Eigenschaften wie Farbe, Form, Maße, Klang, Oberflächenbeschaffenheit, Gewicht und Temperatur «materialisiert» enthalten und geistige Ordnungskategorien anbieten (vgl. MONTESSORI-VEREINIGUNG 1978, S. 25ff; vgl. HOLTSTIEGE 1986a, S. 101ff) Materialien zur Vorbereitung auf das Lesen und Schreiben, zur Spracherziehung und Einführung in das Rechnen (vgl. MONTESSORI-VEREINIGUNG 1978, S. 79ff)
6. Soziale Sensibilität (vgl. HOLTSTIEGE 1986a, S. 90)	Integration durch Kohäsion als gefühlshafter Zusammenhang und Bedeutung der institutionellen Strukturierung (vgl. MONTESSORI-VEREINIGUNG 1978, S. 22)

Zur vorbereiteten Umgebung gehört die kindgerechte Einrichtung mit Mobiliar. Die Materialien werden in offenen Regalen bereitgestellt, die Kinder erreichen können und ihnen zugänglich sind. Für Arbeiten auf dem Boden stehen kleine Teppiche bereit, die die Kinder sich holen können. Tiere und Blumen gehören ebenfalls zur vorbereiteten Umgebung. Kleine Küchenelemente für die Übungen des praktischen Lebens sind weitere Bestandteile. Die so gestaltete Umwelt im Kinderhausbereich unterscheidet sich – bis auf weiterführende didaktische Materialien und entsprechend angepaßte beziehungsweise unterschiedlich großes und schweres Mobiliar – nicht von der vorbereiteten Umgebung im Grundschulbereich. Die vorbereitete Umgebung soll durch ihren «progressiven» Charakter die Fortführung des begonnenen «Unterrichtes» ermöglichen.

Zum Erziehungsverhalten in der Umgebung des Kinderhauses gibt

MONTESSORI (vgl. 1979, S. 28f) eine in zwölf Punkten umrissene konkrete Anleitung.

Im Kinderhaus beginnend, wird in der Primarstufe gleichzeitig mit verschiedenen Übungen und Einführungen in unterschiedliche Materialien begonnen (vgl. MONTESSORI 1974, S. 360), so daß vor- und rückgreifend vom Kind die «Beschäftigung» mit den Materialien bestimmt werden kann.

Phase 7–10/12 Jahre; Grundschule

Sensibilitäten (Lernbereitschaften)	*Didaktische Materialien/ Arbeitsprinzip*
1. Bedürfnis nach Erweiterung des inneren und äußeren Aktionsradius	Weiterhin Angebot der Sinnesmaterialien – Sprachliches Material – Mathematikmaterial (vgl. MONTESSORI-VEREINIGUNG 1978, S. 79ff), Biologie- und Erdkundematerial (vgl. HOLTSTIEGE 1986a, S. 107)
2. Sensibilität für Vorstellungen, Übergang des kindlichen Geistes zur Abstraktion	Ergänzung des handelnden Umgangs mit didaktischem Material durch das Prinzip der «Meditation am Detail» unter Einbeziehung von Projekten (vgl. ELSNER 1980, S. 25f; vgl. MONTESSORI 1973b, S. 51, S. 78)
3. Sensibilität für Fragen der Moral in Verbindung mit Sozialbeziehungen – Sensibilität des Gewissens (vgl. HOLTSTIEGE 1986a, S. 90)	Bewußt organisierte Vereinigungen – Beispiel Pfadfinder (vgl. MONTESSORI 1975, S. 212); Soziales Leben und Lernen in der Arbeitsgemeinschaft Schule (vgl. HOLTSTIEGE 1981, S. 4ff); Integration behinderter Kinder (vgl. HOLTSTIEGE 1986a, S. 164; vgl. ORTLING 1981, S. 54ff).

«Progressive Interessen» (vgl. MONTESSORI 1975, S. 185) ermöglichen Wissenszuwachs durch die zunehmende Anreicherung der Umgebung, indem didaktische Materialien oder Projekte etwa im Sinne des differenziert gestuften «universalen Lehrplanes» angeboten werden. Im Hinblick auf bekannte mögliche Schwächen in der vorbereiteten Umgebung ist die Einbeziehung der Praxisbeobachtung in Hospitationen erforderlich. Sie zeigt, daß in den Montessori-Institutionen das im Mittelpunkt stehende «klassische» didaktische Material ständig – auch fachspezifisch – ergänzt wird. Solche Materialien werden von Erziehern und Lehrern selbst hergestellt gemäß den didaktischen Kriterien: Isolation von Eigenschaften, Begrenzung, Ästhetik, Aktivität und Fehlerkontrolle (vgl. HOLTSTIEGE 1986a, S. 124). Hospitationserfahrungen zeigen auch, daß von Montessori vordergründig vernachlässigte Aspekte – etwas der musische – in der Praxis eingebracht werden durch entsprechende Angebote in Form von Materialien für Kreativitäten oder besondere Ecken für Spiel, Muße und Ruhe (vgl. SCHMUTZLER 1981, S. 71). – Das Zentrum der Arbeit in den Montessori-Institutionen ist die «freie Arbeit». FÄHMEL (1981, S. 80ff) beschreibt ihre Untersuchung der «Organisation der freien Arbeit» der Kinder in einer Düsseldorfer Montessori-Schule. Das Beispiel der Zeugnisformulare (vgl. FÄHMEL 1981, S. 110) macht die Kompromißsituation der Montessori-Institutionen deutlich. Zeugnisse sollte es nicht geben!

Die veränderte Unterrichts- und Schulstruktur fordert vom Erzieher/ Lehrer die Fähigkeit zur indirekten Leitung oder Lenkung der spontanen Aktivität als «Technik indirekten Eingreifens» (MONTESSORI 1966, S. 55). Neben der Vorbereitung der Umgebung hat der Erzieher Aufgaben aktiv-initiierender wie Aufgaben indirekter Lenkung wahrzunehmen (vgl. HOLTSTIEGE 1986a, S. 147). In diesem Zusammenhang ist auf Fischers Felduntersuchung zum «Lernen im non-direktiven Unterricht» im Bereich der Montessoripädagogik zu verweisen, die ergibt, daß indirekte Lenkung «prinzipiell realisierbar ist» (FISCHER 1982, S. 176).

Eine vernünftige Organisation der Arbeit und Freiheit des Kindes ist die Grundlage für die Konkretisierung einer Erziehung als Realisation von Freiheit. Ein entsprechender *Organisationsrahmen* läßt sich unter fünf Aspekten umreißen:

- *Erstens:* Anstelle von Bänken und Kathedern ist eine durch das Kind selbst erreichbare Anregungsumwelt anzubieten, die «greifbare» Dinge für Aktivitäten enthält. Dies bedeutet freie Arbeit im Hinblick auf Gegenstände (Studienobjekte) seiner Wahl.
- *Zweitens:* Der Stundenrhythmus muß durch kindliche Selbsttätigkeit ersetzt werden. Dies bedeutet freie Arbeit im Hinblick auf die Zeit.
- *Drittens:* Statt Jahrgangsklassen ist die Bildung gemischter Altersgruppen dreier Jahrgänge (Mischung der Lebensalter) vorzunehmen. Dies bedeutet freie Wahl kindlicher Kooperationen mit Jüngeren oder Älteren.
- *Viertens:* Trennwände sind durch offene Türen, Schiebetüren oder Vorhänge zu ersetzen, um die freie Zirkulation der Kinder zwischen den Altersgruppen zu ermöglichen. Dies bedeutet freie Arbeit in verschiedenen Niveaus und Graden der Bildung.
- *Fünftens:* Getrennte Institutionen des Vorschul- und Schulbereiches müssen in eine bauliche Einheit übergeführt werden, um die freie Zirkulation und den durch das Kind bestimmten freien Übergang von einer Altersgruppe zur anderen zu ermöglichen. Dies bedeutet freies Überwechseln aus einem Bildungsniveau in ein anderes (vgl. MONTESSORI 1974, S. 355). Diese Freiheit garantiert Lernen ohne institutionelle Unterbrechung (vgl. MONTESSORI 1979, S. 80ff; Abbildung 2).

① Ermöglichung von Konzentration = Polarisation der Aufmerksamkeit = Aktivitätszyklus dem aktiven Kinde eine angepaßte Umgebung mit «greifbaren» Dingen bereitstellen	Selbsttätigkeit als Vorgang der Selbstunterrichtung und -bildung führt zu Wissensaneignung und Persönlichkeitsorganisation – Bedingungen: ● freie Wahl der Gegenstände (Interesse) ● freie Bewegung für Wahl in Kooperation ● freie Zeit für Dauer der Konzentration
② *Ermöglichung kindlicher Kooperationen* – soziales Leben u. Lernen durch vertikale Gliederung (Gruppen dreier Jahrgänge) und «offene Türen»	kooperative Aktivitäten führt zur Anwendung individueller Aktivität auf ein soziales Leben – Bedingungen: ● freie Kooperation mit Jüngeren oder Älteren ● freies Lernen in verschiedenen Niveaus und Graden der Bildung durch ● freie Zirkulation = «geistige Spaziergänge» ● freie Bestimmung der Übergänge (Wechsel von einer Gruppe zur anderen)
③ *Ermöglichung eines festen Platzes* in Bildungsinstitutionen: Gruppenraum – Arbeitsplatz für Kinder und Erzieher/Lehrer	Basis der Freiheit = Sicherheit der Zugehörigkeit ergibt Möglichkeit der Bindung an konkreten festen Platz und «Finden» des Erziehers/Lehrers
④ Ermöglichung eines einheitlichen Bildungsweges	Kontinuität kindlicher «Arbeit»

durch

bauliche Einheit Architektur als entsprechender Organisationsrahmen für die institutionelle Einheit von ● Kinderhaus und ● Schule	*unterrichtliche Einheit* Lernen in Arbeitsgemeinschaften ohne institutionelle Unterbrechung ● vertikale Gliederung ● Bestimmung freier Übergänge – keine «Einschulung», kein «Sitzenbleiben»	*didaktische Einheit* Gestalten der vorbereiteten Umgebung durch Fortschrittsangebote führt zu Lernfortschritt durch «progressiven» Charakter der Übungen und Materialien: → von isolierten Einzelinhalten zu komplexeren weiterführend → nach dem Prinzip der «didaktischen Spirale» finden sich Materialien des Vorschulbereiches in der Grundschule

Abbildung 2: Organisationsrahmen für die freie Arbeit des Kindes

Eine auf Freiheit gegründete Erziehung erfordert also eine strukturelle Änderung der Organisation von Erziehung und Unterricht gemäß den Kriterien der sich durchhaltenden (sozial-individualen) Einheit der menschlichen Person sowie der Achtung vor der Freiheit und Spontaneität des Kindes.

Association Montessori Internationale (AMI): Maria Montessori. A Centenary Anthology 1870–1970, Amsterdam 1970. Elsner, H.: Jeder hat das Recht, er selbst zu sein – Montessori-Schule. In: Lichtenstein-Rother, I.: Jedem Kind seine Chance, Freiburg 1980, S. 14ff. Fähmel, I.: Zur Struktur schulischen Unterrichts nach Maria Montessori. Studien zur Pädagogik der Schule 6, Frankfurt/M. 1981. Fischer, R.: Lernen im non-direktiven Unterricht. Eine Felduntersuchung im Primarbereich am Beispiel der Montessori-Pädagogik. Studien zur Pädagogik der Schule 4, Frankfurt/M. 1982. Gobbin-Claussen, Ch.: Kosmische Erziehung. Tagungs-Mitschrift Montessori-Vereinigung e. V., Aachen 1983. Günnigmann, M.: Montessori-Pädagogik in Deutschland. Bericht über die Entwicklung nach 1945, Freiburg 1979. Holtstiege, H.: Soziale Erziehung im Verständnis M. Montessoris und ihre Bedeutung für die Schule. Pädagogische Schriften 1, hg. v. d. Aktionsgemeinschaft Deutscher Montessori-Vereine e. V., Köln 1981. Holtstiege, H.: Modell Montessori. Grundsätze und aktuelle Geltung der Montessori-Pädagogik, Freiburg ^{4}1986a. Holtstiege, H.: M. Montessori und die reformpädagogische Bewegung, Freiburg 1986b. Holtstiege, H.: M. Montessoris Neue Pädagogik. Prinzip Freiheit – Freie Arbeit, Freiburg 1987. Janiszewski, A./Thiel, Th.: Montessori-Pädagogik. In: Enzyklopädie Erziehungswissenschaft, Bd. 6, Stuttgart 1984, S. 374ff. Lassahn, R.: Montessori-Pädagogik im Lichte neuer Forschung. In: P. Rsch. 32 (1978), S. 480ff. Montessori, M.: Das Kind in der Familie, Stuttgart 1954. Montessori, M.: Kinder, die in der Kirche leben, Freiburg 1964. Montessori, M.: Über die Bildung des Menschen, Freiburg 1966. Montessori, M.: Grundlagen meiner Pädagogik, Heidelberg 1968. Montessori, M.: Kinder sind anders, Stuttgart 1971. Montessori, M.: Frieden und Erziehung, Freiburg 1973a. Montessori, M.: Von der Kindheit zur Jugend, Freiburg 1973b. Montessori, M.: Die Entdeckung des Kindes, Freiburg 1974. Montessori, M.: Das kreative Kind, Freiburg 1975. Montessori, M.: Schule des Kindes, Freiburg 1976. Montessori, M.: Spannungsfeld Kind – Gesellschaft – Welt, Freiburg 1979. Montessori-Vereinigung (Hg.): Montessori-Material, Teil 1, Zelhem 1978. Ortling, P.: Integration Behinderter in den Klassen- und Lernverband. In: Lichtenstein-Rother, I.: Zusammen leben – miteinander lernen. Soziale Erziehung in der Schule, Freiburg 1981, S. 54ff. Oswald, P.: «Kosmische Erziehung» in der pädagogischen Theorie Maria Montessoris. In: Scheid, P./Weidlich, H. (Hg.): Beiträge zur Montessori-Pädagogik 1977, Stuttgart 1977, S. 122ff. Schmutzler, K.H.-J.: Bedeutung und Bildung der Phantasie bei Montessori. In: Montessori-Werkbrief 19 (1981), 3/4, S. 55ff. Schulz-Benesch, G.: Über Reden und Schriften Montessoris. In: Scheid, P./Weidlich, H. (Hg.): Beiträge zur Montessori-Pädagogik 1977, Stuttgart 1977, S. 139ff. Schulz-Benesch, G.: Montessori, Darmstadt 1980. Schulz-Benesch, G.: Skizzen zum Bild der Montessori-Grundschule. In: Z. f. Kath. B. (1982), S. 156ff. Suffenplan, W.: Untersuchung zur Makroperiodik von Lernaktivitäten bei Neun- bis Elfjährigen in einer Schule mit freier Arbeitswahl, Diss., Köln 1975.

Hildegard Holtstiege

Moralentwicklung → Wert
Moralphilosophie → Wert
Morphologie → Struktur

Motivation

In alltagspsychologischen Verhaltenserklärungen werden Handlungsresultate dem Können (can) und/oder dem Bemühen (try) einer Person zugeschrieben – sieht man einmal von situativen Ursachfaktoren ab (vgl. Heider 1977). Die Auffassung, daß die Lösung neuer oder schwieriger Aufgaben neben Fähigkeit auch Anstrengung erfordert, erscheint zumindest im abendländischen Kulturkreis ubiquitär (vgl. Kelley 1972). Dabei wird Können (Lernfähigkeit, → Intelligenz) für zeitstabiler, mithin für weniger beeinflußbar gehalten als das Bemühen und die Anstrengung einer Person (vgl. Heider 1977). Diese sicher nicht abwegige alltagspsychologische Auffassung wurde auch bei berufstätigen Pädagogen nachgewiesen (vgl. Rheinberg 1980).

Vor dem Hintergrund solcher allgemein geteilten Überzeugungen zur Beeinflußbarkeit von Lernmotivation wird verständlich, daß die pädagogische Literatur dieses und vergangener Jahrhunderte dem Faktor Lernbemühen/Eifer/Anstrengung immer wieder Beachtung schenkte – mal beschrieben als selbstverständliche Schülerpflicht, mal gefaßt als Motivierungsauftrag an den → Lehrer (vgl. Schiefele u. a. 1979). Praktische Motivierungsprobleme im → Unterricht («Der Schüler könnte, wenn er nur richtig wollte») waren damit natürlich nicht gelöst. Spätestens seit Herbart (vgl. 1897) richteten sich hier Hoffnungen an die wissenschaftliche Psychologie, gehörten doch Phänomene des «Wollens» in ihren Erklärungsbereich.

In der Psychologie hat Motivation den Status eines explikativen Konstrukts, also einer aus dem Verhalten erschlossenen Variablen, die bestimmte Regelmäßigkeiten menschlichen → Handelns verständlich machen soll. Im besonderen sind Zielgerichtetheit, Energetisierung und Aufrechterhaltung von Verhalten die Bereiche, auf die sich motivationspsychologische Aussagen beziehen. Sieht man von psychoanalytischen Vermutungen zur Dynamik von Handlungssteuerung ab, so beschränkten sich erste theoretische Ansätze (vgl. McDougall 1932) auf den Versuch, Klassen motivierten Verhaltens zu inventarisieren, denen dann jeweils ein Instinkt oder Bedürfnis zugeordnet wurde. (Zum Beispiel: Jemand spielt, weil er einen Spieltrieb hat.) Dieser Zugang verlegte die Verhaltensursachen in die Person und ihre Bedürfnisse und war wenig erhellend, weil er letztlich auf deskriptivem Niveau verharrte. So blieb er auch im pädagogischen Bereich ohne nachhaltige Auswirkungen. Ein zweiter Zugang wurde von seiten behavioristischer Theoretiker (vgl. HULL 1943) versucht. Hull schrieb zunächst Umweltreizen die alleinige Kontrolle über Verhalten zu, während seine →Schüler (vgl. DOLLARD/MILLER 1950) wieder Personmerkmale, gefaßt als erlernte Bedürfnisse, berücksichtigen. Ein Konglomerat aus lern- und motivationspsychologischen Aussagen hat als «Lerntheorie» Auswirkungen auch im pädagogischen Anwendungsfeld gehabt, so etwa beim systematischen Einsatz von «Verstärkern» in Instruktionssituationen (vgl. SKINNER 1971). Der mechanistische und inhaltsarme behavioristische Ansatz konnte allerdings der Vielfalt motivierten Handelns nur begrenzt gerecht werden.

Heutige Motivationskonzepte fußen auf der interaktionistischen Denkweise von LEWIN (vgl. 1935), wonach Verhalten stets ein Ergebnis von Situations- und Personfaktoren ist. Für verschiedene Klassen jeweils gleichthematischer Zielzustände (vorweggenommene Handlungsfolgen) wurden Modelle entwickelt, die «innere» (Erleben) und «äußere» (Verhalten) Ereignisse des Motivationsgeschehens vorhersagen sollen. In diesen Modellen werden individuelle Unterschiede einer relativ überdauernden Personvariable, nämlich einem Motiv zugeschrieben. Dieses Motiv ist aber nicht aus sich heraus wirksam, sondern bedarf situativer Anregung. Erst durch letztere können individuelle Motivunterschiede in Erscheinung treten. Neben Anschluß-, Macht-, Hilfeleistungs- und Aggressionsmotivation (vgl. HECKHAUSEN 1980) ist besonders die Leistungsmotivation untersucht worden (vgl. ATKINSON 1964, HECKHAUSEN 1963, MCCLELLAND u. a. 1953, SCHMALT/MEYER 1976). Der in diesem Motivationsbereich wirksame Zielzustand sind Stolz oder Scham über die eigene (Un-)Tüchtigkeit, die in der Auseinandersetzung mit Gütemaßstäben zur Disposition steht. Personen werden danach unterschieden, ob sie den Stolz nach möglichem Erfolg oder die Beschämung nach möglichem Mißerfolg stärker gewichten und deshalb in Leistungssituationen eher erfolgsaufsuchende oder mißerfolgsmeidende Tendenzen zeigen. Diese individuellen Motivunterschiede treten jedoch nur bei subjektiv mittelschweren Aufgaben in Erscheinung, dagegen nicht in Situationen mit extrem geringen oder hohen Anforderungen. In diesem wie auch in den oben genannten Motivationsbereichen zeichnet sich im letzten Jahrzehnt eine Theorieentwicklung ab, die eine Betonung subjektiver Interpretationsprozesse (beispielsweise Kausalattributionen – vgl. WEINER 1976) erkennen läßt, bei gleichzeitiger Ausfächerung der ursprünglich globalen Motivkonstrukte zugunsten komplexerer Motivationsprozeßmodelle (vgl. HECKHAUSEN 1980).

Konzepte der Leistungsmotivation sind im pädagogischen Bereich in die Diskussion um individualisierte Lehrangebote und Unterrichtsdifferenzierung eingebracht worden, weil gerade die Abstimmung von Anforderungen und Lernfähigkeit («Prinzip der Passung» – vgl. HECKHAU-

SEN 1968, S. 212) motivational bedeutsam ist. Allerdings läßt sich aus motivationspsychologischer Sicht kein einfaches Für und Wider bestimmter Schulformen ableiten. Dies nicht zuletzt deshalb, weil motivationale Auswirkungen von Unterricht erst im Zusammenhang mit weiteren Bedingungen vorhersagbar sind. Hierzu zählen «naive» Ursachenerklärungen, die die Unterrichtssituation für Erfolg und Mißerfolg nahelegt, und besonders die Vergleichsperspektive, unter der Lernleistungen gesehen und bewertet wurden – Dinge also, die unabhängig von der Schulform, vom Lehrer und von seiner bevorzugten Unterrichtsweise mitgestaltet werden (vgl. RHEINBERG 1980). Der Versuch, auf der Grundlage psychologischer Motivationstheorien Bedingungen von Lernmotivation aufzuklären, hat als Nebenprodukt auch praktische Hinweise zur Steigerung von Lernmotivierung im Unterricht hervorgebracht, zugleich aber die hohe Komplexität des Bedingungsgefüges von Motivierung erkennen lassen, die skeptisch macht gegenüber simplen Motivierungsrezepten (vgl. HECKHAUSEN/RHEINBERG 1980).

ATKINSON, J.W.: An Introduction to Motivation, Princeton 1964. DOLLARD, J./MILLER, N.E.: Personality and Psychotherapy, New York 1950. HECKHAUSEN H.: Hoffnung und Furcht in der Leistungsmotivation, Meisenheim 1963. HECKHAUSEN, H.: Förderung der Lernmotivierung und der intellektuellen Tüchtigkeit. In: Roth, H. (Hg.): Begabung und Lernen. Gutachten und Studien der Bildungskommission des Deutschen Bildungsrates, Bd. 4, Stuttgart 1968, S. 175ff. HECKHAUSEN, H.: Motivation und Handeln, Heidelberg 1980. HECKHAUSEN, H./RHEINBERG, F.: Lernmotivation im Unterricht, erneut betrachtet. In: Uw. 8 (1980), S. 7ff. HEIDER, F.: Psychologie der interpersonellen Beziehungen, Stuttgart 1977. HERBART, J.F.: Briefe über die Anwendung der Psychologie auf die Pädagogik (1831). Sämtliche Werke, hg. v. K. Kehrbach, Bd. 9, Langensalza 1897, S. 339ff. HULL, C.L.: Principles of Behavior, New York 1943. KELLEY, H.H.: Causal Schemata and the Attribution Process, New York 1972. LEWIN, K.: A Dynamic Theory of Personality, New York 1935. MCCLELLAND, D.C. u.a.: The Achievement Motive, New York 1953. MCDOUGALL, W.: The Energies of Man, London 1932. RHEINBERG, F.: Leistungsbewertung und Lernmotivation, Göttingen 1980. SCHIEFELE, H. u.a.: «Interesse» als Ziel und Weg der Erziehung. In: Z.f.P. 25 (1979), S. 1ff. SCHMALT, H.D./MEYER, W.-U.: Leistungsmotivation und Verhalten, Stuttgart 1976. SKINNER, B.F.: Erziehung als Verhaltensformung, München 1971. WEINER, B.: Theorien der Motivation, Stuttgart 1976.

Falko Rheinberg

Mündigkeit → Autonomie; → Didaktik, allgemeine;
→ Erziehungswissenschaft, Kritische; → Integration; → Jugend;
→ Pädagogik, systematische

Museumspädagogik

Begriff. Unter anderem bedingt durch zahlreiche populärwissenschaftliche Berichte in den Massenmedien über Aktivitäten mit Kindern im Museum, wurde Museumspädagogik ein allgemeingültiger Terminus, unter dem man die verschiedenartigsten methodischen Bemühungen zusammenfaßt, die Vorschulkinder, vor allem aber →Schüler des Primarbereichs und der Sekundarstufe I an das Kulturgut, welches in den Museen verwahrt ist, heranzuführen. Darüber hinaus umfaßt das Aufgabengebiet der Museumspädagogik jedoch auch die Zielgruppen Jugendliche und Erwachsene. In der Tat aber werden quantitativ weit mehr Angebote und Programme für die erstgenannte Gruppe realisiert, was damit zusammenhängt, daß es sich um eine noch recht junge Disziplin handelt, die weitgehend noch nicht aus dem Experimentierstadium heraus ist und der es an qualifizierten Mitarbeitern und Mitteln mangelt.

Geschichte. Seit der Gründung öffentlicher Museen in den frühen Jahren des 19. Jahrhunderts besteht die Forderung, sie nicht allein dem kunstsinnigen und gebildeten Erwachsenen, der einer besonderen Anleitung nicht bedarf, sondern auch Kindern durch pädagogische Begleitmaßnahmen zugänglich zu machen. Über die Forderung hinaus, die Museen sollten als Unterrichtsstätte für die Jugend dienen, und außer vereinzelten Versuchen wie in Frankfurt, wo an der Naturhistorischen Gesellschaft (aus der später das Senckenberg-Museum hervorging) in den späten 30er Jahren ein →Lehrer an den Wochenenden Führungen vornahm, ist allerdings wenig geschehen.

Erst im Zuge der Arbeiterbildungs- und Kunsterzieherbewegung gegen Ende des 19. und zu Beginn des 20. Jahrhunderts, vor allem aber durch den Leiter der Hamburger Kunsthalle, Lichtwark, der «Übungen in der Betrachtung von Kunstwerken» durchführte und seine Erfahrungen auch veröffentlichte, wurden ernsthaftere Schritte unternommen (vgl. Below 1975). In den 20er Jahren wurde Kunstbetrachtung nebst «schöpferischer» zeichnerischer Nachgestaltung Mode. Ausgehend von der Theorie vom «Genius im Kinde», bei der unterstellt wird, Kinder in ihrer reinen «Natürlichkeit» seien Seelenverwandte des Künstlers, erschienen Kinder besonders empfänglich für Kunst. Im Nationalsozialismus wurden alle diese Ansätze gleichgeschaltet, Vermittlungsarbeit im Museum hatte der Verherrlichung nationaldeutschen Erbes und der Aufwertung germanischer Tradition zu dienen.

Die Epoche nach dem Zweiten Weltkrieg war für die deutschen Museen erst einmal dadurch bestimmt, Kriegsschäden auszugleichen. Die Museumspädagogik kam neu ins Blickfeld in den 60er Jahren im Gefolge der breiten Diskussion um «Sputnik-Schock», Kreativitätsförderung, Bildungskrise, emanzipatorische Erziehung und Abbau von Chancenungleichheiten durch kompensatorische Erziehung (→Chancengleichheit; →Erziehung, kompensatorische). Die neuerliche Hinwendung zur Pädagogik im Museum aber war ausgelöst durch eine eigene Krise. Nach dem allgemeinen Bildungshunger der Nachkriegsjahre erfolgte, mitbedingt durch das Massenmedium Fernsehen, das Unterhaltung gratis ins Haus bringt, eine Abwendung von traditionellen Kulturinstitutionen. Zum erstenmal in ihrer Geschichte konnten die Museen nicht mehr selbstverständlich mit einem Publikum rechnen. Von Behörden und Gremien, wie dem Deutschen Städtetag, darauf verwiesen, daß sie aus Steuermitteln finanziert würden und damit einen demokratischen Bildungsauftrag zu erfüllen hätten, sollte der internen Misere mittels pädagogischer Maßnahmen abgeholfen werden. So kam es zur Öffnung der Museen für Schüler, um einerseits dem demokratischen Bildungsauftrag zu entsprechen und andererseits für einen kontinuierlich wachsenden Besucheranteil zu sorgen. Denn die Kinder von heute, ist ihnen erst einmal die Schwellenangst genommen, bringen morgen ihre Eltern mit und kommen übermorgen als Erwachsene wieder.

Aufgaben und ihre Begründung. Zuerst an den größeren Museen, später dann auch an den kleineren wurde erneut mit Unterrichtsgesprächen mit Schülern oder Sonntagsführungen für Kinder begonnen. Dies führte nach 1965 in Städten mit besonderer Museumsdichte, also in Berlin, Köln, Nürnberg, München, Mainz und Hamburg, zur Gründung von sogenannten Museumspädagogischen Zentren oder Diensten. Diese haben die Aufgabe, die einzelnen Spezialmuseen pädagogisch zu betreuen. Orientierung boten dabei anfangs angelsächsische Vorbilder, die über eine jahrzehntealte ungebrochene Tradition verfügen an:

- Kreativitätsförderung – hier entwickelt aus dem Prinzip des «learning by doing» des amerikanischen Reformpädagogen Dewey – durch Kindermalkurse, Werkgruppen, Quiz, Puzzles,
- «Museums-teaching», also Informations- und Lehrveranstaltungen für Erwachsenengruppen, gezielte Betreuung von Schulklassen durch speziell ausgebildetes Museumspersonal.

In der Bundesrepublik Deutschland entwickelte sich eine kreative →Freizeitpädagogik, die die Bild- oder Objektbetrachtung mit anschließendem eigenen manuellen Tun von Kindern im Vor- und Grundschulalter intendiert. Das Museum wird in den Dienst der →Schule gestellt, die jeweiligen Bestände werden danach gesichtet, was entsprechend dem Fächerkanon und den Rahmenplanbedingungen als Ergänzung zum schulischen →Unterricht geboten werden kann. Im Methodischen behilft man sich mit Lehrlektionen vor Ort, Arbeitsbögen, Lehrer- und

Schülerinformationen und speziellen Katalogen (vgl. von der Osten/ Klesse 1970). Seit den 70er Jahren kommen dann vereinzelt besondere thematische Ausstellungen hinzu, die als «didaktische» bezeichnet werden, da bei der Wahl des Themas verstärkt von den Interessen der Zielgruppe ausgegangen (beispielsweise Mode, Familie, Krieg) und mit kommentierenden Texten und audiovisuellen Medien gearbeitet wird. Zur Legitimation all dieser Aktivitäten werden folgende Punkte genannt:

- *Original-Erfahrung* (originäre Begegnung). Die Betrachtung originaler Werke im Museum ermöglicht eine Dimension ästhetischer Erfahrung, die an anderen Erscheinungen der visuell geprägten Umwelt nicht in der gleichen Form zu machen ist (→Bildung, ästhetische).
- *Anschaulichkeit – Geschichte.* Kunstwerke und Objekte verfügen über sinnliche, optische und ästhetische Reize, die das Auge und Empfinden anders ansprechen als Lerngegenstände der Schule. Es sind geschichtliche Quellen ersten Ranges.
- *Exemplarisches Prinzip – Übertragung.* Die exemplarische Analyse dieser Gegenstände, ihrer technischen, ökonomischen, ästhetischen, sozialen Bedingungen, soll den Schüler in den Stand setzen, sein erworbenes Wissen und seine →Erfahrung auf andere Phänomene zu übertragen. Damit soll selbständiges →Lernen als Voraussetzung für eine eigene Handlungsfähigkeit ermöglicht werden.
- *Selbsttätiges Lernen.* Das Museum wird als Lernort hingestellt, in dem selbsttätiges forschendes Lernen möglich ist, da die in der Schule vorherrschenden Zwänge wie Notengebung, Lehrplanerfüllung, lehrerzentrierter Unterrichtsstil nicht gegeben sind (vgl. Bund Deutscher Kunsterzieher 1976, S. 32).

Probleme. Der pädagogischen Arbeit in den Museen sind jedoch Grenzen gesetzt, die zunächst in der Institution selbst liegen. Das Museum fungiert als Bildungseinrichtung für den Einzelbesucher mit adäquater Vorbildung. Die Aufgabenfelder Sammeln, Forschen, Bewahren haben das Primat vor der Vermittlungstätigkeit. Diese Einstellung resultiert aus einer weitgehend noch ungebrochen fortwirkenden Vorstellung vom Museum als einer wissenschaftlichen Forschungsstätte und zum anderen aus Bedingungen der universitären Ausbildung, die nicht interdisziplinär ist und Fachleute auf den verschiedensten historischen Spezialgebieten heranbildet.

Darüber hinaus ist die Stellensituation an den Museen problematisch. In der Regel wird mit ehrenamtlichen Mitarbeitern auf Honorarbasis gearbeitet, nur wenige große Museen haben festangestellte Museumspädagogen. Außerdem gibt es bislang kein klar umrissenes Berufsbild oder eine entsprechende Ausbildung. Entweder sind es Lehrer, die überfordert sind durch fachspezifisch museale Fragestellungen zu den verschiedenen Objektgattungen und ihren jeweiligen Problemfeldern, oder es sind Fachwissenschaftler, die als Laienpädagogen arbeiten. Diese Situation wird durch die Negierung der Museumspädagogik an den Hochschulen noch verschärft. Solange aber keine fachspezifische Ausbildung für Museumspädagogen angeboten wird, muß wohl damit gerechnet werden, daß die Praxis der Museumspädagogik weiterhin durch schulische Vermittlungsformen (Frontalunterricht, Arbeitsbögen) bestimmt sein wird, die weder wirklich zielgruppenbezogen sind noch dem spezifischen Lern- und Erfahrungsgegenstand «Museumsobjekt» gerecht werden.

BAER, I.: Zur Öffentlichkeitsarbeit der Museen. Referierende Bibliographie (1945–1975), Berlin 1978. BELOW, I.: Probleme der «Werkbetrachtung» – Lichtwark und die Folgen. In: Below, I. (Hg.): Kunstwissenschaft und Kunstvermittlung, Gießen 1975, S. 83ff. BUND DEUTSCHER KUNSTERZIEHER: Bildende Kunst. Materialien für den Unterricht. Kunstpädagogik-Kongreß, Berlin 1976. OSTEN, G. VON DER/KLESSE, B.: Unterricht im Museum. Schriften der Kölner Museen I, Köln 1970. SPIEKERNAGEL, E./WALBE, B. (Hg.): Museum. Lernort contra Musentempel, Gießen 1976.

Heike Kraft

Muße → Freizeitpädagogik
Muster → Struktur
Mutlosigkeit → Angst

Mutter

Begriff. Herleitungen in etymologischen Wörterbüchern zeigen Projektionen auf, die schon allein mit dem Wort «Mutter» verbunden sind. Wird es nach ADELUNG (1798, Spalte 341; Auslassung: R.M./F.R.) als Ableitung von Uterus gesehen und erklärt als «hohles Behältniß [...]; worin die Frucht empfangen, gebildet und zur Zeitigung gebracht wird», so leiten GRIMM/GRIMM (1885, Spalte 2804) die Bedeutung des Wortes aus der Silbe mâ in den Worten (sanskrit) mâtr, (lateinisch) māter, (altirisch) máhir oder (slavisch) mati ab, «wol in der bedeutung ausmessen, austheilen, womit denn die mutter als vorsteherin des hauses und als zutheilerin des unterhalts an gesinde und vieh bezeichnet wäre». Nach der DUDEN-ETYMOLOGIE (vgl. 1963, S. 419, S. 458f) wird die Bedeutung der Silbe mă aus Worten unterschiedlicher Sprachen (*griechisch* mámma = Mutter[brust]; *lateinisch* mamma = Mutterbrust, Amme, [Groß-] Mutter; *mittelhochdeutsch* memme, mamme = Mutter[brust]) in Assoziation mit dem Stillvorgang gesehen. Auch in diesem Herkunftswörterbuch wird auf den übertragenen Gebrauch des Wortes «Mutter» verwiesen für Dinge, die etwas wie eine Gebärmutter (matrix) aufnehmen, schließen, bewahren und hervorbringen (Hohlschraube mit Innengewinde, Perlmutter, Mutter Erde, Muttergestein...).

Im biologischen Verständnis ist Mutter eine Frau, die nach Ablauf der Schwangerschaft von einem Kind entbunden wird. Dieses ist nach der Geburt auf Versorgung (Wärme, Nahrung, Pflege, Stimulation) angewiesen. Die Möglichkeit des Stillens scheint die Mutter für die Nährung des Säuglings zu prädestinieren. Aufgrund prä-, peri- und postnataler Eindrücke (Herzfrequenz, Geräusche, Geruch, Stimme... – vgl. SCHENK-DANZINGER 1984, S. 14ff) kann eine spezifische Beziehung zwischen Mutter und Kind angenommen werden, die die Mutter zur ersten und wichtigsten Bezugsperson des Säuglings werden läßt, besonders wenn die leibliche Mutter auch die weitere Versorgung übernimmt.

An die biologischen Vorgänge (Befruchtung, Schwangerschaft, Geburt) knüpft sich *die ontologische Betrachtung*, wonach Mutterschaft noch – vor einer möglichen Änderung durch die Reproduktionstechnologie (vgl. LENZEN 1987) – eine der Frau vorbehaltene Möglichkeit ist. Von ihr hängt die Tatsächlichkeit der Geburt eines Kindes ab, welches dadurch in die Folge der Generationen gestellt wird. Trotz aller Einflüsse von →Entwicklung, →Erziehung und →Sozialisation für die →Identität und soziale →Rolle scheint die genealogische Verortung von besonderer Bedeutung. Dies läßt sich an den drängenden Fragen von adoptierten Kindern nach ihren leiblichen Eltern (vgl. HOFFMANN-RIEM 1985) ebenso zeigen wie an den Verlustgefühlen leiblicher Mütter, die ihre Kinder zur Adoption freigaben (vgl. SWIENTEK 1982, S. 74ff), wobei kulturelle →Traditionen und Ideologien (Nachahmung des Adels und seiner Wertschätzung der Genealogie, Akzeptanz von Mythen der Blutsverwandtschaft) die Frage nach der biologischen Abkunft verstärken.

Soziale beziehungsweise *faktische Mutter* ist eine Frau, der die Versorgung und Erziehung eines (nicht unbedingt leiblichen) Kindes obliegt. Die Vorstellungen von Mutterschaft sind Teil des in kulturelle Traditionen verwobenen *Menschenbildes* und von raum-zeitlichen Faktoren abhängig, was die *gesellschaftliche Dimension* von Muttersein deutlich macht. Ein historisch und (sozio-)kulturell *variabler* Wert- und Verhaltenskodex bindet Mädchen/Frauen an die soziale Rolle, die aufgrund fehlender Instinktausstattung des *Menschen* von frühester Kindheit an um so notwendiger erlernt werden muß (→Erziehung, geschlechtsspezifische), je weniger kulturell vorgeformte Verhaltensmuster tradiert werden (Auflösung der Mehrgenerationenfamilie, Trennung von Produktions- und Reproduktionsbereich).

Mutterbilder – Religiöse und kulturelle Traditionen. Noch immer ist das kollektive Mutterbild stark von den Herkunftskulturen des europäischen Denkens und religiösen Fragestellungen beeinflußt. In den ältesten uns bekannten Ursprungsmythen gebiert die Ur-Göttin das Welten-Ei oder die Erde; oder ihr Körper selbst ist das Material, aus dem die Erde gemacht wird. Neben ihrem Namen wurde die Muttergöttin der frühen Religionen des Vorderen Orients mit dem Titel «Mutter aller Lebendigen» angebetet, was nach der Schöpfungsgeschichte (= Genesis) des Alten Testaments auch die Bedeutung des Namens Eva ist (1. Moses 3,20). Die Genesis kann als Antithese zur Anbetung der Fruchtbarkeit in den Auffassungen der anderen Religionen des Vorderen Orients gelesen werden (vgl. PHILLIPS 1987, S. 24), wobei das Auftreten Jahwes anstelle der «Mutter aller Lebendigen» «einen grundsätzlichen Wandel in der Beziehung zwischen Menschheit und Gott, zwischen Welt und Gott, Welt und Menschheit, Männern und Frauen» (PHILLIPS 1987, S. 26) kennzeichnet.

Von der Geschichte der Erschaffung von Mann und Frau gibt es im Alten Testament zwei Versionen: Gott schuf beide gleichermaßen als sein Abbild (1. Moses 1,26–28), beziehungsweise er schuf dem Menschen (= Mann) eine Hilfe (= Frau), die er aus dessen Rippe baute (1. Moses 2,18 und 21f). Letzterer Mythos verdrängte im Zusammenhang mit der Geschichte vom Sündenfall die erstgenannte Version und bewirkte die Zuschreibung von Minderwertigkeit und die daraus jüdisch-christlich legitimierbare Unterdrückung der Frau, der die größere Schuld am Sündenfall zugeschrieben wurde. Richtungweisend für das Frauenbild der christlichen Kirche war das paulinische Ideal der uneitlen, schamhaften, züchtigen, arbeitsamen, stillen, untertänigen, nichtlehrenden Hausfrau, die selig werde durch Kindergebären (1. Timotheus 2,9–15).

Die teilweise Erlösung der christlichen Frauen von der ihnen zugewiesenen Schuld und Rolle resultierte – wenngleich das Frauenbild weiterhin ambivalent blieb, man denke an die späteren Hexenprozesse – aus der Verehrung und Anbetung der zweiten Eva, der Jungfrau Maria. Obwohl das Neue Testament wenig über Maria berichtet, beschäftigte sie – in Antithese zu Eva – schon die Kirchenväter des 1. und 2. Jahrhunderts nach Christus. Justin, Irenäus und Tertullian sahen die durch Eva verursachte Sünde durch Maria aufgehoben. Nach Hieronymus (4. Jahrhundert) war mit der Geburt Jesu der Fluch gelöst. Kam der Tod durch Eva, so kam durch Maria das Leben (vgl. PHILLIPS 1987, S. 133ff). Wurde 431 zu Ephesus entschieden, daß Maria nicht nur Christusmutter, sondern Gottesmutter genannt werden dürfe, so verdeutlicht das Dogma von 649, welches ihre ewige Jungfräulichkeit zum Glaubensgrundsatz erhob, auch die besondere Wertschätzung von Askese und Ehelosigkeit

(Mönchtum; Bezeichnung der Nonne als Ehrenmann). Aufgrund angeblich gleichartiger Wundertätigkeit erhielt Maria einen Rang, der sich kaum von dem von Christus unterschied (Verknüpfung des «Ave Maria» mit dem Vaterunser; Schaffung zahlreicher Marienfeste).

Obwohl Maria durch ihre Jungfräulichkeit «von den Strafen Evas in dem Begehren ihres Mannes und dem schmerzhaften Erleiden von Schwangerschaft und Geburt» (PHILLIPS 1987, S. 136) verschont blieb, war sie aber noch nicht von der Erbsünde befreit, die bei ihrer eigenen Zeugung entstand. Das Dogma von der unbefleckten Empfängnis Marias – erst 1854 verkündet – war schon lange Teil des Volksglaubens. Mit der Himmelfahrt Mariens (Dogma seit 1950) ist die himmlische Trinität durch die römisch-katholische Kirche zur heiligen Familie ergänzt, wobei jene ein neues Mutterbild zeichnet, das nur zwei der vier Eigenschaften antiker Mutter*gottheiten* (Keuschheit, Promiskuität, Mütterlichkeit, Blutdürstigkeit – vgl. auch den Archetypus der großen Mutter in Anschluß an C. G. Jung bei NEUMANN 1956) wiederbelebt, die «absolute Keuschheit und äußerste Mütterlichkeit» (PHILLIPS 1987, S. 141). Als jungfräuliche Mutter ist sie «für immer von den Komplikationen geschlechtlicher Beziehungen befreit [...] Diese Freiheit von geschlechtlicher Aktivität wirkt eher bewahrend auf ihre Bindung an Heim und Herd, als daß sie diese bedroht. Sie ist die Mutter, die ihre Kinder nicht verlassen wird. Die körperlichen und emotionalen Äußerungen, die ihr gestattet und in römisch-katholischer Frömmigkeit, in Kunst und Dichtung gepriesen werden: das Stillen, das Mit-Leiden und Weinen gehören zu liebevoller Mutterschaft. Und weil sie die wahre Mutter ist, repräsentiert sie [...] Gehorsam, Sanftmut, Demut und Nachsicht. Aus ihrer Unabhängigkeit heraus wählt sie frei die Unterwerfung» (PHILLIPS 1987, S. 143f; Auslassungen: R.M./F.R.). Nach diesen Vorstellungen kann die gläubige Frau nur zwei Wege beschreiten, entweder den der Nachahmung der Jungfräulichkeit (Klosterleben) oder den der Nachahmung der Mütterlichkeit Marias. Das römisch-katholische Verbot von Empfängnisverhütung, Abtreibung und Ehescheidung gewährleistet bis heute die Abhängigkeit der Frau vom Ehemann (vgl. PHILLIPS 1987, S. 147).

Luther und andere Reformatoren lehnten die Anbetung Marias ab und knüpften wieder an die Aussagen des Alten und Neuen Testaments an, das heißt bei Eva: Obwohl Mann und Frau als gleiche von Gott geschaffen und aller Gaben teilhaftig gewesen seien – so kommentierte Luther 1535 das 1. Buch Moses –, sei Eva nach dem Sündenfall zum einen verflucht, Kinder unter Schmerzen zu tragen und zu gebären; zum anderen müsse sie aus Gottes Gebot (Paulus in 1. Timotheus 2,9 – 15) dem Manne gehorsam und untertan sein, der das Haus regiere. Das Weib müsse daheim sitzen und die Hausgeschäfte erledigen. Obwohl sich die

Frauen dagegen wehrten, könnten sie doch keine öffentlichen Ämter erhalten, lehren und regieren; «aber Kinder gebären, nähren und aufziehen können sie und sind Meisterinnen darin. Also wird Eva gestraft, aber [...] ist es eitel fröhliche Strafe, so man sehen will auf die Hoffnung des ewigen Lebens und Mutterehre, die ihr GOtt gelassen hat» (LUTHER 1986, Spalte 249, Punkt 204; Auslassung: R.M./F.R.).

Während sich in unserem Kulturkreis einerseits ein Mutterbild etablierte, das an Maria orientiert war, existierte andererseits bis ins späte 18. Jahrhundert ein Bild vom Kind, das Mütter daran hinderte, jenen mit Zuwendung zu begegnen: Kinder, von Jesus unschuldig genannt, wurden bereits im 4. Jahrhundert von Augustinus beschrieben als in Erbsünde empfangen, sündig und lustorientiert. Das beinhaltete die Forderung nach strenger →Erziehung, die späterhin durch die protestantische Ethik und den Absolutismus gestützt wurde. Mütter sollten ihre Kinder nicht verwöhnen oder etwa beim Stillen deren Wollust schüren. Sie wurden ob ihres liebevollen Umgangs mit ihren Kindern kritisiert und angehalten, die Kinder zu züchtigen (Vives) und deren Willen zu brechen – eine Rolle, die qua Tradition eigentlich dem Vater zukam, der die Herrschaft über Kind und Weib besaß. Da Geburt für Frauen mit einem hohen Lebensrisiko (etwa durch Kindbettfieber) verbunden und die Kindersterblichkeit sehr hoch war, blieb Mutterschaft bis Ende des 19. Jahrhunderts mit Gefühlen der (Todes-)Angst besetzt und eine enge Bindung der Mütter an ihre Kinder von möglicher Enttäuschung und Trauer bedroht (vgl. etwa HARDACH-PINKE 1986). Ein weiterer Grund, der die liebevolle mütterliche Zuwendung der Frau zu ihrem Kind einschränkte, muß für die Frauen des Adels und des Bürgertums in der gesellschaftlichen Sitte, für die Frauen der niederen sozialen Schichten in der ökonomischen Notwendigkeit gesehen werden, ihre Kinder wegzugeben. Wie BADINTER (vgl. 1987) zeigt, waren es nicht nur die Frauen des Adels und des Bürgertums, die im Frankreich des 16./17. Jahrhunderts ihre Kinder von Ammen auf dem Land stillen und aufziehen ließen, sondern auch solche des städtischen Handwerks. «Mutterliebe» wurde kulturell nicht gestützt und galt als überflüssige Haltung gegenüber dem sündigen und lästigen Kind (vgl. BADINTER 1987, S. 35–55).

Mit Rousseaus erziehungsphilosophischen Schriften fand, auf dem Hintergrund eines Paradigmenwechsels von deistischen zu naturrechtlichen Kategorien, in der zweiten Hälfte des 18. Jahrhunderts eine Neubestimmung der Mutter-Kind-Beziehung und der Aufgaben von Müttern statt. Wenngleich im Kontext von →Aufklärung die Gleichheit der Menschen postuliert und damit auch die Bedeutung der Kinder aufgewertet wurde, blieb bei Rousseau die Frau, nach freier Gattenwahl, ein auf den Mann bezogenes Individuum, dem ihrer «weiblichen Natur» entsprechend, aufopfernd und liebevoll die Versorgung der Kinder und des Hauswesens oblag (vgl. Rousseau 1963, S. 413ff, S. 476ff). Mutterliebe und ein beseeltes Familienleben wurden als natürlich, lebensnotwendig und als Voraussetzung für ein geordnetes, aufgeklärtes Staatswesen angesehen (vgl. Rousseau 1963, S. 23, S. 420). Obwohl Rousseau die Mutter auch als Erzieherin forderte, orientierte er sein Modell wesentlich am Vorbild der privaten, männlichen Hofmeistererziehung.

Seit den 60er und 70er Jahren des 18. Jahrhunderts erschien vermehrt (ärztliche) Ratgeberliteratur für Mütter zur Förderung des Selbststillens und der «gesunden Aufzucht der Neugeborenen» (Marré 1986, S. 14), die thematisch anregend auch auf zeitgenössische Pädagogen wirkte. Sah beispielsweise Pestalozzi zunächst noch «Staat und Nation [als] Erweiterung des Vaterverhältnisses auf das Ganze des Volks» (v. Rappard 1961, S. 25; Auslassung und Einfügung: R.M./F.R.), war er nach den Erlebnissen mit Kriegswaisen in Stanz in bezug auf den «Vatersinn» desillusioniert. 1801 schrieb er: «Das Volk Europa's ist *vaterlos* und *elend*» (Pestalozzi 1932, S. 336) und setzte all seine Hoffnungen auf eine bessere Zukunft in den «Muttersinn», indem er – aufbauend auf die «natürliche Mutterhülfe» (= Mutterinstinkt) – Anleitungen für Mütter zur Unterweisung ihrer Kinder veröffentlichte (vgl. Pestalozzi 1932, 1958).

Pflege und Erziehung der Kinder, vermeintlich naturgebundene Tätigkeiten von Müttern, wurden zur moralischen Pflicht erhoben und mit der Forderung verknüpft, die Kinder selbst zu stillen. Dafür wurde Müttern Glück und Zufriedenheit in Aussicht gestellt. Wegen der hohen Kindersterblichkeit war es allerdings auch aus demographischen Gründen nötig, daß Mütter ihre Kinder stillten (vgl. Badinter 1987, S. 116ff). Jedoch kann, wie allein schon die historisch-sozialkritischen Untersuchungen Badinters über die gesellschaftlich bedingte Variabilität mütterlichen Verhaltens zeigen, ein Mutterinstinkt, der ähnlich wie beim Tier ein angeborenes Pflege- und Versorgungsverhalten impliziert, nicht angenommen werden (vgl. auch für die neuere Entwicklungspsychologie: Papoušek 1984).

Frauen stellten immer wieder ihre ausschließliche Bestimmung zum Muttersein in Frage. Damit wurde es notwendig, diese nicht nur mit den traditionellen Glücksversprechungen an ihre häuslich-mütterlichen Pflichten zu binden, sondern sie gleichzeitig gesellschaftlich aufzuwerten, um dadurch den «Geschlechterkampf» abzuwehren. So jedenfalls deutet Zinser (vgl. 1981) die drei von Männern aufgestellten Mutterrechtstheorien, die Geist (Bachofen), Arbeit (Engels) und Trieb (Freud) als männlich ausweisen. Diese kultur- und gesellschaftstheoretischen Entwürfe können in zweifacher Hinsicht als Bearbeitung gesellschaftlich virulent gewordener Konflikte gesehen werden: zum einen als «Einspruchsfiguren» gegen die herrschende gesellschaftliche Realität, zum anderen als kollektive Erinnerung an nichtentfremdete Lebens- und Arbeitsverhältnisse (vgl. Zinser 1981, S. 89).

In ihrem Selbstverständnis verweisen Mutterrechtstheorien aber auch darauf, daß es für die Entwicklung der Menschheit von der «Natur» zur «Kultur» quasi notwendig gewesen sei, eine patriarchalische Gesellschaft zu errichten. An das Mutterrecht – und nicht an das Frauenrecht – erinnern diese Theorien einerseits, weil sie damit Frauen an ihre, ihnen allein Macht verleihende Bestimmung als Mutter rückbinden; andererseits steht Mutter aber auch «für ein noch nicht entfremdetes, ein sinnlich vernünftiges und glückliches Verhältnis der Geschlechter» (ZINSER 1981, S. 89f). Der Mythos vom Matriarchat (zur Kritik an Bachofens Matriarchatstheorie vgl. WESEL 1980) dient insofern nicht nur zur Rechtfertigung und Entlastung patriarchalischer Strukturen, sondern entdeckt mit seinen Fragen nach dem Ursprung und nach dem Bild der Mutter auch die Sehnsucht nach Glück, Geborgenheit, Nähe und Lust, wie sie in der frühen Beziehung zur Mutter erfahrbar ist.

Frau – Mutter – Berufstätige. Frauen der Frauenbewegung sowohl des 19. als auch des 20. Jahrhunderts sahen Mutterglück und Obhut über das Hauswesen nicht mehr als alleinige Bestimmung von Frauen an (vgl. etwa MENSCHIK 1977 oder BECK-GERNSHEIM 1984). So wurde schon Ende des 19. Jahrhunderts von den verschiedenen Flügeln der Frauenbewegung versucht, Familienarbeit gesellschaftlich aufzuwerten und unter dem Stichwort «organisierte Mütterlichkeit» den sozial gewachsenen Unterschied zwischen den Geschlechtern als soziale und geistige Mütterlichkeit in Politik und Berufsleben hineinzutragen. Gleichzeitig entstanden Selbsthilfeorganisationen etwa für Säuglingsfürsorge (vgl. KÖHN u. a. 1984). Frauen strebten und streben mit der Emanzipation vom Mann auch die Gleichstellung in Staat, Beruf und Familie an (vgl. DE BEAUVOIR 1975, MILLETT 1977, SCHWARZER 1981; →Frauenbildung). Dabei stützen sie sich teilweise weiterhin auf Vorstellungen von Gesellschaften ohne Patriarchat (vgl. WESEL 1980, S. 66; vgl. GÖTTNER-ABENDROTH 1983). Auch wenn der Glaube an die natürliche Überlegenheit der Männer und an die Universalität der patriarchalen Familie erschüttert ist, ist damit noch kein Weg aufgezeigt, wie sich Frauen als Mütter gesellschaftlich durchsetzen können, ohne gleichzeitig als Rabenmütter (vgl. LEYRER 1987) bezeichnet zu werden, wenn sie ihr Kind zugunsten beruflicher und gesellschaftlicher Aktivität nicht zum alleinigen Zentrum ihres Lebens machen. Während Feministinnen wie de Beauvoir Mutterschaft als «Falle» bezeichnen und die Konsequenz der Kinderlosigkeit wählen, hofft etwa FIRESTONE (vgl. 1975, S. 220) darauf, daß das Kindergebären zukünftig von der Reproduktionstechnologie übernommen wird. Im Widerspruch zwischen Freisetzung von der und Rückbindung an die Mutterrolle (vgl. BECK 1986, S. 181 ff) suchen Frauen (und Männer) nach befriedigenden Lebensformen.

Auf einer eher persönlichen Ebene wird von Frauen Mütterlichkeit als ihre ausschließliche (bezogen auf die Männer) und wesentliche Qualität (bezogen auf ihre eigenen anderen Fähigkeiten) zur Disposition gestellt. Auf gesellschaftlicher Ebene wird die natürliche Bestimmung der Frau zum Muttersein, ihre Mütterlichkeit mit den Qualitäten von Hingabe, Aufopferung, Fürsorge als Ideologie einer patriarchalischen Gesellschaft beschrieben, die über die Bindung der Frauen an Kinder und Familie, diese zur Unterordnung unter den Mann zwingt und die mit den Herrschaftsstrukturen in der Familie gleichzeitig die der bürgerlich patriarchalischen Gesellschaft reproduziert. Mit der Konsequenz einiger dieser Frauen, ihre Kinder außerhalb der Institution Ehe oder ohne den Erzeuger/Vater zu erziehen, ist die Hoffnung verbunden, sich diesen Strukturen zu entziehen. Mit der Bezeichnung «Neue Mütterlichkeit» (vgl. Pasero/Pfäfflin 1986) wird ein Trend bei Frauen beschrieben, bewußt und intensiv die Fürsorge und Erziehung ihres Kindes zu übernehmen und Mütterlichkeit auch als Erweiterung ihrer eigenen Persönlichkeit zu begreifen (vgl. Dahl 1986). Diese Tendenz findet eine Entsprechung in den sogenannten «Neuen Vätern», für die Kinderbetreuung nicht mehr hauptsächlich Aufgabe der Mütter ist (→ Vater).

Unabhängig vom feministischen Begründungszusammenhang wächst in den westlichen Industrienationen die Zahl der Ein-Elter-Familien. Dabei überwiegt die Zahl der alleinerziehenden Mütter, von denen in der Bundesrepublik Deutschland 57,1 % einer Berufstätigkeit nachgehen (vgl. Neubauer 1988, S. 35; vgl. Napp-Peters 1985). Aber auch von den verheirateten Müttern ist ein hoher Prozentsatz halb- oder ganztags berufstätig (40,9 % – vgl. Neubauer 1988, S. 35). Frauen, die die Doppelbelastung als Mutter (und Hausfrau) einerseits und als Berufstätige andererseits auf sich nehmen, tun dies entweder (notgedrungen) aus ökonomischen Gründen und/oder aus einem Interesse an Selbstbestimmung und Selbstverwirklichung. Damit sind sie jedoch zusätzlich dem psychischen Druck ausgesetzt, der vom kulturell tradierten Mutterbild ausgeht, ihre Kinder «eigentlich» zu vernachlässigen (zu Erwerbstätigkeitsmotiven und Ambivalenzen berufstätiger Mütter: vgl. Becker-Schmidt 1980, Rapin 1988).

Neben diesen unterschiedlichen Tendenzen steht die Selbstverständlichkeit, mit der die Mehrheit aller Frauen und Männer (vgl. Pross 1975, S. 64ff; vgl. Berger/Berger 1984; vgl. Beck 1986, S. 169ff) davon ausgeht, daß eine Mutter zu ihrem Kind gehöre. Die mit dem Verzicht auf die Berufstätigkeit der Mutter verbundenen materiellen Einschränkungen, die Familien in Kauf nehmen, verweisen auf die «normative Kraft dieses kulturellen Musters» (Tyrell 1980, S. 419), welches die liebevolle Bindung der Mutter an das Kind als natürlich und für das Kind notwendig betrachtet. (Vgl. auch die Praxis des Scheidungsrechts, wonach Kinder bei einer Scheidung im «Normalfall» der Mutter zugesprochen werden – LENZEN 1985, S. 141 ff).

Ambivalenzen der mütterlichen Gefühle gegenüber dem Kind können durch «kulturelle und institutionelle Sinnvorgaben» (TYRELL 1980, S. 418) nicht nur im Sinne einer Mutter-Kind-Zusammengehörigkeit unterstützt werden. Vielmehr scheint es auch möglich, die Rolle der Frau gesellschaftlich funktional umzudeuten. So macht es der Einsatz von Frauen als industrieller Reservearmee notwendig, deren Rolle entsprechend den ökonomischen Erfordernissen zu interpretieren: Beispielsweise wurden Frauen im deutschen Nationalsozialismus zunächst auf ihre vermeintlich natürliche Rolle als Hausfrau und Mutter festgelegt, die dem «Führer» Kinder schenken und «Hüterin des Blutes» sein sollten (zum Frauenbild im Faschismus: vgl. WITTROCK 1983). Durch die Rückbindung an das Haus konnte unter anderem die hohe Arbeitslosigkeit aus den Zeiten der Weimarer Republik gesenkt werden. Dagegen wurden Frauen während des Krieges «zum Besten der Nation» (Grundsätze der NS-Frauenschaft) wieder in den Arbeitsprozeß eingegliedert (vgl. MENSCHIK 1977, S. 131 ff). Staaten mit anderen Gesellschaftssystemen wie die DDR oder Israel, die die Arbeitskraft der Frauen zum wirtschaftlichen Aufbau benötigten, schufen mit Krippen und Kinderhäusern die Möglichkeit, Mütter von der Kinderversorgung zu entlasten (vgl. kritisch zum Aspekt der Entlastung: AHLINGS/NORDMANN 1979). In der Bundesrepublik wurde das Projekt «Tagesmütter» (vgl. DEUTSCHES JUGENDINSTITUT 1979) zu Zeiten wirtschaftlicher Prosperität eingerichtet, während in Zeiten hoher Arbeitslosigkeit zunehmend familienpolitische Steuerungsmaßnahmen ergriffen wurden (Einführung eines Erziehungsgelds, Anrechnung von Kindererziehungszeiten auf die Rente), um Frauen an die Hausfrauen- und Mutterrolle zu binden.

Mutter-Kind-Beziehung. Zwischen vermeintlicher Natürlichkeit des Mütterlichen (Mutterinstinkt, Mutterliebe) und den kulturellen Anforderungen an Fähigkeiten, Emotionalität und Intellektualität des Kindes als Produkt der mütterlichen Versorgung und Erziehung steht die (private) Mutter-Kind-Beziehung im öffentlichen und wissenschaftlichen Interesse. Mit zunehmenden Erkenntnissen von Psychologie und Psychoanalyse, die die Bedeutung der Mutter-Kind-Beziehung in der (früh-)kindlichen Entwicklung hervorheben, ist spätestens seit Beginn des 20. Jahrhunderts ein psychischer Druck für Mütter entstanden, verantwortlich für die «gelingende Sozialisation» ihrer Kinder zu sein. Emotional stabile, kreative, intellektuell und psychisch gut entwickelte Kinder sollen als Erwachsene den Fortbestand der jeweiligen Gesellschaft sichern. Darum müsse die Mutter vor und neben den staatlichen Institutionen optimal funktionieren. Ihr Verantwortlichsein scheint durch Schwangerschaft und den unvollkommenen Entwicklungszustand des Neugeborenen quasi biologisch begründet, und die Exklusivität der Beziehung zu ihrem Kind wurde seit Rousseau bis in die zweite Hälfte des 20. Jahrhunderts als natürlich akzeptiert. Mit der zunehmenden Herauslösung des Ökonomischen aus dem häuslichen Leben ab dem späten 18. Jahrhundert wird die Mutter-Kind-Beziehung im Rahmen der Kleinfamilie ausgestaltet sowie stärker emotionalisiert und intimisiert. Mutterliebe etabliert sich als kulturelles Deutungsmuster, «das nicht nur die Mutter-Kind-Beziehung, sondern gleichermaßen die Binnenstruktur der Familie und die Rolle der Frau normativ interpretiert» (Schütze 1986, S. 7). Entsprechend betten entwicklungspsychologische und psychoanalytische Theorien zur Mutter-Kind-Beziehung diese primär in die Institution Kernfamilie.

Entwicklungspsychologische Theorien reflektieren unter anderem die Bedeutung elterlichen Verhaltens für die motorischen, motivationalen oder kognitiven Lernprozesse. Dabei wird elterliches Verhalten besonders in der frühkindlichen Entwicklung noch häufig synonym mit mütterlichem Verhalten gesetzt. Übereinstimmend wird die Bedeutung der Anwesenheit einer aufmerksamen, unterstützenden, gewährenden und fördernden Mutter als positiv für die Entwicklung des Kindes beschrieben (besonders im Zusammenhang von Untersuchungen zur Mutterdeprivation – vgl. Rauh 1987). Während Bowlby vor allem ethologisch die Bindung und Trennung von Mutter und Kind untersucht und die Bedeutsamkeit der Kind-Mutter-Bindung für die positive Entwicklung des Kindes hervorgehoben hat (vgl. Bowlby 1975, 1976), gehen neuerdings auch Humanethologen von einer angeborenen interaktiven Kompetenz des Menschen aus und betonen damit den Dialogcharakter der Beziehung von Mutter und Kind (vgl. Dunn 1980, Stern 1979). Die ökologisch orientierte Entwicklungspsychologie richtet darüber hinaus den Blick auf die Bedeutung anderer Personen und der Umwelt (vgl. etwa Oerter 1987, S. 87ff). Daß mütterliche Funktionen auch von anderen Bezugspersonen übernommen werden können, zeigen Untersuchungen über Krippen und Tagesmütter (vgl. Beller 1987, S. 789ff). Vergleichende Untersuchungen an Kindern von berufstätigen und Hausfrauen-Müttern haben nachweisen können (vgl. zusammenfassend referiert bei Scarr 1987), daß keine gravierenden Unterschiede in der Entwicklung der Kinder bestehen, wenn feste Bezugspersonen neben der Mutter sich um die Kinder kümmern. Das Postulat einer exklusiven Mutter-Kind-Beziehung wird auch von ethnologischen Untersuchungen in Frage gestellt. So verweist etwa Muensterberger (vgl. 1980, S. 692f) aufgrund einer psychoanalytisch orientierten Auswertung von Feldforschungsergebnissen darauf, daß eine Versorgung durch mehrere Mütter nicht notwendig die Ausbildung stabiler Objektbeziehungen bei Kindern erschweren muß, wenn eine oder mehrere Ersatzmütter und Gruppen Gleichaltriger als Orientierung zur Verfügung stehen (ähnlich: vgl. KITZINGER 1986).

Die traditionelle Freudsche Psychoanalyse hält explizit an der Bedeutung der Mutter für die psychosexuelle Entwicklung, die Entwicklung der Ich-Funktionen und die der Objektbeziehungen des Kindes fest. Die Frau ist nach Freud aufgrund ihrer Passivität und ihres Masochismus für die hingebungsvolle Versorgung des Kindes psychisch bereit und zudem durch die Fähigkeit zum Stillen physisch dazu in der Lage. Die Symbiose zwischen Mutter und Kind wird als erstes Stadium der Mutter-Kind-Beziehung gesehen, in dem nicht nur das Kind Befriedigung erfährt, sondern in dem auch die Frau unbewußt die Kränkung kompensieren könne, keinen Penis zu besitzen. Wenngleich die Dyade von Mutter und Kind idealiter im Fortgang der frühkindlichen Entwicklung durch den Vater als drittes Objekt aufgelöst wird (nach Freud während des 3./4. Lebensjahres mit der Lösung des Ödipuskomplexes; nach neueren psychoanalytischen Objektbeziehungstheorien bereits in der [präödipalen] sogenannten Wiederannäherungsphase, zirka im 18. Monat – vgl. ROTMANN 1978), so weisen doch alle psychoanalytischen Theorien auf die Bedeutung der Mutter als primäres Objekt, das sowohl geliebt als auch gehaßt wird, auf die Bedeutung der «ausreichend guten Mutter» (Winnicott), des affektiven Klimas (Spitz), der Ausbildung des Urvertrauens (Erikson) beziehungsweise die katalysierende Rolle der Mutter im Prozeß der Loslösung aus dem universalen symbiotischen Ursprung (vgl. MAHLER u. a. 1982) hin.

Die Verantwortlichkeit nicht nur für die kognitive und soziale, die «sichtbare» Entwicklung ihrer Kinder, sondern auch für deren «Unbewußtes», deren potentielle psychische Gesundheit, läßt Mütter den Schutz einer gesellschaftlich positiv sanktionierten Rolle suchen, um sich vor der Schuld zu sichern, etwa vernachlässigend, überbehütend oder schizophrenogen zu sein (vgl. SCHÜTZE 1986, OUBAID 1987). Die große Zahl – schichtspezifisch unterschiedlich rezipierter – wissenschaftlicher oder populärwissenschaftlicher Publikationen und Ratgeber, die Hilfestellungen geben sollen für das «richtige» Stillen, Lieben, Spielen, Lernen und Erziehen, verweist auf ein Bedürfnis nach Orientierung und auf die Unmöglichkeit, sich auf einen Mutterinstinkt verlassen zu können.

An feministischen Positionen orientierte Psychoanalytikerinnen (vgl. CHASSEGUET-SMIRGEL 1987, CHODOROW 1985) haben auf dem Hintergrund objektbeziehungstheoretischer Ansätze, welche den Beziehungserfahrungen von Menschen neben den Trieben einen wichtigen Stellenwert in der →Entwicklung beimessen, den Versuch unternommen, Freuds Konzeption der Weiblichkeit (sexuell phallischer Monismus,

Penisneid, Passivität) und die quasi natürliche Bestimmung der Frauen zum Muttersein in Frage zu stellen. So erklärt etwa Chodorow Mütterlichkeit von Frauen aus der frühen exklusiven Beziehung der Mutter zu den Kindern: Da die Identifizierung der Mütter mit ihren Töchtern stärker ist als mit den als männlichem Gegenstück erlebten Söhnen, und da die narzißtische Besetzung der Töchter länger andauert, fällt es den Söhnen tendenziell leichter, Objektbeziehungen aufzubauen und aus der Mutter-Kind-Dyade auszutreten. Damit ist es für Söhne potentiell leichter, sich schon in den präödipalen Phasen als getrennt von der Mutter zu erleben, ihre Individuation voranzutreiben und Ich-Grenzen aufzubauen. Andererseits ist es für Söhne – bedroht vom Inzest-Verbot – aber auch notwendig, in der ödipalen Phase die libidinöse Besetzung der Mutter zugunsten der Identifizierung mit dem Vater aufzugeben. Damit werden Mütter für die Söhne zu emotional exklusiven Objekten. Ein ödipales Mädchen dagegen «oszilliert [...] zwischen der Zuneigung zu ihrer Mutter und zu ihrem Vater» (CHODOROW 1985, S. 169; Auslassung: R.M./F.R.). Zwar ist für sie die Mutter auch Rivalin, aber ein tatsächlicher Objektwechsel findet nicht statt. Die zeitlich weniger verfügbaren Väter werden für Töchter weniger zu emotional exklusiven ödipalen Objekten, und so bleiben für Mädchen die Mütter, bei allen Ambivalenzen, stärker primäres inneres Objekt. Die für Mädchen komplexere Lösung des ödipalen Konfliktes, die von Problemen der Verschmolzenheit und Loslösung gekennzeichneten Beziehungserfahrungen und die geringere Verleugnung präödipaler Beziehungsformen führen, *solange Frauen muttern*, dazu, daß Frauen weiterhin weniger Angst vor Regression und eine stärkere Grundlage dafür haben, die Bedürfnisse anderer als eigene zu erleben, daß sie sich weniger getrennt und damit als kontinuierlicher und verbundener mit anderen erfahren (vgl. CHODOROW 1985, S. 217). All dies sind Eigenschaften, die Mädchen mit einem Wahrnehmungs-, Erlebens- und Beziehungspotential ausstatten, das sie befähigt, mütterlich zu sein. Die frühkindlichen familialen Erfahrungen und Objektbeziehungen sind damit nach dieser Theorie verantwortlich für die Produktion und Reproduktion von Mütterlichkeit.

ADELUNG, J. CH.: Grammatisch-kritisches Wörterbuch der Hochdeutschen Mundart, Dritter Theil von M – Scr, Leipzig ²1798. AHLINGS, G./NORDMANN, I.: Arbeiten wie ein Mann und wie eine Frau dazu. Frauen in der DDR. In: Ästh. u. Komm. 10 (1979), 37, S. 85ff. BACHOFEN, J. J.: Das Mutterrecht (1861), 2 Bde., Gesammelte Werke, Bd. 2, 3, Basel 1948. BADINTER, E.: Die Mutterliebe, München ³1987. BEAUVOIR, S. DE: Das andere Geschlecht, Reinbek 1975. BECK, U.: Risikogesellschaft, Frankfurt/M. 1986. BECK-GERNSHEIM, E.: Vom Geburtenrückgang zur Neuen Mütterlichkeit, Frankfurt/M. 1984. BECKER-SCHMIDT, R.: Widersprüchliche Realität und Ambivalenz: Arbeitserfahrungen von Frauen in Fabrik und Familie. In: Köln. Z. f. Soziol. u. Sozpsych. 32 (1980), S. 705ff. BELLER, E. K.: Intervention in der frühen Kindheit. In:

Oerter, R./Montada, L. (Hg.): Entwicklungspsychologie, München/Weinheim [2]1987, S. 789ff. BERGER, B./BERGER, P. L.: In Verteidigung der bürgerlichen Familie, Frankfurt/M. 1984. BOWLBY, J.: Bindung, München 1975. BOWLBY, J.: Trennung, München 1976. CHASSEGUET-SMIRGEL, J.: Freud und die Weiblichkeit. In: Chasseguet-Smirgel, J.: Zwei Bäume im Garten, München/Wien 1987, S. 1ff. CHODOROW, N.: Das Erbe der Mütter. Psychoanalyse und Soziologie der Geschlechter, München 1985. DAHL, R.: Mutter werden für sich selbst. In: Pasero, U./Pfäfflin, U. (Hg.): Neue Mütterlichkeit, Gütersloh 1986, S. 120ff. DEUTSCHES JUGENDINSTITUT (Hg.): Das Modellprojekt ‹Tagesmütter›. Abschlußbericht, München 1979. DUDEN-ETYMOLOGIE. Herkunftswörterbuch der deutschen Sprache, Mannheim/Wien/Zürich 1963. DUNN, J.: Die Mutter-Kind-Interaktion und die Entwicklung des Kindes. In: Jahrbuch für Entwicklungspsychologie 2/1980, Stuttgart 1980, S. 9ff. FIRESTONE, S.: Frauenbefreiung und sexuelle Revolution, Frankfurt/M. 1975. GÖTTNER-ABENDROTH, H.: Stichworte «Matriarchat» und «Patriarchat». In: Frauenhandlexikon, München 1983, S. 184ff, S. 216ff. GRIMM, J./GRIMM, W.: Deutsches Wörterbuch, Bd. 6, Leipzig 1885. HARDACH-PINKE, I.: Zwischen Angst und Liebe. Die Mutter-Kind-Beziehung seit dem 18. Jahrhundert. In: Martin, J./Nitschke, A. (Hg.): Zur Sozialgeschichte der Kindheit, Freiburg/München 1986, S. 525ff. HOFFMANN-RIEM, CH.: Das adoptierte Kind, München [2]1985. KITZINGER, S.: Frauen als Mütter. Geburt und Mutterschaft in verschiedenen Kulturen, München [3]1986. KÖHN, B. u. a.: «Verläßliche Frauenspersonen» und «Luxusdamen». In: Projekt sozialistischer Feminismus. Geschlechterverhältnisse und Frauenpolitik, Argument-Sonderband 110, Berlin 1984, S. 160ff. LENZEN, D.: Mythologie der Kindheit, Reinbek 1985. LENZEN, D.: In-vitro-Fertilisation und Funktionswandel der Familie. In: Med., Mensch, Gesellsch. 12 (1987), S. 33ff. LEYRER, K.: Rabenmutter. Na und? Frankfurt/M. 1987. LUTHER, M.: Auslegung des ersten Buches Mose, Teil 1. Sämtliche Werke, hg. v. J. G. Walch, Bd. 1, Nachdruck der 2., überarbeiteten Auflage, Groß-Oesingen 1986. MAHLER, M. S. u. a.: Die psychische Geburt des Menschen, Frankfurt/M. [2]1982. MARRÉ, B.: Bücher für Mütter als pädagogische Literaturgattung und ihre Aussagen über Erziehung (1762–1851), Weinheim/Basel 1986. MENSCHIK, J.: Grundlagentexte zur Emanzipation der Frau, Köln [2]1977. MILLETT, K.: Sexus und Herrschaft, München [2]1977. MUENSTERBERGER, W.: Versorgung durch mehrere «Mütter» – interkulturelle Betrachtungen. In: Psyche 34 (1980), S. 677ff. NAPP-PETERS, A.: Ein-Elternteil-Familien, München 1985. NEUBAUER, E.: Alleinerziehende Mütter und Väter, Stuttgart u. a. 1988. NEUMANN, G.: Die große Mutter, Zürich 1956. OERTER, R.: Der ökologische Ansatz. In: Oerter, R./Montada, L. (Hg.): Entwicklungspsychologie, Weinheim/München [2]1987, S. 87ff. OUBAID, M.: Das Mutterdilemma. In: Psych. Heute 14 (1987), 2, S. 22ff. PAPOUŠEK, M.: Wurzeln der kindlichen Bindung an Personen und Dinge: Die Rolle der integrativen Prozesse. In: Eggers, Ch. (Hg.): Bindungen und Besitzdenken beim Kleinkind, München/Wien/Baltimore 1984, S. 155ff. PASERO, U./PFÄFFLIN, U. (Hg.): Neue Mütterlichkeit, Gütersloh 1986. PESTALOZZI, J. H.: Wie Gertrud ihre Kinder lehrt (1801). Sämtliche Werke, Bd. 13, Berlin/Leipzig 1932, S. 181ff. PESTALOZZI, J. H.: Das Buch der Mütter (1803). Sämtliche Werke, Bd. 15, Zürich 1958, S. 341ff. PHILLIPS, J. A.: Eva. Von der Göttin zur Dämonin, Stuttgart 1987. PROSS, H.: Die Wirklichkeit der Hausfrau, Reinbek 1975. RAPIN, H. (Hg.): Frauenforschung und Hausarbeit, Frankfurt/New York 1988. RAPPARD, I. v.: Die Bedeutung der Mutter bei J. H. Pestalozzi, Bonn 1961. RAUH, H.: Frühe Kindheit. In: Oerter, R./Montada, L. (Hg.): Entwicklungspsychologie, München/Weinheim [2]1987, S. 131ff. RICH, A.: Von Frauen geboren. Mutterschaft als Erfahrung und Institution, München 1979. ROTMANN, M.: Über die Bedeutung des Vaters in der «Wiederannäherungs-Phase». In: Psyche 32 (1978), S. 1105ff. ROUSSEAU, J.-J.: Emil oder über die Erziehung (1762), Paderborn [3]1963. SCARR, S.: Wenn Mütter arbeiten,

München 1987. SCHENK-DANZINGER, L.: Entwicklung – Sozialisation – Erziehung, Wien 1984. SCHÜTZE, Y.: Die gute Mutter. Zur Geschichte des normativen Musters «Mutterliebe», Bielefeld 1986. SCHWARZER, A.: So fing es an! 10 Jahre Frauenbewegung, Köln 1981. STERN, D.: Mutter und Kind. Die erste Beziehung, Stuttgart 1979. SWIENTEK, CH.: «Ich habe mein Kind fortgegeben». Die dunkle Seite der Adoption, Reinbek 1982. TYRELL, H.: Soziologische Überlegungen zur Struktur des bürgerlichen Typus der Mutter-Kind-Beziehung. In: Lebenswelt und soziale Probleme. Verhandlungen des 20. Deutschen Soziologentages in Bremen, Frankfurt/New York 1980, S. 417ff. WESEL, U.: Der Mythos vom Matriarchat, Frankfurt/M. 1980. WITTROCK, CH.: Weiblichkeitsmythen, Frankfurt/M. 1983. ZINSER, H.: Der Mythos vom Mutterrecht, Frankfurt/Berlin/Wien 1981.

Rita Marx/Friedrich Rost

Mutter, alleinerziehende → Mutter
Mütterberatung → Elternbildung
Mutterbild → Mutter
Mutter-Kind-Beziehung → Mutter
Mütterlichkeit, geistige → Frauenbildung
Mutterliebe → Mutter
Mutterrechtstheorie → Mutter
Mythologie (der Kindheit) → Kindheit

N

Nachahmung → Simulation; → Vorbild
Nachwuchsbedarfsforschung → Bildungsplanung
Nationalpädagogik → Elementarunterricht
Netz → Struktur

Neuhumanismus

Zum Begriff. Mit dem Wort «Humanismus» ist eine spezifisch pädagogische Bedeutung als Bildungsidee oder didaktisch-schultheoretisches Programm schon früh verbunden, doch ist diese Verbindung nicht zwingend. Andere Bedeutungen, so als Bezeichnung einer Gelehrtenbewegung, einer Epoche, als politisch-gesellschaftlicher und philosophischer Begriff, sind ebenfalls geläufig (vgl. MENZE u. a. 1974). Die Fülle der Bedeutungen erschwert eine Begriffsbestimmung, doch legen Wortsinn und Verwendungstradition es nahe, anzunehmen, daß überall, wo das Wort verwendet ist, dem Menschen eine Würde zugesprochen wird, die er allein durch sein Menschsein besitzt und die unaufhebbar ist.

Während die Begriffe «Humanist» und «humanistisch» in Deutschland schon im 18. Jahrhundert gebräuchlich waren und, romanischem Sprachgebrauch folgend, den Kenner und Liebhaber der alten Sprachen und Literaturen und sein Tätigkeitsfeld bezeichnen, erschien «Humanismus» zuerst 1808 bei NIETHAMMER (vgl. 1968). Dieser nannte so die Theorie des «älteren Unterrichtssystems», nämlich der Lateinschule, die auf die alten Sprachen und die klassischen Autoren das Hauptgewicht legte, im Gegensatz zur Aufklärungspädagogik (→ Aufklärung), die den gemeinnützigen Kenntnissen den Vorzug gab und für die er den Begriff «Philanthropinismus» prägte.

Zur Epochenbezeichnung für die Gelehrtenbewegung von Petrarca bis Erasmus und damit zum literaturgeschichtlichen Äquivalent für den kunst- und kulturgeschichtlichen Begriff «Renaissance» wurde «Humanismus» erst 1859 durch den Titel eines Buches von Voigt. Der Begriff «Neuhumanismus» hat nur in geringem Maße Anteil an der Bedeutungsvielfalt des Begriffes «Humanismus». Er ist vor allem eine fest umrissene Kategorie der deutschsprachigen Pädagogik und bezeichnet sowohl eine Epoche in der Geschichte des deutschen Bildungswesens, nämlich die Zeit um 1800, als auch die Bildungstheorie der deutschen Klassik und ihre Wirkungsgeschichte. Hier ist er unlösbar verbunden mit dem Namen W. v. Humboldts, seines bedeutendsten Repräsentanten. Die Neuhumanisten selbst haben den Begriff freilich noch nicht benutzt. Er wurde erst 1885 im Rückblick auf sie von PAULSEN (vgl. 1960) geprägt.

Der alte Humanismus. Will man das «Neue» am Neuhumanismus bestimmen, muß man auch auf das historische Phänomen Humanismus eingehen, also auf die Gelehrtenbewegung zu Beginn der Neuzeit. Ist der Begriff auch spät, so hebt er doch ein wesentliches Moment dieser Bewegung hervor. Er bezeichnet die Rückwendung erst einzelner, dann einer sozialen Schicht in Europa zum griechisch-römischen Altertum als einer vollendeten und darum beispielhaften Verwirklichung der im Menschen angelegten Möglichkeiten. Die Rückwendung erfolgte zunächst zu den Römern, die ihrerseits auf die Griechen verwiesen. Denn indem die Römer die griechische Dichtung, Beredsamkeit und Philosophie rezipiert hatten, schufen sie unter ständiger Auseinandersetzung mit ihren Vorbildern in diesen Gattungen gleichrangige Werke. Dabei hatten sie die Ausdrucksfähigkeit ihrer eigenen Sprache so weit entwickelt, daß die lateinische Sprache dem Griechischen ebenbürtig wurde. Mehrsprachigkeit, dadurch bewirkte Selbstdistanzierung und kulturelle Kommunikation über die Grenzen des eigenen Sprachraums hinweg wurden so zu Bedingungen geistiger Bildung gemacht. Zwischen dem Verhältnis der Römer zu den Griechen und dem der Humanisten seit Petrarca zu den Römern besteht eine Analogie. Die Humanisten empfanden das Menschentum der Römer als vollendet und studierten, interpretierten und verbreiteten die römische Literatur mit dem Ziel der Vergegenwärtigung und Erneuerung dieses Menschentums. Bei Petrarca wiederholte sich die Wirkung der Orientierung der Römer an den Griechen. Wie der Römer Cicero dank seines Studiums der Griechen der lateinischen Sprache und Beredsamkeit die Form hatte geben können, die den Humanisten als klassisch galt, so führte jetzt Petrarcas Studium Ciceros zu einer Erneuerung des ciceronianischen Lateins, zu einer neuen Produktivität in den antiken literarischen Formen und, jedenfalls in den romanischen Ländern, auch zu einer kräftigen Blüte der nationalen Sprachen und Literaturen. Es ist gebräuchlich, wenn auch einseitig, es als das wesentliche Merkmal der Humanisten zu betrachten, daß sie bei ihrer eigenen literarischen Tätigkeit die Sprache Ciceros als Norm anerkannten. Einseitig ist es deswegen, weil sie mit der Wiederaufnahme der «studia humanitatis» mehr erneuern wollten als eine bestimmte Sprachform, nämlich auch das Studium der griechischen Sprache und Literatur, die Pflege von Beredsamkeit und Poesie nach antiken Mustern, die Beschäftigung mit der antiken Philosophie und nicht zuletzt eine Lebensform, für die ebenfalls Cicero das Vorbild war. Als deren Charakteristika galten: sittliche Integrität, Zuwendung zu Künsten und Wissenschaften, Freude an der geschliffenen Formulierung und am geistigen Austausch mit Gleichgesinnten, Toleranz gegenüber Andersdenkenden, Milde und Nachsicht zu Untergebenen. Humanitas – Menschlichkeit – bezeichnete nun nicht mehr wie im Mittelalter die menschliche Schwäche und Sündhaftigkeit, gemessen an der Allmacht und Vollkommenheit Gottes, sondern vor allem die positiven Möglichkeiten, die im Wesen des Menschen angelegt sind. Erasmus war der letzte, der hoffen konnte, daß mit dem Studium der Sprachen der Weg geöffnet sei zu einer umfassenden Erneuerung des geistlichen und weltlichen Lebens. Die Erneuerung erfolgte dann durch Reformation und Gegenreformation, allerdings anders, als Erasmus es gewünscht hatte.

Dem Humanismus als Gelehrtenbewegung entsprach eine Schultheorie, die sich seit der Reformation freilich nur in dem durch die konfessionellen Festlegungen bestimmten engen Spielraum bewegen konnte. In Sturms Definition des humanistisch-reformatorischen Bildungsideals «sapiens atque eloquens pietas» war dies deutlich zu erkennen. Der humanistischen Eloquentia wurde eine dienende Rolle zugewiesen. Zusammen mit der Sapientia, die scholastischer Tradition entstammt, versetzte sie die durch die Glaubenssätze der jeweiligen Konfession inhaltlich bestimmte Pietas in die Lage, sich argumentativ zu behaupten. Nun, als es lebensgefährlich wurde, an den Glaubensinhalten zu deuteln, blieb dem Schulhumanismus nur die Pflege des Formalen, der reinen Sprache, der Poesie und Beredsamkeit nach den Regeln der Kunst. Solange Latein noch Sprache der Wissenschaft war, ließ sich der Formalismus der Lateinschulen als Berufsbildung der Gelehrten verteidigen. Sobald im 17. Jahrhundert die Nationalsprachen das Lateinische als Medium der wissenschaftlichen Kommunikation abzulösen begannen, verlor der Schulhumanismus auch dieses letzte Argument. Den Attacken der Aufklärungspädagogik war er wehrlos ausgesetzt.

Historische Voraussetzungen des Neuhumanismus. Der Neuhumanismus ist mit der deutschen Geistesgeschichte eng verbunden, doch war er die nationale Form einer Bewegung, die ganz Europa umfaßte. Um 1700 begann in England, Holland und auch in Frankreich ein neues Interesse an den Griechen zu erwachen. Bald danach entstand in Deutschland eine Altertumswissenschaft, die sich von den älteren «studia humanitatis» durch eine Bevorzugung der Griechen vor den Römern und der Dichtung vor der Beredsamkeit unterschied. Die ersten großen Vertreter dieser Wissenschaft waren Gesner, Heyne und Wolf. Bei ihnen bildete sich mehr und mehr eine spezifisch philologische Einstellung heraus. Sprache und Literatur wurden nicht mehr als Regelsysteme gesehen, sondern als historische Phänomene, deren einzelne Objektivierungen es in ihrer Eigenart zu verstehen galt.

Träger des Neuhumanismus wurde in Deutschland das gebildete Bürgertum des protestantischen Nordens und Südwestens. Diese Schicht, deren Empfindsamkeit durch den Pietismus geweckt, aber nicht befriedigt worden war, suchte außerhalb der Enge der kirchlichen und ständischen Bindungen ein neues Identifikationsobjekt. Sie fand es mit Rousseau in der Natur und mit Winckelmann in den Griechen, dem Volk, das, wie es damals schien, der Natur noch ganz nahegestanden hatte und dessen geniale Künstler ihre Inspiration unmittelbar von der Natur empfangen hatten. Der Hinwendung zu den Griechen (übrigens auch zu den als geistesverwandt empfundenen Engländern) entsprach eine Abwendung von der bis dahin erdrückend dominanten französischen Literatur mit ihrer strengen Regelhaftigkeit, von der höfischen Kultur und bei vielen auch von einem konfessionell gebundenen Christentum. Bald waren für die Deutschen an die Stelle von Cicero und Quintilian, von Corneille und Racine als neue Leitbilder Homer und Pindar, Ossion und Shakespeare getreten. Doch darf die zeitgeschichtlich zu erklärende antirömische und antifranzösische Tendenz nicht überbewertet werden. Wichtiger ist, daß der Neuhumanismus durch seine Neuorientierung an den Griechen einen bedeutenden Beitrag zur Entwicklung der deutschen Kultur geleistet hat. Damit steht er im Zusammenhang der Deutschen Bewegung der Jahrzehnte um 1800, in die die literarischen Epochen von Sturm und Drang über die Klassik zur Romantik ebenso gehören wie die Philosophie des Deutschen Idealismus und die Staats- und Bildungskonzeptionen der preußischen Reformzeit. Nur in diesem Zusammenhang kann die wissenschaftstheoretische wie auch die bildungstheoretische Leistung des Neuhumanismus voll gewürdigt werden. Über die Bildungstheorie wird noch zu sprechen sein; wissenschaftstheoretisch überführte er die Beschäftigung mit Sprache und Literatur aus einem instrumentalen oder imitierenden in ein historisch-reflektierendes Verständnis. Dadurch konnte er die Altertumsstudien aus ihrer dienenden Funktion für Theologie, Jurisprudenz und Rhetorik lösen und als Philologie verselbständigen. Diesem Vorbild folgte im 19. Jahrhundert die Entwicklung eigenständiger Philologien der modernen Sprachen und Literaturen.

Humboldt und die Griechen. Für die Bildungsgeschichte war Humboldt der Repräsentant des neuen griechisch-deutschen Humanismus. Er trug sowohl zur wissenschaftstheoretischen als auch zur bildungstheoretischen Leistung des Neuhumanismus bei. Humboldt stellte 1793 in seiner Schrift «Über das Studium des Alterthums und des Griechischen insbesondere» (v. Humboldt 1903 a) nicht wie Winckelmann den ästhetischen Gewinn aus der Beschäftigung mit den Griechen in den Vordergrund, sondern den Zuwachs an historischer Erkenntnis. Doch war ihm wohl bewußt, daß «historisch» hier nicht im Sinn der Geschichtswissenschaft gemeint sein konnte. Denn das Bild von den Griechen, zu dem das von ihm postulierte Studium führen sollte, war «idealisch», eine Abstraktion von allem Individuellen. Es hob wenige Wesenszüge hervor, und zwar vor allem solche, durch die sich die griechische Kultur von derjenigen der Gegenwart unterschied.

Humboldts Kerngedanke war, daß die Griechen als «eine anfangende Nation», auch dank ihrer Begabung, die Idee der Humanität besonders rein verwirklichen konnten. Der moderne Mensch, der in eine national, konfessionell, ständisch und beruflich gegliederte Gesellschaft hineingeboren ist, kann durch das Studium der Griechen erfahren, was Menschsein eigentlich bedeutet. Die pädagogischen Implikationen dieses Gedankens sah Humboldt in dieser frühen Schrift allerdings noch nicht.

Die Beschränkung des Studiums auf die Griechen hatte für ihn teils in der Sache liegende, teils aber auch nur methodische Gründe. Das Studium der Griechen sollte ein an einem freilich besonders geeigneten exemplarischen Objekt vollzogenes «Studium des Menschen überhaupt» sein. Einerseits könnte die Erforschung der Vergangenheit anderer Nationen ergeben, daß auch sie exemplarischen Charakter besäßen, und andererseits könnte die geistige Entwicklung der neueren Völker die Griechen als exemplarische Nation entbehrlich machen. Als Schiller zu Humboldts Schrift bemerkte, die Zeit werde kommen, da man die Griechen nicht mehr nötig habe, nannte Humboldt das eine «genievolle Idee» (v. Humboldt 1903 a, S. 261). Goethe galt für Humboldt wie für Schiller als Beispiel eines Menschen, dem unter den Bedingungen der Gegenwart die Realisierung der Idee der Humanität gelungen war (vgl. v. Humboldt 1904 a, S. 191ff); wer Goethe – oder weiter gefaßt: die Literatur der deutschen Klassik – studierte, der bedurfte also im Grunde schon nicht mehr des Studiums der Griechen.

Die Theorie der Bildung. Die Leistungen auf dem Gebiet der Altertumswissenschaft sicherten dem Neuhumanismus eine überragende Stellung bei der Gründung der Universität Berlin (1810), mit der Humboldt den in Halle (1694) begonnenen und in Göttingen (1737) weitergeführten Prozeß der Universitätserneuerung abschließen konnte. Vor allem aber war damit die Voraussetzung für einen nicht mehr von der Theologie abhängigen Stand der Gymnasiallehrer gegeben. Daß die Lehrer des Gymnasiums sich als Stand der «Philologen» konstituierten – ein Titel, der bis heute festgehalten wurde, obschon viele Gymnasiallehrer keine Philologen mehr sind (und schon gar keine Altphilologen) –, hatte die wissenschaftstheoretische Leistung des Neuhumanismus als unabdingbare Voraussetzung. Das Studium der Altertumswissenschaft als die grundlegende Berufsvorbereitung für angehende →Lehrer festzulegen, mußte allerdings noch einen anderen, spezifisch pädagogischen Rechtsgrund haben. Er verweist auf die bildungstheoretische Leistung Humboldts, die in der Geschichtsschreibung der pädagogischen Theorie wie auch der des Bildungswesens umstritten geblieben ist. Problematisch wird der Zusammenhang vielfach darum beurteilt, weil die von der Aufklärungspädagogik eingeleiteten ersten Schritte zu einer selbständigen, auch schon empirisch orientierten Wissenschaft von der Erziehung nicht weiterverfolgt wurden. Humboldt verstand die Pädagogik als in den klassischen Studien enthalten. Um dieser impliziten Pädagogik willen – und nicht etwa im Sinne einer Fachlehrerausbildung – sollten Gymnasiallehrer die Altertumswissenschaften studieren. Von daher gesehen erschien die klassische Philologie in ihrem Kern als eine Gymnasium und Universität verbindende *Bildungswissenschaft*. Das abwertende Urteil, der Neuhumanismus habe die Erziehungswissenschaft in ihrer Entwicklung gehemmt und für fast ein ganzes Jahrhundert in die Rolle eines Statussymbols für Volksschullehrer abgedrängt, unterschlägt die Möglichkeit, den Neuhumanismus selber als eine Theorie der →Bildung des Menschen zu verstehen. Tatsächlich ist diese Möglichkeit von der späteren klassischen Philologie nie realisiert worden. Gleichwohl beruht der Platz, der dem Neuhumanismus in der Geschichte der →Pädagogik gebührt, im wesentlichen auf Humboldts bildungstheoretischer Leistung.

Die Aufklärungspädagogik war daran interessiert gewesen, Erziehung an die objektiven Anforderungen des gesellschaftlichen Lebens, prospektiv im Sinne des Fortschrittsglaubens ausgelegt, zu orientieren. Der Neuhumanismus fragte demgegenüber nach dem Verbleib des Menschen, wendete den pädagogischen Gesichtspunkt auf das Subjekt und bezog die Möglichkeit von Bildung auf die →Individualität. *Sprache* wurde in diesem Zusammenhang als das Zentrum des Menschseins behauptet, und im Gegensatz zur Objektivierung der Ansprüche in einer strikten Berufs- und Standeserziehung gelang eine ebenso strikte formale Mediatisierung der Weltinhalte zur Bildung. Aber so schroff die Entgegensetzung in der pädagogischen Theorie wie auch in den schulorganisatorischen und didaktischen Folgerungen war, so blieb auch diese neuhumanistische Pädagogik der Intention nach eine aufklärerische: Freisetzung zu mündiger Vernünftigkeit sollte das Ziel der Erziehung sein. Was Kant in seiner berühmten, den Horizont der Erziehung weit überschreitenden Definition der Aufklärung als Ausgang des Menschen aus seiner selbstverschuldeten Unmündigkeit festgehalten hatte, galt auch für den Neuhumanismus. Nur waren die Folgerungen jetzt die entgegengesetzten: Gemeinnützigkeit, Ökonomie und Staat, auf die die Erziehung um der progressiven gesellschaftlichen Funktion willen orientiert worden war, wurden nun distanzierter gesehen. Denn die faktische Unmündigkeit des Menschen wurde offensichtlich auch durch den Zwangscharakter der ständischen Gesellschaft bewirkt, durch Stand und Beruf, die dominierenden Kriterien der Aufklärungspädagogik. Am Ende des 18. Jahrhunderts waren die gegenaufklärerischen Wirkungen der Aufklärungspädagogik in vielerlei Hinsicht sichtbar; als *pädagogische* Antwort wurde das humanistische Prinzip der Bildung des Menschen um seiner selbst willen ins Feld geführt: «Denn der gemeinste Tagelöhner, und der am feinsten Ausgebildete muss in seinem Gemüth ursprünglich gleichgestimmt werden, wenn jener nicht unter der Menschenwürde roh, und dieser nicht unter der Menschenkraft sentimental, chimärisch und verschroben werden soll» (v. HUMBOLDT 1920, S. 278) – und als Postulat der Schulorganisation: «[...] nirgends einzelne Teile der Nation, sondern ihre ganze ungetrennte Masse vor Augen» (v. HUMBOLDT 1903 b, S. 205). Der hier sichtbar werdende gesellschaftskritische Akzent war allein begründet in einer Theorie der Individualität, in dem Pathos einer Auffassung, die nur das als →Wert für den Menschen akzeptierte, was dieser für sich selber ist. Der Quell aller Energien, mit denen der Mensch die zu seiner Selbstbehauptung erforderliche Konzentration zu leisten vermag, konnte dann nur in der individuellen Besonderung gesucht werden. Und von daher formulierte Humboldt die neuhumanistische These, daß Bildung die selbstlose Hingabe an eine sachliche Aufgabe verlange und daß der pädagogisch gebotene Respekt vor den jeweils individuellen Voraussetzungen kein Argument sein könne für die «feige Schwäche» des Individuums, den zufälligen Schwierigkeiten auf dem Wege zu sich selber auszuweichen (vgl. v. HUMBOLDT 1904 b, S. 93). Demnach aber mußte die objektive Bedeutung der Aufgaben, die dem Menschen im Interesse seiner Bildung angewiesen werden, zurücktreten hinter der Art ihrer Bewältigung. «Jede Beschäftigung», so folgerte Humboldt, «vermag den Menschen zu adeln, ihm eine bestimmte, seiner würdige Gestalt zu geben» (v. HUMBOLDT 1903 b, S. 118).

Der neuhumanistische Kampf gegen die von der Aufklärungspädagogik in den Vordergrund gehobenen Inhalte der technisch-ökonomischen Berufsausbildung ist also mißverstanden, wenn er von diesen Inhalten her begründet wird; ebenso ist es eine Fehlinterpretation, die alten Sprachen, das Griechische zumal, als die unabdingbare Materialisierung von Bildung zu denken. Freilich: Der ästhetische Charakter des neuhumanistischen Bildungsideals setzte das Griechenbild Winckelmanns voraus; auch die Fassung des Humanitätsbegriffs im Sinne des ursprünglichen Charakters der Menschheit war auf das zur Norm erhobene Griechentum unhintergehbar angewiesen. Nur so konnte eine Parallelität zum Rousseauschen Naturbegriff entstehen. Aber so, wie für Rousseau «Natur» keine genetische Vorgabe, sondern ein moralischer Auftrag war, so bedeuteten auch für den Neuhumanismus die Griechen keine letztverbindliche Auskunft. Wo immer die Neuhumanisten ihre Bildungstheorie schulpolitisch ins Gespräch bringen konnten, votierten sie gegen mathematisch-ökonomische Realschulen, gegen Bürger- und Mittelschulen, gegen Industrie-, Arbeits- und Bauernschulen. Sie wandten sich *nicht* – wie vielfach behauptet – gegen berufliche Fachschulen; im Gegenteil, sie förderten sie, doch wiesen sie ihnen einen zwar ökonomisch wichtigen, aber jenseits der Pflichtschulzeit liegenden Platz an. Gleichzeitig wandten sie sich gegen jede *Vermengung* von allgemeiner und beruflicher Bildung, was aber in der gegebenen historischen Lage nichts anderes hieß als ein Votum gegen die aufklärungspädagogische Gleichsetzung von Erziehung und Berufserziehung, also gegen die Konsequenz, die Berufsperspektive des Kindes bereits vom ersten erzieherischen Eingriff an vorherbestimmen und durch den Geburtsstand des Kindes als vorherbestimmt ansehen zu müssen. Dieser letztere Gesichtspunkt verweist auf den wahren Bestimmungsgrund neuhumanistischer Bildungstheorie. Vom Prinzip der Individualitätsbildung her gab (und gibt) es keine Einschränkung für die Mediatisierung der Weltinhalte zu möglichen Aufgaben der Selbstbildung. Wenn Humboldt anmerkte, ein wenig Griechisch gelernt zu haben sei auch für einen Tischler nicht unangebracht, so stellte er das wie selbstverständlich auf die gleiche Stufe mit der Bedeutung, die das Tischlern gelernt zu haben für einen Gelehrten ausmachen könne (vgl. v. Humboldt 1920, S. 278) – der Bildungswert mußte als gleich beurteilt werden, eben weil «jede Beschäftigung» den Menschen zu adeln vermag. Zu dieser Aussage stand nicht in Widerspruch, daß Humboldt bei der Reform des preußischen Unterrichtswesens 1810 versuchte, den Lehrplan des neuen, aus der althumanistischen Lateinschule hervorgegangenen Gymnasiums auf die Kernfächer Griechisch, Latein, Deutsch, Mathematik zu konzentrieren und die neue Elementarschule, die das überlieferte religiöse Armenschulwesen ebenso wie die aufklärerische Industrieschule ablöste, auf Pestalozzis Methode (Zahl, Form, Wort) zu verpflichten. Denn beide einschränkenden Bestimmungen – Vorrang des Sprachunterrichtes und didaktische Auszeichnung formal bildender Akzente gegenüber allen materialen Verwertungsinteressen – waren durch die Substanz der neuhumanistischen Bildungstheorie geboten. Zwar mußte der radikal individualitätstheoretisch begründete Ansatz zur Mediatisierungsthese und damit zur Gleichwertigkeit aller Weltinhalte für den Bildungsprozeß führen, gleichwohl war der Sprache gerade in diesem Kontext eine besondere Stellung sicher: Sprachliche Grundformen bedeuten zunächst – wie alle anderen Weltinhalte auch – Schranke für das lernende Individuum, an dem sich die → Subjektivität abarbeiten muß. Im Unterschied zu anderen Weltinhalten aber ist das, was in der Sprachform den Menschen beschränkt und bestimmt, in die Sprache hineingekommen aus menschlicher, mit der Subjektivität des Lernenden innerlich zusammenhängender Natur – Fremdheit nur für die ungeformte individuelle, nicht für die «ursprünglich wahre Natur des Menschen».

Deutungen und Wirkungen. Die mit diesem Vorrang des Sprachunterrichtes – der als solcher noch keine bestimmte Sprache auszeichnete – gesetzte Begrenzung auf Disziplinen, deren gesellschaftliche Verwertungsmöglichkeiten sehr weit und eher unbestimmt gezogen waren, gibt den Blick frei auf die bewegenden Motive: Die neuhumanistische Abgrenzung lag nicht zwischen «Allgemeinem» und «Speziellem» – die didaktisch bevorzugten sprachlichen und mathematischen Disziplinen stellen ebenso spezielle Aufgaben und Probleme wie irgendwelche anderen Fächer. Sie lag auch nicht, jedenfalls nicht von den Inhalten her gesehen, zwischen den allen Menschen und den nur bestimmten Berufsgruppen abzuverlangenden Lernleistungen – sehr viele Inhalte, die für alle Menschen zur Weltbewältigung eine allgemeine Bedeutung besitzen, gehörten nicht zum neuhumanistisch ausgewiesenen Lehrkanon, während andererseits der langjährige, konzentrierte Unterricht in den alten Sprachen für einen Teil der Schüler immer zugleich auch Berufsbildung war. Die Disjunktion Allgemeinbildung/Spezial- oder Berufsbildung versagt also zur Kennzeichnung der Problemstellung. Tatsächlich ging es dem Neuhumanismus auch um etwas anderes, nämlich um den Widerstand des Menschen gegen die Unterwerfung unter die sozialen Mechanismen.

Deshalb suchte er «Bildung» antithetisch zur gesellschaftlichen Determination zu fassen, den Menschen auszurüsten, sich als Subjekt seiner Taten erfahren und behaupten zu können auch innerhalb einer fremdbestimmten Welt. Darin lag ein konservatives und zugleich revolutionäres Moment, wodurch bis heute sehr unterschiedliche Interpretationen nahegelegt sind. Ein konservatives Moment machte sich insofern geltend, als der Heranwachsende in die → Tradition als unverzichtbares Erbe eingewiesen wurde – die alten Sprachen erhielten einen Vorrang nicht etwa nur deshalb, wie später eine kleinmütige Didaktik glauben machen wollte, weil an ihrer Grammatik das logische Denken entwickelt werde, sondern weil es sich um eine menschlich bedeutsame Überlieferung handelt. Revolutionär aber können die Folgerungen der Bildungstheorie ausgelegt werden, weil der gegenwärtige Zustand um der Zukunft willen in Frage gestellt war. Heydorn hat das den subversiven Charakter des Neuhumanismus genannt: Außerhalb des unmittelbaren Zugriffs der Herrschenden konnte über die Versenkung in die Exempla unbeendeter Geschichte eine Dialektik der Befreiung thematisch bleiben. «Die Separation der Bildung von der gesellschaftlichen Wirklichkeit ist daher nicht illusionär, sondern vielmehr als ein Versuch zu verstehen, dem Menschen ein wie auch immer bedrohtes Versteck zu retten» (HEYDORN 1970, S. 117). Eine so verstandene gesellschaftskritische Qualität der Bildungstheorie wird in der Humboldt- und Neuhumanismus-Literatur sehr unterschiedlich betont, kaum aber gänzlich bestritten. Weitgehende Übereinstimmung besteht darin, daß die geistesaristokratisch-elitäre Seite das subversive Element der Distanz fast mühelos in eine unpolitische Rückzugsposition einbringen konnte: die privatistische Konsequenz des Neuhumanismus. Sie ließ immer wieder vergessen, daß die pädagogische Distanz gegenüber den gesellschaftlichen Zumutungen an die →Jugend primär eine Frage der Vermittlung sein mußte, das Kriterium, welches →Erziehung von →Indoktrination zu unterscheiden gestattet, nicht aber an ganz bestimmte Inhalte gebunden ist. So schloß an den Neuhumanismus die Ideologie der sogenannten →Allgemeinbildung an, der Versuch, unter dem sozialstrukturellen Druck der industriellen Entwicklung einerseits immer neue inhaltlich definierte Sachfelder (moderne Sprachen, Naturwissenschaften, Sozialwissenschaften, Ökonomie, Technik) als «allgemeinbildend» auszuweisen, andererseits diese dann für weiterführende Schullaufbahnen zu reservieren und von der Berufsausbildung der unterprivilegierten Mehrheit abzugrenzen. Unter dem Gesichtspunkt dieser Entwicklung sind Urteile der Art zu sehen, der Neuhumanismus habe die Berufsausbildung aus dem pädagogischen Aufmerksamkeitshorizont verdrängt, er drücke eine Kriegserklärung an die moderne Arbeitswelt (vgl. LITT 1958) aus, er legitimiere die Ignoranz der Gebildeten gegenüber naturwissenschaftlich-technisch-ökonomischen Sachverhalten, er sei für Beharrung des Schulwesens bei vorindustriell-undemokratischen Strukturen haftbar und auf sein Konto gehe die unzeitgemäße Bildungsmetaphysik und das Technologiedefizit der deutschen Pädagogik. Dem werden von der Seite strengerer Forschung entgegengestellt Humboldts Lehre und Bild vom Menschen (vgl. MENZE 1965) und die daraus abzuleitende originäre Struktur der Bildungstheorie. Dann aber war schon der von Humboldts Mitarbeiter Süvern verfaßte Entwurf zu einem preußischen Unterrichtsgesetz von 1819 eine kompromißlerische Verfälschung neuhumanistischer Intentionen (vgl. MENZE 1975, S. 348ff). Die reale Wirkungsgeschichte erscheint dann überhaupt nur noch als eine Geschichte des Verfalls.

Humanistische Bildung als Garant bürgerlicher Privilegien ist eine Karikatur des Gemeinten. Diese Karikatur entspricht zugleich auch der Deformation von Ausbildungskenntnissen zu fachlicher Borniertheit. Dahin gehende Einsichten sind indessen gebunden an die lebendige Kraft der weiterwirkenden neuhumanistischen Tradition – darum ist die Überlieferung nicht allein als Verfallsgeschichte begreifbar. Der Prozeß der Ablösung des Humanismusverständnisses von den alten Sprachen kann vielmehr selber als ein Triumph des bildungshumanistischen Prinzips gedeutet werden: Nicht nur moderne Sprachen und Naturwissenschaften mußten ihren Platz in den allgemeinbildenden Schulen über eine von dieser Bildungstheorie angeleitete Argumentation legitimieren, sondern zu Beginn des 20. Jahrhunderts auch die Berufsausbildung bei ihrem Einzug in die öffentlich garantierte Pflichtschulzeit. Spranger, selber ein bedeutender Interpret der Humboldtschen Humanitätsidee, entwickelte mit den neuhumanistischen Kategorien der Individualität, Universalität und Totalität eine Theorie der Bildung durch den Beruf. Diese Berufsbildungstheorie trug entscheidend dazu bei, daß sich die deutsche Pflichtschule ungeachtet ihrer spezifisch berufsqualifizierenden Funktionen als Bildungsschule verstehen und damit die Rückkehr der Berufsausbildung aus rein ökonomischen in pädagogische Zuständigkeiten einleiten konnte. Humboldt hatte um der Distanz von der gesellschaftlichen Deformation des Menschen willen die Lehrinhalte der Schule an Wissenschaften orientiert; Wissenschaftspropädeutik erschien als eine →Propädeutik auf das Reich der Freiheit. Aus dem gleichen Grunde hatte er das berufliche Qualifikationswissen aus dem Pflichtunterricht verdrängt, ohne einen möglichen Bildungssinn vom Prinzip her zu leugnen. Die industrielle Gesellschaft hat aber nun gerade das Verwertungsinteresse an der Wissenschaft als Produktivkraft und zugleich den Wissenschaftscharakter beruflicher Technologien hervorgebracht und zunehmend verstärkt. Unter diesen gegenüber Humboldts Annahmen völlig veränderten Voraussetzungen der Wissenschaftslage ist es möglich, die Integration von allgemeiner und beruflicher Bildung in der Sekundarstufe II humanistisch zu legitimieren. Denn das überlieferte Bildungsdenken mit seinem Postulat der Distanzierung des Anpassungsdruckes verweist in der entfalteten Industriegesellschaft auf eine politische Kritik von Wissenschaft und Technologie auch als Instrumente gesellschaftlicher Herrschaft – das aber ist nicht sinnvoll differenzierbar auf →Allgemein- und Berufsbildung. So ermöglicht eine problemgeschichtliche Vergegenwärtigung und systematische Nutzung der Tradition des Neuhumanismus eine Argumentation, der zufolge inmitten der technisch-wissenschaftlichen Zivilisation und unter Bejahung aller ihrer Bedingungen die Pädagogik beim Widerstand gegen die Funktionalisierung des Menschen festzuhalten ist. Eine solche Interpretation zielt darauf ab, die Wahrheit dessen, was der Neuhumanismus unter dem Begriff der allgemeinen Menschenbildung zu fassen suchte, in einer den Prinzipien der Bildung freigegebenen Berufsausbildung zu sehen. Das wäre die Rückkehr der Bildung zu sich selber.

BLANKERTZ, H.: Bildung im Zeitalter der großen Industrie. Pädagogik, Schule und Berufsbildung im 19. Jahrhundert, Hannover u. a. 1969. HEYDORN, H. J.: Über den Widerspruch von Bildung und Herrschaft, Frankfurt/M. 1970. HEYDORN, H. J.: Wilhelm von Humboldt. In: Heydorn, H. J./Koneffke, G.: Studien zur Sozialgeschichte und Philosophie der Bildung, Bd. 2, München 1973, S. 57ff. HUMBOLDT, W. v.: Über das Studium des Altertums, und des Griechischen insbesondere. W. v. Humboldts Gesammelte Schriften, hg. v. der Königlich Preußischen Akademie der Wissenschaften, Bd. 1, Berlin 1903, S. 255ff (1903 a). HUMBOLDT, W. v.: Bericht der Sektion des Kultus und Unterrichts (1809). W. v. Humboldts Gesammelte Schriften..., Bd. 10, Berlin 1903, S. 199ff (1903 b). HUMBOLDT, W. v.: Ideen zu einem Versuch, die Grenzen der Wirksamkeit des Staates zu bestimmen. W. v. Humboldts Gesammelte Schriften..., Bd. 1, Berlin 1903, S. 97ff (1903 b). HUMBOLDT, W. v.: Aesthetische Versuche. W. v. Humboldts Gesammelte Schriften..., Bd. 2, Berlin 1904, S. 113ff (1904 a). HUMBOLDT, W. v.: Das achtzehnte Jahrhundert. W. v. Humboldts Gesammelte Schriften..., Bd. 2, Berlin 1904, S. 1ff (1904 b). HUMBOLDT, W. v.: Der Königsberger und der Litauische Schulplan. W. v. Humboldts Gesammelte Schriften..., Bd. 13, Berlin 1920, S. 259ff. LITT, TH.: Das Bildungsideal der deutschen Klassik und die moderne Arbeitswelt, Bonn 1958. MENZE C.: Wilhelm von Humboldts Lehre und Bild vom Menschen, Ratingen 1965. MENZE, C.: Die Bildungsreform Wilhelm von Humboldts, Hannover u. a. 1975. MENZE, C. u. a.: Humanismus, Humanität. In: Ritter, J./Gründer, K. (Hg.): Historisches Wörterbuch der Philosophie, Bd. 3, Basel/Stuttgart 1974, S. 1217ff. NIETHAMMER, F. I.: Der Streit des Philanthropismus und Humanismus in der Theorie des Erziehungsunterrichts unserer Zeit (1808), Weinheim 1968. PAULSEN, F.: Geschichte des gelehrten Unterrichts auf den deutschen Schulen und Universitäten vom Ausgang des Mittelalters bis zur Gegenwart, Bd. 2 (1885), Berlin 1960. SPRANGER, E.: Wilhelm von Humboldt und die Humanitätsidee, Berlin 1909. SPRANGER, E.: Berufsbildung und Allgemeinbildung. In: Kühne, A. (Hg.): Handbuch für das Berufs- und Fachschulwesen, Leipzig 1922, S. 24ff.

Herwig Blankertz / Kjeld Matthiessen

Neurose → Verhaltensstörung
Norm → Erziehungsziel; → Pädagogik, normative; → Struktur; → Wert
Normativität → Handeln; → Pädagogik, normative
Normativitätsproblem → Erziehungswissenschaft, Kritische; → Pädagogik, normative
Normbegründung, rationale → Wert
Normenkonflikt → Pädagogik, normative
Nutzwertanalyse → Evaluation

O

Oberschule → Bildungssystem (Bundesrepublik Deutschland)
Oberstufe, gymnasiale → Bildungssystem (Bundesrepublik Deutschland)
Objektivität → Forschungsmethode; → Test
Ödipuskomplex → Mutter; → Pädagogik, psychoanalytische; → Vorbild
Offenheit (des Menschen) → Bildsamkeit
Ökonomie (des Bildungswesens) → Bildungsökonomie
Ökopädagogik → Umwelterziehung
Ontologie → Pädagogik, phänomenologische
Operationalisierung (von Lernzielen) → Lernziel
Optimierung, zweckrationale → Evaluation
Ordnung, rituelle → Ritual
Ordnung, soziale → Institution
Organisation → Struktur
Orientierung, berufliche → Berufswahl
Orientierung, religiöse → Erziehung, religiöse
Orientierungsphase (der Lehrerausbildung) → Lehrerausbildung
Orientierungsstufe → Bildungssystem (Bundesrepublik Deutschland)

P

Pädagoge → Berufsfeld, außerschulisches (Pädagogen); → Erzieher; → Erziehungswissenschaft (Studium); → Lehrer; → Lehrerausbildung

Pädagogik – Erziehungswissenschaft

Begriff. Pädagogik (von griechisch pais agein, wörtlich: Führung des Knaben beziehungsweise Kindes vom Haus zur Übungsstätte) bezeichnet die Lehre, Theorie und die Wissenschaft von der Erziehung und Bildung nicht nur der Kinder, sondern seit dem Vordringen der Pädagogik in viele Bereiche der Gesellschaft auch der *Erwachsenen* in unterschiedlichen *pädagogischen Feldern* wie Familie, Schule, Freizeit und Beruf. Der Terminus wird umgangssprachlich synonym mit «Erziehungswissenschaft» (von althochdeutsch irziohan für «herausziehen») verwendet, obgleich die Einführung und Durchsetzung von «Erziehungswissenschaft» mit der Intention verknüpft war, den Übergang einer vorwiegend geisteswissenschaftlich ausgerichteten «Pädagogik» zu einer erfahrungswissenschaftlichen (empirisch-analytischen) und damit nach Auffassung der Vertreter dieser Richtung exakteren Disziplin anzuzeigen. Pädagogik als an den Universitäten und Hochschulen vertretene Wissenschaft hat nicht in allen Staaten den gleichen Stellenwert. So ist im angloamerikanischen Sprachraum die Nähe der Pädagogik zu den Herkunftsdisziplinen oft noch deutlicher (zum Beispiel: «Philosophy of Education» für «Allgemeine Pädagogik» beziehungsweise Erziehungstheorie), während zum Beispiel in Frankreich Forschung und Lehre über Erziehungs- und Bildungsprozesse als Bestandteil einer anderen Wissenschaft, der Soziologie, betrieben wird. Die Entstehung und Entwicklung der Pädagogik als Wissenschaft ist mit der deutschen Geistesgeschichte eng verknüpft und muß aus ihrem Kontext verstanden werden (→ Pädagogik, historische).

Geschichte. Die Wurzeln von → Erziehung, aber auch → Bildung als Prozessen der bewußten oder auch vorbewußten Einwirkung «Erwachsener» auf «Kinder» (→ Kindheit) sind nicht exakt rekonstruierbar. Je nachdem wie Erziehung und Bildung begriffen werden, fallen sie entweder mit der Entstehungsgeschichte der Menschheit zusammen oder liegen sogar dahinter zurück, wenn man an primäre Brutpflegevorgänge denkt. Pädagogik befaßt sich aber in der Regel nur mit Erziehung und Bildung als spezifisch menschlichen Tätigkeiten. In diesem Sinne hat Pädagogik als Erziehungsdenken, als Reden über Erziehung und Bildung eine bis an die Anfänge des alten Europa zurückreichende Tradition (vgl. BALLAUF/SCHALLER 1969/1970/1973; vgl. BLÄTTNER 1980, DOLCH 1971; vgl. PAULSEN 1896/1897; vgl. REBLE 1987). Als eigenständige Disziplin existierte Pädagogik in der europäischen Geschichte von Anfang an indessen nicht. So wurden pädagogische Überlegungen bei Platon und Aristoteles im Rahmen der Politik, bei Quintilian als Bestandteile der Rhetorik abgehandelt. Bei den Kirchenvätern, auch noch bei Thomas von Aquin oder in reformatorischen Schriften war das Erziehungsdenken Teil der Theologie. Beide, die politische und theologische Tradition haben den pädagogischen Diskurs in einer erheblichen, häufig unterschätzten Weise geprägt. So können die Einbeziehung der Erziehung in das Politische beziehungsweise in das Religiöse insofern als konkurrierende Prinzipien gesehen werden, als daß im Politischen die *sozialen* Ansprüche an die Erziehung zur Geltung kommen und im Religiösen die Verpflichtung der Erziehung, den *einzelnen* auf den Weg *seines* Heils zu bringen. Wenn in aktuellen Auseinandersetzungen über Erziehungs- und Bildungsfragen im 20. Jahrhundert wie beispielsweise im Streit um Lehrpläne oder Richtlinien bestimmten gesellschaftspolitischen Akzentuierungen der Pädagogik – gleich welcher politischen Ausrichtung – ein Eigenrecht des Kindes entgegengehalten wurde, dann war dieses genaugenommen nichts anderes als eine Wiederaufnahme der alten Polarität, die sich durch die griechische Tradition einerseits und die christliche andererseits in das europäische Erziehungs- und Bildungsdenken eingebracht hat.

Vor diesem Hintergrund findet Pädagogik als Wissenschaft ihren Entstehungsort historisch dort, wo die Orientierung der Menschen an einer gemeinsamen, christlichen Weltanschauung zu zerbrechen beginnt, das heißt mit der →Aufklärung. An dieser Stelle verloren zwei Instanzen ihre vormals die Erziehung normierende Kraft: das System der absoluten Herrschaft durch einen erblichen Adel und das ihn ideologisch legitimierende System des Klerus als Verwalter des Religiösen. Das dadurch entstandene normative Vakuum für die Erziehung bedurfte einer neuen Füllung. Auf der Folie des sich bahnbrechenden «sapere aude!» («wage zu wissen!») entstand so eine Beschäftigung mit Erziehung und Bildung, die unter dem Anspruch objektiver Wahrheit und Gewißheit sich erbot, die konkurrierenden Interessen der Gesellschaft und des Individuums an dessen Erziehung aufzuklären und Handlungswissen bereitzustellen: Pädagogik als Wissenschaft. Ihr Orientierungsanspruch richtete sich dabei wiederum auf beide Seiten, auf die des Individuums und der Gesellschaft. Dabei müssen zwei Erscheinungen beachtet werden: Durch den Zerfall der Produktionsfamilie (Ort des Familienlebens und des Berufslebens sind identisch) (→ Familie – Familienerziehung) verlor der → Vater weite Teile seiner Erziehungs- und Bildungsfunktion. An seine Stelle setzte sich der «Vater» Staat mit der Etablierung eines Erziehungs- und Bildungssystems (Schulpflicht), für dessen Aufbau und Funktionssicherung er sich des Orientierungswissens einer auch technisch verstandenen Wissenschaft von der Erziehung bediente. Die Etablierung einer staatlich unterhaltenen Pädagogik als Wissenschaft an staatlichen Universitäten war deshalb folgerichtig. So wurde der erste Lehrstuhl für Pädagogik bereits im 18. Jahrhundert eingerichtet. Im 19. Jahrhundert entfaltete sich die pädagogische Disziplin insbesondere dadurch, daß sie Funktionen bei der Ausbildung des Lehrpersonals übernahm, das an die Stelle des Vaters getreten war. Die staatlichen Interessen an der Erziehung und Bildung der nachwachsenden Generation wurden auf diese Weise, keineswegs immer kontrolliert durch den Souverän, das Volk, massiv durchgesetzt. Das zweite Element war ideologischer Art: Im Gefolge der Wiederbelebung antiker Traditionen entstand eine Auffassung über den «Heilsweg» des Individuums, die durch eine Theorie der Bildung markiert wurde, welche den Menschen als eine Kreatur sah, dessen spezifisch menschliche Anlagen durch pädagogische Maßnahmen so beeinflußt werden sollten, daß sie, als im Keim immer schon vorhanden, zur Geltung kommen sollten. «Werde der du bist!» ist die kurze Form, in die Goethe diesen Vorgang gekleidet hat. Insofern der Mensch durch Bildung (als Selbstfindung) zu sich selber als Mensch gelangen sollte, waren seine Interessen als Individuum gleichzeitig zu sichern versprochen worden.

Da aber auch diese Seite des Erziehungs- und Bildungsprozesses als solche konzipiert war, deren Ausgestaltung einer staatlich unterhaltenen Pädagogik als Wissenschaft überlassen wurde, lag instrumentell eine Bevorzugung staatlicher Interessen an der Erziehung und Bildung der nachwachsenden Generation nahe. Gegen diesen Verdacht konnte das Argument vorgebracht werden, die aufklärerische Wissenschaft sei als solche nur der Wahrheit und damit den Menschen und dem Fortschritt der Gattung verpflichtet, so daß die pädagogische Enteignung des Vaters (und später partiell auch der Mutter) durch den Staat nur im Interesse des Individuums sein könne, da die Pädagogik als Wissenschaft einfach besser wissen müsse, was zur Entfaltung des Menschen und damit zum Fortschritt der Gattung gut sei. Diese Prämisse war die Voraussetzung für die Entfaltung der Pädagogik als Wissenschaft und für die Expansion eines staatlichen Erziehungs- und Bildungswesens, die zu Zeiten intensiver Staatstätigkeit im ausgehenden Kaiserreich, in der

Weimarer Zeit, im Nationalsozialismus und in der Phase der Bildungsreform der 70er Jahre des 20. Jahrhunderts auf ganz unterschiedliche Weise ihre Höhepunkte erlebten.

An der Unterschiedlichkeit der staatlichen Einflußnahmen zeigt sich aber, daß Pädagogik als Wissenschaft nicht per se gegen Korrumpierung durch den Staat geschützt war. Man hat dafür, mit wechselnden Argumenten, verschiedene Umstände verantwortlich gemacht. So ist es einmal die große Ferne pädagogischer Theorie von der Praxis gewesen, ein anderes Mal eine fehlende gesellschaftstheoretische Reflexion der Pädagogik, ein weiteres Mal ein Defizit an exakten Wissensbeständen, an empirisch analytischem Wissen über die Bedingungen und Gesetzmäßigkeiten von Erziehungs- und Sozialisationsprozessen, die als Erklärung für Verdun, Auschwitz oder eine drohende Bildungskatastrophe nach 1945 herangezogen wurden. So unterschiedlich diese Vermutungen waren, so unterschiedlich die ihnen folgenden Verbesserungsvorschläge für die Pädagogik als Wissenschaft waren (→ Reformpädagogik; Aufnahme gesellschaftstheoretischer Vorstellungen in der kritischen Erziehungswissenschaft [→ Erziehungswissenschaft, Kritische]; «realistische», das heißt erfahrungswissenschaftliche «Wendung» [→ Erziehungswissenschaft, kritisch-rationale]), eines war ihnen gemeinsam: Sie hielten an dem Glauben fest, daß Erziehung und Bildung Prozesse seien, die durch Pädagogik oder Erziehungswissenschaft aufgeklärt und angeleitet werden könnten. Daran hat auch die von Horkheimer und Adorno vorgenommene Aufdeckung einer «Dialektik der Aufklärung» (1969) nichts zu ändern vermocht, die auf eine der Aufklärung innewohnende Tendenz hinwies, die wissenschaftlichen Mittel gegen den Menschen zu wenden, die eigentlich zur Beherrschung der Natur zugunsten des Menschen entwickelt worden waren. Die Erziehungswissenschaft hat darauf genaugenommen nur methodologisch reagiert, mit einer Kultivierung des Elements der Kritik, was ihr durch eine verkürzte Rezeption der kritischen Theorie in der Form der Habermasschen Interessenlehre (vgl. Habermas 1975) nahegelegt wurde, sowie durch den Ablösungsversuch geisteswissenschaftlicher Pädagogik (→ Pädagogik, Geisteswissenschaftliche) zugunsten einer erfahrungswissenschaftlichen Erziehungswissenschaft.

Konzepte und Positionen. Die Pädagogik beziehungsweise Erziehungswissenschaft hat kein wissenschaftliches Paradigma herausgebildet, das nur ihr und nicht auch anderen Wissenschaften zu eigen wäre. Auch ist in ihrem Horizont keines entstanden, das später auf andere Disziplinen übertragen worden wäre; vielmehr kann die Geschichte der Erziehungswissenschaft als Rezeptionsgeschichte von → Forschungsmethoden, Konzepten und wissenschaftstheoretischen Positionen gelesen werden, die im wesentlichen auf dem Boden anderer Wissenschaften entstanden sind. Dieses Urteil gilt partiell selbst für die geisteswissenschaftliche Pädagogik, wenngleich diese erste, am breitesten und längsten, bis in die 50er Jahre des 20. Jahrhunderts wirkende und dominierende pädagogische Tradition im engen zeitlichen Kontext mit der Entstehung auch anderer Geisteswissenschaften gesehen werden muß. Neben dieser Linie existierte, gleichfalls auf Grundorientierungen der Aufklärung rückführbar, eine zunächst weniger erfolgreiche erfahrungswissenschaftliche Tradition (→ Erziehungswissenschaft, kritisch-rationale), die ihre Wirkung erst in den 60er Jahren des 20. Jahrhunderts zu entfalten begann, als das geisteswissenschaftliche Denken der Pädagogik in eine Krise geriet. Diese Krise hatte zwei Dimensionen: Zum einen wurde nämlich der geisteswissenschaftlichen Pädagogik vorgeworfen, mit den Mitteln der Hermeneutik die Erziehungswirklichkeit nicht präzise erfassen zu können, so daß pädagogische Handlungsorientierungen sich nicht länger auf eine Interpretation der Erziehungswirklichkeit würden stützen dürfen. An ihrer Stelle wurden die empirisch-analytischen Verfahren angeboten. Zum anderen wurde der Primat der Praxis als das Element der geisteswissenschaftlichen Pädagogik identifiziert, welches sie unfähig gemacht hatte, auf die Korrumpierungswünsche durch die Nationalsozialisten mit Widerstand zu reagieren. Denn da die Interpretation einer Wirklichkeit dieser historisch immer hinterherlaufe, könne sie nicht akzeptierbare Entwicklungen gar nicht verhindern, sondern nur im nachhinein kommentieren. Gegen diese Tendenz empfahl sich, nicht zuletzt im Kontext der Studentenbewegung, der Versuch einer Rezeption der kritischen Theorie der Gesellschaft (→ Erziehungswissenschaft, Kritische). In der Version, die HABERMAS (vgl. 1975) ihr gegeben hatte, schien sie die Möglichkeit zu bieten, die beiden Defizite der geisteswissenschaftlichen Pädagogik in eins zu beheben: So sollte die notwendige empirisch-analytisch gesicherte Kenntnis der Erziehungswirklichkeit vor dem erfahrungswissenschaftlichen Kurzschluß gesichert werden, aus dieser Kenntnis normative Handlungsanweisungen abzuleiten (→ Pädagogik, normative) und damit nur einem technischen Erkenntnisinteresse zu dienen. Gleichzeitig wurde formuliert, daß das Erkenntnisinteresse an der Bearbeitung praktischer Fragen im philosophischen Sinne, repräsentiert in den Geisteswissenschaften, für sich genommen gleichfalls zu kurz greife. Das Moment der Kritik sollte demgegenüber gleichsam als Vermittlung die Gewähr dafür bieten, daß eine als gesellschaftskritisch verstandene Erziehungswissenschaft veränderungsbedürftige Verhältnisse nicht nur registriert, sondern kritisiert und damit der Vernunft den Weg freimacht, auf deren Veränderung einzuwirken.

Die kritische Erziehungswissenschaft vermied damit zunächst eine enge geisteswissenschaftliche Position, ohne in das andere Extrem eines technizistischen Mißverständnisses zu verfallen. Gleichzeitig griff sie – trotz der nahen theoretischen Verwandtschaft – nicht auf die, wenn auch spärlichen, Ansätze einer historisch-materialistischen Pädagogik zurück (→Pädagogik, historisch-materialistische), die mit der Absicht verbunden waren, den Grundwiderspruch von Lohnarbeit und Kapital zu überwinden und dafür die Erziehung zu funktionalisieren. Aber obwohl die kritische Erziehungswissenschaft insoweit einer kruden historisch-materialistischen Pädagogik überlegen war, verlor das durch sie gekennzeichnete Denken zu einem Zeitpunkt an Einfluß, als die groß angelegte Reform des Bildungswesens der Bundesrepublik Deutschland in eine Krise geriet, unter anderem deshalb, weil die Träger dieser Reform in ihrer Mehrzahl einer kritischen Erziehungswissenschaft verpflichtet waren. Es entstand – übrigens nicht nur in der Erziehungswissenschaft – ein grundlegender Zweifel daran, daß das Moment der Kritik als solches genügen würde, die kritisierte Erziehungswirklichkeit zu verändern. Ein wichtiger Grund für diese Schwäche kritischer Erziehungswissenschaft wurde darin gesehen, daß das Moment der Kritik als solches entschieden zu komplex sei, als daß es durch jeden pädagogisch handelnden Menschen würde exekutiert werden können. Aus dieser Praxisferne kritischer Theorie wurde ein methodologischer Schluß gezogen, der seinen Ausdruck in der sogenannten Alltagswende der Erziehungswissenschaft am Ende der 70er Jahre fand (→Alltag).

Hinter dieser Zuwendung zum Alltag stand unter anderem die Vorstellung, daß durch eine Konzentration auf eine Mikroebene pädagogischer Prozesse deren Verständnis, aber auch deren Beeinflussung leichter fallen würde. Diese Orientierung ging mit einer entsprechenden methodologischen Korrektur auch in anderen Disziplinen einher, ähnlich wie bei der sogenannten realistischen Wendung in den 60er Jahren. Während dort sich in vielen Wissenschaften, selbst in der Literaturwissenschaft, eine neue sozialwissenschaftliche Orientierung ihren Platz eroberte, bezog sich die Alltagsorientierung nunmehr auf eine derzeit in Vergessenheit geratene phänomenologische Tradition (→Pädagogik, phänomenologische).

Unter dem Eindruck der Ablösung einer reinen kritischen Erziehungswissenschaft und des Mißlingens historisch-materialistischer Orientierungen in der Pädagogik konnte aber auch ein weiterer Ansatz Aufmerksamkeit gewinnen, der Versuch einer Rezeption insbesondere des französischen Strukturalismus in der Erziehungswissenschaft (→Struktur). Diese Rezeption war zunächst wegen der Sprachbarriere, besonders aber auch wegen des von kritischer beziehungsweise historisch-materialistischer Seite erhobenen Vorwurfs unterblieben, der Strukturalismus sei ahistorisch. Dieser Einwand, der nicht von jedem wissenschaftstheoretischen Standpunkt aus als Einwand gewertet wurde, ließ sich zum einen mit der Option für einen *genetischen Strukturalismus* in der Erziehungswissenschaft entkräften, der eine Verbindung von Elementen der kritischen Theorie und des Strukturalismus versuchte. Die weitere Entwicklung in die Richtung des Poststrukturalismus in Frankreich überformte diesen Ansatz jedoch. Denn wenn, wie durch die poststrukturalistische Auffassung nahegelegt, von einer Referenz der Zeichen auf eine Wirklichkeit in der spätmodernen Kultur nicht mehr ausgegangen werden kann (→Diskurs, →Simulation), dann stellt sich die Frage nach einer Ahistorizität wissenschaftlicher Ansätze nicht mehr als vordringliches Problem. Es kann dann nicht mehr darum gehen, unterhalb der Symbolebene auf einer Tiefenebene nach der «wahren» Bedeutung der Zeichen im erziehungswissenschaftlichen Symbolverkehr zu suchen. Vor diesem Hintergrund bleibt für die erziehungswissenschaftliche Forschung nur mehr eine Analyse des erziehungswissenschaftlichen *Diskurses*, als der Geschichte des Redens über erzieherische Sachverhalte. Eine Analyse der Erziehungswirklichkeit verbietet sich, nicht weil, wie die poststrukturalistische Position oft fehlinterpretiert wird, es diese Wirklichkeit nicht gibt, sondern weil man auch analytisch die Ebene der Zeichen nicht verlassen kann. Selbst die erziehungswissenschaftliche Forschung als poststrukturalistische würde demnach dem Strom jener Zeichen angehören, den sie analysiert. Unter dieser Prämisse erscheint dann insbesondere eine prinzipienwissenschaftlich verstandene, auch als «praxeologische» bezeichnete Erziehungswissenschaft (→Pädagogik, systematische) in einem anderen Licht, die durch die Bestimmung von Prinzipien pädagogischen Denkens und Handelns nicht analytisch vorgeht, sondern per (Erziehungs-) Wissenschaft Einfluß auf die Erziehungswirklichkeit nehmen möchte. Solche Versuche unterliegen nämlich, auch in ihren hervorragenden Varianten (vgl. zum Beispiel Benner 1987) der Gefahr, eine Hyperwirklichkeit zu erzeugen, die keinen Bezug mehr zu den pädagogischen Tatsachen haben kann, gleichzeitig aber suggeriert, es gebe einen Wirkungszusammenhang systematischer Erziehungstheorie in Richtung auf eine erzieherische Wirklichkeit (vgl. Lenzen 1987).

Die skizzierten Positionen existieren am Ende der 80er Jahre des 20. Jahrhunderts mit unterschiedlicher Bedeutung und mit unterschiedlichem Einfluß nebeneinander, ohne daß ein dominierendes erziehungswissenschaftliches Konzept benannt werden könnte. Gerade dieser Umstand legt indessen die Vermutung nahe, daß die poststrukturalistische Analyse die Lage am Ausgang der Moderne treffend erfaßt: Ihr zufolge sind die wissenschaftlichen Ansätze und Konzepte als «Erzählungen» (vgl. Lyotard 1986) gewertet worden, deren verlorene Durchsetzungskraft sich darin manifestiert, daß die Dominanz einer Methode, eines Ansatzes nicht mehr erwartet werden kann.

Struktur der Disziplin. Das Bild der Diversifikation, durch welches die theoretischen Ansätze der Pädagogik heute gekennzeichnet sind, charakterisiert auch die Situation hinsichtlich der Struktur der Erziehungswissenschaft. Am Ende der 80er Jahre kann auf eine Vielzahl pädagogischer Fachrichtungen verwiesen werden, deren Reichweite beziehungsweise Explikationsstatus unterschiedlich ist. Etablierte Disziplinen der Pädagogik sind: Allgemeine Pädagogik (→Pädagogik, systematische), Historische Pädagogik (→Pädagogik, historische), Vergleichende Pädagogik (→Pädagogik, vergleichende), →Schulpädagogik, →Sozialpädagogik, →Sonderpädagogik, →Berufs-/Wirtschaftspädagogik, →Erwachsenenbildung, Vorschulpädagogik (→Vorschulerziehung). Diese Subdisziplinen sind häufig in eigenen Instituten an den Hochschulen vertreten, sie verfügen über eigene Professuren, einen eigenen, relativ abgrenzbaren Gegenstand und teilweise über ein bevorzugtes Repertoire an Forschungsmethoden und differenzieren ihre Arbeit teilweise selbst (zum Beispiel Sozialpädagogik in →Einzelfallhilfe, Gruppenarbeit, [→Gruppendynamik, Gruppenpädagogik] →Gemeinwesenarbeit; Sonderpädagogik der einzelnen Behinderungen...).

Unterhalb dieser Ebene gibt es Spezialisierungsversuche, die noch nicht den Status einer eigenständigen Subdisziplin erreicht haben, aber doch über einen relativ abgrenzbaren Gegenstandsbereich verfügen, beispielsweise →Ausländerpädagogik, →Betriebspädagogik, →Freizeitpädagogik, →Kulturpädagogik, →Medienpädagogik, →Museumspädagogik, Kleinstkindpädagogik, Andragogik, Umweltpädagogik, Friedenspädagogik. Sie verdanken sich in ihrer Mehrzahl der Expansion pädagogischer Einflüsse während der 70er Jahre und der anhaltenden Tendenz, auch solche Lebensbereiche zu «pädagogisieren», die im engeren Sinne gar nicht mit Erziehung und Bildung einer nachwachsenden Generation befaßt sind. Die mit dieser Erosion des Pädagogischen verbundene Verkindlichung der Erwachsenenwelt stellt ein besonderes Problem dar (→Kindheit). Am Beispiel solcher Fachrichtungen, die inzwischen an Bedeutung verloren haben, beispielsweise →Bildungsökonomie, →Bildungsplanung und Sexualpädagogik läßt sich im übrigen ablesen, daß solche Fachrichtungen durchaus konjunkturabhängig sein können.

Wenn sodann beispielsweise von →Frieden*serziehung*, →Gesundheit*serziehung*, →Jugendforschung, →Management-*Education*, →Sexual*erziehung*, →Umwelt*erziehung* die Rede ist, dann ist damit häufig eher ein pädagogisches *Praxisfeld* der Forschung beziehungsweise der Einflußnahme gemeint, das nicht immer, aber doch auch eine eigene Fachrichtung hervorgebracht hat.

Begriffe wie →Antipädagogik, →Montessoripädagogik, →Freinetpädagogik, →Waldorfpädagogik, →Reformpädagogik, →Erziehung, anarchistische, →Erziehung, antiautoritäre, →Erziehung, sozialistische verweisen demgegenüber weniger auf ein Praxisfeld, noch auf eine Fachrichtung oder gar Subdisziplin. Sie kennzeichnen vielmehr eine durch eine gemeinsame Doktrin ausgezeichnete, gelegentlich mit dem Namen eines Begründers verbundene *pädagogische «Lehre»*, die in verschiedenen Praxisfeldern wirksam wird. Diese Lehren haben indessen nicht den Status von *pädagogischen Ansätzen* oder theoretischen Konzepten wie die kritisch-rationale Erziehungswissenschaft, die kritische Erziehungswissenschaft, die historisch-materialistische Pädagogik, die psychoanalytische Pädagogik (→Pädagogik, psychoanalytische), die geisteswissenschaftliche Pädagogik, die prinzipienwissenschaftliche Pädagogik, die phänomenologische Pädagogik oder eine strukturalistische Erziehungswissenschaft.

Einen Sonderfall stellen schließlich Fächer wie pädagogische Psychologie, pädagogische Soziologie oder die →Fachdidaktiken dar, die zwar in einem Schnittbereich zwischen Erziehungswissenschaft und einer anderen Disziplin angesiedelt sind, in der Regel aber vom Boden der jeweils anderen Disziplin aus betrieben werden. – Die hier dargestellte Struktur der Pädagogik – Erziehungswissenschaft zeigt die Abbildung 1.

Aussichten. Prognosen können für die Zukunft der Pädagogik beziehungsweise der Erziehungswissenschaft ebensowenig geleistet werden wie für jede andere Wissenschaft, weil aller Entwicklung mit der ökonomischen, sozialen und kulturellen Entwicklung eines Landes eng verknüpft ist. So ist es gut möglich, daß nach dem Bedeutungsverlust der Erziehungswissenschaft in den 80er Jahren, der von vielerlei Faktoren abhing, und zwar unter anderem von solchen der Entwicklung der Staatsfinanzen, von demographischen sowie ideologischen, eine erweiterte Nachfrage nach erziehungswissenschaftlicher Forschung und Lehre erfolgt. Dafür spricht auch die keineswegs erschöpfte Tendenz zur Pädagogisierung immer weiterer Lebensbereiche. Man wird sich allerdings fragen müssen, ob es sich bei den Resultaten einer so vielleicht erneut expandierenden Erziehungswissenschaft nicht lediglich um die Produktion funktionalen Wissens für pädagogische Ingenieure handelt. Das wäre dann der pädagogische Ausdruck jener Dialektik der Aufklärung, auf die Horkheimer und Adorno hingewiesen haben, und verdiente den Namen Pädagogik zumindest im emphatischen Sinne nicht. Anders als in den 60er und 70er Jahren des 20. Jahrhunderts ist aber am Ende der 80er Jahre indessen keine Orientierung mehr in Sicht, die dieser Entwicklung etwas entgegenhalten könnte. Am Beginn der 80er Jahre ist die Erziehungswissenschaft zum ersten Mal in eine Krise geraten, die bislang nicht aufgefangen wurde. So waren Entschulungsdebatte (→Entschulung), →Antipädagogik und Postmoderne-Diskussion Aus-

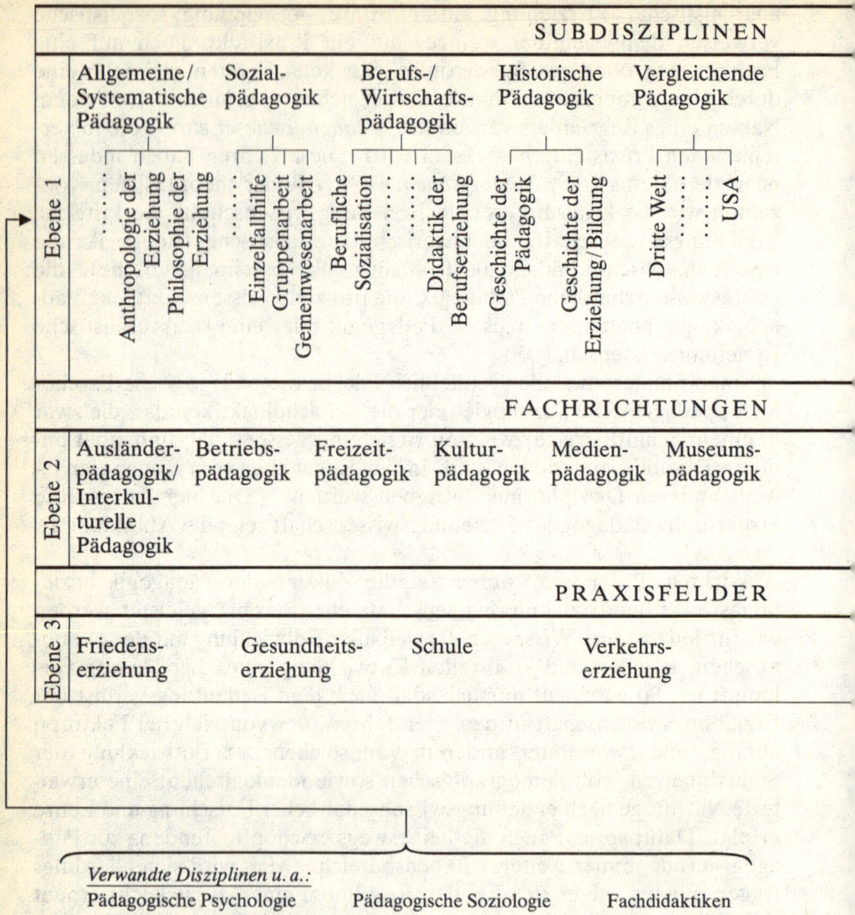

Abbildung 1: Struktur der Pädagogik – Erziehungswissenschaft

(Auswahl)			
Schulpädagogik/ Unterrichtswissenschaft	Erwachsenenpädagogik	Sonderpädagogik	Vorschulpädagogik
Methodik, Medien, Didaktik	Weiterbildung …… Rehabilitation, berufliche	Blindenpädagogik …… Verhaltensgestörtenpädagogik, Rehabilitation	Frühpädagogik …… Kleinkindpädagogik

(Auswahl)			
Verkehrspädagogik	Umweltpädagogik	Friedenspädagogik	Sexualpädagogik

(Auswahl)			
Management-Education	Sexualerziehung		Umwelterziehung

Ansätze / Konzepte / Positionen

Kritisch rationalistische Erziehungswissenschaft
Kritische Erziehungswissenschaft
Historisch-materialistische Pädagogik
Psychoanalytische Pädagogik
Geisteswissenschaftliche Pädagogik
Prinzipienwissenschaftliche Pädagogik
Phänomenologische Pädagogik
Strukturalistische Pädagogik

Pädagogische «Lehren» z. B.

Montessoripädagogik
Freinetpädagogik
Waldorfpädagogik
Reformpädagogik
Anarchistische Pädagogik
Antiautoritäre Pädagogik
Sozialistische Pädagogik

druck eines grundlegenden Mißtrauens in die Fähigkeit und Bereitschaft der Pädagogik, ihre inzwischen 200 Jahre alten Versprechungen einzulösen. Diese Zurückhaltung ist Teil einer generellen Wissenschaftsskepsis, die sich durch die Folgen einer seit der →Aufklärung ungebrochenen Wissenschaftsgläubigkeit – ob berechtigt oder nicht – bestätigt sieht, wenn an die Zerstörung der natürlichen Lebensgrundlagen durch Naturwissenschaft und Technik, aber auch an die Zerstörung des Humanen durch behavioristische Psychologie, soziologische und politologische Herrschaftstechnik und Informationswissenschaft gedacht wird.

Die Erziehungswissenschaft hat sich zumindest in Teilen auch in jüngerer Zeit an dieser Entwicklung beteiligt. So können beispielsweise Curriculumtheorie (→Curriculum), →Lehr-/Lernforschung, →Freizeitpädagogik als Entwicklung lenkbarer Freizeitgestaltung, →Management-Education als gezielte Optimierung von Arbeitsprozessen, selbst Gemeinwesenarbeit als Entwicklung sozialer Kontrolle auch immer unter dem Gesichtspunkt betrachtet werden, ob sie die soziale Herrschaft über den Menschen im Rahmen einer Pädagogisierung aller Lebensvollzüge nicht letztlich erweitern. In dieser Situation ist nicht absehbar, ob die Pädagogik als Wissenschaft künftig ihren herrschaftstechnischen Einfluß erweitern wird, ob sie durch Wissenschaften abgelöst wird, die diese Leistung effektiver erbringen oder ob sie einer anhaltenden antiszientifischen Stimmung letztlich zum Opfer fällt. Solange sie für den Staat nicht dysfunktional (weil herrschaftstechnisch wirkungslos) oder kontraproduktiv (weil im ursprünglichen Sinne aufklärerisch) wird, dürfte ihre institutionelle Existenz gesichert sein. Mit Pädagogik im emphatischen Sinne hat eine solche Wissenschaft indessen wenig gemein. Bei der Entscheidung über die Wahl pädagogischer Beschäftigungsgegenstände wird immer zu berücksichtigen sein, inwieweit nicht selbst die öffentliche erziehungswissenschaftliche Befassung mit kritischen und humanistischen Erziehungstheorien letztlich nur dem Zweck dient, eine theoretische pädagogische Hyperwirklichkeit für Intellektuelle zu erzeugen, die von den Verhältnissen in der Erziehungswirklichkeit ablenkt.

Insofern ist vor dem Hintergrund einer Skepsis hinsichtlich der Resultate (nicht der Intention) von Aufklärung die Hauptaufgabe erziehungswissenschaftlicher Forschung in der näheren Zukunft vermutlich darin zu sehen, den pädagogischen Diskurs historisch zu rekonstruieren, um die Schwellen anzugeben, an denen das Reden über Erziehung und Bildung, also auch die Erziehungswissenschaft sich von ihrem Gegenstand gelöst und begonnen hat, ein Eigenleben zu führen. Diese Perspektive wird keineswegs von allen Erziehungswissenschaftlern geteilt. Dennoch ist diese Rekonstruktion, womöglich im Rahmen einer historischen Anthropologie der Erziehung (→Anthropologie, historische), der einzig sichtbare Ort, von dem aus beurteilt werden kann, ob das pädagogische Projekt der Moderne, die pädagogische Bewegung zu einem Stillstand (vgl. WÜNSCHE 1987) gekommen ist.

BALLAUF, TH. / SCHALLER, K.: Pädagogik. Eine Geschichte der Bildung und Erziehung, 3 Bde., Freiburg/München 1969/1970/1973. BENNER, D.: Allgemeine Pädagogik, Weinheim/München 1987. BLÄTTNER, F.: Geschichte der Pädagogik, Heidelberg [15]1980. DOLCH, J.: Lehrplan des Abendlandes, Ratingen [3]1971. HABERMAS, J.: Erkenntnis und Interesse, Frankfurt/M. 1975. HORKHEIMER, M. / ADORNO, TH. W.: Dialektik der Aufklärung, Frankfurt/M. 1969. LENZEN, D.: Mythos, Metapher und Simulation. Zu den Aussichten Systematischer Pädagogik in der Postmoderne. In: Z. f. P. 33 (1987), S. 41 ff. LYOTARD, J.-F.: Das postmoderne Wissen, Wien 1986. PAULSEN, F.: Geschichte des gelehrten Unterrichts, 2 Bde., Leipzig 1896/1897. REBLE, A.: Geschichte der Pädagogik, Stuttgart [14]1987. WÜNSCHE, K.: Die Endlichkeit der pädagogischen Bewegung. In: Kamper, D. / Wulf, Ch. (Hg.): Die sterbende Zeit, Darmstadt/Neuwied 1987, S. 100ff.

Dieter Lenzen

Pädagogik (Abschaffung der –) → Antipädagogik
Pädagogik, allgemeine → Pädagogik – Erziehungswissenschaft; → Pädagogik, systematische
Pädagogik, aufklärerische → Aufklärung
Pädagogik der Behinderten → Sonderpädagogik
Pädagogik (des Pragmatismus) → Pragmatismus
Pädagogik, emanzipatorische → Emanzipation
Pädagogik, feministische → Frauenbildung

Pädagogik, Geisteswissenschaftliche (historisch)

Geisteswissenschaftliche Pädagogik bezeichnet jenes wissenschaftstheoretische Konzept von Erziehungswissenschaft, das die Erziehungswirklichkeit in ihren Alltagsvollzügen verstehend und auf Handeln bezogen aufzuklären versucht; dieses Konzept wurde von Schleiermacher bis Dilthey und vor allem seit dem Ersten Weltkrieg bis in die 60er Jahre von Litt, Spranger, Nohl, W. Flitner und Weniger vertreten.

Wir befinden uns der Tradition der Geisteswissenschaftlichen Pädagogik gegenüber in einer Situation zugleich der Distanz, des wiedererwachenden, betroffenen Interesses und nicht zuletzt einer zunehmend deutlicher werdenden Erkenntnis, daß wir noch immer ähnliche Aufgaben zu lösen haben: Geisteswissenschaftliche Pädagogik wurde in den 60er Jahren abgelöst durch eine sich sozialwissenschaftlich orientierende Pädagogik, die die geisteswissenschaftliche Tradition im Zeichen der «realistischen» ebenso wie der «emanzipativen» Wende kritisierte und ihre Defizite an kritisch-politischem Selbstverständnis und Forschung zu überwinden versuchte. Diese Kritik kann ebensowenig zurückgenommen werden wie die arbeitsleitenden Erkenntnisse der neueren Entwicklung. Die Leistungsfähigkeit aber der gegenwärtigen Erziehungswissenschaft kann sicher nicht mehr nur eindeutig eingeschätzt werden: Die Klärung nämlich des Theorie-Praxis-Verhältnisses (→Theorie – Praxis) als der zentralen Aufgabe einer praktischen Wissenschaft ist durchaus nicht zufriedenstellend gelungen. Bestimmte empirisch-methodische, auch empirisch-technologisch orientierte Forschungen und Handlungskonzepte treffen die gegebenen Praxisprobleme nicht, ja überfremden sie; unter der in der letzten Zeit dominanten Frage nach der gesellschaftlichen Funktion von Erziehung und ihrer politisch, ökonomisch und institutionell bedingten Struktur wird die nach den Regeln und Schwierigkeiten des →Handelns in der unmittelbaren →Interaktion vernachlässigt; dieser Mangel wird auch gestützt durch die Dominanz von Theorieansätzen und Forschungsergebnissen aus anderen Sozialwissenschaften (Soziologie, Psychologie, Kriminologie), in denen die Aufgaben und Probleme, wie sie sich im pädagogischen Handeln stellen, randständig bleiben.

Solche Probleme und Unzulänglichkeiten in der gegenwärtigen Situation machen uns hellhörig und sensibel für das Konstrukt der Geisteswissenschaftlichen Pädagogik jenseits der Kritik und jenseits der Mühen mit ihrer oft vagen und idealistisch überhöhenden Sprache. Sie verstand sich als Wissenschaftskonzept, das Theorie und Praxis nicht prinzipiell gegeneinander abhob, sondern davon ausging, daß Wissenschaft immer nur so weit legitimiert ist, wie sie vom Standpunkt des Handelns, aus seiner →Verantwortung betrieben wird; sie verstand sich als Alternative zu einem technologisch-empiristisch wissenschaftlichen Arbeiten, als Konzept, das vor allem Fragen des pädagogischen Umgangs, des pädagogischen Verhältnisses, der Methoden der Interaktion zu klären versuchte. Dieses Interesse an der Geisteswissenschaftlichen Pädagogik wird sicher weiter auch dadurch gestützt, daß wir sehen, in wie vielen bildungs- und sozialpolitisch praktischen Fragen wir noch immer bemüht und oft erfolglos sind in der Durchsetzung von Ansätzen, wie sie vom Jahrhundertanfang (im Kontext der →Reformpädagogik) her anstehen und in der Geisteswissenschaftlichen Pädagogik begründet wurden, etwa der Entwürfe zu einem offenen Unterricht, zu erfahrungsorientierten Lernmethoden, des Verständnisses eines eigenständigen Jugendlebens, der Ansätze zur Verwahrlostenpädagogik und zum Jugendstrafrecht.

Geisteswissenschaftliche Pädagogik konnte ihr Konzept zunächst nur in Ansätzen entfalten. Zwar war sie zu ihrer Zeit anerkannt nicht nur in der Praxis, sondern auch innerhalb der wissenschaftlichen Welt; einzelne

Bücher waren sehr weit verbreitet, wurden in viele Sprachen übersetzt; repräsentative Vertreter bekleideten akademische Ämter (Spranger war Vizepräsident der Deutschen Forschungsgemeinschaft) und wurden öffentlich vielfältig geehrt (so erhielt Wilhelm Flitner den Goethe-Preis der Stadt Hamburg). Solche Wirksamkeit und solches Renommee aber dürfen nicht übersehen lassen, daß die Geisteswissenschaftliche Pädagogik als Universitätspädagogik – sich ja gerade erst von der Philosophie lösend – unter kläglichen und sparsamsten Bedingungen zu arbeiten hatte; und die pädagogischen und sozialen Akademien waren erst im Entstehen begriffen. Ausschlaggebend aber ist, daß die Geisteswissenschaftliche Pädagogik, nachdem sie in die politischen und bildungspolitischen Schwierigkeiten der Weimarer Republik geraten war, in ihren Möglichkeiten durch den Nationalsozialismus abgewürgt wurde und erst nach dem Zusammenbruch, allerdings auf der Basis älterer Arbeiten, Gelegenheit hatte, sich zu konsolidieren, bis die dann in den 60er Jahren, am «Ausgang ihrer Epoche» (vgl. Dahmer/Klafki 1968), wie es damals schien, angekommen, durch die Ansätze einer neuen, sich sozialwissenschaftlich-empirisch orientierenden Pädagogik überholt und verdrängt wurde. – Interpretation und Diskussion der Geisteswissenschaftlichen Pädagogik können sich also vornehmlich nur auf Ansätze, Entwürfe, allgemeinere Konzepte beziehen.

Gesellschaftlicher und wissenschaftlicher Entstehungskontext. Die Etablierung der Geisteswissenschaftlichen Pädagogik zu Beginn des 20. Jahrhunderts muß gesehen werden als Ergebnis politischer, pädagogischer und wissenschaftlicher Entwicklungen seit dem Ausgang des 19. Jahrhundert, als Produkt und spezifische Antwort in den Strukturen des sich entfaltenden hochindustrialisierten, sozialen Spätkapitalismus. Konflikte und Krisen unter den Produktions- und Lebensbedingungen der kapitalistischen Gesellschaft im Ausgang des 19. Jahrhunderts ließen auch soziale, psychische und pädagogische Probleme, Probleme also der Einstellung, des Verhaltens, der Kenntnisse, Probleme der Kommunikation und Interaktion, zunehmend wichtig werden: Die wissenschaftlichen Disziplinen der Soziologie, Psychologie, Psychoanalyse und Pädagogik entstehen, soziale und psychische Versorgungsinstitutionen werden auf- und ausgebaut, das moderne Bildungs- und Sozialwesen bildet sich aus. Hier ergeben sich die neuen Aufgaben für Ausbildung und →Qualifikation der Arbeitskraft (für die Rekrutierung begabter Menschen ebenso wie für die Fähigkeit zum rational-abstrakten Arbeiten), Aufgaben für die Ausbildung von Selbstbeherrschung und Disziplin in der Arbeit ebenso wie in den Gefühlen, Aufgaben vor allem auch in bezug auf Einstellungen zu den politisch-gesellschaftlichen Lebensangeboten und in bezug auf Sicherung und Veränderung des eigenen sozialen Status. →Bildung und →Erziehung werden als gesellschaftliche Aufgaben verstanden, die Gesellschaft in ihren Organen (Staat, Kommunen, Verbände) weiß sich herausgefordert ebenso zur Hilfe wie zur Steuerung und gezielter Beeinflussung.

Preußen als Vorreiter der Entwicklung organisiert im Ausgang des 19. Jahrhunderts sein nach außen, also im internationalen Vergleich imponierendes Bildungswesen: Volksschulen und Gymnasien werden reformiert, Realschulen neu eingerichtet, die Universitäten expandieren, Technische Hochschulen werden eröffnet. Das Berufsausbildungswesen wird neu geordnet, das Sonderschulwesen solidiert sich. Mit dem Rückgang der allgemeinen Arbeitszeit für Erwachsene geht auch die für Kinder und Jugendliche zurück; auch Arbeiterjugendliche partizipieren an den freieren Lebensmöglichkeiten von →Jugend; Jugendpflege als politische Bildung (→Bildung, politische) und →Freizeitpädagogik entstehen. Die traditionellen kommunalen und karitativen Organisationsformen in der Fürsorge erweisen sich als unzulänglich und werden zunehmend als gesellschaftlich-öffentliche Aufgaben der Erziehung rechtlich und institutionell neu organisiert. So wächst die Gruppe der pädagogisch Tätigen, Ausbildungsgänge werden eingerichtet, Berufsverbände bilden sich; vor allem aber entsteht eine Theorie, die die Voraussetzungen der so vielfältigen pädagogischen Aufgaben zu klären versucht und nach der Einheit des in aller Verschiedenheit sich zeigenden pädagogischen Handelns fragt. Neben anderen Sozialwissenschaften formiert sich Pädagogik als eigenständige, institutionalisierte wissenschaftliche Disziplin, formiert sich neben dem (bis um die Jahrhundertwende dominierenden) Herbartianismus und den Ansätzen zu einer psychologisch-empirisch orientierten Pädagogik die Geisteswissenschaftliche Pädagogik. Deren inhaltliche Eigenart als eine Antwort auf das Faktum der Expansion pädagogischer und sozialer Institutionen und Tätigkeiten muß indessen im Zusammenhang mit spezifischen Interpretationen gesellschaftlicher und wissenschaftsgeschichtlicher Entwicklungen gesehen werden. Für das Selbstverständnis der Geisteswissenschaftlichen Pädagogik und ihrer Interpretationen sind drei Intentionen relevant:

- Da die Gesellschaft charakterisiert ist durch Ungleichheiten und Ungerechtigkeiten, ist es vordringlch, Bildungs- und Lernmöglichkeiten und Rechte für alle durchzusetzen, sei es als Chance zu auch formal gleichen Chancen, sei es – vor allem – als Selbstverwirklichung in zwar verschiedenen, aber als gleichwertig anzusehenden Institutionen (also beispielsweise innerhalb des dreigliedrigen Schulwesens; →Chancengleichheit).
- Die Entwicklung zum Spätkapitalismus mit den ihn bestimmenden Strukturprinzipien der Rationalität, Planbarkeit, Arbeitsteiligkeit, Effektivität, Generalisierbarkeit bedroht, verdrängt, ja zerstört gegebe-

ne Lebensstrukturen mit ihren komplexen, individualisierend konkreten und geschichtlich regional gebundenen Lebens- und Erfahrungsstrukturen. Altüberlieferte Lebens- und Lernformen in der →Familie, der →Schule oder der Berufsausbildung werden als hinfällig und ungerecht kritisiert: die Familie als geprägt durch Autoritätsstrukturen, durch die Macht des Mannes, die Unterdrückung der Frau, die zugleich repressiven wie verlogenen Umgangsformen; die Schule als geprägt durch einen Schematismus des →Lernens ebenso wie durch eine Stoffüberfüllung, die die Lebendigkeit von Erfahrung verhindert. Im Ausbruch aus solchen Traditionen werden →Selbsttätigkeit, →Kreativität und →Erfahrung freigesetzt.

- Dieses Freisetzen von Lebendigkeit und Erfahrung hat aber einen weiteren Grund; im Zuge der mit der Modernität gegebenen Arbeitsteiligkeit und Trennung der Lebensbereiche voneinander trennen sich die Bereiche von Produktion, Öffentlichkeit und Privatheit. Vor allem der Lebensbereich des Privaten, also der Familie und Freizeit, aber auch der Schule, erfüllt zunehmend eine den Zwängen technischer Rationalität gegenüber entlastende und kompensierende Funktion, ja, er wird als Gegenwelt erfahren.

Innerhalb dieser Entwicklungstrends entstehen im pädagogischen Raum die vielfältigen Intentionen der →Reformpädagogik, also die Kunsterzieherbewegung, die Landschulheimbewegung, die Arbeitsschulbewegung; die →Jugendbewegung erkämpft sich einen Raum zum Leben in eigener Verantwortung, in eigenen Aktivitäten und Gruppen; die Ansätze zur Erwachsenenbildung intensivieren sich. Die Geisteswissenschaftliche Pädagogik entstammte und verstand sich als Theorie dieser reformpädagogischen Initiativen, in Öffentlichkeit und Praxis wurde sie als deren Sprecher und treibende Kraft akzeptiert. Die Geisteswissenschaftliche Pädagogik schrieb der pädagogischen Bewegung in genauer Übereinstimmung mit ihren methodischen Prämissen nachgängig die Theorie und wurde damit selbst zu einem Teil dieser Bewegung (vgl. Blankertz 1969, S. 148).

Das geisteswissenschaftliche Verständnis von Eigenleben und Alltäglichkeit. Erziehung ist als Lebenswirklichkeit immer gegeben und kann nur in der Aufklärung dieser Lebenswirklichkeit verstanden werden. Lebenswirklichkeit ist gesehen als das, in dem Menschen sich immer schon vorfinden, das in der Vielfältigkeit seiner historischen, sozialen, kulturellen und psychischen Aspekte und im Zusammenhang von Normen und Fakten, im Zusammenhang von Erleben, Ausdruck und Bedeutung (also als interpretiertes, symbolisiertes) genommen werden muß. Aus den Erfahrungen der pädagogischen Reform heraus konkretisiert sich Lebenswirklichkeit zunächst als das gemeinsame Leben zwischen Kindern, Heranwachsenden und Erwachsenen, als Lebendigkeit von →Kindheit und →Jugend, als historisch gegebene, verlebendigte «angeeignete» Tradition. Diese Konkretisierungen sind in unterschiedlichen Interpretationen und Gewichtungen Voraussetzung verschiedener Konzepte der Geisteswissenschaftlichen Pädagogik; das mit Lebenswirklichkeit Gemeinte läßt sich unter zwei Aspekten näher erörtern: an Sprangers Begründung des Eigengeistes der Volksschule und Nohls Vorstellungen von Alltäglichkeit.

Sprangers Begründung des Eigengeistes der Volksschule. Spranger begründet den Eigengeist – also die spezifische Aufgabe – der Volksschule mit der Notwendigkeit, «Eigenwelten» zu bewahren. Eigenwelt meint bei Spranger die Welt, in der Menschen und Menschengruppen in ihrer Umwelt leben, in der gemeinsam geltende Bedeutungen die Dinge, Beziehungen und Handlungsformen bestimmen, in der der Zusammenhang von Erfahrung, Arbeit (Nützlichkeit) und →Tradition gegeben ist in einem überschaubaren, zeitlichen und räumlichen Kontext; ein Zusammenhang von Natur und Kultur, der geprägt ist durch Geschichte, Sitte und Religion; in dem die Menschen sich in ihrer Welt, in der sie als Subjekte beteiligt sind, die sie sich angeeignet haben, zu Hause wissen, die für sie Heimat ist (vgl. SPRANGER 1955). – In einer solchen Eigenwelt lebt das Kind, lebt ebenso die Familie, leben Nachbarschaften, regionale Gemeinschaften, Völker. Solche Eigenwelten nun stehen in unserer heutigen Welt im Gegensatz zur Lebensordnung der allgemeinen, öffentlichen, wissenschaftlichen Welt, in der für alle gleiche Normen gelten, gleiche kulturelle Traditionen, gleiche abstrakte Wirtschafts-, Kultur- und Handlungsformen. Die Aufgabe der Volksschulen ist nun eine doppelte; die Eigenwelt von Kindheit im gegebenen natürlichen Lebensraum zu sehen, zu achten und zu wahren und – zum anderen – diese spezifischen Qualitäten zu vermitteln mit den ganz unzweifelbar für unsere Gesellschaft notwendigen Qualifikationen für die Behauptung in den Aufgaben des Allgemeinen. Aus diesem Ansatz heraus ergeben sich Konsequenzen für die Funktion der Schule innerhalb ihres Lebensraums, für die →Rolle des →Lehrers und für die Bestimmung der Lerninhalte und der →Methoden; Schule und Gemeinwesen erscheinen als eng verbunden, das Gemeinwesen braucht die →Schule als einen seiner Kulturträger. Schulische Arbeit ist immer gemeinwesenorientiert. Der Lehrer ist, dieser Gemeinwesenorientierung zufolge, immer in das Leben dieses Gemeinwesens verwoben, hat in ihm notwendige Aufgaben zu übernehmen. Gelernt werden muß das für die Bewältigung der Eigenwelt Notwendige als Kunde, in der Auswahl exemplarischer, typischer Erfahrungen in einer Form, deren Nützlichkeit für gegebene Lebensaufgaben deutlich sein muß.

Dieses Konzept Sprangers erscheint heute, sosehr wir durch zwei Jahrzehnte gelernt haben, es als Ideologie zu lesen, im Zusammenhang der Diskussion zu Strukturen von Alltagswelten (vgl. Berger/Luckmann 1969, Heller 1978, Schütz 1971/1972) und der überall sich regenden Rehabilitation von Regionalismus, Heimat, alltäglich überschaubarer Lebenspraxis, beispielsweise in alternativen Wohn- und Arbeitsarrangements, in neuem Licht (→ Alltag). Dieses Konzept ist sicherlich, in seinen formalen Strukturen ausgearbeitet und gerade in der Betonung des Unterschieds von Eigenwelt und allgemeiner Welt, in der Betonung strukturell verschieden verfaßter Formen von Lebenserfahrung und Lebensorganisation, plausibel; problematisch aber ist es, wenn die besondere Qualität von Eigenwelten verdeutlicht wird in Konkretisierungen, die nur als restaurativ und ideologisch verstanden werden können. Daß Spranger ein Idealbild entwirft, weiß und betont er und ebenso natürlich, daß dieses Bild der Realität nur bedingt entspricht. Aber: können denn, auf die Volksschule bezogen, nur allzu kurze Hinweise über Schwierigkeiten des Unterrichtens einfach damit abgetan werden, daß es vor allem auf den belebenden Geist, den der Lehrer verkörpere, ankommt? Ist denn die Eigenwelt von Kindheit, Familie und Religion (von der Frage nach der des Volkes, die ja besonders belastet ist, einmal ganz abgesehen) in sich wirklich, wie Spranger unterstellt, Darstellung überzeugter Sittlichkeit (zeitgemäß formuliert: Repräsentation überzeugender Normen)? Wie verhält sich das, was Spranger mit Eigenwelt meint, zu deren historischer Realität auch von Herrschaft, Kontrolle, festgelegten Rollen und Zwängen, wie sie in der Diskussion zu den Strukturen von Landleben und Heimat aufgedeckt werden? Von solchen Konkretisierungen aus ergibt sich eine fatale Pädagogik: Der Gemeinwesenbezug des Lehrers verkommt in der Idylle eines heimatforschenden Dorflehrers, der Ansatz eines → Elemantarunterrichts erscheint als antiwissenschaftlich orientierte, volkstümliche Bildung. Solche idealisierenden Entstellungen und Verkürzungen nun gehen damit einher, daß Spranger die Volksschuldiskussion zwar in jener Entwicklung sieht, die aus der Französischen Revolution und durch die sozialrevolutionäre Bewegung des vorigen Jahrhunderts bis in die Gegenwart hinaufführt, daß er auch die Ansätze zur Einheitsschule diskutiert, daß er aber darauf insistiert, daß Volksschule sich – und gerade durch die Betonung ihres Eigengeistes – von solcher Tradition zu distanzieren habe, daß sie als vierjährige Grundschule für alle zulässig sei, daß aber alles, was darüber hinaus gehe, an «Kulturrealitäten» scheitern müsse, daß Volksschule also als Standesschule für die einfachen Berufe auszubilden habe.

Diese bei Spranger so eindeutige Interpretation von Eigenwelt ist nicht selbstverständlich innerhalb der Geisteswissenschaftlichen Pädagogik, also keine notwendige Konsequenz ihres Ansatzes. Weniger beispielsweise sieht die Aufgaben der Volksschule ebenfalls im Zusammenhang der Eigenwelt von Kind und Region, sieht sie aber ganz ausdrücklich innerhalb der sozialrevolutionären Tradition und betont den Zusammenhang von «Demokratismus und Sozialismus»; er fordert, daß das Engagement den «aufsteigenden Schichten» (also der Bevölkerung auf dem Land und den Arbeitern) zu gelten habe; da heute das Land- und Volksleben nicht intakt seien, da es sich auflöse, müsse, was an ihm sinnvoller Gegenstand für Erziehungs- und Bildungsprozesse sei, erst wiedergefunden, neu konstituiert werden; dies sei eine schwierige, zur Zeit ganz ungelöste Aufgabe (vgl. WENIGER 1957, S. 389ff).

Die damit gestellten Fragen nach der Eigenwelt in der Spannung von Vorfindlichem und Aufgegebenem lassen sich, so scheint mir, weiter verfolgen in der Diskussion von Nohls Konzept von Alltäglichkeit; dies Konzept ist zwar im Detail der Analyse weniger differenziert als Sprangers Überlegungen und in der politischen Intention weniger deutlich als die bildungspolitischen Forderungen (des späten) Weniger; die Dialektik der Wirklichkeit aber und die daraus sich ergebenden pädagogischen Strukturen werden bei ihm sehr deutlich.

Nohls Konzept von Alltäglichkeit. Schule und Jugendarbeit müssen Lebenswirklichkeit bewußt und neu wieder für sich entdecken (vgl. NOHL 1949a, S. 112ff): Das Gymnasium habe sich – so referiert er die Kritik von HILDEBRAND (vgl. 1910, S. 192) – in eine höhere Wirklichkeit von Kunst und Abstraktheit zurückgezogen und damit den →Alltag, den Alltag der Heranwachsenden ebenso wie den eines nicht nur elitären, allgemeinen, von allen gelebten Lebens ebenso sich selbst überlassen wie verächtlich gemacht; das Gymnasium habe so den Bezug zum Leben verloren. Die Jugendbewegung, auf der anderen Seite, sei ausgegangen vom Protest gerade gegen solche Formen der Elitebildung, darin aber doch auch in Idealität hängengeblieben (vgl. NOHL 1949b, S. 98ff); sie sei zwar verwegen, aber von der Realität abgehoben und bleibe so der Gegenwart gegenüber abgeschirmt. Solchen Formen von Flucht gegenüber gelte: «Der Alltag des Lebens, der gegebene Lebensraum, die Großstadt, die Arbeit, die Technik, der Staat, sie werden jetzt in ihrer Notwendigkeit als Schicksal der Gegenwart begriffen, dem man nicht entfliehen wollen darf, sondern den man zu *beherrschen* versuchen muß» (NOHL 1948, S. 22). Damit sei – so gegenüber dem Einwand, hier würden nur Ideale destruiert – nicht wieder nur eine Illusion verschwunden, «eine Erhebung in die Gemeinheit abgesunken», werde also nicht einfach Anpassung an den Zwang der Verhältnisse propagiert; Alltag ist «der auf hartnäckige Arbeit umgestellte Traum» (NOHL 1949a, S. 123). Die Aufgaben also stellen sich im historisch bedingten, heutigen konkreten Leben: in der Annahme der technisch industriellen Möglichkeiten (wie sie auch von LITT – vgl. 1957 – eindringlich und in stringenter Analyse eingeklagt werden), ebenso aber im Wissen um die spezifischen Lebenserfahrungen von Heranwachsenden (wie sie in einer Lebenskunde der Jugendlichen darzustellen wären) und im Wissen um jene besonders belastenden Lebensverhältnisse, mit denen Sozialpädagogik immer wieder konfrontiert wird. Pädagogischer Alltag, so in seinen vielschichtigen und komplexen Problemen gesehen, verlangt, daß eben diese Wirklichkeit des Alltags als Ganzes angegangen wird – nicht in gegeneinander abgeschotteten, gegeneinander arbeitenden, die gegebene Lebenswirklichkeit nur zerteilend organisierenden →Institutionen. Schule und →Sozialpädagogik also dürfen nicht voneinander getrennt und gegeneinander ausgespielt werden; auch WENIGER (vgl. 1957, S. 421ff) hat dies immer wieder betont. Das Jugendamt als die für die Alltagsnöte von Jugendlichen zuständige Behörde kann nicht einfach als Verwaltungsbehörde verstanden werden, sondern ist «lebendiges Jugendamt», also eine am pädagogischen Alltag zu orientierende Institution.

Alltag aber als notwendiger Ausgangspunkt des Handelns ist ambivalent. Die gegebenen Erfahrungen zeigen sich weithin als blind, als Not, Chaos, als «Maschinerie» und Seelenlosigkeit. In solchen Erfahrungen aber liegen, gleichsam unter dem Gegebenen verborgen, weiterführende Ansätze, «ein Zug von höherem Leben [...], ein Moment des Fortschritts und eine aktive Energie, an der teilzuhaben Freiheit und Freude schafft» (NOHL 1949c, S. 129); im Alltag liegen «finale Energien» (vgl. NOHL 1949a, S. 122f). Wenn Pädagogik aber so sich in den «lebendigen Zug des Lebens der Jugend einstellt, um aus ihm heraus das Schicksal der Jugendlichen zu deuten und die Möglichkeiten einer höheren Lebensform zu sehen, die sich in diesem Alltag zeigt» (NOHL 1949c, S. 109), wenn sie so ein «Ort der Aufklärung des Lebens» (NOHL 1949c, S. 118) wird, dann bedeutet dies wieder eine stärkere Betonung der Besinnung im Leben, «aber nicht in der alten Form der Lehre [...], sondern als *Aufklärung* im lebendigen Gespräch, in Auseinandersetzung und Wortwechsel. [Als] Aufklärung in dem neuen geisteswissenschaftlichen Sinn einer rationalen Besinnung über das dunkle gelebte Dasein, die aber auch das kritische Moment einer unerbittlichen Wahrhaftigkeit enthält» (NOHL 1949b, S. 109). Solche Aufklärung gelingt, wenn die Wahrhaftigkeit in den Lebensformen des Alltags selbst gefunden wird, also in den eigenen Entdeckungen, im eigenen Handeln, in den dem eigenen Handeln zugänglichen Formen von Produktion. Solche Aufklärung aber gelingt nicht, wenn Alltag sich darin nur auf sich selbst beschränkt: Alltag muß konfrontiert werden mit den Objektivationen des Geistes, also den besonderen, herausragenden Leistungen und Ausdrucksformen der Kultur. Gegenüber der Verführung zu einem Rückzug nur in das Selbermachen beispielsweise, einem Rückzug in Laienmusik,

Laientheater, Laienhandwerk, brauche es – so NOHL (vgl. 1948, S. 30ff, S. 210ff) – den Respekt vor der Kunst ebenso wie die Ausbildung der Fähigkeit zum Verständnis dessen, was nicht von jedermann produziert werden kann.

Alltäglichkeit also erscheint als die komplexe, unmittelbar gegebene Wirklichkeit, als Welt aller mit dem darin liegenden demokratischen Anspruch, als Dialektik von Gegebenem und Aufgegebenem; diese Alltäglichkeit aber steht in Gefahr, zu einer Romantisierung ihrer selbst zu verkommen, in der sich, als Rückzug ins allzu Bescheidene, die Spannung von Gegebenem und Aufgegebenem verliert. In der hochindustrialisiert arbeitsteiligen Gesellschaft also kommt es darauf an, Alltäglichkeit, Eigenwelten als Räume eigener Erfahrung und Zuständigkeit zu sehen, zu bewahren und auszubilden. Daß solche Eigenwelten weder klassen- noch schichtspezifisch besondere Qualitäten besitzen, ist gegenüber Sprangers Position ebenso evident wie, daß so, wie Leben heute sich darstellt, seine Erscheinung nicht auch schon seine Norm ist. Es kommt darauf an, die in den Lebenswelten angelegte →Erfahrung, die «finalen Energien» herauszutreiben als eine für alle einzuklagende Möglichkeit zur Erfahrung der eigenen Lebendigkeit, zur Erfahrung des Menschen als Subjekt seiner selbst.

Dieses in seiner allgemeinen →Struktur plausible Konzept bleibt jedoch unbefriedigend, gleichsam ohne Tiefenschärfe einer kritischen gesellschaftlichen Fundierung. Die gesellschaftlichen und institutionellen Hintergründe von Alltag sind unerörtert: warum Alltag heute sich eben so zeigt, wie er es tut; ob und inwieweit kulturelle Objektivationen den «Traum» fassen, den es zu realisieren gilt, wird nicht gefragt. Die Formen, in denen Alltäglichkeit erscheint, werden nicht differenziert erörtert. HEIDEGGER (vgl. 1949) mit seinen für die damalige Zeit (zuerst: 1926) doch maßgeblichen Analysen der Alltäglichkeit wird genannt, aber nicht im einzelnen dargestellt; eine Diskussion mit HUSSERL (vgl. 1913) fehlt. So aber ist die Dialektik des «dunklen, gelebten Daseins» (eine Formel, die auch bei BLOCH – vgl. 1959 – eine zentrale Bedeutung hat) nicht auf die Realität der gesellschaftlich historischen Gegenwart bezogen; das Konzept bleibt appellativ.

Die Eigenart pädagogischen Handelns. In der Intention, Lebenswirklichkeit, gegebene Eigenwelten und gegebene Alltäglichkeit anzunehmen, zu bewahren und aufzuheben, ergeben sich für die Geisteswissenschaftliche Pädagogik spezifisch pädagogische Aufgaben, die im folgenden gleichsam systematisierend diskutiert werden.

Erziehung durch das Leben. Erziehung als Umgang zwischen den Generationen (so schon Schleiermacher) ist integrales Moment von Umgang überhaupt. Erziehung vollzieht sich in allen Lebensformen und Institutionen mit ihren spezifischen Aufgaben, in ihrer «Sitte». «Sitte wie Lebensformen sind durchaus erziehende Kräfte und die stärksten von allen» (FLITNER 1950 b, S. 65). «In jedem Lebensverhältnis liegt [...] ein bildendes, ja erzieherisches Moment, in jedem Gespräch macht es sich geltend» (NOHL 1948, S. 130). Erziehend sind also die Existenz von Erwachsenen mit ihren Absichten, Kenntnissen und Haltungen, die Existenz von Arbeit und Arbeitsordnungen, die Lebensformen der Öffentlichkeit; sie alle sind erziehend gerade darin, daß sie andere Aufgaben als die der bewußten Erziehung haben, daß Erziehung sich nur nebenher, gleichsam unter der Hand, ereignet. Es ergeben sich die «Formen der Selbstausbildung durch das Leben» (NOHL 1948, S. 180). «Das Urbeispiel für alle diese Formen ist aber die *Sprache* [...], und so *lernen, wie man seine Muttersprache lernt* [ist] *der Urtypus dieser freien tätigen Entwicklung*» (NOHL 1948, S. 184).

Wenn es nun die gegenwärtige Situation nötig macht, erzieherische Aufgaben zunehmend und expandierend in eigenen Institutionen, Professionen und mit eigenem pädagogischen Bewußtsein wahrzunehmen, dann muß solches pädagogische Tun sich selbst immer im Kontext der gegebenen erzieherischen Selbstverständlichkeiten sehen, also gerade in seiner Eigenheit immer auch darauf bezogen wissen, daß «das Leben bildet», wie es, in der Aufnahme dieser von Pestalozzi geprägten Maxime, immer wieder betont wird. Die in solcher Vermittlung von unbeabsichtigter und beabsichtigter Erziehung liegenden konkreten Aufgaben werden deutlich, wenn Weniger etwa in bezug auf Familie und pädagogische Intervention die Konflikte zwischen dem «problematischen Begriff des Sorgeberechtigten», also dem Elternrecht, und dem durch das Jugendhilfegesetz festgelegten Anspruch der Kinder auf Erziehung und Bildung diskutiert als pädagogische Aufgabe der Vermittlung, wie sie noch ganz ungelöst seien – und ja bis heute noch ungelöst sind (vgl. WENIGER 1957, S. 168ff).

Maximen der Erziehung. →Erziehung ist strukturiert durch Maximen. Wenn SPRANGER (vgl. 1959) solche Maximen unter dem Titel des «geborenen Erziehers» darstellt, wehrt sich WENIGER (vgl. 1957, S. 38ff) gegen die mit solcher Überschrift gegebenen, unvermeidlichen Mißverständnisse: Erzieherische Maximen – und die aus ihnen sich ergebende erzieherische Haltung – dürfen nicht naturwüchsig biologisch, quasi ahistorisch gesehen werden, sondern sind Konsequenz einer historischen Konstellation und deren bewußter und reflektierter Aneignung.

Die Einsichten und Forderungen der modernen, bürgerlichen Gesellschaft, die Forderungen also nach freier Entfaltung, Selbstbestimmung, nach Mündigkeit und →Emanzipation, konkretisieren sich in der Erziehung als pädagogische Postulate. Ausgang jeder Erziehung sind Kind und Heranwachsender in ihrem Anspruch auf ihr eigenes Leben, ihre eigene Vergangenheit, ihre eigene Gegenwart und eigene Zukunft, in ihrem Anspruch auf die Einheit der Person, also ihre individuellen Möglichkeiten, Interessen und Schwierigkeiten. Die Tragweite dieses Ansatzes konkretisiert Nohl, wenn er verlangt, daß der Verwahrloste nicht unter Verwaltungs- oder Rechtsinteressen, sondern unter pädagogischem Aspekt gesehen werden müsse als Subjekt seiner selbst, also als einer, der Probleme hat, nicht aber als einer, der Probleme macht. «Die neue Einstellung der Wohlfahrtspflege ist die Anerkennung dieses Lebensrechtes jedes Individuums, zu seinem Wohlsein zu kommen. Sie tritt nicht bloß mit der Frage irgendwelcher objektiven Werte fordernd an das Individuum heran, sondern sieht sich zunächst dem armen hilflosen Ich gegenüber, das nach seinem Glück strebt, und bejaht die Berechtigung seiner Triebe, zu wohnen und zu essen, zu arbeiten und seine Muße zu haben wie ein Mensch, sein Liebesverlangen wie sein Elternrecht, vor allem auch sein Recht, erzogen zu werden um seiner selbst willen zur Entfaltung seiner Tüchtigkeit» (NOHL 1949 d, S. 148). Diese Eigenheit gilt es nicht nur zu schützen, sondern offensiv zu verteidigen gegen Ansprüche und Okkupationen in der Gesellschaft und ihre Normen und Erwartungen, insoweit sie das Funktionieren im vorgegebenen System (der Arbeit, der Normalität, der Ordnung) verlangen, zu honorieren und von diesen Standards aus zu sanktionieren und zu disziplinieren.

«Man will dich nicht werben für eine Partei, für ein Kirche, auch nicht für den Staat, sondern – der Unterschied ist so gering, wie wenn man die Hand umdreht, und ist doch entscheidend – diese Hilfe gilt zunächst und vor allem dir, deinem einsamen Ich, deinem verschütteten, hilferufenden Menschentum» (NOHL 1949 e, S. 142).

Bildsamkeit. Das Kind in seinen Chancen, Möglichkeiten und Schwierigkeiten ist bildsam. Dieser seit Herbart für die Pädagogik und die Geisteswissenschaftliche Pädagogik im besonderen zentrale Begriff hat weitreichende Implikationen. →Bildsamkeit meint zunächst Lernfähigkeit als Lernoffenheit und den für Pädagogen gleichsam berufsmäßig verpflichtenden Glauben daran, daß Lernfähigkeit eine positive Chance ist, eine Offenheit dazu, daß der Heranwachsende zu sich und seiner Zukunft finden kann. Pädagogisches Handeln – anders formuliert – ist auf Hoffnung gestellt; Verzweiflung, Fatalismus oder Defätismus sind berufsmäßig unerlaubt; der Pädagoge muß sich engagieren auch da, wo das Kind «von überpersönlichen Gesichtspunkten aus unbrauchbar oder gar verloren ist [...], auch wenn ein öffentliches Interesse an ihm nicht mehr zu erweisen ist» (WENIGER 1957, S. 78).

Bildsamkeit aber ist nicht beliebig. Sie ist vom Individuum her gebunden, beispielsweise an die psychologisch zu rekonstruierenden Möglichkeiten der →Entwicklung; die Jugendpsychologie von SPRANGER (vgl. 1924) versucht solche Bedingungen ebenso deutlich zu machen wie die Anthropologie von NOHL (vgl. 1947). Sie basiert nicht – wie von manchen Theologen und hier mit ihnen einhergehenden konservativ orientierten Bildungspolitikern immer wieder unterstellt wird – auf naivem Optimismus; Bildsamkeit bedeutet nicht, daß der Mensch alles werden kann; sie bedeutet, daß er noch ungenutzte Chancen hat und daß er Mut zu diesen Chancen finden muß. Pädagogisches Handeln ist – so verstanden – auf Gegenwart und Zukunft immer zugleich bezogen, ist immer realistisch und idealistisch.

Bildsamkeit ist aber auch von der Kultur und der Gesellschaft her gesehen nicht beliebig. Bildsamkeit ist Ausgang jeden pädagogischen Handelns, nicht aber sein Inhalt. Eine Pädagogik vom Kind aus, die in dem Sinn verstanden wäre, daß vom Kind her auch inhaltliche und lebensbestimmende Perspektiven sich entwickeln könnten, eine Pädagogik, die nur versucht, Lebensmöglichkeitn aus dem Kind herauswachsen zu lassen, ist sachlich einseitig und irreal – wenn sie auch historisch als Abwehr überholter Autoritätsansprüche an das Kind ihr Recht gehabt haben kann. Der Mensch findet nur zu sich, zu seiner spezifischen Eigenheit und →Identität im sozialen Kontext, im Bezug zwischen Menschen, im Bezug auf vorgegebene Lebensmuster, auf →Kultur. So ist Bildsamkeit nie gegeben, nie einfach vorhanden als Möglichkeit des Kindes, als gleichsam abstrakt verfügbare Potenz. Sie zeigt sich nur als Antwort auf Herausforderungen, als Ergebnis pädagogischer Beziehungen und Erwartungen ebenso wie kultureller Angebote und Aufgaben.

Der pädagogische Bezug. Die Geisteswissenschaftliche Pädagogik betont, daß der pädagogische Bezug Grundlage und Keimzelle allen pädagogischen Handelns ist. Er meint «das leidenschaftliche Verhältnis eines reifen Menschen zu einem werdenden Menschen, und zwar um seiner selbst willen [...]» (NOHL 1948, S. 134), meint pädagogische Liebe oder pädagogische Verantwortung. Beide, der Heranwachsende ebenso wie der Erwachsene, müssen sich – wie es der Struktur von Erziehungswirklichkeit als Lebenswirklichkeit entspricht – ganz, das heißt mit dem ganzen Gewicht ihrer Existenz, ihrer Erfahrungen, Möglichkeiten und Erwartungen aufeinander einlassen. Das Gelingen solchen pädagogischen Bezugs ist die unabdingbare Voraussetzung in der Erziehung; gelingt sie nicht, dann darf der Erzieher den Heranwachsenden es nicht büßen lassen, er muß sich – so NOHL (vgl. 1949f, S. 154) – zurückziehen und danach suchen, einen solchen Bezug zwischen anderen Menschen zu ermöglichen; das pädagogische Mittel des Milieuwechsels, als Wechsel der Bezugsperson, wird für die Sozialpädagogik mit ihren oft so schwierigen Kindern von hier aus in seiner ganzen Tragweite deutlich (→ Verhältnis, pädagogisches).

Die Strukturen dieses pädagogischen Bezugs verdeutlicht NOHL (vgl. 1949f, S. 151ff) beispielsweise im Verweis auf die Freud-Adlersche Interpretation von Vertrauen, Bindung, Übertragung und Zumutung als eine zugleich hebende und fordernde Liebe. Diese Strukturen müssen konkretisiert werden in bezug auf die Tatsache, daß der pädagogische Bezug immer einer zwischen Generationen, zwischen Ungleichen ist. Sich-aufeinander-Einlassen zwischen Erwachsenen und Heranwachsenden bedeutet Autorität auf der einen und Vertrauen auf der anderen Seite. Die → Autorität des Erwachsenen ist an das Vertrauen des Heranwachsenden gebunden; das Vertrauen des Heranwachsenden weiß sich zugleich herausgefordert und entlastet; Autorität und Vertrauen sind eine wechselseitige Forderung, beide sind umkehrbar. Der pädagogische Bezug ist schließlich, trotz des in ihm liegenden eigenen Sinns, notwendiger Durchgang. Er hat seine Grenze immer da, wo der Heranwachsende selbständig wird; er muß das Ziel haben, sich als pädagogischen Bezug überflüssig zu machen.

Der Erzieher als Repräsentant der Kultur. Sosehr in der Geisteswissenschaftlichen Pädagogik die Beziehung zwischen einzelnen, zwischen Heranwachsenden und Erwachsenen, betont wird, sosehr ist doch – auf der anderen Seite – der → Erzieher und Lehrer immer nur verstanden als eingebettet, eingegliedert in die ihn bestimmenden und prägenden Lebensbezüge, verstanden als Repräsentant von Lebensformen, Lebenszielen und Kulturgütern. Der Erzieher kann den pädagogischen Bezug nur leisten, wenn sich in ihm jene Aufgaben und Gehalte darstellen, die für die historische Situation charakteristisch sind. Nur wenn Erzieher leben, was sie lehren, können Heranwachsende lernen. Dieser hohe Anspruch wird für Erzieher und Lehrer ebenso deutlich eingeklagt wie für die Dozenten in der pädagogischen Akademie. Je schwieriger und offener die Situation der Zeit ist – und daß sie schwierig ist, wird bei LITT (vgl. 1959) und WENIGER (vgl. 1957) immer wieder eindringlich beschrieben –, um so größer ist das Gewicht, das dem Erzieher im pädagogischen Arbeiten zukommt. In seinen Entscheidungen, in seinen Normen, Kenntnissen, Haltungen und Wertungen, aber eben auch in seinen Zweifeln, muß er den Heranwachsenden gegenüber erkennbar, verständlich und glaubwürdig sein; nur wenn der Heranwachsende im Erzieher Authentizität erfährt, kann er sich an ihm abarbeiten, zu seiner eigenen Form, seinen eigenen Möglichkeiten finden.

So unabdingbar dieser Anspruch auf Authentizität ist, so problematisch ist er. Es ist unverzichtbar, daß Kultur sich im einzelnen repräsentiert, es ist aber schwierig, ja unmöglich, allgemein zu bestimmen, was solche zu repräsentierende Kultur ist; dieses Wissen aber darf nicht zu Beliebigkeit, zu subjektivem Dezisionismus im pädagogischen Handeln führen; der Erzieher muß, was er als Person vertritt, aushandeln und legitimieren im Kontext der Schwierigkeiten und Widersprüchlichkeiten seiner Zeit. Die These von BUBER (vgl. 1956), der Mensch dürfe sich kein Bildnis machen, spielt hier ebenso eine Rolle wie die von LITT (vgl. 1959), der die Unmöglichkeit eines verpflichtenden und verbindlichen Bildungsideals nachgewiesen hat. Verbindlich ist aber die Richtung von Bildung und Erziehung, die Intention, daß der Heranwachsende zur Selbständigkeit eigener Entscheidungen und eigenen Urteils befähigt werden muß. Unterhalb einer solchen Bestimmung muß jedoch geprüft werden, welche Gegenstände als Bildungsgehalte sinnvoll sind; solcher Prüfung dienen WENIGERS (vgl. 1952) didaktische Erörterungen der Frage, welche formalen Verfahren einen Gegenstand als Lerngegenstand legitimieren; ihr dienen ebenso FLITNERS (vgl. 1961 a) inhaltliche Begründungsversuche eines möglichen gymnasialen Stoff- und Lernkanons. Mit dem Begriff des Exemplarischen oder Typischen, der «existenziellen Konzentration» (vgl. WENIGER 1952), ist das Ziel solcher Begründungen deutlich: Lerngegenstände müssen zur Bewältigung und zum Verständnis gegebener Lebenssituationen notwendig und geeignet sein, ohne daß damit die kulturellen und historischen Bezüge, aus denen die Gegenwart allein verstanden werden kann, vernachlässigt werden dürfen.

Daß solche Ziele, die glaubwürdige Repräsentation von exemplarisch gültigen Gehalten und das ehrliche Zugeständnis unserer offenen Situation, nicht umstandslos miteinander zu vermitteln sind, war Weniger sehr bewußt. Er insistierte deshalb darauf, daß der Lehrer, der dieses Dilemma von Verpflichtung und Glaubwürdigkeit nicht umgehen darf, eben dieses Dilemma für den Heranwachsenden in seiner Position deutlich macht. Religionsunterricht – so eines seiner Beispiele – müsse deiktisch gegeben werden, hinweisend nämlich: Der Lehrer sei verpflichtet zu berichten, was die Tradition ausweise, auch wenn er es selbst nicht aus seinem Glauben, also mit seiner Person, vertreten könne; er dürfe keine Überzeugung heucheln, er könne aber gleichsam als Berichterstatter, als Zeuge glaubwürdig sein und so den Heranwachsenden die eigenen Entscheidungen möglich machen (vgl. WENIGER 1957, S. 99 ff).

Pädagogisches Handeln als Methode. Pädagogisches Handeln zeigt sich in seiner Methode; →Methode wird, dem Vorschlag von FLITNER (vgl. 1950 b) entsprechend, in weitem Sinne verstanden und bezeichnet die Gesamtheit der den pädagogischen Umgang in einzelnen, konkreten Situationen strukturierenden Momente, den «Stil» des pädagogischen Umgangs (→Erziehungs-/Unterrichtsstil). Ganz analog dazu ist auch in der Komplexität des Umgangs zwischen Erzieher und Zögling nicht alles Handeln und auch nicht alles pädagogische Handeln geplant und gezielt. SPRANGER (vgl. 1962) betont die notwendige, nicht geplante Selbstverständlichkeit im pädagogischen Bezug und das Gewicht der «unbeabsichtigten» Nebenwirkungen in der Erziehung. Das neben solchen Selbstverständlichkeiten aber notwendige bewußte und geplante Handeln folgt zwei Maximen: Wenn das Ziel der Bildung das mündige und entscheidungsfähige Subjekt ist, kommt alles darauf an, daß Lebensformen und Lernaufgaben dem Heranwachsenden nicht als unpersönlich, unverständlich, als fremd und abstrakt gegenübertreten. Um angeeignet werden zu können, müssen sie zurückverwandelt werden in Situationen des Werdens. «Sie müssen beseelt, verinnerlicht werden [...], die Frage ist überall: wie rettet man das Subjekt und seine persönliche Stellungnahme und wie kann man jene objektive Kultur konzentrieren, um sie dem Individuum wieder erreichbar zu machen» (NOHL 1948, S. 142). Solche Aneignung aber gelingt nur da – so die zweite Maxime –, wo pädagogisches Handeln bezogen ist auf die Situation des Lernenden, seine Schwierigkeiten, seine Möglichkeiten, auf die ganz individuellen Probleme seiner Situation. Methodisch pädagogisches Handeln muß verstanden werden als konkrete Hilfe in konkreter Situation (vgl. FLITNER 1950 b).

Solches methodische Handeln ist die Strukturierung von Aufgaben in der Situation. Organ solchen Strukturierens ist der «pädagogische Takt», wie es schon bei Schleiermacher oder Herbart formuliert war (→Verhältnis, pädagogisches): der Takt als Organon der praktischen Vernunft, als Fähigkeit, ohne regulierende und gleichmachende Schematismen, ohne vergewaltigende Regeln, ohne unangemessene Generalisierungen, vor dem Hintergrund allgemeinen Wissens und allgemeiner Zielorientiertheit je in der Situation das in der Situation Mögliche und Angemessene zu tun. Methodisches Handeln ist Erwecken; das Arrangement herausfordernder Lernsituation ist wichtig; die Entdeckung des fruchtbaren Moments (vgl. COPEI 1950) und des entdeckenden Prozesses im Verstehen, im genetischen Verfahren (vgl. WAGENSCHEIN 1964) sind wichtig. Daß in Konsequenz dieser Intention die daneben auch notwendigen handwerklich konkreten Arbeits- und Lernschritte nicht hinreichend ausgearbeitet worden sind, hat LITT (vgl. 1931) sicher zu Recht moniert.

Pädagogisches Handeln als Handeln im Vorfeld. Dieses Konstrukt pädagogischen Handelns als Vermittlung von Offenheit und Gegebenheit, von personalen und sachlichen Forderungen ist anspruchsvoll. Es müßte zu einer hohen, ja fatalen Selbsteinschätzung der Pädagogik führen, wenn nicht bewußt bliebe, daß solche Ansprüche nur im pädagogischen Raum gelten. Die mit der Eigentümlichkeit dieses pädagogischen Raums gegebenen Begrenzungen macht vor allem WENIGER (vgl. 1957, S. 123ff) unter zwei Aspekten deutlich. Erstens: Der Erzieher handelt mit Kindern und nicht mit Erwachsenen; er reflektiert auf den Bildungssinn und nicht auf den gesellschaftlichen Gehalt von Bildungsgütern; Bildung ist nicht schon Lebenstauglichkeit und gesellschaftlicher Gehalt, nicht eo ipso Bildungssinn. «Die Bildungsarbeit bescheidet sich damit, den Menschen [...] *reifen* zu lassen und ihn *offen zu halten* für die in den Bildungsgehalten [...] lebendig vertretenen Forderungen» (WENIGER 1957, S. 138). Bildung, so verstanden, ist nicht schon die mündige Persönlichkeit, sondern schafft Voraussetzungen zu ihr, Voraussetzungen, deren Tragfähigkeit sich im selbständigen Leben erweisen kann. Zweitens: Handeln im pädagogischen Raum bedeutet aber, daß eine Übereinstimmung in Handlungsmaximen, ein Konsens möglich ist, unterhalb auch weltanschaulicher, politischer oder ideologischer Differenzen. Aus der Notwendigkeit der Situation ergibt sich eine gleichsam pragmatische Übereinstimmung, deren Realität für den Erzieher (gegenüber seinen eigenen Schwierigkeiten und Zweifeln) ebenso tröstlich und wichtig ist wie für die Zusammenarbeit zwischen Erziehern (in all ihren unterschiedlichen Positionen) und – nicht zuletzt – für Bildungspolitiker, soweit sie gewillt sind, sich jenseits von ideologischen und politischen, nicht-pädagogischen Vorstellungen und Absichten auf die Sache der Erziehung einzulassen; in der Arbeit des «Deutschen Ausschusses für Erziehungs- und Bildungswesen» hat Weniger die Bestätigung dieser Annahme gesehen.

Das Konstrukt pädagogischen Handelns. Pädagogisches Handeln als Handeln in der gegebenen Erziehungswirklichkeit wird verstanden in den vielfältigen Aspekten einer Polarität oder Dialektik:

- Das Wissen um sein Eingebettetsein in Lebens- und Kulturvollzüge und die daraus stammende Relativierung des geplanten Handelns stehen gegen die Unersetzlichkeit des unmittelbaren, direkten, verantwortlichen Engagements.
- Notwendiges personales Engagement steht gegen die Pflicht zur Repräsentation von Lebensformen und -inhalten. (Gerade dies Postulat bricht in der neueren Diskussion auseinander: auf der einen Seite in psychologisch-sozialpsychologisch detaillierte Ansätze, auf der anderen Seite in explizit didaktische und gesellschaftstheoretische Überlegungen; beides bleibt nebeneinander und wird erst neuerdings als Einheit von Bildung und Erziehung wieder eingeklagt.)
- Die Verantwortlichkeit als allgemeine Kompetenz, als Offenheit des

Taktes in den Anforderungen der Situation steht gegen die Notwendigkeit eines geplanten, bedachten, strukturierten Handelns.
- Das Wissen von politisch weltanschaulichen Gegensätzen steht gegen die Erfahrung einer Pragmatik im pädagogischen Handeln; Anspruch und Realität sind aufeinander bezogen, aber dürfen doch nicht einfach ineinander aufgehend gedacht werden.

Solche differenzierte Strukturanalyse von Voraussetzungen und Formen pädagogischen Handelns muß – von heutigen Fragen aus – sicher weitergeschrieben werden (vgl. Roth 1966/1971), bleibt aber gerade gegenüber der oft kaum noch übersehbaren Differenzierung, ja Verzettelung der neueren Diskussion ein in seiner Bündigkeit plausibles und provozierendes Konzept. Daß in diesem Konzept die Erörterung des pädagogischen Bezugs nach Häufigkeit und Intensität so zentral ist, scheint sicher für uns heute, die wir primär in institutionellen Bezügen und kritischen Analysen institutionell gesellschaftlicher Voraussetzungen zu argumentieren gewohnt sind, frappierend und befremdlich, macht aber immer wieder darauf aufmerksam, daß die neuere pädagogische Diskussion notwendige Fragen vernachlässigt hat – wie es sich ja auch beispielsweise in der zunehmenden persönlichen und personenorientierten Erfahrungsliteratur im Kontext der Diskussion zum subjektiven Faktor oder in dem auffälligen Interesse an der «humanistischen Psychologie» erweist. Das bremst die allzu rasche Kritik an den personalen Akzenten der Geisteswissenschaftlichen Pädagogik. Herausfordernd und überzeugend am Konstrukt des pädagogischen Handelns ist, daß der pädagogische Bezug in seiner eigenen Lebensqualität (also nicht als zielbestimmtes, sondern als Handeln im Vollzug) gesehen wird und daß die persönliche Authentizität im Verhalten unter allen Umständen zu wahren ist, vor allem dann, wenn die allgemeine kulturelle Situation der Zeit schwierig, offen, desorientierend wird und mit Begriffen wie Sinn- und Legitimationskrise charakterisiert werden kann. Daß in der Analyse des pädagogischen Bezugs Probleme des Aufwachsens mit und unter Gleichaltrigen zu kurz kommen, ist zwar verwunderlich angesichts der Tatsache, daß die Geisteswissenschaftliche Pädagogik aus Reformpädagogik und Jugendbewegung stammt, stellt aber keinen Einwand gegen diesen Ansatz dar – nur ein Monitum, welches Anlaß zur weiteren Differenzierung geben sollte (vgl. Bartels 1968).

Problematisch aber an diesem Konzept pädagogischen Handelns ist – wie es sich ja auch in der Erörterung von Eigenwelt und Alltäglichkeit ergeben hat –, daß der plausiblen Phänomenologie jene Tiefendimension fehlt, wie sie nur aus einer kritischen Analyse der historischen, gesellschaftlichen und individuellen Bedingungen des erzieherischen Handelns gewonnen werden kann. Es fehlen die harten Fragen
- nach den in der strukturellen Gewalt unserer Gesellschaft angelegten Tendenzen, der Pädagogik die Funktion von Anpassung, → Selektion

und Unterdrückung von Erfahrung sowie der Reproduktion gegebener Verhältnisse und der Erzeugung von Loyalität zu ihnen zuzuweisen (→Bildsamkeit, von hier aus gesehen, ist zunächst bestimmt und begrenzt durch die Struktur der Gesellschaft und die Position der Heranwachsenden in ihr),
- nach der Rolle der pädagogischen Institution und Handlungsmuster angesichts solcher Zwänge, nach dem Widerstreit also von Intention und Repression (Erleichtern persönliches Engagement und Vertrauen im Kontext gegebener gesellschaftlicher und institutioneller Strukturen – so jedenfalls fragt 1925 BERNFELD [vgl. 1967] – den Heranwachsenden und Pädagogen nicht nur das traurige Geschäft der Anpassungen und verbergen es im wohltätig darüber gedeckten Ethos eines gelingenden Umgangs?),
- nach den von der Psychoanalyse aufgedeckten (und auch bei Nohl nicht aufgenommenen) geheimen Motiven zur Projektion, Ausnützung und psychischen Ausbeutung der Heranwachsenden durch die Pädagogen.

Indem aber solche Fragen nicht ausgearbeitet werden, bleibt das Konstrukt des pädagogischen Verhaltens gleichsam halbseitig, bleibt die reale Funktion der Erziehung – im Widerspruch von Selbstanspruch und gegebenen Strukturen – unklar. Wieweit – so wiederum BERNFELD (vgl. 1967) als der schärfste zeitgenössische Kritiker der Geisteswissenschaftlichen Pädagogik – löst Erziehung ihre Ziele ein oder liefert nur eine geschmeidig wohlmeinende Ideologie zu gesellschaftlichen Anpassungsprozessen? Man wird konstatieren müssen, daß sie den politischen Entwicklungen, etwa der nationalsozialistischen Diktatur 1933 bis 1945, nicht gewachsen war; es ist beklemmend zu sehen, wenn nach 1945 die Ansätze von vor 1933 weiter fortgesetzt werden oder wenn – so in Wenigers und Litts späten Arbeiten – die Argumentation zwar politisch bewußter wurde, aber doch ratlos blieb im fahlen Licht einer «bürgerlichen Tradition», deren Brüchigkeit erfahren wurde, die aber zu analysieren die Mittel fehlten.

Die Konsequenzen dieser Einseitigkeit in der Analyse müssen auch unter dem Gesichtspunkt der behaupteten Eigenständigkeit pädagogischen Handelns gesehen werden. Weil die kritischen Fragen nach der gesellschaftlichen und individuellen Funktion von Erziehung randständig bleiben, gewinnt das Ethos pädagogischen Handelns unangemessen hohes Gewicht. Zwar wird – so bei Weniger – die Eigenheit pädagogischen Handelns, seine →Autonomie, relativiert; das Pathos aber in der Darstellung der pädagogischen Eigenständigkeit unterläuft – schon weil die weiterführenden gesellschaftlich-kritischen Argumente fehlen – immer wieder diesen Ansatz zur Relativierung. Wirklichkeit erscheint unter pädagogischem Aspekt als pädagogische Aufgabe. Inwieweit aber bedeutet bewußte, sich institutionalisierende und professionalisierende Pädagogisierung, daß sich pädagogische Probleme der gegebenen Kultur- und Lebenswirklichkeit gegenüber verselbständigen, daß Pädagogisierung also einhergeht mit einem Verlust, einem Ruin in vorgegebenen Lebens- und Erziehungsbezügen? Inwieweit also ist Pädagogik selbst ein Moment dessen, was im Namen ihres Ethos beklagt und kritisiert wird?

Pädagogik als Wissenschaft. «Die Tatsache also, daß jemand redet von seinen praktischen Erfahrungen, sagt noch nichts über die Richtigkeit und Gültigkeit seiner Erfahrungen [...] Das Leiden ist nur, daß dem Ausübenden so oft das Bewußtsein von seiner Theorie oder seinen Theorien fehlt, und daß sie unklar, verschwommen, aus heterogenen und zum Teil trüben Quellen ohne Besonnenheit zusammengesetzt sind» (WENIGER 1957, S. 12). Praxis ist also in ihrem Selbstverständnis gefährdet durch Selbstmißverständnisse. Ihre kritische Phänomenologie zeigt die Isolierung und Überbewertung eigener Erfahrungen, die falsche und sachunangemessene Verallgemeinerung, zeigt Rechtfertigungsstrategien, die das Gegebene verdecken, Diskrepanzen zwischen Zielen und den dazu verwandten, die Ziele desavouierenden Mitteln; es zeigt sich eine Theorie der Gewöhnung, in der Handeln sich unter dem Niveau seiner eigenen Möglichkeiten arrangiert und so seine eigenen Chancen, die Analyse seiner Nöte, die Konzeption seiner Aufgaben und Möglichkeiten nicht wahrnimmt. – Derartige Selbstmißverständnisse zeigen sich auch in politisch schwierigen Zeiten, wenn sie in unterschiedlichem und durchsichtigem Interesse benützt werden. «Die pädagogische Reaktion gewinnt ihre Argumente aus der Vieldeutigkeit des Lebens [...], aus der Fragwürdigkeit und Unzulänglichkeit jeder menschlichen Bemühung wie sie der Erziehungsarbeit besonders eigen ist und in dem Mißverhältnis zwischen Theorie und Praxis, Wollen und Vollbringen zum Ausdruck kommt» (WENIGER 1957, S. 231). Diese Lebenstatbestände «ermöglichen der Reaktion die Kunstgriffe ihrer Beweisführung» (WENIGER 1957, S. 231): Sie leugnet die eigene Bedingtheit und Bedrängtheit in der Lebenswirklichkeit, äußert sich absolut und weckt so den Anschein gediegener Selbstverständlichkeit, die jedem erreichbar ist, der nur will. – Solche die Selbstmißverständnisse stützenden und ausnützenden Kunstgriffe sind: die beharrliche Umkehrung von Grund und Folge, Tatbestand und Symptom; die Unterstellung einer freien Entscheidung beim Gegner da, wo er in gegebenen Verhältnissen und ihren Vorgaben zu handeln hatte; die Dramatisierung der Peripherie; die Dramatisierung der Mitläufer, deren Meinungen in oft faszinierend fahrlässiger Interpretation auf gängige und damit gruppenbildende Schlagworte reduziert werden (vgl. WENIGER 1957, S. 232ff).

Die Klärung solcher Selbstmißverständnisse und Verzerrungen ist nur möglich durch Wissenschaft; Wissenschaft ist in der Geisteswissenschaftlichen Pädagogik verstanden als hermeneutisch-pragmatische. Analog zur Dialektik von Gegebenem und dessen Aufklärung, wie es sich in der Analyse des Alltags ebenso wie in der des pädagogischen Handelns erwiesen hat, kommt es der Wissenschaft darauf an, die in der Wirklichkeit gegebenen (primären) handlungs- und erkenntnisleitenden Interessen und die die Bewältigung der Alltagsaufgaben strukturierenden (sekundären) Erfahrungsregeln ebenso als wirklich und gegeben zu sehen wie als unzulänglich, gleichsam sich ihrer wahren Intention nicht bewußt (vgl. WENIGER 1957, S. 7ff). Sie müssen transparent, also in ihrer historischen und systematischen Struktur aufgedeckt werden (auf einer dritten Ebene). Es gibt keinen Gegensatz von Praxis und Theorie, von Wirklichkeit und Wissenschaft. «In Wahrheit ist zu wählen immer nur zwischen verschiedenen Gemengelagen von Theorie und Praxis» (WENIGER 1957, S. 16). «Praxis enthält Theorie als Bedingung ihres Tuns und wird vollendet zur ‹Erfahrung› durch Theorie als Folge des Tuns» (WENIGER 1957, S. 16). Solche Wissenschaft ist nur möglich aus der Verantwortung des Handelns heraus. Die «Wahrheit der Wirklichkeit» – wenn so zu reden erlaubt ist – stellt sich also her als Entsprechung von Theorie und Praxis, die dem gleichen Gegenstand arbeitsteilig, also mit unterschiedlichen Zugängen im wechselseitigen Aufeinander-verwiesen-Sein verpflichtet sind. – Ihrem Selbstanspruch der pädagogischen Praxis gegenüber ebenso wie den politischen Interessenansprüchen ist die Theorie der Geisteswissenschaftlichen Pädagogik nur sehr bedingt gerecht geworden; die oben skizzierte inhaltlich-sachliche Begrenztheit in bezug auf die Analyse der Bedingungen pädagogischen Handelns geht einher mit Problemen im Selbstverständnis als praktischer und eigenständiger Wissenschaft. Das Selbstverständnis als praktische Wissenschaft führt zur Betonung des Primats praktischer Verantwortung vor wissenschaftlicher Reflexivität, die die Vernachlässigung theoretisch differenzierender und vor allem empirischer Arbeiten bedingte; es scheint mir ein eindrucksvolles Indiz für die Intention des Wissenschaftsverständnisses Geisteswissenschaftlicher Pädagogik, daß neben den ausgedehnten Darstellungen der Wissenschafts- und Lebensform pädagogischer Akademien Probleme der Forschung und Forschungsorganisation nirgends explizit erörtert werden. Das Selbstverständnis als eigenständige Wissenschaft führt zur Vernachlässigung der Auseinandersetzung mit den Konzepten anderer Wissenschaften und damit zu Randständigkeit oder Isolierung ihnen gegenüber.

Ausblick. Ausgang der Überlegungen war, daß die Geisteswissenschaftliche Pädagogik als Antwort verstanden werden muß auf Probleme, die in der gesellschaftlichen Entwicklung zum hochindustrialisierten, sozialen Kapitalismus angelegt sind. Die gesellschaftliche Situation hat sich seit der Entstehungszeit der Geisteswissenschaftlichen Pädagogik für uns eher verdeutlicht: Die Expansion des Pädagogischen ist in neue Bereiche vorgedrungen (in die Jugendarbeit, in die Familienberatung, in das Beratungsangebot überhaupt). Die «Zukunftsvision» einer total verschulten Gesellschaft rückt näher. Gesellschaftliche Ungleichheiten werden zwar eingeebnet, existieren aber in unterschiedlichen Lebenschancen weiter; das darin liegende Unrecht wird zunehmend überlagert durch Zwänge der Rationalität. Sie prägen die Arbeits-, Konsum-, Wohn-, Lebens- und Freizeitstrukturen und greifen auch mit den Maximen von Effektivität, Planbarkeit, Prüfbarkeit in pädagogische Felder. Die Frage nach Verhältnis und Widerspruch technologischer Möglichkeiten zur Lebensqualität verschärft sich. Schließlich sind – diesem Problem analog – die Kontroversen zwischen einer eher empirisch-technologischen und einer lebensweltorientierten Wissenschaft durchaus nicht überwunden. Gerade auch in der Erziehungswissenschaft hat ja der – notwendige – Ausbau von Forschungen gravierende Probleme in der Vermittlung zur Praxis geschaffen – Probleme, die sich in der dauernd notwendigen Kooperation zwischen Professionellen und Laien und im Zeichen der Problematisierung des Erfahrungswissens von Laien immer wieder stellen.

Das Faktum aber, daß die Grundmuster der gesellschaftlich-pädagogischen Situation für uns ähnliche sind wie für die Geisteswissenschaftliche Pädagogik, darf nicht darüber hinwegsehen lassen, daß der weitere Gang der gesellschaftlichen, pädagogischen und wissenschaftlichen Entwicklung Schwierigkeiten, Unzulänglichkeiten und Versagen der Geisteswissenschaftlichen Pädagogik sehr deutlich gemacht hat. Ihr Konzept ergibt ein noch überschaubares Bild, ein Bild, das in seiner Überschaubarkeit verführbar sein könnte, das aber im dreifachen Defizit an gesellschaftlichen, theoretischen und empirischen Arbeiten für die heutige Diskussion ungenügend bleiben muß.

Die Ansätze der Geisteswissenschaftlichen Pädagogik können nur dann sinnvoll aufgenommen und weiterentwickelt werden, wenn ihr lebensweltlich emanzipativer Anspruch mit dem Interesse an der Klärung des spezifisch pädagogischen Handelns radikal verstanden wird: Die «Erziehungswirklichkeit» und die Formen ihrer Institutionalisierung sind immer durch die Gesellschaft und ihre Geschichte erzeugt; sie sind aber auch zugleich das Feld einer pädagogischen «Praxis», in der Lebenssinn nicht nur generiert, sondern immer wieder neu konstituiert wird und – der Möglichkeit nach – die Individualität des Kindes zur Geltung gebracht werden *kann*. Dies wiederum setzt die Einsicht voraus, daß im Zeitalter zunehmender pädagogischer Institutionalisierung und Professionalisierung vor allem auch die *Grenzen* des spezifisch pädagogischen Handelns erörtert werden. Radikal zu fragen bedeutet überdies, daß die aufgegebenen Probleme im Konzept einer offenen Wissenschaft, eines hermeneutischen Ansatzes also, der sich mit kritischer Theorie und empirischer Präzision verbindet, angegangen werden.

BARTELS, K.: Die Pädagogik Herman Nohls, Weinheim 1968. BENNER, D.: Hauptströmungen der Erziehungswissenschaft. Eine Systematik traditioneller und moderner Theorien, München [2]1978. BERGER, P./LUCKMANN, TH.: Die gesellschaftliche Konstruktion der Wirklichkeit, Frankfurt/M. 1969. BERNFELD, S.: Sisyphos oder die Grenzen der Erziehung (1925), Frankfurt/M. 1967. BLANKERTZ, H.: Bildung im Zeitalter der großen Industrie. Pädagogik, Schule und Berufsbildung im 19. Jahrhundert, Hannover u. a. 1969. BLOCH, E.: Das Prinzip Hoffnung, Frankfurt/M. 1959. BLOCHMANN, E.: Herman Nohl, Göttingen 1969. BÖHME, G./ENGELHARDT, M. v. (Hg.): Enfremdete Wissenschaft, Frankfurt/M. 1979. BUBER, M.: Reden über Erziehung, Heidelberg 1956. COPEI, F.: Der fruchtbare Moment im Bildungsprozeß, Heidelberg 1950. DAHMER, I./KLAFKI, W. (Hg.): Geisteswissenschaftliche Pädagogik am Ausgang ihrer Epoche – Erich Weniger, Weinheim/Berlin 1968. DILTHEY, W.: Gesammelte Schriften, Göttingen/Stuttgart 1914ff. FINCKH, H. J.: Der Begriff der «deutschen Bewegung» und seine Bedeutung für die Pädagogik Herman Nohls, Frankfurt/Bern 1977. FLITNER, W.: Laienbildung, Langensalza o. J. (1921). FLITNER, W.: Theorie des pädagogischen Wegs und der Methode, Weinheim 1950a. FLITNER, W.: Allgemeine Pädagogik, Stuttgart 1950b. FLITNER, W.: Das Selbstverständnis der Erziehungswissenschaft in der Gegenwart, Heidelberg [2]1958. FLITNER, W.: Die gymnasiale Oberstufe, Heidelberg 1961a. FLITNER, W.: Europäische Gesittung, Zürich 1961b. FLITNER, W.: Ausgewählte pädagogische Abhandlungen, hg. v. H. Kanz, Paderborn 1967. FLITNER, W./KUDRITZKI, G.: Die deutsche Reformpädagogik, Bd. 1, München/Düsseldorf 1961. GASSEN, H.: Geisteswissenschaftliche Pädagogik auf dem Wege zu kritischer Theorie, Weinheim/Basel 1978. HABERMAS, J.: Technik und Wissenschaft als «Ideologie», Frankfurt/M. 1968. HABERMAS, J.: Legitimationsprobleme im Spätkapitalismus, Frankfurt/M. 1973. HEIDEGGER, M.: Sein und Zeit (1926), Tübingen [6]1949. HELLER, A.: Das Alltagsleben, Frankfurt/M. 1978. HERRMANN, U.: Die Pädagogik Wilhelm Diltheys, Göttingen 1971. HILDEBRAND, R.: Vom deutschen Sprachunterricht, Leipzig 1910. HUSCHKE-RHEIN, B.: Das Wissenschaftsverständnis in der geisteswissenschaftlichen Pädagogik, Stuttgart 1979. HUSSERL, E.: Idee zu einer Phänomenologie und einer phänomenologischen Philosophie, Halle 1913. KOSIK, K.: Die Dialektik des Konkreten, Frankfurt/M. 1967. LITT, TH.: Möglichkeiten und Grenzen der Pädagogik, Leipzig [2]1931. LITT, TH.: Der lebendige Pestalozzi, Heidelberg 1952. LITT, TH.: Technisches Denken und menschliche Bildung, Heidelberg 1957. LITT, TH.: Das Bildungsideal der deutschen Klassik und die moderne Arbeitswelt, Bonn [6]1959. LITT, TH.: Führen oder Wachsen-lassen, Stuttgart [13]1967. NOHL, H.: Charakter und Schicksal, Frankfurt/M. [3]1947. NOHL, H.: Die pädagogische Bewegung in Deutschland und ihre Theorie, Frankfurt/M. [3]1948. NOHL, H.: Schule und Alltag (1929). In: Nohl, H.: Pädagogik aus 30 Jahren, Frankfurt/M. 1949, S. 112ff (1949a). NOHL, H.: Die Jugend und der Alltag. Ein Beitrag zur Lebenskunde der Jugendlichen (1927). In: Nohl, H.: Pädagogik aus 30 Jahren, Frankfurt/M. 1949, S. 98ff (1949b). NOHL, H.: Bildung und Alltag (1929). In: Nohl, H.: Pädagogik aus 30 Jahren, Frankfurt/M. 1949, S. 124ff (1949c). NOHL, H.: Der männliche Sozialbeamte und die Sozialpädagogik in der Wohlfahrtspflege (1926). In: Nohl, H.: Pädagogik aus 30 Jahren, Frankfurt/M. 1949, S. 143ff (1949d). NOHL, H.: Die geistigen Energien der Jugendwohlfahrtsarbeit (1926). In:

Nohl, H.: Pädagogik aus 30 Jahren, Frankfurt/M. 1949, S. 133ff (1949e). NOHL, H.: Gedanken für die Erziehungstätigkeit des Einzelnen mit besonderer Berücksichtigung der Erfahrungen von Freud und Adler (1926). In: Nohl, H.: Pädagogik aus 30 Jahren, Frankfurt/M. 1949, S. 151ff (1949f). NOHL, H.: Erziehergestalten, Göttingen 1958. NOHL, H.: Wirkung und Gestalt. In: N. Samml. 19 (1979), S. 540ff. NOHL, H./PALLAT, L. (Hg.): Handbuch der Pädagogik, 5 Bde., Langensalza/Berlin/Leipzig 1929ff. RÖHRS, H. (Hg.): Erziehungswissenschaft und Erziehungswirklichkeit, Frankfurt/M. 1964. ROTH, H.: Pädagogische Anthropologie, 2 Bde., Hannover 1966/1971. SCHEUERL, H. (Hg.): Klassiker der Pädagogik, Bd. 2, München 1979. SCHÜTZ, A.: Gesammelte Aufsätze, 3 Bde., Den Haag 1971/1972. SCHWENK, B.: Pädagogik in den philosophischen Fakultäten der Erziehungswissenschaft, München 1978. SPRANGER, E.: Psychologie des Jugendalters, Heidelberg 1924. SPRANGER, E.: Der Eigengeist der Volksschule, Heidelberg 1955. SPRANGER, E.: Der geborene Erzieher, Heidelberg 1959. SPRANGER, E.: Das Gesetz der ungewollten Nebenwirkungen in der Erziehung, Heidelberg 1962. SPRANGER, E.: Gesammelte Schriften, Heidelberg/Tübingen 1969ff. THIERSCH, H. u. a.: Die Entwicklung der Erziehungswissenschaft, München 1978. WAGENSCHEIN, M.: Das exemplarische Lehren, Hamburg 1964. WEINGART, P.: Wissensproduktion und soziale Struktur, Frankfurt/M. 1976. WENIGER, E.: Didaktik als Bildungslehre, Teil 1: Theorie der Bildungsinhalte und des Lehrplans, Weinheim 1952. WENIGER, E.: Die Eigenständigkeit der Erziehung in Theorie und Praxis. Probleme der akademischen Lehrerbildung, Weinheim 1957.

Hans Thiersch

Pädagogik, Geisteswissenschaftliche (systematisch)

Zur Konzeption der Geisteswissenschaften. Die Analyse von Erziehungs- und Bildungsproblemen, der sie thematisierenden Theorien und derjenigen Institutionen, denen die →Erziehung und →Bildung, Unterrichtung und Ausbildung der jungen Generation anvertraut ist, im Rahmen einer so bezeichneten «Geisteswissenschaftlichen Pädagogik» stellt einen beherrschenden Grundzug der Geschichte des pädagogischen Denkens und der Erziehungswissenschaft in Deutschland im 19. und 20. Jahrhundert dar. Mehr noch: Daß wir heute selbstverständlich Erziehungs- und Bildungsfragen im Zusammenhang mit Politik und Ökonomie, Gesellschafts- und Verfassungsproblemen sehen und nicht nur im Binnenraum der erziehenden und unterrichtenden →Familie und →Schule, Lehrwerkstatt und Hochschule, ist eine Leistung, die wir der Geisteswissenschaftlichen Pädagogik verdanken.

Zum Verständnis der spezifischen Aspekte bei der Thematisierung von Erziehungs- und Bildungsproblemen und zum Zwecke der Würdigung der Leistungen und Grenzen «Geisteswissenschaftlicher Pädagogik» ist es notwendig, sich eingangs kurz über deren Selbstverständnis und Intentionen im Rahmen der ihr zugrunde liegenden Konzeption der Geisteswissenschaften zu verständigen.

Für das heutige Verständnis von «Geisteswissenschaft» und für den heutigen Sprachgebrauch ist DILTHEYS «Einleitung in die Geisteswissenschaften» (1973 a) aus dem Jahr 1883 maßgeblich geworden. Als Geisteswissenschaften bezeichnet man (mit Dilthey) jene Wissenschaften, die sich mit «dem Menschen, der Gesellschaft und der Geschichte» beschäftigen, mit der geschichtlich-gesellschaftlichen Lebenswelt der Menschen; deshalb nannte Dilthey sie auch (vor 1883) «moralisch-politische Wissenschaften» oder «Wissenschaften vom handelnden Menschen». Anders als die Naturwissenschaften haben die Geisteswissenschaften menschliche *Praxis* zum Gegenstand, sei es im zwischenmenschlichen Handeln (etwa in den Rechts- und Wirschafts-, den Sozial- und Geschichtswissenschaften), sei es die Praxis des Denkens und der Reflexion (in der Philosophie, der Mathematik, den theoretischen Naturwissenschaften, in der Religion – vgl. HERRMANN 1969, 1971 a; vgl. ZÖCKLER 1975).

Im Laufe der Entwicklung, Differenzierung und Abgrenzung der Natur- und Geisteswissenschaften variieren zwar die Bezeichnungen und die Zuordnungen einzelner Disziplinen zu den Geisteswissenschaften (vgl. DIEMER 1968, 1974; vgl. ROTHACKER 1965), durch die von Dilthey begründete Theorie- und Methodendebatte wird aber das Selbstverständnis «der» Geisteswissenschaften deutlich herausgearbeitet:

Ihr methodologisches Grundmuster ist nicht das *Erklären* (im Sinne experimentell überprüfter, mathematisch formulierter Gesetzmäßigkeiten in den Naturwissenschaften), sondern das *Verstehen* des *Sinnes* und der *Bedeutung* von sinnhaften Figurationen: des menschlichen Handelns und seiner Motivationen mit Hilfe einer verstehenden *Psychologie*; kultureller Traditionen mit Hilfe sinnverstehender Auslegung (*Hermeneutik*) von Texten und Dokumenten – «Objektivationen des Geistes» –; von →Situationen und →Institutionen, in denen menschliches Leben und Erleben sich vollzieht, Verstehen also der strukturellen Voraussetzungen und Bedingungen individueller Handlungsabläufe in der geschichtlich-gesellschaftlichen →Lebenswelt und die Interpretation ihrer individuellen und sozio-kulturellen Bedeutung mit Hilfe der kultur- und geistesgeschichtlich oder biographisch orientierten *Geschichtsschreibung*; Verstehen schließlich übergreifender historischer Prozesse in einer *Theorie der Geschichte* und die Selbstreflexion dieser Theorie in einer *Theorie des Wissens*, einer historisch konzipierten *Wissens- und Wissenschaftssoziologie* – so DILTHEY in den »Studien zur Grundlegung der Geisteswissenschaften» (1973 b) und im «Aufbau der geschichtlichen Welt in den Geisteswissenschaften» (1973 c).

Im Zentrum des geisteswissenschaftlichen Interesses steht der Mensch, der sich selbst als kulturschaffende →*Individualität* bildet und damit *zugleich* seine *Lebenswelt als* →*Kultur* hervorbringt, «der Mensch als Schöpfer und Geschöpf der Kultur» (LANDMANN 1961). Im Rückgang «auf das Leben selbst» soll die Lebenspraxis des Menschen in ihrer Geschichtlichkeit verstanden und für die Bewältigung praktisch-politischer Probleme in Gegenwart und Zukunft angeleitet werden (vgl. HERRMANN 1971 a, 1978; vgl. JOHACH 1974, ZÖCKLER 1975). Das, was «ist», soll hinsichtlich der Bedingungen seines Gewordenseins begriffen werden, so daß daraus – wie Dilthey in seiner Pädagogik-Abhandlung von 1888 formuliert – «die Regel» über das entspringt, was sein «soll» (DILTHEY 1971 b, S. 88). Deshalb kann Dilthey auch sein Programm, ganz ähnlich wie Droysen (vgl. RÜSEN 1969, 1976), in Fortführung von Kants Kritiken als «Kritik der historischen Vernunft» bezeichnen (vgl. ERMARTH 1978).

Der Rückgriff auf Kant nach dem Zusammenbruch der idealistisch-philosophischen Systeme einerseits und die Abgrenzung von der Philosophie Nietzsches bezeichnen deutlich den ideen- und sozialgeschichtlichen Ort und die praktisch-philosophische Intention Diltheys: durch die Rekonstruktion der «deutschen Bewegung» (vgl. DILTHEY 1974 a, NOHL 1970) als den Kern deutscher Kultur im Zeitalter von Klassik und Romantik und der Voraussetzung reformorientierter politischer Praxis besonders in Preußen nach 1800 – Bewegungen, die von «den Gebildeten» getragen wurden – die Triebkräfte dieser Bewegung unter den veränderten Bedingungen des Zeitalters der Großen Industrie in Preußen/Deutschland wieder wirksam werden zu lassen. «Denn in derselben Zeit, in welcher der naturwissenschaftliche und industrielle Geist die Erdkugel umspannt und die Gewalten der Natur in den Dienst menschlicher Zwecke gezwungen hat – [...] eben im Zusammenhang mit der Ausdehnung der wirtschaftlichen Beziehungen über den Erdball und mit der Entfaltung der Industrie, beginnen die dunklen Kräfte der Menschennatur die europäische Gesellschaft zu schrecken. Und die sozialen, religiösen, pädagogischen Aufgaben, welche hier gebieterisch eine Lösung heischen, können nur durch Erkenntnis der Ursachen aufgelöst werden. Nur soweit wir die Gesetze erkennen, nach welchen diese Ursachen Wirkungen hervorbringen, vermögen wir die für die Förderung der Gesellschaft erforderlichen Wirkungen zweckmäßig herbeizuführen und die Schäden des gesellschaftlichen Körpers mit einsichtiger Hand zu heilen. So geht durch die Gesellschaft unserer Tage ein Gefühl, daß sie diese Fragen durch die Macht des wissenschaftlichen Gedankens und der darauf gegründeten praktischen Genialität lösen muß – oder sie stürzt in den Abgrund kulturfeindlicher Zerstörung [... Dies] treibt zu den äußersten Anstrengungen auf dem Gebiete der Geisteswissenschaften» (DILTHEY 1971 a, S. 237 f).

Geisteswissenschaft ist Praktische Philosophie, vermittelt Herrschafts- und Handlungswissen als Gesellschaftswissenschaft (oder Politikberatung), ist das Medium der *Bildung* für alle diejenigen, die politische und gesellschaftliche Verantwortung tragen (sollen): «Diese Einleitung [in die Geisteswissenschaften] möchte dem Politiker und Juristen, dem Theologen und Pädagogen die Aufgabe erleichtern, die Stellung der Sätze und Regeln, welche ihn leiten, zu der umfassenden Wirklichkeit der menschlichen Gesellschaft kennen zu lernen, welcher doch, an dem Punkte, an welchem er eingreift, schließlich die Arbeit seines Lebens gewidmet ist» (Dilthey 1973a, S. 3). Es ist die eigentümliche Aufgabeder Geisteswissenschaften, nachdem die Philosophie diese Aufgabenicht mehr wahrzunehmen vermochte, die Universalität und Geschichtsosigkeit der modernen Wissenschaft und Gesellschafts- beziehungsweise Wirtschaftsordnung einerseits, andererseits die in ihr handelnen und vergesellschafteten Subjekte als Glieder der Menschheitsgeschichte (Universalgeschichte) reflektierbar zu halten, das heißt die geschichtlichen Bedingungen ihrer Geschichtslosigkeit zu *begreifen*, zu relativieren, und politisches, gesellschaftliches Handeln nicht dem Relativismus oder Dezisionismus auszuliefern, sondern dem moralischen Urteilund der moralischen Rechtfertigung zu unterwerfen (vgl. Riedel 1970, S. 16). Der *Entwicklungs*gedanke darf nicht nur den Historismus und Relativismus aus sich entlassen, sondern das ihm verpflichtete historische Bewußtsein bleibt aufgefordert, den Geschichtsprozeß und menschliches Handeln in ihm auf seinen Sinn hin zu befragen. «Man sieht, hier ist der wesentliche Gesichtspunkt der, die ganze Fülle der Vergangenheit zur Aufklärung unserer Gegenwart und zu deren tieferem Verständnis zu verwenden [...] Wer nur aus dem Hier und Heut der Dinge urteilen und seine Entschließungen fassen wollte, der würde sehr bald innewerden, wie flach er urteilt und wie nach momentanen Impulsen, ohne tieferen Zusammenhang er sich entschließt. Der tiefer Denkende wird das Bedürfnis fühlen, sich nicht bloß im allgemeinen, sondern bei jedem wesentlichen Punkt des Zusammenhangs und der Kontinuität der Dinge bewußt werden. Er wird die Vergangenheit verwenden, um diesen Punkt der Gegenwart auch nach seiner Bedingtheit, die er in dem Vorausliegenden hat, sich aufzuklären, in diesen Alternativen, die an ihn herantreten, sich mit Grund und Zuversicht entscheiden» (Droysen 1960, S. 275f). Dies ist die «didaktische» (Droysen 1960, S. 275) Aufgabe der Geschichtsschreibung, allgemeiner gefaßt: *der Bildungsauftrag der Geisteswissenschaften*. Er wird wahrgenommen, als Sinn- und Zielbestimmung verantwortlicher individueller und gesellschaftlicher Praxis, im geistigen Horizont des anti-revolutionär, national gesonnenen Bürgertums des 19. Jahrhunderts, das der Adressat großangelegter gelehrter und populärer Darstellungen der Kultur- und Geistesgeschichte und der Biographien «großer Deutscher» ist. Dilthey steht hier mit seiner Konzeption der Geisteswissenschaften und seiner eigenen Praxis als Historiker in der Tradition der Historischen Schule von Hegel und Haym, vor allem auch unter dem Einfluß des politischen Liberalismus der 1860er und 1870er Jahre (vgl. Riedel 1970, S. 17ff).

Versteht man die Konzeption und bildungspolitische Intention der Geisteswissenschaften auf diesem ihrem gesellschafts- und kulturpolitischen sowie ihrem bildungssoziologischen Hintergrund – dem liberalen (Bildungs-)Bürgertum des 19. und ersten Drittels des 20. Jahrhunderts –, dann erfaßt man das Selbstverständnis der Geisteswissenschaftlichen Pädagogik als einer *Kultur- und Bildungswissenschaft*, auf das es in diesem Zusammenhang ankommt, angemessener, als wenn man die Geisteswissenschaftliche Pädagogik und ihre Theorie lediglich auf der ahistorischen wissenschaftstheoretischen oder methodologischen Ebene mit anderen Konzeptionen der Pädagogik beziehungsweise Erziehungswissenschaft konfrontiert.

Zum Selbstverständnis Geisteswissenschaftlicher Pädagogik. Zunächst muß festgehalten werden, daß es «die» Geisteswissenschaftliche Pädagogik nicht gegeben hat. Die als Hauptvertreter der Geisteswissenschaftlichen Pädagogik in Deutschland nach dem Ersten Weltkrieg geltenden Pädagogen und Philosophen – Nohl, Spranger, Litt, W. Flitner – haben sich auf ganz unterschiedliche Aspekte und Phasen in Diltheys Schriften zur Begründung der Geisteswissenschaften bezogen (vgl. Herrmann 1971a, Anmerkung 23, S. 242ff), so daß eher von anderen Positionen her – der transzendental-philosophischen und der konfessionell-normativen – die Einheit der Geisteswissenschaftlichen Pädagogik *unterstellt* wurde, als daß sie als Binnenkonsens einer Dilthey-«Schule» tatsächlich existiert hätte. Die Rekonstruktion der Diltheyschen Konzeption einer Pädagogik als Geisteswissenschaft hat denn auch die Differenz von Begründungszusammenhang bei Dilthey und Rezeptionstradition deutlich machen können (vgl. Groothoff 1966; vgl. Herrmann 1971a, 1979).

Hier ist nicht der Ort für eine systematische Rekonstruktion der Geisteswissenschaftlichen Pädagogik bei Dilthey und der Dilthey-«Schule» (vgl. Herrmann 1971a, 1971b; vgl. Scheuerl 1979). Unbeschadet der Notwendigkeit weiterer Differenzierungen im einzelnen seien hier lediglich diejenigen Merkmale geisteswissenschaftlicher Problemanalyse von Erziehungs- und Bildungsfragen genannt, die zusammengenommen die systematischen Voraussetzungen und konstitutiven Bestandteile einer «Systematischen Allgemeinen Geisteswissenschaftlichen Pädagogik» ausmachen. Dies soll dazu dienen zu erklären, warum sich Philosophen und Wissenschaftstheoretiker, Soziologen und Psychologen, Historiker und Pädagogen auf ihre je besondere Weise Erziehungs- und Bildungsproblemen zugewandt haben (vgl. Herrmann 1969), so daß sich doch nicht ganz zu Unrecht auf der forschungs*praktischen* Ebene eine weitgehende disziplinäre Identität der Geisteswissenschaftlichen Pädagogik feststellen ließ.

Bei der letzten Ausgabe von DILTHEYS «Schriften zur Pädagogik» (1971 c) und ihrer Begründung in der Konzeption und in einzelnen Disziplinen der Geisteswissenschaften (vgl. DILTHEY 1971 c) wurde durch die Anordnung und Gliederung der Texte eine «Systematische Allgemeine Geisteswissenschaftliche Pädagogik» rekonstruiert, die man folgendermaßen resümieren kann: Wie die anderen Geisteswissenschaften, «welche einzelne Systeme des gesellschaftlichen Lebens zu erkennen und für die in ihnen stattfindende Zwecktätigkeit Regeln zu geben beabsichtigen» (DILTHEY 1971 d, S. 35), kann auch die Pädagogik nicht auf nur *einer* methodologischen Ebene oder nur in der Eindimensionalität des begrenzten Erkenntnisinteresses nur *einer* erkenntnis- beziehungsweise wissenschaftstheoretischen Position entworfen werden. Vielmehr ergibt sich aus der mehrfachen Aufgabenstellung «Systemanalyse», «Lebensweltanalyse» (→Lebenswelt), «Handlungsanalyse einer ‹regelhaften Zwecktätigkeit›» und «Praxisbezug» eine Matrix von Gegenstands- und Problembereichen, Erkenntnisinteressen und Methoden(verbindungen). Diltheys Konzept der Pädagogik als Geisteswissenschaft entwickelt – systematisch gesehen – jenen Reflexionshorizont, innerhalb dessen unterschiedliche Theoriekonzepte samt ihren methodologischen und praxisbezogenen Implikationen in ihrer Komplementarität erkennbar und kritisierbar werden (vgl. HERRMANN 1971 a). Daher nimmt hier auch in der Geschichte des pädagogischen Denkens eine differenzierte Entwicklung der Pädagogik als Wissenschaft ihren Anfang. Der Sache nach ist dieses Konzept bis heute nicht zurückgenommen worden; denn die Rücknahme würde den Rückfall in ahistorischen Dogmatismus bedeuten.

Gegenstand der *Systematischen Pädagogik* (→Pädagogik, systematische – gewöhnlich *Theoretische* oder *Allgemeine* → *Pädagogik* genannt) ist die Bestimmung der Voraussetzungen von Erziehungs- und Bildungsvorgängen, von Lehr-, Lern- und Sozialisationsprozessen, zum einen ausgehend von der Erziehungs- und Bildungsbedürftigkeit und -fähigkeit des Menschen. Sie wird – bezogen auf den zu Erziehenden als Individuum und Individualität – in Begriffen und Theorien der →Bildsamkeit beziehungsweise der Bildungsphilosophie formuliert; die Pädagogische Anthropologie (→Anthropologie, pädagogische), die Pädagogische Psychologie und die Pädagogische Ethik explizieren Regeln, Normen und Ziele individueller Entwicklungs- und Bildungsprozesse. – Zum anderen wird der zu Erziehende als zu vergesellschaftendes Subjekt betrachtet, analysiert die Allgemeine Pädagogik Erziehungs- und (Aus-)Bildungsprozesse als Rekonstitution der bestehenden Gesellschaft und ihrer Systeme: das Verhältnis der Generationen zueinander, soziale und berufliche Plazierung, Zusammenhänge von Politik und Pädagogik stehen dann im Zentrum des Interesses. – Aus diesen beiden Arbeitsrichtungen ergibt sich als Aufgabe der Allgemeinen Pädagogik die systematische Rekonstruktion und Verknüpfung aller wesentlichen Faktoren, Strukturen, Instanzen und Institutionen – seien es kulturelle Normen, wissenschaftliche Theorien, Personen(gruppen), schulische und außerschulische Einrichtungen –, die – in Anlehnung an WEBER (vgl. 1964, S. 202) – im Hinblick auf Erziehungs- und Bildungsprozesse pädagogisch *intendiert, relevant* oder *bedingt* sind. Gegenstand der Allgemeinen oder Systematischen Pädagogik ist die Entwicklung einer umfassenden Theorie der Genese der Person als sittliches und des Individuums als vergesellschaftetes Subjekt und die dialektische Vermittlung beider zur Verbindung einer kritischen moralphilosophischen und historisch-materialistischen Position (vgl. HEYDORN 1969, 1970).

Die Aufgabe der *Empirischen Erziehungswissenschaft* (→ Erziehungswissenschaft, kritisch-rationale) ist es, mit experimentellen Methoden Ursache-Wirkungs-Analysen zu betreiben und gesichertes Wissen darüber zu erzeugen, welches die geeigneten institutionellen und «verfahrenstechnischen» Maßnahmen sind, um beabsichtigte pädagogische Ziele mit angemessenen Mitteln zu erreichen, da «auf Experimenten für die Pädagogik so gut als für die Chemie der Fortschritt theoretischer Einsicht beruht» (DILTHEY 1974 b, S. 237).

Die *hermeneutisch-pragmatische Pädagogik* interpretiert die prinzipiellen Zielsetzungen der Pädagogischen Anthropologie und Bildungstheorie sowie die verfügbaren «technischen» Handlungsmöglichkeiten auf dem lebensgeschichtlichen Hintergrund des zu Erziehenden, seiner «Individuallage» und *seiner* Definition der jeweiligen Situation. In einem Akt der praktischen Vernunft, den Herbart «pädagogischen Takt» nannte (vgl. MÜSSENER 1977), erfolgt die Bestimmung des hier und jetzt pädagogisch Verantwortbaren in der Spannung von *Notwendigkeit* und *Möglichkeit*, erfolgt also die Umsetzung allgemeiner Ziele pädagogischen Denkens und Handelns und die Auswahl aus mehreren «technisch» möglichen erfolgversprechenden Verfahrensweisen in einem situativ und individuell spezifizierten Kontext und Entwurf pädagogischen Handelns. Dies meint W. Flitner mit der «Reflexion am *Standort der Verantwortung* des Denkenden» als der «Mitte dessen, was im strengen Sinne pädagogische Wissenschaft heißen darf» (FLITNER 1963, S. 18).

Die Erarbeitung eines Interpretationsrahmens für die Individuallage und die gesamtgesellschaftliche Lebenswelt, der Ausblick auf die noch uneingelöste Zukunft des Menschen – der nur sehr bedingt der «Alltags»-Analyse zu entnehmen ist – stellten die Aufgaben der *Historischen* und *Vergleichenden Bildungsforschung* dar, die den ganzen Bereich von der Rekonstruktion individueller Biographien bis zum Systemvergleich von Bildungseinrichtungen bearbeiten, also die geschichtliche und interkulturelle Dimension der Allgemeinen Pädagogik darstellen (vgl. HERRMANN 1980, LIEGLE 1980).

Das Organon der Selbstreflexion dieser Pädagogik als Geisteswissenschaft und der systematischen, historisch-vergleichenden, empirischen, theoretischen und praktischen Bedeutung ihrer Fragen, Nachbardisziplinen und Aufgabenstellungen ist die *Wissenschaftsgeschichte* der Erziehungswissenschaft, insofern sie die Praxis der Theorie(bildung) und deren praktische Bedeutung und Konsequenzen für den einzelnen und die Gesellschaft im ganzen thematisiert (vgl. HERRMANN 1978, S. 217ff).

Geisteswissenschaftliche Pädagogik ist mithin dadurch charakterisiert, daß

- die philosophisch-normative Reflexion nicht losgelöst wird von der Einsicht in die prinzipielle Geschichtlichkeit der Bedeutung und Wirkung von Normen und Zielen,
- die Hermeneutik der Lebenswelt und das verstehende sich Einlassen auf die Erziehung und Bildung, Führung und Beratung Heranwachsender sich der Kontrolle empirischen Wissens über Ursache-Wirkungs-Zusammenhänge aussetzen muß,
- daß die Empirie (Forschung) zwar zu allgemeingültigen Wenn-Dann-Aussagen führen mag, daß diese «Theorie» aber ihre Praxis anleitende Bedeutung nicht *per se* hat, sondern ihn erst in der Applikation auf einen eigens zu explizierenden geschichtlich-gesellschaftlichen und situativ-pragmatischen Kontext gewinnt,
- sie ihre Bedeutung als Gesellschaftswissenschaft, einer «Kritik der historischen Vernunft» menschlichen Handelns mißdeuten würde, wenn sie ihren Auftrag der Praxisanleitung und Politikberatung – in Richtung auf «bürgerliche Aufklärung» und «Bildung» in der Sprache des 18. Jahrhunderts, was heute «Emanzipation», «Partizipation» und «Selbstverwirklichung» heißt – zugunsten anderer, an internen Konventionen und Zwängen eines (inzwischen) verselbständigten Systems «Wissenschaft» orientierten Kriterien zurückstellen würde; denn dies würde bedeuten, daß
- die für die Geisteswissenschaften charakteristische Verbindung von Theorie und Praxis in *pragmatischer Absicht* verlorengehen würde; denn die «Bedeutung der Geisteswissenschaften und ihrer Theorie kann zunächst nur darin liegen, daß sie uns zu dem helfen, was wir in der Welt zu machen haben, was wir aus uns machen können, was wir mit der Welt anfangen können und diese mit uns» (DILTHEY 1973d, S. 276).

Leistung und Grenze der traditionellen Geisteswissenschaftlichen Pädagogik. Mit dieser in ihren Grundzügen skizzierten Geisteswissenschaftlichen Pädagogik begann der außerordentlich erfolgreiche Ausbau einer Wissenschaft, die sich an den Philosophischen Fakultäten der deutschen Universitäten als Bildungs- und Kulturwissenschaft neben der Philosophie und der Geschichtswissenschaft etablierte, die in der nichtuniversitären Lehrerbildung die Berufswissenschaft der von den Impulsen der Reformpädagogik getragenen Lehrerschaft wurde (besonders an den von C. H. Becker gegründeten preußischen Akademien – vgl. KITTEL 1965), deren wichtigste Vertreter ausschlaggebende Berater in der Bildungspolitik wurden (beispielsweise Spranger zwischen den beiden Weltkriegen, Flitner und Weniger nach 1945) und der es in kurzer Zeit gelang, immer weitere Erziehungs- und Lebensbereiche mit ihrem Gedankenkreis zu durchdringen (wofür das «Handbuch der Pädagogik» von H. Nohl und L. Pallat am Ende der 20er Jahre ein beredtes Dokument ist). In diesem Zusammenhang sei lediglich darauf verwiesen und hier nicht weiter diskutiert, daß die Weiterentwicklung der Geisteswissenschaftlichen Pädagogik nach 1945 unter dem Einfluß der Kritischen Theorie der Frankfurter Schule, worauf sich besonders Blankertz, Klafki und Mollenhauer berufen, einmal mehr die Tragfähigkeit des Ausgangskonzepts der Geisteswissenschaften betont (so daß die Kritik an der dogmatisch-inkompetenten Be- und Verurteilung dieser Entwicklung entsprechend deutlich ausfallen mußte – vgl. LANGE 1979).

Gleichwohl muß von den *Grenzen* der Geisteswissenschaftlichen Pädagogik, wie sie oben skizziert wurde, die Rede sein; denn das *Programm* ist das eine, die *Implikationen* und die *Verwirklichung* das andere. Der prinzipielle Einwand lautet, daß geisteswissenschaftliche Theorie *affirmativ* sei. Nun wäre dieser Einwand als Vorwurf, daß im Horizont eines «bürgerlichen» Bildungs- und Herrschaftsinteresses eine entsprechende Wissenschafts- und Kulturtheorie entworfen werde, nicht sonderlich belangvoll, denn was hätte «bürgerliche Wissenschaft» sonst für eine Aufgabe? Die Frage, wie denn die Geisteswissenschaftliche Pädagogik sich zum Beispiel als empirische und ideologiekritische Erfahrungs- und Sozialwissenschaft hätte entwickeln und darstellen können, bleibt historisch gesehen spekulativ und deshalb wissenschaftskritisch belanglos.

Der Einwand der Affirmation wird an ganz anderer Stelle wirksam: Die Methode des Verstehens und der historisch-systematischen Rekonstruktion von Lebenswelten und ihrer Bedeutung muß das Überlieferte, das Gegebene, das «Wirkliche» immer als das Richtige, Gültige, «Vernünftige» unterstellen; Dilthey steht hier ganz in Hegels Nachfolge. So führt die «Kritik der historischen Vernunft» entgegen dem eigenen Anspruch nicht über den Historismus und Wertrelativismus hinaus, wird die materiale Rekonstruktion der Lebenswelt verdünnt zu einer Geistes-

und Strukturgeschichte, die ihren universalgeschichtlichen und methodologischen Anspruch nur noch dort einlösen kann, wo auch das Verstehen seinen Ursprung hat: in der (Selbst-)Biographie (vgl. Dilthey 1973c, Flach 1970, Kornberg 1972). Auf diese Weise können zwar einzelne Kultur- und Geistesströmungen und die in ihnen sich entfaltende Genialität einzelner herausragender Denker, Künstler und Dichter beeindruckend geschildert werden, die Darstellung bleibt jedoch im Gedankenkreis der Kultur und der Gebildeten. Wirtschaft und Technik, die Masse der armen und lohnabhängigen Bevölkerung, Protestbewegungen und alternative Kulturen oder Lebensentwürfe – dies sucht man vergebens in dieser Kultur- und Geistesgeschichte, die auf der Suche nach der Erhaltung der «Idealität des Lebens» ist (Dilthey 1971 a, S. 238).

Deshalb überschreitet Diltheys Konzeption in der Pädagogik auch nicht den «dauernden wertvollen festen nationalen Lebenskern als feste[n] Richtpunkt» (Dilthey 1971 d, S. 36), über dessen Inhalt Dilthey anläßlich eines Diskussionsbeitrags zur preußischen Gymnasialreform am Ende des 19. Jahrhunderts keinen Zweifel läßt: «Der naturwissenschaftliche Geist, der insbesondere in der modernen französischen Literatur seinen Ausdruck gefunden hat, hat die abstrakten Prinzipien auf das wirksamste unterstützt, welche in der französischen Revolution so einflußreich gewesen sind. Das abstrakte mathematische Denken, angewandt auf Gebiete des gesellschaftlichen Lebens, wird stets das heranwachsende Geschlecht empfänglich machen für die leeren Ideale eines Staates, der nach den Grundsätzen der Gleichheit geregelt ist [...] Frankreich hat den Sozialismus hervorgebracht. Ich frage Sie nun, was in dem Unterricht einer Oberrealschule dem Fortschreiten dieses Geistes, seinem Eindringen in unser Beamtentum entgegenzuwirken vermag [wenn dort nämlich Naturwissenschaften und neuere Sprachen ins Zentrum der Lehrpläne rücken und die Absolventen die gleichen Berechtigungen erhalten wie die des Humanistischen Gymnasiums]. In dem Gegensatz gegen die Propaganda der Revolution ist die historische Schule entstanden. Sie hat das Recht des geschichtlichen Bewußtseins gegenüber den abstrakten Prinzipien zur Geltung gebracht. Die Kontinuität der historischen Entwicklung, die nationale Einheit der gesellschaftlichen Einrichtungen, die Stetigkeit des öffentlichen Rechts und damit verbunden das monarchische Prinzip. So kämpfen wir für die Monarchie [...] Dies geschichtliche Bewußtsein fordert ein langes tiefes Einleben in die großen Gebilde der Vergangenheit [...] Daß der Geist des Schülers sich eingewöhne in geschichtliches Denken, in die besondere Natur und die Stetigkeit der historischen Prozesse [...] Möge der preußische Staat die tiefen Grundlagen, die in der Vorbildung seiner Beamten zum öffentlichen Dienst und zur Staatsgesinnung in großen Zeiten gelegt sind, nicht jetzt selbst zerstören» (Dilthey 1971 e, S. 127f).

Affirmativ ist auch der Grundzug der geisteswissenschaftlichen Methoden, wie sie in dieser Gesellschafts- und Geschichtsbetrachtung wirksam wird: die Methode der *Rekonstruktion* und des sich *Einfühlens* und *Einlebens*. So groß ihr Gewinn für das Verständnis der Vergangenheit sein mag, so wenig dürfen die Kosten übersehen werden: Diese Methode transportiert nicht nur bildungsbürgerliche Innerlichkeit weiter, sondern präpariert zugleich ihren Gegenstandsbereich – die herrschende Kultur des Bürgertums. Es sei noch einmal betont, daß damit die Leistungen der Geisteswissenschaftlichen Pädagogik nicht geschmälert werden sollen, aber daß sich in der Ausprägung der historisch-rekonstruierten hermeneutischen Pädagogik als der vorherrschenden Richtung auch eine wirksame Schwelle gegen (ideologie-)kritische und empirisch-analytische Methoden und Forschungsrichtungen etablierte. Eine angemessene Würdigung muß beides beachten: Leistung und Grenze, schon um für die eigene Forschungspraxis daraus zu lernen.

Diese knappen Bemerkungen mögen genügen als Skizzierung der Erkenntnisinteressen und Methoden, mit Hilfe deren in der Tradition der Geisteswissenschaftlichen Pädagogik Probleme von Erziehung und Bildung bearbeitet wurden. Diese Problemtradition sei abschließend an ausgewählten Beispielen dargestellt.

Theorietraditionen: Schleiermacher – Dilthey – W. Flitner. Wenn von Theorietraditionen der Geisteswissenschaftlichen Pädagogik von Schleiermachers Vorlesungen im ersten Drittel des 19. Jahrhunderts über Diltheys Schriften an der Wende zum 20. Jahrhundert zu Flitners systematischen Entwürfen (vgl. FLITNER 1933, 1950) gesprochen wird, dann liegt die Berechtigung dafür in der gemeinsamen, wenn auch unterschiedlich akzentuierten Auffassung von Erziehung und Bildung als einem personalen und zugleich gesellschaftlich vermitteltem Geschehen, dessen beide Resultate – die Selbstverwirklichung der autonomen Individualität als sittliches und «bürgerliches» Subjekt *und* die Verwirklichung der diesem Ziel dienenden gesamtgesellschaftlichen Lebensverhältnisse – als notwendig sich gegenseitig bedingend, aber auch realisierbar gesehen werden. – Nun ist es natürlich nicht so, daß die genannten Autoren mögliche Widersprüche zwischen den Ansprüchen des einzelnen und den Zwängen seiner gesellschaftlichen Existenz nicht gesehen hätten, allen voran Schleiermacher selbst. Jeder versucht aber einen «Ausgleich» zwischen den möglicherweise konkurrierenden Ansprüchen.

Erziehung nach ihrem allgemeinsten Begriff, sagt SCHLEIERMACHER (vgl. 1957, S. 9, S. 12ff) in seinen Vorlesungen von 1826, sei der *Form* nach Einwirkung der älteren Generation auf die jüngere, um sowohl die individuelle Vollkommenheit (als Sittlichkeit) des einzelnen zu ermöglichen als auch damit zugleich die Entwicklung der Menschheit und der

Gesellschaft im ganzen zu befördern. Der Sache nach ist der «eigentliche Charakter der pädagogischen Einwirkung [...] *das Bilden*», «die Entwicklung der *geistigen* Kraft» des Menschen (SCHLEIERMACHER 1957, S. 15), mit Hilfe deren er sich als Individualität und sittliches Subjekt konstituiert. Ist dies erreicht, endet die Erziehung, wenn nämlich die selbstverantwortliche «*Selbsttätigkeit* der Einwirkung anderer übergeordnet wird» (SCHLEIERMACHER 1957, S. 28). Selbstverantwortete →Selbsttätigkeit ist aber nur möglich im Rahmen einer Gesellschaftsordnung, die sich in ihrem Selbstverständnis und in ihrer politisch-sozialen Organisation an der Mitverantwortung des Bürgers orientiert und diesem Bürger die Möglichkeit gibt, verantwortlich an der Gestaltung und Veränderung von Staat und Gesellschaft mitzuwirken. Auf diese liberal-konstitutionelle Staats- und Gesellschaftsauffassung hin legt Schleiermacher sein Verständnis von Erziehung und Bildung aus; von ihr her ergibt sich seine Bestimmung des geschichtlich-gesellschaftlichen Veränderungsprozesses, in dem Reaktion und Revolution gleichermaßen schädlich sind, so daß die «Formel» für die Erziehung lauten muß, «*daß beides in möglichster Zusammenstimmung sei,* [nämlich:] *daß die Jugend tüchtig werde einzutreten in das, was sie vorfindet, aber auch tüchtig in die sich darbietenden Verbesserungen mit Kraft einzugehen.* Je vollkommener beides geschieht, desto mehr verschwindet der Widerspruch [zwischen Zerstören und Erhalten]» (SCHLEIERMACHER 1957, S. 31). Erziehung und Bildung dürfen selbst nicht «Quelle» von Ungleichheit, Benachteiligung, Unterdrückung und Revolution werden, sondern müssen auf «Ausgleich» bedacht sein: daraus resultiert die genuin gesellschaftspolitische Aufgabe der Erziehung und ihrer Institutionen. An ihrer *Intention* besteht für den politischen Liberalismus des Bürgertums in der ersten Hälfte des 19. Jahrhunderts kein Zweifel: «*Die Erziehung soll in Beziehung auf die zu Erziehenden der inneren Kraft, die in ihnen sich entwickelt, zu Hilfe kommen; aber in Beziehung auf das, was infolge dieser Entwicklung bewirkt wird, die äußeren Verhältnisse gewähren lassen, so jedoch, daß diese, insofern sie charakterisiert sind als Zeichen der angestammten Ungleichheit, behandelt werden als das, was allmählich verschwinden soll*» (SCHLEIERMACHER 1957, S. 41). Schleiermachers Erziehungs- und Bildungskonzept bleibt also *beiden* Prinzipien – dem «demokratischen» und dem «aristokratischen» (vgl. SCHLEIERMACHER 1957, S. 41 ff) – verpflichtet: der *Anerkennung* von Ungleichheit *und* der Verpflichtung ihrer allmählichen *Beseitigung*. Praktisch bedeutet dies die Etablierung einer elementaren «Volks»-, einer mittleren «bürgerlichen» und einer «höheren», gelehrten →Bildung (und ihrer Institutionen – vgl. SCHLEIERMACHER 1957, S. 228 ff), die schließlich in der Berufsschule und der Universität (vgl. SCHLEIERMACHER 1957, S. 350 ff) künftige Chancen der Selbstverwirklichung und sozialen Plazierung kanalisiert.

Die institutionelle Ausprägung der allgemeinen Prinzipien zeigt, daß und wie geburtsständische Vorrechte des Ancien régime abgelöst werden durch die Erwartungen einer bürgerlichen Leistungsordnung, die «Bildung» (und wie wir heute sagen: «Qualifikation») als universelles Prinzip der Definition des individuellen Sozialstatus reklamiert und die Verpflichtung darauf zu ihrem «demokratischen» Grundsatz macht, ihre faktische Wahrnehmung und deren Konsequenzen aber «aristokratisch», also schicht- und klassenspezifisch kanalisiert. – Die geschichtliche Wirkung dieser Konzeption, die sich noch in den «Grundsätzen» des «Strukturplans für das Bildungswesen» (vgl. DEUTSCHER BILDUNGSRAT 1970, S. 23f, S. 29ff) niederschlägt, liegt nicht darin, allgemeine Volksbildung und höhere (gelehrte) Bildung gegeneinander auszuspielen und eine einseitige Entscheidung zu treffen, dann etwa auch für eine breitere Berufsbildung und Begrenzung der universitären Berechtigungen, sondern darin, unterschiedliche Bildungsvoraussetzungen und -erwartungen zum Systemmerkmal des gegliederten Erziehungs- und (Aus)Bildungswesens gemacht zu haben, dessen pädagogisch-politischer Auftrag «Chancen*verbesserung*» lautet (nicht, wie fälschlicherweise immer gesagt wird: → Chancengleichheit). Die Gesamtschule als demokratische Leistungsschule produziert denn auch, wie treffend resümiert wurde, «Ungleichheit für Alle» (vgl. HEYDORN 1970, S. 272ff).

Dem Zusammenhang von Erziehung und Gesellschaft in der Konzeption Diltheys muß besondere Aufmerksamkeit gewidmet werden, denn hier erschließt sich besonderes eindrücklich die pädagogisch-politische Ambivalenz der Geisteswissenschaftlichen Pädagogik (vgl. HERRMANN 1971 a, S. 185ff).

Ausgehend von der geisteswissenschaftlichen Analyse der «Systeme der Kultur» (vgl. DILTHEY 1973 a, S. 49ff) und der «Systeme der äußeren Organisation der Gesellschaft» (vgl. DILTHEY 1973 a, S. 64ff), bestimmt Dilthey die besondere Aufgabe der Erziehung und Bildung in der modernen Gesellschaft: «Die Entwicklung des Menschengeschlechtes vollzieht sich in einem beständig wirksamen Prozeß der Differenzierung, gleichsam der Arbeitsteilung in bezug auf seine Zwecke. Die *äußere Organisation* in Familien, Stämmen, Gemeinschaftsformen, Völkern und Staaten gliedert und verästelt sich immer mehr und faßt sich zugleich zu immer höheren Verbindungen der Teile zusammen [Rechts-, Wirtschafts-, Bildungssysteme, Wissenschaften]. Die großen *Zweckzusammenhänge der Kultur* [Religion, Recht, Ethik] sondern sich voneinander [...] Unter diesen Zweckzusammenhängen nehmen die Erziehung und ihre Anstalten eine besondere Stelle ein. Erziehung ist die planmäßige Tätigkeit, durch welche die Erwachsenen das Seelenleben der Heranwachsenden bilden [...] Erziehung und Unterrichtswesen nehmen [...–in den Systemen der Kultur und der äußeren Organisation der Gesellschaft] eine besondere Stellung ein; sie wollen in den Heranwachsenden die Fähigkeit entwickeln, mitwirkend in dieses Zweckleben [der Gesellschaft und ihrer Institutionen] einzugreifen» (DILTHEY 1971f, S. 18f). Daraus ergibt sich eine ähnliche «Formel» wie bei Schleiermacher, nur jetzt auf die Lage der Gegenwart hin konkretisiert: «Der volle Eintritt des Individuums mit all seinen Gemütskräften in *diese* Welt, so daß es nach dem Maß seiner Kraft an der *richtigen* Stelle zu seiner *Befriedigung* und zum *Nutzen des Ganzen* in diese Kultur und ihre Aufgabe eingreift: das ist die höchste Aufgabe der Erziehung» (DILTHEY 1971g, S. 12). Der «Koinzidenzpunkt» der individuellen Bildungs- und der gesellschaftlichen Ausbildungsaufgabe ist für Dilthey der *Beruf* (vgl. DILTHEY 1970, S. 118f): in ihm findet der Mensch seine Selbstverwirklichung, und durch seine Berufstätigkeit trägt er zugleich seinen Teil zur Gesamtleistung einer arbeitsteiligen Gesellschafts- und Wirtschaftsordnung bei. Diese berufliche Tüchtigkeit soll die (oben von Dilthey zitierten) nationalpolitischen Ziele des als Weltmacht aufstrebenden deutschen Kaiserreichs nach innen und außen erreichen lassen. Daß der Erziehung noch die Aufgabe zukomme, wie bei Schleiermacher, eine allgemeine Verbesserung der Lebens- und Selbstverwirklichungsmöglichkeiten aller Menschen mitzubewirken, bezweifelt Dilthey: «In dieser Gesellschaft herrscht mit naturgesetzlicher Notwendigkeit das Kapital. Die arbeitende Bevölkerung vermehrt sich beständig in dem Maße, daß die ärmste erträgliche Art von Lebenshaltung bestehenbleibt. Nur die Veränderung der bestehenden Verhältnisse von Eigentum, Erbrecht, Ehe und Familie ermöglicht eine gerechtere Ordnung» (DILTHEY 1970, S. 16).

So spiegelt sich die Ambivalenz der Erziehung und (Aus-)Bildung als System der Kultur und als System der äußeren Organisation in der Schwierigkeit, ja Unmöglichkeit, entgegengesetzte oder sich ausschließende Funktionen von Erziehung und Bildung miteinander zu vermitteln. Einerseits wird eine gebildete nationale Führungselite benötigt, andererseits aber, da «Arbeit [...] die Grundlage aller gesellschaftlichen Leistungen» ist (DILTHEY 1970, S. 89), gilt als «Norm» «von da aus: die Ordnung der Gesellschaft muß eine individuelle Entwicklung für alle ermöglichen, also darf es keine Arbeitssklaven geben» (DILTHEY 1970, S. 89). Voraussetzung für humane Selbstverwirklichung ist die Befreiung von entfremdeter Arbeit (vgl. DILTHEY 1970, S. 89, S. 91). Von hier aus eröffnet sich der Ausblick auf eine «kritische» Geisteswissenschaftliche Pädagogik, deren Aufgabe es ist, die Voraussetzungen für die Aufhebung von Entfremdung zu schaffen, *soweit sie im Subjekt liegen* (vgl. HEYDORN 1972).

FLITNER stellt in seiner «Systematischen Pädagogik» (1933) beziehungsweise «Allgemeinen Pädagogik» (1950) eine Synthese zwischen

Schleiermacher und Dilthey her. Er formuliert einen «pädagogischen Grundgedankengang» (vgl. FLITNER 1950, S. 9f), dessen Schlußüberlegungen – «Bildung als innere Gestalt» (vgl. FLITNER 1933, S. 110ff; vgl. FLITNER 1950, S. 117ff) – einerseits Typen der Bildung unterscheiden, andererseits «Berufsbildung als de[n] echte[n] Ort der Allgemeinbildung» (FLITNER 1950, S. 121) festhalten. «Bildung bedeutet die *Echtheit* der Eingliederung in die Welt, was immer heißt konkrete Eingliederung in einen Lebenskreis und seine Zukunft, d.h. seine *konkreten Aufgaben*» (FLITNER 1933, S. 113; Hervorhebung: U.H.) im Lebens- und Berufsalltag. Gebildet ist, wer in allen seinen Aufgaben und zu bewältigenden Lebensproblemen «Beruf» sieht, das heißt die Aufforderung (Beruf-ung), ihnen als «*Pflichten* seines Standes, Geschlechts, Alters, seiner Stellung, seiner Kräfte, seines verantwortlichen Wirkungsraums» zu entsprechen (FLITNER 1933, S. 112). Die verschiedenen Lebensformen und Typen der Bildung repräsentieren die für unsere Gesellschaftsordnung charakteristische Schichtung in Unter-, Mittel- und Oberschicht, innerhalb deren der einzelne seinen «Beruf», das heißt nicht nur eine individuell sinnvolle und gesellschaftlich nützliche Tätigkeit finden, sondern die er auch *bejahen* soll – wie anders könnte er sonst in die «Pflicht» genommen werden? Später beruft sich Flitner auf Goethe und eine Bildungstradition, die in der Beschränkung der Vielfalt den Weg zur menschlichen Vollendung sieht – was für denjenigen gelten mag, dem wirklich alle Möglichkeiten offenstehen und der sich darin zu verlieren droht. Aber diese Definition der «wahren Bildung» – «die Ausrüstung des Menschen, unter den beschränkenden Bedingungen seiner Anlage und seiner Situation die Lebensaufgabe zu meistern, die ihm zugefallen ist» (FLITNER 1950, S. 121) – mutet allen jenen zu, die in Elternhaus, Schule und Berufsausbildung benachteiligt worden sind, dies als gerechtfertigt oder unabänderlich hinnehmen zu sollen, wo doch auch zu fragen wäre, worin das Beschränkende von Lebenschancen liegt und ob Abhilfe zu schaffen ist, wer denn die «Begabung» definiert, wieso denn eine Lebensaufgabe jemandem «zugefallen» ist und ob denn dies auch wirklich seine «Lebensaufgabe» ist?

Was bedeutet dies praktisch? Erzieher- und Lehrerschaft sollen nach Kräften bemüht sein, Ungerechtigkeiten und Versäumnisse auszugleichen; denn die «Pflicht zu sozialer Gerechtigkeit und der vermehrte Bedarf der modernen Gesellschaft an höher gebildetem Nachwuchs machen es nötig, jedem Kinde den Weg zu öffnen, der seiner Bildungsfähigkeit entspricht» (DEUTSCHER AUSSCHUSS FÜR DAS ERZIEHUNGS- UND BILDUNGSWESEN 1969, S. 16). Aber dies soll in einem institutionellen und begabungstheoretischen Kontext geschehen, der die soziale Hierarchie in eine hierarchische Typengliederung von Schulen (Volksschule, Mittlere und Höhere Schule; Berufs- und Fach[hoch]schulen sowie Universitäten) und der ihr entsprechenden «Begabungsrichtungen» ummünzt, weil nur so der mögliche Widerspruch von Rechten und Pflichten des einzelnen vermieden beziehungsweise gar nicht erst in den Blick genommen werden kann: Einer «geistig führenden, einer ausführenden und einer dazwischen vermittelnden Schicht praktischer Berufe mit erhöhter Verantwortung» entsprechen drei Typen der →«Begabung»: ein theoretischer, ein praktischer und ein theoretisch-praktischer (DEUTSCHER AUSSCHUSS FÜR DAS ERZIEHUNGS- UND BILDUNGSWESEN 1969, S. 9). Diese Auffassung machte sich der DEUTSCHE AUSSCHUSS FÜR DAS ERZIEHUNGS- UND BILDUNGSWESEN (1969, S. 16) ausdrücklich zu eigen: «Die unterschiedlichen Bildungsanforderungen, die unsere arbeitsteilig entfaltete Gesellschaft an ihren Nachwuchs stellt, und die Unterschiede in der Bildungsfähigkeit dieses Nachwuchses zwingen dazu, an drei Bildungszielen unseres Schulsystems festzuhalten, die nach verschieden langer Schulzeit erreicht werden: an einem verhältnismäßig früh an Arbeit und Beruf anschließenden, einem mittleren und einem höheren». Und innerhalb der höheren Bildung ist «eine geistig tragende Schicht von hohem Niveau heranzubilden» (DEUTSCHER AUSSCHUSS FÜR DAS ERZIEHUNGS- UND BILDUNGSWESEN 1969, S. 12), die geistige →Elite der Nation.

Es kann kein Zweifel sein, daß es unterschiedliche Begabungen gibt, daß schulische und außerschulische Bildungseinrichtungen in unterschiedlicher Weise darauf eingehen müssen, daß es unterschiedliche Niveaus im Umgang mit sozialen, technischen, künstlerischen Problemen gibt oder daß individuelle Neigungen und Entscheidungen zu unterschiedlichen Lebensformen und -leistungen führen. Es würde zur völligen Hilflosigkeit führen, wenn der theoretische und praktische Pädagoge oder der Bildungspolitiker davor die Augen verschlösse. Nur: dies sind nicht die Punkte, an denen der politische Dissens über Ziele der Bildungsreform einsetzt und wo die Erziehungswissenschaft keine kritische Funktion der Politikberatung zu erfüllen hätte. Der Dissens beginnt dort folgenreich zu werden, wo eine «kritische» Geisteswissenschaftliche Pädagogik den neuhumanistischen Bildungsbegriff als Legitimationsfolie für die Sozialstatus- und -chancensicherung der «höher» Gebildeten ausgibt und sich einem – von Dilthey und Flitner vorgezeichneten – Bildungsbegriff nähert, der die berufliche Bildung zum Kern der allgemeinen macht. Die Neuordnung der Sekundarstufe II in dem «Konzept für eine Verbindung von allgemeinem und beruflichem Lernen» (vgl. DEUTSCHER BILDUNGSRAT 1974, MÜNSTERANER ARBEITSGRUPPE 1974) wäre denn auch der einzige Reformansatz nach 1945, der im deutschen Erziehungs- und Bildungswesen überkommene Strukturen und Traditionen *als solche* änderte, ohne auf alternative bildungstheoretische oder gesellschaftskritische Positionen rekurrieren zu müssen; er hätte die in der Tradition *selbst* enthaltene Kritik am Bestehenden genutzt und nicht die Tradition zu traditionellen Zwecken ins Feld geführt: zur Rechtfertigung des Bestehenden.

Der gemeinsame systematische Ansatz von drei Hauptvertretern der Geisteswissenschaftlichen Pädagogik, die Reflexion des Zusammenhangs von Erziehung und Gesellschaft, akzentuiert also dessen bildungs- und gesellschaftspolitische Implikationen und Folgen auf je verschiedene Weise, bleibt aber doch immer bezogen auf ein Verständnis der Gesellschaftsentwicklung in dieser Zeit, das ihm eine zugehörige Geschichtsauffassung nahelegte: die Hoffnung auf bürgerliche Partizipation und Demokratisierung (Schleiermacher); die Neubestimmung von Bildung und Beruf unter den Bedingungen der industriellen Gesellschaft (Dilthey); die Frage nach der Rechtfertigung und Gerechtigkeit pädagogischen Handelns unter institutionellen Bedingungen, die anerkanntermaßen auch der Reproduktion von Schichten und Klassen, also der Verfestigung sozialer Ungleichheit dienen (vgl. FLITNER 1979).

Eine systemtranszendierende, die eigenen Voraussetzungen pädagogischer Reflexion in Frage ziehende (Selbst-)Kritik erscheint dieser Position weder geboten noch sinnvoll, wie gerade auch Diltheys Hinweis deutlich macht, daß in der Gesellschaft die durchgreifenden Veränderungen vor allem auf den Gebieten der Eigentums-, Rechts- und Arbeitsordnung notwendig wären. Demzufolge und deshalb wird daran festgehalten, daß – wie auch immer die gesellschaftlichen, wirtschaftlichen und bildungspolitischen Entwicklungen verlaufen mögen – es in der pädagogischen Reflexion darauf ankomme, das Eigenrecht des Individuums in, mit oder gegen diese Entwicklungen festzuhalten – der Gedanke der «relativen Autonomie» des pädagogischen Gedanken- und Handlungskreises –, da es doch immer die Menschen selbst sind, die Subjekt und Objekt, Träger und Opfer geschichtlich-gesellschaftlicher Prozesse sind.

Historiographische Tradierungen. Was der Mensch sei, was er mit der Welt und die Welt mit ihm anfängt, das sagt ihm nur seine Geschichte (Dilthey); er muß sie begriffen haben (Droysen), sonst ist er dazu verdammt, sie zu wiederholen; die ahistorische technische Rationalität droht die Mündigkeit des Menschen zur Chimäre verkommen zu lassen, lieferte ihn den «Sachzwängen» aus, wenn er ihnen gegenüber ihnen nicht das Potential historisch-kritischer Reflexion entgegensetzen würde (vgl. HEYDORN 1972). In der Aufarbeitung der Geschichte, nicht in antiquarischer oder monumentalischer, sondern in kritischer und systematischer Absicht, versichert sich daher die Geisteswissenschaftliche Pädagogik ihres Problemverständnisses von Erziehung und Bildung unter den Bedingungen der Gegenwart vor allem dadurch, daß diese in ihrem

Gewordensein und in ihrem Durchgang in eine offene Zukunft verstanden wird.

Historische Pädagogik und pädagogische Geschichtsschreibung sind daher nicht nur Ausdruck eines Erkenntnisinteresses in einem Teilbereich der Geschichtswissenschaft, sondern für die Explikation und Definition systematischer und theoretischer Fragestellungen der Erziehungswissenschaft konstitutiv. In der Forschungspraxis war über Jahrzehnte die Geisteswissenschaftliche Pädagogik geradezu definiert durch ihr *historisch-systematisches* Vorgehen; denn welchen Sinn sollte es in einer *praxis*orientierten Wissenschaft machen, gegen Verhältnisse in der theoretischen und praktischen Arbeit zu polemisieren, deren geschichtliche Bedingungen, Konsequenzen und Alternativen man sich nicht mehr zu vergegenwärtigen vermag?

Es ist unmöglich, aus der Fülle von Monographien zu einzelnen Themen auch nur die wichtigsten hier aufzuführen oder die wenigen Überblicks- und Gesamtdarstellungen in ihren Vor- und Nachteilen, Quellengrundlagen und Methoden hier vorzustellen. Da eine Geschichte der deutschen pädagogischen Geschichtsschreibung bisher fehlt, seien hier lediglich abschließend die Interessenrichtungen und Fragestellungen genannt, an denen sich pädagogische Historiographie im Horizont des geisteswissenschaftlichen Erkenntnisinteresses orientierte (vgl. HERRMANN 1978): die Geistes- und Kulturgeschichte, die Problem- und die Wissenschaftsgeschichte, die Historische Anthropologie und Historische Sozialisationsforschung. Unverkennbar stehen dabei Programme und Ideen, Institutionen und Personen im Vordergrund, ihre Intentionen und Begründungen. Aber welche *Wirkungen* sie zeitigten, Erfolg oder Mißerfolg; aufgrund welcher detailliert auszuführenden Konstellations- und Faktorenanalyse *warum* dies so war; welche *Schlußfolgerungen* daraus gezogen wurden – wenn überhaupt! –; kurzum: welches der Zugewinn an *Rationalität* aus dem historischen für das theoretische, systematische, empirisch-analytische oder ideologiekritische Verfahren der Erziehungswissenschaft, für die praktische Pädagogik oder die Politikberatung zu ziehen sei – diese Frage ist bis heute in einem strengen Sinne offen (vgl. HERRMANN 1980). Die neuerdings wiedergewonnene Dimension historischen Bewußtseins in der Erziehungswissenschaft (vgl. HERRMANN 1978, S. 215ff) sollte nicht darüber hinwegtäuschen, daß über den Sinn und die Durchführung historischer Bildungsforschung oder historischer Wissenschaftsforschung im Bereich der Erziehungswissenschaft kein Konsens besteht, auch nicht bestehen kann, solange die Auflösung des «pädagogischen Grundgedankengangs» in partielle «Theorien zum Erziehungsprozeß» (MOLLENHAUER 1972), globale Sozialisationstheorien – deren Komplexität sie nicht zuletzt häufig an der beschworenen praktisch-*pädagogischen* «Relevanz» hindert –, in technizistisch verkürzte Erziehungslehren oder in ideologiekritische Positionen – die sich einstweilen von ihrer praktisch-politischen beziehungsweise wissenschaftspraktischen Folgenlosigkeit nicht beeindrucken lassen – nicht auf einer neuen Stufe der Reflexion und Theoriebildung ein Äquivalent gefunden hat. Mangels einer durchgearbeiteten erziehungswissenschaftlich orientierten Wissens- und Wissenschaftssoziologie auf historisch-materialistischer Basis bleibt einstweilen auch die Kritische Theorie der Pädagogik im Stadium der Negation, im Nicht-durchschauen-Können des «pädagogischen Grundwiderspruchs», der darin besteht, daß die Pädagogik *intentional* die Aufhebung gesellschaftlicher Zwänge bei der Vergesellschaftung der Subjekte betreiben möchte, als deren *Funktion* sie sich realgeschichtlich doch allererst konstituiert (vgl. HERRMANN 1978); in der angeblich ideologie-kritischen Distanzierung von den realen Bedingungen der Möglichkeit ihrer selbst produziert die Reflexion selber Ideologie: die Verdächtigung aller institutionell-pädagogischen Praxis als *per se* affirmativer.

Schlußbemerkungen. WENIGER hat in seiner Abhandlung «Zur Geistesgeschichte und Soziologie der pädagogischen Fragestellung» (1975) gezeigt, worin der Auftrag und die Leistung der pädagogischen Reflexion liegt, die sich aus dem Geiste der Kritik versteht (vgl. WENIGER 1975, S. 111), dem Vermögen der Unterscheidung und dem Auftrag der Vermittlung der Kritikfähigkeit.

In diesem Sinne haben sich «inhaltlich Partei nehmend für das dem Erzieher anvertraute Wesen» (WENIGER 1975, S. 123) geisteswissenschaftlich orientierte Pädagogen – Flitner, Nohl, Spranger, Bollnow, Weniger und viele andere – im totalitären System des Nationalsozialismus politisch nicht kompromittiert, der Diktatur aber auch ihrem pädagogischen Auftrag zufolge, so wie sie ihn verstanden, politisch nicht entgegentreten können. Aber die von ihnen fortgeführte Tradition Geisteswissenschaftlicher Pädagogik hat mit dazu beigetragen, daß die Reflexion des moralisch-politischen Zusammenhangs von Erziehung und Gesellschaft sowie die wissenssoziologisch und gesellschaftspolitisch folgenreiche Auflösung von historischem Bildungs- in technisch verfügbares Herrschaftswissen nicht abgerissen ist. Mit anderen Worten: Es ist nicht die geringste Leistung der Geisteswissenschaftlichen Pädagogik, vom theoretischen Anspruch her und in der Wissenschaftspraxis – so begrenzt und kritikbedürftig diese im einzelnen sein mögen, wie gezeigt wurde – die System- und Praxiskonsequenzen moderner Wissenschaft «in der Reflexion halten zu können».

Dahmer, I./Klafki, W. (Hg.): Geisteswissenschaftliche Pädagogik am Ausgang ihrer Epoche – Erich Weniger, Weinheim/Berlin 1968. Deutscher Ausschuss für das Erziehungs- und Bildungswesen: Rahmenplan zur Umgestaltung und Vereinheitlichung des allgemeinbildenden öffentlichen Schulwesens (1959), Stuttgart 1969. Deutscher Bildungsrat (Hg.): Strukturplan für das Bildungswesen. Empfehlungen der Bildungskommission, Stuttgart 1970. Deutscher Bildungsrat: Zur Neuordnung der Sekundarstufe II. Konzept für eine Verbindung von allgemeinem und beruflichem Lernen. Empfehlungen der Bildungskommission, Bonn 1974. Diemer, A.: Die Differenzierung der Wissenschaften in die Natur- und Geisteswissenschaften und die Begründung der Geisteswissenschaften als Wissenschaft. In: Diemer, A. (Hg.): Beiträge zur Entwicklung der Wissenschaftstheorie im 19. Jahrhundert, Meisenheim 1968, S. 174ff. Diemer, A.: Geisteswissenschaften. In: Ritter, J./Gründer, K. (Hg.): Historisches Wörterbuch der Philosophie, Bd. 3, Basel/Stuttgart 1974, Spalte 211ff. Dilthey, W.: System der Ethik (1890). Gesammelte Schriften, Bd. 10, hg. v. H. Nohl, Stuttgart/Göttingen 1970. Dilthey, W.: Wilhelm Scherer (1886). Gesammelte Schriften, Bd. 11, hg. v. E. Weniger, Stuttgart/Göttingen 1971, S. 236ff (1971 a). Dilthey, W.: Über die Möglichkeit einer allgemeingültigen pädagogischen Wissenschaft (1888). Schriften zur Pädagogik, hg. v. H.-H. Groothoff u. U. Herrmann, Paderborn 1971, S. 83ff (1971 b). Dilthey, W.: Schriften zur Pädagogik, hg. v. H.-H. Groothoff u. U. Herrmann, Paderborn 1971 c. Dilthey, W.: Grundlinien eines Systems der Pädagogik. Schriften zur Pädagogik, hg. v. H.-H. Groothoff u. U. Herrmann, Paderborn 1971, S. 25ff. (1971 d). Dilthey, W.: Schulreform. Schriften zur Pädagogik, hg. v. H.-H. Groothoff u. U. Herrmann, Paderborn 1971, S. 125ff (1971 e). Dilthey, W.: Entwurf einer Einleitung zur Geschichte des Preußischen Unterrichtswesen. Schriften zur Pädagogik, hg. v. H.-H. Groothoff u. U. Herrmann, Paderborn 1971, S. 17ff (1971 f). Dilthey, W.: Allgemeine Grundverhältnisse in der Geschichte der Pädagogik. Schriften zur Pädagogik, hg. v. H.-H. Groothoff u. U. Herrmann, Paderborn 1971, S. 11ff (1971 g). Dilthey, W.: Einleitung in die Geisteswissenschaften (1883). Gesammelte Schriften, Bd. 1, hg. v. B. Groethuysen, Stuttgart/Göttingen 1973 a. Dilthey, W.: Studien zur Grundlegung der Geisteswissenschaften. Gesammelte Schriften, Bd. 7, hg. v. B. Groethuysen, Stuttgart/Göttingen 1973, S. 3ff (1973 b). Dilthey, W.: Der Aufbau der geschichtlichen Welt in den Geisteswissenschaften. Gesammelte Schriften, Bd. 7, hg. v. B. Groethuysen, Stuttgart/Göttingen 1973, S. 79ff (1973 c). Dilthey, W.: Plan der Fortsetzung zum Aufbau der geschichtlichen Welt in den Geisteswissenschaften. Gesammelte Schriften, Bd. 7, hg. v. B. Groethuysen, Stuttgart/Göttingen 1973, S. 191ff (1973 d). Dilthey, W.: Die dichterische und philosophische Bewegung in Deutschland 1770 – 1800 (1867). Gesammelte Schriften, Bd. 5, hg. v. G. Misch, Stuttgart/Göttingen 1974, S. 12ff (1974 a). Dilthey, W.: Pädagogik. Geschichte und Grundlinien des Systems (1934). Gesammelte Schriften, Bd. 9, hg. v. O. F. Bollnow, Stuttgart/Göttingen 1974 b. Droysen, J. G.: Historik (1858), Darmstadt [4]1960. Ermarth, M.: Wilhelm Dilthey: The Critique of Historical Reason, Chicago/London 1978. Flach, W.: Die wissenschaftstheoretische Einschätzung der Selbstbiographie bei Dilthey. In: Arch. f. Gesch. d. Phil. 52 (1970), S. 172ff. Flitner, W.: Systematische Pädagogik, Breslau 1933. Flitner, W.: Allgemeine Pädagogik, Stuttgart 1950. Flitner, W.: Das Selbstverständnis der Erziehungswissenschaft in der Gegenwart, Heidelberg [3]1963. Flitner, W.: Ist Erziehung sittlich erlaubt? In: Z.f.P. 25 (1979), S. 499ff. Groothoff, H.-H.: Über Diltheys Entwurf einer «wissenschaftlichen Pädagogik». In: Vjs. f. w. P., Neue Folge der Ergänzungshefte, Heft 4, 1966, S. 80ff. Herrmann, U.: Bibliographie Wilhelm Dilthey, Weinheim/Berlin/Basel 1969. Herrmann, U.: Die Pädagogik Wilhelm Diltheys. Ihr wissenschaftstheoretischer Ansatz in Diltheys Theorie der Geisteswissenschaften, Göttingen 1971 a. Herrmann, U.: Dilthey und die Dilthey-Schule in der Pädagogik. In: Groothoff, H.-H./Stallmann, M. (Hg.): Neues pädagogisches Lexikon, Stuttgart/Berlin [5]1971, Spalte 241ff (1971b). HERRMANN, U.: Pädagogik und geschichtliches Denken. In: Thiersch, H. u.a.: Die Entwicklung der Erziehungswissenschaft, München 1978, S.173ff. HERRMANN, U.: Wilhelm Dilthey. In: Scheuerl, H. (Hg.): Klassiker der Pädagogik, Bd. 2, München 1979, S.72ff. HERRMANN, U.: Probleme und Aspekte historischer Ansätze in der Sozialisationsforschung. In: Hurrelmann, K./Ulich, D. (Hg.): Handbuch der Sozialisationsforschung, Weinheim/Basel 1980, S.227ff. HEYDORN, H.-J.: Zum Verhältnis von Bildung und Politik. In: Ellwein, Th. u.a. (Hg.): Erziehungswissenschaftliches Handbuch, Bd. 1, Berlin 1969, S.59ff. HEYDORN, H.-J.: Über den Widerspruch von Bildung und Herrschaft, Frankfurt/M. 1970. HEYDORN, H.-J.: Zu einer Neufassung des Bildungsbegriffs, Frankfurt/M. 1972. HUSCHKE-RHEIN, B.: Das Wissenschaftsverständnis in der geisteswissenschaftlichen Pädagogik, Stuttgart 1979. JOHACH, H.: Handelnder Mensch und objektiver Geist. Zur Theorie der Geistes- und Sozialwissenschaften bei W. Dilthey, Meisenheim 1974. KITTEL, H. (Hg.): Die Pädagogischen Hochschulen, Darmstadt 1965. KORNBERG, J.: Wilhelm Dilthey on the Self and History: Some Theoretical Roots of Geistesgeschichte. In: Cent. Eur. Hist. 5 (1972), S.295ff. LANDMANN, M.: Der Mensch als Schöpfer und Geschöpf der Kultur. Geschichts- und Sozialanthropologie, München/Basel 1961. LANGE, H.: Ein dogmatischer Rückfall hinter Popper. Zu Wolfgang Brezinkas Neufassung seiner Metatheorie der Erziehung. In: Z.f.P. 25 (1979), S.403ff. LIEGLE, L.: Kulturvergleichende Ansätze in der Sozialisationsforschung. In: Hurrelmann, K./Ulich, D. (Hg.): Handbuch der Sozialisationsforschung, Weinheim/Basel 1980, S.197ff. LOCH, W.: Lebenslauf und Erziehung, Essen 1979. MOLLENHAUER, K.: Theorien zum Erziehungsprozeß. Zur Einführung in erziehungswissenschaftliche Fragestellungen, München 1972. MÜNSTERANER ARBEITSGRUPPE: Integrierte Sekundarstufe II. In: Z.f.P. 20 (1974), S.367ff. MÜSSENER, G.: Begriff und Funktion des Pädagogischen Takts in Herbarts System der Pädagogik. In: Z.f.P., 14. Beiheft, 1977, S.259ff. NOHL, H.: Die Deutsche Bewegung, Göttingen 1970. OELKERS, J./ADL-AMINI, B. (Hg.): Pädagogik, Bildung und Wissenschaft. Zur Grundlegung der geisteswissenschaftlichen Pädagogik, Bern/Stuttgart 1981. OELKERS, J./SCHULZ, W.K. (Hg.): Pädagogisches Handeln und Kultur. Aktuelle Aspekte der geisteswissenschaftlichen Pädagogik, Bad Heilbrunn 1984. RIEDEL, M.: Einleitung. In: Dilthey, W.: Der Aufbau der geschichtlichen Welt in den Geisteswissenschaften, Frankfurt/M. 1970, S.9ff. ROTHACKER, E.: Logik und Systematik der Geisteswissenschaften (1927), Darmstadt 1965. RÜSEN, J.: Begriffene Geschichte. Genesis und Begründung der Geschichtstheorie J. G. Droysens, Paderborn 1969. RÜSEN, J.: Für eine erneute Historik, Stuttgart 1976. SCHEUERL, H. (Hg.): Klassiker der Pädagogik, Bd. 2, München 1979. SCHLEIERMACHER, F.: Pädagogische Schriften, u. Mitwirk. v. Th. Schulze, hg. v. E. Weniger, Bd. 1: Die Vorlesungen aus dem Jahre 1826, Düsseldorf/München 1957. THIERSCH, H.: Die hermeneutisch-pragmatische Tradition der Erziehungswissenschaft. In: Thiersch, H. u.a.: Die Entwicklung der Erziehungswissenschaft, München 1978, S.11ff. UHLE, R.: Geisteswissenschaftliche Pädagogik und Kritische Erziehungswissenschaft, München 1976. WEBER, M.: Die «Objektivität» sozialwissenschaftlicher und sozialpolitischer Erkenntnis (1904). In: Weber, M.: Soziologie – Weltgeschichtliche Analysen – Politik, hg. v. J. Winckelmann, Stuttgart [3]1964, S.186ff. WENIGER, E.: Zur Geistesgeschichte und Soziologie der pädagogischen Fragestellung (1936). In: Weniger, E.: Ausgewählte Schriften zur Geisteswissenschaftlichen Pädagogik, hg. v. B. Schonig, Weinheim/Basel 1975, S.107ff. ZÖCKLER, CH.: Dilthey und die Hermeneutik. Diltheys Begründung der Hermeneutik und die Geschichte ihrer Rezeption, Stuttgart 1975.

Ulrich Herrmann

Pädagogik, historische

Begriff. Der Ausdruck «Historische Pädagogik» findet sich bereits in der zweiten Hälfte des 19. Jahrhunderts, und zwar im Umkreis der Herbartschule, so bei K. V. Stoy, O. Willmann und W. Rein. Gemeinsam mit einer Reihe anderer Ausdrücke wie «Geschichte der Pädagogik», «Geschichte der Erziehung» oder «Historische Erziehungswissenschaft» wird er zur Bezeichnung der historischen Dimension von Pädagogik und Erziehungswissenschaft benutzt. In der Epoche der sogenannten «Geisteswissenschaftlichen Pädagogik» (→Pädagogik, Geisteswissenschaftliche) während der ersten Hälfte des 20. Jahrhunderts trat er zugunsten des Begriffs «Geschichte der Erziehung» zurück, denn unter den Voraussetzungen geisteswissenschaftlicher Pädagogik kann historische Pädagogik nicht als besondere, abgegrenzte Disziplin der Erziehungswissenschaft verstanden werden. Erst mit der «realistischen Wendung» der Erziehungswissenschaft seit den 60er Jahren hat die Forderung nach «Historischer Pädagogik» als eigener erziehungswissenschaftlicher Disziplin wieder an Boden gewonnen. Das treibende Motiv, soweit sich dies aus der geringen historischen Distanz bereits sagen läßt, war das Bedürfnis nach Abgrenzung und auch Ausgrenzung des Historischen seitens einer zu neuem Selbstverständnis gelangten, als empirische und sozialwissenschaftliche sich verstehenden Erziehungswissenschaft, welche die alte «geisteswissenschaftliche» Pädagogik hinter sich zu lassen trachtete, die in der ersten Hälfte des 20. Jahrhunderts dominierte. Gegenwärtig und im Zusammenhang mit der personellen Erweiterung der Erziehungswissenschaft an den deutschen Hochschulen seit den 60er Jahren des 20. Jahrhunderts ist die Tendenz unverkennbar, «Historische Pädagogik» als ein eigenes Forschungs- und Lehrgebiet auszuweisen mit einem eigens dafür eingestellten wissenschaftlichen Personal.

Die Unausweichlichkeit historischen Argumentierens. Seit jeher wird bei der Erörterung pädagogischer Fragen auch historisch argumentiert. Platon läßt in seinem Buch «Der Staat» (376e) den Sokrates gleich zu Beginn der Diskussion der Erziehungsproblematik die Frage stellen, ob es nicht schwierig sei, eine bessere Erziehung (paideia) zu finden als die, die man im Laufe einer langen Zeit gefunden hat, Gymnastik und musische Bildung. Es scheint, als dränge sich derartiges historisches Argumentieren bei der Bearbeitung pädagogischer Fragestellungen von selbst und geradezu mit Unausweichlichkeit auf. Anhand eines Beispiels soll das veranschaulicht werden: Wer etwa sich anschickt, ein Schulbuch zu schreiben, der wird das vermutlich kaum tun, ohne sich zunächst einmal einen Überblick zu verschaffen über das, was es in dem betreffenden Bereich schon gibt. Und er wird versuchen, herauszubekommen, was sich von dem Vorhandenen als gut und bewährt übernehmen läßt, und was als schlecht oder doch zumindest fragwürdig ausgeschieden und durch anderes ersetzt werden muß. Schon zu Beginn seiner Arbeit wird er sich zu einer kritischen Analyse des Traditionsbestands gedrängt fühlen, sofern nicht eine solche Analyse überhaupt schon der Anlaß für die Absicht der Neubearbeitung war. Eine derartige kritische historische Analyse kann unterschiedlich weit getrieben werden, bis hin zu einer möglichst vollständigen Rekonstruktion der Geschichte des Lehrbuchs für das betreffende Unterrichtsfach. Doch dabei können dann Fragen auftreten, die erheblich darüber hinausführen, in die historische Analyse des betreffenden Unterrichtsfachs selbst, in die des Schulwesens, als dessen Teil dieses Unterrichtsfach anzusehen ist, schließlich in die kritische historische Analyse von →Pädagogik, →Erziehung und →Bildung überhaupt.

Geht man das Beispiel durch, so wird leicht deutlich, daß eine derartige, zum Zweck historischen Argumentierens vorgenommene, kritisch-historische Analyse nicht anders als mit jeweils aktuellen pädagogisch-erziehungstheoretischen Kategorien durchgeführt werden kann und daß sie von den jeweils aktuellen pädagogischen Zielsetzungen ausgeht. Die Zielsetzungen aber können sehr verschieden sein. So könnte es beispielsweise ganz einfach nur darum gehen, daß irgendwelche Unterrichtsinhalte einer anderen Altersstufe zugewiesen werden sollen. Es kann aber auch der Fall sein, daß der Versuch gemacht werden soll, nationale Feindbilder abzubauen. Es ist ohne weiteres ersichtlich, daß diese letztere Fragestellung tiefer in die historische Analyse hineinführen muß als die zuerst genannte, aber auch, daß die Analyse anders ausfallen müßte, sollte sie von der entgegengesetzten Aufgabenstellung geleitet sein, nämlich der, Feindbilder aufzubauen, von denen man glaubt, man bedürfe ihrer.

So entsteht historische pädagogische Forschung aus den Bedürfnissen pädagogischen Handelns. Der pädagogisch Handelnde kann nicht anders, als sein in die Zukunft zielendes Handeln zur eigenen Gegenwart in Beziehung zu setzen. Doch diese ist immer schon entschwindende Gegenwart, also Vergangenheit, deren Vergegenwärtigung historische Analyse und Rekonstruktion erforderlich macht. Damit ist der in die Zukunft zielende pädagogische Handlungsentwurf auf die erziehungswissenschaftliche Aufarbeitung des Vergangenen angewiesen. Eindrucksvoller Beleg hierfür ist der von Adorno geprägte Begriff «Erziehung nach Auschwitz»: Den nach Auschwitz Lebenden ist es nicht mehr möglich, über Erziehung nachzudenken, ohne Auschwitz im Kopf zu behalten, oder anders ausgedrückt, ohne bei der Arbeit an pädagogischen Handlungsentwürfen die Erfahrung von Auschwitz zu einem der Kriterien für die Beurteilung des pädagogischen Traditionsbestands zu machen.

Gegenstände. Historische erziehungswissenschaftliche Forschung setzt im ganzen Umkreis dessen an, was sich mit den Begriffen Erziehung und Bildung umschreiben läßt (vgl. LENHART 1977, 1979; vgl. BÖHM/SCHRIEWER 1975). So sind ihre Gegenstände vielfältig, und sie sind als Gegenstände sehr unterschiedlich. Da gibt es einerseits den Bereich der handlungsleitenden Vorstellungen und Mythen (vgl. LENZEN 1989), der pädagogischen Begriffe und Theorien. Die Frage nach ihrer Identität, ihrer Herkunft und Entstehung führt zurück bis zu den ältesten erreichbaren Zeugnissen für die Entwicklung kommunikativer, sprachlicher oder bildlicher Ausdrucksmittel bei der Verständigung über das, was wir heute Erziehung nennen oder was doch zumindest in dessen Nähe steht, so beispielsweise zu den Texten der griechischen Sophistik des 5. vorchristlichen Jahrhunderts. Es gibt zum anderen die Frage nach der Erziehung selbst, danach, wie jenseits aller Absichten und Theorien tatsächlich in den gesellschaftlichen Institutionen von der Familie bis zur Hochschule «erzogen» und «gebildet» wurde, was wirklich unterrichtet und gelernt wurde, wann, wo, von wem und warum. Der Bereich der in Frage kommenden Quellen ist entsprechend weit und läßt sich kaum abgrenzen. Bisher hat sich die historische pädagogische Forschung vornehmlich auf sprachliche Texte gestützt, in erster Linie auf einen klassischen Literaturkanon, der von Platon und Aristoteles über altkirchliche und mittelalterliche Texte bis zu einer Reihe neuzeitlicher Autoren reicht, wie Rousseau, Pestalozzi oder Makarenko, daneben auf Rechts- und Verwaltungstexte wie Schulordnungen und dergleichen. Neben Literatur im weitesten Sinne lassen sich auch Werke der bildenden Kunst als Quellen nutzen (vgl. MOLLENHAUER 1983; →Bildung, ästhetische). Insbesondere die Anwendung moderner sozialwissenschaftlicher →Forschungsmethoden muß zur Erschließung neuer Quellenbereiche führen, so zum Beispiel, wenn versucht wird, auch in der historischen Erziehungsforschung zu quantifizierenden Aussagen zu gelangen.

Es ist ohne weiteres ersichtlich, daß ein derart riesiges Forschungsfeld die Möglichkeiten der Erziehungswissenschaftler bei weitem übersteigt, sowohl hinsichtlich eines vernünftig vorstellbaren Personalbestands wie auch hinsichtlich der Voraussetzungen. Die Bearbeitung von Fragen wie zum Beispiel «Wer konnte im Mittelalter lesen und schreiben?» (WENDEHORST 1986) ist ohne allen Zweifel Sache von Fachhistorikern, die sich gerade in letzter Zeit verstärkt erziehungs- und bildungshistorischen Fragestellungen zugewandt haben. Man wird sich ohnehin von der Vorstellung lösen müssen, ein so umfangreicher und elementarer Bereich menschlicher Lebenspraxis wie die Aufzucht von Kindern könnte irgendeiner einzelnen Wissenschaft und ihren besonderen Fragestellungen vorbehalten bleiben, gleich welcher. Das Problem der Erziehungswissenschaft und der Erziehungswissenschaftler besteht hier darin, daß die einschlägigen, aber unter jeweils eigenen Fragestellungen entstandenen historischen Arbeitsergebnisse anderer Disziplinen wie Theologie, Altphilologie, Geschichtswissenschaften, Soziologie, Germanistik oder anderer, sollen sie erziehungswissenschaftlich genutzt werden, nicht ohne weiteres übernommen werden können; sie müssen vielmehr integriert werden in die betreffenden erziehungswissenschaftlichen Fragestellungen, welche ihrerseits in letzter Konsequenz auf die Gewinnung von Alternativen zu den tradierten pädagogischen Handlungskonzepten zielen, zumindest auf die Schaffung der argumentativen Voraussetzungen dafür.

Pädagogik und Geschichte der Pädagogik. Mit der Bezeichnung «Historische Pädagogik» entsteht das seit nunmehr nahezu zwei Jahrhunderten diskutierte Problem, wie sich ein solcherart abgesonderter Teilbereich einer doch als einheitlich vorausgesetzten oder zumindest erstrebten pädagogischen Wissenschaft zum Rest verhält oder auch zu weiteren Teilbereichen wie etwa einer «sytematischen», «empirischen» oder «vergleichenden» Pädagogik (vgl. NICOLIN 1966, HERRMANN 1978). Die Lösungsversuche fallen sehr unterschiedlich aus, je nach wissenschaftstheoretischem Standort. Wo versucht wird, pädagogische oder erziehungstheoretische Aussagen überzeitlich zu begründen, etwa durch Rückführung auf religiös oder philosophisch legitimierte Prinzipien, da läßt sich an die Quellen auch nur eine als außergeschichtlich begriffene pädagogische Normativität herantragen (→Pädagogik, normative). Der historischen Pädagogik kann dann nur die Aufgabe zuerkannt werden, aufzuzeigen, ob und wie die überzeitlichen pädagogischen Prinzipien sich in der Zeitlichkeit verwirklicht haben, oder wie weit und unter welchen Bedingungen sie sich durch erzieherisches →Handeln verwirklichen ließen. So muß die Darstellung einer «Geschichte der Pädagogik» zu einem Schlachtengemälde pädagogischer Siege und schuldhafter Niederlagen auf dem Wege des pädagogischen Fortschritts geraten, und die Wirklichkeit pädagogischer Gegenwart muß sich den Status eines defizienten, fortschrittsbedürftigen Modus einer projektierten pädagogischen Vollkommenheit zuweisen lassen, wonach es dann nur noch darum gehen kann, die Mittel zur Durchsetzung «wahrer» Pädagogik zu finden. Bei dieser Betrachtungsweise hängt alles daran, daß es gelingt, die pädagogischen Prinzipien jeglicher historischen und damit auch soziologischen und sozialhistorischen Kritik zu entziehen.

Einige Beispiele sollen dies veranschaulichen. Herbart, der zu Beginn des 19. Jahrhunderts seine «Allgemeine Pädagogik» aus der «Moralität» als dem obersten Zweck aller Erziehung abzuleiten suchte, hielt nichts davon, aus der Geschichte der Erziehung eine Stütze für die Theorie zu machen; vielmehr muß sich die Geschichte der Pädagogik von Herbart am «Begriff der Pädagogik» messen lassen (HERBART 1965, S. 272ff). Palmer will seine erstmals 1852 erschienene «Evangelische Pädagogik» auf christliche Anthropologie und Ethik gründen; einer «Idealen Grundlegung» dieser Pädagogik stellt er als deren andere Seite die «Ideale Ausführung» gegenüber, wo es um die Mittel geht, mit denen sich der in der «Principienlehre» dargelegte Zweck erreichen läßt. Mit einem dem Werk als «Prolegomena» vorangestellten historischen Abriß will Palmer zeigen, daß Pädagogik erst mit dem Eintritt des Christentums möglich wurde «als Lehre von der Erziehung des Menschen als Menschen und zum Menschen», denn erst das Christentum habe den Menschen in seinem unendlichen Wert zum Gegenstand der Erziehung gemacht (PALMER 1862, S. 9). Der «Herbartianer» Stoy unterteilt die Pädagogik in drei «pädagogische Hauptwissenschaften». Aufgabe der «philosophischen Pädagogik» ist es, systematisch Motive sowie Möglichkeiten und Grenzen der Wirksamkeit von Erziehung festzustellen im Rückgang auf Philosophie und Theologie, auf Metaphysik, Ethik und Psychologie sowie sonstige dafür in Frage kommende Wissenschaften; ihr geht es, mit anderen Worten, um Begründung und Legitimation. Die «praktische Pädagogik» muß die Mittel bereitstellen für die Umsetzung der systematisch festgestellten «pädagogischen Ideen» im Rahmen der jeweils gegebenen Lebensumstände. Dazu ist «pädagogische Statistik» erforderlich, Kenntnis der gegenwärtigen Zustände nach allen Seiten hin, wozu entsprechend der jeweiligen Problemstellung auch weiter in die Vergangenheit ausgegriffen werden muß; Stoy beruft sich hierfür auf ein Wort des Historikers Schlözer, Statistik sei «stillstehende Geschichte» (STOY 1878, S. 111f). So erhält «historische Pädagogik» von der praktischen Pädagogik die maßgebenden Gesichtspunkte für ihren Umfang, von der philosophischen Pädagogik die Prinzipien für die Aufarbeitung und die Würdigung ihres Materials.

Der von der Herbartschule kommende, katholische Pädagoge Willmann stellt einem «neologischen», auf Neuerungen erpichten Interesse in der pädagogischen Literatur das historische Interesse gegenüber, das den Zusammenhang mit der Geschichte zu wahren trachtet. Zugleich rügt er eine historistische Geschichtsschreibung, die sich mit dem Wechsel und Wandel der Geschichte begnügt, ohne «dem normativen Charakter der ethischen Wissenschaften genugzutun» (WILLMANN 1913, Spalte 799). Die Geschichte, dies ist Willmanns Überzeugung, kann Irrwege gehen. So verlangt er von der historischen Pädagogik, daß sie das Echte von den Fehlentwicklungen scheidet und in der Geschichte zum Wesen der Sache vordringt, zu den Grundzügen, die zugleich die Richtlinien für die Fortentwicklung zu sein haben (vgl. WILLMANN 1913). Die notwendigen Entscheidungskriterien für die Beurteilung und Einordnung der historisch aufweisbaren Phänomene ergeben sich für Willmann auf dem Boden seines katholischen Christentums; das «christliche Element» ist «der goldene Faden, welcher die Zeiten zusammenhält, indem er sie an das Außerzeitliche knüpft» (WILLMANN 1957, S. 39).

Bis in unsere Gegenwart von Bedeutung sind die im Umkreis des philosophischen Neukantianismus unternommenen Versuche, zu einem überzeitlichen pädagogischen Standort zu gelangen, in Anknüpfung an Kant und an die Ideenlehre Platons (vgl. BLANKERTZ 1958, GÖTZ 1977). Es sind, seit dem Ende des 19. Jahrhunderts, zunächst die Arbeiten von P. Natorp, R. Hönigswald und J. Cohn. Es folgten A. Petzelt und W. Ritzel sowie deren Schülerkreis. Zur Grundlage der Pädagogik und ihres Systems, also auch aller pädagogischen Teilbegriffe, wird hier die Philosophie; die Pädagogik ist eigentlich nur ihre andere, praktische Seite. Die Philosophie bringt die Bestimmung des Menschen auf den Begriff, sie ist Wissenschaft vom sittlichen, logischen und ästhetischen «Gesetz» (NATORP 1923). Es handelt sich von dieser Seite her nicht um den Versuch, eine überzeitlich geltende, «allgemeine» Pädagogik aufzustellen. Vielmehr wurde der Anspruch auf überzeitliche Geltung gewissermaßen in die zweite Linie zurückgenommen, indem eine außerzeitliche Identität nur noch für den philosophisch begründeten Begriff der Pädagogik behauptet wird, für die pädagogische «Idee». Mit dem ihm innewohnenden Sollensanspruch hat dieser Begriff der Pädagogik eine kritische Funktion gegenüber den zeitlichen Erscheinungen: alle zeitlich auftretende Pädagogik und Erziehung muß sich daran messen lassen, ob sie gemäß dem in der – neukantianischen – Philosophie begründeten Begriff vom Menschen diesem hilft, zu seiner Bestimmung zu finden. Damit reduziert sich «Geschichte der Pädagogik» auf Geschichte des zeitlichen Erscheinens der so bezeichneten pädagogischen Idee; alles andere wird zum historischen «Beiwerk» (HEITGER 1964). Die solcherart als «Problemgeschichte» konzipierte Geschichte der Pädagogik und ihrer Teilprobleme, Geschichte des Problems erzieherischer Autorität beispielsweise, wird nun in doppelter Absicht als notwendige pädagogische Disziplin in Anspruch genommen: im Sinne platonischen «Wiedererinnerns» soll die Geschichte der Pädagogik die Möglichkeit bieten, in der Vielfalt zeitlicher Erscheinungen den einen in sich identischen, überzeitlichen Begriff der Pädagogik zu gewahren, und sie soll, als weitere Voraussetzung für praktisches pädagogisches Handeln, den Grad des Fortschreitens auf dem Wege der Annäherung an die – freilich nicht erreichbare – volle Realisierung der Idee erkennen lassen.

Wo hingegen umgekehrt davon ausgegangen wird, daß mit der Geschichte der Erziehung auch ihre Begrifflichkeit und ihre Theorie entsteht, da lassen sich Geschichte der Pädagogik und Pädagogik nicht prinzipiell voneinander trennen. Die Versuche, Begriff und Systematik der Pädagogik aus der Geschichte der Pädagogik hervorgehen zu lassen – dies gilt auch für die sogenannte «geisteswissenschaftliche» Pädagogik in der ersten Hälfte des 20. Jahrhunderts –, stehen mit der dafür notwendigen Annahme von Einheitlichkeit und Zielgerichtetheit der Geschichte der Pädagogik im Traditionsbereich christlicher Heilsgeschichte. Unter diesen Voraussetzungen gibt es jedoch strenggenommen keine Veranlassung und auch keine Berechtigung, angesichts der sogenannten (historischen) «Erziehungswirklichkeit», pädagogisch zwischen Gut und Böse zu unterscheiden, zwischen Pädagogik und Nicht-Pädagogik. Es gibt, wie an der Hilflosigkeit geisteswissenschaftlicher Pädagogik gegenüber der Tatsache der nationalsozialistischen Erziehung so augenfällig geworden ist, auch gar keine Möglichkeit dazu, sofern nicht auf außerhalb dieser Pädagogik gelegene Prämissen zurückgegriffen werden kann, auf die christliche Ethik beispielsweise.

Schon in der Alten Kirche war im Anschluß an alttestamentliche Traditionen und in Anknüpfung an eine Bemerkung des Apostels Paulus (Galater 3,24; vgl. Römer 2,18; 15,4) eine Erziehungstheologie entstanden, greifbar bereits im 2. Jahrhundert im Werk des Irenäus von Lyon. Gott, Christus, der göttliche Logos ist der Erzieher (paidagogos) der Menschheit, der Weg der Menschheit ein Weg der Erziehung zu einem jenseitigen Ziel. 1774 wollte Herder in seiner Schrift «Auch eine Philosophie der Geschichte zur Bildung der Menschheit» zeigen, daß der Weg der Menschheit als Ganzer ein Weg fortschreitender Bildung und Erziehung sei, unter der planvollen, zielgerichteten Leitung göttlicher Vorsehung. Die Abhandlung, 1784/1791 mit den «Ideen zur Philosophie der Geschichte der Menschheit» fortgeführt, war gegen die französische Aufklärungsphilosophie gerichtet, gegen ihren Individualismus, ihren «Skeptizismus» und «Zweifel»: der «wahre Schüler der Geschichte und des menschlichen Herzens» falle darauf nicht herein. Lessing wollte 1780 mit seinem Traktat über «Die Erziehung des Menschengeschlechts» die → Aufklärung rechtfertigen, indem er sie als letztes Glied innerhalb eines umfassenden göttlichen Erziehungsplans auswies auf dem Wege zur Vollendung; auch für die Erweiterung, Veredelung und Berichtigung der Begriffe stellt Gott die Mittel bereit. Beide, Herder wie Lessing, suchen, um ihre Behauptung der Einheitlichkeit und Zielgerichtetheit des göttlichen Erziehungsplans zu sichern, das Problem des historisch Widerständigen zu lösen: Herder, indem er es zum göttlichen Mittel und zu Vorstufen des Aufstiegs, Lessing, indem er es zum notwendigen Irr- und Umweg erklärt; so fügt es sich ein, und das ist zugleich die Lösung des an dieser Stelle sich ergebenden Theodizeeproblems, des Problems der Rechtfertigung des einen Gottes wegen des Übels in der Welt.

Als der erste, der in systematischer Absicht der Pädagogik die Geschichte der Pädagogik einfügte, gilt Schwarz mit seiner mehrbändigen «Erziehungslehre». Die geschichtsphilosophische Begründung lautet zunächst: In allem waltet derselbe Organismus, in der Natur, in der Welt des Geistes, im Menschengeschlecht; das Belebende in allem ist die ewige Liebe, und diese will, daß die menschliche Gesellschaft zu einem Ganzen verbunden ist. Hinzu tritt eine sprachphilosophisch-kommunikationstheoretisch argumentierende, gesellschaftstheoretische Erläuterung: Die Sprache ist das Element, das die ganze Menschheit durch den Lauf aller Zeiten verbindet, das allverknüpfende Band der Gesellschaft; durch sie treibt unsere Bildung ihr Hauptgeschäft (vgl. SCHWARZ 1802, S. 351ff, S. 356). So ist Schwarz überzeugt, die überall sich selbst gleiche «Natur» werde das menschliche Geschlecht im Ganzen in derselben Weise zur Humanität führen wie den einzelnen, weswegen sich der Stufengang des idealen Lebensplans für den einzelnen Menschen am Gang der Menschheit ablesen läßt (vgl. SCHWARZ 1802, S. 356ff). Bestärkt durch die Zustimmung Schleiermachers in einer von diesem verfaßten Rezension des ersten Bandes seiner «Erziehungslehre», bekräftigt Schwarz im 1804 erschienenen zweiten Band ausdrücklich, aus voller Überzeugung habe er die Erziehungslehre nicht aus einer streng wissenschaftlich aufgestellten Moral ableiten wollen (vgl. SCHWARZ 1804, S. 11). 1829, in der zweiten umgearbeiteten Auflage, sagt er ohne alle Umschweife: «Die Geschichte der Erziehung spricht uns den Begriff derselben aus, den wir in wenigen Worten ausdrücken: Die Erziehung ist die sich entwickelnde Menschheit» (SCHWARZ 1829, S. 3). Er führt weiter aus: Die Erziehung ist das Werk göttlicher Vorsehung, von der das Menschengeschlecht Dasein, Fortdauer und Vollendung hat. Sie ist Entwicklung des Göttlichen im Menschen, der nach Gottes Ebenbild erschaffen ist.

Der in der Nachfolge Hegels argumentierende, doch auch an Schleiermacher sich anlehnende Thaulow forderte 1845 eine «Philosophie der Geschichte der Erziehung» als ersten, grundlegenden Teil eines Systems der Pädagogik. Alle philosophische Geschichtsbetrachtung, so Thaulow, hat die Aufgabe, die im Menschengeschlecht sich verwirklichende Vernunft zu enthüllen, den ununterbrochenen Vernunftfaden in der nur scheinbar verwirrten Geschichte (THAULOW 1845, S. 23, S. 82). Diese hat ihren Anfang in Gott und in der Verwirklichung der Freiheit ihr Ziel. Es gibt in ihr nur scheinbaren Rückschritt, keinen wirklichen, und während die alten Völker nach Erfüllung ihrer Aufgabe untergehen mußten, ist ein Volk, «dessen Prinzip ein christliches ist», des Untergangs nicht mehr fähig (THAULOW 1845, S. 57, S. 80, S. 76). Unter Berufung auf Hegel und Lessing erklärt Thaulow, die Erziehung des Menschengeschlechts sei «in der Geschichte tätige Vorsehung». Zu dieser höchsten und allgemeinsten Form der Erziehung müsse hinaufgestiegen sein, «bevor die Erziehung zu irgendeiner bestimmten Zeit und also auch in gegenwärtiger Zeit begriffen werden kann» (THAULOW 1845, S. 82). Denn, und dies ist die grundlegende These: Der Mensch in seiner Gegenwart, jedes Zeitalter, jedes Volk schließt die gesamte frühere Entwicklung der Menschheit als die Verwirklichung des Geistes in sich ein. So ist die Erziehung der Kinder nicht nur Selbsterhaltung eines Volkes, sie ist Objektivierung seines Volksgeistes und damit religiöser Akt (THAULOW 1845, S. 81ff, S. 90). Indessen, so führt Thaulow seinen Gedankengang fort, vermag die Philosophie der Geschichte der Erziehung nur einen Teil des Begriffs des gegenwärtigen Menschen zu geben, während doch eine auf geschichtlichen Fortschritt verpflichtete Erziehungslehre den Begriff des gegenwärtigen Menschen in seiner Totalität benötigt. Deswegen fordert Thaulow als mittleres Glied seines Systems der Pädagogik eine philosophische Lehre vom Menschen. Doch mit der Darstellung der anthropologisch-psychologischen, ethisch-politischen und sittlichen Entwicklung des Menschen vermag auch diese es nicht zu einem abschließenden Begriff des Menschen zu bringen, so daß auch hier wieder, wie schon in der Philosophie der Geschichte der Erziehung, alles auf ein immer schon vorausgesetztes ewiges Urbild des Menschen zurückbezogen bleiben muß (THAULOW 1845, S. 108ff).

Die an Dilthey sich anschließende «geisteswissenschaftliche» Pädagogik sucht sich historischer Kritik dadurch zu entziehen, daß sie die systematische Pädagogik gewissermaßen in die Geschichte der Pädagogik zurücknimmt. Der Unterschied zwischen Geschichte der Pädagogik und Pädagogik kommt dabei nahezu völlig zum Verschwinden. Dies zeigt sich besonders deutlich bei Nohl und W. Flitner, auch bei Weniger, einem der Schüler Nohls. Ausgangspunkt ist Diltheys 1888 erschienene Abhandlung «Über die Möglichkeit einer allgemeingültigen pädagogischen Wissenschaft» mit der Ablehnung aller bis dahin vorliegenden Versuche zur Begründung einer wissenschaftlichen Pädagogik: Deren Anspruch auf eine das erzieherische Handeln normierende Allgemeingültigkeit hält historischer Kritik nicht stand. Dilthey selbst wollte angesichts dieses Befunds den Bereich allgemeingültiger Pädagogik eng begrenzen (vgl. DILTHEY 1958, 1960). Geschichte der Pädagogik soll zunächst ganz im Sinne des Historismus die Kritik der bisherigen pädagogischen Denksysteme leisten sowie die historische Analyse des Erziehungs- und Bildungswesens, darüber hinaus jedoch auch die Analyse des Phänomens des Erzieherischen selbst. Den dafür erforderlichen Begriff von Erziehung und Bildung will Dilthey auf dem Wege erfahrungswissenschaftlicher Erforschung der «Struktur des Seelenlebens» gewinnen; er nennt psychologische Anthropologie der Naturvölker, Psychologie des Kindes, experimentelle Psychologie. Durch Umdeutung der Ergebnisse solcher Forschung in einen normativen Begriff seelischer Vollkommenheit, «Teleologie des Seelenlebens», ergibt sich für ihn dann die Grundlage eines allgemeinen Begriffs von Erziehung und Bildung, der den historischen Analysen zugrunde gelegt werden kann.

Dilthey selbst stellte ausdrücklich fest, die konkreten Erziehungsfragen in den durch ihren zeitlichen und sozialen Ort bestimmten «Erziehungswirklichkeiten» könnten durch eine derart eingeschränkte allgemeingültige Wissenschaft nicht gelöst werden. Dies ist die Stelle, an der die geisteswissenschaftliche Pädagogik ansetzte, und zwar gerade weil ihre führenden Träger aus einer besonderen politischen Motivationslage heraus in ihren eigenen, von Dilthey so genannten «Erziehungswirklichkeiten» wissenschaftlich legitimiert Einfluß gewinnen wollten (vgl. Schepp 1987). In Umdeutung des von Dilthey benutzten Ausdrucks versuchte Nohl, «die Erziehungswirklichkeit» als «ein sinnvolles Ganzes» zum Ausgangspunkt pädagogischer Theorie zu machen. Er wollte sie als einen großen, durch die Geschichte hindurchgehenden Zusammenhang verstanden wissen, historisch aufweisbar an den gesellschaftlichen Institutionen von Erziehung und Bildung und an den Theorien, «von einer eigenen Idee regiert, die in jedem erzieherischen Akt wirksam ist und doch wieder nur faßlich wird in ihrer geschichtlichen Entfaltung» (Nohl 1935, S. 150ff). In der Geschichte der Pädagogik wollte Nohl «die systematische Entwicklung der pädagogischen Grundgedanken» gewinnen, «im Zusammenhang der Zeiten und inspiriert von den großen Erziehergestalten» (Nohl 1958). Hinsichtlich des den historischen Analysen zugrunde zu legenden Erziehungsbegriffs berief Nohl sich auf ein allgemein vorhandenes Vorwissen vom «Wesen» der Erziehung; es rührt her aus dem «pädagogischen Erlebnis», aus der Erfahrung eigenen Sichbildens, Bildens und Gebildetwerdens (Nohl 1935, S. 151; vgl. Ruhloff 1979, S. 47ff). Wie Dilthey, so erhoffte auch Nohl sich nur eine auf strukturelle Einsichten eingeschränkte allgemeingültige Theorie, die aber nun, anders als bei Dilthey, eine «notwendig auf die Inhalte sich konkretisierende Form» sein sollte, geeignet, alle geschichtlichen Formen von Erziehung und Bildung verständlich zu machen und herzuleiten (Nohl 1935, S. 153).

Noch einen Schritt weiter gingen W. Flitner und Weniger. Um wissenschaftlicher Pädagogik Geltung für die konkrete pädagogische Situation zu sichern, soll sie aus eben dieser Situation heraus auch entwickelt werden. Der Wissenschaftler stellt sich gleichsam neben den Praktiker, von dem er sich nur noch durch mehr Wissen unterscheidet, und so ist die theoretische Wahrheit zugleich die praktische Wahrheit (vgl. Flitner 1950, Weniger 1975). Die Möglichkeit derartiger wissenschaftlicher Erhellung der konkreten pädagogischen Situation ergibt sich für Flitner im

Zusammenwirken von positiver pädagogischer Tatsachenforschung einschließlich historischer Situationsanalyse und (erziehungs-)philosophischer Besinnung in der Situation. Die dafür erforderlichen pädagogischen Kategorien sind am erzieherischen Phänomen selbst aufzuzeigen, an der «Erziehungswelt». Zu deren Identifizierung macht auch FLITNER (vgl. 1950) im Sinne der platonischen Ideenlehre die Voraussetzung eines immer schon vorhandenen, vorbewußten Wissens von dem, was Erziehung ist, eines «pädagogischen Grundgedankengangs», aufweisbar beispielsweise in den Schriften von Comenius, Rousseau, Pestalozzi, Fröbel, Kerschensteiner. Damit nun ist Pädagogik, wie Flitner feststellt, selbst «geschichtlich». Ein System im Sinne strenger Wissenschaft könne sie nicht werden, «weil das Allgemeine so im Konkreten, das Überzeitlich-Menschliche so im Geschichtlichen gefangen ist, daß Geisteswissenschaften nie als ruhende Gefüge fester Sätze darstellbar sind» (FLITNER 1950, S. 21, S. 22).

Auch unter den Voraussetzungen marxistischer Geschichtsphilosophie ergeben sich die pädagogischen Ideen, die Normen und Kategorien von Pädagogik und Erziehung innerhalb eines in sich zusammenhängenden, «dialektischen» allgemeinen Prozesses geschichtlicher Entwicklung, und sie verändern sich mit dieser. Damit ist die Geschichte der Pädagogik unlöslich mit der allgemeinen Geschichte verbunden. Sie hat mit dieser eine Richtung und ein Ziel, und die letzten Ziele der Geschichte sind zugleich die letzten Ziele der Pädagogik und der Erziehung: der sozialistische Mensch und die sozialistische Gesellschaft (vgl. GESCHICHTE DER ERZIEHUNG 1976, S. 21, S. 327ff). Von hier aus gewinnt marxistische, historische pädagogische Forschung und Geschichtsschreibung ihre Aufgabenstellung und die Grundlage ihrer Wertungen: Alles historisch aufweisbare pädagogische Geschehen muß daraufhin untersucht werden, was es zur geschichtlichen Entwicklung, auch zur Höherentwicklung des Menschen beigetragen hat, damit alles Progressive der Vergangenheit angeeignet und weiterentwickelt werden kann, um es für die Erziehungspraxis zu nutzen. Zudem sollen durch historische pädagogische Forschung die Gesetze und Gesetzmäßigkeiten erkannt werden, um dazu beizutragen, den erreichten Stand der Erziehung und die künftige Entwicklung richtig einzuschätzen (vgl. KÖNIG 1968).

Das Problem der Einheit der Geschichte der Pädagogik. Alle vorliegenden Versuche, die Geschichte der Pädagogik integrierend einer systematischen Pädagogik einzufügen, gehen mehr oder weniger deutlich von Voraussetzungen aus, wie sie christlichen Vorstellungen von der Heilsgeschichte eigen sind: Die Geschichte ist ein einheitliches Geschehnis, in sich zusammenhängend, wenn auch aus Einzelgeschehnissen ineinander gefügt; sie hat eine Richtung auf ein Ziel und sie ist im Fortschritt auf dies Ziel begriffen. Von diesen Voraussetzungen her kann Geschichte der Pädagogik nichts anderes sein als ein Aspekt der Geschichte der Menschheit; sie ist die Geschichte der Menschheit, von einer bestimmten Seite her angeschaut. Werden derartige Vorstellungen unbesehen als Voraussetzungen historischer pädagogischer Forschung übernommen, so führt dies zu erheblichen Problemen, die hier nur kurz angedeutet werden können. Es lassen sich zwar derartige religiöse oder metaphysische Vorstellungen versinnbildlichen, etwa als uns zuströmender, hinter uns entschwindender Fluß (vgl. NOHL 1979, S. 111), nicht aber konkret nachvollziehen. Denn niemand vermag alle gegenwärtig aufweisbaren oder historisch rekonstruierbaren Geschehnisse zu überschauen und sie auf eine alles Geschehen durchziehende Verkettung von Verursachungen zu überprüfen, die aber doch zur Bestätigung der angenommenen Einheit allen Geschehens aufgezeigt werden müßte.

Historische pädagogische Forschung, welche Einheitlichkeit und Zielgerichtetheit einer Geschichte der Pädagogik unterstellt, blockiert sich infolgedessen selbst. Da der selbstauferlegte Nachweis der Einheit allen Geschehens durch Aufweisen aller Geschehnisse und der sie zusammenhaltenden Ursache-Wirkung-Verbindungen undurchführbar ist, bleibt nur übrig, das wenige konkret Erreichbare, so gut es geht, zusammenzureimen: Alles, was nicht ins Bild paßt, was nicht auf dem angenommenen Wege der Entfaltung der pädagogischen Idee zu liegen scheint, oder wie immer sonst das ausgedrückt sein mag, das muß, um die behauptete Einheit zu retten, als notwendiger Umweg oder gar als Irrweg gedeutet werden, wenn man es nicht gleich schon ganz «vergißt». NOHLS Versuche (vgl. 1935), die «Erziehungswirklichkeit» zu konkretisieren, seine Auswahl der Beispiele, in der das «linke» pädagogische Spektrum seit Ende des 19. Jahrhunderts kaum in Erscheinung tritt, vor allem seine massiven Wertungen können als Beleg dafür dienen (vgl. RUHLOFF 1980, S. 59ff). Zudem treibt die von der Annahme einer allgemeinen Verkettung aller Ursachen ausgehende Nötigung, jeden in Frage kommenden Forschungsgegenstand in diese allgemeine Ursache-Wirkung-Verkettung einzufügen, die Forschung in die unlösbare Aufgabe der Verfolgung unübersehbarer Ursachenketten. Von welchem Gegenstand auch immer ausgegangen würde, das Ende solchen Nachforschens und damit erst die Schlüssigkeit des Ergebnisses könnte strenggenommen erst in einer allgemeinen Geschichte der Menschheit erreicht werden, in welcher dann aber alle, wirklich alle Ursache-Wirkung-Verbindungen nachgewiesen sein müßten. Meist wird dadurch Halt gesucht, daß man sich bemüht, die eigene, notgedrungen begrenzte Forschung, so gut es eben gehen will, kultur- oder sozialgeschichtlich einzuordnen. Doch historischer pädagogischer Forschung entgleitet auf diesem Wege leicht ihr Gegenstand, weil er gewissermaßen unterderhand in einen anderen umgewechselt wird, so daß aus der eigentlich beabsichtigten Geschichte der Pädagogik Kultur- oder Gesellschaftsgeschichte wird; die Berücksichtigung von Erziehungsphänomenen gehört dann zwar auch immer noch dazu, aber doch nur noch als ein Aspekt neben vielen anderen.

Will historische Pädagogik sich nicht in der beschriebenen Weise selbst verlieren, so muß sie streng bei ihren eigenen Gegenständen bleiben. Diese ergeben sich aus den Bedürfnissen pädagogischen Argumentierens und finden sich deshalb nur im Umkreis der jeweils aktuellen, auf erzieherisches Handeln zielenden pädagogischen Fragestellungen; anders sind sie keine pädagogischen Gegenstände. Um dies an einem herausragenden Beispiel zu verdeutlichen: Paulsen schrieb seine große, 1884 zuerst erschienene «Geschichte des gelehrten Unterrichts auf den deutschen Schulen und Universitäten vom Ausgang des Mittelalters bis zur Gegenwart. Mit besonderer Rücksicht auf den klassischen Unterricht», um, wie er es selbst mehrfach zum Ausdruck bringt, argumentativ in die seinerzeitigen schulpolitischen Konflikte einzugreifen. Aus eben dieser Bindung an die pädagogische Fragestellung ergibt sich, was man von pädagogischen historischen Analysen jeweils erwartet, auch hinsichtlich ihrer Ausdehnung. So möchte man beispielsweise wissen, was das sogenannte dreigliedrige Schulwesen eigentlich «ist», seit wann es das gibt, unter welchen Umständen es entstanden ist, ob diese Umstände auch heute und für die Zukunft noch als gegeben angesehen werden müssen, welchen Zwecken dieses Schulwesen dienen sollte, welche sozialen Funktionen es möglicherweise erfüllte, ob es wirklich ein dreigliedriges ist oder nicht vielleicht doch, über eine größere rekonstruierbare Zeitspanne hin – allem Anschein entgegen – nur ein zweigliedriges; und dies alles, um im bildungspolitischen Konflikt fundierter argumentieren zu können, mit genauerer Abschätzung längerfristiger Entwicklungstendenzen und der für diese in Rechnung zu stellenden Bedürfnisse und Interessen. Keineswegs ist damit ausgeschlossen, daß etwa das Bildungswesen nicht auch im Zusammenhang anderer wissenschaftlicher Fragestellungen zum Gegenstand historischer Forschung werden könnte.

Wegen der Unmöglichkeit, einen einheitlichen Ursache-Wirkung-Zusammenhang aufzustellen, verbietet sich auch die Integration unterschiedlicher historischer Rekonstruktionen unterschiedlicher Gegenstände ineinander und in eine übergreifende, einheitliche Geschichte der Pädagogik. Deswegen müssen die in nicht mehr aufzählbarer Fülle vorliegenden einzelnen historischen Untersuchungen, die jeweils von einem bestimmten Gegenstand ausgehen, zum Beispiel einer bestimmten Schule, vom Schulwesen eines Landes in einer bestimmten Zeitspanne, eines Lehrervereins, eines pädagogischen Begriffs wie beispielsweise «volkstümliche Bildung» (vgl. Glöckel 1964), erst einmal so, wie sie sind, nebeneinander stehenbleiben, zumal sie ja auch unter oft sehr unterschiedlichen Forschungsinteressen zustande gekommen sind, etwa unterschiedlichen bildungspolitischen Standorten. Man kann nur vorsichtig versuchen, sie vergleichend zueinander in Beziehung zu setzen, um damit neue Fragestellungen zu eröffnen, deren weitere Verfolgung möglicherweise sinnvoll ist.

Am Ende stellt die Frage nach dem «Pädagogischen» selbst noch einmal vor das Problem der Einheit der Geschichte. Es scheint zunächst naheliegend, die Existenz eines allgemeinen Begriffs des Pädagogischen anzunehmen, als Idee oder Grundgedanke oder doch wenigstens als Problem, im Bewußtsein aller Menschen vorhanden oder doch zumindest allen zugänglich und nur des Weckens bedürftig, überzeitlich oder doch wenigstens innerhalb der Geschichte identisch, ein Allgemeines, das sich eben dadurch, daß es in allen Menschen Leben gewinnen kann, in mannigfaltigen Äußerungen, Gestaltungen und Handlungen zur Geltung bringt. Eine von dieser Annahme her konzipierte Geschichte des Pädagogischen müßte als die eine Geschichte dieses einen, in sich identischen Pädagogischen aufgefaßt werden, und sie hätte die Aufgabe, im geschichtlichen Ablauf die Zusammenhänge hinsichtlich der zeitgebundenen Verwirklichung der prinzipiell auf ihre volle Verwirklichung drängenden Idee oder des auf seine Lösung drängenden Problems aufzuzeigen, den Fortschritt also und die Defizite des Fortschritts und vielleicht auch die Gründe dafür. Will man dies in historische Forschung umsetzen, so stößt man auf erhebliche Schwierigkeiten. Denn ein derart als pädagogische Idee oder als Problem des Pädagogischen in der Geschichte Wirkendes ist als ein Identisches nicht historisch aufweisbar, sondern allenfalls dem, der es wahrzunehmen vermag, in den Phänomenen und gewissermaßen durch sie hindurch erkennbar. Doch zumindest ebenso eindrucksvoll legen diese Phänomene die Wahrnehmung des Nichtidentischen nahe. Wir sind, um dies mit einem markanten Beispiel zu belegen, zwar inzwischen gewohnt, das griechische «paideia» mangels besserer Möglichkeiten mit «Bildung» wiederzugeben, doch die vorliegenden, detaillierten historischen Untersuchungen werden nicht müde einzuschärfen, daß beides keineswegs dasselbe sei.

Nun ist allerdings ein Begriff des Pädagogischen erforderlich, um überhaupt den Gegenstandsbereich pädagogischer Forschung gegenüber anderen Fragestellungen abgrenzen zu können. Es gibt nach Lage der Dinge gar keine andere Möglichkeit, als ihn im Ausgang vom jeweils aktuellen gegenwärtigen Sprachverständnis zu gewinnen und danach zu verallgemeinern, wodurch er den Charakter eines zum Zwecke der Forschung definierten wissenschaftlichen Terminus erhält. Und dies ist ja auch das tatsächlich längst praktizierte Verfahren. Mit «Erziehung» als wissenschaftlichem Terminus, so wie er beispielsweise in dem zusammengesetzten Ausdruck «Erziehungswissenschaft» in Gebrauch ist, in gleicher Weise mit «Bildung» und mit «Pädagogik» lassen sich alle diejenigen gegenwärtig und historisch aufweisbaren Phänomene fassen und weiterer Untersuchung unterwerfen, die sich im Ausgang vom gegenwärtigen Wortverständnis dazurechnen lassen. Das bedeutet allerdings auch, daß Veränderungen in der Wahrnehmung der jeweils eigenen, gegenwärtigen Problemlage und die damit einhergehenden Veränderungen dessen, was unter Pädagogik, Erziehung, Bildung verstanden wird, dazu nötigen, ihre Definition als erziehungswissenschaftliche Termini zu überprüfen. Die Konsequenzen für die historische pädagogische Forschung, ihren Gegenstandsbereich und ihre Fragestellungen liegen auf der Hand: jede Epoche muß ihren eigenen, neuen Ansatz suchen. So wirkt, um dies mit einem Beispiel zu verdeutlichen, auf den heutigen Leser eine Analyse der Pädagogik des Isokrates befremdlich, die mit den Begriffen der Herbartianischen Pädagogik arbeitet (vgl. BURK 1923); als sie angefertigt wurde, war dies durchaus zeitgerecht.

In Anwendung und unter der Leitung derartiger Termini lassen sich schließlich auch die durchaus zeitgebundenen, deutschsprachigen Ausdrücke «Erziehung» und «Bildung» nebst allen weiteren pädagogischen Begriffen in ihrem Umkreis, auch der Ausdruck «Pädagogik» selbst, einer regressiven historischen Analyse unterwerfen, die nicht als Wortgeschichte innerhalb der Grenzen der Geschichte dieser deutschen Ausdrücke verbleiben muß, sondern als Begriffsgeschichte weit darüber hinaus zurückzugehen vermag. Eine solche Begriffsanalyse kann der Herkunft und der Entstehung der betreffenden Begriffe im jeweils zu identifizierenden sozialen Kontext nachgehen und dabei das Weiterreichen und die Veränderung von Bedeutungen von einer Epoche zur nächstfolgenden aufsuchen, von einer Generation zur nächsten, aus einer Sprache und Kultur in die andere. Der Vorwurf, es handele sich um Ideengeschichte, trifft historische Begriffsanalyse in diesem Sinne nicht. Die Frage indessen, ob Phänomene aufweisbar sind, in denen sich das geschichtliche Wirken einer Idee des Pädagogischen erkennen läßt, liegt jenseits der Reichweite historischer pädagogischer Forschung.

BLANKERTZ, H.: Der Begriff der Pädagogik im Neukantianismus, Diss., Göttingen 1958. BÖHM, W./SCHRIEWER, J. (Hg.): Geschichte der Pädagogik und systematische Erziehungswissenschaft, Stuttgart 1975. BURK, A.: Die Pädagogik des Isokrates, Würzburg 1923. DILTHEY, W.: Die geistige Welt. Einleitung in die Philosophie des Lebens. Gesammelte Schriften, Bd. 6, Stuttgart ^{3}1958. DILTHEY, W.: Pädagogik. Geschichte und Grundlinien des Systems. Gesammelte Schriften, Bd. 9, Stuttgart ^{2}1960. FLITNER, W.: Allgemeine Pädagogik, Stuttgart ^{2}1950. GESCHICHTE DER ERZIEHUNG, Berlin ^{12}1976. GLÖCKEL, H.: Volkstümliche Bildung? Versuch einer Klärung, Weinheim 1964. GÖTZ, F.: Erziehungsgeschichte und das Geschichtsverständnis der normativen Pädagogik. In: Lenhart, V. (Hg.): Historische Pädagogik, Wiesbaden 1977, S. 37ff. HEITGER, M.: Problemgeschichte der Pädagogik. In: Lexikon der Pädagogik,

Ergänzungsband, Freiburg/Basel/Wien 1964, Spalte 586ff. HERBART, J. F.: Rezension zu Schwarz, F. H. Ch.: Erziehungslehre. In: Herbart, J. F.: Pädagogische Schriften, hg. v. W. Asmus, Bd. 2, Düsseldorf/München 1965, S. 269ff. HERRMANN, U.: Pädagogik und geschichtliches Denken. In: Thiersch, H. u. a.: Die Entwicklung der Erziehungswissenschaft, München 1978, S. 173ff. KÖNIG, H.: Pädagogik – Geschichte der Erziehung – Geschichtswissenschaft. In: Jahrbuch für Erziehungs- und Schulgeschichte, 8. Jahrgang, Berlin 1968, S. 147ff. LENHART, V. (Hg.): Historische Pädagogik. Methodologische Probleme der Erziehungsgeschichte, Wiesbaden 1977. LENHART, V.: Zur Methodendiskussion in der neueren Erziehungsgeschichtsschreibung in England und in den USA. In: Z. f. P. 25 (1979), S. 969ff. LENZEN, D.: Melancholie, Fiktion und Historizität. Historische Optionen im Rahmen einer Historischen Anthropologie. In: Gebauer, G. u. a.: Historische Anthropologie, Reinbek 1989, S. 13ff. MOLLENHAUER, K.: Vergessene Zusammenhänge. Über Kultur und Erziehung, München 1983. NATORP, P.: Philosophie und Pädagogik. Untersuchungen auf ihrem Grenzgebiet, Marburg [2]1923. NICOLIN, F.: Die systematische Stellung der Geschichte der Pädagogik seit Herbart und Schleiermacher. In: Kaulbach, F./Ritter, J. (Hg.): Kritik und Metaphysik, Berlin 1966, S. 299ff. NOHL, H.: Die pädagogische Bewegung in Deutschland und ihre Theorie, Frankfurt/M. [2]1935. NOHL, H.: Erziehergestalten, Göttingen 1958. NOHL, H.: Das historische Bewußtsein, hg. v. E. Hoffmann u. R. Joerden, Göttingen/Frankfurt/Zürich 1979. PALMER, CH.: Evangelische Pädagogik. Stuttgart [3]1862. RUHLOFF, J.: Das ungelöste Normproblem der Pädagogik, Heidelberg 1980. SCHEPP, H.-H.: Herman Nohl – Pädagogische Reformbewegung und Theorie der Bildung. In: Hoffmann, D. (Hg.): Pädagogik an der Georg-August-Universität Göttingen. Eine Vorlesungsreihe, Göttingen 1987, S. 108ff. SCHWARZ, F. H. CH.: Erziehungslehre, 4 Bde., Leipzig 1802ff, [2]1829 (Bd. 1: 1802; Bd. 2: 1804; Bd. 2: [2]1829). STOY, K. V.: Encyklopädie, Methodologie und Literatur der Pädagogik, Leipzig [2]1878. THAULOW, G.: Erhebung der Pädagogik zur philosophischen Wissenschaft. Oder Einleitung in die Philosophie der Pädagogik, Berlin 1845. WENDEHORST, A.: Wer konnte im Mittelalter lesen und schreiben? In: Fried, J. (Hg.): Schulen und Studium im sozialen Wandel des hohen und späten Mittelalters, Sigmaringen 1986, S. 9ff. WENIGER, E.: Theorie und Praxis in der Erziehung. In: Weniger, E.: Ausgewählte Schriften zur geisteswissenschaftlichen Pädagogik, Weinheim/Basel 1975, S. 29ff. WILLMANN, O.: Historische Pädagogik. In: Roloff, E. M. (Hg.): Lexikon der Pädagogik, Freiburg 1913, Spalte 797ff. WILLMANN, O.: Didaktik als Bildungslehre. Nach ihren Beziehungen zur Sozialforschung und zur Geschichte der Bildung, Freiburg [6]1957.

Bernhard Schwenk

Pädagogik, historisch-materialistische

Der Entstehungszusammenhang des historischen Bewußtseins in der Aufklärung. Das Bewußtwerden der historischen Dimension von Bildungsprozessen ist jungen Datums und liegt gerade zehn Generationen zurück. Die mit der Entstehung des historischen Bewußtseins verbundene revolutionäre Veränderung des Weltbildes in der *Aufklärungsbewegung* kann hier nur in einigen Grundzügen angedeutet werden. Das wesentliche Merkmal dieses revolutionären Bruchs besteht darin, daß das vormoderne einheitliche Weltbild *dezentriert* und die Einheit der Welt kategorial in *«Natur»* und *«Soziales»* aufgelöst und geschieden wird. Für uns heute schwer nachvollziehbar, bedurfte es doch enormer, über zahlreiche Generationen fortwirkender Lernprozesse und Abstraktionsleistungen, ehe sich aus dem einheitlichen Wahrnehmen und Denken das spezifisch moderne historische Bewußtsein ausbilden konnte.

Eine wichtige Vermittlerrolle in diesem Prozeß der Dezentrierung und Aufklärung des Weltbildes leistete das *Naturrecht.* In der zentralen naturrechtlichen Denkfigur, der Modellvorstellung vom «Naturzustand», theoretisierte sich die frühbürgerliche Markt- und Handelsgesellschaft erstmals selbst (vgl. MEDICK 1973). Aus den Grundstrukturen der frühbürgerlichen Gesellschaft wurden idealtypisch die Abstraktionen zweier entgegengesetzter Naturzustände gewonnen, zwischen deren Extremen, den Geboten der Vernunft («reason») und den Antrieben der Leidenschaft («passion»), das soziale Leben der Menschen unruhig balanciert. Diese Abstraktionen eines harmonischen und kriegerischen Naturzustandes eröffneten der Wahrnehmung und dem →Denken einen Zugang zum Bereich des spezifisch «Sozialen»: In einem produktiven sozialen Handlungszusammenhang vollziehen die vergesellschafteten Individuen Entwicklungsfortschritte in einer *zeitlich gerichteten* Dimension. Damit wurde den Menschen eine ganz neue →Erfahrung möglich: Die Dimension des *vergesellschafteten Handelns* kam zu →Bewußtsein und ließ ein neues Subjekt der Geschichte hervortreten, nämlich den *sozialen Handlungszusammenhang* der «Gesellschaft».

Auf der Ebene realgeschichtlicher Erfahrungen im Alltagsleben entsprach dieser revolutionären Veränderung des Weltbildes die neue Erfahrung von «Bewegung»: Erst als die ständische Gesellschaft von ihrer ökonomischen Basis her krisenhaft in Bewegung geriet (vgl. KOSELLECK 1959) und sich das Lebensgeschehen nicht mehr innerhalb der überlieferten natürlichen «Ordnung» verstehen ließ, konnte die «Bewegung» als solche bewußt werden. Die Historisierung der kollektiven Bewußtseinsstrukturen in der →Aufklärung manifestierte sich im Alltagsleben besonders folgenreich in der allmählichen Umarbeitung der Zeitschemata von einer zyklischen zu einer teleologischen Struktur. Waren Wahrnehmung und Denken nach der traditionellen Sicht der Dinge in den natürlichen Kategorien von «Ordnung», «Störung» und «Wiederherstellung» auf einen konstanten Horizont möglicher Erfahrbarkeit beschränkt, so wurden die Lebensverhältnisse nun in den sozialen Entwicklungskategorien von «Fortschritt», «Stillstand» oder «Rückschritt» wahrgenommen. Je nach Interessenlage weitete sich der Horizont möglicher Erfahrbarkeit in eine Zukunft hinein und wurde politisch aufgeladen: Die dem Aufklärungszeitalter folgende Generation begann sich bereits nach dem Kriterium der «Richtung» zu scheiden, und die aufgeklärte «Bewegungspartei» zerfiel in eine «liberale», «nationale» und bald auch «sociale Bewegung» (vgl. PANKOKE 1970).

Für den Erziehungs- und Bildungsbereich im engeren Sinne bedeutete diese Historisierung der Wahrnehmung und des Denkens vor allem die Entdeckung einer zukünftigen sozialen Perspektive, von der alle erzieherischen Einflußnahmen auf die natürliche →Entwicklung des Kindes Sinn und Rechtfertigung erhalten. Erst seit der Aufklärungsbewegung und ihrer Entdeckung der Zukunft werden Erziehungs- und Bildungsprozesse von der spezifisch historischen Intention her wahrgenommen, daß die Kinder es einmal besser haben sollen. Waren die Kinder bisher durch natürliche Teilhabe am Leben in ihren Erwachsenenstatus selbstverständlich hineingewachsen, waren Erziehungs- und Bildungsprozesse naturwüchsig eingelassen in den allgemeinen Lebensrhythmus des Kommens und Gehens der Generationen, so nimmt das Verhältnis der Generationen nun durch das Interesse am gesellschaftlichen Fortschritt eine neue Qualität an: Durch die «aufgeklärten» Intentionen und historischen Projektionen der Erwachsenen vermittelt, werden die Kinder von der Geschichte gleichsam in Besitz genommen, denn es soll etwas aus ihnen werden.

Die idealistische Selbstreflexion des Bildungsprozesses: Friedrich Schleiermacher. Seit der Auflösung des vormodernen einheitlichen Weltbildes durch die Aufklärungsbewegung ist eine «reine» Theorie, die sich aus obersten Prinzipien («Natur», «Gott») kosmologisch oder monotheistisch selbst begründet, nicht mehr möglich. Für die historische Menschenwelt, die durch die neue Erfahrung des spezifisch «Sozialen» als eine eigene Wirklichkeit von der «Natur» kategorial unterschieden wird, kann es ebensowenig wie für die natürliche Welt eine «reine», vor jeder Erfahrung selbstgewisse Theorie geben, sondern nur noch eine *Theorie der Praxis*. Damit stellt sich das neue fundamentale Problem, wie sich das praktische Handeln als Bildungsprozeß wissenschaftlich orientieren und begründen läßt, wie also *Einheit* von Theorie und Praxis möglich ist (vgl. HABERMAS 1963; →Theorie – Praxis).

SCHLEIERMACHER hat in seinem «Entwurf eines Systems der Sittenlehre» (1835) versucht, dieses Problem systematisch zu klären. Seine Überlegungen markieren einen bemerkenswerten Fortschritt in der historischen Selbstreflexion, da sie wesentliche Einsichten in den *gesellschaftlichen Zusammenhang* aller Erziehungs- und Bildungsprozesse vermittelten. In der Tradition der Aufklärung deutet Schleiermacher den Bildungsprozeß der Gattung wie des Individuums als ständig fortschreitende Einwirkung der Vernunft auf die Natur. Die Gewißheit, daß das Kommen und Gehen der Generationen mehr ist als Zufall und Chaos, daß sich darin vielmehr ein vernünftiger Sinn realisiert, verbürgt das historische Bewußtsein, denn der «erfahrungsmäßige Ausdruck des endlichen Seins, sofern es Vernunft ist, oder das Erkennen des Daseins der Vernunft, ist die *Geschichtskunde*» (SCHLEIERMACHER 1835, S. 34; Hervorhebung: H. T.). Hinsichtlich der historischen Menschenwelt ist die reinliche Scheidung von Natur und Vernunft allerdings ein vergebliches Unterfangen, weil beide immer schon problematisch ineinandergesetzt erscheinen; aber es gibt ein «immer schon vorausgesetztes Organisiertsein der Natur für die Vernunft; und dieses ist die menschliche Natur als Gattung» (SCHLEIERMACHER 1835, S. 60). Als zweite der beiden Hauptwissenschaften konzipiert Schleiermacher daher neben der *Naturwissenschaft* die *Sittenlehre*, die als spekulatives Wissen das Handeln der Vernunft auf die Natur zu begreifen sucht. Im Unterschied zur Naturwissenschaft ist die Sittenlehre «das Gebiet, wo Geist und Freiheit seinen Ort hat (nämlich als tätig)» (SCHLEIERMACHER 1835, S. 36). Zwischen der Geschichtskunde, die als empirische Disziplin immer nur die *Erscheinung* des Bildungsprozesses zur Erfahrung bringen kann, und der Sittenlehre, die als spekulative Disziplin das *Wesen* «beschaulich» zu Bewußtsein bringt, muß es einen beständigen Austausch geben, denn alles empirische Wissen ist für Schleiermacher «unphilosophisch», wenn es nicht zugleich «spekulativ» ist, und alles bloß Spekulative ist ebenso unphilosophisch, wenn es nicht zugleich empirisch ist (vgl. SCHLEIERMACHER 1835, S. 36). Durch diese «weltweisheitliche Beziehung» zwischen Geschichtskunde und Sittenlehre werden Wesen und Erscheinung des Bildungsprozesses zu Momenten der historischen Selbstreflexion. *Schleiermacher* bezeichnet diese *sittliche Kritik der Geschichte* im Medium der historischen Selbstreflexion als das untersuchende oder *kritische Verfahren* und bestimmt es als «Werk des eigentümlichsten im Menschen».

Mit diesen Überlegungen hat Schleiermacher ein bildungstheoretisch konsequent durchdachtes neues Verhältnis zur Praxis begründet. In seiner vermittelnden Funktion unterscheidet sich dieses kritische Verfahren von traditioneller Theorie dadurch, daß es seine *praktischen Folgen* in die Reflexion mit aufnimmt und insofern nicht mehr «reine» Theorie sein kann, die sich aus obersten Prinzipien selbst begründet, sondern nur noch *Theorie der Praxis*. Die «praktische Beziehung» des Beschaulichen und Erfahrungsmäßigen aufeinander nennt Schleiermacher das *regelgebende Verfahren*, das außerhalb der Wissenschaft liegt und zur Kunst gehört. Aus der Sittenlehre, weil sie alles als «Produzieren» darstellt, nämlich als fortschreitende Durchdringung und Einigung von Vernunft und Natur, gehen deshalb alle *Kunstlehren*, wie Erziehungs- und Staatskunst, hervor (vgl. SCHLEIERMACHER 1835, S. 32). Als Kunstlehre hat die Theorie der Erziehung die Aufgabe, die Einwirkungen der älteren auf die jüngere Generation pädagogisch zu organisieren. Dabei sind alle Prozesse auf das Ziel zu konzentrieren, den einzelnen Menschen durch das *Ausbilden seiner Natur* in das gemeinschaftliche Leben *hineinzubilden* (vgl. Schleiermacher 1957, S. 376). Wo uns ein Mensch in roher Natur erscheint, manifestieren sich nicht unverbesserliche natürliche Eigenschaften; sein empirisch beobachtbares Verhalten manifestiert vielmehr das *ungebildete Mißverhältnis* «zwischen den einzelnen Lebensfunktionen und der Vernunft als der höchsten Einheit» (Schleiermacher 1957, S. 76). Da die Vernunft «das zusammenhaltende Band des ganzen menschlichen Lebens» (Schleiermacher 1957, S. 76) ist, das die verschiedenen Lebensfunktionen auch in ihrem «mannigfachen Mischungsverhältnis» (Schleiermacher 1957, S. 76), also ihren organischen Antrieben, zusammenhält, kommt es in Erziehungs- und Bildungsprozessen wesentlich darauf an, daß jeder einzelne in eigentümlicher Weise zu seiner →Individualität sich bilden kann, denn «das, wodurch der Mensch mit sich selbst in Harmonie steht, ist auch das, wodurch er mit dem gemeinsamen Leben harmoniert» (Schleiermacher 1849, S. 141).

In diesem Sinne konzipiert Schleiermacher die *allgemeine →Bildung*, durch die die Konstellation von Allgemeinem und Besonderem zu Bewußtsein gebracht und als produktiver Zusammenhang befördert wird. Allein in diesem Sinne wirkt die allgemeine Bildung befreiend: Indem sie aus der Beschränktheit und Befangenheit des mechanischen oder empirischen Standpunkts herausführt, befördert sie den *«Gemeingeist»* (Schleiermacher 1957, S. 155), der eine frei zusammenwirkende Tätigkeit der selbstbewußten Einzelnen im gemeinschaftlichen Leben ermöglicht. Wenn die in der bürgerlichen Gesellschaft Regierenden sich dem «natürlichen, sicher fortschreitenden Entwicklungsgang» (Schleiermacher 1957, S. 132) aus bornierten Eigeninteressen entgegenstellen und den allgemeinen Bildungsprozeß herrschaftlich unterdrücken, «um die Masse auf der Stufe mechanischer Fertigkeiten festzuhalten» (Schleiermacher 1957, S. 119), dann hat das eine «Reihe gewaltsamer Reaktionen» (Schleiermacher 1957, S. 131), also revolutionäre Umbrüche im gemeinschaftlichen Leben zur Folge, die Schleiermacher erklärtermaßen vermieden sehen möchte. Er setzt sein Vertrauen jedoch in die befreiende Kraft der Selbstverwirklichung der Vernunft. «Es ist überhaupt Unsinn und ein vergebliches Bemühen, die geistige Entwicklung, wenn sie schon bis zu einem gewissen Punkt gediehen ist, hemmen zu wollen» (Schleiermacher 1957, S. 131). Wenn der einmal in die Vernunft gesetzte Vernunftsanspruch nur «bloßer Gedanke wäre, ohne zu treiben: so wäre die sittliche Welt eine bloß eingebildete» (Schleiermacher 1835, S. 39).

Nietzsches Kritik am idealistischen Selbstverständnis der Bildung. Zwei Generationen nach Schleiermacher unterzieht Nietzsche 1872 die humanistische Bildung einer kritischen Reflexion. Ganz im Gegensatz zur idealistischen Konzeption, die sich von der allgemeinen Bildung eine Versittlichung und Befreiung der Gesellschaft versprach, kann Nietzsche von einer befreienden Bildung nichts mehr erkennen. Der moderne Lebenskampf verlange geradezu das Gegenteil der humanistischen Bildung, «nämlich eine *rasche* Bildung, um schnell ein geldverdienendes Wesen werden zu können, und doch eine so gründliche Bildung, um ein *sehr viel* Geld verdienendes Wesen werden zu können. Dem Menschen wird nur so viel Kultur gestattet, als im Interesse des Erwerbs ist, aber so viel wird auch von ihm gefordert» (NIETZSCHE 1956, S. 192). Unter dem allgegenwärtigen Verwertungsinteresse erscheint Nietzsche die Bildung, die als freie nur ihrem eigenen Zweck dienen wollte, nur noch als Karikatur ihrer selbst, nämlich als bornierte Einsicht, «mit der man alle Wege kennt, auf denen am leichtesten Geld gemacht wird» (NIETZSCHE 1956, S. 191). Hinter der humanistischen Phrase von der allseitigen Entfaltung der Persönlichkeit sieht Nietzsche eine ganz andere Wirklichkeit der «Bildungsanstalten». Denn diese sind für den einzelnen gerade zur Institution geworden, «wodurch er selbst in Reih und Glied aufgestellt wird» (NIETZSCHE 1956, S. 243).

Neben dieser Kritik am Selbstverständnis der humanistischen Bildung bezieht Nietzsche 1872, neun Jahre nach Gründung der ersten deutschen Arbeiterpartei, auch die *soziale Frage* in die kritische Selbstreflexion ein. Im nationalökonomischen Dogma der Zeit, das alle Bildungsprozesse unter der Formel funktionalisiere: Möglichst viel Erkenntnis und Bildung – daher möglichst viel Produktion und Bedürfnis – daher möglichst viel Glück, sieht er einen gefährlichen Widerspruch angelegt, den er ironisch zu Ende denkt. Es entstehe nämlich die «ungeheure Gefahr», daß die große Masse, die durch die Verbreitung der Bildung zu ihrem Erdenglück befördert werden soll, «irgendwann einmal die Mittelstufe überspringt und direkt auf dieses Erdenglück losgeht. Das nennt man jetzt die ‹soziale Frage›. Es möchte nämlich dieser Masse so scheinen, daß demnach die Bildung für den größten Teil der Menschen nur ein Mittel für das Erdenglück der wenigsten sei: die ‹möglichst allgemeine Bildung› schwächt die Bildung so ab, daß sie gar keine Privilegien und gar keinen Respekt mehr verleihen kann. Die allerallgemeinste Bildung ist eben die Barbarei» (NIETZSCHE 1956, S. 192).

Nietzsches radikale Kritik der zeitgenössischen Bildung treibt die historische Selbstreflexion hier in eine paradoxe Einsicht. Die «allerallgemeinste Bildung», also die Vollendung der Aufklärung, erscheint ihm als «Barbarei». In den drei Generationen seit der Aufklärung müssen sich die Verhältnisse offenbar gründlich verkehrt haben, wenn Nietzsche denselben Bildungsprozeß, den die Aufklärungsphilosophen als Ausgang des Menschen aus der Naturgeschichte in seine Freiheitsgeschichte in Gang gebracht zu haben vermeinten, nun in Barbarei enden sieht.

In der Geschichte der historischen Selbstreflexion der Bildung ist diese kritische Position Nietzsches systematisch von Interesse. Mit Schleiermacher teilt er das *kritische* Verfahren; aber *seine* schonungslose Kritik überführt das *idealistische* Selbstverständnis der humanistischen Bildung der Unwahrheit. Statt aus gesellschaftlichen Zwängen zu befreien, sei die humanistische Bildung unter den Bedingungen des fortgeschrittenen bürgerlichen Konkurrenzkampfes selbst zur «nutzbaren Magd» korrumpiert worden (vgl. NIETZSCHE 1956, S. 231), habe die gesellschaftlich funktionalisierte Bildung sich auf die brutale Anweisung reduziert, «auf welchem Wege man im Kampfe um das Dasein sein Subjekt rette und schütze» (NIETZSCHE 1956, S. 231). Aber diese Kritik Nietzsches am falschen Selbstverständnis der Bildung ist *nicht befreiend,* weil sie ihre Einsicht nicht mehr *historisch* aneignet, sondern *naturalistisch mißdeutet.* Statt die paradoxe Verwirklichung des Aufklärungsprogramms, nämlich die Verkehrung der befreiend konzipierten Bildung zu ihrer gesellschaftlichen Funktionalisierung, selbst noch historisch aufzuklären und als Prozeß der Entfremdung der Bildung unter den konkreten Bedingungen ihrer gesellschaftlichen Reproduktion zu begreifen, sieht Nietzsche hinter der zur Barbarei verkehrten Bildung ungeschichtlich-naturalistisch nur die «Wahrheit» einer *unverbesserlichen Triebnatur des Menschen* zum Vorschein kommen, die sich auch noch in der letzten humanistischen Phrase durchsetze. So hat Nietzsches Selbstreflexion der Bildung in ihrer Mißdeutung den Verfallsprozeß der bürgerlich-idealistischen Bildungskonzeption bloß zum *Ausdruck* gebracht, nicht aber selbst noch historisch begriffen und kritisch angeeignet. In der Geschichte der historischen Selbstreflexion markiert Nietzsches vernichtende Kritik an der humanistischen Bildung deshalb das Ende der bürgerlich-idealistischen Traditionslinie des Bildungsdenkens.

Innerhalb dieser Traditionslinie war eine historische Aneignung seiner Kritik am Aufklärungsprogramm, die die *Intentionen* der Aufklärung gleichwohl festhielt, nicht mehr möglich. Diese Einsicht ist uns durch die geschichtlichen Erfahrungen der letzten hundert Jahre nüchtern und eindringlich vor Augen geführt worden. Alle im ersten Drittel des 20. Jahrhunderts unternommenen Versuche, diese Traditionslinie fortzusetzen und durch abgewandelte Bildungskonzepte aus der kulturlosen Barbarei herauszuführen, die Nietzsche bereits für die Klassengesellschaft des kaiserlichen Deutschland diagnostizierte, boten keine befreienden Auswege für *allgemeine* Bildungsprozesse (vgl. PLESSNER 1935). Die vielfältig ansetzenden Reformbewegungen der *bürgerlichen Kulturkritik* (von der Jugend- über die Kunsterziehungs- bis zur Volksbildungsbewegung), die auf gesellschaftlich bereits weitgehend verlorenen Kampfplätzen noch einen blinden Idealismus entfachten, endeten sämtlich (wie immer ungewollt oder gedankenlos) in Sackgassen, die teils gar in die letzte der Bewegungen innerhalb dieser Traditionslinie, die «nationalsozialistische Bewegung», hineinführten. Alle diese Reformkonzepte, die die aufgrund ihrer materiellen Bedingungen in feindliche Lager gespaltene kapitalistische Gesellschaft durch sogenannte Volksbildung noch einmal zu befrieden versuchten, krankten an dem Wahn, «den gesellschaftlich diktierten Ausschluß des Proletariats von der Bildung durch bloße Bildung revozieren zu können» (Adorno 1962, S. 173).

Die materialistische Rekonstruktion der Bildungsgeschichte als Entfremdungsprozeß. Eine *konstruktive* Wendung von Nietzsches Kritik am falschen idealistischen Selbstverständnis der Bildung wird erst möglich, wenn diese Kritik ihre Einsichten nicht wieder durch naturalistische Mißdeutung verspielt, als ob eine verkehrte Bildung *keine* Bildung mehr wäre, sondern nur Ausdruck einer konstanten Triebnatur des Menschen. Solange die historische Selbstreflexion die aufklärerische Intention des sinnvollen Begreifens nicht aufgibt, muß sie hinter dem, was Nietzsche als Barbarei diagnostizierte, selbst noch einen «sinnvollen» Bildungsprozeß aufsuchen, also eine alternative Hintergrundgeschichte konstruieren, in der vieles anders sein könnte. Dieser Sinn ist allerdings nur noch *«materialistisch»* zu behaupten: *durch eine radikale selbstkritische Reflexion der Bildung bis in die materiellen Grundlagen hinein, unter denen sie sich reproduziert.*

Zur gleichen Zeit, als Nietzsche vor der «Academischen Gesellschaft» in Basel seine Kritik an der humanistischen Bildung vortrug, hielt W. Liebknecht parallel dazu am 5. 2. 1872 seine berühmte Festrede vor dem Dresdener Arbeiterbildungsverein: «Wissen ist Macht – Macht ist Wissen» (1968). In der Diagnose waren sich beide Kritiker einig. Wie Nietzsche konstatierte Liebknecht (1968, S. 60): «Wenn man die heutige Kultur kratzt, kommt die Barbarei zum Vorschein». Aber im Anschluß an Marx entschlüsselte Liebknecht diese Kulturlosigkeit *historisch* und konnte sie als Ausdruck, als historisches Produkt eines durch die kapitalistische Produktionsweise gesellschaftlich vermittelten Bildungsprozesses begreifen, der eben auch in seiner entfremdeten Gestalt noch *als* Bildungsprozeß «sinnvoll» aufgefaßt und in einer konstruktiven Perspektive kritisch angeeignet werden konnte. Liebknechts historische Auflösung der Entfremdungsprozesse konnte deshalb den kulturlosen Erscheinungen den ideologischen Schleier ihrer *Naturnotwendigkeit* nehmen.

Die bürgerliche humanistische Bildung, so läßt sich seine Rekonstruktion zusammenfassend skizzieren, kann sich nur deshalb so weit und so folgenreich als «freie» und «allgemeine» mißverstehen, weil sie sich von den materiellen Bedingungen, unter denen sie sich gesellschaftlich reproduziert, abgesondert und entfremdet hat. Nur als *bürgerliches Privileg* kann die humanistische Bildung das Ideal der allseitig entfalteten Persönlichkeit darstellen und kultivieren, also als Privileg der wenigen, die sich nur deshalb von allen materiellen Reproduktionszwängen frei dünken können, weil die unterdrückte Mehrheit der Gesellschaft diesen materiellen Zwängen um so stärker unterworfen ist. Nur unter den *Herrschaftsbedingungen* der bürgerlichen Klassengesellschaft, auf der Basis des *Ausschlusses* der arbeitenden Klasse von dem Berechtigungsprivileg höherer Bildung und auf der Basis der *Verdrängung* der gesellschaftlichen Arbeit aus dieser Bildung, kann sie sich als «freie» und «allgemeine» ideologisch mißverstehen.

Erst eine derart radikalisierte materialistische Reflexion, die die gegenwärtige Bildung als Ergebnis einer gesellschaftlichen Wirkungsgeschichte, aus einem auf Herrschaft und Unterdrückung beruhenden Funktionszusammenhang rekonstruiert, vermag der paradoxen Einsicht Nietzsches, daß der Aufklärungsprozeß in Barbarei endet, noch einen vernünftigen, geschichtlichen Sinn abzugewinnen. Sowohl die humanistischen Phrasen der in Geld- und Genußwirtschaft sich verzehrenden bürgerlichen Bildungsphilister als auch die rohe Naturverfallenheit der im Arbeitszwang sich erschöpfenden proletarischen Massen – beide Phänomene lassen sich in einer materialistischen Rekonstruktion als Ausdruck einer *interessengeleiteten,* entfremdeten Bildung unter Herrschaftsbedingungen begreifen (vgl. LIEBKNECHT 1968, S. 63).

Der unsichere Status der materialistischen Reflexion der Bildung. Aufgrund ihres historischen Stellenwerts, nach der Erfahrung des Scheiterns idealistisch mißdeuteter Bildungsprozesse die «letzte» Reflexion zu sein, die auch dort noch Sinn behauptet, wo der Sinn denkbar knapp geworden ist, befindet sich die materialistisch aufgeklärte Reflexion in einer prekären Lage: Eine möglicherweise gelingende Fortsetzung von Bildungsprozessen kann nur für die *Zukunft* behauptet werden und ist nur durch *Praxis* zu realisieren (vgl. SCHMIED-KOWARZIK 1983). Vom Ansatz her ist die materialistische Position also darauf angelegt, alle mißlungenen Bildungsprozesse jeweils als *Vorgeschichte* für einen künftigen *Fortschritt* zu rekonstruieren. In diesem Status, eine bildungswirksame «Fortschrittstheorie» begründen zu müssen, ist die materialistische Position heute allerdings in einer doppelten Hinsicht unsicher geworden.

Zum einen ist den großzügigen Gesellschaftstheorien des 19. Jahrhunderts, die Vergangenheit und Zukunft der Bildung als Fortschritt zu einem besseren Leben entwarfen, durch die konkreten historischen Erfahrungen zweier Weltkriege und der faschistischen Barbarei ihre Glaubwürdigkeit genommen worden. Auch die Gesellschaften des real existierenden Sozialismus, in denen unter veränderten Bedingungen der materiellen Reproduktion historische Alternativen für kollektive Bildungsprozesse seit einigen Generationen getestet werden, haben bisher kaum Schrittmacherdienste leisten können: eine vorbildliche Modellwirkung für die bürgerlichen Gesellschaften des Westens haben sie aus vielerlei Gründen bisher jedenfalls nicht entfalten können.

Zum anderen hat die Kritik der entwickelten Spezialwissenschaften die umfassenden Fortschrittstheorien des 19. Jahrhunderts buchstäblich auseinandergenommen. Die erfahrungskontrollierten Spezialwissenschaften greifen sich arbeitsteilig die Stücke heraus, die in ihren verengten Objektbereich fallen, und unterziehen sie ihrer strengen Erfahrungskontrolle. Ihre Erkenntnisfortschritte im einzelnen haben die spezialisierten Wissenschaften allerdings damit bezahlen müssen, daß sie zugleich den Zusammenhang auflösen, in dessen Rahmen ihre Einzelergebnisse sich erst bildungswirksam integrieren und organisieren lassen (vgl. HABERMAS 1968). Werden die Erkenntnisfortschritte der spezialisierten Wissenschaften für Bildungsprozesse im historischen Sinne derart immer gleichgültiger und bedeutungsloser, so bleiben sie doch nicht folgenlos. Als Zustandswissenschaften spielen sie gegen jeden Bildungsentwurf ihre «positiven» Erfahrungen aus und lassen alternative Zukünfte kaum noch zum Zuge kommen. Die in der Breite wie in der Tiefe von einzelnen schwerlich noch überschaubaren Wissensbestände der Einzelwissenschaften haben die Perspektiven für zukünftige Bildungsprozesse eher verstellt als erweitert und geschärft.

So ist die Stellung der materialistischen Position zwischen Wissenschaft und Praxis nach beiden Seiten unsicher geworden. Der Zugang zur Praxis ist ihr durch konkrete historische und gegenwärtige Erfahrungen verengt; statt Bildungsprozesse in und durch Praxis in Gang zu setzen, bleibt nur die Beschwörung der Praxis. Gegen die kritischen Versuche, zukünftige Perspektiven zu eröffnen, erheben sich andererseits massive Einwände der positiven Zustandswissenschaften, die die erst auszutestende praktische Tragweite jeder Bildungsreflexion mit Erfahrungen gleichsam «verstellen». Die wachsende gesellschaftliche Differenzierung und zunehmende Komplexität der geschichtlich gewordenen Welt, die die spezialisierten Wissenschaften eindringlich vor Augen führen, machen bildungswirksame geschichtstheoretische Durchblicke immer problematischer.

Diese unsichere Stellung des materialistischen Ansatzes wird noch prekärer durch den hohen Anspruch, der ihm zugeschrieben wird und den er auch selber notwendig erheben muß: Als «letzte» Position in der Reflexionsgeschichte der Bildung, die die Widersprüche der vorangegangenen produktiv aufzunehmen beansprucht, muß der materialistische Ansatz die Beweislast abtragen, angemessener als alle vorangegangenen Ansätze Bildungsprozesse aufzuklären und auch erfolgreich fortsetzen zu können.

Diese prekäre Lage erklärt vielleicht auch, warum es eine umfassend ausgearbeitete materialistische Rekonstruktion der Bildungsgeschichte nicht gibt, die allgemein überzeugend, das heißt theoretisch angemessen *und* praktisch bildungswirksam für die Zukunft wäre.

Prinzipien der materialistischen Rekonstruktion der Bildungsgeschichte. Allen materialistischen Ansätzen, die sich in enger Anlehnung oder weiterer Entfernung am nicht ausgeschöpften Theorie-Potential des Marxismus orientieren, liegen allerdings gemeinsame *Prinzipien* zugrunde, aus denen sie einzelne Bildungsgeschichten wie auch «die» Bildungsgeschichte zu rekonstruieren versuchen.

Die materialistische Position hält an der Intention und dem politischen Anspruch der Aufklärungsbewegung fest, den gesellschaftlichen Prozeß als *allgemeinen Bildungsprozeß* zu organisieren. In dieser Parteilichkeit für den aufklärerischen Vernunftanspruch dokumentiert sich ein zweihundert Jahre nach Kant nicht mehr selbstverständlicher Mut, «sich seines Verstandes ohne Leitung eines anderen zu bedienen» (KANT 1913, S. 169), denn diese Haltung kann nur bewahren, wer nach allen historischen Erfahrungen vor den Schwierigkeiten der Aufklärung *mit Gründen nicht resigniert.* Als sinnvoll erscheint diese Parteilichkeit für Vernunft in dem Maße, wie es innerhalb der Tradition der Aufklärung zwischen dem wissenschaftlich ausgeweiteten *Erfahrungsraum* und dem praktisch engen *Erwartungshorizont* noch eine Differenz gibt, aus der sich ein allgemeines Bildungsprogramm begründen läßt. Diese Annahme, daß es noch historische Entwicklungspfade für kollektive Bildungsprozesse gibt, die die «neuzeitlichen» Versprechungen einer selbstbewußten und gleichberechtigten Teilhabe aller Menschen am gesellschaftlichen Leben einlösen können, ist heute nicht mehr selbstverständlich und wird der materialistischen Position durch systemtheoretische Einwände (vgl. LUHMANN 1971, S. 291 ff) abgesprochen: In den modernen komplexen Gesellschaften bleibe dem administrativen Steuerungssystem keine andere Wahl mehr, als sich vom Selbst- und Weltverständnis der Menschen abzukoppeln und unabhängig zu machen; die chancengleiche Teilhabe aller an einer diskursiven Willensbildung im Sinne der alteuropäischen Tradition sei deshalb nicht mehr möglich. Gegen die Intentionen und vermeintlichen Illusionen der alten Aufklärung wird eine neue, nämlich *«soziologische»* Aufklärung ins Feld geführt, die aus den Illusionen der alten herausführen soll. Die Bildungsgeschichten der einzelnen würden also nach diesem theoretischen Ansatz für die Einheit «der» Bildungsgeschichte gegenstandslos.

Als Erbe der Bewußtseinsphilosophie hält die materialistische Position an einem reflexiven Begriff von Geschichte fest. Im Medium der *Kritik*, die die Objektivität der Geschichte und ihre subjektive Verarbeitung aufeinander bezieht, soll die Geschichte *produktiv* gewendet werden. In der kritischen Selbstreflexion soll sich die Geschichte zu ihrer eigenen *Philosophie* durcharbeiten: Die empirischen Erscheinungen können aus ihrer Naturnotwendigkeit freigesetzt werden, indem veränderte Bedingungen geschaffen werden, die die Regeln außer *Anwendung* bringen, deren unbestreitbare *Geltung* den Schein der Naturnotwendigkeit – gegen jede Geschichte gleichgültig – immer wieder reproduziert. Dieses kritische Verfahren ist konstitutiv für die materialistische Position, die schon in diesem Sinne immer eine *kritische Theorie* anstrebt.

Bei allen Versuchen, «die» Bildungsgeschichte (und einzelne Bildungsgeschichten) zu rekonstruieren, *bleibt der materialistische Ansatz selbstverständlich auf die spezialisierten Wissenschaften angewiesen*. Um gegen den Objektivismus der Wissenschaften, die auf den jeweils vermessenen Zustand empiristisch beschränkt bleiben, die *Kontinuität eines Bildungsprozesses* zu retten, muß der materialistische Ansatz zwar eine Hintergrundsgeschichte konstruieren, auf deren Folie die Beiträge der Wissenschaften *ideologiekritisch* reflektiert und in die Struktur eines Prozesses integriert werden. Aber die Bedingungen der Möglichkeit dieser Hintergrundgeschichte, in der bildungswirksam vieles ganz anders sein könnte, sind gleichwohl nur *wissenschaftlich* zu erforschen. Im Verfahren der kritischen Reflexion entzieht sich der materialistische Ansatz der restriktiven Erfahrungskontrolle der modernen Wissenschaften. Aber dieses Erbe der Bewußtseinsphilosophie, das ihn von den Wissenschaften trennt, läßt sich nicht gegen, sondern nur mit diesen produktiv verwalten. Materialistische Kritik, die sich als «bloß linke Philosophie» nicht ins Abseits der Geschichte drängen lassen will, muß diese in der Einstellung einer *empirischen* Geschichtsphilosophie in *praktischer* Absicht rekonstruieren und bedarf dabei unabdingbar der Wissenschaften. Allein deren Erfahrungen können, kritisch gewendet, darüber belehren, was wir – in fortgesetzten Bildungsprozessen *aufgeklärt – wollen können*.

Das Bewußtsein, das sich in der historischen Selbstreflexion zur Philosophie seiner eigenen Geschichte durchgearbeitet hat, bleibt noch in der schärfsten Kritik «beschaulich» (Schleiermacher), bleibt «Bewußtsein». Wenn sich Kritik in der bloß *theoretischen* → *Emanzipation* erschöpft, verfällt sie ebenso der Phrase wie das interessenabhängige bornierte Bewußtsein, dessen Aufklärung sie beabsichtigt. Den Junghegelianern warfen Marx und Engels 1845/1846 gerade dieses Stehenbleiben bei der bloß theoretischen Emanzipation vor: sie seien «trotz ihrer angeblich ‹welterschütternden› Phrasen die größten Konservativen. Die jüngsten von ihnen haben den richtigen Ausdruck für ihre Tätigkeit gefunden, wenn sie behaupten, nur gegen ‹Phrasen› zu kämpfen. Sie vergessen nur, daß sie diesen Phrasen selbst nichts als Phrasen entgegensetzen, und daß sie die wirklich bestehende Welt keineswegs bekämpfen, wenn sie nur die Phrasen dieser Welt bekämpfen» (MARX/ENGELS 1969, S. 20). Keinem dieser Philosophen sei es eingefallen, nach dem Zusammenhang der angegriffenen Phrasen mit der Wirklichkeit, «nach dem Zusammenhange ihrer Kritik mit ihrer eigenen materiellen Umgebung zu fragen» (MARX/ENGELS 1969, S. 20). In der Erkenntnis, daß sich der kritisch begriffene Sinn der Geschichte als Bildungsprozeß nicht aus sich selbst heraus «qua Bewußtsein» begründen und erfüllen läßt, weist das reflektierende Bewußtsein über sich selbst hinaus. Es kann den hypothetisch vorausgedachten Sinn der eigenen Geschichte nur praktisch einholen, indem es mit Praxis verschmilzt und zur *kritisch-praktischen Tätigkeit* in der konkreten Welt wird. Wenn der der Bildungsgeschichte kritisch abgewonnene oder zugemutete Sinn aber nur durch Praxis verwirklicht und erwiesen werden kann, dann wird das *Machenwollen* zur Voraussetzung des *Erkennenkönnens*. Das kritische Selbstbewußtsein fingiert sich in der produktiven Hintergrundgeschichte als dessen Subjekt, zu dem es durch «revolutionäre Praxis» in einem gewollten Bildungsprozeß erst tatsächlich wird, nämlich durch die Veränderung der Umstände *und* durch Selbstveränderung in *einem* Prozeß, wie Marx in der dritten Feuerbach-These (vgl. MARX 1969, S. 5f) seine Kritik an der bloß theoretischen Emanzipation oder am bloß «anschauenden Materialismus» (MARX 1969, S. 7) zusammenfaßte.

Perspektiven einer kritischen Sozialgeschichte der Erziehung und Bildung. Im Zusammenhang der weltweiten Entstehung von Protestbewegungen in den fortgeschrittenen Gesellschaften seit den 60er Jahren hat sich das Interesse an einer materialistischen Rekonstruktion der Bildungsgeschichte verstärkt. Bei einer selbstkritischen Einschätzung aller Versuche im einzelnen, an die nicht ausgeschöpfte Theorietradition des historischen Materialismus produktiv anzuknüpfen, ist allerdings eine gewisse Stagnation nicht zu verkennen. Diese hängt vermutlich damit zusammen, daß der materialistische Ansatz in der Gefahr steht, die Komplexität von Bildungsprozessen zu unterschätzen. Nicht zuletzt auch wegen der Folgen, die die materialistische Kritik selbst seit ihrem ersten Auftreten immer wieder auslöste, haben sich historische Bildungsprozesse offensichtlich komplexer vermittelt und realisiert, als daß man den Zugang zu ihrer eigensinnigen Dynamik mit einer Art historischem Universalschlüssel wie «Kapitallogik» öffnen könnte. Die unergiebigen, nicht tragfähigen Versuche einer *Historisierung der→ Bildungsökonomie* erscheinen in diesem Zusammenhang symptomatisch für eine derartige Unterschätzung (vgl. OTTEN 1973; kritisch: vgl. LUNDGREEN 1977). Die in der materialistischen Theorietradition feststellbare und aufgrund ihrer ursprünglichen Frontstellung auch erklärliche Fokussierung auf die *materiellen* Bedingungen von Bildungsprozessen hat die *normativen Strukturen* zwar nicht aus dem Blickfeld gerückt, aber deren Eigengewicht in der Dynamik von Bildungsprozessen bisher nicht hinreichend zur Geltung kommen lassen (vgl. HABERMAS 1976). Zahlreiche kritische Untersuchungen zur Bildungsgeschichte haben gezeigt, daß in der Dimension des praktischen Wissens und kommunikativen Handelns Lernprozesse stattfinden (vgl. VESTER 1970), die für individuelle und kollektive Bildungsgeschichten nicht weniger folgenreich sind als die Lernprozesse in der Dimension des objektivierenden Denkens und zweckrationalen Handelns. Moralisch-praktische Einsichten in dieser Dimension des «sozialen Lernens» eröffnen den Zugang zu neuen *Lernniveaus*, die im Bereich der *Verkehrsformen* strukturell reifere Formen der sozialen Integration ermöglichen. Da sich diese Formen der sozialen Integration über die komplexen Mechanismen von *Bedeutungszuschreibungen* realisieren (die natürlich *auch* materiell bedingt sind und von den sozialen Kräftekonstellationen abhängen), gewinnt die Aufklärung derjenigen empirischen Bedingungen eine theoriestrategisch zentrale Stellung, unter denen sich in historisch spezifischer Weise die *Ich- und Gruppenidentitäten* (→Identität) ausgebildet haben. In der Dimension des sozialen Lernens (→Lernen, soziales) stellen die Bedeutungszuschreibungen gleichsam das «Programm» dar, das im Bereich der Verkehrsformen die Prozesse der sozialen Teilhabe und des sozialen Ausschlusses «steuert» (vgl. TITZE 1977). In der historischen Perspektive bedeutet soziales Lernen insofern vor allem Lernen neuer Identitäten, durch deren Anspruch Individuen und Klassen sich von traditionellen Erwartungen und Zumutungen emanzipieren. Hier wird der systematische Stellenwert deutlich, der der *historischen Sozialisationsforschung* zukommt: Durch ihren Beitrag sollen die Mechanismen aufgeklärt werden, die in historisch spezifischer Weise Basis- und Überbauphänomene vermitteln. Der aufklärerische Anspruch einer selbstbewußten und gleichberechtigten Teilhabe aller am gesellschaftlichen Leben wird sich nur einlösen lassen, sofern auf diesem Felde die Bedingungen eines produktiven Zusammenhangs von individuellen und kollektiven Lerngeschichten rational nachkonstruiert werden können. Um dem Eigengewicht normativer Strukturen in der Dynamik historischer Bildungsprozesse gerecht zu werden, ist die materialistische Rekonstruktion also auf eine breit aufgearbeitete *Sozialgeschichte der Erziehung und Bildung* angewiesen, zu der seit den 60er Jahren eine Reihe fruchtbarer Beiträge vorliegt. In dieser können durch vergleichende Analysen die Bedingungen untersucht werden, unter denen

- von *krisenerzeugenden Systemproblemen* in der Produktion und Reproduktion der Gesellschaft als Herausforderung ein kollektiver Lerndruck ausgeht,

- soziale Bewegungen als Träger von kollektiven Lernprozessen auf diese Herausforderung reagieren und die *Spielräume für Problemlösungen auf einem gegebenen Entwicklungs- und Organisations-Niveau der Gesellschaft erfolgreich testen und ausschöpfen*,
- soziale Bewegungen im Sinne des gesellschaftlichen Fortschritts die *Entwicklungspfade für kollektive Lernprozesse* öffnen, die den *Zugang zu neuen Lernniveaus* erschließen, auf denen strukturell reifere Formen der sozialen Integration projektiert und durch allgemeine Bildungsprozesse verwirklicht werden können.

Adorno, Th. W.: Theorie der Halbbildung. In: Horkheimer, M./Adorno, Th. W.: Sociologica II. Frankfurter Beiträge zur Soziologie, Frankfurt/M. 1962, S. 168ff. Berg, Ch.: Die Okkupation der Schule. Eine Studie zur Aufhellung gegenwärtiger Schulprobleme an der Volksschule Preußens (1872–1900), Heidelberg 1973. Blankertz, H.: Bildung im Zeitalter der großen Industrie. Pädagogik, Schule und Berufsbildung im 19. Jahrhundert, Hannover u.a. 1969. Breyvogel, W.: Die soziale Lage und das politische Bewußtsein der Volksschullehrer 1927–1933, Königstein 1979. Habermas, J.: Theorie und Praxis, Neuwied 1963. Habermas, J.: Erkenntnis und Interesse, Frankfurt/M. 1968. Habermas, J.: Zur Rekonstruktion des Historischen Materialismus, Frankfurt/M. 1976. Habermas, J./Luhmann, N.: Theorie der Gesellschaft oder Sozialtechnologie – Was leistet die Systemforschung? Frankfurt/M. 1971. Hartmann, K. u.a. (Hg.): Schule und Staat im 18. und 19. Jahrhundert, Frankfurt/M. 1974. Heinemann, M. (Hg.): Der Lehrer und seine Organisation, Stuttgart 1977. Herrlitz, H.-G.: Studium als Standesprivileg. Die Entstehung des Maturitätsproblems im 18. Jahrhundert. Lehrplan- und gesellschaftsgeschichtliche Untersuchungen, Frankfurt/M. 1973. Herrmann, U. (Hg.): Schule und Gesellschaft im 19. Jahrhundert, Weinheim/Basel 1977. Herrmann, U. (Hg.): Historische Pädagogik. Z.f.P., 14. Beiheft, 1977. Heydorn, H.-J.: Über den Widerspruch von Bildung und Herrschaft, Frankfurt/M. 1970. Kant, I.: Beantwortung der Frage: Was ist Aufklärung? (1784). Werke, hg. v. E. Cassirer, Bd. 4, Berlin 1913, S. 167ff. Koselleck, R.: Kritik und Krise, Freiburg 1959. Krause-Vilmar, D.: Liberales Plädoyer und radikale Demokratie, Meisenheim 1978. Leschinsky, A./Roeder, P.-M.: Schule im historischen Prozeß. Zum Wechselverhältnis von institutionaler Erziehung und gesellschaftlicher Entwicklung, Stuttgart 1976. Liebknecht, W.: Wissen ist Macht – Macht ist Wissen. In: Liebknecht, W.: Wissen ist Macht – Macht ist Wissen und andere bildungspolitisch-pädagogische Äußerungen, hg. v. H. Brumme, Berlin (DDR) 1968, S. 49ff. Löwith, K.: Weltgeschichte und Heilsgeschehen, Stuttgart 1953. Löwith, K.: Von Hegel zu Nietzsche, Stuttgart 1964. Luhmann, N.: Systemtheoretische Argumentationen. In: Habermas, J./Luhmann, N.: Theorie der Gesellschaft oder Sozialtechnologie – Was leistet die Systemforschung? Frankfurt/M. 1971, S. 291ff. Lundgreen, P.: Steigen die Bildungsanforderungen bei technischem Fortschritt? In: Gesch. u. Gesellsch. 3 (1977), S. 273ff. Marx, K.: Thesen über Feuerbach. Marx-Engels Werke (MEW), Bd. 3, Berlin (DDR) 1969, S. 5ff. Marx, K./Engels, F.: Die deutsche Ideologie (1845/1846). Marx-Engels Werke (MEW), Bd. 3, Berlin (DDR) 1969, S. 9ff. Medick, H.: Naturzustand und Naturgeschichte der bürgerlichen Gesellschaft, Göttingen 1973. Müller, D. K.: Sozialstruktur und Schulsystem. Aspekte zum Strukturwandel des Schulwesens im 19. Jahrhundert. Studien zum Wandel von Gesellschaft und Bildung im 19. Jahrhundert, Bd. 7, Göttingen 1977. Nietzsche, F.: Über die Zukunft unserer Bildungs-Anstalten. Werke in 3 Bänden, hg. v. K. Schlechta, Bd. 3, München 1956, S. 175ff. Otten,

D.: Kapitalentwicklung und Qualifikationsentwicklung, Berlin 1973. Pankoke, E.: Sociale Bewegung – Sociale Frage – Sociale Politik, Stuttgart 1970. Plessner, H.: Das Schicksal deutschen Geistes am Ausgang seiner bürgerlichen Epoche, Zürich 1935. Reisig, H.: Die Lehren vom politischen Sinn der Arbeiterbildung, Langensalza 1933. Roeder, P.-M.: Gesellschaft und Erziehung, Weinheim 1968. Schleiermacher, F.: Entwurf eines Systems der Sittenlehre. Sämtliche Werke, 3. Abteilung, Bd. 5, hg. v. A. Schweitzer, Berlin 1835. Schleiermacher, F.: Erziehungslehre. Sämtliche Werke, 3. Abteilung, Bd. 9, hg. v. C. Platz, Berlin 1849. Schleiermacher, F.: Pädagogische Schriften, u. Mitwirk. v. Th. Schulze hg. v. E. Weniger, Bd. 1: Die Vorlesungen aus dem Jahre 1826, Düsseldorf/München 1957. Schmied-Kowarzik, W.: Materialistische Erziehungstheorie. In: Enzyklopädie Erziehungswissenschaft, Bd. 1, Stuttgart 1983, S. 101ff. Stöhr, W.: Lehrergewerkschaft und Arbeiterbewegung. In: D. Arg. 15 (1973), 80: Sonderband Schule und Erziehung (V), S. 170ff. Titze, H.: Die Politisierung der Erziehung, Frankfurt/M. 1973. Titze, H.: Bildung, Identität und soziale Teilhabe. In. N. Samml. 17 (1977), S. 575ff. Vester, M.: Die Entstehung des Proletariats als Lernprozeß, Frankfurt/M. 1970. Werder, L. v.: Erziehung und gesellschaftlicher Fortschritt, Frankfurt/Berlin 1975.

Hartmut Titze

Pädagogik, normative

Das Problem. Die Bezeichnung «normative Pädagogik» hat derzeit einen negativen Klang. Seit Diltheys vielzitierter, 1888 in den Sitzungsberichten der Preußischen Akademie der Wissenschaften erschienenen Abhandlung «Über die Möglichkeit einer allgemeingültigen pädagogischen Wissenschaft» (Dilthey 1958) hat sich die kaum noch ernsthaft bezweifelte Ansicht durchgesetzt, daß eine Erziehungswissenschaft nicht möglich ist, welche der Erziehungspraxis konkret bis in die Einzelheiten und mit wissenschaftlicher Absicherung und Legitimation «normativ» Handlungsvorschriften vorzugeben vermag. Damit ist nicht gemeint, →Erziehung könnte ohne Normen und Normentscheidungen auskommen: ob Kinder in Schulen geschickt werden sollen oder nicht, ob und wie →Erzieher →Autorität ausüben sollen, ob →Strafen als Erziehungsmaßnahmen in Betracht zu ziehen sind, für diese und für eine unabsehbare Fülle weiterer Fragen nach den für die Erziehungspraxis verbindlichen Normen und damit auch nach den Entscheidungsspielräumen für erzieherisches →Handeln müssen gesellschaftlich akzeptable Antworten gefunden werden. Das Problem ist lediglich, was Erziehungswissenschaft oder →Pädagogik als Wissenschaft dazu beitragen kann, oder, anders ausgedrückt, ob Erziehungswissenschaft dazu legitimieren kann, «normativ» Anweisungen zu geben, wie erzogen werden soll.

Beispiele. Normative Aussagen, vorgetragen mit dem Anspruch wissenschaftlicher Geltung (→Wert), sind nahezu im gesamten pädagogisch-erziehungswissenschaftlichen Schrifttum anzutreffen. Einige Beispiele sollen das Gemeinte veranschaulichen: Herbart, der zumindest in seinem späteren Werk versucht hat, die Wissenschaftlichkeit seiner Pädagogik durch Abstützung auf praktische Philosophie und Psychologie zu sichern, erklärte in seinem 1841 erschienenen «Umriß pädagogischer Vorlesungen», es schade dem Knaben nicht, wenn er sich erinnere, als Kind einst die Rute bekommen zu haben. Schädlich allerdings sei eine zu starke Reizung des Ehrgefühls. Deswegen hält er bei vorgeschrittenem Alter des Kindes stundenweises Hungernlassen für weniger bedenklich; dies sei keine unmittelbar empörende Handlung, sondern nur ein Entzug. Ebenso hält er abgestufte Freiheitsberaubung für vertretbar, vom In-den-Winkel-Stellen bis zum Einsperren in ein finsteres Zimmer, auch mit auf den Rücken gebundenen Händen. Herbart ist auch der Auffassung, daß man mit ungehorsamen Kindern nicht «räsonieren», also die an sie gerichteten Forderungen nicht mit ihnen diskutieren soll (vgl. HERBART 1965, S. 178, S. 226). – Palmer, der davon ausgeht, daß Pädagogik nur auf christlichem Boden möglich ist, verlangt vom Erzieher, er solle auf den Zögling unausgesetzt achthaben, so daß dieser sich nie völlig sich selbst überlassen weiß, sondern sich den Erzieher immer in seiner Nähe denkt, auch wenn der ferne ist. Der Geist, der in der →Familie weht, soll das Kind auch in anderer Umgebung begleiten und regieren. Als Abbild der göttlichen Allwissenheit und Liebe darf sich das Achthaben des Erziehers nicht auf das äußere Leben des Kindes beschränken; auch die Seele muß ihm stets klar und offen stehen, und deswegen muß er Wahrhaftigkeit im Kind wecken und üben (vgl. PALMER 1862, S. 9, S. 171 ff). – Petzelt kommt von seiner neukantianischen Position aus zur Forderung nach «Stetigkeit» der Erziehung. Wo immer sie auftritt, muß sie in ihren Akten einen identischen, widerspruchslosen Zusammenhang ergeben, «lückenlos», wenn auch nicht im zeitlichen Sinne. Für Petzelt ergibt sich daraus die Konfessionsschule als wissenschaftlich begründete Forderung (vgl. PETZELT 1947, S. 277 ff). – Von Hentig verlangt, um Schulen «pädagogisch» nennen zu können, daß sich in ihnen Lust an der Sache einstellen kann, Konzentration möglich ist und Durchhaltekraft belohnt wird; daß man lehren kann, wie Sokrates und Wagenschein lehrten; daß man gemeinsame Grunderlebnisse hat und sie sich bewußt macht; daß Gemeinsinn herrscht und wohltut; daß man mit einem Stück Natur leben kann; daß man erfahren kann, wie man Frieden macht; und daß die Frage nach dem Sinn gestellt werden kann und auch gestellt wird (vgl. v. HENTIG 1987, S. 31 ff).

Die Kritik des Allgemeingültigkeitsanspruchs. Diltheys Kritk hatte sich seinerzeit gegen die seit der «Didaktik» des 17. Jahrhunderts entstandenen, «natürlichen» pädagogischen Systeme gerichtet. Er nennt aus dem 18. und 19. Jahrhundert Trapp, Schwarz, Niemeyer, Herbart, Schleiermacher, Spencer, Bain, Beneke und Waitz. Bei aller sonstigen Unterschiedlichkeit sei ihnen eines gemeinsam, nämlich der Anspruch, die →Erziehungsziele, den Bildungswert der Lehrgegenstände und die Unterrichtsmethoden (→Methode) allgemeingültig bestimmen zu wollen, für alle Völker und Zeiten. Dilthey argumentierte, eine derart allgemeingültige pädagogische Wissenschaft setze einerseits eine Ethik voraus, welche in der Lage wäre, die Ziele des Menschen verbindlich anzugeben. Dies aber sei gar nicht möglich, denn was der Mensch sei und was er wolle, das erfahre er erst in seiner Entwicklung und «nie bis zum letzten Worte». Zum zweiten setze sie eine Psychologie voraus, welche den Kausalzusammenhang des Seelenlebens so aufdeckt, daß durch Erziehungsmaßregeln in diesen eingegriffen werden kann; eine solche wissenschaftliche Psychologie aber stehe noch in den ersten Anfängen.

Auch seither ist es weder gelungen nachzuweisen, daß irgendeine Ethik, sei es eine philosophische, sei es eine religiös fundierte, noch daß irgendeine Psychologie oder Anthropologie diesen von Dilthey aufgestellten Kriterien genügt, um so gemeinsam als Grundlage zur Gewinnung einer derart allgemeingültigen, «normativen» Pädagogik dienen zu können. Anzumerken ist, daß Diltheys Argumentation bei aller Sympathie für eine naturwissenschaftliche, experimentell vorgehende Psychologie doch frei ist von jenem positivistischen Kurzschluß, welcher allgemeingültige pädagogische Folgerungen allein schon aus psychologisch-anthropologischen Erkenntnissen zu gewinnen hofft, der etwa, um es anhand einer Kontroverse aus jüngster Zeit zu verdeutlichen, aus der zweifelsfrei festgestellten Tatsache, daß man schon sehr jungen Kindern das Lesen beibringen kann, schließen möchte, daß man dies auch tun soll.

Normen der Erziehung. Wird Erziehung soziologisch als «Funktion der Gesellschaft» begriffen (Dilthey 1960, S. 192; Barth 1916, S. 6f) oder als Unterbegriff von →Sozialisation (Kob 1976, S. 9), so bedeutet dies, daß man zunächst davon auszugehen hat, daß die Normen der Gesellschaft sich auch in der Erziehung geltend machen, oder umgekehrt, daß die Normen der Erziehung gesellschaftliche Akzeptanz besitzen müssen. Doch so eindeutig, wie das zunächst erscheinen mag, ist der Sachverhalt nicht. Denn der Normenbestand moderner Gesellschaften ist nicht in sich einheitlich, und er ist in stetem Wandel begriffen. Unterschiedliche gesellschaftliche Gruppierungen, soziale Klassen (→Schicht, soziale), verschiedene religiöse, kulturelle und lokale Milieus, unterschiedliche soziale Teilsysteme und die aufeinanderfolgenden Generationen richten unterschiedliche Erwartungen und damit auch unterschiedliche normative Anforderungen an die Erziehung, welche nun jedoch ihrerseits in eben dem Maße, in dem sie sich zu einem eigenen, ausdifferenzierten Teilsystem verfestigt, eigene Erziehungsnormen entwickelt und diese nach außen hin zu behaupten trachtet (vgl. LUHMANN/SCHORR 1979). Als Beispiel für die so entstehenden Normenkonflikte mag der Hinweis auf die beträchtlichen Unterschiede in der Haltung zum Problem körperlicher Bestrafung dienen, wie sie in den letzten Jahrzehnten zu beobachten waren und gegenwärtig noch bestehen. Die Folge ist ein steter, zu Zeiten sich intensivierender Prozeß gesellschaftlicher Auseinandersetzung über die in der Erziehung, zumal in der öffentlichen, aber auch in der Familienerziehung akzeptablen Normen. So wurde beispielsweise nach Kriegsende unter dem Schock nationalsozialistischer Gewaltausübung die körperliche Bestrafung in den Schulen stark eingeschränkt und faktisch abgeschafft, in Deutschland auf diese Weise eher als etwa in England.

Diese gesellschaftliche Auseinandersetzung um die Erziehungsnormen und damit um die Konkretisierung des Erziehungsbegriffs wird unter breiter öffentlicher Beteiligung geführt; keineswegs wird sie den Erziehungswissenschaftlern allein überlassen. Ihren Niederschlag findet sie in den nahezu tagtäglich in den publizistischen Medien erscheinenden Meldungen zu Einzelfragen von Erziehung und →Bildung. Wahlen können gewonnen werden oder verloren gehen, Regierungen stürzen gelegentlich über Normenkonflikte, welche die Erziehung betreffen, über die Frage beispielsweise, wie man es mit dem weiterführenden Schulwesen halten soll. Normative Entscheidungen, die bis in die Einzelheiten des täglichen Arbeitsablaufs der Erziehungsinstitutionen reichen, ihrer Lehrinhalte, ihrer Unterrichts- und Erziehungsverfahren, werden in die Form von Gesetzen und Rechtsverordnungen gebracht und unterliegen in strittigen Fällen dem Urteil der zuständigen Gerichte (vgl. FAUSER 1986). Auch die Erziehungswissenschaftler sind an der gesellschaftlichen Auseinandersetzung um die Normfragen von Erziehung und Bildung beteiligt, durch die Vorlage erziehungswissenschaftlicher Sach- und Normanalysen, aber auch durch das Einbringen eigener normativer Optionen, wie das in einer demokratischen Gesellschaft ja jedermann zusteht.

Was jedoch in der Vergangenheit als «allgemeine Pädagogik» vorgelegt wurde, oder, etwas weniger anspruchsvoll, als «Erziehungslehre», das ist, was die darin vorgetragenen konkreten Handlungsanweisungen betrifft, trotz aller behaupteten, aber gar nicht einlösbaren Ableitung aus obersten Prämissen (vgl. BOKELMANN 1965; vgl. BLANKERTZ 1975,

S. 18 ff) nicht viel mehr als der von dem jeweiligen Standpunkt aus vorgenommene Versuch einer Systematisierung des gerade aktuellen Bestands gesellschaftlich akzeptabler pädagogischer Normen, «edle Popularität», wie Dilthey ironisch anmerkte (DILTHEY 1958, S. 60). Bei hinreichender historischer Distanz ist das ohne weiteres augenfällig, wie die oben angeführten Beispiele zeigen. Es ist deswegen auch ein Mißverständnis und allenfalls eine Teilwahrheit, in verständlichem Erschrecken vor vergangenen, uns Heutigen fremd gewordenen Erziehungsnormen von «schwarzer Pädagogik» zu reden (RUTSCHKY 1977); wenn schon, wäre es «schwarze Gesellschaft».

Die Normativität des Erziehungsbegriffs. Der Erziehungsbegriff selbst hat jedoch aus sich heraus bereits eine eigene Normativität, gewissermaßen vor aller Konkretisierung durch Handlungsanweisungen und durch Einzelfragen regelnde Handlungsnormen. Dieser ganz allgemeine Sollensanspruch des Erziehungsbegriffs ergibt sich unmittelbar aus der ursprünglichen Zusammengehörigkeit von Zeugung, Aufzucht, Pflege und Erziehung der Kinder im Zusammenhang menschlicher Reproduktion. Er manifestiert sich beispielsweise im Artikel 6, Abs. 2 des Grundgesetzes der Bundesrepublik Deutschland: «Pflege und Erziehung der Kinder sind das natürliche Recht der Eltern und die zuvörderst ihnen obliegende Pflicht. Über ihre Betätigung wacht die staatliche Gemeinschaft.» Ähnlich umfaßt nach § 1631 des Bürgerlichen Gesetzbuchs die den Eltern zustehende Personensorge «insbesondere das Recht und die Pflicht, das Kind zu pflegen, zu erziehen, zu beaufsichtigen und seinen Aufenthalt zu bestimmen.»

Diese Normativität des Erziehungsbegriffs ist nun ihrerseits erklärungsbedürftig. Die soziologische Erklärung ergibt sich aus den Begriffsdefinitionen und ist insofern vergleichsweise einfach: Erziehung ist eine Teilfunktion des gesamten gesellschaftlichen Funktionszusammenhangs, Teil der Reproduktion der Gesellschaft, und insofern ist Erziehung für jedes Mitglied der Gesellschaft einzufordern. Es wäre unsinnig, den Sollenscharakter des Erziehungsbegriffs von hier aus in Frage stellen zu wollen. Eine völlig andere Problemsituation hingegen entsteht, wenn die Frage aufgeworfen wird, was denn Erziehung um des Menschen selbst willen sein kann. Seit den Auseinandersetzungen zwischen Sophistik und Sokratik, seit Platon, soweit wir das zurückverfolgen können, haben Philosophie, christliche Theologie und Pädagogik hier nach Antworten gesucht. Es sind sehr unterschiedliche Antworten. Sie reichen von der Vorbereitung auf ein Weiterleben nach dem Tode oder der Mitwirkung am göttlichen Heilsplan bis zur Forderung nach Verwirklichung des menschlichen Selbst als eines moralischen Wesens. Doch ist ihnen eines gemeinsam: sie alle suchen herauszutreten aus jenem Bereich menschlicher Lebenspraxis, innerhalb dessen Erziehung sich lediglich als Sozialisation oder Enkulturation begreifen läßt, als →Qualifikation und soziale «Prägung». Gesucht wird die Möglichkeit des Erziehens für eine andere, «transzendente» Welt, in welcher der Mensch sich vor den absoluten Anspruch seines Menschseins gestellt sieht. Die vielen Formeln, die dafür aufgestellt worden sind, welche das Wesen des Menschen und seine Erziehung positiv zu definieren suchen, haben sich alle als zeitbedingt erwiesen, gebunden an den jeweils besonderen, historischen sozialen Ort ihrer Entstehung. Auch führt von solchen obersten pädagogischen Sinnormen kein Weg herunter zu konkreten Handlungsnormen für die Erziehungspraxis; diese lassen sich daraus nicht ableiten (vgl. BOKELMANN 1965). Wohl aber läßt sich die Frage, welchen Sinn Erziehung um des Menschen selbst willen haben kann, auf die gesellschaftliche Erziehungspraxis und ihre Normen kritisch zurückwenden (vgl. MASSNER 1970, RUHLOFF 1980).

BARTH, P.: Die Geschichte der Erziehung in soziologischer und geistesgeschichtlicher Beleuchtung, Leipzig ²1916. BLANKERTZ, H.: Theorien und Modelle der Didaktik, München ⁹1975. BOKELMANN, H.: Maßstäbe pädagogischen Handelns. Normenkonflikte und Reformversuche in Erziehung und Bildung, Würzburg 1965. DILTHEY, W.: Die geistige Welt. Einleitung in die Philosophie des Lebens. Gesammelte Schriften, Bd. 6, Stuttgart ³1958. DILTHEY, W.: Pädagogik. Geschichte und Grundlinien des Systems. Gesammelte Schriften, Bd. 9, Stuttgart ²1960. FAUSER, P.: Pädagogische Freiheit in Schule und Recht, Weinheim/Basel 1986. HENTIG, H. v.: «Humanisierung» – eine verschämte Rückkehr zur Pädagogik? Andere Wege zur Veränderung der Schule, Stuttgart 1987. HERBART, J. F.: Pädagogische Schriften, hg. v. W. Asmus, Bd. 3, Düsseldorf/München 1965. KOB, J.: Soziologische Theorie der Erziehung, Stuttgart u. a. 1976. LUHMANN, N./SCHORR, K.-E.: Reflexionsprobleme im Erziehungssystem, Stuttgart 1979. MASSNER, N.: Normative Pädagogik im Umbruch. Kritische Reflexionen zum katholischen Erziehungsverständnis der Gegenwart, München 1970. PALMER, CH.: Evangelische Pädagogik, Stuttgart ³1862. PETZELT, A.: Grundzüge systematischer Pädagogik, Stuttgart 1947. RUHLOFF, J.: Das ungelöste Normproblem der Pädagogik, Heidelberg 1980. RUTSCHKY, K. (Hg.): Schwarze Pädagogik. Quellen zur Naturgeschichte der bürgerlichen Erziehung, Frankfurt/Berlin/Wien 1977.

Bernhard Schwenk

Pädagogik, phänomenologische

Die Eigenart der phänomenologischen Fragestellung. *Phänomenologie* heißt, wörtlich genommen, Lehre von den Erscheinungen, und ihr Thema ist, vorläufig gesagt, die Beantwortung der Frage, wie die Welt dem Menschen und er dabei sich selbst zu →Bewußtsein kommt. Was jedermann faktisch erlebt, wenn er handelnd und leidend, empfindend und fühlend, wahrnehmend und denkend, schaffend und verbrauchend sich zur Welt verhält, wird als eine Mannigfaltigkeit von Sachverhalten betrachtet, die im Bewußtsein des Individuums, bei entsprechender subjektiver Intention, regelmäßig in «Erscheinung» treten und so als *Phänomene* auf dessen verschiedenen Reflexionsebenen sprachlich darstellbare Form und verständlichen Sinn gewinnen (vgl. ROMBACH u. a. 1980). Im Hinblick darauf bezeichnet der Terminus Phänomenologie die Forschungs- und Lehraufgabe, die im intersubjektiven Verhalten und Erleben zur Wirkung kommenden Bewußtseinsleistungen als sinnvollen und insofern logischen Zusammenhang typischer Phänomene durchsichtig zu machen. Diese Fragestellung berechtigt, Phänomenologie als «Bewußtseinswissenschaft» in einem «prinzipiell neuen» Sinn zu kennzeichnen (HUSSERL 1950, S. 72; vgl. GURWITSCH 1975).

Phänomene sind etwas Anschauliches. Deshalb ist Phänomenologie auf *Beschreibung* angewiesen. Denn die Beschreibung gehört zu den «Ordnungsformen menschlichen Erlebens» (LUHMANN 1971, S. 61), die etwas durch sprachliche Darstellung anschaulich machen. Für den phänomenologischen Ansatz ist die Annahme grundlegend und kennzeichnend, daß man die im Bewußtsein stattfindenden Vorgänge durch Beschreibung in ihrer ursprünglichen Gegebenheit objektivieren kann. Als bezeichnendes Reden ist das Beschreiben ein sprachliches Zeigen. In dem Überblick, den eine Beschreibung von einem Standpunkt aus vermittelt, wird das, was sie zeigt, insofern verstanden, als der Sinn, den sie den gezeigten Dingen gibt, sich in dem wahrnehmbaren Zusammenhang erfüllt, den sie zwischen ihnen herstellt. Deshalb ist für Hegel in der «Phänomenologie des Geistes» (1807) die Beschreibung eine Funktion der «beobachtenden Vernunft» (vgl. HEGEL 1970, S. 185ff).

Die *phänomenologische Beschreibung* ist aber nun eine besondere Form der Beschreibung, weil sie etwas anschaulich machen will, was man an sich nicht sehen kann: Bewußtseinsvorgänge. Damit ist sie in einer ähnlichen Schwierigkeit wie die psychoanalytische Beschreibung, die ja die Vorgänge des Unbewußten zunächst einmal in einer beschreibenden Sprache objektivieren muß, um sie analysieren und dabei verstehen oder erklären zu können. Zwischen Phänomenologie und Psychoanalyse bestehen naturgemäß überall dort Beziehungen, wo Bewußtes in Unbewußtes übergeht und umgekehrt (vgl. HUSSERL 1952a, S. 222; vgl. HUSSERL 1954, S. 473ff). Gleichwohl ist die Tatsache des Unbewußten für den Phänomenologen beunruhigender als die Tatsache des Bewußtseins für den Psychoanalytiker. Deshalb hat RICŒUR (vgl. 1974b, S. 20ff) von der «Bedrängnis des Phänomenologen angesichts des Unbewußten» gesprochen. Sehr bezeichnend für den inneren Zusammenhang zwischen beiden Disziplinen ist, daß Freud und Husserl ihre Forschung als eine Art von *«Archäologie des Subjekts»* aufgefaßt haben (vgl. RIcœur 1965, S. 429ff). Nach Husserl ist «phänomenologische Archäologie [...] das Aufgraben der in ihren Baugliedern verborgenen konstitutiven Bauten» der «Erfahrungswelt» (zitiert aus dem Nachlaß von Husserl nach Diemer 1956, S. 19, Anmerkung 33).

Die phänomenologische Beschreibung ist jedoch nicht nur von der psychoanalytischen zu unterscheiden, sondern auch noch einerseits von der (empirischen) «Verhaltensbeschreibung» und andererseits von der (hermeneutischen) «Geschichtsschreibung», die außer den narrativen auch deskriptive Aspekte hat. Die empirische Beschreibung beschreibt Sachverhalte, um sie aus Gründen, die nicht in ihnen liegen, «erklären» zu können. Die hermeneutische Beschreibung beschreibt Sachverhalte, um sie aus Gründen, die in ihnen liegen, «verstehen» zu können (zum Beispiel einen defekten Text). Beide gehen von etwas aus, was man sehen kann: die empirische Beschreibung von beobachtbarem Verhalten; die hermeneutische Beschreibung zum Beispiel von Urkunden oder ausgegrabenen Überresten alter Kulturen. Die phänomenologische Beschreibung sucht demgegenüber die «intentionalen Erlebnisse» zu beschreiben, die man, wie jeder weiß, als «bedeutungsverleihende Akte» nicht sehen, sondern nur im Medium der Beschreibung anschaulich machen kann (vgl. Husserl 1913b, S. 61ff, S. 363ff).

Im Unterschied zur Hermeneutik will die Phänomenologie also nicht bei dem im Ausdruck sich zu verstehen gebenden Sinn stehenbleiben, sondern dahinterkommen, wie es möglich ist, daß ein mit Leib, Seele, Bewußtsein und Selbstverständnis als Ich ausgestattetes Lebewesen wie der Mensch überhaupt solche sinngebenden Intentionen zum Ausdruck zu bringen vermag (wie Antriebe und Gefühle, Vorstellungen und Gedanken, Urteile und Absichten). Der Phänomenologe will bei seinen Beschreibungen nicht (wie der Hermeneutiker) den in menschlichen Ausdrucksweisen verborgenen Sinn «auslegen», sondern den leibhaftigen menschlichen Verhaltensweisen überhaupt erst den Sinn «einlegen», der sie verständlich macht. *Einlegung* (Introjektion oder Attribution) ist deshalb die konstitutive Aufgabe der phänomenologischen Beschreibung, die dadurch den Charakter einer «Zuschreibung» gewinnt. Der Erfinder dieser Termini ist Avenarius (vgl. 1912, S. 41ff) gewesen, ein bedeutender Vorläufer der Phänomenologie. Der Terminus «Attribution» hat inzwischen in der modernen Sozial- und Motivationspsychologie zentrale Bedeutung gewonnen (vgl. Meyer 1973).

Die vorstehenden Ausführungen sollten verständlich machen, weshalb in Edmund Husserls (1859–1938) «Logischen Untersuchungen», dem 1900/1901 erschienenen maßgebenden Anfangswerk der modernen Phänomenologie, das sie als epochemachendes «Paradigma» philosophischer und einzelwissenschaftlicher Forschung begründete, sich schon bei der einleitenden Bestimmung der phänomenologischen Forschungsaufgaben zwangsläufig der Begriff der Beschreibung einstellt: Die «reine Phänomenologie der Erlebnisse», in deren Bezugsrahmen vor allem die «Denk- und Erkenntniserlebnisse» analysiert werden sollen, die die Logik begründen, ist als *«Wesensintuition»*, die «von den empirisch apperzipierten Erlebnissen als realen Fakten absieht», nur möglich, wenn sie ihre Gegenstände «*deskriptiv* in Wesensbegriffen und gesetzlichen Aussagen zu reinem Ausdruck» bringt (HUSSERL 1913b, S. 2). Wesensintuition und Phänomenbeschreibung sind die beiden basalen *«operativen Begriffe»* der phänomenologischen Methode (vgl. FINK 1976, S. 180ff; vgl. LÉVINAS 1930).

Der Ort der Phänomenologie in der philosophischen Tradition. Der phänomenologische Ansatz hat eine lange Tradition, die mit Platons Ideenlehre beginnt. Um den Ort der Phänomenologie im Überlieferungszusammenhang des europäischen Denkens wenigstens andeuten und zumindest die Voraussetzung zur Bildung eines Maßstabes zur Bestimmung des geistigen Ranges von Husserl in den Blick bringen zu können, ist erforderlich, im folgenden auf fünf große Vorläufer Husserls kurz hinzuweisen: Platon (427–347), Augustinus (354–430), Descartes (1596–1650), Kant (1724–1804) und Hegel (1770–1831).

In einem Alterswerk, seinen «Briefen», hat Platon im siebenten dieser Briefe (vgl. PLATON 1957, S. 317f, St. 342 B–E) die Methode der Ideenschau noch einmal zusammenfassend dargestellt. Er unterscheidet dort fünf Stufen der Erkenntnis. Die erste Stufe ist durch das gegeben, was wir meinen, wenn wir ein Ding mit seinem Namen bezeichnen. Die zweite Stufe entsteht, wenn wir die bezeichnete Sache definieren. Die dritte Stufe des Erkennens haben wir in der sinnlichen Wahrnehmung des definierten Objekts. Die vierte Stufe wird durch das wissenschaftliche Erkennen erreicht, wenn wir uns durch vernünftiges Denken darum bemühen, den Sachverhalt, den wir definiert haben, unter Absehung von seiner sinnlichen Wahrnehmung und seiner sprachlichen Vermittlung so zu begreifen, daß er in unserer Seele erscheint. Dann erst sind wir imstande, zur fünften Stufe aufzusteigen, um das dem zu erkennenden Objekt zugrunde liegende Urbild zu erschauen, seine «Idee».

Husserl hat auf diese Methode Platons ausdrücklich Bezug genommen, und zwar bei der Begründung seiner Methode der «Wesenserschauung», die er in dem 1939 erstmalig erschienenen Buch «Erfahrung und Urteil» im einzelnen dargelegt hat (vgl. HUSSERL 1972, S. 470ff). Dieses Verfahren nennt er in ausdrücklicher Anlehnung an Platon «ideierende Abstraktion» oder auch einfach nur *«Ideation»*. Ihre Aufgabe ist es, eine Gruppe von «Erfahrungsgegebenheiten» (beispielsweise Häuser, Gefühle oder soziale Beziehungen) daraufhin zu durchschauen, worin sie sich gleichen und worin sie sich unterscheiden. Der Merkmalskomplex, der in den betrachteten Fällen als «Invariante erhalten bleibt», ist die «notwendige allgemeine Form, ohne die ein derartiges wie dieses Ding, als Exempel seiner Art, überhaupt undenkbar wäre». Diese in allen Exempeln identisch wiederkehrende Struktur kann als das «allgemeine Wesen» der erforschten Sache, das «Urbild», die «Idee» angesehen werden. Der Prozeß der Ideation ist jedoch auf ein gegenläufiges Verfahren angewiesen, das ihm genügend viele Beispielfälle, Varianten der Sache, die erforscht werden soll, verschafft, damit man das Wesen dieser Sache mit hinreichender Klarheit und Deutlichkeit, Gültigkeit und Verläßlichkeit fassen kann. Dieses der Ideation ihr Material liefernde Verfahren nennt Husserl «eidetische Variation» oder einfach nur *«Variation»*. Die präzisen Regeln, denen dieses Verfahren folgen muß, im einzelnen darzulegen, würde hier zu weit führen.

Im Übergang vom klassischen Altertum in das Mittelalter hat sich der Kirchenvater Augustinus in seinen «Confessiones» auf den Spuren Platons mit der Frage befaßt, wie die Ewigkeit Gottes mit der Vergänglichkeit der Schöpfung vereinbar sei: «Da Du also gar aller Zeiten Wirker bist, wie kann man [...], ehvor Du Himmel schufst und Erde, [...] sagen, da seiest Du des Wirkens müßig gewesen? Eben diese Zeit auch hattest doch Du erschaffen, und Zeiten konnten nicht verfließen, ehe Du Zeiten erschufst» (Augustinus 1955, S. 625; XI, 13, 15). Von solchen theologischen Fragen aus kommt Augustinus auch zu erkenntnistheoretischen Fragen, die sich darauf beziehen, was die Zeit für das menschliche Bewußtsein bedeutet und wie es möglich ist, die Zeit zu messen. In diesem Zusammenhang gelangt er dann zu einer Einsicht von großer Tragweite: «In dir, mein Geist, messe ich die Zeiten» (Augustinus 1955, S. 661; XI, 27, 36). Im Grunde hat Augustinus damit den Gedanken Kants vorweggenommen, daß die Zeit das Auffassungsschema in unserem Bewußtsein ist, das es ermöglicht, daß wir die logischen Kategorien, die unseren Verstand ausmachen, im Denken mit Anschauungen füllen, die auf sinnlichen Wahrnehmungen beruhen. Er hatte damit bereits eine Frage aufgeworfen, die Kant 1781 in seiner «Kritik der reinen Vernunft» in einer für das Zeitalter der Aufklärung maßgebenden Weise beantwortet hat.

Diese Frage des Augustinus – «Was kann ich wissen?» – war aber nur eine der drei kritischen Grundfragen der Aufklärung, die Kant einer Antwort entgegenzuführen suchte. Die beiden anderen Fragen – «Was soll ich tun?» und «Was darf ich hoffen?» –, die das geplagte christliche Gewissen des Augustinus noch viel dringlicher gestellt hatte, hat Kant in der «Kritik der praktischen Vernunft» und in der «Kritik der Urteilskraft» erörtert. Aber Kant hat in jenem Zusammenhang noch eine letzte

Frage gestellt, welche auch Augustinus' letzte Frage gewesen war: «Was ist der Mensch?» (Kant 1922, S. 343 f) Diese vierte Frage, «Was muß ich können?», wie man sie in Analogie zu den anderen Fragen formulieren kann, hat Kant in der Vermögenslehre seiner Anthropologie ausführlich beantwortet.

Und genau diese Frage ist die Grundfrage der transzendentalen Phänomenologie Husserls, die sich darin als *Kritik der poetischen Vernunft* zu erkennen gibt, denn sie sieht das Wesen der menschlichen →Subjektivität im *Modus des Könnens*. Als «Subjekt der Vermögen» ist das Ich als Einheit «ein System des ‹Ich kann›» (Husserl 1952 a, S. 253; vgl. Ricœur 1954, Loch 1980). Das Wissen, das die phänomenologische Forschung hervorbringt, ist weder Leistungs-, noch Bildungs- oder Erlösungswissen (vgl. Scheler 1926, S. 250), sondern *Schöpfungswissen*. Das Interesse, das ihre Erkenntnis leitet, ist weder ein technisches noch ein praktisches, noch ein emanzipatorisches Interesse (vgl. Habermas 1969), sondern ein *kreatives Interesse*, dem es um die «Genesis» beziehungsweise «Konstitution» des Ichs in der Welt und der Welt im Ich geht (vgl. Sokolowski 1970). In diesem Sinn gehört die phänomenologische Beschreibung, wie im Grunde jede beschreibende Tätigkeit, zu den *poetischen Leistungen* des Menschen, auf deren Vorgaben nicht nur die Theorie, sondern auch die Praxis angewiesen ist: die Theorie als Gegenstand ihrer Betrachtungen und Erklärungen, die Praxis als Aufgabe ihrer Handlungen (vgl. Bollnow 1970, S. 69 ff; vgl. Bollnow 1975, S. 121 ff; vgl. Kaulbach 1968; vgl. Lippitz 1980, S. 42 ff; vgl. Schneider 1971).

Mit diesem hier «poetisch» genannten Interesse hat sich Husserl nach den «Logischen Untersuchungen» mit Kant und mit Augustinus beschäftigt, weil ihm klargeworden war, daß man die Leistungen der menschlichen Subjektivität für die Objektivität wissenschaftlicher Erkenntnis nicht verstehen kann, wenn man nicht die grundlegenden «Vermögen» des Ichs bedenkt, die es als *«Subjekt der Vermögen»* in den Stand setzen, Bewußtsein in der Zeit und Zeit im Bewußtsein zu haben, das Zeitbewußtsein nach Vergangenheit, Gegenwart und Zukunft zu gliedern, etwas zu erinnern und etwas vorauszusehen, das gerade Geschehene zu behalten (Retention) und mit dem gerade Kommenden zu verbinden (Protention). In diesem Zusammenhang hat Husserl (vgl. 1966, S. 3) in seinen «Vorlesungen über das innere Zeitbewußtsein» von 1905 seiner Bewunderung für Augustinus' bohrende Fragen in dieser Hinsicht Ausdruck gegeben.

Husserl (1965) hatte die Absicht, «Philosophie als strenge Wissenschaft» zu begründen. Deshalb mußte ihm nicht nur Kant, sondern auch Descartes bedeutsam werden, dessen «Meditationen» (Descartes 1959) er als «Urbild der philosophischen Selbstbesinnung» bezeichnet hat. Im «Discours de la méthode» von 1637 hatte Descartes (vgl. 1960) behauptet, daß die einzige unbezweifelbare Gewißheit das menschliche Selbstbewußtsein sei und daß nur das als wahr angesehen werden könne, was ebenso klar und deutlich im Bewußtsein gegeben sei wie das «cogito ergo sum». In seinen «Ideen zu einer reinen Phänomenologie und phänomenologischen Philosophie» (Husserl 1950/1952) und in den «Cartesianischen Meditationen» von 1931 (Husserl 1963) hat Husserl Descartes' methodischen Zweifel in eine eigene Methode umgesetzt, die neben den beiden bereits genannten Komponenten der *Deskription* und *Intuition* noch zwei weitere Komponenten enthält: *Reduktion* und *Konstitution*. Reduktion wird möglich durch «Epoché», das heißt theoretische Einklammerung, Außer-Geltung-Setzen dessen, was dem Menschen in sich und seiner Welt selbstverständlich ist, um nach den «Vermögen» zurückfragen zu können, die es ermöglichen, daß unter den Lebewesen einer Lebenswelt eines vorkommt, das in seinem Leib eine Seele und in seiner Seele ein Bewußtsein und in seinem Bewußtsein ein Ich entwikkelt, welches die Welt nicht nur erleben, wahrnehmen, im Gefühl haben, sondern auch zum Gegenstand seiner poetischen, praktischen und theoretischen Interessen machen und in diesem Zusammenhang Gemeinschaften und Gesellschaften, Kulturen und Traditionen organisieren kann.

Die phänomenologische Rekonstruktion dieser menschlichen Weltbezüge aus den konstitutiven Vermögen der Subjektivität, des «transzendentalen Ego», nennt Husserl *Konstitution*, und das heißt: beschreibende «Zusammenfügung» dessen, was die *Reduktion* als analytische Erkenntnisbewegung auseinandergelegt und von seinen irdischen Trübungen «gereinigt» hat. In diesem «Zick-Zack» (eine Wendung Husserls) von Reduktion und Konstitution wird die Phänomenologie zur *Transzendentalphilosophie*. «Transzendental» nennt er sie deshalb, weil sie die Frage zu beantworten sucht, welche Bedingungen zwischen dem Ich und seiner →Lebenswelt bestehen müssen, damit der Mensch der Welt und seiner selbst in der Welt bewußt werden kann. Husserl hat die Frage nicht nur «statisch», sondern auch «genetisch» verstanden (vgl. Murphy 1980). Letzteres im Hinblick darauf, wie es möglich ist, daß das zur Welt gekommene Menschenkind sich aus dem unbewußten Zustand seines hilflosen Leibes zu einem handlungsfähigen Ich entwikkelt, das seiner selbst und der Welt als Aufgaben personaler und sozialer Verwirklichung bewußt werden kann (vgl. Marbach 1974). In dieser Hinsicht enthalten die «Cartesianischen Meditationen» (Husserl 1963) und die drei Nachlaßbände zur «Phänomenologie der Intersubjektivität» (Husserl 1973) noch völlig unausgeschöpfte Konzepte zur Begründung einer phänomenologischen Pädagogik (vgl. Loch 1981b).

In der umfassenden Perspektive einer «alle Weltkenntnis überhaupt [...] wie alle menschlichen Beziehungen überhaupt auf Welt» umspannenden «anthropologischen Menschenbetrachtung» (HUSSERL 1973c, S. 480ff) wird heute immer deutlicher, daß zwischen Husserls *Phänomenologie des Leibes*, wie man sie nennen kann, weil der menschliche Leib darin als «Orientierungszentrum» und «Willensorgan» eine zentrale Rolle spielt (HUSSERL 1952a, S. 143ff), und der *«Phänomenologie des Geistes»* von Hegel eine tiefe Beziehung besteht, die Husserl selbst wahrscheinlich noch nicht bewußt war (vgl. LANDGREBE 1967; vgl. WAELHENS 1967, S. 7ff). Die *Phänomenologie des Geistes* fragt, auf eine einfache Formel gebracht, wie der Geist in der Weltgeschichte des Menschen als Gattung und in der analog aufgefaßten Lebensgeschichte des Menschen als Individuum, in der die Regeneration der Gattung durch Zeugung und Erziehung immer wieder neu vollzogen werden muß, sich als Vernunft verwirklichen und im menschlichen Selbstbewußtsein zur Selbstbestimmung kommen kann. Die *Phänomenologie des Leibes* fragt, auf eine einfache Formel gebracht, wie es möglich ist, daß auf dieser Erde im Leib eines Lebewesens ein Ich-Bewußtsein entsteht, das seine Lebenswelt zum Gegenstand seiner schaffenden, handelnden und denkenden Intentionen machen und diese formgebenden Leistungen seiner Subjektivität in ontogenetischer wie in phylogenetischer Hinsicht auf den «Stufen der Geschichtlichkeit» zur «Selbstverwirklichung der Vernunft» und in der «Eigenständigkeit des Geistes», die es in seinen Werken gewinnt, zur «Selbsterhellung» gelangen kann. Die in dem letzten Satz zitierten Wendungen stammen aus dem erstmalig 1936 publizierten Spätwerk «Die Krisis der europäischen Wissenschaften und die transzendentale Phänomenologie» (HUSSERL 1954). Dieses Werk hat der Phänomenologie neue Perspektiven eröffnet; man kann es als Husserls Vermächtnis bezeichnen. (Zur Einführung in das Gesamtwerk Husserls vgl. DIEMER 1956, JANSSEN 1976, LANDGREBE 1963, MÜLLER 1956, PIVČEVIĆ 1972, SEEBOHM 1962, SZILASI 1959.)

Die Bedeutung der phänomenologischen Methode. Der *geistige Rang Husserls* ist unzweifelhaft; dies haben schon die wenigen genealogischen Linien gezeigt, die vorstehend gezogen worden sind. Die *aktuelle Bedeutung* eines Autors ist immer abhängig von der Zahl seiner Nachfolger, gebrochen durch das Ausmaß von deren Dankbarkeit, wobei dieser Bruch noch mit dem Ausmaß der Lautstärke malgenommen werden muß, in der die Nachfolger sprechen. Die Zahl der Husserl-Nachfolger ist erheblich. Die «Phänomenologische Bewegung», über die SPIEGELBERG (vgl. 1971) in seinem gleichnamigen Werk einen detaillierten und faßlichen Überblick gibt, hat einige der bedeutendsten Philosophen des

20. Jahrhunderts hervorgebracht: Scheler und N. Hartmann, Heidegger und Jaspers, Sartre und Merleau-Ponty, um hier nur die bekanntesten Namen zu nennen (vgl. jetzt auch WALDENFELS 1983). Nicht alle Nachfolger Husserls haben gebührend zur Sprache gebracht, was sie ihm verdanken. Husserl hatte jedoch Glück, weil er treue Mitarbeiter zu gewinnen vermochte: zum Beispiel E. Stein, L. Landgrebe und E. Fink – und in H. L. van Breda in der Zeit des Faschismus den Retter seiner nachgelassenen Schriften fand (vgl. ORTH u. a. 1978, SCHUHMANN 1977).

Die von Husserl maßgebend in einem entscheidenden Anteil mitbegründete Phänomenologie hat sich als ein epochemachendes Muster der Forschung und Theoriebildung erwiesen und erfüllt somit die Kriterien des von KUHN (vgl. 1967) im Anschluß an FLECK (vgl. 1980) konzipierten Begriffs eines *«Paradigmas»*. Trotz seiner relativ kurzen Wirkungsgeschichte dokumentiert sich das phänomenologische Paradigma in einer vielgestaltigen und weitverzweigten, zuweilen unterschwelligen, mit anderen Strömungen verschwimmenden Tradition, deren Ausstrahlungen in eine ganze Reihe von Humanwissenschaften hineinreichen. Diese aktuelle Bedeutung läßt sich vor allem anhand von zwei Leitmotiven verfolgen: im Blick auf die Vermögensseite der Subjektivität anhand des begriffsgeschichtlichen Zusammenhanges von «Intentionalität» und «Ego», «Person» und «Existenz», «Selbst» und →«Identität» (vgl. BRECHT 1948, TUGENDHAT 1979); im Blick auf die Leistungs-Seite der Subjektivität anhand der produktiven Bedeutung, die Husserls Begriff der →«Lebenswelt» und in seinem Zusammenhang der Begriff der «Alltagswelt» (→ Alltag) international gewonnen haben (vgl. BERGER/LUCKMANN 1969, BRAND 1970, BRAUNER 1978, CLAESGES 1972, JANSSEN 1970, KERSTEN 1971, DE LAGUNA 1966, LENZEN 1980, LIPPITZ 1980, MATTHES 1980, MOLLENHAUER 1972; vgl. SCHÜTZ 1971/1972, 1974; vgl. SCHÜTZ/LUCKMANN 1975, SPRONDEL/GRATHOFF 1979, STRÖKER 1979, THIEMANN 1980).

Der geistige Rang eines Autors bemißt sich natürlich nicht nach seiner aktuellen Bedeutung, die allerdings die Kreativität seiner Konzepte durch alle Verleugnungen hindurch beweist. Wenn dem nicht so wäre, stünde es gegenwärtig schlecht um Husserl und die Phänomenologie. Denn in den letzten Jahrzehnten ist der phänomenologische Ansatz mit seinem *poetischen*, die Welt aus ihren mundanen Verschmutzungen in einem reinen Bewußtsein wiederaufbauenden Interesse durch das *technische* Interesse des Positivismus verdrängt, durch das *praktische* Interesse und den Universalitätsanspruch der Hermeneutik neutralisiert und durch das *emanzipatorische* Interesse der neomarxistischen Ideologiekritik verleugnet worden (vgl. ADORNO 1956, HABERMAS 1969). Dennoch hat dieser Ansatz in dem Maß Aktualität gewonnen, wie sich zeigt, daß in der durch den «Objektivismus» der modernen Wissenschaften mitverursachten ökologischen Weltkrise die Zukunft der philosophischen Disziplinen in der Erforschung der subjektiven Bedingungen liegt, die die Erhaltung der Spielräume einer humanen Lebenswelt als sinngebenden Horizonts jeglicher Praxis gewährleisten (vgl. EBELING 1979, HUSSERL 1954, ROMBACH 1980; vgl. SCHMITZ 1964–1980; vgl. SCHULZ 1979, WALDENFELS 1980, WALDENFELS u. a. 1979).

Was den *«Universalitätsanspruch der Hermeneutik»* (vgl. GADAMER 1963, 1965; vgl. HABERMAS 1973) betrifft, so muß dem entgegengehalten werden, daß Hermeneutik und Phänomenologie (und übrigens auch logischer Positivismus) den Begriff des Verstehens zwar gemeinsam haben, weil sie ihn alle gleichermaßen zur Darstellung ihrer Gegenstände brauchen, daß aber die Hermeneutik als Auslegung (und der logische Positivismus als Erklärung) nicht die Erkenntnisaufgabe erfüllen können, die die Phänomenologie als Einlegung von Sinn zu bewältigen hat. Wer unter diesen Umständen die phänomenologische Methode als «privativen Modus einer universellen Hermeneutik» zu begreifen sucht (WUCHTERL 1977, S. 227), geht von Prämissen aus, die der Phänomenologie nicht gerecht werden. Dilthey (1833–1911) erkannte die «epochemachende», «eine neue philosophische Disziplin» begründende Bedeutung von Husserls «Verwertung der Deskription für die Erkenntnistheorie» (DILTHEY 1958, S. 10, S. 14), weil er in seinen 1894 geschriebenen «Ideen über eine beschreibende und zergliedernde Psychologie» (DILTHEY 1924) bereits an jene Grenze gestoßen war, wo sich die Intention der Auslegung auf die Intention der Einlegung angewiesen sieht. Die «schaffende Explikation» (vgl. MISCH 1931), zu der sich im produktiven Verstehen die *Sinn überliefernde Funktion* der Auslegung, die *Sinn erschließende Funktion* der Erklärung und die *Sinn erzeugende* Funktion der Einlegung verbinden, gibt der phänomenologischen Methode ihre auf keine andere Forschungsmethode reduzierbare, «konstitutive» Bedeutung im Konzert der Methoden.

Diese kann ihr auch nicht durch *Dialektik* genommen werden, weil die Vernunft in der Dialektik nur dann zu sich selber kommen kann, wenn sie durch die «Phänomenologie des Geistes» ihrer Welt bewußt geworden ist. Zwar benötigt die Phänomenologie dringend eine Analyse, Kritik und Präzisierung ihrer Sprache, insbesondere ihrer «operativen Begriffe» (vgl. FINK 1976, S. 180ff), aber das bedeutet keineswegs, daß sie hierdurch in *sprachanalytische Philosophie* oder gar logische Propädeutik aufzulösen wäre (vgl. LÜBBE 1972, VAN PEURSEN 1969). Die Transformationen des *Strukturalismus* (vgl. LÉVI-STRAUSS 1968, RICŒUR 1974a) wie die Operationen der →*Systemtheorie* (vgl. ELEY 1972, LUHMANN 1971) sind ohne Phänomenologie nicht möglich, weil die Muster fremder Kulturen nicht transformierbar und die Organisationen moderner Gesellschaften nicht operationalisierbar zu machen sind, ohne daß ihnen durch phänomenologische Beschreibung ein gewisses Maß von Sinn eingelegt worden ist. Ihre produktive Bedeutung zur Lösung praktischer Probleme moderner Gesellschaften hat die Systemtheorie nur deshalb gewinnen können, weil sie *Phänomenologie in einem operativen Modus* ist. Denn jedes Phänomen (das der Gesellschaft wie das der Erziehung, das des Vertrauens wie das der Übung) wird in seiner phänomenologischen Beschreibung zum System und gewinnt in dem Maß paradigmatische Bedeutung, wie die Beschreibung als «Intuieren Machen» (FICHTE 1971, S. 279) im «Sichgleichbleibenden», das sie nachzeichnet, das «gleichförmig Wiederkehrende», das sie künftigem Verhalten vorzeichnet, als Regel konstituiert, der man folgen kann, weil sie sinnvolles Verhalten ermöglicht (HEGEL 1970, S. 188; vgl. BUBNER 1976, S. 175ff; vgl. WINCH 1966, S. 55ff; vgl. WITTGENSTEIN 1969, S. 300f).

Die Varianten des phänomenologischen Paradigmas in pädagogischer Hinsicht. Das von Husserl maßgeblich geprägte phänomenologische Begründungsmuster philosophischer und einzelwissenschaftlicher Forschung hat in seiner eigenen Tradition mehrere Varianten ausgebildet. Zwei davon sind Husserl selbst zuzuschreiben: *der erkenntnistheoretische Ansatz* seiner «Logischen Untersuchungen» und *der transzendentalphilosophische Ansatz* seiner «Ideen zu einer reinen Phänomenologie und phänomenologischen Philosophie» und seiner darauf folgenden Schriften. Diese ursprünglichen Exempel der Phänomenologie stehen, wie gezeigt, in einer Tradition. Und insofern ist auch Husserl selbstverständlich ein Nachfolger von Vorläufern. Seine drei unmittelbaren Vorläufer waren R. Avenarius, F. Brentano und C. Stumpf (vgl. JANSSEN 1976, S. 7ff; vgl. SPIEGELBERG 1971a, S. 27ff; vgl. STEGMÜLLER 1965, S. 2ff). Von Avenarius bekam er das Konzept der Einlegung (Attribution), von Brentano das Konzept der Intentionalität, von Stumpf das Konzept der Epoché, durch die die Beschreibung seelischer Phänomene möglich wird.

Alle Transformationen des phänomenologischen Paradigmas, einschließlich der pädagogischen, sind an dem System zu messen, das durch die konstitutiven Komponenten des phänomenologischen Ansatzes gebildet wird. Im Zentrum steht das Begriffspaar von *Intention und Attribution*. Es wird umrahmt durch das Begriffspaar *Deskription und Intuition* einerseits und andererseits durch das Begriffspaar *Reduktion und Konstitution*. Dieses sind die sechs basalen operativen Begriffe der phänomenologischen Methode. Systematisch gesehen sind sie gleichursprünglich, und jeder steht mit jedem in Wechselwirkung. Durch diese

Wechselwirkung wird jeglicher Sachverhalt, der im Zusammenhang philosophischer oder einzelwissenschaftlicher Forschung in Frage steht, als *Phänomen* konzipierbar. Deshalb muß jede Variante des phänomenologischen Paradigmas, aber auch jeder Ansatz, der den Anspruch erhebt, Phänomenologie zu sein, sich an diesen sechs Kriterien messen lassen. Wenn er ihnen nicht genügt, muß seine phänomenologische Dignität bezweifelt werden. Aus Raumgründen kann bei der folgenden Darstellung der Varianten nur exemplarisch verfahren werden.

Zur systematischen Rekonstruktion der historischen Variantenbildung der Phänomenologie ist ein Variationsprinzip erforderlich. Dieses liegt in den Fragestellungen, die die Philosophie differenzieren. Philosophie ist *erstens* als *Erkenntnistheorie* und *zweitens* als *Transzendentalphilosophie* möglich. Was Phänomenologie in diesen beiden Hinsichten zu leisten vermag, ist am Exempel Husserls dargestellt worden. Philosophie ist *drittens* als «reine», an den konstitutiven Vermögen der Seele orientierte *Psychologie* möglich. Für diese Möglichkeit ist das Werk von Pfänder repräsentativ geworden. Gleichzeitig mit Husserls «Logischen Untersuchungen» ist Pfänders «Phänomenologie des Wollens» (1900) erschienen. Sie befaßt sich mit einer spezifischen Intention des Bewußtseins, die in ihrem Wesen nur dadurch zu erforschen ist, daß man beschreibend mittels eidetischer Variation und abstrahierender Ideation durch Reduktion der beim Wollen beteiligten physischen, physiologischen und psychischen Vorgänge auf das reine Wollen dieses in seinen Wesenszügen konstituiert (vgl. PFÄNDER 1963, S. 8ff). In dieser Weise hat Pfänder auch über «Motive und Motivationen» (1911), «Zur Psychologie der Gesinnungen» (1913), über «Grundprobleme der Charakterologie» (1924) und über die «Philosophie der Lebensziele» (1948) gearbeitet. Was Phänomenologie in persönlichkeitstheoretischer Hinsicht zu leisten vermag, zeigt eindrucksvoll das umfassende Werk von LERSCH (vgl. 1951).

Im Zusammenhang mit Pfänders Ansatz ist 1914 A. FISCHERS (1950) Entwurf einer «Deskriptiven Pädagogik» entstanden. In ihm erörtert Fischer methodologisch eines der konstitutiven Probleme der Pädagogik, nämlich das *epistemologische Problem*, wie man den Sachverhalt der Erziehung überhaupt erkennen kann, eine Frage, die nur mit den Mitteln der Phänomenologie zu beantworten ist: «Die Grundfrage aller Deskription lautet, *was ein* [in der Erfahrung] *Gegebenes sei.* Alle Pädagogik und alle Richtungen der Pädagogik reden von ‹Erziehung›, ‹von Einwirkung der älteren Generation auf die jüngere›; jede Richtung glaubt die so bezeichneten Tatsachen genau zu kennen, und schickt sich dann sehr schnell an zu sagen: was und wie die Erziehung *sein soll* [...] Es scheint mir, daß man über der definitorischen Absicht und der Kenntlichmachung des Gegenstandes die Beschreibung vergißt [...] Nicht der

Sinn der Worte, d. h. die Verdeutlichung der sprachlichen Meinung, sondern die Beschreibung des gemeinten Etwas ist die aller Forschung zugrundeliegende, sogar die Fragestellung erst ermöglichende Aufgabe der Wissenschaft» (FISCHER 1950, S. 14f). Diese elementare Forderung hat in der Pädagogik, von wenigen Ausnahmen abgesehen, kein Gehör gefunden – zum Schaden ihrer Theorie und damit auch der davon beeinflußten Praxis. Was eine Phänomenologie der Erziehung im Sinne Fischers zu leisten hat, um den Gegenstand der Erziehungswissenschaft zu konstituieren und damit empirisch erforschbar zu machen, zeigen die einschlägigen Arbeiten LOCHNERS (vgl. 1967, 1975), die weder auf Pfänder noch auf Husserl ausdrücklich Bezug nehmen (vgl. LOCHNER 1963, S. 28, S. 373), wohl aber auf Brentano (vgl. LOCHNER 1967, S. 239f).

Viertens ist Phänomenologie möglich als *Metaphysik* (vgl. LANDGREBE 1948). *Metaphysik* ist die überlieferte Disziplin der Philosophie, die – elementar formuliert – danach fragt, was *jenseits* dessen ist, was die Physik als Lehre von den Körpern, deren Elementen und Bewegungen einsichtig macht. Wenn die metaphysische Fragestellung das Verhältnis von Mensch und Welt betrachtet, wird sie zur Kosmologie. Wenn sie den Menschen als Person im Hinblick auf den Sinn und die Ziele des menschlichen Lebens in Frage stellt, wird sie zur Ethik. Wenn sie die gesellschaftlichen Bedingungen des menschlichen Erkenntnisstrebens zu beschreiben sucht, wird sie zur Wissenssoziologie. Und wenn sie das Verhältnis des Menschen zu Gott bedenkt, wird sie zur Religionsphilosophie. Alle diese Tendenzen, «die Stellung des Menschen im Kosmos» zu bestimmen, kommen in dem mächtigen Werk von SCHELER (vgl. 1926, 1928, 1954, 1957) zusammen, in dem die Phänomenologie zum ersten Mal ihre expansiven Möglichkeiten bewies. Scheler hat verschiedene Ansätze einer personorientierten Pädagogik ermöglicht beziehungsweise beeinflußt (vgl. BOKELMANN 1965, HENZ 1964, MÄRZ 1965, ROMBACH 1959; vgl. STRASSER 1964, 1965), deren normative Konzepte grundlegende Intentionen der Erziehung zum Vorschein bringen.

Fünftens kann die *Ontologie* in der Phänomenologie ihre deskriptive Präzision gewinnen. Ontologie ist die philosophische Disziplin, welche die Frage zu beantworten sucht, was das Wort «sein» bedeuten kann, wenn wir es in den verschiedenen pragmatischen Hinsichten gebrauchen, die die Sätze, die wir sprechen, bestimmen. Diese ontologischen Möglichkeiten der Phänomenologie hat N. Hartmann ergriffen. Das grundlegende Buch in dieser Hinsicht ist seine «Metaphysik der Erkenntnis» (HARTMANN 1925) gewesen, in dem er die Erkenntnisbedingungen «realer» und «idealer Gegenstände» erörtert. Es bewegt sich vollkommen im Regelkreis der sechs konstitutiven Komponenten der phänomenologischen Methode. Die weiteren Hauptwerke Hartmanns, die hieraus erwachsen sind, sind folgende Bücher: «Zur Grundlegung der Ontologie» (HARTMANN 1935), «Möglichkeit und Wirklichkeit» (HARTMANN 1938) und «Der Aufbau der realen Welt» (HARTMANN 1940). Im Anschluß an Scheler hat HARTMANN (vgl. 1926) auch eine «Ethik» vorgelegt, die ein Meisterwerk phänomenologischer Beschreibung ist. Darin zeigt sich, daß die positivistische Unterscheidung deskriptiver und präskriptiver Sätze in bezug auf menschliches Verhalten und die daraus abgeleitete Behauptung ihrer unvermittelbaren Differenz Unsinn ist.

Ob ich mir durch Beschreibung bewußtmache, wie die Dinge in meiner Umgebung liegen, oder ob ich durch Beschreibung meiner Umgebung mitteile, was ich in meinem Bewußtsein intendiere, ist beides eine «neuschaffende Anschauung» und als solche «innerlich immanente Projektion des Beschriebenen» (FICHTE 1971, S. 294; vgl. GIEL 1959, S. 97ff). Deshalb wird jede subjektive Intention menschlichen Verhaltens, die man durch Beschreibung zum Phänomen und durch Gespräch allgemein verbindlich gemacht hat, in der so gewonnenen Objektivität habituell, zu einem intersubjektiv nachvollziehbaren Paradigma künftigen Verhaltens, das jedermann sich zu eigen machen kann. Was als Intention beschrieben zum Phänomen geworden ist, wird dann zur Regel, der man folgen kann, die man als hypothetischen Imperativ wirkungsvoll anwenden und als Maxime zur Richtschnur seines Handelns machen kann (vgl. BUBNER 1976). Darin liegt die *konstitutive Bedeutung der phänomenologischen Beschreibung für die Ethik und die Pädagogik* (vgl. BOLLNOW 1947, 1958, 1959, 1964; vgl. FISCHER 1950).

Das leider weithin in Vergessenheit geratene Werk Hartmanns, in das seine kleine Schrift «Neue Wege der Ontologie» (HARTMANN 1950) faßlich einführt, kann der Pädagogik helfen, zwei weitere konstitutive Probleme ihrer Theoriebildung und Forschung anzugehen, die weder «hermeneutisch» noch «dialektisch», weder «sprachanalytisch» noch «empirisch», sondern nur «phänomenologisch» gelöst werden können. Es handelt sich um das ontologische und das ethische Problem der Pädagogik. Das *ontologische Problem der Pädagogik* hängt mit dem bereits erwähnten epistemologischen Problem zusammen, daß die →Erziehung als Intention und Funktion menschlichen Verhaltens hinter vielen «Masken» verborgen ist, so daß man nur vermuten, allenfalls nur selten, durch einen glücklichen Zufall, aber nicht stringent erkennen kann, wann Erziehung wirklich stattfindet. Dieses Erkenntnisproblem der →Pädagogik ergibt sich aus den *verschiedenen Seinsmodi der Erziehung:* Erziehbarkeit und Erziehungsbedürftigkeit, Erziehung als Absicht und Wirklichkeit, Aktion und →Interaktion, Passion (Erzogenwerden) und Habitus (Erzogenheit), der in Gestalt der Selbsterziehung und des →Erziehers im →Lebenslauf operativ wird (vgl. LOCH 1963, 1979a, 1979b). Die Prozeß- und Produkt-, Absichts- und Wirkungs-, Handlungs- und Geschehensbegriffe der Erziehung, die BREZINKA (vgl. 1974, S. 51ff) treffend mit sprachanalytischen Mitteln unterschieden, aber nicht in ihrem phänomenologischen Sinn erfaßt hat, sind ja nicht Konstrukte willkürlicher Vereinbarung, sondern konstitutive Seinskategorien der Erziehung, die von jeder Erziehungstheorie in Rechnung gestellt werden müssen, die der Möglichkeit und der Wirklichkeit, der Notwendigkeit und dem Scheitern der Erziehung gerecht zu werden beansprucht. (Das ethische Problem der Pädagogik wird an einer späteren Stelle dieser Untersuchung erörtert.)

Sechstens gewinnt die Phänomenologie konstitutiven Sinn als *Fundamentalontologie*. Diesen Sinn hat sie durch das Werk von HEIDEGGER (vgl. 1953, 1975) bekommen. Heidegger reduziert die menschliche Subjektivität auf das Phänomen des «Daseins» und beschreibt es nach den Leitfäden von «Geworfenheit», «Befindlichkeit» und «Verstehen» als eine «Existenz» im Verhältnis zu sich selbst vorlaufend zum Tode als dem Inbegriff der «Endlichkeit», die es konstituiert. In seinem Spätwerk gibt er dem Dasein durch das «Gestell» der Technik und die «Erfahrung» der Sprache die menschliche Form zurück, die er ihm in seiner ursprünglichen radikalen Reduktion auf seine nackte Existenz genommen hatte (vgl. HEIDEGGER 1954, 1959). Aber selbst in dieser durch Kultur humanisierten Form kann er nicht verständlich machen, wozu der Mensch geboren wird und als Kind erzogen werden soll. Gleichwohl sind auf dem Boden seines Ansatzes bedeutende Konzepte der Erziehung entstanden. BALLAUFF (vgl. 1952, 1966) hat durch Kombination von Heideggers Entwurf mit Platons Lehre von den unwandelbaren Ideen der Erziehung des Kindes wieder «Aufenthalt» in der Welt, Wahrheit in «Vorbildern» und Wirklichkeit in bildenden «Ereignissen» in Aussicht zu stellen vermocht (vgl. MUTH 1962, SCHALLER 1961). FINK (vgl. 1957, 1960) hat im Phänomen des «Spiels» als «Oase des Glücks» und als «Weltsymbol» das Phänomen des Kindes fundamentalontologisch faßbar und die «ästhetische Darstellung der Welt als das Hauptgeschäft der Erziehung» (HERBART 1887) fundamentalontologisch denkbar gemacht. In diesem Rahmen hat er einen Begriff von Erziehung konzipiert, der ihr als «Beratungsgemeinschaft» in der «Coexistenz der Lebensalter» wieder die Freiheit und die Weite des Raumes zurückzugeben vermag, deren sie bedarf, um der Jugend in der Gleichzeitigkeit der zu eng gewordenen Lebenswelten die Unendlichkeit des Weltraums als Verheißung künftiger Möglichkeiten in Aussicht zu stellen (vgl. FINK 1970, 1978; vgl. MENZE 1976, S. 90ff).

Ihre *siebente* Möglichkeit gewinnt die Phänomenologie in der Gestalt der *Anthropologie* (→Anthropologie, historische; →Anthropologie, pädagogische). Zur Anthropologie wird sie unter vier Bedingungen. Sie muß die menschliche Subjektivität im Phänomen der *Leiblichkeit* und gleichzeitig im Phänomen der →*Kultur* konstituieren und diese beiden konstitutiven Phänomene menschlichen Lebens durch ein Konzept der *Intersubjektivität* relativieren und die Frage stellen, inwieweit individuelles Verhalten als Ausdruck einer allgemeinen *menschlichen Natur* verstanden werden kann. Unter dieser Voraussetzung sind – je nach Gewichtung – vier Varianten phänomenologischer Anthropologie möglich: *somatologische Anthropologie* (vgl. BUYTENDIJK 1956, 1958; vgl. MAIER 1964; vgl. PLÜGGE 1962, 1967; vgl. MERLEAU-PONTY 1966, 1967, 1976; vgl. SCHMITZ 1964–1980), die beschreibt, wie der Mensch durch seinen Leib in der Welt verankert und der Widersetzlichkeit der Dinge ausgesetzt, aber hierdurch auch Erfahrungen offen ist, die Zusammenleben, Sprache und Kunst erneuern können; *Kulturanthropologie* (vgl. LANDMANN 1961; vgl. PLESSNER 1928, 1953, 1964, 1970), die beschreibt, wie der Mensch in seiner Lebenswelt über «die Stufen des Organischen» hinaus in den Erscheinungsformen der Kultur Macht erlangt, aber auch durch das Übermaß seines Könnens zu einer Bedrohung seiner eigenen Zukunft werden kann; *Sozialanthropologie*, die beschreibt, wie der Mensch in der seriellen Trägheit seiner überlieferten und durch Erziehung ihm auferlegten «Projekte» dennoch die Chance hat, durch spontane Aktion kleiner Gruppen immer wieder neu die Freiheit zu gewinnen, die ihm ermöglicht, das zu sein, was er aus sich und in dieser individuellen und zugleich sozial vermittelten Faktizität aus der überlieferten Idee des Menschen macht (vgl. SARTRE 1967, THEUNISSEN 1965); *Individualanthropologie*, die beschreibt, wie die «menschliche Natur» in einer Vielfalt von Haltungen und Leistungen, Begegnungen und Geschichten, Stimmungen und Gefühlen ursprünglich zum Vorschein kommt (vgl. BOLLNOW 1941, 1947, 1958, 1959, 1963, 1964; vgl. LÉVINAS 1961, 1983; vgl. LIPPS 1976f, LÜBBE 1972; vgl. SCHAPP 1959, 1976).

Die *somatologische Anthropologie* ermöglicht, die Lösung des *genetischen Problems der Pädagogik* phänomenologisch in Angriff zu nehmen: die Beantwortung der grundlegenden Frage, wie der in Gestalt des unentwickelten Kindes zur Welt kommende Mensch auf seinen verschiedenen Entwicklungsstufen mit Hilfe der Erziehung seiner Lebenswelt und darin seiner selbst als «Subjekt der Vermögen» bewußt und handlungsfähig, schaffensfreudig und liebesfähig zu werden vermag (vgl. LANGEVELD 1951, 1956a, 1956b, 1957; vgl. LANGEVELD/DANNER 1981; vgl. LOCH 1979b, 1981; vgl. MERLEAU-PONTY 1960, 1964; vgl. MEYER-DRAWE 1984). Die *Kulturanthropologie* setzt die Pädagogik in den Stand, ihr *didaktisches Problem* dadurch einer Lösung entgegenzuführen, daß sie die «Sonderwelten», die das Leben teilen, auf die wesentlichen Leitfäden der umgreifenden Lebenswelt zurückführt. So bekommt man Kriterien, um zu unterscheiden, welche Kenntnisse und Fertigkeiten, Verhaltensnormen und Lebensformen für das Kind in einer partiellen, geschichtlichen und gesellschaftlichen Konkretion der Kultur wichtig sind, um seine Anlagen zu einer persönlichen befriedigenden und sozial produktiven Selbstverwirklichung entfalten zu können (vgl. Bräuer 1978, Giel 1975; vgl. Loch 1968, 1979b, 1981a).

Hierzu ist es jedoch erforderlich, daß die *Sozialanthropologie* nicht nur die in direkter Aktion zu bildenden *Gruppen* beschreibt, sondern auch die «inerten» (trägen), die Menschen «seriell» organisierenden *Kollektive* (vgl. Sartre 1967, S. 270ff), die gerade durch ihre Trägheit die Reproduktion der für das Überleben einer Gesellschaft erforderlichen «Lebensmittel», die Regeneration der Gattung und die Sozialisation des Nachwuchses ermöglichen (von der Familie über die Schule bis zu den Betrieben der Wirtschaft und den Institutionen des Staates – vgl. Natanson 1973). Hier ist der Ort zur Beschreibung der Erziehungseinrichtungen, -mittel und -formen (vgl. Bollnow 1959, 1966, 1978; vgl. Lochner 1967, 1975; vgl. Scheuerl 1958, 1959), und zwar im Zusammenhang einer *Phänomenologie der symbolischen Formen* (nicht nur der Sprache, sondern auch des Mythos und der Kunst), weil sie die Menschen zur «gesellschaftlichen Konstruktion der Wirklichkeit» instand setzen, die für ihre Lebenswelt als verbindlich angesehen wird und das für ein humanes Zusammenleben benötigte Maß von Kommunikation ermöglicht (vgl. Berger/Luckmann 1969; vgl. Dufrenne 1953, 1966; vgl. van der Leeuw 1956; vgl. Ricœur 1950/1960, 1954; vgl. Schütz 1971/1972, 1974; vgl. Schütz/Luckmann 1975, Waldenfels 1971). Nur auf dem Boden dieser soziologischen Voraussetzungen besteht Aussicht, *das ökologische Problem der Pädagogik* zu lösen, worauf die Didaktik angewiesen ist. Es liegt darin, daß die verschiedenen «Alltagswelten», in denen die verschiedenen gesellschaftlichen Gruppen und Schichten leben, durch die artifiziellen Welten der schulischen Curricula mit den idealen Welten der Wissenschaften so vermittelt werden, daß die Lernenden die Fähigkeit bekommen, nicht nur ihre individuellen Anlagen persönlich befriedigend zu entfalten, sondern auch sich Lebensräume zu schaffen und zu bewahren, die wohnlich sind.

Die Lösung dieses heute kardinalen Problems ist wiederum davon abhängig, daß es der *Individualanthropologie* gelingt, *das ethische Problem der Pädagogik* in einer instruktiven phänomenologischen Form zu bewältigen. Dieses ethische Problem jeder Erziehungstheorie und -praxis liegt in der Schwierigkeit, durch phänomenologische Beschreibung für die Zwecke der Forschung anschaulich und für die Zwecke der Praxis paradigmatisch zu machen, welches Haltungs- und Gefühlssystem die an einem Erziehungsvorgang beteiligten Personen benötigen, um in dem für die Erziehung konstitutiven Antagonismus von Lernaufgabe und Lernhemmung die zum Lernenkönnen aus eigener Kraft befreiende Lernhilfe des pädadogischen Bezuges zu verwirklichen (vgl. LOCH 1979a, 1981a, 1981c).

Das *Haltungssystem*, das die Erziehung ermöglicht, liegt auf der Seite des Erziehers in dem Regelkreis von Hoffnung und Geduld, Anerkennung und Vertrauen und auf der Seite des erzogen Werdenden im entsprechenden Sich-Einfügen in diesen Regelkreis, der ihm die Angst nimmt und den Mut gibt, den Glauben an sich selbst bestärkt und das Interesse weckt, um seine Lernhemmungen durch Lernleistungsmotive zu überwinden, die sich in Gestalt von Werken produktiv vergegenständlichen lassen, so daß die beteiligten Personen ungezwungen miteinander kommunizieren und ihre Anlagen verwirklichen können (vgl. BOLLNOW 1964, ROGERS 1973).

Das *Gefühlssystem*, das die Erziehung, wenn sie gelingen soll, voraussetzt, liegt in dem vom Kind unter günstigen Bedingungen stufenweise aufgebauten Zusammenhang von Lust und Liebe, Vertrauen und Freude, Neugier und Mut, Bewunderung und Interesse, aber auch in der Ehrfurcht vor dem, was bedeutend ist, und in der Achtung, auf der alle gegenseitigen Beziehungen beruhen, auch die kritischen (vgl. LOCH 1981a, 1981c). Dabei sind Ehrfurcht und Achtung vom Erzieher schwer zu vermitteln, weil sie vom Kind mit seinem natürlichen Sinn für die Schwächen und das Komische der Erwachsenen nicht leicht zu lernen sind (vgl. BOLLNOW 1947; vgl. JACOBSON 1977, S. 62ff). Nur im Zusammenspiel dieser erziehungskonstitutiven und -produktiven Gefühle kann im pädagogischen Bezug jener Zusammenhang von Verbindlichkeit und Ungezwungenheit, Konsequenz und Menschenfreundlichkeit (Humanität) gewonnen und aufrechterhalten werden, der seine Belastungen für Lernende wie Lehrende erträglich macht und individuelle wie soziale, kulturelle wie leibhaftige Selbstverwirklichung als «Bildung» oder eine andere Solidarität und Integrität, Authentizität und Kompetenz aufbauende Lebensform möglich macht (vgl. BOLLNOW 1978, BRÄUER 1978, GIEL 1975, HALBFAS u.a. 1972, KÜMMEL 1968, LENGERT 1978, LOCH 1978, LOSER 1967, SCHAAL 1968).

Nach alledem ist klar, daß und weshalb ein phänomenologisches «Begründungsmuster» für die Pädagogik konstitutiv ist. Die Behauptung von GROOTHOFF (1975, S. 213), die DANNER (1979, S. 133) nachgesprochen hat, daß es «ein verhängnisvoller Irrtum [wäre] zu meinen, es könnte eine ›phänomenologische Pädagogik‹» geben, ist damit widerlegt. Entweder es gibt eine phänomenologische Pädagogik, oder es gibt überhaupt keine Pädagogik. Richtig war, was ROMBACH (1979, S. 141) in bezug auf die phänomenologische Pädagogik behauptet hat: «Ihre konsequente pädagogische Zusammenstellung und Auswertung steht leider noch aus.» Die wenigen Arbeiten, die sich – zumeist in methodentheoretischer Hinsicht – mit den phänomenologischen Ansätzen in der Pädagogik befaßt haben, werden weder deren inhaltlichem Ertrag für Theorie und Praxis der Erziehung noch den Regeln der phänomenologischen Methode gerecht (vgl. DANNER 1979, GROOTHOFF 1975, KIEL 1966, LINKE 1966, RÖHRS 1968). Selbst in den jüngsten Versuchen, die Modelle pädagogischer Theoriebildung zusammenfassend darzustellen, sucht man vergeblich nach einer Würdigung des phänomenologischen Ansatzes (vgl. BLASS 1978, SPECK 1976, THIERSCH 1978, WULF 1978), von Ausnahmen abgesehen (vgl. HENNINGSEN 1980, SCHALLER 1979, VANDENBERG 1974).

Die Meinungsmacher und Theoriestrategen sind hinter dieser Möglichkeit zurückgeblieben. Wie mit Blindheit geschlagen verharren sie in der Aporie, die durch das Diktat der fatalen Konstellation hervorgerufen worden ist, daß die pädagogische Theorie und Praxis (→Theorie – Praxis) um der utopischen Idole einer anachronistischen Kritik willen des sinngebenden Elements ihrer Tradition beraubt worden sind: der Poiesis. Die konstitutive Epigonalität der Pädagogik ist dadurch faktisch geworden. Was geblieben ist, sind Ausflüchte in organisatorische Maßnahmen. Durch solche bürokratischen Zwänge wird man jedoch keines der konstitutiven Probleme der Erziehungstheorie und keines der erziehungspraktischen Probleme lösen können, die heute Erzieher wie Erzogen-Werdende in die besänftigenden Umarmungen der «Erziehungsberatung» treiben, wo die Pädagogik in den Diagnosen für ihre Opfer ihr Armutszeugnis ausgestellt bekommt. Die bescheidene Chance, die in dieser Lage phänomenologische Pädagogik bieten kann, ist für die destruktive Komponente, die im emanzipatorischen Interesse liegt, zu erbaulich. Dabei ist «Erbauung» (oikodome) vom Alten Testament bis Husserl die dem Menschen in bezug auf seine Welt eingelegte Intention gewesen (vgl. VIELHAUER 1952). »Nähe und Distanz» hat Husserls Werk für uns nicht, weil es vergangen ist, sondern weil es Zukunft gibt (vgl. FINK 1976).

ADORNO, TH. W.: Zur Metakritik der Erkenntnistheorie, Stuttgart 1956. AUGUSTINUS: Confessiones. Bekenntnisse. Eingeleitet, übersetzt und erläutert v. J. Bernhart, München 1955. AVENARIUS, R.: Kritik der reinen Erfahrung, Leipzig [2]1907. AVENARIUS, R.: Der menschliche Weltbegriff, Leipzig [3]1912. BALLAUFF, TH.: Die Idee der Paideia, Meisenheim 1952. BALLAUFF, TH.: Systematische Pädagogik, Heidelberg 1966. BALLAUFF, TH.: Anthropologisch-phänomenologische Theorien. In: Beck, H.: Philosophie der Erziehung, Basel 1979, S. 76ff. BERGER, P./LUCKMANN, TH.: Die gesellschaftliche Konstruktion der Wirklichkeit, Frankfurt/M. 1969. BLASS, J. L.: Modelle pädagogischer Theoriebildung, Stuttgart 1978. BOKELMANN, H.: Maßstäbe pädagogischen Handelns. Normenkonflikte und Reformversuche in Erziehung und Bildung, Würzburg 1965. BOKELMANN, H.: Pädagogik: Erziehung, Erziehungswissenschaft. In: Speck, J./Wehle, G. (Hg.): Handbuch pädagogischer Grundbegriffe, Bd. 2, München

1970, S. 178ff. BOLLNOW, O. F.: Das Wesen der Stimmungen, Frankfurt/M. 1941. BOLLNOW, O. F.: Die Ehrfurcht, Frankfurt/M. 1947. BOLLNOW, O. F.: Neue Geborgenheit, Stuttgart 1955. BOLLNOW, O. F.: Wesen und Wandel der Tugenden, Frankfurt/M. 1958. BOLLNOW, O. F.: Existenzphilosophie und Pädagogik. Versuch über unstetige Formen der Erziehung, Stuttgart 1959. BOLLNOW, O. F.: Mensch und Raum, Stuttgart 1963. BOLLNOW, O. F.: Die pädagogische Atmosphäre, Heidelberg 1964. BOLLNOW, O. F.: Die anthropologische Betrachtungsweise in der Pädagogik, Essen 1965. BOLLNOW, O. F.: Sprache und Erziehung, Stuttgart 1966. BOLLNOW, O. F.: Philosophie der Erkenntnis, Stuttgart 1970. BOLLNOW, O. F.: Das Verhältnis zur Zeit, Heidelberg 1972. BOLLNOW, O. F.: Das Doppelgesicht der Wahrheit, Stuttgart 1975. BOLLNOW, O. F.: Vom Geist des Übens, Freiburg 1978. BRAND, G.: Die Lebenswelt, Berlin 1970. BRÄUER, G.: Weltoffenheit – Bedingung und Ergebnis menschlichen Lernens. In: Loch, W. (Hg.): Modelle pädagogischen Verstehens, Essen 1978, S. 53ff. BRAUNER, H.: Die Phänomenologie Edmund Husserls und ihre Bedeutung für soziologische Theorien, Meisenheim 1978. BRECHT, F. J.: Bewußtsein und Existenz, Bremen 1948. BREZINKA, W.: Grundbegriffe der Erziehungswissenschaft, München 1974. BUBNER, R.: Handlung, Sprache und Vernunft. Grundbegriffe praktischer Philosophie, Frankfurt/M. 1976. BUYTENDIJK, F. J. J.: Allgemeine Theorie der menschlichen Haltung und Bewegung, Berlin 1956. BUYTENDIJK, F. J. J.: Das Menschliche, Stuttgart 1958. CLAESGES, U.: Zweideutigkeiten in Husserls Lebensweltbegriff. In: Claesges, U./Held, K. (Hg.): Perspektiven transzendentalphänomenologischer Forschung, Den Haag 1972, S. 85ff. CURTIS, B./MAYS, W. (Hg.): Phenomenology and Education, London 1978. DANNER, H.: Methoden geisteswissenschaftlicher Pädagogik, München 1979. DANNER H./LIPPITZ, W. (Hg.): Beschreiben–Verstehen–Handeln, München 1984. DENTON, D. E. (Hg.): Existentialism and Phenomenology in Education, New York/London 1974. DESCARTES, R.: Meditationes de prima philosophia. Meditationen über die Grundlagen der Philosophie, hg. v. L. Gäbe, Hamburg 1959. DESCARTES, R.: Discours de la méthode. Von der Methode des richtigen Vernunftgebrauchs und der wissenschaftlichen Forschung, hg. v. L. Gäbe, Hamburg 1960. DIEMER, A.: Edmund Husserl, Meisenheim 1956. DILTHEY, W.: Ideen über eine beschreibende und zergliedernde Psychologie (1894). Gesammelte Schriften, Bd. 5.1, hg. v. G. Misch, Leipzig 1924, S. 139ff. DILTHEY, W.: Studien zur Grundlegung der Geisteswissenschaften. Gesammelte Schriften, Bd. 7, hg. v. B. Groethuysen, Stuttgart 1958, S. 3ff. DUFRENNE, M.: Phénoménologie de l'experience esthétique, Paris 1953. DUFRENNE, M.: La personalité de base, Paris 1966. EBELING, H.: Selbsterhaltung und Selbstbewußtsein, Freiburg/München 1979. ELEY, L.: Transzendentale Phänomenologie und Systemtheorie der Gesellschaft, Freiburg 1972. FICHTE, J. G.: Die Wissenschaftslehre (1804). Gesammelte Werke, hg. v. I. H. Fichte, Bd. 10, Berlin 1971. FINK, E.: Oase des Glücks, Freiburg 1957. FINK, E.: Das Spiel als Weltsymbol, Stuttgart 1960. FINK, E.: Studien zur Phänomenologie 1930–1939, Den Haag 1966. FINK, E.: Erziehungswissenschaft als Lebenslehre, Freiburg 1970. FINK, E.: Nähe und Distanz, Freiburg 1976. FINK, E.: Grundlagen der systematischen Pädagogik, Freiburg 1978. FISCHER, A.: Deskriptive Pädagogik. In: Fischer, A.: Leben und Werk, hg. v. K. Kreitmair, Bd. 2, München 1950, S. 5ff. FLECK, L.: Entstehung und Entwicklung einer wissenschaftlichen Tatsache, Frankfurt/M. 1980. GADAMER, H.-G.: Die phänomenologische Bewegung. In: Phil. Rsch. 11 (1963), S. 1ff. GADAMER, H.-G.: Wahrheit und Methode. Grundzüge einer philosophischen Hermeneutik. Tübingen 1965. GIEL, K.: Fichte und Fröbel, Heidelberg 1959. GIEL, K.: Vorbemerkungen zu einer Theorie des Elementarunterrichts. In: Giel, K. u. a. (Hg.): Stücke zu einem mehrperspektivischen Unterricht. Aufsätze zur Konzeption, Bd. 2, Stuttgart 1975, S. 8ff. GROOTHOFF, H.-H.: Zur Phänomenologie der Erziehung. In: Ellwein, Th. u. a. (Hg.): Erziehungswissenschaftliches

Handbuch, Bd. 4, Berlin 1975, S. 205ff. GURWITSCH, A.: Das Bewußtseinsfeld, Berlin/New York 1975. HABERMAS, J.: Erkenntnis und Interesse. In: Habermas, J.: Technik und Wissenschaft als «Ideologie», Frankfurt/M. 1969, S. 146ff. HABERMAS, J.: Der Universalitätsanspruch der Hermeneutik. In: Habermas, J.: Kultur und Kritik, Frankfurt/M. 1973, S. 264ff. HALBFAS, H. u. a. (Hg.): Neuorientierung des Primarbereiches, Bd. 1: Entwicklung der Lernfähigkeit, Stuttgart 1972. HARTMANN, N.: Grundzüge einer Metaphysik der Erkenntnis, Berlin/Leipzig 1925. HARTMANN, N.: Ethik, Berlin/Leipzig 1926. HARTMANN, N.: Zur Grundlegung der Ontologie, Berlin/Leipzig 1935. HARTMANN, N.: Möglichkeit und Wirklichkeit, Berlin 1938. HARTMANN, N.: Der Aufbau der realen Welt. Grundriß der allgemeinen Kategorienlehre, Berlin 1940. HARTMANN, N.: Neue Wege der Ontologie, Stuttgart 1950. HEGEL, G. W. F.: Phänomenologie des Geistes (1807). Werke in 20 Bänden, hg. v. E. Moldenhauer/K. M. Michel, Bd. 3, Frankfurt/M. 1970. HEIDEGGER, M.: Sein und Zeit, Tübingen 1953. HEIDEGGER, M.: Die Frage nach der Technik. In: Heidegger, M.: Vorträge und Aufsätze, Pfullingen 1954, S. 13ff. HEIDEGGER, M.: Unterwegs zur Sprache, Pfullingen 1959. HEIDEGGER, M.: Die Grundprobleme der Phänomenologie. Gesamtausgabe, Bd. 24, Frankfurt/M. 1975. HENNINGSEN, J.: Sprachen und Signale der Erziehungswissenschaft, Stuttgart 1980. HENZ, H.: Lehrbuch der systematischen Pädagogik, Freiburg 1964. HERBART, J.: Die ästhetische Darstellung der Welt als das Hauptgeschäft der Erziehung. Sämtliche Werke, hg. v. K. Kehrbach, Bd. 1, Langensalza 1887, S. 259ff. HUSSERL, E.: Logische Untersuchungen (1900/1901), 2 Bde., Halle [2]1913 (Bd. 1: 1913a; Bd. 2.1: 1913b; Bd. 2.2: 1913c). HUSSERL, E.: Ideen zu einer reinen Phänomenologie und phänomenologischen Philosophie. Husserliana, Bd. 3, 4, 5, hg. v. W. Biemel, Den Haag 1950/1952 (Bd. 3 = 1. Buch: Allgemeine Einführung in die reine Phänomenologie 1950; Bd. 4 = 2. Buch: Phänomenologische Untersuchungen zur Konstitution 1952a; Bd. 5 = 3. Buch: Die Phänomenologie und die Fundamente der Wissenschaft 1952b). HUSSERL, E.: Die Krisis der europäischen Wissenschaften und die transzendentale Phänomenologie. Husserliana, Bd. 6, hg. v. W. Biemel, Den Haag 1954. HUSSERL, E.: Phänomenologische Psychologie. Husserliana, Bd. 9, hg. v. W. Biemel, Den Haag 1962. HUSSERL, E.: Cartesianische Meditationen. Husserliana, Bd. 1, hg, v. S. Strasser, Den Haag [2]1963. HUSSERL, E.: Philosophie als strenge Wissenschaft, Frankfurt/M. 1965. HUSSERL, E.: Zur Phänomenologie des inneren Zeitbewußtseins (1893–1917). Husserliana, Bd. 10, hg. v. R. Bochum, Den Haag 1966. HUSSERL, E.: Erfahrung und Urteil. Untersuchungen zur Genealogie der Logik, Hamburg 1972. HUSSERL, E.: Zur Phänomenologie der Intersubjektivität. Texte aus dem Nachlaß. Husserliana, Bd. 13, 14, 15, hg. v. I. Kern, Den Haag 1973 (Bd. 13: Erster Teil: 1905–1920 = 1973a; Bd. 14: Zweiter Teil: 1921–1928 = 1973b; Bd. 15: Dritter Teil: 1929–1935 = 1973c). ICHHEISER, G.: Das Können, die Bedingungen des Könnens und das Erlebnis des Könnens. In: Z. f. angew. Psych. 44 (1933), S. 364ff. JACOBSON, E.: Über das Lachen und den Sinn des Komischen in der Kindheit. In: Jacobson, E.: Depression, Frankfurt/M. 1977, S. 62ff. JANSSEN, P.: Geschichte und Lebenswelt, Den Haag 1970. JANSSEN, P.: Edmund Husserl, Freiburg 1976. KANT, I.: Vorlesungen über Logik (1800). Werke, hg. v. E. Cassirer, Bd. 8, Berlin 1922, S. 323ff. KAULBACH, F.: Philosophie der Beschreibung, Köln 1968. KERSTEN, F.: The Life-World Revisited. In: Sallis, J. (Hg.): Research in Phenomenology, Bd. 1, Pittsburgh 1971, S. 33ff. KIEL, G.: Phänomenologie und Pädagogik. In: P. Rsch. 20 (1966), S. 525ff. KUHN, TH. S.: Die Struktur wissenschaftlicher Revolutionen, Frankfurt/M. 1967. KÜMMEL, F.: Über den Begriff der Zeit, Tübingen 1962. KÜMMEL, F.: Die Einsicht in das Gute als Aufgabe einer sittlichen Erziehung, Essen 1968. LAGUNA, G. A. DE: On Existence and the Human World, New Haven 1966. LANDGREBE, L.: Phänomenologie und Metaphysik, Hamburg 1948. LANDGREBE, L.: Der Weg der Phänomenologie, Gütersloh 1963.

LANDGREBE, L.: Phänomenologie und Geschichte, Gütersloh 1967. LANDMANN, M.: Der Mensch als Schöpfer und Geschöpf der Kultur, München/Basel 1961. LANGEVELD, M. J.: Einführung in die (theoretische) Pädagogik, Stuttgart 1951. LANGEVELD, M. J.: Das Kind und der Glaube, Braunschweig 1956a. LANGEVELD, M. J.: Studien zur Anthropologie des Kindes, Tübingen 1956b. LANGEVELD, M. J.: Die Schule als Weg des Kindes, Braunschweig 1957. LANGEVELD, M. J./DANNER, H.: Methodologie und ‹Sinn›-Orientierung in der Pädagogik, München 1981. LEEUW, G. VAN DER: Phänomenologie der Religion, Tübingen 1956. LEITHÄUSER, TH.: Formen des Alltagsbewußtsein, Frankfurt/New York 1976. LENGERT, R.: Theorie einer unpolitischen Befreiung des Menschen. Zu Fichtes «Lebenslehre». In: Loch, W. (Hg.): Modelle pädagogischen Verstehens, Essen 1978, S. 31ff. LENZEN, D. (Hg.): Pädagogik und Alltag, Stuttgart 1980. LERSCH, P.: Aufbau der Person, München [4]1951. LÉVINAS, E.: La théorie de l'intuition dans la phénoménologie de Husserl, Paris 1930. LÉVINAS, E.: Totalité et infini, Den Haag 1961. LÉVINAS, E.: Die Spur des Anderen, Freiburg/München 1983. LÉVI-STRAUSS, C.: Das wilde Denken, Frankfurt/M. 1968. LINKE, W.: Aussage und Deutung in der Pädagogik, Heidelberg 1966. LIPPITZ, W.: «Lebenswelt» oder die Rehabilitierung vorwissenschaftlicher Erfahrung, Weinheim/Basel 1980. LIPPITZ, W./MEYER-DRAWE, K. (Hg.): Lernen und seine Horizonte, Königstein 1982. LIPPITZ, W./MEYER-DRAWE, K. (Hg.): Kind und Welt, Siegen 1984. LIPPS, H.: Werke, 5 Bde., Frankfurt/M. 1976f. LOCH, W.: Beiträge zu einer Phänomenologie von Gespräch und Lehre. In: B. u. E. 15 (1962), S. 641ff. LOCH, W.: Die anthropologische Dimension der Pädagogik, Essen 1963. LOCH, W.: Pädagogik des Mutes. In: B. u. E. 18 (1965), S. 1ff. LOCH, W.: Enkulturation als anthropologischer Grundbegriff der Pädagogik. In: B. u. E. 21 (1968), S. 161ff. LOCH, W.: Der Begriff der Begegnung in der Pädagogik des 20. Jahrhunderts. In: Gerner, B. (Hg.): Begegnung, Darmstadt 1969, S. 53ff (1969a). LOCH, W.: Die Struktur der Begegnung im Horizont der Erziehung. In: Gerner, B. (Hg.): Begegnung, Darmstadt 1969, S. 197ff (1969b). LOCH, W.: Individuelles Verhalten und pädagogisches Verstehen. In: Loch, W. (Hg.): Modelle pädagogischen Verstehens, Essen 1978, S. 9ff. LOCH, W.: Lebenslauf und Erziehung, Essen 1979a. LOCH, W.: Curriculare Kompetenzen und pädagogische Paradigmen. In: B. u. E. 32 (1979), S. 241ff (1979b). LOCH, W.: Der Mensch im Modus des Könnens. In: König, E./Ramsenthaler, H. (Hg.): Diskussion Pädagogische Anthropologie, München 1980, S. 191ff. LOCH, W.: Anfänge der Erziehung. In: Maurer, F. (Hg.): Lebensgeschichte und Identität, Frankfurt/M. 1981, S. 31ff (1981a). LOCH, W.: Zur Konstitution der Erziehung im Horizont der genetischen Phänomenologie Edmund Husserls. In: B. u. E. 34 (1981), S. 408ff (1981b). LOCH, W.: Die Funktion der Achtung im pädagogischen Bezug. In: Groth, G. (Hg.): Horizonte der Erziehung, Stuttgart 1981, S. 24ff (1981c). LOCHNER, R.: Deutsche Erziehungswissenschaft, Meisenheim 1963. LOCHNER, R.: Deskriptive Pädagogik. Umrisse einer Darstellung der Tatsachen und Gesetze der Erziehung vom soziologischen Standpunkt (1927), Darmstadt 1967. LOCHNER, R.: Phänomene der Erziehung, Meisenheim 1975. LOSER, F.: Die Notwendigkeit einer pädagogischen Theorie des Lehrens und Lernens. In: N. Samml. 7 (1967), S. 58ff. LÜBBE, M.: Bewußtsein in Geschichten, Freiburg 1972. LUHMANN, N.: Sinn als Grundbegriff der Soziologie. In: Habermas, J./Luhmann, N.: Theorie der Gesellschaft oder Sozialtechnologie – Was leistet die Systemforschung? Frankfurt/M. 1971, S. 25ff. LUHMANN, N.: Soziologische Aufklärung, 2 Bde., Opladen 1972/1975 (Bd. 1: 1972; Bd. 2: 1975). MAIER, W.: Das Problem der Leiblichkeit bei Jean-Paul Sartre und Maurice Merleau-Ponty, Tübingen 1964. MARBACH, E.: Das Problem des Ich in der Phänomenologie Husserls, Den Haag 1974. MÄRZ, F.: Einführung in die Pädagogik, München 1965. MATTHES, J. (Hg.): Lebenswelt und soziale Probleme. Verhandlungen des 20. Deutschen Soziologentages zu Bremen 1980, Frankfurt/New York 1981. MENZE, C.: Die Wissenschaft von der Erziehung in Deutschland. In: Speck, J. (Hg.): Problemgeschichte der neueren Pädagogik, Bd. 1, Stuttgart 1976, S. 9ff. MERLEAU-PONTY, M.: Les relations avec l'autrui chez l'enfant, Paris 1960. MERLEAU-PONTY, M.: Structure et conflits de la conscience enfantine. In: Bull. de Psych. 18 (1964), S. 171ff. MERLEAU-PONTY, M.: Phänomenologie der Wahrnehmung, Berlin 1966. MERLEAU-PONTY, M.: Das Auge und der Geist, Reinbek 1967. MERLEAU-PONTY, M.: Die Struktur des Verhaltens, Berlin 1976. MEYER, W.-U.: Leistungsmotiv und Ursachenerklärung von Erfolg und Mißerfolg, Stuttgart 1973. MEYER-DRAWE, K.: Leiblichkeit und Sozialität, München 1984. MISCH, G.: Lebensphilosophie und Phänomenologie, Leipzig 1931. MOLLENHAUER, K.: Theorien zum Erziehungsprozeß, München 1972. MÜLLER, W. H.: Die Philosophie Edmund Husserls, Bonn 1956. MURPHY, R. T.: Hume and Husserl, Den Haag 1980. MUTH, J.: Pädagogischer Takt, Heidelberg 1962. NATANSON, M. (Hg.): Phenomenology and the Social Sciences, 2 Bde., Evanston 1973. ORTH, E. W. u. a. (Hg.): Husserl, Scheler und Heidegger in der Sicht neuer Quellen. Phänomenologische Forschungen 6/7, Freiburg/München 1978. PEURSEN, C. A. VAN: Phänomenologie und analytische Philosophie, Stuttgart 1969. PEURSEN, C. A. VAN: Phänomenologie und Heuristik. In: Rombach, H. u. a.: Phänomenologie heute. Phänomenologische Forschungen 1, Freiburg 1975, S. 78ff. PFÄNDER, A.: Phänomenologie des Wollens, München [3]1963. PIVČEVIĆ, E.: Von Husserl zu Sartre, München 1972. PLATON: Siebenter Brief. Sämtliche Werke, Bd. 1, Hamburg 1957, S. 301ff. PLESSNER, H.: Die Stufen des Organischen und der Mensch, Berlin 1928. PLESSNER, H.: Zwischen Philosophie und Gesellschaft, Bern 1953. PLESSNER, H.: Conditio humana, Pfullingen 1964. PLESSNER, H.: Philosophische Anthropologie, Frankfurt/M. 1970. PLÜGGE, H.: Der Mensch und sein Leib, Tübingen 1962. PLÜGGE, H.: Wohlbefinden und Mißbefinden, Tübingen 1967. RICŒUR, P.: Philosophie de la volonté, 2 Bde., Paris 1950/1960. RICŒUR, P.: Kant et Husserl. In: Kant-Stud. 46 (1954), S. 44ff. RICŒUR, P.: Die Interpretation. Ein Versuch über Freud, Frankfurt/M. 1965. RICŒUR, P.: Die Fehlbarkeit des Menschen, Freiburg/München 1971a. RICŒUR, P.: Symbolik des Bösen, Freiburg/München 1971b. RICŒUR, P.: Hermeneutik und Strukturalismus. Der Konflikt der Interpretationen, Bd. 1, München 1973. RICŒUR, P.: Hermeneutik und Psychoanalyse. Der Konflikt der Interpretationen, 2 Bde., München 1974 (Bd. 1: 1974a; Bd. 2: 1974b). RITTER, J.: Die Lehre vom Ursprung und Sinn der Theorie bei Aristoteles. In: Ritter, J.: Metaphysik und Politik, Frankfurt/M. 1977, S. 9ff. ROGERS, C.: Entwicklung der Persönlichkeit, Stuttgart 1973. RÖHRS, H.: Forschungsmethoden der Erziehungswissenschaft, Stuttgart 1968. ROMBACH, H.: Aspekte der personalen Pädagogik, Freiburg 1959. ROMBACH, H.: Anthropologie des Lernens. In: Willmann-Institut (Hg.): Der Lernprozeß, Anthropologie, Psychologie, Biologie des Lernens, Freiburg/Basel/Wien 1969, S. 3ff. ROMBACH, H.: Phänomenologische Erziehungswissenschaft und Strukturpädagogik. In: Schaller, K. (Hg.): Erziehungswissenschaft der Gegenwart, Bochum 1979, S. 136ff. ROMBACH, H.: Phänomenologie des gegenwärtigen Bewußtseins, Freiburg/München 1980. ROMBACH, H. u. a.: Neuere Entwicklungen des Phänomenbegriffs. Phänomenologische Forschungen 9, Freiburg/München 1980. SARTRE, J.-P.: Das Sein und das Nichts, Hamburg 1962. SARTRE, J.-P.: Marxismus und Existentialismus, Reinbek 1964. SARTRE, J.-P.: Theorie der gesellschaftlichen Praxis. Kritik der dialektischen Vernunft, Bd. 1, Reinbek 1967. SCHAAL, H.: Sittliche Erziehung, Essen 1968. SCHALLER, K.: Die Krise der humanistischen Pädagogik und der kirchliche Unterricht, Heidelberg 1961. SCHALLER, K. (Hg.): Erziehungswissenschaft der Gegenwart, Bochum 1979. SCHAPP, W.: Philosophie der Geschichten, Leer 1959. SCHAPP, W.: In Geschichten verstrickt, Wiesbaden 1976. SCHELER, M.: Die Wissensformen und die Gesellschaft, Leipzig 1926. SCHELER, M.: Die Stellung des Menschen im Kosmos, Darmstadt 1928. SCHELER, M.: Der Formalismus in der Ethik und die materiale Wertethik. Neuer Versuch der Grundlegung eines ethischen Personalismus, Bern [4]1954. Scheler, M.: Schriften aus dem Nachlaß, Bd. 1, Bern 1957. Scheuerl, H.: Die exemplarische Lehre, Tübingen 1958. Scheuerl, H.: Das Spiel, Weinheim/Berlin 1959. Schmitz, H.: System der Philosophie, 5 Bde., Bonn 1964–1980. Schneider, K.: Das Problem der Beschreibung in der Erziehungswissenschaft, Heidelberg 1971. Schuhmann, K.: Husserl-Chronik. Denk- und Lebensweg Edmund Husserls, Den Haag 1977. Schulz, W.: Ich und Welt, Pfullingen 1979. Schütz, A.: Gesammelte Aufsätze, 3 Bde., Den Haag 1971/1972 (Bd. 1: 1971 a; Bd. 2: 1972; Bd. 3: 1971 b). Schütz, A.: Der sinnhafte Aufbau der sozialen Welt, Frankfurt/M. 1974. Schütz, A./Luckmann, Th.: Strukturen der Lebenswelt, Neuwied 1975. Seebohm, Th.: Die Bedingungen der Möglichkeit der Transzendental-Philosophie, Bonn 1962. Sokolowski, R.: The Formation of Husserl's Concept of Constitution, The Hague 1970. Speck, J. (Hg.): Problemgeschichte der neueren Pädagogik, 3 Bde., Stuttgart 1976. Spiegelberg, H.: The Phenomenological Movement, 2 Bde., Den Haag 1971 (Bd. 1: 1971 a; Bd. 2: 1971 b). Sprondel, W. M./Grathoff, R. (Hg.): Alfred Schütz und die Idee des Alltags in den Sozialwissenschaften, Stuttgart 1979. Stegmüller, W.: Hauptströmungen der Gegenwartsphilosophie, Stuttgart 1965. Strasser, S.: Phänomenologie und Erfahrungswissenschaft vom Menschen, Berlin 1964. Strasser, S.: Erziehungswissenschaft – Erziehungsweisheit, München 1965. Ströker, E. (Hg.): Lebenswelt und Wissenschaft in der Philosophie Edmund Husserls, Frankfurt/M. 1979. Szilasi, W.: Einführung in die Phänomenologie Edmund Husserls, Tübingen 1959. Theunissen, M.: Der Andere. Studien zur Sozialontologie der Gegenwart, Berlin 1965. Thiemann, F. (Hg.): Konturen des Alltäglichen, Königstein 1980. Thiersch, H. u. a.: Die Entwicklung der Erziehungswissenschaft, München 1978. Tugendhat, E.: Selbstbewußtsein und Selbstbestimmung, Frankfurt/M. 1979. Vandenberg, D.: Phenomenology and Educational Research. In: Denton, D. E. (Hg.): Existentialism and Phenomenology in Education, New York/London 1974, S. 183 ff. Vielhauer, Ph.: Oikodome. Das Bild vom Bau in der christlichen Literatur vom Neuen Testament bis Clemens Alexandrinus, Heidelberg 1952. Waelhens, A. de: Existence et signification, Paris 1967. Waldenfels, B.: Das Zwischenreich des Dialogs, Den Haag 1971. Waldenfels, B.: Der Spielraum des Verhaltens, Frankfurt/M. 1980. Waldenfels, B.: Phänomenologie in Frankreich, Frankfurt/M. 1983. Waldenfels, B. u. a. (Hg.): Phänomenologie und Marxismus, 4 Bde., Frankfurt/M. 1977/1978/1979 (Bd. 1, 2: 1977, Bd. 3: 1978, Bd. 4: 1979). Winch, P.: Die Idee der Sozialwissenschaften und ihr Verhältnis zur Philosophie. Frankfurt/M. 1966. Wittgenstein, L.: Philosophische Untersuchungen. Schriften 1, Frankfurt/M. 1969, S. 276 ff. Wuchterl, K.: Methoden der Gegenwartsphilosophie, Bern 1977. Wulf, Ch.: Theorien und Konzepte der Erziehungswissenschaft, München 1978.

Werner Loch

Pädagogik, psychoanalytische

Grundbegriffe. Obwohl Freud, der Begründer der Psychoanalyse, sich nie systematisch mit pädagogischen Fragestellungen beschäftigt hat, wirken ihre Ergebnisse nachhaltig in die Theorie und Praxis der Pädagogik hinein. Anknüpfungspunkt des pädagogischen Interesses waren zunächst die Erkenntnisse über die Zusammenhänge von kultureller Sexualmoral, triebfeindlicher Erziehung und neurotischen Erkrankungen sowie über die Entwicklungsprozesse der kindlichen Sexualität. Auch wenn die Psychoanalyse zunächst nur ärztlich-therapeutisches Verfahren sein wollte und die ersten theoretischen Arbeiten vornehmlich im Bereich der Neurosen- und Krankheitslehre angesiedelt waren, umfaßt sie nach Freud dreierlei: Sie «ist der Name erstens eines Verfahrens zur Untersuchung seelischer Vorgänge, welche sonst kaum zugänglich sind; zweitens eine Behandlungsmethode neurotischer Störungen, die sich auf diese Untersuchung gründet; drittens eine Reihe von psychologischen, aus solchem Wege gewonnenen Einsichten, die alle allmählich zu einer neuen wissenschaftlichen Disziplin zusammenwachsen» (S. FREUD 1955a, S. 211).

Bereits Ende des 19. Jahrhunderts hatte Freud *unbewußte Konflikte* als einen wesentlichen Faktor in der Entstehung von Neurosen betrachtet und die Ansicht vertreten, daß die Dissoziation früherer Erlebnisse vom Bewußtsein ein Hauptmoment bei der Entstehung dieser psychischen Krankheiten bildet. Das Ziel seiner neu entwickelten Behandlungsmethode bestand darin, den Patienten mittels seiner Gefühlserlebnisse und Assoziationen die Verknüpfungen seiner gegenwärtigen Gefühle und Symptome mit seinen vergangenen Erlebnissen auffinden zu lassen. Im Verlauf der Behandlungen stellte sich heraus, daß die abgewehrten peinlichen Inhalte zumeist sexueller Natur waren und in Kollision mit den ethisch-moralischen Wertvorstellungen und den ästhetischen Empfindungen des Ich-Bewußtseins geraten waren.

Freud vertrat die Auffassung, daß die der Abwehr anheimgefallenen Affekte auf real stattgefundene Ereignisse (Traumata) in der frühen Kindheit zurückzuführen seien. In diesem frühen Konfliktmodell, der sogenannten Trauma-Theorie, wurde das neurotische Symptom als Ausdruck eines Konflikts zwischen der Erinnerung und der Abwehr dieses Traumas verstanden. 1897 gab er diese «Verführungstheorie» auf, als er feststellen mußte, daß die (traumatisierenden) sexuellen Verführungen, an die sich die Patienten zu erinnern glaubten, häufig keine realen Ereignisse zur Grundlage hatten, sondern Schilderungen von → *Phantasien* waren. Mit dieser Wendung richtete sich nunmehr das therapeutische und theoretische Interesse auf *unbewußte* Wünsche, Triebregungen und Konflikte sowie auf die Art und Weise, wie diese sich im Erleben und Handeln von neurotischen (etwa in Gestalt von Symptombildung, Verhaltens- und Charakterstörungen) und nicht-neurotischen Individuen (Fehlleistungen, Träumen) äußern.

Freuds Auffassungen über die Genese, Struktur und Dynamik unbewußter Konflikte sowie über die Rolle und Funktion des Ichs im psychischen Geschehen blieb zahlreichen Umgestaltungen unterworfen, bis sie Anfang der 20er Jahre (vgl. S. FREUD 1955b) im Strukturmodell der Persönlichkeit (= Unterscheidung des psychischen Apparates in die drei

Instanzen Es, →Ich und Über-Ich) festere Umrisse gewannen. Damit wurde das bisherige «topographische» Modell des psychischen Apparates weiter differenziert, das drei Systeme – das Unbewußte, das Vorbewußte und das Bewußte – unterschied und in dem das Ich noch vorwiegend mit bewußten psychischen Akten gleichgesetzt wurde. Mit der Konzeptualisierung des Instanzenmodells wurden unbewußte Konflikte nicht nur zwischen den Instanzen Es, Ich und Über-Ich gefaßt, sondern auch als Konflikte zwischen Wünschen und Regungen innerhalb einer Instanz. Ins Zentrum des Interesses rückte nun das Ich mit seinen auch unbewußten Anteilen (*Abwehrmechanismen*), jene Persönlichkeitsinstanz, die über die Wahrnehmung, das Denken und die Motorik verfügt, die die (sexuellen und aggressiven) Triebregungen kontrolliert sowie zwischen ihnen, den Anforderungen der sozialen Realität und der moralischen Instanz des Gewissens (Über-Ich) zu vermitteln hat.

Ziel der psychoanalytischen Behandlung ist die Bewußtmachung von verdrängten konflikthaften Erlebnisinhalten. Grundlegend für die Psychoanalyse als therapeutisches Verfahren ist die Analyse und das Verständnis von Übertragungs- und Gegenübertragungsprozessen. *Übertragungen* sind nach psychoanalytischer Auffassung als unbewußte Wiederholungen lebensgeschichtlich früherer Wahrnehmungs-, Erlebens- und Beziehungsweisen zu verstehen, die im Rahmen der therapeutischen Situation und der aktuellen Beziehung des Patienten zum Analytiker wiedererlebt werden (vgl. Racker 1982). Komplementär zu den Übertragungen des Patienten sind die sogenannten *Gegenübertragungen* des Analytikers zu sehen. Diese sind als gefühlsmäßige Reaktionen (Phantasien, Impulse, Einfälle) des Analytikers auf diese Einstellung des Patienten zu verstehen. Die Gegenübertragung des Analytikers kann als ein wichtiges verstehensförderndes Instrument in der Beziehung zwischen Therapeut und Patient gesehen werden. Übertragungen, als eine Art unbewußte Wirkungsschicht, existieren nicht nur in der psychoanalytischen Situation, sondern auch in jeder pädagogischen →Interaktion zwischen Erziehern und Zöglingen beziehungsweise in jeder Form menschlicher Kommunikation und Beziehung. Gleichwohl wird ihr Auftreten durch die analytische Situation begünstigt, die darauf abzielt, Übertragungs- und Regressionsprozesse aus therapeutischen und diagnostischen Gründen zu fördern. Deren basale Regeln sind: die Grundregel der «freien Assoziation», die dem Patienten auferlegt, alles zu erzählen, was ihm in den Sinn kommt, ohne seine Phantasien und Einfälle in irgendeiner Form einer Selektion oder Kontrolle zu unterwerfen, und die Regel der «gleichschwebenden Aufmerksamkeit» für den Therapeuten. Diese fordert vom Analytiker für alle Arten von Gedanken, Phantasien und Assoziationen, die in sein →Bewußtsein treten, offen zu sein und gleichzeitig dem Patienten zuzuhören und ihn zu beobachten. Ein weiteres Merkmal ist die Neutralitätsregel, die dem Therapeuten auferlegt, sich jeglicher Wertung zu enthalten sowie die Abstinenzregel, die darin besteht, daß der Analytiker dem Patienten die Befriedigung infantiler Wünsche und Rollenzuweisung versagt.

Grundlage aller pädagogischen Impulse, die von der Psychoanalyse ausgingen, war deren neuartige Sichtweise über die kindliche →Entwicklung, die ein verändertes Verständnis von den Mitteln und Zielen sowie von der Dynamik des Erziehungsprozesses mit sich brachte. «Ein Erzieher kann nur sein, der sich in das kindliche Seelenleben einfühlen kann, und wir Erwachsenen verstehen die Kinder nicht, weil wir unsere eigene Kindheit nicht mehr verstehen. Unsere eigene Kindheitsamnesie ist ein Beweis dafür, wie sehr wir ihr entfremdet sind» (S. FREUD 1964a, S. 419f). Insbesondere die Entdeckung der frühkindlichen Sexualität und die Enthüllung der Bedeutung der allerersten Lebensjahre sowohl für die psychische und soziale Entwicklung des Individuums als auch für die Entstehung der Neurosen ist Freuds Verdienst.

Grundlegend für das psychoanalytische Verständnis der Sexualentwicklung wie auch für die Entwicklung anderer psychosozialer Prozesse (wie etwa der Ich-Funktionen und der Objektbeziehungen) ist die Auffassung, daß lebensgeschichtlich frühere Funktionen und Strukturen die Basis für spätere Entwicklungsprozesse abgeben. Gemäß dieser biographisch-genetischen Betrachtungsweise entwickelt sich die Sexualität des erwachsenen Menschen im Rahmen früher bedeutsamer Interaktionserfahrungen phasenhaft aus infantilen Vorstufen, deren Fixierung beim Erwachsenen die Grundlage für spätere neurotische Erkrankungen bilden können. Das sogenannte Phasenmodell der psychosexuellen Entwicklung – die klassische Psychoanalyse Freuds hatte sich zunächst vornehmlich mit der *Triebentwicklung* auseinandergesetzt – beschäftigt sich mit den Reifungs- und Entwicklungsphasen der Sexualtriebe (= Theorie der Libido-Entwicklung), der Entwicklung der Objektbeziehungen und der Ich-Organisation, die sich in phasenhafter, phasenspezifischer Interaktion mit der Objektwelt herauskristallisiert. Es benennt die einzelnen, fließend ineinander übergehenden prägenitalen Entwicklungsphasen in Anlehnung an Körperfunktionen beziehungsweise -organe, die in einer bestimmten Reihenfolge als erogene Zone auftreten: den Mund (orale Phase), den After (anale Phase), das – männliche – Genital (phallisch-genitale Phase). Nach der Latenzzeit, in der sexuelle Bedürfnisse in unserer Kultur kaum eine Rolle spielen, findet erst in der Pubertät eine definitive Formierung des Sexuallebens statt. Jede dieser Phasen beinhaltet nicht nur spezifische Arten des Lustgewinns, sondern umfaßt immer auch – phasenspezifische – Ängste, Ambivalenzen, Konflikte und Abwehrformen.

Einer der bedeutsamsten frühen Konflikte in der lebensgeschichtlichen Entwicklung ist mit dem Übergang von dyadischen (Mutter-Kind-)Beziehungen zu Dreiecksbeziehungen verknüpft und in der sogenannten phallischen Phase (3–5 Jahre) angesiedelt: der ödipale Konflikt beziehungsweise der Ödipuskomplex. In Anlehnung an den griechischen Mythos vom König Ödipus, der der Prophezeiung des Orakels entsprechend seinen Vater tötete und seine Mutter heiratete, hat Freud mit dem Begriff des Ödipuskomplexes zunächst die inneren Konflikte des kleinen Jungen zwischen sexuell-inzestuösen Wünschen gegenüber der Mutter und den – bei aller gleichzeitigen Liebe und Bewunderung – feindseligen Gefühlen gegenüber dem als Rivalen empfundenen Vater beschrieben (Ambivalenzkonflikt, Strafängste und Kastrationsphantasien). Freuds Versuch, die weibliche ödipale Entwicklung analog zur männlichen zu formulieren, ist besonders aus feministisch-psychoanalytischer Sicht kritisiert worden (vgl. Olivier 1987). Im Ödipuskomplex wird trotz aller kulturellen und gesellschaftlichen Unterschiede in den sozialisatorischen Bedingungen eine doppelte Differenzerfahrung, die der Geschlechter und der Generationen, sichtbar und konflikt- beziehungsweise krisenhaft erlebt. Dabei sind weniger die «realen» Eltern als vielmehr die Elternimagines, das heißt die verinnerlichten Bilder der Eltern, die nicht nur die tatsächlichen Verhaltensweisen und Charakterzüge abbilden, sondern vor allem auch die Gefühle und Phantasien, die ihnen entgegengebracht werden, von letztlich ausschlaggebender Bedeutung für das Ausmaß und den Ausgang des Konflikts. Eine idealtypische Auflösung des ödipalen Konflikts wird darin gesehen, daß das Kind auf seine inzestuösen Wünsche verzichtet, sich mit dem gleichgeschlechtlichen Elternteil identifiziert und dadurch dessen Ge- und Verbote als Kern des Über-Ichs in seine psychische Struktur aufnimmt.

Psychoanalyse und Erziehung. Mit dem ersten ätiologischen Konzept Freuds (der Trauma-Theorie) war die Hoffnung verbunden, mittels der psychoanalytischen Kenntnisse über die schädigenden Einflüsse einer triebunterdrückenden Erziehung eine psychoanalytisch aufgeklärte Erziehung zu realisieren, die im Sinne einer allgemeinen Neurosenprophylaxe wirksam werden sollte. Basierend auf dieser Leitidee stellten sich die analytisch orientierten Erzieher die Aufgabe, ein entwicklungsförderndes, angstfreies Erziehungsmilieu zu schaffen, das den Heranwachsenden nach Möglichkeit lebensgeschichtliche Traumata, Hemmungen und Versagungen ersparen sollte. Daß dennoch die Triebbedürfnisse des Kindes Regelungs- und Steuerungsprozessen unterworfen werden müssen, stellt Erziehung vor das Problem, ihren Weg «zwischen der Skylla des Gewährenlassens und der Charybdis des Versagens» (S. Freud 1961, S. 160) zu suchen.

Ins Zentrum des pädagogischen Bemühens rückten Fragen und Probleme der Trieberziehung. Anknüpfend an die psychoanalytische Auffassung eines prinzipiellen Konflikts zwischen (kindlichen) Triebwünschen und – notwendig immer auch – versagender (elterlicher und sozialer) Realität, galt ihr erkenntnisleitendes Interesse der Frage nach den Möglichkeiten und Bedingungen einer Ablösung beziehungsweise Modifikation des primären kindlichen Luststrebens. Unter dem Stichpunkt einer «Erziehung zur Realität» (S. Freud) wurde das Ziel einer psychoanalytisch aufgeklärten Erziehung in einer sukzessiven Einführung und Stärkung des Realitätsprinzips gesehen, welches unter Einbeziehung der (kindlichen) Triebbedürfnisse eine bewußte Vorherrschaft der Vernunft und der Rationalität über die Kräfte der Triebregungen und deren Lustprinzip sicherstellen und dadurch – pathogenen – Verdrängungen den Boden entziehen sollte. Eine so verstandene Erziehung, die als Beitrag und «Anregung zur Überwindung des Lustprinzips, zur Ersetzung desselben durch das Realitätsprinzip» (S. Freud 1964b, S. 236) betrachtet wurde, sah es als ihre Aufgabe, dem zu Erziehenden auf der Basis von Befriedigung stiftenden Beziehungen die Fähigkeit zu vermitteln, schrittweise auf unmittelbare, kurzfristige Befriedigung zu verzichten, Triebaufschub zu lernen. Dadurch sollten sie befähigt werden, unter Einbeziehung und Prüfung der gesellschaftlichen und individuellen Möglichkeiten zu längerfristig gesicherten und kontinuierlichen Befriedigungsmöglichkeiten zu gelangen. Erziehung zum Realitätsprinzip bedeutet nicht eine unkritische Anpassung an Triebverzicht fordernde gesellschaftliche Normen und Anforderungen, sondern beinhaltet vielmehr die lebensgeschichtlich zu erwerbende Fähigkeit, diese mit den eigenen (Trieb-)Wünschen zu vermitteln.

Geschichte. Wenngleich bereits 1908 der Freud-Schüler Ferenczi Überlegungen über das Verhältnis von Psychoanalyse und Erziehung angestellt, Pfister (1913) und Zulliger (1924) sich um die Realisierung einer psychoanalytisch orientierten Erziehung in der Schule bemüht hatten, so wurden doch erst in den 20er und 30er Jahren des 20. Jahrhunderts – der Blütezeit der psychoanalytischen Pädagogik (vgl. Rehm 1971) – erste *systematische* Versuche unternommen, eigene Konzepte und Methoden auf psychoanalytischer Basis zu entwickeln und zu erproben. In den 20er Jahren haben etwa Bernfeld (1925), Aichhorn (1925) und Schmidt (1924) in pädagogischen Institutionen – Fürsorge- und Kinderheimen – versucht, auf der Grundlage psychoanalytischer Erkenntnisse alternative Erziehungskonzepte zu verwirklichen. Ihren publizistischen Ausdruck fand die psychoanalytisch-pädagogische Bewegung in der «Zeitschrift für psychoanalytische Pädagogik» (1926–1937). Der Beitrag der Psychoanalyse für die pädagogische Theorie und das erzieherische Handeln wurde in folgenden Punkten gesehen: in der Erweiterung der Kenntnisse über die kindlichen Entwicklungsprozesse, Konflikte und Erlebensweisen; in der Förderung eines vertieften Verständnisses des Erziehers für die unbewußte Beziehungsdynamik zwischen ihm und den Zöglingen, was anfänglich mit der Forderung verknüpft war, sich als Erzieher selbst einer Einzelanalyse zu unterziehen. Psychoanalytische Erkenntnisse wurden weiterhin als Grundlage für eine Kritik der öffentlichen wie privaten Erziehung betrachtet, die aufzuzeigen vermag, welche erzieherischen Einflüsse der familiären und sozialen Umwelt die Entwicklung des Kindes beeinträchtigen und deshalb einer Veränderung bedürfen. Ferner wurde die Kinderanalyse als ein legitimes Betätigungsfeld psychoanalytischer Pädagogik verstanden (vgl. A. Freud 1973).

Ein Großteil der psychoanalytischen Erzieher der 20er und 30er Jahre richtete bei der praktischen Arbeit mit Kindern und Jugendlichen das Augenmerk primär auf die Beschreibung und Analyse der unbewußten Beziehungen und Konflikte zwischen Erziehern und Zöglingen. Damit geriet jedoch die Abhängigkeit der →Erziehungsziele, -normen und -prozesse von den historisch-gesellschaftlichen Bedingungen und den institutionellen Strukturen der einzelnen pädagogischen Praxisfelder aus dem Blickfeld. Vor allem Bernfeld, der sich einem Verständnis vor Psychoanalyse als kritischer Sozialpsychologie verpflichtet sah und an der Idee einer Verknüpfung von marxistischer Gesellschaftsanalyse und psychoanalytisch orientierter Erziehungstheorie und -praxis festhielt, hat in seinen Arbeiten (1925, 1929) die Vernachlässigung von klassen- und schichtspezifischen Unterschieden in den Erziehungs- und Sozialisationsprozessen kritisiert (vgl. Bernfeld 1971, 1973). Zum einen wies er darauf hin, daß der «soziale Ort», in dem Kinder und Jugendliche aufwachsen, unterschiedliche Entwicklungsmöglichkeiten setzt und in der analytisch orientierten Pädagogik eine Berücksichtigung finden müsse. Zum anderen machte er deutlich, daß diese ihre Erziehungsziele nicht aus sich selbst heraus begründen kann, sondern drei Grenzen der Erziehung zu reflektieren habe, zwei psychologische Grenzen: die Erziehbarkeit des Kindes und die Erziehungsfähigkeit des Erziehers, und eine, in den institutionellen Bedingungen begründete, soziale Grenze.

Mehrere Aspekte führten in den späten 30er Jahren dazu, das Konzept einer psychoanalytischen Pädagogik neu zu fassen. Zum einen waren die Erfahrungen und Ergebnisse psychoanalytischer Erziehungsversuche teilweise enttäuschend. So wurden etwa zunehmend die Grenzen einer nach rationalen Prinzipien organisierten und aufklärerisch orientierten Geschlechtererziehung deutlich, da die Kinder innerpsychisch weiterhin an ihren eigenen infantilen Sexualtheorien festhielten (vgl. Rehm 1971). Zum anderen führten vermehrte therapeutische Erfahrungen zu Akzentverschiebungen in der Theorieentwicklung, wobei mit der Ausdifferenzierung des psychoanalytischen Konflikt- und Entwicklungsmodells auch die Differenzen zwischen psychoanalytischer und pädagogischer Praxis verstärkt ins Bewußtsein rückten. Eine Schwerpunktverlagerung hinsichtlich Selbstverständnis, Zielsetzung und Methode der psychoanalytischen Erziehung wurde 1937 auf dem Budapester Symposium deutlich, das die «Revision der psychoanalytischen Pädagogik» zum Thema hatte. Im Zentrum des pädagogischen Interesses stand nun nicht mehr die Trieberziehung des Kindes, sondern dessen Erziehung zur Ich-Stärke.

Bornstein-Windholz hat darauf hingewiesen, daß ein pädagogisches →Handeln, das sich nur abstinent und verstehend-deutend auf die Lebensäußerungen der Heranwachsenden bezieht, dysfunktional ist: «Es besteht die Neigung, Kindern Schwierigkeiten aus dem Wege zu räumen, Hemmungen, die sie haben, schonend zu behandeln. Das Erziehungsziel, Stärkung des Ichs durch Herabsetzungen der Angsterlebnisse, führt aber auf diesem Wege zum Gegenteil: Die verwöhnten Kinder zeigen der Realität gegenüber ein besonders schwaches Ich» (Bornstein-Windholz 1964, S. 77). Im Unterschied zum pädagogischen Optimismus der frühen psychoanalytischen Pädagogik der 20er Jahre kristallisierte sich im wissenschaftlichen →Diskurs der 30er Jahre zunehmend eine pessimistische Einschätzung hinsichtlich der Möglichkeiten einer Neurosenprophylaxe heraus. 1938 mußte die «Zeitschrift für psychoanalytische Pädagogik» auf Druck der Nationalsozialisten ihr Erscheinen einstellen. Ihre Nachfolge trat ab 1945 «The Psychoanalytic Study of the Child» an, die zunehmend pädagogische Fragestellungen ausblendete und sich dann fast ausschließlich Problemen der Kinderpsychologie sowie der Theorie und Praxis der Kinderanalyse widmete. Nach der Zerschlagung der psychoanalytischen Bewegung durch den Nationalsozialismus und nach der Emigration vieler Analytiker gab es nach 1945 zunächst nur einige Projekte einer psychoanalytischen Pädagogik, die fast ausschließlich – wie die Konzeptionen von Redl (vgl. 1979), Bettelheim (vgl. 1971) in den USA und später von Mannoni (vgl. 1973) in Frankreich – im Bereich der therapeutischen Heimerziehung mit schwergestörten Kindern und Jugendlichen angesiedelt waren. Erst in den 60er Jahren wurde von Teilen der Studentenbewegung die gesellschaftstheoretische und pädagogische Relevanz der Psychoanalyse, die als eine kritische Theorie des Subjekts gefaßt wurde, wiederentdeckt. Mit ihrer Hilfe sollten die Individuen, die dem Erziehungsprozeß unterworfen sind, in die Lage versetzt werden, Subjekte dieses Vorgangs zu werden, und Erzieher wie zu Erziehende gleichermaßen dazu befähigen, die Motive, Antriebe und Bedingungen ihres eigenen Erlebens und Handelns zu erkennen und dadurch verfügbarer zu machen. Vor allem die psychoanalytischen Erkenntnisse über die psychosexuelle Entwicklung des Kindes und die Kritik an der gesellschaftlichen und familialen Unterdrückung der kindlichen Sexualität fanden Eingang in die Theorie und Praxis der antiautoritären Erziehung (Kinderladenbewegung). Die Psychoanalyse wurde als ein Medium der Reflexion und Selbstreflexion erzieherischen Handelns begriffen. Gegen eine triebunterdrückende Erziehung gerichtet und unter dem Gesichtspunkt der Befreiung der kindlichen Sexualität lag ein zentrales Anliegen der antiautoritären Erziehung (→ Erziehung, antiautoritäre) darin, den zu Erziehenden dazu zu verhelfen, ihre eigenen (sexuellen) Bedürfnisse wahrzunehmen, zu äußern und zu befriedigen.

Im Rahmen der Auseinandersetzung mit Autoren wie Marcuse, Reich, Fenichel und anderen, die in der kultur- und gesellschaftskritischen Tradition der Freudschen Psychoanalyse standen, wurde in den 60er und 70er Jahren der Versuch gemacht, in Anknüpfung an gesellschaftskritische Traditionen der psychoanalytischen Pädagogik der 30er Jahre (vor allem an Bernfeld), das Verhältnis von Psychoanalyse und Pädagogik als gesellschaftstheoretisches Paradigma zu konzeptualisieren (vgl. FÜCHTNER 1979). Obwohl die Impulse der antiautoritären Bewegung für die Weiterentwicklung einer psychoanalytisch orientierten Pädagogik, zumindest, was deren gesellschaftstheoretische Fundierung anbetrifft, unbestreitbar sind, so war die Rezeption der Psychoanalyse für die Pädagogik und insbesondere deren Anwendung im Rahmen der antiautoritären Erziehungspraxis aus mehreren Gründen problematisch: Die psychoanalytische Triebtheorie respektive deren Modifizierung wurde oft nur bruchstückhaft angeeignet und zumeist aus ihren historischen und klinischen Kontexten herausgelöst. So wurde etwa die seit den 40er Jahren erfolgte Akzentverschiebung in der Theorieentwicklung, von der klassischen Psychoanalyse Freuds hin zur Ich-Psychologie, kaum zur Kenntnis genommen. Weiterhin fand die Revision der psychoanalytischen Pädagogik in den späten 30er Jahren und deren pessimistische Einschätzung hinsichtlich der Wirkungsmöglichkeiten einer psychoanalytisch orientierten Erziehung kaum Beachtung (zur Diskussion des «Summerhill»-Erziehungsexperiments von Neill vgl. kritisch BIGEAULT/TERRIER 1978). Als ein zentrales Defizit in der sozialen Anwendung der Psychoanalyse im Rahmen der antiautoritären Erziehung kann die systematische Verkennung der Bedeutung von Übertragungs- und Gegenübertragungsprozessen im erzieherischen Handeln gesehen werden (vgl. BITTNER 1972). Der größte Teil der wissenschaftlichen Literatur der psychoanalytischen Pädagogik befaßte sich entweder mit der Bestandsaufnahme historischer Konzepte (vgl. BITTNER/REHM 1964), der Zusammenstellung älterer und neuerer Arbeiten (vgl. CREMERIUS 1971) oder der geschichtlichen Rekonstruktion (vgl. BITTNER 1972, FÜCHTNER 1979), ohne daß dabei wesentlich neue Gesichtspunkte hinsichtlich Selbstverständnis, Methode und Zielsetzung einer psychoanalytischen Pädagogik erarbeitet werden konnten.

Füchtner hat von einem Verschwinden der psychoanalytischen Pädagogik nach dem Zweiten Weltkrieg beziehungsweise deren Auflösung in Kindertherapie und psychoanalytische Sozialisationstheorie gesprochen. Als Grund hat er unter anderem die Vertreibung und Medizinalisierung der Psychoanalyse im Exil angeführt (vgl. FÜCHTNER 1979). Diese Auffassung vom Verschwinden der psychoanalytischen Pädagogik ist nicht unwidersprochen geblieben (vgl. BITTNER/ERTLE 1979). Ebenso wie in der wissenschaftlichen Literatur die Frage nach den Gründen des Scheiterns der historischen psychoanalytischen Pädagogik unterschiedlich beantwortet wird, wird auch die Frage, ob nach dem Zweiten Weltkrieg eine eigenständige Weiterentwicklung der psychoanalytischen Pädagogik stattgefunden hat beziehungsweise ob es eine eigenständige psychoanalytische Pädagogik überhaupt geben kann, kontrovers diskutiert.

Stand und Perspektiven. Auch wenn weitgehend Einigkeit darüber herrscht, daß die psychoanalytische Pädagogik der 20er und 30er Jahre «an einem unpräzisen Selbstverständnis und illusionären Erwartungen» (BITTNER 1972, S. 185) gescheitert ist und der Beitrag der Psychoanalyse für die Pädagogik lediglich in einer «Konflikthilfe im Vorfeld des Therapeutischen, d. h. als Hilfe bei der Lösung noch nicht pathologisch verfestigter Konflikte» (BITTNER 1972, S. 185) gesehen werden kann, so muß eine psychoanalytische Pädagogik ihren Gegenstandsbereich sowie ihren wissenschaftstheoretischen und methodischen Standort neu definieren. In der Diskussion der 80er Jahre lassen sich drei Positionen ausmachen:

KÖRNER zufolge (vgl. 1980; vgl. hierzu auch MILLOT 1982) muß der Versuch, eine eigenständige psychoanalytische Pädagogik zu entwikkeln, scheitern, nicht nur wegen der Unmöglichkeit einer allgemeinen Neurosenprophylaxe, sondern vor allem wegen struktureller Differenzen zwischen pädagogischer und psychoanalytischer Arbeit: So besteht ein Gegensatz zwischen dem notwendigerweise zielorientierten pädagogischen Handeln und der auf thematische Strukturierung verzichtenden analytischen Arbeit. Gleichzeitig geht es im pädagogischen Prozeß primär um «reale» Personen beziehungsweise um realitätsorientierte Beziehungen zwischen →Erzieher und Zögling, während der analytische Prozeß Übertragungsbeziehungen fördert und das Augenmerk auf innerpsychische Realitäten richtet. Psychoanalytisches Setting (situatives Arrangement) und analytische Methode sind nach Körner untrennbar miteinander verbunden. Nur unter der Bedingung einer strikten Trennung von Psychoanalyse und Pädagogik kann die Psychoanalyse für die Pädagogik folgende beiden Beiträge leisten: Sie kann zum einen zur Kritik erzieherischen Handelns und pädagogischer Institutionen dienen (zur psychoanalytischen Kritik der Schule: vgl. Muck 1980). Zum anderen bietet sie durch die Inanspruchnahme psychoanalytischer Wahrnehmungs- und Verstehenskompetenz eine Möglichkeit zu begleitender Reflexion pädagogischer Praxis in Form von Balint-Gruppen, Supervision und Institutionenberatung.

In einer zweiten Position hebt auch Bittner bei seinem Versuch, psychoanalytisches und pädagogisches Handeln aufeinander zu beziehen, zunächst die strukturellen Unterschiede hervor, wenn er darauf verweist, daß die verhaltens- und erlebensverändernde Wirksamkeit der analytischen Methode an ein festgelegtes Setting gekoppelt ist. Im Gegensatz zu Körner vertritt er jedoch die Auffassung, daß die psychoanalytische Reflexion konflikthafter erzieherischer Prozesse mit Überlegungen zum pädagogischen Handeln durchaus vermittelbar sei: dies allerdings nur unter der Voraussetzung, daß zum einen eine Reflexion der veränderten Bedingungen und institutionellen Strukturen des pädagogischen Handlungsfeldes, zum anderen eine Akzentverlagerung von einer «deutungszentrierten zu einer handlungszentrierten Reflexion» (Bittner 1973, S. 212) im pädagogischen Feld erfolgt. Die Beachtung psychodynamischer Prozesse und die Reflexion des Eigenanteils des Pädagogen an konflikthaften pädagogischen Situationen sollen dazu dienen, die unbewußten Aspekte pädagogischer Kommunikation zu verstehen und sie in nicht-deutende Interventionen umzusetzen. Eine Bewußtmachung unbewußter Konflikte und die Aufdeckung und Bearbeitung von Widerständen kann in diesem Verständnis kein Ziel sein. Handlungsleitend für nicht-deutende Einflußnahmen auf den zu Erziehenden ist die Intention, diesen zu befähigen, mit seinen Konfliktneigungen besser umgehen zu können, Selbst- und Fremderleben zu fördern und das Spektrum seiner Wahrnehmungs-, Erlebens- und Handlungsspielräume zu erweitern. Der Erziehungswissenschaft bietet die Psychoanalyse als Theorie und Praxis nach Bittner folgendes: eine Verstehenslehre, eine Beziehungslehre, eine Wirkungslehre und Bausteine zu einer pädagogischen Anthropologie (vgl. Bittner 1985).

Nach Trescher (vgl. 1985), der eine dritte Position vertritt, basiert die Auffassung von Körner auf einem doppelten Mißverständnis: einer unzulässigen Identifizierung von analytischer Methode und klinischer Behandlungstechnik, was eine Reduktion der Psychoanalyse auf ein therapeutisches Heilverfahren impliziere; und einem technizistisch verkürzten Erziehungsverständnis, welches erzieherische Praxis auf instrumentelles Handeln reduziere. Die psychoanalytische Methode, historisch als Behandlungsverfahren entwickelt, muß, insofern sich Psychoanalyse als kritisch-hermeneutische Sozialwissenschaft versteht, neu gefaßt und als ein *«allgemeines Metakommunikation und Selbstreflexion ermöglichendes und erforderndes Verfahren verstanden werden»* (Trescher

1985, S. 11). Sie muß feldspezifisch modifiziert werden, um eine der pädagogischen Situation angemessene psychoanalytische Reflexion unbewußter Sinnzusammenhänge erzieherischen Handelns zu ermöglichen. In Anlehnung an das Modell des psychoanalytischen Verfahrens wird Erziehung als ein dialogischer Erziehungsprozeß gefaßt und ein Erziehungsverständnis entwickelt, das Verstehensprozessen Priorität einräumt: «Die Forderung zu verstehen ist es, die die Psychoanalytische Pädagogik auszeichnet. Sie muß darauf beharren, daß die Absicht zu erziehen durch den Wunsch zu verstehen ablösbar sei» (TRESCHER 1985, S. 186). Auch wenn Verstehen – ein Prozeß, der idealiter Empathie, Introspektion und die Reflexion der eigenen Teilhabe des Pädagogen am Beziehungsgeschehen beinhaltet – nicht nur als ein nachvollziehendes, sondern zugleich auch als interaktiv-förderndes Geschehen unter den Bedingungen institutioneller Realität gefaßt wird, birgt diese Konzeptualisierung von psychoanalytischer Pädagogik als angewandter Psychoanalyse die Gefahr, den pädagogischen Prozeß interaktionistisch aufzulösen und dabei den Unterrichtsgegenstand (Lerninhalte) sowie die institutionelle Organisation des Erziehungswesens aus dem Blickfeld zu verlieren.

Wie immer auch die drei Positionen in ihren Differenzen zu bewerten sind und die Frage nach der Möglichkeit der Konzipierung einer eigenständigen psychoanalytischen Pädagogik beantwortet wird, so scheint es doch notwendig, daß die Vermittlung psychoanalytischer Wahrnehmungs- und Verstehenskompetenz in die Aus- und Fortbildung von →Lehrern, Erziehern, Sozialpädagogen ... integriert wird. Voraussetzung dafür ist eine enge Kooperation zwischen Psychoanalytikern und Pädagogen. Mit der psychoanalytischen Reflexion pädagogischen Handelns ist weniger die Fähigkeit gemeint, psychoanalytische Kenntnisse zur Anwendung zu bringen, als vielmehr pädagogische Prozesse in psychodynamischer Hinsicht und unter Reflexion des Eigenanteils des Pädagogen an konflikthaftem Beziehungsgeschehen erschließen und mit angemessenen Handlungen beantworten zu können.

BERNFELD, S.: Der soziale Ort und seine Bedeutung für Neurose, Verwahrlosung und Pädagogik (1929). In: Bernfeld, S.: Antiautoritäre Erziehung und Psychoanalyse, Bd. 1, hg. v. L. v. Werder u. R. Wolff, Frankfurt/M. 1971, S. 198ff. BERNFELD, S.: Sisyphos oder die Grenzen der Erziehung (1925), Frankfurt/M. 1973. BETTELHEIM, B.: Liebe allein genügt nicht, Stuttgart [2]1971. BIGEAULT, J.-P./TERRIER, G.: Von der Psychoanalyse zur Anti-Erziehung. In: Chasseguet-Smirgel, J. (Hg.): Wege des Anti-Ödipus, Berlin/Wien 1978, S. 78ff. BITTNER, G.: Psychoanalyse und soziale Erziehung, München [3]1972. BITTNER, G.: Psychoanalyse und das Handeln des Erziehers. In: Z. f. P. 19 (1973), S. 203ff. BITTNER, G.: Der psychoanalytische Begründungszusammenhang in der Erziehungswissenschaft. In: Bittner, G./Ertle, Ch. (Hg.): Pädagogik und Psychoanalyse, Würzburg 1985, S. 31ff. BITTNER, G./ERTLE, CH.: Ist die psychoanalytische Pädagogik verschwunden? In: Psyche 33 (1979), S. 973ff. BITTNER, G./

REHM, W. (Hg.): Psychoanalyse und Erziehung. Bern/Stuttgart 1964. BORNSTEIN-WINDHOLZ, S.: Mißverständnisse in der psychoanalytischen Pädagogik. In: Bittner, G./Rehm, W. (Hg.): Psychoanalyse und Erziehung, Bern/Stuttgart 1964, S. 75 ff. CREMERIUS, J. (Hg.): Psychoanalyse und Erziehungspraxis, Frankfurt/M. 1971. FREUD, A.: Einführung in die Technik der Kinderanalyse (1926), München [3]1973. FREUD, S.: Psychoanalyse und Libidotheorie (1923). Gesammelte Werke, Bd. 13, Frankfurt/M. [3]1955, S. 209 ff (1955 a). FREUD, S.: Das Ich und das Es (1923). Gesammelte Werke, Bd. 13, Frankfurt/M. [3]1955, S. 235 ff (1955 b). FREUD, S.: Neue Folge der Vorlesungen zur Einführung in die Psychoanalyse (1932). Gesammelte Werke, Bd. 15, Frankfurt/M. [3]1961. FREUD, S.: Das Interesse an der Psychoanalyse (1913). Gesammelte Werke, Bd. 8, Frankfurt/M. [4]1964, S. 389 ff (1964 a). FREUD, S.: Formulierung über die zwei Prinzipien des psychischen Geschehens (1911). Gesammelte Werke, Bd. 8, Frankfurt/M. [3]1964, S. 229 ff (1964 b). FÜCHTNER, H.: Einführung in die psychoanalytische Pädagogik, Frankfurt/M. 1979. KÖRNER, J.: Über das Verhältnis von Psychoanalyse und Pädagogik. In: Psyche 34 (1980), S. 769 ff. MANNONI, M.: Scheißerziehung, Frankfurt/M. 1973. MILLOT, C.: Freud, Antipädagoge, Berlin/Wien 1982. MUCK, M.: Psychoanalyse und Schule, Stuttgart 1980. OLIVIER, CH.: Jokastes Kinder. Die Psyche der Frau im Schatten der Mutter, Düsseldorf [4]1987. RACKER, H.: Übertragung und Gegenübertragung, München [2]1982. REDL, F.: Kinder, die hassen, München [3]1979. REHM, W.: Die psychoanalytische Erziehungslehre, München [2]1971. TRESCHER, H.-G.: Theorie und Praxis der Psychoanalytischen Pädagogik, Frankfurt/M. 1985.

Klaus Brauner

Pädagogik (Studium) → Erziehungswissenschaft (Studium); → Lehrerausbildung

Pädagogik, systematische

Aufgabe systematischer Pädagogik ist es, einen pädagogischen Grundgedanken zu entwickeln, der die handlungstheoretischen Fragestellungen der Erziehungswissenschaft und den Vermittlungszusammenhang von pädagogischer Praxis, pädagogischer Handlungstheorie und erziehungswissenschaftlicher Forschung klärt (vgl. FLITNER 1970, S. 9 f; vgl. BENNER 1987).

Was hierunter zu verstehen ist, läßt sich angesichts der Ausdifferenzierung der Pädagogik in wissenschaftliche Einzeldisziplinen und pädagogische Berufe an den Ansätzen systematischer Pädagogik sowie am geschichtlichen Wandel im systematischen Nachdenken über pädagogische Fragen aufzeigen. Die neuzeitliche Pädagogik hat diesen Wandel auf einen ersten Begriff gebracht, als sie Prinzipien pädagogischen Denkens und Handelns formulierte, welche die handlungstheoretischen Fragestellungen und Dimensionen neuzeitlicher Pädagogik begründen.

Die Ausdifferenzierung der Pädagogik. Die Erziehungswissenschaft gliedert sich heute in verschiedene Einzeldisziplinen, die nur mehr durch das lockere Band eines gemeinsamen Namens zusammengehalten werden. Zu den «Erziehungswissenschaften» gehören nicht nur Bereichspädagogiken wie etwa Schulpädagogik oder Sozialpädagogik, sondern auch mit dem Attribut «pädagogisch» oder einem Grundbegriff der Pädagogik versehene Disziplinen anderer Wissenschaften wie zum Beispiel die pädagogische Psychologie. Auch die pädagogische Praxis ist in eine Vielzahl beaufsichtigender, lehrender und das Verhalten kontrollierender Einzeltätigkeiten ausdifferenziert, die in keinem unmittelbar einsehbaren und sie verbindenden pädagogischen Zusammenhang stehen.

Vor diesem Hintergrund muß die Frage gestellt werden, ob überhaupt noch eine systematische Pädagogik denkbar und ein die wissenschaftlichen Einzeldisziplinen und pädagogischen Berufe verbindender pädagogischer Grundgedanke formulierbar sind (vgl. Ballauff 1984, Fischer 1984, Heitger 1984, Huschke-Rhein 1984, Lenzen 1987, Schütz 1984). Versteht man unter systematischer Pädagogik eine besondere erziehungswissenschaftliche Disziplin, die für Fragen zuständig ist, welche auf der Ebene der anderen Disziplinen und der pädagogischen Einzeltätigkeiten weder erörtert noch berücksichtigt werden können, so erweist sie sich als eine letztlich überflüssige Disziplin. Aus der Sicht der anderen Disziplinen und der verschiedenen pädagogischen Tätigkeiten kann systematischer Pädagogik dann jedenfalls keinerlei Bedeutung zukommen, wenn sie nur Aussagen allgemeinerer Art zu formulieren vermag. Versteht man dagegen systematische Pädagogik so, daß ihre Aussagen für die gesamte Erziehungswissenschaft und für alle pädagogischen Tätigkeiten gelten oder doch Geltung beanspruchen, so entsteht umgekehrt die Situation, daß systematische Pädagogik angesichts der Ausdifferenzierung der Erziehungswissenschaft und der fortschreitenden Arbeitsteilung in der pädagogischen Praxis keinen Adressaten mehr hat, der ihre Aussagen zur Kenntnis nehmen möchte und beachten könnte.

Dem pädagogischen Denken und Handeln ist mit keiner dieser beiden Rollen systematischer Pädagogik gedient. Denn die erziehungswissenschaftlichen Disziplinen und pädagogischen Einzeltätigkeiten können systematische Fragen weder abwehren, indem sie sich auf das Fehlen eines gemeinsam pädagogischen Grundgedankens berufen, noch darauf hoffen, ihre Identität in einer systematischen Pädagogik zu finden, die ohne Bezug zur ausdifferenzierten theoretischen und praktischen Pädagogik als Allgemeine Pädagogik mit dem Anspruch auftritt, stellvertretend für Theorie und Praxis zu klären, was unter pädagogischem Denken und Handeln zu verstehen ist. Hieraus folgt, daß ein systematisch ausgewiesener pädagogischer Grundgedanke weder im Ausgang von den Bereichspädagogiken oder pädagogischen Berufen gefunden, noch diesen vorgeschrieben werden kann. Wenn überhaupt, läßt er sich nur aufgrund einer dem pädagogischen Denken und Handeln selbst eigenen existentiellen, gesellschaftlichen und geschichtlichen Notwendigkeit formulieren. Diese liegt den sich mit pädagogischen Fragen befassenden Einzeltätigkeiten, der sich in Disziplinen ausdifferenzierenden Erziehungswissenschaft und der nach dem pädagogischen Grundgedanken fragenden systematischen Pädagogik derart zugrunde, daß wir den pädagogischen Grundgedanken weder geschichts- und sozialwissenschaftlich einfach rekonstruieren, noch hermeneutisch als eine überzeitliche Wesensbestimmung unseres Daseins erschließen, noch in transzendentaler Reflexion auf die Voraussetzungen vernünftiger Rede über pädagogische Fragen einfach setzen, sondern nur handlungstheoretisch und problemgeschichtlich zugleich bestimmen können. Was hierunter zu verstehen ist, läßt sich an den Ansätzen systematischer Pädagogik verdeutlichen.

Ansätze systematischer Pädagogik. Die Ansätze systematischer Pädagogik lassen sich grob in drei Gruppen einteilen und danach ordnen, ob sie sich vorrangig als Wissenschaftstheorie oder als handlungstheoretische Prinzipien- und Kategorialanalyse oder als Vermittlung zwischen Wissenschafts- und Handlungstheorie begreifen.

Seit dem Positivismusstreit der 60er Jahre ist es üblich geworden, unter systematischer Pädagogik die Wissenschaftstheorie der Erziehungswissenschaft zu verstehen und die systematischen Pädagogiken paradigmatisch nach wissenschaftstheoretischen Grundrichtungen in kritisch-analytische, historisch-hermeneutische und andere mehr zu ordnen (vgl. ENZYKLOPÄDIE ERZIEHUNGSWISSENSCHAFT 1983, S. 25–279). Solche Ordnungsversuche führten zur Abgrenzung konkurrierender Positionen und zu verschiedenen Logiken sozialwissenschaftlicher Forschung, welche zu klären versuchen, ob und wie Forschungskonzepte unterschiedlicher Provenienz kooperieren können. Als «Ertrag» der zurückliegenden metatheoretischen Diskussion läßt sich dreierlei festhalten: *Erstens:* Im Streit um den richtigen oder besseren Ansatz hat nicht ein Paradigma die anderen abgelöst, sondern es ist die alte Einsicht bestätigt worden, daß Forschungsmethoden konstitutiv für den Gegenstand wissenschaftlicher Erkenntnis sind. Die Vorstellung von einem einheitswissenschaftlichen Paradigma mußte verabschiedet werden. *Zweitens:* Die mit dieser Einsicht vereinbarten Integrationskonzepte empirisch-analytischer und historisch-hermeneutischer Forschung haben zu Logiken sozialwissenschaftlicher Forschung, nicht aber zu einer systematischen Pädagogik geführt. Dies verweist darauf, daß die klassischen Fragestellungen der Erkenntnistheorie und der Handlungstheorie sich nicht in wissenschaftstheoretische und metatheoretische Fragen auflösen lassen. *Drittens:* Daraus läßt sich folgern, daß systematische Pädagogik einer prinzipiellen Bestimmung ihres Gegenstandes bedarf und als nur metatheoretisch argumentierende Wissenschaftstheorie gar nicht möglich ist (vgl. BENNER 1983).

Auf diese Weise könnten Ansätze wieder an Bedeutung gewinnen, die einer zweiten Gruppe zuzuordnen sind, welche durch die Metatheorien der Erziehung abgelöst werden sollte. Im Zentrum dieser Ansätze steht nicht die wissenschaftstheoretische, sondern die kategoriale Bestimmung des Gegenstandes theoretischer und praktischer Pädagogik (vgl. BENNER 1987, S. 183ff). Die ältesten Versuche einer objekttheoretischen Bestimmung des Pädagogischen begriffen die pädagogische Praxis als einen Teil der auf die Erhaltung des Staates und der Gesellschaft gerichteten politischen Praxis und verstanden die wissenschaftliche Beschäftigung mit pädagogischen Fragen als angewandten Teil der Philosophie, insbesondere der Erkenntnistheorie und der praktischen und politischen Philosophie (vgl. Aristoteles Politik 1332b–1342b; Metaphysik 980a–981b). Die systematischen Pädagogiken der Neuzeit betonen dagegen die Eigenart und relative Autonomie pädagogischen Denkens und Handelns und legen diese auf das Verhältnis von Pädagogik, Erkenntnistheorie, Ethik und Politik aus. Neben HERBARTS «Allgemeiner Pädagogik» von 1806 (vgl. 1984a) sind hier insbesondere KANTS Vorlesungen über Pädagogik (vgl. 1803), SCHLEIERMACHERS Vorlesungen über Erziehung von 1813, 1820 und 1826 (vgl. 1983) sowie DILTHEYS Abhandlung «Über die Möglichkeit einer allgemeingültigen Pädagogik» aus dem Jahre 1888 zu nennen (vgl. 1961).

Die bedeutendsten Allgemeinen Pädagogiken unseres Jahrhunderts stehen in dieser Tradition. Sie lassen sich nicht vorrangig wissenschafts- und metatheoretischen, sondern philosophischen und pädagogischen Schulrichtungen zuordnen, so W. FLITNERS «Systematische Pädagogik» von 1933, die in überarbeiteter Form als «Allgemeine Pädagogik» von 1950 neu aufgelegt wurde, und LANGEVELDS «Einführung in die theoretische Pädagogik» aus dem Jahre 1945 (vgl. 1951) der Geisteswissenschaftlichen Pädagogik, PETZELTS «Grundzüge systematischer Pädagogik» (vgl. 1949) dem Neukantianismus, BALLAUFFS «Systematischer Pädagogik» (1962) der Existentialontologie Heideggers, FINKS «Grundfragen der systematischen Pädagogik» (1978) einer existentialontologischen Deutung der philosophischen Tradition, GAMMS «Allgemeine Pädagogik» (1979) einer materialistischen Deutung der Geschichte der bürgerlichen Gesellschaft und BENNERS «Allgemeine Pädagogik» (1987) einer handlungstheoretischen und problemgeschichtlichen Analyse der Stellung der pädagogischen Praxis im Rahmen der menschlichen Gesamtpraxis.

Schließlich ist noch eine dritte Gruppe von Arbeiten zu nennen, die sich um eine Vermittlung zwischen metatheoretischen Systematisierungsversuchen und Allgemeiner Pädagogik bemühen. Stellvertretend für viele Abhandlungen in dieser Richtung sei verwiesen auf DERBOLAVS Analysen zu «Problem und Aufgabe einer pädagogischen Anthropologie im Rahmen der Erziehungswissenschaft» (1959) und seinen «Grundriß einer Gesamtpädagogik» (1987), auf ROTHS «Pädagogische Anthropologie» (1966/1971), einen unter pädagogischer Fragestellung stehenden Integrationsversuch der Resultate empirischer Humanwissenschaften, sowie auf BOKELMANNS propädeutische Studie «Pädagogik: Erziehung, Erziehungswissenschaft» (1970), ferner auf MOLLENHAUERS «Theorien zum Erziehungsprozeß» (1972), BENNERS «Systematik traditioneller und moderner Theorien» (vgl. 1973, 1978), SCHMIED-KOWARZIKS «Dialektische Pädagogik» (1974) und KLAFKIS «Aspekte kritisch-konstruktiver Erziehungswissenschaft» (1976).

Als eine gemeinsame Problemperspektive dieser Arbeiten kann festgehalten werden, daß zwischen pädagogischer Praxis, pädagogischer Handlungstheorie und pädagogischer Forschung unterschieden werden muß. Denn die pädagogische Praxis ist zwar Gegenstand sowohl pädagogischer Handlungstheorie als auch pädagogischer Forschung, sie ist dies jedoch in durchaus unterschiedlicher Art und Weise. Auf der einen Seite zielen Theorien pädagogischen Handelns, sofern es sich nicht bloß um implizite, sondern mit wissenschaftlichem Anspruch auftretende Theorien handelt, auf eine systematische Anleitung und Aufgabenorientierung pädagogischer Praxis, welche die Entscheidungen in der Praxis nicht normieren und vorwegnehmen, sondern an einem kategorial begründeten Begriff pädagogischer Praxis ausrichten (vgl. BENNER/SCHMIED-KOWARZIK 1967, S. 125ff; 1969, S. 260ff). Auf der anderen Seite geht es der pädagogischen Forschung darum, die Praxis über ihre Bedingungen und Folgen aufzuklären und pädagogische Handlungstheorie mit ihrem über Praxis vermittelten Praktischwerden zu konfrontieren (vgl. BENNER 1978, S. 319ff).

Insofern sich hierbei aufgrund der theoretisch unüberbrückbaren pädagogischen Differenz von Handlungstheorie und Praxis einerseits sowie pädagogischer Forschung und Handlungstheorie andererseits Empirie, Theorie und Praxis «nicht in ein Kontinuum eintragen» (ADORNO 1957, S. 207) lassen, ist es sinnvoll, pädagogische Wissensformen voneinander abzugrenzen und zwischen dem Handlungswissen der Praktiker, dem handlungstheoretischen Wissen der Pädagogik und dem wissenschaftlichen Wissen pädagogischer Forschung zu unterscheiden (vgl. TENORTH 1984). Nicht minder dringlich ist es freilich, den Zusammenhang dieser Wissensformen zu klären (vgl. VOGEL 1986, BENNER 1986a). Zwischen Praxiswissen und pädagogischer Handlungstheorie auf der einen und

Forschungswissen auf der anderen Seite läßt sich nämlich nicht so unterscheiden, daß erstere als vorwissenschaftliche Kategorialanalyse und letztere als Wissenschaft im eigentlichen Sinne verstanden werden. Der Pädagogik ist in Theorie und Praxis nicht damit gedient, wenn sie sich um eine ihrem Gegenstand angemessene Systematik nur als handlungsbezogene Kategorialanalyse bemühen kann, als Wissenschaft dagegen keinerlei Perspektiven systematischer Pädagogik verpflichtet, sondern nach einem der konkurrierenden metatheoretischen Forschungsparadigmata oder als historische Erforschung eines selber nicht theoriefähigen Gegenstands zu betreiben wäre.

Zum geschichtlichen Wandel systematischer Pädagogik. Systematische Pädagogik ist keine paedagogia perennis, die für ihre Aussagen eine übergeschichtliche Geltung beansprucht; sie kommt jedoch auch nicht ohne Vorstellungen von einer die Zeiten und Epochen überdauernden Grundfragestellung aus. Kontinuität und Diskontinuität dieser Fragestellung lassen sich problemgeschichtlich bestimmen (vgl. BENNER 1987). Die in unserer Tradition ältesten systematischen Pädagogiken entstammen der Philosophie der griechischen Antike, insbesondere der Philosophie von Platon und Aristoteles. Letzterer begriff die *pädagogische* Praxis als jenen Teil der *politischen* Praxis, der sich auf die Sorge der Erwachsenen um die nachwachsende Generation bezieht. Die Ziele pädagogischen Handelns folgen hier aus dem vorgegebenen Ordnungszusammenhang des gesellschaftlichen Lebens, dem die einzelnen als Angehörige eines untersten, arbeitenden Standes oder eines Standes freier Bürger angehören. Als Mittel pädagogischen Handelns werden neben der Gewöhnung der einzelnen an die für ihren Stand jeweils geltende Sitte die erziehende und bildende Unterweisung angesehen, welche allerdings nur den freien Bürgern zukommt. Sie erweitert die Erfahrung der Heranwachsenden zu wissenschaftlicher Einsicht und fördert hierdurch die praktische Klugheit und das tugendhafte Handeln der Bürger.

Der vorherrschende Zug der ältesten Formen systematischer Pädagogik liegt in ihrer genetischen und teleologischen Fragestellung. Alles im Lernprozeß zeitlich Frühere wird begriffen als genetisch fundiert in einem der Sache nach Früheren, das erst als genetisch Späteres angeeignet werden kann. So müssen die Heranwachsenden zunächst von den Erwachsenen regiert werden, um später selbst gut regieren zu können. Das Regiertwerden geht in genetischer Sicht dem Regieren voraus, begründet dieses jedoch nicht, sondern ist seinerseits in der politischen Ordnung der Polis begründet. So gehen einzelne Welterfahrungen dem Wissen um die allgemeine Ordnung des Seienden und die Gewöhnung an die Sitte der praktischen Klugheit im Handeln zeitlich voraus und sind als das genetisch Frühere doch immer schon in der kosmologischen

Ordnung des Seienden und der politischen Ordnung des Staates fundiert. Dieses Begründungsmodell systematischer Pädagogik blieb in unserer Tradition bis in die philosophisch-teleologischen Ordnungslehren des Mittelalters gültig. Es verlor seine fundierende Bedeutung erst mit der Entwicklung der neuzeitlichen bürgerlichen Gesellschaft, welche keinerlei vorgegebene Gesamtteleologie mehr kennt und unter Wissenschaft nicht mehr die Erkenntnis einer ontologischen und kosmologischen Ordnung alles Seienden, sondern die Erklärung aller Weltgegebenheiten durch den gesetzgebenden menschlichen Verstand versteht.

Die systematischen Pädagogiken der Neuzeit unterscheiden sich von den älteren dadurch, daß sie das pädagogische Handeln angesichts des Telosschwundes der Moderne nicht mehr als einen angewandten Teil einer ontologischen und politischen Gesamttheorie begreifen, sondern für die pädagogische Praxis einen im Vergleich mit der politischen Praxis gleichbedeutsamen und gleichgewichtigen Rang beanspruchen. Im Unterschied zur bürgerlichen Politik der Antike zielt die bürgerliche Politik der Neuzeit auf die Überführung der hierarchisch und teleologisch geordneten Ständeordnung in eine Gesellschaft freier, gleicher und brüderlicher Menschen. Mit der Neuzeit differenziert sich das ältere, politisch verstandene *Generationenverhältnis* in ein rechtliches und ein pädagogisches (vgl. BENNER/BRÜGGEN 1989). Das rechtliche bindet die Inanspruchnahme der bürgerlichen Freiheiten an die Erlangung einer gesetzlich geregelten Volljährigkeit; das pädagogische ist jedoch weder ein angewandter noch ein integrierter Teil des rechtlich-politischen, sondern ein solches mit eigenen Prinzipien und Grundsätzen, die eine relativ autonome Handlungstheorie sowie eine neue Dimensionierung der pädagogischen Praxis begründen.

Prinzipien pädagogischen Denkens und Handelns. Die Prinzipien pädagogischen Denkens und Handelns, die von der bürgerlichen Philosophie und Pädagogik des 18. und 19. Jahrhunderts und im Anschluß an sie entwickelt wurden, beanspruchen eine historische und eine prinzipielle Bedeutung (vgl. BENNER 1987, S. 47ff). Um historische Prinzipien handelt es sich insofern, als ihre Fixierung erstmals in der zweiten Hälfte des 18. und im ersten Drittel des 19. Jahrhunderts gelang und die Verständigung über sie keineswegs abgeschlossen, sondern für künftige Erfahrungen offen ist. Um Prinzipien in einem nicht relativistischen Sinne handelt es sich, insofern die beiden ersten eine über den Zeitpunkt ihrer Formulierung zurückreichende, für die Menschwerdung des Menschen konstitutive, und die beiden anderen eine über den Zeitpunkt ihrer Formulierung hinausreichende, regulative Gültigkeit besitzen.

Seit der Differenzierung der *Mündigkeit* in eine *rechtliche* und eine *pädagogische* kann die künftige Bestimmung der Heranwachsenden nicht mehr unmittelbar aus gesellschaftlichen Vorgegebenheiten abgeleitet werden und schließen sich Vorstellungen, die von einer prästabilierten Kongruenz zwischen individuellen Anlagen und gesellschaftlichen Abnehmererwartungen ausgehen, von der Erörterung pädagogischer Fragen aus. Statt den einzelnen eine ihnen geburtsständisch zukommende oder an ihren Begabungen unmittelbar ablesbare Bestimmung zuzuweisen, gilt es, jeden Heranwachsenden als einen in seiner späteren Bestimmung gerade nicht festgelegten Menschen wahrzunehmen und anzuerkennen, der an der Erlangung seiner Bestimmtheit mitwirkt. Den Begriff einer nicht mehr teleologisch normierten Bestimmung des Menschen entwarf 1762 Rousseau in seinem «Emile», als er die These aufstellte, das Ziel der Erziehung sei nicht durch die Gewohnheiten der Gesellschaft oder eines Standes festgelegt, sondern die unbestimmte, offene und sich entwickelnde menschliche «Natur selbst» (Rousseau 1965, S. 110). Herbart faßte 1841 diese nicht-teleologische Zielbestimmung pädagogischer Praxis im Prinzip der → *Bildsamkeit*, welches «ein Übergehen von der Unbestimmtheit zur Festigkeit anzeigt» (Herbart 1984b, S. 165) und besagt, daß die Heranwachsenden in der pädagogischen Interaktion als an der Aneignung ihrer Bestimmung mitwirkende Subjekte anzuerkennen sind.

Im Unterschied zum Anlagenbegriff, der seit Platons Seelenlehre (Politeia, 2.–4. Buch) eine Präformiertheit der Lernmöglichkeiten der einzelnen unterstellt, und im Unterschied zum Begabungsbegriff (→ Begabung), der feststellt, was den einzelnen im Lernprozeß leichter oder schwerer fällt (vgl. Herbart 1986, S. 153f), formuliert der Begriff der *Bildsamkeit* ein Prinzip pädagogischer Interaktion, welches, ohne die Gegebenheit von Anlagen und Begabungen zu leugnen, besagt, daß nach dem Fraglichwerden eines teleologischen Verständnisses der Aufgaben pädagogischer Interaktion ein bildungstheoretisch begründeter Begriff der Bestimmung der einzelnen nicht mehr von feststehenden Anlagen und Begabungen ausgehen kann. Das Prinzip der Bildsamkeit verweist auf eine stets im Werden begriffene Identität des Menschen, die nicht auf Einseitigkeit und Bestimmtheit, sondern auf Vielseitigkeit und Offenheit angelegt ist.

Die Frage, wie sich auf die «Natur» des Menschen so einwirken lasse, daß die künftige Bestimmung der Heranwachsenden weder teleologisch normiert, noch willkürlich durch ihre Erzieher bestimmt wird, beantwortete die bürgerliche Pädagogik der Neuzeit, indem sie als zweites Prinzip pädagogischen Denkens und Handelns dasjenige der «Aufforderung zur freien Selbsttätigkeit» (Fichte) aufstellte und in ihm die der veränderten Aufgabenstellung pädagogischer Praxis affine Kausalität pädagogischen Wirkens auf einen Begriff brachte (vgl. Benner 1987, S. 63ff).

Die Struktur eines erzieherischen Umgangs, der die Bestimmung der

Heranwachsenden offenhält und auf diese so einwirkt, daß sie durch eigene Selbsttätigkeit ihre Bestimmung erlangen können, begründete ROUSSEAU (1965, S. 213) mit seiner Konzeption «negativer Erziehung». Sie deutet alle legitimen pädagogischen Maßnahmen als Einwirkungen, die Heranwachsende zur Selbsttätigkeit auffordern. Die für pädagogische Interaktion konstitutive Selbsttätigkeit wird verfehlt, wenn unter ihr nur bestimmte Formen von Selbsttätigkeit, zum Beispiel solche herstellenden Tuns oder politischer Selbstbestimmung verstanden werden. Der Begriff der →*Selbsttätigkeit* ist ebenso allgemein wie der der Bildsamkeit. Das zweite Prinzip pädagogischer Interaktion besagt, daß alle Rezeptivität im Lernen über eine →Spontaneität der Lernenden vermittelt ist und daß Aufforderungen zur Selbsttätigkeit darum solche sein müssen, die sich gleichermaßen an die Rezeptivität und die Spontaneität des Lernenden richten (vgl. BRÜGGEN 1986).

Die beiden Prinzipien der zwar nicht unendlichen, sondern endlichen, gleichwohl universellen und vielseitigen Bildsamkeit und der Fremdaufforderung zur Selbsttätigkeit beziehen sich auf die individuelle Seite pädagogischer Praxis. Damit sie in der pädagogischen Interaktion anerkannt werden können, ist die Beachtung weiterer Prinzipien erforderlich, welche sich auf die veränderte Stellung der neuzeitlichen pädagogischen Praxis im Rahmen der menschlichen Gesamtpraxis beziehen. Es sind dies die Prinzipien der Transformation der gesellschaftlichen Determination pädagogischer Prozesse in eine praktische Determination und die Idee einer nichthierarchischen Verhältnisbestimmung der ausdifferenzierten Grundformen menschlicher Praxis (vgl. BENNER 1987, S. 73ff).

Schon die konstitutiven Prinzipien pädagogischer Interaktion enthalten Bezüge zur gesellschaftlichen Seite der pädagogischen Praxis. Richtig verstanden besagen sie, daß es um der Freiheits- und Menschenrechte willen, die die neuzeitliche bürgerliche Gesellschaft erstmals in der Geschichte der Menschheit der Idee nach allen Menschen zugesteht, keine prästabilierte Bestimmung der einzelnen nach Maßgabe gesellschaftlicher Interessen mehr geben kann und darf. Dies schließt nicht aus, daß die Gesellschaft Kritik an der pädagogischen Praxis und ihren Leistungen übt, schließt jedoch ein, daß die Bewertung solcher Kritik stets zugleich über eine dem Prinzip der Aufforderung zur Selbsttätigkeit verpflichtete pädagogische Gesellschaftskritik erfolgen muß. Auf die Lernprozesse Heranwachsender wirken ja niemals nur über Aufforderungen zur Selbsttätigkeit vermittelte, sondern immer auch von den außerpädagogischen Bereichen der Gesellschaft ausgehende Einflüsse ein. Diese gilt es nicht nur unter ökonomischen und politischen, sondern auch unter pädagogischen Fragestellungen zu beurteilen und daraufhin zu prüfen, inwieweit sie zur Selbsttätigkeit auffordernde pädagogische Wirkungen erleichtern oder erschweren. Die Idee einer solchen Kritik und Prüfung bringt die regulative Idee der Transformation der gesellschaftlichen Determination pädagogischer Prozesse in eine praktische Determination auf den Begriff. Nur in einer Gesellschaft, die ihre Einwirkungen auf pädagogische Prozesse überprüft, kann die individuelle pädagogische Interaktion das für ihre Wirkungen konstitutive Prinzip der Aufforderung zur Selbsttätigkeit beachten.

Ein vergleichbarer Zusammenhang besteht zwischen dem Prinzip universeller Bildsamkeit und der regulativen Idee einer nichthierarchischen Verhältnisbestimmung der Grundformen menschlicher Praxis. Die traditionelle teleologische Normierung der Bildsamkeit der einzelnen nach Maßgabe gesellschaftlicher Erwartungen kann nur überwunden werden, wenn die pädagogisch zu fördernde Bildsamkeit der einzelnen auch gesellschaftlich als eine individuelle und vielseitige anerkannt wird. Dies setzt voraus, daß alle für die Erhaltung und Weiterentwicklung der Gesellschaft erforderlichen Tätigkeiten daraufhin überprüft werden, inwieweit ihre Betätigungsfelder solche eines vielseitigen Interesses sind oder nicht sind. Eine solche Überprüfung aber kann nur gelingen, wenn in ihr kein Bereich menschlicher Praxis einen Primat gegenüber den anderen beansprucht, sondern pädagogische, ethische, ökonomische und politische Fragen gleichberechtigt berücksichtigt werden. Die vier *Prinzipien* der individuellen und vielseitigen Bildsamkeit, der Fremdaufforderung zur Selbsttätigkeit, der Idee der Transformation gesellschaftlicher Einflüsse auf pädagogische Prozesse in praktische Einflüsse und der Idee einer nichthierarchischen Verhältnisbestimmung der menschlichen Gesamtpraxis wurden von der neuzeitlichen Pädagogik im Zusammenhang mit drei handlungstheoretischen Fragestellungen entwickelt. Auf den systematischen Zusammenhang der vier Prinzipien und der drei handlungstheoretischen Fragestellungen weist die Abbildung 1 hin (vgl. BENNER 1987, S. 106ff).

Handlungstheoretische Fragestellungen. Den vier Prinzipien pädagogischen Denkens und Handelns lassen sich drei systematische Fragestellungen pädagogischer Handlungstheorie zuordnen:
- das Prinzip der Aufforderung zur Selbsttätigkeit und die Idee der Transformation der gesellschaftlichen Determination pädagogischer Praxis in pädagogisch legitime Einwirkungen der Gesellschaft formulieren Grundaussagen zum erziehungstheoretischen Problem pädagogischen Wirkens;
- das Prinzip der Bildsamkeit und die Idee einer nicht-hierarchischen Verhältnisbestimmung von Ökonomie, Ethik, Pädagogik, Politik, Kunst und Religion formulieren Grundaussagen zur bildungstheoretischen Frage nach den Aufgaben pädagogischen Handelns;
- die Frage nach einer institutionellen Absicherung des Zusammen-

	Konstitutive Prinzipien	Regulative Prinzipien
Theorie der Erziehung (2) : (3)	(2) Aufforderung zur Selbsttätigkeit	(3) Überführung gesellschaftlicher Determination in pädagogische Determination
Theorie der Bildung (1) : (4)	(1) Bildsamkeit als Bestimmtsein des Menschen zur Selbstbestimmung	(4) Nichthierarchischer Ordnungszusammenhang der menschlichen Gesamtpraxis
	Theorie päd. Institutionen und ihrer Reform (2) / (1) : (3) / (4)	

Abbildung 1

hangs zwischen der individuellen und gesellschaftlichen Seite pädagogischen Handelns kennzeichnet den Gegenstand einer Theorie pädagogischer Institutionen.

Aus handlungstheoretischer Sicht stellen im Bereich der Theorie der Erziehung intentionale und funktionale Theorien, im Bereich der Theorie der Bildung formale und materiale Theorien, im Bereich der Theorie pädagogischer Institutionen auf Entinstitutionalisierung ausgerichtete sowie entlastungstheoretisch argumentierende Konzepte Problemverkürzungen dar, welche das Spannungsverhältnis zwischen der individuellen und der gesellschaftlichen Seite pädagogischer Interaktion sowie den konstitutiven und den regulativen Prinzipien nicht aushalten. Das Grundproblem dieser sich ansonsten deutlich voneinander unterscheidenden reduktionistischen Theorien ist es, daß sie letztlich nur ein affirmatives, vorgegebenen Positivitäten verpflichtetes Verständnis der Möglichkeiten pädagogischen Wirkens und der Aufgaben pädagogischer Praxis kennen. *Intentionale* Erziehungstheorien vernachlässigen das Prinzip der Aufforderung zur Selbsttätigkeit und abstrahieren von den intentional gar nicht beherrschbaren gesellschaftlichen Einwirkungen auf die pädagogische Praxis; *funktionale* Erziehungstheorien abstrahieren von den durch Aufforderung zur Selbsttätigkeit möglichen pädagogischen Wirkungen und teilen nicht die Idee der Transformation gesellschaftlicher Einwirkungen in pädagogisch-legitime Einwirkungen. *Formale* Bildungstheorien reduzieren das Prinzip der Bildsamkeit auf einen bloßen Begriff menschlicher Grundkräfte und abstrahieren von der gesellschaftlich vermittelten Aufgabenstellung pädagogischen Handelns; für *materiale* Bildungstheorien gilt nicht die Idee einer nicht-hierarchischen Verhältnisbestimmung von Pädagogik, Ökonomie, Ethik, Politik, Kunst und Religion, und sie erkennen die Subjektivität des an seiner Bildung arbeitenden Menschen nur als Identität im Sinne gesellschaftlich normierter Endverhaltensweisen an. Institutionstheoretische Konzepte schließlich, die für eine bloße Abschaffung pädagogischer Institutionen und eine Rückkehr in vorbürgerliche Verhältnisse eintreten, abstrahieren davon, daß die pädagogische Praxis die relative Autonomie handlungstheoretischer Fragestellungen ihrer Verbesonderung zu einer gesellschaftlich und institutionell ausgegrenzten Praxisform verdankt; umgekehrt legen systemtheoretisch argumentierende Institutionalisierungskonzepte die Funktionalität pädagogischer Praxis dahin gehend aus, daß diese in gesellschaftlich ausgegrenzten Institutionen Wirkungen erzielt und Aufgaben erfüllt, welche die Gesamtgesellschaft von der Prüfung der für pädagogische Fragen und Prozesse relevanten Interdependenzen entlasten.

Dagegen binden nicht-affirmative, den Prinzipien pädagogischen Denkens und Handelns verpflichtete Erziehungs-, Bildungs- und Institutionentheorien die individuellen und gesellschaftlichen Möglichkeiten pädagogischer Interaktion untrennbar daran zurück, daß die pädagogische Praxis als eine intergenerationelle Praxis verstanden wird, die ihren Beitrag zur Identitätsbildung der einzelnen nur erbringen kann, wenn die Sorge um günstige Voraussetzungen für pädagogische, über Selbsttätigkeit vermittelte und zu Selbsttätigkeit auffordernde Prozesse als eine alle Praxisformen ausdifferenzierter Humanität verbindende Sorge begriffen wird.

Dimensionen pädagogischen Handelns. Eine Dimensionierung der pädagogischen Praxis, die dem neuzeitlichen Verständnis der über Selbsttätigkeit vermittelten Kausalität pädagogischen Wirkens sowie der nicht-teleologischen Aufgabenbestimmung der pädagogischen Praxis Rechnung trägt, hat erstmals Herbart 1806 in seiner Allgemeinen Pädagogik vorgestellt, als er die Grundformen pädagogischen Handelns in «Kinderregierung», «Erziehung durch Unterricht» und Erziehung als «Zucht» einteilte (vgl. Herbart 1986; vgl. Benner 1986b). Die in dieser Einteilung begründete Revolutionierung pädagogischer Denkungsart läßt sich verdeutlichen, wenn man sie mit der älteren, aristotelischen Einteilung der pädagogischen Praxis in Gewöhnung und Unterweisung vergleicht (vgl. Benner 1987, S. 183ff).

Nach Aristoteles geht die Gewöhnung an die Sitte aller unterrichtlichen Unterweisung voraus. Erst wer sich in die bestehende Sitte eingewöhnt hat, kann hernach durch Unterweisung von der schon erworbenen lebenspraktischen Erfahrung zum Wissen aufsteigen und sich einen Begriff von der ontologischen Ordnung alles Seienden, welche der Erfahrung immer schon vorausliegt, und der zweckmäßigen Ordnung der Einzeltätigkeiten in der Polis aneignen und anschließend ins Handeln zurückkehren, um dort in den öffentlichen Angelegenheiten besonnen tätig zu werden. Dieser Zweiteilung der pädagogischen Praxis in Gewöhnung und Unterweisung steht als neuzeitliche Differenzierung eine Dreiteilung der pädagogischen Praxis gegenüber, der zufolge die Gewöhnung in Kinderregierung und die Unterweisung in Erziehung durch Unterricht zu transformieren ist und die in der älteren Dimensionierung gar nicht mehr zur Pädagogik gehörende Rückkehr ins Handeln den Status einer dritten Dimension pädagogischen Handelns gewinnt, in welcher sich die pädagogische Praxis ins intergenerationelle Handeln aufhebt.

Von der älteren pädagogischen Praxis als einer regierenden und gewöhnenden Tätigkeit unterscheidet sich die wohlverstandene «Kinderregierung» der Neuzeit dadurch, daß sie keinerlei teleologischer Rechtfertigung bedarf, sondern, im Unterschied zur alten Gewöhnung, als einzigen Zweck denjenigen verfolgt, «keine Zwecke im Gemüte des Kindes zu erreichen» (HERBART 1986, S. 80). Hierzu bemerkte schon Rousseau im Emile, die einzige Gewohnheit, die Emile annehmen solle, sei die, keine Gewohnheiten zu haben. Hinter dieser Auffassung steht die neuzeitliche Einsicht, daß der Gehorsam einem fremden Willen gegenüber nicht den Anfang einer Erziehung zur Freiheit ausmachen könne, und daß Gehorsam als Folgsamkeit der eigenen Einsicht gegenüber das Ende der pädagogischen Praxis markiere. Statt Heranwachsende an eine positive Ordnung zu gewöhnen, fällt aus erziehungs- und bildungstheoretischen Gründen der neuzeitlichen Kinderregierung die nur negative Aufgabe zu, Kinder lediglich an uneinsichtigem Handeln zu hindern und Sorge dafür zu tragen, daß sie weder den Einrichtungen der Gesellschaft Schaden zufügen, noch selber durch uneinsichtiges Handeln Schaden erleiden.

Der Unterscheidung zwischen der älteren Gewöhnung als einer durchaus zweckgerichteten, politisch-regierenden Praxis und der neuzeitlichen Konzeption einer zweckfreien Kinderregierung korrespondiert in der zweiten Dimension pädagogischen Handelns die Unterscheidung zwischen Unterweisung im traditionellen Sinne und neuzeitlicher Erziehung durch Unterricht. Zwar verbindet beide miteinander, daß alles Lehren und Lernen vom schon erworbenen Wissenszusammenhang als dem im Lernprozeß genetisch Früheren ausgehen muß, um erfolgreich zu sein. Im Unterschied zur antiken Wissenschaft führt Unterricht im neuzeitlichen Sinne jedoch nicht mehr zu einem Wissen um die jeglicher Erfahrung vorausliegenden Gründe alles Seienden, sondern zu vom menschlichen Verstand konstruierten Gesetzen, mit welchen neuzeitliche Wissenschaft die Ordnung der Natur nicht auf einen substantiellen Begriff bringt, sondern die Mannigfaltigkeit der Erscheinungen in der Absicht ordnet, die Welt erklärbar und beherrschbar zu machen. Zu dieser Differenz von antiker und neuzeitlicher Wissenschaft kommt eine zweite hinzu. Im Unterschied zu Gesellschaften mit mündlicher Traditionsüberlieferung kann die geschichtliche Vermitteltheit der Gegenwart in der bürgerlichen Gesellschaft der Neuzeit nicht mehr im unmittelbaren Zusammenleben der Menschen erinnert werden, sondern bedürfen die einzelnen, um sich und die Gesellschaft in ihrer Geschichtlichkeit begreifen zu können, einer über Unterricht vermittelten Aufklärung, welche Erfahrung und Umgang nicht nur szientifisch, sondern auch historisch-gesellschaftlich erweitert. Da dem neuzeitlichen Weltverständnis und den theoretischen und hermeneutischen Wissenschaften keine teleologische Ordnung der Welt zugrunde liegt, müssen sich die Heranwachsenden im erziehenden Unterricht rezeptiv und spontan die über menschliche Gesetzgebung und geschichtliche Praxis vermittelten Erkenntnisse der Wissenschaften aneignen und nach einem Zusammenhang von verwissenschaftlichter Zivilisation und Weltgeschichte fragen lernen, für den es keinerlei prästabilierte und präformierte zweckmäßig-teleologische Gesamtordnung gibt.

Zu den Differenzen zwischen traditioneller Gewöhnung und Unterweisung auf der einen und pädagogischer Praxis als sich selbst negierendem Gewaltverhältnis und Erziehung durch Unterricht auf der anderen Seite tritt als weitere Differenz diejenige zwischen einer bloßen Rückkehr ins Handeln, die gar nicht als besonderer Teil pädagogischer Praxis angesehen wurde, und der dritten Dimension neuzeitlicher pädagogischer Praxis hinzu. Im Unterschied zur aristotelischen Rückkehr ins Handeln, welche den Eintritt der Heranwachsenden in die Arbeitswelt ausdrücklich ausschloß und sich nur auf in «Muße» auszuübende theoretische und politische Tätigkeiten freier Bürger bezog, stellt sich in der dritten Dimension pädagogischen Handelns die Aufgabe, die pädagogische Praxis in die menschliche Gesamtpraxis aufzuheben und die Heranwachsenden im Medium bürgerlicher Öffentlichkeit schrittweise an der Beratung über alle menschlichen Angelegenheiten zu beteiligen. Kinderregierung als sich selbst negierendes Gewaltverhältnis Erwachsener über Heranwachsende, Erziehung durch Unterricht als teleologiefreie Erweiterung von Erfahrung und Umgang und Erziehung als Aufhebung der pädagogischen Praxis in intergenerationelle Praxis sind in der Neuzeit durch keinerlei metaphysisch-ontologische Gesamtordnung mehr verbunden, sondern offen für eine geschichtliche Praxis des Menschen, in deren Zentrum zunehmend die Frage steht, wie die Freiheit der einzelnen mit der gegenseitigen Anerkennung der Menschen als Selbstzweck und einer die Natur als deren eigene und unsere Lebensgrundlage erhaltenden ökonomischen Praxis abgestimmt werden kann (vgl. PEUKERT 1989).

Auf diese Frage eine positive Antwort zu geben, steht der systematischen Pädagogik in dem hier zugrunde gelegten Verständnis nicht zu. Die nachwachsende Generation an der Erörterung dieser Frage zu beteiligen, ist dagegen Aufgabe einer zeitgemäßen pädagogischen Praxis, in welcher die arbeitsteilig ausgeübten pädagogischen Berufe durch die skizzierten drei handlungstheoretischen Fragestellungen und die drei Dimensionen pädagogischen Handelns untereinander verbunden sind.

ADORNO, TH. W.: Soziologie und empirische Forschung (1957). In: Horkheimer, M./ Adorno, Th. W.: Sociologica II, Frankfurt/M. 1962, S. 205ff. BALLAUF, TH.: Systematische Pädagogik, Heidelberg 1962. BALLAUF, TH.: Ist systematische Pädagogik heute noch möglich und notwendig? In: Vjs. f. w. P. 60 (1984), S. 425ff. BENNER, D.: Hauptströmungen der Erziehungswissenschaft. Eine Systematik traditioneller und moderner Theorien, München 1973; [2]1978. BENNER, D.: Grundstrukturen pädagogischen Denkens und Handelns. In: Enzyklopädie Erziehungswissenschaft, Bd. 1, Stuttgart 1983, S. 283ff. BENNER, D.: Pädagogisches Wissen und pädagogisches Ethos. Überlegungen zur unvollendbaren Pädagogik der Moderne. In: Vjs. f. w. P. 62 (1986), S. 507ff. (1986a). BENNER, D.: Die Pädagogik Herbarts, Weinheim/München 1986b. BENNER, D.: Allgemeine Pädagogik, Weinheim/München 1987. BENNER, D./BRÜGGEN, F.: Mündigkeit. In: Handbuch des Humanismus, hg. v. H. Holz u. H. Radermacher, Frankfurt/M. 1989. BENNER, D./SCHMIED-KOWARZIK, W.: Prolegomena zur Grundlegung der Pädagogik. Bd. I: Herbarts praktische Philosophie und Pädagogik, Ratingen 1967; Bd. II: Die Pädagogik der frühen Fichteaner und Hönigwalds, Wuppertal u. a. 1969. BOKELMANN, H.: Pädagogik: Erziehung, Erziehungswissenschaft. In: Handbuch pädagogischer Grundbegriffe, hg. v. J. Speck u. G. Wehle, Bd. 2, München 1970, S. 178ff. BRÜGGEN, F.: Freiheit und Intersubjektivität. Ethische Pädagogik bei Kant und Schleiermacher, Habil.-Schrift, Münster 1986. DERBOLAV, J.: Problem und Aufgabe einer Pädagogischen Anthropologie im Rahmen der Erziehungswissenschaft. In: Derbolav, J./Roth, H. (Hg.): Psychologie und Pädagogik, Heidelberg 1959, S. 7ff. DERBOLAV, J.: Grundriß einer Gesamtpädagogik, hg. v. B. H. Reifenrath, Frankfurt 1987. DILTHEY, W.: Über die Möglichkeit einer allgemeingültigen pädagogischen Wissenschaft (1888). Kleine pädagogische Texte 3, Weinheim 1961. ENZYKLOPÄDIE ERZIEHUNGSWISSENSCHAFT, Bd. 1: Theorien und Grundbegriffe der Erziehung und Bildung, hg. v. D. Lenzen u. K. Mollenhauer, Stuttgart 1983. FINK, E.: Grundfragen der systematischen Pädagogik, Freiburg 1978. FISCHER, W.: Erziehungswissenschaft und Systematische Pädagogik – Bemerkungen zu ihrem Verhältnis untereinander. In: Vjs. f. w. P. 60 (1984), S. 411ff. FLITNER, W.: Allgemeine Pädagogik, Stuttgart [1]1950; [13]1970. GAMM, H.-J.: Allgemeine Pädagogik. Die Grundlagen von Erziehung und Bildung in der bürgerlichen Gesellschaft, Reinbek 1979. HEITGER, M.: Über die Notwendigkeit und Möglichkeit einer systematischen Pädagogik. In: Vjs. f. w. P. 60 (1984), S. 396ff. HERBART, J.F.: Allgemeine Pädagogik aus dem Zweck der Erziehung abgeleitet (1806). Pädagogische Schriften, hg. v. W. Asmus, Bd. 2, Stuttgart 1984, S. 9ff. (1984a). HERBART, J.F.: Umriß pädagogischer Vorlesungen ([2]1841). Pädagogische Schriften, hg. v. W. Asmus, Bd. 3, Stuttgart 1984, S. 155ff (1984b). HERBART, J.F.: Systematische Pädagogik, eingel., ausgew. u. interpret. v. D. Benner, Stuttgart 1986. HUSCHKE-RHEIN, R.: Über die Zukunft der Allgemeinen Pädagogik. Systematische und systemökologische Überlegungen. In: Z. f. P. 30 (1984), S. 31ff. KANT, I.: Über Pädagogik, hg. v. D. F. Th. Rink, Königsberg 1803. KLAFKI, W.: Aspekte kritisch-konstruktiver Erziehungswissenschaft, Weinheim/Basel 1976. LANGEVELD, M. J.: Einführung in die theoretische Pädagogik (1945), Stuttgart 1951. LENZEN, D.: Mythos, Metapher und Simulation. Zu den Aussichten Systematischer Pädagogik in der Postmoderne. In: Z. f. P. 33 (1987), S. 41 ff. MOLLENHAUER, K.: Theorien zum Erziehungsprozeß. Zur Einführung in erziehungswissenschaftliche Fragestellungen, München 1972. PETZELT, A.: Grundzüge Systematischer Pädagogik, Freiburg 1949. PEUKERT, H.: Bildung und Vernunft. Neuzeitliche Vernunftkritik und die Frage nach dem Ansatz einer systematischen Erziehungswissenschaft, Frankfurt/M. 1989. ROTH, H.: Pädagogische Anthropologie. Bd. 1: Bildsamkeit und Bestimmung, Hannover 1966; Bd. 2: Entwicklung und Erziehung, Hannover 1971. ROUSSEAU, J.-J.: Emile oder über die Erziehung, hg. v. M. Rang, Stuttgart 1965. SCHLEIERMACHER, F.: Pädagogische Schriften, Bd. 1: Die Vorlesungen aus dem Jahre 1826, u. Mitwirkung v. Th. Schulze hg. v. E. Weniger, Frankfurt/Berlin/Wien 1983. SCHMIED-KOWARZIK, W.: Dialektische Pädagogik. Vom Bezug der Erziehungswissenschaft zur Praxis, München 1974. SCHÜTZ, E.: Einige Überlegungen zur Fragwürdigkeit systematischer Pädagogik. In: Z. f. P. 30 (1984), S. 17 ff. TENORTH, H.-E.: Berufsethik, Kategorialanalyse, Methodenreflexion. Zum historischen Wandel des «Allgemeinen» in der wissenschaftlichen Pädagogik. In: Z. f. P. 30 (1984), S. 49 ff. VOGEL, P.: Zum Zusammenhang pädagogischer Wissensformen. In: Vjs. f. w. P. 62 (1986), S. 472 ff.

Dietrich Benner

Pädagogik, systemtheoretische → Systemtheorie

Pädagogik, vergleichende

Begriff. Die erste Verwendung des Begriffs «Vergleichende Pädagogik» wird auf den französischen Aufklärer M.-A. Jullien de Paris (1775–1848) zurückgeführt. Seine Schrift «Esquisse et vues préliminaires d'un ouvrage sur l'éducation comparée» (Neuauflage: Genf 1962) verfaßte er in der Absicht, durch eine vergleichende Bestandsaufnahme von Materialien über Erziehungseinrichtungen mehrerer Staaten Europas die Grundlage zu Schulreformen zu legen, die ihrerseits das friedliche Zusammenleben aufgeklärter Nationen ermöglichen würden; die dabei anzuwendende vergleichende Methode sollte sich an der Systematik der Naturwissenschaften orientieren. Die konsequente Verwendung des Begriffs zur Definition einer eigenständigen Forschungs- und Lehrdisziplin, zuerst in den USA und in Großbritannien (comparative education), setzt freilich erst in den 20er und 30er Jahren des 20. Jahrhunderts ein. Im deutschen Sprachraum konkurrieren seit dieser Gründungsepoche die beiden Begriffe «Vergleichende Pädagogik» (vgl. HILKER 1962) und «Vergleichende Erziehungswissenschaft» (vgl. SCHNEIDER 1961), ohne daß es zu einer definitorischen Abgrenzung gekommen wäre. Allein die «Pädagogische Wissenschaft» in der DDR hat sich auf den Begriff «Marxistische Vergleichende Pädagogik» festgelegt (KIENITZ/MEHNERT 1966).

Inhalt und Umfang des Begriffs sind in der Diskussion bis heute umstritten, weil mit ihr die Frage nach dem Selbstverständnis der Disziplin aufgeworfen ist. Die grundlegende Begriffsproblematik ist damit gegeben, daß mit dem kennzeichnenden Attribut «vergleichend» kein Forschungsgegenstand angesprochen ist, sondern nur eine →Methode, nämlich die «vergleichende» (komparative) Methode. Schließt man von dieser Kennzeichnung allein auf ein Objekt, so ergibt sich die Ausweitung auf alles, was im Bereich der Erziehungswissenschaft vergleichbar ist; denn Vergleiche können in der systematischen Pädagogik ebenso vorgenommen werden wie in der Geschichte der Pädagogik und in der pädagogischen Tatsachenforschung (vgl. SEIDENFADEN 1966). Als herausragendes Beispiel aus der jüngsten Bildungsgeschichte seien die insbesondere in den USA und der Bundesrepublik Deutschland geführten Debatten über Vergleiche von Schulversuchen in der Evaluationsforschung und deren Niederschlag in empirischen Untersuchungen genannt (vgl. MITTER 1975).

Demgegenüber besagt der historisch gewachsene, theoretisch reflektierte und praktisch angewandte Konsens der etablierten Komparatisten, daß als Gegenstandsbereich der «Vergleichenden Pädagogik» Bildung und Erziehung im geographisch begrenzten Raum anzusehen sind. «Andersräumigkeit» und «Verschiedenräumigkeit» gelten daher als Kriterien für die Zugehörigkeit eines Themas zum Gegenstandsbereich der «Vergleichenden Pädagogik» (vgl. FROESE 1983, S. 23). Vorbereitet wurde die Bindung der Vergleichenden Pädagogik an den geographischen Aspekt der Erziehungswissenschaft durch die jahrzehntelange Entwicklung der deskriptiven «Auslandspädagogik»; diese hat ihre Wurzeln in den umfangreichen und informativen Berichten, die im 19. Jahrhundert Pädagogen und Angehörige von Schulverwaltungen über ihre Reisen in fremde Länder zum Studium dortiger Bildungseinrichtungen verfaßten. Heute, nach dem Ausklingen der grundsätzlichen Kontroversen, ist man bereit, die Frage nach dem Beitrag auslandspädagogischer Studien zu einer Vergleichenden Pädagogik im weiteren Sinn positiv zu beantworten, wenn auch mit der Auflage, daß «sie spezielle Probleme im Hinblick auf ihre Generalisierbarkeit systematisch analysiert» (ROBINSOHN 1970, S. 465). Zur Vergleichenden Pädagogik im engeren Sinn zählen dagegen «nur Studien, die nach bestimmten Kriterien und Verfahren einzelne Bereiche und Probleme oder die Gesamtstruktur [...] untereinander systematisch vergleichen» (ANWEILER 1977, S. 285).

Problemgeschichte. Die problemgeschichtliche Ausformung der Vergleichenden Pädagogik hat sowohl eine methodologische als auch eine inhaltliche Komponente. Die methodologische Komponente ist durch die Wahl und Brauchbarkeit der anzuwendenden →Forschungsmethoden im erziehungswissenschaftlichen Vergleich bestimmt. Die problemgeschichtliche Betrachtung konzentriert sich in diesem Fragenbereich auf die Pluralisierung und Differenzierung der «vergleichenden Methode».

Seidenfaden (1966, S. 14) hat die These aufgestellt, daß «sich für jeden Fachbereich, in dem Vergleich fruchtbar gemacht werden soll, eigene Probleme aus der Struktur des besonderen Untersuchungsfeldes» ergeben. Seine These verweist auf die prinzipielle Wechselbeziehung von Gegenstand und Methode. Gleichwohl verdankt die Vergleichende Pädagogik dem Blick auf andere Wissenschaftsdisziplinen, die sich seit langem und mit starker Intensität um die Begründung und Anwendung der Methode des Vergleichens in ihrem Gegenstandsbereich bemühen, wesentliche Anregungen für die Entwicklung der eigenen methodischen Verfahren. Die Wissenschaftsgeschichte hat zwei grundlegende Forschungsansätze hervorgebracht, die im Laufe der vergangenen hundert Jahre entwickelt worden sind:

Deutscher Herkunft ist der ganzheitliche Ansatz, der in der von Dilthey in seinen wissenschaftlichen Reflexionen beispielhaft gestellten Frage wurzelt, wieweit die vergleichende Methode außerhalb der Gegenstandsbereiche anwendbar sei, die sich mit der Erforschung anorganischer und organischer Natur befassen. Seine Gedanken tendieren auf eine Ausformung der «vergleichenden Geisteswissenschaften», innerhalb deren dem Vergleich nationalstaatlich bestimmter Bildungssysteme ein eigenständiger Platz einzuräumen sei. Die Methode des Vergleichens wird bei ihm und seinen Nachfolgern durch die Hermeneutik bestimmt, die Methode des «Verstehens» durch Interpretation von Texten. Während die «Klassiker» dieser Methode unter Texten schriftliche Dokumente, vor allem historischer Natur, verstanden, so hat in unserer Zeit dieser Begriff eine große Ausbreitung dadurch erfahren, daß auch durch andere Medien vermittelte Texte (etwa Filme und Video-Aufzeichnungen) als interpretationfähig und -würdig angesehen werden. Ganzheitliches Vorgehen erfordert auch die phänomenologische Methode, die sich aus Husserls philosophischer Schule der Phänomenologie herleitet (→ Pädagogik, phänomenologische).

Die Gegenposition zum ganzheitlichen Vorgehen bezieht der analytisch-empirische Ansatz. Er ist auf die sozialwissenschaftliche Qualität des Vergleichs in der Erziehungswissenschaft bezogen und aus der empirischen Sozialforschung abgeleitet, an deren Fortentwicklung er sich anlehnt und mitwirkt. In seiner strengsten Auslegung wurde er in die Vergleichende Pädagogik von den amerikanischen Komparatisten Noah/Eckstein (vgl. 1969) eingeführt, welche den ihrer Meinung nach in der Vergleichenden Pädagogik vorherrschenden Methodeneklektizismus scharf angriffen. Dieser Ansatz zielt nicht auf das «Verstehen» von Texten, sondern auf das «Erkennen» von Fakten, Zusammenhängen und Trends, die sich quantifizierendem Zugang, insbesondere durch Erfassung und Verarbeitung statistischer Daten, öffnen. In jüngster Zeit hat SCHRIEWER diesen Ansatz weiterentwickelt. Ausgangspunkt seiner problemgeschichtlich fundierten Analyse (vgl. 1982) ist Durkheims These, daß in den Sozialwissenschaften der Vergleich das in den Naturwissenschaften durchgeführte Experiment ersetze; der Vergleichenden Pädagogik obliege daher die Anwendung vergleichender Verfahren zur systematischen Überprüfung erziehungswissenschaftlicher Hypothesen. In der Suche nach der Präzisierung und Operationalisierung seines Ansatzes hat Schriewer, unter Bezug auf Luhmann, der Brachbarkeit systemtheoretischer Überlegungen zunehmende Aufmerksamkeit beigemessen (vgl. SCHRIEWER 1987a, b).

Dieser Weiterentwicklung des analytisch-empirischen Ansatzes und dessen Umsetzung in die Forschungspraxis, z. B. in der Untersuchung von HÖRNER/SCHLOTT über den Zusammenhang zwischen technischer Bildung und Berufsorientierung in Frankreich und der Sowjetunion (vgl. 1983), steht seit einigen Jahren eine Rückbesinnung auf «qualitative Methoden» gegenüber. Sie äußert sich in der Anwendung ethnographischer und kasuistischer Verfahren (case studies); dabei werden die «klassischen» hermeneutischen und phänomenologischen Verfahren «wiederentdeckt».

In den 70er Jahren hat die von der Frankfurter Schule begründete «Kritische Theorie» als dritter Ansatz die Entwicklung der Vergleichenden Pädagogik in der Bundesrepublik Deutschland beeinflußt; analoge Wirkungen sind in Skandinavien und den Niederlanden festzustellen.

Die evolutionsbezogenen Untersuchungen, die seit den 60er Jahren dieses Jahrhunderts durchgeführt worden sind, lassen sich als ein vierter Ansatz zusammenfassen. Er zielt in theoretisch-generalisierender Absicht mit Hilfe des Vergleichs auf die Formulierung von Entwicklungstrends und sogar «Gesetzen» über den Zusammenhang zwischen Prozessen im Bildungswesen und in der Gesamtgesellschaft. Die Problematik dieses Ansatzes hat sich bislang, beispielsweise in den Großprojekten «Schulreform im gesellschaftlichen Prozeß» (ROBINSOHN u. a. 1970/1975) und «Qualifizierung und wissenschaftlich-technischer Fortschritt» (v. BLUMENTHAL u. a. 1975), darin gezeigt, daß es nicht gelungen ist, die Brücke zwischen generalisierenden Aussagen und expliziten Vergleichen (auf empirischer oder hermeneutischer Grundlage) zu schlagen. Im weiteren Sinne sind diesem Ansatz die Trendanalysen zuzuordnen, die in den vergangenen Jahrzehnten von den großen internationalen Organisationen (UNESCO, OECD, Europarat...) erarbeitet worden sind. Daß die Verbindung mehrerer Forschungsansätze in einer sich als sozialwissenschaftliche Disziplin verstehenden Vergleichenden Pädagogik keinen

Methodeneklektizismus bedeutet, hat bereits Robinsohn hervorgehoben. Er plädiert für eine «Kombination historischer Interpretation, funktionaler Analyse, quantitativer Datenerhebung und -handhabung und wiederum synthetischer Interpretation der Gründe und Errichtung eines voraussichtlichen oder intendierten Wandels» (ROBINSOHN 1970, S. 467).

Aufmerksamkeit verdient schließlich ein Vorgehen, das zwar nicht die Bezeichnung eines «Forschungsansatzes» verdient, nichtsdestoweniger aber für die Vergleichende Pädagogik nicht ohne Bedeutung ist. Es handelt sich um den «impliziten Vergleich», den FROESE (1983; vgl. MITTER 1976) in die Diskussion eingeführt hat. In ihm verzichtet der Komparatist zwar auf einen explizit-systematischen Vergleich, hat aber bei der Bestimmung der Kriterien für die Analyse von Bildungsstrukturen und -prozessen des «anderen» Landes sein eigenes national beziehungsweise kulturell geprägtes Bildungswesen vor Augen. Beispielsweise können Untersuchungen des bundesdeutschen Bildungswesens selbst bei gleicher Thematik dadurch voneinander unterschieden sein, daß sie von einem britischen, italienischen oder japanischen Komparatisten vorgenommen worden sind. Der «implizite Vergleich» ist somit auch konstitutives Kriterium einer systematischen Auslandspädagogik, die auf Vergleichbarkeit angelegt ist.

Darüber hinaus sieht sich mit dem «impliziten Vergleich» auch jeder Erziehungswissenschaftler konfrontiert, der das Bildungswesen seines Landes Lesern (oder Zuhörern) eines «anderen» Landes oder Kulturkreises vorstellen will. Er wird mit um so größerer Akzeptanz rechnen können, je stärker er die spezifischen Merkmale der jeweiligen Thematik zumindest «implizit» auf vergleichbare Merkmale des Landes seiner jeweiligen Zielgruppe bezieht. Dies ist vor allem dann notwendig, wenn diese aus Lesern (Zuhörern) besteht, denen «komparative» Erkenntniskriterien fehlen.

Die inhaltliche Komponente der problemgeschichtlichen Betrachtung bezieht sich auf die Gegenstandsbestimmung der Disziplin. Auch sie ist durch die Entwicklung zweier grundlegender Forschungstypen differenziert. In der ersten Hälfte des 20. Jahrhunderts herrschte in der Vergleichenden Pädagogik das Bemühen um eine «Gesamtanalyse» (total analysis) nationalstaatlich begrenzter Bildungssysteme und deren soziokultureller Rahmenbedingungen vor. Hervorragende Beispiele für diesen Forschungstyp sind die Arbeiten des russisch-britischen Komparatisten HANS (vgl. 1955) über «educational factors and traditions» und des deutschen Erziehungswissenschaftlers SCHNEIDER (vgl. 1961), der den «Triebkräften» nationalstaatlich bestimmter Bildungsstrukturen auf den Grund gehen wollte. Auch die Untersuchungen des amerikanischen Komparatisten KANDEL (vgl. 1933) über den Einfluß des Nationalismus auf das Bildungswesen sind in diesem Zusammenhang besonderer Erwähnung wert.

Seit den 60er Jahren hat die Einsicht, daß ein so weit gesteckter Anspruch auf dem Wege empirischer Forschung und detaillierter Textinterpretation nicht eingelöst werden kann, dem «Problemansatz» (problem approach) wachsende Bedeutung verschafft. Sein bedeutendster Vertreter ist HOLMES (vgl. 1965), der sich seit mehr als zwei Jahrzehnten mit diesem inhaltlichen Ansatz auseinandersetzt, und zwar auf der Grundlage von Hypothesen, die deduktiv aus Theorien der Erziehung gewonnen worden sind. Wohl noch verbreiteter ist die induktive Variante, die zur Formulierung «funktionaler Äquivalenzen» führt und sich mit den erwähnten systemtheoretischen Überlegungen verbunden hat.

Der Problemansatz ist grundsätzlich insofern bescheidener als die «Gesamtanalyse», als er einzelne Probleme herausgreift (zum Beispiel Alters- und Bildungsstufen, Teilfragen des Unterrichts- und Erziehungsprozesses, einzelne Bildungsinstitutionen im Bildungs- und Gesellschaftssystem). Zugleich ist er dann auch bescheidener, wenn er sich auf die Mikroebene, das heißt auf die Untersuchung geographisch, zeitlich und inhaltlich eng umgrenzter pädagogischer Erscheinungen beschränkt, die dem – quantitativen wie qualitativen – empirischen Zugang offenstehen. Die Entwicklung der Vergleichenden Pädagogik zeigt, daß dieser Weg mit sichtlichem Erfolg und einer Reihe wichtiger Ergebnisse beschritten worden ist (vgl. ANWEILER 1967, S. 308).

Anspruchsvoller wird auch er freilich, wenn die Thematik auf die Makroebene, das heißt auf die Analyse umfassender Problemstellungen gerichtet wird und sich dabei im Extremfall der «Gesamtanalyse» nähert. In diesem Zusammenhang verdient die Analyse von «ideal-typical normative models» besonderes Interesse, wie sie HOLMES in einem seiner grundlegenden Werke (vgl. 1981) demonstriert hat. Begründet wird dieses nicht nur durch seine exemplarische Selektion dreier Modelle (Plato, Dewey, sowjetische Erziehung), sondern auch dadurch, daß der Verfasser den historischen und vergleichenden Ansatz erfolgreich verbindet, um die Interdependenz zwischen «educational patterns» und deren wechselnden soziokulturellen Determinanten zu beurteilen. Der Versuch einer solchen Wiederannäherung an die «Gesamtanalyse» wurde lange Zeit gescheut, weil es nach der Einführung des «Problemansatzes» erst einmal darauf ankam, in das Detail zu gehen und entsprechende methodische Verfahren und Instrumentarien zu entwickeln und zu verfeinern. HOLMES' erwähntes Werk (vgl. 1981) ist aber ein Beispiel für das Wagnis der «Rückkehr in die größere Dimension». In ähnliche Richtung weist der jüngste Beitrag des finnischen Erziehungswissenschaftlers RAIVOLA (vgl. 1987), der, unter Rückgriff auf Hans, Kandel und Schneider sowie unter Einbeziehung moderner Aussagen zur Persönlichkeits-, Kultur-

und Nationalismustheorie, für die Forschungswürdigkeit des «national character» in der Vergleichenden Pädagogik plädiert. Im Unterschied zu den soeben erwähnten «klassischen» Komparatisten unterstreicht er freilich die probabilistische und epochale Bedingtheit dieser Fragestellung.

Bedeutung im Kontext der Erziehungswissenschaft. Die Diskussion über den Standort der Vergleichenden Pädagogik im Wissenschaftssystem wurzelt in der Kontroverse darüber, ob sie als Teildisziplin der Erziehungswissenschaft oder als selbständige, in sich interdisziplinär strukturierte Disziplin zu begreifen sei. In der Forschungspraxis wird zwar zum überwiegenden Teil nach der von ANWEILER angebotenen Definition verfahren, der zufolge die Vergleichende Pädagogik eine «Querschnitts- oder Integrationswissenschaft« sei (1967, S. 313); dagegen ist in der theoretischen Erörterung diese Frage vor allem deswegen offengeblieben, weil sich in ihr ein Kreis von Einzelproblemen verbirgt, die ihrerseits den Horizont der Disziplin transzendieren. Sie berühren einmal die Option der Erziehungswissenschaft für den geistes- oder sozialwissenschaftlichen Fachbereich. Wie sehr auch die Entfaltung der empirisch-analytischen Wissenschaften die sozialwissenschaftliche Orientierung der Vergleichenden Pädagogik nachhaltig begünstigt hat, ist das Erbe der geisteswissenschaftlichen Tradition beispielsweise in der Bundesrepublik Deutschland nicht verschüttet worden und dominiert in Italien bis heute. Es äußert sich in der Abwehr gegen eine vereinseitigte Konzentration der Fragestellung auf Generalisierungen und Gesetzmäßigkeiten und in dem Bestreben, die Spannung zwischen dem «Aufsuchen regelmäßiger Kovariationen» (ROBINSOHN 1970, S. 459) und der Freilegung von Individualitäten im historischen und pädagogischen Prozeß aufrechtzuerhalten. Zum anderen stellt sich die Frage, wieweit in einer Integrationswissenschaft der Komparatist die ihm zugedachte Funktion eines «Generalisierers» wahrnehmen kann (HALLS 1971, S. 510), und damit nach dem Stellenwert einer sich als «pädagogische» Disziplin verstehenden Vergleichenden Pädagogik im sozialwissenschaftlich bestimmten Gefüge einer «vergleichenden Bildungsforschung», in die sie mit der Soziologie, Wirtschaftswissenschaft und politischer Wissenschaft zu integrieren ist. In der Bundesrepublik Deutschland hat sich diese «grenzüberschreitende Orientierung» der Vergleichenden Pädagogik in der Forschungspraxis und deren theoretischer Begründung ausgedrückt, wie sie sich im Deutschen Institut für Internationale Pädagogische Forschung, Frankfurt am Main (gegründet 1951), und dem Max-Planck-Institut für Bildungsforschung, Berlin (gegründet 1963), sowie in den universitären Forschungsstellen für Vergleichende Pädagogik in Bochum und Marburg entwickelt hat.

Ungeachtet der weitergehenden Diskussionen ist die Bedeutung der Disziplin im Kontext der Erziehungswissenschaft darin begründet, daß sie auf der Grundlage des Kriteriums der «Verschiedenräumigkeit» die Zusammenhänge zwischen Bildung und Erziehung einerseits sowie Kultur, Politik, Religion und Ethik andererseits untersucht und auf diese Weise dazu beiträgt, generalisierende Aussagen der Erziehungswissenschaft, die aufgrund von empirischen Befunden oder/und theoretischen Deduktionen in einem Land oder Kulturkreis getroffen worden sind, auf ihre «universalen» oder «partikularen» Dimensionen zu überprüfen. Mit diesem Anspruch komplementiert sie den Beitrag der historischen Pädagogik; die Wechselbeziehungen zwischen vergleichender und historischer Pädagogik wurden bereits von den «klassischen» Komparatisten betont und haben vor allem in der deutschen (und, nach 1945, in der westdeutschen) Vergleichenden Pädagogik vielfältige Ausprägung gefunden. In jüngster Zeit hat Schriewer (vgl. 1984) dieses Interdependenzproblem theoretisch untersucht.

Positionen. Die Problemgeschichte zeigt, daß bis zum heutigen Tage in der Vergleichenden Pädagogik kontroverse Positionen vertreten werden, die methodologischer und gegenstandsbestimmender Natur sind. Kontrovers sind darüber hinaus die Auswahl der Vergleichsobjekte sowie der Beitrag der Vergleichenden Pädagogik zur Politik- und Praxisberatung.

Lange Zeit ist – zumindest in der Mehrzahl der Beiträge – die Nationalstaatlichkeit als konstitutives Merkmal der «Verschiedenräumigkeit» angesehen worden. Nach dieser Auffassung ist der «internationale» Vergleich die zentrale Aufgabe der Disziplin. In der anglo-amerikanischen Region zeigt sich dies sichtbar darin, daß sich die Fachgesellschaften der Komparatisten mit den Attributen «comparative» und «international» versehen haben (British Comparative and International Education Society, Comparative and International Education Society in Nordamerika); dasselbe trifft auf die bilinguale Comparative and International Education Society of Canada (Société Canadienne d'Education Comparée et Internationale) zu. Damit wird der jahrzehntealten Tradition entsprochen, die auf die Anfänge der Vergleichenden Pädagogik in diesen Regionen verweist.

Bereits Schneider (1961, S. 116) hat in seine Definition, daß in der Vergleichenden Pädagogik die «Gesamtpädagogik oder irgendwelche Teilbezirke aus ihr (einschließlich der gestaltenden Faktoren) zweier oder mehrerer Völker bzw. Nationen» Vergleichsobjekte werden können, durch die Gegenüberstellung der Begriffe «Nation» und «Volk» eine modifizierende Betrachtungsweise eingefügt und damit zugleich auf die Problematik einer Eingrenzung des «Raumes» als Forschungsobjekt aufmerksam gemacht. Der Hauptstrom der Forschung ist indes nationalstaatlich orientiert geblieben. Dies ist einmal durch die führende Position angelsächsischer Komparatisten, für die «nationality» primär die Staatszugehörigkeit ausdrückt, zu erklären, zum anderen aber auch durch die pragmatische Orientierung der Forschung an Bedürfnissen nationalstaatlicher Institutionen.

Generell gesehen, hat die – historisch bestimmte – dominierende Rolle des Staates bei der Festsetzung der normativen und institutionellen Grundbedingungen des formalen Bildungswesens, in die in der Regel auch Privatschulen eingeschlossen sind, die «internationale» Ausrichtung der Disziplin lange Zeit hinreichend begründet. Die nationalstaatliche Orientierung ist in den vergangenen Jahrzehnten freilich ausgeweitet worden. Dies entspringt dem modernitätstheoretisch motivierten Interesse an der Herausarbeitung transnationaler Konvergenzen, die entweder als sozioökonomisch bedingt angesehen werden (Industrialisierung, Mobilität, Urbanisierung usw.) oder sich als Ausdruck politisch-ideologischer Solidarisierung darstellen, worauf insbesondere die Vertreter der «Marxistischen Vergleichenden Pädagogik» in der DDR (und zum Teil auch in anderen sozialistischen Staaten Ost- und Mitteleuropas) ihr Selbstverständnis gegründet haben (vgl. KIENITZ/MEHNERT 1966, S. 225ff).

Diese «expansive» Entwicklung hat innerhalb der Vergleichenden Pädagogik zugleich die kulturanthropologische und kultursoziologische Öffnung des Forschungsgegenstandes bewirkt, deren Bedeutung eine wachsende Tendenz aufweist. Sichtbares Indiz hierfür ist die terminologische Differenzierung, nach der sich neben dem älteren Begriff des «internationalen Vergleichs» der Begriff «interkultureller Vergleich» in der Vergleichenden Pädagogik eingebürgert hat. Mit diesem Alternativbegriff soll die Vergleichswürdigkeit sozialer, ethnischer und religiöser Gruppen hervorgehoben und die herkömmliche Begrenzung der Vergleichsobjekte auf politisch verfaßte Gemeinschaften überwunden werden. Die Einführung dieses Begriffs steht auch im Zusammenhang mit der zunehmenden Einbeziehung informeller Bildungs- und Erziehungsprozesse in die vergleichende Bildungsforschung sowie mit deren Interesse an Strukturen und Inhalten der «multikulturellen» oder «interkulturellen» Erziehung, die Bildungs- und Erziehungsprozesse von Gruppen untersucht, welche die nationalstaatlichen Grenzen überschreiten.

Die Ausweitung der traditionell «nationalstaatlichen» Orientierung der Vergleichenden Pädagogik ist schließlich auch auf das wachsende Interesse von Komparatisten an Bedingungen und Faktoren pädagogischer Sachverhalte zurückzuführen, deren übernationale Natur anerkannt wird. Hierbei verbinden sich die erwähnten modernitätstheoretischen Überlegungen mit der Wahrnehmung transnationaler Integrationstendenzen in der Bildungspolitik, beispielsweise innerhalb Westeuropas. Die von Gremien der internationalen und übernationalen Bildungspolitik (UNESCO, OECD, Europarat, Europäische Gemeinschaft...) initiierten Konzeptualisierungen und Planungen beschleunigen diesen Prozeß. Diese Gegenstandserweiterung in der Vergleichenden Pädagogik kann sich ihrerseits auf die Dynamisierung und Relativierung des einst statisch fixierten «Nation-Begriffs» in der modernen Nationalismusforschung stützen.

Mit diesen Überlegungen ist die Brücke zur Problematik der Politik- und Praxisberatung geschlagen, der sich die Vergleichende Pädagogik konfrontiert sieht. Komparatisten, die den Sinn ihrer Untersuchungen Politikern oder Verwaltungsbeamten erklären wollen, sehen sich häufig Fragen gegenüber, welche ihr eigenes politisches Engagement betreffen. Der Umfang dieses Engagements, auf das sich solche Fragen beziehen, kann dabei freilich sehr verschieden sein: Es kann sich entweder auf eine Bildungspolitik beschränken, die als spezifischer Handlungsbereich betrachtet wird, oder sich aber auf das «politische Feld» in seiner weiten aristotelischen Bedeutung erstrecken. In den vergangenen Jahrzehnten – vor allem während der Phase der großen Erwartungen, die an Reformen im Bildungswesen gerichtet wurden, nämlich in den späten 60er und frühen 70er Jahren des 20. Jahrhunderts – wurden solche Fragen mit großer Direktheit gestellt. Sie waren häufig durch Hoffnungen auf unmittelbare Verwertbarkeit der erziehungswissenschaftlichen Erkenntnisse und Befunde für die Bildungspolitik und Bildungspraxis geprägt. Auch die Vergleichende Pädagogik blieb von diesem pädagogisch-soziopolitischen Optimismus nicht unberührt. Es waren dies die Jahre, als beispielsweise Politiker und Pädagogen in der Bundesrepublik Deutschland auf Bildungsreformen in den USA und in Schweden blickten und von vergleichenden Untersuchungen «Rezepte» für eigene Reformvorhaben erhofften.

Die folgenden Jahre bildungspolitischer «Ernüchterung» haben deutlich gemacht, daß für eine «rezeptologische» Verwertung der Vergleichenden Pädagogik keine reale Grundlage besteht. Bildungssysteme sind historisch, gesellschaftlich und kulturell bedingte Einheiten; dies ist auch der Grund, weswegen Untersuchungen in der Vergleichenden Pädagogik sowohl auf Gleichheit (Kongruenz) und Ähnlichkeit (Affinität) als auch auf Verschiedenheit (Diskrepanz) zielen, wobei auch im letztgenannten Fall die Bestimmung eines Tertium comparationis gewährleistet sein muß (vgl. Hilker 1962, S. 100).

Diese Erkenntnis bedeutet, daß die «Gesamtanalyse» als Mittel direkter Politik- und Praxisberatung ausscheidet. Wie aber verhält es sich mit der Verwertbarkeit des «Problemansatzes»? Die Antwort muß lauten, daß auch aus ihm keine Rezepte zu beziehen sind, welche die Übertragung von institutionellen und praktischen Sachverhalten beinhalten.

Wohl aber vermag die Beschäftigung mit dem «Problemansatz» (im weiteren Sinn) das Verständnis für Probleme zu wecken, mit welchen «andere» nationale und soziokulturelle Systeme konfrontiert sind. Damit ist der Schnittpunkt des Verhältnisses von Vergleichender Pädagogik einerseits sowie Bildungspolitik und Bildungspraxis andererseits berührt. Dieser Satz bedarf insofern einer Spezifizierung, als er sich auf die beiden Wirkungsebenen des politischen Engagements bezieht, denen die Vergleichende Pädagogik zugeordnet werden kann. Die erste bestimmt sich durch den Einfluß vergleichender Untersuchungen auf die Bildungspraxis «an der Basis» (at the grassroots), insbesondere in der Schule. Das Verhältnis von Wissenschaft und Praxis ist auf ihr im wesentlichen nur mittelbar gegeben, indem nämlich die Vergleichende Pädagogik über ihren Anteil an der Lehrerausbildung und -fortbildung Problembewußtsein bei «Praktikern» (im engeren Sinn) zu wecken vermag. Die zweite Wirkungsebene verdient größere Aufmerksamkeit; sie betrifft das Verhältnis zwischen Vergleichender Pädagogik und Bildungspolitik und -verwaltung. Die Geschichte der Wirkungen vergleichender Studien auf die Bildungspolitik ist noch nicht geschrieben worden. Es ist zu bezweifeln, daß dies überhaupt in der Form einer vollständigen und allgemeinen Analyse zu leisten ist (vgl. MITTER 1977). Selbst dort, wo äußere Einflüsse evident scheinen, wie beispielsweise in der Periode der nationalen Umorientierung in Japan nach 1868, mag der Fragende wohl zu dem Urteil gelangen, daß unmittelbare Übertragungen von strukturellen, inhaltlichen und administrativen Besonderheiten eher auf direkten Kontakten zwischen Politikern und Verwaltungsbeamten (in Japan und Europa) als auf der Evaluation wissenschaftlicher Befunde beruhten. Nichtsdestoweniger ist dies ein Feld komparativer Forschung, das noch offen ist und auf exemplarische Untersuchungen wartet.

Im allgemeinen gibt es somit geringe Evidenz für die Annahme, daß komparative Studien sichtbare Wirkungen auf politische Entscheidungen ausüben, soweit es um direkte, offene Beziehungen zwischen Politik und Forschung geht. Ohne die Bedeutung zu verkleinern, daß es Fälle gibt, in denen vergleichende Untersuchungen tatsächlich Entscheidungen direkt beeinflussen konnten, herrscht unter Komparatisten die Auffassung vor, man sollte die grundlegenden Unterschiede anerkennen, welche die beruflichen Aufgaben von Politikern und Forschern betreffen. Die der Vergleichenden Pädagogik gemäße Aufgabe der Politikberatung liegt demgegenüber in der Schärfung des Problembewußtseins von Politikern (und auch Praktikern). Die am ehesten zu identifizierenden und auch (wenn auch nur partiell) zu verwertenden Beispiele sind aus der Mikroebene des «Problemansatzes» zu beziehen. Man kann dabei an fachdidaktische Fragen (zum Beispiel Lernprozesse im Fremdsprachenunterricht), Leistungstests oder Erscheinungsformen des Verhaltens von Kindern und Jugendlichen denken. In diesem Zusammenhang verdienen besondere Erwähnung die seit Beginn der 60er Jahre abgeschlossenen und laufenden Vergleichsuntersuchungen der International Association for the Evaluation of Educational Achievement (IEA), die sich auf – fachgebundene und fächerübergreifende – Unterrichtsleistungen in Schulen aller Kontinente beziehen.

Die Makroebene enthält demgegenüber die «großen» Themen, die, wenn auch mit historischen Verschiebungen und Überschneidungen, globale Wertigkeit besitzen. Die folgende Skizze präsentiert nur einen fragmentarischen Katalog, der sich auf «traditionelle» Themenbereiche beschränkt: Schule und gesellschaftliches Umfeld; formales und informelles Bildungs- und Erziehungswesen (im weiteren Sinn), Unterricht und Erziehung (unter der spezifischen Fragestellung «Kann die Schule erziehen?»). Daneben dringen immer stärker «neue Themen» zukunftsorientierter Natur nach vorn, wie etwa zum Verhältnis von Bildung und Medien, zur Definition von «Grundbildung» (im Zusammenhang mit «modernen» Formen des Analphabetismus in Industrie- und Entwicklungsländern), zu den Wechselbeziehungen zwischen Technik, Kultur und Bildung sowie zum Verhältnis von Bildung und Multikulturalität. Dem Komparatisten stellen sich bei solcher Themensuche folgende grundlegende Fragen: Wie identifizieren die «anderen» das gestellte Problem? Warum sind sie von diesem Problem (in einer bestimmten historischen Situation) betroffen? Wie versuchen sie, dieses Problem zu lösen?

In diesem Kontext verdient der Verfremdungseffekt besondere Berücksichtigung, denn er begründet zu einem guten Teil die Bedeutung der Vergleichenden Pädagogik in ihrer Funktion der Erkenntniserweiterung und in ihren Möglichkeiten der Politikberatung. Direktes Engagement kann sich in bestimmten Fällen als Stimulus für erziehungswissenschaftliches Forschen erweisen. Ebenso wichtig ist aber auch die Distanz, welche der Forscher zu Fragen benötigt, die das Bildungswesen seines eigenen Landes betreffen. Die Beschäftigung mit vergleichbaren, aber «entfernten» soziopolitischen und soziokulturellen Gegebenheiten und Entwicklungen vermag diese Distanz zu schaffen und damit die Aussagekraft der Vergleichenden Pädagogik zu festigen.

Der Versuch, den «Problemansatz» auf der Makroebene zu etablieren und für eine «distanzierte» Politikberatung fruchtbar zu machen, wurde lange Zeit gescheut. Die umfassende Arbeit des britischen Komparatisten Holmes (vgl. 1981) ist auch unter diesem Aspekt ein Beispiel dafür, daß das Wagnis in die «größere Dimension» hinein neue, zukunftsgerichtete Perspektiven aufdeckt. Die Identifizierung und Untersuchung von «großen» Problemen der Makroebene lenkt zugleich den Blick auf die «kleinen» Probleme der Mikroebene zurück. So kann beispielsweise die Auseinandersetzung mit Fragen der Begabten- oder Sonderpädagogik oder der multikulturellen Erziehung Detailfragen nach vorhandenen beziehungsweise wünschbaren organisatorischen Formen oder didaktisch-methodischen Modellen, bezogen auf eine bestimmte Altersstufe oder soziale Gruppe, motivieren – vorausgesetzt, daß weder Forscher noch Politiker illusionäre Erwartungen rezeptologischer Natur damit verbinden. Diese Überlegungen begründen schließlich die Fruchtbarkeit einer Einbeziehung der Vergleichenden Pädagogik in die Ausbildungsprogramme von Studenten, die sich auf berufliche Tätigkeiten in der Schule und im außerschulischen Bereich vorbereiten.

Schließlich ist in der Diskussion kontroverser Positionen auch die Objektivitätsproblematik von Aussagen in der Vergleichenden Erziehungswissenschaft betroffen, die grundsätzlich durch den jeweiligen Standort des Forschenden bedingt ist. Diese Frage wird in der Vergleichenden Pädagogik nicht nur seit langem reflektiert, sondern ist gegenwärtig überdies dadurch aktuell geworden, daß in der international vergleichenden Bildungsforschung unter diesem Aspekt zwei Forschungsverfahren praktiziert werden.

Das eine Verfahren hat insbesondere Eingang in die Forschungsvorhaben internationaler Organisationen gefunden; in ihm liegen die konzeptionelle Anfangsphase und die vergleichende Schlußphase in den Händen von Forschungsgruppen, deren Mitglieder in der Regel verschiedener Nationalität sind, während die in der Hauptphase anzufertigenden Länderstudien von nationalen Institutionen oder Gruppen «in eigener Regie» betrieben werden und die vergleichende Auswertung sich daher allein auf nationale Selbstdarstellungen stützen muß.

Demgegenüber arbeiten – unter Anwendung und Fortentwicklung der in der Vergleichenden Pädagogik seit Jahrzehnten entwickelten Verfahren – Komparatisten, die «von außen» Tatsachen, Entwicklungen und Probleme «fremder Bildungssysteme» ergründen wollen. Sie müssen zwar häufig sowohl des Insiderwissens als auch der Quellenbasis entbehren, über die «einheimische» Wissenschaftler verfügen. Dagegen können sie den Vorzug des erwähnten «verfremdeten» Zugangs zu den Untersuchungsobjekten in Anspruch nehmen – den Vorzug einer heuristischen Operation, die sich in allen sozial- und geisteswissenschaftlichen Disziplinen einer bewährten und fortentwicklungswürdigen Tradition erfreut.

Ausblick. Die Diskussion über den Standort und das Selbstverständnis der Vergleichenden Pädagogik ist trotz jahrzehntelanger Bemühungen noch in vollem Gange. Dies gilt auch für die Gegenstandsbestimmung und die Methodenwahl. Die «Anstrengung des Begriffs» wird dadurch gefördert, daß sich die Komparatisten in wachsendem Maße zu internationalen Organisationen zusammengeschlossen haben. Die Kommission für Vergleichende Erziehungswissenschaft in der Deutschen Gesellschaft für Erziehungswissenschaft ist zugleich Deutsche Sektion (in der Bundesrepublik Deutschland) der Comparative Education Society in Europe und stimmberechtigtes Mitglied im World Council of Comparative Education Societies, der nationale und regionale Gesellschaften aus allen Kontinenten angehören.

Beeinträchtigt wird die Kontinuität der Forschung (und Lehre) durch fehlende institutionelle Verankerung, wovon in jüngster Zeit – in den USA, Großbritannien, der Bundesrepublik Deutschland und anderen Ländern – selbst «etablierte» Institute betroffen worden sind. Der Zwang zur Behauptung und zum Ausbau der Position äußert sich dagegen in der Dynamik von Forschungsansätzen und -projekten, vor allem in den USA als dem Land, in dem die Vergleichende Pädagogik am verbreitetsten ist. Längst ist freilich die Vergleichende Pädagogik über ihre Ursprungszentren – Großbritannien, USA, Deutschland – hinausgewachsen. Komparatisten arbeiten heute in allen westeuropäischen und den meisten osteuropäischen Ländern, wenn auch in den meisten Fällen ohne disziplinbezogene institutionelle Absicherung. Neue Zentren haben sich in Australien, Japan und Indien gebildet; ihnen haben sich in jüngster Zeit Brasilien und die Volksrepublik China zugesellt.

Der Beitrag von Komparatisten aus der Bundesrepublik Deutschland zeigt sich einmal in der Vertrautheit mit spezifischen Regionalproblemen, insbesondere zur erziehungswissenschaftlichen Osteuropaforschung. Zum anderen ist er dadurch geprägt, daß die Vergleichende Pädagogik in Deutschland (dies gilt heute für die beiden deutschen Staaten) stets den Zusammenhang zwischen den spezifischen Fragen ihrer Disziplin und den übergreifenden Fragestellungen der Erziehungswissenschaft reflektiert hat.

Anweiler, O.: Konzeptionen der Vergleichenden Pädagogik. In: Z. f. P. 13 (1967), S. 305ff. Anweiler, O.: Vergleichende Erziehungswissenschaft. In: Wörterbuch der Pädagogik, Bd. 3, Freiburg 1977, S. 284ff. Bereday, G. Z. F.: Comparative Method in Education, New York 1964. Berstecher, D.: Zur Theorie und Technik des internationalen Vergleichs, Stuttgart 1970. Blumenthal, V. v. u. a.: Qualifizierung und wissenschaftlich-technischer Fortschritt am Beispiel der Sekundarschulreform in ausgewählten Industriestaaten, 3 Bde., Ravensburg 1975. Blumenthal, V. v. u. a.: Grundfragen der Vergleichenden Erziehungswissenschaft, München 1981. Busch, A. u. a. (Hg.): Vergleichende Erziehungswissenschaft, Texte zur Methodologie-Diskussion, Pullach 1974. Froese, L.: Ausgewählte Studien zur Vergleichenden Erziehungswissenschaft, München 1983. Halls, L.: Kultur und Erziehung. Der kulturalistische Ansatz in vergleichenden Studien. In: B. u. E. 24 (1971), S. 509ff. Hans, N. A.: Comparative Education. A Study of Educational Factors and Traditions, London [3]1955. Hilker, F.: Vergleichende Pädagogik. Eine Einführung in ihre Geschichte, Theorie und Praxis, München 1962. Holmes, B.: Problems in Education. A Comparative Approach, London 1965. HOLMES, B.: Conceptual Analysis and Empiric Inquiry. In: Edwards, R. u.a. (Hg.): Relevant Methods in Comparative Education, Hamburg 1973. HOLMES, B.: Comparative Education: Some Considerations of Method, London 1981. HÖRNER, W./SCHLOTT, W.: Technische Bildung und Berufsorientierung in der Sowjetunion und in Frankreich. Ein intersystemarer Vergleich, Wiesbaden 1983. KANDEL, I.L.: Comparative Education, Boston 1933. KIENITZ, W./MEHNERT, W.: Über Gegenstand und Aufgaben der marxistischen Vergleichenden Pädagogik. In: Vergl. P. 2 (1966), S. 225ff. MITTER, W.: Komparative Aspekte der wissenschaftlichen Begleitung von Modellschulversuchen. In: B. u. E. 28 (1975), S. 86ff. MITTER, W.: Komparative Forschung in der Erziehungswissenschaft. In: Int. Z. f. Ew. 22 (1976), S. 317ff. MITTER, W.: The Policy-oriented Task of Comparative Education. In: Comp. E. 13 (1977), S. 95ff. MITTER, W.: Vergleichende Erziehungswissenschaft. In: Wulf, Ch. (Hg.): Wörterbuch der Erziehung, München [6]1984, S. 610ff. NOAH, H.S./ECKSTEIN, M.A.: Toward a Science of Comparative Education, New York 1969. RAIVOLA, R.: The Concept of National Character in Comparative Education. In: J. of Int. and Comp. E. 2 (1987), 4, S. 47ff. ROBINSOHN, S.B.: Vergleichende Erziehungswissenschaft. In: Speck, J./Wehle, G. (Hg.): Handbuch pädagogischer Grundbegriffe, Bd. 3, München 1970, S. 450ff. ROBINSOHN, S.B. u.a.: Schulreform im gesellschaftlichen Prozeß. Ein interkultureller Vergleich, 2 Bde., Stuttgart 1970/1975. RÖHRS, H.: Forschungsstrategien in der Vergleichenden Erziehungswissenschaft, Weinheim/Basel 1975. SCHNEIDER, F.: Vergleichende Erziehungswissenschaft. Geschichte, Forschung, Lehre, Heidelberg 1961. SCHRIEWER, J.: «Erziehung und Kultur». Zur Theorie und Methodik Vergleichender Erziehungswissenschaft. In: Brinkmann, W./Renner, K. (Hg.): Die Pädagogik und ihre Bereiche, Paderborn 1982, S. 185ff. SCHRIEWER, J.: Vergleichend-historische Bildungsforschung. In: Z. f. P. 30 (1984), S. 323ff. SCHRIEWER, J.: Vergleich als Methode und Externalisierung auf Welt. In: Baecker, D. u.a. (Hg.): Theorie als Passion. Niklas Luhmann zum 60. Geburtstag, Frankfurt/M. 1987, S. 629ff (1987a). SCHRIEWER, J.: Funktionssymbiosen von Überschneidungsbereichen. Systemtheoretische Konstrukte in vergleichender Erziehungsforschung. In: Oelkers, J./Tenorth, H.-E. (Hg.): Pädagogik, Erziehungswissenschaft und Systemtheorie, Weinheim/Basel 1987, S. 76ff (1987b). SCHRIEWER, J./HOLMES, B. (Hg.): Theories and Methods in Comparative Education, Frankfurt/M. 1988. SEIDENFADEN, F.: Der Vergleich in der Pädagogik, Braunschweig 1966. SEIDENFADEN, F. u.a.: Vergleichende Erziehungswissenschaft. In: Hierdeis, H. (Hg.): Taschenbuch der Pädagogik, Teil 2, Baltmannsweiler [2]1986, S. 598ff.

Wolfgang Mitter

paideia → Erziehung
Partizipation → Gemeinwesenarbeit; → Mitbestimmung – Mitwirkung
Partizipationsorientierung → Erwachsenenbildung
Passung → Anspruchsniveau
pater familias → Vater
patria potestas → Vater
Peer-group → Gruppendynamik – Gruppenpädagogik
Performanz → Kompetenz – Performanz
Personal, pädagogisches → Erzieher; → Lehrer
Personal, pädagogisches (Ausbildung) → Erziehungswissenschaft (Studium); → Lehrerausbildung

Personal, pädagogisches (Fortbildung) → Lehrerfortbildung
Personalentwicklung → Management-Education
Personenangst → Angst
Persönlichkeit → Sozialisation
Persönlichkeits-Entfaltungs-Verfahren → Test
Persönlichkeits-Struktur-Test → Test
Persönlichkeitstest, psychometrischer → Test
Pflege (Behinderter) → Sonderpädagogik
Pflegefamilie → Heimerziehung
Pflegeverhalten (der Mutter) → Mutter
Phänomenologie → Pädagogik, phänomenologische

Phantasie

Bedeutung. Oft wird der Begriff in Opposition zu dem der Rationalität verwendet. Dieser Gegensatz ist Ergebnis einer Trennung zwischen den diversen der Phantasie eigenen Vermögen, sowohl Abwesendes im Bild vorstellen und als Vorgestelltes reproduzieren wie auch gänzlich Irreales imaginieren zu können. Diese doppelte Gestalt wie auch die Setzung der Phantasie gegen das Rationale sind geschichtlich zu verstehen: einerseits ist Phantasie das Reich der Freiheit gegenüber dem Faktischen; andererseits gerät sie unter den Verdacht der Irrationalität, Trugbilder zu zeichnen, sich als Phantastik von der Wahrheit zu lösen, deren Rationalität mit wissenschaftlicher Erkenntnis gleichgesetzt wird. Deshalb kann ein Übermaß an Phantasie den einzelnen auch handlungsunfähig machen.

Begriffsgeschichte. Phantasie als Erkenntnisvermögen bezeichnet also die Vorstellungs- und Einbildungskraft: sie ist reproduktiv, wo sie durch Erinnerung abwesende Dinge in neuen Bildern *vergegenwärtigt*, die das urteilende → Denken unterstützen. Als produktive Tätigkeit ist sie synthetische Einbildungskraft für Inexistentes und so zur *Fiktion* fähig, sowie dazu, in freier Deutungsmöglichkeit neue Formen aufzuzeigen. In dieser Funktion ist sie auch als künstlerisch-ästhetische Phantasie angesprochen (vgl. GRASSI 1979). Diese Ambivalenz der Phantasie hält sich philosophiegeschichtlich bis zur → Aufklärung durch, die dann mit der Vernunft auch ihr einen neuen Status zuweist. Weil mit Kant und Fichte alles Sein ursprünglich als Bild gesetzt ist, wird sie zu einem transzendentalen Erkenntnisvermögen, das die Synthesis des Sinnlichen vor der → Erfahrung leistet und als unerläßliche Hilfsfunktion der Seele das Schema reiner Verstandesbegriffe produziert. So werden die Urteile anschauliche, da die Menschen sich von ihrer Vernünftigkeit «nicht in Form allgemeiner Sätze, sondern in konkreter Gestalt [...] ein Bewußtsein geben» (Hegel 1970, S. 365). Da aber der Mensch so aus seiner Bindung an Sinnlichkeit im freien Formenspiel gelöst wird, kann Phantasie auch in zweckloses Schwärmen, in Phantastik umschlagen, wenn sie als einbildungskräftige auf sich selbst beharrt und die von der Vernunft eingetragenen Umrisse nicht einhält. «Die ästhetische Idee ist eine dem gegebenen Begriffe beigesellte Vorstellung der Einbildungskraft» (Kant 1957, I § 49).

In der Romantik wird Phantasie zur Lehrerin der Menschheit, wenn sie die Vernunft zwar nicht ablöst, doch im Projekt der Poetisierung der Welt Natur und Vernunft versöhnen will, von der sie als universelle zuvor sich getrennt hatte. Phantasie vergegenwärtigt nicht länger, sondern wird zur Umgangsform mit Zukunft. «Monotheismus der Vernunft und des Herzens, Polytheismus der Einbildungskraft [...], dies ist's, was wir bedürfen» (Hegel 1971, S. 235). Naturmacht wird nun ästhetisch reflektiert, da das «Reflektiertwerden des absolut Unbewußten [...] nur durch einen ästhetischen Akt der Einbildungskraft möglich ist» (Schelling 1856, S. 351). Kunst und Phantasie werden jetzt aus der Immanenz der Vernunft gelöst und zum Höchsten der Philosophie.

Freud (1976) sieht in der Phantasie ein Resultat der Triebverdrängung als der Produktion von Unbewußtem. Phantasiewerke werden Symptome des künstlerischen Subjekts in seinem imaginativen Vermögen; in der Theorie der Sublimation avanciert Phantasie zur Quelle utopischer Schöpfungen, so daß die Psychoanalyse in ästhetischen Produkten der Phantasie wiederfinden kann, was sie zuvor in den klinischen Phantasien einzelner Subjekte entschlüsselt hat.

Pädagogische Bedeutung. Das klassische Bildungsideal ist paradigmatisch von Schiller (vgl. 1981) als ästhetisches formuliert worden. Er sieht in der Idee des Schönen die Einheit von Begriff und → Anschauung, Verstand und Sinnlichkeit. Tendiert die reine Phantasie zur Willkür und reine Vernunft zur Abstraktion, so gilt es, durch Hervorbringung der Schönheit mittels ästhetischer Erziehung auch den sittlichen Menschen zu bilden (→ Bildung, ästhetische). Indem sich Menschheits- und Schönheitsidee entsprechen, weil erst vermittelt über die symbolische Funktion der Schönheit der Mensch sich eigener Humanität bewußt wird, wird im «Spieltrieb» der Phantasie die synthetische Funktion übertragen. Der Einbildung kommt die Kraft der → Bildung zu, weil sie als freies Vorstellungsspiel sich von der Wirklichkeit lösen kann, doch zugleich die Vernunft nötigt, das Gesetz der Notwendigkeit gegen die willkürliche Fiktion zur Hilfe zu rufen. So konfundieren in der Idee des Schönen Einbildungskraft und Vernunft. Unter Bildung wird also die Darstellung innerer wie äußerer Schönheit verstanden, die durch die Selbstbildungskraft der Phantasie hervorgebracht wird und die mit verschiedenen Gemütsbewegungen harmoniert, entwicklungslogisch angefangen beim nur sinnlichen Schönheitsempfinden des Kindes über das Naturschöne und das Form(al)schöne bis zur Idee des Kunstschönen beim Erwachsenen. Seit der →Reformpädagogik, die die Phantasie als subjektives Vermögen hervorhebt, wird sie als anthropologisch-psychologisches Problem thematisiert. Als Konstituens von Raum- und Zeiterfahrung, von Realitäts- und Selbstbewußtsein (→Bewußtsein), als wahrnehmungs- und erlebnisbedeutsam gilt sie als Existenz- und Entwicklungsbedingung. Daher rührt ihr zentraler Stellenwert in der Theorie elementaren Lernens (vgl. LAHRMANN 1972), aber auch bezüglich des Bildungs*ziels*, das als Zukunft nicht mehr inhaltlich festgeschrieben werden kann, sondern als regulative Idee an die Phantasie des Erziehers gebunden ist. In den 60er Jahren rückte der Begriff →Kreativität ins Zentrum pädagogischer Anstrengungen, allerdings kognitiv akzentuiert (vgl. CORRELL 1966). Als Korrektur wissenschafts- und schulförmigen Lernens werden Kreativität und Spontaneität nicht nur in ästhetischer Erziehung, sondern auch in der Curriculumdiskussion, der Kleinkind- und Grundschulerziehung sowie der antiautoritären Erziehung (→Erziehung, antiautoritäre) zu emanzipatorischen Begriffen. Die freie Entfaltung imaginativen und expressiven Vermögens gilt als Bedingung unverzerrter Ich- und Wirklichkeitskonstitution. Angesichts der in emanzipatorischen Ansprüchen deutlichen utopischen Überhöhung der Phantasie in ihrer therapeutischen Funktion stellen neuere soziologische, philosophische und psychologische Theorien diese Erwartungen in Frage. *Philosophisch:* Phantasie kann nicht schlicht als Gegenteil der Rationalität beansprucht werden. Sie gehört einerseits selbst als zeichenmachende Phantasie zu den primären Erkenntnisvermögen; andererseits zeigt jedes Phantasieprodukt rationale Strukturen. Ihr utopisches Vermögen muß erst aus einer Verdrängung, die sie spaltete, rekonstruiert werden (vgl. KAMPER 1981), denn sie ist stets auch auf der Seite wirksam, gegen die sie kritisch gewendet werden soll. *Psychologisch:* Als anthropologisches Vermögen ist sie nach LACAN (vgl. 1975) in das Drama der Menschwerdung involviert. Die Identifikation des Kindes mit dem eigenen Spiegelbild setzt an die Stelle der realen Insuffizienz das Ganzheitsideal und konstituiert eine Allmachtsphantasie, in der das Imaginäre mit dem Realen verschmilzt. Das Phantasma schützt zwar vor realer Ohnmachtserfahrung, doch als Allmachtsphantasie mündet es in Zwangsritualen, um die Wirklichkeit zu beherrschen. Als inneres Bild wird die Welt zur totalen Immanenz. Nur die in der symbolischen Ordnung wirksame Einbildungskraft kann diese Zwangsherrschaft des Imaginären auflösen. *Soziologisch:* Weil im Zuge dieser Entwicklung Realität fiktiv und Fiktionen real geworden sind, gibt es kein verläßliches Kriterium mehr zur Unterscheidung von Rationalität und Phantasie. Die *me-*

diale Wirklichkeitserfahrung, der Referenzverlust der Sprache, die →Simulation von Realität stehen für diesen in seiner Reichweite noch nicht ausgemessenen Prozeß. Die Spaltung der Phantasie in Zwangslogik und Utopie ist ambivalentes Resultat einer Geschichte, an der sie als Kraft wie als Wirkung ihrer Kraft beteiligt ist. Die Phantasie, die mit ihrer eigenen Metamorphose beginnt, ist deshalb ein «Schlüsselbegriff einer Historischen Anthropologie geworden» (Kamper 1986, S. 12).

Correll, W.: Programmierter Unterricht und schöpferisches Denken, München [3]1966. Freud, S.: Der Dichter und das Phantasieren. Gesammelte Werke, Bd. 7, London [6]1976. Grassi, E.: Die Macht der Phantasie, Königstein, 1979. Hegel, G. W. F.: Vorlesungen über die Ästhetik – Band I. Theorie Werkausgabe, Bd. 13, Frankfurt/M. 1970. Hegel, G. W. F.: Das älteste Systemprogramm. Theorie Werkausgabe, Bd. 1, Frankfurt/M. 1971. Kamper, D.: Zur Geschichte der Einbildungskraft, München 1981. Kamper, D. (Hg.): Macht und Ohnmacht der Phantasie, Darmstadt/Neuwied 1986. Kant, I.: Kritik der Urteilskraft. Werke in zehn Bänden, Bd. 8, Darmstadt 1957. Lacan, J: Schriften I, Frankfurt/M. 1975. Lahrmann, L.: Phantasie und elementares Lernen, Paderborn 1972. Schelling, F. W. J.: System des transzendentalen Idealismus. Sämtliche Werke, Bd. 3, Stuttgart/Augsburg 1856. Schiller, F.: Über die ästhetische Erziehung des Menschen, Stuttgart 1981.

Bernhard Dieckmann / Klaus-Michael Wimmer

Philanthropinismus →Aufklärung
Phobie →Angst
Pietismus →Aufklärung
Plan →Projekt; →Struktur
Planung →Bildungsplanung; →Didaktik, allgemeine
Plastizität (des Menschen) →Bildsamkeit
Politik →Bildung, politische
Positivismuskritik →Erziehungswissenschaft, Kritische;
→Erziehungswissenschaft, kritisch-rationale

Pragmatismus

Begriff. Der Pragmatismus (von griechisch: «pragma» = das Getane; aber auch das, was zu tun ist, das →Handeln, Tun, die Tätigkeit) vertritt eine handlungstheoretische Auffassung von Wissenschaft und fragt: Was bedeuten wissenschaftliche Theorien für praktische, sachbezogene, soziale und sprachliche Handlungsprozesse in konkret-geschichtlichen Umfeldern? Wenn der Pragmatismus auch das Handeln des Menschen in den Mittelpunkt rückt und wenn den Handlungsprozessen von den körperlichen und manuellen Tätigkeiten über soziale Handlungen bis hin zu den sprachlichen Handlungen (speech acts) eine fundierende Bedeutung beigemessen wird, so darf dennoch nicht übersehen werden, daß der Pragmatismus nicht einen blinden Aktivismus fordert, der die Handlung nur um der Handlung willen fördert. Bereits Peirce, der Begründer des Pragmatismus, hat diesen Einwand entkräftet und geschrieben: «So muß an erster Stelle zugestanden werden, daß es den Tod des Pragmatizismus bedeuten würde, wenn er wirklich das Handeln zum Ein und Alles des Lebens machen würde. Denn zu sagen, daß wir bloß um der Handlung als Handlung willen leben, ohne Rücksicht auf den Gedanken, den sie ausführt, würde heißen, daß es so etwas wie einen rationalen Bedeutungsgehalt nicht gibt» (Peirce 1970a, S. 406). Es kommt also wesentlich darauf an, die konstitutive Bedeutung der → Intelligenz, des → Denkens und der Sprache mit zu berücksichtigen und zu begreifen, daß der Pragmatismus gleichsam «sehende» Handlungen in das Zentrum der Betrachtung rückt.

Entstehung. Der Geburtsort des Pragmatismus war der «Metaphysische Klub» (Metaphysical Club) in Cambridge, USA, den einige Gelehrte zu Beginn der 70er Jahre des 19. Jahrhunderts gegründet hatten. Mitglieder dieser Diskussionsrunde waren der Philosoph und Mathematiker Charles Sanders Peirce (1839–1914), der Philosoph und Psychologe William James (1842–1910), der Philosoph Chauncey Wright (1830 bis 1875), der Jurist Oliver Wendel Holmes und die Philosophen John Fiske (1842–1901) und Francis Ellingwood Abbot (1836–1903). Nach dem Urteil von Peirce war Wright die stärkste philosophische Begabung dieses Kreises. «Dort (scil. i, Metaphysical Club) haben Name und Doktrin des Pragmatismus das Licht der Welt erblickt» (Peirce 1968, S. 157).

Peirce gilt als der Begründer des Pragmatismus. Nach gründlichen Vorarbeiten und leidenschaftlicher Diskussion im Metaphysischen Klub verfaßte Peirce 1877 zunächst in französischer und dann in englischer Sprache die Geburtsurkunde des Pragmatismus und gab ihr den Titel «How to Make Our Ideas Clear». In dieser Gründungsurkunde des Pragmatismus formuliert Peirce die pragmatische Maxime wie folgt: «Überlege, welche Wirkungen, die denkbarerweise [‹conceivably›] praktische Bezüge haben könnten, wir dem Gegenstand unseres Begriffs [‹conception›] in Gedanken zukommen lassen [‹conceive›]. Dann ist unser Begriff [‹conception›] dieser Wirkungen das Ganze unseres Begriffs [‹conception›] des Gegenstandes» (Peirce 1968, S. 63).

Die pragmatische Maxime fragt nicht nach der Wahrheit, sondern nach der Bedeutung von Begriffen. 1906 hat Peirce selber darauf aufmerksam gemacht, daß in diesem Text fünfmal abgeleitete Formen von lateinisch «concipere» (intellektuell begreifen) verwendet werden. Er wollte hierdurch deutlich machen, daß der Terminus Bedeutung im Sinne von «intellektuellem Bedeutungsgehalt» («intellectual purport») gebraucht wird und daß Begriffe somit nur durch Begriffe und durch nichts anderes erklärt werden können (vgl. PEIRCE 1968, S. 65). Der Begriffssinn («intellectual purport») wird hier also nicht auf bloße Sinnesdaten oder faktische Handlungen reduziert, wie fälschlicherweise gelegentlich gegen den Pragmatismus geltend gemacht wird. Peirce erkennt die konstruktive Leistung der Intelligenz und weiß, daß rohe Sinnesdaten intellektuell verarbeitet werden müssen, damit Begriffe entstehen können. Gleichgesetzt werden die Begriffe der Dinge mit den Begriffen der Wirkungen der Dinge. Die pragmatistische Bedeutungstheorie besagt also, die «gedachten Wirkungen« («conceived effects») enthüllen die Bedeutung eines Begriffs (vgl. PEIRCE 1968, S. 66f).

Ein Beispiel soll den Sinn der pragmatischen Maxime noch genauer verdeutlichen: «Wir wollen [...] uns fragen, was wir meinen, wenn wir ein Ding *hart* nennen. Offensichtlich meinen wir, daß es nicht von vielen anderen Substanzen geritzt werden wird. Der ganze Begriff [conception] dieser Eigenschaft, wie jeder anderen, liegt in ihren gedachten Wirkungen [conceived effects]» (PEIRCE 1968, S. 67). Wenn nach der begrifflichen Bedeutung von Dingen gefragt wird, schlägt der Pragmatismus vor, in einem Gedankenexperiment nach den möglichen Wirkungen eben dieses Dinges zu forschen und den Begriffssinn operativ zu definieren (vgl. PEIRCE 1967, S. 48; PEIRCE 1970b, S. 112, S. 148, S. 181, S. 500).

Peirce und Dewey haben mehrfach betont, daß der Pragmatismus den Gegensatz zwischen Idealismus und Realismus überwindet und ihn in einer neuen Synthese vereinigt. Hegel hat hierzu die Mittel dialektischen Denkens bereitgestellt. Ausgangsbasis des Peirceschen Pragmatismus ist die Widerständigkeit der Realität; sie ist in gewisser Weise unabhängig von ihrem Gedachtwerden. Die Dinge, die uns in der → Erfahrung begegnen, leisten uns Widerstand. Dies ist ein entscheidendes Kennzeichen der Realität. Dieser These des Realismus steht die Antithese des Idealismus gegenüber, welche besagt, daß die Realität andererseits auch in der Vorstellung gegeben ist und als Ergebnis eines konstitutiven Erkenntnisprozesses aufgefaßt werden muß, der geschichtliche Dimensionen annimmt. Die dialektische Synthese gelingt Peirce im Begriff der grundsätzlich grenzenlosen Experimentier- und Interpretationsgemeinschaft der Forscher, die als Subjekt der Forschung den Widerstand der Realität akzeptiert und Realität definiert. Diese Gemeinschaft der Forscher ist, pragmatisch formuliert, die kommunikative Lebenspraxis der Forschenden. Der Konvergenzpunkt von Wahrheit und Realität, von Idealismus und Realismus wird allerdings auf diese Weise der Gegenwart entzogen und in eine unendlich ferne Zukunft verlegt (vgl. PEIRCE 1967, 1970b).

Psychologisierung des Pragmatismus. Neben Peirce und Dewey gehört James zu den drei Gründungsvätern des Pragmatismus. Aus der Feder von James stammt die bekannte Definition, der Pragmatismus sei «eine Stellungnahme, die uns absehn macht von ersten Dingen, von Prinzipien, von Kategorien, von vorausgesetzten Notwendigkeiten; und eine Stellungnahme, die uns hinblicken läßt auf letzte Dinge, auf Früchte, auf Folgen, auf Tatsachen» (JAMES 1977, S. 34). James ist es zu verdanken, daß der Pragmatismus als Wissenschaftstheorie international bekannt wurde. Zugleich haben seine nicht gerade präzisen Formulierungen dafür gesorgt, daß zahlreiche Mißverständnisse und Vorurteile entstehen konnten.

Für Peirce ist Wahrheit eine regulative Idee, der sich die Kommunikationsgemeinschaft der Forscher im Laufe der Geschichte nähert. Dieses letztlich absolute Ideal wird von James nicht mehr anerkannt, sondern relativiert und psychologisiert. Nach James müssen wahre Vorstellungen verifizierbar sein. «Verifizierbarkeit heißt soviel als die Fähigkeit, uns glücklich durch die Erfahrung zu führen» (JAMES 1977, S. VII). «Wahrheit [...] bedeutet daher nichts anderes, als daß Vorstellungen [die selber Teile der Erfahrung sind] wahr werden, wenn sie in eine zufriedenstellende Beziehung [‹satisfactory relation›] mit anderen Teilen der Erfahrung gebracht werden» (JAMES 1907, S. 58; Übersetzung: K.-H. S.). Das Adjektiv «satisfactory» verweist auf das entsprechende Substantiv «satisfaction», bedeutet Befriedigung, Freude, Zufriedenheit und ist eher ein psychologischer als ein erkenntnistheoretischer Terminus.

Aber andererseits muß betont werden, daß gerade die psychologischen Kategorien von James sich als äußerst fruchtbar erwiesen haben für den Aufbau der Pädagogik des Pragmatismus. Eine Reihe von Begriffen wie das Bewußtsein als Strom der Gedanken oder der Begriff der Erfahrung als Kontinuität hat die Pädagogik Deweys entscheidend beeinflußt.

Pädagogik des Pragmatismus. Im Anschluß an die Pragmatismus-Konzeptionen von Peirce und James begründete Dewey die Pädagogik des Pragmatismus.

Allport hat Hegels Einfluß auf Deweys Frühwerk nachgewiesen. Kennzeichnend für diese frühe Periode Deweys ist, daß «die Beziehungen zwischen Subjekt und Objekt dadurch bestimmt werden, wie sie innerhalb des *Bewußtseins* [‹within consciousness›] entstehen» (ALLPORT 1971, S. 266). Für den frühen Dewey vollzieht sich die Vermittlung von Subjekt und Objekt ebenso wie bei Hegel auf und innerhalb der Dimension des Bewußtseins oder des Geistes. In diesem Sinn schreibt Dewey über Hegel: «Hegels Synthese von Subjekt und Objekt, Materie und Geist, Göttlichem und Menschlichem war nicht nur eine intellektuelle

Formel, sondern eine ungeheure Erlösung, eine Befreiung» (Dewey 1960, S. 11). Dewey hat von Hegel gelernt, daß die Dichotomien und Dualismen von Subjekt und Objekt, Geist und Materie, Theorie und Praxis ihre Selbständigkeit verlieren und zu Momenten herabgesetzt werden müssen, damit sie als bloße Distinktionen innerhalb eines größeren Zusammenhangs begriffen werden können.

Der «mittlere» und «späte» Dewey ist jedoch nicht bei einem Idealismus Hegelscher Prägung stehengeblieben, sondern hat konsequent den Weg von einer dialektischen und idealistischen Theorie des Bewußtseins zu einer dialektischen und pragmatistischen Theorie praktischer Handlungszusammenhänge beschritten. Dewey hat auf freilich andere Art und Weise als Marx Hegel vom Kopf auf die Füße gestellt und seine «frühe», überwiegend idealistische Theorie des Geistes in eine pragmatistische Theorie der Erfahrungssituation verwandelt, in der die synthetisierenden Strukturen Hegelscher Dialektik erhalten bleiben (vgl. Schäfer 1979). Die pragmatistische Pädagogik des «mittleren» und «späten» Dewey geht nicht mehr wie Hegel vom Primat des Denkens und des Geistes aus, sondern vom Primat des Handelns und der Erfahrung. An die Stelle der idealistischen Katagorien des Denkens und des Geistes rücken nun die pragmatistischen Grundbegriffe des Handelns und der Erfahrung. Bezugssystem der Pädagogik des Pragmatismus ist der praktisch-theoretische Handlungszusammenhang als globaler Interaktionszusammenhang.

Interaktionsprozesse sind Handlungsprozesse, die «zwischen» (inter) einem handelnden Subjekt und seiner Umwelt ablaufen und die vermittelnde Mitte bilden. Die Pädagogik des Pragmatismus fragt, welche Interaktionsarten und welche Erfahrungstypen notwendig sind, damit identitätsbildende Prozesse möglich werden, die der Selbstverwirklichung von Heranwachsenden dienen. Die bekannte Unterscheidung zwischen Arbeit, Sprache und sozialer Interaktion, die seit der «Politeia» das Aristoteles (vgl. 1958) die Tradition des Abendlandes bestimmt, legt die Modi der Handlung und die Typologie der Erfahrung fest. Sachbezogene Interaktionsprozesse sind Prozesse instrumenteller, manueller und geistiger Arbeit, deren Resultat sachbezogene Erfahrungen sind. Soziale Interaktionsprozesse sorgen für den Aufbau von sozialen Beziehungsgefügen und erweitern die soziale Erfahrung von Heranwachsenden. Emotionale und praktisch-theoretische Erfahrungen müssen eine sprachliche Form finden, damit sie kognitiv verarbeitet werden können. Diese Funktion übernehmen sprachliche Interaktionsprozesse, die auch Kommunikationsprozesse genannt werden (Schäfer 1977, 1980). Die resultierende sprachliche Erfahrung entwickelt und verbessert die sprachliche → Kompetenz von Kindern und Jugendlichen.

Aus der amerikanischen Demokratietradition gewinnt Dewey den kritischen Maßstab für seine pädagogische Konzeption. Demokratie ist für Dewey die «Idee gemeinschaftlichen Lebens» (DEWEY 1954, S. 148), die den Gedanken der Forschergemeinschaft von Peirce wiederaufnimmt und demokratietheoretisch verwandelt. →Schule ist «eine Form gemeinschaftlichen Lebens», und Dewey erwartet von schulischen Erziehungs- und Unterrichtsprozessen eine stete Erneuerung demokratischen Lebens (vgl. DEWEY 1972, S. 86f).

Erfahrung ist nach Dewey Resultat von interaktiven Wechselwirkungen und enthält infolgedessen aktive und passive Elemente. Diese kreisförmige adaptiv-konstruktive Auseinandersetzung zwischen dem Heranwachsenden und den physischen, gesellschaftlichen und kulturellen Bedingungen der Umwelt führt dazu, daß aus dem edukativen Interaktionsprozeß ein Kontinuum selbstbewußter Erfahrung wird, das Ich-Identität genannt wird (→Ich).

In den Vereinigten Staaten von Amerika ist im Anschluß an Deweys Pädagogik des Pragmatismus eine breite «progressive Erziehungs- und Schulbewegung» entstanden (vgl. CREMIN 1964, RÖHRS 1977). In Europa ist bisher nur ein Teilbereich der Pädagogik Deweys aufgenommen und weiterentwickelt worden. Deweys und Kilpatricks Theorie des Projektunterrichts hat die deutsche →Reformpädagogik und handlungstheoretisch orientierte pädagogische Konzeptionen der Gegenwart beeinflußt (vgl. DEWEY/KILPATRICK 1935, MAGNOR 1976).

ALLPORT, G. W.: Dewey's Individual and Social Psychology. In: Schilpp, P. A. (Hg.): The Philosophy of John Dewey, La Salle (Ill.) 1971, S. 263ff. ARISTOTELES: Politik, Hamburg 1958. BAYLES, E. E.: Pragmatism in Education, New York 1966. CREMIN, L. A.: The Transformation of the School, Progressivism in American Education 1876–1957, New York 1964. DELEDALLE, G.: L'idée d'expérience dans la philosophie de John Dewey, Paris 1967. DEWEY, J.: The Public and its Problems, Chicago 1954. DEWEY, J.: From Absolutism to Experimentalism. In: Dewey, J.: On Experience, Nature and Freedom, hg. v. R. J. Bernstein, New York 1960, S. 5ff. DEWEY, J.: Democracy and Education, New York 1961. DEWEY, J.: My Pedagogic Creed. The Early Works, hg. v. G. E. Axtelle, Bd. 5, Carbondale/Edwardsville/London/Amsterdam 1972, S. 84ff. DEWEY, J./KILPATRICK, W. H.: Der Projektplan, Weimar 1935. JAMES, W.: The Principles of Psychology, 2 Bde., New York 1890. JAMES, W.: Pragmatism, New York 1907. JAMES, W.: Der Pragmatismus, Hamburg 1977. MAGNOR, M.: Die Projektmethode: Ein Ergebnis der philosophischen und erziehungstheoretischen Ansätze John Deweys und William H. Kilpatricks, Diss., Osnabrück 1976. PEIRCE, CH. S.: Zur Entstehung des Pragmatismus. Schriften, hg. v. K.-O. Apel, Bd. 1, Frankfurt/M. 1967. PEIRCE, CH. S.: Über die Klarheit unserer Gedanken. How to Make Our Ideas Clear, hg. v. K. Oehler, Frankfurt/M. 1968. PEIRCE, CH. S.: Was heißt Pragmatismus? Schriften, hg. v. K.-O. Apel, Bd. 2, Frankfurt/M. 1970, S. 389ff (1970a). PEIRCE, CH. S.: Vom Pragmatismus zum Pragmatizismus. Schriften, hg. v. K.-O. Apel, Bd. 2, Frankfurt/M. 1970b. RÖHRS, H.: Die progressive Erziehungsbewegung. Verlauf und Auswirkungen der Reformpädagogik in den USA, Hannover 1977. SCHÄFER, K.-H.: Interaktion als Grundbegriff der Pädagogik, Fernuniversität Hagen, Hagen 1977.

Schäfer, K.-H.: Dialektik als Grundbegriff der Pädagogik, Fernuniversität Hagen, Hagen 1979. Schäfer, K.-H.: Kommunikation als Grundbegriff der Pädagogik, Fernuniversität Hagen, Hagen 1980. Schäfer, K.-H.: Vernunft und Erfahrung. Bildungsgeschichtliche Grundlagen der Kommunikativen Pädagogik. In: Vjs. f. w. P. 62 (1986), 1, S. 111ff. Schilpp, P. A. (Hg.): The Philosophy of John Dewey, La Salle (Ill.) 1971. White, M. G.: The Origin of Deweys Instrumentalism, New York 1964.

Karl-Hermann Schäfer

Präsentation → Anschauung
Prävention (Drogenmißbrauch) → Droge
Prävention (Kindesmißhandlung) → Kindesmißhandlung
Prävention (Krankheit) → Gesundheitserziehung
Praxeologie → Pädagogik, systematische
Praxis → Erziehungswissenschaft, Kritische; → Handeln; → Theorie – Praxis
Praxis, pädagogische → Pädagogik, systematische
Prestige → Autorität
Primarbereich → Bildungssystem (Bundesrepublik Deutschland)
Privatschule → Alternativschule
Problemlösung → Denken; → Intelligenz; → Projekt

Professionalisierung

Durch die Verselbständigung der →Erziehung als *Beruf* (→Erzieher; →Lehrer) gelangte die Erziehung zu Selbstbewußtsein und entwickelte sich zu einer lernbaren praktischen Kunst, Kompetenzen zu vermitteln. Andererseits ist sie bis heute immer auch eine *allgemeine* Funktion geblieben, die von «*Laien*» in naiver Dauererfüllung betrieben wird. Legt man die gebräuchlichsten Kriterien für einen professionellen Beruf zugrunde (lange Spezialausbildung, monopolisiertes Tätigkeitsfeld, Orientierung am Wohl des Klienten, weitgehende →Autonomie aufgrund öffentlicher Anerkennung), läßt sich leicht erkennen, daß die Professionalisierung der pädagogischen Berufe noch im Fluß ist und bei einigen weiter (verschiedene Lehrerkategorien), bei anderen kaum fortgeschritten erscheint (Sozialarbeiter). Bei einer Übersicht der Forschungsergebnisse schälen sich drei Begründungsmuster für den geringen Grad der Professionalisierung heraus:

Nach dem mit der Industrialisierung verbundenen Funktionszuwachs der pädagogischen →Institutionen ist die öffentliche Erziehung und →Bildung heute nicht mehr nur *vorpolitisch* und der Familiensphäre *subsidär*, sondern öffentliche Angelegenheit sui generis und wegen ihrer Bedeutung für die Sozialchancen des einzelnen wie auch die Fortentwicklung der Gesellschaft im ganzen *hochpolitisiert*. Die in die pädagogischen Institutionen hineinwirkenden widersprüchlichen Interessenlagen, Einflüsse und Erwartungen manifestieren sich als *Rollenkonflikte* (→Rolle) des pädagogischen Personals, das unter diesen Umständen nur enge Handlungsspielräume besitzt, um an fachwissenschaftlichen Ergebnissen orientierte Veränderungen des pädagogischen Feldes durchzusetzen (→Lehrer). Wegen der geringen und häufig umstrittenen Innovationen gelingt es dem Personal nicht, die Berufsrolle zu profilieren, durch anerkannte Leistungen das Prestige zu erhöhen und die *Statusunsicherheit* zu vermindern. Auf diese Weise schließt sich immer wieder ein Zirkel, der erst durchbrochen werden müßte, um eine erfolgreiche Professionalisierung betreiben zu können.

Im Vergleich zu den oft als Vorbild betrachteten freien Professionen der Ärzte und Anwälte ist es den pädagogischen Experten bisher nicht gelungen, ihre Funktionen als *spezielle Dienstleistungen* in der öffentlichen Wahrnehmung durchzusetzen. Die meisten pädagogischen Institutionen werden vielmehr noch im Bezugsrahmen der staatlichen *Ordnungsverwaltung* wahrgenommen, als Teil – neben dem Polizei-, Justiz- und Militärapparat – der staatlichen Integrationsmacht. In der Tat verdanken die meisten pädagogischen Institutionen diesem Interessen- und Funktionszusammenhang ihre Entstehung; nach dem Vorbild der klassischen Ordnungsverwaltung wurden sie *bürokratisch* organisiert. Dieses Erbe wirkt heute wie ein fatales Gehäuse weiter, aus dessen strukturellen Zwängen sich die pädagogischen Experten nicht mehr befreien können; die bürokratische Eigengesetzlichkeit macht alle Bestrebungen immer wieder zunichte, die Dienstleistungen autonom an sachgerechten Zielen und Entscheidungen zu orientieren. Angesichts der engen Spielräume für *Autonomie* fehlt eine wesentliche Voraussetzung für erfolgreiche Professionalisierung. Die klassische Relation, nach der der Professionelle im Auftrag seines Klienten seine auf einer besonderen Vertrauensbasis beruhende Dienstleistung ausübt, wird im pädagogischen Bereich beeinträchtigt oder kommt gar nicht erst zustande, weil der pädagogische Experte hier noch einem *sekundären Klienten* gegenüber in ein Verpflichtungsverhältnis eingespannt ist, nämlich dem bürokratischen Träger der Institution.

Die Statuszuschreibung als Sanktion des sozialen Systems auf die Leistungen des Statusinhabers ist im pädagogischen Bereich eigentümlich unsicher und schillernd, mit dem «Aroma des gesellschaftlich nicht ganz Vollgenommenen» (ADORNO 1969, S. 69) umgeben. Das Sozialprestige verteilt sich über ein breites Spektrum: Die Wertschätzung rangiert um so höher, je älter und «auserwählter» die Klienten sind. Der Status wird nicht aufgrund der Einheit des pädagogischen Berufs als solchem zugeschrieben, sondern orientiert sich am gesellschaftlichen Stellenwert der

Institution, in der er ausgeübt wird. Verknüpft man mit diesem Sachverhalt das weitere, in empirischen Untersuchungen gefundene Ergebnis, daß «Erziehung» im kollektiven →Bewußtsein mit den tiefsitzenden Stereotypen «Zucht», «Ordnung» und «Strenge» verbunden, also vorwiegend *repressiv* verstanden wird, dann lassen sich die Statusunsicherheit und schillernde Wertschätzung alles Pädagogischen soziologisch tiefer verstehen. Unter den jeweils bestehenden Herrschaftsbedingungen innerhalb der christlich-abendländischen →Tradition erschienen alle Zucht- und Erziehungsmaßnahmen, die auf eine *Zwangsintegration* des «Abweichenden» in bestehende Lebenszusammenhänge hinausliefen, einerseits als gesellschaftlich notwendige, andererseits als sozial verachtete Tätigkeiten, die die «Herren» als unwürdig betrachteten und lieber stellvertretend durch engagiertes Personal ausführen ließen. Die Geringschätzung der repressiven Momente, zumal gegenüber «wehrlosen» Kindern, übertrug sich auf die gesellschaftliche Bewertung aller pädagogischen Rollen. Pointiert ließe sich sagen: Je weniger ein Berufspädagoge «Prügel austeilen» muß, je näher seine Klienten den «freien» Privilegierten stehen und «sozial auserwählt» sind, desto professioneller kann er seine Dienstleistung erfüllen und desto höher ist der ihm zugeschriebene Status. Da das zwanglose, *vertrauensvolle* Verhältnis von Experte und Klient zu den notwendigen Kriterien erfolgreicher Professionalisierung zählt, liegt der Schluß nahe, daß Erziehungs- und Bildungsprozesse nur in dem Maße professionalisiert werden können, in dem die *Gewalt* aus ihnen getilgt wird.

Adorno, Th. W.: Stichworte, Frankfurt/M. 1969. Lüdtke, H. (Hg.): Erzieher ohne Status? Heidelberg 1973. Reinhardt, S.: Zum Professionalisierungsprozeß des Lehrers. Überlegungen zur Lehrer-Schüler-Interaktion, Frankfurt/M. 1972. Tenorth, H.-E.: Professionen und Professionalisierung. In: Heinemann, M. (Hg.): Der Lehrer und seine Organisation, Stuttgart 1977, S. 457 ff.

Hartmut Titze

programmed instruction → Bildungstechnologie

Projekt

Begriffsbestimmung. Das Wort Projekt geht auf das lateinische Wort *proicere* (= vorwerfen, entwerfen, hinauswerfen) zurück und wird im heutigen Sprachgebrauch im Sinne von *Plan, Entwurf, Vorhaben* verwendet, wobei immer zugleich mitgedacht wird, daß der Plan auch tatsächlich realisiert werden soll. Somit schließt Projektarbeit vom Begriff her bereits die Planverwirklichung mit ein. Diese ausdrückliche Einbeziehung des *Moments der Aufgabenlösung* war schon von den Initiatoren der Projektmethode beabsichtigt (vgl. BOSSING 1970). Im Hinblick auf die schulische Projektarbeit ist darin die Absicht enthalten, Lernen so zu organisieren, daß Schüler befähigt werden, komplexe Aufgabenstellungen und Lebenssituationen zu bewältigen. Ausgangspunkt für Projekte sind in der Regel konkrete Aufgabenstellungen aus der Lebenswirklichkeit, die →Lehrer und →Schüler in gemeinsamer Arbeit lösen. Der Schwerpunkt der Projektarbeit liegt auf der praktischen Verwirklichung der Aufgabe, ihr primäres Ziel ist die gemeinsame aktive Lösung in der Realität bestehender Aufgaben. «Das Backen eines Brotlaibes, die Anfertigung eines Hemdes, die Erzeugung eines Scheffels Mais, die Herstellung eines Tisches, die Anlage einer elektrischen Klingel – dies alles wurde *Projekt* genannt, wenn es von Schülern ausgeführt und so betrieben wurde, daß es zu einem umfangreichen Erwerb von Wissen und Erfahrung führte» (Snedden, zitiert nach BOSSING 1970, S. 124ff). Der amerikanische Pädagoge Bossing definierte Projekt wie folgt: «Das Projekt ist eine bedeutsame praktische Tätigkeit, die Aufgabencharakter hat, von den Schülern in natürlicher Weise geplant und ausgeführt wird, die Verwendung physischer Mittel in sich begreift und die Erfahrung bereichert» (BOSSING 1970, S. 129ff).

Nach dieser Definition sind vier Kriterien für das Projekt bestimmend: der Aufgabencharakter der praktischen Tätigkeit, die Planung und Ausführung durch die Schüler, die Verwendung physischer Mittel und die Bereicherung der Erfahrung. Aus den vier Wesensmerkmalen des Projekts leiten sich vier Stufen im Verfahren der Projektmethode ab: *Zielsetzung, Planung, Ausführung* und *Beurteilung* (→Methode).

Historische Entwicklung der Projektmethode. Die Tradition der Projektmethode reicht in den USA bis zum Anfang des 20. Jahrhunderts zurück. Dabei entwickelte sich eine Diskussion zu der Frage, ob Projektarbeit nur eine Technik oder eine didaktische Konzeption sei. Dewey, der als herausragender Vertreter des erkenntnisphilosophischen →Pragmatismus die Basis für die politische und wissenschaftliche Konzeption der Projektmethode schuf, und sein Kollege Kilpatrick verstanden Projekt ursprünglich in einem umfassenden Sinn als eine bestimmte *Philosophie der Erziehung* (vgl. BOSSING 1970), die eine bloße instrumentelle Verwendung des Projekts verhindern sollte. Dementsprechend definiert Kilpatrick Projekt als «planvolles Handeln aus ganzem Herzen, das in einer sozialen Umwelt stattfindet» (KILPATRICK 1935, S. 162). Nach dieser Vorstellung der Projektidee sollten die Schüler durch spezifische Bedingungen des →Handelns Wissen erwerben. Es ging Dewey und Kilpatrick um die Grundlegung einer didaktischen Konzeption, in der eine

Verknüpfung von Leben und →Denken, von Handeln und Wissen, von Schule und außerschulischer Wirklichkeit erfolgte. Letztlich war für Kilpatrick «planvolles Handeln die typische Einheit des wertvollen Lebens in einer demokratischen Gesellschaft», und deshalb «sollte es auch zur typischen Einheit des Schulverfahrens gemacht werden» (KILPATRICK 1935, S. 165). Diese Frühform des Projektverständnisses setzte sich jedoch offenbar nur im Osten der USA durch (vgl. BOSSING 1970). Von anderen wurde dagegen der *Problemlösungsprozeß* als zentrales Merkmal der Projektmethode betrachtet. Damit konnte jedes Problem, das als eine ernsthafte und selbständig zu lösende Aufgabe angesehen wurde, als Projekt deklariert werden. So degenerierte die Projektmethode zum schematisierten Problemlösungsprozeß, in dem der Lehrer das Problem vorgab und die Schüler das Problem zu lösen hatten.

In Deutschland fand der Projektgedanke im Gesamtunterricht von B. OTTO (vgl. 1914) und in den arbeitsunterrichtlichen Verfahren seines Schülers REICHWEIN (1951), die die Verbindung von Theorie und Praxis im Unterricht als *Vorhaben* bezeichneten, eine Basis. In B. Ottos Konzeption des Gesamtunterrichts spielte zunächst das Gespräch eine zentrale Rolle. Dabei ging er von der komplexen Lebenswirklichkeit des Kindes aus, die ganzheitlich als Erfahrungsfeld in den Unterricht hineingenommen und nicht in wissenschaftliche Disziplinen aufgelöst wurde. Die *freien* Unterrichtsgespräche, die die spontane Frage des Schülers aufgriffen und an ihr entlang den Unterricht entfalteten, entwickelten sich dann bei B. Otto und vor allem bei KRETSCHMANN (vgl. 1948) und Reichwein zu Gruppenarbeiten beziehungsweise Vorhaben oder Projekten. Einflüsse der Projektidee oder in die gleiche Richtung verlaufende Entwicklungen lassen sich aber auch in der von KERSCHENSTEINER (vgl. 1968) und GAUDIG (vgl. 1969) getragenen Arbeitsschulbewegung und im Industrieschulkonzept von BLONSKIJ (vgl. 1973) sowie der Kolonie-Arbeitsschulerziehung von MAKARENKO (vgl. 1961) beobachten.

Eine Weiterentwicklung des Projektgedankens erfolgte in Europa vor allem während der «Innovationszeit der sechziger und siebziger Jahre» (FREY 1982, S. 41) und der Diskussion um die alternative Schule und den alternativen Unterricht. In dieser Periode wurde in mehreren europäischen Staaten eine Fülle von Bildungsreformen eingeleitet. Zu diesen Reformbemühungen gehören in der Bundesrepublik Deutschland die Pläne und Reformvorschläge zur Neugestaltung der Hauptschule und der gymnasialen Oberstufe, die Universitätsgründungen sowie der Aufbau von Gesamthochschulen und die Gründung von Gesamtschulen. Fast überall tauchte der Projektgedanke in irgendeiner Form auf.

Die Projektidee wurde hauptsächlich als Programm gegen das traditionelle →Lernen in Schule und Hochschule verstanden. Projektidee und Projektmethode sollten die verkrusteten Institutionen und die festgefügten Fachstrukturen aufbrechen. Dabei wurden vor allem Gedanken der Alternativschulbewegung und der radikalen Schulkritiker wie ILLICH (vgl. 1973), KOZOL (vgl. 1973) und HOLT (vgl. 1975) aufgegriffen, die sogenannte offene Lernsituationen forderten. Konzepte des praxis- und handlungsorientierten Lernens sollten die Schulen lebensnah gestalten. Die Schule sollte offen gestaltet werden und sich an den ganzheitlichen Lebensvorgängen der Schüler orientieren sowie deren Bedürfnis nach →Selbsttätigkeit und Selbstverwirklichung Rechnung tragen. Auch in den schulischen Richtlinien kam dem Projektunterricht stärkere Bedeutung zu.

Zielsetzung des Projektunterrichts. Die niedersächsischen Rahmenrichtlinien für die Orientierungsstufe enthalten nach STRUCK (vgl. 1980, S. 26f) folgende allgemeine Ziele für den Projektunterricht: Der Schüler soll durch den Projektunterricht

- seinen Neigungen und Interessen entsprechend Themen bestimmen und sich Aufgaben selbst stellen;
- sich aus eigenem Antrieb – seinen Fähigkeiten gemäß – Ziele setzen;
- lernen, zielstrebig mitgestaltend oder verändernd initiativ zu werden;
- Wege zum Erreichen der Ziele entwickeln und die notwendigen Arbeiten selbst ausführen;
- seine Fähigkeiten entfalten und erproben und dabei sowohl Erfolgserlebnisse als auch die Grenzen seines Leistungsvermögens kennenlernen;
- die Notwendigkeit arbeitsteiliger Tätigkeiten erkennen und erfahren, daß zur Lösung bestimmter Aufgaben kooperatives Handeln notwendig ist, und dabei lernen, eigene Fähigkeiten innerhalb der Gruppe einzuschätzen und einzusetzen;
- seine Anliegen artikulieren und vertreten lernen und sich in sachlicher Diskussion üben;
- bei auftretenden Spannungen und Konflikten selber Wege zu ihrer Lösung finden;
- selbständig Informationen einholen, sammeln, ordnen, auswerten und sie kritisch beurteilen und einsetzen;
- die eigenen Arbeitsergebnisse anderen zugänglich und verständlich machen;
- das eigene und das gemeinsame Tun am Arbeitsergebnis reflektieren.

Projektunterricht zielt in gewisser Weise auf den Abbau von traditionellen Lern- und Autoritätsstrukturen, die Aufgabenstellung orientiert sich an den Interessen der Schüler und eröffnet ihnen einen möglichst großen Spielraum für Spontaneität, selbständiges Handeln und das Sammeln von lebensnahen Erfahrungen. Unter der Maxime eines handlungsorientierten Didaktikkonzepts wird für den Projektunterricht eine

Unterrichtsgestaltung gefordert, die Tun und Denken miteinander verbindet, die an den Erfahrungen der Schüler anknüpft, deren Fähigkeiten zur Mit- und Selbstorganisation entwickelt und die Bereitschaft und Fähigkeit zu gemeinsamem Handeln und Entscheidungen fördert.

Projektorientiertes Lernen fordert vom Schüler insbesondere persönliches Engagement, Bestimmung der Ziele, planende Strategie, Verwirklichung des Arbeitsprogramms und schließlich die Kontrolle, ob das gesteckte Ziel auch tatsächlich erreicht wurde. Es verlangt, daß in der Schule geeignete Arbeits- und Übungsräume vorhanden sind, in denen die Schüler nicht nur passiv sitzen müssen, sondern aktiv gestalten und experimentieren können.

Es verlangt darüber hinaus, daß den Schülern unterschiedliche Handlungsfelder eröffnet werden und die Fachsystematik zugunsten der Erfahrung der Schüler zurücktritt. Dies stellt auch an die Überwindung des vielfach stark fächerbezogenen tradierten Denkens von Lehrern große Anforderungen hin zu mehr → Interdisziplinarität und integrativen Lernverfahren und eine stärkere Abkehr von ausschließlich fachimmanenten Lehrgängen. Diese Forderungen finden sich auch in der verstärkten Berücksichtigung des Projektgedankens in den Lehrplänen wieder. So weist die Stundentafel für die Hamburger Haupt- und Realschulen von 1976 neben dem nach Fächern gegliederten Pflicht- und Wahlpflichtunterricht für die 7. Klasse bis zu fünf Wochen und für die oberen Klassen bis zu sechs Wochen Projektzeiten im Schuljahr auf. Die Einrichtung der Projektzeiten soll fächerübergreifenden Unterricht und die Durchführung mehrstündiger und mehrtägiger Sondervorhaben ermöglichen. Diese sind insbesondere durch folgende Merkmale gekennzeichnet: «Im Mittelpunkt steht die unmittelbare Realbegegnung, vorzugsweise im Zusammenhang mit Tätigkeiten und Erkundungen außerhalb der Schule; die Arbeit am Projekt ist in eine situationsbezogene Aufgabenstellung eingebettet, es werden deshalb in der Regel Gesichtspunkte aus mehreren Fachbereichen einzubringen sein; die Arbeit am Projekt ist handlungsbezogen (erkunden, beobachten, konstruieren, prüfen...); die exemplarische Behandlungsweise hat den Vorrang gegenüber der systematisierenden Betrachtung» (STRUCK 1980, S. 17).

Nach der Idealvorstellung verläuft der Unterricht am Projekt wie folgt: «Die gruppe bestimmt selbst nach abwägung ihrer bedürfnisse und interessen ihr ziel, entwirft selbst den plan zur verwirklichung, wählt selbst die mittel, korrigiert selbst fehlentscheidungen, führt das projekt selbst durch, bestimmt selbst die verwendung des ergebnisses und beurteilt selbst den gesamterfolg des projekts sowie die leistung des einzelnen» (BEHR 1978, S. 68). Diese ideale Form von Projektarbeit läßt sich in der Unterrichtspraxis allerdings selten erreichen.

Erfolgreiche Projektarbeit erfordert sowohl von Lehrer- als auch von

Schülerseite die Beachtung grundlegender Projektkriterien. Die unterschiedlichen Kriterien und vielfältigen Postulate, die in der pädagogischen Literatur zum Projekt immer wieder genannt und in abgewandelter Form aufgeführt werden, lassen sich zu insgesamt *fünf Projektkriterien* zusammenfassen, an denen die spezifischen methodischen Merkmale projektorientierten Lernens deutlich werden.

Projektkriterien und methodische Merkmale projektorientierten Lernens. *Produkt- und Handlungsorientierung.* Dieses Kriterium soll sicherstellen, daß dem Primat der Handlung im Erkenntnisprozeß eine zentrale Bedeutung zuerkannt wird. Es geht jedoch nicht um bloße Aktivität, sondern Grundlage des Lernens sind die Arbeitspraxis und die darin gewonnenen Erfahrungen, Eindrücke und Erkenntnisse. Ziel ist die Herstellung eines Produktes, wobei sich über den Herstellungsprozeß eine Verbindung von Denken und Handeln, von Theorie und Praxis vollziehen soll.

Das Kriterium Produktorientierung führt gelegentlich dazu, daß schulische Projektarbeit auf die Herstellung verkäuflicher Produkte beschränkt wird. Weil aber der didaktische Wert der Projektarbeit hauptsächlich in den initiierten Denkprozessen und den im Rahmen konkreter Handlungsvollzüge gewonnenen und somit den ganzen Menschen (seine Hände, seine Sinne, seine Gefühle und seinen Verstand) betreffenden Erkenntnissen liegt, reicht die Palette möglicher Projekte von der Herstellung verkäuflicher Produkte (Brot, Kleidungsstücke und Werkstücke) über Dienstleistungen und Ausstellungen (Verbraucherinformation, Umweltschutzmaßnahmen) bis hin zu Aufführungen und Aktionen. Wesentlich ist, daß sichergestellt wird, daß die breite Palette motivationsfördernder Entscheidungs- und Handlungsfelder, die Schule mit Hilfe der Projektarbeit zu eröffnen imstande ist, auch tatsächlich genutzt werden kann.

Interdisziplinarität. Dieses Kriterium verlangt, daß Lernen nicht ausschließlich aus der Sicht der einzelnen Disziplinen beziehungsweise einzelner Fächer erfolgt, da gerade dies der Lösung einer komplexen Lernaufgabe abträglich wäre. Dabei gilt es jedoch, sich davor zu hüten, daß unter der Forderung nach Interdisziplinarität Mammutprojekte entstehen, in denen in einer Art «Klebekonzentration» thematische Zusammenhänge krampfhaft gesucht werden.

Das Postulat der →Interdisziplinarität erfordert in vielen Fällen die Kooperation mehrerer Lehrer (Teamarbeit), kann aber auch bedeuten, daß außerschulische Kompetenzen in den Unterricht mit einbezogen werden, wie etwa Eltern, Vertreter der Wirtschaft, der Parteien, der Verbände.

In der Schule lassen sich Interdisziplinaritäten also auf verschiedenen Ebenen realisieren: entweder durch die Kooperation mehrerer Fachlehrer oder dadurch, daß außerschulische Kompetenzen für die Projektarbeit herangezogen oder indem fachspezifische Kenntnisse aus den anderen Fächern integriert werden, ohne daß die entsprechenden Lehrer in diese Kooperation eingebunden werden.

Interdisziplinarität und die Hilfe von Experten sind vor allem deshalb notwendig, weil Schüler die Realität *ganzheitlich erleben* und für die Lösung *komplexer Aufgaben* Kenntnisse und Fertigkeiten benötigt werden, die zumeist über den Horizont eines Faches hinausgehen.

Schülerorientierung. Im Zusammenhang mit Projekten beinhaltet dieses Kriterium, daß die Interessen und Bedürfnisse der Lernenden in besonderer Weise zu berücksichtigen sind, weil damit die Wahrscheinlichkeit steigt, daß Projekte besonders motivationsfördernd wirken. Die Forderung nach Schülerorientierung führt immer wieder zu dem Mißverständnis, die Projektthemen und Projektvorschläge müßten ausschließlich von den Schülern initiiert werden. Das aber ist nur in seltenen Fällen einlösbar. Die Bedürfnisbezogenheit eines Projekts kann vielmehr dadurch gegeben sein, daß die Schüler sich für eine Aufgabe entscheiden, weil der Lehrer die Schüler für die Arbeit an einem solchen Projekt begeistern oder motivieren kann.

Das bedeutet jedoch auch, daß sich der Lehrer trotz des Postulats der Schülerorientiertheit nicht aus der Verantwortung für die erfolgreiche Projektarbeit hinausstehlen darf. Auch im Rahmen der Projektarbeit hängt der Erfolg entschieden vom Engagement und von der Einsatzbereitschaft des Lehrers ab. Seine Arbeit, die er für die Vorbereitung, Planung und Durchführung des Unterrichts einbringt, wird nicht geringer. Nur seine Rolle wird anders definiert. Er ist nicht mehr derjenige, der die Aufgaben vorgibt, den Weg vorschreibt und die Lernprozesse vom Pult aus dirigiert und steuert. Er wird vielmehr Mitglied einer Lerngruppe, in der er mitplant, mitdenkt, Anregungen gibt, seine Ideen und sein spezifisches Wissen und Können einbringt, nach Lösungsmöglichkeiten sucht und darüber hinaus Mut macht, Denkanstöße gibt und in den Punkten Hilfen gibt, in denen die Schüler ratlos sind und nicht weiterkommen. Seine Arbeit wird zunächst einmal in der Regel zeitaufwendiger und anstrengender, wenn projektorientierter Unterricht den gewünschten Erfolg bringen soll.

Situations- und Gesellschaftsbezug. Die Schülerorientierung bleibt für sich genommen unzureichend, wenn der projektorientierte Unterricht nicht gleichzeitig die jeweils besondere Situation der Schüler, der Klasse, der Region berücksichtigt und einen Gesellschaftsbezug besitzt.

Projekte können etwa gesellschaftliche Probleme aufgreifen und öffentlich machen (Dokumentation, Ausstellung, Theatervorführung) oder ein für die Gesellschaft nützliches Produkt hervorbringen.

Unter dieser Perspektive durchgeführter Projektunterricht erhöht die Möglichkeit, daß den Schülern unmittelbar der Sinn und die Bedeutung ihres Lernens für die Lebensbewältigung bewußt wird.

Das Kriterium Situations- und Gesellschaftsbezug bedeutet letztlich, daß bei der Auswahl von Projektthemen in besonderer Weise das soziale Umfeld der Schüler berücksichtigt werden muß. Das bedeutet zugleich: Projektorientierter Unterricht verlangt auch immer ein Stück →*Entschulung*. – Schule muß sich gegenüber dem Leben, der Gesellschaft und der Arbeits- und Wirtschaftswelt öffnen und auch mit ihren Aktivitäten in die gesellschaftliche Wirklichkeit eingreifen.

Vom Lehrer verlangt das erhöhte Verantwortung und zusätzliche Absicherungsmaßnahmen, weil seine schulische Arbeit weitaus öffentlicher geschieht als im Fall der Arbeit hinter der verschlossenen Klassentür. So müssen die Schule und der Lehrer sich vielfach erst durch vertrauensbildende Maßnahmen gesellschaftliche Kontakte aufbauen. Projektthemen, in denen gesellschaftliche Konflikte aufgearbeitet werden, setzen ein vertrauensvolles Verhältnis und die Zusammenarbeit der Schule mit den Eltern, der Verwaltung, den Parteien, den Verbänden, der heimischen Industrie voraus. Wer das nicht beachtet, schadet nicht nur seinem Ansehen als Lehrer, sondern zerstört längerfristig auch die Basis, auf der projektorientierter Unterricht beruht.

Gemeinsame Organisation von Lernprozessen. Dieses Postulat kann nicht bedeuten, daß die Schüler von der Zielsetzung, Planung, Ausführung bis zur Bewertung den Lernprozeß unbeeinflußt vom Lehrer organisieren. Das würde Lehrer und Schüler überfordern. Diese Forderung ist aber sinnvoll, wenn sie den Lehrer daran erinnert, daß motivationsfördernde Projektarbeit sich nur dann realisiert, wenn die Schüler mitplanen dürfen und im Planungs- und Realisierungsprozeß des Projektes Freiräume für die *Kreativität der Schüler* gegeben sind. Selbstorganisation des Lehr-/Lernprozesses bleibt dann keine unerreichbare Idealvorstellung, wenn der Lehrer mit seiner Planungskompetenz sich für die Handlungsmöglichkeiten der Schüler mitverantwortlich fühlt und auch Entscheidungs- und Planungsverfahren vermittelt. Die Selbstorganisation und die Beteiligung der Schüler an der Organisation von Lernprozessen können nicht einfach vorausgesetzt werden, sondern werden durch eine stufenweise Einführung in die Mitplanung und Mitgestaltung von Lernprozessen ermöglicht.

Die gemeinsame Organisation von Lernprozessen verlangt im einzelnen, daß die Schüler an der Planung der Unterrichtsprozesse beteiligt werden, Arbeitstechniken beherrschen oder vermittelt bekommen und Planungs- und Entscheidungsverfahren anwenden können (vgl. KAISER 1983).

Schulische Rahmenbedingungen und projektorientierter Unterricht. Die erfolgreiche Durchführung von Projekten ist nicht nur abhängig von der Beachtung bestimmter didaktisch-methodischer Kriterien, sondern ganz wesentlich auch von den schulischen Rahmenbedingungen. Erfolgreiche Projektarbeit läßt sich nicht administrativ verordnen, sondern ist auf eine besondere schulische Atmosphäre angewiesen, die nicht unwesentlich von der vorhandenen Organisationsstruktur der →Schule beeinflußt wird.

Je größer eine Schule ist und je mehr sich die Lehrer als fachwissenschaftliche Vertreter mit einem entsprechend festgefügten Fach- und Lehrgangssystem verstehen, um so geringer sind in der Regel die Chancen für projektorientierten Unterricht. Demgegenüber scheint sich auch die diesem Schulfächersystem oft immanente Schwerfälligkeit leichter dort überwinden zu lassen, wo kleinere, überschaubare Schulen oder kleine Einheiten innerhalb größerer Schulen bestehen und die Kontaktmöglichkeiten und somit auch die Kooperationsmöglichkeiten zwischen Lehrern günstiger sind. Folgendes muß als weitere wesentliche Voraussetzung für erfolgreiche Projektarbeit gelten:

Schule darf nicht eine einseitige Lern- und Buchschule sein, sondern sie muß sich zum Lebensraum entwickeln, in dem handlungsorientiertes Lernen im Vordergrund steht. Dieses Lernen verlangt, daß Schule ihre Arbeitsräume so gestaltet, daß die Schüler nicht passiv und vereinzelt über ihren Heften und Büchern sitzen, sondern Lernsituationen vorfinden, in denen sie planen, konstruieren, untersuchen, experimentieren, gestalten, arbeiten, spielen, organisieren und handeln können.

Schulische Lernprozesse dürfen nicht alle 45 Minuten zerrissen werden. Der stündliche Wechsel von Fach zu Fach muß auch stundenplanorganisatorisch aufgehoben werden und sollte zurücktreten zugunsten größerer Lerneinheiten, in denen anstelle des verbalistischen Unterrichts eine gleichwertige Verbindung von intellektuellen, künstlerischen und manuellen Tätigkeiten stattfindet. Das heißt zugleich: Zusammenfügen verschiedener Fachdisziplinen zu übergeordneten Lernbereichen mit einem höheren Stundenanteil und Zurückdrängung der äußeren Differenzierung.

Letztlich muß sich Schule nach außen öffnen, hin zum Leben der Schüler und der sie umgebenden Gesellschaft. Dies bedeutet, daß die Schule Glieder dieser Gesellschaft (Eltern, Vertreter der Wirtschaft, der Parteien) als aktive Elemente in den →Unterricht einbinden muß. Dies bedeutet jedoch auch, daß die Schule autonomer werden und mehr Handlungsspielraum erhalten muß.

BASTIAN, J. / GUDJONS, H. (Hg.): Das Projektbuch, Hamburg 1986. BEHR, K.: Das ende der fachdidaktik deutsch. In: Redaktion «betrifft: erziehung» (Hg): Projektorientierter Unterricht: Lernen gegen die Schule? Weinheim / Basel 1978, S. 65 ff. BLONSKIJ, P. P.: Die Arbeitsschule, 2 Bde., Paderborn 1973. BOSSING, N. L.: Die Projekt-Methode. In: Geissler, G. (Hg.): Das Problem der Unterrichtsmethode in der pädagogischen Bewegung, Weinheim / Berlin / Basel 1970, S. 123 ff. FREY, K.: Die Projektmethode, Weinheim / Basel 1982. GAUDIG, H.: Die Schule der Selbsttätigkeit (1922), Bad Heilbrunn ^{2}1969. GUDJONS, H.: Handlungsorientiert Lehren und Lernen. Projektunterricht und Schüleraktivität, Bad Heilbrunn 1986. HOLT, J.: Wozu überhaupt Schule? Ravensburg 1975. ILLICH, I.: The Alternative to Schooling. In: Krause, H.-J. u. a. (Hg.): Orientierungspunkte internationaler Erziehung, Hamburg 1973, S. 81 ff. KAISER, F.-J. (Hg.): Die Fallstudie. Theorie und Praxis der Fallstudiendidaktik, Bad Heilbrunn 1983. KERSCHENSTEINER, G.: Die Schule der Zukunft, eine Arbeitsschule (1908). In: Kerschensteiner, G.: Ausgewählte pädagogische Schriften, Bd. 2, Paderborn 1968, S. 26 ff. KILPATRICK, W. H.: Die Projekt-Methode. Die Anwendung des zweckvollen Handelns im pädagogischen Prozeß. In: Dewey, J. / Kilpatrick, W. H.: Der Projekt-Plan. Grundlegung und Praxis, Weimar 1935, S. 161 ff. KOZOL, J.: Free Schools. Schule und Gegenschule, Ravensburg 1973. KRETSCHMANN, J.: Natürlicher Unterricht, neubearb. v. O. Haase, Wolfenbüttel / Hannover 1948. MAKARENKO, A. S.: Ausgewählte pädagogische Schriften, Paderborn 1961. OTTO, B.: Die Zukunftschule, Berlin 1914. OTTO, G.: Das Projekt. Merkmale und Realisationsschwierigkeiten einer Lehr-Lern-Form. In: Kaiser, A. / Kaiser, F.-J. (Hg.): Projektstudium und Projektarbeit in der Schule, Bad Heilbrunn 1977, S. 151 ff. REICHWEIN, A.: Schaffendes Schulvolk, Braunschweig ^{2}1951. STRUCK, P.: Projektunterricht, Stuttgart u. a. 1980.

Franz-Josef Kaiser

Propädeutik

Begriff und Begriffsgeschichte. Der Begriff Propädeutik bezeichnet eine Vorschulung, die in theoretischer oder praktischer Einübung bestehen kann und der eigentlichen (Aus-)Bildung vorausgeht. In ihrer antiken Tradition meint Propädeutik das im Jugendalter lernend aufzunehmende Wissen als unerläßliche Voraussetzung für die Hinführung der Edlen zur allein bildenden Philosophie als Mutter aller Künste und Disziplinen; sie ist also originär *philosophische Propädeutik*. Neben dem Erwerb nützlicher Kenntnisse sah Platon den Sinn propädeutischer Studien darin, «den Heranwachsenden [...] zunächst einmal aus seinen Verstrickungen in Meinungen und von den Verhaftungen an Erscheinungen zu befreien» (FISCHER 1983, S. 703; Auslassung: F. R.). Die von den Griechen in ein enkyklisches Lehrprogramm vereinten Fächer (Grammatik, Rhetorik, Dialektik, Geometrie, Astronomie, Arithmetik, Musik) werden in formaler und materialer Hinsicht als Vorbereitungsfächer (propaideumata) angesehen und von den Römern als Kanon der Vorbildung für die Freien (septem artes liberales) übernommen, wobei dieser seit dem frühen Christentum auf das Studium der Theologie vorbereitete. In ihrer Jahrhunderte anhaltenden Wirkung stiftet im Mittelalter vor allem die aristotelische Lehre die Einheit der Gelehrtenbildung, die dann in der Neuzeit verlorengeht in der Auseinandersetzung mit Humanismus und Reformation sowie durch die zunehmende Bedeutung der Realien.

Trotz der sich fortsetzenden Zersplitterung des Wissens in Einzeldisziplinen hält Schleiermacher am Gedanken einer (für ihn) notwendigen Einheit der Wissenschaft in der Philosophie fest und fordert propädeutische, studienbefähigende Ausbildung der Gymnasiasten. Maturität bezeichnet bei den später so genannten Neuhumanisten (→Neuhumanismus) den Moment im individuellen Bildungsprozeß, in dem propädeutische gymnasiale Bildung in wissenschaftliches, forschendes →Lernen übergeht: «Der Schüler ist reif, wenn er so viel bei andern gelernt hat, daß er nun für sich selbst zu lernen im Stande ist» (v. HUMBOLDT 1964, S. 170).

Einhergehend mit den Erkenntnisfortschritten und der zunehmenden Ausdifferenzierung des Wissens in Spezialdisziplinen zerfällt auch die Philosophie in «Schulen» und verliert an Bedeutung. So steht die Abschaffung der philosophischen Propädeutik als Unterrichtsfach in Preußen nicht nur in Zusammenhang mit gravierenden Mängeln bei der Durchführung des Unterrichts und der Auffassung v. Humboldts und anderer, daß *alle* gymnasialen Unterrichtsstoffe propädeutisch seien, sondern nach Ansicht PAULSENS (vgl. 1921, S. 671) vor allem damit, daß die Philosophie seit der Zerstörung der Wolffschen Schulphilosophie durch die Kantsche Kritik ihre schulmäßige Lehrbarkeit verloren habe.

Wissenschaftspropädeutik ist demgegenüber eine Anfang der 70er Jahre des 20. Jahrhunderts im Rahmen der Neuordnung der gymnasialen Oberstufe und der Einrichtung der Kollegschulen in Nordrhein-Westfalen entwickelte Unterrichtskonzeption (vgl. FISCHER 1983), die – über die Wissenschafts*orientierung* des Unterrichts hinausgehend – nach GRIESE (1983, S. 140; Auslassungen: F. R.) in der Sekundarstufe II drei Aufgaben hat: «Einführung zur Wissenschaftlichkeit, [...] Bewußtmachung und Einübung wissenschaftlicher Attitüden [...] und [...] Vermittlung von ethischer Bildung durch Hinführung zur Emanzipation und Selbstfindung». Diese Aufgaben sollen in Kursangeboten zur Spezialisierung und →Interdisziplinarität geübt und als Unterrichtsprinzip angewendet werden. Zwischen dem eher idealistischen und philosophieorientierten Wissenschaftsverständnis der philosophischen Propädeutik und der vom Qualifikationsbegriff und der «Kritischen Theorie der Gesellschaft» (→ Erziehungswissenschaft, Kritische) geprägten Wissenschaftspropädeutik ist eine Differenz unverkennbar.

Notwendigkeit einer Studienpropädeutik. Zum Anlaß für ihre Untersuchung über das Verhältnis von Gymnasium und Hochschule schreiben KAZEMZADEH u. a. (1987, S. 1): «Vor dem Hintergrund der Entwicklungen der letzten zwanzig Jahre im Bildungs- wie im Beschäftigungssystem ließen sich die Beschwerden aus den Hochschulen über Mängel der Studienvorbereitung der Abiturienten nicht nur als eine Neuauflage der periodisch wiederkehrenden Klagen abtun.» Kazemzadeh und Mitarbeiter stellen die Erwartungen an das Gymnasium und die Hochschulen deren tatsächlichen oder vermeintlichen Defiziten gegenüber und erörtern die eventuelle Neugestaltung des Hochschulzugangs auch anhand ausländischer Problemlösungen. Für eine «Studierfähigkeit» halten die Autoren die materiale, formale und personale Dimension des *Qualifikationsaspekts* für besonders wichtig:

- Bei der *materialen* Dimension sind fachliche Kenntnisse in ihrem Kenntnisprofil, ihrer Breite und Tiefe angesprochen.
- Die *formale* Dimension umfaßt kognitive und kommunikative Fähigkeiten, die Kenntnis und Anwendung wissenschaftsbezogener Methoden und Arbeitstechniken.
- Zur *personalen* Dimension gehören die oft als «Studiertugenden» bezeichneten individuellen Dispositionen und Haltungen wie Lern- und Leistungsbereitschaft, Selbständigkeit, →Motivation, Ausdauer, Belastbarkeit sowie intellektuelle Neugier (vgl. KAZEMZADEH u. a. 1987, S. 12).

Diese sich wechselseitig beeinflussenden und sich durchdringenden Aspekte der Studierfähigkeit stehen wiederum in Zusammenhang mit dem als *Enkulturation* bezeichneten Prozeß des Hineinwachsens und des Sichaneignens von Verhaltens- und Interpretationsmustern sowie normativen Orientierungen einer (Sub-)Kultur. «Wesentliche Muster der Wissenschaftskultur sind: die Orientierung an Rationalität, Übernahme des gesellschaftlichen Rollenverhaltens eines ‹Gebildeten›, Hochschätzung der individuellen Selbstverwirklichung in wissenschaftlicher Tätigkeit [und die; F. R.] Einbindung des eigenen Handelns in ein ethisch fundiertes Bewußtsein sozialer Verantwortung» (KAZEMZADEH u. a. 1987, S. 13).

Nach Einschätzung der Hochschullehrer (vgl. HOCHSCHULVERBAND 1984, S. XX) gibt es erhebliche Defizite der Studienanfänger: in der Vertrautheit mit elementaren Arbeitstechniken, in der Methodenkenntnis der Geistes-, Sozial- und Naturwissenschaften, bei der Arbeitsqualität, im mündlichen und schriftlichen Ausdrucksvermögen, in der Technik der schriftlichen Darstellung, bei der Präsenz des Wissens, in der Selbständigkeit und Motivation, bei Ausdauer und Belastbarkeit sowie im Differenzierungsvermögen (Ergebnisse der Befragung von HELDMANN 1984). Die Studierfähigkeit wird hier weiterhin als «Bringeschuld des Gymnasiums» (TÜTKEN 1986, S. 252) aufgefaßt. Weil die sehr heterogenen Eingangsvoraussetzungen (allgemeine beziehungsweise fachgebundene Hochschulreife, Besuch unterschiedlicher Schultypen, Wahl eines gymnasialen Fächerschwerpunkts, individuelle Bildungsbiographie...) aber *keine* Aussagen über den Studienerfolg zulassen (vgl. HITPASS u. a. 1984), sind Forderungen, die Studienbewerber nur noch nach Hochschulzugangsprüfungen zuzulassen, nicht plausibel. Auch andere vorgeschlagene Modelle der Neuregelung des Übergangs, wie etwa ein wissenschaftspropädeutisches Jahr in einer neu zu schaffenden Institution (vgl. KAZEMZADEH u. a. 1987, S. 140f, S. 150f), würden erhebliche Veränderungen im →Bildungssystem voraussetzen. Da sich Studierfähigkeit in der Hochschule weiterentwickelt (vgl. HITPASS u. a. 1984), kann sie ebenso als eine Entwicklungsaufgabe der Hochschulen gesehen werden (vgl. TÜTKEN 1986), die dort fachrichtungs- und prüfungsordnungsbezogen studienpropädeutisch wahrgenommen wird beziehungsweise noch besser wahrgenommen werden sollte.

Ausblick. Je weniger verschult ein Studiengang ist, je uneinheitlicher eine Disziplin in ihren Wissenschafts- und Methodenparadigmen ist, um so größer ist die Verunsicherung für den Studienanfänger. Literatur und Seminare zur Vermittlung von Studientechniken versuchen in der Regel, «inhaltsübergreifende Fähigkeiten auf der Grundlage von inhaltsunabhängigen Studientechniken herauszubilden» (FRANCK 1982, S. 14). Steht hierbei der Qualifikationsaspekt im Vordergrund, so weisen KAZEMZADEH/SCHAEPER (vgl. 1984, S. 8) auf die Wichtigkeit der sozialen →*Integration* des Studenten hin, bei transparentem Studienaufbau, anregender und verständlicher Darstellung der Lehrinhalte sowie guter sozialer Atmosphäre zwischen Dozenten und Studenten. Dabei sind auffälligerweise «die ungünstigsten Integrationswerte [...] in Psychologie sowie – nur geringfügig besser – in Sozial-/Erziehungswissenschaften zu finden» (KAZEMZADEH/SCHAEPER 1984, S. 7f; Auslassung: F. R.). Da die heterogenen Eingangsvoraussetzungen keine Aussagen über den Studienerfolg zulassen, müssen die referierten Untersuchungsergebnisse zur Grundlage der Entwicklung von propädeutischen Studieneingangsphasen gemacht werden, um den Studienerfolg zu sichern und – über die Vermittlung von Studientechniken hinausgehend – die Integration, das wissenschaftliche Denken und die Freude am Studium zu fördern.

FISCHER, W.: Wissenschaftspropädeutik. In: Enzyklopädie Erziehungswissenschaft, Bd. 9.2, Stuttgart 1983, S. 703ff. FRANCK, N.: Zum Problem des Übergangs von der

Schule zur Hochschule. In: Franck, N. u. a.: Projekt Studientechniken (PROST). Beiträge II, Materialien der Hochschule der Künste 2/82, Berlin 1982, S. 1ff. GRIESE, W.: Wissenschaftspropädeutik in der gymnasialen Oberstufe, Oldenburg 1983. HELDMANN, W.: Studierfähigkeit. Ergebnisse einer Umfrage mit Thesen des Hochschulverbandes, Göttingen 1984. HITPASS, J. u. a.: Studien- und Berufserfolg von Hochschulabsolventen mit unterschiedlichen Studieneingangsvoraussetzungen. In: P. Rsch. 38 (1984), S. 207ff. HOCHSCHULVERBAND: Thesen zur Studierfähigkeit und zum Hochschulzugang. In: Heldmann, W.: Studierfähigkeit..., Göttingen 1984, S. Vff. HUMBOLDT, W. v.: Der Königsberger und der Litauische Schulplan. Werke in fünf Bänden, hg. v. A. Flitner und K. Giel, Bd. 4, Darmstadt 1964, S. 168ff. KAZEMZADEH, F./SCHAEPER, H.: Wer findet sich im Studium zurecht? HIS-Hochschulplanung 52, Hannover 1984. KAZEMZADEH, F. u. a.: «Studierfähigkeit» – eine Untersuchung des Übergangs vom Gymnasium zur Universität. HIS-Hochschulplanung 63, Hannover 1987. PAULSEN, F.: Geschichte des gelehrten Unterrichts auf den deutschen Schulen und Universitäten vom Ausgang des Mittelalters bis zur Gegenwart, Bd. 2, Berlin/Leipzig [3]1921. TÜTKEN, H.: Die neugestaltete gymnasiale Oberstufe und die Studierfähigkeit. In: D. Dt. S. 78 (1986), S. 248ff.

Friedrich Rost

Propädeutik, philosophische → Propädeutik
Propaganda → Indoktrination
propaideumata → Propädeutik
Prophylaxe (Drogenmißbrauch) → Droge
Prophylaxe (Krankheiten) → Gesundheitserziehung

Prüfung

Begriff. Das lateinische Verb «probare» bezeichnet bereits einen der heutigen Bedeutung des Wortes Prüfung entsprechenden Vorgang: auf Echtheit und Güte untersuchen, als gut erkennen, billigen, erproben. Im Mittelhochdeutschen wird «prüevunge» im Sinne von Beweisführung, Bewährung, Erprobung verwendet. Aus dem Verb «pruoven» wird im Neuhochdeutschen «prüfen», mit der Bedeutungsakzentuierung von «examinare» (heraustreiben), das dann in erster Linie in der «Schulsprache» Anwendung findet (vgl. GRIMM/GRIMM 1889, Spalte 2141). Aus dem gemeinsamen lateinischen Ursprung der Wörter «Prüfung» und «Probe» leitet sich die doppelte Bedeutung des heutigen Sprachgebrauches her: Prüfung kann sowohl ein individuelles Erproben als auch ein kollektiv verbindliches Kontrollverfahren bezeichnen. Im alltäglichen Sprachgebrauch werden auch Krankheiten oder entbehrungsreiche Zeiten Prüfungen genannt.

Aufgaben. Im heutigen institutionellen Prüfungswesen lassen sich folgende Bereiche unterscheiden:

- Prüfungen sollen der Feststellung und Beurteilung von Fähigkeiten, Fertigkeiten und Leistungen einer Person dienen, die diese im Rahmen einer Ausbildung erlangt hat (Diagnose) (→Leistung; →Leistungsbeurteilung).
- Als Zulassungs-, Eingangs- oder Einstellungskriterium sollen sie Aufschluß geben über ausbildungs- und berufsspezifische Kenntnisse und Leistungen einer Person, die für eine zukünftige Tätigkeit als erforderlich angesehen werden (Prognose).
- Als Leistungsnachweis sollen Prüfungen erworbene Kenntnisse und die Leistungsbefähigung einer Person beziehungsweise deren «Reife» bestätigen. In der Regel werden durch erfolgreich abgeschlossene Prüfungen konkrete Berechtigungen erworben, etwa das Führen eines Kraftfahrzeuges oder die Genehmigung zur Immatrikulation an einer Hochschule (→Selektion).

Prüfungen, die heute von staatlichen und gesellschaftlich legitimierten Institutionen durchgeführt werden – etwa Warenprüfungen oder Schulprüfungen –, haben Verbindlichkeit im Sinne öffentlich anerkannter Urteile (Gütesiegel, TÜV-Plaketten, Schulzeugnisse...). Dem Selbstverständnis des staatlichen Schulwesens entsprechend, soll durch Prüfungen Objektivität hergestellt werden. Um vergleichbare Aussagen über den Qualifikationsstand von Personen zu ermöglichen, werden Prüfungen durch konkret festgelegte Bestimmungen, Anforderungen und Bedingungen reglementiert. Prüfungsverfahren erheben den Anspruch, dem Prinzip von Gerechtigkeit – →Chancengleichheit aufgrund individueller Leistungen und Gleichbehandlung – zu entsprechen. Sie ersetzen die historisch überkommene Idee von sozialer Privilegierung qua Standeszugehörigkeit, Geschlecht, ..., und sie fungieren in den hochindustrialisierten Gesellschaften als ein wesentliches Kriterium und Steuerungsinstrument sozialer Mobilität.

Funktion und Kritik. Kritik an System und Verfahren schulischer und universitärer Prüfungen ist von erziehungswissenschaftlicher Seite insbesondere in den 70er Jahren des 20. Jahrhunderts formuliert worden. Im Zentrum der Kritik stand dabei die soziale *Selektions*funktion von Prüfungen. Sie regulieren als Instrument sozialer Auslese die Zulassung zu weiteren Lern- beziehungsweise Ausbildungsabschnitten, den Zugang zu sozialen Privilegien sowie zu beruflichen Laufbahnen im staatlichen und privatwirtschaftlichen Beschäftigungssystem. Als Selektionskriterien gelten formal die in der mündlichen und schriftlichen Prüfung zu erbringenden Kenntnis- und Kompetenznachweise über die Methoden und Inhalte des jeweiligen Ausbildungsganges, die in Form von Noten und Zertifizierungen einer quantifizierenden Beurteilung unterzogen werden (→Zeugnis – Zertifikat). Die Problematik der Meßbarkeit, Beurteilbarkeit und Benotbarkeit von Prüfungsleistungen wurde dabei von den unterschiedlichen theoretischen Ansätzen aus in bezug auf ihre Objektivität (etwa wenn dieselbe Prüfungsleistung von verschiedenen Prüfern vollkommen unterschiedlich beurteilt wird) und auf ihre Reliabilität hinterfragt (vgl. INGENKAMP 1977). Ebenso wurde die geringe prognostische Validität von Prüfungsleistungen dabei deutlich. So konnte aufgezeigt werden, daß etwa der prognostische Wert von Abiturnoten für die Studierfähigkeit (vgl. SCHMID 1983) beziehungsweise den Studienverlauf (Unterbrechung des Studiums, Wechsel des Fachs, Studiendauer bis zum Vorexamen...) (vgl. TROST/BICKEL, 1979, S. 141f) nur gering ist.

Neben der Selektionsfunktion erfüllen Prüfungen eine zweite grundlegende Aufgabe, die der *Initiation* (vgl. PRAHL 1983, S. 443). Analog zur kulturellen Praxis traditionaler Kulturen, in denen konfliktbeladene Übergänge der religiösen oder sozialen Statusänderungen beziehungsweise des Rollenwechsels (etwa der Übergang von der Jugend zum Erwachsenenalter) durch ritualisierte Handlungsabläufe geregelt werden, weisen auch die in den hochindustrialisierten Gesellschaften durchgeführten Prüfungen deutlich rituelle und zeremonielle Komponenten auf. Dies bezieht sich sowohl auf die «Ablaufsganzheit» von Prüfungsverfahren, die durch stereotypisierte soziale Interaktionsrituale (Rollenfestschreibung, Handlungs- und Kommunikationsformen) bestimmt wird, als auch auf deren systemstabilisierende Funktion – entsprechend den Initiationsritualen traditionaler Kulturen –, die die →Werte und Normen einer Gesellschaft sichern sollen. Indem Prüfungen die Identifikation mit den Wertvorstellungen und Verhaltensnormen derjenigen sozialen Gruppe, in die überführt werden soll, überprüfen und bei Nichterfüllung sanktionieren, besitzen sie eine latent sozialisierende Funktion und fungieren dadurch als Element sozialer Kontrolle (vgl. BOURDIEU/PASSERON 1971).

Nach Foucault wird die Schule bereits im 18. Jahrhundert zu einem ununterbrochen wirkenden Prüfungsapparat, der den gesamten →Unterricht prägt. Durch die Prüfung als Zeremonie einer Objektivierung, «in der die Überlagerung der Machtverhältnisse und der Wissensbeziehung ihren sichtbarsten Ausdruck erreicht» (FOUCAULT 1984, S. 238), wird das Individuum zu einem registrierbaren und dokumentierbaren Fall. Prüfungen wurden so zu einem der wesentlichen Faktoren für die Konstituierung der sozialen →Identität von →Schülern.

In Prüfungen werden nicht nur kognitive Leistungen und Wissensbestände, die von den Studien- und Prüfungsordnungen gefordert werden, überprüft und bewertet (manifeste Prüfnormen), sondern auch nichtkodifizierte (latente) Prüfnormen wie Verbalisierungsfähigkeit, Problembewußtsein, Habitus... Diese sind jeweils abhängig von den berufsspezifischen Anforderungen sowie den kulturellen und beruflichen

Leitbildern. Prüfungen bewerten und reproduzieren somit immer auch schichtspezifische Normen- und Wertsysteme, die in der Regel eine Affinität zum Verhaltens- und Wertkodex der oberen Mittelschicht aufweisen (vgl. LAUTMANN 1971). Dieser Aspekt der schichtspezifischen Selektion durch Prüfungen wird auch darin deutlich, daß sich der Anteil der Unterschichtkinder von Bildungsstufe zu Bildungsstufe sukzessive verringert.

Durch die Teilnahme am Vollzug des Prüfungsrituals wird eine symbolische Beziehung zwischen dem Initianden und der sozialen Ordnung mittels des rituellen Aktes selbst hergestellt. In bezug auf alle Beteiligten impliziert die →Interaktion in der Prüfung eine Anerkennung gesellschaftlich verbindlicher Rationalität, Kontinuität und Moralität. KVALE (vgl. 1972, S. 20ff) spitzt die Kritik an der Initiationspraxis durch Prüfungen dahin gehend zu, daß er diese generell als Machtinstrumente der herrschenden Klasse bezeichnet.

Prüfungen beeinflussen die Lernmotivation (→Motivation) und das Arbeitsverhalten nicht nur während der Vorbereitung und der unmittelbaren Durchführung, sondern haben für den gesamten Verlauf der Ausbildung eine steuernde Funktion.

Vor dem Hintergrund der zunehmenden Verschulung und Formalisierung der Studien- und Prüfungsordnungen auch in den geistes- und sozialwissenschaftlichen Fächern, strukturieren insbesondere universitäre Abschlußprüfungen über den gesamten Verlauf des Studiums den Modus der Wissensaneignung und -verarbeitung. Im Gegensatz zum klassischen universitären Selbstverständnis eines eigenständigen und kritischen wissenschaftlichen →Lernens und Arbeitens der Studierenden, fördern sie eine rezeptive Wissensaneignung (etwa durch die Multiple-choice-Verfahren), die Abstrahierung von Lerninhalten und provozieren eine primär notenorientierte Instrumentalisierung und Fremdbestimmung des Lernens. Die hohe Erlebnisbedeutsamkeit von Prüfungen und das Ausmaß damit korrespondierender Prüfungsängste (→Angst), Lern-, Leistungs- und Arbeitsstörungen sind von der psychoanalytisch orientierten Prüfungskritik hervorgehoben worden (vgl. MOELLER 1971, PRAHL 1979). MOELLER (1971, S. 29) hat Prüfungen als «Kernmodell psychosozialer Konflikte» charakterisiert und darauf hingewiesen, daß diese dazu prädestiniert sind, frühkindliche Erlebnisweisen, Ängste und Konfliktkonstellationen wiederzubeleben. Er unterscheidet vier typische intra- und interpsychische Gefahrensituationen: die der Trennung, die der Versuchung libidinöser und aggressiver Wünsche, die der Bestrafung und die der Kränkung.

Prüfungen zeichnen sich somit durch den Widerspruch aus, daß sie einerseits vorgeben, (nur) kognitive Leistungen zu messen und objektiv zu bewerten; andererseits wird durch ihre angstauslösende und konfliktaktualisierende Wirkung die Entfaltung eben dieses Leistungsvermögens in erheblichem Maße beeinträchtigt.

BOURDIEU, P./PASSERON, J. C.: Die Illusion der Chancengleichheit, Stuttgart 1971. FOUCAULT, M.: Überwachen und Strafen, Frankfurt/M. [5]1984. GRIMM, J./GRIMM, W.: Deutsches Wörterbuch, Bd. 7, Leipzig 1889. INGENKAMP, K. (Hg.): Die Fragwürdigkeit der Zensurengebung, Weinheim/Basel [7]1977. KVALE, ST.: Prüfung und Herrschaft, Weinheim/Basel 1972. LAUTMANN, R.: Prüfung und Herrschaft. In: Soz. Welt 21/22 (1970/71), S. 350ff. MOELLER, H. C.: Die Prüfung als Kernmodell psychosozialer Konflikte. In: Blickpunkt Hochschuldidaktik 13, Hamburg 1971, S. 29ff. PRAHL, H.-W.: Prüfungsängste. Symptome, Formen, Ursachen, Frankfurt/M. [2]1979. PRAHL, H.-W.: Prüfungen. In: Enzyklopädie Erziehungswissenschaft, Bd. 10, Stuttgart 1983, S. 438ff. SCHMID, R.: Diagnose und Prognose der Studierfähigkeit. In: Enzyklopädie Erziehungswissenschaft, Bd. 10, Stuttgart 1983, S. 427ff. TROST, G./BICKEL, H.: Studierfähigkeit und Studienerfolg, München 1979.

Thomas Bichler/Klaus Brauner

Prüfungsangst → Angst; → Prüfung
Prüfungsart → Test
Psychoanalyse → Pädagogik, psychoanalytische
Pubertät → Jugend
Pygmalion-Effekt → Sozialisation

Q

quadrivium → Fach – Fächerkanon

Qualifikation – Qualifikationsforschung

Begriffliche Grundlagen. Der Begriff «Qualifikation» bezieht sich zum einen auf die Gesamtheit der Qualifikationsanforderungen des Arbeitsplatzes, des Berufes oder des Arbeits- und Berufslebens, zum anderen auf die Gesamtheit der subjektiv-menschlichen Voraussetzungen oder Handlungspotentiale, die das Subjekt zur Bewältigung dieser Anforderungen besitzt oder benötigt.

Im Hinblick auf Art und Inhalt der Anforderungen wird in der Literatur insbesondere nach fachlichen und sozialen, politischen beziehungsweise gesellschaftlichen Qualifikationen sowie nach prozeßgebundenen und prozeßunabhängigen, funktionalen und innovatorischen Qualifikationen unterschieden. Während die fachlichen Qualifikationen die Gesamtheit der subjektiv-menschlichen Voraussetzungen oder Handlungspotentiale bezeichnen, die den Menschen zur Teilnahme am gesellschaftlich organisierten Arbeitsprozeß befähigen, versteht man unter den sozialen, politischen oder gesellschaftlichen Qualifikationen vor allem die Fähigkeit und Bereitschaft, vorhandene Qualifikationspotentiale unter den gegebenen gesellschaftlichen Bedingungen auch tatsächlich einzusetzen. Prozeßungebundene Qualifikationen sind gegenüber prozeßgebundenen dadurch gekennzeichnet, daß sie auf andere Arbeitsplätze und -bereiche transferiert werden können. Funktionale Qualifikationen beziehen sich auf die jeweils vorgegebene Organisation der Arbeit. Demgegenüber bezeichnen innovatorische Qualifikationen die Bereitschaft und Fähigkeit zur Gestaltung beziehungsweise Umgestaltung der Arbeitsbedingungen im Interesse einer Humanisierung der Industriearbeit und einer Demokratisierung betrieblicher Herrschaftsverhältnisse. Der erweiterte Qualifikationsbegriff schließt demnach die Fähigkeit der Arbeitenden ein, die Verwendungssituation der Qualifikationen mitzubestimmen.

Die Entwicklung der subjektiven Qualifikationsvoraussetzungen sowie die Entwicklung der Persönlichkeit im Prozeß der vorberuflichen

und beruflichen →Sozialisation sind in der Qualifikationsforschung bislang weitgehend vernachlässigt worden. Das erkenntnisleitende Interesse der Qualifikationsforschung orientierte sich vorrangig an der Zielsetzung, die beruflichen Anforderungen sowie den Qualifikations- und Fachkräftebedarf des Beschäftigungssystems zu analysieren und zu prognostizieren. Hierbei lassen sich folgende Ansätze und Konzepte unterscheiden:
- Analysen und Prognosen der Berufsstruktur,
- Leistungsgruppenanalysen,
- Arbeitsplatzanalysen,
- Flexibilitätsanalysen,
- Arbeitsmarktanalysen.

Analysen und Prognosen der Berufsstruktur. Aussagen über den Qualifikations- und Fachkräftebedarf des Beschäftigungssystems stützen sich häufig auf Analysen der Beschäftigten- und Berufsstruktur. Die Beschäftigtenstruktur erfaßt die Verteilung der Erwerbstätigen auf Wirtschaftszweige oder Branchen. Diese Daten werden vom STATISTISCHEN BUNDESAMT auf der Grundlage einer «Wirtschaftszweigsystematik» (vgl. 1961, 1970) erhoben. Demgegenüber spiegelt die Berufsstruktur die Verteilung der Beschäftigten auf Berufe und Berufsgruppen wider. Als Grundlage berufsstatistischer Erhebungen dient die vom STATISTISCHEN BUNDESAMT erstellte «Klassifizierung der Berufe» (vgl. 1970, 1975), die die Berufe nach Berufsbereichen, -abschnitten und -gruppen zusammenfaßt. Da die Berufsbezeichnungen nicht den qualitativen Wandel der Inhalte und Anforderungen beruflicher Tätigkeiten wiedergeben, sind Daten zur Berufsstruktur allenfalls ein grober Indikator für das quantitative Gewicht und für die relative Bedeutung einzelner Berufe oder Berufsgruppen; sie liefern jedoch keine Informationen über die Inhalte und Anforderungen beruflicher Tätigkeiten. Die Qualifikationsentwicklung kann deshalb nur auf der Basis zusätzlicher Annahmen über die Art und das Niveau beruflicher Anforderungen eingeschätzt werden.

Daten zur Berufsstruktur sind Grundlage von Prognosen und Projektionen des zukünftigen Arbeitskräfte- und Qualifikationsbedarfs. Dieser wird mit Hilfe geschätzter oder wünschenswerter Wachstumsraten und Produktivitätskennziffern errechnet. In der Regel werden diesen Berechnungen unter anderem die Annahmen zugrunde gelegt, daß
- sich der bisherige Trend auch in Zukunft fortsetzt (Kontinuitätsannahme),
- Ausbildung und Beruf eine eindeutige Beziehung bilden, daß also jeder Beruf eine ganze bestimmte Ausbildung voraussetzt und daß mit einer spezifischen Ausbildung nur ein ganz bestimmter Beruf ausgeübt werden kann (Limitationalitätsannahme) und

– der Bestand an Arbeits- und Fachkräften dem jeweiligen Bedarf entspricht (Optimalitäts- oder Gleichgewichtsannahme).

Angesichts dieser höchst unrealistischen Annahmen der Arbeitskräftebedarfsforschung sind die Prognosedaten entweder von zweifelhaftem Wert oder trivial. Präzise Kenntnisse der zukünftigen Entwicklung des Qualifikations- und Fachkräftebedarfs wären von großer Bedeutung für die Einschätzung der Probleme und der Zukunft der beruflichen Bildung sowie der Berufsbildungspolitik, wenngleich die Möglichkeiten staatlicher Eingriffe in die Ausbildungsplanung der Betriebe begrenzt, wenn nicht sogar unmöglich sind.

Wegen der Problematik berufsstruktureller Daten hat das Institut für Arbeitsmarkt- und Berufsforschung ein Tätigkeitsschwerpunktkonzept entwickelt. Danach werden neben der Berufsbezeichnung die Tätigkeitsinhalte der Erwerbstätigkeit erfaßt. Die Einstufung erfolgt auf der Grundlage von elf Tätigkeitsschwerpunkten, wie zum Beispiel «Herstellen» oder «Maschinen überwachen».

Leistungsgruppenanalysen. Als Indikator für die Einschätzung des Fachkräftebedarfs sowie des Niveaus beruflicher Anforderungen wird die Einstufung der Erwerbstätigen in Leistungsgruppen verwendet. Diese Daten werden vom Statistischen Bundesamt im Rahmen der Lohn- und Gehaltsstrukturerhebung erfaßt. Die Einstufung orientiert sich an den Anforderungen des jeweiligen Arbeitsplatzes. Grundlage ist ein mehrdimensionaler Qualifikationsbegriff, der die Merkmale Ausbildung, Erfahrung, Dispositionsbefugnis, Kenntnisumfang und Verantwortung umfaßt. Da die Einstufung in Leistungsgruppen unter anderem von konjunkturbedingten Arbeitsmarktverhältnissen abhängt, kann die Leistungsgruppenverteilung der Erwerbstätigen allenfalls langfristig als Indikator für die Entwicklung des Fachkräftebedarfs und für das Niveau beruflicher Anforderungen angesehen werden. Die Verschiebungen in der Leistungsgruppenverteilung (Arbeiter, Angestellte) zeigen, daß in den letzten Jahren die oberen (hochqualifizierte Facharbeiter und Sachbearbeiter), besonders aber die unteren (Anlern- und Hilfsarbeitertätigkeiten) Leistungsgruppen an Bedeutung gewonnen haben, während der Anteil der Beschäftigten in den mittleren Leistungsgruppen (qualifizierte Facharbeiter, kaufmännische Sachbearbeiter) zurückgegangen ist.

Arbeitsplatzanalysen. Zur Einschätzung der Art und des Niveaus beruflicher Anforderungen im Bereich der industriellen Produktion wurden in den letzten Jahren insbesondere vom Soziologischen Forschungsinstitut der Universität Göttingen (SOFI) Arbeitsplatzanalysen in verschiedenen Branchen durchgeführt. In diesem Zusammenhang wurden mit Hilfe betriebsbezogener Fallstudien typische Arbeitsplätze unterschiedlicher Produktionsbereiche und Umstellungsfälle untersucht. Die SOFI-Studien (vgl. BAETHGE u. a. 1978, KERN/SCHUMANN 1970) kommen zu dem Ergebnis, daß sich im Bereich der Produktion folgende Tendenzen durchsetzen werden: Substitution der traditionellen Facharbeitertätigkeiten durch Anlerntätigkeiten und Hilfsarbeiten sowie Reduktion des Niveaus beruflicher Anforderungen auf das Niveau von Anlerntätigkeiten, Abbau der Anforderungen vor allem an Denkfähigkeit und an berufliche Fachkenntnisse.

Flexibilitätsanalysen. Läßt man die Limitationalitätsannahme des Arbeitskräftebedarfsansatzes fallen, so stellt sich die Frage nach der beruflichen Flexibilität der Arbeitskräfte. Berufliche Flexibilität umfaßt zwei Aspekte: berufliche Mobilität und berufliche Substitution. In der Flexibilitätsforschung lassen sich also die Mobilitäts- und die Substitutionsforschung unterscheiden. Bezugspunkt der Substitutionsforschung ist der Arbeitsplatz; Bezugspunkt der Mobilitätsforschung ist der Arbeitnehmer. Die Mobilitätsforschung konzentriert sich auf die Möglichkeit eines Arbeitnehmers, mit einer bestimmten Ausbildung oder Qualifikation alternative Arbeitsplätze oder Berufe zu wählen; die Substitutionsforschung auf die Möglichkeit, einen Arbeitsplatz mit Personen alternativer Ausbildungsgänge oder Qualifikationen zu besetzen.

Vorliegende Flexibilitäts- und Substitutionsanalysen zeigen, daß verschiedene Ausbildungsberufe ein vergleichsweise hohes aktives oder passives Substitutionspotential besitzen, das heißt, sie können entweder andere Ausbildungsberufe ersetzen oder durch andere Ausbildungsberufe ersetzt werden. Einige Berufe können als ausgesprochene «Sackgassenberufe» angesehen werden, das heißt, sie haben ein hohes passives und ein geringes aktives Substitutionspotential. Günstige Chancen auf dem Arbeitsmarkt eröffnen demgegenüber →Ausbildungsberufe mit einem hohen aktiven und einem geringen passiven Substitutionspotential. Entgegen der berufsbildungspolitischen Zielsetzung expandiert allerdings seit 1970/71 die Zahl der Auszubildenden gerade in Ausbildungsberufen mit einer geringen beruflichen Flexibilität.

Mobilitätsanalysen basieren zum einen auf einer Selbsteinschätzung der Befragten, zum anderen auf einem Vergleich von Berufskennziffern. Die Ergebnisse vorliegender Mobilitätsuntersuchungen (vgl. FRANZKE 1978) zeigen: Im Zeitraum zwischen 1955 und 1970 – also in einer Zeit intensiven wirtschaftlichen und technischen Wandels – hat ein Drittel der (männlichen) Erwerbstätigen den Beruf gewechselt, und zwar vor allem in jüngeren Jahren. Der Berufswechsel ist zu einem erheblichen Teil Folge der umfangreichen Fehlausbildung im dualen System, insbesondere im Bereich der handwerklichen Ausbildung. Im Gegensatz zur herrschenden Auffassung bereiten Berufswechsel offensichtlich keine größeren qualifikationsbedingten Schwierigkeiten; nur ein geringer Teil der Berufswechsel war mit beruflichen Umschulungs- und Einarbeitungsmaßnahmen verbunden. Außerdem wechselt ein großer Teil der Erwerbstätigen mit einer qualifizierten Berufsausbildung in Anlerntätigkeiten. Das bedeutet, daß die in der Ausbildung erworbenen Qualifikationen meist nicht mehr verwertet werden können und daß die Arbeitskräfte nach dem Berufswechsel unterwertig eingesetzt werden.

Arbeitsmarktanalysen. Will man die unrealistische Optimalitäts- oder Gleichgewichtsannahme des Arbeitskräftebedarfsansatzes aufgeben, dann können Arbeitsmarktanalysen zur Einschätzung des Qualifikationsbedarfs und zur Einschätzung der Versorgungs- und Rekrutierungsprobleme des Beschäftigungssystems herangezogen werden. Allerdings erfaßt die Bundesanstalt für Arbeit nur einen Teil des Angebots und der Nachfrage auf dem Arbeitsmarkt, nämlich nur die gemeldeten offenen Stellen und die registrierten Arbeitslosen. Deshalb kann auch die Arbeitsmarkt- und Arbeitslosenstatistik nur als ein ungenauer und recht grober Indikator für Ungleichgewichtssituationen (Überschuß- oder Mangelsituationen) auf berufsfachlichen Teilarbeitsmärkten angesehen werden. Bei genauerer Analyse der Arbeitsmarktstatistiken überrascht die Tatsache, daß knapp die Hälfte der registrierten Arbeitslosen (auf einigen berufsfachlichen Teilarbeitsmärkten sogar zwei Drittel) eine Berufsausbildung abgeschlossen haben, daß also die Arbeitslosen offensichtlich über erhebliche Qualifikationsreserven verfügen (vgl. FRANZKE 1978), die das Beschäftigungssystem nicht absorbiert, obwohl auf der anderen Seite von den Arbeitsämtern in den gleichen Berufen Umschulungsmaßnahmen durchgeführt und finanziert werden.

Ergebnisse der Qualifikationsforschung und Folgerungen. Die Ergebnisse der Qualifikationsforschung bestätigen, daß sich mit dem ökonomisch bestimmten technisch-organisatorischen Wandel im Bereich der industriellen Produktion, aber auch im Büro und im Einzelhandel (vgl. FRANZKE 1978) umfassende Dequalifizierungsprozesse durchsetzen. Das bedeutet: Der technische Wandel führt zu einem rückläufigen Fachkräftebedarf, er zerstört die Berufe sowie die traditionellen Facharbeiter- und Sachbearbeitertätigkeiten vor allem auf der «mittleren» Ebene der gesellschaftlichen Qualifikations- und Statushierarchie. Viele qualifizierte Fachkräfte sind deshalb bereits heute unterwertig beschäftigt. Die meisten Tätigkeiten haben den Charakter von Anlerntätigkeiten angenommen. Eine längere systematische Berufsausbildung scheint vielfach nicht mehr nötig; die erforderlichen (fachlichen) Qualifikationen können in wenigen Tagen, Wochen oder Monaten erworben werden. Mit dieser «Entsubstantialisierung der Berufe» verschwindet die substantielle Basis für fachliche Qualifizierungsprozesse im Rahmen der beruflichen Bildung. Es ist zu vermuten, daß schon heute die meisten in der Berufsausbildung zu vermittelnden Qualifikationen in der (späteren) Berufspraxis kaum noch Anwendung finden (werden), und es besteht die Gefahr, daß die berufliche Bildung insgesamt – beschränkt man sich allein auf die Qualifizierungsfunktion (vgl. FRANZKE 1978) – in absehbarer Zeit obsolet werden könnte. Wenn man von der Annahme ausgeht, daß der technisch-organisatorische Wandel keine Basis für Reformen der beruflichen Bildung abgibt, dann muß an die Stelle einer bloß reaktiven eine aktive Berufsbildungspolitik treten, eine Politik, die sich nicht in erster Linie an den tatsächlichen, sondern an den virtuellen Anforderungen einer humanen und demokratischen Form der Arbeitsteilung und Arbeitsorganisation orientiert. Aktive Berufsbildungspolitik orientiert sich also nicht an den Qualifizierungsinteressen des Kapitals, sondern primär an den Reproduktions- und Emanzipationsinteressen der Beschäftigten. Sie hat zur Humanisierung der Arbeit und zur Demokratisierung betrieblicher Herrschaftsstrukturen beizutragen. Diese Politik kann allerdings nur dann erfolgreich sein, wenn sie mit dem Konzept einer aktiven Arbeitsmarkt- und Arbeitsgestaltungspolitik verknüpft wird, einer Politik, die darauf abzielt, die Zahl und die Qualität der Arbeitsplätze zu sichern beziehungsweise zu erhöhen.

BAETHGE, M. u. a.: Produktion und Qualifikation, Berlin/Hannover 1978. FRANZKE, R.: Berufsausbildung und Arbeitsmarkt. Funktionen und Systeme des «dualen Systems», Berlin 1978. GRÜNEWALD, U. u. a.: Qualifikationsforschung und berufliche Bildung, Berlin 1979. HEGELHEIMER, A. u. a.: Qualifikationsforschung. Eine Literaturexpertise über ihre Bedeutung für die Bildungsforschung. Schriften zur Berufsbildungsforschung, Bd. 33, Hannover 1975. KERN, H./SCHUMANN, M.: Industriearbeit und Arbeiterbewußtsein, Frankfurt/M. 1970. STATISTISCHES BUNDESAMT: Alphabetisches Verzeichnis der Betriebs- und ähnlicher Benennungen zur Systematik der Wirtschaftszweige, Stuttgart/Mainz 1961, 1970. STATISTISCHES BUNDESAMT: Klassifizierung der Berufe. Systematisches und alphabetisches Verzeichnis der Berufsbenennungen, Stuttgart/Mainz 1970, 1975.

Reinhard Franzke

Qualifikationsentwicklung → Management-Education; → Weiterbildung
Qualifikationsforschung → Qualifikation – Qualifikationsforschung
Qualifizierung, didaktische/pädagogische → Lehrerausbildung
Qualifizierungsoffensive → Weiterbildung

R

Rauschmittelmißbrauch → Droge
Reaktivierung, berufliche → Weiterbildung
Realangst → Angst
Realisierungsplanung → Bildungsplanung
Realismus – Idealismus → Pragmatismus
Realität → Simulation
Rechentest → Test
Rechtschreibtest → Test
Reduktion, pädagogische → Pädagogik, phänomenologische
Reflexion → Erfahrung

Reform

Begriff. Ansätze zu einer (pädagogischen) Theorie der Reform liegen nur rudimentär vor. Indiz dafür ist, daß im Unterschied zum Stand der Reflexion im 19. Jahrhundert (vgl. MURHARD 1842) und zum Komplementärbegriff «Revolution» sowohl in politisch-sozialwissenschaftlichen als auch in pädagogischen Nachschlagewerken der Sachverhalt allenfalls implizit als Bestimmung der Spielräume politischen Handelns im Zusammenhang mit einzelnen Policy-Bereichen (Bindestrich-Reform: Sozial-, Bildungs-, Curriculumreform) oder in anderen Begriffszusammenhängen (→ Emanzipation) thematisiert wird. Der inflationäre Gebrauch des Begriffs seit Mitte der 60er Jahre verweist darauf, daß ihm innerhalb der Bildungsreform die Funktion eines politisch-programmatischen Slogans zukam, hinter dem sich auf der Basis eines normativen Konsensus über die Gestaltungsbedürftigkeit gesellschaftlicher Verhältnisse jedoch ganz unterschiedliche Intentionen verbargen. Vor allem durch den teilweise synonymen Gebrauch mit dem aus der ökonomischen Theorie und der amerikanischen systemfunktionalistischen Soziologie entlehnten Begriff der Innovation und des sozialen Wandels verkam der Begriff Reform zur formalen Kennzeichnung von bewußt intendierten und geplanten Veränderungen ideellen Ursprungs, deren Inhalt jedoch beliebig sein konnte (vgl. EICKHORST 1977; im erziehungswissenschaftlichen Bereich: vgl. AREGGER 1976). Auf dieser allgemeinen Ebene ließ sich schließlich alles →Handeln als reformerisch deklarieren. Damit stellt sich die Aufgabe einer Rekonstruktion des Reformbegriffs unter pädagogischer Perspektive, die Klarheit über Intentionen (Warum), Mittel (Wie), Gegenstand (Was), Träger (Wer) und zeitliche Koordination (Wann) von Reformen im Wechsel von historisch-deskriptiver Analyse und normativen Bestimmungen liefert.

Intentionalität. Historische Voraussetzung von Reformen ist, daß Geschichte als vom Menschen hergestellte und dadurch veränderbare begriffen wird. In dieser Perspektive läßt sich reformerisches Handeln präziser bestimmen denn als bloße «Veränderung», als Aufholen von «Modernitätsrückständen» in gesellschaftlichen Subsystemen. Vielmehr handelt es sich von den praktischen Intentionen her meist um die Ermöglichung von Fortschritt durch Einklagen einer *ursprünglich* gehegten Intention gegenüber der als defizitär empfundenen gesellschaftlichen Wirklichkeit. In diesem Sinn sind Reform und Reformation im 15. Jahrhundert Schlüsselbegriffe im weltlichen wie im kirchlichen Bereich, die auf Änderungen in Verfassung, Recht und Institutionen zielen. Die Reformatoren um Luther fordern die Wiederherstellung des ursprünglichen Christentums entsprechend dem Neuen Testament gegen die Auswüchse der römischen Kirche. Aber auch die radikale Schulkritik, etwa der pädagogischen Bewegung zu Beginn des 20. Jahrhunderts, konfrontiert «das Bildungswesen mit nichts anderem als mit den Versprechungen der Pädagogik und kommt eben dabei zu dem Ergebnis, daß die historisch gewachsene Form des Bildungswesens in entwickelten Industriestaaten zu pädagogisch unvertretbaren Konsequenzen geführt habe, also Resultat eines gigantischen geschichtlichen Experiments sei, welches eigentlich nicht hätte stattfinden dürfen» (BLANKERTZ 1977, S. 80). Die Reform richtet sich auf Organisationen, in deren Praxis die Intentionen, zu deren Einlösung sie ursprünglich installiert wurden, durch Verselbständigungstendenzen, wie sie die Organisationssoziologie beschreibt, verschüttet sind oder sich in ihr Gegenteil verkehrt haben. Der Rekurs auf ursprüngliche Intentionen tastet die Legitimationsbasis der →Institution selbst also nicht an. Er leistet vielmehr die Wiederherstellung einer verallgemeinerungsfähigen Basis politischen Handelns, welche die geistigen Voraussetzungen für solidarisches Handeln auch gegensätzlicher Positionen freilegt und so einen Ansatz zur Lösung von «Legitimationsproblemen im Spätkapitalismus» (HABERMAS 1973) bietet.

Die Grundwerte, auf die sich politische wie pädagogische Reformbestrebungen heute berufen, sind die der →Aufklärung – materiale Demokratie (Freiheit, Gleichheit, Brüderlichkeit) und →Autonomie der mündigen Persönlichkeit –, in deren Tradition wie Dialektik Reformen sich befinden (vgl. Becker 1979, S. 147, S. 150ff).

Mittel. In der Praxis sind Reformen, nicht zuletzt im Bildungssystem, eingestellt in die Ambivalenz bürgerlicher Gesellschaften zwischen Anspruch (regulativer Fortschrittsidee) und Realität (irrationalen gesellschaftlichen Mechanismen allgemeiner Konkurrenz). Von den *Mitteln* her unterziehen sie sich den Spielregeln der liberalen Konkurrenzdemokratie: kontrolliertes, gradualistisches Vorgehen, legitimiert durch parlamentarische Mehrheiten unter Verzicht auf historische Letztbegründungsansprüche. Solche Maximen reformerischer Strategie wurden vor allem in der Tradition des demokratischen Sozialismus und des Reformismus (vgl. Kandel / Vilmar 1977, S. 39ff), aber auch in der Tradition der geisteswissenschaftlichen Pädagogik, etwa bei Weniger (vgl. 1957, S. 68ff), entwickelt. Von den *Zielen* her implizieren sie jedoch Kritik und Veränderung der ökonomischen und persönlichkeitsstrukturellen Auswüchse des liberalistischen Konkurrenzmodells, der dadurch gesetzten Entsolidarisierung und Entfremdung der Individuen. Diese Ambivalenz, der historisch gerade sozialdemokratische Bildungspolitik unterliegt (vgl. Butterhof 1978, S. 104ff), erfordert die Autonomie der pädagogischen Reform als radikale Abwehr aller außerpädagogischen Interessen. Jede Funktionalisierung für gesellschaftliche Zwecke als Aufhebung des produktiven Spannungsverhältnisses von →Schule und Gesellschaft läuft Gefahr, daß sich die Mittel gegen die Ziele verkehren, weil «die schulpolitische Problemstellung auf eine Frage der Legitimierbarkeit politisch vorweg definierter Zielsetzungen verkürzt und die pädagogische Problemstellung gleichzeitig auf eine Frage der erziehungs- und unterrichtstechnologischen Effektivierung und Optimierung verengt» wird (Kemper 1978, S. 81). Der Reformer erscheint dann als der «nützliche Idiot» des Systems (Giesecke 1977, S. 165). Die zur Verwirklichung des Individuums angetretene Bildungsreform wird in Phänomenen wie Schulstreß, Gleichgültigkeit der →Schüler gegenüber konkreten Inhalten, verschärfter Konkurrenz, Überbürokratisierung als dessen Auslöschung erfahren, weil der Zusammenhang von Aufklärung und →Subjektivität, wie er im neuhumanistischen Bildungsprinzip noch enthalten ist, zerstört wurde.

Gegenstand. Reformen können sich auf verhärtete institutionelle (äußere Reform) sowie – als *Bildungs*reform – auf verdinglichte Bewußtseinsstrukturen (innere Reform) richten. Die pädagogische Bewegung zu Beginn des Jahrhunderts beinhaltete beide Momente: «Reformation der Gesinnung» (Nelson 1922) als Freisetzung spontaner schöpferischer Kräfte zur gesellschaftlichen Erneuerung sowie «Reformation der

Schule» (vgl. Otto 1913), vor allem in den Diskussionen der Reichsschulkonferenz 1920, löste sie jedoch in der theoretischen Reflexion in ein zeitliches Nacheinander von Persönlichkeitserneuerung und institutioneller Verallgemeinerung auf. Die Verschränkung beider Momente konnte in der Tradition geisteswissenschaftlicher Pädagogik nur als Synthese zu höherer Einheit in tätiger Hingabe und «Glaube an objektive Gehalte und Mächte, denen sich der einzelne wieder unterwirft», gedacht werden (Nohl 1949, S. 11); als Ideal des deutschen Menschen und der neuen Volkskultur, das der Reaktion nach 1933 nichts entgegenzusetzen hatte. In ein ähnliches Nacheinander droht die Bildungsreform seit Mitte der 60er Jahre zu verfallen: Die Krise der (institutionellen) Reform führt in der «Alltagswende» der Pädagogik (→ Alltag) zu der Einschätzung, die Veränderungen auf der Makroebene hätten die Mikroebene der Orientierungen der pädagogisch Handelnden kaum erreicht (vgl. Lenzen 1980), der es sich deshalb jetzt verstärkt zuzuwenden gelte. Schließlich kann auch diese Einsicht in neuen institutionellen Forderungen, etwa einer Lehrer(weiter)bildungsreform, kulminieren (vgl. Becker 1979).

Auf der institutionellen Ebene läßt sich der Reformprozeß denken als Errichtung von *Modellen* in verschiedenen Bereichen («multifrontal») und verschiedenen Formen (Innovationsvielfalt); als Errichtung kultureller Vielfalt mittels der Installierung von «Druck von der Seite» auf herkömmliche Institutionen (vgl. Dilthey 1958, S. 89; vgl. v. Krockow 1976, S. 31 ff). Das Modell stellt in Analogie zu experimentellen wissenschaftlichen Verfahren eine Problemlösungshypothese dar, die im praktischen Versuch überprüft und dann einer Entscheidung zugeführt wird (vgl. Campbell 1969). Angesichts des Trägheitsmoments im Bewußtsein des Personals bestehender Organisationen, der jedoch auf der anderen Seite die Voreingenommenheit der Reformer und die Immunisierung der Reform gegen Kritik korrespondieren, trägt das Modell die Beweislast seiner Berechtigung (Beweislastverteilungsregel). Hier ist vor unkritischen Analogien zwischen wissenschaftlichen und sozialen Prozessen zu warnen, da bei letzteren *Macht* in existentiellerer Form im Spiel ist, was bei der Diskussion der Verallgemeinerung von Modellen in der zweiten Phase eines Reformprozesses schnell deutlich wird: Modelle lassen sich geradezu zur Verhinderung von Reformen benutzen, indem sie eine Alibifunktion übernehmen (vgl. Raapcke 1976, S. 158) oder ihnen aufgrund ihrer notwendigen Exponiertheit die Verursachung von Effekten zugeschrieben wird, die immer schon vorhanden waren und durch die Reform erst ins öffentliche Bewußtsein gehoben worden sind (so der Vorwurf, die Bildungsreform produziere Legastheniker oder Geschichtslosigkeit – vgl. Becker 1979, S. 152). Angesichts des Eindrucks, Reformen würden mehr Probleme schaffen als lösen, bedarf es der realistischen Einschätzung von Konfliktdurchhaltepotentialen und der Selektivität der Reform in bezug auf ökonomische (fiskalische Restriktionen), politische (personelle Widerstände) und legitimatorische (Trägheit des Bewußtseins) Systemressourcen (vgl. GSTETTNER/SEIDL 1977).

Auf der Bewußtseinsebene setzt Reform den Aufbau spezifischer →Motivationen und →*Kompetenzen* voraus, um politische Handlungsfähigkeit der Subjekte angesichts der Erfahrung von Konkurrenz, Entfremdung und Nicht-Gestaltbarkeit der eigenen Lebensperspektive allererst zu ermöglichen. Die pädagogische Aufforderung zu (geistiger) →Selbsttätigkeit ermöglicht neue und kritische Aneignung von Traditionen, auch unter restriktiven gesellschaftlichen Bedingungen (zur Subversivität dieser Reformstrategie in der Pädagogik des 19. Jahrhunderts vgl. SCHWENK 1974, S. 14f, S. 48ff). GRONEMEYER (vgl. 1976, S. 42) betont anhand einer Analyse außerschulischer Lernprozesse die Möglichkeit, den Teufelskreislauf von ökonomischer Zufriedenheit (Zufriedenheitserfahrung) und politischer Apathie (Ohnmachtserfahrung) im Spätkapitalismus durch Stiftung von Mangelmotivation (Einsicht in das Unbefriedigtsein basaler Bedürfnisse neben dem Konsum) und Kompetenzmotivation (Erfahrung positiver Erfolge anstelle des vorprogrammierten Scheiterns überzogener Reformforderungen) zu durchbrechen. SCHULZE (vgl. 1977, S. 24ff) nennt Komplexitäts-, Problem-, Konflikt- und Unsicherheitstoleranz als subjektive Voraussetzungen, die zur Teilnahme an politischen Reformprozessen motivieren können.

Träger. Soziogenetisch betrachtet, kommt der Reformimpuls meist «von oben», aus dem Wissenschafts- oder Politiksystem. Im kritischen Vergleich zu der angeblich «von unten» getragenen Revolution ist gegen Reformen eingewandt worden, diese dienten nur der Integration eines Gesellschaftssystems durch Wiederherstellung eines aus der Balance gekommenen Gleichgewichtszustandes und sicherten so den Status quo im Sinne systemfunktionalistischer Theorie (vgl. BECK 1978; vgl. GREVEN 1978, S. 35ff). Unabhängig davon läßt sich sagen, daß Reformen, die nicht von Wissenschaftlern, Politikern und Betroffenen zugleich getragen werden, geringe Erfolgschancen haben, wie sich an der Verlaufsgeschichte des Humboldtschen Reformimpulses exemplarisch studieren läßt (vgl. KEMPER 1978, S. 75ff; vgl. v. KROCKOW 1976, S. 96ff; vgl. MENZE 1975, S. 337ff). Eine institutionelle Vorgabe muß von den Betroffenen verantwortet werden, damit die Reform nicht als Maßnahme, «Gewährung von Rechten» und Eingriff in die eigenen Lebensumstände und Interessen erfahren wird. Dies meint mehr als «verordnete» Partizipation von oben, die nur zur Bildung neuer →Eliten führt (vgl. HOPPE 1980).

Zeitperspektive. Reformen sind Reaktionen auf gesellschaftliche Krisen: die preußische Reform auf den desolaten Zustand der Nation; die Reformpädagogische Bewegung auf den Zustand der Subjekte angesichts eines einseitig zur rezeptiven Stoffaufnahme zwingenden Schulsystems. Ihr «Abbruch» erscheint unter Krisenbedingungen des ökonomischen (so die progressive Erziehungsbewegung in den USA und die Bildungsreform in der Bundesrepublik Deutschland angesichts der «Ölkrise» 1974) und politischen Systems (so die → Reformpädagogik 1933) ebenso naturwüchsig unvermeidlich. Können Reformen im Erziehungssystem nur und bestenfalls Anpassung an gesellschaftliche Veränderungen sein (vgl. PAULSEN 1906) oder auch Keimzelle und Motor gesellschaftlichen Wandels (vgl. WENIGER 1957, S. 59ff)? Diese Frage positiv beantworten heißt, einen besonderen Akzent auf die Formen des Umgangs mit der →Jugend im Erziehungs*prozeß* zu legen. Verbürgt die Qualität des Reformprozesses modellhaft die Authentizität der Betroffenen, bietet sich eine Chance, gesellschaftlichen Funktionalisierungen und inhumanen Koordinationsmechanismen der Individuen untereinander Widerstand zu leisten.

AREGGER, K.: Innovation in sozialen Systemen, 2 Bde., Bern/Stuttgart 1976. BECK, J.: Moderne Schulreform: Industrialisieren, Zentralisieren, Rationalisieren. «Ob Sie es glauben oder nicht, aber mit der Reform unseres freiheitlichen Schulwesens geht's jetzt erst richtig los». In: Beck, J./Boehncke, H. (Hg.): Jahrbuch für Lehrer 1979, Reinbek 1978, S. 40ff. BECKER, H.: Die Schule und ihre Lehrer. Schwierigkeiten bei der Schulreform. In: N. Samml. 19 (1979), S. 134ff. BLANKERTZ, H.: Was heißt: ein Bildungswesen «pädagogisch» zu verbessern? In: Derbolav, J. (Hg.): Grundlagen und Probleme der Bildungspolitik, München/Zürich 1977, S. 79ff. BUTTERHOF, H.-W.: Wissen und Macht. Widersprüche sozialdemokratischer Bildungspolitik bei Harkort, Liebknecht, Schulz, München 1978. CAMPBELL, D. T.: Reforms as Experiments. In: Am. Psychologist 24 (1969), S. 409ff. DILTHEY, W.: Schulreformen und Schulstuben (1890). Gesammelte Schriften, Bd. 6, Stuttgart/Göttingen 1958, S. 83ff. EICKHORST, A.: Der Innovationsbegriff. Ergebnisse einer Bestandsaufnahme und Inhaltsanalyse. In: Uw. 5 (1977), S. 174ff. GIESECKE, H.: Aufklärung und Subjektivität. Zur Kritik der gegenwärtigen Reformpädagogik. In: Giesecke, H. (Hg.): Ist die bürgerliche Erziehung am Ende? München 1977, S. 163ff. GREVEN, M. TH.: Zur Soziogenese und Gestalt von Theorien der Reform. In: Greiffenhagen, M. (Hg.): Zur Theorie der Reform, Heidelberg/Karlsruhe 1978, S. 35ff. GRONEMEYER, M.: Motivation und politisches Handeln. Grundkategorien politischer Psychologie, Hamburg 1976. GSTETTNER, P./SEIDL, P.: Innovation im Bildungswesen: Strategien, Grundorientierungen, Konfliktfelder. In: Seidl, H./Seidl, P. (Hg.): Bildungsforschung für eine demokratische Schule, München/Wien 1977, S. 43ff. HABERMAS, J.: Legitimationsprobleme im Spätkapitalismus, Frankfurt/M. 1973. HOPPE, H.: Die neue Lehrerelite – Lehrplanreform und Lehrerpartizipation, Frankfurt/M. 1980. KANDEL, J./VILMAR, F.: Zur Einführung in die Theorie des demokratischen Sozialismus. In: Arbeitsteam der Hochschulinitiative Demokratischer Sozialismus: Zur Einführung in die Theorie des demokratischen Sozialismus, Frankfurt/Köln 1977, S. 11ff. KEMPER, H.: Pädagogisierung der Schule als Entpolitisierung der Reform. In: Benner, D. u. a.: Entgegnungen zum Bonner Forum «Mut zur Erziehung», München/Wien/Baltimore 1978, S. 56ff. KROCKOW, CH. v.: Reform als politisches Prinzip, München 1976. LENZEN, D.: Abschied vom praktizistischen Zweckoptimismus. Sieben Thesen zur Zukunft erziehungswissenschaftlicher Forschung. In: B. u. E. 33 (1980), S. 28ff. MENZE, C.: Die Bildungsreform Wilhelm v. Humboldts, Hannover u. a. 1975. MURHARD: Reformen (politische). In: Rotteck, C. V./Welcker, C. (Hg.): Staatslexikon oder Enzyklopädie der Staatswissenschaften, Bd. 13, Altona 1842, S. 594ff. NELSON, L.: Die Reformation der Gesinnung durch Erziehung zum Selbstvertrauen, Leipzig ²1922. NOHL, H.: Die pädagogische Bewegung in Deutschland und ihre Theorie, Frankfurt/M. 1949. OTTO, B.: Die Reformation der Schule, Berlin-Lichterfelde 1913. PAULSEN, F.: Das deutsche Bildungswesen in seiner geschichtlichen Entwicklung, Leipzig 1906. RAAPCKE, H.-D.: Vom Nutzen und Nachteil der Modelle in der Bildungsreform. In: Schulenberg, W. (Hg.): Reform in der Demokratie, Hamburg 1976, S. 153ff. SCHULZE, G.: Politisches Lernen in der Alltagserfahrung, München 1977. SCHWENK, B.: Unterricht zwischen Aufklärung und Indoktrination. Studien zum Begriff der Didaktik, Frankfurt/M. 1974. WENIGER, E.: Schulreform, Kulturkritik und pädagogische Bewegung (1932). In: Weniger, E.: Die Eigenständigkeit der Erziehung in Theorie und Praxis. Probleme der akademischen Lehrerbildung, Weinheim 1957, S. 59ff.

Tilman Grammes

Reformbewegung → Reformpädagogik

Reformpädagogik

Begriff. Der Begriff «Reformpädagogik», der hier zur zusammenfassenden Kennzeichnung pädagogischer Ideen und schulpädagogischer Praxisansätze in der Zeit von ungefähr 1890 bis 1933 verwendet werden soll, wirft eine Reihe von Problemen und terminologischen Schwierigkeiten auf, hinter denen sich unterschiedliche Verständnis- und Interpretationsweisen verbergen. Neben dem hier gewählten Begriff «Reformpädagogik» waren und sind zum Teil noch gebräuchlich Bezeichnungen wie «Pädagogische Bewegung» (vgl. NOHL 1949a) oder «Pädagogische Reformbewegung» (vgl. STURM 1933), «Schulreformbewegung» (vgl. HEHLMANN 1942), «Reformpädagogische Bewegung» (vgl. SCHEIBE 1969) oder auch «Reformbewegung» (vgl. HEYDORN 1970). Gemeinsam ist all diesen Bezeichnungen der Versuch, eine Vielzahl sehr unterschiedlicher pädagogisch-ideologischer und pädagogisch-praktischer Gedankengänge, Forderungen, Praktiken und Erfahrungen unter einem Begriff zu subsumieren. Die begrifflichen Kennzeichnungen bleiben für das Verständnis der verschiedenen pädagogischen Absichten und Ansätze nicht ohne Folgen:

NOHL (1949b, S. 21), dessen Verständnis von Reformpädagogik insbesondere innerhalb der geisteswissenschaftlichen Pädagogik (→Pädagogik, Geisteswissenschaftliche) tonangebend war, formulierte schon

1926: «[...] handelt es sich bei dem allen überhaupt um etwas Wahres und Lebendiges, dann muß eine letzte Einheit da sein, aus der es seinen besten Sinn und seine Lebenskraft bezieht: die Einheit eines neuen Ideals vom deutschen Menschen und von einer höheren geistigen Volkskultur». STURM (1933, S. 84), der erste nationalsozialistische Interpret der Reformpädagogik, bleibt bei dieser Art normativer Typologisierung: «Gewonnen schien durch die pädagogische Reformbewegung ein großer, das pädagogische Feld in seiner ganzen Ausdehnung beherrschender Gesichtspunkt: die Idee der Erleuchtung. Hinfort sollte nur das echte und wahre Bildung heißen, was sich seelisch gestaltet hat mit Hilfe der Erleuchtung aus dem Erleben der objektiven Werte: der *freie, autonome* Mensch.»

Aus der Fülle der nach 1945 erschienenen Darstellungen der Reformpädagogik sollen hier zwei in der Tendenz ihrer Urteile sehr unterschiedliche, im globalen interpretativen Gestus aber ähnliche Positionen zitiert werden. Es handelt sich einmal um die für die Meinungsbildung über die Reformpädagogik in der westdeutschen Pädagogik symptomatische Arbeit von SCHEIBE (vgl. 1969), zum anderen um die Darstellung in der «GESCHICHTE DER ERZIEHUNG» (1966), in der die Position zur Reformpädagogik innerhalb der historischen Pädagogik der DDR (vgl. ALT 1975) referiert wird. SCHEIBE (1969, S. 3f) formuliert, in Anlehnung an die Darstellung NOHLS (vgl. 1949a), eine normative Periodisierung der Reformpädagogik: «In der Vorkriegszeit wurden im Kampf gegen die alten Bildungs- und Schulformen sehr stark die Selbständigkeit und Freiheit des Individuums gefordert und in ihren pädagogischen Folgerungen durchdacht, in der Nachkriegszeit waren es der Gemeinschaftsgedanke und ein demokratischer Wille, die der pädagogischen Planung eine neue Richtung gaben, ohne daß dabei der individuelle Gesichtspunkt eliminiert wurde.» – In der GESCHICHTE DER ERZIEHUNG (1966, S. 423) werden zu den Zielsetzungen auch die Entstehungsbedingungen der Reformpädagogik generalisierend benannt: «Mit dem Eintritt des Kapitalismus in sein monopolistisches Stadium entstanden neue pädagogische Theorien, die eine Reform der Schule und der Erziehung zum Ziele hatten. Alle unter dem Begriff ‹Reformpädagogik› subsumierten Strömungen suchten nach einem Ausweg aus der Krise, in die das Schulwesen der imperialistischen Länder geraten war.»

Allen in ihren Interpretationstendenzen unterschiedlichen Darstellungen (vgl. SCHONIG 1973) ist eines gemeinsam: die verschiedenen pädagogischen Strömungen werden begrifflich zu vereinheitlichen versucht (vgl. GLEIM 1979, S. 121). Die Begrifflichkeit, mit der das geschieht, gibt weniger Aufschluß über das, was Reformpädagogik war, als vielmehr über den pädagogisch-ideologischen Standort des jeweiligen Interpreten. Diese Tendenz zur apologetischen oder neuerdings auch zur ideologiekritischen Vereinheitlichung (vgl. beispielsweise KUNERT 1973) zeugt ein Verständnis von Reformpädagogik, das deren Widersprüchlichkeiten beiseite lassen und sie statt dessen als Konglomerat der jeweils gewünschten oder kritisierten pädagogischen Ideologie begreifen kann.

Irreführende Darstellungsmuster. Die einseitige Konzentration auf die ideologiekritische Analyse der Reformpädagogik, die von WENIGER (vgl. o. J., S. 63ff) schon 1932 begonnen wurde, hat zu einer unkritischen, dokumentaristischen Darstellungsweise ihrer Praxisansätze geführt. Wurden diese Ansätze zunächst noch unter schulpädagogisch-methodischen Gesichtspunkten (vgl. GEISSLER 1952, KARSTÄDT 1920) gesammelt und dokumentiert, so entwickelte sich unter dem Einfluß der ideologieinterpretierenden Darstellungen eine Form der Präsentation reformpädagogischer Strömungen (vgl. FLITNER/KUDRITZKI 1961/1962; vgl. HIERDEIS 1971), die sich weitgehend an das folgende, bei SCHEIBE (vgl. 1969) am deutlichsten schematisierte Darstellungsmuster hält:

- Kulturkritik als ideologischer Hintergrund,
- soziale Bewegung, Frauenbewegung, →Jugendbewegung als gleichsam vorpädagogische Vorläufer,
- «Pädagogik vom Kinde aus» als die zentrale Ausgangsposition aller Reformpädagogen,
- Berthold Otto und seine Konzeption von Gesamtunterricht als die Konkretisierung der «Pädagogik vom Kinde aus»,
- Landerziehungsheim- und Kunsterziehungsbewegung als die wichtigsten kulturpädagogischen Ansätze,
- Arbeitsschulbewegung, die stark auf die Person Kerschensteiners konzentriert wird, als Konkretisierung des Prinzips der Selbständigkeit; diese Bewegung findet mit der staatsbürgerlichen Erziehung gleichsam ihre politisch-pädagogische Fortsetzung,
- Einheitsschulbewegung als wichtigste Tendenz zur Schulpolitik und Schulreform in der Weimarer Republik,
- die Versuchsschulen, die je nach Standort des Interpreten personenorientiert (auf Steiner, Petersen, Oestreich oder Karsen oder die Landerziehungsheimpädagogen) akzentuiert werden,
- sozialpädagogische Bewegung und Volksbildungsbewegung als außerschulische Auswirkungen von Reformpädagogik und schließlich die
- Erziehungswissenschaft, die meist völlig auf bedeutende Erziehungswissenschaftler (etwa Nohl, Spranger, Litt) konzentriert dargestellt wird.

Diesem Darstellungsschema entsprechend dient reformpädagogische Praxis weitgehend als Beleg für pädagogische Theorieansätze und Ideologeme. Das aber ist eine bemerkenswerte Verkehrung der Verhältnisse, denn in den Anfängen der wichtigsten reformpädagogischen Strömung, der «Pädagogik vom Kinde aus», aber auch der meisten übrigen Bewegungen, standen die Berichte der Praktiker im Vordergrund. Deutlich wird das zum Beispiel an der ersten, umfassenden Selbstdarstellung dieser Richtung, in der 1920 von dem Hamburger Lehrer GLÄSER (vgl. 1920) unter dem Titel «Vom Kinde aus» herausgegebenen Sammlung von Unterrichtserfahrungen.

Grundannahmen reformpädagogischer Unterrichtspraxis. Anthologien reformpädagogischer Texte kommt eine wichtige informative Bedeutung zu, denn sie versuchen, die Praktiker selbst zur Sprache kommen zu lassen. In den meisten Sammlungen geschieht das allerdings nach einem Kanon, unter den nur die Äußerungen der berühmten «Meister» fallen dürfen (vgl. DIETRICH 1967, LORENZEN 1965, REBLE 1964). In diesen Dokumentationen überwiegen darüber hinaus die eher theoretisch-interpretativen Selbstäußerungen. Es herrscht ein ausgesprochener Mangel an Berichten, in denen die konkreten pädagogischen, didaktisch-methodischen, organisatorischen oder politischen Realisierungsprobleme und Prozesse erörtert werden. Eine gewisse Ausnahme bildet hier die Arbeit von HOOF (vgl. 1969). In dieser mit einem ausführlichen historisch-systematischen Kommentar versehenen Dokumentation ist es – trotz eines fragwürdigen interpretativen Rahmens – gelungen, anschauliche und schwer erreichbare Texte von reformpädagogisch arbeitenden Lehrern zu versammeln. Liest man sie zusammen mit den von Gläser dokumentierten Lehrerberichten, so gewinnt man ein Bild reformpädagogischer Unterrichtspraxis, das sich durch folgende Merkmale kennzeichnen läßt:

- →*Schüler* werden in erster Linie als produktive Kinder erkannt: «Kinder haben Ideen; sie müssen sie haben; denn sie sind Schaffende» (GLÄSER 1920, S. 20).
- →*Lehrer*, Lehrkräfte, Lehrpersonal oder «Unterrichtsorganisatoren» erscheinen als schöpferische Persönlichkeiten: «Mensch und Künstler zu sein, soll der Lehrer sich bestreben» (GLÄSER 1920, S. 28).
- →*Lernen* wird als ein vielgestaltiger und lebendiger, selbsttätiger Prozeß verstanden, dessen Ziel die erforschende Auseinandersetzung mit der Umwelt und dem kindlichen Selbst ist: «Alle Kräfte des Kindes werden gelöst, gepflegt und entwickelt» (LOTTIG 1920, S. 144).
- Die →*Schule* soll ein Lebens-Ort, keine Kaserne und kein Dienstraum sein: eine «Arbeitsgemeinschaft», in der verborgen die «Lebensgemeinschaft» liegt, «die sich von selber gestaltet, und die zu verhindern uns keine Augenblickszwecke das Recht geben» (vgl. GLÄSER 1920, S. 23).
- *Arbeit* ist in dieser Schule eine komplexe Handlung, die alle Kräfte und Fähigkeiten von Schülern und Lehrern mobilisiert: «Arbeit ist

Aktivität, Gestaltung der Außenwelt, die aus der lebendigen freien Aufnahme der Umwelt entspringt und, von gewaltsamen Einengungen frei, bereits die Notwendigkeit einer neuen Aktivität in sich trägt» (GLÄSER 1920, S. 171).

- Lehrer und Schüler gehen bei diesen Prozessen des Lernens, Forschens und Arbeitens einen *umfassenden Lebenszusammenhang* ein: «Der Lehrer, der sich heute nicht mehr als der Beauftragte irgendeiner Zweckgemeinschaft (eines Standes, einer Partei, einer Kirche) fühlt, tritt dem Kinde rein als Mensch dem Menschen gegenüber» (GLÄSER 1920, S. 27).

Für eine differenzierte Auseinandersetzung wäre auf das Studium von Zeitschriften, Pamphleten, Kleinschriften (vgl. BECKERS/RICHTER 1979, DEITERS 1953) und zeitgenössischen Textsammlungen (vgl. HILKER 1924, KARSEN 1924, PORGER 1925) zurückzugreifen, in denen über die schulpolitischen, organisatorischen und methodisch-didaktischen (vgl. RUDE 1932) Aspekte berichtet wird.

Ideologiekritik und ihre Grenzen. Reformpädagogische Arbeit war nicht nur an Theorien, Postulate und große Erzieherpersönlichkeiten gebunden, sondern in hohem Maße auch an regionale Bedingungen und Traditionen: an soziale Umfelder, wie sie vor allem in Bremen, Hamburg, Magdeburg, Dresden oder Berlin gegeben waren. Sie war keineswegs – wie ihre Festlegung etwa auf die Landerziehungsheime vermuten läßt – eine «Zurück aufs Land»-Pädagogik oder ein Fluchtversuch (vgl. HEYDORN 1970) aus der Industriegesellschaft, sondern in starkem Maße Großstadtpädagogik. Eine Auseinandersetzung mit der an Großstädten, an Arbeitervierteln und an Arbeiterkindern orientierten und interessierten reformpädagogischen Arbeit – wie sie beispielsweise einige der Hamburger (vgl. MILBERG 1970), Bremer (vgl. DANTZ 1978, GLEIM 1985, HAGENER 1973) oder Dresdner Lehrer (vgl. STEIGER 1978) oder der Berliner Gymnasialdirektor F. Karsen (vgl. RADDE 1973) geleistet haben – würde einige der zentralen Gegenargumente, die HEYDORN (vgl. 1970, S. 239) gegen den reformpädagogischen Arbeitsbegriff vorbringt, zwar nicht aufheben, aber relativieren lassen. Heydorns an Gaudig entwickelte und auf Otto und Petersen übertragene Ideologiekritik, die in die grundsätzliche Behauptung der Fungibilität der Reformpädagogik für die Interessen kapitalistischer Herrschaft mündet, hat angesichts des pädagogischen Theoretisierens und auch des politischen Verhaltens einiger prominenter Reformpädagogen im Jahre 1933 (vgl. KUNERT 1973, LINGELBACH 1970) zweifellos ihre Berechtigung. Die Frage ist nur, ob sich diese Kritik für die Reformpädagogik überhaupt, für ihre schulpädagogische Praxis und für die verschiedenen Erzieherpersönlichkeiten aufrechterhalten läßt. Der Aufweis der Grenzen ideologiekritischer Auseinandersetzung mit der Reformpädagogik ist Aufgabe einer nicht nur die Ideologieebene, sondern auch die politisch-organisatorische, regionale, soziale und methodisch-didaktische Ebene einbeziehenden Forschung, die eben von den Lebens- und Arbeitszusammenhängen von Lehrern und Schülern auszugehen hätte (vgl. GLEIM 1979).

Erkennen einer umfassenden Analyse und Kritik. Auszugehen wäre von den verschiedenen Sinn- und Bedeutungsstufen des reformpädagogischen Unterrichts als Ausdruck einer Beziehung zwischen Lehrern und Schülern, in der die Verkrustungen, unter denen Lehrer wie Schüler zu leiden haben, berührt und vielleicht aufgelöst werden können. Diese Verkrustungen, die in der Schule als gesellschaftlichem Ort in der aufgezwungenen Rolle des Lehrers und des Schülers erhärtet werden, sollen von diesen Menschen selbsttätig abgetragen werden (vgl. GLEIM 1985). Auch die reformpädagogischen Lehrer und Schüler verbleiben in einer Schule, die den Arbeitsverhältnissen einer «unbefreiten Gesellschaft» (HEYDORN 1970, S. 260) unterliegt. Die Bedeutung der Arbeit einiger der Reformpädagogen liegt darin, daß sie diese Verhältnisse nicht hingenommen, sondern die Spannung ausgehalten und aufgearbeitet haben, die im «Kampf gegen eine Autorität, die wir ‹in uns selbst zu verkörpern suchen›», wie HEYDORN (1970, S. 260) mit Rühle formuliert, besteht. Um diesen Widerspruch zu erkennen, der also keineswegs allein als ideologischer, sondern auch als persönlicher verstanden werden kann, wird es notwendig sein, die generalisierende Untersuchungsweise von Reformpädagogik aufzugeben. Dann können verschiedene Untersuchungsebenen unterschieden werden:

Eine *(lehrer)lebensgeschichtliche Ebene*, auf der besonders nach den individualgeschichtlichen und auch den berufshistorischen Bedingungen der Sozialisation zum reformpädagogischen Lehrer gefragt werden kann. Ein Beispiel dafür ist die Vorgehensweise von Beck/Boehncke (vgl. DAHLE 1978) und Richter, dem Bremer Lehrer DANTZ (vgl. 1978) oder von GLEIM (vgl. 1980) W. Lamszus gegenüber.

Eine *didaktikhistorische Ebene*, auf der nach den didaktischen und methodischen Ausgangsbedingungen reformpädagogischer Unterrichtspraxis gefragt wird. Die einseitige, bei vielen reformpädagogischen Autoren auch naheliegende Akzentuierung der wortradikalen Schulkritik verdeckt die Tatsache, daß es enge Verknüpfungen zwischen der späten Herbart-Zillerschen Didaktik und den Unterrichtskonzeptionen von Reformpädagogen gibt. Das ist, wenn auch schematisiert, schon von SCHWERDT (vgl. 1933) dokumentiert worden und konnte besonders in der Auseinandersetzung mit den didaktischen Schriften SEYFERTS (vgl. 1904) bereits früh erkannt werden.

Eine *unterrichtspraxisanalytische Ebene*, auf der versucht werden könnte, die Struktur reformpädagogischen Unterrichtens und Lernens zu rekonstruieren. Rekonstruktionen dieser Art lassen sich durch eine Umgangsweise mit Unterrichtsberichten und Unterrichtsgeschichten von reformpädagogischen Lehrern erstellen, die die szenischen Elemente dieses Unterrichts nachspielt. In dieser Weise lassen sich zum Beispiel die Unterrichtsberichte von STEIGER (vgl. 1978) oder GANSBERG (vgl. 1911) entschlüsseln.

Eine *schulpolitisch-organisationsgeschichtliche Ebene*, auf der die reformpädagogischen Forderungen, Pläne und Versuche in ihrem regionalen Bedingungszusammenhang untersucht werden. Für die reformpädagogischen Zentren Bremen und Hamburg sind solche Untersuchungen von GLEIM (vgl. 1985), HAGENER (vgl. 1973) und MILBERG (vgl. 1970) vorgelegt worden, in denen die besonderen stadtpolitischen Rahmenbedingungen für reformpädagogische Schulversuche aufgewiesen worden sind; für Berlin, Dresden oder Magdeburg und auch für westdeutsche Städte stehen solche Untersuchungen indes noch aus.

Eine *lokal-schulgeschichtliche Untersuchungsebene*, auf der die Geschichte von Einzelschulen, in denen über einen längeren Zeitraum hin reformpädagogisch unterrichtet worden ist, aufgearbeitet wird. Untersuchungen dieser Art (vgl. DAHLE 1978) könnten lokale Schulgeschichte unter Einschluß der Frage nach der Bedeutung reformpädagogischer Arbeit für Schüler und Lehrer im Stil der alten Schulchroniken aufzuschreiben versuchen.

Eine *pädagogisch-ideologiekritische Untersuchungsebene* schließlich, die unter zwei für die Rezeption von Reformpädagogik nach 1945 wichtigen Fragestellungen stehen könnte: Was geschah im Jahre 1933 und danach mit der Reformpädagogik und den Reformpädagogen? Die Untersuchung KUNERTS (vgl. 1973) verbleibt hier auf einer allgemeinen ideologiekritischen Untersuchungsebene und analysiert das Verhältnis von Kulturkritik – Reformpädagogik – Nationalsozialismus. Untersuchungen, die in dieser Frage über die allgemeine Ideologieanalyse hinausgehen, liegen nicht vor. Eine Schlüsselstellung für diesen Problemzusammenhang bildet die Person und die pädagogisch-politische Arbeit REICHWEINS (vgl. 1951), in der der widersprüchliche politische und persönliche Charakter reformpädagogischer Arbeit sich unter den Bedingungen der nationalsozialistischen Herrschaft und des Widerstands dagegen ausdrückt. Das Wirken Reichweins widerlegt die verbreitete Behauptung des abrupten Endes der Reformpädagogik im Jahre 1933. Wichtig ist hier aber auch die Fortführung reformpädagogischer Ansätze durch die Exilpädagogen (vgl. FEIDEL-MERTZ 1983). – Die zweite Frage betrifft den Umgang mit der Reformpädagogik und den Reformpädagogen nach 1945: Wie wurde an reformpädagogische Arbeit in der Sowjetischen Besatzungszone (SBZ) (vgl. RANG-DUDZIK 1978) und in den Westzonen angeknüpft? Welche ihrer Elemente wurden kritisiert oder glorifiziert (vgl. SCHONIG 1973)? Welche Reformpädagogen nahmen Einfluß auf schulpolitische Entscheidungen? – Mit Fragestellungen dieser Art könnte eine einigermaßen befriedigende Antwort gefunden werden auf die Frage nach der Bedeutung der Reformpädagogik für die Situation zu Beginn der 80er Jahre, die sich mit der Widerspruchserfahrung von pädagogisch-politischer → Spontaneität und von politisch-pädagogischem Bürokratismus kennzeichnen läßt (→ Alternativschule).

ALT, R.: Erziehung und Gesellschaft, Berlin (DDR) 1975. BECKERS, E./RICHTER, E.: Kommentierte Bibliographie zur Reformpädagogik, Sankt Augustin 1979. DAHLE, W.: Die Karl-Marx-Schule in Berlin-Neukölln. In: Beck, J./Boehncke, H. (Hg.): Jahrbuch für Lehrer 1979, Reinbeck 1978, S. 52ff. DANTZ, C.: Peter Stoll. Ein Kinderleben, München 1978. DEITERS, H.: Deutsche pädagogische Bibliographie 1919–1933, Berlin (DDR) 1953. DIETRICH, TH. (Hg.): Die Landerziehungsheimbewegung, Bad Heilbrunn 1967. DIETRICH, TH. (Hg.): Die pädagogische Bewegung «Vom Kinde aus», Bad Heilbrunn 1972. FEIDEL-MERTZ, H. (Hg.): Schulen im Exil, Reinbek 1983. FLITNER, W. KUDRITZKI, G. (Hg.): Die Deutsche Reformpädagogik, 2 Bde., München/Düsseldorf 1961/1962. GANSBERG, F.: Demokratische Pädagogik, Leipzig 1911. GEISSLER, G. (Hg.): Das Problem der Unterrichtsmethode, Weinheim 1952. GESCHICHTE DER ERZIEHUNG (Red.: K.-H. Günther u. a.), Berlin (DDR) ^{7}1966. GLÄSER, J. (Hg.): Vom Kinde aus, Hamburg 1920. GLEIM, B.: Was kann man von der Reformpädagogik lernen? In: Beck, J./Boehncke, H. (Hg.): Jahrbuch für Lehrer 4, Reinbek 1979, S. 117ff. GLEIM, B.: Wilhelm Lamszus. In: Beck, J./Boehncke, H. (Hg.): Jahrbuch für Lehrer 5, Reinbek 1980, S. 372ff. GLEIM, B.: Der Lehrer als Künstler, Weinheim/Basel 1985. HAGENER, D.: Radikale Schulreform zwischen Programmatik und Realität, Bremen 1973. HEHLMANN, W.: Pädagogisches Wörterbuch, Stuttgart 1942. HEYDORN, H. J.: Über den Widerspruch von Bildung und Herrschaft, Frankfurt/M. 1970. HIERDEIS, H.: Kritik und Erneuerung: Reformpädagogik 1900–1933, Starnberg 1971. HILKER, F. (Hg.): Deutsche Schulversuche, Berlin 1924. HOOF, D.: Die Schulpraxis der Pädagogischen Bewegung des 20. Jahrhunderts, Bad Heilbrunn 1969. KARSEN, F. (Hg.): Die neuen Schulen in Deutschland, Langensalza 1924. KARSTÄDT, O. (Hg.): Methodische Strömungen der Gegenwart, Langensalza 1920. KUNERT, H.: Deutsche Reformpädagogik und Faschismus, Hannover 1973. LINGELBACH, K. CH.: Erziehung und Erziehungstheorien im nationalsozialistischen Deutschland, Weinheim/Berlin/Basel 1970. LORENZEN, H. (Hg.): Die Kunsterziehungsbewegung, Bad Heilbrunn 1965. LOTTIG, W.: Alle Kräfte werden gelöst, gepflegt und entwickelt. In: Gläser, J. (Hg.): Vom Kinde aus, Hamburg 1920, S. 139ff. MILBERG, H.: Schulpolitik in der pluralistischen Gesellschaft, Hamburg 1970. NOHL, H.: Die pädagogische Bewegung in Deutschland und ihre Theorie, Frankfurt/M. 1949a. NOHL, H.: Pädagogik aus dreißig Jahren, Frankfurt/M. 1949b. PORGER, G. (Hg.): Neue Schulformen und Versuchsschulen, Bielefeld/Leipzig 1925. RADDE, G.: Fritz Karsen, Berlin 1973. RANG, A./RANG-DUDZIK, B.: Elemente einer historischen Kritik der gegenwärtigen Reformpädagogik. In: Gottschalch, H. u. a. (Red.): Reformpädagogik und Berufspädagogik. Argument Sonderbände AS 21, Berlin 1978, S. 6ff. RANG-DUDZIK, B.: Pädagogischer Subjektivismus und objektive Notwendigkeit. In: Gottschalch, H. u. a. (Red.): Reformpädagogik und Berufspädagogik. Argument Sonderbände AS 21, Berlin 1978, S. 87ff. REBLE, A. (Hg.): Die Arbeitsschule, Bad Heilbrunn 1964. REICHWEIN, A.: Schaffendes Schulvolk, Braunschweig 1951. RUDE, A.: Die neue Schule, Osterwieck/Leipzig 1932. SCHEIBE, W.: Die Reformpädagogische Bewegung, Weinheim/Berlin/Basel 1969. SCHONIG, B.: Irrationalismus als pädagogische Tradition, Weinheim/Basel 1973. SCHWERDT, TH.: Kritische Didaktik, Paderborn 1933. SEYFERT, R.: Die Unterrichtslektion als didaktische Kunstform, Leipzig 1904. STEIGER, W.: 's blaue Nest. Erlebnisse und Ergebnisse aus einer vierjährigen Arbeit mit einer Volksschuloberstufe: Freie Schule 1920, Frankfurt/M. 1978. STURM, K. F.: Die pädagogische Reformbewegung der jüngsten deutschen Vergangenheit, Osterwieck 1933. WENIGER, E.: Die Eigenständigkeit der Erziehung in Theorie und Praxis, Weinheim o. J. (1952). WILKENDING, G.: Volksbildung und Pädagogik «Vom Kinde aus», Weinheim/Basel 1980.

Bruno Schonig

Regelschule → Bildungssystem (Bundesrepublik Deutschland)
Rehabilitation, berufliche → Weiterbildung
Rehabilitationspädagogik → Sonderpädagogik
Rekonstruktion, materialistische (der Bildungsgeschichte) → Pädagogik, historisch-materialistische
Reliabilität → Forschungsmethode; → Test
Religionspädagogik → Erziehung, religiöse
Religiosität → Erziehung, religiöse
Repräsentation → Anschauung
Resozialisierung, berufliche → Weiterbildung
Respekt → Autorität
Reziprozität → Interaktion; → Kommunikation
Rhythmik → Elementarunterricht

Ritual

Begriff. Ritual bezeichnet zum einen die schriftliche Fixierung einer rituellen Ordnung, in der die zur Regelform gewordene «Ablaufsganzheit» (Mühlmann) einzelner sakraler Handlungen festgelegt ist: etwa das liturgische Buch (=Rituale) in der lateinischen Kirche, das die von einem Priester zu vollziehenden rituellen Handlungsabläufe enthält, etwa bei der Spendung von Sakramenten, bei Begräbnissen oder Prozessionen. Zum anderen bezeichnet Ritual die gesellschaftlich tradierte Form eines spezifischen Handlungsablaufes in sakralen (Initiationsritual, Taufritual...) wie profanen Lebenszusammenhängen (Prüfungsritual, Begrüßungsritual...).

Religiöse Rituale sind ihrer *Form* nach gesellschaftlich stereotypisierte und wiederholbare Realisierungen von Handlungsmustern, die durch rigiden Vollzug charakterisiert sind. Der zur Regel gewordene Formalismus bezieht sich insbesondere auf die festgeschriebenen Rollenzuweisungen, die Interaktionsformen und die auf das genaueste zu beachtenden Handlungsabfolgen, an die alle an einem konkreten Ritual partizipierenden Personen gebunden sind. Unter *substantiellem* Aspekt sind religiöse Rituale symbolisch darstellende Handlungen, die auf das «Heilige» verweisen, beziehungsweise wird durch das Mit- und Nachvollziehen des Rituals eine emotionale und kommunikative Beziehung der Gläubigen zu dem Heiligen hergestellt. Die von den Kirchen vorgeschriebenen rituellen Handlungen gelten zudem selbst als «heilig». Rituale sind demnach institutionalisierte, nichtrationale Akte, in deren Handlungsablauf die über-individuell anerkannten →Werte und Normen einer religiösen oder sozialen Ordnung expressiv dargestellt werden, ohne dabei eine diskursive Interpretation ihrer symbolischen Bedeutung zu leisten. Ihrer *Funktion* nach sind sie traditionsbindende und -vermittelnde Prozesse, die mittels ihres symbolischen Hinweischarakters gemeinschaftskonstituierende Orientierungs- und Ordnungsfunktionen erfüllen. Durch die wiederholte Partizipation an den sanktionierten Ritualen signalisieren die einzelnen Mitglieder ihr Einverständnis mit den Werten, die als «heilig» respektiert werden. Rituale wirken somit sowohl für Individuen wie für Gemeinschaften identitätstiftend (→Identität).

Problemstellung. In der kulturanthropologischen Definition Malinowskis (vgl. 1973) bezeichnet Ritual – in Abgrenzung gegen individuelles und profanes Handeln – ein auf magische oder religiöse Zeremonien beschränktes öffentliches Handeln. In «primitiven» Religionen – gemeint sind schriftlose Völker traditionaler Kulturen – wird durch Rituale der Schutz sakraler Überlieferungen, →Traditionen, sozialer Bindungen, moralischer Regeln sowie der genealogischen Identität des Stammes gewährleistet. Dem einzelnen Individuum dienen sie im wesentlichen zur Identitätsherstellung, zur Angstreduzierung, zur Integration (etwa der heranwachsenden Generation) durch die rigide Standardisierung des Verhaltens (vgl. Malinowski 1973, S. 51ff). Im Fehlen schriftlich fixierter Sittenlehren sieht Malinowski die dogmatische Intoleranz «primitiver» Gemeinschaften in bezug auf ihre rituelle Ordnung begründet, da erst durch diese ein für alle Mitglieder der Gesellschaft verbindliches identisches sittliches Verhalten gesichert ist. Malinowskis funktionaler Konzeption liegt die Auffassung zugrunde, daß es keine dysfunktionalen Rituale gibt, wobei er substantiell das Profane ausschließt. Rituale unterscheiden sich in dieser Definition von anderem stereotypisierten und kulturspezifischen →Handeln (dem Brauchtum) durch ihren symbolischen Bezug zum Heiligen. Diese Position impliziert eine Verschiebung der Ritualdefinition auf eine vorab zu leistende Definition des Glaubens (Durkheim 1981, S. 62ff). Hieraus ergeben sich für die Präzisierung des Ritualbegriffs zwei grundlegende Problemstellungen. Derartigen Definitionen ist ein argumentativer Zirkelschluß inhärent, denn «nur das gilt als Ritual, was mit dem Heiligen zu tun hat, und genau das gilt als heilig, was in Ritualen respektiert wird» (WERLEN 1984, S. 51). Die Gefahr einer der →Lebenswelt unangemessenen, normativen Definition der «Beobachtungskategorie» Ritual (Werlen) wird aufgrund der Charakterisierung des Rituals durch das Heilige keineswegs verringert, wenn das als heilig gelten soll, was in rituellen Handlungsabläufen symbolisch ausgedrückt wird. Zum anderen stellt sich in den zunehmend säkularisierten, hochindustrialisierten Gesellschaften die Frage nach den im rituellen Akt symbolisierten «höchsten Werten» (Goffman) einer sozialen Gemeinschaft unter völlig veränderten Gesichtspunkten. Waren die hochgradig rituellen Inszenierungen des Nationalsozialismus «heilig» oder verbietet sich hier aufgrund des oben genannten Definitionszusammenhangs der Begriff des (politischen) Rituals? Die Exaktheit einer substantiellen Ritualdefinition, die das Darstellen und Herstellen des Heiligen als zentrale Unterscheidungskategorien faßt, muß dann in Frage gestellt werden, wenn im Sinne der Säkularisierungstheorien das Heilige seine genuine Bedeutung verliert beziehungsweise eine gegenseitige Durchdringung und Überlagerung von Profanem und Heiligem konstatiert werden muß (vgl. KAMPER/WULF 1987).

Rituale im pädagogischen Kontext. Für die Erziehungswissenschaft von besonderer Bedeutung sind diejenigen Forschungsbeiträge, die sich mit den durch Ritualisierungen und Ritualen geregelten «expressiven Ordnungen» (BERNSTEIN 1977, S. 86ff) in pädagogischen Bereichen auseinandergesetzt haben. Der aus der Verhaltensforschung kommende Begriff *Ritualisierung* bezeichnet nach Lorenz zeremonielle Akte, deren festgelegter Ablauf Signalwirkung im sozialen Verkehr artgleicher Tiere besitzt. Die aus Intentionsbewegungen entstandenen Instinktbewegungen kommen, nach LORENZ (vgl. 1971, S. 54), funktional einer Bildung von echten Symbolen gleich, so daß in der Ethologie auch von Symbolbewegungen gesprochen wird, durch die die soziale Ordnung ausgedrückt wird (etwa in Begrüßungs- oder Unterwerfungsritualen).

Erikson, der von psychoanalytischen Fragestellungen ausgehend die Ontogenese der Ritualisierung untersucht, sieht deren Anfänge in der Interaktion zwischen Säugling und →Mutter als einen menschlichen Grundakt beiderseitigen Erkennens. Durch die hochgradig symbolischen Handlungen wird Gemeinschaft konstituiert, das Gefühl, «jemandem anzugehören und jemand zu sein» (ERIKSON 1968, S. 485). Erikson unterscheidet Rituale der Erwachsenenwelt (in der Rechtsprechung oder der Religion) von Ritualisierungen in der Kindheit. Beiden gemeinsam ist die schöpferische Formgebung als hochgradig individuelle und zugleich traditionsgebundene stereotype Handlung. In der durch sie symbolisierten Unterscheidung zwischen Zugelassenem und Ausgeschlossenem, über die Bindung der Triebenergien im gemeinsamen Tun als der Grundlage gegenseitiger Identifikation, soll Entfremdungsgefühlen sowie dem Zustand mangelnder sozialer Ordnung (Anomie) entgegengewirkt werden. Die Ritualisierung als Akt des Erkennens und Wiedererkennens ist nach ERIKSON (vgl. 1968, S. 481 ff) emotionale, unentbehrliche Notwendigkeit und «ontogenetische Wurzel» aller menschlichen Ritualisierungen, die sich bis in das «echte Ritual hinein erstreckt».

Nach GOFFMAN (vgl. 1971) sind die sozialen Ordnungen moderner Gesellschaften rituell organisiert und fungieren als Anpassungsstrategien. Goffman hebt hervor, daß die Ich-Identität (das Selbstbild) und die soziale Identität (das Bild, das sich die anderen von einem machen) im wesentlichen durch Interaktionsrituale geprägt werden. Das durch →Interaktion geformte «Image» einer Person symbolisiert deren soziale Stellung. Innerhalb des Interaktionssystems Schule hebt Wellendorf die in Schulritualen symbolisierten und durchgesetzten Werte und Normen kritisch hervor. In Institutionen, in denen die Interaktion durch hierarchische Strukturen bestimmt ist, üben die in ihr stattfindenden Handlungsabläufe (vgl. BERNSTEIN 1977, KVALE 1972) den Zwang aus, die in der Interaktion symbolisierten Werte zu akzeptieren, sich ihren Normen zu unterwerfen und sich den bestehenden Herrschaftsverhältnissen anzupassen (vgl. WELLENDORF 1975, S. 67). Während in den genannten theoretischen Ansätzen meist rein formale und funktionale Analogien von nichtreligiösen Ritualen zu religiösen Lebensbereichen hervorgehoben werden, läßt sich LENZENS «Mythologie der Kindheit» (1985) von der Frage leiten, inwieweit sich heute im alltäglichen Handeln Profanes und Sakrales unter substantiellen Gesichtspunkten des Ritualbegriffs durchdringen.

BERNSTEIN, B.: Beiträge zu einer Theorie des pädagogischen Prozesses, Frankfurt/M. 1977. DURKHEIM, E.: Die elementaren Formen des religiösen Lebens, Frankfurt/M. 1981. ERIKSON, E. H.: Die Ontogenese der Ritualisierung. In: Psyche 22 (1968), S. 481 ff. GOFFMAN, E.: Interaktionsrituale, Frankfurt/M. 1971. KAMPER, D./WULF, CH. (Hg.): Das Heilige, Frankfurt/M. 1987. KVALE, ST.: Prüfung und Herrschaft, Weinheim/Basel 1972. LENZEN, D.: Mythologie der Kindheit, Reinbek 1985. LORENZ, K.: Vom Weltbild des Verhaltensforschers, München [4]1971. MALINOWSKI, B.: Magie, Wissenschaft und Religion. Und andere Schriften, Frankfurt/M. 1973. WELLENDORF, F.: Schulische Sozialisation und Identität, Weinheim/Basel [3]1975. WERLEN, I.: Ritual und Sprache, Tübingen 1984.

Thomas Bichler

Ritualisierung → Ritual
role-making → Rolle
role-taking → Identität; → Rolle

Rolle

Begriff. Unter einer sozialen Rolle verstehen Soziologen gebündelte Erwartungen an Verhalten und an Eigenschaften des Inhabers einer Position im sozialen System (→ Vater; Lehrerin, Abgeordneter), die Verbindlichkeit unterschiedlichen Grades haben und deren Einhaltung positiv (durch Anerkennung, Einfluß, materielle Güter) bewertet, deren Übertretung auf verschiedene Weise (vom Achselzucken bis zur sozialen Ächtung) bestraft wird. Die Erwartungen werden von der Gesellschaft insgesamt, vor allem aber von sozialen Gruppen (Bezugsgruppen) aufgestellt. Sehr oft sind sie es auch, die das Verhalten des Rollenträgers kontrollieren und belohnen oder strafen. Es lassen sich kurzlebige, «modische» Erwartungen unterscheiden von anderen, die tief in grundlegenden → Werten und Überzeugungen wurzeln und mit sozialen → Institutionen verknüpft sind (Normen). Durch die übernommene Rolle werden Menschen Mitglieder des Netzwerks sozialer Beziehungen, denn jede Rolle hat ihre unmittelbaren und entfernteren Partner (im Fall des → Lehrers die → Schüler, Kollegen, Eltern, Schulverwaltung).

Rollen werden in einer Gesellschaft ausgeprägt, um die Erfüllung von Aufgaben, die für ihren Erhalt wichtig sind, sicherzustellen. Sie verteilen Zuständigkeit und Verantwortlichkeit; sie machen Verhalten vorhersehbar und erleichtern auf diese Weise soziale Kooperation. Rollen werden übernommen, weil sie vorgebahnte Wege zur Befriedigung von Bedürfnissen anbieten. Rollen existieren als soziale Fakten, auch wenn sich kaum jemand an ihnen orientiert. Dennoch werden sie nach und nach hinfällig, wenn eine Mehrheit der als Träger einer Rolle angesprochenen Gesellschaftsmitglieder sich nicht mehr nach den Rollennormen richtet. Für das Verhältnis des Menschen zu einer Rolle bleiben verschiedene Möglichkeiten offen. Er kann sich voll mit ihr identifizieren; er kann ihren Verpflichtungen nachkommen, sich jedoch als Person distanzieren; er kann mit ihr frei umgehen, indem er sich auf den «eigentlichen» Sinn der Rolle beruft; er kann sie mit Hinweis auf andere Rollen auf das unbedingt Geforderte reduzieren; er kann sie unter Ausnutzung von Unklarheit und schwindender Kontrolle neu zu bestimmen versuchen.

Soziologische Konzepte. In dieser Vorstellung des → Handelns in Rollen steckt eine so einleuchtende Einsicht, daß das Konzept Eingang in sehr verschiedene Theoriestränge der Soziologie gefunden hat, sowohl in die strukturell-funktionale Schule (Rolle als funktionales Element des sozialen Systems – vgl. PARSONS 1964) als auch in die Herrschaft und Konflikt betonenden Schulen (die Macht, in Rollenbeziehungen das Verhalten der anderen bestimmen und dieses asymmetrische Verhältnis institutionalisieren zu können – vgl. CLAESSENS 1968) und in die Richtungen des Symbolischen →Interaktionismus (Rolle als die zu antizipierende und im eigenen Handlungsentwurf zu berücksichtigende Haltung des Interaktionspartners – vgl. MEAD 1973). Bei den Bemühungen, die grundlegenden Annahmen der Rollentheorie zu präzisieren und mit Hilfe ihrer Begrifflichkeit soziale Vorgänge zu analysieren, ergibt sich jedoch eine Fülle von Schwierigkeiten: Die Erwartungen einer Rolle an ihren Inhaber sind kaum jemals eindeutig, nicht selten sogar widersprüchlich; die Bezugspersonen sind oft nicht aufzufinden oder jedenfalls schwer auszugrenzen; die Mittel ihrer Einflußnahme bleiben häufig unklar. Bedürfnisse und angebotene Befriedigungschancen treten vielfach weit auseinander. Schaut man auf das Gesamtrepertoire, so scheinen Konflikte zwischen Erwartungen und Überlastung durch die diversen Anforderungen häufiger zu sein als Erleichterung der sozial erwünschten Kooperation.

Die strukturell-funktionale Theorie zieht daraus die Folgerung, daß die Integration des sozialen Systems und die psychische Stabilität des Individuums gefährdet sind, wenn Rollen nicht möglichst eindeutig definiert werden und wenn Bedürnisse und in den Rollen bereitgestellte Gelegenheiten, sie zu stillen, einander nicht entsprechen. Das verzahnte Rollensystem von Rechten und Pflichten, von Motiven und Verhaltenserwartungen sollte lückenlos sein, damit es wie automatisch läuft und nicht darauf angewiesen ist, daß durch Ich-Leistungen Unstimmigkeiten und Widersprüche überbrückt werden. In der deutschen Soziologie gab es um diesen Ansatz eine differenzierte Auseinandersetzung im Anschluß an DAHRENDORFS Schrift «Homo sociologicus» (1965); einen Überblick über diese Diskussion bietet JOAS (vgl. 1982).

Aus der Sicht der Interaktionisten machen die theoretischen und praktischen Probleme, Rollen eindeutig zu bestimmen und ein befriedigendes Verhältnis des Trägers zu seiner Rolle sicherzustellen, darauf aufmerksam, daß die Vorstellung, Rollen könnten im Idealfall schlicht übernommen und auf eine vorab festlegbare befriedigende Weise ausgeführt werden, der Grundproblematik sozialen Handelns nicht entspricht. TURNER (vgl. 1976) hat dem Meadschen «role-taking» ein «role-making» zur Seite gestellt, denn Rollenerwartungen seien stets interpretationsbedürftig und müßten in jeder Interaktionssituation neu ausformuliert werden. Dies ist eine Konsequenz der Tatsache, daß es in allen Gesellschaften nebeneinander verschiedene Traditionen des Verständnisses von Normen und Institutionen gibt und die Mitglieder der

Gesellschaft verschiedene Vorerfahrungen in eine →Interaktion mitbringen. Zudem bedürfen Rollen der Auslegung durch Interaktionspartner, weil sie umgangssprachlich überliefert werden (vgl. HABERMAS 1973a).

Unter Berücksichtigung der durch die jeweilige Situation eingegrenzten Handlungsmöglichkeiten müssen sich Interaktionspartner folglich bemühen, Rollen zu entwerfen, innerhalb deren sie sowohl ihre in einer persönlichen Vorgeschichte entstandenen Erwartungen als auch die gleichzeitig zu beachtenden Verpflichtungen aus anderen Rollen unterzubringen versuchen, aber sich dennoch die Anerkennung ihres Handlungskonsenses durch relevante Dritte nicht verscherzen. Obwohl die Interaktionisten sich oft Handlungssituationen mit gleichberechtigten Partnern als Modell ihrer Analyse gewählt haben, ist ihnen bewußt, daß die realen vorstrukturierten Situationen und die tradierten Rollen und ebenso die in Beziehung tretenden Menschen aufgrund ihrer Stellung im sozialen System ungleiche Einflußchancen, Interessen und →Qualifikationen schaffen. Aber gerade deswegen kann soziales Handeln, das Teil umfassenderer gesellschaftlicher Prozesse ist, nicht von identitätslosen Teilnehmern betrieben werden (zur «revidierten» Rollentheorie vgl. HABERMAS 1973b, KRAPPMANN 1976).

Erziehungswissenschaftliche Rezeption. In die Erziehungswissenschaft ist der Rollenbegriff an mehreren Stellen eingedrungen. Erziehungsberufe gehören stets zu den bevorzugten Beispielen für die Anwendung des Konzepts: Lehrerrolle, Schülerrolle, die Rolle des Schulrats. Jedoch wird in diesen Untersuchungen durchweg nur auf das begriffliche Instrumentarium (Rollen, Rollensegmente, Bezugsgruppe, Intra- und Inter-Rollenkonflikt) zurückgegriffen, ohne auf den Problemkreis der Erklärung der Möglichkeit sozialen Handelns einzugehen, dem Begriffe und theoretische Annahmen entstammen. Ein guter Teil der Vorbehalte gegenüber der Rollentheorie bezieht sich vermutlich auf derartige Arbeiten, die den Begriff unreflektiert (fast synonym mit «Beruf») verwenden und damit – wie die Kritische Gesellschaftstheorie (vgl. FURTH 1971) meint – rollenhaftes Verhalten als menschliche Natur ausgeben und nicht als Produkt zu überwindender Entfremdungsvorgänge betrachten.

Tiefer muß es die Erziehungswissenschaft berühren, wenn BRIM (1960, S. 141) behauptet: «Das gelernte Repertoire an Rollen ist die Persönlichkeit. Sonst gibt es nichts.» Auch betrifft es ihre Grundlagen, wenn DAHRENDORF (1965, S. 46) ausführt, neben den Rollen gäbe es im Menschen «einen wesentlichen Rest, der sich der Berechnung und Kontrolle entzieht». Falls diese Auffassungen akzeptiert werden, wäre es die zentrale Aufgabe der Erziehungswissenschaft, eine Theorie zur Einübung in das Gesamt der Rollen zu liefern. Sie müßte zum einen die Vermittlung der Kenntnis ausformulierter Rollenvorschriften anleiten, aber auch die Einführung in die Grundorientierung des Handelns in einer Rolle, die der zu Erziehende vermutlich am leichtesten von Rollenvorbildern abliest. Zum anderen muß auch eine Reihe von Verhaltensalternativen verfügbar gemacht werden, die über einzelne Rollen hinausgreifen. Die «pattern variables» von PARSONS/BALES (vgl. 1964) stellen solche bipolaren Dimensionen dar, innerhalb deren angemessenes Rollenhandeln sich bewegt. Außerdem hätte die Erziehungswissenschaft noch Hinweise zu erarbeiten, wie der individuelle «Rest» des Menschen neben den Rollen zu entfalten sei (vielleicht durch Muße, Spiel und Kunst). Teils könnte diese Theorie auf behavioristische Lernansätze (vom S-R-Lernen bis zu «social learning») zurückgreifen, die ein interpretierendes Lernsubjekt nicht vorsehen, teils könnte sie an «Persönlichkeitsbildung» anknüpfen.

Anders stellt sich das Problem für die Erziehungswissenschaft aus der Perspektive des Interaktionismus, für den der aktive Umgang mit (Rollen-)Erwartungen immer kreative und konstruktive Leistungen der Person mit ihren jeweiligen Erfahrungen und Intentionen einschließt. → Sozialisation, die zwar auch in die tradierten Rollenangebote einführt, muß zugleich die Ausbildung der Qualifikationen zu reflektierendem Umgang mit zugemuteten Normen und überlieferten Rollen erreichen. Dies vollzieht sich in der Teilnahme an Interaktionen, in der die Partner um des Fortbestandes der Kooperation willen gezwungen sind, sich durch «role-taking» und «role-making» über Handlungsentwürfe zu verständigen, die allen Beteiligten ein gewisses Maß an Befriedigung bieten. Die grundlegenden Qualifikationen bilden folglich erlebte Interaktionsprozesse ab; sie sind als psychisches Korrelat der Strukturmerkmale von Sozialbeziehungen zu betrachten, in denen ein Kind aufwächst:

- Die Fähigkeit zu «Empathie» antwortet auf eine Rollen- und Interaktionskonstellation, in der Partner die Situation aus der Sicht ihres Gegenübers wahrnehmen müssen, um Handeln entwerfen und kontrollieren zu können.
- Die Fähigkeit zu «Rollendistanz» entspricht dem Problem in den Rollenbeziehungen, Erwartungen der Partner wegen ihrer Unklarheit und Widersprüchlichkeit nicht einfach erfüllen zu können, sondern einen Konsens erst herstellen zu müssen.
- Die Fähigkeit zur «Ambiguitätstoleranz» bezieht sich auf die Notwendigkeit, sich an Interaktionen auch dann beteiligen zu müssen, wenn die Rollenabsprachen (zunächst) nur teilweise Befriedigung der Bedürfnisse zu erfüllen vermögen.
- Die Fähigkeit zur «produktiven Beteiligung an der Vereinbarung von

Normen» entsteht in Interaktion, in der unabstreifbare Rollen (wie Kind oder Junge) die Handlung nicht bestimmen können und daher zufriedenstellende Vereinbarungen ausgehandelt werden müssen.
- Die Fähigkeit zu «sich selbst kommentierender Kommunikation» bildet sich in einem Rollengeflecht, in dem nicht nur Selbstverständliches befolgt, sondern der Sinn von Erwartungen, die Geltung von Regeln und die Bedeutung von Mitteilungen erläutert und der Bezug auf die Handelnden und Sprechenden hergestellt werden muß.

Diese Grundqualifikationen sind nicht strikt voneinander zu trennen. Sie bilden sich im Verlauf der Entwicklungskrisen des Kindes und des Jugendlichen (vgl. Oevermann u. a. 1968), wobei jede Krise eine dieser Qualifikationen besonders akzentuiert, aber vorbereitend oder weiterführend sich auf alle Qualifikationen auswirkt. Unter dieser Einschränkung läßt sich Empathie der Mutter-Kind-Trennung, Rollendistanz der Generationsdifferenzierung, Ambiguitätstoleranz der Geschlechtsrollendifferenzierung, Normenproduktivität der Ablösung von der Familie und die kommunikative Kompetenz der Adoleszenzkrise zuordnen. Habermas (vgl. 1973a) hat die Kohlbergschen Stufen der Entwicklung des moralischen Urteils benutzt, um die Ausbildung der «Rollenkompetenz», die sich auf den Umgang mit Normen bezieht, mit dem sich ausweitenden sozialen Erfahrungsraum des Kindes zu verbinden. Er stellt besonders heraus, daß sich im Entwicklungsgang des einzelnen Kindes die Geschichte des Kompetenzerwerbs der Gattung wiederholt.

Die Grundqualifikationen, die Teilnahme am Geflecht sozialer Beziehungen ermöglichen, ohne die Ansprüche auf Identität als Handlungssubjekt aufgeben zu müssen, stellen auch eine Voraussetzung für die Beteiligung an Lern- und Erziehungsprozessen dar. Da die Heranwachsenden im Kindergarten- und Schulalter ihre primäre Sozialisation noch nicht abgeschlossen haben, können solche Einrichtungen zur Ausbildung dieser Qualifikationen beitragen, sie allerdings auch erschweren. Zur Förderung dieser Qualifikationen bedient sich die Pädagogik des Rollenspiels zum Teil jedoch in sehr vordergründiger, wenn nicht fragwürdiger Art (vgl. Shaftel/Shaftel 1973). Empathie und Rollendistanz lassen sich nicht trainieren, sondern nur dadurch herausfordern, daß lustvoll erlebte Interaktionen ohne sie zu scheitern drohen. Würde man sie zum unmittelbaren Erziehungsprogramm erheben (etwa als «Unterrichtseinheit zur Förderung sozialer Sensibilität»), bestünde die Gefahr, die Kinder in Beziehungsfallen zu verstricken, denn derartige pädagogische Eingriffe sind doppelbödig. Sie wollen selbstbestimmte Kooperation erreichen, aber zugleich auch ein Verhalten, wie es allgemein für richtig gehalten wird. Für das Kind, das sich ohnehin den pädagogischen Erwartungen gemäß verhält, besteht kaum ein Problem.

Aber das Kind ohne «role-taking», mit Mißtrauen gegen andere oder voller Angst vor Identitätsverlust, wird durch diesen doppelten Bezug leicht verstört, denn es steht vor einer schwierigen Entscheidung: Es kann sich entweder den erzieherischen Intentionen anpassen (ichlos, aber rollenkonform) oder sich an der Interaktion auf dem zwar vielleicht nicht angemessenen, jedoch von ihm als Person vollziehbaren Niveau seiner Qualifikationsentwicklung beteiligen. Nur wenn das Kind «seine» Erfahrungen sammeln kann, wird es möglicherweise einen Anstoß erleben, der seine Qualifikationen fördert.

Dies bedeutet dennoch nicht, daß die Pädagogik keinen Ansatz zur Intervention fände. Anstelle einer kurzschlüssigen Übersetzung theoretischer Überlegungen in enge Interaktionspraxis sollte sie vielmehr ihre Aufmerksamkeit auf die Interaktionsqualität in den Rollengeflechten der mächtigen Erziehungseinrichtungen, →Familie, Kindergarten, →Schule, Heim und Lehrwerkstatt, richten. Sie hätte zu prüfen, ob die sozialisatorischen und erziehungswirksamen Vorgaben in den Strukturmerkmalen dieser Rollensysteme tatsächlich realisiert sind und Interaktionserfahrungen ermöglichen, die als Grundqualifikationen verinnerlicht werden können.

Brim, O. G. jr.: Personality Development as Role-Learning. In: Iscoe, J./Stevenson, H. (Hg.): Personality Development in Children, Austin 1960, S. 127ff. Claessens, D.: Rolle und Macht, München 1968. Dahrendorf, R.: Homo sociologicus, Köln/Opladen 1965. Furth, P.: Nachträgliche Warnung vor dem Rollenbegriff. In: D. Arg. 13 (1971), S. 494ff. Habermas, J.: Notizen zum Begriff der Rollenkompetenz. In: Habermas, J.: Kultur und Kritik, Frankfurt/M. 1973, S. 195ff (1973a). Habermas, J.: Stichworte zur Theorie der Sozialisation. In: Habermas, J.: Kultur und Kritik, Frankfurt/M. 1973, S. 118ff (1973b). Joas, H.: Rollen- und Interaktionstheorien in der Sozialisationsforschung. In: Hurrelmann, K./Ulich, D. (Hg.): Handbuch der Sozialisationsforschung, Weinheim/Basel [2]1982, S. 147ff. Krappmann, L.: Neuere Rollenkonzepte als Erklärungsmöglichkeit für Sozialisationsprozesse. In: Auwärter, M. u. a. (Hg.): Seminar: Kommunikation, Interaktion, Identität, Frankfurt/M. 1976, S. 307ff. Mead, G. H.: Geist, Identität und Gesellschaft aus der Sicht des Sozialbehaviorismus (1934), hg. v. Ch. W. Morris, Frankfurt/M. 1973. Oevermann, U. u. a.: Elternhaus und Schule. Projektvorschlag, Mimeo, Berlin 1968. Parsons, T.: The Social System, Glencoe 1964. Parsons, T./Bales, R. F.: Family, Socialization and Interaction Process, Glencoe 1964. Shaftel, F. R./Shaftel, G.: Rollenspiel als soziales Entscheidungstraining, München/Basel 1973. Turner, R. H.: Rollenübernahme: Prozeß versus Konformität. In: Auwärter, M. u. a. (Hg.): Seminar: Kommunikation, Interaktion, Identität, Frankfurt/M. 1976, S. 115ff.

Lothar Krappmann

Rollendistanz →Friedenserziehung; →Identität; →Interaktionismus, Symbolischer; →Rolle
Rollenhandeln →Interaktionismus, Symbolischer

Rollenkonflikt (des Lehrers) → Lehrer
Rollenspiel → Spiel
Rollentheorie → Rolle
Rollenübernahme → Interaktion; → Rolle
Rückmeldung → Evaluation

S

Schicht, soziale

Begriff. «Schicht» und «Klasse» sind zentrale, maßgeblich von Marx durch seine Veröffentlichungen durchgesetzte analytische Begriffe zur systematischen Erfassung der Strukturmuster sozialer Ungleichheit in industriellen Gesellschaften. Hatte Marx (vgl. 1966a, S. 684ff, vgl. 1966b, S. 892ff) noch beide Begriffe nebeneinander verwandt, so wird von den auf ihn folgenden Klassentheoretikern der von ihm – explizit nur in wenigen Grundzügen – entwickelte Klassenbegriff in der Regel als das alleinige und meist in theoretischer und methodischer Konkurrenz zum Schichtbegriff stehende Konzept betrachtet, das den Ungleichheitsaspekt im Wesen kapitalistischer Industriegesellschaften auf den Begriff bringt. Der Klassenbegriff gilt ihnen für eine Theorie der westlichen Industriegesellschaften als Ausgangspunkt, da er Ausdrucksform der Produktionsverhältnisse ist, die als bestimmendes Strukturmerkmal dieser Gesellschaften angesehen werden. Soziale Klassen sind demnach durch die Art und Weise der Eigentumsverhältnisse an den Produktionsmitteln definiert, und die Existenz einer Klasse wird durch das Verhältnis zur gesellschaftlichen Arbeitsteilung entlang dieser Linie konstituiert. Die →Struktur der Eigentumsverhältnisse hat sich nach dieser Auffassung seit Marx' Zeiten nicht maßgeblich verändert, wenn auch die gegenwärtig erreichte Phase der Entwicklung kapitalistischer Gesellschaften durch neue Organisationsformen der Verwertung des Kapitals und durch neuartige regulierende Eingriffe des Staates gekennzeichnet ist. Klassentheoretiker analysieren deshalb unverändert zwei gesellschaftliche Klassen, die durch den grundlegenden Antagonismus ihrer ökonomischen Funktionen identifizierbar sind und sich konfliktuär gegenüberstehen (vgl. Maucke 1970, Poulantzas 1974).

In der «bürgerlichen» Gesellschaftstheorie wird in der Auseinandersetzung mit marxistischen Theoremen grundsätzlich nicht in Frage gestellt, daß wir es in westlichen Industriegesellschaften, folgt man der Definition von Marx, mit Klassengesellschaften zu tun haben. Doch diese Klassifizierung wird für eine praxisbezogene Theorie der Gesellschaft als unzureichend angesehen, da die beobachtbaren Unterschiede in den materiellen und immateriellen Arbeits- und Lebensbedingungen durch sie nicht präzise und vollständig erfaßt werden. So korrekt die traditionelle Klassifizierung nach zwei Klassen auch das Eigentumsverhältnis zu den ökonomischen Produktionsbedingungen widerspiegelt – so hat man seit WEBER (vgl. 1964, S. 223f) argumentiert –, sowenig ist doch dieses Verhältnis allein determinierend für die Gesamtheit der Arbeits- und Lebensbedingungen, die es zu erfassen und möglichst theoretisch zu interpretieren gelte und die sich seit Marx durch veränderte Produktions- und Verwertungsbedingungen und insbesondere auch eine veränderte Rolle des Staates grundlegend umgestaltet haben (vgl. HABERMAS 1973). In empirisch orientierten Ansätzen werden konsequenterweise alle Bemühungen darauf gerichtet, verschiedene Indikatoren für soziale Ungleichheit (ökonomische Verfügungsmacht, Vermögen, Einkommen, Sozialprestige, politische Macht, Bildung...) in die Analyse einzubeziehen (vgl. BENDIX/LIPSET 1966, BOLTE u. a. 1974).

Stratifikationsmodelle. Dieser mehrdimensionale Zugang zum Problem sozialer Ungleichheit stellt wissenschaftliche Begriffe und Kategorien zur Verfügung, die auf eine empirische Operationalisierung zugeschnitten sind. Darin liegt zugleich Chance und Gefahr für die Schichtenanalyse. Die bisherigen Forschungen in dieser Tradition sind von dem Bemühen gekennzeichnet, gesellschaftliche Großaggregationen empirisch zu identifizieren, die eine ähnliche oder gleiche Position auf einer oder mehreren Dimensionen der Struktur sozialer Ungleichheit einnehmen. Zudem will die Schichtenanalyse empirisch aufzeichnen, wie stark die Zugehörigkeit zu einer bestimmten sozialen Schicht jeweils die Arbeits- und Lebensbedingungen sowie auch die Einstellungen und Verhaltensdispositionen der heranwachsenden Generation determiniert.

Gemeinsam ist der Schichten- und der Klassenanalyse der begrenzte Untersuchungsgegenstand: die erwerbstätigen Bevölkerungsmitglieder. Bisher wurden erst wenige Versuche unternommen, systematisch die – nur teilweise von diesen Erwerbstätigen abhängigen – nicht erwerbstätigen Bevölkerungsgruppen wie Hausfrauen, Kinder, Schüler, Auszubildende sowie die von beruflicher Tätigkeit Ausgeschlossenen und die bereits aus dem Erwerbsleben Ausgeschiedenen mit in die Analyse aufzunehmen (vgl. OFFE 1972). In der Regel kristallisieren sich in der Schichtenanalyse drei zentrale Schichtkerne heraus: erstens eine untere, die Arbeiterschicht, zu der (im Unterschied zur Klassentheorie: nur) die Erwerbstätigen zählen, deren Berufsbezeichnung «Arbeiter» ist; zweitens eine mittlere, die Dienstleisterschicht, aus «kleinen» und mittleren Angestellten, Beamten und Selbständigen und drittens eine obere, eine

Eigentümer- und Verfügerschicht, aus leitenden Angestellten und Beamten sowie «großen» selbständigen Unternehmern und Kapitalbesitzern.

Dieses Stratifikationsmodell ist nicht aus theoretischen, sondern aus empirischen Überlegungen und Untersuchungen hervorgegangen. Keine vorgängige Gesellschaftstheorie hat diesen Vorschlag generiert, sondern eine Fülle von Erhebungen, die in ihrer generellen Tendenz ausweisen, daß zwischen den genannten drei Schichten die größten Unterschiede nach den verschiedenen Dimensionen existieren. Das Schichtenmodell hat gegenüber dem Klassenmodell deshalb den Vorteil, die real existierenden Strukturen gesellschaftlicher Ungleichheit präzise und vollständig abzubilden, sofern man auf aussagekräftigen und generalisierbaren Indikatoren aufbaut.

Nach den Maßstäben der Schichtentheorie ist die Konstruktion einer alle abhängig Beschäftigten umfassenden homogenen «Arbeiterklasse» für heutige kapitalistische Industriegesellschaften empirisch nicht gerechtfertigt. Marxistische Forscher, die zu diesem Ergebnis kommen (vgl. PROJEKT KLASSENANALYSE 1973, TJADEN-STEINHAUER/TJADEN 1973), abstrahieren von den objektiven Differenzierungen nach manueller und nichtmanueller Arbeit, den Unterschieden nach Dispositionsspielraum, Hierarchisierung beruflicher Rollengefüge, stofflicher Beschaffenheit der Arbeitsvollzüge, informellen Kommunikationsmöglichkeiten, Aufstiegschancen und Arbeitsplatzsicherheit um der vermeintlich alle diese Faktoren überlagernden und determinierenden «einheitsstiftenden ökonomischen Formbestimmtheit» abhängiger Arbeit willen. Sie übersehen, daß eine der wichtigsten Grenzen für die Reproduktion von Arbeits- und Lebensbedingungen von einer Generation zur nächsten entlang eben dieser Schichtgrenze zwischen Arbeitern und Nichtarbeitern verläuft.

Schichtspezifische Sozialisation. Gerade die erziehungswissenschaftlich relevanten Untersuchungen zur schichtspezifischen →Sozialisation können hier als Beleg dienen. Diese Forschungsrichtung hat sich darum bemüht, empirisch die Interdependenzen zwischen objektiven sozialen Lebenslagen und erziehungsrelevanten Einstellungen und Verhaltensdispositionen der Elterngeneration und denen der Kindergeneration zu erfassen. Es geht um die Erhebung der Determinationskette zwischen beruflicher Position des →Vaters, sozialökonomischer Position der →Familie, sozialer Binnenstruktur der Familie, Sozialisations- und →Erziehungsstil der Eltern und Persönlichkeitsentwicklung der Kinder. Diese Abhängigkeiten konnten erst lückenhaft belegt werden, doch konvergieren die meisten Untersuchungen in der idealtypisch verstandenen Identifizierung einer für Arbeiterfamilien («Unterschicht») und einer für Mittel- und Oberschichtenfamilien jeweils charakteristischen und deutlich voneinander abgehobenen formalen und inhaltlichen Ausgestaltung dieser Determinationskette.

Nach diesen Untersuchungen ist die Berufszugehörigkeit zur Gruppe der Arbeiter und zur Gruppe der Nicht-Arbeiter als signifikant differenzierender Faktor für Arbeits- und Lebensbedingungen, für allgemeines soziales und für Erziehungsverhalten anzusehen. Gravierende Unterschiede im Erziehungsverhalten wurden zwischen Familien festgestellt, bei denen der Haupternährer entweder unterschichten- oder mittel- oder oberschichtenspezifischen Berufsgruppen angehört. Kohn (vgl. 1969) stellt in seiner Pionierarbeit zwischen diesen Familien ein unterschiedliches Ausmaß der Betonung von Selbststeuerung und Konformität im Erziehungsverhalten fest. Die Berufsgruppenzugehörigkeit eines Erwachsenen ist nach diesen Ergebnissen ein hochsignifikanter Faktor für menschliches Verhalten allgemein und Sozialisations- und Erziehungsverhalten im besonderen, weil in ihm systematisch bestimmte Rahmenbedingungen für Arbeits- und Lebenschancen festgeschrieben sind (→Sprach-/Sozialverhalten, schichtenspezifisches). Die jeweiligen Bedingungen der Arbeitssituation determinieren nach dieser Auffassung letztlich die gesamte Lebenssituation einschließlich der Bewußtseins- und Interpretationsmuster.

Interessanterweise werden hier Fragestellungen wieder aufgenommen, die in der deutschen wissenschaftlichen Tradition zuerst nach der Jahrhundertwende von marxistisch orientierten Pädagogen wie etwa Bernfeld diskutiert worden waren. Die schichtenanalytische empirische Forschung hat damit einen wichtigen Beitrag zur Aufklärung der Ungleichheit reproduzierenden sozialen Mechanismen geleistet. Allerdings muß einschränkend gesagt werden, daß die Vermittlungsprozesse noch unzureichend erforscht sind, mittels deren (schichtspezifische) berufliche Erfahrungen in das subjektive Erleben und in den Lebensraum der Familie «transportiert» werden. Hier sind differenziert angesetzte Forschungsprogramme nötig, um von den einfachen Erklärungsmustern einiger Sozialisationsforscher abzurücken, die in die Nähe eines mechanistischen Vulgärmaterialismus geraten, sofern sie von den materiellen Existenzbedingungen einlinig und ohne Berücksichtigung intervenierender Variablen auf die Konstitution sozialisationsrelevanter Verhaltens- und Bewußtseinsstrukturen schließen (zur Kritik: vgl. Abrahams/Sommerkorn 1976).

In ihren modernen Erscheinungsformen streben sowohl die Klassenanalyse als auch die Schichtenanalyse eine im weitesten Sinne erfahrungswissenschaftlich abzusichernde Theorie der Strukturierung der Mitglieder einer gegebenen Gesellschaft nach analytischen Kriterien an. Beiden Ansätzen geht es maßgeblich um die Klassifizierung der Bevölkerung nach signifikanten Merkmalsausprägungen und um eine theoretische Ordnung und Erklärung dieser Merkmale in Korrespondenz zu den der Gesellschaft zugrundeliegenden ökonomischen und politischen Konstruktionsprinzipien. Die bisher vorliegenden Analysen weisen auf die wachsende Bedeutung des Faktors →«Bildung» für die Entstehung und die Rechtfertigung sozialer Ungleichheit hin. Der Bildungsgang, die Ausbildungsdauer, die Art und Bewertung der Bildungsabschlüsse gewinnen offensichtlich historisch an Bedeutung, und zwar sowohl für den einzelnen in seiner Lebensgestaltung als auch – analytisch gesehen – für die Entwicklung der Gesellschaft als ganzer. Sozialstrukturelle Gegebenheiten spiegeln sich in den Strukturen der Erziehungseinrichtungen von der Familie über die →Schule bis zur Hochschule wider, gleichzeitig produzieren diese Einrichtungen von Generation zu Generation immer wieder erneut mit wenigen Abweichungen die je bestehende Klassen- und Schichtenstruktur. Von einem ausschlaggebenden unabhängigen Effekt des organisierten Erziehungssystems für die Determination sozioökonomischer Ungleichheitsstrukturen der Gesellschaft kann dabei keine Rede sein. Die Schule als zentrale gesellschaftliche Verteilungsinstanz, die zwischen Elternhaus und Beruf und damit den sozialen Status tritt, nimmt ganz wesentlich die jeweiligen soziokulturellen Prägungen der Sozialisationsinstanz Familie auf und gibt sie über diffizile Reproduktionsmechanismen fast unverändert weiter (vgl. Bourdieu/Passeron 1971, Hurrelmann 1975).

Für den weiteren Forschungsprozeß unabdingbar ist ein Gesamtkonzept, das neben gesellschaftstheoretischen auch organisations-, institutions- und interaktionstheoretische Komponenten in sich aufnimmt, wenn es wirklich die empirische Vielfalt aller Strukturen und Prozesse der Ungleichheit analysieren und erklären will. Ein solches Konzept liegt weder von marxistischer noch von nichtmarxistischer Seite vor, sondern zeichnet sich überall dort ab, wo die dogmatischen Begrenzungen des jeweiligen Theorie-, Begriffs- und Forschungsinstrumentariums überwunden werden.

Abrahams, F./Sommerkorn, I.: Arbeitswelt, Familienstruktur und Sozialisation. In: Hurrelmann, K. (Hg.): Sozialisation und Lebenslauf, Reinbek 1976, S. 70ff. Bendix, R./Lipset, S. M. (Hg.): Class, Status, and Power, New York 1966. Bolte, K. M. u. a.: Soziale Ungleichheit, Opladen 1974. Bourdieu, P./Passeron, J. C.: Die Illusion der Chancengleichheit. Untersuchungen zur Soziologie des Bildungswesens am Beispiel Frankreichs, Stuttgart 1971. Habermas, J.: Legitimationsprobleme im Spätkapitalismus, Frankfurt/M. 1973. Hurrelmann, K.: Erziehungssystem und Gesellschaft, Reinbek 1975. Kohn, M. L.: Class and Conformity, Homewood 1969. Marx, K.: Das Kapital, Bd. 1 (1867). Marx-Engels Werke (MEW), Bd. 23, Berlin (DDR) 1966a. Marx, K.: Das Kapital, Bd. 3 (1894), Marx-Engels Werke (MEW), Bd. 25, Berlin (DDR) 1966b. Maucke, M.: Die Klassentheorie von Marx und Engels, Frankfurt/M. 1970. Offe, C.: Strukturprobleme des kapitalistischen Staates, Frankfurt/M.

1972. POULANTZAS, N.: Politische Macht und gesellschaftliche Klassen, Frankfurt/M. 1974. PROJEKT KLASSENANALYSE: Materialien zur Klassenstruktur der BRD, Berlin 1973. TJADEN-STEINHAUER, M./TJADEN, K. H.: Klassenverhältnisse im Spätkapitalismus, Stuttgart 1973. WEBER, M.: Wirtschaft und Gesellschaft. Studienausgabe, 2 Bde., hg. v. J. Winckelmann, Köln/Berlin 1964.

Klaus Hurrelmann

Schichtenanalyse → Schicht, soziale
Schöpfung, utopische → Phantasie
Schöpfungswissen → Pädagogik, phänomenologische
Schrift → Elementarunterricht
Schulabschluß → Zeugnis – Zertifikat
Schulabschluß (Nachholen) → Bildungsweg, zweiter; → Weiterbildung
Schulangelegenheit → Bildungssystem (Bundesrepublik Deutschland); → Schulrecht
Schulangst → Angst
Schulaufsicht → Freiheit, pädagogische; → Schulpädagogik
Schulausschuß → Mitbestimmung – Mitwirkung
Schulbildung → Allgemeinbildung – Berufsbildung; → Unterricht
Schuldifferenzierung → Differenzierungsform

Schule

Geschichte und Begriff. Schulen als Einrichtungen für → Erziehung und Ausbildung der Kinder und Jugendlichen gab es schon in der Antike. Sie waren hauptsächlich für einen Teil der nachwachsenden Generation bestimmt: die freigeborenen Kinder. Auch im Mittelalter waren die Kloster- und Domschulen zunächst für den Klerikernachwuchs bestimmt, und auch die Öffnung ihres Unterrichtsangebots für Laien (Kinder des Adels) erfaßte nur einen Bruchteil der Bevölkerung. Die in den Städten gegründeten Bürgerschulen für Handwerker und Kaufleute, die Schulgründungen der Reformation mit ihrem Anspruch, allen Gläubigen den Zugang zur Schrift zu verschaffen, und die Schulen der Gegenreformation (Jesuitenschulen) sprachen zwar weitere Bevölkerungskreise an, ließen aber große Bevölkerungsgruppen nicht über eine Unterweisung im Lesen der Heiligen Schrift als Voraussetzung der Glaubenserziehung hinauskommen. Erst die Einführung der allgemeinen Schulordnungen und der allgemeinen Schulpflicht, die einherging mit der Bildung der Territorialstaaten im 16. bis 18. Jahrhundert, brachte die Voraussetzung für unser heutiges Verständnis der Schule als öffentlicher Pflichtveranstaltung für die nachwachsende Generation. Die Ausweitung des Handels, die zunehmende Industrialisierung und die Positivierung, Differenzierung und Verbreitung der Wissenschaften und wissenschaftlichen Technologien erforderten in steigendem Umfang und für immer größere Teile der Bevölkerung eine planmäßige Vermittlung von komplexen Lerninhalten außerhalb von Ernstsituationen.

Schule wird oft als Einrichtung zum Zwecke des →Unterrichts verstanden. Unterricht ist die Organisation von systematisch (orientiert an der Komplexität der Lerngegenstände und der Lernvoraussetzungen auf der Seite der →Schüler) aufgebauten, in der Regel von Ernstsituationen (zeitlich und räumlich) abgesonderten und in getrennten Zeitabschnitten für eine mehr oder weniger konstante Lerngruppe (Schüler) geplanten Lernprozessen. In modernen Gesellschaften wird Schule zu einer universellen Einrichtung, die (in Verbindung mit der Entstehung der →Kindheit als gesellschaftlichem Status) die Gesamtheit der Kinder und Jugendlichen für tendenziell immer längere Zeit (Verlängerung der Pflichtschulzeit) erfaßt. Diese in der Regel in staatlicher oder kommunaler Trägerschaft, zumindest aber unter staatlicher Schulaufsicht stehenden Pflichtschulen werden ergänzt um nichtobligatorische öffentliche und private Schulen, deren Aufgabenspektrum von einer breiten Grundbildung bis zur Vermittlung von Spezialqualifikationen (zum Beispiel in Fahrschulen, Musikschulen und Sprachschulen) reicht. – Schulpädagogische Aussagen über die Schule (→Schulpädagogik) beziehen sich meist mehr oder weniger ausdrücklich auf die öffentlichen oder unter öffentlicher Aufsicht stehenden Primär- oder Sekundarschulen. Auch unter dieser Beschränkung ist wegen der Vielzahl von Schulstufen, Schulformen und Schultypen und wegen des geschichtlichen Wandels des Schulwesens eine Generalisierung von Aussagen über Schule sehr schwierig. In diesem Sachverhalt liegt wohl ein gewichtiger Grund dafür, daß alle Ansätze zu einer Theorie der Schule bisher nur eine begrenzte Verallgemeinerung ihrer Aussagen zulassen. Da außerdem verschiedene Wissenschaften (wie →Pädagogik, Soziologie, Ökonomie, Geschichtswissenschaft) unterschiedliche Aspekte von Schule mit unterschiedlichen Begriffssystemen und unterschiedlichen wissenschaftstheoretischen Voraussetzungen thematisieren, ohne daß eine theoretische Integration der disziplinären Zugriffe möglich ist, bleibt jeder Versuch einer Theorie der Schule aspekthaft und fragmentarisch (vgl. FINGERLE 1973, KRAMP 1973). ADL-AMINI (vgl. 1976, S. 108f) vertritt sogar die angesichts zahlreicher Versuche zu einer Theorie der Schule überraschende Auffassung, daß der Begriff «Theorie der Schule» völlig überflüssig und leer sei.

Pluralität von Lernorten. Die vor allem durch die Empfehlungen der Bildungskommission des Deutschen Bildungsrates angeregte Diskussion um die Lernorte (beim Bildungsrat: Schule, Betrieb, Lehrwerkstatt, Studio) hat die Aufmerksamkeit auf den Sachverhalt gelenkt, daß neben dem

Lernort Schule mit der durch den sozialen, kulturellen und technologischen Wandel bedingten Notwendigkeit zu systematischer Unterweisung auch andere Einrichtungen institutionalisiert wurden, in denen Lernprozesse in einer der Schule vergleichbaren Weise stattfinden (vgl. MÜNCH 1977). Auch die Berufsausbildung in Betrieb und Lehrwerkstatt wird in der Gegenwart um der Systematik und Vollständigkeit willen häufig von Ernstsituationen abgelöst und in einer von den auftragsgesteuerten Leistungen der Betriebe unabhängigen Lernsequenz organisiert. Angesichts solcher Verschulung außerschulischer Lernprozesse wird die bisherige Zuständigkeit der Lernorte fragwürdig: Bisher außerschulische Lernprozesse wie der betriebliche Teil der dualen Berufsausbildung können bei starker Systematisierung und Loslösung von Ernstsituationen der Schule, etwa einem schulischen Berufsgrundbildungsjahr, zugewiesen werden, und früher rein schulischer Unterricht kann in Betriebe (wie Erkundungen und Projekte im Fach Polytechnik/Arbeitslehre) oder in Lehrwerkstätten (beispielsweise Laborunterricht in naturwissenschaftlichen Schulfächern) verlagert werden.

Schonraum oder Ernstsituation. Unter dem Gesichtspunkt, daß in Schulen für Kinder und Jugendliche die Anforderungen gesellschaftlicher Gruppen nicht unmittelbar wirken, sondern nach pädagogischen Kriterien gewichtet, verändert und auch abgewiesen werden, können die Primar- und Sekundarschulen als Schonraum für die nachwachsende Generation verstanden werden (vgl. FÜRSTENAU 1969, S. 16; vgl. STEINDORF 1972, S. 52f). In diesem Verständnis der Schule als Ort, in den die Zwänge des Lebens nicht hineinwirken, ist im Kern eine seit der Antike überlieferte Bedeutung der Schule als Ort der Muße festgehalten. Eine solche Auffassung von der Schule als Schonraum ist in der schulpädagogischen Diskussion allerdings umstritten: Schule stellt als Ort gesellschaftlicher Statuszuweisung Leistungsanforderungen, organisiert →Prüfungen und vermittelt Berechtigungen. Stoffülle, Überbürdung, Schulstreß, Schulversagen und Schulangst sind alte und zugleich doch noch aktuelle Themen dieser Diskussion (→Angst; →Leistung; →Leistungsbeurteilung – Leistungsversagen; →Zeugnis – Zertifikat). Die sozialen Funktionen der Schule und psychischen Folgen schulischer Anforderungen weisen auf den Ernstcharakter des gesellschaftlich organisierten →Lernens hin (vgl. v. HENTIG 1969, S. 53; vgl. STEINDORF 1972, S. 53). – Gegen die Bewahrung der Kinder und Jugendlichen vor den Möglichkeiten und Risiken nichtmediatisierter Ernst-Erfahrung, also gegen die Pädagogisierung aller Erfahrung in einer Schule als Schonraum, wendet sich die Schulkritik (Forderung nach einer →Entschulung der Schule). Sie wendet sich zugleich gegen die ungebrochene Übernahme gesellschaftlicher Anforderungen: Mit der Forderung nach Entschulung ist auch die Kritik an auf sozialen Rang ausgerichteten Lernangeboten und die Kritik an dem Warencharakter von Lerngegenständen verbunden (→Alternativschule). Die Lerninhalte sollten nicht nur einen Tauschwert im Blick auf Berechtigungen und sozialen Rang, sondern auch einen Gebrauchswert im Blick auf die Anforderungen der →Lebenswelt der Kinder und Jugendlichen haben. Die Forderung nach Überwindung der Trennung der Schule vom Leben geht einher mit der Abweisung einer stark zertifikatsbezogenen oder am Lernmittelmarkt orientierten Organisation von Lernprozessen (vgl. v. HENTIG 1971, ILLICH 1972).

Schule als gesellschaftliche Einrichtung. Als soziales System hat die Schule nach innen die Merkmale formaler Organisation: eine starke innere →Differenzierung (Gliederung nach Formen, Zweigen und Bildungsgängen; Klassen- und Kurssysteme; Spezialisierung des Personals beispielsweise im Fachlehrersystem; Hierarchie der Stellen: Schulleiter, Stufenleiter, Klassenlehrer →Lehrer) und eine generalisierte Mitgliedsmotivation des professionalisierten Personals (beispielsweise über einen Beamtenstatus oder durch die Verinnerlichung pädagogischer Werte über eine institutionalisierte →Lehrerausbildung – vgl. BIDWELL 1965, FELDHOFF 1974, LUHMANN 1969). – Die Funktionen der Schule nach außen (im Blick auf die Gesamtgesellschaft) werden häufig unter den Aspekten Qualifizierung, →Selektion und Legitimation beschrieben (vgl. FEND 1974, HURRELMANN 1975); Qualifizierung ist die Vorbereitung auf die Bewältigung von Lebenssituationen (beispielsweise auf berufliche Anforderungen). Selektion deutet auf die Auslese durch die Schule, die in engem Zusammenhang mit der Zuweisung eines sozialen Status steht. Das Verständnis der Schule als zirkulärer Sozialisationsinstanz (vgl. ROLFF 1972, S. 36) sieht die schichtenspezifische Sozialisation in der Familie und die schulische →Sozialisation und Selektion in der Weise zusammenwirken, daß eine hohe Wahrscheinlichkeit für den Wiedereintritt des Heranwachsenden in seine soziale Herkunftsschicht gegeben ist. Im gleichen Sinne ist auch die Schule als Ort von Karrieren abweichenden Verhaltens zu verstehen (vgl. BRUSTEN/HURRELMANN 1973, HOMFELDT 1974). Die Legitimationsfunktion (auch als Integrationsfunktion bezeichnet) spricht den Sachverhalt an, daß Schulen in der Regel die →Integration in die Gesellschaft durch die Vermittlung gesellschaftlicher Grundwerte (→Wert) leisten (Loyalität zu gesellschaftlichen und politischen Normen). Schule hat in diesem Rahmen auch eine Mittlerfunktion zwischen den partikularistischen Wertorientierungen der →Familie und den unversalistischen Wertorientierungen der (industrialisierten, demokratischen) Gesellschaft (vgl. PARSONS 1968).

Schule als Ritual. Von Kritikern der öffentlichen Schulen wird der obligatorische Schulunterricht als →Ritual bezeichnet, das durch das stufenweise Aufrücken die nachwachsende Generation zur Anerkennung gesellschaftlicher Rangordnungen, zur Geringschätzung nichtinstitutionalisierten Lernens führe und durch streng altersbezogene Lernangebote den Status der Kindheit geschaffen habe und aufrechterhalte (vgl. ILLICH 1972). – Aus psychoanalytischer Sicht stellt FÜRSTENAU (vgl. 1969) das «Lehrgangssystem der Schule» als «in hohem Maße ritualisiert» dar. Durch die Ritualisierung werden zusammengehörige Lerninhalte voneinander isoliert und affektiv neutralisiert, so daß Störungen des Schulunterrichts durch die noch wenig beherrschten Triebe der Schüler abgewendet werden. Die Schule hat jedoch nach Fürstenau gleichwohl affektive Wirkungen (Desinteresse an der Schule), die den offiziellen Zielen der Schule zuwiderlaufen. Wie Fürstenau geht auch WELLENDORF (vgl. 1973) der Frage nach, wie in die Schule alte, in den Biographien der Lehrer und Schüler bewahrte Konfliktkonstellationen eingebracht und wiederbelebt werden. In einer umfangreichen Analyse schulischer Rituale (Schulfeiern, schulische Leistungsrituale) zeigt er die Gefahr auf, daß durch Verhinderung von sprachlicher Verständigung über den Sinn der Rituale und durch das Festhalten an familiären Formen der Konfliktbewältigung eine Integration neuer Erfahrungen in die eigene Biographie und eine Identitätsfindung der Schüler sehr erschwert werden. Die so gegebene Gefahr einer Infantilisierung für Lehrer und Schüler widerspreche den offiziellen schulischen Zielen.

Funktionen der Schule für die Schüler. Die Schule hat im Blick auf die Schüler *edukative* (Unterricht und Erziehung, gerichtet auf die Entwicklung der Persönlichkeit – faktisch oft stark auf die kognitive Entwicklung ausgerichtet, doch grundsätzlich auch die moralische Entwicklung und die Herausbildung einer Ich-Identität einschließend), *kompensatorische* (Ausgleich von Lernbeeinträchtigungen und -behinderungen und von Sozialisationsdefiziten, die durch außerschulische Instanzen bedingt sind, beispielsweise durch fehlende Anregungen und Förderung in Familien oder in Ausbildungsbetrieben) und *präventive* Funktionen (zum Beispiel Bewahrung von Jugendlichen ohne Ausbildungsplatz in einem zehnten Vollzeitschuljahr vor den «Gefahren der Straße»). – Durch die Mehrdimensionalität schulischer Funktionen (die oben schon mit anderen Aspekten im Blick auf die Gesamtgesellschaft deutlich wurde) wird erkennbar, daß jede Nominaldefinition, die Schule allein vom Zweck des Unterrichts her bestimmt, zu eng und daher nur vorläufig ist. Zugleich zeigen die genannten Funktionen, daß Ziele und Leistungen von Schule und Jugendhilfe (hier besonders: Jugendarbeit) sich überschneiden. Ansätze, die historisch gewordene und juristisch gefestigte Abgrenzung von Schule und Jugendhilfe zu überwinden, werden in Modellversuchen zur Schulsozialarbeit verfolgt (vgl. BUNDESMINISTER FÜR BILDUNG UND WISSENSCHAFT 1978).

ADL-AMINI, B.: Schultheorie – Geschichte, Gegenstand und Grenzen, Weinheim/Basel 1976. BIDWELL, CH. E.: The School as a Formal Organization. In: March, J. G. (Hg.): Handbook of Organizations, Chicago 1965, S. 972ff. BRUSTEN, M./HURRELMANN, K.: Abweichendes Verhalten in der Schule. Eine Untersuchung zu Prozessen der Stigmatisierung, München 1973. BUNDESMINISTER FÜR BILDUNG UND WISSENSCHAFT (Hg.): Schulsozialarbeit. Erste Erfahrungen und einige Konsequenzen aus den Modellversuchen Sozialarbeit. Bildungsplanung, Heft 29, München 1978. DOLCH, J.: Lehrplan des Abendlandes. Zweieinhalb Jahrtausende seiner Geschichte, Ratingen [2]1965. FELDHOFF, J.: Probleme einer organisationssoziologischen Analyse der Schule. In: Hurrelmann, K. (Hg.): Soziologie der Erziehung, Weinheim/Basel 1974, S. 245ff. FEND, H.: Gesellschaftliche Bedingungen schulischer Sozialisation. Soziologie der Schule, Bd. 1, Weinheim/Basel 1974. FINGERLE, K.: Funktionen und Probleme der Schule. Didaktische und systemtheoretische Beiträge zu einer Theorie der Schule, München 1973. FÜRSTENAU, P.: Zur Psychoanalyse der Schule als Institution. In: Zur Theorie der Schule, Weinheim/Berlin/Basel 1969, S. 9ff. HENTIG, H. V.: Systemzwang und Selbstbestimmung. Über die Bedingungen der Gesamtschule in der Industriegesellschaft, Stuttgart [2]1969. HENTIG, H. V.: Cuernavaca oder: Alternativen zur Schule? Stuttgart/München 1971. HOMFELDT, H. G.: Stigma und Schule, Düsseldorf 1974. HURRELMANN, K.: Erziehungssystem und Gesellschaft, Reinbek 1975. ILLICH, I.: Entschulung der Gesellschaft, München 1972. KRAMP, W.: Studien zur Theorie der Schule, München 1973. LUHMANN, N.: Gesellschaftliche Organisation. In: Ellwein, Th. u. a. (Hg.): Erziehungswissenschaftliches Handbuch, Bd. 1, Berlin 1969, S. 387ff. MÜNCH, J. (Hg.): Lernen – aber wo? Der Lernort als pädagogisches und lernorganisatorisches Problem, Trier 1977. PARSONS, T.: Die Schulklasse als soziales System: Einige ihrer Funktionen in der amerikanischen Gesellschaft. In: Parsons, T.: Sozialstruktur und Persönlichkeit, Frankfurt/M. 1968, S. 161ff. ROLFF, H.-G.: Sozialisation und Auslese durch die Schule, Heidelberg [5]1972. STEINDORF, G.: Einführung in die Schulpädagogik, Bad Heilbrunn 1972. WELLENDORF, F.: Schulische Sozialisation und Identität, Weinheim/Basel 1973.

Karlheinz Fingerle

Schule (Abschaffung der –) → Entschulung
Schule, freie → Alternativschule
Schule für Blinde → Sonderpädagogik
Schule für Gehörlose → Sonderpädagogik
Schule für Geistigbehinderte → Sonderpädagogik
Schule für Körperbehinderte → Sonderpädagogik
Schule für Lernbehinderte → Sonderpädagogik
Schule für Schwerhörige → Sonderpädagogik
Schule für Sehbehinderte → Sonderpädagogik
Schule für Sprachbehinderte → Sonderpädagogik

Schule für Verhaltensgestörte → Sonderpädagogik
Schuleignungstest → Test
Schulentwicklungsplanung → Bildungsplanung

Schüler

Begriff. Unter Schüler wird heute meist ein Besucher öffentlicher Pflichtschulen (oder von Angebotsschulen oder Privatschulen, die analog zu Pflichtschulen strukturiert sind) verstanden. Schüler sind in diesen Schulen meist Kinder, Jugendliche und zu einem geringen Teil junge Erwachsene, die zu Gruppen (Jahrgangsklassen, Kursgruppen) zusammengefaßt sind und nach verschiedenen Kriterien (unter anderen: Lebensalter, erfolgreiches Absolvieren von Lernanforderungen einer Klassenstufe oder eines Kurses) innerhalb der → Schule eine hierarchisch geordnete Sequenz inhaltlich bestimmter Lernanforderungen durchlaufen, bis sie in der Regel das Ziel der Schule erreichen. Der geordnete Lehrgang ist nach LANGEVELD (vgl. 1968, S. 116f) von diesem Ziel (dem Bild des «Endschülers») her aufzubauen. Die hierarchische Anordnung der Lehrinhalte war von der Antike übernommen und schon früh in der Lehrplangeschichte selbstverständlich. Schüler konnten im Altertum und im Mittelalter zu höheren Studien über eine Hierarchie von erlernbaren Künsten aufsteigen (vgl. DOLCH 1965, S. 184ff), doch bestand für Schüler bis zur Entstehung der Jahrgangsklassen kein Zwang, in einer relativ stabilen Lerngruppe gemeinsam einen nach Schwierigkeitsgraden abgestuften → Unterricht zu durchlaufen (vgl. ARIÈS 1976, S. 231). Der gleichzeitige Besuch grundlegender und höherer Kurse war möglich (vgl. ARIÈS 1976, S. 235ff). Auch wurden im Mittelalter junge und alte (erwachsene) Schüler keineswegs getrennt unterrichtet (vgl. ARIÈS 1976, S. 221). Die Trennung und Zusammenfassung der Schüler zu Schulklassen wurde im 15. und 16. Jahrhundert durch die wachsende Schülerzahl notwendig (vgl. DOLCH 1965, S. 192, S. 202ff) und philosophisch-theologisch, entwicklungspsychologisch, politisch und schulorganisatorisch gerechtfertigt (vgl. FISCHER/MICHAEL 1973, INGENKAMP 1972). Seither wird als Schüler in der Regel ein Mitglied eines Kollektivs von ungefähr Gleichaltrigen verstanden.

Außerhalb des Pflichtschulwesens ist teilweise bis heute das ältere Verständnis des Schülers erhalten: Zusammenfassung von Jungen und Alten in Gruppen, individuelles Fortschreiten und Einzelunterricht, Möglichkeit zum Einstieg in eine höhere Stufe des Lehrgangs (wie in Fahrschulen, Segelschulen, Musikschulen). Jedoch richtet sich das Forschungsinteresse von Soziologie und Erziehungswissenschaft hauptsächlich auf die Schüler öffentlicher (Pflicht-)Schulen.

Zögling/Edukand. In der älteren Literatur wird teilweise, bei Aussagen über Schüler, der Begriff Zögling verwendet (vgl. Röhrs 1968, S. 32f, S. 200). Der Inhalt dieses Begriffs ist meist weiter als der des Schülers: Ursprünglich war er als Verdeutschung des französischen Wortes «élève» auf die Insassen von Erziehungsanstalten oder auf die den Hofmeistern zur Erziehung anvertrauten Knaben (seltener: Zögling als Bezeichnung für Mädchen) bezogen (vgl. Grimm/Grimm 1954, Spalte 27ff). Zögling wurde innerhalb verschiedener Ansätze einer Theorie der Pädagogik zur umfassenden Bezeichnung desjenigen, der Ziel erzieherischer Bemühungen ist (vgl. Flitner 1965, S. 86). Immer wieder zitiert wird aus Herbarts «Umriß pädagogischer Vorlesungen» der Satz: «Der Grundbegriff der Pädagogik ist die Bildsamkeit des Zöglings» (Herbart 1965, S. 165; vgl. Groddeck 1977, S. 25f; →Bildsamkeit). Seine Nachfolger, besonders Ziller, haben das Konzept des «erziehenden Unterrichts» von Herbart übernommen und popularisiert. Durch die Formalstufen des Unterrichts sollte eine Einflußnahme auf den Willen des Zöglings gesichert werden. Unterricht ist nach Ziller als «Konstruktion des Zöglings» zu planen (vgl. Schwenk 1974, S. 36ff). Die →Reformpädagogik, die sich vom Formalismus der Herbartianer abwendete, benutzte den Begriff Zögling weiter, weil er auf einen über die rein intellektuelle Unterweisung hinausgehenden Anspruch der Erziehung verweist, die im «pädagogischen Bezug» (→Verhältnis, pädagogisches) zwischen →Erzieher (→Lehrer) und Zögling ein «Stück seines Lebens selbst» zur Geltung kommen läßt (vgl. Nohl 1963, S. 130ff). Bokelmann (1970, S. 189) bemerkte, daß der herkömmliche Begriff Zögling, «der teils alle, teils nur schwer erziehbare oder gefährdete Heranwachsende bezeichnete», durch die Bezeichnung «Edukand» abgelöst werde, die auf eine durch «Entwicklungsbedürftigkeit» begründete «Erziehungsnotwendigkeit» hindeute. Diese in anthropologischer und erziehungstheoretischer Literatur verwendete Bezeichnung hat sich allerdings in schulpädagogischer Literatur und in der Alltagssprache der Schule nicht durchgesetzt. Die jetzt fast ausschließlich verwendete Bezeichnung «Schüler» hat den Nachteil, daß nicht schon im Wort die Aufgabe der «Wiedergewinnung des Erzieherischen» in der Schule (Groddeck 1977, S. 15) angesprochen ist.

Lebensweg des Kindes. Langeveld (1968, S. 15) hat die Schule als «Lebensweg» des Kindes beschrieben, in der das «Kindsein als Seinsmodus des Menschen» gestaltet wird: Von der verantwortlichen Generation wird zusammen mit der lernenden die «historische Gestalt des menschlichen Seins nicht nur reproduziert, sondern auch produziert». Wilhelm (1969, S. 27) hat die Aussagen Langevelds pointiert und verkürzt zu: «Mit dem sechsten oder siebten Lebensjahr geht das kindliche Dasein in den zweiten ‹Modus des Menschseins› über: *das Schülersein.*» Der «ehemalige Schüler [wird] die Schule nicht mehr los. Sie ist Teil seiner Konstitution, konstitutiver Teil seines kulturmenschlichen Seins geworden» (LANGEVELD 1968, S. 155). Solche anthropologischen Aussagen beanspruchen zunächst nur Geltung für das Schülersein in der historisch gewordenen Pflichtschule. Sie finden in sozialisationstheoretischen Ansätzen eine Fortsetzung und Bestätigung mit der Einsicht, daß Schule Bedingungen vorgibt für das Gelingen oder Scheitern der Identitätsentwicklung der Schüler (vgl. FÜRSTENAU 1969, WELLENDORF 1973). Auch in anderen historischen Epochen und Kulturkreisen muß der Zwang schulischer →Rituale auf die Genese der Persönlichkeit der Schüler festgestellt werden.

Schülerrolle. Die pädagogischen, sozialpsychologischen und soziologischen Arbeiten über Schüler haben in den vergangenen Jahren zunehmend den Begriff «Schülerrolle» verwendet. Zahlreiche Autoren haben beklagt, daß die Lehrerrolle als Komplementärrolle zur →Rolle des Schülers in der Forschung sehr viel mehr Beachtung als die fast noch gar nicht erforschte Schülerrolle gefunden habe (vgl. BAUER 1971, S. 27; vgl. CALVERT 1976, S. 9; vgl. KRÜGER 1978, S. 5). – Aus psychoanalytischer Sicht hebt FÜRSTENAU (1969, S. 11) in Abgrenzung zur Beziehung zwischen Eltern und Kindern als ganze Personen hervor, daß die Beziehung zwischen Lehrern und Schülern entpersönlicht ist: «Der Lehrer als Amtsträger verhält sich [...] nur zu den Eigenschaften von Kindern, die von der Schülerrolle beansprucht und gefordert sind.» «Organisationskonformes Verhalten» bringen die Schüler nicht mit, sondern sie müssen es in der Schule erst lernen. Daher zeigen die Schüler in der Schule nicht nur das mit der Schülerrolle erwartete Verhalten, sondern auch Verhaltensmuster, wie sie in Familie und Gleichaltrigengruppe üblich sind (vgl. FÜRSTENAU 1969, S. 13). Der noch nicht vollständigen Triebkontrolle der Kinder stehen in der Schulklasse nur «uniforme Bedingungen der Trieb- und Interessenbefriedigung» in Abhängigkeit vom Lehrer gegenüber (FÜRSTENAU 1969, S. 17). Der Lehrer solle deshalb zu seiner Rolle eine Distanz bewahren, weil er nur so der Gefahr entgehen könne, «die Kinder, die als Schüler ebenfalls nur eine begrenzte Rolle in der Schule spielen, total [zu] verpflichten» (FÜRSTENAU 1969, S. 21). – CALVERT (1976, S. 33) benutzt die Einsicht, daß die Schülerrolle eine Komplementärrolle zur Rolle des Lehrers ist, um aus Forschungsergebnissen über die Lehrerrolle Schlußfolgerungen für die Rolle des Schülers zu ziehen. GERSTENBERGER/HAMBURGER (vgl. 1978, S. 45ff) stellen zwar fest, daß die Erwartungen von Lehrern gegenüber Schülern und umgekehrt in «kognitive Ordnungsschemata» gefaßt sind, die wechselseitig (Rollendefinitionen) aufeinander bezogen sind. In diesen Schemata wird die Rollenbeziehung zwischen Lehrern und Schüler akzeptiert. In dieser hat aber der Lehrer den Vorrang (asymmetrische Beziehung). Die Autoren zeigen, daß die Rollenbeziehung zwischen Lehrer und Schüler die Merkmale eines «Herrschaftsverhältnisses» hat (Steuerung des Verhaltens der Schüler durch den Lehrer; Gratifikations- und Sanktionspotential beim Lehrer; Akzeptieren der Beziehung durch die Schüler). Da jedoch im konkreten Handeln eine Übereinstimmung zwischen Lehrern und Schülern nicht gegeben ist, sind «Disziplinkonflikte» normal.

Schülerberuf. Anders als Fürstenau hat MUTH (1966, S. 9) die Auffassung vertreten, daß der Status des Schülers ihn als ganze Person betrifft; der Begriff «Rolle» sei deshalb ungeeignet, das Schülersein begrifflich zu erfassen: «Schüler *ist* man, eine Rolle dagegen *hat* man; sie läßt sich ablegen und austauschen.» Muth hält den Berufsbegriff – und zwar in einer Bedeutung, die für viele Erwachsenenberufe nicht mehr gilt – zur Beschreibung des Schülerseins für geeigneter: «Der Heranwachsende [...] muß Schüler sein, ob er das will oder nicht. Das Schülersein kann an seiner Stelle niemand übernehmen oder auch nur stellvertretend erfüllen. Er ist in das Schülersein gerufen in der Ursprünglichkeit der Berufsauffassung, die etwa für das Muttersein gilt» (MUTH 1966, S. 9). Diese Position hat KRÜGER (vgl. 1978, S. 19) aufgegriffen und in einem Vergleich von Erwachsenenberuf und Schülerberuf eine große Zahl übereinstimmender Strukturelemente und eine geringere Zahl von Abweichungen herausgearbeitet. Muth und Krüger verweisen auf die Tatsache, daß auch umgangssprachlich und im Behördenverkehr die Angabe «Beruf: Schüler» üblich sei; im Bewußtsein der Schüler sei diese Zuordnung auch gegeben (vgl. KRÜGER 1978, S. 14; vgl. MUTH 1966, S. 7f).

Beanspruchung der Schüler. Besondere Untersuchungen wurden in den letzten Jahren angeregt, um die Beanspruchung von Schülern zu erforschen. Die öffentliche Diskussion um den «Schulstreß» verkürzt das Problem der Beanspruchung zu sehr: Da Streß bei Schülern als psychosoziales Phänomen keine Schlüsse auf besondere Auslöser zuläßt, die allein im schulischen Bereich zu suchen wären, müssen in interdisziplinärer Zusammenarbeit die Bedingungen für «Überbeanspruchung», «Fehlbeanspruchung», «Unterforderung» und die ungeplante Häufung von Beanspruchungen der Schüler («kumulative Effekte») ermittelt werden (→ Anspruchsniveau). In der Bundesrepublik Deutschland wurde seit dem Jahre 1976 durch den BUNDESMINISTER FÜR BILDUNG UND WISSENSCHAFT (vgl. 1978) eine Bestandsaufnahme dieser Bedingungen in den Feldern Soziostruktur, Familienstruktur, Schulstruktur und Persönlichkeitsstruktur gefördert. Ein Katalog «psychohygienischer Maßnahmen zur Reduktion schulbedingter Risiken» wurde als Grundlage für weitere Forschungen und für politische Entscheidungen erarbeitet. Die «Verbesserung der Lehrer-Schüler-Beziehung» ist nur eine von vielen Maßnahmen, die teilweise weit über das Schulwesen hinausgreifen, wie zum Beispiel «Eingriffe in das Berechtigungswesen» (vgl. BUNDESMINISTER FÜR BILDUNG UND WISSENSCHAFT 1978, S. 258ff; →Selektion; →Zeugnis – Zertifikat).

ARIÈS, PH.: Geschichte der Kindheit, München [2]1976. BAUER, A.: Zur Soziologie des Schülers. In: Lemberg, E. u. a.: Schule und Gesellschaft, Darmstadt 1971, S. 56ff. BOKELMANN, H.: Pädagogik: Erziehung, Erziehungswissenschaft. In: Speck, J./Wehle, G. (Hg.): Handbuch pädagogischer Grundbegriffe, Bd. 2, München 1970, S. 178ff. BUNDESMINISTER FÜR BILDUNG UND WISSENSCHAFT (Hg.): Beanspruchung von Schülern. BMBW-Werkstattberichte, Heft 12, Bonn 1978. CALVERT, B.: Die Schülerrolle. Erwartungen und Beziehungen, Ravensburg 1976. DOLCH, J.: Lehrplan des Abendlandes. Zweieinhalb Jahrtausende seiner Geschichte, Ratingen [2]1965. FISCHER, M./MICHAEL, B. (Hg.): Differenzierung im Schulunterricht, Weinheim/Basel 1973. FLITNER, W.: Allgemeine Pädagogik, Stuttgart [10]1965. FÜRSTENAU, P.: Zur Psychoanalyse der Schule als Institution. In: Zur Theorie der Schule, Weinheim/Berlin/Basel 1969, S. 9ff. GERSTENBERGER, J./HAMBURGER, F.: Erziehungssoziologie, Opladen 1978. GRIMM, J./GRIMM, W.: Deutsches Wörterbuch, bearb. v. G. Rosenhagen, Bd. 16, Leipzig 1954. GRODDECK, N.: Theorie schulisch organisierter Lernprozesse, Weinheim/Basel 1977. HERBART, J. F.: Umriß pädagogischer Vorlesungen. Pädagogische Schriften, hg. v. W. Asmus, Bd. 3, Düsseldorf/München 1965, S. 155ff. INGENKAMP, K. (Hg.): Zur Problematik der Jahrgangsklasse, Weinheim/Basel [2]1972. KRÜGER, R.: Der Schüler. Beruf und Rolle, Ansbach 1978. LANGEVELD, M. J.: Die Schule als Weg des Kindes, Braunschweig 1968. MAURER, F.: Das exkommunizierte Ich. Über das Recht des Schülers, den Unterricht zu stören. In: Kümmel, F. u. a.: Vergißt die Schule unsere Kinder? München 1978, S. 55ff. MUTH, J.: Schülersein als Beruf, Heidelberg 1966. NOHL, H.: Die pädagogische Bewegung in Deutschland und ihre Theorie, Frankfurt/M. [6]1963. RÖHRS, H. (Hg.): Theorie der Schule, Frankfurt/M. 1968. SCHWENK, B.: Unterricht zwischen Aufklärung und Indoktrination, Frankfurt/M. 1974. WELLENDORF, F.: Schulische Sozialisation und Identität. Zur Sozialpsychologie der Schule als Institution, Weinheim/Basel 1973. WILHELM, TH.: Theorie der Schule, Stuttgart [2]1969.

Karlheinz Fingerle

Schüler, auffälliger →Verhaltensstörung; →Verwahrlosung
Schülerbeteiligung →Mitbestimmung – Mitwirkung

Schülerkultur

Die doppelte sozialisatorische Aufgabe. →Schüler gehen nicht allein zur Schule, sondern in der Gemeinschaft der Mitschüler – ein unübersehbarer Tatbestand, der gleichwohl in manchen pädagogischen Konzepten unterschlagen wird. Die sozialisatorische Aufgabe der Schüler ist entsprechend eine doppelte. Wenn sie in der →Institution überleben und dort ihren Weg machen wollen, müssen sie sich an zwei Instanzen zugleich ausrichten: an den Regeln der →Schule und an denen der Mitschüler (vgl. BECKER u. a. 1968, GLASER/STRAUSS 1971). Die Unterschiedlichkeit beider Regelbereiche liegt auf der Hand. Im ersten Fall handelt es sich um Zumutungen, die zu wesentlichen Teilen in der offiziellen Organisation verankert sind; im zweiten geht es um untergründige, gewöhnlich nicht legitimierte Einflußnahmen. Dennoch findet sich Gemeinsames. Die Schul-Neulinge sehen sich beide Male mit altehrwürdigen Traditionen konfrontiert, kulturellen Ablagerungen vergangener Schulpraxis. So gegensätzlich die Auslegungen der Schülersituation ausfallen, so kreisen sie doch um eine gemeinsame Aufgabe: Idealtypen des Schülerhandelns hervorzubringen und zu überliefern, die den komplexen Alltag der Institution für die →Lehrer oder für die Schüler handhabbar machen.

Äußerungsformen der Alltagskultur von Schülern. Auf Schul- wie Schülerseite handelt es sich um die Überlieferung einer eigenen Alltagskultur (→Alltag; →Eßkultur; →Kleidermode; →Wohnkultur). Als subterrane hat es die Schülerkultur schwerer, soziale Anerkennung zu erlangen. Ihre Äußerungen werden von Lehrern und Schulverwaltungen bis zur Unkenntlichkeit umgedeutet. Plötzlich geht es beispielsweise um verhaltensgestörte einzelne, um Motivationsverlust und Disziplinlosigkeit in der jungen Generation. Die einseitige Sichtweise ist Ausfluß der Handlungsprobleme, die Schülerkulturen für Pädagogen erzeugen, und gleichzeitig Teil der kämpferischen Handhabung des Problems. Die Kampfperspektive des Alltags läßt nicht zu, die kulturelle Originalität und Eigenständigkeit der Gegenseite zu erkennen oder diese gar als legitimen Teil des Schullebens gelten zu lassen. Pädagogische Überlegungen zur Schülerkultur sind daher selten und, falls sie angestellt werden, einseitig gerichtet. In den Debatten um ein von der Schule inszeniertes Schulleben spielt die Schülerkultur eine gewisse Rolle – aber nur, soweit sie sich pädagogisch einfangen läßt.

Die Schülerkultur äußert sich in verschiedenen Formen: Schüler führen einzeln und im Kollektiv einen hartnäckigen Kampf darum, Orte in der Institution für ihre Zwecke nutzbar zu machen, diese Plätze dem kontrollierenden Zugriff der Pädagogen zu entziehen und an diesen Stellen Spuren des eigenen Lebens zu hinterlassen (Kultur der Bankkritzeleien und Wandmalereien). Die Schülerkultur äußert sich im Aufbau einer eigenen, gelegentlich subversiven «Hinterbühne» als Ergänzung zur offiziellen «Vorderbühne» der Schule (vgl. ZINNECKER 1978). Dazu zählen nicht nur tabugeschützte Orte wie die Schülertoilette, gleichsam das «Allerheiligste» mancher Schülerkultur, oder offiziell geschaffene Trennungsräume von Lehrern und Schülern wie etwa Pausenhöfe. Dem Diktat der Schülerkultur sind – auf Zeit – auch Klassenräume, einzelne Schülerplätze, ja das Unterrichtsgeschehen selbst unterworfen. Das Schulgelände entpuppt sich bei genauerem Hinsehen als Straßenöffentlichkeit, Jugendtreffpunkt oder als öffentlicher Ersatz-Spielplatz.

In der Schule übermitteln Schüler sich manche lokalen und überlokalen Schülermoden (vgl. BUCKLEY 1975, COLEMAN 1961, PROJEKTGRUPPE JUGENDBÜRO UND HAUPTSCHÜLERARBEIT 1975), Musikvorlieben, Eßgewohnheiten, altersbezogene Kleidungsvorschriften, die neueste Schülersprache («Schülerdeutsch»), modische Schülerstreiche, aber auch die Geltung von Prestigehierarchien (welche Personen und Gruppen weshalb gerade «in» sind). Die Schule gibt die Gelegenheit zu einem eigenständigen Schüler-Markt, auf dem Gegenstände getauscht und Vorstellungen und Normen verbreitet werden. Bei der Erfindung und Verbreitung von Schülermoden spielt der Schul-Treff in zweifacher Hinsicht eine Rolle. Zum einen übernimmt Schule eine bloße Verteilerfunktion von Gags, Erkennungszeichen und Stilelementen, die ihrer Herkunft und inhaltlichen Bestimmung nach zur Welt außerhalb der Schule gehören. Zum anderen entstammen solche Moden auch direkt der Schulwelt und zielen auf diese. In diesem Fall bilden sich schulbezogene Schülerstile aus, die prägend für das Klima und den Stil einer Einzelschule werden können (vgl. SHIPMAN 1974).

Schüler entwickeln und tradieren Formen der symbolischen und zum Teil auch physischen Schüler(gegen)gewalt (vgl. GRAUER/ZINNECKER 1978): Fehden mit Lehrern, Protest- und Rebellionsformen ebenso wie alltägliche Weisen des Widerstandes, zum Beispiel Störung des Unterrichts, «Dienst nach Vorschrift», Zusammenhalt gegen Autoritäten (vgl. HARGREAVES 1967, WILLIS 1979). Das häßliche Gesicht, das die Schülergewalt zeigt, ist die Weiterleitung des sozialen Drucks, den Schüler erfahren, nach unten, ist die Verfolgung von Schüler-Außenseitern, die Rache an schwachen Lehrern, ist die «vandalische» Abrechnung mit der Institution (→ Aggression; → Unterricht).

Vorbedingungen und Schlüsselthemen. Schülerkulturen verdanken ihre Entstehung und ihre zentralen Themen den besonderen Bedingungen der Schülerexistenz. Als Schlüsselthemen lassen sich die folgenden Themen ausmachen:

Erstens: Schülerkulturen bearbeiten das Problem, daß Jugendliche (→ Jugend) – in der Gemeinschaft von Altersgleichen – halbtägig in einer bürokratischen Organisation kaserniert sind. Die Schülerkultur ist Teil des kollektiven Versuchs, in der Institution zu «überleben«. In dieser Hinsicht ist die Schülerkultur eine erzwungene Notgemeinschaft des schwächeren Teils in der Hierarchie. Durch die Organisierung einer Ge-

genmacht wird ein Teil der Verfügungsgewalt des pädagogischen Personals neutralisiert. Darüber hinaus unternehmen die Schüler den Versuch, aus dem langjährigen freiwillig-unfreiwilligen Zwangsaufenthalt in der Institution das Bestmögliche, aus der Not des →Lernens eine Lebenstugend zu machen.

Zweitens: Die Schule fordert Schülern Lernleistungen ab, legt die räumlichen und zeitlichen Umstände, unter denen gelernt werden darf, fest und definiert die Kriterien für Erfolg und Mißerfolg (→Leistung). Die Schülerkultur ist die Antwort der Schüler auf die Tatsache, daß ihnen bestimmte Lernleistungen abverlangt werden, und zugleich der Versuch, wenigstens in einigen Punkten die Definitionsmacht der Institution zu brechen und – nötigenfalls mit «illegalen» Mitteln – mitzubestimmen, was Lernleistung heißen und wie sie erbracht werden soll. Zu diesem Teil der Schülerkultur zählen beispielsweise verschiedene überlieferte Strategien des «Mogelns», Techniken des «Schwänzens» von Stunden und Tagen, das Herunterhandeln von Lehreransprüchen, die Dichotomisierung des Schultages und der Schulstunden in «ernsthafte» Lernsituationen und in unernste Erholungsstunden und -fächer.

Drittens: In der Schülerkultur werden biographische Probleme bearbeitet, die durch die historische Entfaltung der Alterskategorie Jugendlicher hervorgerufen sind. Schülerkulturen bieten Lösungsrezepte für den Umgang mit der verlängerten ökonomischen und sozialen Abhängigkeit vom Elternhaus an, geben Hilfestellung bei der Erarbeitung einer eigenständigen Biographie, bei der Auseinandersetzung mit den gesellschaftlichen Laufbahnschemata innerhalb und außerhalb der Schule (vgl. PROJEKTGRUPPE JUGENDBÜRO 1977).

Unterschiedliche Typen. Schülerkulturen sind nicht einheitlich, ihr Charakter ist abhängig von schulorganisatorischen und klassenspezifischen Bedingungen, von der lokalen Umwelt und vom geschichtlichen Ort (vgl. FEND u. a. 1976, NEWCOMB/WILSON 1966). Selbst innerhalb derselben Schulklasse und Schule treffen wir möglicherweise auf divergierende Typen von Schülerkulturen. Der Zerfall mancher Schulklassen in konkurrierende Cliquen-Kulturen ist offenkundig und wurde oft beschrieben.

Schülerkulturen lassen sich typologisch gut nach ihrer Einstellung zur Schule und deren Zielen unterscheiden. Neben die Institution unterstützenden schulfrommen Schülerkulturen finden wir schulfeindliche, subversive und rebellierende. Unterricht und Schulleben gestalten sich sehr unterschiedlich, je nachdem, welche der beiden Gruppen die dominierende ist. Ein weiteres Unterscheidungsmerkmal liefert der Grad der Politisierung innerhalb einer Schülerkultur. Bleibt ihr Handeln unterhalb der offiziellen Organisationspolitik, oder kämpft sie offen um

Legitimität, um rechtliche und organisatorische Absicherung von Gegen-Macht als politische Schülerbewegung (vgl. Hüffell 1978)? Eine weitere zentrale Dimension: Handelt es sich um kollektiv orientierte oder um nur individualisierende Schülerkulturen? Themen und Aktionen von Schülerkultur gestalten sich recht unterschiedlich, je nachdem, wo eine Schülergruppe sich auf den genannten Dimensionen ansiedelt.

Wirkungen. Wir können die Wirkungen von Schülerkulturen in zweierlei Richtung verfolgen. Wir können nach der Bedeutung für die →Sozialisation der beteiligten Schüler fragen. Diese Frage überschneidet sich mit der Untersuchung des «heimlichen Lehrplans» (vgl. Zinnecker 1975; →Lehrplan, heimlicher) von Schule. Denn sowenig Schülerkulturen von der Schule geplant oder planbar sind, sowenig gehören ihre jeweiligen Wirkungen auf die einzelnen Schüler zum offiziellen →Lehrplan. Wir können aber auch fragen, welche Bedeutung Schülerkulturen für die Organisation Schule haben, wie sie deren Bestand und deren Funktionieren beeinflussen. Bei beiden Fragen greifen gradlinige Antworten zu kurz. Die Wirkungen von Schülerkulturen können – je nach inhaltlicher Ausprägung und sozialem Ort einer →Kultur – sehr unterschiedlich sein. Keinesfalls lassen sie sich in einfacher Weise als pädagogisch erwünscht/unerwünscht oder als systemerhaltend/systemsprengend einordnen. Manche Schülerkulturen unterlaufen geradewegs die pädagogischen Zielsetzungen. Aber auch in diesem Fall müssen wir zugestehen, daß soziales Lernen (→Lernen, soziales) in solchen subversiven Gruppen stattfindet. Schüler entdecken in und durch die Schülerkultur das Organisationspotential von Gleichgestellten, sie erwerben Fähigkeiten, ungerechtfertigte gesellschaftliche Zumutungen zu unterlaufen, sie sammeln strategische Erfahrungen, wie man in bürokratischen Organisationen seine →Identität als Person zu wahren vermag. Auch hinsichtlich der möglichen Auswirkungen auf Schule stoßen wir auf ambivalente Zusammenhänge. Einerseits bedroht die Schülerkultur möglicherweise die Funktionsweise der Institution, ist Störfaktor für das Lehrpersonal, behindert manchen Lernprozeß. Andererseits trägt sie durch «funktionale Konflikte» (vgl. Coser 1965, S. 180ff) zum Bestand von Schule bei. Durch die Schülerkultur wird eine Form der Konfliktregulierung möglich, die auf eine langfristige Machtbalance und einen dauerhaften Arbeitskonsens zwischen den Beteiligten hinausläuft. Aus diesem Blickwinkel betrachtet, kann die Schülerkultur ebenso schulkonform sein wie ihr direkter Widerpart, die eigenständige Lehrer-Kultur.

ASMUS, H.-J./PEUCKERT, R. (Hg.): Abweichendes Schülerverhalten, Heidelberg 1979. BECKER, H. S. u. a.: Making the Grade, New York 1968. BUCKLEY, D.: Gymnasium im Wandel, Weinheim/Basel 1975. CALVERT, B.: Die Schülerrolle. Erwartungen und Beziehungen, Ravensburg 1976. COLEMAN, J. S.: The Adolescent Society, New York 1961. COSER, L. A.: Theorie sozialer Konflikte, Neuwied 1965. FEND, H.: Perspektiven der Forschung zum sozialen Lernen im Kontext der Schule. In: Roth, H./Friedrich, D. (Hg.): Bildungsforschung, Teil 1. Deutscher Bildungsrat: Gutachten und Studien der Bildungskommission Bd. 50, Stuttgart 1975, S. 153ff. FEND, H. u. a.: Sozialisationseffekte der Schule, Weinheim/Basel 1976. GLASER, B./STRAUSS, A.: Status Passage, London 1971. GRAUER, G./ZINNECKER, J.: Schülergewalt. In: Reinert, G.-B./Zinnecker, J. (Hg.): Schüler im Schulbetrieb, Reinbek 1978, S. 282ff. HARGREAVES, D. H.: Social Relations in a Secondary School, London 1967. HARGREAVES, D. H. u. a.: Deviance in Classrooms, London/Boston 1975. HÜFFELL, A.: Schülerbewegung 1967–1977, Gießen 1978. KRÜGER, R.: Der Schüler, Ansbach 1978. NEWCOMB, TH./WILSON, E. K. (Hg.): College Peer Groups, Problems and Prospects for Research, Chicago 1966. PROJEKTGRUPPE JUGENDBÜRO: Subkultur und Familie als Orientierungsmuster, München 1977. PROJEKTGRUPPE JUGENDBÜRO UND HAUPTSCHÜLERARBEIT: Die Lebenswelt von Hauptschülern, München 1975. SCHMIDT-WELLENBURG, A.: Gymnasien im Konfliktfeld Schule, München 1974. SHIPMAN, M. D.: Soziologie der Schule, Düsseldorf 1974. SILBERMAN, M. L. (Hg.): The Experience of Schooling, New York 1971. WILLIS, P.: Spaß am Widerstand. Gegenkultur in der Arbeiterschule, Frankfurt/M. 1979. ZINNECKER, J. (Hg.): Der heimliche Lehrplan. Untersuchungen zum Schulunterricht, Weinheim/Basel 1975. ZINNECKER, J.: Die Schule als Hinterbühne oder Nachrichten aus dem Unterleben der Schüler. In: Reinert, G.-B./Zinnecker, J. (Hg.): Schüler im Schulbetrieb, Reinbek 1978, S. 29ff.

Jürgen Zinnecker

Schülermitbestimmung → Mitbestimmung – Mitwirkung
Schülerorientierung → Projekt
Schülerselbstverwaltung → Mitbestimmung – Mitwirkung
Schülerstrategie → Lehrplan, heimlicher; → Schülerkultur
Schülervertretung → Mitbestimmung – Mitwirkung
Schulfach → Fach – Fächerkanon; → Fachdidaktik
Schulform → Bildungssystem (Bundesrepublik Deutschland)
Schulforschung → Ethnomethodologie
Schulforum → Mitbestimmung – Mitwirkung
Schulgemeinde → Mitbestimmung – Mitwirkung
Schulgeschichte → Schule; → Schulpädagogik
Schulgesetz → Bildungssystem (Bundesrepublik Deutschland); → Schulrecht
Schuljahreszeugnis → Zeugnis – Zertifikat
Schulkindergarten → Vorschulerziehung
Schulkonferenz → Mitbestimmung – Mitwirkung
Schulkritik → Alternativschule; → Entschulung; → Erziehung, anarchistische; → Unterricht
Schulkritik, feministische → Frauenbildung
Schullaufbahnberatung → Beratung

Schulleben → Schülerkultur
Schulleistung → Intelligenz; → Leistungsbeurteilung – Leistungsversagen
Schulleistungsdifferenzierung → Differenzierungsform
Schulleistungstest → Leistungsbeurteilung – Leistungsversagen; → Test
Schulmitwirkungsrecht → Mitbestimmung – Mitwirkung
Schulorganisation → Schulpädagogik

Schulpädagogik

Begriff, Geschichte und Aufgabenbestimmung. Der *Begriff* Schulpädagogik faßt sprachlich zusammen, was faktisch in einem durch Widersprüche gekennzeichneten Spannungsverhältnis steht. → Schule und → Pädagogik sind, auch wenn sie alltäglich von → Schülern und → Lehrern als aufeinander bezogen erfahren werden, derzeit nur partiell miteinander vereinbar, sie sind divergierenden Normen verpflichtet. Während die Schule sich im historischen Prozeß ihrer Institutionalisierung unter staatlicher Aufsicht und Verwaltung zunehmend zu einer bürokratischen Organisation entwickelt hat (vgl. Herrlitz u. a. 1981, Lenhardt 1984), die in einem gesellschaftlich kontrollierten Sozialisations- und Ausleseprozeß der heranwachsenden Generation notwendige Qualifikationen und Wertorientierungen vermittelt (vgl. Fend 1980), besteht eine in der Tradition des humanistischen Erbes und der Aufklärung stehende Pädagogik auf dem Recht des einzelnen, selbst Zweck, nicht Mittel gesellschaftlicher Zwecksetzungen zu sein, sowie auf einer Förderung von individueller, verantwortungsbewußter Selbstbestimmung und sozialer Emanzipation. Schulpädagogik als Theorie pädagogischen Handelns in der Schule hat sich nicht nur dem Zweifel zu stellen, ob das, was in der Schule geschieht, pädagogisch zu vertreten ist (vgl. Fischer 1972; → Emanzipation; → Handeln). Sie hat unter den jeweils konkreten historischen Bedingungen nach den Voraussetzungen und Möglichkeiten, Zielsetzungen und Ansätzen von Bildung und Erziehung in der Schule zu fragen. Schulpädagogik bezeichnet so die Aufgabe und Herausforderung pädagogischer Praxis und ihrer Theorie unter den spezifischen Bedingungen der → Institution Schule.

Die *Geschichte des Begriffs* verweist zunächst auf eine eher pragmatische Problem- und Aufgabenbestimmung. Erstmals 1839 bei Bartel als Titel eines Handbuchs «für angehende Schullehrer und Schulrevisioren» nachweisbar und 1922 bei der posthumen Herausgabe der Vorlesungen G. Simmels zu pädagogischen Fragen des Schulunterrichts verwendet, findet der Terminus Schulpädagogik 1961 mit seiner lexikalischen Erfassung durch Kramp (vgl. 1971) zwar Eingang in die pädagogische Fachsprache, kann sich aber nur langsam von dem eingeschränkten Vorverständnis einer «Praktischen Pädagogik» lösen, die in der Nachfolge von Rein in Abgrenzung zu «Theoretischer Pädagogik» in der Lehrerausbildung eine «wissenschaftlich vertiefte Meisterlehre» (Reble) anstrebte. Die 1951 auf dem Ersten Pädagogischen Hochschultag initiierte und zehn Jahre später einsetzende Umbenennung von Lehrstühlen für Praktische Pädagogik in solche für Schulpädagogik markiert den Beginn einer noch andauernden Selbstverständnisdiskussion der Schulpädagogen, die Mitte der 60er bis Mitte der 70er Jahre mit einer Vielzahl entsprechender Veröffentlichungen einen Höhepunkt erreichte. Im Begriffsgebrauch werden als Positionen unterscheidbar ein Verständnis von Schulpädagogik als Praktische Pädagogik, Teilproblem der Allgemeinen Pädagogik, Zweig der Schulwissenschaft, Theorie der Schulerziehung oder selbständige Disziplin der Erziehungswissenschaft (vgl. STEINDORF 1972, S. 14ff).

Die *Tradition schulpädagogischen Denkens* kommt in der Begriffsgeschichte nur unzureichend zum Ausdruck. Problemgeschichtlich konvergieren die Traditionslinien stark mit denen der Allgemeinen Pädagogik, die bis zur Ausdifferenzierung der wissenschaftlichen Disziplin oft Schule und → Unterricht zum zentralen Gegenstand ihres Nachdenkens machte. TWELLMANN (1981a, S. 75) spricht daher in Anlehnung an Einsiedler auch von «impliziten Schulpädagogiken», die seit dem 17. Jahrhundert von Ratke, Comenius, Pestalozzi, W. v. Humboldt, Schleiermacher und anderen im Rahmen allgemeiner pädagogischer Problemerörterungen vorgelegt wurden. Er stellt aber vor allem im 19. Jahrhundert eine Begrenzung in der Fragestellung auf schulformspezifische und unterrichtspraktische Probleme fest, die den «Blick auf das Ganze verstellt und das Erreichen einer expliziten Schulpädagogik erschwert» hat (TWELLMANN 1981a, S. 77). Diese gewinnt erst in unserem Jahrhundert in einigen Entwürfen einer erziehungswissenschaftlichen Theorie der Schule klarere Umrisse, auch wenn KRAMP (vgl. 1973) bei ihnen auf eine Vielzahl gravierender Mängel aufmerksam macht. Als richtungsweisenden Grundgedanken schultheoretischer Ansätze der Geisteswissenschaftlichen Pädagogik (→ Pädagogik, Geisteswissenschaftliche) würdigt KLAFKI (1987, S. 44) unter Bezugnahme auf G. Reichwein, Dilthey, Nohl, Spranger und Weniger, «daß eine erziehungswissenschaftliche Schultheorie nur von einem ‹eigenständigen›, historisch-pädagogischen Aufgabenbewußtsein aus entfaltet werden kann.» Damit sind jenen in der gegenwärtigen schulpädagogischen Diskussion erörterten Versuchen Grenzen aufgezeigt, die die Schule einer politischen, soziologischen, bildungsökonomischen, aber auch psychoanalytischen oder juristischen Analyse und Kritik unterziehen (vgl. SCHULZE 1980, NEVERMANN 1984). Beiträge dieser Art zur Aufklärung von Bedingungszusammenhängen,

Voraussetzungen und Folgen institutionalisierten Lehrens und →Lernens in der Schule sind für die schulpädagogische Praxis und Theoriebildung zwar unverzichtbar und schärfen das Problembewußtsein; sie sind aber insofern unzureichend, als sie nicht die Aporien thematisieren, unter denen pädagogisch gehandelt werden muß.

Die *Widersprüche und Konflikte bei der schulpädagogischen Aufgabenwahrnehmung*, die sich aus den Diskrepanzen zwischen den vorherrschenden gesellschaftlichen Erwartungen an die Schule und den Ansprüchen der pädagogischen Aufgabenbestimmung ergeben, sind seit der Institutionalisierung des öffentlichen Schulwesens virulent, ohne daß bis heute überzeugende Konzepte zur Überwindung dieser Widersprüche erkennbar sind. BENNER (vgl. 1977) hat die gegensätzlichen Positionen, die schon zu Beginn des 19. Jahrhunderts klar formuliert wurden, in einer Gegenüberstellung von Hegels rechtsphilosophisch fundierter Rechtfertigung der Schule als gesellschaftlich notwendiger Einrichtung des Staates und Herbarts pädagogischer Kritik an der Verschulung von Erziehung und Unterricht exemplarisch herausgearbeitet und die Aktualität ihrer Argumentation unter der Frage: «Was ist Schulpädagogik?» zur Diskussion gestellt. Geradezu klassisch und den zentralen Konflikt herausarbeitend, begründen jene beiden Zeitgenossen des beginnenden Institutionalisierungs- und Verstaatlichungsprozesses der Schule ihre konträre Bewertung dieser Entwicklung. Für Hegel ergibt sich die Legitimation der öffentlichen Schule aus den Erfordernissen der geschichtlichen Situation, den vielfältigen Anforderungen der bürgerlichen Gesellschaft an die heranwachsende Generation, auf die die Familie nicht mehr angemessen vorbereiten kann. Die Schule hat daher eine Vermittlerrolle zu übernehmen, die sie nur als staatliche Einrichtung im gesamtgesellschaftlichen Interesse wahrzunehmen in der Lage ist. Indem sie das Kind aus dem von Affekten und Zuneigung bestimmten Familienkreis in die Welt der Sachgesetzlichkeiten einführt, ohne es den gesellschaftlichen Existenzbedingungen voll auszuliefern, diszipliniert sie dieses zugleich. Der Heranwachsende tritt durch die Schule «in die ‹zweifache Existenz› ein, beginnt [...] ‹zwei abgesonderten Kreisen› anzugehören, ‹deren jeder nur eine Seite seiner Existenz in Anspruch nimmt›: dem Kreis der Familie, der nach seiner Loslösung von der Produktionssphäre zur privaten Existenzform geworden ist, und dem Kreis der bürgerlichen Gesellschaft, welcher die öffentlich-allgemeine Existenzform der Arbeit und des Verdienstes ausmacht» (BENNER 1977, S. 95, Hegels Rede als Rektor des Nürnberger Ägidi-Gymnasiums von 1811 zitierend; Auslassung: K. R.). Herbart dagegen, der statt einer gesellschaftlichen Funktionsbestimmung der öffentlichen Schule in seiner Allgemeinen Pädagogik eine für die Schulpädagogik bedeutende Theorie des Erziehenden Unterrichts vorgelegt hat, dessen schultheoretische Reflexionen jedoch aufgrund einer problemverkürzenden Rezeptionsgeschichte weitgehend unbekannt blieben, betont nachdrücklich, daß Politik und Pädagogik wechselseitig in keinem Zweck-Mittel-Zusammenhang stehen. Gilt Pädagogik als «die Wohltäterin des Einzelnen, deren jeder ihrer Hilfe bedarf, um das zu werden, was er einmal wünschen wird, geworden zu sein, alsdann aber verschwinden uns sogleich die Schulen; denn jedes Individuum bedarf der Erziehung für sich, und darum kann die Erziehung nicht wie in einer Fabrik arbeiten, [...] wenn gleichwohl die Schulen bleiben, so bleiben sie als das, was sie sind, nämlich als Nothilfen, weil es so viele Zöglinge gibt und so wenige Erzieher» (Herbarts Vortrag 1810 vor der Deutschen Gesellschaft in Königsberg, «Über Erziehung und öffentliche Mitwirkung», zitiert nach Benner 1977, S. 103; Auslassungen: K. R.). Herbart sieht als Alternative zur staatlichen Schule, die sich in den konkreten Lehr- und Lernbedingungen des Schulalltags in den nahezu 180 Jahren zwar erheblich, in den strukturell angelegten Konflikten des Widerspruchs zwischen staatlicher und pädagogischer Aufgabenbestimmung, zwischen gesellschaftlichen Zwecksetzungen und individuellen Selbstverwirklichungsansprüchen aber relativ wenig verändert hat, als Konsequenz seiner Überlegungen nicht die Propagierung einer auch von ihm zeitweise ausgeübten Hauslehrertätigkeit, die allein Privilegierte begünstigt und ökonomisch wie pädagogisch als generalisiertes Modell scheitern muß. Möglicherweise ermutigt durch die kurze Phase gesellschaftlicher Reformansätze in Preußen, möchte er die Schule auf kommunaler Ebene in einer selbstverwaltungsähnlichen Organisationsform institutionalisiert wissen, einer Art Kompromiß zwischen den Vor- und Nachteilen der öffentlichen und privaten Verantwortung planvoller Erziehungs- und Unterrichtsprozesse. Damit ist Herbart ein früher Vordenker der Anfang der 70er Jahre dieses Jahrhunderts in der Bundesrepublik Deutschland von der Bildungskommission des Deutschen Bildungsrates vorgeschlagenen, das politische Ende dieses Gremiums bedeutenden Bemühungen um eine grundlegende Reform der Schule durch Dezentralisierung von Verantwortung und Partizipation der Betroffenen unter allgemeiner Aufsicht des Staates (vgl. Deutscher Bildungsrat 1973).

Die *Aufgabenbestimmung der Schulpädagogik* ist im Bewußtsein dieses Konfliktfeldes und der pädagogischem Denken entgegenstehenden Organisations- und Kontrollinteressen des Staates vorzunehmen. Sie muß die Rahmenbedingungen der Schule, ihre gesellschaftlichen Funktionen und institutionsspezifischen Lehr- und Lernbedingungen berücksichtigen und kann angemessen nur unter Respektierung der sie verpflichtenden und herausfordernden «Nothilfe» (Herbart) erfolgen. Dabei differenziert sich zuweilen das Bild dichotomisch wahrgenommener Interessen, werden auch Ambivalenzen erkennbar, die die Einschätzung der Handlungsbedingungen erschweren und zwiespältig machen. Nicht nur die Instrumentalisierung der Schule, auch ihr Einfluß auf gesellschaftliche Entwicklungen ist historisch belegt (vgl. LESCHINSKY/ROEDER 1976). Zugeständnis und Sicherung einer relativen Autonomie vor unmittelbar vereinnahmendem Einfluß der Kirche und anderer Interessengruppen als geschichtlicher Ertrag dieses Wechselwirkungsprozesses, aber auch demokratisch legitimierte Schulpolitik und unmittelbare Mitwirkungsrechte der Betroffenen lassen ein Aufgabenfeld erkennen, das eine pädagogische Aufgabenwahrnehmung und Berufstätigkeit rechtfertigt und motivieren kann. Schulpädagogik ist die Wahrnehmung pädagogischer Aufgaben in diesem Konfliktfeld. Der Idee eines erziehenden Unterrichts und allgemeiner Menschenbildung in der Tradition Herbarts, Pestalozzis, Schleiermachers und Humboldts verpflichtet, wird sie der Funktionalisierung der Schule, der Sozialisierung, Qualifizierung und → Selektion der Heranwachsenden für gegenläufige gesellschaftliche Zwecksetzungen entgegenzuwirken versuchen, gegenüber reglementierender Einflußnahme staatlicher Behörden eine in Rahmenplänen und Richtlinien halbherzig zugestandene pädagogische Freiheit (→ Freiheit, pädagogische) verteidigen und zu erweitern suchen und sich immer wieder die Handlungsfreiräume (vgl. HÄNSEL/WIENSKOWSKI 1986) erarbeiten müssen, die es erlauben, neben Sozialisation (als Systemintegration) auch Emanzipation, neben → Qualifikation auch → Bildung, neben Selektion auch Chancenausgleich nicht nur zur Aufgabenbestimmung, sondern zunehmend auch zum Ertrag von Schulpädagogik zu machen. Theorie der Schulpädagogik hat die Bedingungen des Praxisfeldes Schule unter dem erkenntnisleitenden Interesse der Aufgaben und Möglichkeiten pädagogisch verantwortlichen Handelns zu rekonstruieren.

Schulpädagogik als Teildisziplin der Erziehungswissenschaft. Die sich nach dem Zweiten Weltkrieg in der Bundesrepublik Deutschland durchsetzende Akademisierung der Lehrerausbildung begünstigte die Entwicklung der Schulpädagogik zu einer selbständigen wissenschaftlichen Disziplin, zur *Berufswissenschaft der Lehrer.* Die in Ergänzung zur Theoretischen Pädagogik in Form einer Meisterlehre vermittelte Schulkunde und Unterrichtslehre der Praktischen Pädagogik konnte den neuen Qualifkationsanforderungen an den Lehrerberuf nicht mehr gerecht werden, so daß die Einsicht, daß «Theorie und Praxis [...] für ein System der Erziehungswissenschaft nicht scheidende Ordnungssysteme sein» können, da «die bis in den innersten Kern hinein untrennbar aufeinander bezogenen Pole eines Ganzen gerade bis an diesen Kern hinein voneinander» getrennt werden (KLINK 1966, S. 2), nicht ohne wissenschaftssystematische, wissenschaftspolitische und ausbildungspraktische

Konsequenzen bleiben konnte. Vorangetrieben beispielsweise durch eine Programmschrift von LIPPERT (vgl. 1952), die in einer weitsichtigen Analyse Schwierigkeiten und Perspektiven der Lehrerbildung zur Diskussion stellte, aber auch durch GEISSLERS (vgl. 1964) Argumentation, daß die Erziehungswissenschaft, wenn sie nicht bei der Reflexion von allgemeinen Problemen stehenbleiben, sondern zur detaillierten Klärung konkreter Sachverhalte beitragen will, sich dem Gesetz der Arbeitsteilung und Spezialisierung nicht entziehen kann, etablierte sich in den 60er Jahren an den Pädagogischen Hochschulen die Schulpädagogik als eine der Allgemeinen Pädagogik «nebengeordnete, prinzipiell gleichrangige Disziplin» (KRAMP 1971, Spalte 1032). Auch an den Universitäten kommt es zunehmend zu einem berufsfeldorientierten Studienangebot für die dort ausgebildeten Lehrer. Ein Vergleich der in den Vorlesungsverzeichnissen von insgesamt 13 Universitäten aus zehn Bundesländern angekündigten Lehrveranstaltungen mit schulpädagogischen Fragestellungen aus dem Jahr 1969 und dem Sommersemester 1974 läßt erkennen, daß trotz der relativ geringen erziehungswissenschaftlichen Studienanforderungen in den Studiengängen des Studienrats bereits 1969 in nahezu allen Hochschulen ein nach 4 bis 12 Kategorien inhaltlich spezifizierbares schulpädagogisches Studienangebot ausgewiesen ist und dieses 1974 nahezu durchgehend erheblich umfangreicher und aspektreicher ist (vgl. SCHLÖSSER 1975, Tabelle S. 242–243). Auch wenn diese Entwicklung nicht immer zu einem qualitativ befriedigenden Studienangebot geführt haben dürfte, beurteilen MÜLLER und TENORTH (vgl. 1979, S. 866) in ihrer Analyse der Geschichte der Erziehungswissenschaft seit Mitte der 60er Jahre die Ausdifferenzierung der Schulpädagogik als auch für die Erziehungswissenschaft förderlich.

Über die *Institutionalisierung der Schulpädagogik* in den bundesdeutschen Hochschulen ist derzeit nur ein annähernder Überblick zu gewinnen, weil derartige Erhebungen aus vielfältigen Gründen mit Fehlern belastet sind. Aus einer von Langenbach u. a. im Wintersemester 1972/73 durchgeführten Untersuchung zur Ausbildungssituation im Fach Erziehungswissenschaft ergibt sich, daß an 28 von 48 Pädagogischen Hochschulen und 18 von 33 Universitäten (LANGENBACH u. a. 1974, S. 1, S. 7), bei denen eine inhaltliche Spezifizierung der «wissenschaftlichen Lehrstellen» ermittelt werden konnte, insgesamt an den Pädagogischen Hochschulen 232 Allgemein- und 233 Schulpädagogen, an den Universitäten 149 Allgemein- und 101 Schulpädagogen tätig waren (LANGENBACH u. a. 1974, S. 103). Das Hochschullehrerverzeichnis nennt unter Einbezug der neun noch existierenden Pädagogischen Hochschulen sowie von Emeritierten, Privatdozenten und Doppelzählungen (die allerdings zu Lasten der Schulpädagogik unvollständig sind) 609 Hochschullehrer im Fachgebiet Allgemeine und Vergleichende Pädagogik, 432 unter der Kategorie

«Pädagogik der Erziehung, Schulpädagogik» (DEUTSCHER HOCHSCHULLEHRERVERBAND 1987, S. 733ff), allerdings unter Einbezug der Erwachsenenpädagogik. Schlußfolgernde Vergleiche erlauben diese Zahlenangaben aus unterschiedlichen Erhebungsmethoden nicht. Es ist aufgrund der allgemeinen hochschulpolitischen Entwicklung aber davon auszugehen, daß nach 1973 noch einige Zugänge, nach 1980 aber eher Reduzierungen von Hochschullehrerstellen auch in den hier verglichenen Disziplinen erfolgt sein dürften. Für den institutionellen Ausbau der Schulpädagogik hat sich der Aufbau eines Studienschwerpunktes Schulpädagogik im Rahmen des 1969 eingeführten Diplomstudiengangs Erziehungswissenschaft fördernd ausgewirkt. Wenn KUCKARTZ/LENZEN (1986, S. 870) in einer Untersuchung zur Situation des wissenschaftlichen Nachwuchses in der Erziehungswissenschaft für den Zeitraum von 1975–1985 unter den insgesamt 1310 Promotionen und 139 Habilitationen (bei Unsicherheiten der inhaltlichen Zuordnung) der Allgemeinen Pädagogik 359 Promotionen und 50 Habilitationen und der Schulpädagogik 203 Promotionen und 23 Habilitationen zurechnen, so kann, zumal die Venia legendi eher allgemein für Erziehungswissenschaft angestrebt wird, für die Schulpädagogik nach einer Phase des Aufbaus von einer Phase der Konsolidierung gesprochen werden.

Fragen der *wissenschaftssystematischen Einordnung der Schulpädagogik*, die in der Phase ihrer inhaltlichen und organisatorischen Konstituierung und während des Integrationsprozesses der Pädagogischen Hochschulen in die Universitäten von zentraler Bedeutung waren, spielen Ende der 80er Jahre kaum noch eine Rolle. Dennoch sind Systematisierungsversuche Ausdruck und Impuls einer spezifischen Gegenstandswahrnehmung und daher keineswegs beliebig. EINSIEDLER (vgl. 1974, S. 16ff) bestimmt im Sinne des vorherrschenden Verständnisses den systematischen Ort der Schulpädagogik als «Teildisziplin der Erziehungswissenschaften» in logischer Gleichordnung mit der →Sozialpädagogik, Heilpädagogik, Frühpädagogik, →Berufs- und Wirtschaftspädagogik und der →Erwachsenenbildung als eine «Spezielle Pädagogik», deren Verhältnis zur «Allgemeinen Pädagogik» weder das einer Unter- noch Nebenordnung ist, sondern das von Wissenschaften mit einer «Schnittmenge» von gemeinsamen Problemen – die als spezialdisziplinübergreifende Grundfragen neben anderen Gegenstand der Allgemeinen Pädagogik sind. Als bedeutsame Nachbar-Disziplinen erweisen sich für die Schulpädagogik die Psychologie und Soziologie, aber auch die Geschichts-, Politik- und Rechtswissenschaft, Medizin und Architektur.

Umstrittener sind unter Fachvertretern *Gegenstandsbereich und Problemfelder* der Schulpädagogik. Vordergründig unterscheiden sich dabei, wie in der Regel dargestellt, die Positionen nur durch eine weite oder enge Gegenstandsbestimmung, wobei einerseits entweder die Einbeziehung unterrichtstheoretisch-didaktischer (Steindorf) oder schultheoretisch-gesellschaftsbezogener (Reimer) Fragen abgelehnt wird, andererseits Schultheorie und Unterrichtstheorie gemeinsam die «innere Strukturierung der Schulpädagogik» (Einsiedler) leisten sollen (vgl. Einsiedler 1974, S. 19ff). Auch die Bestimmung des Verhältnisses zwischen beiden Gegenstandsbereichen als eine «Identifizierung von Schulpädagogik und Allgemeiner Didaktik» im Sinne einer Allgemeinen Didaktik als «Pädagogik der Schule» (Reble), als «Subsumtion der Allgemeinen Didaktik unter die Schulpädagogik» (Klink) oder als «relative Sonderung beider Disziplinen bei Überschneidung im Gebiet des Schulunterrichts» (H. H. Becker) (vgl. Steindorf 1972, S. 35) bleibt auf der definitorischen Ebene und legt nicht die entscheidenden Differenzen offen. Derartigen Gegenstandsbestimmungen folgt meistens eine Auflistung von Problemfeldern mit mehr oder weniger systematischem Anspruch. Klink (vgl. 1966, S. 6ff), nennt: Theorie der Schule, Geschichte der Schule und des Unterrichts, Theorie der Bildung und der Bildungsinhalte, Theorie des Lehrens, Lernens und Schullebens, Pädagogik der einzelnen Schulstufen und -formen, Arbeitsverfahren der einzelnen Unterrichtsfächer (→Fachdidaktik und Methodik), Schulpolitik, Schulorganisation, →Schulrecht und Schulbau. Ausführlich entfaltet Steindorf (vgl. 1972, S. 43ff) die «Gegenstandsfelder» Theorie der Schule (Schule als Institution, Schule und gesellschaftliche Gruppen), Schulorganisation, Schulunterricht und Schulgestaltung, Lehrer und Schüler. Unthematisiert bleibt dabei weitgehend, ob beziehungsweise wie die Problemfelder wechselseitig aufeinander bezogen wahrzunehmen sind oder relativ isolierbare Forschungsanstrengungen und Theorieentwürfe erlauben. Benner unterscheidet in der Schulpädagogik eine didaktische, eine lehrplantheoretische und eine schultheoretische Fragestellung, besteht aber gegen vorherrschende Problemwahrnehmung auf deren «Implikationszusammenhang». Die Verflechtung der Probleme, die wechselseitige Bedingtheit didaktischer Theorien der Bedingungsanalyse und Planung von Unterricht, curricularer Theorien der Legitimation und Umsetzung von →Lehrplänen sowie schultheoretischer Ansätze einer pädagogischen Analyse und Kritik der Institution Schule ist nicht durch ein «zeitliches Nachfolge- oder logisches Ableitungsverhältnis» (Benner 1977, S. 89) erfaßbar und komplexitätsreduzierend aufzulösen, sie ist Voraussetzung jeder gegenstandsangemessenen schulpädagogischen Reflexion. Bei begründeten Zweifeln an der pädagogischen Legitimation der Institution Schule «verlöre der systematische Implikationszusammenhang der drei schulpädagogischen Fragestellungen seinen auf den ersten Blick vielleicht harmonisierenden Charakter» (Benner 1977, S. 91).

Die *Forschungsansätze und →Forschungsmethoden der Schulpädago-*

gik unterscheiden sich nicht von denen der anderen erziehungswissenschaftlichen Teildisziplinen. Zunächst weitgehend einer geisteswissenschaftlich-hermeneutischen Forschungstradition verpflichtet, die die Erziehungs- und Unterrichtswirklichkeit der Schule unmittelbar und insbesondere über Dokumente ihrer Problemgeschichte analysierend und interpretierend historisch-systematisch reflektiert, wurde eine «realistische Wendung» (vgl. ROTH 1963) zur empirischen Sozialforschung und ihren Standards gefordert, um die Bedingungs- und Wirkungszusammenhänge der schulpädagogischen Realität mit erfahrungswissenschaftlichen Methoden zu klären. Durch gesellschaftstheoretische Analysen, insbesondere von Horkheimer, Adorno und Habermas, zu ideologiekritischer Prüfung und konstruktiver Überwindung erkannter Mißstände im Spannungsfeld von Wirklichem und Möglichem motiviert (vgl. KLAFKI 1976) und beispielsweise durch ethnomethodologische Forschungsbeiträge der Nachbarwissenschaften zu Untersuchungen des Schulalltags (vgl. LENZEN 1980) sowie zu detaillierten Analysen pädagogischdidaktisch bedeutsamer Interaktionsprozesse angeregt, ist die Forschung in der Schulpädagogik wissenschaftstheoretisch und forschungsmethodisch derzeit durch eine Pluralität der Forschungsansätze gekennzeichnet. Diese Pluralität ermöglicht eine um Erkenntnisfortschritt und Praxisrelevanz konkurrierende, sich vielfältig ergänzende und wechselseitig anregende wissenschaftliche Arbeit mit sehr unterschiedlichem Zugang zu den Problemen der schulpädagogischen Realität und deren theoretischer Durchdringung. Als wichtigste Forschungsbereiche der Schulpädagogik, in denen pädagogisch-systematische, historische, vergleichende, strukturalistische, materialistische, ideologiekritische, phänomenologische und empirisch-analytische Fragestellungen im einzelnen eine sehr unterschiedliche Rolle spielen, sind zu nennen: die Schulforschung, die Lehrplan- und Curriculumforschung, die →Lehr-/Lernforschung, die Unterrichtsforschung sowie die Schulsozialisationsforschung.

Konkurrierende Konzepte und Erkenntnisinteressen. Die Pluralität der Forschungsansätze ist Ausdruck divergierender wissenschaftstheoretischer Prämissen und Erkenntnisinteressen, aber auch Ergebnis einer unterschiedlichen Bestimmung und Gewichtung der schulpädagogischen Aufgabenstellung. Das Konstitutionsproblem der Schulpädagogik als Wissenschaft hat hier seinen Kern und seine konfliktauslösende Brisanz, zumal sich wissenschaftstheoretisches und pädagogisches Selbstverständnis in der Regel wechselseitig beeinflussen oder sogar bedingen. An zwei Positionen kann das Spektrum der Konzeptionen verdeutlicht werden.

«Schulpädagogik als Wissenschaft von Schule und Unterricht» faßt

TWELLMANN (1981b, S. 3; Hervorhebung: K. R.) sein Verständnis zusammen, das dem «Handbuch Schule und Unterricht» zugrunde liegt. Da die Komplexität des Gegenstandes nur eine aspekthafte Erfassung ermöglicht, kann nur eine vielperspektivische Sichtweise zu wissenschaftlich vertretbaren Aussagen führen. Erforderlich erscheinen neben den «wissenschaftsfixierten» Aspekten von «Erziehungswissenschaft, Psychologie, Soziologie, Geschichte, Politik, Ökonomie (ergänzt durch Ökologie) und Rechtswissenschaft» unter «methodenfixierten Fragestellungen [insbesondere] der empirische und der vergleichende Aspekt», darüber hinaus «strukturelle oder systematische Positionen», wie Schule aus der Sicht des Schülerseins und des Lehrerseins sowie didaktische, organisatorische und institutionelle Fragen (TWELLMANN 1980b, S. 7). Schulpädagogik steht als «Kooperationswissenschaft» vor der «Aufgabe des Sammelns und Ordnens der Befunde»; als «Integrationswissenschaft» soll sie Teilbereiche «integrieren mit dem Ziel, zu Theoriebildungen über Schule und Unterricht zu gelangen», und die Entwicklung zu einer beratungsfähigen «Innovationswissenschaft» ermöglichen (TWELLMANN 1981b, S. 15, S. 21). Fragen des Bedingungszusammenhangs der durch aspektuierende Forschung voneinander isolierten Probleme und der Integrierbarkeit von Forschungsbefunden, der Abhängigkeit der Forschungsergebnisse von den Forschungsinteressen und -methoden und der Gebundenheit an diese werden nicht erörtert. Sein Ansatz ordnet sich in eine von HEILAND (vgl. 1974) analysierte schulpädagogische Konzeption ein, die nach den von HABERMAS (vgl. 1968) herausgearbeiteten Grundorientierungen sozialwissenschaftlicher Erkenntnisgewinnung von einem instrumentalen Verständnis schulpädagogischer Forschung und Theorie ausgeht und sich von einem vorwiegend technischen Erkenntnisinteresse leiten läßt.

«Schulpädagogik als differentielle systematische Pädagogik», so bestimmt RAUSCHENBERGER (1979, S. 83; Hervorhebung: K. R.) im «Erziehungswissenschaftlichen Handbuch» eine besonders profilierte, an Traditionen der geisteswissenschaftlichen Pädagogik anknüpfende Gegenposition. «Schulpädagogik, verstanden als Pädagogik, ist nicht bloß der gesammelte Fragenkatalog der Schule an die Pädagogik, sondern das Begreifen und Gestalten des Schulbegriffs aus pädagogischer Vernunft» (RAUSCHENBERGER 1979, S. 79). Nicht die aspekthafte Erfassung das Faktischen, sondern die Konzentration auf die für pädagogisches Denken konstitutive «Erziehungsfrage [...] im Spannungsfeld von Individualität und Sozialität», auf das «Wechselverhältnis zwischen Individuum und Gemeinwesen im Horizont der Bildung» (RAUSCHENBERGER 1979, S. 80), in dem die Selbstbestimmungsansprüche des einzelnen mit den Existenzerhaltungsinteressen der Gesellschaft unter der Perspektive einer wünschbaren Zukunft zu vermitteln sind, ist kennzeichnend für

alle bedeutenden pädagogischen Theorien und den Anspruch an die Schulpädagogik. Dabei muß sie von der vorfindbaren Schulrealität ausgehen, zugleich aber nach möglichen Alternativen fragen und sich um die Entwicklung konkreter Schulkonzepte bemühen. Da die Pädagogik die zu erziehenden Heranwachsenden «niemals nur als objekthafte Wirklichkeit, sondern immer zugleich im Horizont ihrer künftigen Möglichkeit und Bestimmung» (RAUSCHENBERGER 1979, S. 115) zu begreifen sucht, erweist sich der Wissenschaftsbegriff der empirischen Wissenschaften als unzulänglich. Muß sie «bereits bei ihren Beobachtungen das prognostische und das teleologische Moment berücksichtigen», so «ist es nicht möglich, eine faktenfeststellende Schulpädagogik von einer ideologiekritischen oder normorientierten abzuheben. Ihr Wissenschaftsbegriff muß Wirklichkeit, Möglichkeit und Zielbestimmung als Einheit hervorbringen» (RAUSCHENBERGER 1979, S. 118).

Eine *kritische Schulpädagogik*, die sich als pädagogische Praxis und deren Theorie in einem durch Widersprüche bestimmten Spannungsfeld von staatlich-bürokratischen Regelungsinteressen schulisch organisierten Lehrens und Lernens und einer den einzelnen zur Entwicklung eigener Interessen und Fähigkeiten, individueller Selbstbestimmung und sozial verantwortungsbewußtem Handeln herausfordernden Erziehungs- und Bildungsaufgabe versteht, kann durch beide Positionen herausgefordert werden: zum einen von Twellmann durch die Offenheit für die Vielfalt der Aspekte zur Problemerfassung und seinen Anspruch zur wissenschaftlichen Erforschung von Bedingungszusammenhängen des Lehrens und Lernens in der Schule zur Erweiterung ihres Problemhorizonts, zum anderen von Rauschenberger durch die Konzentration auf systematische Fragestellungen der Allgemeinen Pädagogik und einen emphatischen Erziehungs- und Bildungsbegriff zu vertieftem Problembewußtsein. In beiden exemplarisch dargestellten Ansätzen, die in zahlreichen schulpädagogischen Diskussionen in Varianten wiederzuerkennen sind, wird jedoch die nicht auszuklammernde (ideologie-)kritische Frage nach der Rolle des Staates und seines bürokratischen Apparates bei der Wahrnehmung seiner Verantwortung für das Schulwesen, nach den Macht- und Interessenverflechtungen, herrschaftssichernden Intentionen, erklärten Zielen und realen Auswirkungen schulpolitischer Aktivitäten (vgl. NASCHOLD 1974, OFFE 1975), aber auch die nach der Rolle der Pädagogik und ihrem in praktischer und theoretischer Anstrengung geleisteten Beitrag zur Aufrechterhaltung von bestehenden Herrschaftsstrukturen und ungleichen Lebenschancen (vgl. BERNFELD 1973, BOURDIEU/PASSERON 1971, SCHMIED-KOWARZIK 1983) vernachlässigt. Die Schulpädagogik steht hier noch am Anfang selbstkritischer Analyse und Wirkungsforschung, hat aber in den vergangenen zwei Jahrzehnten ihre ambivalente Aufgabenbestimmung zwischen systemstabilisierender Funktion und

Emanzipationsversprechen zunehmend erkennen gelernt (vgl. v. HENTIG 1968, KEMPER 1985, LESCHINSKY/ROEDER 1981).

Zu vermittelnde Ansprüche. *Staatliche Schulaufsicht und pädagogische Freiheit* sind die Pole des Spannungsfeldes, an denen dem Lehrer der Grundsatzkonflikt schulpädagogischen Handelns täglich erfahrbar wird. Mit Artikel 7 des Grundgesetzes rechtfertigt die staatliche Schulaufsicht gesetzliche Vorgaben, Verordnungen und Dienstanweisungen, in denen – bundeslandspezifisch und durch die Ständige Konferenz der Kultusminister der Länder in der Bundesrepublik rechtfertigt (KMK) nur teilweise vereinheitlicht – der Schule und den in ihr Lehrenden und Lernenden die gesellschaftlichen Erwartungen und Anforderungen vermittelt, Entscheidungskompetenzen festgelegt und notwendige Sanktionen geregelt werden (vgl. NEVERMANN 1984). Zwar konnte durch reformpädagogische Ansätze insbesondere in den ersten drei Jahrzehnten des 20. Jahrhunderts und die theoretische Begründung einer «relativen Autonomie» pädagogischer Interessenvertretung Heranwachsender gegenüber sie vereinnahmenden Ansprüchen (vgl. WENIGER 1960) eine erhebliche Erweiterung der pädagogischen Handlungsfreiheit des →Lehrers im Zusammenhang mit der Verwissenschaftlichung der →Lehrerausbildung durchgesetzt werden, doch erweisen sich vor allem in Konfliktfällen durch die Einwirkungsmöglichkeiten der Fach-, Rechts- und Dienstaufsicht einer hierarchisch organisierten Schulverwaltung mit spezifischen Kontroll- und Regelungsinteressen die Handlungsfreiräume als äußerst begrenzt. Wenn die neuere Schulrechts-Diskussion (→Schulrecht) nach Ablösung des obrigkeitsstaatlichen Relikts eines dem Gesetzesvorbehalt enthobenen «besonderen Gewaltverhältnisses» (vgl. FAUSER 1986, S. 67ff) die Willkür von Verwaltungshandeln im Schulbereich durch eine «Verrechtlichung des Schulverhältnisses» einschränken und dabei auch das «Rechtsinstitut der pädagogischen Freiheit» (FAUSER 1986, S. 119 →Freiheit, pädagogische) sichern will, so wird mit einer juristischen und möglicherweise gesetzlichen Absicherung eines traditionsreichen pädagogischen Anspruchs allerdings auch die Problematik der Definition eines pädagogischen Verhältnisses als Rechtsverhältnis gesehen werden müssen (vgl. FAUSER/FLITNER 1981 →Verhältnis, pädagogisches). Eine «wissenschaftliche Lehrfreiheit», die Art. 5, Abs. 3 des Grundgesetzes garantiert, auch als ein Grundrecht der Schule zu interpretieren, erscheint Laaser aufgrund einer eingehenden entwicklungsgeschichtlichen Analyse dieses Grundrechts zwar möglich (vgl. LAASER 1981, S. 282), aber ohne Durchsetzungschance. Die gegenüber bürokratischen Reglementierungen zu stärkenden Rechte und Freiheiten des Lehrers zur verantwortlichen pädagogischen Wahrnehmung seiner Berufsaufgabe stehen zugleich in einem

Spannungsverhältnis zu den Rechten von Schülern und Eltern, aber auch zu den gesellschaftlichen Anforderungen an die Schule. Das zur Ausbalancierung dieser Interessen entwickelte Modell einer durch Mitwirkungsrechte aller Beteiligten gesicherten und zu verantwortenden größeren Selbständigkeit der einzelnen Schule bei der Gestaltung des Schulalltags (vgl. DEUTSCHER BILDUNGSRAT 1973) ist der derzeit überzeugendste, wenn auch politisch verworfene Versuch, die nicht aufhebbaren divergierenden Ansprüche in einem demokratisch legitimierten, pädagogisch vertretbaren Kommunikationsprozeß zu vermitteln (→Mitbestimmung – Mitwirkung).

Schulpädagogische Aufgabenbestimmung und Erwartungen der Schüler befinden sich nur selten in Übereinstimmung, auch wenn nach pädagogischem Selbstverständnis der Anspruch besteht, pädagogische/didaktische Entscheidungen im Interesse der Heranwachsenden zu treffen. Nicht nur die vielfältigen pädagogisch nicht legitimierbaren Rahmenbedingungen des institutionalisierten Lernens – von der Schulpflicht, der jahrgangshomogenen Großgruppe , der durch Raum-, Zeit- und Inhaltsvorgaben, sach- und personenneutrale Interaktionsmuster und Rituale standardisierten Unterrichtssituation bis zur konkurrenzfördernd-selektiven →Leistungsbeurteilung (vgl. HEINZE 1980, RUMPF 1985) –, sondern auch strukturell in alters- und generationsspezifischen Orientierungen, unterschiedlichen soziokulturellen Lebenserfahrungen und -perspektiven, lebensgeschichtlich bedingten Situationsbewertungen und rollenspezifischen Situationswahrnehmungen und -erfahrungen begründete Differenzen erschweren neben situativen Störungen und Interessenunterschieden jeweils mehr oder weniger eine konvergente Interpretation der Unterrichtssituation durch Lehrer und Schüler. Eine Sensibilität für diese das Lernen in der Schule erschwerenden Bedingungen (vgl. BOHNSACK 1987, PREUSS-LAUSITZ u. a. 1983) ist Voraussetzung dafür, daß der Lehrer seiner Aufgabe, nicht nur Wissen und Fertigkeiten, Arbeitstechniken und sozialintegrative Verhaltensbereitschaften zu vermitteln, sondern Bildungsprozesse anzuregen, lebensbedeutsame Erfahrungen und Einsichten zu ermöglichen, Selbstbestimmungs- und Mitbestimmungsprozesse seiner Schüler zu fördern, auch tatsächlich gerecht werden kann. Die Forderung nach einer «Humanisierung» der Schule, mit der im «pädagogischem Umgang» für ein dialektisches Verhältnis von Distanz und Nähe plädiert wird (vgl. KLEMM u. a. 1985, S. 48f, S. 156f) und mit der die notwendigen «Lernbedingungen» für eine «Rückkehr zur Pädagogik» neu zu bestimmen versucht werden (vgl. v. HENTIG 1987, S. 27ff), ist aber auch eine Herausforderung an die Curriculumtheorie (→Curriculum) und Didaktik (→Didaktik, allgemeine), Modelle für Rahmenrichtlinien, Unterrichtsplanung und den alltäglichen →Unterricht zu erarbeiten und exemplarisch zu konkretisieren, die Lehrern und Schülern in der Auseinandersetzung mit den Anforderungen und Bedingungen des gesellschaftlich institutionalisierten Lernens in der Schule die Wahrnehmung und Gestaltung von Handlungsfreiräumen erleichtern und die Erfahrung selbstbestimmten Lernens ermöglichen.

Benner, D.: Was ist Schulpädagogik? In: Derbolav, J. (Hg.): Grundlagen und Probleme der Bildungspolitik, München/Zürich 1977, S. 88ff. Bernfeld, S.: Sisyphos oder die Grenzen der Erziehung (1925), Frankfurt/M. 1973. Bohnsack, F.: Der Werte- und Verhaltenswandel in Gesellschaft und Jugend und seine Bedeutung für die Schule. Folgerungen aus empirischen Forschungsergebnissen. In: D. Dt. S. 79 (1987), S. 421ff. Bourdieu, P./Passeron, J. C.: Die Illusion der Chancengleichheit. Untersuchung zur Soziologie des Bildungswesens am Beispiel Frankreichs, Stuttgart 1971. Deutscher Bildungsrat: Zur Reform von Organisation und Verwaltung im Bildungswesen. Teil I: Verstärkte Selbständigkeit der Schule und Partizipation der Lehrer, Schüler und Eltern, Empfehlungen der Bildungskommission, Bonn 1973. Deutscher Hochschullehrerverband: Hochschullehrerverzeichnis, Bd. 1: Universitäten, Bonn 1987. Einsiedler, W.: Schulpädagogischer Grundkurs, Donauwörth 1974. Fauser, P.: Pädagogische Freiheit in Schule und Recht, Weinheim/Basel 1986. Fauser, P./Flitner, A.: Pädagogen und Paragraphen. Bildungspolitisches Gespräch über den Schulgesetzentwurf des Deutschen Juristentags. In: Z. f. P. 27 (1981), S. 625ff. Fend, H.: Theorie der Schule, München/Wien 1980. Fischer, W.: Schule und kritische Pädagogik, Heidelberg 1972. Geissler, G.: Die Differenzierung der Erziehungswissenschaft in der Universität und das Problem einer Pädagogischen Fakultät. In: Z. f. P. 10 (1964), S. 1ff. Habermas, J.: Technik und Wissenschaft als ‹Ideologie›, Frankfurt 1968. Hänsel, D./Wienskowski, P.: Möglichkeiten und Grenzen didaktischen Handelns in der Regelschule. In: Enzyklopädie Erziehungswissenschaft, Bd. 3, Stuttgart 1986, S. 115ff. Heiland, H.: Zum Selbstverständnis der Schulpädagogik. In: P. Rsch. 28 (1974), S. 451ff. Heinze, Th.: Schülertaktiken, München/Wien/Baltimore 1980. Hentig, H. v.: Systemzwang und Selbstbestimmung. Über die Bedingungen der Gesamtschule der Industriegesellschaft, Stuttgart 1968. Hentig, H. v.: ‹Humanisierung›. Eine verschämte Rückkehr zur Pädagogik? Andere Wege zur Veränderung der Schule, Stuttgart 1987. Herrlitz, H. G. u. a.: Deutsche Schulgeschichte von 1800 bis zur Gegenwart, Königstein 1981. Kemper, H.: Schultheorie und Schulreform. Von der Aufklärung bis zur Gegenwart, Königstein 1985. Klafki, W.: Aspekte kritisch konstruktiver Erziehungswissenschaft, Weinheim/Basel 1976. Klafki, W.: Von Dilthey bis Weniger: Ansätze zur Schultheorie in der Geisteswissenschaftlichen Pädagogik. In: Tillmann, K. J. (Hg.): Schultheorien, Hamburg 1987, S. 21ff. Klemm, K. u. a.: Bildung für das Jahr 2000. Bilanz der Reform, Zukunft der Schule, Reinbek 1985. Klink, J. G.: Ort und Inhalt der Schulpädagogik. In: Leb. S. 21 (1966), S. 1ff. Kramp, W.: Schulpädagogik. In: Groothoff, H.-H./Stallmann, M. (Hg.): Neues Pädagogisches Lexikon, Stuttgart/Berlin [5]1971, Spalte 1031ff, Kramp, W.: Studien zur Theorie der Schule, München 1973. Kuckartz, U./Lenzen, D.: Die Situation des wissenschaftlichen Nachwuchses im Fach Erziehungswissenschaft. In: Z. f. P. 32 (1986), S. 865ff. Laaser, A.: Wissenschaftliche Lehrfreiheit in der Schule. Geschichte und Bedeutungswandel eines Grundrechts, Königstein 1981. Langenbach, U. u. a.: Die Ausbildungssituation im Fach Erziehungswissenschaft. Eine Erhebung an Hochschulen der Bundesrepublik im Wintersemester 1972/73. Z. f. P., 12. Beiheft, Weinheim/Basel 1974. Lenhardt, G.: Schule und bürokratische Rationalität, Frankfurt/M. 1984. Lenzen, D. (Hg.): Pädagogik und Alltag. Methoden und Ergebnisse alltagsorientierter Forschung in der Erziehungswissenschaft, Stuttgart 1980. LESCHINSKY, A./ROEDER, P. M.: Schule im historischen Prozeß. Zum Wechselverhältnis von institutioneller Erziehung und gesellschaftlicher Entwicklung, Stuttgart 1976. LESCHINSKY, A./ROEDER, P. M.: Gesellschaftliche Funktionen der Schule. In: Twellmann, W. (Hg.): Handbuch Schule und Unterricht, Bd. 3, Düsseldorf 1981, S. 107ff. LIPPERT, E.: Lehrerbildung. Ein Programm, Wiesbaden 1952. MÜLLER, S. F./TENORTH, H. E.: Erkenntnisfortschritt und Wissenschaftspraxis in der Erziehungswissenschaft. In: Z. f. P. 25 (1979), S. 853ff. NASCHOLD, F.: Schulreform als Gesellschaftskonflikt, Frankfurt/M. 1974. NEVERMANN, K.: Schule und Schulverfassung in der Bundesrepublik Deutschland. In: Enzyklopädie Erziehungswissenschaft, Bd. 5, Stuttgart 1984, S. 393ff. OFFE, U.: Bildungssystem, Beschäftigungssystem und Bildungspolitik – Ansätze zu einer gesamtgesellschaftlichen Funktionsbestimmung des Bildungswesens. In: Roth, H./Friedrich, D. (Hg.): Bildungsforschung. Probleme – Perspektiven – Prioritäten. Teil 1. Deutscher Bildungsrat: Gutachten und Studien der Bildungskommission, Bd. 50, Stuttgart 1975, S. 217ff. PREUSS-LAUSITZ, U. u. a.: Kriegskinder, Konsumkinder, Krisenkinder. Zur Sozialisationsgeschichte seit dem Zweiten Weltkrieg, Weinheim/Basel 1983. RAUSCHENBERGER, H.: Schulpädagogik. In: Ellwein, Th. u. a. (Hg.): Erziehungswissenschaftliches Handbuch, Bd. 5, Königstein 1979, S. 71ff. ROTH, H.: Die realistische Wendung in der pädagogischen Forschung. In: D. Dt. S. 55 (1963), S. 109ff. RUMPF, H.: Ein Panzer zum Tode? Über einige Bedürfnisse, denen die verwaltete Schule entgegenkommt. In: Bosch, D./Fischer, R. (Hg.): Wohin geht die Schule? Ihr sozialpädagogischer und gesellschaftlicher Auftrag, Essen 1985, S. 93ff. SCHLÖSSER, H.: Die Stellung der Schulpädagogik an den Universitäten und Gesamthochschulen. In: Potthoff, W. (Hg.): Schulpädagogik, Freiburg 1975, S. 233ff. SCHMIED-KOWARZIK, W.: Materialistische Erziehungstheorie. In: Enzyklopädie Erziehungswissenschaft, Bd. 1, Stuttgart 1983, S. 101ff. SCHULZE, TH.: Schule im Widerspruch. Erfahrungen, Theorien, Perspektiven, München 1980. STEINDORF, G.: Einführung in die Schulpädagogik, Bad Heilbrunn 1972. TWELLMANN, W.: Zur Geschichte der Schulpädagogik. In: Twellmann, W. (Hg.): Handbuch Schule und Unterricht, Bd. 3, Düsseldorf 1981, S. 74ff (1981a). TWELLMANN, W.: Die Schulpädagogik als Wissenschaft von Schule und Unterricht. In: Twellmann, W. (Hg.): Handbuch Schule und Unterricht, Bd. 1, Düsseldorf 1981, S. 3ff (1981b). WENIGER, E.: Didaktik als Bildungslehre. Teil 1: Theorie der Bildungsinhalte und des Lehrplans, Weinheim 1960.

Klaus Riedel

Schulpflicht → Elternarbeit; → Lehrer; → Schulrecht; → Schule

Schulrecht

Verfassungsrechtliche Grundlagen. Öffentliche Schulen sind «Angelegenheiten der örtlichen Gemeinschaft» (Art. 28, Abs. 2 Grundgesetz – GG). Darum sind in der Regel Kommunalorganisationen Schulträger, die Schulen errichten, unterhalten und verwalten (*äußere Schulangelegenheiten*). «Das gesamte Schulwesen steht unter der Aufsicht des Staates» (Art. 7, Abs. 1 GG). Aufsicht ist die umfassende Kompetenz und Pflicht, Schulen zu planen, zu organisieren, zu leiten und zu beaufsichtigen (*innere Schulangelegenheiten*). Staat in diesem Sinne sind die Bundesländer (Art. 30 und 70 GG – die betriebliche Bildung und Privatschulen bleiben hier außer Betracht). Hauptmaterie des Schulrechts sind darum (unterschiedliche) landesrechtliche Schulgesetze (und auf ihnen basierende Rechtsverordnungen sowie Verwaltungsvorschriften).

Die damit strukturell angelegte Uneinheitlichkeit des Schulwesens wird relativiert durch das Grundgesetz («Entdeckung» schulrechtsrelevanter Dimensionen der Staatsziele); die insbesondere Grundrechte konkretisierenden Entscheidungen von Bundesgerichten («Bundesschulrecht»); sowie die → Bildungsplanung (Art. 91 b GG) durch Institutionen des kooperativen Föderalismus (Deutscher Bildungsrat [1965 – 1975], Bund-Länder-Kommission für Bildungsplanung und Forschungsförderung, ständige Konferenz der Kultusminister der Länder in der Bundesrepublik Deutschland) mit Vereinbarungen von teilweise erheblicher bundesweiter Bedeutung (etwa zur Anerkennung von Abschlüssen). Heute gilt die Idee der Bildungsgesamtplanung als gescheitert.

Verrechtlichung. Die Bedeutung des Rechts und die Orientierung an ihm haben sich verstärkt. Das Schulverhältnis galt als Sonderverhältnis primär pädagogischen Charakters, das rechtlicher Beurteilung durch Gerichte weitgehend entzogen war. Die interne Strukturierung erfolgte (und erfolgt) überwiegend durch Organisationsnormen, die von der Exekutive (Minister/Senator) in originärer Kompetenz erlassen werden (Verwaltungsvorschriften wie Erlasse, Verfügungen, Rundschreiben). Umfang und Geltung dieser Regelungen sind buchstäblich unüberschaubar, ihr Inhalt ist weitgehend unbekannt (ohne daß dem auf seiten der Lehrerschaft ein Gefühl der Rechtsunsicherheit entspräche). Man muß darum ihre Steuerungsfunktion bezweifeln (vgl. Baumert 1980, S. 638 ff). Der Vorwurf der *Bürokratisierung* von Schule zielt auf diese Regelungsform.

Verstärkt hat sich im Prozeß der Verrechtlichung die Bedeutung des (Landes-)Gesetzgebers (*Vergesetzlichung / Parlamentarisierung*) und der Rechtsprechung (*Justitialisierung*). Durchgesetzt hat sich seit Mitte der 70er Jahre die Ansicht, daß es unter der Geltung des Grundgesetzes prinzipiell keine rechtsfreien Räume geben dürfe. Darum sind auch pädagogisch oder bildungspolitisch gemeinte Maßnahmen an Grundgesetzbestimmungen zu messen, denen damit schulrechtliche Bedeutung beigemessen wird. Folgenreich war die Feststellung, daß im gewaltengeteilten Staat die Regelung der → Institution → Schule nicht der Exekutive überlassen bleiben dürfe, sondern die Strukturentscheidungen der höheren Legitimation durch ein parlamentarisches Gesetz bedürfen (*Gesetzesvorbehalt*). Dies zwang die Landesparlamente bis in die 80er Jahre zu teilweise umfangreichen Neufassungen ihrer Schulgesetze.

Die Fortsetzung politischer Opposition gegen die Bildungsreform (Gesamtschule, gymnasiale Oberstufe, Förderstufe, Sexualkunde) als Rechtsstreit war Anlaß für Gerichte, die rechtliche Gestalt der Schule (auch durch bildungspolitische Optionen) zu präzisieren. Kläger hatten häufig aus formalen Gründen (Verletzung des Gesetzesvorbehaltes) Erfolg, was zu Verzögerungen von →Reformen (beispielsweise die 30 Jahre dauernden Versuche in Hessen, die Förderstufe einzurichten) führte, ohne daß die Kläger letztlich in der Sache Recht bekamen.

Die wesentlichen *Ergebnisse* der Verrechtlichung sind (vgl. LAASER 1980): Konsens über die grundsätzliche Geltung der Grundrechte (Art. 2, 3, 4, 5, 6, 8, 9, 12 GG) auch im Schulverhältnis und damit eine Stärkung der Individuen; die daraus folgende Erweiterung des Rechtsschutzes; die Durchsetzung des Gesetzesvorbehalts für alle «wesentlichen» Entscheidungen im Schulwesen (dazu gehören: Bildungs- und Erziehungsziele; organisatorische Grundstruktur wie Schularten, Bildungsgänge, Fächerkatalog; Prüfungs- und Versetzungswesen; Disziplinarmaßnahmen) und damit eine Stärkung der Parlamente.

Beteiligte. Alle Beteiligten sind in der Schule an die geltenden Vorschriften gebunden; das schließt neben den Gesetzen und Rechtsverordnungen die Verwaltungsvorschriften ein. In diesem Zusammenhang wird die Ausübung von Grundrechten (etwa Demonstrationsfreiheit) unter Hinweis auf Zweck und Funktionsfähigkeit der Schule, Beamten- und Teilnahmepflichten häufig (vorschnell) eingeschränkt.

→*Lehrer* haben die Pflicht, ihre →Schüler mit Toleranz zu erziehen, zu unterrichten, zu beurteilen und zu beaufsichtigen. →*Erziehung* und →*Unterricht* erfordern «ihrem Wesen nach» einen Freiraum, der von den Schulverfassungen mehr oder weniger deutlich anerkannt wird («in eigener Verantwortung»). Ähnliches gilt für die subjektiven Wertungen bei →*Leistungsbeurteilungen*. (Zur Abgrenzung gegenüber Einschränkungen durch *Schulaufsicht, Schulleitung* und *Konferenzen* →Freiheit, pädagogische.) Unabhängig von der rechtlichen Konstruktion und aller Bürokratisierungskritik zum Trotz ist der Freiraum von Lehrer/-innen und Kollegien faktisch und auch subjektiv groß (vgl. BAUMERT 1980, S. 680ff). Die *Aufsichtspflicht*, eine klassische Domäne zahlloser Verwaltungsvorschriften, verlangt bei Schulveranstaltungen nicht mehr als situationsspezifische Vorsicht eines verantwortungsbewußten Erwachsenen. Schülerunfälle mit Körperschäden sind seit 1971 Versicherungsfälle; für Vermögensschäden haftet primär der Staat. Nur bei Sorgfaltspflichtverletzungen von ungewöhnlich hohem Ausmaß (grobe Fahrlässigkeit) *kann* gegen Lehrer Regreß genommen werden.

Schüler müssen (zumindest) ihre Schulpflicht erfüllen, am Unterricht teilnehmen, mitarbeiten und die gestellten Aufgaben erledigen. Sie haben das Recht auf chancengleichen Zugang zu vorhandenen Bildungseinrichtungen (Art. 2, Abs. 3 GG) und darauf, umfassend informiert, gefördert, ernst genommen und wohlwollend behandelt zu werden. Für die tatsächliche Stellung von Schülern im Schulalltag sind die professionelle Ethik der Lehrer sowie Stil und Klima einer Schule wichtiger als rechtliche Gewährleistungen.

Erziehungsberechtigte haben auf die Erfüllung der Schülerpflichten hinzuwirken. Ihr Erziehungsrecht (Art. 6 GG) ist dem staatlichen im Schulbereich (Art. 7 GG) gleichgeordnet; es erfordert ein sinnvoll aufeinander bezogenes Zusammenwirken. Zu diesem Zweck müssen sie von der Schule ausführlich und rechtzeitig informiert und beraten werden. Individuelle Bestimmungsrechte über schulische Inhalte und Organisationsformen besitzen sie nicht. Den Kern des Elternrechts bildet die Schullaufbahnentscheidung für weiterführende Bildungsgänge. Diese Wahl hat die Schule (zunächst) zu akzeptieren, kann sie allerdings (nach Probezeit oder Prüfung) korrigieren, wenn sich Schüler/-innen für den gewählten Schultyp als ungeeignet erweisen (Zulässigkeit der *negativen* im Gegensatz zur *positiven Auslese*). (Zur Wahrnehmung kollektiver Interessen der Beteiligten in schulverfassungsrechtlichen Gremien → Mitbestimmung – Mitwirkung.)

BAUMERT, J.: Aspekte der Schulorganisation und Schulverwaltung. In: Max-Planck-Institut für Bildungsforschung, Projektgruppe Bildungsbericht: Bildung in der Bundesrepublik Deutschland, Bd. 1, Reinbek 1980, S. 589ff. CAMPENHAUSEN, A. v./LERCHE, P. (Hg.): Deutsches Schulrecht. Sammlung des Schul- und Hochschulrechts in der Bundesrepublik, Loseblattsammlung, Percha/Kempfenhausen o. J. HAGE, K.-H./STAUPE, J.: Schulrecht von A – Z. Stand: Juli 1985, München o. J. HECKEL, H./AVENARIUS, H.: Schulrechtskunde, Neuwied/Darmstadt [6]1986. LAASER, A.: Die Verrechtlichung des Schulwesens. In: Max-Planck-Institut für Bildungsforschung, Projektgruppe Bildungsbericht: Bildung in der Bundesrepublik Deutschland, Bd. 2, Reinbek 1980, S. 1343ff. NIEHUES, N.: Schul- und Prüfungsrecht, München [2]1983. SPE: Ergänzbare Sammlung schul- und prüfungsrechtlicher Entscheidungen, hg. v. H. Knudsen, Loseblattsammlung, Neuwied/Darmstadt o. J.

Eberhard Schultze-Scharnhorst

Schulreformbewegung → Reformpädagogik
Schulstreß → Schüler
Schulsystem → Bildungssystem (Bundesrepublik Deutschland)
Schulsystemdifferenzierung → Differenzierungsform
Schultest → Test
Schultheorie → Schulpädagogik
Schulträger → Bildungsplanung; → Schulrecht
Schultyp → Bildungssystem (Bundesrepublik Deutschland)
Schulung (Führungskräfte) → Management-Education

Selbsttätigkeit – Selbständigkeit

Begriffsabgrenzung. Die Problematik bei der näheren Bestimmung dieser beiden Begriffe zeigt sich nicht nur in einer uneinheitlichen und manchmal synonymen Verwendung im fachsprachlichen Kontext, sondern auch in spezifischen umgangssprachlichen Bedeutungen. Selbständigkeit (im Wortsinn: ohne fremde Hilfe stehen können) meint im allgemeinen Sprachgebrauch eine unternehmerische und ökonomische Unabhängigkeit. «Selbsttätig» bedeutet im allgemeinen Sprachgebrauch, daß ein Gerät ohne Bedienung durch Menschen funktioniert. Spricht man von *Selbsttätigkeit* im Kontext von →Erziehung, so sollte damit Selbst*be*tätigung des Kindes, Aktivität des Lerners gemeint sein (Prozeßakzentuierung). Selbständigkeit aber sollte den Zielaspekt, die abgeschlossene und gelungene Erziehung betonen (Produktakzentuierung).

Selbsttätigkeit soll im weiteren verstanden werden als das Bemühen von Lernern, die Lernorganisation aktiv mitzugestalten; dabei ist die Kompetenz zu entwickeln, zunehmend mehr und schließlich eigenverantwortlich die Lernorganisation zu gestalten (→Autodidaktik; →Autonomie; →Verantwortung). Ist die Fähigkeit zu eigenverantwortlicher Lernorganisation so weit entfaltet, daß der Lerner nicht mehr der «Fremdaufforderung zur Selbsttätigkeit bedarf» (BENNER 1983, S. 295), so hat er eine Kompetenz erreicht, die als Selbständigkeit bezeichnet werden kann. Selbsttätigkeit ist demnach Mittel zur Selbständigkeit. Merkmale der Selbsttätigkeit beim →Lernen sind psychischer Natur, zum Beispiel Aktivität, Intensität und →Spontaneität; Merkmale der Selbständigkeit beim Lernen sind auf den Umgang mit Wissen bezogen: etwa sicheres Umgehenkönnen mit Methoden der Wissensaneignung, richtige Anwendung mathematischer Operationen, angemessene Interpretation literarischer Texte oder historischer Dokumente.

In der pädagogischen Literatur lassen sich verschiedene Formen des Begriffsumgangs feststellen, wenn es um das didaktische Prinzip geht, das den Begriffen «Selbsttätigkeit» und «Selbständigkeit» zugrunde liegt. Oft werden aber auch statt dieser Begriffe sinnverwandte Termini verwendet (selbstverantwortliches Lernen, individualisiertes Lernen, Selbststeuerung des Lernens oder dergleichen). Häufig stehen Konzeptnamen für eine entsprechende Programmatik (Dalton-Plan – vgl. PARKHURST 1923, Winnetka-Plan – vgl. WASHBURNE/VOGEL 1928). Man findet ferner die ausschließliche Nennung des einen *oder* anderen Begriffs (vgl. BENNER 1983, GEISSLER 1981). Schließlich werden die beiden Begriffe im Sinne einer Über-/Unterordnung verwendet: durch Selbsttätigkeit zur Selbständigkeit oder umgekehrt (vgl. NEUNER 1963). Da es um das didaktische Prinzip als Ganzes geht, wird in der weiteren Darstellung vorrangig von «Selbsttätigkeit» gesprochen.

Geschichte. Das Prinzip der Selbsttätigkeit wird bereits in den Schriften des spanischen Humanisten J. L. Vives vertreten (vgl. ILG 1932); Montaigne wies 1580 auf die Bedeutung der durch Tätigsein gewonnenen Erfahrungen im Gegensatz zum Lernen aus bloßem Zusehen hin (vgl. DE MONTAIGNE 1953, S. 163f). Diesem Grundsatz des Selbsttätigseins entspricht auch das Prinzip der «autopraxia» bei Comenius; es ist zu verstehen als Auftrag des Menschen, als Mitarbeiter Gottes auf Erden selbst tätig zu werden. Den Ursprung dieser Selbsttätigkeit verstand Comenius als außerhalb des Menschen liegend. Diese Deutung wurde durch Leibniz überwunden; in seiner Monadologie sind Monaden als Kraftzentren gedacht, die autonom und selbsttätig nach eigenen Gesetzen handeln (vgl. SCHALLER 1967). Einen besonderen Stellenwert hatte das Prinzip der Selbsttätigkeit in philosophischen und, damit verbunden, auch in erzieherischen Entwürfen Ende des 18., Anfang des 19. Jahrhunderts (so zum Beispiel in den «Reden an die deutsche Nation» – FICHTE 1962); ebenso müssen Rousseau, Pestalozzi, Niemeyer, Schwarz und Schleiermacher als exponierte Verfechter der Selbsttätigkeit genannt werden. Wieder aufgegriffen wurde diese individualistische Perspektive in der →Reformpädagogik, am konsequentesten in den Initiativen von M. Montessori (Selbsttätigkeit im frühen Kindesalter; →Montessaripädagogik) sowie in der Arbeitsschulkonzeption von Gaudig und anderen.

Die bisher stärkste Berücksichtigung und praktische Umsetzung des Selbsttätigkeitsprinzips erfolgte im Kontext der Arbeitsschulbewegung: Schüler sollen sich als handelnde Subjekte erleben, wobei ihre methodische Kompetenz (Arbeitstechnik) ständig erweitert werden soll. Ziel ist es, daß der Schüler zu freier und selbständiger Arbeit fähig wird und, so die Provokation, daß der Lehrer im Idealfalle überflüssig ist (vgl. GAUDIG 1969). Scheibner differenziert den Arbeitsvorgang folgendermaßen: Arbeitsziel setzen, Arbeitsmittel aufsuchen, Arbeitsweg entwerfen, Arbeitsschritte ausführen, Arbeitsergebnis prüfen (vgl. SCHEIBNER 1980). In seiner Schrift «Selbstbetätigung und Schaffensfreude» hebt WETEKAMP (1908) die Wichtigkeit *früher* Selbsttätigkeit hervor. Er geht davon aus, daß Unselbständigkeit bereits im frühen Kindesalter anerzogen wird. Der unbefriedigte Beschäftigungsdrang löse Undisziplin aus, sei die «Quelle aller Unart» (WETEKAMP 1908, S. 24). Es sollten immer größere «Hindernisse» überwunden werden, so daß der Erfolg aus der eigenen Arbeit die Quelle für Vertrauen werde (WETEKAMP 1908, S. 8).

In den «Pädagogischen Untersuchungen» sind mehrere «Studien zur Vorgeschichte der Arbeitsschulidee» veröffentlicht, die eine umfassende Auseinandersetzung mit dem Prinzip der Selbsttätigkeit darstellen (vgl. ILG 1932, KAISER 1931, RUDOLPH 1932, ULMER 1927). Ulmer setzt unter Bezugnahme auf Pestalozzi in einer radikalen Kritik dem Menschenbild der →Aufklärung (intellektualistisch, lebensfern) das Menschenbild der «Pädagogik des Sturm und Drang» entgegen: «Dieser neue Mensch soll aus dem Ganzen seiner Natur heraus selbsttätig und dem Leben gegenüber gewachsen» sein; der in diesem Sinne volltätige Mensch werde durch das «Leben zu voller Selbsttätigkeit und Selbständigkeit erweckt» (ULMER 1927, S. 35).

Kaiser sieht Selbsttätigkeit als einerseits durch →Vorbilder, andererseits durch Zwang und durch Gewöhnung bewirkt. Zentrale Bedeutung für die Herausbildung der Selbsttätigkeit habe der Lehrer, der als «lebendige Methode» so perfekt sein solle, daß «der Schüler [...] im Lehrer seine künftige Vollkommenheit» ahne (KAISER 1931, S. 75).

Durch den Nationalsozialismus wurden viele reformpädagogische Ideale und damit auch das Prinzip der Selbsttätigkeit verworfen oder pervertiert.

Neuere Ansätze. In der Nachkriegszeit knüpfte zunächst die geisteswissenschaftliche Pädagogik an individualistische Konzeptionen bürgerlicher Pädagogik an (Betonung des Verhältnisses «Erzieher – Zögling»; →Verhältnis, pädagogisches); gesellschaftskritische und empirisch-analytische Positionen versuchten dann aber, die individuelle um die gesellschaftliche Perspektive von Erziehung zu ergänzen (vgl. BENNER 1983). In dem Versuch, «Grundstrukturen pädagogischen Denkens und Handelns» zu rekonstruieren, greift Benner auf das Prinzip «Aufforderung zur Selbsttätigkeit» zurück. Es bildet neben dem Bildsamkeitspostulat quasi das Rückgrat der «individuellen Seite der Erziehungspraxis» (BENNER 1983, S. 298).

In den Nachbardisziplinen der Pädagogik waren Forschungen zur Selbsttätigkeit eher auf einzelne Phänomene bezogen; so analysierten HECKHAUSEN/KEMMLER (vgl. 1957) den Einfluß der mütterlichen Selbständigkeits-Erziehung auf die Schulreife der Söhne; WEISS (vgl. 1975) untersuchte «Selbständigkeit und moralische Urteilsfähigkeit bei Grundschülern».

In vielen neueren didaktischen Beiträgen sind andere Termini diskussionsbestimmend, wobei aber Selbsttätigkeit und Selbständigkeit implizit enthalten sein können. Hinsichtlich der unterrichtlichen Ebene wurden vor allem Konzepte verwirklicht, die auf eine dem Entwicklungsstand von Lernern angemessene Zurückhaltung des Lehrers zugunsten der Aktivitätsentfaltung von Lernern zielen. Zum Beispiel steht «Entdeckendes Lernen» für selbsttätiges Erkennen von Phänomenen (NEBER 1981); Begriffe wie «Schülerorientierter Unterricht» (EINSIEDLER 1978, 1986), «Selbstbestimmung im Unterricht» (vgl. HUBER 1976), «Selbstgesteuertes Lernen» (vgl. EINSIEDLER 1978, NEBER 1981) betonen einen hohen Persönlichkeitsbezug des Lernens.

Selbständigkeit und Selbsttätigkeit werden auch oft als eine *methodische* Kompetenz von Lernern im Sinne von Arbeitstechniken angesprochen (vgl. GEPPERT/PREUSS 1980). Es liegen zahlreiche Vorschläge zur Entwicklung von Selbsttätigkeit vor, die sich unter dem Schlagwort «das Lernen lernen» (vgl. SCHRÄDER-NAEF 1978, VETTIGER u. a. 1979) subsumieren lassen.

Was die Einbettung des Selbsttätigkeitsprinzips in größere konzeptionelle Zusammenhänge anbetrifft, so sind didaktische Modelle (vgl. FLECHSIG 1983) aufweisbar, in denen es im besonderen Maße vorgesehen ist: Selbsttätigkeit ist nach den Vorschlägen der Autoren des «Göttinger Katalogs Didaktischer Modelle» (GKDM) zum einen dem Arbeitsunterricht zugeordnet, wobei es um die «Selbstwahl oder Mitwirkung bei der Aufgabenstellung», den «Lernweg», die «Bewertung der Ergebnisse» und allgemeiner um die «Entwicklung von Persönlichkeit und gesellschaftlicher Tüchtigkeit» geht; zum anderen ist dieses Prinzip im Hinblick auf das didaktische Modell «Individualisierter Lernplatz» aufgeführt, wo es um Lernen «ohne Hilfe anderer», «aufgrund eines aufgeklärten Interesses» auf der Grundlage selbst ausgewählter, bewerteter und verarbeiteter Informationen geht (vgl. FLECHSIG u. a. o. J.).

Kritiker sehen in diesen Ansätzen jedoch einen Dilettantismus des Lernens und zweifeln an der Ernsthaftigkeit solcher Lernarrangements (vgl. WINKEL 1981). Die entscheidende Frage im Kontext schulischen Lernens ist, welchen Grad von Selbsttätigkeit man tolerieren, dem Lerner zubilligen kann, da in diesem Kontext Zielvorgaben bestehen und in der Regel nicht disponibel sind. Die Diskussion hierüber wird vor allem durch Rückgriff auf lern- und entwicklungspsychologische Positionen geführt, weniger hingegen unter curricularen und explizit normativen Gesichtspunkten. Am bekanntesten ist wohl die «Bruner-Ausubel-Kontroverse» (gegenübergestellt in NEBER 1981). Während Bruner «Lernen durch eigene Entdeckung» als das durch viele Vorteile gekennzeichnete Lernprinzip postuliert, behauptet Ausubel, daß der Mensch das meiste nicht aus eigenen, sondern aus Entdeckungen anderer sowie der sinnvollen Übermittlung dieses Wissens weiß. Im übrigen sei die These, daß Wissen sehr schnell veralte und damit wertlos werde, maßlos übertrieben (vgl. NEBER 1981, S. 15ff). Auch AEBLI äußert Kritik gegenüber dem Prinzip der Selbsttätigkeit; er sieht eine Unentbehrlichkeit des kompetenten Lehrers (vgl. 1983, S. 362ff). Die Gaudigsche Arbeitsschule, so Aeblis Argument, erzielte «selbständiges Anwenden gelernter Arbeitsformen»; nur hätten die Arbeitsschultheoretiker dieses «irrtümlich als freie geistige Schularbeit gedeutet» (AEBLI 1983, S. 361). Besonders deutliche Kritik an der Vorstellung, daß Individuen ohne Beistand eines Lehrers, also von sich aus lernen könnten, kommt aus der pädagogischen Literatur der DDR. Unter Hinweis auf die gesellschaftliche Verantwortung eines jeden Staatsbürgers wird der «privatistischen» Persönlichkeitsentwicklung eine reaktionäre Grundperspektive unterstellt (vgl. NEUNER 1963, S. 841ff).

Die Bedenken gegen lernerzentrierte Selbsttätigkeits- und Selbständigkeitskonzepte sind insbesondere hinsichtlich des Primar- und Sekundarbereichs vorgebracht worden. Demgegenüber ist die →Weiterbildung als ein Bereich zu verzeichnen, hinsichtlich dessen eine vergleichbare Skepsis nicht besteht. Im Gegenteil, mit dem Postulat nach «erwachsenengerechtem Lernen» ist insbesondere auch die Vorstellung verbunden, Mündigkeit von Lernern vorauszusetzen und entsprechende Möglichkeiten der «didaktischen Selbstwahl» (vgl. RAAPKE 1968, S. 123) zu gewährleisten. Allerdings sind, bezogen auf einzelne Lerngegenstände, Erwachsene nicht zwangsläufig selbständiger als jüngere Lerner. Diese Erfahrung hat gerade bei Institutionen, die sich mit Erwachsenen- und Weiterbildung befassen, dazu geführt, daß Maßnahmen entwickelt worden sind, Selbsttätigkeit gezielt zu entfalten. Insbesondere sind hierzu unterstützende Programme zu nennen, wie sie beispielsweise in Form von Informationsbroschüren und gezielten Beratungen (vgl. OPEN UNIVERSITY 1979) durchgeführt worden sind.

Eine noch weitergehende Maßnahme ist die Wahl einer Lernorganisation in vielen Schulen und Colleges in den USA (vgl. FIELDING INSTITUTE o. J.), die dem Prinzip der Selbsttätigkeit auch institutionell Rechnung tragen. Im «contract learning» (vgl. ASSELMEYER 1981) fixiert der Lerner seine selbständig festgelegten Lernpläne zunächst für sich selbst, dann erst geht er mit einer Institution einen Lernvertrag ein. Die darin getroffenen Vereinbarungen über Ziele, Inhalte, Arbeitsschritte und Evaluationskriterien sind Ausdruck des Willens nach selbsttätigem Studium. Diese hinsichtlich einer Selbsttätigkeit der Lerner sehr konsequenten Beispiele liefern empirische Belege dafür, daß auch weitestgehende Selbstbestimmung nicht mit Dilettantismus einhergehen muß.

AEBLI, H.: Zwölf Grundformen des Lehrens. Eine allgemeine Didaktik auf psychologischer Grundlage, Stuttgart 1983. ASSELMEYER, H.: Konzept und Praxis des Kontraktlernens, Göttingen 1981. BENNER, D.: Grundstrukturen pädagogischen Denkens und Handelns. In: Enzyklopädie Erziehungswissenschaft, Bd. 1, Stuttgart 1983, S. 283 ff. EINSIEDLER, W.: Schülerorientierter Unterricht, Weinheim/Basel 1978. EINSIEDLER, W.: Lehrmethoden, München/Wien/Baltimore 1981. EINSIEDLER, W.: Unterricht, schülerorientierter. In: Enzyklopädie Erziehungswissenschaft, Bd. 3, Stuttgart 1986, S. 628 ff. FICHTE, J. G.: Reden an die deutsche Nation (1808). Werke, hg. v. F. Medicus, Bd. 5, Darmstadt 1962, S. 365 ff. FIELDING INSTITUTE: Student Manual, Santa Barbara (Cal.) o. J. FLECHSIG, K.-H.: Der Göttinger Katalog Didaktischer Modelle, Göttinger Monographien zur Unterrichtsforschung (Zentrum für Didaktische Studien, Nörten-Hardenberg), Göttingen 1983. FLECHSIG, K.-H. u. a.: GKDM-Grundtexte, Mimeo, Göttingen o. J. GAUDIG, H.: Die Schule der Selbsttätigkeit (1917), hg. v. L. Müller, Bad Heilbrunn ^{2}1969. GEISSLER, E. E.: Allgemeine Didaktik. Grundlegung eines erziehenden Unterrichts, Stuttgart 1981. GEPPERT, K./PREUSS, E. (Hg.): Selbständiges Lernen. Zur Methode des Schülers im Unterricht, Bad Heilbrunn 1980. HECKHAUSEN, H./KEMMLER, L.: Entstehungsbedingungen kindlicher Selbständigkeit. In: Z. f. exp. u. angew. Psych. 4 (1957), S. 603 ff. HUBER, G. L.: Selbstbestimmung und Fremdbestimmung von Lernprozessen, München 1976. ILG, P.: Die Selbsttätigkeit als Bildungsprinzip bei Johann Ludwig Vives. Friedrich Manns Pädagogisches Magazin, Heft 1357. Pädagogische Untersuchungen, hg v. O. Kroh, 1. Reihe: Studien zur Vorgeschichte der Arbeitsschulidee, Heft 5, Langensalza 1932. KAISER, E.: Der Gedanke der Selbsttätigkeit in der Pädagogik bei Niemeyer und Schwarz. Friedrich Manns Pädagogisches Magazin, Heft 1338. Pädagogische Untersuchungen, hg. v. O. Kroh, 1. Reihe: Studien zur Vorgeschichte der Arbeitsschulidee, Heft 4, Langensalza 1931. KLINGBERG, L.: Einführung in die Allgemeine Didaktik (Vorlesungen), Potsdam 1971. MICHAEL, B.: Selbstbildung im Schulunterricht, Weinheim 1963. MONTAIGNE, M. DE: Essais (1580). Auswahl und Übersetzung v. H. Lüthy, Bd. 1, Zürich 1953. NAUDASCHER, B.: Das übergangene Selbst. Pädagogische Perspektiven der Selbstkonzeptforschung, Frankfurt/M. 1980. NEBER, H. (Hg.): Entdeckendes Lernen, Weinheim/Basel 1981. NEUNER, G.: Selbsttätigkeit. In: Frankiewicz, H. u. a. (Hg.): Pädagogische Enzyklopädie, Bd. 2, Berlin (DDR) 1963, S. 841 ff. OPEN UNIVERSITY: How to Study. A Guide to Studying at the Open University, Walton Hall 1979. PARKHURST, H.: Education on the Dalton-Plan, London 1923. RAAPKE, H.-D.: Didaktische Aspekte der Erwachsenenbildung. In: Ritters, C. (Hg.): Theorien der Erwachsenenbildung, Weinheim 1968, S. 117 ff. RUDOLPH, H.: Wesen und Bedeutung der Selbsttätigkeit in Herders Bildungslehre. Friedrich Manns Pädagogisches Magazin, Heft 1358. Pädagogische Untersuchungen, hg. v. O. Kroh, 1. Reihe: Studien zur Vorgeschichte der Arbeitsschulidee, Heft 6, Langensalza 1932. SCHALLER, K.: Die Pädagogik des Johann Amos Comenius und die Anfänge des pädagogischen Realismus im 17. Jahrhundert, Heidelberg [2]1967. SCHEIBNER, O.: Der Arbeitsvorgang in technischer, psychologischer und pädagogischer Erfassung (1922). In: Geppert, K./Preuss, E. (Hg.): Selbständiges Lernen, Bad Heilbrunn 1980, S. 35 ff. SCHRÄDER-NAEF, R. D.: Schüler lernen Lernen, Weinheim/Basel [2]1978. STEINDORF, G.: Grundbegriffe des Lehrens und Lernens, Bad Heilbrunn 1981. ULMER, J.: Die Selbsttätigkeit des Menschen in der Pädagogik Pestalozzis. Friedrich Manns Pädagogisches Magazin, Heft 1133. Pädagogische Untersuchungen, hg. v. O. Kroh, 1. Reihe: Studien zur Vorgeschichte der Arbeitsschulidee, Heft 2, Langensalza 1927. VETTIGER, H. u. a.: Lernziel: Selbständigkeit. Arbeitstechniken für Schüler, Düsseldorf 1979. WASHBURNE, C. W./VOGEL, M.: Two Years of Winnetka Research, Winnetka 1928. WEISS, W. W.: Determinanten der Einstellung von Eltern zum selbständigen Verhalten der Kinder. In: Z. f. Soziol. 4 (1975), S. 165 ff. WETEKAMP, W.: Selbstbetätigung und Schaffensfreude in Erziehung und Unterricht, Leipzig 1908. WINKEL, R.: Die kritisch-kommunikative Didaktik. In: Gudjons, H. u. a.: Didaktische Theorien, Braunschweig 1981, S. 78 ff.

Herbert Asselmeyer

Selbstthematisierung (der Menschen) → Subjektivität
Selbstunterricht → Autodidaktik
Selbstverständnis (der Menschen) → Subjektivität
Selbstverwirklichung → Individualität
Selbstvollendung → Bildung

Selektion

Begriff. Unter Selektion versteht man allgemein die systematische Einschränkung von Möglichkeitsspielräumen. Nicht alles, was möglich wäre, ist kulturell sinnvoll. Der Auswahlprozeß, aus den vielen Möglichkeiten bestimmte zu ergreifen, ist durch «Sinn», also Bedeutungszuschreibung, gesteuert.

Selektion als Problem der →Erziehung bezieht sich auf zwei Bereiche: erstens auf die Auslese geeigneter Personen für unterschiedliche Bildungslaufbahnen und entsprechende berufliche →Rollen im Beschäftigungssystem. Diese durch das Berechtigungswesen gesteuerte selektive Funktion des Bildungssystems ist üblicherweise gemeint, wenn in der Erziehungswissenschaft von Selektion die Rede ist. Dabei sollte nicht übersehen werden, daß diese Auslese auch negative Kriterien («gestört», «verwahrlost») einschließt, durch die nach Maßgabe geltender Normvorstellungen «unangepaßte» Individuen aus der «normalen» Bildungslaufbahn herausgenommen und besonderen Institutionen (wie Erziehungsheimen) zugewiesen werden. Zweitens werden Selektionen bei der Bestimmung dessen vorgenommen, was lernenden Personen vermittelt werden soll (Lernziele, «Bildungsinhalte»). Dieser zweite, nicht minder wichtige Aspekt wurde erst in den 60er Jahren im Zusammenhang mit der Curriculumrevision als Problem der Erziehungswissenschaft voll bewußt. Das zweite Selektionsproblem ist eine Folge der modernen Wissensexplosion, die zur begründeten Auswahl dessen zwingt, was der einzelne noch sinnvollerweise wissen und können sollte, und zeigt an, daß die bildungsmächtigen Traditionen als solche nicht mehr selbstverständlich sind und in ihrer Wirkungsgeschichte entwertet und aufgelöst wurden.

In beiden Aspekten setzt die selektive Funktion der Erziehung auf *kultureller Ebene* die Evolution fort, die auf der Ebene der *Naturgeschichte* als →Entwicklung der Arten durch natürliche Auslese voranging. In der Natur wie in der Kultur gibt es Selektionsprozesse überall dort, wo es individuelle Unterschiede gibt. Die Herkunft des Begriffs aus der Biologie darf freilich nicht darüber hinwegtäuschen, daß zwischen der natürlichen Auslese der Arten und der selektiven Funktion der Erziehung ein fundamentaler Unterschied besteht. Während es bei der natürlichen Auslese um das nackte Überleben geht (Darwins «Kampf ums Dasein»), ist die Selektion in der Erziehung immer am Sinn eines kulturell definierten Sollzustands des gesellschaftlichen Lebens orientiert, auf den hin erzogen wird. Jedes →Lernziel, das dem Kind vorgegeben wird, impliziert insofern auf seiten des →Erziehers, ob bedacht oder gedankenlos, die Vorstellung eines künftigen gesellschaftlichen Lebens. Dieser Zusammenhang macht verständlich, daß die selektive Funktion der Erziehung, seit der Bewußtwerdung ihrer Bedeutung, mit einer hohen sozialen Brisanz aufgeladen ist.

Historische Entwicklung. Bis zur Auflösung der ständischen Gesellschaft war die Zuweisung der Heranwachsenden in unterschiedliche Bildungslaufbahnen und berufliche Rollen in der Regel nach der sozialen Herkunft klassenspezifisch organisiert. Erst die Aufklärungsbewegung erhob die Gleichheit der Bildungschancen zum allgemeinen Menschenrecht und zum politischen Reformprogramm. Seither haben die unteren Klassen die Ausweitung ihrer Bildungsbeteiligung schrittweise durchgesetzt und vorangetrieben. Dieser Prozeß der Demokratisierung läßt sich ablesen an der historischen Entwicklung der Bildungsorganisation, deren klassenmäßige Trennung im 19. Jahrhundert besonders stark ausgeprägt war und seit dem Ersten Weltkrieg allmählich überwunden wird. Seit dem Zweiten Weltkrieg hat sich in den meisten europäischen Staaten die Tendenz verstärkt, die verschiedenen Schularten durchlässiger zu machen oder in gesamtschulartige Systeme zu integrieren. Wegen der kumulativen Verstärkung der Selektion auf den einzelnen Stufen des Bildungssystems zeigen sich im Hochschulbereich bislang noch die größten Ungleichheiten der schichtspezifischen Bildungsteilhabe. In der historisch beispiellosen Bildungsexpansion seit 1960 ist die ungleiche Bildungsteilhabe in den meisten europäischen Staaten zweifellos vermindert worden, aber große Ungleichheiten bestehen nach wie vor und bleiben als Reformaufgabe politisch auf der Tagesordnung (vgl. OECD 1975). Mit der Entwicklung zu integrierten Bildungssystemen verschieben sich die Selektionsprobleme allmählich von den unteren auf die höheren Altersstufen der Heranwachsenden. In demselben Maße, in dem das Berechtigungen verleihende Schulwesen sozial offener und immer mehr Jugendlichen zugänglich wird, konzentrieren sich Selektionsprobleme an der neuralgischen Nahtstelle zwischen Bildungs- und Beschäftigungssystem. Die Demokratisierung der allgemeinen Bildung gerät in einen latenten Widerspruch zum «Bedarf an sozialer Ungleichheit» (Teichler 1975, S. 63), den die gesellschaftliche Arbeit fordert, solange sie hierarchisch organisiert ist.

Gegenwärtige Problematik. Die auf den ersten Blick überzeugende Reformstrategie, mit Hilfe der selektiven Funktion der Erziehung durch eine sozialpolitisch angeleitete kompensatorische Verteilung der Bildungschancen das Problem der *sozialen Ungleichheit* zu lösen, hat sich als eine Illusion erwiesen (vgl. Bourdieu/Passeron 1971). Weder lassen es die kapitalistischen Strukturbedingungen zu, daß über das Bildungssystem eine gegen die Reproduktion der bestehenden Sozialstruktur wirksame Umverteilung der Sozialchancen der nachfolgenden Generation vorgenommen werden könnte, noch hätte eine derartige nach Maßgabe des Leistungsprinzips tatsächlich realisierte Umverteilung unter kapitalistischen Strukturbedingungen eine Nivellierung sozialer Ungleichheiten zur Folge. Wie zahlreiche Untersuchungen belegt haben, spielen die beiden Verteilungssysteme *«Markt»* und *«Schule»* eine eigentümlich komplementäre Rolle bei der Reproduktion sozialer Ungleichheit: Während die über die Stellung im Produktionsprozeß vermittelte Ungleichheit für die Benachteiligten hinsichtlich ihrer Leistungskonkurrenz im Verteilungssystem Schule wie eine *Fessel* wirkt, fungiert der Markt für die in der schulischen Leistungskonkurrenz gescheiterten Kinder der ökonomisch Privilegierten genau umgekehrt wie ein *Netz*, das drohenden sozialen Abstieg auffängt.

Wenn man die selektive Funktion der Erziehung, unter Beibehaltung des *Leistungsprinzips* (→Leistung) als Zuteilungsnorm für knappe Bildungs- und Berufschancen, konsequent zu Ende denkt, ergeben sich drei schwerwiegende Einwände gegen die im modernen Bildungssystem sich abzeichnende Überbetonung von Selektion: Erstens ist die ungleiche Zuteilung von Bildungschancen *sozialpolitisch* bedenklich, weil sie die Reproduktion sozialer Ungleichheit noch eine Stufe tiefer verankert, nämlich dort, wo es noch nicht um die Realisierung des individuellen Leistungsvermögens geht (auf dem Markt), sondern erst um den Aufbau dieses Vermögens (Ausbildung von Kompetenzen). Das zweite Bedenken ist *rechtspolitischer* Art: Durch die Leistungsselektion im Bildungssystem wird der liberale Konkurrenzmechanismus aus der Sphäre des privaten Tauschverkehrs auf die Ebene der politischen Verfassung projiziert. Dadurch gewinnt die im Bildungssystem erzeugte oder durch Tarnungsmechanismen bloß transformierte gesellschaftliche Ungleichheit eine neue politische Qualität: Sie wird öffentlich-rechtlich sanktionierte und legitimierte ungleiche soziale Teilhabe (vgl. TITZE 1980). Die traditionell ökonomisch bedingten sozialen Klassen werden von «Berechtigungsklassen» überlagert und in diese transformiert. Der dritte Einwand schließlich bezieht sich auf die *sozialpsychologischen* Wirkungen: Der universelle Leistungswettbewerb im selektiven Bildungssystem begünstigt bereits bei Kindern einen unsolidarischen Handlungstypus und führt bereits im Entwicklungsalter zu hohen Selbstwertbelastungen und schwerwiegenden Identitätsstörungen.

Perspektiven. Im Sinne einer demokratischen Teilhabe aller empfiehlt es sich, die selektive Funktion der Erziehung für geplanten sozialen Wandel in zwei Richtungen zu entfalten: Statt die Kinder auf das Erreichen traditioneller Lernziele hin hierarchisch zu sortieren, müßten vorrangig die Lernziele selbst einem kritischen Selektionsprozeß unterzogen werden. Die Curriculumentwicklung müßte sich darauf konzentrieren, verallgemeinerte Curricula derjenigen Fertigkeiten und →Qualifikationen zu erstellen (Sockelniveau an Kompetenzen), die alle heranwachsenden Mitglieder der Gesellschaft beherrschen sollten, um politisch, ökonomisch und kulturell gleichberechtigt am gesellschaftlichen Leben teilhaben zu können. Für den Bereich dieser allgemein notwendigen Kompetenzen müßte das Prinzip der →Chancen*gleichheit* durch das des Chancen*ausgleichs* abgelöst weden, denn nach einem materiellen Gerechtigkeitsbegriff entspricht es nur der sozialen Billigkeit, daß Ungleiches ungleich behandelt wird, daß also dem doppelt Benachteiligten doppelt geholfen wird und nicht umgekehrt.

BOURDIEU, P./PASSERON, J.-C.: Die Illusion der Chancengleichheit. Untersuchungen zur Soziologie des Bildungswesens am Beispiel Frankreichs, Stuttgart 1971. OECD: Education, Inequality and Life Chances, Paris 1975. TEICHLER, U.: Numerus clausus und gesellschaftlicher Bedarf. In: Student. Pol. 8 (1975), 6/7, S. 47ff. TITZE, H.: Erziehung, Selektion und Berechtigung. In: Brinkmann, W. (Hg.): Erziehung – Schule – Gesellschaft, Bad Heilbrunn 1980, S. 150ff.

Hartmut Titze

Selektionsfunktion (von Prüfungen) →Prüfung; →Zeugnis – Zertifikat
septem artes liberales →Fach – Fächerkanon; →Lehrplan; →Studium Generale

Sexualerziehung

Sexualität und Sexualerziehung. Im Zuge der Verbürgerlichung der modernen Gesellschaft kam in Westeuropa zu Beginn des 19. Jahrhunderts für geschlechtliche Vorgänge der Begriff «Sexualität» in Gebrauch. Viele bis dahin übliche Bezeichnungen gingen verloren oder wurden in die Vulgärsprache übernommen (vgl. BORNEMANN 1979, VAN USSEL 1979). Bezog sich dieser zunächst neutral anmutende Begriff zuerst auf biologische und botanische Aspekte (Fortpflanzung, Bestäubung), wurde er bald nur noch auf den Menschen angewendet (vgl. KENTLER 1984), blieb jedoch in einer engen Sichtweise bis weit in dieses Jahrhundert hinein lediglich auf den Koitus mit der Fortpflanzungsfunktion beschränkt.

Diese enge Beschreibung von «Sexualität» schloß die Lust- und Sozialfunktion aus und ließ keinen Platz für Kinder-, Jugend- und Alterssexualität. Sie ging einher mit psychohydraulischen Erklärungsmustern (sogenannten Dampfkesseltheorien), nach denen sich im Körper ein Druck aufstaue, der von Zeit zu Zeit über ein Ventil abgelassen werden müsse; eine Auffassung, die bis heute weit verbreitet ist.

Als einen wesentlichen Aspekt der Libido sah Freud die Energie des Sexualtriebes, der, einer innersomatischen Reizquelle entspringend, sich in einer Abstinenzphase – in Abhängigkeit von deren Dauer – in einen als unangenehm empfundenen Spannungszustand steigere und auf Ausgleich (Abfuhr) dränge, um einen Zustand des Gleichgewichts (Homöostase) zu erlangen, vergleichbar mit Hunger und Durst. Dieses energetische Triebkonzept sexueller Motivation berücksichtigte erstmals das Lustprinzip menschlicher Sexualität. Heute wird es weitgehend als überholt angesehen, da es die Bedeutung von Außenreizen für die sexuelle Stimulation außer acht läßt. Eine weitere Komponente fügten KINSEY u. a. (vgl. 1963) sowie MASTERS/JOHNSON (vgl. 1967) dem Sexualitätsbegriff unter Betonung des Orgasmus zu.

Neuere Forschungen zeigen auf, daß sexuelle Motivation aus mehreren Quellen gespeist wird: Neben die bereits erwähnten treten Phantasien, Tag- und Wunschträume sowie soziale und kommunikative Aspekte. Die Sozialisierung der Sexualität sowie das aktuelle Sexualverhalten lassen sich wesentlich besser mit einem Zweikomponentenmodell erklären, das SCHMIDT (vgl. 1973) vorgelegt hat. Er unterscheidet: Erregbarkeit, das heißt die größtenteils durch Erfahrung gewonnene Bereitschaft und Fähigkeit, auf bestimmte Situationen und Reize sexuell zu reagieren (früher als Triebstärke bezeichnet), sowie Erregung, das heißt das momentane Niveau sexueller Stimulation (vgl. hierzu die Kontroverse zwischen SIGUSCH 1984 und SCHMIDT 1984).

Von Bedeutung für die sexuelle Motivation sind ferner die – dem jeweiligen Subjekt – meist verborgenen symbolischen Bedeutungen der sexuellen Erregung, die sich unter anderem aus Biographien, Rückblicken, Tagträumen und Phantasien rekonstruieren lassen (vgl. MÜLLER 1979): Des weiteren ist zu berücksichtigen, daß auch nichtsexuelle Motive wie die Beendigung von Trennung und Streit die Intensität und Dynamik sexuellen Verhaltens und Erlebens beeinflussen (vgl. BITTNER 1982).

Einen weiteren Zugang zum Phänomen «Sexualität» eröffnen die sexuellen Verhaltensweisen und Handlungen (von Masturbation, Petting, Koitus, Homo- und Heterosexualität bis hin zu den sogenannten Perversionen), die im historischen und sozialen Kontext unter Berücksichtigung der jeweils herrschenden →Werte, Normen und Ideologien zu betrachten und zu bewerten sind. Als sinnvoll erweist sich ein weitgefaßter Sexualitätsbegriff, nach dem «Sexualität nicht nur [...] im Fortpflanzungsgeschehen ihre Sinnerfüllung [findet], sie ist auch nicht nur ein lustvolles Erlebnis, sondern in erster Linie Ausdruck der Liebe und ein Mittel der Kommunikation – eine Möglichkeit der Begegnung und der Beziehungspflege» (KENTLER 1982, S. 5).

Während unter dem Begriff der sexuellen Sozialisation (vgl. KOCH 1983) sowohl manifeste als auch latente Lernprozesse subsumiert werden, bezeichnet *Sexualerziehung* «in der Regel das gesamte Feld der bewußten, gezielten und geplanten Förderung der menschlichen Sexualität auf allen Altersstufen» (N. KLUGE 1984a, S. 9), wobei sich ihre Begründung wie folgt darstellen läßt:

Jugendliche haben einen Anspruch auf korrekte, das heißt dem jeweiligen wissenschaftlichen Standard und Kenntnisstand entsprechende sowie altersgerechte *Informationen* über sexuelle Tatbestände. Die Bandbreite der Wissensbestände reicht hierbei von biologischen über anthropologische, medizinische, psychologische, soziologische, politisch-normative bis hin zu juristischen Fakten.

Trotz der heute oft beklagten Sprachlosigkeit aller Generationen im mitmenschlichen Bereich gilt es, den Heranwachsenden zu helfen, ihre Wünsche, Vorstellungen, Gefühle, Erfahrungen und Wertvorstellungen zu artikulieren und in gemeinsamen Gesprächen zu klären, zu prüfen und zu beurteilen im Hinblick auf ihre Bedeutung in zukünftigen Lebenssituationen mit dem Ziel der Vorbereitung auf eine *selbstbestimmte, humane Lebensführung*.

Für die Entwicklung des *Selbstkonzepts* und der *Ich-Identität* ist das Erfahren und Akzeptieren anderer und der je eigenen Körperlichkeit von Bedeutung; dies vor allem in Hinsicht auf die jeweils gültigen massenmedial und von kommerziellen Interessen propagierten Schönheitsideale.

Angesichts der Risiken durch die in der Regel tödlich verlaufende Immunschwäche-Krankheit AIDS, deren Erreger HIV vor allem sexuell übertragen wird, und der zunehmenden öffentlichen Vermarktung von Sexualität wird die *kustodiale Funktion* staatlicher Erziehungsinstitutionen, nämlich das Schützen und Bewahren der Heranwachsenden vor schädlichen und negativ prägenden Einflüssen, deutlich.

Bei Berücksichtigung der Zahl minderjähriger Mütter (1979: 7877) und der Schwangerschaftsabbrüche bei Minderjährigen (1979: 4729; vgl. SCHMID-TANNWALD/URDZE 1983) – bei einer recht hohen Dunkelziffer – hat Sexualerziehung auch heute noch eine *präventive, gesundheitsfürsorgerische Funktion.*

Hauptpositionen der Sexualpädagogik. Gegenwärtig lassen sich in der Bundesrepublik Deutschland drei Hauptrichtungen sexualpädagogischer Theorie aufzeigen, die BARKOW (vgl. 1980) auch schon für die Weimarer Republik nachgewiesen hat.

Konservativ-repressive Sexualerziehung. Diese Position wird zum Teil von staatlicher und kirchlicher Seite, insbesondere von der katholischen Amtskirche vertreten. Sexualität wird hier primär unter dem Aspekt der Fortpflanzung und Nachkommenschaft gesehen und findet ihren Platz in der Institution der Ehe. Nach dieser Auffassung stellt Sexualität einen gefährlichen, brisanten Trieb dar, den es gilt, in Schach zu halten. Der Jugendliche muß durch strenge Moralvorschriften und Erziehungsmaßnahmen von ihm abgelenkt werden. Kennzeichnend für derartige Ablenkungsmanöver sind das Ignorieren von Kinder- und Jugendsexualität, das rigide Verbot von frühkindlichen sexuellen Spielereien, die Furcht vor frühzeitiger sexueller Stimulation durch Aufklärung oder sexualerzieherische Maßnahmen, die Mystifizierung und Umschreibung sexueller Tatbestände bis hin zu falschen biologisch-botanischen Vergleichen und Erklärungsmustern («Blüten», «Schmetterlinge», «Bienen») und massiven Sanktionen bei sexuellen «Vergehen» wie Selbstbefriedigung (zur katholischen Aufklärungsliteratur: vgl. KOCH 1971, ROHDE-DACHSER 1970). In den letzten «Verlautbarungen des Apostolischen Stuhls» vom Dezember 1983 findet sich eine scharfe Verurteilung von Masturbation, Homosexualität sowie vor- und außerehelichen Beziehungen (vgl. SEKRETARIAT DER DEUTSCHEN BISCHOFSKONFERENZ 1983). Allerdings sehen viele der im Bund Deutscher Katholischer Jugend engagierten Jugendlichen die kirchlichen Normen und Gebote zur Enthaltsamkeit vor der Ehe für sich als nicht verpflichtend an (vgl. LIEGENER 1980).

Politisch-emanzipatorische Sexualerziehung. Im Gefolge der Schüler- und Studentenrevolten der späten 60er Jahre wendet sich die politisch-emanzipatorische Sexualerziehung, als deren Hauptvertreter KENTLER (vgl. 1977) zu nennen ist, gegen die Ziele und Inhalte der bis dahin herrschenden sexualfeindlichen Position. Neben Elementen der Psychoanalyse und Ideen marxistischer Gesellschaftskritik sind in diese Konzeption Gedanken der Humanistischen Psychologie eingeflossen. Gegen die Vorstellung einer biologischen Determination von Sexualität setzt sie die «soziosexuelle» Auffassung, daß Inhalt und Richtung menschlicher Sexualität durch Erziehungs- und Lernprozesse vermittelt und im weiteren durch die Umwelt sowie durch gesellschaftliche und den jeweils historisch geltenden Normen und Werten verpflichtete Einflüsse geprägt werden. Sexualität dient als körperliche, geistig-seelische und soziale Lebensenergie und -kraft der positiven Gestaltung der Beziehungen zwischen den Menschen. Gegen Triebaufschub, Einüben von Frustrationstoleranz und «recht verstandene Askese» fordert sie das Recht jedes einzelnen auf Lust und Glück. Zu ihren Zielen zählt sie den Abbau von Unterdrückung und Bevormundung, die Überwindung von Doppelmoral sowie Rollenstereotypen und -zwängen, die Verwirklichung der Gleichberechtigung der Geschlechter und den Kampf gegen die →Stigmatisierung und Repression von sexuellen Minderheiten: Homo- und Heterosexualität werden als gleichwertig angesehen. In Übereinstimmung mit den Zielen einer allgemeinen demokratischen Erziehung postuliert sie als oberstes Richtziel die sexuelle Emanzipation der Heranwachsenden.

Vermittelnd-liberale Sexualerziehung. Einen Weg zwischen den extremen Positionen sucht die Gruppe um OESTERREICH (vgl. 1973), die sich nach eigenem Verständnis als «progressive Mitte» bezeichnet.

Auch sie wendet sich weitgehend gegen die konservativ-repressive Sexualerziehung, sieht jedoch andererseits die politisch-emanzipatorische Sexualerziehung als zu progressiv, zu utopisch und zu sehr dem Gedanken der politischen Systemveränderung, also der Überwindung des spätkapitalistischen Gesellschaftssystems verhaftet an. Auf der Grundlage pluralistischer Meinungsvielfalt in einem demokratisch-freiheitlich-rechtsstaatlichen Staatswesen befürworten ihre Vertreter eine durchgängige Sexualerziehung auf allen Ebenen des Erziehungswesens. Sie betonen das Prinzip der Wissenschaftsorientierung sowie der politischen Neutralität (vgl. MASKUS 1979) und richten ihre sexualerzieherischen Maßnahmen an den Maximen der Förderung der personalen, sozialen und partnerschaftlichen Entwicklung aus.

Elternrecht versus Erziehungsauftrag des Staates. Schon vor dem Beschluß der Kultusministerkonferenz vom 3. 10. 1968 über die generelle Einführung der schulischen Sexualerziehung und den hierauf folgenden Erlassen und Richtlinien der Kultusminister der einzelnen Länder wurde ihre Rechtmäßigkeit kontrovers diskutiert. Im Mittelpunkt stand die Frage, inwieweit schulische Sexualerziehung mit dem in Art. 6 des Grundgesetzes (GG) garantierten Erziehungsrecht der Eltern und der in Art. 1 und 2 GG geschützten Menschenwürde und Intimsphäre von Eltern und Kindern kollidiere und inwieweit dieses Elternrecht mit dem in Art. 7 GG festgelegten Erziehungs- und Bildungsauftrag des Staates in Einklang zu bringen sei.

1977 sprach das Bundesverfassungsgericht dem Staat aufgrund seines Erziehungs- und Bildungsauftrags die Berechtigung zu, Sexualerziehung in den Schulen durchzuführen, wobei diese als fächerübergreifender Unterricht nicht von der Zustimmung der Eltern abhängig ist; ihnen wird jedoch ein Anspruch auf rechtzeitige Information zugebilligt.

Empirische Forschungsergebnisse. In den Jahren 1954/1955 führte HUNGER (vgl. 1967) eine umfassende Befragung von Jugendlichen durch und deckte ein fundamentales Wissensdefizit über Sexualorgane und sexuelle Vorgänge auf.

Eine zuverlässige Ermittlung des Einflusses verschiedener Formen der Sexualerziehung auf das Bewußtsein (Einstellungen und Wertorientierungen) sowie → Handeln von Kindern und Jugendlichen ist immer noch ein Desiderat. Eine für alle Schulformen des Bundeslandes Nordrhein-

Westfalen repräsentativ angelegte Erhebung von 1985 bis 1988 durch das DFG-geförderte Projekt von GLÜCK/SCHLIEWERT (vgl. 1984a, GLÜCK u. a. 1989) zeigt, daß nur ein Drittel der →Schüler/-innen eine ausreichende schulische Sexualerziehung erhält, gemessen an den bereits 1974 dafür erlassenen Richtlinien. Die Gründe für das Defizit liegen vor allem in der mangelnden Aus- und Fortbildung der →Lehrer/-innen und dem institutionellen Rahmen der →Schule: die Klasse als Zwangsgruppe und die Leistungsorientierung mit Benotung verhindern das Entstehen einer vertrauensvollen Gesprächsatmosphäre.

Die Eltern bejahen zwar im Prinzip die familienergänzende schulische Sexualerziehung, wünschen diese jedoch vorwiegend sachlich-neutral und unter Vermeidung von wichtigen Themen wie Homosexualität, Orgasmus, Selbstbefriedigung und Pornographie, die wir für Schüler/-innen der Sekundarstufe I (bis 16 Jahre) für wichtig halten (vgl. GLÜCK/STRÖTGES 1987, GLÜCK u. a. 1989, SCHLIEWERT 1989). Eine bereits 1979 durchgeführte Schülerbefragung ergab, daß Lehrer/innen vorwiegend positiv beurteilt wurden; Hemmungen und Störungen entstanden vor allem durch Auslachen und Rededominanz einiger Mitschüler/-innen (vgl. GLÜCK 1981).

Die Forschungen zur Jugendsexualität zeigen widersprüchliche Ergebnisse: Während die älteren Untersuchungen von SIGUSCH/SCHMIDT (vgl. 1973) sowie von SCHLAEGEL u. a. (vgl. 1975) ein optimistisches Bild der Liberalisierung mit freizügigen Sexualnormen zeichnen, machen neuere Autoren eine Entwicklung von Sprechhemmungen und Sprachlosigkeit von Jungen und Mädchen, insbesondere beim Auftreten sexueller Schwierigkeiten, aus (vgl. GLÜCK 1981, SAVIER/WILDT 1980). KRÜGER/REMMER-PFLAMM (vgl. 1980) zeigen auf, wie stark gerade Jungen Leistungszwängen in der Sexualität unterliegen. Sie forderten Rezepte, wie man(n) Mädchen für sich einnimmt und verführt, wobei ihre Vorstellungen von der Traumfrau die Abhängigkeit von massenmedialen Matrizen belegen. BIENEWALD (vgl. 1981) beschreibt die Orientierung von Neuköllner Arbeiterjugendlichen an traditionellen Wertvorstellungen, in denen Treue, lebenslange Partnerschaft, →Familie und Tabuisierung alles Sexuellen zentrale Normen darstellen. Eine Befragung Jugendlicher aus allen Schulformen (vgl. GLÜCK/SCHUMACHER 1988) zeigt, daß sie auf ihre Selbstbestimmung in der Sexualität großen Wert legen, sie sich jedoch in ihren Normen und Regeln nur wenig von den Eltern und Lehrern/-innen unterscheiden: So sieht beispielsweise nur die Hälfte Selbstbefriedigung als etwas Schönes an oder erkennt Homosexualität als gleichwertige Lebensform an. Zwar befürworten Jugendliche (wie Erwachsene) heute deutlich mehr als 1975 eine gleichberechtigte Partnerschaft, zugleich äußern Jugendliche aber unrealistisch überhöhte Ansprüche an Harmonie und Bindung in einer Zweierbeziehung.

Institutionen der Sexualerziehung. Für den Bereich der Schule gibt es – zumindest in der Theorie – eine *integrative* Sexualerziehung, welche die Fachaspekte der Biologie (vorwiegend Informationsvermittlung über menschliche Sexualität) und der ethisch-religiösen Unterweisung (vorwiegend Fragen der Moral und der Lebensgestaltung) überwinden soll und – im günstigsten Falle – in ein fächerübergreifendes (insbesondere mit Deutsch, Kunst, Sport und Gesellschaftslehre verknüpftes; vgl. KNOOP 1977) Projekt einbringt. *Curriculartheoretische* und *lernzielorientierte Konzeptionen* begründen relevante Inhalte sowie Lernziele und ordnen diese zu einer (experimentell zu erprobenden) Unterrichtssequenz. Dabei können (oder müssen sogar?) «Zeitrichtwerte pro Schuljahr (z. B. 18 U.-Std. verplant und 2 U.-Std. Gelegenheitsunterricht) zu fachspezifischen Lernzielen» vorgegeben werden (N. KLUGE 1982, S. 69). *Kommunikative Ansätze* (vgl. ASSIG u. a. 1979, MÜLLER 1979, ZITELMANN / CARL 1976) legen Wert auf einen Freiraum für den Austausch von → Erfahrungen und das Vermitteln von Erlebnissen; ihrem Anliegen kann ein Unterricht im 45-Minuten-Takt selten gerecht werden. Projekttage, Klassenfahrten und Schullandheimaufenthalte geben eher den zeitlichen Spielraum und Anlaß sowie Atmosphäre für unbehindertes Sprechen.

Ob eine strukturell sexualitätsfeindliche Institution wie die Schule überhaupt der geeignete Ort für eine Förderung der genannten Ziele ist, wird von MÜLLER (vgl. 1981) in Frage gestellt. Dagegen zeigen SIEMS (vgl. 1982) sowie BROZIO u. a. (vgl. 1981) durch die Dokumentation gelungener Klassengespräche und Auseinandersetzungen den Spielraum der Schule für kommunikative Sexualerziehung.

Sexualerziehung im *Kindergarten* wird von HUPPERTZ (vgl. 1984, S. 37) als defizitär beurteilt, obwohl sie sich aus der Erziehungsaufgabe als notwendiger Teil ableiten läßt. Im Kontrast zur Schule mit ihren Zwangsgruppen und Lehrplanvorgaben bieten sich – in Abhängigkeit vom Träger – besondere Chancen:

- große Freiheit bei der Auswahl der Inhalte (auch keine Vorschriften zu Medien),
- situationsorientiertes Eingehen auf Äußerungen und Bedürfnisse der Kinder,
- kein Druck durch Leistungsbeurteilung.

Sexualpädagogische Arbeit in *Heim und Internat* fordert Pädagogen stärker als in anderen Institutionen, da Jugendliche dort meist in einer Defizitsituation leben. Sie stößt jedoch dort an die Grenzen, wo bei Sexualstörungen therapeutische Hilfe angebracht ist. Insbesondere können Rechtsnormen (so § 180 StGB) die auf sexuelle Selbstbestimmung der Jugendlichen hin erziehenden Pädagogen in Konflikt mit dem Strafrecht bringen.

Größeren Spielraum für Sexualerziehung findet man in Einrichtungen der *offenen Kinder- und Jugendarbeit.* Die Fluktuation der Besucher und die freiwillige Teilnahme an den Angeboten erschweren jedoch den Aufbau einer kontinuierlich arbeitenden Gruppe. Als Handlungsformen emanzipativer Jugendarbeit nennen MARBURGER/SIELERT (vgl. 1980) «Modellhandeln – Animation – Beratung – systematisches Lernen – Aktion» und zeigen mit «Nackt im Schwimmbad» und «Homosexualität im Sportverband» gelungene Praxisbeispiele auf.

Formen der Sexualerziehung. Wie hoch der Anteil der manifesten Sexualerziehung im Vergleich zur vorwiegend latenten sexuellen Sozialisation ist, läßt sich nicht angeben. Dazu ist das Arbeitsfeld historisch zu jung (vgl. GLÜCK/SCHLIEWERT 1984a, TREML u. a. 1981). Die Verbreitung pornographischen Materials, welches – trotz eindeutiger Jugendschutzbestimmungen (vgl. BPS-REPORT 1978ff) – auch bereits von Kindern und Jugendlichen konsumiert wird, dürfte die Vorstellungen, Phantasien und Gefühle zur Sexualität inzwischen derart formieren, daß Sexualerziehung nur kompensatorisch tätig werden kann. Sie kann lediglich in einem engbegrenzten Rahmen positive Primärerfahrungen einer anderen Sexualität (etwa zärtliches Streicheln) zulassen.

So bleiben den Sexualerziehern/-innen vorwiegend indirekte Zugänge: das Reden über..., das Berichten von..., das Phantasieren über..., allenfalls noch der Rückgriff auf Kunstwerke. Die sexuelle Handlung selbst ist bei den derzeit gültigen Intimitäts- und Privatheitsvorstellungen unzugänglich. Als günstige Methoden haben sich neben dem vertraulichen Einzelgespräch die Diskussion in der Gruppe (insbesondere bei Konflikten oder Moralfragen) sowie das Berichten von Erlebtem erwiesen.

Konflikte können im Rollenspiel dargestellt und mit Hilfe einer Videoaufzeichnung besser variiert und gelöst werden. Die Pantomime ist geeignet, nonverbale körperliche Äußerungen bei soziosexuellem Interesse und Kontaktaufnahmewunsch wahrnehmbar und (durch anschließende Reflexion) besser verstehbar zu machen.

Plastisches Gestalten von nackten Menschen oder Geschlechtsteilen mit Knete oder Ton eröffnet weitere Zugänge zu den jeweils individuell verschiedenen Vorstellungen und Gefühlen beim Thema Sexualität. Für die Sexualerziehung gilt – wie für jede Erziehung – das Modellhandeln des Erziehers, insbesondere durch einfühlsames Eingehen auf die Sprechbarrieren und Intimgrenzen des Gesprächspartners (vgl. FRICKE u. a. 1980, S. 284).

Die Sexualerziehung mit Jugendlichen islamischer Religion ist ein weitgehend unerforschtes Feld; in verschiedenen Großstädten der Bundesrepublik Deutschland versuchen Pädagogen, mit Zustimmung der Eltern ein interkulturelles → Curriculum zu erstellen (vgl. GLÜCK 1983, MARBURGER 1987).

Für behinderte Jugendliche, deren Sexualität bislang oft verleugnet wurde, zeichnet sich ein neues Verständnis ab (vgl. K.-J. Kluge 1984), denn ihre sexuellen Gefühle und Wünsche unterscheiden sich nicht von denen Nichtbehinderter. Wesentlich mehr als die Behinderung schränkt die Umwelt (insbesondere durch das Abschieben in Sondereinrichtungen) die Entwicklung der Sexualfunktion und der Erlebnisfähigkeit ein. Hilfsmittel und Hilfestellungen dafür waren bisher weitgehend tabuisiert (vgl. Bächinger 1978, Dechesne u. a. 1981).

Sexualpädagogik im europäischen Vergleich. Informationen über sexualpädagogische Arbeiten und Vorhaben in Europa, Afrika und Lateinamerika sind über die International Society for Research on Sex Education (ROSE) an der University of London zu erhalten.

Während es in Frankreich bis 1976 überhaupt keine verbindliche Sexualerziehung gab, hatten in Großbritannien bereits 1978 nahezu alle Schüler irgendeine Form schulischer Sexualerziehung erhalten, allerdings wird ihr Wissen (etwa über Verhütungsmittel) als recht dürftig beurteilt (vgl. Watson/Rogers 1980).

Betrachtet man die skandinavischen Länder insgesamt, läßt sich eindeutig ein Nord-Süd-Gefälle (und innerhalb der Staaten ein Stadt-Land-Gefälle) feststellen, und zwar an folgenden Merkmalen:
- eine zunehmende Enttabuisierung, also mehr öffentliches Reden über bislang Intimes und Privates,
- ein Rückgang kirchlicher und religiöser Einflüsse auf Verhalten und Einstellung,
- Straffreiheit für Schwangerschaftsabbrüche sowie hetero- und homosexuelle Beziehungen mit Jugendlichen,
- eine zunehmende Verbreitung pornographischer Schriften und Filme sowie
- die obligatorische Einführung des Unterrichts über die menschliche Sexualität im öffentlichen Schulwesen (Schweden 1942 beziehungsweise 1956, Norwegen 1938 beziehungsweise 1951 und Dänemark 1958 beziehungsweise 1970).

In allen drei Ländern zeigt sich, daß dem gesetzlichen Auftrag zur Einführung einer Sexualerziehung mangels geeigneter, ausgebildeter und sich fähig fühlender Lehrer zunächst nur eine geringe Umsetzung in die Praxis folgte. In Norwegen wurden deshalb 1983/1984 mit einer flächendeckenden Maßnahme 80 Konsulenten (Berater) in Spezialkursen ausgebildet, die ihrerseits «Kurse für ‹gewöhnliche› Lehrer leiten sollen» (Ryen 1984, S. 311). Nur in Schweden ist seit 1970 der obligatorische Sexualunterricht für alle verwirklicht worden (vgl. Boethius 1984).

Wie eine «Wahl zwischen zwei Paketen von ethischen Prinzipien» beschreibt der polnische Sexualpädagoge Jaczewski (1984, S. 345) die

Situation in Polen. Auf der einen Seite die katholische Kirche, zu der sich über 80 Prozent der jungen Leute als gläubige Katholiken bekennen, auf der anderen eine laizistische Strömung, die jedes Verhalten als zulässig betrachtet, das anderen kein Leid oder Schaden zufügt. Die marxistische Philosophie hat zu diesem Bereich keine ausformulierte Ethik vorgelegt, ihre eher beiläufigen Äußerungen tragen konservative Merkmale.

In der Deutschen Demokratischen Republik zeigt sich ein anderes Bild. In dem umfassenden systematischen Standardwerk zur Kinder- und Jugendsexualität von GRASSEL/BACH (vgl. 1979, S. 13, S. 194ff) werden Merkmale einer marxistischen Sexualethik bestimmt: Alle drei Ansätze bürgerlicher Sexualpädagogik in der Bundesrepublik werden kritisiert. Jugendliche in der DDR scheinen ihre Liebesbeziehungen ziemlich konfliktfrei erleben zu können, Romantik und Treue spielen eine große Rolle (vgl. STARKE/FRIEDRICH 1984).

1971 sollte durch einen Erlaß des Bundesministers für Unterricht und Kultus in Österreich Sexualerziehung verpflichtendes Unterrichtsprinzip in der Sekundarstufe werden; ohne Lehrerausbildungsmaßnahmen und Lehrmaterialien konnte der Erlaß die Schulpraxis wenig verändern (vgl. MECHLER 1977).

Die Schweiz verhielt sich noch behutsamer: Ein zweijähriger Schulversuch ab 1980 (bei welchem Eltern die Möglichkeit hatten, ihre Kinder vom Unterricht durch Anzeige an den Lehrer zu dispensieren) sollte erst einmal zeigen, ob eine allgemeine Einführung ratsam wäre (vgl. SEXUALKUNDE ALS SCHULFACH 1980).

ASSIG, D. u. a.: Sexualität ist mehr, Wuppertal 1979. BÄCHINGER, B.: Sexualverhalten und Sexualberatung von Körperbehinderten, Reinbach 1978. BARKOW, R.: Die Sexualpädagogik von 1918-1945, Diss., Münster 1980. BIENEWALD, E.: Persönliche Beziehungen zwischen männlichen und weiblichen Arbeiterjugendlichen, Bensheim 1981. BITTNER, G.: Sexualität und Selbstwerden. In: Scarbath, H./Tewes, B. (Hg.): Sexualerziehung und Persönlichkeitsentwicklung, München 1982, S. 13ff. BOETHIUS, C. G.: Der Schwedische Sexualunterricht und seine Resultate. Aktuelle Informationen aus Schweden, hg. v. Schwedischen Institut, Nr. 315, April 1984, Stockholm 1984. BORNEMANN, E.: Sexualität und Semantik. In: Bornemann, E. (Hg.): Sexualität. Materialien zur Sexualforschung (Sonderband von psych. heute), Weinheim/Basel 1979, S. 51ff. BPS-REPORT. Informationsdienst zum Jugendmedienschutz, Baden-Baden 1978ff. BROZIO, R. u. a.: «Ist sie doch selber schuld, die dumme Kuh!», Weinheim/Basel 1981. DECHESNE, B. u. a.: ... aber nicht aus Stein, Weinheim/Basel 1981. FRIKKE, S. u. a.: Sexualerziehung in der Praxis, Köln 1980. GLÜCK, G.: Inhalt und Atmosphäre der Sexualerziehung in der Hauptschule – eine Befragung von Schülern in Nordrhein-Westfalen nach ihren Erfahrungen, Vorstellungen und Wünschen. In: Kluge, N. (Hg.): Sexualpädagogische Forschung, Paderborn 1981, S. 121ff. GLÜCK, G.: Sexualerziehung für türkische und deutsche Jugendliche. In: Z. f. Entwp. 6 (1983), 2/3, S. 37ff. GLÜCK, G./SCHLIEWERT, H.-J.: Schulische Sexualerziehung und Jugendsexualität, Mimeo, Aachen 1984a. GLÜCK, G./SCHLIEWERT, H.-J.: Forschungsmethoden der Sexualpädagogik. In: Kluge, N. (Hg.): Handbuch..., Bd. 1, Düsseldorf 1984,

S. 47ff (1984b). GLÜCK, G./SCHUMACHER, G.: Selbstbewußtsein, Beziehungswünsche und Sexualitätseinstellungen von Jugendlichen. In: Z. f. P. Psych. 3 (1989). GLÜCK, G./STRÖTGES, G.: Meinungen von Eltern und Lehrern zur schulischen Sexualerziehung. In: Prakt. Sexualmed. 8 (1987), S. 17ff. GLÜCK, G. u. a.: Heiße Eisen, Weinheim 1989. GRASSEL, H./BACH, K. R. (Hg.): Kinder- und Jugendsexualität, Berlin (DDR) 1979. HEID, H.: Reformpädagogik als Sexualerziehung, Diss., Essen o. J. HUNGER, H.: Das Sexualwissen der Jugend, München 1967. HUPPERTZ, N.: Sexualerziehung im Kindergarten. In: Kluge, N. (Hg.): Handbuch..., Bd. 2, Düsseldorf 1984, S. 33ff. JACZEWSKI, A.: Sexualerziehung in Polen. In: Kluge, N. (Hg.): Handbuch..., Bd. 1, Düsseldorf 1984, S. 343ff. KATTMANN, U. (Hg.): Sexualerziehung in der Schule, Kiel 1975. KENTLER, H.: Sexualität und Moral. In: Gamm, H.-J./Koch, F. (Hg.): Bilanz der Sexualpädagogik, Frankfurt/New York 1977, S. 84ff. KENTLER, H.: Taschenlexikon Sexualität, Düsseldorf 1982. KENTLER, H.: Sexualwesen Mensch, Hamburg 1984. KINSEY, A. C. u. a.: Das sexuelle Verhalten der Frau, Frankfurt/M. 1963. KINSEY, A. C. u. a.: Das sexuelle Verhalten des Mannes, Frankfurt/M. 1964. KLUGE, K.-J.: Sexualerziehung in der Sonderschule. In: Kluge, N. (Hg.): Handbuch..., Bd. 2, Düsseldorf 1984, S. 99ff. KLUGE, N.: Zur Konzeption von Sexualpädagogik und Sexualunterricht. In: Scarbath, H./Tewes, B. (Hg.): Sexualerziehung und Persönlichkeitsentwicklung, München 1982, S. 53ff. KLUGE, N.: Sexualpädagogik vor den Aufgaben sexueller Enttabuisierung und auf dem Wege moderner Wissenschaftsorientierung. In: Kluge, N. (Hg.): Handbuch..., Bd. 1, Düsseldorf 1984, S. 3ff (1984a). KLUGE, N. (Hg.): Handbuch der Sexualpädagogik, 2 Bde., Düsseldorf 1984b. KNOOP, H. D.: Sexualerziehung im Teamwork, Gütersloh 1977. KOCH, F.: Negative und positive Sexualerziehung, Heidelberg 1971. KOCH, F.: Sexualerziehung. In: Enzyklopädie Erziehungswissenschaft, Bd. 8, Stuttgart 1983, S. 564ff. KRÜGER, S./REMMER-PFLAMM, D.: «Ich möchte Gefühle anderer kennenlernen». In: Sexualp. 8 (1980), 1, S. 13ff. LANG, A.: Die Sprache der Sexualerziehung, Düsseldorf 1981. LIEGENER, H. G.: Sexualverhalten und Religiosität, Düsseldorf 1980. MARBURGER, H.: Schulische Sexualerziehung bei türkischen Migrantenkindern, Frankfurt/M. u. a. 1987. MARBURGER, H./SIELERT, U.: Sexualerziehung in der Jugendarbeit, Frankfurt/M. 1980. MASKUS, R.: 20 Beiträge zur Sexual- bzw. Geschlechtserziehung, St. Augustin 1979. MASTERS, W. H./JOHNSON, W. E.: Die sexuelle Reaktion, Frankfurt/M. 1967. MECHLER, H.-J. (Hg.): Schülersexualität und Sexualerziehung, Wien/München 1977. MÜLLER, R.: Medienorientierte Sexualerziehung in der Sekundarstufe I. Kiel 1979. MÜLLER, R.: Sexualunterricht – verwaltet und didaktisiert. In: Sexualp. u. Fampl. 9 (1981), 3, S. 1ff. NATIONAL SWEDISH BOARD OF EDUCATION 1977: Instruction Concerning Interpersonal Relations, Stockholm 1982. OESTERREICH, H.: Sexualpädagogik – progressiv oder radikal? Neuburgweier 1973. ROHDE-DACHSER, CH.: Struktur und Methode katholischer Sexualerziehung, Stuttgart 1970. RYEN, A.: Sexualerziehung in Norwegen. In: Kluge, N. (Hg.): Handbuch..., Bd. 1, Düsseldorf 1984, S. 343ff. SAVIER, M./WILDT, C.: Mädchen zwischen Anpassung und Widerstand, München [3]1980. SCHLAEGEL, J. u. a.: Sexuelle Sozialisation in Vorpubertät, Pubertät und früher Adoleszenz. In: Sexualmed. 4 (1975), S. 206ff, S. 306ff, S. 382ff. SCHLIEWERT, H.-J.: Schule – der richtige Ort für die Sexualerziehung? In: D. Dt. S. 81 (1989). SCHMID-TANNWALD, I./URDZE, A.: Sexualität und Kontrazeption aus der Sicht der Jugendlichen und ihrer Eltern, Stuttgart 1983. SCHMIDT, G.: Sexuelle Motivation und Kontrolle. In: Fischer, W. u. a. (Hg.): Inhaltsprobleme in der Sexualpädagogik, Heidelberg 1973, S. 45ff. SCHMIDT, G.: Jenseits des Triebprinzips. In: Scarbath, H./Tewes, B. (Hg.): Sexualerziehung und Persönlichkeitsentfaltung, München 1982, S. 27ff. SCHMIDT, G.: Kurze Entgegnung auf Volkmar Siguschs «Lob des Triebes». In: Dannecker, M./Sigusch, V.: Sexualtheorie und Sexualpolitik, Stuttgart 1984, S. 17ff. SEKRETARIAT DER DEUTSCHEN

BISCHOFSKONFERENZ: Orientierung zur Erziehung in der menschlichen Liebe. Verlautbarungen des Apostolischen Stuhls, Bonn 1983. SEXUALKUNDE ALS SCHULFACH – erstmals als Experiment. In: Sexualp. 8 (1980), 1, S. 19. SIEMS, U.: Wie Mädchen und Jungen lernen, miteinander über sexuelle Wünsche, Ängste und Erfahrungen zu sprechen (10. Schj.). In: Heuser, M. (Hg.): Frauen – Sprache – Literatur, Paderborn 1982, S. 208ff. SIGUSCH, V.: Lob des Triebes. In: Sigusch, V.: Vom Trieb und von der Liebe, Frankfurt/New York 1984, S. 27ff. SIGUSCH, V./SCHMIDT, G.: Jugendsexualität. Dokumentation einer Untersuchung, Stuttgart 1973. STARKE, K.: Junge Partner, Leipzig 1980. STARKE, K./FRIEDRICH, W.: Liebe und Sexualität bis 30, Berlin (DDR) 1984. TREML, A. K. u. a.: Latente Lernprozesse. In: Z. f. P., 17. Beiheft, 1981, S. 133ff. USSEL, J. VAN: Intimität, Gießen 1979. WATSON, G./ROGERS, R. S.: Sexual Instruction for the Mildly Retarded and Normal Adolescent. In: Health E. J. 39 (1980), S. 88ff. ZITELMANN, A./CARL, TH.: Didaktik der Sexualerziehung, Weinheim/Basel 1976.

Gerhard Glück/Hans-Jürgen Schliewert

Simulation

Begriff. Der Begriff Simulation – Vortäuschung, Verstellung, Nachahmung – wird vorwiegend in drei Bereichen verwendet. In Medizin und Psychiatrie dient er dazu, Krankheiten und Symptome, die keine organische oder seelische Ursache haben, zu qualifizieren, um sie als absichtlich vorgetäuschte von echten abzugrenzen. Im wissenschaftlich-technischen Bereich wird Simulation als Sammelbegriff für die Darstellung, Nachbildung und Überprüfung beispielsweise physikalischer, biologischer, psychologischer oder ökonomischer Systeme und Prozesse durch mathematische oder physikalische Modelle verwendet, mit denen geld- und zeitsparend sowie unter minimierten Risiken Experimente durchgeführt werden (vgl. GORDON 1972). Wie auch in der Sozialforschung dienen Simulationsmodelle dazu, komplexe Zusammenhänge und Wirkungen zu erforschen und unter Veränderung der Bedingungen verschiedene Lösungsmöglichkeiten durchzuspielen (vgl. KRÜGER 1975).

Basiert dieser Simulationsbegriff noch auf einer klaren Unterscheidung von Realität/Fiktion, Original/Modell, Wahrheit/Täuschung, von der her Simulationen erkannt und bewertet werden können und Modelle eine zweckrationale Funktion erhalten, so erfährt der Begriff in der Kulturtheorie von Baudrillard einen grundsätzlichen Bedeutungswandel. Die Auffassung des Strukturalismus, der die Unhintergehbarkeit der symbolischen Ordnung im Bezug zum Realen wie zum Imaginären aufgezeigt hat, wird dahin gehend radikalisiert, daß die Zeichensysteme weder das Reale abbilden noch dessen Sinn generieren, sondern es *ersetzen* (vgl. BAUDRILLARD 1978a). Simulation fungiert hier nicht als Gegenbegriff zu Wirklichkeit, Original, sondern bezeichnet einerseits die Auflösung dieser polaren Begriffsdualismen und andererseits deren fiktive

Aufrechterhaltung, indem das Reale selbst simuliert wird. Es wird zum Effekt der Zeichen. Die damit einhergehende fundamentale Veränderung im Wirklichkeitsverständnis betrifft nicht allein Möglichkeit und Status von Erkenntnissen und Aussagen, sondern die Grundstrukturen der Wahrnehmung, der →Erfahrung, der →Interaktion sowie das Organisationsprinzip von Gesellschaft und die kulturellen Formen insgesamt (vgl. BAUDRILLARD 1987). Deshalb spielt die Simulationstheorie in der Diskussion um das Verhältnis Moderne – Postmoderne eine zentrale Rolle (vgl. HUYSSEN/SCHERPE 1986).

Vortäuschung, Imitation, Modell. Im medizinisch-psychiatrisch-juristischen →Diskurs geht es zum Beispiel bei Gutachten um Straf- oder Zurechnungsfähigkeit darum, vortäuschende Nachahmungen zu erkennen und den größten möglichen Abstand zwischen Simulation und echtem Zustand oder wirklicher Krankheit zu definieren. Umgekehrt ist es in Wissenschaft und Technik das Ziel, Modelle so originalgetreu wie möglich zu gestalten, um die Validität von Aussagen und Entscheidungen zu erhöhen. Versucht ein Simulant, die Realität zu maskieren und seinen wahren Zustand zu verbergen, so geht es bei Modellen darum, den Modellcharakter selbst zu minimieren, um die Abweichung von Realsituationen auszuschalten. Obwohl sowohl Verstellung als auch Imitation das Realitätsprinzip selbst nicht außer Kraft setzen, verschwimmt die Distinktion Original/Modell, Echt/Unecht in dem Maße, in dem der Simulant echte Symptome produziert oder der Wirklichkeitsbezug notgedrungen fiktionale Elemente mitaufnehmen muß. Ist zum Beispiel der Flugsimulator noch ein technisch begrenztes Übungsgerät, das vorbereitenden Charakter hat, so sind computergestützte Simulationsmodelle selbst unmittelbar realitätswirksam, weil ihre Ergebnisse als Begründungen für Handlungen herangezogen werden. Die im Modell durchgespielten Lösungsvorschläge, etwa bezüglich beschäftigungspolitischer Strategien, zwischenstaatlicher Konflikte oder militärischer Verteidigungsoptionen, werden dann als Legitimation politischer Aktivitäten herangezogen und zugleich als wissenschaftliche Fundierung in Anspruch genommen. Aufgrund der Komplexitätssteigerung in allen Bereichen wird es immer wichtiger, in immer kürzerer Zeit immer mehr Informationen zu verarbeiten und unter sich fortlaufend ändernden Rahmenbedingungen Entscheidungen zu treffen. So wird die Differenz Realität/Fiktion hier partiell eingeebnet entweder dadurch, daß zum Zeitpunkt der Entscheidung bereits andere Daten gelten, oder daß durch Echtzeitsimulation Realsituation und Modell zusammenfallen.

Implosion, Simulation, Hyperrealität. «Heutzutage imitiert die Simulation nicht mehr, sie *kreiert* vielmehr *ihre* Wirklichkeit» (RAULET 1988,

S. 291). Nach Baudrillard beginnt Simulation da, wo das Verhältnis Realität/Abbild, Wahr/Falsch, Subjekt/Objekt sich umkehrt und dadurch implodiert, das heißt zur Ununterscheidbarkeit zusammenfällt. Wenn die Kopie das Original nicht reproduziert, sondern umgekehrt das Original durch die Kopie, das Reale durch das Modell generiert wird, verschwindet jedes Kriterium für die Unterscheidung, die selbst zu einem Simulationseffekt wird. «Überall dort, wo sich die Unterscheidung zweier Pole nicht mehr aufrechterhalten läßt, ganz gleich auf welchem Gebiet (Politik, Biologie, Psychologie, Medien), betritt man das Feld der Simulation und absoluten Manipulation – man ist nicht passiv, man kann vielmehr aktiv und passiv nicht mehr unterscheiden» (BAUDRILLARD 1978a, S. 51).

In Auseinandersetzung mit Marx, Freud und de Saussure zeigt Baudrillard, daß die Zeichen nicht mehr auf ein Reales verweisen oder dessen Sinn konstituieren, sondern daß dieses sich in einer strukturellen Ökonomie des Zeichenwerts aufgelöst hat (vgl. BAUDRILLARD 1982), in der die Dinge selbst als Zeichenwerte funktionieren. Obwohl dabei der Schein entsteht, hinter diesen lägen noch die realen Dinge an sich, setzt sich die simulierte Realität nicht einer eigentlichen entgegen, sondern erzeugt sich als Hyperrealität in Gestalt von selbstreferentiellen Trugbildern (Simulakren), weshalb die Begriffe Fiktion, Unechtheit, Künstlichkeit zur Beschreibung der Simulation nicht mehr greifen (vgl. BAUDRILLARD 1984). Weil die Ordnung der Simulakren eine reine Oberfläche darstellt, wobei die Bilder verschiedene Stadien durchlaufen, denen historisch und epistemologisch verschiedene Epochen und Paradigmen entsprechen (vgl. BAUDRILLARD 1978a, S. 15), löst sich das «Tiefenmodell» (JAMESON 1986, S. 56) des Wirklichkeitsverständnisses auf: als Ausdruck einer tieferliegenden Realität im hermeneutischen Modell Innen – Außen, als deren Verfälschung (Ideologie) im dialektischen Modell Wesen – Erscheinung, als Vortäuschung einer Wirklichkeit (Kunst) oder als Maskierung (zum Beispiel Halluzination) ihrer Abwesenheit im psychoanalytischen Modell Latent – Manifest oder dem existentialistischen von Authentizität – Unauthentizität. Fällt auch die strukturale Doppelbestimmung des Zeichens aus (Signifikant – Signifikat), dann verweist das Bild nur noch auf sich selbst und gehört der Ordnung der Simulation an. Es verbirgt nicht das Reale, sondern daß es dieses nicht gibt, indem das Simulakrum das Reale als Fiktion erzeugt.

Medien, Modelle und Geschichte. Wirklichkeit wird gemäß dieser Auffassung zum Input von informationsverarbeitenden Systemen, wobei die Medien sie nicht bloß aufzeichnen, übertragen oder abbilden, sondern sie inszenieren und sinnliche Wahrnehmungsmuster und Erfahrungsformen prägen. Indem Medien auf der Selektion nach Kriterien allgemeiner Verständlichkeit und Wirksamkeit basieren, stoßen sie die semantische Vielschichtigkeit des Dargestellten ab und reduzieren es auf typisierte Modelle und standardisierte Muster. In Modelle verwandelt und in die Zeichenzirkulation eingespeist, wird jeder Sinn, jede Subversion und Überschreitung neutralisiert, so daß das Modell selbst als Medium funktioniert. Von daher läßt sich die Geschichte der Simulation, auch wenn sie jede teleologische Geschichtsvorstellung auflöst, entlang der Geschichte der Medien rekonstruieren. Nach BENJAMIN (vgl. 1975) hatte die Photographie im 19. Jahrhundert das Kunstwerk erst ins Zeitalter seiner technischen Reproduzierbarkeit befördert; aber Medien «*definieren* heute, was wirklich ist» (BOLZ 1986, S. 34). Ist der technologische Stand der Medien das historische Apriori der Organisation der Sinneswahrnehmung, dann wird Simulation möglich erst mit dem Film, dem Grammophon und der kybernetischen Maschine, durch die Bilder, Materie und Information sauber voneinander getrennt und neu synthetisiert werden können (vgl. KITTLER 1986).

Damit verändert sich der Status von Theorie und Erkenntnis, weil die für sie unabdingbare Differenz zur Wirklichkeit, Empirie, Praxis ausfällt und auch wissenschaftliche Theorien dem Verdacht ausgesetzt werden, ihre Gegenstände selbst hervorzubringen, zu simulieren. Funktionieren Theorien selbst als konfektionierte Modelle, deren Ursprung ihre eigene operationale Matrix ist, gehen sie dem Realen voraus. Anstatt zu re-produzieren, erzeugen sie es (vgl. RAULET 1988, S. 290f). Theorien funktionieren dann als Modelle dessen, was sie beschreiben, und werden zu einem Medium unter anderen. Dabei sind nach Baudrillard Medien keine «Techniken zur Verbreitung von Botschaften». Ihre Funktion ist es, Modelle aufzuzwingen. «In Wirklichkeit ist das große Medium das Modell» (BAUDRILLARD 1978b, S. 99). Theorie als Medium bestimmt demzufolge, wie und was gedacht und für wirklich gehalten wird.

Konsequenzen in Sozialwissenschaften und Pädagogik. Die «Theorie» Baudrillards ist sehr umstritten. Vielen gilt sie nicht als wissenschaftlich, andere vergleichen sie mit Luhmanns Systemtheorie (vgl. PFÜTZE 1987, S. 491f). Die möglichen Folgen für die Sozialwissenschaften und die Erziehungswissenschaft sind noch nicht ausgelotet. Nicht nur müßte der Wahrheitsanspruch endgültig aufgegeben werden, sondern auch der Richtigkeitsanspruch bezüglich der genauen Erfassung der Realität. Die Aufgabe historischer Selbstwahrnehmung der Theorie bestünde dann darin, ihre eigenen medialen Wirkungen mitzureflektieren und das Verhältnis zu ihrem «Objekt» zu überdenken, von dem sie keine sichere Distanz mehr trennt. Abgesehen von der Frage, welchen Status Theorie dann einnehmen könnte, führt die «Theorie» der Simulation zu neuen Problematisierungen und Aufmerksamkeiten. Nicht nur erscheinen alle wissenschaftlich relevanten Erfahrungsbereiche in neuem Licht, auch bisher übergangene Phänomene geraten in den Blick: neue Formen der →Subjektivität, der Identitätsfindung (→Identität) und Wandlungen der sozialen, kulturellen und politischen Kontexte (vgl. BAUDRILLARD 1985).

Pädagogik ist von der Diagnose Baudrillards unmittelbar betroffen. Aufgrund ihrer Stellung in dem, was Habermas das «Projekt der Moderne» nennt, wäre auch sie vom Verschwinden bedroht. Fallen die für sie grundlegenden Differenzen aus, wie zwischen Kindern und Erwachsenen (vgl. LENZEN 1985, WÜNSCHE 1985), dann ist dies das «Ende der Erziehung» (GIESECKE 1985). Werden Legitimation, Gegenstand und Ziel der →Pädagogik unklar, dann stellt sich die Frage nach den Chancen und Möglichkeiten des pädagogischen Diskurses in der Postmoderne (LENZEN 1987). Ob allerdings die Simulation schon so weit fortgeschritten ist, daß auf die Wirklichkeit ganz verzichtet werden kann und auch die Wissenschaften «das nun pausenlose Gesamtkunstwerk ‹Wirklichkeit› zur Aufführung bringen» (BLUMENBERG 1987, S. 205), bleibt fraglich. Die Theorie der Simulation ist selbst zwar science, aber, wie Baudrillard sagt, auch zwangsläufig fiction.

BAUDRILLARD, J.: Agonie des Realen, Berlin 1978a. BAUDRILLARD, J.: Kool Killer oder der Aufstand der Zeichen, Berlin 1978b. BAUDRILLARD, J.: Der symbolische Tausch und der Tod, München 1982. BAUDRILLARD, J.: Die Szene und das Obszöne. In: Kamper, D./Wulf, Ch. (Hg.): Das Schwinden der Sinne, Frankfurt/M. 1984, S. 279ff. BAUDRILLARD, J.: Die Rituale der Transparenz. In: Wulf, Ch. (Hg.): Lust und Liebe, München 1985. BAUDRILLARD, J.: Das Andere Selbst, Wien 1987. BENJAMIN, W.: Das Kunstwerk im Zeitalter seiner technischen Reproduzierbarkeit, Frankfurt/M. [8]1975. BLUMENBERG, H.: Die Sorge geht über den Fluß, Frankfurt/M. 1987. BOLZ, N.: Die Schrift des Films. Diskursanalysen 1: Medien, Wiesbaden 1986. GIESECKE, H.: Das Ende der Erziehung, Stuttgart 1985. GORDON, G.: Systemsimulation, München/Wien 1972. HUYSSEN, A./SCHERPE, K. R. (Hg.): Postmoderne, Reinbek 1986. JAMESON, F.: Postmoderne – zur Logik der Kultur im Spätkapitalismus. In: Huyssen, A./Scherpe, K. R. (Hg.): Postmoderne, Reinbek 1986, S. 45ff. KITTLER, F. A.: Grammophon Film Typewriter, Berlin 1986. KRÜGER, S.: Simulation, Berlin 1975. LENZEN, D.: Mythologie der Kindheit, Reinbek 1985. LENZEN, D.: Mythos, Metapher und Simulation. In: Z. f. P. 33 (1987), S. 41ff. PFÜTZE, H.: Zeit im Raum. In: Kamper, D./Wulf, Ch. (Hg.): Das Heilige. Seine Spur in der Moderne, Frankfurt/M. 1987, S. 491ff. RAULET, G.: Die neue Utopie. Die soziologische und philosophische Bedeutung der neuen Kommunikationstechnologien. In: Frank, M. u. a. (Hg.): Die Frage nach dem Subjekt, Frankfurt/M. 1988, S. 283ff. WÜNSCHE, K.: Die Endlichkeit der pädagogischen Bewegung. In: N. Samml. 25 (1985), S. 433ff.

Klaus-Michael Wimmer

Situation, pädagogische

Begriff. In der Umgangssprache bezeichnet man mit «Situation» (von lateinisch «situs») eine ungewöhnliche Stellung oder Lage, in der sich ein Mensch befindet, die von ihm eine besondere Reaktion oder schwierige Entscheidung fordert und die gefühlsmäßig in einer besonderen Weise gefärbt ist. Eine Situation ist «peinlich», «unangenehm», «verzweifelt» oder «unhaltbar», aber auch «spannend», «günstig», «komisch» oder «glücklich». Das Subjekt, für das diese Kennzeichnung gilt, kann irgendein einzelner Mensch sein, aber auch eine Gruppe oder Institution, eine Reisegesellschaft, eine Regierung, die Arbeiterklasse oder die gesamte Menschheit.

Für den wissenschaftlichen Gebrauch empfiehlt es sich, diesen Begriff zugleich allgemeiner und enger zu fassen. Danach meint «Situation» einen begrenzten und überschaubaren, auf das → Handeln einzelner Personen bezogenen und in sich zusammenhängenden Ausschnitt aus dem Universum von Raum und Zeit. Dieser Ausschnitt ist ausgestattet mit bestimmten Handlungsmöglichkeiten und -bedingungen wie andere Personen, Gegenstände oder Sachverhalte, Reize, Motive, Rollen, Normen, Widerstände und Alternativen, und er wird von den Beteiligten jeweils mit einem bestimmten, die Handlungen strukturierenden Sinn versehen wie «Abendessen», «Mit-Oma-Telefonieren», «Pinkeln-Gehen», «Nachtschicht», «Gesellenprüfung», «Schützenfest», «Kabinettsitzung» oder «Erdbeben». So verstanden ist «Situation» das Gegenstück zu «Handlung» – gleichsam die Gußform, in der menschliches Handeln Gestalt gewinnt und verstanden wird. – In der Erziehungswissenschaft der Bundesrepublik Deutschland lassen sich bisher vier Diskussionsstränge ausmachen, in denen der Situationsbegriff eine besondere Rolle spielt.

Existenzphilosophie. Erstmals gewinnt der Situationsbegriff in den 50er Jahren eine besondere pädagogische Bedeutung bei dem Versuch, existenzphilosophische Überlegungen für die Pädagogik fruchtbar zu machen. In der Existenzphilosophie (Heidegger, Jaspers, Sartre, Camus) markiert «Situation» zunächst eine wesentliche Bedingung menschlichen Daseins, darüber hinaus auch den Ausgangspunkt für die existenzerhellende Erkenntnis und für eine erst eigentlich menschliche Weise zu leben. Nach ihren Vorstellungen gerät der Mensch immer wieder in Situationen, die sich ihm aufdrängen, denen er auch nicht ausweichen kann und die ihn so zum Handeln zwingen. Zugleich aber eröffnen sie ihm auch eine besondere Chance. Sie zwingen ihn, frei zu sein, indem sie ihn vor eine Alternative stellen: Er kann das tun, was *man* tut, und er kann das tun, was er für richtig hält. Er kann einen Anfang setzen, für den er allein verantwortlich ist, und damit zu sich *selbst* kommen. So ist Situation für jeden Menschen etwas Besonderes; sie ist *seine* Situation. Dieses gilt besonders für *«Grenzsituationen»*, in denen es um Tod und Leben, um Liebe, Leiden oder Kampf, um Selbstverwirklichung, Schuld und Versagen geht.

Solche Gedankengänge aufgreifend, untersucht BOLLNOW (vgl. 1959) eine Reihe von ungewöhnlichen Ereignistypen («Krise», «Erweckung», →«Begegnung»), die er als «unstetige Formen der Erziehung» ausweist. Sie sind weder planbar noch bestimmt voraussehbar, und dennoch spielen sie in jeder Lebensgeschichte eine wichtige Rolle, indem sie den Heranwachsenden zu Entscheidungen, Einsichten oder Verhaltensänderungen herausfordern, die seinen weiteren Lebensweg prägen. Neuerdings werden solche Untersuchungen im Zusammenhang mit der Analyse von →Autobiographien und der Konstruktion von Lebensgeschichten wiederaufgenommen und weitergeführt (vgl. SCHULZE 1979).

Curriculumforschung. In einer ganz anderen Bedeutung taucht der Situationsbegriff Ende der 60er Jahre im Kontext curriculumtheoretischer Überlegungen auf. So schlägt ROBINSOHN (vgl. 1967) ein Modell für eine umfassende Revision des →Curriculums vor, das von *«Lebenssituationen»* ausgeht, von dort zu →*«Qualifikationen»* und weiter zu *«Curriculuminhalten»* führt. Damit versucht er einer einseitigen Orientierung der Lehrplanentwicklung an Bildungstraditionen und Wissenschaftsdisziplinen entgegenzuwirken und ad hoc gefällte Curriculumentscheidungen einer empirischen Kontrolle und Korrektur zugänglich zu machen. Mit «Situation» sind in diesem Modell die in der gegenwärtigen oder zukünftigen Gesellschaft typischen und in ihren äußeren Merkmalen, beispielsweise mit Hilfe von Arbeitsplatzanalysen objektiv erfaßbaren, alltäglichen Lebenssituationen von Erwachsenen gemeint. Robinsohn geht davon aus, daß der Situationsbegriff nicht nur Bedingungen für mögliches Handeln umreißt, sondern auch jeweils eine bestimmte Art von Aufgaben einschließt, deren Bewältigung erlernt werden muß. Auf diese Weise, so hofft er, lassen sich Spekulationen oder dezisionistische Entscheidungen über Lernziele an realen Gegebenheiten festmachen. Er geht weiter davon aus, daß pädagogisch geplante Lernsituationen von zu bewältigenden Lebenssituationen verschieden und getrennt sind und daß beide erst durch eine Kette von umständlichen Transformations- und Transferleistungen vermittelt werden müssen. Ja, die Kette führt gar nicht bis zu Lernsituationen; sie endet bei «Curriculuminhalten», und das heißt: bei «Wissensinhalten». Damit weist Robinsohn auf eine wesentliche, historisch bedingte Lernvoraussetzung hin: In modernen Gesellschaften erhält die Orientierung an Wissenschaften ein so großes Gewicht, daß die zur Bewältigung von Lebenssituationen erforderlichen Qualifikationen nicht primär aufgrund von Erfahrung, sondern mit Hilfe von Schulunterricht durch die Aneignung von Wissen entwickelt werden. Doch in dieser Voraussetzung liegt auch die Schwierigkeit des Modells: Die Zahl der relevanten Situationstypen ist außerordentlich groß, ihre genaue Bestimmung sehr aufwendig und der Vermittlungszusammenhang theoretisch kaum rekonstruierbar (zur Kritik vgl. LENZEN 1974). So weichen auch die meisten der sich an Robinsohn anschließenden Curriculumtheorien auf ein abstrakteres Modell aus: An die Stelle der Kette «Lebenssituation – Qualifikation – Curriculuminhalt – Lernsituation» tritt die Kette «Gesellschaftliche Situation – Qualifikation – Curriculumelement». Situationsanalyse wird durch Gesellschaftsanalyse ersetzt, und allgemeine Qualifikationskonzepte wie →«Autonomie», →«Kreativität» oder «Handlungskompetenz» (→Kompetenz–Performanz) rücken in den Mittelpunkt der Lehrplan- und Lernzieldiskussion. Einen anderen Ausweg schlagen HEMMER/ZIMMER (vgl. 1975) ein, indem sie, die Trennung von Schule und Leben unterlaufend, ihre Curriculumelemente nicht in einem komplizierten Verfahren aus den möglichen Lebenssituationen Erwachsener ableiten, sondern unmittelbar aus den gegenwärtig zu bewältigenden Lebenssituationen von Kindern (wie «Schulbeginn», «Verlaufen», «Im Krankenhaus»), und somit Lern- und Lebenssituationen gleichsam kurzschließen.

Sozialisations- und Unterrichtsforschung. Wieder eine andere Diskussionslinie, in deren Zentrum der Situationsbegriff steht, entfaltet sich im Rahmen der empirischen Sozialisations- und Unterrichtsforschung. Hier geht es zunächst um methodologische Probleme, insbesondere um das Problem einer realitätsgerechten *Beobachtungs- und Analyseeinheit*.

Anfang der 70er Jahre mehren sich die Vorschläge, bei Felduntersuchungen Situationen als Beobachtungsgegenstand, Bezugsrahmen und analytisches Gerüst zugrunde zu legen. So benennt MOLLENHAUER (1972, S. 110) «Situation» als die «kleinste deskriptive Einheit für Sozialisationsprozesse». Diese Tendenz richtet sich unter anderem gegen eine unreflektierte Verwendung von isolierten oder willkürlichen Beobachtungs- und Analyseeinheiten wie Impulsmerkmale oder Zeitintervalle, die häufig zu Ergebnissen führt, die nur eine sehr beschränkte oder oberflächliche Interpretation zulassen und für die pädagogische Praxis irrelevant oder unbrauchbar sind. Sie geht von der Annahme aus, daß sich menschliches Handeln und soziales Verhalten natürlicherweise in Situationen artikulierten und daher auch nur in diesem Rahmen verstanden werden können. – Noch weiter geht FRIEDRICHS (vgl. 1974): Er schlägt vor, Situationen nicht nur als Beobachtungseinheiten, sondern – anstelle von Individuen – auch als *Erhebungseinheiten* (als Elemente einer Stichprobe) zu benutzen. Damit versucht er eine Verbindung herzustellen zwischen Untersuchungen auf der Mikro- und auf der Makroebene sozialer Erscheinungen und Prozesse. Dieser Vorschlag beruht auf der Annahme, daß sich umfassendere soziale Systeme (wie Schulen, Heime, Betriebe) jeweils in einer Reihe von typischen Situationen sowie in der Ausgestaltung solcher Situationen konkretisieren, also auch unterscheiden und in bezug auf die beteiligten oder betroffenen Personen wirksam werden. – Allerdings, so einleuchtend die in diesen Vorschlägen enthaltenen kritischen Einwände und konstruktiven Überlegungen sein mögen, ihre Umsetzung in konkrete empirische Forschung stößt noch auf eine Reihe beträchtlicher Schwierigkeiten wie die Feststellung untersuchungsrelevanter Faktoren und deren Beziehungen untereinander, die nachvollziehbare Bestimmung zeitlicher und räumlicher Grenzen oder die Auswahl repräsentativer aus der Vielzahl möglicher Situationen. Doch es gibt auch bereits genügend Felduntersuchungen und Fallstudien, die erfolgversprechende Wege zur Überwindung dieser Schwierigkeiten anzeigen. Insbesondere system- und spieltheoretische Konzeptualisierungen, in denen Situationen als «Systeme besonderer Art» von kurzer zeitlicher Dauer (vgl. LUHMANN 1964, S. 297) als «situierte Aktivitätssysteme» und Quasi-Spiele (vgl. GOFFMAN 1973, S. 8ff), als «behavior settings» (vgl. BARKER 1968, S. 18ff) oder «activity settings» (vgl. GUMP 1964) aufgefaßt und analysiert werden, scheinen für konkrete Untersuchungen nützlich zu sein.

Pädagogisches Handeln. Die Kritik an realitätsentstellenden und praxisfremden Untersuchungsdesigns empirischer Forschung ergab sich für die Erziehungswissenschaft aus ihrer Handlungsorientierung, und so entwickelte sie sich auch in enger Verbindung mit handlungstheoretischen Überlegungen, die Anfang der 70er Jahre in die Diskussion eingeführt wurden und bei denen es vor allem um die Klärung der Bedingungen und Möglichkeiten für sinnvolles pädagogisches Handeln ging. Diese Überlegungen knüpfen an Konzepte aus interaktionistischen, ethnomethodologischen, phänomenologischen und strukturalistischen Theorien an, in denen der Situationsbegriff eine bedeutsame Rolle spielt (vgl. Goffman 1971, 1977; vgl. Gonos 1977, Perinbanayagam 1974, Steinert 1973). – Ein entscheidender Ausgangspunkt ist hier die These Mollenhauers (1972, S. 115): «Die Gestaltung von Situationen ist das, dessen der Pädagoge (Erzieher, Lehrer, Sozialarbeiter usw.) am ehesten mächtig ist. Die ‹Fehler›, die er machen kann, sind in erster Linie Fehler in der Beurteilung, Strukturierung und Veränderung von Situationen.» Diese These behauptet zweierlei: eine Priorität der Gestaltung von Situationen als Ansatz- und Zielpunkt pädagogischen Handelns gegenüber anderen sozialen Handlungszielen und ein besonderes Verhältnis zu Situationen. Erzieherisches Handeln findet nicht nur – wie alles menschliche Handeln – in Situationen statt; Situationen sind auch das Medium, an und in dem sich seine Intentionen primär verwirklichen. Folgt man dieser These, so ergibt sich für die erziehungswissenschaftliche Forschung: Institutions- und Gesellschaftsanalyse werden nur dann und soweit handlungsrelevant, wie sie sich in der Beschreibung und Kritik von Situationen konkretisieren, und die Analyse pädagogisch relevanter Situationen ist eine ihrer zentralen Aufgaben. Dabei geht es nicht nur um die äußeren Gegebenheiten und Bedingungen, sondern in erster Linie um die *Definition und Bewältigung von Situationen*, um die Herausforderungen, Chancen und Widerstände, die die Beteiligten in ihnen sehen, um die Deutungen und Regeln, die sie ihren Wahrnehmungen und Verhaltensweisen bewußt oder unbewußt zugrunde legen, um die Art und Weise, wie solche Deutungen und Regeln zustande kommen, überliefert, mitgeteilt und revidiert werden, um die Strategien, die die Beteiligten zur Bewältigung der Situation einsetzen, und um die Folgerungen, die sie aus dem Verlauf und Ausgang der Situation ziehen. Die theoretischen Probleme dieser Situationsaspekte werden in einer Reihe von Untersuchungen diskutiert und aufgearbeitet (vgl. Steinert 1973).

Pädagogisch relevante Situationen unterscheiden sich dadurch von anderen Situationen, daß es in ihnen zumindest immer einen Beteiligten gibt, der ihren Anforderungen noch nicht in der gleichen Weise gewachsen ist wie die anderen und der erst aufgrund der Erfahrungen, die er in ihr macht, lernt, sich in anderen Situationen zurechtzufinden und zu behaupten. Dies erfordert von dem pädagogisch Handelnden, daß er bei seinen eigenen Entscheidungen die Entwicklungschancen und Lernmöglichkeiten, die die Situation dem Heranwachsenden bietet, mitreflektiert. Mollenhauer (1972, S. 120) nennt dies die *«Meta-Intentionalität» der pädagogischen Situation.* Will man der Meta-Intentionalität theoretisch gerecht werden, so wäre es vor allem erforderlich, den Zusammenhang von Situation und Lernen eingehender zu erfassen.

Für ein angemessenes Verständnis des Zusammenhanges von Situation und →Lernen und der Besonderheiten von *Lernsituationen* fehlen uns bisher noch die notwendigen theoretischen Überlegungen. In lernpsychologischen Untersuchungen erscheint die Umwelt häufig nur reduziert und aufgelöst in isolierte Situationspartikel wie Reiz oder Verstärker. In didaktischer Planung und Analyse werden konkrete Lehr-/Lernsituationen auf vielfältige Weise entworfen und beschrieben. Aber bisher gibt es kaum Veröffentlichungen, in denen erklärt wird, was eine Situation zu einer Lernsituation macht, in denen die besondere Beschaffenheit von Lernsituationen, ihre Strukturen und Wirkensweisen, ihre unterschiedlichen Ausformungen, ihr Zustandekommen und die Kriterien für eine lernfördernde Ausgestaltung systematisch dargestellt und untersucht werden (vgl. SCHULZE 1978).

BARKER, R.: Ecological Psychology, Stanford 1968. BOLLNOW, O. F.: Existenzphilosophie und Pädagogik, Stuttgart 1959. FRIEDRICHS, J.: Situation als soziologische Erhebungseinheit. In: Z. f. Soziol. 3 (1974), S. 44ff. GOFFMAN, E.: Verhalten in sozialen Situationen, Gütersloh 1971. GOFFMAN, E.: Interaktion: Spaß am Spiel, Rollendistanz, München 1973. GOFFMAN, E.: Rahmen-Analyse, Frankfurt/M. 1977. GONOS, G.: «Situation» versus «Frame»: The «Interactionist» and the «Structuralist» Analyses of Everyday Life. In: Am. Sociol. Rev. 42 (1977), S. 854ff. GUMP, P. V.: Environmental Guidance of the Classroom Behavioral System. In: Biddle, B. J./Ellena, W. J.: Teachers Effectiveness, New York 1964, S. 165ff. HEMMER, K. P./ZIMMER, J.: Der Bezug zu Lebenssituationen in der didaktischen Diskussion. In: Frey, K. u. a. (Hg.): Curriculum-Handbuch, Bd. 2, München/Zürich 1975, S. 188ff. LENZEN, D.: Eine «edukative» Strategie für Curriculum-Konstruktion. In: Blankertz, H. (Hg.): Curriculumforschung – Strategien, Strukturierung, Konstruktion, Essen [4]1974, S. 118ff. LUHMANN, N.: Funktionen und Folgen formaler Organisation, Berlin 1964. MOLLENHAUER, K.: Theorien zum Erziehungsprozeß, München 1972. PERINBANAYAGAM, R. S.: The Definition of the Situation: An Analysis of the Ethnomethodological and Dramaturgical View. In: The Sociol. Quart. 15 (1974), S. 521ff. ROBINSOHN, S. B.: Bildungsreform als Revision des Curriculum, Neuwied/Berlin 1967. SCHULZE, TH.: Methoden und Medien der Erziehung, München 1978. SCHULZE, TH.: Autobiographie und Lebensgeschichte. In: Baacke, D./Schulze, Th. (Hg.): Aus Geschichten lernen, München 1979, S. 51ff. STEINERT, H.: Symbolische Interaktion, Stuttgart 1973.

Theodor Schulze

Situationsansatz → Vorschulerziehung
Situationsdefinition → Interaktion
Sitzenbleiben → Leistungsbeurteilung – Leistungsversagen
social casework → Einzelfallhilfe
social groupwork → Gruppendynamik – Gruppenpädagogik
Sondererziehung → Sonderpädagogik
Sonderkindergarten → Sonderpädagogik; → Vorschulerziehung

Sonderpädagogik

Begriff/Geschichte. Als Sonderpädagogik (auch Heilpädagogik, Behindertenpädagogik) wird die Theorie und Praxis einer speziellen Pädagogik bezeichnet, die sich mit den Problemen der Personalisation und → Sozialisation von behinderten Menschen befaßt. Mit dem ältesten Begriff *Heilpädagogik* versuchten erstmals 1861 und 1863 GEORGENS und DEINHARDT (vgl. 1979) die Praxis einer helfenden, wohltätigen oder fürsorgerischen Tätigkeit in einer «heilpädagogischen Gesamtwissenschaft» theoretisch zu fundieren. Bereits ein Jahrhundert zuvor waren im Kontext von → Aufklärung und beginnender Industrialisierung, durch Abbé l'Épée die erste Erziehungsanstalt für Taubstumme (1760) und durch Haüy die erste Blindenschule (1774), beide in Paris, gegründet worden; in Leipzig war durch Heinicken eine Taubstummenanstalt (1778) und in der Schweiz unter Venel eine Spitalschule für Körperbehinderte (1778) entstanden (vgl. SPECK 1987; historisch-sozialkritisch: JANTZEN 1982). Orientiert am allgemeinpädagogischen Gedanken einer «heilenden Erziehung», wie er schon bei Jean Paul auftaucht, entwickelte sich die Heilpädagogik als eigenständige Disziplin. Die Lehre von den «Kinderfehlern» (im heutigen Verständnis etwa → Verhaltensstörungen) wird in ihrer Rezeption durch den Herbart-Schüler v. Strümpell zu einem Aufgabengebiet im Schnittbereich von Medizin und Pädagogik, denn v. STRÜMPELLS (vgl. 1910) «Pädagogische Pathologie» (1890) zählt auch gravierende Sinnesbehinderungen zu den Kinderfehlern. Mit dem aufklärerisch-*medizinischen* Modell der Heilpädagogik war die Vorstellung verknüpft, Behinderungen wie eine Infektionskrankheit heilen zu können. Dieses Verständnis versagte vollständig bei Blindheit oder Taubheit.

Die *theologische* Konnotation des Partikels «Heil» im Begriff der Heilpädagogik liefert dagegen bis heute nicht nur ein Motiv zum pädagogischen → Handeln, sondern auch – weitergreifend – einen anthropologischen Begründungszusammenhang für die → Erziehung Behinderter. Anlaß zur Gründung von Heimen, Anstalten oder Rettungshäusern als karitativem Akt christlicher Nächstenliebe war die Gottebenbildlichkeit des Menschen, die diesen verpflichtet, sich geistig, seelisch und körperlich zu vervollkommnen. Abgeleitet aus dem göttlichen Heilsplan wird das Heil des Kindes angestrebt und ließ BOPP (vgl. 1930) von Heil**s**pädagogik sprechen.

Die an einer *existentialistischen* Anthropologie orientierte Heilpädagogik strebt an, das Leben des Behinderten erfüllt zu gestalten und ihm einen «inneren Halt» zu geben (MOOR 1951). Sie versteht heilen «im umfassenderen Sinne der Verganzheitlichung und Sinnerfüllung des Lebens» (KOBI 1983, S. 107). Die Würde der Person, die Angewiesenheit des Menschen auf das Du sowie die Liebe, die sich dem anderen um seiner selbst willen zuwendet, sind Maximen heilpädagogischen Handelns. In der wissenschaftlichen Diskussion zwischen den Weltkriegen wurde verstärkt Gewicht auf das Moment von Erziehung gelegt und damit ein Verständnis von angewandter Psychopathologie oder angewandter Kinderpsychiatrie zurückgewiesen. Hanselmann begriff die Heilpädagogik als Lehre vom → Unterricht, von der Erziehung und Fürsorge des «entwicklungsgehemmten Kindes». Heilpädagogik sei «vor allem Pädagogik» (vgl. HANSELMANN 1941, S. 22; ähnlich: vgl. MOOR 1958). Sie ist Spezialgbiet einer, unter erschwerten Bedingungen stattfindenden, allgemeinen → Pädagogik. Konsequenterweise setzte sich der Begriff Sonderpädagogik im Schulwesen durch, wo sich mit dem Gutachten des Schulausschusses der KMK zur Ordnung des Sonderschulwesens 1960 ein differenziertes Sondersystem für alle Behinderungsarten etablierte (vgl. GUTACHTEN... 1960). Mit dem «systemsoziologischen Modell der Institutionsdifferenzierung» (vgl. BLEIDICK 1985a, S. 256ff) steht die Sonderpädagogik in der Gefahr, ihre Praxis nur unter funktionalistischen Gesichtspunkten zu betrachten und dabei einer impliziten Normativität zu verfallen. Nicht mehr das Mensch-Sein, sondern das Besonders-Sein wird zum Ausgangspunkt erzieherischen Handelns.

Damit ist das Augenmerk auf den behinderten Menschen gelenkt, so daß Bleidick in Abgrenzung von Heil- und Sonderpädagogik den Terminus *Pädagogik der Behinderten* vorschlägt (vgl. BLEIDICK/HAGEMEISTER 1986, S. 45). Ihr geht es «nicht mehr um die Heilung des Gebrechens, vielmehr um die Milderung oder Kompensation der negativen Auswirkungen von Behinderung auf das Lernen und die soziale Eingliederung» (BLEIDICK/HAGEMEISTER 1986, S. 45). Der Behinderte darf nicht durch seinen Sonderstatus bedingt ab- und ausgesondert werden, ist er doch in seinem Mensch-Sein allen Menschen gleich und kann gleichermaßen Obhut und Fürsorge des Staates für sich beanspruchen. Bleidick arbeitet vier idealtypische Modelle der Wissenschaftsbegründung der Erziehung Behinderter heraus: die normative Heilpädagogik, die empirische Sonderpädagogik, die dialektische und die rationalistische Behindertenpädagogik (vgl. BLEIDICK 1985b, S. 69ff). Er ordnet ihnen unterschiedliche Paradigmen von Behinderung zu: Das medizinisch-personorientierte Paradigma faßt Behinderung als individuelle Kategorie; das systemtheoretische Paradigma begreift Behinderung als Resultat von Institutionsdifferenzierung, und das interaktionistisch-gesellschaftstheoretische Modell begreift Behinderung als einen Zuschreibungsprozeß (vgl. BLEIDICK 1985a, S. 254ff; vgl. BLEIDICK/HAGEMEISTER 1986, S. 66ff). Die systematisch-analytische Abgrenzung der Begriffe wird in der pädagogischen und publizistischen Arbeit kaum aufrechterhalten (so ist der Verband deutscher *Sonder*schulen der Fachverband für *Behinderten*pädagogik und gibt die Zeitschrift für *Heil*pädagogik heraus).

Heilpädagogik, Sonderpädagogik und Behindertenpädagogik (in der DDR: Rehabilitationspädagogik – vgl. BECKER u. a. 1984) benennen gleichermaßen den Tatbestand des pädagogischen Bemühens, Menschen mit Behinderungen bei ihrem Hineinwachsen und Leben in der Gesellschaft zu unterstützen. Unterschiedliche Akzente, wie das sinnerfüllte Leben der Person (Heilpädagogik), die spezifischen Aufgaben der betreuenden Institutionen (Sonderpädagogik) oder die sozialpsychologische und gesellschaftstheoretische Reflexion der Entstehung und Funktion von Behinderung (Behindertenpädagogik), dürfen diese Gemeinsamkeit nicht vergessen lassen.

Sonderpädagogische Theorie hat zur Aufgabe:

- eine Konzeptualisierung des Behinderungsbegriffs vorzunehmen (Gegenstandsbereich);
- zu begründen, warum jemand einer besonderen Erziehung bedarf und welches die Ziele einer solchen sind (Teleologie);
- zu reflektieren, was das Besondere dieser Erziehung zu sein hat (praxisleitende Konzepte) und
- die institutionellen Träger dieser Erziehung in ihrer Funktion zu reflektieren (Sondereinrichtungen, Integration).

Gegenstandsbereich. Behinderung ist kein absolut zu setzender Begriff. Die Abweichung von einer statistischen Norm des Gesundseins oder des Verhaltens sowie von einer durchschnittlichen körperlichen, psychischen und sozialen Entwicklung kann nicht als alleinige Bezugsgröße angesehen werden. Ebenso muß die Angemessenheit von Erwartungen der Umwelt hinterfragt werden. Die Problemstellung lautet dann nicht primär «wer ist behindert», sondern «wer wird als behindert definiert». Behinderungen können als eine umfängliche, schwere und dauerhafte Beeinträchtigung (neben Störungen und Gefährdungen) klassifiziert werden (vgl. BACH 1985, S. 10). Ihnen liegen somatische, emotionale oder kognitive Schädigungen zugrunde. Solche Schädigungen, die sich auf die Bewegung, das Hören, das Sehen, das → Denken, das Sprechen, die Emotionalität oder das Sozialverhalten beziehen, prädisponieren für Behinderungen. Erst aus der Diskrepanz zwischen Verhaltensdispositionen und Verhaltenserwartungen entsteht auf dem Hintergrund der mehr oder weniger sanktionierenden sozialen und gesellschaftlichen Bedingungen das, was die Zuschreibung «Behinderung» erfährt. Im Gegensatz zu individuumzentrierten Sichtweisen meint Behinderung «dem Sinne nach stets eine Beeinträchtigung der Realisierung einer Verhaltenserwartung» (BACH 1985, S. 6).

Der Prozeß, der hier die Entstehung und Aufrechterhaltung von Behinderung (in Abgrenzung zu Schädigung) beschreibt, greift auf sozialwissenschaftliche Denkmodelle der *Stigmatheorie* (→ Stigmatisierung) und des *labeling-approach* zurück. Behinderungen sind nicht Eigenschaftspotential der Person, sondern «entstehen aus definierenden Aktivitäten von interagierenden Personen in sozialen Situationen» (Thimm 1975, S. 154). Im Prozeß des Aushandelns und Durchsetzens von Deutungen, in dem vermeintliche institutionelle und gesellschaftliche Selbstverständlichkeiten definitionsmächtig werden und Normen quasi objektiviert erscheinen, entsteht das Stigma «Behinderung». Das innerpsychische Korrelat zu einem solchermaßen sozialpsychologisch beschriebenen Prozeß des Behindert-Werdens kann mit dem psychoanalytischen Konzept der *Abwehr* beschrieben werden. Sie kann in Form von Verdrängung oder Verleugnung bestehen (vgl. Meng 1938 in Cloerkes 1985, S. 22). Daß eigene Erfahrungen von Ausgegrenztsein und Isolierung auf Behinderte projiziert werden, erklärt zum Teil auch die Schuldgefühle, die Nichtbehinderte gegenüber Behinderten entwickeln und die zu einer Reaktionsbildung in Form von Überfürsorglichkeit führen können.

Neben pädagogischen Konzepten von Behinderung existieren auch medizinische und *sozialrechtliche* (vgl. Thust 1980). So wird etwa in § 124 (4) des Bundessozialhilfegesetzes Behinderung als eine «nicht nur vorübergehende erhebliche Beeinträchtigung der Bewegungsfähigkeit, [...] der Seh-, Hör- und Sprachfähigkeit [...], der geistigen oder seelischen Kräfte» definiert. Des weiteren zählen «Mißbildungen, Entstellungen und Rückgratverkrümmungen» dazu. Orientiert am Begriff der Minderung der Erwerbstätigkeit, wie er seine gesetzliche Fundierung im Bundesversorgungsgesetz findet, wird der Begriff der Behinderung operationalisiert (vgl. Rath 1985, S. 26ff). 1973 formulierte der Deutsche Bildungsrat: «Als behindert im erziehungswissenschaftlichen Sinne gelten alle Kinder, Jugendliche und Erwachsene, die in ihrem Lernen, ihren sozialen Fähigkeiten, in der sprachlichen Kommunikation und in den psychomotorischen Fähigkeiten soweit beeinträchtigt sind, daß ihre Teilhabe am Leben der Gesellschaft wesentlich erschwert ist. Deshalb bedürfen sie besonderer pädagogischer Förderung» (Deutscher Bildungsrat 1973, S. 32). Akzentuiert wird, daß eine «Störung der Bildsamkeit» (Bleidick 1984, S. 86ff) vorliegt, daß «erschwerende Bedingungen» (Bach 1987, S. 6) den Erziehungsprozeß bestimmen, daß die Erziehbarkeit behindert ist (vgl. Heese/Solarová 1985).

Das «Fünf-Bereiche-Modell von Behinderung im erziehungswissenschaftlichen Sinne», das Heese und Solarová vorgelegt haben (vgl. Abbildung 1), macht deutlich, welche Aspekte in ihrer wechselseitigen Verknüpfung eine Behinderung der Erziehbarkeit bedeuten, welche somit bei den therapeutischen, beraterischen, lebenspraktischen und kognitiven sozialen Prozessen reflektiert und bei der methodisch-didaktischen Planung von Bildungs- und Erziehungsprozessen Berücksichtigung finden müssen.

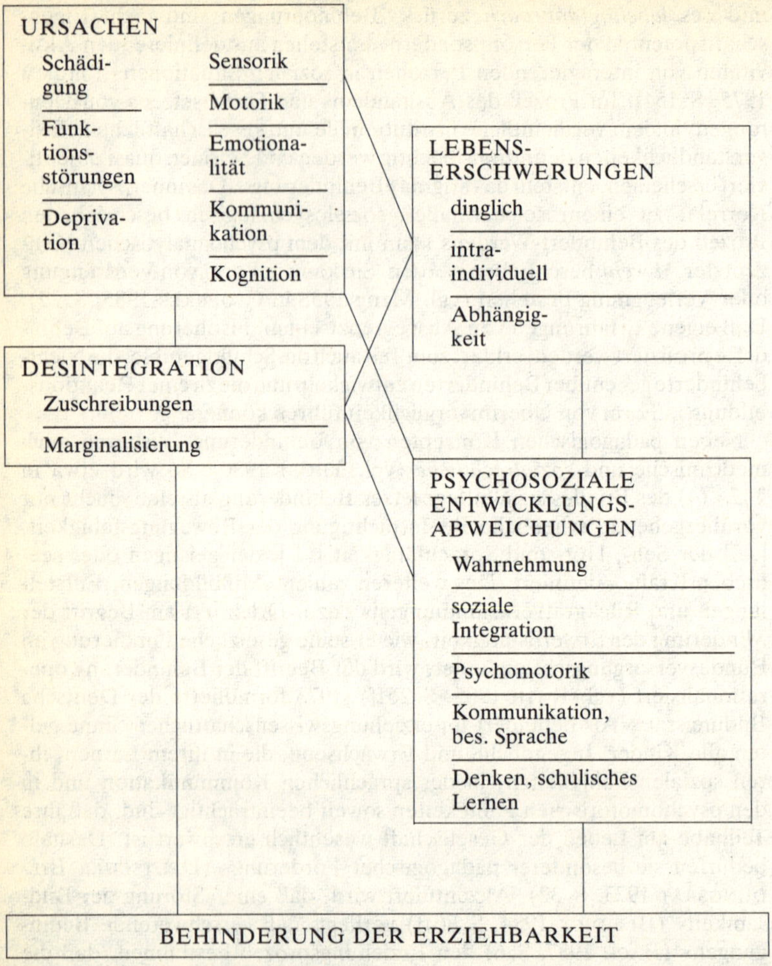

Abbildung 1: Fünf-Bereiche-Modell von Behinderung
(Quelle: HEESE/SOLAROVÁ 1985, S. 762)

Teleologie. Während eine pädagogische Anthropologie die Erziehungsbedürftigkeit und die Erziehbarkeit eines Menschen zum Ausgangspunkt ihrer Reflexionen nimmt, muß die Sonderpädagogik – ergänzend – die anthropologische Sonderstellung des behinderten Menschen berücksichtigen. Entsprechend ihres Menschen- und Weltbildes wird die teleologische Frage des Sein-Sollens Behinderter von theologischen, existentialistischen, rationalistischen oder materialistischen Theorien betrachtet. *Christlich* motivierte Entwürfe einer heilpädagogischen Anthropologie (vgl. etwa Bopp 1930, Montalta 1967) sehen Leiden als eine spezifische Begrenzung des menschlichen Daseins. Lebensrecht und Lebenssinn der Schwachen erfordern Helfen als Heilerziehung aus dem Glauben und als Wiederholung der Tätigkeit des Heilands.

Rekurrierend auf Argumentationen von Jaspers, Heidegger und Bollnow wird als Kern einer *existentialphilosophischen* Anthropologie des Behinderten die Unausweichlichkeit seiner Grenzsituation benannt. Die Grenzsituation des behinderten Menschen ist im Gegensatz zu den existentiellen Krisen des Gesunden auf Dauer gestellt. Heilpädagogisches Handeln muß daher die Bedingungen der Möglichkeit einer Aufhebung der Situation schaffen. Die Beziehungsverhältnisse der Subjekte, der «Lebens-Rahmen» (Kobi 1983, S. 53) einer prinzipiell veränderbaren menschlichen Existenz bestimmen den dialogisch gefaßten Prozeß, in dem eine «Daseins- und Sinnvergewisserung» (Kobi 1983, S. 353) stattfindet. Den Behinderten nicht nur als «Abnormen», sondern als «vielfältig Einmaligen» (vgl. Kobi 1980, S. 62f; vgl. Kobi 1985, S. 292) zu betrachten, ermöglicht dieser personalen Heilpädagogik einen Sinnhorizont und Existenzbedingungen. Sie wird gesellschaftlich relevant, indem sie die Ich-Du-Verhältnisse «von der Aktion zur Interaktion, vom Einzelnen zur Gesellschaft, vom existentiellen Augenblick zum essentiellen Verweilen und von der Freiheit zur Bindung» (Kobi 1985, S. 293) überschreitet. Bleidick, der den Versuch unternommen hat, eine differentielle Anthropologie der Behinderten abzuleiten und dazu einzelwissenschaftliche Aspekte, theologische und existentialistische Modelle ausführlich darstellt (vgl. Bleidick 1984, S. 424ff), kommt vor dem Hintergrund seiner *kritisch-rationalistischen* Trennung von Erziehungswissenschaft und Erziehungsphilosophie zu dem Schluß, daß jede Anthropologie nicht mehr als ein Modell sein kann. Solche Modelle könnten jedoch als Lebenshilfe, im Sinne von Selbstvergewisserung, für die Behinderten dienen.

Die *materialistische* Sonderpädagogik nimmt als Folie für die Analyse von Behinderung die politökonomische Situation. Die Störung des Aneignungsprozesses gesellschaftlichen Erbes (vgl. Jantzen 1982), die fehlende physische und psychische Fähigkeit von Behinderten, ihre Arbeitskraft auf dem Markt zur Verfügung zu stellen, bedeuten nach

Jantzen eine zusätzliche Erschwerung für deren Lebensvollzüge. Behinderungsspezifische Forderungen nach Bildung und Gesundheit, Kooperation und Abbau von sozialem Ausschluß (vgl. JANTZEN 1985, S. 340) finden sich eingebettet in die Marxsche Forderung, alle Verhältnisse umzuwerfen, in denen der Mensch ein erniedrigtes, geknechtetes, verlassenes oder verächtliches Wesen ist. Damit wird pädagogisches Handeln in den Kontext parteilicher gesellschaftspolitischer Reflexion gestellt. Bleidick dagegen plädiert für eine pluralistische offene Erziehungsphilosophie, die dem handelnden Erzieher eine «réflexion engagée» subjektiver Basisentscheidungen zugesteht (vgl. BLEIDICK 1984, S. 400). Er verweist aber auch auf den, sich aus der deutschen Geschichte ergebenden, «normativen Imperativ» Adornos, daß alle Erziehung zu verhindern habe, daß Auschwitz wieder möglich ist. Diese Maxime gewinnt für Sonderpädagogik eine eigene Brisanz, da die Sonderschullehrerschaft in ihrer Mehrheit die organisierte Euthanasie zumindest nicht verhindert hat (vgl. WAGNER 1977, RUDNICK 1987).

Weder religiöse, noch philosophische Traditionen immunisierten Sonderpädagogen gegen die Übergriffe nationalsozialistisch faschistischer Ideologie. Daher gilt auch für die demokratische Gesellschaft der Bundesrepublik Deutschland, in der die Würde des Menschen unantastbar ist (vgl. Art. 1 GG) und in der das Menschenrecht auf Bildung Anerkennung findet, daß Werte und Normen der Erziehung und deren Umsetzung beständig reflektiert werden müssen. →Erziehungsziele, die mit Termini unterschiedlichster Tradition benannt werden, lauten: Mündigkeit, Selbstverwirklichung in sozialer Interaktion, soziales Wohlbefinden, Teilnahme am sozialen Leben (vgl. BACH 1985, S. 18), Emanzipation und Verantwortung (vgl. GAUCH 1986, S. 57ff), Glück, Freude oder Erfülltheit (vgl. KOBI 1983, S. 243ff, besonders S. 267), Bewältigung von Lebenssituationen, Solidarität und Toleranz (vgl. BEGEMANN 1979, S. 21), Realisierung des Lebens- und Entfaltungsrechts (IBEN 1975, S. 19). Jedoch findet die Gleichheit aller Menschen ihre Relativierung in der Andersartigkeit des behinderten Menschen. Anders-Sein der Behinderten angstfrei anzuerkennen, ohne Ausgrenzungen vorzunehmen, setzt voraus, daß Erzieher die ihrer eigenen Identität gefährlich werdenden Impulse nicht auf Behinderte in narzißtischer Weise projizieren, um sich selbst von bedrückenden Zwängen zu entlasten. Psychoanalyse, als Medium der Reflexion und der Selbstreflexion (vgl. LEBER 1977, S. 83), kann hier berufsvorbereitend und -begleitend psychohygienisch notwendige Funktionen übernehmen.

Praxisleitende Konzepte. Die Erziehung behinderter (Sondererziehung), gestörter (Fördererziehung) oder gefährdeter (Vorsorgeerziehung) Personen (vgl. zu dieser Differenzierung BACH 1987, S. 20ff) erfordert ein den «speziellen Erziehungsbedürfnissen» (SPECK 1985) angemessenes «quantitatives und qualitatives Mehr» (BACH 1987, S. 6). Als spezifische «methodenbezogene Prinzipien» (vgl. SPECK 1985, S. 138) können unterschieden werden: Diagnostik, Therapie, Beratung, Pflege, Unterricht, Erziehung.

Umfang, Schwere und Dauer von Behinderungen müssen – als Voraussetzung sonderpädagogischer Maßnahmen – durch eine differenzierte *Diagnostik* geklärt werden (vgl. BUNDSCHUH 1984). Diese hat die Aufgabe, neben den kognitiven, psychischen und sozialen Voraussetzungen auch die somatischen zu klären. In Zusammenarbeit mit der *Medizin* gilt es, besonders bei den Sinnesbehinderungen oder zerebralparetischen Krankheitsbildern, den physiologischen Rahmen für Erziehung zu untersuchen. Die traditionelle Diagnostik der *Psychologie* geht mit ihren Intelligenz-, Leistungs- und Persönlichkeitstests davon aus, überdauernde (reliable) Merkmale mit prognostischem Wert messen zu können. Im Bereich der schulpsychologischen wie vor allem der sonderpädagogischen Diagnostik liegen spezifische Tests zur Schulleistung, zur (psycho-)motorischen Entwicklung, zur Wahrnehmungs- und Sprachentwicklung vor. Der Begriff *Förderdiagnostik* weist darauf hin, daß Diagnose immer wiederkehrender Punkt eines Prozesses ist. Während sich im Bereich der Früherkennung und Frühförderung «bei geistigbehinderten, körperbehinderten und sinnesbeeinträchtigten Kindern der Gedanke der ‹Förderdiagnose› auf dem Weg der Realisierung befindet» (BUNDSCHUH 1984, S. 46), hält das Schulsystem an einer Einweisungs- und Selektionsdiagnostik (nicht zuletzt aus schulrechtlichen Gründen) fest.

Therapie ist sonderpädagogischer Erziehung kooperativ beigeordnet und wird entweder von Therapeuten oder Sonderpädagogen durchgeführt. Krankengymnastische und beschäftigungstherapeutische Maßnahmen bei körperlichen und geistigen Behinderungen sind, wie die Sprach-Heil-Therapie, die Spieltherapie oder die Verhaltenstherapie, kausal auf indizierte Teilbereiche der Beeinträchtigung bezogen (vgl. zum Beispiel SPECK 1985, S. 141; vgl. HOLTZ 1980). Auch die → Beratung bedarf einer Einbindung in ein erzieherisches Gesamtkonzept. Ratsuchende Behinderte oder deren Eltern werden selbst in einem kooperativen Prozeß in die Analyse der Situation und in die möglichen Interventionen einbezogen. Beratung ist immer auch Beratung von Personen der sozialen Umwelt.

Bei schweren Behinderungen erhält das Moment von *Pflege* ein besonderes Gewicht im erzieherischen Prozeß. Mit allen pflegerischen Handlungen, seien es solche der Körperpflege, der Betreuung oder Beaufsichtigung, sollen erzieherische Aufgaben verbunden sein, die an den Zielen von Selbständigkeit und Teilnahme am sozialen Leben orientiert sind.

Organisierte Lernprozesse von Behinderten erfordern eine behinderungsspezifische Methodik und finden in der Regel im Rahmen des schulischen *Unterrichts* statt. Systematische Lernprozesse finden auch in Form präventiver, korrektiver und kompensatorischer Früherziehung (vgl. HEESE 1978, S. 5f) statt. Dabei sind behinderungsspezifische Schwerpunkte zu setzen. Besondere Erziehung als Aufgabe von Sonderpädagogen, (Heil-)Erziehern oder auch Sozialarbeitern erfordert die Zusammenarbeit mit Medizin und Psychologie, setzt Kenntnisse des Rechts und der Soziologie voraus und findet an unterschiedlichen Orten und in verschiedenen Altern in der Biographie eines Behinderten statt.

Institutionen. Auf Lebensphasen bezogen umfaßt die Erziehung Behinderter folgende Bereiche: Frühbereich (0–3 Jahre), Elementarbereich (3–6 Jahre), Schule (6–15/18 Jahre), Berufs(aus)bildung. Parallel oder ergänzend widmen sich freie Wohlfahrtsverbände, Selbsthilfeorganisationen und kirchliche, kommunale und staatliche Organisationen der Betreuung, Förderung und Aktivierung der Behinderten in allen Lebenslagen.

Frühbereich. Früherkennung und Früherfassung obliegt den Ärzten und Gesundheitsämtern. Obwohl keine Meldepflicht für Behinderungen existiert, haben Eltern oder Vormünder einen Behinderten dem Gesundheitsamt vorzustellen. Hebammen, Lehrer, Sozialarbeiter oder Erzieher haben die Erziehungsberechtigten darauf hinzuweisen und gegebenenfalls die Meldung selbst vorzunehmen (§ 124 [12] Bundessozialhilfegesetz). Das Gesundheitsamt hat dann die Aufgabe, zu informieren und zu beraten sowie die notwendigen Maßnahmen einzuleiten.

Da interdisziplinäre sozialpädiatrische Zentren, wie sie von der Bildungskommission konzeptualisiert wurden (vgl. Band 53 der Gutachten und Studien des Deutschen Bildungsrates), nicht eingerichtet wurden, erfolgt die Förderung des behinderten Kindes in Zusammenarbeit mit Beratungsstellen, die häufig den jeweiligen Sonderschulen angegliedert sind. Neben Einzelbetreuung in der Beratungsstelle, in Spielgruppen, zum Teil in Wechselgruppen und in Eltern-Kind-Gruppen, findet Hausfrüherziehung statt. Diese ist als familienorientierte Früherziehung auf Kooperation mit den Eltern angelegt und versucht, diese als Ko-Therapeuten anzuleiten (vgl. dazu SPECK/WARNKE 1983).

Elementarbereich. Für diesen Bereich stehen Kindergärten zur Verfügung. Diese sind bei den Sinnes-, Körper- und Geistesbehinderungen häufig den entsprechenden Schulen als Sonderkindergärten angegliedert. Vereinzelt nehmen auch staatliche und private Kindergärten leicht behinderte Kinder aus dem Wohngebiet auf. Besonders für Kinder mit nicht offensichtlichen Behinderungen besteht die Chance, daß sie noch vor Schuleintritt kompensatorisch und prophylaktisch gefördert und/oder behandelt werden.

Sonderschulen. Sie stellen das elaborierteste System für Sondererziehung dar. Seit dem «GUTACHTEN ZUR ORDNUNG DES SONDERSCHULWESENS» (1960), erstellt vom Schulausschuß der Ständigen Konferenz der Kultusminister der Länder in der Bundesrepublik Deutschland (KMK), erfolgte der Ausbau eines differenzierten Sondersystems für alle Behinderungsarten (vgl. die in der Reihe «Gutachten und Studien der Bildungskommission» des Deutschen Bildungsrates herausgegebenen Bände «Sonderpädagogik 1–7»; vgl. BACH u. a. 1987, HANDBUCH... 1977ff). Für Kinder mit geistigen, seelischen oder körperlichen Beeinträchtigungen besteht neben dem grundgesetzlichen Recht auf Bildung die Pflicht, eine Sonderschule zu besuchen. Die Sonderschulbedürftigkeit wird durch ein sonderpädagogisches Gutachten, das um ein medizinisches und/oder psychologisches ergänzt wird, festgestellt (vgl. FÜSSEL 1987).

Es werden neun Sonderschultypen unterschieden:

Schulen für Blinde nehmen Kinder auf, die kein Sehvermögen haben oder deren Sehvermögen unterhalb 1/50 der Norm liegt. Kompensatorisches Nutzen der anderen Sinne und Benutzen von taktilen, motorischen und akustischen Mitteln dienen dazu, die Entfaltung der kognitiven Kompetenz Blinder zu unterstützen. Blindenschulen umfassen in der Sekundarstufe I Hauptschule, Realschule und Gymnasium. Mit 0,015 % eines Geburtsjahrgangs ist der Anteil an Blinden relativ gering.

Schulen für Sehbehinderte (1986: 46 Schulen für Sehgeschädigte) unterrichten Kinder und Jugendliche, deren Sehschärfe trotz optischer Sehhilfen auf 1/20 bis 1/50 der Norm herabgesetzt ist; das sind 0,1 % eines Geburtsjahrgangs. Kompensation, sachgerechte Nutzung optischer, technischer und medialer Hilfsgeräte, spezielles Sehtraining und gegebenenfalls Sehschonung sind Aspekte eines speziellen Unterrichts.

Schulen für Gehörlose unterrichten Kinder, die vollständig taub oder nur mit rudimentären Hörresten geboren wurden oder ihr Hörvermögen im Frühstadium der Lautentwicklung verloren haben, so daß zunächst eine funktionale Stummheit vorliegt. Diese Kinder müssen das Sprechen und das Bilden von Sätzen erlernen. Gehörlos sind 0,5 % eines Jahrgangs. Sprachanbahnung, Sprachförderung und der Aufbau von Sprachstrukturen dienen der kognitiven Förderung des Gehörlosen. Sie stellen nicht notwendig eine Konkurrenz zur «Gebärdensprache» dar, die ihrerseits die alltägliche Kommunikation Gehörloser mit ihrer Umwelt erleichtert.

Schulen für Schwerhörige (1986: 70 Schulen für Hörgeschädigte) nehmen Kinder und Jugendliche auf, deren Hörorgane einen vorübergehenden oder andauernden Defekt haben, deren verminderte Hörfähigkeit ihnen jedoch – oft nur mit Hilfe von Hörgeräten – noch ermöglicht, akustische Signale und Sprache wahrzunehmen. Hörbedingte Sprachstörungen und psychosoziale Entwicklungsstörungen bestimmen den Syndrom-Charakter dieser Behinderung. Der geschätzte Anteil von Schwerhörigen an einem Jahrgang liegt zwischen 3 und 6%. Wahrnehmungstraining, Sprech- und Spracherziehung und vor allem die Förderung der emotionalen und sozialen Entwicklung gehören zu den zentralen sonderpädagogischen Aufgaben.

Schulen für Geistigbehinderte (1986: 508 Schulen) widmen sich der Erziehung und Unterrichtung von Kindern und Jugendlichen, deren Intelligenzquotient unter 60 liegt und deren gesamte motorische, psychische, sprachliche und soziale Entwicklung so stark beeinträchtigt ist, daß sie vermutlich dauernder, umfänglicher Unterstützung bedürfen. Etwa 0,6% eines Jahrgangs sind in diesem Sinne Geistigbehinderte. Sonderpädagogische Maßnahmen haben hier die eingeschränkte Lernfähigkeit durch eindringliche Motivation, Langsamkeit, Anschaulichkeit und Wiederholung zu berücksichtigen. Sie regen kognitive Prozesse an, leiten zur lebenspraktischen bedeutsamen Selbständigkeit und Umgänglichkeit hin und fördern Wahrnehmung, Sprach- und Körperbeherrschung.

Schulen für Lernbehinderte (1986: 1535 Schulen) nehmen Schüler auf, deren Leistungen nicht den Anforderungen der Regelschule entsprechen und die einen Intelligenzquotienten zwischen 65 und 80 haben. Dabei sollten Sinnesbehinderungen ausgeschlossen sein. 2,5% eines Jahrgangs werden als lernbehindert angenommen. Zusätzlich gelten noch ca. 4% als lerngestört; weiterhin wird angenommen, daß 10% aller Schüler aufgrund vorübergehender Lernbeeinträchtigungen einer besonderen Förderung bedürfen. Mit 85% stellen die Lernbehinderten den größten Anteil an Sonderschülern. Zirka 90% von ihnen stammen aus der sozialen Unterschicht. Neben angenommenen organischen Bedingungen endogener oder exogener Art stellen die soziokulturellen Bedingungen einen wesentlichen Faktor in der Ätiologie von Lernbehinderungen dar. Mit einer «Präzisionsmethodik» unterstützt der Unterricht die Lernprozesse, welche anschaulich, konkret, handelnd, langsam, wiederholend ablaufen und lebensweltlich orientiert sein sollten.

Schulen für Körperbehinderte (1986: 115 Schulen) widmen sich der Unterrichtung und Erziehung derjenigen Schüler, bei denen eine Schädigung des Stütz- und Bewegungsapparates oder eine Funktionsbeeinträchtigung vorliegt und die dadurch in ihren Umwelterfahrungen und in ihren kognitiven, emotionalen und sozialen Vollzügen beeinträchtigt sind. Dazu gehören insbesondere zerebrale Bewegungsstörungen, Gliedmaßenfehlbildungen, Querschnittslähmung, progressive Muskeldystrophie. Die Häufigkeit von sonderschulbedürftigen Körperbehinderten wird mit 0,3% angenommen. Körperbehindertenschulen sollten alle Schulabschlüsse ermöglichen; das impliziert Mittelpunktschulen in Ganztagsform oder auch Heimunterbringung. Vielfach liegen bei Körperbehinderungen auch Schädigungen der Sinnesorgane, Sprachstörungen oder Intelligenzdefizite vor. Neben der sensu-motorischen Behandlung kommt im Rahmen von Sozialerziehung und psychischer Stabilisierung der Erziehung zur Selbständigkeit ein großes Gewicht zu.

Schulen für Sprachbehinderte (1986: 205 Schulen) unterrichten Kinder und Jugendliche, die nicht in der Lage sind, die Umgangssprache altersangemessen zu verstehen, zu verarbeiten und zu äußern. Daraus folgt eine Beeinträchtigung der Leistungsfähigkeit sowie der psychischen und sozialen Entwicklung. Neben organischen Schädigungen und Funktionsstörungen werden psycho-soziale Bedingungen als verursachend gesehen. Nach Expertenschätzungen besteht ein Dauerbedarf an Sprachheilschulplätzen von 0,7% der Vollzeitschulpflichtigen. Die Sonderschulbesuchsdauer für Sprachbehinderte beträgt im Durchschnitt drei Jahre. Bei 8–13% aller Kinder im Vor- und Grundschulalter können Sprachbehinderungen durch begleitende oder ambulante Fördermaßnahmen behoben werden. Sonderpädagogische Arbeit muß je nach Art der Sprachbehinderung (Verzögerungen, Stammeln, Dysgrammatismus, Aphasie, expressive Störungen, psychoneurotische Störungen) das Sprachverständnis, den Wortschatz, die Lautierung, die zusammenhängende Rede und das Verständnis der Sprachfunktion bei den Schülern fördern.

Schulen für Verhaltensgestörte (1986: 236 Schulen) nehmen Kinder und Jugendliche auf, deren Lern-, Leistungs- und Sozialverhalten von einer Erwartungsnorm häufig und gravierend abweicht (→Verhaltensstörung). Dabei werden neurotische, sensitive und entwicklungsgehemmte Kinder einerseits von ungesteuerten, ausagierenden, verwahrlosten andererseits unterschieden. Wie keine andere Behinderungsart ist die Definition von Verhaltensgestörtheit der Normativität des Beurteilenden ausgesetzt. Nannte das Bildungsratgutachten noch eine Quote von «nur 0,9% verhaltensgestörten Schülern, so gehen neuere Schätzungen dahin, daß 6–8% eines Jahrgangs zumindest vorübergehend einer besonderen Förderung bedürfen. Behavioristisch-lernpsychologische Konzepte versuchen mit verhaltenstherapeutischen Methoden angemessenes Verhalten aufzubauen, bei gleichzeitiger Löschung des «gestörten» Verhaltens. Psychoanalytisch tiefenpsychologische Konzepte versuchen dagegen, das Symptom als Ausdruck einer dahinterliegenden Störung zu verstehen, woraus nur schwer Handlungsschritte für die sonderpädagogische Arbeit abzuleiten sind. Die unterrichtliche Arbeit mit Verhaltensgestörten muß Freiräume für eine Nachsozialisation schaffen, sich an Bedürfnissen der Schüler orientieren und sie mit musischen, psychomotorischen und überschaubaren Lehrinhalten an schulisches Arbeiten und Lernen heranführen.

Mit *Mehrfachbehinderung* wird der Tatbestand beschrieben, daß entweder Schädigungssyndrome vorliegen (zerebrale Bewegungsstörung und geistige Behinderung) und/oder Folgebehinderungen auftreten, die in der Regel in Lern- und Sprachbehinderungen, Verhaltens- und Bewegungsstörungen bestehen. Den vielen möglichen Kombinationen korrespondiert keine entsprechende Anzahl von speziellen Sonderschulen. Daher ist es notwendig, daß die entsprechenden Fachleute, Ergo- und Physiotherapeuten, Krankengymnasten und Sprachheillehrer, Logopäden und Psychotherapeuten, zum mehrfachbehinderten Kimd gebracht werden – nicht umgekehrt.

Der *berufsbildende Bereich* existiert in Form von Berufssonderschulen, etwa für Blinde und Gehörlose, die oft nur für ein enges Berufsspektrum ausbilden. Berufsbildungswerke widmen sich der Erstausbildung besonders von Jugendlichen mit leichteren Behinderungen. An Berufsschulen gibt es teilweise Spezialklassen, und das Berufsgrundbildungsjahr wird häufig von Lernbehinderten und Verhaltensgestörten als Einstieg in die Berufsausbildung betrachtet. Die Werkstätten für Behinderte führen Schwerbehinderte an die Arbeitswelt heran und «beschützen» bis ins Erwachsenenalter deren Arbeitsprozeß. Berufliche Rehabilitation für Personen, die infolge von Unfällen oder Krankheit als Erwachsene zu Behinderten wurden, findet in speziellen Zentren statt und erfolgt unter der Trägerschaft der Bundesanstalt für Arbeit, auf diversen Rechtsgrundlagen (Bundessozialhilfegesetz 1974, Schwerbehindertengesetz 1974, Arbeitsförderungsgesetz 1969, Rehabilitationsangleichungsgesetz 1974; vgl. RUNDE 1985, S. 198ff; vgl. Gutachten und Studien der Bildungskommission 37 = Sonderpädagogik 7).

Mit → *Erwachsenenbildung* sind Sonderpädagogen vor allem in Rehabilitationseinrichtungen befaßt. Andere Tätigkeiten liegen im Schnittbereich zur Sozialpädagogik. Während Sonderpädagogik zum Handeln befähigen soll (vgl. WÖHLER 1987), trägt die Sozialpädagogik schwerpunktmäßig zur Gestaltung der Umwelten von Behinderten bei und unterstützt diese bei ihren Handlungen. In *Heimen* werden Behinderte untergebracht, deren Betreuung innerhalb der Familien nicht (mehr) möglich beziehungsweise sinnvoll ist oder an deren Wohnort keine angemessene schulische und/oder berufliche Ausbildungsstätte vorhanden ist. Neben Internaten beispielsweise für Blinde, Gehörlose oder psychisch Kranke, in denen die Unterbringung zeitlich begrenzt ist, dienen Pflegeheime oft der lebenslangen Unterbringung. Kinder-/Jugendheime mit integrierten oder beigeordneten Sonderschulen oder Heime für Erwachsene, denen teilweise Werkstätten für Behinderte angeschlossen sind, stehen zum Teil noch in der Tradition der Bewahr- und Pflegeanstalten. Die Zahl der betreuten Wohngruppen ist in der Bundesrepublik Deutschland noch gering, unterstütztes Einzelwohnen die Ausnahme. Etwa zwei Drittel aller Heime unterstehen den freien Wohlfahrtsverbänden (vgl. BAUER/DIESSENBACHER 1986, S. IX). Mit dem aus dem dänischen Fürsorgegesetz stammenden Terminus *Normalisierungsprinzip* wird die Forderung benannt, daß (geistig) Behinderten ein normaler Tages-, Wochen- und Jahresrhythmus, die Trennung von Arbeit, Freizeit und Wohnen, die altersangemessene Gestaltung der Wohnsituation und angemessene Kontakte zwischen den Geschlechtern ermöglicht wird und sie an ihrer Lebensgestaltung beteiligt werden (vgl. THIMM 1984). Zunehmend etablieren sich neben und teilweise auch gegen die «organisierte Nächstenliebe» *Selbsthilfegruppen* Behinderter und ihrer Angehörigen. Dabei können unterschieden werden: Selbsthilfeorganisationen, die Informations- und Öffentlichkeitsarbeit leisten; Selbsthilfegruppen, die der Überwindung von Isolation dienen; und Gesprächsgemeinschaften, in denen die Betroffenheit im Zentrum steht (vgl. MOELLER 1986). Nicht um eine generelle Ablehnung von Fremdhilfe, sondern um Selbstbestimmung und Unabhängigkeit (Independent-Living-Bewegung in den USA) geht es den Behinderten, die die «Kolonialisierung» ihrer Lebenswelt durch Helfer zurückweisen (vgl. ANTOR 1985) und, wo nicht anders möglich, Selbstbestimmung über Fremdhilfe fordern (vgl. TROJAN/HALVES 1986).

Integration (im Gegensatz zu Segregation) behinderter Kinder und Jugendlicher in Regelkindergärten und -schulen wird seit dem Gutachten des DEUTSCHEN BILDUNGSRATS (vgl. 1973) als humane, pädagogisch und organisatorisch zu bewältigende, Aufgabe einer demokratischen Gesellschaft verstanden. In der Folge wurden Modellversuche eingerichtet, wissenschaftlich begleitet und dokumentiert (vgl. PREUSS-LAUSITZ 1981, MUTH u. a. 1982, GEWERKSCHAFT... 1986, WOCKEN/ANTOR 1987; nach Behinderungsarten systematisiert: vgl. HAUPT 1985). Elterninitiativen, einzelne Sonderpädagogen und die GEW forcieren – unter Rückgriff auch auf europäische Vorbilder (vgl. BÜRLI 1985, SCHÖLER 1987) – einen bildungspolitischen Prozeß, der zum Ziel hat, daß Integration nicht genehmigungspflichtige Ausnahme bleibt, sondern selbstverständlicher Regelfall wird. Seit August 1987 ermöglicht das Saarland auf Antrag der Erziehungsberechtigten die integrative Unterrichtung für Schüler «aller Behinderungsarten sowie aller Schultypen und Schulstufen» (VERORDNUNG... 1987, § 1 [2]). Die erforderliche sonderpädagogische Förderung muß dabei gewährleistet sein. Varianten integrativer Unterrichtung sind: Regelklassen mit Beratung, mit Ambulanzlehrer, Regelschule mit sonderpädagogischer Fördereinrichtung, Regelklasse mit zwei Pädagogen, kooperierende Sonderklasse in einer Regelschule, Kooperation je einer Schule für Behinderte mit je einer Regelschule (vgl. MUTH 1986, S. 101ff).

Integration erfordert Unterrichtskonzepte, die mit Stichworten wie offener Unterricht, schüler- und erfahrungsorientiertes Lernen, →Freinetpädagogik, Projektunterricht (→Projekt) und Binnendifferenzierung (→Differenzierungsform) benannt werden können. Solche Konzepte versuchen den individuellen Lernvoraussetzungen und -bedingungen, den unterschiedlichen Tempi und Aneignungsformen *aller* Kinder besser gerecht zu werden als ein Lernen im Gleichschritt des Frontalunterrichts. Ergebnisse von Begleituntersuchungen integrativer Schulmodelle zeigen, daß sowohl Behinderte als auch Nichtbehinderte vergleichbare Leistungen wie bei separierter Unterrichtung erbringen und daß ihre sozialen Lernprozesse denen separiert beschulter Kinder überlegen sind (vgl. KMK 1983, WOCKEN/ANTOR 1987). Eine Veränderung des Regelschulunterrichts im Sinne einer fördernden Lernumwelt hat auch Präventivfunktion. In jedem Einzelfall sollte geprüft werden, ob ein Kind, dessen Lern- und Leistungsfähigkeit behindert ist, in einer Regelschule unterrichtet werden kann. Dazu muß die Sonderschule «das Odium der Pflichtschule abstreifen können» (PRÄNDL 1984, S. 4) und eine Angebotsschule werden. Sonderpädagogische Tätigkeit ist nicht an Sonderschulen gebunden, sondern kann sich auch im Regelschulwesen realisieren. Das impliziert die Frage, ob sich die Grenzen zwischen Sonderpädagogik und allgemeiner Pädagogik nicht aufweichen müssen und ob nicht Inhalte der Sonderpädagogik generell Eingang in pädagogische Forschung und Ausbildung finden sollten.

AAB, J. u. a.: Sonderschule zwischen Ideologie und Wirklichkeit, München 1974. ANTOR, G.: Legitimationsprobleme sonderpädagogischen Handelns. In: Handbuch der Sonderpädagogik, Bd. 1, Berlin 1985, S. 23ff. BACH, H.: Grundbegriffe der Behindertenpädagogik. In: Handbuch der Sonderpädagogik, Bd. 1, Berlin 1985, S. 3ff. BACH, H.: Allgemeine Sonderpädagogik. In: Bach, H. u. a.: Sonderpädagogik..., Berlin [12]1987, S. 6ff. BACH, H. u. a.: Sonderpädagogik im Grundriß, Berlin [12]1987. BAUER, R./DIESSENBACHER, H. (Hg.): Organisierte Nächstenliebe, Opladen [2]1986. BECKER, K.-P. u. a. (Hg.): Rehabilitationspädagogik, Berlin (DDR) [2]1984. BEGEMANN, E.: Lernen mit Behinderten. In: Handbuch der Behindertenpädagogik, Bd. 1, München

1979, S. 13ff. Bleidick, U.: Pädagogik der Behinderten, Berlin [5]1984. Bleidick, U.: Historische Theorien: Heilpädagogik, Sonderpädagogik, Pädagogik der Behinderten. In: Handbuch der Sonderpädagogik, Bd. 1, Berlin 1985, S. 253ff (1985a). Bleidick, U.: Wissenschaftssystematik der Behindertenpädagogik. In: Handbuch der Sonderpädagogik, Bd. 1, Berlin 1985, S. 48ff (1985b). Bleidick, U./Hagemeister, U.: Einführung in die Behindertenpädagogik, Bd. 1, Stuttgart u. a. [3]1986. Bleidick, U. u. a.: Einführung in die Behindertenpädagogik, Bd. 2, Stuttgart u. a. [2]1977. Bopp, L.: Allgemeine Heilpädagogik in systematischer Grundlegung und mit erziehungspraktischer Einstellung, Freiburg 1930. Bundschuh, K.: Einführung in die sonderpädagogische Diagnostik, München/Basel [2]1984. Bürli, A.: Zur Behindertenpädagogik in Italien, England und Dänemark. Fakten, Beobachtungen, Anregungen, Luzern 1985. Claussen, W. H. u. a.: Einführung in die Behindertenpädagogik, Bd. 3, Stuttgart u. a. [2]1977. Cloerkes, G.: Einstellung und Verhalten gegenüber Behinderten, Berlin [3]1985. Deutscher Bildungsrat: Zur pädagogischen Förderung behinderter und von Behinderung bedrohter Kinder und Jugendlicher, Stuttgart 1973. Empfehlung zur Ordnung des Sonderschulwesens. Beschlossen von der KMK am 16.3.1972, Nienburg 1972. Füssel, H.-P.: Elternrecht und Sonderschule, Berlin 1987. Gauch, S.: Besondere Erziehung. Normen und Ziele der Sonderpädagogik, Mainz [2]1986. Georgens, J. D./Deinhardt, H. M.: Die Heilpädagogik. Mit besonderer Berücksichtigung der Idiotie und der Idiotenanstalten (1861), Gießen 1979. Gewerkschaft Erziehung und Wissenschaft (Hg.): Integration fördern statt behindern, Frankfurt/M. 1986. Graf, S.: Zur politischen und ökonomischen Funktion der Sonderschule für Lernbehinderte. In: Graf, S./Probst, H. (Hg.): Kritik der Sonderpädagogik, Gießen 1973, S. 11ff. Gutachten zur Ordnung des Sonderschulwesens. Erstattet vom Schulausschuß der Ständigen Konferenz der Kultusminister in der Bundesrepublik Deutschland, Bonn 1960. Handbuch der Sonderpädagogik, 11 Bde., Berlin 1977ff. Hanselmann, H.: Grundlinien einer Theorie der Sondererziehung (Heilpädagogik), Zürich 1941. Haupt, U.: Die schulische Integration von Behinderten. In: Handbuch der Sonderpädagogik, Bd. 1, Berlin 1985, S. 152ff. Heese, G. (Hg.): Frühförderung behinderter und von Behinderung bedrohter Kinder, Berlin 1978. Heese, G./Solarová, S.: Behinderung im erziehungswissenschaftlichen Sinne. In: Z. f. Heilpäd. 36 (1985), S. 757ff. Holtz, K.-L. (Hg.): Sonderpädagogik und Therapie, Rheinstetten-Neu 1980. Iben, G.: Begriffe und Selbstverständnis der Heil- und Sonderpädagogik. In: Iben, G. (Hg.): Heil- und Sonderpädagogik, Kronberg 1975, S. 65ff. Jantzen, W.: Sozialisation und Behinderung, Gießen 1974. Jantzen, W.: Sozialgeschichte des Behindertenbetreuungswesens, München 1982. Jantzen, W.: Materialistische Theorie der Behindertenpädagogik. In: Handbuch der Sonderpädagogik, Bd. 1, Berlin 1985, S. 322ff. KMK: Bericht über Bedingungen und Grenzen des gemeinsamen Unterrichts von lernbehinderten und nichtbehinderten Schülern in allgemeinbildenden Schulen, Bonn 1983. Kobi, E. E.: Modelle und Paradigmen in der heilpädagogischen Theoriebildung. In: Bürli, A. (Hg.): Sonderpädagogische Theoriebildung/Vergleichende Sonderpädagogik, Luzern 1977, S. 11ff. Kobi, E. E.: Heilpädagogik als Dialog. In: Leber, A. (Hg.): Heilpädagogik, Darmstadt 1980, S. 61ff. Kobi, E. E.: Grundfragen der Heilpädagogik. Eine Einführung in heilpädagogisches Denken, Bern/Stuttgart [4]1983. Kobi, E. E.: Personenorientierte Modelle der Heilpädagogik. In: Handbuch der Sonderpädagogik, Bd. 1, Berlin 1985, S. 273ff. Leber, A.: Psychoanalytische Aspekte einer heilpädagogischen Theorie. In: Bürli, A. (Hg.): Sonderpädagogische Theoriebildung, Vergleichende Sonderpädagogik, Luzern 1977, S. 81ff. Moeller, M. L.: Chancen und Grenzen von Selbsthilfegruppen. In: Kleiber, D./Rommelspacher, B. (Hg.): Die Zukunft des Helfens, Weinheim/München 1986, S. 264ff. Montalta, E.: Grundlagen und systematische Ansätze zu einer Theorie der Heilerziehung (Heilpädagogik). In: Jussen, H. (Hg.):

Handbuch der Heilpädagogik in Schule und Jugendhilfe, München 1967, S. 3ff. MOOR, P.: Heilpädagogische Psychologie, 2 Bde., Bern 1951/1958. MUTH, J.: Integration von Behinderten, Essen 1986. MUTH, J. u. a.: Behinderte in allgemeinen Schulen, Essen 1982. PRÄNDL, B.: Neue Wege der Sonderpädagogik. In: Z. f. Heilpäd. 35 (1984), S. 1ff. PREUSS-LAUSITZ, U.: Fördern ohne Sonderschule, Weinheim/Basel 1981. RATH, W.: Systematik und Statistik von Behinderungen. In: Handbuch der Sonderpädagogik, Bd. 1, Berlin 1985, S. 25ff. RUDNICK, M.: Behinderte im Nationalismus, Weinheim/Basel 1987. RUNDE, P.: Möglichkeiten und Grenzen der Regulierung sozialer Probleme am Beispiel der beruflichen und sozialen Rehabilitation Behinderter. In: Handbuch der Sonderpädagogik, Bd. 1, Berlin 1985, S. 198ff. SCHÖLER, J.: «Italienische Verhältnisse» – insbesondere in den Schulen von Florenz, Berlin 1987. SPECK, O.: Aufgabenfelder der Erziehung von Behinderten. In: Handbuch der Sonderpädagogik, Bd. 1, Berlin 1985, S. 129ff. SPECK, O.: Daten zur Geschichte der Sonderpädagogik. In: Bach, H. u. a.: Sonderpädagogik im Grundriß, Berlin [12]1987, S. 150ff. SPECK, O./WARNKE, A. (Hg.): Frühförderung mit den Eltern, München/Basel 1983. STRÜMPELL, L. v.: Die Pädagogische Pathologie oder die Lehre von den Fehlern der Kinder. Eine Grundlegung, Leipzig [4]1910. THIMM, W.: Behinderung als Stigma. Überlegungen zu einer Paradigma-Alternative. In: Sonderpäd. 5 (1975), S. 149ff. THIMM, W.: Das Normalisierungsprinzip. Eine Einführung, Marburg 1984. THUST, W.: Recht der Behinderten. Eine systematische Darstellung für Studium und Praxis, Weinheim/Basel 1980. TROJAN, A./HALVES, E.: Selbsthilfegruppen – eine Alternative zu sozialstaatlichen Leistungen? In: Bauer, R./Diessenbacher, H. (Hg.): Organisierte Nächstenliebe, Opladen [2]1986, S. 148ff. VERORDNUNG ÜBER DIE GEMEINSAME UNTERRICHTUNG VON BEHINDERTEN UND NICHTBEHINDERTEN IN SCHULEN DER REGELFORM (Integrationsverordnung). In: Amtsblatt des Saarlandes vom 27. 8. 1987, S. 972f. WAGNER, W.: Behinderung und Nationalsozialismus. Arbeitshypothesen zur Geschichte der Sonderschule. In: Bürli, A. (Hg.): Sonderpädagogische Theoriebildung. Vergleichende Sonderpädagogik, Luzern 1977, S. 159ff. WOCKEN, H./ANTOR, G. (Hg.): Integrationsklassen in Hamburg. Solms-Oberbiel 1987. WÖHLER, K.: Sozialpädagogisierung der Sonderpädagogik? In: Sonderpäd. 17 (1987), S. 60ff.

Rita Marx

Sonderschule → Bildungssystem (Bundesrepublik Deutschland); → Sonderpädagogik
Sozialanthropologie → Pädagogik, phänomenologische
Sozialarbeit → Sozialpädagogik – Sozialarbeit
Sozialarbeit (Methoden) → Einzelfallhilfe; → Gemeinwesenarbeit; → Gruppendynamik – Gruppenpädagogik
Sozialchance → Chancengleichheit → Selektion
Sozialerziehung → Lernen, soziales
Sozialform (des Unterrichts) → Methode
Sozialgeschichte, kritische (der Bildung/Erziehung) → Pädagogik, historisch-materialistische
Sozialgeschichtsforschung → Anthropologie, historische

Sozialisation

Begriff und Problem. Unter dem Einfluß des amerikanischen Struktur-Funktionalismus in der Soziologie verstand man lange Zeit Sozialisation als Anpassung des Menschen an die ihn umgebende Gesellschaft beziehungsweise als Verinnerlichung der jeweils herrschenden →Werte, Normen, →Rollen. Dieses Verständnis enthält zwar den wichtigen Hinweis auf eine normative Dimension im Sozialisationsbegriff, doch ist die genannte Definition aus mehreren Gründen problematisch. Zum ersten würden alle empirischen Fälle, die nicht zu dem postulierten Ergebnis geführt haben – also alle sogenannten «abweichenden» Sozialisationsprozesse –, von vornherein nicht unter den Sozialisationsbegriff fallen. Zum zweiten würden die Subjekte zu bloßen Ausführenden vorgegebener Rollen reduziert und ihr eigener Beitrag zu ihrer Sozialisation ignoriert. Drittens erhebt dieses Verständnis den Status quo der Gesellschaft zum normativen Bezugspunkt und schließt damit die Möglichkeit aus, Sozialisation auch als einen für sozialen Wandel relevanten Faktor zu fassen.

Daher hat sich zunehmend eine Definition durchgesetzt, die sich auf die Bedingungen der Genese bezieht und den erfahrungswissenschaftlichen Charakter der Sozialisationsforschung betont: Sozialisation ist die *Entwicklung der Persönlichkeit aufgrund ihrer Interaktion mit einer spezifischen materiellen und sozialen Umwelt.* Dieser Begriff impliziert die Annahmen, daß in der Genese der Persönlichkeit, und zwar im Prinzip aller Bereiche, Umweltbedingungen notwendig und entscheidend mitwirken und daß diese Bedingungen ihrerseits gesellschaftlich vermittelt sind. Der Zusammenhang ist nicht deterministisch zu begreifen, sondern als eine komplexe Wechselwirkung, in der das Subjekt selbst aktiv beteiligt ist und in der es sich auch zu einem individuellen bildet.

Die normative Dimension kommt in der Art und Weise zum Ausdruck, in der der noch unbestimmte Begriff von «Persönlichkeit» konzeptionell ausgestaltet wird. Will man hier nicht bei einer willkürlichen Setzung stehenbleiben, so bedarf dieses seinerseits einer – gegenüber der Sozialisationstheorie metatheoretischen – Begründung. Da die Folgen kollektiver Sozialisation über das →Handeln der Individuen unmittelbar von Einfluß auf die gesellschaftliche Entwicklung sind, muß die Begründung diesen Zusammenhang gesellschaftstheoretisch reflektieren. In der gegenwärtigen Diskussion zeichnet sich ein Konsens zumindest darüber ab, daß sich das Interesse bei der Untersuchung von Sozialisation vorrangig auf die Entstehung *gesellschaftlich handlungsfähiger Subjekte*, das heißt auf die empirischen Bedingungen der Ontogenese sozialer Handlungsfähigkeit richtet (vgl. GEULEN 1989).

Der Sozialisationsbegriff grenzt sich sowohl von der Auffassung ab, daß die menschliche Person im Metaphysischen wurzele und von empirischen Bedingungen unabhängig sei, als auch von der besonders in der älteren deutschen Entwicklungspsychologie herrschenden Meinung, daß die wesentlichen Merkmale der Persönlichkeit angeboren seien beziehungsweise sich im Laufe der Ontogenese aus sich selbst heraus «entwickelten» (→Entwicklung). Diese nativistische Position gilt für die empirische Sozialisationsforschung als widerlegt. Im Gegenteil wird von der anthropologischen Tatsache ausgegangen, daß beim Menschen eine angeborene Instinktausstattung nur noch rudimentär vorhanden und zur Handlungssteuerung völlig unzureichend ist. Aus sozialisationstheoretischer Sicht beruht auch die immer wieder vertretene Behauptung, die menschliche →Intelligenz sei zum großen Teil durch Vererbung festgelegt, auf verschiedenen Fehlschlüssen (vgl. Skowronek 1973). Evolutionstheoretisch liegt die Spezifik des Menschen vielmehr in seinem enorm entwickelten Großhirn und in seiner entsprechend gesteigerten Fähigkeit, sich der Realität durch Lernen im weiteren Sinn (→Lernen – Lerntheorie) zu bemächtigen; darauf ist er geradezu angewiesen. Sozialisation kann jedoch durchaus als Ergebnis einer Wechselwirkung zwischen angeborenen Gattungsmerkmalen und den gegebenen gesellschaftlichen Umweltbedingungen aufgefaßt werden.

Auf der anderen Seite ist der Sozialisationsbegriff von dem der →Erziehung insofern zu unterscheiden, als er die Gesamtheit aller wirklichen Bedingungen der Persönlichkeitsgenese umfaßt und sich nicht beschränkt auf ein intentionales Verhältnis zwischen Erzieher und Zögling, auf die Vermittlung bestimmter Bewußtseinsinhalte oder auf bestimmte Institutionen. Der Begriff der Sozialisation ist also weiter gefaßt und schließt vom Selbstverständnis der Sozialisationsforschung her den der Erziehung ein. Die Bedeutung der Sozialisationsforschung für die *Pädagogik* ist vor allem darin zu sehen, daß sie das empirische und theoretische Wissen über die Bedingungen menschlicher Entwicklung und →Bildung wesentlich erweitert, und zwar auch in einer Weise, die die Pädagogik zu einer kritischen Revision mancher ihrer bisherigen Annahmen genötigt hat. Pädagogik läßt sich in ihrer spezifischen Aufgabenstellung jedoch nicht auf Sozialisationstheorie reduzieren.

Theorieansätze. Bisher gibt es keine umfassende Sozialisationstheorie, sondern nur Theoriestücke von begrenzter Reichweite. Dies liegt vor allem daran, daß die Bedingungsstruktur menschlicher Sozialisation sehr komplex ist und verschiedene wissenschaftliche Disziplinen – insbesondere Soziologie und Psychologie – berührt. So ist anzunehmen, daß erstens jede unmittelbare Sozialisationsbedingung (beispielsweise das Elternverhalten) Glied in einer langen Kette gesellschaftlicher Antezedenzien ist. Zweitens sind für die Persönlichkeitsentwicklung viele äußere Bedingungen gleichzeitig relevant, die in Wechselwirkung miteinander stehen, das heißt deren Wirkung von den jeweils anderen Bedingungen abhängig ist (wie Eltern, kulturelles Milieu, Schule). Drittens hängt die Auswirkung eines Ereignisses auf die Persönlichkeitsentwicklung eines Individuums von den in ihm bereits individuell vorhandenen Strukturen ab. Viertens werden die zeitlich disparaten lebensgeschichtlichen Erfahrungen innerhalb des Subjekts autonom weiterverarbeitet und treten wiederum in Wechselwirkung miteinander.

Das zentrale Problem der Sozialisationstheorie ist die Frage, wie bestimmte äußere Gegebenheiten beziehungsweise Erfahrungen zu relativ dauerhaften Persönlichkeitsmerkmalen werden. Einen ersten und immer noch unerläßlichen Beitrag hierzu liefert die von Freud begründete Theorie der Psychoanalyse (vgl. BRENNER 1967). Sie geht davon aus, daß zwischen der menschlichen Triebstruktur einerseits und der gesellschaftlichen Realität in Gestalt der Eltern andererseits ein Konflikt besteht; die vom Kind auch auf die Elternobjekte gerichteten Triebwünsche (Ödipus-Situation) müssen von diesen mehr oder weniger zurückgewiesen werden. Die entstehende Charakterstruktur ist nichts anderes als der dauerhafte Niederschlag der Art und Weise, wie diese Probleme verarbeitet werden. Als Kern der psychoanalytischen Sozialisationstheorie wird häufig das Über-Ich-Modell des Gewissens angesehen, doch ist die allgemeinere Theorie der Abwehrmechanismen nicht weniger wichtig. Der psychoanalytische Ansatz bezieht sich vor allem auf die Sozialisation in der frühen Kindheit und in der Familie; seine besondere Leistung liegt in der Analyse unbewußter Strukturen und ihrer Genese (→Pädagogik, psychoanalytische).

Von zunehmender Bedeutung in der gegenwärtigen Diskussion ist die von Piaget ausgearbeitete Theorie der *kognitiven Entwicklung* (vgl. GINSBURG/OPPER 1975). Sie geht davon aus, daß die Handlungen in der tätigen Auseinandersetzung mit der materiellen Umwelt verinnerlicht werden, wobei sie zu abstrahierten Denkschemata werden, die vom Subjekt zunehmend in einen systematisch-logischen Zusammenhang gebracht werden. Lassen sich neue Gegenstände und Erfahrungen mit den vorhandenen Schemata nicht mehr begreifen (assimilieren), so werden letztere entsprechend weiterentwickelt (Akkomodation). Der Umwelt kommt in diesem Ansatz nur die Rolle zu, den jeweils nächsten Schritt in der vorgegebenen Entwicklungssequenz anzuregen. Die starke Akzentuierung des logisch-mathematischen Denkens ist in der Weiterentwicklung zu einer Theorie des moralischen, also auf die soziale Welt bezogenen Bewußtseins überwunden worden (vgl. KOHLBERG 1974).

Zu erwähnen ist auch der in der materialistischen Psychologie entwickelte Ansatz der Aneignungstheorie (vgl. LEONTJEW 1973). Er geht ebenfalls von der Annahme der Verinnerlichung der Wirklichkeit im Arbeitszusammenhang aus, betont jedoch stärker den gesellschaftlichen, kulturellen und historischen Aspekt und mißt der Sprache bei der Verinnerlichung eine konstitutive Bedeutung bei. Der Ansatz der behavioristischen Lerntheorie hat sich dagegen in der Sozialisationsforschung – wohl aufgrund seines implizit subjektfeindlichen Menschenbildes – nicht durchgesetzt.

Diese Ansätze sind bisher nicht integriert worden. Auch hat die empirische Sozialisationsforschung ihre Aufgabe nicht in erster Linie darin gesehen, sie als Theorien zu überprüfen. Jedoch haben sie ihrerseits der Forschung Anregungen zu Hypothesen bei ihren spezifischen Fragen geliefert.

Empirische Forschungsschwerpunkte. Der Gedanke, daß in die Subjekte und ihre Genese gesellschaftliche Momente eingehen, hat eine lange Tradition. Die empirische Sozialisationsforschung im engeren Sinne ist jedoch erst im ersten Drittel des 20. Jahrhunderts entstanden (vgl. GEULEN 1982), und zwar im wesentlichen in dem Versuch amerikanischer Kulturanthropologen, beobachtete Zusammenhänge zwischen der Art der Pflege und Erziehung kleiner Kinder und der Ausprägung bestimmter Persönlichkeitsmerkmale mittels der psychoanalytischen Theorie zu erklären. In den 50er Jahren wandte man sich dann auch der amerikanischen Gesellschaft zu und erforschte die Unterschiede familialer Sozialisation zwischen verschiedenen sozialen Klassen. Die Ergebnisse erwiesen sich als relevant zur Erklärung schichtenspezifischer Unterschiede des Erfolgs von Arbeiterkindern im Bildungssystem; daher wurde in der Bundesrepublik Deutschland die amerikanische Sozialisationsforschung im Zusammenhang mit der Bildungsreform der 60er Jahre rezipiert. Die sozialisationstheoretische Fragestellung war allerdings schon vorher von soziologischer Seite aufgegriffen worden. In den 70er Jahren entwickelte sich eine rege Diskussion und Forschungstätigkeit, an der sich zunächst Soziologen, dann zunehmend auch Psychologen und Erziehungswissenschaftler beteiligten und die sich auf immer weitere Lebensbereiche und Altersstufen ausdehnte. (Zum Überblick über die empirische Sozialisationsforschung: vgl. HURRELMANN/ULICH 1982; als Nachschlagewerke vgl. außerdem: GOSLIN 1969, HOROWITZ 1975, HETHERINGTON 1975, MUSSEN 1970, WOLMAN 1982.)

Am eingehendsten ist die Sozialisation in der → Familie erforscht worden. Das hat nicht nur historische Gründe, sondern liegt auch daran, daß die ersten Lebensjahre für die Sozialisation des Menschen entscheidendes Gewicht haben. Eine erste und nach wie vor wichtige Forschungsrichtung geht von der psychoanalytischen Theorie aus. Wie die Hospitalismus-Forschung in Säuglings- und Kinderheimen gezeigt hat, kann schon die Tatsache, daß in den ersten Lebensjahren kein ausreichender Kontakt mit Bezugspersonen möglich war, irreversible psychische Schäden zur Folge haben. Die Untersuchung pathogener Familienverhältnisse zeigte, daß spezifische Interaktionsmuster von besonderer Bedeutung für die frühkindliche Sozialisation sind (vgl. KREPPNER 1982). So können beispielsweise Eltern zur Bearbeitung eigener neurotischer Probleme ihre Kinder unbewußt in bestimmte Rollen drängen (vgl. RICHTER 1963). Die Rolle des Kindes in der Geschwisterkonstellation hat Einfluß unter anderem auf das spätere Verhalten gegenüber Partnern (vgl. TOMAN 1980). Die Ausbildung widersprüchlicher Kommunikationsformen (double-bind) kann tiefgehende Ich-Defekte der Kinder zur Folge haben. Die weitere Entwicklung der Familienforschung führte zur Sicht der Familie als eines systemhaften Zusammenhangs (vgl. STIERLIN 1975).

Eine andere Forschungsrichtung stellt das elterliche Erziehungsverhalten beziehungsweise Erziehungsstile als einer Kombination von Verhaltensmerkmalen und ihre Wirkungen auf das Kind in den Mittelpunkt (→Erziehungs-/Unterrichtsstil; vgl. STAPF u. a. 1972, SCHNEEWIND/LUKESCH 1978).

Von großem Einfluß auf die Diskussion in Erziehungswissenschaft und Bildungspolitik der 60er und 70er Jahre war die *schichtenspezifische* Sozialisationsforschung (vgl. STEINKAMP 1982). Verschiedene Forscher hatten festgestellt, daß zwischen Eltern der sozialen Mittelschicht und Eltern aus der Unterschicht (Industriearbeiter) charakteristische Unterschiede sowohl in erziehungsrelevanten Wertvorstellungen (wie Selbständigkeit und Eigenverantwortung gegenüber Gehorsam und Ordnung) als auch bei den Erziehungspraktiken (so der Art der Sanktionen) bestehen. Von besonderer Bedeutung erwiesen sich unterschiedliche Arten des Sprachgebrauchs (Bernstein). Diese Unterschiede lassen sich einerseits auf die jeweilige Lebenssituation, insbesondere die Erfahrungen am Arbeitsplatz zurückführen. Andererseits führen sie bei den Kindern zu unterschiedlichen Ausprägungen bestimmter Persönlichkeitsmerkmale, vor allem der moralischen Orientierung, kontextunabhängiger Sprach- und Denkstrukturen, der Leistungsmotivation, der Fähigkeit zum Aufschub von Befriedigungen, der Aggressivität... (→Aggression; →Denken; →Leistung; →Motivation). Da Merkmale dieser Art auch für die →Schule relevant sind, haben Kinder aus verschiedenen Milieus von vornherein unterschiedliche Erfolgschancen im Bildungssystem (vgl. ROLFF 1972). Es erwies sich als notwendig, den Schichtbegriff durch eine differenziertere Analyse der gesellschaftlichen Bedingungen familialer Sozialisation zu ersetzen; man spricht daher besser von *«sozialstruktureller Sozialisationsforschung»* (BERTRAM 1981). Andere Autoren greifen auf den ganzheitlichen, ökologischen Begriff der Umwelt zurück (vgl. VASKOVICS 1982, WALTER 1982) und versuchen, diesen Begriff analytisch präziser zu fassen (vgl. SCHNEEWIND u. a. 1983). Insgesamt haben diese Arbeiten die Abhängigkeit menschlicher Sozialisation von gesellschaftlichen Bedingungen überzeugend demonstriert.

Sozialisation ist ein lebenslanger Prozeß und findet auch in späteren Lebensaltern und anderen institutionellen Kontexten statt. Allerdings ist die einschlägige empirische Forschung bisher nicht so weit entwickelt wie im Falle der Familie. Zur Sozialisation in der Schule (vgl. ULICH 1982) liegen unterschiedliche Beiträge vor. Schon die alltägliche Schul- und Unterrichtswirklichkeit kann als ein vom pädagogischen Selbstverständnis durchaus abweichender, «heimlicher» Lehrplan (→Lehrplan, heimlicher) aufgefaßt werden. Umfangreiche Untersuchungen des inneren Schulmilieus unter sozialisationstheoretischer Fragestellung hat FEND (vgl. 1980) angestellt. Dabei stellt sich Schule als soziales Erfahrungsfeld je nach Schultyp unterschiedlich dar (vgl. TILLMANN 1976). Zur Analyse der psychologischen Feinstruktur schulischer Sozialisation hat sich besonders der sogenannte Etikettierungs-Ansatz als fruchtbar erwiesen, der von der empirisch begründeten Annahme ausgeht, daß bereits bloße Erwartungen beziehungsweise Zuschreibungen zum Beispiel seitens eines Lehrers gegenüber einem Schüler von diesem als Realität interpretiert und in sein Selbstbild mit entsprechenden Handlungskonsequenzen auch für die anderen übernommen werden. Dies kann zu einer Leistungssteigerung führen (Pygmalion-Effekt; vgl. BROPHY/GOOD 1976), im ungünstigen Fall aber auch zur Entstehung abweichenden Verhaltens und/oder delinquenter Karrieren (vgl. ASMUS/PEUCKERT 1979) (→Stigmatisierung). Die Sozialisation in der Schule wird jedoch zu einem großen Teil durch die Beziehungen zwischen den Schülern beziehungsweise entsprechende Gruppenprozesse bestimmt; überhaupt wird die Gruppe der Gleichaltrigen (Peer-group) zunehmend als eine eigene Sozialisationsinstanz erkannt (vgl. KRAPPMANN 1982).

Daß Arbeit den Menschen verändert und bildet, hat schon Marx erkannt. Die neuere Forschung zur Sozialisation durch Arbeit und Beruf (vgl. BAMMÉ u. a. 1983, HEINZ 1982) sieht sich zwar dem Problem gegenüber, daß es eine große Vielfalt von Arbeitstätigkeiten und entsprechenden materiellen und sozialen Möglichkeiten der Persönlichkeitsentwicklung gibt, doch lassen sich übergreifende Faktoren identifizieren. Relativ unabhängig vom sozialen Status scheint zum Beispiel von Bedeutung zu sein, ob eine Tätigkeit mehr bürokratischen oder unternehmerischen Charakter hat. KOHN (vgl. 1981) hebt folgende Merkmale des Arbeitsplatzes als relevant heraus: Organisationsstatus (Besitz an Produktionsmitteln versus Lohnabhängigkeit, Bürokratisierungsgrad, Stellung in der Hierarchie), berufliche Autonomie (Grad der Überwachung, Routinisierung, Komplexität der Tätigkeit), Arbeitsbelastungen, Unsicherheiten.

Nicht zuletzt müssen auch den Massenmedien sozialisatorische Wirkungen zugeschrieben werden. Trotz erheblichen Forschungsaufwandes (vgl. DEUTSCHE FORSCHUNGSGEMEINSCHAFT 1987, SCHORB u. a. 1982) ist das resultierende Bild jedoch nicht eindeutig. Provozierend ist die von Postman vertretene These, daß das Fernsehen langfristig die tradierte Sprach- und Schriftkultur verdränge. Außer den genannten Forschungsschwerpunkten sind besonders die Arbeiten zur *historischen Sozialisationsforschung* (vgl. HERRMANN 1982, PREUSS-LAUSITZ u. a. 1983, ROSENBAUM 1982) hervorzuheben.

Die empirische Sozialisationsforschung läßt sich auch nach den Persönlichkeitsbereichen respektive -merkmalen aufschlüsseln, deren Genese ausführlicher untersucht worden ist. Es sind dies hauptsächlich: Moral beziehungsweise moralisches Bewußtsein, kognitive Fähigkeiten, Sprache und kommunikative Fähigkeiten, soziale Kognition sowie soziales Verhalten, Geschlechtsidentität und geschlechtsspezifische Verhaltensweisen, Leistungsmotivation, Aggressivität, Delinquenz.

Die Tatsache, daß die Sozialisationsforschung von der Erziehungswissenschaft zuerst nur im Kontext der Bildungsreform rezipiert worden ist, könnte sich als Nachteil erweisen, denn die Pädagogik hat bei weitem noch nicht alle Konsequenzen gezogen, die ihr die Sozialisationstheorie und -forschung nahelegen.

ASMUS, H.-J./PEUCKERT, R.: Abweichendes Schülerverhalten, Heidelberg 1979. BAMMÉ, A. u. a.: Berufliche Sozialisation, München 1983. BERTRAM, H.: Sozialstruktur und Sozialisation, Darmstadt 1981. BRENNER, CH.: Grundzüge der Psychoanalyse, Frankfurt/M. 1967. BROPHY, J. E./GOOD, T. L.: Die Lehrer-Schüler-Interaktion, München/Berlin/Wien 1976. DEUTSCHE FORSCHUNGSGEMEINSCHAFT (Hg.): Medienwirkungsforschung in der Bundesrepublik, Weinheim 1987. FEND, H.: Theorie der Schule, München 1980. GEULEN, D.: Die historische Entwicklung sozialisationstheoretischer Paradigmen. In: Hurrelmann, K./Ulich, D. (Hg.): Handbuch..., Weinheim/Basel ^{2}1982, S. 15ff. GEULEN, D.: Das vergesellschaftete Subjekt. Zur Grundlegung der Sozialisationstheorie, Frankfurt/M. ^{2}1989. GINSBURG, H./OPPER, S.: Piagets Theorie der geistigen Entwicklung, Stuttgart 1975. GOSLIN, D. A. (Hg.): Handbook of Socialization Theory and Research, Chicago 1969. HEINZ, W. R.: Berufliche Sozialisation. In: Hurrelmann, K./Ulich, D. (Hg.): Handbuch..., Weinheim/Basel ^{2}1982, S. 499ff. HERRMANN, U.: Probleme und Aspekte historischer Ansätze in der Sozialisationsforschung. In: Hurrelmann, K./Ulich, D. (Hg.): Handbuch..., Weinheim/Basel ^{2}1982, S. 227ff. HETHERINGTON, E. M. (Hg.): Review of Child Development Research, Bd. 5, Chicago 1975. HOROWITZ, F. D. (Hg.): Review of Child Development Research, Bd. 4, Chicago 1975. HURRELMANN, K./ULICH, D. (Hg.): Handbuch der Sozialisationsforschung, Weinheim/Basel ^{2}1982. KOHLBERG, L.: Zur kognitiven Entwicklung des Kindes, Frankfurt/M. 1974. KOHN, M. L.: Persönlichkeit, Beruf und soziale Schichtung, Stuttgart 1981. KRAPPMANN, L.: Sozialisation in der Gruppe der Gleichaltrigen. In: Hurrelmann, K./Ulich, D. (Hg.): Handbuch..., Weinheim/Basel ^{2}1982, S. 443ff. KREPPNER, K.: Sozialisation in der Familie. In: Hurrelmann, K./Ulich, D. (Hg.): Handbuch..., Weinheim/Basel ^{2}1982, S. 395ff. LEONTJEW, A. N.: Probleme der Entwicklung des Psychischen, Frankfurt/M. 1973. MUSSEN, P. H. (Hg.): Manual of Child Psychology,

2 Bde., New York 1970. Preuss-Lausitz, U. u. a.: Kriegskinder, Konsumkinder, Krisenkinder, Weinheim 1983. Richter, H.-E.: Eltern, Kind und Neurose, Stuttgart 1963. Rolff, H.-G.: Sozialisation und Auslese durch die Schule, Heidelberg [2]1972. Rosenbaum, H.: Formen der Familie, Frankfurt/M. 1982. Schneewind, K./Lukesch, H. (Hg.): Familiäre Sozialisation, Stuttgart 1978. Schneewind, K. A. u. a.: Eltern und Kinder, Stuttgart 1983. Schorb, B. u. a.: Sozialisation durch Massenmedien. In: Hurrelmann, K./Ulich, D. (Hg.): Handbuch..., Weinheim/Basel [2]1982, S. 603ff. Skowronek, H. (Hg.): Umwelt und Begabung, Stuttgart 1973. Stapf, K. H. u. a.: Psychologie des elterlichen Erziehungsstils, Bern/Stuttgart 1972. Steinkamp, G.: Klassen- und schichtenanalytische Ansätze in der Sozialisationsforschung. In: Hurrelmann, K./Ulich, D. (Hg.): Handbuch..., Weinheim/Basel [2]1982, S. 253ff. Stierlin, H.: Von der Psychoanalyse zur Familientherapie, Stuttgart 1975. Tillmann, K.-J.: Unterricht als soziales Erfahrungsfeld, Frankfurt/M. 1976. Toman, W.: Familienkonstellationen, München [3]1980. Ulich, K.: Schulische Sozialisation. In Hurrelmann, K./Ulich, D. (Hg.): Handbuch..., Weinheim/Basel [2]1982, S. 469ff. Vaskovics, L. A. (Hg.): Umweltbedingungen familialer Sozialisation, Stuttgart 1982. Walter, H.: Ökologische Ansätze in der Sozialisationsforschung. In: Hurrelmann, K./Ulich, D. (Hg.): Handbuch..., Weinheim/Basel [2]1982, S. 285ff. Wolman, B. B. (Hg.): Handbook of Development Psychology, Englewood Cliffs 1982.

Dieter Geulen

Sozialisation (ausländischer Kinder) → Ausländerpädagogik
Sozialisation, familiale → Familie – Familienerziehung
Sozialisation, geschlechtsspezifische → Erziehung, geschlechtsspezifische
Sozialisation, religiöse → Erziehung, religiöse
Sozialisation, schichtspezifische → Schicht, soziale; → Sprach-/Sozialverhalten, schichtenspezifisches
Sozialisationsforschung → Familie – Familienforschung; → Sozialisation
Sozialisationsstil → Erziehungs-/Unterrichtsstil; → Schicht, soziale
Sozialisationstheorie → Sozialisation

Sozialpädagogik – Sozialarbeit

Begriff. Erstmals 1844 (bei Mager) nachweisbar (vgl. Kronen 1980) und ein halbes Jahrhundert danach (bei Natorp) seine erste Grundlegung erhaltend, erweist sich der Begriff Sozialpädagogik als der ältere, wenngleich keineswegs weniger umstrittene Ausdruck. Er subsumiert, in systematischer Hinsicht «provoziert und gestützt vor allem auch von Kulturkritik, Jugendbewegung und Reformpädagogik» (Thiersch/Rauschenbach 1984, S. 955), Anstrengungen, die darauf zielen, Prinzipien pädagogischen Erkennens und Handelns nutzbar zu machen zur Lösung und Gestaltung von Problemen, die sich – im weitesten Sinne (etwa den Intentionen Natorps zufolge) – aus der sozialen Frage ergeben oder die sich – im engeren Sinne (etwa den Intentionen Nohls zufolge) – innerhalb eines dann als sozialpädagogisch qualifizierten Objektbereichs (vor allem dem der Jugendwohlfahrt/Jugendhilfe) stellen.

Der Begriff Sozialarbeit ist zwar – im Sinne «behördlicher Sozialarbeit» – ab 1929 durchaus gebräuchlich, nachdem schon 1918 vom «Sozialarbeiter» die Rede war (vgl. MÜHLUM 1982, S. 32). Aber zu verbreiteter Geltung gelangte der Ausdruck erst im Zuge der gegen Ende der 50er Jahre greifenden Veränderung der Nomenklatur. Wenn nun von «Sozialhilfe» (statt «öffentliche Fürsorge»), vom «Sozialamt» (statt «Fürsorgeamt»), vom «Hilfesuchenden» (statt «Hilfsbedürftigem») und von «Sozialarbeit» (statt «Fürsorge» oder «Wohlfahrtspflege») gesprochen wurde, dann in der Absicht, autoritativ-abwertende Assoziationen durch partnerschaftliche zu ersetzen sowie den – zumindest auf die erwachsene Sozialarbeits-Klientel nicht anwendbaren – Erziehungsbegriff zu vermeiden (vgl. SKIBA 1969, S. 62ff). Derartige Absichten wurden befördert durch das – nach 1945 adaptierte – amerikanische Verständnis von «Social Work»; deren Bedeutungsumfeld umgreift nicht den in den USA seltenen Ausdruck «Pedagogy» (vgl. TUGGENER 1971, S. 20). Gleichwohl gelang es nicht, die deutsche Sozialarbeit vollständig in Analogie zur amerikanischen «Social Work» auszulegen. Denn es ist nicht nur auszugehen von einer gemeinsamen Wurzel von Sozialarbeit und Sozialpädagogik – in der europäischen Armenpflege des 18. Jahrhunderts –, sondern darüber hinaus von einer Konvergenz von Methoden und Zielen. Diese lassen es fraglich werden, ob die auf Fachhochschulen vorfindbare Trennung in die Studienrichtungen Sozialarbeit und Sozialpädagogik noch begründbar ist (vgl. MÜHLUM 1982). Andererseits reflektiert der Begriff Sozialarbeit als Kennzeichen für einen vormals exklusiven Frauenberuf (vgl. SACHSSE, 1986, S. 296) auf einen originären Ursprung in der europäischen Frauenbewegung («geistige Mütterlichkeit») und auf nicht ohne weiteres im amerikanischen Verständnis des «Social Work» aufzuhebende fürsorgewissenschaftliche Strömungen der Weimarer Epoche. Insgesamt muß die Uneinheitlichkeit der für den Begriff Sozialarbeit heranzuziehenden Bezugswissenschaften als schwer überwindliches Hindernis eines jeden Definitionsversuchs gelten.

Theoriegeschichte: Theorie einer Utopie. Unter Absehung von den zahlreichen, seit 1815 verstärkt einsetzenden Bemühungen zur institutionalisierten Kompensation von Erziehungsdefiziten, die der Schule, der Familie oder der Berufswelt zugerechnet werden mußten (vgl. MOLLENHAUER 1959), wurde der Begriff der Sozialpädagogik zunächst zu begründen versucht im Kontext einer mit Ende des 19. Jahrhunderts einsetzenden Diskussion über Konsequenzen, die aus Bildungs- und Klassengegensätzen im Hinblick auf das Selbstverständnis der Pädagogik als

Wissenschaft sowie bezüglich der Organisation von Schule (Forderung nach «Einheitsschule») und Gesellschaft zu ziehen seien. So sah NATORP (1920, S. 94) in der Sozialpädagogik die «konkrete Fassung der Aufgabe der Pädagogik überhaupt» und bemühte sich darum, der Pädagogik insgesamt einen – durch Sozialpädagogik zu behebenden – Konstruktionsfehler nachzuweisen. Dieser Fehler war, so Natorp, von allen Pädagogen der Neuzeit, insoweit sie ihr Geschäft wie selbstverständlich in Verpflichtung gegenüber den erziehungsmethodischen Konsequenzen des kategorischen Imperativs betrieben hatten, schlicht übersehen worden: nämlich daß der einzelne durchaus, Kants Dekret und allen guten Absichten zum Trotz, von anderen zum Mittel genommen worden war und werde, und zwar beständig und systematisch seitens einer auf Gehorsam und Disziplin abstellenden Erziehung und Kultur einerseits (vgl. NATORP 1908, S. 8) und vermittelt über die Folgen der Industrialisierung (vgl. NATORP 1922a, S. 36) andererseits. Von derartigen Zeitdiagnosen oder jedenfalls doch Erfahrungen ausgehend, lag es nahe, Kants fortschrittsoptimistische Formel, wonach der Mensch nur Mensch werde durch Erziehung (vgl. KANT 1982, S. 698), zu relativieren: «Der Mensch wird zum Menschen allein durch menschliche Gemeinschaft» (NATORP 1920, S. 84). Mit diesem Leitmotiv hob Natorp keineswegs nur auf Sozialpädagogik als Sozialerziehung oder Erziehung zur Gemeinschaftsfähigkeit oder Erziehung im Sinn «sozialen Lernens« (→Lernen, soziales) ab; diese Begriffskonnotationen (vgl. MÜHLUM 1982, S. 42), die die Diskussion um Sozialpädagogik – namentlich in den 60er und 70er Jahren – unübersichtlich haben werden lassen, können sich nicht auf Natorp berufen; denn ihm ging es nicht um neue oder stärker gewichtete Erziehungsmethoden und -ziele, sondern um die (sozial-)pädagogische Gestaltung eines geschichtswirksam gewordenen – und im Rücken der Intentionen von Pädagogen sich durchsetzenden – Vergesellschaftungsmechanismus. Adressaten der Kritik Natorps waren mithin jene Pädagogen, die sich zwar um Erziehung bemühten, dabei aber «die Schäden der Gemeinschaftsordnung und daraus folgenden Erziehungsordnung» ebenso verkannten (NATORP 1922a, S. 60) wie den «Krieg aller gegen alle um die soziale Existenz» (NATORP 1920, S. 184). Der so verstandenen «sozialen Frage» gegenüber hatten sich, Natorp zufolge, alle anderen Lösungsversuche – rechtsphilosophische, erziehungsmethodische, sozialpolitische, sozialistische – diskreditiert. Was allein blieb, war die Schaffung einer aus sich heraus dann bildungswirksamen, durch einheitliches Wollen «mündigen» (im kantischen Sinn) Gemeinschaft. Vermittelt über für sie konstitutive Aushandelungsprozesse hatte diese – in Subsysteme ausdifferenzierte – Gemeinschaft ihr Wollen dann, gemäß der weitausgreifenden und durch Platon wie Pestalozzi angeregten Utopie Natorps, zu konzentrieren auf den eigentlichen Edukanden: «die unerzogene Wirtschaft und Politik» (NATORP 1922a, S. 139). Die Sozialpädagogik gewann vor diesem Hintergrund ihren Charakter als «höhere Pädagogik»; als Pädagogik, die in gesellschaftsverändernder und «umschaffender» Absicht nicht lediglich Autonomie gegenüber Wirtschaft und Politik reklamiert, sondern ihre «herrschende» Funktion gegenüber diesen «dienenden» Bereichen auszuweisen und zu behaupten hat, und zwar in letzter Konsequenz als Ratgeber von Gemeinschaften, die die Gestaltung von Arbeit und Leben, Erziehung und Bildung in Selbstverwaltung, also genossenschaftlich, vornehmen sollten. Diese weitausgreifende Utopie einer qua Sozialpädagogik anzustrebenden gerechteren Gesellschaft vermochte die Dignität dieser Disziplin nicht zu bestimmen. Den zeitgenössischen Kritikern erschien die Sozialpädagogik Natorps eher als Beispiel für eine angewandte Philosophie (vgl. WENIGER o. J., S. 56) oder angewandte Sozialwissenschaft im Sinne einer «soziologischen Pädagogik» (vgl. FISCHER o. J., S. 159ff). In der Tat sucht man bei Natorp vergeblich nach einer Denkform, die, als eine dezidiert sozialpädagogische, praxisbezogenes Handeln gegenüber einem ausgewiesenen Adressatenkreis hätte anleiten können. Unbestimmt blieb bei ihm der systematische Ort sozialpädagogischer Handlungsfelder sowie sozialpädagogischer Berufe und berufstypischer Verfahren. Und doch beeinflußte Natorps Ansatz und insbesondere seine Hervorhebung des Gemeinschaftsbegriffs die Folgediskussion implizit bis in die Moderne hinein.

Theoriegeschichte: Hermeneutisch-pragmatische Wissenschaft. Anders als FISCHER (vgl. o. J.), der trotz sehr eigenständiger Einzelbeiträge zumindest begriffssystematisch in Natorps Vorlage befangen blieb (dabei betonend, daß es der Sozialpädagogik nicht um die Erziehung *durch*, sondern um jene *zur* Gemeinschaft zu gehen habe), sah Nohl deutlich, daß der Gemeinschaftsbegriff insgesamt hinderlich sei bei dem Versuch, die Dignität der Sozialpädagogik zu bestimmen. Angesichts des damit verknüpften, zeitgenössisch dominanten, aber fruchtlosen Streites um das Verhältnis von Sozial- und Individualpädagogik erkannte Nohl, daß man Sozialpädagogik eher in Abgrenzung zur «Normalpädagogik» (etwa in der Variante der →Schulpädagogik) ausweisen müsse. Denn erst auf diese Art stand jene – durch die bisherige pädagogische Theoriebildung noch nicht zureichend beachtete – Klientel im Zentrum des Interesses, die sich mit dem Aufstieg (seit 1878) der Jugendfürsorge (vgl. PEUKERT 1986) sowie infolge der seit 1918 initiierten Gesetzgebung (Jugendwohlfahrts- und Jugendgerichtsgesetz) verbreiteter Zuwendung sicher sein konnte. Im Blick auf diese Klientel schien es also möglich, die Notwendigkeit sozialpädagogischer Berufe als auch die Einheit der sozialpädagogischen Denkform auszuweisen. Als allgemeinste Vorgabe stellte

Nohl (1927, S. X) dabei seiner «Jugendwohlfahrt» den Satz voran, daß Handeln immer historisch sei, «das heißt die individuelle Lösung einer vorhandenen Not». Mit dieser zentralen Voraussetzung einer Theorie der Sozialpädagogik (vgl. Weniger 1959, S. 11) erheischt gegenüber Natorps Gemeinschaftsbegriff sowie gegenüber dessen ahistorischem Ideal einer gerechteren Gesellschaft sowohl das Historisierungs- als auch das Individualisierungsprinzip neue Ansprüche. Beide Prinzipien müssen – dieser geisteswissenschaftlichen Sicht zufolge – vermittelt sein durch den einzelnen Erzieher, der, insoweit die «Not seiner Zöglinge» (Nohl 1949a, S. 152) durch «Normalpädagogik» nicht mehr zu beheben ist, nur als Sozialpädagoge verstanden werden kann und als solcher den Zögling verstehen lernen muß. Sozialpädagogik gewinnt, von diesen Prinzipien ausgehend, ihre erste praxisrelevante, die Weimarer Epoche dominierende Gestalt als hermeneutisch-pragmatische Wissenschaft (→ Pädagogik, Geisteswissenschaftliche [systematisch]). Dreh- und Angelpunkt dieser Auffassung von Sozialpädagogik ist der «pädagogische Bezug» (→ Verhältnis, pädagogisches). Er ermöglicht – im Sinne einer (anzustrebenden) «Vertrauensverbundenheit von Erzieher und Zögling» (Nohl o. J., S. 78) – Individualisierung und mithin das Verstehen des einzelnen in seiner Not. Der pädagogische Bezug läßt sich als regulatives Prinzip schon – so Nohl weiter – bei Pestalozzi identifizieren. Nohls Ausdeutung zufolge fand die «Deutsche Bewegung», die mit dem Sturm und Drang begonnen hatte, in der → Reformpädagogik wie → Jugendbewegung und in der sozialpädagogischen wie psychoanalytischen Bewegung ihre kongeniale Fortführung: mit dem einheitstiftenden Interesse am Subjekt. Von diesem geistesgeschichtlichen Hintergrund ausgehend, wurde ein weiterer, von Nohl (o. J., S. 65) nur knapp angedeuteter Gegensatz zu Natorp benennbar: Pestalozzis Absichten sowie der hierbei als prägend zu unterstellenden Geisteswelt ebensowenig Rechnung tragend wie der in der «Deutschen Bewegung» sich aussprechenden Individualisierungstendenz, hatte sich Natorp sowohl mit seiner Pestalozzi-Interpretation (vgl. Natorp 1927) als auch mit seinem verallgemeinerten Interesse am Gemeinschaftsbegriff diskreditiert oder jedenfalls doch als untauglich erwiesen für das nun in der Folge von Nohl verfolgte Anliegen, der Sozialpädagogik mittels des Verweises auf die Notwendigkeit pädagogischer Bezüge ihre originären Objektbereiche erschließen zu wollen. So hatte sich beispielsweise – seit der Jahrhundertwende – die Jugendbewegung zunehmend dem Einfluß der «Normalpädagogik» ebenso entzogen wie dem Einfluß der (freilich erst in Ansätzen entwickelten) verbandlichen Jugendpflege. Indem Nohl (o. J., S. 120) in dieser Situation geltend machte, daß der Wille der Jugend «nur aus dem Willensverkehr mit einem entwickelten Willen» hervorgehe, votierte er zwar nicht für die – von der Jugendbewegung ebenso wie von der Reformpädagogik abgelehnte – «Lernschule» alter

Prägung; er votierte aber zumindest für den – von der Jugendbewegung gleichfalls abgelehnten – pädagogischen Bezug in der Variante des intergenerativen «Willensverkehrs». Dies geschah in der Absicht, die infolge der Jugendbewegung in ihrer Akzeptanz gefährdete Jugendpflege als Objektbereich der Sozialpädagogik zu sichern. Auf vergleichbare Art requirierte Nohl die Jugendfürsorge. Im Gegensatz zur Jugendpflege ging es hier nicht um den insgesamt unauffälligen, sondern um den bereits verwahrlosten oder den jedenfalls doch von Verwahrlosung bedrohten Jugendlichen. Die zeitgenössische Diskussion der Verwahrlosungsursachen hatte sich an den Kategorien Anlage und/oder Umwelt festgefahren, mit der Folge, daß außerpädagogische Sehweisen, wie beispielsweise (sozial-)politische Forderungen nach Umweltveränderung, an Bedeutung gewannen. In diese Diskussion griff Nohl (vgl. 1949b, S. 174) ein, indem er Kategorien – wie →«Situation» oder «Erlebnis» – in Vorschlag brachte, die dem Eigenerleben des Jugendlichen Rechnung zu tragen versprachen und insofern hermeneutisch gehaltvoll schienen. Der pädagogische Bezug erwies sich dabei nicht nur als ein Mittel im Umgang mit Verwahrlosten, sondern auch als ein Zugang zur Rekonstruktion lebensgeschichtlicher Abläufe. Diese Ausdeutung wurde befördert durch die Rezeption der Psychoanalyse. Ihr entnahm Nohl (1949a, S. 60) ein «neues pädagogisches Ideal», hatte sie doch – sehr zum Nutzen der Pädagogik – verwiesen auf die Bedeutung der (frühkindlichen) Erziehung, der Lebensgeschichte sowie des Verstehens des einzelnen (im Rahmen eines qualifizierten pädagogischen Bezuges). Die Psychoanalyse erleichterte mithin die Auseinandersetzung mit den Vertretern überkommener, autoritativer Deutungsmuster und Handlungslogiken. Und sie unterstützte indirekt das Bemühen Nohls, das sich abzeichnende «riesige Arbeitsfeld» (Nohl 1949b, S. 27) auf Dauer der Sozialpädagogik zu übereignen, und zwar in Konkurrenz zu den übrigen – etwa sozialpolitischen, theologischen, juristischen oder ärztlichen – «geistigen Energien» (Nohl 1949b, S. 133ff) der Jugendwohlfahrt. In der klassischen Formulierung von Bäumer (1929, S. 3) subsumierte Sozialpädagogik «alles was Erziehung, aber nicht Schule und nicht Familie ist». Diese Formel reflektierte auf den Begriff der →«Erziehung», der von Nohl im Sinne des pädagogischen Bezuges spezifiziert worden war und dem inhärierte, daß Sozialpädagogen sich gegenüber individueller Not entwickeln wollen – nicht auftretend mit dem Selbstverständnis der einzig noch möglichen Pädagogik, sondern als Repräsentanten einer Teildisziplin der (Allgemeinen) Pädagogik, die deren Vorherrschaft anerkennen und allenfalls in Anspruch nehmen, einzelne bewährte pädagogische Grundgedankengänge, Methoden und Denkformen mit Blick auf spezifische Anforderungen des sozialpädagogischen Objektbereichs zu reformulieren.

Geschichte: Weimarer Antinomien und Auflösungstendenzen. Dieses Selbstverständnis vermochte allerdings kaum einheitstiftend zu wirken. Namentlich die in der Weimarer Epoche als Wohlfahrtspflege oder Fürsorge bezeichnete Sozialarbeit wurde zum einen als Besitzstand einer im Entstehen begriffenen «Fürsorgewissenschaft» reklamiert. Deren Protagonisten plädierten für originäre Forschungsmethoden (vgl. SCHERPNER 1926/27) sowie eher sozial- denn erziehungswissenschaftliche Bezugswissenschaften bei gleichzeitigem Bemühen, den Objektbereich der Jugendwohlfahrt aus der von Nohl betriebenen sozialpädagogischen «Okkupation» (ACHINGER 1929) zu befreien. Zum anderen aber waren die neuen sozialen Berufe primär Frauenberufe. Die Impulse hierfür entstammten der (bürgerlichen) Frauenbewegung. In den durch Salomon forcierten sozialen Frauenschulen (1908) und Frauenakademien (1925), deren Absolventinnen im wesentlichen in der Familienfürsorge tätig wurden, gelangten Leitmotive – wie das der «geistigen Mütterlichkeit» – zur Geltung, die nicht unmittelbar auf die (sozial-)pädagogische Ideengeschichte beziehbar waren. Unter Verweis auf den Mitte der 20er Jahre sich durchsetzenden Beruf des männlichen Sozialbeamten tauschte NOHL (1949b, S. 143ff) zwar dieses frauenzentrierte Credo durch eines der Jugendbewegung («Ritterlichkeit») aus. Damit aber ließ sich allenfalls der fragwürdigen Befürchtung entgegenwirken, dem für den Sozialberuf interessierten Mann werde (unmännliche) «Weichheit» abverlangt. Eine einheitliche, über den pädagogischen Bezug gestiftete Handlungsgrundlage rückte mit dieser Polarisierungsstrategie jedoch außer Reichweite. Dies überrascht um so mehr, als Bäumers – gegen Natorp gerichtete – Versicherung, wonach der Begriff der Sozialpädagogik «nicht ein Prinzip [bezeichne], dem die *gesamte* Pädagogik [...] unterstellt ist» (BÄUMER 1929, S. 3; Umstellung: Ch. N.), unhaltbar war: Nicht nur den weiblichen und männlichen sozialen Berufen, sondern beispielsweise auch den Lehrern wollte die Sozialpädagogik Impulse für ihr Handeln verleihen. Ursächlich hierfür war, daß der pädagogische Bezug als «Grundlage *aller* wahrhaft erzieherischen Arbeit» (NOHL o. J., S. 78; Hervorhebung: Ch. N.) galt. Insoweit dem pädagogischen Bezug dieser (überzeitliche) Geltungsrang zukam, war er zwar tauglich zur Begründung der Kritik einer unterrichtlichen Praxis, die vom Herstellen oder Entfalten pädagogischer Bezüge absah oder absehen mußte. Der pädagogische Bezug war aber untauglich zur Begründung der Dignität sozialpädagogischen Handelns. Deshalb sprach Nohl denn auch vergleichsweise selten von Sozialpädagogik und sehr viel häufiger von «neuer Erziehung», etwa im Rahmen seines – im übrigen auf Herbart zurückgehenden – Leitmotivs: «Die alte Erziehung ging aus von den Schwierigkeiten, die das Kind *macht*, die neue von denen, die das Kind *hat*» (NOHL 1949b, S. 157). Dies war zum einen – ganz in der Tradition der Reformpädagogik – schulkritisch gemeint, zum anderen aber programmatisch im Blick auf die «neue Erziehung» in der Variante der Sozialpädagogik: Sie sollte sich, insoweit hier der pädagogische Bezug realisierbar war, nicht nur den Schwierigkeiten, die die Kinder «haben», näher wissen, sondern auch dem Selbstanspruch der Pädagogik (als Wissenschaft) überhaupt. Damit aber war die Abgrenzung gegenüber Natorp nicht mehr haltbar: Nohl wie Natorp sahen in der Sozialpädagogik eine – allerdings anders akzentuierte – «konkrete Fassung der Aufgabe der Pädagogik überhaupt». Dies verweist auf eine grundlegende Antinomie. Denn entweder läßt sich die Sozialpädagogik «nur» – unter Absehung von pädagogischen Prinzipien – als «Theorie einer Praxis» begründen; oder aber man rekurriert auf Prinzipien, denen die Pädagogik als Wissenschaft verpflichtet sei oder auf die sie verpflichtet werden muß, dies aber für den Preis, die Bestimmung der Eigentümlichkeit der Sozialpädagogik zu verfehlen.

Eine weitere Antinomie ergibt sich infolge der Bestimmung der Sozialpädagogik durch BÄUMER (1929, S. 3) als «Nothilfe», konkretisiert dahin gehend, «daß Schule und Familie unter normalen und gesunden Verhältnissen als Erziehungsträger ausreichen». So gesehen, verspricht Sozialpädagogik, sich überflüssig zu machen, und sie signalisiert durch ihr Vorhandensein, daß die «Verhältnisse» eben nicht «normal» und «gesund» sind. Freilich: Infolge der Weltwirtschaftskrise erkannte selbst Nohl, daß der immer weitergehende Ausbau der Sozialpädagogik, der an sich infolge des Versagens von Schule wie Familie geboten schien, weder finanzierbar noch sinnvoll war. Bereits NATORP (vgl. 1922a, S. 145) hatte seine (in einer wirtschaftlich wie geistig vergleichbar strukturierten Epoche entworfene) Programmatik damit begründet, daß es um volkserzieherisch vermittelte Aufhebung der Not zu gehen habe, nicht aber um (institutionalisierte) «Nothilfe». Kongenial damit argumentierte NOHL (1949b, S. 212) am Vorabend des Dritten Reiches, daß Volkserziehung – etwa bei Fröbel – mehr meinte «als unsere Sozialpädagogik, die immer nur Notmaßnahme für den einzelnen ist». Mit dieser Feststellung griff Nohl inmitten der durch Reformabbau (vgl. BRÖDEL 1985, PEUKERT 1986) und Massenarbeitslosigkeit («Adrematisierung statt Individualisierung»: vgl. ACHINGER 1958) gekennzeichneten Weimarer Spätphase auf eine für sein Denken durchaus nicht untypische (vgl. NOHL 1949b, S. 16; vgl. LINGELBACH 1970) nationalpädagogische Programmatik zurück, die nur wenig später auf furchtbare Art mißbraucht werden sollte. Zu problematisch war ganz offenbar das Unterfangen gewesen, Sozialpädagogik als «individuelle Lösung einer vorhandenen Not» (Nohl) grundlegen zu wollen – solange diese «Not» mindestens auch als eine gemeinschaftliche zu interpretieren war, gründend vor allem in einer unzureichenden ideellen Verfaßtheit des Volksganzen, das sich mit Wirtschaft und Politik nicht mehr solidarisch wußte, sondern den schon von FISCHER (o. J., S. 331) vorgetragenen Einwand, daß «die Fürsorge steigernd auf die Fürsorgebedürftigkeit wirkt», zu nutzen suchte: mit dem Effekt einer «Knochenerweichung des Willens zur Selbsthilfe» (NOHL 1949b, S. 183). Dies waren nun freilich eher Forschungsfragen, die sich eine über unerwünschte Nebenfolgen besorgte Disziplin am Ende ihrer Selbstverständnissicherung und zu Beginn erster Auflösungstendenzen zu stellen begann. Dabei ging es um Modernisierungs- und Bürokratisierungseffekte, um Antinomien, die aus dem Verhältnis zwischen gesellschaftlicher Verursachung und individualisierender Abhilfe resultieren. Der Nationalsozialismus hingegen wußte auf derartige Verunsicherungen bereits eine entschlossene Antwort: ihr zufolge sollte Modernisierung in dieser Variante nicht mehr gewünscht werden dürfen, weil der Gesamtbestand der dabei notwendig lancierten Ideen, wie Humanität, Individualität oder Aufklärung, innerhalb einer auf Rassenhygiene abstellenden Programmatik – als der einzig noch möglichen – dysfunktional sei.

Geschichte: Nationalsozialismus. Das nationalsozialistisch geprägte neue Sprachspiel – «Volkspflege» statt «Wohlfahrt», «Sondererziehung» statt «Sozialpädagogik», «Menschenführung» statt «Pädagogik», «Menschenkunde» statt «Psychologie» – signalisiert bereits, daß das Jahr 1933 für den Beginn einer extensiven Neuinterpretation des tradierten Selbstverständnisses steht. Den Nationalsozialisten ging es nicht nur um die «Zerstörung der aus der Frauen- und Jugendbewegung entwickelten Identität des Fürsorgeberufs» (BARON 1986, S. 416), und zwar mit den Mitteln der Gleichschaltung sowie der Durchsetzung ihrer höchst eigenen, wenn auch nicht widerspruchsfreien (vgl. REESE-NÜBEL 1986) Weiblichkeitskonstruktion. Es ging ihnen auch um eine Neudefinition des Objektbereichs sowie der Handlungsformen. Bei allen Differenzierungen, die dabei im Hinblick auf die Handlungsfelder sowie die zu unterscheidenden Phasen des «Dritten Reiches» zu berücksichtigen sind, hält sich dabei ein Leitmotiv vergleichsweise ungebrochen durch: nämlich dieses, daß die «Wohlfahrt» nicht dem einzelnen, sondern dem «Volk» verpflichtet sei. Die Gesundung des Volkes hing, so meinte man, vor allem ab von einer angemessenen Rassenhygiene (Eugenik). Diese Thematik war zwar nicht neu: 1895 war ein einschlägiges Werk erschienen, aus dem sich ableiten ließ, daß Fürsorge zur Verlängerung des Lebens Erbbelasteter und mithin zur Verringerung des «Erbschatzes» des Volkes beitrug; gleichsam gegenwirkend war bereits 1920 über die «Freigabe der Vernichtung lebensunwerten Lebens» diskutiert worden, und seit 1932 gehörte die «eugenische Orientierung der Wohlfahrtspflege» zum Standardrepertoire (vgl. REYER 1988). Aber erst die Nationalsozialisten setzten derartige Denkfiguren und Handlungsmodelle skrupellos um: Man konzentrierte sich fortan auf die «erbgesunden» und mithin «wertvollen» Glieder der Volksgemeinschaft (Skiba 1969, S. 57). Vorreiter für ein derartiges, präventiv orientiertes Hilfekonzept war die Nationalsozialistische Volkswohlfahrt (NSV) (vgl. Schoen 1986). Das von ihr exekutierte, ursprünglich auf Parteigenossen beschränkte Hilfeverständnis schloß «Almosengesinnung» aus und bezog sich auf die «Volksgenossen», die trotz der allmählichen, durch Rüstungsproduktion sowie Einschränkung von «Doppelverdienern» bewirkten Prosperität in Schwierigkeiten geraten waren. Unter dem Aspekt der «Rassenhygiene» fielen andere (unter anderem Nichtseßhafte und Bettler) als «Gemeinschaftsfremde» der Kasernierung in Konzentrationslagern und damit häufig der Vernichtung anheim (vgl. Ayass 1986). «Selbsthilfe/Selbstverantwortung», «Gemeinschaftsdienst», «Vorbeugung» waren die Schlagworte der Repräsentanten der «Neuen Ordnung», die unter Sozialarbeit im wesentlichen ein Instrument zur rassischen wie sozialen Selektion verstanden (vgl. Otto/Sünker 1986). Neu gewichtet wurde dabei der – nicht zuletzt von Natorp her durchaus vertraute – Begriff der Gemeinschaft: Erziehung galt nun im wesentlichen als «Lebensfunktion der Gemeinschaft», mit der Pointe, daß eine Umgestaltung der Erziehung nicht von veränderten Methoden und Organisationen erwartet werden konnte, sondern allein abhing von «der Reform der Lebensgemeinschaften selbst» (Krieck 1927, S. 47). Ganz in diesem Sinne galt beispielsweise «die Schaffung einer besseren, guten und geeigneten Umwelt» (Schulze Steinen 1935, S. 87) als Mittel in der Verwahrlosungsbekämpfung, zwar nachgeordnet im Vergleich zu den mit den Erbgesetzen von 1933 propagierten Methoden der Geburtenverhinderung bei «erblich Belasteten», der «Auslese» sowie der «Stärkung der Erbtüchtigen», aber vorgeordnet im Vergleich zum Faktor der Erziehung. Das Individualisierungsprinzip, das, dem Weimarer Sozialpädagogik-Verständnis zufolge, Verstehen des einzelnen und eine darauf aufbauende Erziehung hatte ermöglichen sollen, wurde entsprechend aus diesem Kontext entbunden und – etwa im Rahmen der Säuglings- und Familienfürsorge – instrumentalisiert in der Absicht, «Daten für ‹auslesende› und ‹ausmerzende› amtsärztliche Maßnahmen» zu liefern (Czarnowski 1986, S. 251). Derartige Maßnahmen ließen sich durchaus noch als «sozial» ausdeuten, trugen sie doch dazu bei, «den Lebensraum für das gesunde Kind zu erweitern» (Weiland 1937, S. 2). Die Gemeinschaft galt mithin als Voraussetzung zur gedeihlichen Entwicklung des «erbgesunden» einzelnen. Erziehungsmethodisch folgenreich wurde dieser Gedanke insbesondere im Rahmen der Jugendpflege. Mit dem Anspruch auf Erziehung «durch Gemeinschaft und zur Gemeinschaft» (Stellrecht 1944, S. 56) trat hier insbesondere – neben dem «Bund Deutscher Mädel» (BDM) – die «Hitler-

Jugend» (HJ) auf. Als seit 1939 obligatorische «Staatsjugend», die an die Stelle der verbotenen und verfolgten Jugendbewegungsbünde trat (vgl. Jovy 1984), annektierte sie einen jener zentralen, außerschulischen und -familialen Objektbereiche, in dem die Weimarer Sozialpädagogik hatte tätig werden wollen. Dabei wurde der pädagogische Bezug – als jugendpflegerisches Formprinzip der Weimarer Epoche – abgelöst durch das Führer/Gefolgschafts-Theorem, das seine Ausgestaltung erfuhr im Zuge einer durch «Erlebnisse» geprägten (Lager-)Sozialisation. Ziel dessen war die Sicherstellung jener – auch in militärisch verwertbaren «Tugenden» sich ausdrückenden – «Charakterbildung», die man, zunächst jedenfalls, weder als Effekt der bloßen «Lernschule» noch als Effekt der aus ideologischen Gründen zwar propagierten, zugleich aber als politisch unzuverlässig eingeschätzten Familie erwartete. Kriegsfolgen, wie etwa die durch die HJ mitgetragene internatsmäßige Unterbringung evakuierter Schulklassen («Kinderlandverschickung»), begünstigten dabei «die bereits seit 1933 vorhandene Tendenz zur Usurpation der althergebrachten Elternrolle» (Kater 1980, S. 491). Zugleich erwies sich eine einseitig auf den Gemeinschaftsbegriff reflektierende Programmatik als untauglich, und dies um so mehr, als sich die HJ (seit 1937) nicht lediglich als die Institution «der» Jugendpflege darlegte, sondern in Zusammenarbeit mit der NSV und vermittelt über Jugendhilfslager (vgl. Kater 1980) auch jugendfürsorgerisch tätig wurde. Adressaten der Jugendfürsorge waren jene, die trotz einer – wie man meinte optimierten – Jugendpflege verwahrlosten. Ansteigende Jugendkriminalität (ausgerechnet mit Kriegsausbruch) sowie politische Opposition ließ entsprechend die Geduld gegenüber denen, die «nicht spurten», sinken. Die Folge dessen war die Verschärfung jugendstrafrechtlicher Regelungen (vgl. Hubert 1986) sowie die Einrichtung von Jugendkonzentrationslagern (vgl. Guse u. a. 1986), in denen ein um psychologische Fragen gänzlich unbesorgtes, am Kriterium der «Erziehbarkeit» (= Verwertbarkeit) orientiertes Erziehungsverständnis Platz griff. Diese autoritative Wende, die zusammenhängt mit der Ende der 30er Jahre greifenden Tendenz der allmählichen Ersetzung des Gemeinschafts- durch den Erziehungsbegriff (vgl. Lingelbach 1970, S. 173ff), reflektiert – von der Jugendpflege herkommend – auf ein Aufgabenverständnis, das in der Jugendfürsorge seit 1933 prägend war. Denn anders als in der Jugendpflege hatte sich hier der Gemeinschaftsbegriff kaum methodisch zur Geltung bringen lassen; unmittelbar nach 1933 hatte man entsprechend den autoritativen Erziehungsbegriff eingesetzt in dem Bestreben, der psychologisierenden «Humanitätsduselei» der Weimarer Sozialpädagogik – eine Polemik, gegen die sich Nohl (vgl. 1949b, S. 240) schon vor 1933 erfolglos gewehrt hatte – ein Ende zu bereiten. Fürsorgeerziehung als Strafe (und nicht als Therapie), Besserung durch Abschreckung –

dies waren beispielsweise zwei entscheidende Programmpunkte, denen gegenüber sich auch das «gesunde Volksempfinden» solidarisch wußte. Je stärker Eltern und Erzieher ihr privates Interesse an «durchgreifender Erziehung» allerdings auf diese Art zu rationalisieren wußten, desto größer war die Gefahr der Verselbständigung dieses Impulses – mit der Folge, daß jedenfalls dem «erbgesunden», wenngleich auch verwahrlosten Nachwuchs nicht jene Förderung zuteil wurde, deren Effekt das nationalsozialistische System im durch den Kriegsausbruch virulent gewordenen Kampf um sein eigenes Dasein benötigte. Nicht zuletzt aus diesem Grund sah sich denn auch Kersten (1941, S. 4), ein führender Vertreter der Jugendfürsorge, zu dem Hinweis genötigt, «daß auch das psychopathische Kind ein Kind ist, an dem die Volksgemeinschaft durchaus noch Interesse haben kann». Diese, wenngleich auch zynisch vorgetragene, so im Detail durchaus für psychologische Fragen offene Position muß gelesen werden als Zeugnis für einen Widerspruch, in den die Jugendfürsorge mit Kriegsausbruch geriet: einerseits sich, in der Linie der HJ, autoritativ verengend; andererseits sich, in der Linie Kerstens, zurückhaltend, weil der einzelne zu einem kriegsstrategisch wichtigen Gut zu werden begann. Derart den Menschen als Menschen nicht achtend und fördernd, damit dem Anspruch der Pädagogik als Wissenschaft widersprechend und nur den Menschen nach seiner «Rasse» und im Hinblick auf mit ihm zu verfolgende Zwecke gewichtend, verlor die Inanspruchnahme des Ausdrucks «Sozialpädagogik» jedes Recht. Obgleich dieser Begriff im nationalsozialistischen Schrifttum nachweisbar ist, redet Kersten (vgl. 1941) nur noch von «Sondererziehung». Darin drückt sich das berechtigte Unbehagen gegenüber einer Begriffskonstruktion aus, der das nationalsozialistische System weder in «sozialer» noch in «pädagogischer» Hinsicht Referenz erweisen wollte.

Stand nach 1945. Durch die bedenkenlose Politisierung der Volkspflege im Dritten Reich war der Sinngehalt der in der Weimarer Epoche erhobenen Forderung nach Autonomie der (Sozial-)Pädagogik auf nachdrückliche Weise bestätigt worden (vgl. Weniger o. J., S. 360ff). Dem korrespondierte eine entschiedene Absage gegenüber jeglicher Gemeinschaftsmetaphorik (vgl. Hoffmann 1968), verknüpft mit einer «Wendung zum Subjekt», wobei Nohl (1949b, S. 282) den pädagogischen Bezug – nun erst recht – als «Grundlage aller Pädagogik» auszuweisen suchte. Die damit signalisierte Bereitschaft, an Positionen vor 1933 anzuknüpfen, blieb allerdings vergleichsweise folgenlos. Nohl (vgl. 1965, S. 66) selbst mußte beispielsweise einräumen, daß die Bedeutung des pädagogischen Bezuges vor dem Hintergrund neuer Einsichten in die Relevanz der Gruppe als Sozialisationsfaktor zu relativieren war. Die Hauptvertreter der Sozialpädagogik als hermeneutisch-pragmatischer

Wissenschaft sahen sich mit dem internationalen Forschungsstand konfrontiert, von dem sie zwölf Jahre abgeschnitten waren und der nun im Zuge der Reeducation gezielt popularisiert wurde. Ein Wiederanknüpfen an die Weimarer Denktradition erschien vor diesem Hintergrund weder opportun noch zeitgemäß. Beispielsweise wurden – zumal seitens der Alliierten – eher Jugendpflegeverbände und «Heime der offenen Tür» denn Jugendbewegungsbünde gefördert (vgl. Jovy 1984, S. 181). In einem umfassenderen Sinn kam es zu einer Tendenz der Amerikanisierung von Institutionalisierungsformen und Handlungsmethoden, so daß sich ein Verständnis der Sozialarbeit als «Social Work» (vgl. Tuggener 1971) durchsetzte: Sozialarbeit wurde zu einem eher pragmatischen Geschäft derer, die Problemlösungen aus vielfältigen sozialwissenschaftlichen und psychologischen Forschungsansätzen zu destillieren und auf soziale Probleme anzuwenden suchten, wobei Sozialarbeit zunehmend als «persönliche Hilfe» definiert wurde, denn nur auf diese Weise ließ sich der Funktionsverlust abdecken, den die Sozialarbeit hinsichtlich ihrer traditionell armenpflegerischen Aufgabenstellung im Zuge des Ausbaus der sozialen Sicherungssysteme – vor allem in den 50er Jahren – zu gegenwärtigen hatte (vgl. Skiba 1969, S. 61). Vor dem Hintergrund dieser auf gleichgerichtete fürsorgewissenschaftliche Bestrebungen der 20er Jahre (vgl. Münchmeier 1981, S. 82ff) zurückführbaren Entwicklung verlor die Sozialpädagogik als eine auf die Pädagogik als Leitwissenschaft verpflichtete Disziplin zunehmend an Geltung. Rekonstruktionsversuche der Ursprünge der Sozialpädagogik (vgl. Mollenhauer 1959) führten zwar zu erneuten Begründungen der Sozialpädagogik als Theorie einer Praxis, vornehmlich der des Jugendhilfebereichs (vgl. Mollenhauer 1976); aber der damit verknüpfte Versuch der Reklamierung der Sozialpädagogik als Grundlagentheorie der Sozialarbeit widersprach den inzwischen verfestigten Effekten des unterhalb der Universitätsebene ausdifferenzierten Ausbildungswesens. So hatten sich die auf die sozialen Frauenschulen und Frauenakademien rückführbaren Ausbildungseinrichtungen sukzessive umgewandelt in Fachschulen (Erzieherausbildung) sowie Höhere Fachschulen bzw. Fachhochschulen (Sozialarbeiter-/Sozialpädagogen-Ausbildung), was den Anforderungen des Objektbereichs sowie denen der Anstellungsträger angemessen sein mochte, aber zugleich (curricular verankerte) Abgrenzungsstrategien nach sich zog, die der Festlegung eines Begriffs «der» Sozialpädagogik nicht förderlich waren. Als dann die Sozialpädagogik (seit 1969) als Studienrichtung innerhalb des neu eingerichteten Diplompädagogen-Studiengangs auch universitär fest verankert wurde, schien eine bildungspolitisch folgerichtige Entwicklung ihren Höhepunkt erreicht zu haben, die zugleich zumindest dem Verfall der disziplinären Matrix auf Universitätsebene vorzubeugen versprach. Denn der Objektbereich, auf den hin man nun gemeinsam in sozialpädagogischer Absicht hätte reflektieren können, lag in aller Breite und gleichfalls bildungspolitisch befördert durchaus vor. Ausgangspunkt dieser Entwicklung war die bereits in der unmittelbaren Nachkriegszeit eingeleitete Institutionalisierung der Sozialpädagogik als außerschulische und -familiale «Nothilfe». Jede andere Orientierung, beispielsweise die von Nohl gegen Ende der Weimarer Republik propagierte Stärkung des «Volksganzen», hatte wegen des nationalsozialistischen Mißbrauchs, vor allem aber wegen der Kriegsfolgen ihre Berechtigung verloren. Beispielsweise war den Millionen Kriegswitwen aufgrund des Frauenüberschusses die Aussicht auf Wiederverheiratung weitgehend genommen, so daß sich eine am Begriff der «vollständigen Familien» orientierte, volkserzieherische Programmatik als zynisch entlarvt hätte und sich der Ausbau familienergänzender und -ersetzender Institutionen zwingend anempfahl (vgl. Nohl 1965, S. 56ff). Diese Tendenz wurde verstärkt durch den Wirtschaftsaufschwung und die damit verbundene Notwendigkeit, auch Müttern die Berufstätigkeit zu ermöglichen (etwa durch das Angebot von Tagesheimschulen). In der damit vorgegebenen Linie forcierte dann beispielsweise auch die Bildungsreform der 70er Jahre die «Vergesellschaftung der Sozialisation» (vgl. Barabas u. a. 1975). Wenn gleichwohl mit dieser Linie gebrochen wurde, so nicht nur infolge der erst Ende der 70er Jahre virulent werdenden «Krise des Wohlfahrtsstaates». Denn schon zuvor hatten sich auf universitärer Ebene divergente (beispielsweise sozialerzieherische, kritisch-rationalistische, kritisch-emanzipatorische; vgl. Schmidt 1981) Grundlegungsversuche des sozialpädagogischen Selbstverständnisses artikuliert, die zu ihrer Einlösung nicht notwendig institutionalisierter Handlungsformen bedurften. Wesentlicher aber war, daß sich «die» Sozialpädagogik «den» Sozialwissenschaften gegenüber öffnete und damit ihre eigenen Voraussetzungen thematisierte (vgl. Fatke/Hornstein 1987), womit auch die sozialpädagogischen Institutionen als solche problematisiert wurden. Anlaß hierfür gab beispielsweise Anfang der 70er Jahre die «Heimkampagne», die mittels der Hinzufügung einschlägiger Forschungsergebnisse («totale Institution»; vgl. Thiersch 1977) eine Trendwende einleitete. Diese Wende wurde durch antiprofessionalistische Erwägungen («Akademikerfeindlichkeit») sowie Autonomiepostulate («Autonomie der Lebenspraxis») gespeist, und sie mündete ein in die Strategien der institutionellen Binnendifferenzierung bis hin zum Versuch der prophylaktisch und kommunalpolitisch orientierten Entbindung der Selbsthilfe-Potentiale Betroffener im Sinne eines eher ökologisch orientierten Sozialarbeit-Verständnisses.

Im Gegensatz zu dieser – teilweise explizit auf den Gemeinschaftsbegriff und auf Natorp rekurrierenden (vgl. Buer 1988, S. 105) – Position verhielten sich die Vertreter der «Alltagswende» (vgl. Thiersch 1986)

(→ Alltag) zwar auch kritisch gegenüber den Effekten einer überzogenen Institutionalisierung, Spezialisierung und Professionalisierung. Ihrer – in letzter Konsequenz auf Nohl zurückweisenden – Position zufolge gilt es aber eher, noch ungenutzte Ressourcen zur Entwicklung und Begründung einer sozialpädagogischen Handlungslehre innerhalb binnendifferenzierter Institutionen ins Feld zu führen. Ausgangspunkt dieser Absicht ist der Einwand, daß in der Nachkriegszeit zwar die Institutionalisierung des sozialpädagogischen Objektbereichs gelang, nicht aber die Entfaltung dessen, was eine am Begriff der Pädagogik orientierte sozialpädagogische Handlungslehre innerhalb derartiger Institutionen hätte leisten können. Was sich statt dessen durchsetzte, war die aus den USA importierte Methodenlehre, deren Bezüge zu den – in der sozialpädagogischen Bewegung der 20er Jahre grundlegenden – «einheimischen» Verfahren unkenntlich blieben (vgl. C. W. Müller 1988) und die sich nur als ein eklektizistisches Konglomerat erwies, das die Selbstreflexion oder gar Selbstevaluation des Praktikers nicht anzuleiten wußte und mithin keine Sicherungen bot gegenüber den – durch institutionengebundenes Handeln verstärkten – Gefahren der Etikettierung («labeling approach»). In Abwendung derartiger Gefahren begann man Professionalisierung nicht nur im Zusammenhang mit der Anwendung systematisierten Wissens, sondern auch im Kontext beruflichen Könnens («professionelle Handlungskompetenz») zu diskutieren (vgl. S. Müller u. a. 1982/1984; vgl. Niemeyer 1989). Daraus resultierte ein (erneutes) Ernstnehmen des sozialpädagogischen Praktikers als Subjekt seiner nicht durch immer weitergehende Spezialisierung in Richtung der Anwendung von Einsichten der Nachbarwissenschaften zu unterlaufenden Verantwortung für alltägliche Erkenntnis- und Handlungsvollzüge (vgl. B. Müller 1985). Dreh- und Angelpunkt dieses Verständnisses von Sozialpädagogik wäre dann zwar auch der pädagogische Bezug, aber nicht mit Implikaten wie «Liebe», sondern mit seinen formalen, Erkenntnisleistungen verbürgenden Möglichkeitsbedingungen. Eine über diesen Aspekt hinausgehende, umfassende Reformulierung der tradierten sozialpädagogischen Begrifflichkeit sowie Problemstellung hat – in systematischer Absicht – Winkler (vgl. 1988) vorgelegt. Von hier ausgehend darf man erwarten, daß die Sozialpädagogik in Zukunft innerhalb der komplizierter gewordenen Ausgangslage – Krise der Arbeitsgesellschaft, Pluralisierung von Lebensentwürfen, Skepsis gegenüber dem Eingriff in Lebenswelten («Kolonialisierung»; vgl. S. Müller/Otto 1986), vielfältig ausdifferenzierten Nachbarwissenschaften – zu bestehen vermag, und zwar als Disziplin, die sich vorwiegend der Pädagogik verpflichtet weiß, ohne doch eine ihrer Teildisziplinen zu sein oder auch nur sein zu können.

ACHINGER, H.: Zur Theorie der Fürsorge. In: Polligkeit, W. u. a. (Hg.): Fürsorge als persönliche Hilfe, Berlin 1929, S. 1ff. ACHINGER, H.: Sozialpolitik als Gesellschaftspolitik, Hamburg 1958. AYASS, W.: Wanderer und Nichtseßhafte – ‹Gemeinschaftsfremde› im Dritten Reich. In: Otto, H.-U./Sünker, H. (Hg.): Soziale Arbeit und Faschismus, Bielefeld 1986, S. 361ff. BARABAS, F. u. a. (Hg.): Jahrbuch der Sozialarbeit 1976, Reinbek 1975. BARON, R.: Eine Profession wird gleichgeschaltet – Fürsorgeausbildung unter dem Nationalsozialismus. In: Otto, H.-U./Sünker, H. (Hg.): Soziale Arbeit und Faschismus, Bielefeld 1986, S. 391ff. BÄUMER, G.: Die historischen und sozialen Voraussetzungen der Sozialpädagogik und die Entwicklung ihrer Theorie. In: Nohl, H./Pallat, L. (Hg.): Handbuch der Pädagogik. Band 5: Sozialpädagogik, Langensalza 1929, S. 3ff. BRÖDEL, R.: Grundorientierungen der Erwerbslosenbildung in der freien Volksbildung der Weimarer Republik. In: Schlutz, E. (Hg.): Krise der Arbeitsgesellschaft – Zukunft der Weiterbildung, Frankfurt/Berlin/München 1985, S. 71ff. BUER, F.: Soziale Netze, selbstaktive Felder, Sozialökologie & Co. In: N. Prax. 18 (1988), 2, S. 95ff. CZARNOWSKI, G.: Familienpolitik als Geschlechterpolitik. In: Otto, H.-U./Sünker, H. (Hg.): Soziale Arbeit und Faschismus, Bielefeld 1986, S. 243ff. FATKE, R./HORNSTEIN, W.: Sozialpädagogik – Entwicklungen, Tendenzen und Probleme. In: Z. f. P. 33 (1987), S. 589ff. FISCHER, A.: Gesammelte Abhandlungen zur Soziologie, Sozialpädagogik und Sozialpsychologie. Leben und Werk, Bd. 3/4, München o. J. GUSE, M. u. a.: Das Jugendlager Moringen – Ein Jugendkonzentrationslager. In: Otto, H.-U./Sünker, H. (Hg.): Soziale Arbeit und Faschismus, Bielefeld 1986, S. 321ff. HOFFMANN, E.: Über die sozialpädagogischen Methoden. In: Röhrs, H. (Hg.): Die Sozialpädagogik und ihre Theorie, Frankfurt/M. 1968, S. 11ff. HUBERT, H.: Jugendstrafrecht im Nationalsozialismus. In: Otto, H.-U./Sünker, H. (Hg.): Soziale Arbeit und Faschismus, Bielefeld 1986, S. 345ff. JOVY, M.: Jugendbewegung und Nationalsozialismus, Münster 1984. KANT, I.: Über Pädagogik (1776/77). Werkausgabe, hg. v. W. Weischedel, Bd. 12, Frankfurt/M. ^{4}1982, S. 691ff. KATER, M. H.: Die deutsche Elternschaft im nationalsozialistischen Erziehungssystem. In: Vjs. f. Soz. u. Wirtschgesch. 67 (1980), S. 484ff. KERSTEN, O.: Praxis der Erziehungsberatung, Stuttgart 1941. KRIECK, E.: Grundriß der Erziehungswissenschaft, Leipzig 1927. KRONEN, H.: Sozialpädagogik, Frankfurt/M. 1980. LINGELBACH, K. CH.: Erziehung und Erziehungstheorien im nationalsozialistischen Deutschland, Weinheim/Berlin/Basel 1970. MOLLENHAUER, K.: Die Ursprünge der Sozialpädagogik in der industriellen Gesellschaft, Weinheim/Berlin 1959. MOLLENHAUER, K.: Einführung in die Sozialpädagogik, Weinheim/Basel ^{6}1976. MÜHLUM, A.: Sozialpädagogik und Sozialarbeit, Frankfurt/M. 1982. MÜLLER, B.: Die Last der großen Hoffnungen, München 1985. MÜLLER, C. W.: Wie Helfen zum Beruf wurde. Eine Methodengeschichte der Sozialarbeit. Bd. 1 (1890–1945), Weinheim/Basel ^{2}1988. MÜLLER, S./OTTO, H.-U. (Hg.): Verstehen oder Kolonialisieren? Bielefeld ^{2}1986. MÜLLER, S. u. a. (Hg.): Handlungskompetenz in der Sozialarbeit/Sozialpädagogik, 2 Bde., Bielefeld 1982/1984. MÜNCHMEIER, R.: Zugänge zur Geschichte der Sozialarbeit, München 1981. NATORP, P.: Religion innerhalb der Grenzen der Humanität, Tübingen ^{2}1908. NATORP, P.: Sozialpädagogik, Stuttgart ^{4}1920. NATORP, P.: Sozial-Idealismus, Berlin ^{2}1922a. NATORP, P.: Gesammelte Abhandlungen zur Sozialpädagogik, Heft 1–3, Stuttgart ^{2}1922b. NATORP, P.: Pestalozzi, Leipzig/Berlin ^{5}1927. NIEMEYER, CH.: Sozialpädagogisches Wissen – Sozialpädagogisches Können. In: Drerup, H./Terhart, E. (Hg.): Erkenntnis – Entscheidung – Gestaltung, Weinheim 1989. NOHL, H.: Jugendwohlfahrt, Leipzig 1927. NOHL, H.: Pädagogische Aufsätze, Langensalza ^{2}o. J. NOHL, H.: Die pädagogische Bewegung in Deutschland und ihre Theorie, Frankfurt/M. ^{3}1949a. NOHL, H.: Pädagogik aus dreißig Jahren, Frankfurt/M. 1949b. NOHL, H.: Aufgaben und Wege der Sozialpädagogik, Weinheim 1965. OTTO, H.-U./SÜNKER, H.: Nationalsozialismus, Volksgemeinschaftsideologie und Soziale Arbeit. In: Otto, H.-U./Sünker, H. (Hg.): Soziale Arbeit und Faschismus, Bielefeld 1986, S. XIIff. PEUKERT, D.: Grenzen der Sozialdisziplinierung, Köln 1986. REESE-NÜBEL, D.: Kontinuitäten und Brüche in den Weiblichkeitskonstruktionen im Übergang von der Weimarer Republik zum Nationalsozialismus. In: Otto, H.-U./Sünker, H. (Hg.): Soziale Arbeit und Faschismus, Bielefeld 1986, S. 223ff. REYER, J.: «Rassenhygiene» und «Eugenik» im Kaiserreich und in der Weimarer Republik: Pflege der «Volksgesundheit» oder Sozialrassismus? In: Z.f.P., 22. Beiheft, Weinheim/Basel 1988, S. 113ff. SACHSSE, CH.: Mütterlichkeit als Beruf, Frankfurt/M. 1986. SCHERPNER, H.: Methoden individualisierender Fürsorge in den Vereinigten Staaten (Social Case Work). In: Freie Wohlfpfl. I (1926/27), S. 509ff; II (1927/28), S. 27ff, S. 69ff, S. 120ff. SCHMIDT, H.-L.: Theorien der Sozialpädagogik, Rheinstetten 1981. SCHOEN, P.: Geschichte, Selbstanspruch und Stellenwert der Nationalsozialistischen Volkswohlfahrt e. V. (NSV) 1933–1939. In: Otto, H.-U./Sünker, H. (Hg.): Soziale Arbeit und Faschismus, Bielefeld 1986, S. 199ff. SCHULZE STEINEN, I.: Die deutsche Forschung nach den Ursachen der Jugendverwahrlosung in den letzten drei Jahrzehnten, Bethel 1935. SKIBA, E.-G.: Der Sozialarbeiter in der gegenwärtigen Gesellschaft, Weinheim/Berlin/Basel 1969. STELLRECHT, H.: Neue Erziehung, Berlin [5]1944. THIERSCH, H.: Kritik und Handeln, Neuwied 1977. THIERSCH, H.: Die Erfahrung der Wirklichkeit, München 1986. THIERSCH, H./RAUSCHENBACH, TH.: Sozialpädagogik/Sozialarbeit. Theorie und Entwicklung. In: Eyfert, H. u. a. (Hg.): Handbuch zur Sozialarbeit/Sozialpädagogik, Neuwied/Darmstadt 1984, S. 984ff. TUGGENER, H.: Social Work, Weinheim/Berlin/Basel 1971. WEILAND, R.: Kinderfürsorge jenseits unserer Grenzen, Weimar 1937. WENDT, W. R.: Geschichte der Sozialen Arbeit, Stuttgart [2]1985. WENIGER, E.: Die Eigenständigkeit der Erziehung in Theorie und Praxis, Weinheim o. J. WENIGER, E.: Herman Nohl und die sozialpädagogische Bewegung. In: Z.f.P. 5 (1959), 1. Beiheft, S. 5ff. WINKLER, M.: Eine Theorie der Sozialpädagogik, Stuttgart 1988.

Christian Niemeyer

Sozialplanung → Gemeinwesenarbeit

Sozialstruktur → Schicht, soziale; → Sprach-/Sozialverhalten, schichtenspezifisches

Sozialverhalten → Lernen, soziales; → Sprach-/Sozialverhalten, schichtenspezifisches; → Verwahrlosung

Sozialwissenschaft → Erziehungswissenschaft, kritisch-rationale; → Pädagogik – Erziehungswissenschaft

Spezialisierung → Allgemeinbildung – Berufsbildung; → Differenzierung

Spezialisierung, berufsvorbereitende → Allgemeinbildung – Berufsbildung; → Berufswahl

Spezialisierung, einzelwissenschaftliche (als Problem) → Interdisziplinarität; → Studium Generale

Spiel

Bild und Spiegelung. Dem Betrachter präsentiert sich in den Spielen, dem Spielzeug und den Spielstätten der Kinder eine vielschichtige Landschaft. Die Forschung arbeitet an vollständigen Kartographien mit unterschiedlichen Legenden. Sie versucht, die Geschicklichkeits-, Fiktions-, Rollen- und Regelspiele in durchgreifenden Lesarten zu ordnen, um in dem Ordnungsprinzip Erklärungen (Funktionen, Tendenzen, Ursachen) durchzuspielen. Das Spielen spiegelt die «absichtslose Selbstausbildung» (GROOS 1899), ist «Vorübung» auf die «unvorhersehbare [...] Zukunft» (SUTTON-SMITH 1978), ist eine Assimilation der Wirklichkeit an das → Ich, in dem das Kind «die üblichen Machtbeziehungen umkehrt» (SUTTON-SMITH 1978, S. 64). In diesem Sinne wird Spielen in Negation von Zwang und Anpassung zur freigewählten Tätigkeit. Geht man zum Spieler auf Distanz, dann wird das Allgemeine allen Spiels im «Hin und Her der Bewegung» identifiziert, das seine konkrete Form über den Spielraum und den endlichen Set der Regelmäßigkeiten und Regeln (Struktur) erhält. Piaget legt eine «Strukturanalyse unabhängig von Interpretationen» (PIAGET 1969, S. 139) vor; er will so die Steigerung des Spiels vom *Übungsspiel* (motorische, individuelle Regel) über das *Symbolspiel* (motorische Regeln, Rituale und individuelle Schemata) zum *Regelspiel* (Kodifizierung der motorischen Regelhaftigkeiten; Kodifizierung der Symbole zu Zeichen, Rollen; Ausarbeitung konstituierender Regeln) nachzeichnen. Entwickelte kreative Spiele sind dann immer zugleich motorisch, symbolisch und sozial; eine inhaltliche oder funktionale Analyse zeigt, daß eine Absonderung kaum gelingen will. Komplexe Spiele sind multifunktional und betten vielfältige Themen ein.

Vor aller Theorie wird das Spielen intuitiv von Arbeit und Besorgung abgesondert. Nötigt hier das Leben zum zweckrationalen Handeln, so negiert Spielen den Zwang, es hat seinen Zweck darin, *keinem Zweck zu folgen*. Wird Spiel aber in dieser Absonderung kodifiziert, dann können wir die Negation negieren, und Spiel wird zum professionellen Können und die Arbeit im Garten zum Differenzerlebnis vom Zwang im Spiel als Beruf.

Das ganze Weltgeschehen erscheint in der Spielwelt, die als Bühne, Arena ausgegrenzt wird (vgl. FINK 1960). Im Kinderzimmer werden Spielentwürfe zur Ablenkung von der Welt der Erwachsenen (vgl. FREINET 1980, S. 79–98) im Spielzeug vergegenständlicht: in Puppenküchen, Spielgeld und Gewehren. Der Spieler kann auch selbstgenügsam nur seinen Leib als Zeug und Raum auslegen. Das Kleinkind spielt mit seinen Händen, seiner Sprache, der → Körper ist bald Baum, dann unten Pferd und oben Reiter, dann ist das Kind im Spiel das eigene Selbst und der erlittene andere, wenn es sich vervielfacht im Alleinspiel als Spielregisseur, Arzt und Patient (vgl. PELLER 1973).

Die phänomenologische Lesart reizt dieses Vorwissen aus, sondert aber das Spielen vom Spieler, von Motiven und sozialen Bezügen ab, skelettiert so das Spielen zum «Urphänomen». Vom spielenden Kind wandert das innere Auge zum Spiel des «Lichts auf bewegtem Wasser» (Scheuerl), vom «Spiel der Mücken» zum dramatischen Spiel auf der Bühne. «Spiel ist ein reines Bewegungsphänomen, dessen in scheinhafter Ebene schwebende Freiheit und innere Unendlichkeit, Ambivalenz und Geschlossenheit in zeitenthobener Gegenwärtigkeit nur der Kontemplation zugänglich ist» (SCHEUERL 1979, S. 136). Das Geschehen da draußen wird zum Spielen erst durch den Betrachter, der inwendig mitspielt, in der →Anschauung wird die Bewegung entzeitlicht und zur schönen Gestalt, die der Betrachter nun als Muster in die Phänomene hineinsieht. Diese Distanz- und Einheitsformel ist keineswegs eine synthetische Leistung des «natürlichen» Zuschauers. Gadamer zeigt am Beispiel des Naturschauspiels, daß uns diese Sehweise in Bildungsprozessen einverseelt worden ist. «Erst eine tiefere Analyse dieser ästhetischen Erfahrung des Schönfindens der Natur belehrt uns, daß es in gewissem Sinn ein falscher Schein ist und daß wir in Wahrheit die Natur nicht mit anderen Augen ansehen können denn als künstlerisch erfahrene und erzogene Menschen» (GADAMER 1977, S. 40).

Diese Rahmung steigert die Neugierde, wenn man «Spiel» und «Kind» kombiniert, deren kultivierte Bilder sich wechselseitig Prägnanz verleihen, «schließlich ist das Spielen vor allen Dingen eine Funktion des jugendlichen Individuums» (BUYTENDIJK 1937, S. 16). Das Spiel spielt mit und in dem Kinde, reißt es in seinen Geschehensablauf hinein, läßt es zugleich tun, was es selbst ohnehin tun wollte, und führt es aus dem Spiel heraus in die Sphäre des Sich-selber-Zusehens. Scheuerls Formel wirft eine interessante Hinsicht auf: Tätigkeit, Geschehen und Kontemplation wirken beim geglückten Spiel so ineinander, daß man Aktor, Objekt und zugleich sein eigener Beobachter ist. Im Spielen steigert sich das Kind, steigert zwanglos seine schöpferische Natürlichkeit zur natürlichen Kultürlichkeit, denn über die Nachahmung und das projektive Erleben wird die ganze Mitwelt zunächst als Eigenwelt im Alleinspiel (play) durchgespielt, ehe sich das Vorschulkind mit anderen Kindern austauscht, um die verinnerlichten Entwürfe auszuhandeln, zu koordinieren und nach Verabredung von Thema und Rollen auszuführen (vgl. LAUNER 1970). In diesem Sinne ist Spiel das «Erste und Letzte» (Scheuerl), ist allanwesend; leuchtet im *sensomotorischen Übungsspiel* (Piaget) des sprachlosen Kleinkindes auf, das seinen Leib in die Verfaßtheit bringt, komplexe Modelle des →Handelns zu kopieren und zu generieren, um sich an seinem Können zu erfreuen (Funktionslust). Es leuchtet heller auf in der Fülle der *Symbol-* und *Allein-Rollenspiele* (Piaget, Hansen), die das Vorschulkind im Horizont seines Weltbildes entwirft, um sich die Welt da draußen und seine Innenwelt verfügbar, durchspielbar und verwandelbar als andere Wirklichkeiten zu verwirklichen. Ein Können, das das Leben hindurch erhalten bleibt, aber beim Erwachsenen in der Innenwelt der →Phantasie und Wachträume eingeschlossen wird, denn äußerlich vorgetragen, muß es sich den ästhetischen Erwartungen des Publikums stellen.

Endlich findet das Spielen seinen Höhepunkt im *Allein-Konstruktionsspiel* und im sozialen *Rollen-*, *Regelspiel*, wenn die leiblichen Schemata (Regelmäßigkeiten) zu Pflicht- und Kürfiguren in verschiedenen Spielkontexten geordnet und kodifiziert werden. Die Projektionen, Symbole werden zu Zeichen (ästhetische Codes) ausgeformt in gemeinsamen Rollenspielen, mit denen die →Kommunikation mit einem Publikum gesucht wird. Die Spiele geraten unter die Kontrolle der →Intelligenz, wobei das Vergnügen sowohl im Planen, streitenden Aushandeln der →Rollen und Regeln, endlich in der Durchführung der genauen Kopie wie in der Variation der Inszenierung potenziert wird. Spielräume werden ausgegrenzt, die endlichen konstituierenden Regeln erlauben unendlich viele Partien. Aber zuletzt können auch die Spielpläne, Regelwerke, ästhetisch sinnhaften Codes negiert, umspielt werden. Die schöne Kunst negiert die Schönheit, gestattet das Häßliche, parodiert, karikiert die Norm, beschimpft das Publikum, was wiederum das Publikum zu erwarten lernt. Spiel, Wirklicheit, Aktion können sich wechselseitig negieren, verlieren ihre Lesbarkeit (vgl. ERIKSON 1978, FUHRMANN 1971).

Das «Bild» vom Spielen und die Spielwirklichkeiten. Was gereicht dem Erwachsenen so zur Freude wie das spielende Kind, das, während es spielt, mit sich spielen läßt? In der Ernsthaftigkeit seiner frühesten Entdeckungen und Riten und dem herbeilaufenden Lächeln präsentiert sich das Kleinkind als Handelnder, Beobachter und Selbstgenießer.

«So entdeckt L. die Möglickeit, die am Dach ihrer Wiege aufgehängten Objekte hin und her zu pendeln. Anfänglich zwischen 0;3 (6) [= 3 Monate, 6 Tage; H. W.] und 0;3 (16) betrachtet sie das Phänomen ohne Lächeln oder nur mit leichtem Lächeln, aber mit einer Mimik, die aufmerksames Interesse zeigt, als ob sie das Phänomen studierte. In der Folge aber von ungefähr 0;4 an widmet sie sich dieser Tätigkeit, die bis etwa 0;8 und selbst noch länger andauerte, nun mit einem Ausdruck, der überschäumende Freude und Stolz über die eigene Leistungsfähigkeit anzeigt [...], d. h., das Phänomen wird nur noch benutzt aus der Freude am Handeln, und gerade darin besteht das Spiel» (PIAGET 1969, S. 123).

Vom Spielen wandert die Betrachtung zum Spieler. HECKHAUSEN

(vgl. 1973) kritisiert zwar die phänomenologische Leseart als bloße «Merkmalsummierung», beschreibt aber den spielenden Spieler im psychologischen Referenzsystem in analoger Sprache, wenn er vom «zweckfreien Handeln» spricht, dem Kind als Organismus eine «Basismotivation» zurechnet und das Agieren in der Gestalt eines «Aktivierungszirkels» so auslegt, daß sich das Kind im Spielen selber stimulieren und binden kann um ein mittleres Maß von Spannung und Erregung, so daß das Spielen ewig fortdauern kann.

Als Hier-und-Jetzt-Ereignis erscheint dem Erwachsenen das Spiel als Quelle der Heiterkeit oder als eine besondere Form des geselligen Tuns, in das er sich bisweilen hineinziehen läßt. Wenn die Kinder gar so spielen, wie er als Publikum es erwartet, dann ist ihm das Spiel die ihn entlastende sinnhafte Selberbeschäftigung der Kinder. Folgt man aber den Alltagsbeobachtungen, Verbotsschildern und empirischen Studien (vgl. GRÜNEISEN/HOFF 1977, S. 175ff), dann ist dem Erwachsenen das Kinderspiel mit seinem ungewissen Ausgang häufig schlicht ein Ärgernis. Die Kinder mißhandeln Spielpartner, teilen nicht miteinander. Die Ruhe ist dahin, wenn sich die agonalen, expressiven und motorischen Spielzüge steigern zu einem nicht endenden Klang- und Bewegungsteppich. Hinzu kommen die Szenarien, in denen die Kinder Spiele aushandeln, was nicht selten mißlingt. Dazu eine Beobachtung des Verfassers:

Hinterhof: Mädchen 4 J. (M), Junge 5 J. (J), Oma (O)
M: Komm, wir spielen Schule!
J: O ja, ich bin der Lehrer! Hier ist mein Zeigerstock!
M: Das ist kein guter Stock!
J: Doch
M: Nein, der ist doof!
J: Der ist gut!
M: Der ist doof, du Arschloch!
J: (haut zu)
M: (schreit)
O: Ruhe da unten!
M: Der hat mich gehauen!
O: Dann schlag zurück, aber sei ruhig.

In Sekunden bricht der Spielplan, dessen Aushandeln der Junge durch Ergreifen der attraktiven Lehrerrolle zu seinen Gunsten verhindert, zusammen. Der «Zeigerstock» wandelt sich zu dem, was er auch sein kann. Beide erhalten eine Lektion in «Geschlechterrollen» und «Altersrollen», üben sich in eskalierende Streitgespräche ein, und das Mädchen erfährt durch seine Großmutter keine Solidarität, sondern eine paradoxe Verschreibung.

Man sieht, der Erwachsene ist involviert, denn das Spiel der Kinder stößt mit seinen Rändern an die Besorgungen der Erwachsenen, durchmischt ihre Alltagsgeschäfte. Dank pädagogischer Codierung mobilisieren die Erwachsenen mitunter Einsicht, fügen sich ins Unvermeidbare, denn die Pädagogen verweisen sie auf ihr eigenes, vergangenes Kinderspiel. Kinderspiel erscheint uns geradezu als Symbol (Erinnerungsscherbe) für unser eigenes, vergangenes und lebendiges Anderssein. Schaut man nun ohne pädagogische Zensur zurück, dann verweilen die Erinnerungen selten bei jenen Kostbarkeiten, die Pädagogen auflesen und notieren: dem Drachensteigen im Herbstszenarium, dem Puppenwaschtag, dem Knabenkreisel-Spiel oder dem Kasperdrama. Es drängen sich die Episoden verbotener, heimlicher Spiele auf; Allein-, Paar- und Haufenspiele mit Einschüben von Sexualität, Nachäffen, Barbareien und Regelverstößen. Spiegelt sich nicht in den Doktorspielen, Schimpfkanonaden, kleinen Diebstählen, Rangeleien und Kletterpartien das Bemächtigen der Dinge, des Körpers, des Raumes, das Austesten der Autoritäten und das Genießen riskanter Gefühlslagen? In diesen anomischen Spielen gibt es keine Schein-Realität, hier wird die Probe aufs Exempel gemacht; sind sie nicht wichtiger Teil der Spielgeschichte der Kinder? Rousseau rief den jungen Lehrern zu: «Nie wird es euch gelingen, einen Weisen zu schaffen, wenn ihr nicht zunächst einen Gassenjungen geschaffen habt!» (ROUSSEAU 1963, S. 264)

Da «Spielen» gelernt wird und sich entwickeln muß, sind die unperfekten Spielreihen so häufig wie die perfekten. Wie spielt man, wenn man noch nicht spielen kann, aber will, andere einen nicht lassen und einem böse mitspielen? Soll der Pädagoge nun augenzwinkernd zusehen, soll er Sonderräume für Zufälle und Geheimnisse schaffen (Abenteuerspielplätze) oder gar als Kumpan der Kinder die Dreistigkeit befördern oder die Phantasie der Kinder – etwa durch Kinderbücher – stimulieren?

LEONTJEW (vgl. 1973, S. 375–397) übersieht in seiner Psychologie des Kinderspiels, daß die Kinder beides, die Spielwirklichkeit *und* die Wirklichkeit, erst konstruieren müssen. Er interpretiert die Entstehung des Rollenspiels aus der Differenz von *Kennen*, aber *Noch-nicht-Können*. In seinen braven Beispielen tauchen nur Spiele in Spielräumen auf, die Pädagogen bewachen. Die Kinder kopieren die Tätigkeiten der tüchtigen Arbeitererwachsenen, deren Zusammenleben frei ist von Sexualität, Gewalt und Streit. Hier erkunden Kinder nicht die Grenzen von «erlaubt/nicht erlaubt». Er übersieht auch, daß zur Umwelt der Kinder auch die Spiele der Kinder selbst gehören; diese sind so real wie das zivilisierte → Ritual des Mittagessens. Die Spiele können sie zur Autonomie, zur wechselseitigen Auswicklung und Bindung an Regeln (vgl. PIAGET 1954) führen, aber auch tiefer hineinreißen und binden an Rituale der Gewalt und Verachtung anderer: «War er dann auf unserer

Höhe, versperrten wir ihm den Weg, schlugen ihn, beschimpften ihn, traten gegen sein Fahrrad, lachten ihn aus wegen seines Äußeren, fesselten ihn an den Laternenpfahl, fuchtelten ihm mit dem Messer vor der Nase herum, zogen ihm Schuhbänder heraus, ließen ihm die Luft aus dem Fahrradreifen. Seltsamerweise benutzte er selten einen anderen Weg, und wenn wir mal davon Wind bekamen, empfingen wir ihn an der Rückseite der Häuserzeile. Die Tränen, die Rotschopf weinte, taten uns nicht weh» (als «Kinderspiel» notiert). Das Etikett «Spiel», das hier der Erzähler verwendet, spiegelt nicht mehr die «schöne Gestalt»; oder läßt sich auch dieses Beispiel vom Betrachterstandpunkt aus als «schwebende Freiheit und innere Unendlichkeit, Ambivalenz und Geschlossenheit in zeitenthobener Gegenwärtigkeit» interpretieren? «Spiel» deutet das Handeln um, gibt Kindern das Recht auf Erkundungen, ermöglicht Nachsicht bei Verfehlungen, aber das Spielen wird ihnen – je älter sie werden – als intendiert und wählbar zugerechnet, muß sich rechtfertigen lassen (Spielethos – Ethos des Spiels).

Jenseits der sensomotorischen Phase sind Spiele besondere soziale, sinnhafte Rituale und Interaktionsweisen. Das Spielen wandelt und steigert sich mit dem Handelnkönnen in Ernstsituationen. Die Redeweise vom «Spiel der Mücken» oder «Spiel der Wellen» führt den Pädagogen in eine unfruchtbare Richtung. Dies Bild bleibt an kulturell erzeugten figurativen Ähnlichkeitsabstraktionen hängen, untersucht man die Prozesse, dann gibt es keine Verhaltenshomologien. Zu allem, was das Kinderspiel, menschliches Spielen gerade interessant macht, gibt es in der nichthumanen Welt kein Gegenstück – keine Symbole, Zeichen – nur Gesten, keine sozialen Regelwerke – nur Regelmäßigkeiten, keine Kommunität zwischen Spieler und Publikum.

Das Kinderspiel und der Pädagoge. Die Pädagogik tut sich schwer mit dem Kinderspiel, sie feiert es und zeigt zugleich, daß es das Ordinäre, Alltägliche im Leben der Kinder ist. Sie will das Spiel schützen, will Spielräume sichern, greift aber überall in das Spielen ein.

Die Pädagogik spielt zugleich mit dem Spielkonzept; Spiel ist Alltagsbegriff, Begriff der Objektsprache und der Metatheorie, man spielt mit dieser Unschärfe. Auf metatheoretischer Ebene läßt sich im «Spiel» sogar die pädagogische Inszenierung günstig darstellen (vgl. Giel 1975, S. 77ff), analog können Ehe und Krieg als Spiele interpretiert werden. Das Problem der Pädagogik aber beginnt dann, wenn sie vom Betrachten zum Handeln übergeht, wenn das Kinderspiel nicht mehr das ist, was Kinder selber inszenieren und tradieren. Indem die Erwachsenen die Kinder von der Straße holen und im Haus, im Kindergarten und in der →Schule festsetzen und überwachen, werden sie nun zu Mit- und Gegenspielern der Kinder. Schlagartig steigt die Wertschätzung des Spiels;

das ehemals Unnütze erhält pädagogischen Rang. Schon im Spiel entbirgt das Kind die verborgene Weltordnung, die unschuldige, gerichtete Natur spielt mit sich selber, aber faktisch mischen sich überall die Erwachsenen ein. Offenbar kommt es zu dem Perfektionsbild vom spielenden Kind nur vor der asymmetrischen Hintergrundbeziehung von «Erwachsenem und Kind» und «Kind und gut ausgewähltem Spielzeug», in dem der Erwachsene seine Absichten verbirgt. Das köstlichste Beispiel hat Fröbel mit den ersten Ballspielen gegeben; an der einen Seite des gefesselten Balles greift und jauchzt das Kind, an der anderen Seite zieht die Mutter am Faden, interpunktiert die Ereignisse und begleitet sie mit kosenden Sprachspielen (vgl. Blochmann 1963, S. 27ff). Das Dilemma nimmt seinen Weg. Trotz ihrer Interpretationstradition und entwickelten Spielpraxen wird den Pädagogen jenseits des Freispiels ihr Tun zum Rätsel. Flitner schreibt, «es sei in der Sache selber noch fast alles zu leisten: das Spiel als eine theoretisch fundierte, praktische Kunst weiter zu entwickeln» (Flitner 1972, S. 126).

Die Institutionalisierung des Erwachsenen-Kinderspiels führt zur Expansion der Spieleproduktion. Das Spiel wird von ehemals zugeschriebenen Wertbindungen abgekoppelt, wird zum Mittel der Beschäftigung, der Zerstreuung, des Lernens, der Diagnose und Therapie (vgl. Axline o. J.). Das Spielen wird dem «Spielkind» jetzt zur Pflicht gemacht. «Geh spielen, spielt schön, seid fröhlich!» Im alltäglichen Zeitbudget von →Familie, Kindergarten und Schule muß das Unerwartbare des geglückten Spiels nun auf Abruf gelingen, die Aura des Spiels wird anknipsbar. Spielen und →Lernen gehen immer intimere Beziehungen ein. Das Spielen und Bespieltwerden (Massenmedien) werden zum Hauptteil der Primärerfahrungen der Kinder, das Leben mag dann nachkommen oder ganz wegbleiben.

Spielenkönnen mit Kindern erfordert Flexibilität, Takt, Empathie, Sensibilität für Situationen. Die Anforderungen an das Wissen um Spiele für alle Situationen und an das technische Können der Spielleiter werden permanent gesteigert (vgl. Daublebsky 1975, Hielscher 1981). Aus der Praxis kommen auch bange Töne: Spielen wir jeden Tag schlecht, müssen wir wieder spielen, ist Spielen ein «sinnvolles Tun oder pädagogischer Trick» (vgl. Büttner 1981)?

Läßt man den tradierten normativen Anspruch fallen, dann stellt sich Spiel als das dar, was es ist, das moderne Medium zur Kompensation, aber auch zur Steigerung von →Leistung in einer Industrie- und Freizeitkultur. Man ist von Zeit zu Zeit fragmentarisch «ganz Mensch». Spiel mag bisweilen noch das Erleben zur Höchstform steigern, in der Regel ist es das Ordinäre, Alltägliche und dient beliebigen Funktionen. Ist es das Extraordinäre, dann ist es das Professionelle, Monetäre, Gigantische der Berufsspieler, ihrer Trainer und Manager, das im großen Schulspiel, in den Bundesjugendwettspielen schon auf den Weg gebracht wird.

Axline, V.: Dibs. Die wunderbare Entfaltung eines menschlichen Wesens, Bern/ München o. J. Blochmann, E. (Hg.): Fröbels Theorie des Spiels I, Weinheim ³1963. Büttner, Ch. (Hg.): Spielerfahrung mit Schülern – Sinnvolles Lernen oder pädagogischer Trick? München 1981. Buytendijk, F. J. J.: Wesen und Sinn des Spiels, Berlin 1937. Daublebsky, B.: Spielen in der Schule, Stuttgart ³1975. Erikson, E. H.: Kinderspiel und politische Phantasie. Stufen in der Ritualisierung der Realität, Frankfurt/ M. 1978. Fink, E.: Das Spiel als Weltsymbol, Stuttgart 1960. Flitner, A.: Spielen – Lernen. Praxis und Deutung des Kinderspiels, München 1972. Freinet, C.: Pädagogische Texte. Mit Beispielen aus der praktischen Arbeit nach Freinet, Reinbek 1980. Fuhrmann, M.: Terror und Spiel. Probleme der Mythenrezeption. Poetik und Hermeneutik IV, München 1971. Gadamer, H.-G.: Die Aktualität des Schönen, Stuttgart 1977. Giel, K.: Vorbemerkungen zu einer Theorie des Elementarunterrichts. In: Giel, K. u. a.: Stücke zu einem mehrperspektivischen Unterricht. Aufsätze zur Konzeption 2, Stuttgart 1975, S. 8ff. Groos, K.: Die Spiele der Menschen, Jena 1899. Grüneisen, V./Hoff, E.-H.: Familienerziehung und Lebenssituation, Weinheim/Basel 1977. Heckhausen, H.: Entwurf einer Psychologie des Spiels. In: Flitner, A. (Hg.): Das Kinderspiel, München 1973, S. 133ff. Hielscher, H.: Spielen macht Schule, Heidelberg 1981. Kammhöfer, H.-D.: Spiel. In: Enzyklopädie Erziehungswissenschaft, Bd. 6, Stuttgart 1984, S. 397ff. Launer, J.: Persönlichkeitsentwicklung im Vorschulalter bei Spiel und Arbeit, Berlin (DDR) 1970. Leontjew, A. N.: Probleme der Entwicklung des Psychischen, Frankfurt/M. 1973. Peller, L.: Modelle des Kinderspiels. In: Flitner, A.(Hg.): Das Kinderspiel, München 1973, S. 62ff. Piaget, J.: Das moralische Urteil beim Kinde, Zürich 1954. Piaget, J.: Nachahmung, Spiel und Traum, Stuttgart 1969. Retter, H.: Spielzeug. Handbuch zur Geschichte und Pädagogik der Spielmittel, Weinheim/Basel 1979. Rittelmeyer, Ch.: Spiel. In: Enzyklopädie Erziehungswissenschaft, Bd. 1, Stuttgart 1983, S. 541ff. Rousseau, J.-J.: Emile oder über die Erziehung, Stuttgart 1963. Rüssel, A.: Das Kinderspiel, München 1953. Scheuerl, H. (Hg.): Theorien des Spiels, Weinheim/Basel ¹⁰1975. Scheuerl, H.: Das Spiel, Weinheim/Basel 1979. Scheuerl, H.: Spiel. In: Enzyklopädie Erziehungswissenschaft, Bd. 4, Stuttgart 1985, S. 610ff. Sutton-Smith, B.: Die Dialektik des Spiels: eine Theorie des Spielens, der Spiele und des Sports, Schorndorf 1978.

Hubert Wudtke

Spielgabe (Fröbel) → Anschauung
Spielzeug → Kinderkultur; → Spiel

Spontaneität

Bedeutung und Problem. Spontaneität ist ein mehrdeutiger Begriff, der einerseits die Fähigkeit zum Tun, Hervorbringen, Erzeugen bezeichnet, andererseits deren unwillkürlichen Charakter betont. Spontaneität meint also ein Tun, das nicht dem bewußten Willen des einzelnen entspringt, ohne bloß automatische Reaktion zu sein. Diese Verbindung erscheint in keinem jener deutschsprachigen Begriffe, die häufig synonym verwendet werden: →Selbsttätigkeit, Unmittelbarkeit, Unwillkürlichkeit. In ihnen wird das mehrdeutig Zusammengedrängte entweder zur aktiven oder zur passiven Seite hin begradigt. Ursprünglich als Gegensatz zur Rezeptivität (Empfänglichkeit) aufgefaßt, läßt sich Spontaneität jedoch nicht von ihr als reine Unmittelbarkeit isolieren.

Theoretisch, praktisch und ästhetisch fungiert Spontaneität also als Grenzbegriff, der gleichwohl in Bedeutungsgegensätze verstrickt bleibt, denen gegenüber er jedoch nicht als ein Drittes in Anspruch genommen werden kann. Vielmehr markiert Spontaneität eine Dimension, deren das Subjekt nicht mächtig ist und die doch seine Selbstmächtigkeit begründet; die sein Eigenstes ist, ohne seiner Verfügung zu unterliegen; deren Funktion unersetzbar jedes Verhalten als individuelles profiliert, sich aber nicht zum Zweck der Individuierung funktionalisieren läßt. Sie ist verstehbar als die Bewegungsform, in der sich schon *im* Menschen seine Bezogenheit auf die äußere Welt *vollzieht*, bevor die Welt als im bewußten Vorstellungsbild *repräsentierte* zum Objekt und Ziel planvoll-intentionaler Akte des Ich wird. Diese Bewegung ist auch im Selbstbewußtsein, im reflexiven Selbstverhältnis wirksam, in dem das Subjekt sich auf sich als Objekt bezieht – sei es als Körper (Objekt in der Welt), sei es als Bewußtsein für oder von sich selbst.

Diese Unverfügbarkeit eines subjektiven Vermögens rückt den Begriff der Spontaneität in die Nähe zu denen der →Phantasie und der →Kreativität. Betont Kreativität jedoch allein den produktiven, schöpferischen Aspekt, ist Spontaneität, ganz wie die Phantasie, ambivalent und auf beiden Seiten (Unmittelbarkeit – Vermittlung) gegenwärtig. Sie ist nicht allein eine Qualität aktiven →Bewußtseins, denn diesem eignet begriffliche Transparenz (auch sich selbst gegenüber), Kontrollierbarkeit durch Vorwegnahme möglicher Folgen und daher kalkulierbare Planungsfähigkeit. Sie ist aber ebensowenig bloß passive Reaktion auf äußere Reize, wie es das Modell des Behaviorismus nahelegen könnte, insofern *spontane* Verhaltensweisen die Kausalität von Reiz-Reaktions-Schemata außer Kraft setzen und so ihre Spontaneität in ihrer Ungebundenheit gegenüber dem Reizobjekt zur Geltung bringen. Ebensowenig sind spontane Äußerungen und Handlungen, Geistesblitze und Einfälle instinktabhängig oder kognitionskausal erklärlich, also naturalistisch oder physiologisch geformt und determiniert.

Spontaneität darf also, soll sie als solche erkennbar sein, nicht vorweg der Realität oder Erwartungen angepaßt sein, sie muß aber, soll sie als sinnvoller Akt der →Subjektivität gelten können, auf diese Realität bezogen sein und ihr etwas Neues hinzufügen. So eignet der Spontaneität stets das Moment des Plötzlichen, Überraschenden, Unerwarteten und Ereignishaften, und zwar auch für das Subjekt spontaner Akte selbst.

Daher läßt sich Spontaneität annäherungsweise als die Überraschung des Bewußtseins, des →Ich, des Subjekts durch sein eigenes Verhalten und →Denken bezeichnen. Prinzipiell aber bleibt sie der Kontrolle entzogen.

Ideengeschichte. Historisch stammt die Bedeutung des Spontaneitätsbegriffs aus theologischen Überlegungen, die auch für die Pädagogik bedeutsam waren. Augustinus sah in der philosophisch nicht weiter begründbaren Gottesliebe ein Offenbarungsgeschehen, das dem Menschen nicht durch Reflexion, sondern nur durch Kontemplation unmittelbar zugänglich war. Die mystische Tradition verschärfte im Unterschied zur Patristik den Gegensatz von spontaner und reflektierter Gottesliebe, indem sie die Kommunion in der Erleuchtung zu erreichen suchte. Erst im Übergang zum 18. Jahrhundert wurde von Fénelon im Bemühen um die Neubegründung einer humanistischen Ethik der krasse Gegensatz von Spontaneität und Reflexion aufgehoben (vgl. SPAEMANN 1963). Waren Glück und Moral gemäß der cartesianischen Auffassung nur erreichbar durch die Erziehung, das heißt die Einführung in den Verstandesgebrauch, so postulierte Fénelon, daß nur in der Überwindung interessegeleiteter Reflexion eine gehaltvolle Ethik möglich werde. Dieser nachreflexive Zustand einer spontanen selbstlosen Liebe findet bei Fénelon sein Vorbild in der unmittelbaren spielerischen Einheit des Kindes mit der Situation. Daher müsse der Erzieher seine innere Spontaneität entbinden, die ohne Führung durch die notwendig aufbrechende Reflexion sich selbst abwürgen und im Egozentrismus enden würde.

Diese säkularisierte Bedeutung der Spontaneität beeinflußte nicht nur Leibniz und Rousseau, sondern prägte auch strukturell und inhaltlich die Dialektik des deutschen Idealismus. LEIBNIZ (vgl. 1979) denkt in seiner Individualmetaphysik die Monaden als autonom handelnde Kraftzentren, die sich durch Spontaneität die Welt zum Gegenstand machen und sich selbst derart zur Darstellung bringen. ROUSSEAU (vgl. 1919) identifizierte die selbstlose Liebe mit der natürlichen Unmittelbarkeit des Kindes selbst und verband dadurch die reine Spontaneität mit dem Prinzip der natürlichen Unschuld. Spontaneität, von Rousseau als Eigenmächtigkeit des Bildungssubjekts verstanden, mußte so in ihrer natürlichen Entfaltung geschützt werden, um in einen sittlichen Zustand münden zu können. Bei KANT (vgl. 1983, B 132/133) schließlich findet Spontaneität Beachtung als Verbindung zwischen transzendentalem und empirischem Ich und kommt in seiner Ethik als spontane Einsichtsfähigkeit in die im Kategorischen Imperativ gesetzte Notwendigkeit zur Geltung.

Diese nun nicht mehr theologisch begründete Spontaneität als dem

Menschen in seinem Weltverhältnis stets schon zukommende Bewußtseinsfähigkeit wird von Fichte, dann von Herbart näher im Prinzip der Selbsttätigkeit ausformuliert, die die →Bildsamkeit des Subjekts allererst ermöglicht. Als Prinzip der Ichtätigkeit tritt Selbsttätigkeit in den Dienst der Selbstidentifikation. Die Aufforderung zur Selbsttätigkeit ist bis heute ein Leitprinzip einer bestimmten Tradition der Pädagogik (vgl. Benner 1987) geblieben (→Pädagogik, systematische).

Anthropologische Aspekte. Die Zentrierung der Spontaneität auf die Geisteskräfte sowie auf das Ich wird schon von Schleiermacher (vgl. 1983, S. 132ff) zugunsten einer Dialektik von Spontaneität und Rezeptivität partiell zurückgenommen, bevor sie von Nietzsche und dann von Freud abgelöst wird. Diese betonen die körperlichen und seelischen Triebkräfte als unverfügbare Quellen spontaner Äußerungs- und Handlungsweisen. Damit geht eine Umstellung in der anthropologischen Auffassung von Spontaneität einher. Stand in der idealistischen Erziehungs- und Bildungstheorie Spontaneität noch nicht im Widerspruch zum Bild des ganzheitlichen Menschen als Person, so wird nun in der Spontaneität der Ausdruck der Nicht-Feststellbarkeit, der Weltoffenheit des Menschen, seiner «exzentrischen Positionalität» (vgl. Plessner 1970, S. 47ff) gesehen sowie der Unmöglichkeit, eine feste, unwandelbare und abgeschlossene →Identität auszubilden. Damit markiert Spontaneität eine Differenz einerseits zur bewußten Selbsttransparenz und -kontrolle, andererseits zu vorgegebenen Normen und sozialen Ordnungen. Sowohl die pure Selbstbehauptung wie gleichfalls eine auf totale theoretische und praktische Erfassung gerichtete Anstrengung unterschlagen Spontaneität als ihre eigene Bedingung (vgl. Sonnemann 1981).

Erkannte die Kritische Theorie in sozial bedingter Unterdrückung spontaner Triebkräfte die Ursache für Identitätsstörungen bis hin zum Identitätsverlust (vgl. Marcuse 1968), so sahen die kritisch-emanzipatorische Pädagogik, aber auch die psychoanalytische und antiautoritäre Erziehung (→Erziehung, antiautoritäre) ihre Aufgabe darin, Äußerungsmöglichkeiten der Spontaneität zurückzugewinnen und zu garantieren. Diese verstärkte Beachtung der →Subjektivität radikalisierte sich Ende der 70er Jahre in der pädagogisch-therapeutischen Bewegung der Humanistischen Psychologie, die Authentizität durch Spontaneität retten wollte. Aber der Versuch, persönliche Identität auf bewußte Spontaneität zu gründen, um so sich seiner eigenen authentischen Existenz zu versichern, tendiert zu ihrer →Simulation (vgl. Wimmer 1982, S. 82ff). Dagegen erweist sich Spontaneität als unvereinnahmbar. In der paradoxen Aufforderung «Sei spontan!» (vgl. Watzlawick u. a. 1974, S. 84f) artikuliert sich ein Machtanspruch, der zugleich sein Scheitern offenbart.

BENNER, D.: Allgemeine Pädagogik, Weinheim/München 1987. KANT, I.: Kritik der reinen Vernunft. Werke, Bd. 3, Darmstadt 1983. LEIBNIZ, G. W.: Monadologie, Stuttgart 1979. MARCUSE, H.: Triebstruktur und Gesellschaft, Frankfurt/M. 1968. PLESSNER, H.: Philosophische Anthropologie, Frankfurt/M. 1970. ROUSSEAU, J.-J.: Emile oder Über die Erziehung, Potsdam 1919. SCHLEIERMACHER, F.: Pädagogische Schriften I, Frankfurt/Berlin/Wien 1983. SONNEMANN, U.: Negative Anthropologie, Frankfurt/M. 1981. SPAEMANN, R.: Reflexion und Spontaneität, Stuttgart 1963. WATZLAWICK, P. u. a.: Lösungen, Bern/Stuttgart/Wien 1974. WIMMER, K.-M.: Der gesprochene Körper. In: Kamper, D./Wulf, Ch. (Hg.): Die Wiederkehr des Körpers, Frankfurt/M. 1982, S. 82ff.

Bernhard Dieckmann/Klaus-Michael Wimmer

Sprachbehindertenschule → Sonderpädagogik
Sprache → Diskurs; → Elementarunterricht; → Kultur
Sprache – Anschauung → Anschauung
Sprache – Schrift → Elementarunterricht
Spracherwerbskompetenz → Kompetenz – Performanz
Sprachhandeln → Kompetenz – Performanz

Sprach-/Sozialverhalten, schichtenspezifisches

Problemaufriß. Schichtenspezifisches Sprach- und Sozialverhalten, das durch subkulturelle Sozialisationsmilieus in primärer → Sozialisation weitgehend geformt wird und ungleiche Bildungschancen schon vor jedem institutionellen Bildungsprozeß präjudiziert, ist eine Herausforderung für jedes demokratische → Bildungssystem, das seinem Anspruch durch die Herstellung gleicher Bildungschancen gerecht zu werden versuchen muß. Die Frage nach deren Möglichkeit hat aber, nach unzulänglichen Programmen kompensatorischer Erziehung (→ Erziehung, kompensatorische; vgl. BRONFENBRENNER 1974) und der Kritik ihrer sozialtheoretischen Voraussetzungen (vgl. DUBOIS-REYMOND 1971), in schwierige Forschungsprobleme geführt. Diese sind im wissensdialektischen Zusammenhang von Sprache und Sozialstruktur angelegt, dem zufolge Sprechen als soziales Handeln von sozialstrukturellen Faktoren mitbeeinflußt wird und, umgekehrt, das sprachliche Regelsystem über soziales Handeln soziale Strukturen mitkonstituiert.

Sozialpsychologisch-linguistische Forschung hat ihren Gegenstand im Zusammenhang von Sozialstruktur, sprachlichem Regelsystem, verbaler Planung mit ihren psychischen Aspekten sowie situationsbedingten Sprech- und Interaktionsformen. Der kritische Impetus der Forschung gilt der Tatsache, daß schichtenspezifisches Sprach- und Sozialverhalten zwar einerseits Mittel der Aufrechterhaltung von Herrschaft sein kann, indem etwa die unterschichttypische geringere Ausbildung analytischabstraktiver Fähigkeiten Unterprivilegierung aufrechtzuerhalten erleichtert, daß andererseits aber das in ihm wirksame, seinerseits in eine allgemeine soziale Basiskompetenz eingebundene Sprachsystem das ausgezeichnete Medium der Möglichkeit egalitärer Verständigung ist.

Das Code-Konzept und seine Kritik. Die Entwicklung der Soziolinguistik ist in besonderem Maße von Bernstein, Hymes und Labov angeregt worden. Themen und Forschungsprobleme, die für die erziehungswissenschaftliche und -praktische Rezeption der Soziolinguistik wichtig sind, lassen sich exemplarisch an den Arbeiten Bernsteins darstellen. Dieser hat die linguistische Relativitätstheorie (vgl. WHORF 1963) soziologisch umgedeutet und die Hypothese verfolgt, «daß in der typischen [...] Sprechweise [...] der Mittelklasse die Sprache [...] das Objekt besonderer Wahrnehmungsaktivität wird und eine ‹theoretische Haltung› gegenüber den strukturellen Möglichkeiten des Satzbaus entwickelt wird», während die untere Arbeiterschicht auf eine Form des Sprachgebrauchs verwiesen sei, die «eine Ausdrucksweise verfügbar macht, die den Sprecher davon abhält, seine subjektiven Intentionen verbal auszuarbeiten, und denjenigen, der von ihr Gebrauch macht, eher zu deskriptiven als abstrakten Begriffen führt» (BERNSTEIN 1972a, S. 120f). Während die Unterschicht zur Ausbildung diffuser Solidarität neige, habe die Mittelschicht eher die Fähigkeit, das →Handeln weitgehend von den es begleitenden Gefühlen abzukoppeln und rationaler sowie identitätsbezogener zu denken (vgl. BERNSTEIN 1958, 1959; zu verschiedenen, die Hypothese tendenziell stützenden Untersuchungen – vgl. DITTMAR 1973).

Die Unterscheidung zeigt, daß Bernstein die Sprachgebrauchsstile der Unter- und Mittelschicht implizit nach Maßgabe einer schichtdichotomisch ausgelegten gesellschaftlichen Evolution denkt. Der Mangel an analytischer und reflexiver Durcharbeitung des unterschichttypischen Sprachgebrauchsstils schließt für ihn eine defizitäre Identitätsausbildung sowie eine Entfremdung gegenüber der Sozialstruktur ein. Der Sprachgebrauchsstil der Mittelschicht dagegen begünstigt eine langfristige Zukunftsorientierung sowie eine zu struktureller Analyse fähige Begriffsbildung (vgl. SCHÜTZE 1975, S. 377ff). Diese These hat in Bernsteins frühem Theoriekonzept zwar eine vage, aber grundsätzlich problemangemessene Form. Sie läßt die Deutung zu, daß Sprachverhalten und Sozialstruktur in wechselseitiger Verflechtung aufgebaut sind. Objektive Faktoren der von den Eltern erfahrenen Sozialstruktur werden als für die unterschiedlichen Sozialisationsstile verantwortlich gesehen, die ihrerseits sprachgestützte schichtspezifische Organisationen und Interpretationen von →Lebenswelt bedingen.

Etwa seit 1962 arbeitet Bernstein jedoch mit einem verdinglichenden

Modell dichotomer linguistischer Codes (Unterschicht: restringierter Code; Mittelschicht: elaborierter Code). Er glaubt, die beiden Codes nach dem Grad ihrer syntaktischen und semantischen Vorhersagbarkeit unterscheiden zu können (vgl. Bernstein 1965), so daß das Modell durch die Konzentration auf den Sprachplanungsprozeß scheinbar den Vorzug genauerer Beschreibung der Sprachverhaltensstile hat. Da das Code-Konzept Sprachverhalten und Sozialstruktur aber theoretisch isoliert modelliert, zwingt es, sie sodann korrelativ zu denken und in einem unzulässigen Zirkelschluß so aufeinander zu beziehen, daß die anfängliche Hypothese empirisch nicht mehr überprüft werden kann (vgl. Schütze 1975, S. 413ff).

Für die praktische Inanspruchnahme des Code-Konzepts ist gravierend, daß es mit der Vorstellung isolierter Subkulturen ein (häufig kritisiertes) dichotomes Schichtungsmodell einschließt. Es verführt dazu, Übergangsmöglichkeiten und sozialen Wandel auf individuelle →Leistungen zurückzuführen und Schulkarrieren durch Zurechnung von Schülern unter den einen oder anderen Code festzulegen, so daß es zu einer Reaktivierung naturtheoretischer Begabungstheorien mit soziolinguistischen Mitteln kommt. Aus materialistischer Sicht ist entsprechend die systemstabilisierende Integration der Unterschicht durch die aus dem Code-Konzept folgende kompensatorische Erziehung kritisiert worden (vgl. Ehlich u. a. 1971).

Trotz der teils erheblichen Aus- und Umarbeitung des Code-Konzepts haben die nachfolgenden Untersuchungen (vgl. Bernstein/Henderson 1969, Lawton 1970, Oevermann 1972) sich nicht grundsätzlich von dessen Mängeln lösen können. Durch die stark wertende Zwei-Schichten-Theorie des Code-Konzepts haben sie den methodischen Anlaß zu der Kritik gegeben, daß statt der defizitären Deutung des restringierten Codes die Differenzhypothese zu vertreten sei, welcher die Überzeugung oberflächlich unterschiedlicher, aber funktional gleichwertiger Subkulturen zugrunde liegt (vgl. Neuland 1975). So konnte Labov (vgl. 1966, Labov u. a. 1968), der in teilnehmender Beobachtung die Sprecher in ihrem vertrauten Milieu, nicht in künstlichen Testsituationen, aufsuchte, den Funktionsreichtum des Non-Standard-English schwarzer und puertoricanischer Jugendlicher in New York City nachweisen. Cazden (vgl. 1972) und Hymes (vgl. 1973) haben aus dem Streit um Defizit versus Differenzhypothese den Schluß gezogen, statt linguistischer Codes die Bedeutung der →Situation und die kommunikative →Kompetenz als die Fähigkeit zu untersuchen, soziale Situationen wahrzunehmen, zu kategorisieren und ihnen entsprechend die Sprechweise zu differenzieren.

Weiterführende Forschungsansätze. Das grundlagentheoretische Problem der Trennung von Sprachverhalten, → Denken und Sozialstruktur hat etwa seit 1968 zur Ausbildung von Forschungsprogrammen geführt, die über den bisher genannten Rahmen weit hinausgehen. Hierzu haben psycholinguistische, wissenssoziologische, ethnomethodologische Arbeiten sowie Anregungen aus entwicklungslogischen Forschungstraditionen (Genetischer Strukturalismus, Psychoanalyse, Symbolischer Interaktionismus) und der Kritischen Theorie beigetragen. Deren umfassende Aufarbeitung hat Schütze zu einer sehr differenzierten kompetenztheoretisch-wissensdialektischen Bestimmung des Forschungsgegenstandes schichtenspezifischen Sprach- und Sozialverhaltens geführt. Er unterscheidet den «Bereich gesellschaftlicher Normierungen» von dem Bereich menschheitsallgemeiner und persongebundener Fähigkeiten» (Schütze 1975, S. 60). Zum ersten Bereich zählt er vor allem den «linguistischen Basiscode» und «linguistische Supercodes» sowie deren situationsdifferenzierte «Sprachgebrauchsstruktur», gesellschaftlich normierte Sprachfunktionen und Handlungsperformanzstile. Zum zweiten Bereich zählt er vor allem «die von den sozialstrukturellen Bedingungen und deren Normen des Sprachperformanzstils abhängige persongebundene Sprachperformanzkapazität, die den persongebundenen Verfügungsgrad über die [...] linguistische Kompetenz umfaßt», «die linguistische Basiskompetenz zur Beherrschung aller menschlichen Sprachen», die generelle «soziale Kompetenz» als «die persongebundene soziale Kapazität». Darüber hinaus sei der Bereich aktueller Performanz in den Einzelfalluntersuchungen «faktischen (Sprach-)Handelns historisch spezifischer gesellschaftlicher Prozesse» zu analysieren (Schütze 1975, S. 220f; vgl. Schütze 1976).

Ein interessantes Forschungsprojekt zur sozialen Konstitution der ontogenetischen Entwicklungsprozesse ist von Oevermann und Mitarbeitern entwickelt worden. Um soziale Faktoren nicht nur als kontingente Randbedingungen, sondern als konstitutive Strukturen psychischer Mechanismen untersuchen zu können, wird hier versucht, die Struktur konkreter innerfamilialer sozialisatorischer → Interaktionen als Ort der Hervorbringung sozialstrukturell spezifischen Sprach- und Sozialverhaltens von Kindern durch die Auslegung der «latenten Sinnstruktur» jener sozialisatorischen Interaktionen über die den Handelnden bewußten Motive, Dispositionen und Intentionen hinaus zu untersuchen (vgl. Oevermann u. a. 1976). Einerseits wird durch solche «objektive Hermeneutik» die Trennung von Sprechen, Denken und Sozialstruktur überwunden, insofern (sprachliches) Handeln als Aktualisierung sozialstrukturell mitbedingter und sozialisatorisch entfalteter Interaktionsmöglichkeiten aufgefaßt wird. Folgerichtig wird jedes schlichte Schichtungsmodell vermieden und eine fallspezifische sozial- und persönlichkeitsstrukturelle Analyse vollzogen (vgl. OEVERMANN u. a. 1979). Andererseits läßt die entwicklungslogisch-kompetenztheoretische Orientierung zu, gelingende von mißlingenden Sozialisationsprozessen zu unterscheiden und den Streit von Defizit- und Differenzhypothese auf die Grundlage einer auf gesellschaftliche Evolution verweisenden Theorie der Bildungsprozesse zu beziehen. Die vorliegenden Ergebnisse stützen die Vermutung über sozialstrukturell spezifische Identitätsbildungsprozesse, die hier unter dem Aspekt verzerrter Kommunikation untersucht wurden. Da dieses Projekt an sehr aufwendige Einzelfalluntersuchungen gebunden ist, können verallgemeinernde Aussagen aber noch nicht gemacht werden.

BERNSTEIN, B.: Some Sociological Determinants of Perception. In: The Brit. J. of Sociol. 9 (1958), S. 159ff. BERNSTEIN, B.: A Public Language: Some Sociological Implications of a Linguistic Form. In: The Brit. J. of Sociol. 10 (1959), s. 311ff. BERNSTEIN, B.: A Socio-linguistic Approach to Social Learning. In: Gould, J. (Hg.): Penguin Survey of the Social Sciences, London 1965, S. 144ff. BERNSTEIN, B.: Sprache und soziale Schicht. In: Bernstein, B.: Studien..., Düsseldorf 1972, S. 108ff (1972a). BERNSTEIN, B.: Studien zur sprachlichen Sozialisation, Düsseldorf 1972b. BERNSTEIN, B./HENDERSON, D.: Social Class Differences in the Relevance of Language to Socialization. In: Sociol. 3 (1969), S. 1ff. BRONFENBRENNER, U.: Wie wirksam ist kompensatorische Erziehung? Stuttgart 1974. CAZDEN, C. B.: Die Situation. Eine vernachlässigte Ursache sozialer Klassenunterschiede im Sprachgebrauch. In: Klein, W./Wunderlich, D. (Hg.): Aspekte der Soziolinguistik, Frankfurt/M. 1972, S. 279ff. DITTMAR, N.: Soziolinguistik. Exemplarische und kritische Darstellung ihrer Theorie, Empirie und Anwendung, Frankfurt/M. 1973. DUBOIS-REYMOND, M.: Strategien kompensatorischer Erziehung. Das Beispiel der USA, Frankfurt/M. 1971. EHLICH, K. u. a.: Spätkapitalismus – Soziolinguistik – Kompensatorische Spracherziehung. In: Kursbuch (1971), 24, S. 33ff. HYMES, D.: Modelle für die Wechselwirkung von Sprache und sozialer Situierung. In: Kochan, D. C. (Hg.): Sprache und kommunikative Kompetenz, Stuttgart 1973, S. 80ff. LABOV, W.: The Social Stratification of English in New York City. Center for Applied Linguistics, Washington 1966. LABOV, W.: Das Studium der Sprache im sozialen Kontext. In: Klein, W./Wunderlich, D. (Hg.): Aspekte der Soziolinguistik, Frankfurt/M. 1972, S. 123ff. LABOV, W. u. a.: A Study of the Non-Standard-English of Negro and Puerto Rican Speakers in New York City, 2 Bde., Final Report, Cooperative Research Project No. 3288, U.S. Office of Education and Welfare, Washington D. C. 1968. LAWTON, D.: Soziale Klasse, Sprache und Erziehung, Düsseldorf 1970. NEULAND, E.: Sprachbarrieren oder Klassensprache? Untersuchungen zum Sprachverhalten im Vorschulalter, Frankfurt/M. 1975. OEVERMANN, U.: Sprache und soziale Herkunft. Ein Beitrag zur Analyse schichtenspezifischer Sozialisationsprozesse und ihrer Bedeutung für den Schulerfolg, Frankfurt/M. 1972. OEVERMANN, U. u. a.: Beobachtungen zur Struktur der sozialisatorischen Interaktion. In: Auwärter, M. u. a. (Hg.): Seminar: Kommunikation, Interaktion, Identität, Frankfurt/M. 1976, S. 371ff. OEVERMANN, U. u. a.: Die Methodologie einer «objektiven Hermeneutik» und ihre allgemeine forschungslogische Bedeutung in den Sozialwissenschaften. In: Soeffner, H.-G. (Hg.): Interpretative Verfahren in den Sozial- und Textwissenschaften, Stuttgart 1979, S. 352ff. SCHÜTZE, F.: Sprache soziologisch gesehen, München 1975. SCHÜTZE, F.: Zur Hervorlockung und Analyse von Erzählungen thematisch relevanter Geschichten im Rahmen soziologischer Feldforschung. In: Arbeitsgruppe Bielefelder Soziologen (Hg.).: Kommunikative Sozialforschung, München 1976, S. 159ff. Whorf, B. L.: Sprache, Denken, Wirklichkeit, Reinbek 1963.

Rainer Kokemohr

Sprechen → Denken; → Diskurs
Standard → Wert
Standortplanung → Bildungsplanung
Status (von Lehrern) → Lehrer

Stigmatisierung

Begriff. Der aus der Soziologie kommende Begriff Stigmatisierung bezeichnet den Prozeß einer Diskreditierung, in dem einem Individuum oder einer Gruppe von der stigmatisierenden Gesellschaft die Akzeptanz im Sinne eines positiv vorgestellten Normalseins verweigert wird. Durch den Prozeß der Stigmatisierung grenzen sich die Stigmatisierenden von den Stigmatisierten ab, indem diese als die negativ Anderen oder Anormalen abqualifiziert werden. Die Diskreditierung der betroffenen Personen wird in der Regel an einer Eigenschaft festgemacht, die typisierend auf die Gesamtheit der Person übertragen wird. Im alltagssprachlichen Umgang wird unter anderem von einem «abstempeln als...» gesprochen, wenn der Sachverhalt der Stigmatisierung umschreibend gemeint ist. Neben der Diskreditierung und der Kategorisierung ist für den Prozeß der Stigmatisierung die Ausgrenzung des Stigmatisierten (Segregation) charakteristisch. Dabei gehen in den meisten Fällen die Folgen für den Stigmaträger (Diskriminierung) mit dem Stigmatisierungsvorgang selbst einher. Sie reichen von mangelnder Beachtung, fehlendem Respekt, absichtlichen Ehrverletzungen, Ausschluß von qualifizierter Ausbildung, Verweigerung von Arbeit bis hin zu institutioneller Verwahrung oder Angriffen gegen die Unversehrtheit der Person. Stigmatisierungen sind aus historischer Sicht eine der Voraussetzungen für Pogrome gegen Andersdenkende und Andersgläubige.

Geschichte. Als Stigma (= «Stich») wird in der Antike das mit einem Stichel in den Körper eingestochene Mal bezeichnet, sowie die durch Einbrennen in die Haut verursachte Brandmarkung, die bei Menschen in der Regel an gut sichtbaren Körperstellen (Stirn oder Hand) angebracht wurde. Das Stigma hatte als Zeichen unterschiedliche Bedeutungen; es verwies etwa auf Eigentumsrechte (Sklaven), auf Unreinheit (Aussätzige) oder als Bestandteil schwerer Strafprozeduren auf Rechtsbruch (Straftäter). Von seiner Funktion her ist das Stigma in diesem Zusammenhang ein öffentliches Zeichen, das von der Gesellschaft definiert und auferlegt wird. Es symbolisiert eine soziale wie rechtliche Relation zwischen den Gebrandmarkten und den übrigen Gesellschaftsmitgliedern. Die Stigmatisierten trugen das Mal ein Leben lang, selbst dann noch, wenn es gelungen war, den Status der Stigmatisierung zu überwinden. Das in den Körper gebrannte oder tätowierte Zeichen ist einerseits unabdingbar mit der Person verbunden und als solches ein reales Merkmal; andererseits ist es aufgrund seiner Entstehung ein von der Gesellschaft auferlegtes, mit dem Charakter von Relativität versehenes Zeichen.

Kontroverse Positionen. GOFFMAN (vgl. 1985) führt den Begriff der Stigmatisierung 1963 in die Soziologie ein und geht zunächst von dem Stigma als realer Eigenschaft aus, auf das je nach Gesellschaft unterschiedlich reagiert wird. Er unterscheidet drei grundsätzlich verschiedene Stigmatypen:
– physische Deformationen des Körpers;
– wahrnehmbare individuelle Charakterfehler;
– phylogenetische Merkmale von Rasse, Nation und Religion.

Auf der einen Seite weicht für Goffman die stigmatisierte Person durch eine Auffälligkeit von der Norm ab, auf der anderen ist das Stigma Ausdruck einer sozialen Beziehung zu den Anderen. In den hochindustrialisierten kapitalistischen Ländern lassen sich folgende Personengruppen anführen, die in besonderem Maße Stigmatisierungstendenzen ausgesetzt sind, wie etwa: Straftäter, Drogensüchtige, Sonderschüler, Geisteskranke, Homosexuelle, Prostituierte, Verhaltensgestörte, Behinderte, Gastarbeiter, Arbeits- und Obdachlose... Für Goffman existiert ein Primat des Stigmas bei gleichzeitiger Anerkennung der gesellschaftlichen Bedeutungszusammenhänge für den Prozeß von Stigmatisierungen: Auf das Zeichen folgt die gesellschaftliche Reaktion. Durch diesen als Interaktion gefaßten Vorgang verändert sich die soziale wie persönliche → Identität des Stigmatisierten, das subjektive Empfinden der eigenen Situation, sowie die Vorstellung von Kontinuität und Eigenart des Selbst, auch im Sinne einer möglichen Übernahme des negativen Fremdbildes (self-fulfilling prophecy, vgl. MERTON 1963).

Eine andere Position wird 1963 von BECKER (vgl. 1973) formuliert, der ebenso wie Goffman zu den Theoretikern des symbolischen Interaktionismus gehört (→ Interaktionismus, Symbolischer). Für ihn ist gesellschaftliche Wirklichkeit allein das Produkt menschlicher Konstruktionen. Abweichendes Verhalten (Devianz) besitze keine Qualität, die im Verhalten selbst liege, «sondern in der Interaktion zwischen einem Menschen, der eine Handlung begeht, und Menschen, die darauf reagieren» (BECKER 1973, S. 13). Da Stigmata allein als Resultat gesellschaftlicher Definitionsprozesse verstanden werden, ist es in bezug auf die verwendete Begrifflichkeit folgerichtig, nicht länger von Stigma im genuinen Sinne des Wortes zu sprechen, sondern von «Etikett» (vgl. BECKER 1973, SCHEFF 1973).

Besondere Beachtung in der bundesdeutschen Rezeption des Etikettierungsansatzes (labeling approach) fanden die von BRUSTEN und HOHMEIER herausgegebenen Forschungsbeiträge «Stigma. Zur Produktion gesellschaftlicher Randgruppen» (1975). HOHMEIER (1975, S. 7) begreift das Stigma als einen «Sonderfall eines sozialen Vorurteils gegenüber bestimmten Personen, durch das diesen negative Eigenschaften zugeschrieben werden.» Die Frage nach der Macht, Stigmatisierungen über Zuschreibungsprozesse innerhalb der Gesellschaft durchsetzen zu können, wird in diesem Verständnis zum entscheidenden Problem der theoretischen Auseinandersetzung. Dieser Ansatz impliziert Kritik an den gesellschaftlichen Institutionen, die versuchen, die Interessen von Wirtschaft, Kirche oder Familie über Normen und Leistungsansprüche festzuschreiben und durchzusetzen. Eine der Funktionen von Stigmatisierungen dient der Sicherung der kollektiv verbindlichen Moral (vgl. LIPP 1985), und damit auch der Systemstabilisierung. Stigmatisierungen tragen somit dazu bei, Herrschafts- und Produktionsstrukturen einer Gesellschaft zu sichern.

Eine Kritik an den Theorien des «labeling approach» könnte bei der Frage ansetzen, ob diese Ansätze nicht auf einer einseitigen, soziologistischen Position begründet sind, von der aus – unter Vernachlässigung anthropologischer wie biologischer Konstituenten – eine Fiktionalität des Selbst entworfen wird. Ein derartiger Einspruch gegen den Etikettierungsansatz müßte Goffmans These wieder aufnehmen, der zufolge den zur Diskreditierung führenden Eigenschaften Stigmatisierungstendenzen inhärent sein können, um sich insgesamt gegen die Behauptung eines Wertrelativismus von Stigmata zu wenden.

Entstigmatisierung. Für die Erziehungswissenschaft von besonderer Bedeutung sind diejenigen Forschungsbeiträge, die sich mit Stigmatisierungsproblematiken innerhalb der institutionellen Pädagogik auseinandersetzen (in bezug auf die Schule: vgl. BRUSTEN/HURRELMANN 1973, MOORS 1986, REDLICH/OTT 1980; die Sonderschule: vgl. HOMFELDT 1974; vgl. WAGNER 1982/1986; den Kindergarten: vgl. STAUDT-KRAATZ 1985; die Fürsorgeerziehung: vgl. BÖNISCH 1975, SCHUMANN 1975; den Jugendstrafvollzug: vgl. BAUM/SCHNEIDER 1984, BRUSTEN u. a. 1985). Unter den Entstigmatisierungsansätzen lassen sich folgende Problemlösungsstrategien unterscheiden:

- Der Versuch, durch aufklärende Öffentlichkeitsarbeit selbstkritische Sensibilisierung für Stigmatisierungsphänomene zu befördern. Diese Aufgabe wird von den diversen Verbänden, Gewerkschaften, Parteien (etwa in bezug auf Behinderte, Asylbewerber, Arbeitslose...) oder auch Regierungen (etwa in bezug auf Aids) unternommen.

- Durch Gesetzgebung können bestehende Stigmatisierungsgrundlagen (zum Beispiel Homosexualität) beseitigt oder auch durch strukturelle Umgestaltung von Institutionen (Gesamtschule) Stigmatisierungstendenzen gemindert werden. Ebenso kann durch eine veränderte Rechtsgrundlage ein Freiraum für private Initiativen geschaffen werden, die etwa Alternativen zum staatlichen Schulwesen darstellen und somit in Konkurrenz stehen zu dessen Normen, Leistungsanforderungen, hierarchischem Aufbau und Sanktionspraktiken.
- Therapie oder →Einzelfallhilfe zielen darauf ab, die Voraussetzung für eine Reintegration in die Gesellschaft zu schaffen (etwa bei Drogensucht, →Droge, →Verhaltensstörungen, Obdachlosigkeit, Prostitution...).
- Über die Bildung und Förderung von Selbsthilfegruppen werden Alternativen zu staatlichen Institutionen (zum Beispiel Psychiatrie) eröffnet, die versuchen, sowohl über entprofessionalisierte Formen therapeutischer Intervention negativen Selbstkonzepten (Devianzkarrieren) entgegenzuwirken als auch durch Öffentlichkeitsarbeit zum Abbau von Feindbildern beizutragen.
- Durch die Reformierung des Jugendstrafvollzugs (Deinstitutionalisierung, Diversion) soll die Entkriminalisierung von straffällig gewordenen Jugendlichen gefördert werden.
- Problembezogene professionelle Ausbildungen von Lehrern, Erziehern, Sozialpädagogen, Psychologen, Jugendrichtern, Polizisten ...stellen den Versuch dar, ein Bewußtsein für stigmatisierende Interaktionsformen zu schaffen.
- Supervision von Pädagogen intendiert in der Praxis eine Überprüfung und gegebenenfalls Revidierung von individuellen, negativen Zuschreibungsstereotypen.

Hohmeier weist 1975 darauf hin, daß die konventionellen Maßnahmen der Entstigmatisierung bei den stigmatisierten Individuen ansetzen, und nicht in deren sozialer Umgebung oder in der Gesellschaft insgesamt, «was in den meisten Fällen die wichtigste Voraussetzung von Entstigmatisierung wäre» (Hohmeier 1975, S. 19). Aus dieser Forderung ergibt sich ein grundsätzliches Problem: Entstigmatisierung soll letztendlich über Aufklärung der Stigmatisierenden erreicht werden. Erst hierdurch läßt sich eine neue Definition der mit einem Stigma behafteten Personen erreichen, die nach Goffman den «Normalen» als «nicht ganz menschlich» erscheinen (Goffman 1973, S. 13). Entstigmatisierungsstrategien appellieren, auch wenn dies nicht explizit verhandelt wird, über Gleichheitskonstruktionen – eine zentrale Gedankenfigur der →Aufklärung – an die Achtung vor der Würde des Menschen. Sie wird als Voraussetzung unterstellt, ohne die die Aufklärung über die Entstehungszusammenhänge von Stigmatisierungen nicht auf Toleranz, Mitgefühl oder Solidarität den Disprivilegierten gegenüber stoßen würde, sondern auf eine Position von Gleichgültigkeit oder Selbstschuldzuweisungen.

BAUM, D./SCHNEIDER, K. D.: Zum Verhältnis von Kriminalität und Kriminalisierung unter besonderer Berücksichtigung der Jugendkriminalität. In: Jugschutz. 29 (1984), 4, S. 98ff. BECKER, H. S.: Außenseiter. Zur Soziologie abweichenden Verhaltens, Frankfurt/M. 1973. BÖNISCH, L.: Perspektiven zur Entstigmatisierung im Bereich der Sozialarbeit und Sozialpädagogik. In: Brusten, M./Hohmeier, J. (Hg.): Stigmatisierung, Bd. 2, Neuwied/Darmstadt 1975, S. 33ff. BRUSTEN, M./HOHMEIER, J. (Hg.): Stigmatisierung. Zur Produktion gesellschaftlicher Randgruppen, 2 Bde., Neuwied/Darmstadt 1975. BRUSTEN, M./HURRELMANN, K.: Abweichendes Verhalten in der Schule, München 1973. BRUSTEN, M. u. a. (Hg.): Entkriminalisierung, Opladen 1985. GOFFMAN, E.: Stigma. Über Techniken der Bewältigung beschädigter Identität, Frankfurt am Main [7]1985. HOHMEIER, J.: Stigmatisierung als sozialer Definitionsprozeß. In: Brusten, M./Hohmeier, J. (Hg.): Stigmatisierung, Bd. 1, Neuwied/Darmstadt 1975, S. 5ff. HOMFELDT, H. G.: Stigma und Schule, Düsseldorf 1974. LIPP, W.: Stigma und Charisma. Über soziales Grenzverhalten, Berlin 1985. MERTON, R. K.: The Self-Fulfilling Prophecy. In: Petersen, W./Matz, D. (Hg.): Social Controversy, Belmont 1963, S. 157ff. MOORS, R.: Stigmaphänomene, Frankfurt/M. 1986. REDLICH, A./OTT, CH.: Veränderungen der Interaktion in Schulklassen statt Stigmatisierung durch Einzelfallbehandlung. In: D. Dt. S. 72 (1980), S. 379ff. SCHEFF, T. J.: Das Etikett «Geisteskrankheit», Frankfurt/M. 1973. SCHUMANN, CH.: Heimerziehung und kriminelle Karrieren. In: Brusten, M./Hohmeier, J.: Stigmatisierung, Bd. 2, Neuwied/Darmstadt 1975, S. 33ff. STAUDT-KRAATZ, H. D.: Stigmatisierung im Kindergarten. In: Uns. Jug. 37 (1985), S. 477ff. WAGNER, H.: Raum und Stigma, 2 Bde., Bad Bentheim 1982/1986.

Thomas Bichler

Stigmatisierungsangst → Angst
Stipendium → Ausbildungsförderung
Stoffauswahl → Curriculum; → Lehrplan
Störung, psychogene → Verwahrlosung
Strafangst → Angst

Strafe

Historisch-anthropologische Aspekte. Im Zeitalter einer extrem liberalistischen Individualitätskonzeption (→ Individualität), für die die Gesellschaft in allen ihren institutionellen Ausprägungen einen grundsätzlich kupierenden (repressiven) Charakter besitzt, verfällt Strafe sowohl in ihren allgemein rechtlichen wie vor allem auch in ihren besonderen pädagogischen Funktionen einer umfassenden Kritik. Sie erscheint als Maßnahme und damit zugleich als Ausdruck einer noch unvollkommen entwickelten anthropologischen Konzeption, in der für «Freiheit» im Sinne von «Selbstbestimmung» noch kein angemessenes Verständnis besteht. Diese, die Freiheit der Selbstbestimmung, fände pädagogisch in ihrer «Selbstentfaltung» ihre vollkommene Form, aus der heraus sich pädagogische Maßnahmen allein rechtfertigen könnten. Selbstentfaltung und Strafen wären folglich prinzipiell unvereinbar.

Dieses populäre anthropologische Denkmuster versteht sich selber gern unter dem Anspruch Hegelscher Geschichtsphilosophie, als entwickelte Form von Aufklärung nämlich, und verleiht sich dadurch selber moralische Dignität. In Wirklichkeit handelt es sich dabei um eine typisch historisch vermittelte Denkposition, vor allem aus der Philosophie des 19. Jahrhunderts hervorgegangen (romantische Individualitätskonzeption und Lebensphilosophie). Sie bedarf folglich durchaus einer rektifizierenden Konfrontation sowohl mit klassischer Anthropologie (der Mensch als Ens sociale) wie mit neueren Konzepten über den engen Zusammenhang von Sozialisation und Personalisation (wenn man diese freilich selber hoch problematischen Begriffe benutzen will). Von solcher Anthropologie («Der Mensch wird nur durch den Menschen Mensch») aus betrachtet, ist dann auch eine Diskussion der Strafe als pädagogische Maßnahme von Gegenwirkungen kein historischer Restbestand unaufgeklärten Denkens, sondern Konsequenz jener realistischen Anthropologie, in der man dem Programm der Selbstentfaltung mit Vorsicht begegnet.

Wie alle menschlichen Verhältnisse ist freilich auch Strafe, in ihren allgemein rechtlichen wie besonderen pädagogischen Formen, ein Verhältnis, das sich verfälschen und dabei deformieren läßt und infolgedessen auch pervertiert werden kann. Nimmt man hinzu, daß gerade Strafen in ihrer Geschichte allzu häufig machtpolitische Verformungen aufwiesen, dann wird verständlich, weshalb in der heutigen systematischen Problemdiskussion solche stark negativen Erfahrungen unverhältnismäßig kräftig nachwirken. Strafe im Bereich absolutistischer Machtverhältnisse war Konsequenz für Handlungen, in denen der Wille des Mächtigen vom Untergebenen nicht befolgt wurde. Dieses Deutungsmuster hat sich, in genauer Umkehrung freilich, bis heute erhalten, wenn über «autoritäre Strukturen» und vor allem über die durch Strafandrohungen erzwungene Submissivität des «autoritären Charakters» gesprochen wird.

Geschichtlich konkurrierte immer die auf die Person des Amtsträgers bezogene Strafversion mit der auf naturrechtliche Vorstellungen gestützten moralischen, die auch den Mächtigen selber der Strafandrohung unterwarf, weshalb sich dieser solchem Anspruch häufig dadurch zu entziehen trachtete, daß er sich selber die Gloriole der Divinität verlieh. Das geschah politisch im Zusammenhang mit der Vorstellung vom Gottesgnadentum, jedoch auch im Bereich des Pädagogischen: hier in einer einseitig überzogenen Auslegung des Verhältnisses von →Vorbild und Nachfolge und einem daraus abgeleiteten Strafrecht, vor allem aber in der Ausformung einer «Führer-Gefolgschaft»-Ideologie, die eine Zeitlang als eine besondere Form des pädagogischen Bezugs gedeutet wurde (→Jugendbewegung).

Demokratisierung des Strafrechts und pädagogische Straftheorien. Die durch demokratische Rechtstheorie veränderte Strafauffassung leitet die Rechtlichkeit der Strafe vom Willen der Mehrheit als ordnungstiftende und damit Gesetze kodifizierende Institution ab. Pädagogisch stößt man hier auf zwei wichtige Folgeprobleme:

Einmal ist diese Art rechtlicher Absicherung von Strafen pädagogisch nicht durchführbar, weil pädagogische Strafen gerade im Gegensatz zu allgemein gesellschaftlichen sich anders begründen und dadurch wiederum, ungewollt, in eine gewisse, sicherlich problematische Nähe zur personalisierten Strafpraxis absolutistischer Auffassungen geraten. Der demokratische Gleichheitsgrundsatz verlangt zwingend, daß Strafen weder beliebig verhängt oder ausgesetzt, noch in beliebiger Höhe zugemessen werden dürfen. Der Grundsatz der Gleichbehandlung verlangt im Prinzip gleiche Verfolgung aller strafwürdigen Taten. Genau diese Voraussetzungen und Bedingungen bestehen jedoch im pädagogischen Raum nicht. Weder handelt es sich dabei (zumindest zum weitaus größeren Teil) um gesetzlich fixierbare strafwürdige Vorgänge, noch kann das Prinzip gleichförmiger Strafverfolgung angewendet werden, weil die Begründung pädagogischer Strafen sich aus dem Gesamtziel der →Erziehung ableitet – →Emanzipation eines noch Unselbständigen – und gerade deshalb nicht formale Rechtsgleichheit, sondern höchst individuelle Behandlung erfordert. Pädagogisch kann nur der jeweilige Verantwortliche im einzelnen Fall entscheiden, ob und wie gestraft wird. Damit wird, von außen her betrachtet, scheinbar pädagogisch jene absolutistische Willkür wieder eingeführt, die man politisch durch demokratische Fundierung des Strafrechtes ausgeräumt hatte. Die durch den weitreichenden persönlichen Entscheidungsspielraum zweifellos gegebene Gefahr von Willkür läßt viele pädagogische Theoretiker an der Verwendbarkeit pädagogischer Strafen zweifeln.

Auch das zweite sich zeigende Problem tendiert in diese Richtung. Die durch demokratische Rechtstheorie fundierte Strafauffassung leitet deren Rechtmäßigkeit vom Willen der Mehrheit ab. Wer soll pädagogisch als «Mehrheit» verstanden werden, wenn für pädagogische Verhältnisse kein kodifiziertes Recht verwendet werden kann, an das der Lehrer im einzelnen Straffall nachprüfbar gebunden werden könnte? Der Gedanke liegt nahe, über das Konzept von «Schulgemeinden» die

Schulordnungen durch die vorhandene Gruppe, das heißt durch die Schüler selber, beschließen und begründen zu lassen (die älteren Beispiele der Landerziehungsheime, Summerhill, so auch bereits bei Makarenko und in etwas anderer Form in den boys' towns Father Flanagans). Solche Überlegungen übertragen allerdings die allgemeine gesellschaftliche Ordnungsvorstellung auf den begrenzten Bereich der →Schule, wobei übersehen wird, daß es sich dann im Straffall gar nicht um pädagogische Strafen im Sinne individueller Entwicklungsbeeinflussung handelt, sondern vielmehr um den Schutz gegebener Gruppenordnungen gegen Übertritte. Zwar kann auch davon im Einzelfalle eine pädagogische Wirkung ausgehen, doch diese ist immer nur Nebeneffekt (wenngleich zweifellos willkommener), indes nicht Hauptzweck.

Hinzu kommt das bei Erfahrungen mit Schulgemeinden regelmäßig zu kurz bedachte Moment einer prinzipiellen Schwierigkeit, ob man den noch pädagogischen Maßnahmen (auch der möglicherweise notwendigen Gegenwirkung) unterstellten Heranwachsenden ein generelles Urteil über diese Maßnahmen einräumen kann oder ob dann nicht das pädagogische Verhältnis in einen prinzipiellen Widerspruch zu sich selber gerät und sich damit aufhebt. Es ist schließlich etwas ganz anderes, Heranwachsende an Überlegungen zur Verständlichmachung einer pädagogischen Maßnahme zu beteiligen oder aber diese in deren autonome Entscheidungskompetenz zu legen. Der begründete Hinweis, daß die Konstruktion rechtlich-politischer Autoritätsverhältnisse ganz anderen Bedingungen unterliege als die pädagogischer, ist nicht von der Hand zu weisen.

Strafformen. Von großer Bedeutung ist, zwischen Disziplinarstrafen im weiteren Sinne und pädagogischen Strafen im strengen Sinne des Wortes zu unterscheiden:

Disziplinarstrafen leiten sich aus der regelmäßig erfahrbaren Notwendigkeit ab, Vor-Ordnungen herzustellen und zu sichern, damit pädagogische Bezüge überhaupt beginnen und stattfinden können. Gespräche brauchen schließlich Aufmerksamkeit und nötige Ruhe. Jeder Unterricht braucht elementare Ordnungsformen, ohne die er überhaupt nicht stattfinden könnte, die sich weder von selber einstellen, noch sich naturwüchsig immer wieder von selber regenerieren würden. Derartige Disziplin ist selber noch kein direkter pädagogischer Vorgang, sondern eine für den Augenblick nötige negative Voraussetzung für dessen Möglichkeit. Beachtet werden muß freilich, daß auch Disziplinarvorgänge Nebeneffekte aufweisen, die ihrerseits wiederum hochgradig pädagogisch wirken können: Unbedachte Disziplinierungen können die Sympathierelation zwischen →Schüler und →Lehrer schwächen, können Spontaneität unterdrücken, können Sachinteressen negativ verändern.

So betrachtet, untersteht Disziplinarstrafe weiterreichenden pädagogischen Überlegungen, wie sie für den Spezialfall pädagogischer Strafe gelten.

Pädagogische Funktionen von Strafe. Pädagogische Strafen dürfen nicht nur auf die Äußerlichkeit des Verhaltens abzielen, sondern auf die diesen zugrunde liegenden Einstellungen.

Hier nun tut sich das eigentliche pädagogische Problem auf, ob es einen solchen Zusammenhang von Strafe und gewünschter Einstellungsänderung überhaupt gibt oder ob nicht vielmehr gegenläufige Wirkungen viel wahrscheinlicher sind. Denn alle Strafe wirkt über das Strafleid. Dieses aber erzeugt zuerst vor allem Furcht, die wiederum regelmäßig den davon Befallenen in Ausweichmanöver treibt, die dem vorgegebenen pädagogischen Ziel genau entgegengesetzt liegen. Pädagogische Strafe darf folglich nicht mit dem sonst bei Strafen vorherrschenden Wirkmechanismus der Straffurcht arbeiten, sondern muß primär auf Einsichtsgewinnung abzielen.

Für viele pädagogische Theoretiker liegt hier eine zweite Schwierigkeit, weil sie Einsichtsgewinnung als rationalen Vorgang verstehen, der durch Strafe nicht nur nicht vorangetrieben, sondern weitaus eher behindert werde; folglich sind Gespräche auf jeden Fall Strafen vorzuziehen. Zweifellos darf es nicht die Alternative «Gespräche oder Strafen» geben. Unbegründet optimistisch wäre es aber auch, wenn man glaubte, Einsicht würde immer und überall ohne korrigierende Erfahrung von Realität zustande kommen. Da die Unmittelbarkeit von Widerstandserlebnissen indes nur im sehr begrenzten Bereich physikalischer Gegebenheiten besteht, bedarf es im allgemein gesellschaftlichen wie speziell moralischen Bereich und damit in den allermeisten Bereichen der persönlichen Lebensführung anderer Arten der Erfahrung von Widerstand als Gegenwirkung. Fallen diese aus, entsteht für den um solche Widerstandserfahrung Gebrachten in der Regel ein falsches Weltbild mit zugeordneten einseitigen Lebenseinstellungen, was die so erzogene Person in aller Regel über kurz oder lang in viel schwierigere Problemsituationen treiben wird, als dies in den verschiedenen Strafsituationen der Fall ist.

Hier beginnen sich die Begriffe von «human» und «Humanität» entgegen landläufigem Gebrauch umzudrehen: Wer Heranwachsenden rechtzeitig und dann auch pädagogisch kontrolliert Erfahrungen von Widerstand vermittelt (soweit dies notwendig ist), handelt auf die Zukunft des Heranwachsenden hin humaner als der, der infolge verbreiteter «Vermeidungsstrategien» möglichst lange allen Widerstand ausräumt, eben dadurch aber ein realitätsfremdes Weltbild vermittelt, das zukünftige Konflikte wahrscheinlicher und sicherlich auch gravierender macht.

Geissler, E. E.: Erziehungsmittel. In: Speck, J. (Hg.): Problemgeschichte der neueren Pädagogik, Bd. 3, Stuttgart 1976, S. 40ff. Geissler, E. E.: Erziehungsmittel, Bad Heilbrunn [6]1982. Hellmer, J.: Erziehung und Strafe, Berlin 1957. Reble, A.: Das Strafproblem in Beispielen, Bad Heilbrunn 1965. Rombach, H.: Das Wesen der Strafe. Philosophische Untersuchungen in pädagogischer Hinsicht. In: Willmann-Institut (Hg.): Pädagogik der Strafe, Freiburg 1976, S. 3ff.

Erich E. Geißler

Stratifikationsmodell → Schicht, soziale
streaming → Differenzierungsform

Struktur

Begriffserfassung. Es gehört bereits zu den rhetorischen Pflichtübungen von Strukturalisten und ihren Exegeten, in grundsätzlichen Betrachtungen über den Strukturbegriff zu beteuern, daß eine eindeutige Definition nie gegeben wurde und wohl auch nicht möglich, ja sogar abzulehnen sei. Zumindest gibt es keinen Strukturbegriff, dessen Definition allen oder auch nur den meisten strukturalistischen Theorien ohne Einschränkungen zugrunde liegt. Der Versuch einer induktiven Definition stellt nämlich – vor dem Hintergrund einer strukturalistischen Methodenauffassung – eine Contradictio in adjecto dar, weil dem Reden, dem Diskurs über «Struktur» selbst eine Struktur zu eigen ist, die man nicht theoretisch induzieren, sondern aus der Analyse, der Strukturanalyse dieses Diskurses rekonstruieren, herausfiltern müßte. Aus diesem Grund sind frühe Versuche einer konsensuellen Abklärung des Begriffs in der «Scientific community», der Wissenschaftsgemeinschaft, auch gescheitert, so die Aufnahme einer Definition des Strukturbegriffs in dem unter der Schirmherrschaft der UNESCO herausgegebenen «Dictionnaire terminologique des sciences sociales» oder der Versuch einer Einigung über die Begriffsverwendung in einem 1959 durchgeführten interdisziplinären Colloquium. Strukturalisten, genauer: Wissenschaftler, die so genannt werden, quittieren entsprechende Anfragen denn auch oftmals mit Unmut oder Hohn: «Sagen wir es offen: wenn man uns nach dem Strukturalismus befragt, verstehen wir meist nicht, worüber man mit uns sprechen will» (Wahl 1973, S. 9). Oder: «Um es noch einmal zu sagen: über fast alles, was über den Strukturalismus gesagt wird, wissen wir so gut wie nichts» (Wahl 1973, S. 9). Solche Äußerungen nähren den sich hartnäckig haltenden Verdacht, daß es sich bei der Proklamation eines mit dem Strukturbegriff verbundenen «Ismus» um eine voreilige Vereinigung disparater Ansätze unter einem zugkräftigen Markenzeichen gehandelt hat, wenn nicht um einen journalistischen Gag. Dafür sprechen auch die Worte Kroebers, der schon am Ende der 40er Jahre, ohne selbst noch als Strukturalist apostrophiert worden zu sein, mutmaßte: «Der Begriff der ‹Struktur› ist vermutlich nichts weiter als ein Zugeständnis an die Mode; ein Begriff mit klar umrissenen Linien übt plötzlich für ein Dutzend Jahre eine einzigartige Anziehungskraft aus...: Man fängt an, es zu verwenden, ob es paßt oder nicht, nur weil es angenehm klingt» (Kroeber, zitiert nach BROEKMAN 1971, S. 11f). – Immerhin, die Faszination des Strukturbegriffs hält, mehr oder weniger kontinuierlich, inzwischen immer noch an, und die disparate Semantik des Begriffs erfordert für die Antwort auf die Frage nach der Begriffsbedeutung in der Tat selbst eine Strukturanalyse, denn das Wort gilt: «Entweder hat der Begriff der Struktur keinen Sinn, oder dieser Sinn hat bereits eine Struktur» (BROEKMAN 1971, S. 12).

Begriffsstruktur. Den umfassenden Versuch einer Analyse des Begriffs hat in deutscher Sprache Oppitz vorgenommen. Er zählt – ohne Anspruch auf Vollständigkeit – 41 Synonyma: System, Transformationssystem, Transformationssyntax, Beziehung, Beziehungssystem, System notwendiger Beziehungen, Organisation, Komplex, Muster, Typ, Gesamtheit, Totalität, Abhängigkeit der Teile vom Ganzen, nicht auf die Summe ihrer Teile reduzierbare Totalität, autonome Entität mit internen Abhängigkeiten, Netz, Kohärenz, interne Kohärenz, Konstruktion, logische Konstruktion, Gefüge, Aufbau, Modell, logico-mathematisches Modell, Modell einer formalen Theorie, Kompositionsgesetz, Form, Formprinzip, Morphologie, Norm, prekäres Gleichgewicht spezifischer Hierarchien, Beziehungszahl, interne stabile Beziehung, Gerüst, Plan, vermittelnde Matrix zwischen rein formalen Konzepten und einem Inhalt, Code, Anordnung von Faktoren, Arrangement, Vermittlung, Bau (vgl. OPPITZ 1975, S. 17f).

Die Analyse der semantischen Komponenten dieser Verwendungsweisen ergibt folgende, vielen Ansätzen gemeinsame, idealtypische Struktur des Strukturbegriffs: Der Begriff signalisiert die Vorstellung von einer Totalität, von einem «System» (→ Systemtheorie), dessen Struktur zur Rede steht. Die Struktur dieses Systems ist durch interdependente Elemente gekennzeichnet, wobei die Beziehungen der Elemente untereinander notwendig sind. Die Elemente unterliegen zeitweise Transformationen, Veränderungen, die wegen der Interdependenz der Elemente bestimmten Gesetzmäßigkeiten folgen, so daß sich durch die Veränderung eines Elements im System auch alle übrigen verändern. Da die Totalität des Systems den Elementen vorgeordnet ist, findet die Veränderung der Elemente ihre Grenze in dem Rahmen, der durch die Totalität gesetzt ist. Insofern kann von einer Selbstregulierung der Struktur gesprochen werden. Die Selbstregulierung der Struktur suggeriert aus der

Außenperspektive den Eindruck von Invarianz, Ahistorizität, ein beliebter Vorwurf gegen den Strukturalismus aus marxistischer Sicht. Weil strukturalistische Arbeiten oftmals von einer «Momentaufnahme» eines sozialen Systems ausgehen, wird dieser Eindruck zusätzlich verstärkt. Gepaart mit dem Verdacht der Geschichtslosigkeit ist häufig der Vorwurf des Formalismus. Er begründet sich aus der richtigen Beobachtung, daß etliche «Strukturalisten» bei der Beschreibung von Strukturen *Modelle* entwickeln, gelegentlich mathematische Formalisierungen, um der Komplexität der Struktur Herr zu werden, woran sich die für gesellschaftstheoretische Auseinandersetzungen wichtige Frage anschließen läßt, ob die analysierten Strukturen solche der Objekte *sind* oder ob sie nur in sie *hineingetragen* werden (vgl. Oppitz 1975, S. 26f).

Die so analytisch gewonnene, von einer größeren Zahl von Autoren geteilte Deskription eines Begriffsverständnisses von Struktur lautet danach in Kurzform:

Als «Struktur» wird die Qualität notwendiger Interdependenzen von Elementen eines Systems bezeichnet, die zeitweise gesetzmäßigen Transformationen unterliegen, welche die Totalität der Struktur erfassen, aber den Rahmen des Systems nicht sprengen, weil eine Struktur sich selbst reguliert, wobei sie aufgrund der je momentanen Betrachtung invariant und formalisiert erscheint.

Geschichte. Einem «Ismus», der Positionen unter sich vereinigt, die «keineswegs durch eine Solidarität der Doktrin oder des Kampfes verbunden» (Barthes 1966, S. 190) sind, läßt sich nur schwerlich eine Geschichte schreiben. Schon die Überlegung, welche Ansätze und welche ihrer Vorläufer noch unter der gegebenen analytischen Definition begriffen werden können, impliziert eine neue Fassung des Strukturbegriffs. In diesem Dilemma stecken alle Versuche, die Herkunft des Strukturalismus zu skizzieren. Immerhin hat ein Denken, das sich an den Objekten unterlegten Strukturen orientiert, Väter in unterschiedlichen Disziplinen (vgl. Bastide 1962, S. 10ff). Ursprünglich wird der Strukturbegriff zur Bezeichnung der Art und Weise verwendet, in der ein Gebäude erbaut, konstruiert ist (von lateinisch «struere» = aufschichten, bauen, ordnen). Seit dem 17. Jahrhundert erscheint der menschliche Körper als Träger einer Struktur, als «construction», als «arrangement des organes», und für den französischen Sprachraum muß Balzac als der erste angesehen werden, der den Strukturbegriff auch auf Abstrakta anwendet (das Arrangement der Wörter in der Rede und auch die Komposition des Gedichts).

Die *theoretische Verwendung des Strukturbegriffs* speist sich für die Humanwissenschaft jedoch aus anderen Wurzeln. Mindestens sechs Rezeptionswege beziehungsweise Traditionen lassen sich benennen:

Ein *erster* Weg setzt bei SPENCER (vgl. 1876) ein, der den Begriff der Biologie entlehnte, um auf Unterschiede zwischen biologischen und sozialen Organismen aufmerksam zu machen, und findet eine Wiederaufnahme bei DURKHEIM (vgl. 1912) und RADCLIFFE-BROWN (vgl. 1952), der im Rahmen seiner Kulturanthropologie auf eine Analogie zwischen organischen und sozialen Strukturen hinweist.

Als eine *zweite* Quelle des humanwissenschaftlichen Strukturbegriffs läßt sich die Geologie benennen. Über die Humangeographie gelangt der Begriff in die Soziologie GURVITCHS (vgl. 1955), wo der Begriff der Sozialstruktur mit einer morphologischen (beispielsweise Raumstrukturen in Dörfern) und einer organisatorischen Dimension zentral ist. Eine *dritte*, noch sozialwissenschaftliche Tradition gibt es im deutschsprachigen Raum. Sie beginnt mit TÖNNIES (vgl. 1925–1929) und seiner Unterscheidung von Gemeinde- und Gesellschaftsstrukturen, nimmt ihren Weg über WEBER (vgl. 1921) mit verschiedenen Begriffen für soziale Strukturen und kulminiert bei THURNWALD (vgl. 1931–1935), der eine Klassifizierung von politischen Strukturen unternimmt, und ebenso bei FREYER (vgl. 1930).

Eine *vierte* Tradition läßt sich in der Psychologie aufzeigen. PIAGET (vgl. 1973, S. 53ff) führt sie auf die sogenannte Würzburger Schule der Denkpsychologie sowie auf Binet und Claparède zurück und rechnet ihr BÜHLER (vgl. 1933) und vor allem die Gestaltpsychologie KÖHLERS (vgl. 1947), WERTHEIMERS (vgl. 1964) sowie später LEWINS (vgl. 1963) zu. Der genetische Strukturalismus in Piagets Erkenntnistheorie und in seiner Entwicklungspsychologie kann als vorläufiger Höhepunkt strukturalistischer Psychologie gesehen werden (vgl. PIAGET 1973).

Eine literaturwissenschaftlich-linguistische Tradition ist als *fünfte* zu nennen. Ihr gehören die «russischen Formalisten», ein 1915 entstandener Linguistenkreis, und die tschechischen Strukturalisten (seit der Gründung des «Prager Kreises» 1926) an. Unter Zurückweisung der klassischen Dichotomie von Form und Inhalt und in Anknüpfung an die Herbartsche Bestimmung der Form als «Verhältnis von Materialien» (zitiert nach GÜNTHER 1973, S. 41) wird die Form des dichterischen Kunstwerkes als das angesehen, was sich den Inhalt schafft. Bedeutung und Sinn des poetischen Wortes sind im dichterischen Stil zu erforschen (vgl. TYNJANOV 1965, S. 12). «Es geht nun nicht mehr um den ästhetischen Inhalt der Bedeutung, sondern um die ästhetische Ausformung einer außerästhetischen Bedeutung» (KALIVODA 1970, S. 25). Der eigentliche Strukturbegriff wird dann im tschechischen Strukturalismus durch MUKAŘOVSKÝ (vgl. 1967, 1970) eingeführt.

Sechstens ist von der Bewegung des russischen Formalismus und des tschechischen Strukturalismus als letztlich auf literarische Texte konzentrierte Ansätze ein ausschließlich linguistischer Strukturalismus zu unterscheiden, obgleich zwischen ihnen enge theoretische und personale Verknüpfungen bestanden. De Saussure wird in der Regel als der Urheber dieser Richtung genannt (vgl. Benveniste 1962, S. 32), weil er mit seinem 1916 erstmals erschienenen «Cours de linguistique générale» (de Saussure 1949), einer posthum edierten Vorlesungssammlung, eine Gegenbewegung zu der mit den deutschen Junggrammatikern etablierten historischen Sprachforschung eröffnete. Obgleich de Saussure den Strukturbegriff nie verwendete, sondern statt dessen von «System» sprach («La langue est un système qui ne connaît que son ordre propre» – de Saussure 1949, S. 43), wurde er durch seine Forderung nach einer synchronischen Sprachbetrachtung wegweisend für den späteren linguistischen Strukturalismus: «La langue est un système dont toutes les parties peuvent et doivent être considérées dans leur solidarité synchronique» (de Saussure 1949, S. 124). Die drei Prinzipien dieser synchronischen Linguistik, denen zufolge die Sprache als System anzusehen ist, die Sprache Form und nicht Substanz ist und die Elemente der Sprache sich nur durch ihre Beziehung und untereinander definieren können, werden 1928 Ausgangspunkt für die Beiträge der Phonologen des Prager Kreises, Karcevsky, Trubetzkoy (vgl. 1939) und Jakobson (vgl. 1968), zum ersten internationalen Linguisten-Kongreß in La Hague. Ein Jahr später soll dann, Benveniste zufolge (vgl. 1962, S. 34), der Strukturbegriff erstmals in einem anonymen Papier dieser Gruppe für den ersten Slavistenkongreß aufgetaucht sein.

Die verschiedenen Auffassungen über die letztendliche Autorschaft des Strukturbegriffs, für die außer Mukařovský und die Phonologen auch noch andere Namen beigebracht werden, verät noch etwas von der fast mythischen Tradition, die der Begriff und seine Entstehung haben. Immerhin erhält der Strukturbegriff für die moderne Linguistik eine außerordentliche Bedeutung (vgl. Wunderlich 1983) – die generative Transformationsgrammatik Chomskys (vgl. 1968) wäre ohne ihn undenkbar.

Für die Entwicklung strukturalistischen Denkens ist der Beitrag der Phonologie insofern von besonderer Wichtigkeit, als mit ihm der Gedanke der Universalität von Strukturen aufkommt, weil die Möglichkeiten der Sprechorgane universal definierbar sind. Jeder Angehörige der Gattung Mensch verfügt über die gleichen Grundformen der Artikulation, unabhängig von seiner Zugehörigkeit zu bestimmten Nationalsprachen. Daß mit dieser Einsicht dem Individualismus beziehungsweise Subjektivismus der Kampf angesagt wurde, stellt sich erst langsam heraus und wurde dementsprechend zu einem der Hauptangriffspunkte gegen den Strukturalismus.

Und eine weitere tragende Vorstellung strukturalistischen Denkens war mit dem Beitrag der Linguistik gleichfalls entstanden, die Unterscheidung zweier Ebenen, der der Phänomene und der des Wesens, der der konkreten Realität und der des Modells, der der realen und der der versteckten Beziehungen, der der Oberflächenstruktur und der der Tiefenstruktur – letztere eine terminologische Unterscheidung, die sich auch außerhalb der Linguistik durchsetzen konnte und den Ausgangspunkt für die strukturalistische Tätigkeit bildet.

Den Überlieferungszusammenhängen des Strukturbegriffs ließen sich weitere hinzufügen, zumal wenn man über den Bereich der Humanwissenschaften hinausginge, weil nahezu jede Disziplin in der einen oder anderen Weise mit dem Strukturbegriff arbeitet, so beispielsweise in der Biologie, wo in der Genetik, lange bevor entsprechende empirische Nachweise möglich waren, Strukturmodelle der Chromosomen existierten, oder in der Physik, wo mit Atommodellen strukturelle Zusammenhänge in der Teilchenforschung simuliert werden können, beides übrigens seitens der Strukturalisten gern zitierte Beispiele gegen das Argument, die (re)konstruierten Strukturen entsprächen nicht der Wirklichkeit. – In der Mathematik hat sich eigens eine Strukturmathematik etabliert, die mit dem Namen Nicolas Bourbaki, dem Pseudonym für ein überwiegend französisches Mathematikerkollektiv, verbunden ist, das seit 1939, dem Erscheinungsjahr des ersten Bandes der inzwischen 36bändigen «Éléments de mathématique», an der Grundlegung einer Mathematik arbeitet, die auf der Basis weniger Axiome entwickelt wird und auf die klassischen Felder wie etwa Algebra, Geometrie verzichtet. Ein Bestandteil der Strukturmathematik, die Gruppentheorie, erwies sich als geeignetes Formalisierungsinstrument für die Beschreibung von Strukturen in der Entwicklungspsychologie (vgl. Piaget 1971) und in der Erziehungswissenschaft (vgl. Lenzen 1973, S. 83ff).

Daß schließlich auch außerhalb einer expliziten Verwendung des Strukturbegriffs Denkweisen existieren, die der strukturalistischen verwandt sind, gehört ebenso zu der noch nicht geschriebenen Geschichte des Strukturalismus. Dazu sind zu zählen Sprangers «Lebensformen» (1930), Diltheys «Urform», Husserls «Wesensformen», Schelers «Gefühlsformen» und Cassirers «Symbolische Formen» (vgl. Cassirer 1977a, b).

Strukturalistische Tätigkeit. Wenn man davon ausgeht, daß den Objekten, den Phänomenen an der Oberfläche, der Sprache, den Kunstwerken, den sozialen Akten und den Körpern auf einer tieferen Ebene eine latente Struktur eignet, dann ist es die Aufgabe der strukturalen Methode, der strukturalistischen Methode, der Strukturanalyse oder, wie Barthes möglichst unprätentiös zu sagen versucht, der «strukturalistischen Tätigkeit», diese Tiefenstrukturen zutage zu fördern: «Das Ziel jeder strukturalistischen Tätigkeit, sei sie nun reflexiv oder poetisch, besteht darin, ein ‹Objekt‹ derart zu rekonstituieren, daß in dieser Rekonstitution zutage tritt, nach welchen Regeln es funktioniert (welches seine ‹Funktionen› sind). Die Struktur ist in Wahrheit nur ein simulacrum des Objekts, aber ein gezieltes, ‹interessiertes› simulacrum, da das imitierte Objekt etwas zum Vorschein bringt, das im natürlichen Objekt unsichtbar oder, wenn man lieber will, unverständlich blieb. Der strukturale Mensch nimmt das Gegebene, zerlegt es, setzt es wieder zusammen; das ist scheinbar wenig (und veranlaßt manche Leute zu der Behauptung, die strukturalistische Arbeit sei ‹unbedeutend, uninteressant, unnütz› usw.)» (Barthes 1966, S. 191f).

Die Kennzeichnung der strukturalen oder strukturalistischen Verfahrensweise variiert von Autor zu Autor, vor allem, was die Terminologie betrifft, jedoch darf in entscheidenden Punkten von einer einheitlichen Position ausgegangen werden. In einem wichtigen Punkt, der den methodologischen Wert der strukturalen Methode betrifft, besteht, oberflächlich gesehen, keine Einigkeit. Während etwa Lévi-Strauss (vgl. 1971) für seine strukturale Anthropologie davon ausgeht, daß die Entdeckung der Ordnung in den Phänomenen nicht bedeutet, eine präformierte Ordnung in die Wirklichkeit hineinzutragen, sondern von einer *Re*-Konstruktion auszugehen ist, schreibt Barthes: «Man sieht also, warum von strukturalistischer Tätigkeit gesprochen werden muß: Schöpfung oder Reflexion sind hier nicht originalgetreuer ‹Abdruck› der Welt, sondern wirkliche Erzeugung einer Welt, die der ersten ähnelt, sie aber nicht kopieren, sondern verständlich machen will» (Barthes 1966, S. 192).

Diese Differenz zwischen Rekonstruktion und Rearrangement wird verständlich, wenn man berücksichtigt, daß Lévi-Strauss soziale Phänomene wie Heiratsregeln vor Augen hat, während Barthes die strukturale Analyse von Kunstwerken betreibt, die in der Analyse des Lesens neu geschöpft und damit erst zur Kunst werden. Diese Spezifikation verdeutlicht den Unterschied der strukturalen Methode gegenüber der Hermeneutik ebenso wie gegenüber erklärenden Verfahren empirisch-analytischer Forschung. Insofern ist es vom positivistischen Standpunkt aus konsequent, wenn Boudon schreibt, daß es keine strukturale Methode in dem Sinne gebe, wie es eine experimentelle Methode oder gar eine phänomenologische Methode gibt, da sie nicht mit einer Reihe von Regeln beschreibbar sei. Es genüge im übrigen nicht, «ein Objekt als Ganzheit, als eine Struktur anzusehen [...], um es ipso facto verständlicher zu machen» (Boudon 1973, S. 148). Dieses auch schon deshalb nicht, weil das Aufzeigen von Kohärenzen auf einer Tiefenebene selbst schon einer präfixierten Theorie folge. Diese Einwände müssen nach strukturalistischer Auffassung an dem Kern der Sache vorbeigehen, weil sie der strukturalistischen Tätigkeit eine Leistungsfähigkeit absprechen, die sie gar nicht zu besitzen beansprucht. Sie versteht sich weder als Hermeneutik noch als Kausalanalyse, sondern stößt in Erkenntnisbereiche vor, die sich der Kausalanalyse gerade entziehen beziehungsweise die Hermeneutik durch ein Ausspielen des subjektiven Faktors gewissermaßen übertreffen. Das von Lévi-Strauss entwickelte strukturanalytische Verfahren der Erklärung «überholt» vielmehr die bloße Kausalerklärung (vgl. Lévi-Strauss 1966, S. 55). Die mit Hilfe mathematischer Formalisierungen erstellten Modelle über die Wirklichkeit sind weder bloße Beschreibung noch bloße Interpretation und auch keine Kausalanalyse, sondern sie enthalten Hypothesen beispielsweise über die Eigenschaften der einem Verwandtschaftssystem zugrunde liegenden Struktur. Diese Hypothesen haben teilweise axiomatischen, also normativen Charakter und stellen zusammengenommen ein System von Regeln dar. Dabei sind die Regeltypen zu unterscheiden, explizite Handlungsvorschriften, induzierte Regelmäßigkeiten und Regeln, die beispielsweise in den Verwandtschafts*bezeichnungen* selbst als Handlungsimperative angelegt sind, ohne explizit zu sein (vgl. Boudon 1973, S. 143ff; vgl. Kaufmann 1976, S. 86f). Angesichts des normativen Gehalts solcher Modelle zeigt sich, daß die Differenz zwischen Barthes und Lévi-Strauss nur eine scheinbare ist. Der schöpferische oder axiomatische Beitrag des Strukturalisten ist erheblich.

Kritik. Der schöpferische Anteil des Strukturalisten an den Strukturen ist einer der beiden wichtigsten Ansatzpunkte einer Kritik des Strukturbegriffs, die von zwei wissenschaftstheoretisch kontroversen Positionen aus vorgetragen wird, allerdings mit unterschiedlicher Akzentuierung. Von einem streng erfahrungswissenschaftlichen Standpunkt aus gesehen, verstößt die strukturale Methode gegen das Gebot der Wertfreiheit, besonders deshalb auch, weil die Strukturen als Hypothesen über Wirkungszusammenhänge nicht verifizierbar sind und die Behauptung «La structure évoque directement le modèle» (Viet 1965, S. 5f) Behauptung bleibt.

Dieses ist aber beabsichtigt. Die Frage nach dem empirischen Gehalt der Strukturen ist bereits im Kern falsch gestellt. Im Zusammenhang des sogenannten Naturalismusstreites zwischen Lévi-Strauss und Radcliffe-Brown hat Lévi-Strauss unmißverständlich formuliert: «Der Ausdruck ‹Sozialstruktur› hat nichts mit empirischer Realität zu tun, sondern mit Modellen, die nach ihr konstruiert sind» (Lévi-Strauss 1953, zitiert nach Oppitz 1975, S. 33).

Eine derartige Charakterisierung stellt nun für eine materialistische Kritik den Beweis schlechthin dafür dar, daß der strukturalistische Strukturbegriff idealistisch, bürgerlich sei, weil die Widerspiegelung der Realität in diesen Strukturen geleugnet werde. Das impliziert aber für eine materialistische Wissenschaftsauffassung nicht unbedingt eine Abkehr vom Strukturbegriff, sondern lediglich eine Modifikation des Wirklichkeitsgehaltes von Strukturen: «Ausgangspunkt einer materialistischen Strukturauffassung ist die These, daß Strukturen kein Produkt des Bewußtseins sind, daß sie nicht vom denkenden Menschen in die Objekte hinein interpretiert oder konventionell festgelegt werden, sondern unabhängig von Erkenntnisprozessen und vom Bewußtsein überhaupt in der Realität existieren. Sie sind auch keine ideelle Wesenheit, die alles durchdringt oder als ideelles Prinzip allem zugrunde läge, wie es objektiv-idealistische Richtungen postulieren» (Vogel 1977, S. 21).

Da aus materialistischer Sicht «die wesentlichen Verhaltensweisen des Systems dagegen durch die Gesamtheit der Systemgesetze bestimmt [werden]» (Hörz 1971, S. 70), gelingt es, den im übrigen unveränderten Strukturbegriff in die Lehre von den ökonomischen Bewegungsgesetzen zu integrieren.

Auf diese Weise erledigt sich gleichzeitig ein zweiter wesentlicher Ansatzpunkt der Kritik: der Vorwurf der Ahistorizität des Strukturbegriffs, dessen Protagonisten (vgl. Hund 1973, Jaeggi 1970, Schmidt 1971) zu der verzögerten Rezeption des Strukturalismus in der Bundesrepublik Deutschland entscheidendes beigetragen haben.

Dabei war der Vorwurf der Geschichtslosigkeit des Strukturalismus auch gegenüber einem noch nicht materialistisch reformulierten, «bürgerlichen» Strukturalismus in vielen Fällen unangebracht. So ließ er sich schon nicht gegen ganz frühe Formen richten, beispielsweise nicht gegen Mukařovský, wenn dieser schreibt: «Aber diese Realität, die wir provisorisch lebendige künstlerische Tradition genannt haben, verändert sich ständig, entwickelt sich, dauert ununterbrochen fort. Sie ist die künstlerische Struktur im eigentlichen Sinne des Wortes, die Struktur der einzelnen Kunstwerke sind nur einzelne, oft sehr unerhebliche Momente dieser Evolution; die materiell gegebenen Werke sind dann Realisationen dieser einzelnen Momente, Realisationen, die unter dem Einfluß der weiteren Entwicklung der künstlerischen Struktur einen ganz anderen Sinn bekommen können, als sie ursprünglich hatten» (Mukařovský, zitiert nach Günther 1973, S. 43).

Ähnliches gilt für den Strukturalismus von Schaff (vgl. 1974), von Althusser/Balibar (vgl. 1972), für den genetischen Strukturalismus Goldmanns (vgl. 1971) oder Piagets.

Strukturalismus in der Erziehungswissenschaft. Die Dominanz ideologiekritischer Ansätze beziehungsweise die Konzentration auf Auseinandersetzungen im Rahmen des sogenannten Positivismusstreites hat in der Erziehungswissenschaft wie kaum in einer anderen Disziplin zu einer Rezeptionssperre strukturalistischer Arbeiten geführt, wofür allerdings auch die Sprachbarriere eine zusätzliche Erklärung hergeben mag. Die Zahl der Versuche strukturalistischer Argumentation in der Erziehungswissenschaft ist leicht überschaubar (vgl. EDELSTEIN 1976; vgl. GEISSLER 1976, 1977; vgl. LENZEN 1973, NEZEL 1976, PASCHEN 1976, ROMBACH 1979, SAUER 1976), wenn man sich auf Arbeiten beschränkt, die sich explizit strukturalistisch orientieren. Diese Arbeiten sind fast ausnahmslos im Bereich der *Didaktik* angesiedelt. Aber schon die Ausweitung auf erziehungswissenschaftliche Texte, welche implizit der strukturalistischen Grundoption verpflichtet sind, oder umgekehrt auf strukturalistische Arbeiten, die zwar Erziehungsprozesse zum Gegenstand haben, ohne aber im engeren Sinne erziehungswissenschaftliche Schriften zu sein, wie zahlreiche französische Beiträge, macht eine vollständige Übersicht unmöglich. Immerhin sind grobe Klassifizierungen möglich:

Gleichfalls für den Bereich der Didaktik und der Curriculumtheorie sind Arbeiten im Zusammenhang mit dem Ansatz «Struktur der Disziplin» im Gefolge Piagets hervorgebracht worden (vgl. BRUNER 1973a, 1973b, 1976). Im weiteren Sinne *bildungstheoretische* Schriften haben Bourdieu (vgl. BOURDIEU/PASSERON 1971 und regelmäßige Beiträge zu der von ihm edierten Zeitschrift «Actes de la recherche en sciences sociales») sowie SARTRE (vgl. 1977–1980) verfaßt. Im Rahmen *kulturtheoretischer* Schriften werden Erziehungs- und Sozialisationsstrukturen thematisiert von BOURDIEU/PASSERON (vgl. 1973), BOURDIEU (vgl. 1974), von FOUCAULT (vgl. 1969, 1977, 1979), von BARTHES (vgl. 1974), DEVEREUX (vgl. 1978), DELEUZE/PARNET (vgl. 1981), DELEUZE/FOUCAULT (vgl. 1977), DONZELOT (vgl. 1979), BADINTER (vgl. 1981), MÉTRAL (vgl. 1981), CHOMBART DE LAUWE (vgl. 1979).

Eine nachhaltige Rezeption oder eine Auseinandersetzung der deutschsprachigen Erziehungswissenschaft mit solchen Ansätzen ist zunächst ausgeblieben. Für eine solche Diskussion wäre unter anderem die Aufarbeitung der erziehungswissenschaftlichen Tradition im Hinblick auf die strukturalistische Grundoption notwendig, die mit Namen wie Schleiermacher, Dilthey, W. Flitner auf der einen Seite oder Husserl, Langeveld, Strasser auf der anderen Seite verbunden ist. Was die Situation der Erziehungswissenschaft am Ausgang ihrer Expansionsphase in den 80er Jahren betrifft, so bestünde in einer Aufnahme des Strukturbegriffs die Chance, ein informatives Defizit zu kompensieren, welches auch darin begründet ist, daß über die den Akten im Erziehungsprozeß zugrunde liegenden Orientierungen, die Handlungs- und Deutungsmuster, Regeln, Schemata oder eben «Strukturen» so gut wie kein Wissen existiert, zweifellos einer der Gründe für ein Scheitern von Bemühungen «der» Praxis. In diesem Sinne hat eine Forschungsgruppe um Mollenhauer erste Versuche unternommen, «Deutungsmuster und Definitionen problematischer Lebenssituationen von Jugendlichen» zu analysieren (BRUNKHORST u. a. 1978). Wenn eine solche Neuorientierung, die teilweise mit Maximen der Orientierung am → Alltag Hand in Hand geht (vgl. LENZEN 1980a; vgl. SCHRÜNDER 1982), sich aber kritisch auf die Strukturen des Alltags wenden will, bedürfte es einer theoretischen Integration ideologiekritischer und strukturalistischer Optionen, die in der strukturalistischen Literatur ansatzweise bei Barthes registriert werden kann (vgl. BARTHES 1970). Eine strukturalistische und gleichzeitig kritische Erziehungswissenschaft würde sich in eine Wissenschaft von den Zeichen transformieren müssen, die im Erziehungsprozeß Macht haben, um diese Macht zu neutralisieren (vgl. LENZEN 1980b). Im Zuge der Diskussion um Poststrukturalismus (vgl. SCHIWY 1985) und Postmoderne (vgl. HUYSSEN/SCHERPE 1986) setzt am Anfang der 80er Jahre eine breite Rezeption und Weiterverarbeitung ein. Dieses vor allem bei jüngeren Autoren, die zum einen unbelastet von theoretischen Selbstbeschränkungen sind und zum anderen die engen Grenzen einer pädagogischen, sei es geistes- oder erfahrungswissenschaftlichen Theorietradition, transzendieren. Diese Überschreitung ist einerseits eine methodologische, insofern zum Beispiel der Analyse von → Diskursen besondere Aufmerksamkeit gilt (vgl. LENZEN 1985, 1987) statt der «Erziehungswirklichkeit». Zum anderen wird der Blick auf die Gegenstände insofern erweitert, als daß auch Sujets außerpädagogischer Art einbezogen werden, die gleichwohl als anthropologisch und damit häufig auch pädagogisch bedeutsam einzuschätzen sind, wie die Frage nach dem Körper (vgl. KAMPER/WULF 1982), der Sexualität (vgl. WULF 1985), dem Heiligen (vgl. KAMPER/WULF 1987a) oder der → Zeit (vgl. KAMPER/WULF 1987b).

ALTHUSSER, L./BALIBAR, E.: Das Kapital lesen, 2 Bde., Reinbek 1972. BADINTER, E.: Die Mutterliebe, München 1981. BARTHES, R.: Die strukturalistische Tätigkeit. In: Kursbuch (1966), 5, S. 190ff. BARTHES, R.: Mythen des Alltags, Frankfurt/M. ²1970. BARTHES, R.: Sade, Fourier, Loyola, Frankfurt/M. 1974. BASTIDE, R. (Hg.): Sens et usages du terme structure dans les sciences humaines et sociales, 's-Gravenhage 1962. BENVENISTE, E.: ‹Structure en Linguistique›. In: Bastide, R.: Sens..., 's-Gravenhage 1962, S. 31ff. BERNOT, M. L.: «Contribution à l'étude internationale des structures sociales. In: Bull. Int. des Sc. Soc. 7 (1955), S. 643ff. BOUDON, R.: Strukturalismus – Methode und Kritik. Zur Theorie und Semantik eines aktuellen Themas, Düsseldorf 1973. BOURDIEU, P.: Zur Soziologie der symbolischen Formen, Frankfurt/M. 1974. BOURDIEU, P./PASSERON, J.-C.: Die Illusion der Chancengleichheit, Stuttgart 1971. BOURDIEU, P./PASSERON, J.-C.: Grundlagen einer Theorie der symbolischen Gewalt, Frankfurt/M. 1973. BROEKMAN, J. M.: Strukturalismus, Moskau u. a. 1971. BRUNER, J. S.: Der Prozeß der Erziehung, Berlin/Düsseldorf 1973a. BRUNER, J. S.: Relevanz der Erziehung, Ravensburg 1973b. BRUNER, J. S.: Die Bedeutung der Struktur im Lernprozeß. In: Lenzen, D. (Hg.): Die Struktur..., Frankfurt/M. 1976, S. 128ff. BRUNKHORST, H. u. a.: Deutungsmuster und Definitionen problematischer Lebenssituationen von Jugendlichen, Mimeo, Göttingen 1978. BÜHLER, K.: Ausdruckstheorie,

o. O. 1933. Cassirer, E.: Philosophie der symbolischen Formen, 3 Bde., Darmstadt 1977a. Cassirer, E.: Wesen und Wirkung des Symbolbegriffs, Darmstadt 1977b. Chombart de Lauwe, M.-J.: Un monde autre: l'enfance, Paris 1979. Chomsky, N.: Syntactic Structures, Den Haag 1968. Deleuze, J./Foucault, M.: Der Faden ist gerissen, Berlin 1977. Deleuze, G./Guattari, F.: Kapitalismus und Schizophrenie, Bd. 1, Anti-Ödipus, Frankfurt/M. 1974. Deleuze, G./Parnet, C.: Dialoge, Frankfurt/M. 1981. Devereux, G.: Ethnopsychoanalyse. Die komplementaristische Methode in den Wissenschaften vom Menschen. Frankfurt/M. 1978. Donzelot, J.: Die Ordnung der Familie, Frankfurt/M. 1979. Dumasy, A.: Restloses Erkennen. Die Diskussion über den Strukturalismus des Claude Lévi-Strauss in Frankreich, Berlin 1972. Durkheim, E.: Les formes élémentaires de la vie religieuse, Paris 1912. Ebneter, Th.: Strukturalismus und Funktionalismus. Einführung in Schulen und Methoden, München 1973. Edelstein, W.: Struktur, Prozeß, Diskurs. In: Lenzen, D. (Hg.): Die Struktur..., Frankfurt/M. 1976, S. 153ff. Foucault, M.: Wahnsinn und Gesellschaft, Frankfurt/M. 1969. Foucault, M.: Sexualität und Wahrheit, Frankfurt/M. 1977. Foucault, M.: Überwachen und Strafen, Frankfurt/M. [3]1979. Freyer, H.: Soziologie als Wirklichkeitswissenschaft, Leipzig/Berlin 1930. Geissler, H.: Vorüberlegungen zu einer genetisch-strukturalen Theorie pädagogischer Kommunikation. In: Lenzen, D. (Hg.): Die Struktur..., Frankfurt/M. 1976, S. 205ff. Geissler, H.: Modelle der Unterrichtsmethode, Stuttgart 1977. Goldmann, L.: Gesellschaftswissenschaften und Philosophie, Frankfurt/M. 1971. Günther, H.: Struktur als Prozeß. Studien zur Ästhetik und Literaturtheorie des tschechischen Strukturalismus. München 1973. Gurvitch, G.: Le concept de structure sociale. In: Cahiers Int. de Sociol. 19 (1955), S. 3ff. Hörz, H.: Materiestruktur, Berlin (DDR) 1971. Hund, W. D.: Strukturalismus. Ideologie und Dogmengeschichte, Darmstadt/Neuwied 1973. Huyssen, A./Scherpe, K. R. (Hg.): Postmoderne. Zeichen eines kulturellen Wandels, Reinbek 1986. Jaeggi, U.: Ordnung und Chaos, Frankfurt/M. 1970. Jakobson, R.: Essais de linguistique générale, Paris 1968. Jankovič, M.: Kpojetí sémantického gesta. In: Česká literatura 13 (1965), 4, S. 319ff. Kalivoda, R.: Die Dialektik des Strukturalismus und die Dialektik der Ästhetik. In: Kalivoda, R.: Der Marxismus und die moderne geistige Wirklichkeit, Frankfurt/M. 1970, S. 21ff. Kamper, D./Wulf, Ch. (Hg.): Die Wiederkehr des Körpers, Frankfurt/M. 1982. Kamper, D./Wulf, Ch. (Hg.): Das Heilige. Seine Spur in der Moderne, Frankfurt/M. 1987a. Kamper, D./Wulf, Ch. (Hg.): Die sterbende Zeit, Darmstadt/Neuwied 1987b. Kaufmann, J. N.: Löst der Strukturalismus die Kausalanalyse ab? In: Z. f. Wth. 7 (1976), S. 75ff. Köhler, W.: Gestaltpsychologie, o. O. [2]1947. Kurzweil, E.: The Age of Structuralism. Lévi-Strauss – Foucault, New York 1980. Lenzen, D.: Didaktik und Kommunikation, Frankfurt/M. 1973. Lenzen, D. (Hg.): Die Struktur der Erziehung und des Unterrichts. Strukturalismus in der Erziehungswissenschaft? Frankfurt/M. 1976. Lenzen, D. (Hg.): Pädagogik und Alltag. Methoden und Ergebnisse alltagsorientierter Forschung in der Erziehungswissenschaft, Stuttgart 1980a. Lenzen, D.: Einführung in die Erziehungstheorie, Mimeo, 2 Bde., Berlin 1980b. Lenzen, D.: Mythologie der Kindheit. Die Verewigung des Kindlichen in der Erwachsenenkultur. Versteckte Bilder und vergessene Geschichten, Reinbek 1985. Lenzen, D.: Mythos, Metapher und Simulation. Zu den Aussichten Systematischer Pädagogik in der Postmoderne. In: Z. f. P. 33 (1987), S. 41ff. Lévi-Strauss, C.: Structure Sociale. In: Bull. de Psych. 6 (1953), S. 358ff. Lévi-Strauss, C.: Philosophie et anthropologie. Interview de C. Lévi-Strauss. In: Cahiers de Phil. 1 (1966). Lévi-Strauss, C.: Strukturale Anthropologie, Frankfurt/M. 1971. Lewin, K.: Feldtheorie in den Sozialwissenschaften, Bern/Stuttgart 1963. Lupasco, S.: Qu'est-ce qu'une structure? o. O. 1967. Métral, M. O.: Die Ehe. Analyse einer Institution, Frankfurt/M. 1981. Mukařovský, J.: Kapitel aus der Politik, Frankfurt/M. 1967.

Mukařovský, J.: Kapitel aus der Ästhetik, Frankfurt/M. 1970. Mukařovský, J.: Pojem celku v. teonii umĕni. In: Cestami poetiky a estetiky, Prag 1971, S. 92ff. Mukařovský, J.: Studien zur strukturalistischen Ästhetik und Poetik, Frankfurt/Berlin/Wien 1977. Nemo, Ph.: L'homme structural, Paris 1975. Nezel, I.: Strukturalistische Erziehungswissenschaft, Weinheim/Basel 1976. Oppitz, M.: Notwendige Beziehungen. Abriß der strukturalen Anthropologie, Frankfurt/M. 1975. Paschen, H.: Pädagogik als Sprache – Umrisse einer strukturalistischen Erziehungswissenschaft. In: Lenzen, D. (Hg.): Die Struktur..., Frankfurt/M. 1976, S. 241ff. Piaget, J.: Psychologie der Intelligenz, Olten/Freiburg 1971. Piaget, J.: Der Strukturalismus, Olten 1973. Radcliffe-Brown, A. R.: Structure and Function in Primitive Society, London 1952. Riegel, K. F./Rosenwald, G. C. (Hg.): Structure and Transformation. Developmental and Historical Aspects, New York/London/Sydney/Toronto 1975. Rombach, H.: Phänomenologische Erziehungswissenschaft und Strukturpädagogik. In: Schaller, K. (Hg.): Erziehungswissenschaft der Gegenwart, Bochum 1979, S. 136ff. Sartre, J.-P.: Der Idiot der Familie. Gustave Flaubert 1821–1857, 5 Bde., Reinbek 1977–1980. Sauer, K.: Struktur – zur Problematik eines didaktischen Modeworts. In: Lenzen, D. (Hg.): Die Struktur..., Frankfurt/M. 1976, S. 20ff. Saussure, F. de: Cours de linguistique générale, Paris [4]1949. Schaff, A.: Strukturalismus und Marxismus, Wien 1974. Schiwy, G.: Neue Aspekte des Strukturalismus, München 1971. Schiwy, G.: Poststrukturalismus und ‹Neue Philosophen›, Reinbek 1985. Schmidt, A.: Geschichte und Struktur, München 1971. Schründer, A.: Alltagsorientierung in der Erziehungswissenschaft. Studien zu ihrem Anspruch und ihrer Leistung auf dem Hintergrund alltagstheoretischer Ansätze in den Sozialwissenschaften, Weinheim/Basel 1982. Spencer, H.: Principles of Sociology, Bd. 1, o. O. 1876. Spranger, E.: Lebensformen, Halle (Saale) [7]1930. Stempel, W. D.: Gestalt, Ganzheit, Struktur. Aus Vor- und Frühgeschichte des Strukturalismus in Deutschland, Göttingen 1978. Thurnwald, R.: Die menschliche Gesellschaft, 5 Bde., o. O. 1931–1935. Tönnies, F.: Soziologische Studien und Kritiken, 3 Bde., Jena 1925–1929. Trubetzkoy, N. S.: Grundzüge der Phonologie, Prag 1939. Tynjanov, J.: Problema Stichovornogo jazyka, Moskau [2]1965. Viet, J.: Les Methodes Structuralistes dans les Sciences Sociales, Paris/La Hague 1965. Vogel, H.: Struktur als philosophisches Problem. In: Wessel, K. F. (Hg.): Struktur und Prozeß, Berlin (DDR) 1977, S. 15ff. Wahl, F.: Einführung in den Strukturalismus, Frankfurt/M. 1973. Weber, M.; Wirtschaft und Gesellschaft, o. O. 1921. Wertheimer, U.: Produktives Denken, Frankfurt/M. [2]1964. Wessel, K.-F. (Hg.): Struktur und Prozeß, Berlin (DDR) 1977. Wulf, Ch. (Hg.): Lust und Liebe. Wandlungen der Sexualität, München/Zürich 1985. Wunderlich, D.: Sprache. In: Enzyklopädie Erziehungswissenschaft, Bd. 1, Stuttgart 1983, S. 546ff.

Dieter Lenzen

Strukturalismus → Struktur

Strukturgitteransatz → Fachdidaktik

Strukturplanung → Bildungsplanung

Student (zweiter Bildungsweg) → Bildungsweg, zweiter

Studienabschluß (Erziehungswissenschaft) → Erziehungswissenschaft (Studium)

Studienanfänger → Propädeutik

Studienberatung → Beratung

Studienfinanzierung → Ausbildungsförderung

Studium Generale

Begriff. Die Bedeutung des Begriffs «Studium Generale» hat sich in der Hochschulgeschichte mehrfach gewandelt. Die für das 20. Jahrhundert maßgebliche Bedeutung erhielt der Begriff in den Hochschulreformdebatten, die auf die beiden Weltkriege folgten. «Studium Generale» wurde hier als allgemeines Studium im Sinne einer wissenschaftlichen Grundbildung verstanden. Seit Anfang der 80er Jahre werden von deutschen Universitäten allgemeinbildende Lehrveranstaltungen, die auch der nichtuniversitären Öffentlichkeit zugänglich sind, zuweilen als «Studium Generale» angeboten. Damit zeichnet sich ein erneuter Bedeutungswandel ab, da nun das «Generale» nicht mehr nur den Gegenstand, sondern auch die Zielgruppe des Studiums, die Allgemeinheit, beschreibt.

Geschichte. Als «Studium Generale» wurden seit dem 13. Jahrhundert diejenigen Universitäten und später auch die Ordenshochschulen bezeichnet, die prinzipiell den Studenten aller christlichen Nationen beziehungsweise aller Ordensprovinzen offenstanden. Im Gegensatz dazu waren die «Studium provinciale» oder «Studium particulare» Hochschulen von nur regionaler Bedeutung. Die europäischen Universitäten entwickelten sich im 12. und 13. Jahrhundert zuerst in Bologna, Paris und Oxford als Zusammenschluß Lernender und Lehrender und umfaßten vier Fakultäten. Die theologische, die juristische und die medizinische Fakultät führten zu einem berufsqualifizierenden Abschluß, während die Artistenfakultät dem allgemeinbildenden Vorstudium diente. Die Artistenfakultät umfaßte die septem artes liberales: Grammatik, Rhetorik, Dialektik, Musik, Arithmetik, Geometrie und Astronomie. Erst nach dem Abschluß des Studiums an der Artistenfakultät war die Aufnahme eines Fachstudiums an einer der drei anderen Fakultäten möglich.

Die Artistenfakultät des Mittelalters entwickelte sich zur Philosophischen Fakultät, die die Philosophie, die historischen Fächer, die

Philologien und die Naturwissenschaften umfaßte. Im frühen 19. Jahrhundert wurde die Grundbildung aus den Universitäten in die nunmehr von den Hochschulen unabhängigen Gymnasien verlagert und die philosophische Fakultät den drei oberen Fakultäten gleichgestellt. Mit der Übernahme der Gymnasiallehrerausbildung von der theologischen Fakultät erhielt die philosophische Fakultät nun auch einen berufsqualifizierenden Auftrag. In der Humboldtschen Universitätskonzeption wurde der Philosophie eine alle Fächer verbindende Funktion zugewiesen, doch konnte sie diese Aufgabe aufgrund der zunehmenden Spezialisierung der einzelnen Universitätsfächer nicht leisten. Selbst die philosophische Fakultät konnte die Einheit der in ihr vertretenen Fächer nicht bewahren; so wurden die naturwissenschaftlichen Fächer aus der Fakultät ausgegliedert. Der erste Versuch, das weitere Auseinanderfallen der Fakultäten aufzuhalten, wurde während der Weimarer Republik unter Führung des Preußischen Staatssekretärs und späteren Kultusministers, C. H. Becker, unternommen. Mit Hilfe eines allgemeinbildenden «Studium Generale» sollten die Studenten in die Lage versetzt werden, über die eigenen Grenzen ihres Faches hinauszuschauen, um die größeren wissenschaftlichen und politischen Zusammenhänge zu erkennen (vgl. BECKER 1919). Die Einführung eines für alle Studenten verbindlichen «Studium Generale» konnte jedoch nicht durchgesetzt werden (vgl. PRAHL 1978, S. 299).

In der zweiten Hälfte der 40er und Anfang der 50er Jahre des 20. Jahrhunderts wurde das «Studium Generale» zum Synonym für den Versuch einer Hochschulreform im Nachkriegsdeutschland. In der Debatte um diese →Reform gab es einen weitgehenden Konsens der Interessen der westlichen Besatzungsmächte und der außeruniversitären Interessenverbände, vor allem der Gewerkschaften. Die Forderungen nach einer politischen Umerziehung und demokratischen Erneuerung der Hochschule ließen sich vereinen mit konservativ-kulturkritischen Positionen unter den Hochschullehrern, die die Wiederherstellung der Universität als Einheit der Wissenschaft, frei von staatlicher Reglementierung, Vermassung und einseitigem Spezialistentum forderten.

1948 erarbeitete ein vom britischen Militärgouverneur einberufener Ausschuß das wegen der Farbe seines Einbandes sogenannte «blaue Gutachten» zur Hochschulreform. Es erhob das «Studium Generale» zum zentralen Inhalt der Studienreform. Mit Unterstützung der amerikanischen Besatzungsmacht trafen sich im April 1951 in Bad Nauheim, sowie im August und September 1951 in Weilburg an der Lahn über 70 deutsche und ausländische Professoren zu den Weilburger Arbeitstagungen über ein «Studium Generale». Auch die Gewerkschaften initiierten mit ihren Oberaudorfer Besprechungen zwischen 1950 und 1952 ein breit angelegtes Forum über das «Studium Generale», an dem sich Professoren der meisten westdeutschen Hochschulen beteiligten.

Die Protagonisten eines «Studium Generale» kritisierten den Zerfall der Universitäten zu Fachschulen, die lediglich Spezialisten für bestimmte Berufe ausbilden. In dieser, seit Ende des 19. Jahrhunderts zunehmenden Spezialisierung im Fachstudium, wurde auch die Ursache für das politische Versagen der deutschen Wissenschaftler während der Herrschaft des Nationalsozialismus gesehen (vgl. PETERS 1952, S. 16f; vgl. LITT 1952, S. 9).

Ein Hinweis Theodor LITTS (vgl. 1952, S. 9) auf die preußischen Hochschulreformer verdeutlicht den historischen Anknüpfungspunkt der Hochschulreformdebatte Anfang der 50er Jahre. In Anlehnung an Humboldt, Fichte, Schleiermacher und Schelling wurde die Wiederherstellung der Einheit der Wissenschaft in der Universität gefordert. Die von Schelling 1802 an der Universität in Jena gehaltenen «Vorlesungen über die Methode des akademischen Studiums» erhielten nach 150 Jahren noch einmal programmatische Bedeutung (vgl. SCHELLING 1803).

Das «Studium Generale» sollte dem Studenten und damit dem Wissenschaftler von morgen ein Bild der Wissenschaft als Ganzes vermitteln und ihn zu einem wahrhaft gebildeten, sozial und staatsbürgerlich denkenden Menschen erziehen, der im Bewußtsein der sittlichen, religiösen und ethischen Fundamente des gesellschaftlichen Zusammenlebens handelt. Denn «ohne tiefe ethische Bindungen droht alles Menschenwerk und der Fortschritt der Wissenschaft in einer Hybris zu enden und der Selbstvernichtung preisgegeben zu sein» (GUTACHTEN ZUR HOCHSCHULREFORM 1948, S. 79).

In der Oberaudorfer Entschließung wurde als inhaltlicher Rahmen für ein «Studium Generale» die Beschäftigung mit zwei Arbeitsgebieten gefordert, einerseits mit dem allgemeinen Welt- und Menschenbild aus geisteswissenschaftlicher, künstlerischer, naturwissenschaftlicher und technischer Sicht, wobei Technik und Naturwissenschaft im «Studium Generale» in ihrer Wirkung auf den Menschen und die Gesellschaft zu behandeln seien, andererseits mit den sozialen, politischen und rechtlichen Bereichen gesellschaftlichen Zusammenlebens (vgl. OBERAUDORFER ENTSCHLIESSUNG 1953, S. 8).

Modelle. Eine einheitliche Organisationsstruktur für ein «Studium Generale» wurde nicht entwickelt. Statt dessen experimentierten die einzelnen Hochschulen mit verschiedenen Modellen.

Studium Generale als Propädeutikum. Das Leibniz-Colleg der Universität Tübingen definiert sich als Lebens- und Arbeitsgemeinschaft von Lernenden und Lehrenden. Während eines in Trimester aufgeteilten

Studienjahres widmen sich die Studenten den Hauptthemen: «Die Natur», «Geschichte und Gesellschaft» und «Die Person». Die Kolloquien und Arbeitskreise zu diesen Themen werden sowohl von Professoren der Universität als auch von den im Colleg wohnenden Assistenten geleitet. Ziel der Lehrveranstaltungen ist es, an exemplarisch ausgewählten Fragestellungen repräsentativ das Wesen der einzelnen Fachgebiete zu vermitteln (vgl. KILLY 1952, S. 51). – An der Universität Mainz wurde 1948 ein einjähriges «Studium Generale» in Form von zwei humanistischen Vorsemestern zur Zulassungsvoraussetzung zum Fachstudium erklärt. Dieses akademische Propädeutikum sollte über die Ziele des «Studium Generale» hinaus auch kriegs- und nachkriegsbedingte Lücken in der Grundbildung bei Studienbewerbern ohne voll gültiges Reifezeugnis oder den «Oststudenten» schließen. Das «Studium Generale» als Propädeutikum an der Universität Mainz wurde im Wintersemester 1949/50 durch ein fachstudienbegleitendes «Studium Generale» ersetzt (vgl. HOLZAMER o. J., S. 59).

Fachstudienbegleitendes «Studium Generale». Hier waren die Studenten der jeweiligen Hochschulen zum Besuch einer Reihe allgemeinbildender Lehrveranstaltungen verpflichtet. Dazu gehörten sowohl Ringvorlesungen als auch Kolloquien und Arbeitsgemeinschaften über die Grundlagen und Methoden der verschiedenen Wissenschaftsdisziplinen und der Aufgabe der Wissenschaft in der Gesellschaft. Um den Studenten aller Fächer den Besuch der Veranstaltungen des «Studium Generale» zu ermöglichen, wurden einzelne Tage während des Semesters als «Dies Academicus» ausschießlich dem «Studium Generale» vorbehalten. Das fachstudienbegleitende «Studium Generale» wurde an einigen Universitäten auch im Rahmen der neugeschaffenen Studentenwohnheime als für alle Bewohner verbindliche Arbeitsgemeinschaften durchgeführt. Hier sollten die Studenten darüber hinaus in der Selbst- oder Mitverwaltung der Wohnheime demokratische Verhaltensweisen einüben. Beispiele hierfür sind das Collegium gentium der Philipps-Universität Marburg und das Collegium Academicum der Universität Heidelberg.

Fachstudienintegriertes «Studium Generale». Das Konzept eines «Studium Generale» als integraler Bestandteil des Fachstudiums wurde von LITT in seinem Vortrag «Der Bildungsauftrag der deutschen Hochschule» (1952) dargelegt. Litt setzte sich dort mit der Hochschulreformdebatte kritisch auseinander, indem er die Modelle des «Studium Generale» als bloße Accessoires zum bisherigen Studienbetrieb charakterisierte, die an der Beschränktheit des Fachstudiums nichts ändern und daher auch nicht die gewünschte Wirkung entfalten könnten. Nach Litts Konzeption erübrigt sich ein «Studium Generale» in Form besonderer Lehrveranstaltungen, wenn im Studium jeder einzelnen Fachwissenschaft die Verflechtung des jeweiligen Fachgebietes mit anderen und somit mit der gesamten Wissenschaft deutlich wird. Darüber hinaus sollten Studenten jeder Fachrichtung die Bedeutung ihres Faches für das Leben in der Gesellschaft während des Studiums erfahren (vgl. Litt 1952, S. 25).

Stand und Aussichten. Das «Studium Generale» scheiterte, abgesehen von einigen wenigen Sonderformen wie etwa dem Leibniz-Colleg, einzelnen Wohnheimen und den Ringvorlesungen. Die Gründe hierfür waren einerseits die Wiedereinführung des 13. Schuljahres und die damit verbundene Ausbildungsverlängerung, andererseits die mangelhafte personelle Ausstattung der Hochschulen, die schon die Aufrechterhaltung des regulären Lehrbetriebs zunehmend erschwerten. Auch die dem «Studium Generale» zugewiesene Rolle der politischen Umerziehung verlor in den 50er Jahren durch die veränderte politische Lage an Bedeutung. Die reale Entwicklung der westdeutschen Universitäten seit dieser Zeit ist entgegengesetzt zu den Intentionen der Hochschulreformdebatte der ersten Nachkriegsjahre verlaufen und durch eine noch weitere Spezialisierung einzelner Fachgebiete gekennzeichnet. Die herausragende Position bei der Entwicklung der Kriterien der Wissenschaftlichkeit fiel dabei nicht den Geistes- und Sozialwissenschaften zu, wie in der «Studium Generale»-Debatte gefordert, sondern den Naturwissenschaften. Entgegen der Voraussage von Habermas (vgl. 1967, S. 24) konnten die Geistes- und Sozialwissenschaften die Kraft zur akademischen Bildung auch nicht durch die Verbindung analytisch-empirischer Verfahrensweisen mit hermeneutischen Verfahrensweisen im Rahmen der sozialwissenschaftlichen Wende zurückgewinnen.

Das «Studium Generale» gewann erst seit Ende der 70er Jahre einen neuen Platz im Lehrangebot der Hochschulen. Nun aber unter völlig veränderten Vorzeichen. Nach zahlreichen Universitätsneugründungen und dem Ausbau der bestehenden Hochschulen entstanden während der 80er Jahre des 20. Jahrhunderts Überkapazitäten in einzelnen Fachrichtungen. Im Wettbewerb um hohe Studentenzahlen drangen die westdeutschen Hochschulen daher zunehmend in den Bereich der Erwachsenen- und der Weiterbildung ein. Damit nahmen sie Forderungen der «Studium Generale»-Debatte der Nachkriegszeit insofern wieder auf, als schon das blaue Gutachten 1948 eine stärkere Beteiligung der Hochschulen an der Erwachsenenbildung gefordert hatte (vgl. Gutachten zur Hochschulreform 1948, S. 105ff). Seit dem Beginn der 80er Jahre bietet eine Reihe westdeutscher Hochschulen Vorlesungsreihen auch für die nichtuniversitäre Öffentlichkeit unter der Bezeichnung «Studium Generale» an. Diese Veranstaltungen haben in erster Linie die Funktion, die Ergebnisse wissenschaftlicher Forschung einem interessierten Publikum zugänglich zu machen. Darüber hinaus bilden sie jedoch auch vielfach den Einstieg in das «Erwachsenenstudium», das als «Weiterbildende Studien» oder «Senioren-Studium» von den Universitäten angeboten wird.

Die in der Fortschrittseuphorie der 60er Jahre verdrängte Mahnung des blauen Gutachtens, daß ohne tiefe ethische Bindung alles Menschenwerk und der Fortschritt der Wissenschaft in einer Hybris zu enden drohe und der Selbstvernichtung preisgegeben sei, drang seit den 70er Jahren durch die Ökologiedebatte, die Auseinandersetzung um die Kerntechnologie, die Gentechnologie und die künstliche Intelligenz in das Bewußtsein einer breiten Öffentlichkeit. Im Angesicht aktueller Bedrohungen durch Technik und Wissenschaft hat die Vorstellung der Aufklärung von der fortschreitenden «Vergöttlichung» des Menschen, mit Hilfe von Naturerkenntnis und Naturbeherrschung, ihre Attraktivität eingebüßt. In den 80er Jahren des 20. Jahrhunderts wurde die Freiheit der Forschung in den Naturwissenschaften (zum Beispiel Tierversuche und Genmanipulation) von einer breiten Öffentlichkeit zunehmend in Frage gestellt. Die Universitäten werden dieser Entwicklung Rechnung tragen müssen, wobei es nicht genügt, an den Konzepten des «Studium Generale» aus den 50er Jahren anzuknüpfen. Vielmehr müßte es darum gehen, über eine bildungstheoretische Kritik der Idee des Studium Generale in eine Diskussion über das Wissenschaftsverständnis zu kommen. Dabei sollte auch die Frage geprüft werden, ob und wie ein Überleben durch →Bildung möglich erscheint.

BECKER, C. H.: Gedanken zur Hochschulreform, Leipzig 1919. GUTACHTEN ZUR HOCHSCHULREFORM, Hamburg 1948. HABERMAS, J.: Vom sozialen Wandel akademischer Bildung. In: Leibfried, St. (Hg.): Wider die Untertanenfabrik, Köln 1967, S. 10ff. HOLZAMER, K.: Universität Mainz, In: Studium Generale. Bericht über zwei Weilburger Arbeitstagungen 30.8. bis 1.9. 1951, zusammengest. u. bearb. v. F. Tenbruck u. W. Treue, o.O. o.J., S. 59ff. KILLY, W.: Studium Generale und studentisches Gemeinschaftsleben, Berlin 1952. LITT, TH.: Der Bildungsauftrag der deutschen Hochschule, Göttingen 1952. OBERAUDORFER ENTSCHLIESSUNG. In: Material- und Nachrichten-Dienst (MUND) der Arbeitsgemeinschaft deutscher Lehrerverbände, Nr. 37, Darmstadt 1953, S. 7ff. PETERS, H.: Politische Wissenschaft im Studium Generale. In: Konrad, J. (Hg.): Studium Generale in Nordrhein-Westfalen, Düsseldorf 1952, S. 16ff. PRAHL, H.-W.: Sozialgeschichte des Hochschulwesens, München 1978. SCHELLING, F.W.J.: Vorlesungen über die Methode des academischen Studium, Tübingen 1803.

Bodo Hildebrand

Stufenlehrer →Lehrerausbildung
Subjekt →Sozialisation
Subjekt (Autonomie des –) →Autonomie
Subjekt-Objekt-Dialektik →Erziehungwissenschaft, Kritische

Subjektivität

Begriff. Subjektivität bezeichnet keinen Gegenstand, sondern eine essentielle Daseinsweise, in der sich das Selbstverständnis des neuzeitlichen Subjekts ausdrückt. Weil sie zum Subjekt gehört wie die Gefangenschaft zum Gefangenen, liegt der Bedeutungsakzent zwar auf der Innerlichkeitssphäre des einzelnen. Da sich aber subjektives Erleben, →Denken und →Handeln stets in einer Beziehung zur Objektivität vollziehen als sich im Subjekt sowohl manifestierendes als auch reflektierendes Verhältnis zu sich selbst und zur Welt, bekommt Subjektivität in der Neuzeit die Struktur einer Selbstbeziehung, in der und durch die der Mensch aus seiner Position in der mittelalterlichen Seinsordnung heraustritt und sich selbst zum Begründungszentrum ermächtigt (vgl. BLUMENBERG 1974). Die historisch voraussetzungsvolle und folgenreiche Selbstthematisierung des Menschen als Subjekt (vgl. GUTTANDIN 1980) ist eingespannt in den Widerspruch von →Autonomie und Heteronomie, so daß die Doppelbestimmung des Menschen, sowohl in die Welt eingeordnet als auch ihr enthoben zu sein (vgl. SCHULZ 1979), sich auf der theoretischen, praktischen und empirischen Ebene der Subjektivitätsproblematik wiederholt. Als Verhältnis (Ich – Selbst, Seele – Körper) in Verhältnissen (Individuum – Gesellschaft) ist sie philosophisch mit dem Vernunftbegriff der Moderne, praktisch mit der gesellschaftlichen Entwicklung und empirisch mit dem konkreten Subjekt verbunden. Weil sich im Begriff Subjektivität alle Vermögen, Fähigkeiten und Bedingungen des Subjekts in ihren biographischen, sozialen und historischen Formen zu einem komplexen und mehrdimensionalen Bedeutungsnetz zusammenschließen, entzieht er sich in seiner Überdeterminiertheit einer eindeutigen Definition.

Philosophische Entwicklungen. Das neuzeitliche Selbstverständnis der Menschen wird zuerst von Descartes expliziert, indem er ohne Rückgriff auf eine transzendente Instanz des Absoluten die Seinsordnung in der Subjektivität als Prinzip der Selbstreflexion begründet. Demgemäß ist es nur im Durchgang durch das Cogito möglich, zur Selbst- und Seinsgewißheit zu gelangen. Die bei ihm abstrakte Entgegensetzung von res cogitans und res extensa wird von Kant als statische Synthese gefaßt, wodurch er die weitere ideengeschichtliche Auseinandersetzung mit dem Begriff der Subjektivität vorzeichnet. Der Versuch, die in der Subjektivität bestehen bleibende Subjekt-Objekt-Spaltung zum Subjektpol hin aufzulösen, um eine absolute, differenzlose Selbsttransparenz zu erreichen, führt jedoch bei Kant und in den nachfolgenden Systematisierungen von Fichte, Schelling und den Frühromantikern zu Paradigmenwechseln. Die transzendental-theoretische Argumentation geht über in eine ethisch-praktische, bevor sie im ästhetisch-imaginativen Vernunftbegriff als sinnliche Selbstreflexion die Einheit des →Ich mit der Welt zu erreichen versucht (vgl. WETZEL 1985). Hegel kritisiert den in der Reflexionsphilosophie unüberwundenen Gegensatz von theoretischer Subjektivität und praktischer Objektivität und hebt ihn in einer absoluten →Identität auf, die sich in der intersubjektiven Konstitution des Selbstbewußtseins als Vermittlung des Allgemeinen und des Besonderen im Subjekt nicht nur begrifflich, sondern ebenso faktisch verwirklichen soll. Obwohl seine Problemfassung richtungweisend und die Begründung autonomer Subjektivität das Ziel geblieben ist, wird in der Folge, unter Hinweis auf die Vorgängigkeit der existentiellen Bedingungen, der Begriff einer vernünftigen Wirklichkeit mit deren realer Zerrissenheit konfrontiert (vgl. HABERMAS 1985).

Auch in der Phänomenologie und im Existentialismus bleibt die Subjektivitätsproblematik in den Gegensatz unverträglicher Aspekte verstrickt. In der zirkulären Verweisungsstruktur zwischen dem Transzendentalen und dem Empirischen, dem kontingenten An-sich und dem bewußten Für-mich, dem gewordenen Geschöpf und dem bewußten Schöpfer seiner Geschichte kann zwar der Primat des →Bewußtseins durch verstehendes Einholen der internen und externen Bedingungen aufrechterhalten werden, aber um den Preis der Spaltung in Transzendentalphilosophie der Subjektivität und ihrer positivistischen Objektivierung, deren Rationalität das bloß Subjektive als Irrationalität ausschließt. Gegen diese Verdinglichung wie auch gegen die von jener nur hypostasierte Subjektivität erheben HORKHEIMER und ADORNO (vgl. 1968) Einspruch und entziffern angesichts ihrer Auflösung in ihr selbst die Dialektik von Herrschaft und →Emanzipation, durch die das Subjekt der von ihm inthronisierten Macht der Rationalität zum Opfer fällt. Bleibt für Adorno Subjektivität gegen falsche Positivität nur negativ bestimmbar, so hält die kritische Theorie des Subjekts am Konzept der Ich-Identität fest, die in kritischer Distanz zu gesellschaftlichen Anforderungen durch selbstbestimmte →Spontaneität fähig werden soll, Herrschaftsverhältnisse zu verändern. Dagegen zeigt der Strukturalismus (→Struktur) die Verkennungsstruktur selbstbewußter Subjektivität, insofern sich das Subjekt einer unverfügbaren Sprach- und Triebstruktur verdankt, der gegenüber der Autonomieanspruch zwar machttheoretisch durchführbar ist, aber real in der Entsubjektivierung mündet. Demzufolge wird in diesem Theorieparadigma die Aufgabe darin gesehen, die Struktur der Subjektivität zu dekonstruieren, um die Selbstverkennung des Subjekts zu überwinden (vgl. WAHL 1973).

Pädagogische Bedeutung. Die klassische Pädagogik und die Bildungsphilosophie des 19. Jahrhunderts (→Bildung) legen in der →Erziehung des Menschengeschlechts zu allgemeiner Humanität und Sittlichkeit der Subjektivität nur insofern Gewicht bei, als Pädagogik ihre eigene Möglichkeit in der →Bildsamkeit der Subjekte sieht. Durch →Selbsttätigkeit soll das Kind den allein den Menschen vorbehaltenen Willen zur Sittlichkeit entwickeln. Erst am Ende des Jahrhunderts wird Subjektivität in der psychologischen «Erziehung vom Kinde aus» aufgewertet. Hatte schon Rousseau seine Negative Erziehung an der Selbstmächtigkeit des Bildungssubjekts ausgerichtet, so werden nun unter Einbeziehung der Kinderpsychologie das Wachstum und die Entwicklung der Persönlichkeit als subjektiver Prozeß der Selbstverwirklichung aufgefaßt. Sofern die äußeren Bedingungen ihm nicht entgegenstehen, befindet sich diesen Theorien gemäß Subjektivität von sich aus und in sich begründet in Übereinstimmung mit der Gemeinschaft.

In ihrer Differenz zur Gesellschaft gewinnt Subjektivität jedoch erst im Rahmen der psychoanalytischen und der kritischen Erziehungswissenschaft (→Erziehungswissenschaft, Kritische) eine positive Bedeutung. Ausgehend von Selbstentfremdung und psycho-sozialen Pathologien unter Bedingungen verdinglichender Herrschaftsverhältnisse bekommt individuelle Subjektivität die Bedeutung eines Gegenpols. Ihr Widerstandspotential autonomer und reflexiver Kritik- und Konfliktfähigkeit gegen Systemzwänge zu stärken, ist Ziel der kritischen Erziehungs- und Bildungstheorie (vgl. MOLLENHAUER 1968). Emanzipatorische Möglichkeiten sowie blockierende Bedingungen werden von der Sozialisationstheorie thematisiert (vgl. GEULEN 1977). Der Begriff der Ich-Identität verklammert den Spielraum individueller Subjektivität mit ihrem notwendigen Einrücken in die Rationalität konsensueller, kommunikativer Regelsysteme. Eine Verschiebung hin zu subjektiven Erfahrungen und lebensweltlich fundierten Bedeutungstypologien durch die Alltagswende (→Alltag) verstärkt das Verständnis von Subjektivität als epistemologisches Vermögen, Wirklichkeit zu konstituieren (vgl. SCHRÜNDER 1982). Entgegen der Bewußtseinsorientierung gehen die psychoanalytische Pädagogik (→Pädagogik, psychoanalytische) und die antiautoritäre Erziehung (→Erziehung, antiautoritäre) von den subjektiven Potenzen (Bedürfnisse, Sinnlichkeit, →Phantasie) aus, die gegen Repression und Instrumentalisierung in ihrer Eigendynamik gefördert werden. Die →Antipädagogik radikalisiert diese Subjektorientierung schließlich zu der Forderung, daß die Subjektivität des Kindes auch vor pädagogischen Eingriffen zu schützen sei.

Diese theoretischen Ansätze betonen zwar jeweils eine Seite der dichotomen Aspekte, stehen aber nicht zur Wahl, denn autonom *und* authentisch sein zu wollen bezeichnet das ambivalente und konfligierende

Bestreben der Subjektivität selbst. Da zudem forcierte Subjektivierungen mit abstrakteren Vergesellschaftungsprozessen einhergehen (vgl. MAROTZKI 1984), steht die Pädagogik vor dem Problem, wie künftig ohne Berufung auf das *Prinzip* der Subjektivität das individuelle Subjekt Beachtung finden kann.

BLUMENBERG, H.: Säkularisierung und Selbstbehauptung, Frankfurt/M. 1974. GEULEN, D.: Das vergesellschaftete Subjekt, Frankfurt/M. 1977. GUTTANDIN, F.: Genese und Kritik des Subjektbegriffs, Marburg 1980. HABERMAS, J.: Der philosophische Diskurs der Moderne, Frankfurt/M. 1985. HORKHEIMER, M./ADORNO, TH. W.: Dialektik der Aufklärung, Amsterdam 1968. MAROTZKI, W.: Subjektivität und Negativität als Bildungsproblem, Frankfurt/M. 1984. MOLLENHAUER, K.: Erziehung und Emanzipation, München 1968. SCHRÜNDER, A.: Alltagsorientierung in der Erziehungswissenschaft, Weinheim 1982. SCHULZ, W.: Ich und Welt. Philosophie der Subjektivität, Pfullingen 1979. WAHL, F. (Hg.): Einführung in den Strukturalismus, Frankfurt/M. 1973. WETZEL, K. M.: Autonomie und Authentizität, Frankfurt/M. 1985.

Klaus-Michael Wimmer

Subkultur, jugendliche → Jugend; → Schülerkultur
Suchtgefährdung → Droge
Symbiose (Mutter – Kind) → Mutter
Symbol → Interaktionismus, Symbolischer
Symbolcharakter (ritueller Handlungen) → Ritual
Symbolspiel → Spiel
System → Struktur
System, duales → Bildungssystem (Bundesrepublik Deutschland)
System, soziales → Institution

Systemtheorie

Pädagogik und Systemtheorie. Die Konfrontation der Pädagogik (Erziehungswissenschaft) mit der Systemtheorie markiert einen weiteren Schritt auf dem Weg von der geisteswissenschaftlichen Pädagogik zur Sozialwissenschaft. Auf mittlerweile drei Wegen dringt Systemdenken in die Pädagogik ein.

Analytische Verwendung kybernetischer Modelle. Die Analyse, Erforschung, Planung, Revision und Reform von → *Unterricht*, → *Curriculum* und → *Didaktik* ist in den 70er Jahren des 20. Jahrhunderts zur eigentlichen Domäne kybernetisch-systemfunktionaler Ansätze unterschiedlicher Herkunft und Qualität geworden (zusammenfassend zur Curriculumforschung und Didaktik: vgl. BECKER/JUNGBLUT 1972; zur Unterrichtsforschung und zum Microteaching: vgl. BRUNKHORST 1974).

So orientieren sich Curriculumentwicklung, -revision und -forschung fast ausschließlich (und zumindest terminologisch) an systemtheoretischen Planungsmodellen und kybernetischen Steuerungshierarchien. Planung wird dabei als mehrstufiger zielfunktionaler Prozeß begriffen, dessen Hauptphasen sich untergliedern in eine «Planungsphase» (Organisation und Kontrolle des «Inputs»), eine «Implementationsphase» der Plandurchführung und eine «Evaluationsphase» der Messung und Kontrolle des «Outputs», bei der die «Soll-Werte» des Systems (die «Zielfunktion») mit den «Ist-Werten» verglichen werden (→Evaluation). Die «Rückkopplung» des Evaluationsresultats an die jeweilige Planungs- und Steuerungsinstanz führt dann zum zweiten Durchlauf: Planrevision, Reimplementation, Evaluation, Rückkopplung und so weiter (vgl. ACHTENHAGEN/MEYER 1971, FREY 1971). Ein solches Planungsmodell läßt sich dann beliebig entlang funktional differenzierter und interdependenter Subsysteme des Unterrichts in Unterrichtssystem, Lehrzielsystem und Lehrkontrollsystem weiter spezifizieren und verfeinern (vgl. BEKKER/JUNGBLUT 1972, S.168ff). Differenziert man in einem nächsten Schritt das Unterrichtssystem in ein Lehrsystem und ein Lernsystem, wobei ersteres durch Unterrichtsmedien und eine zeitliche Sequenz von Lehrschritten und letzteres durch die möglichen Zustände seiner «Psychostruktur» charakterisiert ist, nimmt man ferner die Lehrinhalte und →Lernziele als in der sozialen Umwelt des Unterrichtssystems gegeben an und legt dem Lernprozeß eine Lern- und Informationstheorie behavioristisch-instruktionspsychologischen Zuschnitts zugrunde, dann ist damit der begriffliche Rahmen der kybernetischen Didaktik umrissen (vgl. v. CUBE 1968a, b; vgl. FRANK 1969a, b). Praktisch folgenreich sind systemfunktionale Lehr-Lern-Konzepte im Bereich der interaktionsanalytisch verfahrenden Unterrichtsforschung und einer sich daran anschließenden Lehrerausbildung vor allem in den USA (→Lehr-/Lernforschung). So verwendeten 1968 bereits 53% aller Lehrerausbildungsinstitutionen das Microteaching, das als Teilfertigkeitenmethode und «Skilldrill» die Lehrer-Schüler-Interaktion in kleinste Einheiten («Skills») parzelliert und nach einem «teach-reteach»-Schema in Rückkopplungsschleifen die Einübung einzelner Teilfertigkeiten so lange fortsetzt, bis der Soll-Wert an Teilfertigkeit sich mit dem «Output» deckt (vgl. ALLEN/RYAN 1972; vgl. BRUNKHORST 1974, S.20f, S.51ff; vgl. FLANDERS 1970), S.258ff).

Als Evaluationsinstrumente für die jeweiligen Rückmeldungen dienen dabei Videogeräte und Interaktionsprozeßanalysen wie die von FLANDERS (vgl. 1970), HOUGH (vgl. 1967) und AMIDON/HUNTER (vgl. 1966 – für weitere Anwendungen der Systemanalyse im Unterricht: vgl. BOULDING u.a. 1975, GRELL 1974, LORENZ u.a. 1976).

Die hier erwähnten curricularen und didaktischen Systemkonzeptionen teilen weitgehend zwei Schwächen: Erstens basieren sie psychologisch zumeist auf dem behavioristischen «Stimulus-Response-Reinforcement»-Schema (→Lernen – Lerntheorie), das nicht nur zu einfach ist, sondern auch systematische Aspekte menschlicher →Kommunikation von der Reziprozität und Normativität der Interaktionsrelation über die Sinnvermittlung sozialen Handelns bis zur Unterscheidung von Verhalten und →Handeln entlang der Reasons-causes-Achse vernachlässigt (vgl. BECKER/JUNGBLUT 1972, BRUNKHORST 1974). Insofern handelt es sich zumeist um «Versuche, mit metaphorischen Analogien zum Begriff [...] der kybernetischen Maschine weiterzukommen, die jedoch keine Möglichkeiten bieten, die Besonderheiten sinnkonstituierender Systeme zu erkennen» (LUHMANN 1971a, S. 24). Zweitens ist die *Systemanalyse* des Unterrichts überdies von zu geringer Komplexität. Sie mißachtet das Problem der «doppelten Kontingenz» *und* das der «doppelten Systemreferenz» des Sozialsystems Unterricht und mutet deshalb in der Regel der Unterrichtstechnologie *zuviel* zu. Einerseits bleibt ausgespart, daß die Lehrer-Schüler-Interaktion wesentlich durch eine metakommunikative Ebene vermittelt ist: Der →Lehrer erwartet etwas vom →Schüler, und er weiß, daß der Schüler die Erwartungen des Lehrers seinerseits erwartet und vice versa – wobei die Erwartungen des einen nicht mit den Erwartungserwartungen des anderen übereinstimmen müssen (vgl. LAING 1973, LAING u.a. 1971, WATZLAWICK u.a. 1969). Dadurch, daß beide Interaktionspartner sich wechselseitig Handlungsfreiheit unterstellen müssen, wird dieser «reflexive Mechanismus» (LUHMANN 1970a) zum Problem der «doppelten Kontingenz» verschärft: «Die Unterrichtssituation ist wie jede soziale Situation eine Situation mit *doppelter Kontingenz*, die als solche auf beiden Seiten bewußt ist: Beide wissen, daß beide wissen, daß man auch anders handeln kann» (LUHMANN/SCHORR 1979a, S. 121). Überdies jedoch ist das der Zweierdyade des «pädagogischen Bezugs» (vgl. NOHL 1957, S. 327; →Verhältnis, pädagogisches) entlehnte Interaktionsmodell, das auch noch bei der Differenzierung des Unterrichtssystems in ein Lehr- und ein Lernsystem (vgl. v. CUBE 1968b, S. 79ff) den heimlichen Paten abgab, eine Übervereinfachung des Sozialsystems Unterricht. Die Handlungen des Lehrers beziehen sich nämlich nicht nur auf die einzelnen Schüler, sondern ebenso auf die ganze Klasse, zu der der Lehrer selbst gehört. Das Unterrichtssystem ist also nicht nur durch die Relation *personaler Systeme*, des «Lehrsystems» und des «Lernsystems», sondern überdies durch den Bezug der pädagogischen Handlungen auf das *soziale System* Unterricht definiert. Die Planbarkeit und Steuerbarkeit von Unterricht bricht sich an einer *«doppelten Systemreferenz»*, dem gleichzeitigen Bezug «auf personale Systeme und auf ein soziales System» (LUHMANN/SCHORR 1979a, S. 122).

Insofern ist das «Technologiedefizit» der Pädagogik nicht bloß ein Ergebnis normativer Restriktionen und der Werturteile der geisteswissenschaft-humanistischen Tradition, sondern überdies strukturell bedingt: «situative Selbststeuerung» des Unterrichts ist eine seiner unaufhebbaren Eigentümlichkeiten (vgl. LUHMANN/SCHORR 1979a, S. 115ff).

Solche Schwächen vermeidet weitgehend die Theorie der Pragmatik menschlicher Kommunikation von WATZLAWICK u. a. (vgl. 1969). Diese interpretiert Kommunikationsprozesse in systemtheoretischen Terms von «Funktion» und «Beziehung», «Information», «Rückkopplung», «Redundanz», «Interpunktion», «digitaler» und «analoger» Kommunikation, «Symmetrie» und «Komplementarität» und deutet Ineraktion als ein metakommunikativ vermitteltes umweltoffenes System. Dieser Ansatz hat sich auch bei der Analyse des «einfachen Sozialsystems» (vgl. LUHMANN 1972) Unterricht als fruchtbar erwiesen (vgl. PROJEKTGRUPPE «TEXTINTERPRETATION UND UNTERRICHTSPRAXIS» 1974, S. 284ff) und als ein tragfähiges Gerüst für die kategoriale Rekonstruktion des pädagogischen Feldes bewährt (vgl. MOLLENHAUER 1972).

Die Systemtheorie hat das in der geisteswissenschaftlichen, als handlungsorientierende Kunstlehre aristotelischen Zuschnitts konzipierten Pädagogik weithin akzeptierte Technologie*verdikt* wirksamer in Frage gestellt als die noch von den Geisteswissenschaften geprägte Emanzipationspädagogik (vgl. LUHMANN/SCHORR 1979b, S. 799ff; vgl. LUHMANN/SCHORR 1982, S. 12). Mit der neuen Stellung des Technologie*problems* ist aber das alte idealistische Problem einer *Erziehung zur Freiheit* wieder auf dem Tisch. Denn Erziehen ist offensichtlich etwas in der Welt bewirken. In diesem Sinne ist Erziehung, neben dem, was sie sonst auch noch sein mag, zunächst einmal *Technik* in einem weiten Sinn von strategischem oder planmäßigem Handeln. Wie aber kann Freiheit kausal bewirkt, hergestellt werden? Hinter dem Technologieproblem steckt das seit Rousseau und Kant traktierte Paradox des Zwangs zur Freiheit. Unter Bedingungen doppelter Kontingenz ist das Technologieproblem der Erziehung überdies das eines strukturell uneinholbaren Technologie*defizits* (vgl. LUHMANN/SCHORR 1982, S. 15). Freilich kann die Erziehung damit genausogut leben wie der moderne Staat mit strukturellen Haushaltsdefiziten. An die Stelle von *objektiven Kausalgesetzen* tritt deshalb im Erziehungsprozeß die riskante und in ihren Folgen den Akteuren undurchsichtige Koordination von asymmetrischen und *subjektiven Kausalplänen*, die nicht länger durch wahre Aussagen gedeckt sind. Aus Technologie wird «Technologieersatztechnologie» (LUHMANN/SCHORR 1982, S. 21), aus technisch erzeugbaren günstigen Konstellationen werden technische Arrangements von Bedingungen, die zufälligerweise günstige Konstellationen ergeben könnten; an Erziehungszielen orientierte Zweckprogramme werden durch Konditionalprogrammierungen abgelöst, von denen jeder *glauben* darf, zu wissen, was sie bewirken, von denen das aber niemand mehr *weiß*. Durch das systemtheoretische Wissen um dieses Nichtwissen der Handlungsfolgen lassen sich aber, das ist der Kern der These des konstruktiven Funktionalismus (vgl. LUHMANN 1984, 1987; vgl. SCHMIDT 1987), die *Reflexionsleistungen* des Erziehungs*systems* verbessern. Während das Wachstum der pädagogisch so erwünschten Freiheit des Subjekt-Objekts reflexiver Technologieersatztechnologien weiterhin im dunkeln bleibt («Der Schluß drängt sich daher auf, daß die Erziehung zur Freiheit dem unterschwelligen Chaos im Klassenzimmer überlassen bleiben muß.» – LUHMANN/SCHORR 1982, S. 17), wird die Steigerung der Autonomie des Sozialsystems Erziehung durch den Ausbau reflexiver Mechanismen immer wahrscheinlicher.

Das ist nicht unproblematisch und auf Kritik gestoßen. In der systemtheoretischen Wiederaufnahme des Technologieproblems wird Selbstreifizierung von Selbstbefreiung ununterscheidbar. Überdies wird das *moralische* Autonomieprinzip moderner Erziehungstheorien, den «Zögling» nicht als Mittel, sondern als (Selbst-)Zweck zu behandeln, durch Technologien zweiter Stufe («Technologieersatztechnologien») ebenso verletzt wie durch die schlichte oder direkte Technisierung des Unterrichts (vgl. BENNER 1979a, b). Diesen Einwand kann die Systemtheorie zwar dadurch unterlaufen, daß sie den idealistischen Begriff der Selbstreflexion eines Subjekts zum Begriff des *selbstreferenziell* geschlossenen, *autopoietischen Systems* universalisiert und so die klassischen Unterscheidungen von Subjekt und Objekt, Zweck und Mittel außer Kraft setzt, aber das hat natürlich den Preis, die Freiheit dem Zufall zu überlassen. Andererseits erweist sich der konstruktive Funktionalismus gegen Einwände resistent, die mit einem zu starken, metaphysischen Freiheitsbegriff Kantischen Zuschnitts an die Erziehungswirklichkeit herangehen. Die von funktionalistischer Seite neuerlich provozierte Debatte über den Freiheitsbegriff in der Erziehung läßt nämlich die Schwäche einer Pädagogik deutlich hervortreten, die vom Vorrang der Ethik und der praktischen Vernunft gegenüber Wissenschaft und Theoriebildung ausgeht. Das Technologieproblem der Erziehung verschärft sich zwangsläufig zu einem Technologieverdikt, wenn man Freiheit als Gegenbegriff zu Determinismus einführt, anstatt freies und zurechnungsfähiges von zwanghaftem Handeln zu unterscheiden. Freiheit ist nicht, wie Kant irrtümlich annahm, Freiheit von Kausalität, sondern Freiheit von Zwang. Freiheit von Zwang ist ein empirisches und ganz alltägliches Faktum, das wir in allen Situationen erfahren, in denen wir überlegen oder mit anderen beratschlagen, was wir tun sollen. Demgegenüber ist Freiheit von Kausalität ein unerklärliches und opakes metaphysisches Faktum. Mit diesem Faktum fällt aber auch das Technologieverdikt, und der Einwand gegen die Systemtheorie gewinnt an Schärfe. Das von Zwang freie Handeln ist nämlich ein (folgenreiches) Ereignis in der Welt, das, gerade weil es mehr ist als der pure Zufall, kausal erklärt werden kann. Es wird durch andere, innerweltliche Ereignisse verursacht, nämlich durch vorgängige Überlegungen und gute Gründe, die einer empirischen Person einleuchten und deren sie ihre Zustimmung nicht verweigern kann. Frei sind Handlungen, die durch einen rationalen Willen determiniert sind (vgl. TUGENDHAT 1987). *Planmäßiges Einwirken* auf die Rationalität des Willens (= Fähigkeit zu einsichtigem Handeln und Argumentieren) aber ist Erziehung zur Freiheit. Freilich ist die wichtigste Technik zur Rationalisierung des Willens der Appell an Einsicht, solcher Appell ist Einwirkung auf den anderen durch Gründe, deren Wirksamkeit freilich von ihrer *Geltung*, nämlich der einsichtigen Zustimmung durch den anderen selbst abhängt (vgl. APEL 1987a, b). Ein solcher, nachmetaphysischer Freiheitsbegriff erfüllt Kants Postulat, «das Kind, von der ersten Kindheit an, in allen Stücken frei sein [zu] lassen» (KANT 1964, S.711), aber ohne ein Technologieverdikt. Er bringt zugleich kritische Vorbehalte gegen den funktionalistischen Autonomiebegriff zur Geltung. Anstatt psychische Systeme, die sich durch die Beobachtung fremder und die Selbstbeobachtung eigener Kausalpläne aufeinander und auf das seinerseits selbstreferenzielle Sozialsystem beziehen, relationiert ein «gradualistischer» (TUGENDHAT 1987, S.388) und handlungsorientierter Autonomiebegriff wechselseitig unterstellte Einsichten und Überlegungen (Reflexionen), die durch Gründe miteinander verbunden sind und zwanglos aufeinander einwirken.

Soziologie und Ökonomie der Erziehung. Der zweite Rezeptionstyp bezieht sich in der Regel nicht oder nur zufällig auf die Pädagogik als wissenschaftliche «Selbst-Thematisierung» (vgl. LUHMANN 1973a) des Erziehungssystems, sondern auf dieses selbst. So analysiert HURRELMANN (vgl. 1975) das Verhältnis von Erziehungssystem und Gesellschaft unter Rekurs auf Luhmanns evolutionstheoretisch untermauerte Dreier-Typologie sozialer Systeme, die diese unter dem Gesichtspunkt der *Interaktion* unter Anwesenden, der Mitgliedschaft in *Organisationen* und der kommunikativen Erreichbarkeit in *Gesellschaften* unterscheidet (vgl. LUHMANN 1975a, S.9ff). Dabei geht es Hurrelmann einmal um die allgemeinen *Funktionen* des Erziehungssystems *für das Gesellschaftssystem* insgesamt und seine führenden Teilsysteme (vgl. HURRELMANN 1975, S.43ff). Danach werden die gesamtgesellschaftlichen Funktionen des Erziehungssystems vor allem im Output an «Qualifikationen» und «normativer Loyalität» gesehen, hingegen die konkreten *Leistungen* des Erziehungssystems als *Organisationssystem* in der Erfüllung klientelbezogener Dienstleistungen. Was gesellschaftlich funktional und organisatorisch möglich ist, muß jedoch in Interaktionen realisiert werden (vgl. LUHMANN 1975a, S.15). So ist es möglich, daß das Erziehungssystem als

Interaktionssystem gerade die Leistungen blockiert, die das Organisationssystem erbringen muß oder umgekehrt Interaktionen pathologisiert werden aufgrund organisatorisch geforderter Leistungen (vgl. HURRELMANN 1975, S. 183ff; zur Systemanalyse des Schulsystems: vgl. FINGERLE 1973; zu der des Unterrichts: vgl. MARKOWITZ 1986).

Über ähnliche Störungen und Reibungen, die an den Rändern sozialer Systeme im *Prozeß fortschreitender funktionaler Differenzierung* entstehen, hatten bereits PARSONS/PLATT (vgl. 1970) die Studentenunruhen zu erklären versucht. Funktionale Differenzierung, so die These, hat Folgen für die Entwicklung des Persönlichkeitssystems, das Parsons im Sinne der Psychoanalyse Freuds deutet. Dabei kommt dem rasch expandierenden Erziehungssystem eine Schlüsselstellung zu. Schon die Ausdifferenzierung des Wirtschaftssystems aus dem familialen Haushalt hatte durch die neue Stellung des → Vaters und dessen alltägliche Abwesenheit die Strukturierung der ödipalen Entwicklungsphase entscheidend mitbestimmt. Die weitere Ausdifferenzierung eines leistungsorientierten und universalistischen *Erziehungssystems* erzwingt dann auf der Ebene des *Persönlichkeitssystems* den Übergang in die Latenzphase mit dem Resultat des Aufbaus instrumenteller Wertorientierungen und der Reduktion der Sexualität auf gesellschaftlich funktionale Formen der Fortpflanzung. Bei der beginnenden Ausdifferenzierung des Erziehungssystems kommt es dann im 19. Jahrhundert zu den entsprechenden Konflikten, von denen nicht nur die psychoanalytische Literatur ein beredtes Zeugnis gibt. Die *Expansion und interne Ausdifferenzierung* des Erziehungssystems in zahllose Subsysteme hat in jüngster Zeit ähnliche Folgen für das Persönlichkeitssystem: den Auf- und Ausbau der Adoleszenzphase mit den entsprechenden Krisen: Konflikte zwischen universalistischen Gleichheitspostulaten, die zusammen mit diffus-affektiven Bindungen vor allem die Spätadoleszenz von Studentenkulturen umschreiben, und den gerade infolge gesellschaftlicher Differenzierung verschärften → Selektionen (vgl. LUHMANN 1981a, S. 105ff; vgl. LUHMANN 1986, S. 193ff; vgl. LUHMANN/SCHORR 1979a, S. 233ff) in einer affektiv neutralen, organisationsförmigen gesellschaftlichen Umwelt. In eine ähnliche Richtung gehen Untersuchungen wie die von DÖBERT/NUNNER-WINKLER (vgl. 1975), die sich von der von Parsons und Platt vor allem durch eine Hereinnahme der kognitiven Entwicklungspsychologie in die Theorie des Persönlichkeitssystems und eine marxistische Analyse des bürgerlichen Gesellschaftssystems unterscheiden (zur Systemtheorie von → Jugend und Adoleszenz: vgl. EISENSTADT 1966).

Systemtheoretisch oder doch in unmittelbarer Nähe des Systemdenkens angesiedelt sind auch die meisten Modelle und Konzepte der → Bildungsökonomie, hier jedoch vor allem die bildungsökonomischen Planungsansätze (zusammenfassend: vgl. BECKER/WAGNER 1977). Weniger an den Grenzen des Erziehungs- und Gesellschaftssystems mit dem Persönlichkeitssystem als vielmehr an den Konfliktzonen und funktionalen Verklammerungen des →Bildungssystems mit dem politischen und dem ökonomischen System setzen Autoren wie ALTVATER/HUISKEN (vgl. 1971) und OFFE (vgl. 1972, 1975) an. Dabei dreht sich im Anschluß an Marx die Analyse des Erziehungssystems wesentlich um die Bestimmung der Staatsfunktionen im Spätkapitalismus.

Vor allem für die →*Sozialpädagogik* ist die Diskussion unter und über funktionalistische(n) Soziologen um Konformität und abweichendes Verhalten und über die Mechanismen sozialer Kontrolle wichtig geworden. Im Rahmen der Parsonsschen Steuerungshierarchie, an deren Spitze das kulturelle System der Normen und Werte steht und das als normativer Faktor die unteren Systemebenen, das soziale System der Rollen und Institutionen, schließlich das Persönlichkeitssystem der Wertorientierungen (qua «Über-Ich») und endlich die Triebdynamik des organischen Systems (über Verdrängung) durchdringt und integriert, ist Konformität und Abweichung ein zentraler Aspekt des kulturellen Systems (vgl. PARSONS 1951, S. 249). Parsons, dessen Interaktionsparadigma ein einfaches Sozialsystem im Gleichgewichtszustand und dessen zentrale Bezugsgröße Stabilität ist, deutet abweichendes Verhalten als dysfunktionale Störung des Systems, als Destabilisierung und Desintegration (vgl. PARSONS 1951, S. 251 f), konformes Verhalten hingegen ist in Übereinstimmung mit den Normen des kulturellen Systems stabilisierend und deshalb funktional adäquat. Diese eindeutige Zuordnung hängt eng mit dem vieldiskutierten normativen Bias von Parsons zusammen und ist bereits von COSER (vgl. 1962) mit dem Argument, daß auch abweichendes Verhalten funktional im Sinne des Systems sein könne, modifiziert worden.

Neben Versuchen, «Sozialarbeit als System» zu begreifen (HARNEY 1975), ist vor allem Luhmanns evolutionistisch ansetzende Studie über das System sozialer Hilfen für die Sozialpädagogik von Interesse (vgl. LUHMANN 1973 b, 1981 b). Er untersucht das System sozialer Hilfen unter dem Gesichtspunkt der schließlichen Ausdifferenzierung abstrakter Organisationen, die subjektive Hilfsmotivationen und normative Orientierungen zugunsten entsubjektivierter Entscheidungsprogramme einer auf Verwaltungstechnik reduzierten «Daseinsnachsorge» überflüssig machen. In der Sozialpädagogik hat der Systemansatz zu lebhaften Kontroversen vor allem um den beruflichen Status der Sozialarbeit geführt. Programme alternativer Professionalisierung werden ebenso mit dem entwickelten Instrumentarium der Systemtheorie durchgeführt wie funktionalistische Analysen zur Ausdifferenzierung des Subsystems Normalisierungsarbeit (vgl. DEWE/OTTO 1984, OLK 1986). Dabei werden Steuerungsbedarf und Verständigungsbedarf eines sozialen

Systems von hoher Komplexität gegeneinander verrechnet und systemtheoretische Ansätze mit poststrukturalistischen Analysen der Diskurs-Mächte integriert.

Im Bereich der Hochschulforschung hat KLÜVER (vgl. 1983) versucht, die eigentümliche Gleichzeitigkeit grob enttäuschter Reformerwartungen und gescheiterter oder steckengebliebener Reformen mit wachsender Stabilisierung und Autonomisierung des Universitäts- und Wissenschaftsbetriebs systemtheoretisch aufzuklären. Offensichtlich haben sich Bildungs- und Systemautonomie der Universität voneinander getrennt, sind deren Eigenfunktion als System und ihr Eigensinn als Forschergemeinschaft auseinander, wenn nicht gar in Gegensatz zueinander getreten (vgl. APEL 1987c, BRUNKHORST 1986).

Systemtheoretische Pädagogik. Schließlich bleibt der von LUHMANN/SCHORR (vgl. 1979a) unternommene Versuch, die →*Pädagogik* (Erziehungswissenschaft) konsequent als Systemtheorie zu rekonstruieren, zu erwähnen. Dieses anspruchsvolle Unternehmen, das der bisherigen Pädagogik unterstellt, über ihre Probleme zwar «nachgedacht und geschrieben», aber nicht «reflektiert» zu haben (vgl. LUHMANN/SCHORR 1979a, S. 50), unterscheidet sich von den zuvor skizzierten Ansätzen einmal durch seinen Totalitätsanspruch und zum anderen durch den systematischen Bezug auf das «pädagogische Denken» und dessen Relationen zu den realen «sozialstrukturellen Entwicklungen im Erziehungssystem» (LUHMANN/SCHORR 1979a, S. 14). Reflexion ist Systemreflexion und als solche die Analyse des vielfach «verdeckten Zusammenhangs von pädagogischer Semantik und sozialer Struktur» (LUHMANN/SCHORR 1979a, S. 15; vgl. LUHMANN 1980, 1981). «Totalisierende Supertheorien» wie der Systemansatz (LUHMANN 1978, S. 17), die «ihre Lernprozesse nicht an der Natur, sondern am Gegner» orientieren (LUHMANN 1978, S. 23), erheben wie die marxistische Ideologiekritik den Anspruch, mit ihren «eigenen Begriffen» den jeweiligen Gegner zu rekonstruieren und so aus sozialstrukturellen Gründen fortschreitender Systemdifferenzierung verständlich zu machen, «weshalb er opponiert» (LUHMANN 1978, S. 18). Dabei wird die Systemtheorie selbst als Teil(system) der sozialen Wirklichkeit begriffen, auf die sie sich bezieht. Man könnte dies «empirische Selbstreferenz» nennen: Die Theorie bezieht sich empirisch und nicht apriorisch auf sich selbst als «*Teilbereich* ihres Gegenstandes» (LUHMANN 1978, S. 116). In Anwendung auf den pädagogischen Gegner, das ist das «pädagogische Denken» oder die «pädagogische Semantik» von den bürgerlichen Anfängen bis zur Gegenwart, heißt das unter anderem nachzuweisen, daß das Bemühen der Pädagogen um *Autonomie* nichts anderes war und ist als ein *«Folgeproblem gesellschaftlicher Differenzierung»*. Autonomie und Reflexion sind als Strukturen und

Prozesse gesellschaftlicher Teilsysteme nicht Privationen der Gesellschaftlichkeit, sie führen das Teilsystem nicht aus der Gesellschaft heraus, sondern sind selbst gesellschaftlich konstituiert, und zwar genau: durch die Form der Differenzierung konstituiert» (LUHMANN/SCHORR 1979a, S. 25). Wie bereits oben mit Bezug auf Parsons angedeutet, ist nun jede Ausdifferenzierung von «Störungen» begleitet und bereitet dem Begreifen ebenso wie dem Hinnehmen Schwierigkeiten. Durch dieses Problem werden zunächst und für lange Zeit «die Reflexionsfähigkeiten des Erziehungssystems» hoffnungslos überfordert (LUHMANN/SCHORR 1979a, S. 26), so lange nämlich, bis mit vollendeter Ausdifferenzierung und der totalen Mediatisierung der Erziehung durch die Selektionsfunktion (vgl. LUHMANN 1981a, S. 105ff; vgl. LUHMANN/SCHORR 1979a, S. 300ff) am Ende eine systemtheoretisch ansetzende Systemreflexion sozial möglich wird.

Die entscheidende Schwäche der vorsystemwissenschaftlichen «pädagogischen Semantik» ist nach Luhmann die Orientierung der Reflexion am Menschen und nicht am System. Und die Systemtheorie versucht zu zeigen, daß die spezifische Form dieser «alteuropäisch-humanistischen» (vgl. LUHMANN 1978, S. 28ff), subjektzentrierten Reflexion nichts anderes ist als eine ressentimentgeladene, «Theoriedefekte» bloß moralisch zudeckende (vgl. BLUHM 1978, LUHMANN 1978) und rudimentäre Form der einzig adäquaten Systemreflexion. So ist das Postulat von der «Autonomie der Pädagogik» eine illusionär an der →Identität von Subjekten und der Dichotomie «Autonomie versus Heteronomie» ansetzende notwendige Folge der Ausdifferenzierung eines *autonomen (Teil-)Systems*. «Durchweg sind Autonomiepostulate erste, rudimentäre Formen der Systemreflexion» (LUHMANN/SCHORR 1979a, S. 47). Das Autonomiepostulat der Pädagogik, das sich in seinen klassischen (aufklärerischen und neuhumanistischen) Versionen in den «Kontingenzformeln» (vgl. LUHMANN 1978, S. 14; vgl. LUHMANN/SCHORR 1979a, S. 58ff; vgl. LUHMANN 1981a, S. 105ff) der «humanen Perfektion» und der →«Bildung» ausgedrückt hat (vgl. LUHMANN/SCHORR 1979, S. 63ff, S. 73ff), ist mithin eine (system-)*notwendige Illusion*. Sie ist *notwendig*, weil Ausdifferenzierung bedeutet, daß Systeme qua System ihre Autonomie und Identität reflektieren, sie ist *illusionär*, weil sie die Reflexion an eine vergehende Stufe der sozialen Evolution, an den Menschen und an dessen Lebenswelt bindet und deshalb fälschlich Autonomie gegen Heteronomie abgrenzt. Auf der Stufe eines nahezu vollständig ausdifferenzierten Systems jedoch wird Autonomie als das erkennbar, was sie wirklich ist: *Systemautonomie*. Deren wesentliches Merkmal ist, daß sie keinen Gegensatz zur Heteronomie kennt. Die Heteronomie ist in die (System-) Autonomie hineingenommen und mit dieser verschmolzen. (Am Rande sei vermerkt, daß dies exakt MARCUSES – vgl. 1967 –, im Unterschied zu Luhmann allerdings *kritisch* akzentuierte These von der Eindimensionalität der modernen Industriegesellschaft ist!) «Autonom ist ein System, das seine Abhängigkeiten von der Umwelt wählen kann» (LUHMANN/SCHORR 1979a, S. 90). Systemautonomie ist «die Unabhängigkeit in der Selbstregulierung», und dieser Autonomiebegriff setzt voraus, «daß im Verhältnis zur Umwelt Abhängigkeiten und Unabhängigkeiten zusammen bestehen können» (LUHMANN/SCHORR 1979a, S. 52). Zunehmende Systemdifferenzierung ist dann Steigerung der (System-) Autonomie, und das heißt: «mehr Abhängigkeiten und mehr Unabhängigkeiten zugleich» (LUHMANN/SCHORR 1979a, S. 52).

Autonomie erhöht die *Anpassungskapazität* von Systemen – eine Einsicht, die sich schon bei PARSONS (vgl. 1971, 1975) findet. «Lernfähigkeit» ist die der Autonomie des Erziehungssystems funktional adäquate Kontingenzformel: «zu lernen ist die Dauerbereitschaft, Neuem durch Änderung von bereits gelernten Erwartungsmustern zu begegnen» (LUHMANN/SCHORR 1979a, S. 86). «Das Konzept des zu lernenden Lernenkönnens paßt sich in eine funktional differenzierte Gesellschaftsordnung ein. Es kann insofern als Korrelat evolutionärer Veränderungen des Gesellschaftssystems begriffen werden: Höhere Komplexität, die selektives Verhalten erzwingt, erfordert höhere Umstellfähigkeit auf der Ebene sozialer wie auf der Ebene personaler Systeme» (LUHMANN/SCHORR 1979a, S. 87). Das genau soll Systemreflexion im Erziehungssystem leisten mit Bezug auf das «sachliche» Problem der Autonomie, das «zeitliche» der Technologie und das «soziale» der Selektion (vgl. LUHMANN/SCHORR 1979a, S. 9, S. 18ff, S. 115ff, S. 233ff; vgl. BRUNKHORST 1983). – Was aber sind Systeme?

System. Der Systembegriff ist älter als die Systemtheorie. Die klassischen Definitionen würde Luhmann «alteuropäisch» nennen.

«Alteuropäische Definitionen». Die französischen Aufklärer und Enzyklopädisten hatten Systeme als Systeme der Natur eng mit einem Naturbegriff verknüpft, für den Natur nicht länger eine chaotische Mannigfaltigkeit, sondern vielmehr ein *geordnetes Ganzes, Einheit im Mannigfaltigen*, eben ein «natürliches *System*» war, ein Motiv, das sich noch in der modernen Formel der «Reduktion von Komplexität» verändert wiederfindet. «Die verschiedenen Systeme der Dinge, oder, wenn man will, ihre *besonderen Naturen* hängen von dem Hauptsystem ab, von dem großen Ganzen, von der universellen Natur, zu der sie gehören und mit der alles Existierende notwendig verbunden ist» (DE HOLBACH 1960, S. 17). Holbach unterscheidet bereits zwischen einem *System* («Hauptsystem») und seinen *Subsystemen* («besondere Naturen», dabei entspricht «Natur» einem «System»). Und auch die moderne Standarddefinition ist

hier schon teilweise impliziert. Sie kehrt in allen folgenden Beispielen wieder: Systeme bestehen aus Objekten («System der *Dinge*»), über die Relationen definiert sind: die «notwendigen *Verbindungen*» zwischen den Dingen («Existierendes»).

Kant unterscheidet ein logisches System (ein Denksystem, ein System der Philosophie) von einem empirischen System (vgl. KANT 1957a, S. 173 ff; vgl. BRUMLIK 1977, S. 202 ff). Die Philosophie ist ein (logisches) «System der Vernunfterkenntnis durch Begriffe» (KANT 1957a, S. 173). Durch transzendentale Prinzipien a priori wird die Einheit der Mannigfaltigkeit der Natur unter empirischen Gesetzen als ein «logisches System» denkbar: «Die logische Form eines Systems besteht bloß in der Einteilung gegebener allgemeiner Begriffe [...], dadurch, daß man sich das Besondere [...] als unter dem Allgemeinen enthalten, nach einem gewissen Prinzip denkt» (KANT 1957a, S. 191). Die *Elemente* eines solchen Denksystems sind «Begriffe», die durch eine «Einteilung» unter «Prinzipien» (Kant spricht von einer «Klassifikation des Mannigfaltigen» – KANT 1957a, S. 191) zum System *verbunden* (in Luhmanns Terminologie: «relationiert»), eben *system*atisiert werden. Davon unterschieden ist das *reale System:* die «empirische Einheit» eines «gesetzmäßigen Zusammenhangs» (KANT 1957a, S. 180) der Natur in einem «empirischen System», die für KANT (1957a, S. 186) eine «transzendentale Voraussetzung» möglicher Erfahrung ist. Für die Theorie *sozialer* Systeme bedeutsam ist schließlich Kants Konstruktion eines dritten Typs von Systemen: *Systeme der Zwecke* (vgl. KANT 1957b, S. 490 ff), was modern mit «Funktionssysteme» übersetzt werden kann (auch Kant redet von «Funktionen» synonym zu «Zwecken» – vgl. KANT 1957b, S. 487). Die «Idee der gesamten Natur als eines Systems nach der Regel der Zwecke» (KANT 1957b, S. 491) ist allerdings keine übersinnliche Qualität der Dingwelt, sondern Resultat einer funktionalistischen Betrachtungsweise der Natur, anders als in der modernen Systemtheorie «alteuropäisch» durch das Subjekt konstituiert. Die «teleologische Ordnung der Dinge» (vgl. KANT 1957b, S. 492 f) verdankt sich der *Maxime:* «Alles in der Welt ist irgend wozu gut» (KANT 1957b, S. 492). Mit dem in ähnlichem Zusammenhang eingeführten Begriff der «Selbstorganisation» (vgl. KANT 1957b, S. 484 ff) kommt Kant allerdings kybernetischen Ideen sehr nahe.

Auch Hegel unterscheidet ideelle und reale Systeme. «System» schließt unmittelbar an den Begriff der Totalität an. Ein *ideelles Begriffssystem* ist ähnlich wie bei Kant eine «Organisation von Sätzen und Anschauungen» (HEGEL 1913a, S. 21). Und nur in einem «wissenschaftlichen System» vermutet Hegel die «wahre Gestalt, in welcher die Wahrheit existiert» (HEGEL 1952, S. 12).

Im Zentrum von Hegels Philosophie steht als *reales System* bereits die Gesellschaft, insbesondere die bürgerliche (Wirtschafts-)Gesellschaft, die Hegel das *«System der Bedürfnisse»* nennt: ein «System wechselseitiger physischer Abhängigkeiten», eine «dem Individuum fremde Macht, der gegenüber es ohnmächtig bleibt» (HEGEL 1913b, S. 488). Hegel stellt hier den Begriff des sozialen Systems in einen inneren Zusammenhang der *Abstraktion, Verdinglichung* und *Entfremdung:* Systeme erscheinen wie in der neueren Systemtheorie als abgekoppelt von den Bedürfnissen der konkreten Individuen und ihrer sozialen Lebenswelt. Die Folge der «funktionalen Differenzierung» ist mit Luhmanns Worten: «Die Soldaten marschieren, die Schreiber protokollieren, die Minister regieren – ob es ihnen in der Situation nun gefällt oder nicht» (LUHMANN 1975a, S. 12). Und bei Hegel ist das «System der Gerechtigkeit» völlig indifferent «für das Interesse der Beziehung der Sache auf das Bedürfnis dieses bestimmten Individuums» (HEGEL 1913a, S. 495). Genau diese von Hegel erkannte Abstraktion ist Voraussetzung der Systembildung. Luhmann schreibt: «In dem Maße, als die Gesellschaft sich im Sinne des neuen Begriffs der ‹bürgerlichen Gesellschaft› von der Wirtschaft her definiert, gilt diese Abstraktion mit Verlust der Handlungsfähigkeit [der Individuen] auch für das Gesellschaftssystem selbst» (LUHMANN 1973a, S. 29). Und: «Das Wirtschaftssystem ist eine sich selbst regulierende Ordnung individuellen Handelns, die niemanden braucht und niemanden hat, der sie als System vertritt und verpflichtet» (LUHMANN 1973a, S. 29).

Natürlich ist für Hegels absoluten Idealismus die Differenz von ideellem und realem System nur eine Stufe auf dem Weg zur wahren Wirklichkeit: «[D]as Wahre [ist] nur als System wirklich» (HEGEL 1952, S. 24). Ein solches System, in welchem die «Substanz wesentlich Subjekt ist» (HEGEL 1952, S. 24), würde Idee und Wirklichkeit übergreifen. In allerdings metaphysisch entrümpelter, abgeschwächter und entsubjektivierter Form wirkt dieser Gedanke noch im Konzept der «empirischen Selbstreferenz» systemfunktionaler Supertheorien nach.

In vieler Hinsicht ist Marx trotz aller Differenzen bereits «Systemtheoretiker». Wenn Marx vom «System der vom Kapital beherrschten Produktionsweise» (MARX 1953, S. 363) spricht, dann läßt sich sein ökonomisches Kreislaufmodell zwanglos als ein selbsreguliertes Funktionssystem interpretieren (vgl. MARX 1968/1969). Vor allem die strukturalistische Marxinterpretation hebt (einseitig) auf die Systemperspektive ab (vgl. ALTHUSSER/BALIBAR 1972; vgl. GODELIER 1970, 1972).

Weber verwendet den Begriff des Systems in engem Zusammenhang mit dem Begriff der Rationalisierung und der Entwicklung der okzidentalen Rationalität. So war die im Vergleich mit dem «nicht-stereotypierten Patrimonialstaat» große «Stetigkeit der Rechtsordnung», also die relative Durchrationalisierung und Ausdifferenzierung des Rechtssystems im Feudalismus, eine wichtige Voraussetzung für die «Entstehung eines rationalen kapitalistischen Systems» (WEBER 1956, S. 824). Das kapitalistische System ist für Weber die vollendete Gestalt jener «rationalen Beherrschung der Welt» (WEBER 1920, S. 534), die den Menschen in «ein brauchbares Instrument, die Welt rational umzuwälzen und zu beherrschen» (WEBER 1920, S. 535) verwandelt und in diesem Sinne die Lebenswelt technisiert (vgl. LUHMANN 1975b, S. 71f) hat: diese erstirbt unter den «kalten Skeletthänden rationaler Ordnungen» (WEBER 1920, S. 561), den «organisierten Sozialsystemen» der neueren Systemtheorie.

Auch in der idealistischen und geisteswissenschaftlichen Pädagogik hat der Systembegriff eine lange Tradition. So versucht der Hegelschüler Rosenkranz die *«Pädagogik als System»* im Kontext des Hegelschen Systems der Wissenschaften zu lokalisieren (vgl. ROSENKRANZ 1848, S. 2) und die verschiedenen, aufgrund einer endlichen Menge an Kombinationsmöglichkeiten der «besonderen Elemente» im Begriff der Erziehung, in ihrer Anzahl strukturell begrenzten «*Systeme* der Erziehung» in eine (durch Hegels Geschichtsphilosophie inspirierte) Entwicklungssequenz zu bringen, so daß das letzte System «das der *Gegenwart* selber» ist (ROSENKRANZ 1848, S. 6).

Die «Grundlinien eines Systems der Pädagogik» gewinnt DILTHEY (1961) aus der Abgrenzung gegen die «natürlichen Systeme» der Aufklärung. System ist bei Dilthey immer schon historisch relativiert (vgl. DILTHEY 1969, S. 36ff; vgl. DILTHEY 1961, S. 167). Gleichwohl bleibt die Pädagogik, sofern sie wissenschaftliches System ist, auf die «Allgemeingültigkeit der Regeln und Sätze» verwiesen (DILTHEY 1961, S. 167). Systemperspektive ist hier das Zusammenfügen der «Bestandteile» der Pädagogik «von einer festen wissenschaftlichen Grundlage aus zu einer festen Konstruktion» (DILTHEY 1961, S. 167). Diese Konstruktion verfährt *funktionalistisch*, ist *«Analysis des Zweckzusammenhangs der Erziehung»* (DILTHEY 1961, S. 167). Ob es dabei nun um die «teleologische Vollkommenheit des Seelenlebens» (DILTHEY 1969, S. 50) und die Beziehungen zwischen «Organismus, Außenwelt und Handlungen» (DILTHEY 1969, S. 44) oder um die «Beziehungen» der «Erziehung und Schulen *zu den Zentren der äußeren Organisation* der Gesellschaft: Familie, Gemeinde, Staat und Kirche» (DILTHEY 1969, S. 55) geht, allemal ist «der leitende Gedanke hierfür in der Erkenntnis der allgemeinen Lage aller Theorien von den Funktionen der Gesellschaft gegründet. Auch die Erziehung ist eine solche Theorie» (DILTHEY 1961, S. 167). Dabei bedeutet, wie man es von einem Lebensphilosophen erwarten sollte, pädagogisches Systemdenken «eine Abstraktion aus der geschichtlichen Lebendigkeit des Menschen» (DILTHEY 1969, S. 50).

Genau dieser Zusammenhang von *Abstraktion, Verdinglichung und Entfremdung* mit der Systemperspektive, der sich gleichermaßen bei Hegel, Marx, Dilthey oder Weber findet, verdankt sich der «alteuropäischen» Bindung dieser Denker an den Menschen und den entsprechenden Anthropozentrismus der theoretischen Konstruktion. Das ist der Unterschied zu Luhmann, der, hierin Foucault und einer Reihe französischer Strukturalisten verwandt, einen Systembegriff stark zu machen sucht, der auch noch die letzten humanistischen Eierschalen abgeworfen hat (vgl. LUHMANN 1978, S. 28ff).

Erwähnung verdient in diesem Kontext A. Fischer, der von allen älteren Pädagogen der modernen Systemtheorie am nächsten gekommen ist. Er deutet im Grunde bereits das Erziehungssystem als infolge eines evolutionären Prozesses aus dem lebensweltlichen Kontext abstrahiertes und funktional ausdifferenziertes Teilsystem, das durch → *Erziehung als Beruf* organisiert ist (vgl. FISCHER 1967, S. 35ff). Theoretisch verlagert sich der Akzent vom metaphysischen «Was ist?» auf das funktionelle «Wie?»: «An die Stelle der Frage, was ein Ding sei? es selbst nämlich, tritt immer unverdeckter die andere: unter welchen Bedingungen es entsteht, wie es erzeugt, hergestellt werden kann?» (FISCHER 1967, S. 39). Für den vom Neukantianismus beeinflußten Fischer ist das «System der Wissenschaften» (FISCHER 1969, S. 252) durch «Seins- und Wertsphären» definiert, die letztlich den Differenzierungen der «gesellschaftlichen Wirklichkeit» folgen. In System-Terms paraphrasiert gliedert sich die «gesellschaftliche Wirklichkeit» bei Fischer nach den Subsystemen Sprache, Wirtschaft, Technik, Erziehung, Sitte und Recht, Staat, Kunst, Wissenschaft, Religion, und jedem dieser Teilsysteme entsprechen «Selbst-Thematisierungen» (vgl. LUHMANN 1973a, S. 21ff), die Pädagogik dem Erziehungssystem, Ethik und Rechtswissenschaft dem Rechtssystem und so weiter (vgl. FISCHER 1969, S. 252ff), eine zweifellos etwas starre Architektonik, aber das gilt auch für Parsons' Systemtheorie, für die, ein weiterer Berührungspunkt mit Fischer, die Wertbeziehungen des kulturellen Systems der normative Kern der Theorie sind. Umgekehrt haben BUBNER (vgl. 1973, S. 112ff) und PREWO (vgl. 1979, S. 38f) die neukantianischen Quellen der Luhmannschen Soziologie freigelegt. Insofern ist Fischers Nähe zum Systemdenken nicht überraschend.

Standarddefinition. Die gängige Standarddefinition von System ist in weitgehender Übereinstimmung mit den klassischen Formulierungen: *«Ein System ist ein Satz von Objekten zusammen mit Beziehungen zwischen den Objekten und zwischen ihren Attributen»* (HALL/FAGEN 1971, S. 94). Diese Charakterisierung findet sich bei fast allen Autoren wieder, die sich systematisch zur Systemtheorie auslassen. So schreibt ALLPORT (1968, S. 344): «Ein System [...] wird schlicht als ein Komplex von Elementen in Wechselwirkungen definiert» (vgl. HUMMEL 1972, S. 16; vgl. OPP 1970, S. 4).

Systeme selbst können ihrerseits «Eigenschaften, Funktionen oder Zwecke» haben, die von denen der sie «konstituierenden Objekte, Beziehungen und Attribute verschieden sind» (HALL/FAGEN 1971, S. 94). Das ist eine moderne Umschreibung des Satzes, das Ganze sei mehr als die Summe seiner Teile. So unterscheiden wir bereits im Alltag die Familie X *als* Familie X von Familie Y. Und wenn wir von Familien, Schulen, Betrieben oder ganzen Gesellschaften sprechen, dann meinen wir *etwas anderes* als deren einzelne Elemente, Eigenschaften und Beziehungen. Vor allem meinen wir, wenn wir von Systemen reden, nicht deren Objekte als Dinge an sich und alle möglichen Beziehungen zwischen diesen, sondern stets nur *bestimmte wesentliche Beziehungen und Eigenschaften*. HALL/FAGEN (1971, S. 96) nehmen in dieser Hinsicht eine wichtige Spezifizierung ihrer Definition vor: «Die Beziehungen, auf die es uns ankommt, sind diejenigen, die ‹das System zusammenhalten›.»

In diesem Sinne legen WATZLAWICK u. a. (1969, S. 116) das Interaktionssystem auf den wesentlichen Beziehungsaspekt fest, dem gegenüber der Inhaltsaspekt sekundär für den Zusammenhalt des Systems erscheint: «Von Wichtigkeit ist daher nicht der Inhalt der Kommunikation an sich, sondern der Beziehungsaspekt [...] Zwischenmenschliche Systeme sind demnach *zwei oder mehrere Kommunikanden, die die Natur ihrer Beziehung definieren.*» Ähnlich definiert Luhmann Interaktionssysteme durch das wesentliche Merkmal der *«Anwesenheit der Beteiligten»*, wobei die «Beteiligten» die sind, die «eigenes Erleben und Handeln zur jeweiligen Interaktion beisteuern» und «anwesend» sind, «wenn und soweit sie einander wechselseitig [...] wahrnehmen können» (LUHMANN 1972, S. 52).

Von diesen Überlegungen ist es nur noch ein Schritt zu einer weiteren wichtigen Spezialisierung des Systembegriffs durch den Begriff der «Zentralisierung»: «Ein zentralisiertes System ist ein solches, in dem ein Element oder ein Teilsystem eine größere oder dominierende Rolle im Funktionieren des Systems spielt. Wir können hier von einem führenden Teil sprechen oder sagen, das System sei um diesen Teil herum zentriert. Eine kleine Änderung im Führungsteil wird sich im System insgesamt widerspiegeln und beträchtliche Veränderungen herbeiführen» (HALL/FAGEN 1968, S. 86).

Mit dem letzten Satz ist zugleich ein *empirisches Kriterium* für das Systemzentrum formuliert: Jedermann weiß, was passiert, wenn das Herz oder das Gehirn erkrankt und kennt die Auswirkungen von Veränderungen in diesen Organen auf den gesamten Organismus. Für die Biologen beispielsweise ist «Leben» charakterisiert durch die «drei *Grundfunktionen*» «der Erhaltung, der Vermehrung und des Erbwandels [...] sowie durch die Grundstruktur ‹Zelle›» (KAPLAN 1972, S. 25). Und manche Wissenschaftstheoretiker sind der Meinung, auch unsere wissenschaftlichen Theoriesysteme wären um derartige Kerne oder «Paradigmata» zentriert (vgl. STEGMÜLLER 1973 a, 1973 b).

Diese weitere Modifizierung des Systembegriffs liefert zwar noch keineswegs ein Kritierum, *soziale* Systeme von allen anderen zu unterscheiden, ist jedoch für die Sozial- und Erziehungswissenschaften seit je von erheblicher Relevanz. So war für einen der wichtigsten bürgerlichen Wegbereiter der Marxschen «Kritik der politischen Ökonomie», für den Arzt und Ökonomen Quesnay (1694–1774), der Blutkreislauf ein Musterbeispiel für den wirtschaftlichen Kreislauf, den dieser in seinem berühmten «Tableau économique» als ein um den agrarischen Pachtbetrieb *zentriertes System* entworfen hat. Und jenes empirische Kriterium für die Zentralität eines Systemteils hat bereits Marx in einem Gedankenexperiment auf das soziale System angewandt: Man solle sich einmal vorstellen, wie diejenige Gesellschaft in etwa einem Jahr aussähe, die heute jegliche Arbeit einstelle, um sich der Führungsrolle der Produktion zu vergewissern.

Auch für Dilthey war die Vorstellung gesellschaftlicher Gebilde als in sich zentrierter sozialer Systeme geläufig. Jeder «geistige» (das ist durchaus synonym mit «gesellschaftlich-geschichtlich» zu lesen – vgl. DILTHEY 1970, S. 165) «Wirkungszusammenhang», den Dilthey an anderer Stelle selbst ein nach «Funktionen» differenziertes «System» der «Erziehung, des Wirtschaftslebens, des Rechts [...], der Religion [...], der Wissenschaft» nennt (DILTHEY 1970, S. 204), «ist auf eine besondere Art in sich zentriert, und darin ist die innere Regel seiner Entwicklung fundiert» (DILTHEY 1970, S. 213).

Dabei sind *Funktionen* solche *Ziele, Aufgaben* oder *Leistungen*, die ein System für andere Systeme oder das Gesellschaftssystem insgesamt übernimmt und die für die Erhaltung seines eigenen Bestands notwendig sind. Funktionen sind also eine besonders wichtige Art von Beziehungen zwischen Systemen oder deren Teilen. Manche Autoren unterscheiden für soziale Systeme terminologisch zwischen der allgemeinen *Funktion* eines Systems als der *gesamtgesellschaftlichen* Aufgabe des Systems, den konkreten *Leistungen*, die dieses für andere soziale Systeme (Teilsysteme des gesamtgesellschaftlichen Systems) übernimmt und den *selbstbezüglichen* Aufgaben, die ein soziales System durch *Reflexion* auf seine eigene Identität («Selbst-Thematisierung») erfüllt (vgl. LUHMANN/SCHORR 1979a). *Funktionen* unterscheiden sich dadurch von *Ursachen*, daß sie erstens zielgerichtet sind und in diesem Sinne *«quasi-teleologisch»* und nicht kausal wie Ereignisse oder «echt-teleologisch» wie Handlungen erklärt werden müssen (vgl. v. WRIGHT 1974) und daß zweitens eine bestimmte Funktion anders als eine kausal wirkende Ursache auch durch andere Funktionen ersetzt werden kann. A bewirkt nicht immer B, sondern A, B, C und D sind in ihrer Eigenschaft, B zu bewirken, *funktional äquivalent* (vgl. LUHMANN 1970b, S. 23). Überdies sind Funktionen zumeist nicht allen Akteuren bewußt, werden nicht wie *manifeste* Ziele verfolgt, sondern bleiben vielfach *latent*. DILTHEYS (1961, S. 197) Einsicht, Erziehung sei «eine Funktion der Gesellschaft», ist denen, die erziehen, keineswegs immer gewiß (vgl. LUHMANN 1970c, S. 41).

Die Zentrierung des Systems fundiert dessen Entwicklung, oder, wie HALL/FAGEN (1968, S. 86) es ausdrücken, «kleine Änderungen im Führungsteil» verändern das System als ganzes. Heute sprechen Systemtheoretiker vom *«funktionalen Primat»* desjenigen gesellschaftlichen Teilsystems, das «aufgrund eigener Dynamik die gesellschaftliche Entwicklung führt und anderen Teilsystemen den Bereich ihrer Möglichkeiten vorzeichnet» (LUHMANN 1970d, S. 227).

Dabei soll «Primat [...] heißen, daß die Erhaltung des Entwicklungsstandes und die weitere Entwicklung der Gesellschaft in erster Linie von *einem* ihrer funktional notwendigen Teilsysteme abhängt und daß die anderen von daher ihre Probleme und Beschränkungen vordefiniert erhalten» (LUHMANN 1973a, S. 28f).

Die Diskussion über die Zentralisierung sozialer Systeme hat eine wissenschaftstheoretische Pointe für das Verhältnis von *Theorie und Praxis* (→Theorie – Praxis): Es ist nämlich für die praktisch-strategischen Implikationen, die sozialwissenschaftliche Theorien nahelegen, nicht unerheblich, welches Teilsystem der Theoretiker jeweils als führendes Teil wählt und entwirft. Denn ob man wie Quesnay die agrarischen Pächter oder wie Marx den kapitalistischen Betrieb ins Zentrum projiziert, hat erhebliche Konsequenzen für denjenigen, der mit diesen Projektionen im Kopf handelt: Das eine Mal ist der Pächter Träger der sozialen Entwicklung, das andere Mal sind es Kapitalisten und Lohnarbeiter. Erfolgversprechende *Strategien* zur Erhaltung oder Verbesserung der sozialen Lage gesellschaftlicher Gruppen und Klassen müßten dementsprechend das eine Mal an der Struktur und Stellung des landwirtschaftlichen Pachtbetriebs und den Interessen der Pächterklasse, das andere Mal an den Macht- und Eigentumsverhältnissen in der Industrie ansetzen (vgl. RITSERT 1976).

Die entwickelte, konstruktivistische Systemtheorie geht mittlerweile, anders als ihre neomarxistische Variante, davon aus, daß moderne, funktional differenzierte Gesellschaften sich zu solchen ohne Zentrum und ohne einen herausragenden Teil, der das Ganze repräsentiert, ausbilden. Die Gesellschaft *dezentriert* sich notwendig mit der radikalen Autonomisierung ihrer Subsysteme zu «Systemen für sich» (LUHMANN 1970d, S. 210). Nachdem die politischen Gesellschaften des alten Europa zerfallen sind, geht der evolutionäre Primat zunächst auf die Wirtschaft über. Aber die kann als autonomes Funktionssystem nicht mehr leisten, was im alten Athen die Politik als Herrschaft in der Polis geschafft hat: das Ganze sozial zu integrieren. Während sich die funktional differenzierte Gesellschaft dezentriert, schließen sich ihre Subsysteme zu autopoietischen Monaden (vgl. LUHMANN 1984).

System – Teil – Umwelt. Was sind die Teile sozialer Systeme? Man könnte argumentieren, die Teile sozialer Systeme wären ihrerseits soziale Systeme, *Teilsysteme* oder auch *Subsysteme*. In der Tat ist so argumentiert worden, und HALL/FAGEN (vgl. 1971, S. 102) schlagen entsprechend vor, die Elemente eines Systems als Teilsysteme oder «Systeme niedriger Ordnung» zu definieren. Das ist jedoch eine logisch höchst unbefriedigende Lösung. Wenn man den definitorischen Regreß vermeiden will, so sind zunächst Personen Kandidaten für die elementaren Teile sozialer Systeme.

Handlungen als Elementarteile. Die ältere Systemtheorie hat soziale Systeme als Menge von Personen mit Eigenschaften und Beziehungen definiert (vgl. HUMMEL 1972, S. 17). Auch WATZLAWICK u. a. (1969, S. 116) betrachten die «Kommunikanten» als die Elemente des Interaktionssystems: Die «Bestandteile des Systems» sind «menschliche Individuen».

Aber was sind Personen oder «menschliche Individuen»? Personen sind *personale Systeme*, wird der Systemtheoretiker antworten. Und als solche sind sie nicht sozial. Denn Gesellschaft beginnt nicht mit dem vereinzelten Subjekt, sondern mit «*zusammen* lebenden und zusammen sprechenden Individuen» (MARX 1953, S. 6). Also sind konkret-körperliche Personen keine geigneten Kandidaten für die *sozialen* Elemente sozialer Systeme. Daraus hat Luhmann – und das unterscheidet ihn von «Alteuropäern» wie Marx, Peirce und Mead – den Schluß gezogen, daß dann auch «Intersubjektivität», also die Beziehungen *zwischen Personen*, nicht zur Grundkategorie des sozialen Systems (auch nicht des einfachen Interaktionssystems) gemacht werden dürfe. Dann aber gehören die *menschlichen Individuen zur Umwelt des sozialen Systems* und sind in diesem Sinne *desozialisiert* wie umgekehrt das soziale System *dehumanisiert* ist, als System auf die Menschen verzichten kann. Personale Systeme sind dementsprechend von außen in das soziale System «interpenetrierende Systeme» (LUHMANN 1977a, S. 68): Da soziale Systeme «nicht aus Personen bestehen», muß «man ihre Teilsysteme von den interpenetrierenden Systemen unterscheiden [...] Eine Dekomposition sozialer Systeme in Teilsysteme, Teilteilsysteme oder letztlich in Funktionsschemata und Relationen führt nie auf Personen, sie dekomponiert sozusagen an den Personen vorbei. Sie endet je nach analytischem oder praktischem Bedarf bei Firmen oder Organisationsabteilungen oder bei Rollen oder kommunikativen Akten, nie jedoch bei konkreten Menschen oder Teilen von Menschen (Zähnen, Zungen usw.)» (LUHMANN 1977a, S. 68). Die elementarsten *Teile* sozialer Systeme sind dann konkrete *Handlungen* – wobei zu den wichtigsten Eigenschaften von Handlungen die *Zwecke* der jeweiligen Handlungen zählen, und diese beziehen sich zumeist auf einen Hintergrund sozialer Normen, Werte und Orientierungen: Handlungen sind *sinnvoll.* «Unter Handlung soll jedes sinnhaft orientierte, außenwirksame menschliche Verhalten verstanden werden» (LUHMANN 1977b, S. 7).

Entsprechend der Standarddefinition sind dann die *Beziehungen*, die soziale Systeme von anderen unterscheiden, *Beziehungen zwischen Handlungen und ihren Eigenschaften: Interaktionen und Beziehungen zwischen Sinngehalten,* kurz: *sinnvermittelte Interaktionen.*

Sozialsysteme sind «*Handlungs*systeme, die aus konkreten Handlungen [...] gebildet sind und sich durch Sinnbeziehungen zwischen diesen Handlungen von einer Umwelt abgrenzen» (LUHMANN 1977b, S. 8; vgl. LUHMANN 1977b, S. 176). Die *Grenzen* sozialer Systeme sind folglich *Sinn-Grenzen.* Schon PARSONS (1964, S. 53) hatte postuliert: «ein soziales System [ist...] ein System des Handelns». Interaktionen sind also für den modernen Systemtheoretiker deutlich abgegrenzt von interpersonellen Beziehungen. Erstere definieren soziale Systeme, letztere sind in deren Umwelt abgedrängt. «Interaktion» ist ein systemtheoretischer Grundbegriff, «Intersubjektivität» nicht. Systemtheorie ist systematische Abstraktion von Subjektivität und menschlicher Individualität. Sinnvermittelte Interaktion gewinnt durch diese Abstraktion eine eigentümlich harte Objektivität.

Umwelt, Welt und Komplexität. Man würde nicht weit kommen, wollte man über soziale Systeme reden, ohne über deren *Umwelt* zu reden. Jedermann kennt die Auswirkungen von Wirtschaftskrisen, von historischen Phasen, von Sinn- und Legitimationsproblemen der umgebenden Gesellschaft auf das Familiensystem oder das Erziehungssystem. Soziale Systeme sind in höchstem Maße *«störanfällig»* gegenüber ihrer Umwelt. Und es ist ein erklärungsbedürftiges Phänomen, daß sich diese Systeme mit einer bestimmten Organisationsform, spezifischen Zielen und Funktionen unter den verschiedensten Umständen als Systeme *in ihrer Identität erhalten.*

System ist «jedes Wirklich-Seiende, das sich, teilweise auf Grund der eigenen Ordnung, teilweise auf Grund von Umweltbedingungen, in einer äußerst komplexen, veränderlichen, im ganzen nicht beherrschbaren Umwelt identisch hält» (LUHMANN 1977b, S. 7).

Die Wandlungen in der Umwelt mitteleuropäischer Familien in den letzten hundert Jahren waren ohne Zweifel erheblich – man muß nur an Einschnitte und Phasen wie die Weltwirtschaftskrise, den Faschismus, Kriegs- und Nachkriegszeiten erinnern, um das Ausmaß der Umbrüche in der Umwelt von Familien deutlich zu machen. Und doch hat sich die

→Familie als soziales System und haben sich in großer Zahl die einzelnen Familiensysteme mit ihren besonderen Zielen und Funktionen *hartnäckig erhalten*. Soziale Systeme verfügen offenbar über Mechanismen und Mittel, *sich verschiedensten Umwelten anzupassen*. Sie vermögen (darin allen organischen Systemen verwandt) ihre zentralen Funktionen und Ziele «*unter variierenden äußeren Umständen*, die zum Teil seine [des Systems] eigenen Zustände ändern, und unter Überwindung sich entgegenstellender Schwierigkeiten zu erreichen» (STEGMÜLLER 1969, S. 586). Um diese enorme Anpassungsfähigkeit, ohne die soziale Systeme rettungslos den «störenden» Einflüssen der Umwelt ausgeliefert wären, zu erklären, haben Systemtheoretiker auf das Modell des «*Regelkreises*» zurückgegriffen. Andererseits könnten soziale Systeme ohne beständigen *Austausch* mit der Umwelt gar nicht überleben. Sie gewinnen aus dieser ihre Überlebensmittel: Die Familie ist auf den «Zustrom» von Geld, Kleidung, Nahrung, Wohnung aus der Umwelt angewiesen. Soziale Systeme reagieren auf die Umwelt und wirken (um sich zu erhalten) auf diese ein.

Schon Kant hatte in der «Kritik der Urteilskraft» die Fähigkeit zur Bestandserhaltung unter variierenden äußeren Umweltbedingungen einem «*sich selbst organisierenden Wesen*» (KANT 1957b, S. 486) zugeschrieben und als Beispiele auch die «Einrichtung von Magistraturen usw.» und den «ganzen Staatskörper» erwähnt (KANT 1957b, S. 487). Und bei Dilthey findet sich der modern anmutende Gedanke, daß die Individuen, die man sich dann offenbar als variable Bestandteile der Umwelt von Systemen denken muß, vergehen, die Systeme sich aber in ihrer Identität als emergente Größen erhalten: «So wird dem Wechsel der Individuen zum Trotz der Ertrag der Arbeit in der Gesellschaft erhalten und übertragen» (DILTHEY 1961, S. 197). Entsprechend wird Erziehung auf Bestandserhaltung festgelegt: ihre Funktion ist unter anderen «die Erhaltung und Steigerung der Leistungsfähigkeit der Gesellschaft in ihren verschiedenen Organen» (DILTHEY 1961, S. 198). Ist Diltheys Metaphorik noch organistisch, so sprechen Biologen heute technisch von «Autokatalyse» (KAPLAN 1972, S. 60; vgl. EIGEN/WINKLER 1975, S. 75f, S. 110ff).

So simpel der Begriff der System-Umwelt dem ersten Anschein nach ist, so schwierig ist es doch, ihn präzise zu definieren. Zunächst liegt wiederum nahe, die Umwelt von Systemen als System oder Komplex von Systemen zu deuten. Das ist sicher richtig: das Wirtschaftssystem gehört zur Umwelt des Bildungssystems. Aber wenn die Umwelt von Systemen ein System ist, dann ist die Umwelt der Umwelt wieder ein System, ad infinitum. Für dieses Regreßproblem hat Luhmann eine logisch akzeptable Lösung vorgeschlagen: Wenn Systeme nicht durch die Relation Teil – Ganzes, sondern wesentlich durch den Bezug des Systems zur Umwelt definiert sind, dann ist die letzte Bezugseinheit eine solche, die keine

Umwelt mehr hat und die folglich kein soziales System sein kann: *die Welt.* «Welt» ist kein Gegenstand, die Gegenstände (und die Systeme) sind immer schon in-der-Welt (vgl. KAMLAH/LORENZEN 1967, S. 49). Da die *Welt* kein «Außen», keine Umwelt hat, ist sie folglich unbegrenzt und selbst kein Gegenstand oder System «in-der-Welt». «Die Welt kann nicht als System begriffen werden, weil sie kein ‹Außen› hat, gegen das sie sich abgrenzt» (LUHMANN 1967, S. 617). «Die letztlich unbestimmte Komplexität ist die Welt, jene Gesamtheit möglicher Ereignisse, [...] die [...] Realität hat als Letzthorizont, der an allem, was wirklich oder möglich ist, Kontingenz erscheinen läßt» (LUHMANN 1975c, S. 212).

Die so nicht als System organisierte Welt ist das Chaos, ein Reich unbegrenzter und unbestimmter *Möglichkeiten* und vor allem: potentieller Gefahrenquellen («Bestandsgefährdungen») für soziale (und andere) Systeme. Die Welt ist eine «unheimliche Vielzahl der Möglichkeiten» (LUHMANN 1970e, S. 72f).

Das Wort *Komplexität* meint nichts anderes als jene Vielzahl an Möglichkeiten. Systeme sind, wie wir oben sahen, nicht durch *alle möglichen* Beziehungen zwischen ihren Elementen bestimmt, sondern nur durch ganze bestimmte, herausragende, für den Bestand und Zusammenhalt des Systems wesentliche. In diesem Sinne sind Systeme eine *Auswahl* unter allen möglichen Beziehungen, Eigenschaften und Objekten, die wir in der Welt vorfinden können, eine spezifische *Selektion.* Das heißt: Systeme *reduzieren die Komplexität der Welt.* Komplexität muß in zwei Richtungen reduziert werden: nach *innen* durch die Struktur des Systems und nach *außen* durch eine selektive Perspektive auf die Umwelt (vgl. LUHMANN 1975c, S. 208f).

Die Standarddefinition war von Objekten (Elementen) und ihren Beziehungen ausgegangen. Nach *innen* wird Komplexitätsreduktion notwendig, wenn «bei Zunahme der Zahl der Elemente die Zahl der zwischen ihnen abstrakt möglichen Beziehungen überproportional ansteigt und sehr rasch Größenordnungen erreicht, die nicht mehr nutzbar, nicht mehr realisierbar sind» (LUHMANN 1975c, S. 206).

Zur *inneren Struktur* des Schulsystems gehört die Tätigkeit des Unterrichtens, sexuelle Beziehungen und Austausch intimer Zärtlichkeit zwischen Lehrern und Schülern hingegen nicht: sie gehören zu den negativ selegierten «kombinatorischen Möglichkeiten» zwischen den Elementen des Schulsystems: «Aktivitäten und Kontakte, die auch möglich wären», auf die Lehrer und Schüler aber qua System «verzichten müssen» (LUHMANN 1975c, S. 207).

Die innere Struktur des Systems legt die Richtung fest, in der das System seine Beziehung nach *außen* organisiert, *Umweltkomplexität reduziert.* Komplexitätsreduktion nach innen wird beispielsweise im Erziehungssystem nach LUHMANN/SCHORR (vgl. 1979a, S. 300ff) durch das

Medium der sozialen Selektion (Auslese) organisiert, im Familiensystem durch das Medium der Liebe (vgl. LUHMANN 1974, S. 244ff; vgl. LUHMANN 1982). Erziehungs- und Familiensystem sind nun füreinander Umwelten: Komplexität, die reduziert werden muß. Die unterschiedliche innere Struktur beider Systeme legt unterschiedliche Selektionen der «unheimlichen Vielzahl der Möglichkeiten» nahe: Ist für die Familie der Erfolg oder, je nach Orientierung, das psychische Überleben des geliebten Kindes die einzig relevante Perspektive, unter der die Schule im Familienhorizont erscheint, so ist für die Schule nur oder doch in erster Linie der Notendurchschnitt selektionsrelevant.

Da Systeme wechselseitig Umweltkomplexität reduzieren («doppelte Selektivität» – vgl. LUHMANN 1967) und sinngesteuerte Systeme dies auch noch reflektieren, entsteht auch hier ein Problem «doppelter Kontingenz», das sich überdies durch das Komplexitätsgefälle zwischen System und Umwelt verschärft: Die Komplexität der (Um-)Welt ist immer höher als die des Systems. *«Diese Differenz der Komplexitätsverhältnisse ist das Grundproblem der Systemtheorie, der letzte Bezugspunkt aller funktionalen Analysen»* (LUHMANN 1975c, S. 210; Hervorhebung: H. B.).

Da die Grenzen *sozialer* Systeme *Sinn*-Grenzen sind, wird das Problem der Grenzziehung zwischen System und Umwelt zum Sinnproblem: «Jedem sozialen System, das sich identisch erhalten [...] will, ist äußerste Komplexität der Welt als Problem der Vermittlung durch Sinn vorgegeben» (LUHMANN 1977b, S. 177)

Systembildung ist folglich die «Stabilisierung relativ invarianter und auf die Umwelt bezogener Sinnstrukturen, die Komplexität reduzieren oder doch die Reduktion von Komplexität durch konkretes Verhalten erleichtern können» (LUHMANN 1977b, S. 178). Sinn hat die Eigentümlichkeit, Komplexität zu reduzieren und zugleich die Komplexität der Welt als Möglichkeit bewußt zu erhalten, indem er «über den Zusammenhang, dem er angehört, hinaus verweist: andere Möglichkeiten vorstellbar macht» (LUHMANN 1971b, S. 30). Das kann man sich an Texten klarmachen: Einen Text verstanden hat der, der seinen immanenten Sinn entschlüsselt hat; solange der Sinn unklar war, gab es eine Fülle von möglichen Sinn-Deutungen oder Interpretationen (= unreduzierte Komplexität des Textes); diese Komplexität wird durch das Verstehen des Sinnes (den Akt der Sinngebung) reduziert. Zugleich steht jedoch der entschlüsselte Sinn des Textes in einem (prinzipiell mit den Grenzen der sprachlichen Welt: des jeweiligen Sprachspiels) zusammenfallenden breiteren Kontext (Sinn-«Horizont»), er verweist über den Text hinaus auf andere Möglichkeiten der Interpretation und hält diese offen: Neue Entdeckungen oder (zeitliche) Veränderungen in der Text-Umwelt erzwingen Revisionen der Interpretation. Ähnlich verhält es sich mit der sinngesteuerten Reduktion von Komplexität in der Schule. Diese legt das Schulsystem auf die sozial selektive Unterrichtsstruktur fest und schließt beispielsweise sexuelle Beziehungen aus. Letztere bleiben jedoch als Möglichkeit bewußt (oder unbewußt) erhalten: Schon deshalb, weil sexuelle Handlungen zwischen Lehrern und Schülern während des Unterrichts verboten sind und dieses Verbot jeder kennt, weiß jeder, daß sie als «andere Möglichkeiten vorstellbar» bleiben.

Dadurch, daß *Sinn* Umweltkomplexität reduziert und sie zugleich als Möglichkeit bestehen läßt und bewußt hält, *konstituiert* Sinn *soziale* Systeme (vgl. LUHMANN 1971b, S. 30f).

Einwände. Unter den zahlreichen möglichen Einwänden gegen den Systemansatz in den Sozial- und Erziehungswissenschaften, die von Bedenken gegen die logische Form und explanative Kraft funktionsanalytischer Erklärungen (vgl. HEMPEL 1970, STEGMÜLLER 1969) über sinnkritische und sprachanalytische Argumente (für den Begriff der «Komplexität»: vgl. PREWO u. a. 1973, S. 29ff; für den des «Sinnes«: vgl. KAMBARTEL 1975, S. 163ff) bis zu den ideologiekritischen Bedenken gegen implizite Strategien und Parteinahmen (vgl. RITSERT 1975) reichen, sind zwei besonders gravierend.

Erster Einwand: Gegen Luhmanns Versuche, «Handlung», «Sinn», → «Interaktion», «Zweck», «Strategie», «Reflexion» konsequent als *system*theoretische Grundbegriffe einzuführen, deren Referenzobjekt nicht Personen, Subjekte oder Intersubjektivitäten sind («Das Subjekt ist kein Objekt, was soll es also in der Theorie!» – LUHMANN 1973a, S. 21), sondern von diesen abstrahierte Systeme, läßt sich ein Argument anführen, das TAYLOR (vgl. 1975, S. 118ff) in anderem Zusammenhang gegen positivistische Reduktionen von Handeln auf physisches Verhalten (Bewegung), Erklärung auf Kausalerklärung, Sprache auf Beobachtungssprache geltend gemacht hat. Sein Argument gegen das behavioristische Programm, sinnbezogene Handlungen qua Bewegung zu erklären und daran ein Sinnlosigkeitsverdikt gegen alle «mentalen» Begriffe wie Handlung, Ziel, Zweck, Absicht, Neigung, Strategie, Reflexion, Gefühl, aber auch Schuld, Freiheit und Verantwortung zu knüpfen, ist ebenso einfach wie überzeugend. Die positivistische Annahme, diese Begriffe hätten keinen Bezug zu Teilen unseres Verhaltens, keinen auf etwas gerichteten deskriptiven Gehalt, und sie würden nur *irrtümlich* von uns so verwendet, als hätten sie einen Gegenstand, diese Annahme ist «ganz einfach [...] zu widersinnig, als daß man sich zu ihr bekennen» und sich mit ihr «abfinden könnte» (TAYLOR 1975, S. 126).

Die Annahme nämlich, unsere «alltägliche Sprache des Fühlens, Handelns und Wünschens» wäre irrig und falsch, wie SKINNER (1978, S. 280) sagt: ein «falscher Zungenschlag», ist praktisch mit der Annahme identisch, die menschliche Alltagssprache wäre weitgehend sinnlos. Aber es ist schlicht absurd, die Alltagssprache für unsinnig zu erklären. Man «kann unmöglich die Behauptung akzeptieren, daß wir uns immer irren», wenn wir beispielsweise sagen, wir hätten Schuldgefühle, «daß ein Begriff dieser Art überhaupt nicht anwendbar sei». Denn es ist unmöglich, «daß wir seit Jahrtausenden nichts als Unsinn reden» (TAYLOR 1975, S. 127).

Nun stellt Luhmann zwar solche mentalen und intentionalen Begriffe wie Sinn, Handlung, Reflexion, Zweck ausdrücklich ins Zentrum seiner Theorie, aber nur, um, die Froschperspektive der Behavioristen in eine komplementäre Vogelperspektive umkehrend, diese sogleich ihres «alteuropäischen» und alltagsweltlichen Sinns zu berauben: Ebensowenig nämlich wie wir uns immer irren können, wenn wir von Gefühlen, Zwecken und Neigungen reden, die wir als Akteure haben, ebensowenig läßt sich ein sprachlicher Kontext denken, in dem Begriffe wie Sinn, Handlung, Reflexion, Zweck sinnvoll verwendet werden können *ohne* Rekurs auf den seit Jahrtausenden in der Alltagssprache sedimentierten, unausrottbar *anthropozentrischen* Sinn dieser Begriffe.

Wer dies bestreitet und verödete, menschenleere Systeme zum Anwendungsbereich von Handlungen, Zwecken und Reflexionen erklärt, entkleidet sie jedes verständlichen Sinnes. Da aber auch der Systemtheoretiker keine sinnlose Sprache wollen kann, liegt die Annahme nahe, daß die Rede von Systemen, die Strategien verfolgen, die Zwecke haben, die sich selbst reflektierend zum Thema machen, die etwas Sinnvolles tun wie Komplexität reduzieren, ein heimliches Subjekt hat; und wenn es nicht das alteuropäische menschliche ist, dann muß es ein allgegenwärtiger Geist, ein «Gespenst im System» sein.

Zweiter Einwand: Habermas hat die ideologiekritische These, Systemtheorie sei «sozusagen die Hochform eines technokratischen Bewußtseins» (HABERMAS 1971, S. 145), mit dem Argument begründet, sie unterschlage systematisch die lebensweltlich-kommunikativen *Konstituentien* von Gesellschaft und sei deshalb bereits in ihrem theoretischen Begriffsrahmen unzureichend. Genau an dieser kategorialen Unzulänglichkeit würde dann auch der Versuch von Luhmann und Schorr, die Idee der pädagogischen Autonomie auf «Systemautonomie» zu reduzieren, theoretisch scheitern. Der Einwand lautet: «Eine hinreichende Systemintegration der Gesellschaft ist kein funktionales Äquivalent für ein erforderliches Maß an Sozialintegration. Das soll heißen: die Erhaltung eines Gesellschaftssystems ist nicht möglich, wenn nicht die Erhaltungsbedingungen der Systemmitglieder erfüllt werden. Die im Entstehen begriffene Weltgesellschaft mag ihre Steuerungskapazität noch so sehr erhöhen; wenn dies nur um den Preis der humanen Substanz möglich ist, müßte jeder weitere evolutionäre Schub die Selbstzerstörung der vergesellschafteten Individuen und ihrer Lebenswelt bedeuten» (HABERMAS 1974, S. 63).

Die «Strukturen der Lebenswelt» müssen «als *Konstituentien* von Gesellschaftssystem berücksichtigt werden und in die Systemanalyse als *Beschränkungen* eingehen. Eine wild gewordene Systemtheorie, die das vernachlässigt, wird Opfer einer Dialektik der Steigerung von Systemkomplexität, die die Gesellschaft, deren Leben sie evolutionär entfaltet, im gleichen Zuge auch abtötet. Eine von ihren Mitgliedern durch System-Umwelt-Relationen abgetrennte Gesellschaft wäre nämlich nach Begriffen eines gesellschaftlichen Lebens, welches durch Vergesellschaftung hindurch individuiert, gestorben» (HABERMAS 1974, S. 65).

Jedenfalls ist keineswegs sicher, daß eine Steigerung der Komplexität und Autonomie des Sozialsystems der Erziehung zugleich auch die *innere Autonomie* der in dessen Umwelt sozialisierten Individuen mit steigert, und sei es auch nur in dem «ganz schwachen», aber unverzichtbaren und fundamentalen «Sinn, daß jemand die Fähigkeit hat, für sich selbst wirksam überlegen zu können». Wenn das das «einzige Ziel einer richtigen Erziehung» ist (TUGENDHAT 1987, S. 380), dann steht zu erwarten, daß eine nur mehr funktionalistisch reflektierte Erziehungswirklichkeit ihr Ziel verfehlt. Nur wenn sie dieses Ziel in ihren (Selbst-)Thematisierungen festhält, kann in ihr zwischen *System-* und *Subjekt-Autonomie* unterschieden werden (vgl. SÜNKER 1988). Insoweit sie diese Unterscheidung gerade in der für sie konstitutiven Universalisierung von Selbstreflexion auf selbstzreferenzielle Systeme, und das heißt: auf alle möglichen Gegenstände in einer Umwelt (vgl. LUHMANN 1984, S. 16ff, S. 30ff), einzieht, droht sie, unkritisch zu werden. Die Unterscheidung von Subjekt- und System-Autonomie kann andererseits nicht durch eine «Verklärung der Lebenswelt» (APEL 1987a; vgl. MÜLLER/OTTO 1986) stark gemacht werden, sondern nur durch weitere Differenzierungen der Theorie. Im Begriff der Subjekt-Autonomie (rationale Handlungsfreiheit, vernünftige →Identität) wird nämlich nicht nur die «Entkoppelung» von →*System* und →*Lebenswelt* vorausgesetzt (vgl. HABERMAS 1981), sondern gleichursprünglich die radikale Distanzierung einer postkonventionellen *Kultur* von ihren Wurzeln in der Traditionssubstanz der Lebenswelt. Es scheint so, als würde erst die Trichotomie von →Kultur, Gesellschaft (System) und →Lebenswelt der sozialwissenschaftlichen Theoriebildung Aussichten öffnen auf freie Fahrt zwischen der Skylla eines dogmatisch geschlossenen Konstruktivismus (Systemtheorie) und der Charybdis einer hermeneutizistisch verklärten Lebenswelt (Phänomenologie; «communitarians»), die zugleich den Rückfall in einen leeren Kritizismus bloß transzendentaler Freiheit vermeidet.

Achtenhagen, F./Meyer, H. L. (Hg.): Curriculumrevision – Möglichkeiten und Grenzen, München 1971. Allen, D. W./Ryan, K. A.: Microteaching, Weinheim/Basel 1972. Allport, G. W.: The Open System in Personality Theory. In: Zuckley, W. (Hg.): Modern System Research for Behavioral Science, Chicago 1968, S. 343ff. Althusser, L./Balibar, E.: Das Kapital lesen, 2 Bde., Reinbek 1972. Altvater, E./Huisken, F. (Hg.): Materialien zur politischen Ökonomie des Ausbildungssektors, Erlangen 1971. Amidon, F./Hunter, J.: Improving Teaching, New York 1966. Apel, K. O.: Sprachliche Bedeutung, Gültigkeit und Zeit. Mimeo, Frankfurt/M. 1987a. Apel, K. O.: Is Intentionality More Basic than Linguistic Meaning? Mimeo, Frankfurt/M. 1987b. Apel, K. O.: Die philosophische Idee der Universität. Mimeo, Frankfurt/M. 1987c. Becker, E./Jungblut, G.: Strategien der Bildungsproduktion, Frankfurt/M. 1972. Becker, E./Wagner, B.: Ökonomie der Bildung, Frankfurt/M. 1977. Benner, D.: Läßt sich das Technologieproblem durch eine Technologieersatztechnologie lösen? In: Z. f. P. 25 (1979), S. 367ff (1979a). Benner, D.: Ist etwas, wenn man es durch sich selbst ersetzt, nicht mehr dasselbe? In: Z. f. P. 25 (1979), S. 803ff (1979b). Bluhm, R.: Zum Problem moralischen Argumentierens. In: Luhmann, N./Pfürtner, St. H.: Theorietechnik und Moral, Frankfurt/M. 1978, S. 117ff. Boulding, K. u. a.: Systemanalyse und ihre Anwendung im Unterricht, Bad Heilbrunn 1975. Brumlik, M.: Gemeinsinn und Urteilskraft, Frankfurt/M. 1977. Brunkhorst, H.: Untersuchungen zur Aufnahme formal-rationaler Denk- und Verfahrensweisen in die Unterrichtspraxis und Lehrerausbildung. In: Bayer, M. u. a. (Hg.): Frankfurter Beiträge zur Lehrerausbildung 1, Frankfurt/M. 1974, S. 1ff. Brunkhorst, H.: Kritische Erziehungswissenschaft und kritische Theorie. In: Z. f. Sozialisatfo. u. Esoziol. 3 (1983), 1, S. 73ff. Brunkhorst, H.: Systemreflexion oder doch noch eine ‹Idee› der Universität? In: Hochsausb. 4 (1986), S. 147ff. Bubner, R.: Wissenschaftstheorie und Systembegriff. In: Bubner, R.: Dialektik und Wissenschaft, Frankfurt/M. 1973, S. 112ff. Coser, L. A.: Some Functions of Deviant Behavior and Normative Flexibility. In: The Am. J. of Sociol. 68 (1962), S. 172ff. Cube, F. v.: Kybernetische Grundlagen des Lernens und Lehrens, Stuttgart 1968a. Cube, F. v.: Der kybernetische Ansatz in der Didaktik. In: didactica 2 (1968), S. 79ff (1968b). Dewe, B./Otto, H.-U.: Professionalisierung. In: Eyferth, H. u. a. (Hg.): Handbuch der Sozialarbeit/Sozialpädagogik, Neuwied/Darmstadt 1984, S. 775ff. Dilthey, W.: Pädagogik. Geschichte und Grundlinien des Systems. Gesammelte Schriften, Bd. 9, hg. v. O. F. Bollnow, Stuttgart/Göttingen 1961. Dilthey, W.: Über die Möglichkeit einer allgemeingültigen pädagogischen Wissenschaft (1888). In: Nicolin, F. (Hg.): Pädagogik als Wissenschaft, Darmstadt 1969, S. 36ff. Dilthey, W.: Der Aufbau der geschichtlichen Welt in den Geisteswissenschaften, Frankfurt/M. 1970. Döbert, R./Nunner-Winkler, G.: Adoleszenzkrise und Identitätsbildung. Psychische und soziale Aspekte des Jugendalters, Frankfurt/M. 1975. Eigen, M./Winkler. R.: Das Spiel. Naturgesetze steuern den Zufall, München 1975. Eisenstadt, S. N.: Von Generation zu Generation. Die Altersgruppen und Sozialstruktur, München 1966. Fingerle, K.: Funktionen und Probleme der Schule. Didaktische und systematische Beiträge zu einer Theorie der Schule, München 1973. Fischer, A.: Über die Bedeutung des Experiments in der pädagogischen Forschung und die Idee einer exakten Pädagogik. In: Röhrs, H. (Hg.): Erziehungswissenschaft und Erziehungswirklichkeit, Frankfurt/M. 1967, S. 35ff. Fischer, A.: Über das Studium der Pädagogik an den Hochschulen (1921). In: Nicolin, F. (Hg.): Pädagogik als Wissenschaft, Darmstadt 1969, S. 244ff. Flanders, N. A.: Analysing Teaching Behavior, Reading (Mass.) 1970. Frank, H.: Kybernetische Grundlagen der Pädagogik, 2 Bde., Baden-Baden 1969a. Frank, H.: Über die Kalkülisierbarkeit der didaktischen Variablen von Paul Heimann. In: Northemann, W./Otto, G. (Hg.): Geplante Information, Weinheim/Berlin/Basel 1969, S. 251ff (1969b). Frey, K.: Theorien des Curriculums, Weinheim/

Basel 1971. GODELIER, M.: System, Struktur und Widerspruch im «Kapital», Berlin 1970. GODELIER, M.: Rationalität und Irrationalität in der Ökonomie, Frankfurt/M. 1972. GRELL, J.: Techniken des Lehrerverhaltens, Weinheim/Basel 1974. HABERMAS, J.: Theorie der Gesellschaft oder Sozialtechnologie? Eine Auseinandersetzung mit Niklas Luhmann. In: Habermas, J./Luhmann, N.: Theorie..., Frankfurt/M. 1971, S.142ff. HABERMAS, J.: Können komplexe Gesellschaften eine vernünftige Identität ausbilden? In: Habermas, J./Henrich, D.: Zwei Reden, Frankfurt/M. 1974, S.23ff. HABERMAS, J.: Einleitung. In: Habermas, J.(Hg.): Stichworte zur «Geistigen Situation der Zeit», Bd. 1, Frankfurt/M. 1979, S.7ff. HABERMAS, J.: Theorie des kommunikativen Handelns, 2 Bde., Frankfurt/M. 1981. HABERMAS, J./LUHMANN, N.: Theorie der Gesellschaft oder Sozialtechnologie – Was leistet die Systemforschung? Frankfurt/M. 1971. HALL, A. D./FAGEN, R. E.: Definition of Systems. In: Buckley, W. (Hg.): Modern System Research for the Behavioral Scientist, Chicago 1968, S.81ff. HALL, A. D./FAGEN, R. E.: Definition des Systems. In: Tjaden, K. H. (Hg.): Soziale Systeme, Neuwied 1971, S.94ff. HARNEY, K.: Sozialarbeit als System. In: Z. f. Soziol. 4 (1975), S.103ff. HEGEL, G. W. F.: Differenz des Fichteschen und Schellingschen Systems der Philosophie. Sämtliche Werke, hg. v. G. Lasson, Bd. 1: Erste Druckschriften, Leipzig 1913, S.1ff (1913a). HEGEL, G. W. F.: Schriften zu Politik und Rechtsphilosophie. Sämtliche Werke, hg. v. G. Lasson, Bd. 7, Leipzig 1913b. HEGEL, G. W. F.: Phänomenologie des Geistes, hg. v. J. Hoffmeister, Hamburg 1952. HEMPEL, C.: Aspects of Scientific Explanation and Other Essays in the Philosophy of Science, New York 1970. HOLBACH, P. TH. DE: System der Natur oder von den Grenzen der physischen und der moralischen Welt, Berlin (DDR) 1960. HOUGH, J. B.: An Observational System for the Analysis of Classroom Instruction. In: Amdon, F./Hough, J. B. (Hg.): Interaction Analysis, Reading/Palo Alto/London/Don Mills 1967, S.150ff. HUMMEL, H. J.: Probleme der Mehrebenenanalyse, Stuttgart 1972. HURRELMANN, K.: Erziehungssystem und Gesellschaft, Reinbek 1975. KAMBARTEL, F.: Wissenschaftstheorie und Wissenschaftspraxis. In: Weingart, P. (Hg.): Wissenschaftsforschung, Frankfurt/M. 1975, S.162ff. KAMLAH, W./LORENZEN, P.: Logische Propädeutik oder Vorschule des vernünftigen Redens, Mannheim 1967. KANT, I.: Erste Fassung der Einleitung in die Kritik der Urteilskraft. Werke in 6 Bänden, hg. v. W. Weischedel, Bd. 5, Wiesbaden 1957, S.171ff (1957a). KANT, I.: Kritik der Urteilskraft. Werke in 6 Bänden, hg. v. W. Weischedel, Bd. 5, Wiesbaden 1957, S.233ff (1957b). KANT, I.: Werke, Bd. 12, Frankfurt/M. 1964. KAPLAN, R. W.: Der Ursprung des Lebens, Stuttgart 1972. KLÜVER, J.: Hochschule und Wissenschaftssystem. In: Enzyklopädie Erziehungswissenschaft, Bd. 10, Stuttgart 1983, S. 78ff. LAING, R. D.: Das Selbst und die Anderen, Köln 1973. LAING, R. D. u.a.: Interpersonelle Wahrnehmung, Frankfurt/M. 1971. LORENZ, R. u.a.: Verhaltensänderung in der Schule: Systematisches Anleitungsprogramm für Lehrer, Reinbek 1976. LUHMANN, N.: Soziologie als Theorie sozialer Systeme. In: Köln. Z. f. Soziol. u. Sozpsych. 19 (1967), S.615ff. LUHMANN, N.: Reflexive Mechanismen. In: Luhmann, N.: Soziologische Aufklärung, Bd. 1: Aufsätze zur Theorie sozialer Systeme, Opladen 1970, S.92ff (1970a). LUHMANN, N.: Funktion und Kausalität. In: Luhmann, N.: Soziologische Aufklärung, Bd. 1, Opladen 1970, S.9ff (1970b). LUHMANN, N.: Funktionale Methode und Systemtheorie. In: Luhmann, N.: Soziologische Aufklärung, Bd. 1, Opladen 1970, S.31ff (1970c). LUHMANN, N.: Wirtschaft als soziales System. In: Luhmann, N.: Soziologische Aufklärung, Bd. 1, Opladen 1970, S.204ff (1970d). LUHMANN, N.: Soziologische Aufklärung. In: Luhmann, N.: Soziologische Aufklärung, Bd. 1, Opladen 1970, S.66ff (1970e). LUHMANN, N.: Moderne Systemtheorien als Form gesamtgesellschaftlicher Analyse. In: Habermas, J./Luhmann, N.: Theorie der Gesellschaft..., Frankfurt/M. 1971, S.7ff (1971a). LUHMANN, N.: Sinn als Grundbegriff der Soziologie. In: Habermas, J./Luhmann, N.: Theorie..., Frankfurt/M. 1971, S. 25ff (1971b). LUHMANN, N.: Einfache Sozialsysteme. In: Z. f. Soziol. 1 (1972), S. 51ff. LUHMANN, N.: Selbst-Thematisierung des Gesellschaftssystems. In: Z. f. Soziol. 2 (1973), S. 216ff (1973a). LUHMANN, N.: Formen des Helfens im Wandel gesellschaftlicher Bedingungen. In: Otto, W.-U./Schneider, S. (Hg.): Gesellschaftliche Perspektiven der Sozialarbeit 1, Neuwied 1973, S. 21ff (1973b). LUHMANN, N.: Einführende Bemerkungen zu einer Theorie der symbolisch generalisierten Kommunikationsmedien. In: Z. f. Soziol. 3 (1974), S. 236ff. LUHMANN, N.: Interaktion, Organisation, Gesellschaft. In: Luhmann, N.: Soziologische Aufklärung, Bd. 2, Opladen 1975, S. 9ff (1975a). LUHMANN, N.: Macht, Stuttgart 1975b. LUHMANN, N.: Komplexität. In: Luhmann, N.: Soziologische Aufklärung, Bd. 2, Opladen 1975, S. 204ff (1975c). LUHMANN, N.: Interpretation. In: Z. f. Soziol. 6 (1977), S. 62ff (1977a). LUHMANN, N.: Zweckbegriff und Systemrationalität. Über die Funktion von Zwecken in sozialen Systemen, Frankfurt/M. 1977b. LUHMANN, N.: Soziologie der Moral. In: Luhmann, N./Pfürtner, St. H. (Hg.): Theorietechnik und Moral, Frankfurt/M. 1978, S. 8ff. LUHMANN, N.: Gesellschaftsstruktur und Semantik, 2 Bde., Frankfurt/M. 1980/1981 (Bd. 1: 1980; Bd. 2: 1981a). LUHMANN, N.: Politische Theorie im Wohlfahrtsstaat, München/Wien 1981b. LUHMANN, N.: Liebe als Passion, Frankfurt/M. 1982. LUHMANN, N.: Soziale Systeme, Frankfurt/M. 1984. LUHMANN, N.: Ökologische Kommunikation, Opladen 1986. LUHMANN, N.: Tautologie und Paradoxie in den Selbstbeschreibungen der modernen Gesellschaft. In: Z. f. Soziol. 16 (1987), S. 161ff. LUHMANN, N./SCHORR, K.-E.: Reflexionsprobleme im Erziehungssystem, Stuttgart 1979a. LUHMANN, N./SCHORR, K.-E.: Hat die Pädagogik das Technologieproblem gelöst? In: Z. f. P. 25 (1979), S. 799ff (1979b). LUHMANN, N./SCHORR, K.-E. (Hg.): Zwischen Technologie und Selbstreferenz, Frankfurt/M. 1982. MARCUSE, H.: Der eindimensionale Mensch. Studie zur Ideologie der fortgeschrittenen Industriegesellschaft, Neuwied/Berlin 1967. MARKOWITZ, J.: Verhalten im Systemkontext, Frankfurt/M. 1986. MARX, K.: Grundrisse der Kritik der Politischen Ökonomie, Berlin (DDR) 1953. MARX, K.: Das Kapital, 3 Bde., Marx-Engels Werke (MEW), Bd. 23, 24, 25, Berlin (DDR) 1968/1969. MOLLENHAUER, K.: Theorien zum Erziehungsprozeß, München 1972. MÜLLER, S./OTTO, H.-H.: Verstehen oder Kolonialisieren? Bielefeld [1]1986. NOHL, H.: Die Pädagogische Bewegung in Deutschland und ihre Theorie, Frankfurt/M. 1957. OFFE, C.: Strukturprobleme des kapitalistischen Staates, Frankfurt/M. 1972. OFFE, C.: Berufsbildungsreform. Eine Fallstudie, Frankfurt/M. 1975. OLK, TH.: Abschied vom Experten, Weinheim/München 1986. OPP, K. D.: Kybernetik und Soziologie, Neuwied 1970. PARSONS, T.: The Social System, Glencoe 1951. PARSONS, T.: Soziologische Theorie, Neuwied 1964. PARSONS, T.: The System of Modern Societies, Englewood Cliffs 1971. PARSONS, T.: Gesellschaften. Evolutionäre und komparative Perspektiven. Frankfurt/M. 1975. PARSONS, T./PLATT, G. M.: Age, Social Structure, and Socialization in Higher Education. In: Sociol. of E. 43 (1970), S. 1ff. PREWO, R.: Max Webers Wissenschaftsprogramm, Frankfurt/M. 1979. PREWO, R. u. a.: Systemtheoretische Ansätze in der Soziologie, Reinbek 1973. PROJEKTGRUPPE «TEXTINTERPRETATION UND UNTERRICHTSPRAXIS»: Projektarbeit als Lernprozeß, Frankfurt/M. 1974. RITSERT, J.: Wissenschaftsanalyse als Ideologiekritik, Frankfurt/New York 1975. RITSERT, J.: Praktische Implikationen in Theorien. In: Ritsert, J.: Zur Wissenschaftslogik einer kritischen Soziologie, Frankfurt/M. 1976, S. 46ff. ROSENKRANZ, K.: Die Pädagogik als System, Königsberg 1848. SCHMIDT, J. (Hg.): Der Diskurs des Radikalen Konstruktivismus, Frankfurt/M. 1987. SKINNER, B. F.: Was ist Behaviorismus? Reinbek 1978. STEGMÜLLER, W.: Teleologie, Funktionsanalyse und Selbstregulation. In: Stegmüller, W.: Probleme und Resultate der Wissenschaftstheorie, Bd. I: Wissenschaftliche Erklärung und Begründung, Studienausgabe, Teil 4, Berlin/Heidelberg/New York 1969. STEGMÜLLER, W.: Logische Annahme der Struktur ausgereifter physikalischer Theorien. In: Stegmüller, W.: Probleme und Resultate der Wissenschaftstheorie und analytischen Philosophie, Bd. 2: Theorie und Erfahrung, Studienausgabe, Teil D, Berlin/Heidelberg/New York 1973, S. 1ff (1973a). STEGMÜLLER, W.: Theoriedynamik. Normale Wissenschaft und wissenschaftliche Revolution. Ideologie der Forschungsprogramme oder epistemologische Anarchie? In: Stegmüller, W.: Probleme und Resultate der Wissenschaftstheorie und analytischen Philosophie, Bd. 2: Theorie und Erfahrung, Studienausgabe, Teil E, Berlin/Heidelberg/New York 1973, S. 153ff (1973b). SÜNKER, H.: Subjektkonstitution und Handlungskompetenz. Habil.-Schr., Bielefeld 1988. TAYLOR, CH.: Wie ist Mechanismus vorstellbar? In: Taylor, Ch.: Erklärung und Interpretation in den Wissenschaften vom Menschen, Frankfurt/M. 1975, S. 118ff. TUGENDHAT, E.: Der Begriff der Willensfreiheit. In: Cramer, K. u. a. (Hg.): Theorie der Subjektivität, Frankfurt/M. 1987, S. 373ff. WATZLAWICK, P. u. a.: Menschliche Kommunikation. Formen, Störungen, Paradoxien, Bern/Stuttgart/Wien 1969. WEBER, M.: Gesammelte Aufsätze zur Religionssoziologie, Bd. 1, Tübingen 1920. WEBER, M.: Wirtschaft und Gesellschaft, 2 Bde., Tübingen [4]1956. WRIGHT, G. H. v.: Erklären und Verstehen, Frankfurt/M. 1974.

Hauke Brunkhorst

T

Tadel

Begriffsbestimmung. Unter Tadel versteht man eine durch Worte oder nichtverbale Zeichen bekundete Mißbilligung eines Verhaltens oder einer → Leistung. Der Tadel ist somit ein Urteil, das feststellt, daß etwas fehlt, was nicht fehlen dürfte, und das darüber hinaus impliziert, daß das Fehlen subjektiv schuldhaft ist. Die Festlegung des normativen Maßstabes, von dem das Urteil seine Legitimation erhält, ist in einer pluralistischen Gesellschaft problematisch, da den verschiedenen Wertsystemen – wenn überhaupt – lediglich ein minimaler Grundstock konsensfähiger Werte gemeinsam ist. So kann der nicht seltene Fall eintreten, daß der eine das lobt, was ein anderer tadelt. Mit dieser grundsätzlichen Problematik muß sich auch die Erziehungswissenschaft auseinandersetzen, will sie nicht die pädagogischen Urteile → «Lob» und «Tadel» in der Beliebigkeit eines allgemeinen Wertrelativismus belassen. Der werdende Mensch braucht beide Urteilsformen als notwendige Orientierungshilfe. «Deshalb kann der pädagogische Sinn eines Tadels nicht nur in der Feststellung einer Unzulänglichkeit liegen, sondern muß auf die Überwindung der Unzulänglichkeit zielen» (GEISSLER 1981, S. 137).

Psychologische Aspekte. Die im Bereich der Lern- und der Motivationspsychologie vorgenommenen empirischen Untersuchungen über die Wirkung von Tadel sind ausnahmslos mit der Analyse der Wirkungen von Lob gekoppelt.

Die Untersuchung von JOHANNESSON (vgl. 1972) machte folgende Wirkungen des Tadels deutlich:

- Der Tadel des Lehrers hatte meistens eine leistungshemmende Wirkung;
- wiederholter Tadel wirkte sich besonders negativ auf Schüler mit hohen Leistungswerten aus;
- Tadel führt in vielen Fällen zu einer Verringerung der Selbsteinschätzung des Schülers.

Im Gegensatz zum Lob, bei dem keinerlei negative Folgen festgestellt werden konnten, sind die Wirkungen des Tadels – immer in Relation zur Fragestellung der Untersuchung – eindeutig negativ: sowohl, was die

Leistung, als auch, was die Einstellung angeht. Die Schwierigkeit des empirischen Nachweises möglicher positiver Wirkungen von Tadel liegt wahrscheinlich in der Tatsache begründet, daß die latenten Transformationsprozesse mit Hilfe des vorhandenen methodischen Instrumentariums nur unzureichend faßbar sind.

Pädagogische Aspekte. Es wäre pädagogisch unzulässig, auf der Basis vorhandenen empirischen Materials lediglich die Hemmwirkung des Tadels zu konstatieren; dagegen steht die folgende Aussage von TROST (1967, S. 190): «Die Menschen bedürfen auch des Neins, wenn sie irren und von ihrem Weg abkommen, um das, was zu bejahen ist, doch noch zu erreichen.» Hier wird, wie beim Lob, jener Zentralbereich des Menschen angesprochen, der mit dem Begriff «moralische Persönlichkeit» belegt werden kann. Unter dieser Zielperspektive ist Tadel als Erziehungsmittel die mißbilligende Erklärung, daß eine Leistung, eine Handlung, eine Einstellung mangelhaft, unvollkommen oder fehlerhaft ist, mit der ausdrücklichen Absicht, Impulse zur Überwindung des getadelten Sachverhalts zu geben. Die Transformation einer negativ wertenden Feststellung in ein Aktivitätspotential zu dessen Überwindung ist somit die entscheidende Kategorie bei der Beurteilung eines pädagogisch qualifizierten Tadels. «Pädagogisch ist deshalb ein Tadel erst dort [...], wo durch ihn die Veränderung eingelenkt und mit verursacht wird» (GEISSLER 1981, S. 137). Alle Formen des Tadels brauchen deshalb eine transformierende Wirkung, wenn sie als Erziehungsmittel gerechtfertigt sein sollen. Ähnlich wie beim Lob sind auch beim Tadel Bedingungen zu berücksichtigen, die, je nach Grad der Beachtung, die umlenkende Wirkung des Tadels wahrscheinlicher werden lassen. Zum einen ist dies das Vorhandensein eines positiven Vertrauens- und Autoritätsverhältnisses, zum anderen die Notwendigkeit der Kenntnisnahme individueller und situativer Konstellationen. Folgen der Mißachtung dieser Voraussetzungen können unerwünschte Nebenwirkungen des Tadels sein, wie etwa Trotz, Ärger, → Aggression und Wut. Aber auch bei Beachtung der vorgenannten Bedingungen ist die Form des Tadels von zentraler Bedeutung; denn soll er transformierend wirken, muß er so gegeben werden, daß der junge Mensch herauslesen kann, in welcher Richtung und wie er sich bessern kann. «Dies gelingt am besten, wenn man Tadelsformen findet, die im Lernenden ‹unterscheiden›, das heißt an eine gute Leistung der gleichen Person anknüpfen und sie zum Vergleich wählen. Kritisierte und dagegengehaltene bessere Leistungen gehören also ein und derselben Person» (GEISSLER 1981, S. 143).

DINKMEYER, D./DREIKURS, R.: Ermutigung als Lernhilfe, Stuttgart 1978. GEISSLER, E. E.: Erziehungsmittel, Bad Heilbrunn 1981. GUSS, K.: Lohn und Strafe, Bad Heilbrunn 1979. JOHANNESSON, I.: Über die Wirkungen von Lob und Tadel auf Leistungen und Einstellungen von Schulkindern. In: Weinert, F. (Hg.): Pädagogische Psychologie, Köln 1972, S. 336ff. LEWIN, K.: Die psychologische Situation bei Lohn und Strafe, Leipzig 1931. TROST, F.: Die Erziehungsmittel. 16 Vorlesungen, Weinheim/Berlin [2]1967. WINKEL, R.: Lohn und Strafe: geeignete Erziehungsmittel? In: Twellmann, W. (Hg.): Handbuch Schule und Unterricht, Bd. 1, Düsseldorf 1981, S. 251ff.

Heinz Schneider

Tagesmutter → Mutter; → Vorschulerziehung
Tagespflege → Vorschulerziehung
Takt, pädagogischer → Pädagogik, Geisteswissenschaftliche (historisch); → Pädagogik, Geisteswissenschaftliche (systematisch); → Theorie – Praxis; → Verhältnis, pädagogisches
Tätigkeit → Handeln; → Selbsttätigkeit – Selbständigkeit
Tätigkeit, strukturalistische → Struktur
Taubstummenschule → Sonderpädagogik
Technologie (der Bildung/Erziehung) → Bildungstechnologie
Technologie, neue → Informationstechnik
Technologie, pädagogische → Bildungstechnologie

Test

Begriff. «Test» steht ganz allgemein für «Probe», «Prüfung», «Überprüfung» und wird sowohl zur Bezeichnung des Vorgangs der Prüfung als auch der dabei eingesetzten Verfahren und etwaiger dazu notwendiger Materialien verwendet. In Pädagogik und Psychologie hat der Ausdruck «Test» vornehmlich zwei Bedeutungen: er bezieht sich einmal auf eine Klasse von Verfahren zur Prüfung statistischer Hypothesen (statistische Tests), zum anderen auf eine Klasse von Verfahren zur Erhebung diagnostischer Informationen (psychologische/pädagogische Tests). Nur um diese zweite Variante geht es hier.

Ein *Test* in diesem Sinne ist ein auf der Grundlage einer bestimmten Theorie nach bestimmten Prinzipien konstruiertes Verfahren zur Erhebung diagnostischer Informationen, bei dem in standardisierten Situationen bestimmte Arten von Verhaltensweisen provoziert, erfaßt und als Indikatoren für bestimmte Personmerkmale herangezogen werden mit dem Ziel, möglichst quantitative Aussagen über den relativen Grad individueller Merkmalsausprägungen machen zu können (vgl. LIENERT 1969, S. 7).

Die bei der Entwicklung von Testverfahren zugrunde gelegten Theorien werden *Testtheorien* (manchmal auch Testmodelle) genannt. Aus ihnen ergeben sich die wesentlichen Prinzipien der *Testkonstruktion* und die *Gütekriterien* für die Bewertung von Tests. Bei der *Testdurchführung* werden in der Regel mehrere *Aufgaben*/Fragen unter Standardbedingungen vorgegeben und das Lösungs- beziehungsweise Antwortverhalten der untersuchten Person (des *Probanden*) registriert. Ein Test zielt aber nicht auf die Erfassung dieses *Testverhaltens* ab, sondern nimmt dieses nur zum Ausgangspunkt, um unter Nutzung der Annahmen der Testtheorie und gegebenenfalls weiterer theoretischer Vorstellungen inhaltlicher Natur auf *allgemeinere Merkmale* der Person zu schließen, die *Konstrukt*charakter haben. Bei solchen Merkmalen kann es sich z. B. um Eigenschaften, Bereitschaften (Dispositionen), Begabungen, Fähigkeiten und Fertigkeiten einer Person handeln. Auf Testergebnissen beruhende Aussagen über die individuelle Ausprägung solcher Merkmale enthalten eine Relativierung auf bestimmte Normen. Diese Normen sind entweder *Realnormen*, bei denen der Testwert einer Person auf die Verteilung der Testwerte in einer Personengruppe, auf eine *statistische* Norm, bezogen wird, oder *Idealnormen*, die einen Vergleich der Leistung einer Person mit einer geforderten Leistung oder Leistungsfähigkeit, mit einem *Kriterium,* erlauben. In diesem letzteren Fall liegt ein *kriteriumsorientierter Test* vor (vgl. KLAUER 1987).

Im Rahmen einer modernen *multimodalen* und *multimethodalen* Diagnostik (vgl. FAHRENBERG 1987) sind Tests nur eine Klasse von Verfahren zur Erhebung diagnostischer Informationen. Daneben gibt es eine ganze Reihe anderer Erfassungsmethoden. «Multimodal» bedeutet, daß Informationen auf mehreren Datenebenen erhoben werden. Als *Datenebenen* (Modalitäten) werden unterschieden: vergangenes und gegenwärtiges Erleben, vergangene und gegenwärtige Leistungen, vergangenes und gegenwärtiges Verhalten, psychophysiologische, neurophysiologische und biochemische Reaktionen. Bestimmte Datenebenen sind bevorzugt mit bestimmten Datenquellen verbunden. Als *Datenquellen* kommen in Frage: der Proband, der Diagnostiker, soziale Bezugspersonen (beispielsweise Eltern, Partner, Lehrer, Mitschüler), unabhängige Beobachter, Apparate (vgl. SEIDENSTÜCKER/BAUMANN 1978).

Tests nutzen den Probanden als Datenquelle und richten sich vor allem auf vergangenes und gegenwärtiges Erleben und auf gegenwärtige Leistungen. Vergangenes und gegenwärtiges Erleben kann auch auf andere Weise, beispielsweise in *Explorationen*, *Anamnesen* und *Interviews* (vgl. FEGER/BREDENKAMP 1983), erfaßt werden. Diese Befragungsformen beruhen nicht auf einer bestimmten einer Testtheorie vergleichbaren psychometrischen Theorie, auch wenn sie Tests in ihrem Standardisierungsgrad in manchen Fällen nicht nachstehen. Die Bewertung vergangener Leistungen stützt sich zumeist auf andere Datenquellen und liegt häufig in Form von *Zeugnissen* vor, die soziale Bezugspersonen über den Probanden abgegeben haben (→Zeugnis – Zertifikat). Informationen über vergangenes Verhalten werden in der Regel mit Hilfe von *Ratingverfahren* erhoben, bei denen Angehörige oder andere soziale Bezugspersonen ihre Eindrücke über den Probanden wiedergeben. Die Erfassung gegenwärtigen Verhaltens ist im Unterschied zu Tests, die Verhalten nur als Indikator für allgemeinere Personmerkmale betrachten, das zentrale Ziel *systematischer Verhaltensbeobachtung*. Bei dieser Methode finden zumeist unabhängige Beobachter als Datenquelle Verwendung, bei der sogenannten *teilnehmenden Beobachtung* übernimmt eine soziale Bezugsperson des Probanden die Beobachterfunktion, in bestimmten Fällen ist auch eine *Selbstbeobachtung* des Verhaltens des Probanden von Interesse. Die Registrierung psychophysiologischer, neurophysiologischer und biochemischer Reaktionen erfolgt mit Hilfe von Apparaten als Datenquellen. Dabei werden Informationen über die Funktionsweise des vegetativen Nervensystems, des muskulären Systems, des zentralen Nervensystems und des endokrinen Systems des Probanden erhoben.

Klassifikation. Testverfahren können nach formalen und nach inhaltlichen Aspekten klassifiziert werden. Formale Aspekte sind zum Beispiel Konstruktionsmerkmale des Tests, Testmaterialien, die verwendet werden, Arten der Durchführung des Verfahrens, Reaktionsarten, die verlangt werden, oder Auswertungsgesichtspunkte. Inhaltliche Aspekte beziehen sich auf die Art der diagnostischen Informationen, die mit Hilfe von Tests erhoben werden können. Es gibt viele Klassifikationsvorschläge für psychologische und pädagogische Tests. Am weitesten verbreitet ist der von BRICKENKAMP (vgl. 1975), der seinem Handbuch psychologischer und pädagogischer Tests zugrunde liegt, zu dem inzwischen ein erster Ergänzungsband (vgl. BRICKENKAMP 1983) erschienen ist und das zudem fortlaufend durch Testinformationen, die in der Zeitschrift *Diagnostica* veröffentlicht werden, auf dem neuesten Stand gehalten wird.

BRICKENKAMP (vgl. 1975, S. 13f) unterscheidet zwischen Leistungstests, Psychometrischen Persönlichkeitstests und Persönlichkeits-Entfaltungsverfahren und nimmt im einzelnen folgende Einteilung vor, wobei hier zur Illustration jeweils ein Verfahren in Klammern angeführt wird:

1 *Leistungstests*
11 Entwicklungstests (Heidelberger Sprachentwicklungstest)
12 Intelligenztests (Hamburg-Wechsler-Intelligenztest für Kinder)
13 Allgemeine Leistungstests (Konzentrations-Leistungs-Test)
14 Schultests
  a) Einschulungstests (Frankfurter Schulreifetest)
  b) Spezielle Schuleignungstests (Testbatterie für geistig behinderte Kinder)

c) Mehrfächertests (Leistungs- und Bildungsberatungstest I)
d) Lesetests (Diagnostischer Lesetest)
e) Rechtschreibtests (Diagnostischer Rechtschreibtest für dritte Klassen)
f) Wortschatztests (Wortschatztest für Schulanfänger)
g) Rechentests (Test für Operatives Rechnen)
h) Fremdsprachentests (Diagnostischer Leistungstest Englisch 5/6)
i) Sonstige Schulleistungstests (Testbatterie grammatische Kompetenz)

15 Spezielle Funktionsprüfungs- und Eignungstests (Grundwissentest für Auszubildende)

2 *Psychometrische Persönlichkeitstests*

21 Persönlichkeits-Struktur-Tests (Freiburger Persönlichkeitsinventar)

22 Einstellungs- und Interessentests (Berufs-Interessen-Test)

23 Klinische Tests (Testbatterie für entwicklungsrückständige Schulanfänger)

3 *Persönlichkeits-Entfaltungs-Verfahren*

31 Formdeuteverfahren (Rorschach-Test)

32 Verbal-thematische Verfahren (Thematischer Apperzeptionstest)

33 Zeichnerische und Gestaltungsverfahren (Sceno-Test)

Gütekriterien. Verfahren zur Erhebung diagnostischer Informationen lassen sich anhand bestimmter Gütekriterien bewerten. Von vorrangiger Bedeutung sind dabei die Kriterien der Objektivität, Reliabilität (Zuverlässigkeit) und Validität (Gültigkeit) (vgl. LIENERT 1969, S. 11ff). Sie gelten für alle diagnostischen Verfahren und kreisen bei Tests um die Frage: Wovon hängt ein Testergebnis ab, und was bedeutet es?

Objektivität bezieht sich auf drei Aspekte, die Durchführung, die Auswertung und die Interpretation eines Tests. Damit unterschiedliche Testergebnisse als Anzeichen unterschiedlicher Ausprägungen der Merkmale der untersuchten Probanden gedeutet werden können, muß sichergestellt sein, daß Unterschiede nicht schon dadurch zustande kommen, daß der Test unterschiedlichen Probanden in unterschiedlicher Weise vorgegeben wird, daß unterschiedliche Personen, die einen Test auswerten, dabei zu unterschiedlichen Ergebnissen kommen und daß die Interpretation eines ausgewerteten Testbefundes im Hinblick auf die Merkmale, die erfaßt werden sollen, von dem Diagnostiker abhängt, der diese Interpretation vornimmt. Durch Standardisierung der Durchführung, Auswertung und Interpretation können diese Einflüsse minimiert werden.

Andere Störfaktoren betreffen die *Reliabilität* eines Testverfahrens als Indikator seiner Meßgenauigkeit. So sollte die Messung eines als überdauernd vorgestellten Personmerkmals nicht vom Zeitpunkt der

Messung abhängen. Ob dies tatsächlich der Fall ist, kann durch wiederholte Vorgabe eines Tests geprüft werden (Retest-Reliabilität). Ein Personmerkmal kann in der Regel nicht nur durch eine einzige Menge von Aufgaben repräsentiert werden, sondern es sind ebenso andere Aufgabenmengen denkbar. Die zugeschriebene Merkmalsausprägung sollte deshalb nicht von den Spezifika der jeweils vorgegebenen Aufgabenstichprobe abhängen. Ob dies der Fall ist, läßt sich durch Vorgabe verschiedener repräsentativer Stichproben aus dem Aufgabengesamt überprüfen *(Paralleltest-Reliabilität)*. Gibt es keinen Paralleltest oder handelt es sich nicht um ein stabiles Personmerkmal, so kann die Meßgenauigkeit auch bei einmaliger Testdurchführung mit Hilfe bestimmter Verfahren in ihrem Einfluß abgeschätzt werden *(Halbierungszuverlässigkeit, interne Konsistenz)*.

Ein weiteres wichtiges Kriterium ist die *Validität* eines Tests. Dabei wird zwischen Kontentvalidität, kriteriumsbezogener Validität und Konstruktvalidität unterschieden. *Kontentvalide* ist ein Test dann, wenn er die Gesamtheit einer wohldefinierten Menge von Aufgaben enthält oder repräsentiert. Dieser Validitätsaspekt ist von zentraler Bedeutung für kriteriumsorientierte Tests, die die Fähigkeit von Probanden zur Lösung der Aufgaben der definierten Menge schätzen oder Probanden gemäß ihrer Fähigkeit einer Klasse (zum Beispiel Könner oder Nichtkönner) zuordnen wollen (vgl. KLAUER 1987, S. 11). Über eine *kriteriumsbezogene Validität* verfügt ein Test dann, wenn sich aufgrund des Testergebnisses bestimmte in erster Linie sozial definierte Kriterien vorhersagen lassen. Als derartige Kriterien werden in der Praxis Schulerfolg, Studienerfolg, Berufserfolg, Therapieerfolg, Trainingserfolg ... angesehen. Die kriterienbezogene Validität wird in der Regel durch die Höhe der Korrelation zwischen Test und Kriterium bestimmt. Viele Begrifflichkeiten, die mit Hilfe von Testverfahren gemessen werden, haben den Status von *Konstrukten*, von theoretischen Begriffen, und kommen in dieser Funktion in theoretischen Annahmen wesentlich vor, die sich unter Verwendung der Testverfahren empirisch prüfen lassen. Diese empirische Überprüfung kann als *Konstruktvalidierung* bezeichnet werden, ihr Ergebnis, der Bewährungsgrad der untersuchten Theorie, ist ein Maß für die *Konstruktvalidität* des verwendeten Testverfahrens (vgl. WESTMEYER 1972).

Testtheorien. Tests werden auf der Grundlage bestimmer Testtheorien konstruiert (vgl. CROCKER/ALGINA 1986). Unter diesen Theorien nimmt die sogenannte *klassische Testtheorie* eine prominente Stellung ein. Sie ist eine Meßfehlertheorie und geht davon aus, daß sich ein beobachteter Testwert additiv zusammensetzt aus einem *wahren Wert* und einem *Fehlerwert*. Im wahren Wert eines Probanden drückt sich seine individuelle

Merkmalsausprägung aus, der Fehler wird als zufallsbedingt definiert. Ziel der Testkonstruktion ist es, den Fehleranteil klein zu halten, damit sich in den Testwerten das Personmerkmal möglichst unverfälscht niederschlagen kann. Da Meßgenauigkeit und Meßfehler in einem direkten Zusammenhang stehen, wird die klassische Testtheorie auch als eine *Reliabilitäts-Theorie* bezeichnet. Allen im Abschnitt «Klassifikation» aufgeführten Testverfahren liegt diese Testtheorie zugrunde.

In den letzten Jahrzehnten sind ihr einige Konkurrenten erwachsen, die zunehmend an Boden gewinnen. Als eine Liberalisierung der Reliabilitätstheorie kann die *Theorie der Generalisierbarkeit* von CRONBACH u. a. (vgl. 1972) gesehen werden, in der die klassischen Gütekriterien unter einem gemeinsamen Begriff, dem der Generalisierbarkeit (Verallgemeinerbarkeit) von Testergebnissen, zusammengefaßt werden. Aus einer kritischen Auseinandersetzung mit der klassischen Testtheorie hervorgegangen sind die probabilistischen Testtheorien (vgl. FISCHER 1983).

Probabilistische Testmodelle gehen vom Begriff der Itemcharakteristik aus. *Itemcharakteristiken* sind Funktionen, die die Wahrscheinlichkeit für eine bestimmte Lösung/Beantwortung einer Aufgabe/Frage in Abhängigkeit vom Ausprägungsgrad eines Personmerkmals darstellen. Sie hängen nicht von anderen Aufgaben und von der Verteilung der Ausprägungsgrade des Personmerkmals ab. Das Personmerkmal wird in der Regel als ein *Parameter* der Itemcharakteristik bezeichnet und als eine *latente* Variable oder Eigenschaft aufgefaßt, die auf der Grundlage des *manifesten* Testverhaltens geschätzt wird. Modelle dieser Art werden deshalb auch *Latent-Trait*-Modelle genannt. Sie haben im Unterschied zur klassischen Testtheorie einen überprüfbaren empirischen Gehalt und vereinigen in sich meßtheoretische und inhaltlich-psychologische Annahmen. Insbesondere den in der Pädagogik wichtigen kriteriumsorientierten Tests liegen mit dem *Binomialmodell* und seinen Erweiterungen bestimmte Varianten probabilistischer Testmodelle zugrunde (vgl. KLAUER 1987).

Neuere Entwicklungen. Die weitere Entwicklung im Bereich des Testens wird vor allem durch den Einsatz des Computers im Rahmen einer computerunterstützten Diagnostik bestimmt. Gegenwärtig stehen dabei noch die Vorgabe der Testaufgaben, die Registrierung des Antwortverhaltens, die Auswertung des Tests, die Interpretation der Testbefunde und die Berichtserstellung für traditionelle, sonst in Papier-und-Bleistift-Form vorgegebene Verfahren im Vordergrund.

Wichtiger sind aber die mit dem *adaptiven Testen* verbundenen Innovationen. Bei üblichen Testverfahren werden alle Aufgaben allen Probanden unabhängig von ihrer Fähigkeit vorgelegt. Probanden mit einer hohen Fähigkeitsausprägung werden durch die leichten Aufgaben unterfordert, Probanden mit einer niedrigen Fähigkeitsausprägung durch zu schwierige Aufgaben überfordert und entmutigt. Beim adaptiven Testen werden die und nur die Aufgaben präsentiert, die zur Feststellung der Fähigkeitsausprägung des Probanden erforderlich sind. Ein solches Vorgehen kommt zudem der Testökonomie zugute.

Auf lange Sicht dürften die durchgreifendsten Veränderungen im Bereich des Testens aber aus einer Nutzung der Möglichkeiten resultieren, die der Computer für die Entwicklung und Präsentation ganz neuer Formen von Testaufgaben bietet. Lebensnähere, komplexere Problemstellungen können in simulierten Umgebungen auf dem Bildschirm präsentiert werden, und dem Probanden wird eine größere Spielbreite für sein Antwortverhalten gegeben (vgl. COLE 1986, S. 83f).

Zur Testkritik. Die weitverbreitete Testkritik richtet sich weniger auf Struktur und Inhalt von Testverfahren, sondern auf bestimmte Verwendungsweisen, die Testergebnisse in der Gesellschaft erfahren (vgl. HAASE 1978). Tests werden ja nicht nur zur Bestimmung der Ausprägung von Personmerkmalen herangezogen, sondern in der Praxis vor allem zur Klassifikation von Personen nach solchen Aspekten wie «geeignet» beziehungsweise «ungeeignet» für einen bestimmten Schultyp, ein bestimmtes Studium, eine bestimmte Ausbildung, einen bestimmten Beruf, eine bestimmte Funktion und so weiter verwendet. Diese fast immer mit erheblichen Konsequenzen für die Betroffenen verbundenen Auswahlentscheidungen sind schon als solche Gegenstand der Kritik, und diese wird auf die bei der Entscheidungsfindung verwendeten diagnostischen Verfahren ausgedehnt (vgl. GLASER/BOND 1981).

Eine Bewertung von Testverfahren für sich genommen ist dabei wenig sinnvoll. Auswahlentscheidungen müssen im Alltag in vielen Situationen getroffen werden, und ihre Notwendigkeit hängt nicht davon ab, ob sie sich auf Informationen aus Tests stützen oder nicht. Eine Bewertung von Testverfahren ist deshalb immer nur in Konkurrenz zu anderen informationserhebenden Verfahren sinnvoll, die in den Entscheidungssituationen als Alternativen in Frage kommen. Wer verlangt, auf Tests zu verzichten, muß den Nachweis führen, daß Entscheidungen, die auf die Verwendung von Tests verzichten, denen überlegen sind, die sich Tests bedienen, oder daß es andere diagnostische Verfahren gibt, mit denen sich die Entscheidungsgüte verbessern läßt (vgl. WOTTAWA/HOSSIEP 1987).

Ein im Zusammenhang mit der kritischen Diskussion von Testverfahren häufig aufgeworfenes Problem ist das der *Testfairneß* (vgl. SIMONS/MÖBUS 1978). Dabei geht es um die Frage, inwieweit durch die Verwendung eines Testverfahrens eine Benachteiligung bestimmter Probandengruppen erfolgt. Im Vordergrund stehen dabei Fragen, die mit der kriterienbezogenen Validität eines Tests zu tun haben. Für Fairneß gibt es viele konkurrierende Definitionen. Am weitesten verbreitet ist die folgende: Ein Testverfahren ist dann fair (in bezug auf eine ein bestimmtes Kriterium betreffende Entscheidung), wenn Unterschieden in der Testleistung auch Unterschiede in der Kriteriumsleistung, die vorhergesagt werden soll, entsprechen, wenn also zum Beispiel die Rangfolge der Personen aufgrund ihrer Testleistung genau der Rangfolge entspricht, die sich aufgrund ihrer späteren Kriteriumsleistung ergeben würde. Das Problem der Testfairneß kann aber auch die Konstruktvalidität betreffen. So wäre es beispielsweise unfair, die Intelligenz von Personen, die in einer anderen Muttersprache aufgewachsen sind, mit einem verbalen Intelligenztest bestimmen zu wollen.

Ganz allgemein kann festgestellt werden, je besser ein Test die Gütekriterien erfüllt, desto weniger Angriffsfläche bietet er für die Testkritik (vgl. INGENKAMP 1981). Tests, die eine überzeugende Kontentvalidität aufweisen, im Hinblick auf die jeweiligen sozial definierten Kriterien eine hohe kriteriumsbezogene Validität besitzen und zudem in eine empirisch bewährte inhaltliche Theorie eingebettet sind, die den Zusammenhang zwischen Testverhalten und Kriteriumsleistung nachvollziehbar macht, sind in vielen praktischen Entscheidungssituationen eine unentbehrliche Hilfe.

BRICKENKAMP, R. (Hg.): Handbuch psychologischer und pädagogischer Tests, Göttingen 1975. BRICKENKAMP, R. (Hg.): Erster Ergänzungsband zum Handbuch psychologischer und pädagogischer Tests, Göttingen 1983. COLE, N. S.: Future Directions for Educational Achievement and Ability Testing. In: Plake, B. S./Witt, J. C. (Hg.): The Future of Testing, Hillsdale (N. J.) 1986, S. 73 ff. CROCKER, L./ALGINA, J.: Introduction to Classical and Modern Test Theory, New York 1986. CRONBACH, L. J. u. a.: The Dependability of Behavioral Measurements, New York 1972. FAHRENBERG, J. (Hg.): Multimodale Diagnostik. Diagnostica 33 (1987), 3. FEGER, H./BREDENKAMP, J. (Hg.): Datenerhebung, Göttingen 1983. FISCHER, G. H.: Neuere Testtheorie. In: Feger, H./Bredenkamp, J. (Hg.): Messen und Testen, Göttingen 1983, S. 604 ff. GLASER, R./BOND, L. (Hg.): Testing: Concepts, Policy, Practice, and Research. Am. Psychologist 36 (1981), 10. HAASE, H.: Tests im Bildungswesen. Urteile und Vorurteile, Göttingen 1978. INGENKAMP, K.: Testkritik ohne Alternative. In: Jäger, R. S. u. a. (Hg.): Tests und Trends 1981, Weinheim/Basel 1981, S. 71 ff. KLAUER, K. J.: Kriteriumsorientierte Tests, Göttingen 1987. LIENERT, G. A.: Testaufbau und Testanalyse, Weinheim [3]1969. SEIDENSTÜCKER, G./BAUMANN, U.: Multimodale Diagnostik. In: Baumann, U. u. a. (Hg.): Klinische Psychologie. Trends in Forschung und Praxis, Bd. 1, Bern 1978, S. 134 ff. SIMONS, H./MÖBUS, C.: Testfairneß. In: Klauer, K. J. (Hg.): Handbuch der Pädagogischen Diagnostik, Bd. 1, Düsseldorf 1978, S. 187 ff. WESTMEYER, H.: Logik der Diagnostik, Stuttgart 1972. WOTTAWA, H./HOSSIEP, R.: Grundlagen psychologischer Diagnostik, Göttingen 1987.

Hans Westmeyer

Test, klinischer → Test
Testkritik → Test
Testtheorie → Test
Testverfahren → Test
Text → Elementarunterricht
Textinterpretation → Forschungsmethode

Theorie – Praxis

Begriff. Die Ausdrücke «Theorie» und «Praxis» beziehungsweise «theoretisch» und «praktisch» entstammen dem Griechischen; in der Weise, in der sie bei Aristoteles systematisiert wurden, hatten sie bis in die Neuzeit hinein schulebildende Bedeutung. Theorie bedeutete zunächst das Zuschauen bei Festspielen, auch die Festgesandtschaft selbst, und war vermutlich mit religiösen Motiven verknüpft; dann heißt es auch allgemeiner: anschauen, beobachten, betrachten. Praxis meint den Vollzug von Handlungen, das menschliche Tun unter gewissen Umständen und in gewissen Lagen. Aristoteles unterscheidet im Anschluß an Platon theoretische und praktische Wissenschaften. Als sachbezogene Erkenntnis aus Prinzipien und Ursachen sind sie theoretisch und richten sich auf unveränderliche oder selbständige Dinge. Dies gilt im höchsten Maß für die Metaphysik, abgeschwächt für Mathematik und Physik. Wissenschaften sind praktisch, wenn sie sich auf Veränderliches und seine internen oder externen Zwecke beziehen, also auf das sittliche und politische Handeln, das seinen Zweck in sich selbst hat (Praxis), oder auf das Herstellen von Werken, das seinen Zweck außerhalb seiner selbst hat (Poiesis). Weil Aristoteles die Differenzierung der Wissenschaften von der ihrer Gegenstände abhängig macht, gibt es strenggenommen kein sicheres Wissen vom menschlichen Leben und Tun, und daher auch keine Theorie der oder für die Praxis (vgl. RIEDEL 1975, RITTER 1977, SNELL 1975).

Geschichte. Die Entwicklung der neuen Naturwissenschaften und die Reflexion ihrer Methodisierungsleistungen in der Philosophie der beginnenden Neuzeit führen zur Auflösung des Aristotelismus. Teleologie wird durch den Grundsatz der Beharrung/Selbsterhaltung abgelöst, Theorie im Sinne von contemplatio (Betrachtung) durch konstruktive Methodik und Experiment ersetzt, Rationalität als geometrische Demonstration oder Ableitung verstanden und an das Prinzip der subjektiven Gewißheit gebunden. In dieser Situation müssen «Praxis» und «praktische Wissenschaft» entweder auf das neue Erkenntnisideal einschwenken (Hobbes), vor ihm vorläufig resignieren (Descartes' provisorische Moral) oder das neue Denken und den Inhalt der aristotelischen praktischen Philosophie zugleich festzuhalten versuchen (Wolff).

Bis in die Mitte des 18. Jahrhunderts hinein spielt Pädagogik in diesem Prozeß keine Rolle. Sie bleibt vielmehr in den Rahmen ihr vorausgesetzter Disziplinen eingebunden: Theologie (Comenius; Pietismus), Anthropologie und Politik (Locke), Naturrecht und Ökonomie (Wolff), und trägt deutlich Anwendungscharakter. So ist bei Wolff die Pädagogik Teil der Ökonomik (Lehre vom Hauswesen), der die Zwecke durch das Naturrecht vorgeordnet sind, so daß das Verhältnis der Pädagogik selbst zum jus naturale «das der Praxis zur Theorie» ist (vgl. SÜNKEL 1964, S. 12). Die Möglichkeit einer Änderung dieses Anwendungsschemas wird erst Mitte des 18. Jahrhunderts durch die radikale Kulturkritik und Erziehungstheorie Rousseaus gegeben. Rousseau stellt die Pädagogik erstmals gleichwertig in den Zusammenhang von Politik und Ökonomie und motiviert so indirekt die Bestimmung von Gegenstand, Erkenntnisprinzip und disziplinärem Kontext der «neuen» Wissenschaft. Der argumentative Ort, an dem dies vorzüglich geschieht, ist der nachmalige Topos von «Theorie und Praxis (in) der Pädagogik». Dabei läßt sich retrospektiv angeben, an welcher entsprechenden Stelle der ehemals eingebundenen Pädagogiken das «Theorie-Praxis-Verhältnis» nun diskutiert wird. Es ist der Ort, an dem traditionellerweise →Erziehung als «Kunst» und →Pädagogik oder →Didaktik als «Kunstlehre» begriffen wurden, wobei «Kunst» zum einen im Sinne des griechischen «techne» (lateinisch: ars) als ein Können oder «Sich-verstehen-auf» begriffen wird, und zum anderen auf den mittelalterlichen Berufsbegriff zurückweist. Bis auf Schleiermacher ist dieser historische Zusammenhang von «Kunst» und «Kunstlehre» und «Theorie-Praxis-Problem» wie selbstverständlich präsent.

In der aufklärerischen Pädagogik (→Aufklärung) bleibt zunächst das Anwendungsmodell von Theorie und Praxis bestimmend und die Zielfestlegung der pädagogischen Praxis (→Erziehungsziel; →Lernziel) abhängig von anderweitigen Voraussetzungen, so daß in der Hauptsache die Mittelwahl ins Zentrum der Theorie rückt. So bei dem Philanthropinisten CAMPE (vgl. 1785): Er geht von der Prämisse der natürlichen Religion aus, alles das sei den die Natur ordnenden Absichten Gottes gemäß, wozu die Natur uns selbst unmittelbar anführt, und unterstellt weiter, die Natur schließe allemal menschliche Keime zu ursprünglichen Kräften auf. Dabei verfahre sie ebenmäßig, sofern sie nicht gestört werde. Die Erziehung müsse daher die Kraft so in Ordnung und Maß stärken und ausbilden, daß der erwachsene Mensch sie mit gleicher Leichtigkeit in Tätigkeit halten könne. Dabei unterläuft Campe Rousseaus radikal egalitäre Alternative der Erziehung entweder zum Menschen oder zum Bürger dadurch, daß er die ebenmäßige Ausbildung aller Kräfte aller Menschen berufsständisch relativiert: Der Sohn des

Bauern übe seine Kräfte an den dem künftigen Beruf und Stand angemessenen Inhalten, der Sohn des Staatsmanns an entsprechend anderen Inhalten. Diese politisch motivierte formale Bildungstheorie (→Bildung) ist daher «praktisch» an der Beachtung und erzieherischen Nachbildung der natürlichen Ordnung orientiert, in der sich die Kräfte des Menschen «eigentlich» entwickeln. Das erzieherische Handeln ist so auch Anwendung dieser Regelmäßigkeiten.

Man könnte vermuten, daß eine «kritische» Neubegründung der Pädagogik im Anschluß an Kant die Stellung der pädagogischen Theorie zur Praxis grundlegend ändert. Das ist aber nicht der Fall. Zwar werden in manchen Fällen Modifikationen in das Anwendungsmodell eingebracht, aber im großen und ganzen bleibt sein Muster bestimmend, so bei dem Kantianer Greiling (vgl. 1793): Erziehung ist eine Kunst und der Kunstlehre bedürftig. Sie ist praktisch wirksam nur, wenn sie vollständig ist. Dazu braucht sie ein wissenschaftliches Prinzip, das den Zweck der Erziehung festlegt. Da es keine besondere pädagogische Vernunft gibt, ist die Pädagogik «ein Kind» der Ethik, die die «Moralität» im Sinne des Kategorischen Imperativs Kants als Zweck festlegt, und der Psychologie, die die apriorischen und empirischen Gesetze des menschlichen Vorstellungsvermögens ausweist. Erziehung als Kunst ist so Anwendung der ethischen und psychologischen Gesetze und Regeln auf den Heranwachsenden ohne dessen →Bewußtsein: «Ein Kind bei seiner natürlichen Freiheit [...] methodisch zu regieren, ohne daß es die Fessel fühlet, es nach unserm Willen lenken, indem das Kind glaubt, seinen eigenen Willen zu tun, das ist [die ganze] Kunst» (Greiling 1793, S. 97; Auslassung und Einfügung: A. L.). Da diese Gesetze abstrakt und allgemein, das Kind und die Situation aber konkret und individuell sind, bedarf es des Vermögens der Urteilskraft, das Besondere unter die allgemeinen Regeln zu subsumieren. Erzieherisches →Handeln in der Situation kann nur als «Fall von...» begriffen werden. Seiner Möglichkeit nach steht es unter der Bedingung, daß die erwachsene Generation der Erzieher schon ist, was das Kind erst werden soll: Moralität wird so zur Hauptvoraussetzung der rechten Erziehung. Damit verstrickt sich der pädagogische Anwendungskantianismus nicht in die Affirmation der berufsständischen alten Ordnung wie bei Campe, sondern er verflüchtigt sich ins Reich der «Wünsche» (Greiling 1793, S. 98).

(Nicht nur) das kantianische Anwendungsmodell hat folgende Bedingung: Theorie muß als Inbegriff aller Regeln vollständig sein, sonst gibt es Fälle (Situationen) ohne entsprechende Regel, und dann kann nicht gehandelt werden. Umgekehrt müssen alle einzelnen Situationen theoretisch vor- oder vorhergesehen sein, damit die subsumierende Urteilskraft nicht «stockt» und die Situation vorbei ist, bevor subsumiert, und das heißt ja: gehandelt werden konnte. «Völlig neue» Situationen darf es nicht geben. Damit aber dementiert das Anwendungsmodell die eigenen Voraussetzungen: Zuerst bedarf es zur sicheren situativen erzieherischen Kunst der Kunstlehre (Theorie), jetzt braucht Theorie die sichere Kenntnis der Situationen erzieherischer Kunst! Das Anwendungsmodell erlaubt also nicht nur keinen Begriff von Praxis, die ja eben nicht sicher, sondern unvorhersehbar ist, sondern führte auch, glaubte man ihm, in selbstverschuldete Handlungsunfähigkeit. So hat Herbart die Sache gesehen. Wie die Kunst der Erziehung an Praxis, so ist sie auch an die sie orientierende Theorie gebunden (bloße Praxis ergibt Schlendrian). Theorie ist allgemein, Praxis konkret, Theorie daher defizitär, nicht weil sie falsch ist, sondern weil sie der Ergänzung durch die Konkretion des Handelns bedarf: Der «pädagogische Takt» tritt «unvermeidlich» in die Stellen ein, «welche die Theorie leer ließ», und er wird «so der unmittelbare Regent der Praxis [...] Glücklich ohne Zweifel, wenn dieser Regent zugleich ein wahrhaft gehorsamer Diener der Theorie ist» (HERBART 1964, S. 126; Auslassung: A. L.). Die Lehre vom pädagogischen Takt ist noch in einer zweiten Hinsicht eine Korrektur des Anwendungsmodells: Dort entscheidet allein die Richtigkeit der angewendeten Regel über die pädagogische Angemessenheit einer Handlung: Wurde korrekt subsumiert, ist die Handlung pädagogisch legitim. Eine solche Sicht ist aber fragwürdig: Man kann das regulär Richtige zu früh oder zu spät oder auf falsche, «taktlose» Weise tun! Daher ist die richtige Einsicht in die situativen Erfordernisse selber ein Teil der Erziehungskunst. So rückt Herbarts Lehre vom pädagogischen Takt sehr nahe an die aristotelische von der Phronesis (→ Handeln). Ebensowenig, wie Praxis Anwendung von Theorie ist, ist Pädagogik Anwendungsfall von Ethik. Herbarts Ethik legt die Zweckbestimmungen individuellen und gesellschaftlichen Handelns dar, ist aber ihrerseits auf Pädagogik angewiesen, der es um die reale Ermöglichung der ethischen Ideen geht. Gegenüber der einfachen Trias Ethik, Psychologie, Pädagogik wird der interdisziplinäre Charakter der Pädagogik bei Herbart stark erweitert; zu den genannten Disziplinen treten Mathematik, Metaphysik, Ästhetik (vgl. BLASS 1972). Sie teilen sich in die *eine* pädagogische Aufgabe: «Machen, daß der Zögling sich selbst finde, als wählend das Gute und verwerfend das Böse; dies oder nichts ist Charakterbildung» (HERBART 1912, S. 108).

Bis auf Herbart ist das Theorie-Praxis-Verhältnis im Sinne einer Handlungslehre reflektiert. Dem entspricht die Ausrichtung auf die Praxis des Hauslehrers oder → Vaters. Diese Tradition wird durch Schleiermacher beendet. Er bestimmt Erziehung nicht als Erzieher-Zögling-Verhältnis (→ Verhältnis, pädagogisches), sondern als eines der Generationen zueinander. Zugleich nimmt er die politisch-gesellschaftlichen Tendenzen und Konflikte in den kategorialen Rahmen der Pädagogik auf, indem er die Antagonismen von Revolution und Restauration in die

Dialektik von Bewahren und Verändern übersetzt: «Die Erziehung soll so eingerichtet werden, [...] daß die Jugend tüchtig werde einzutreten in das, was sie vorfindet, aber auch tüchtig, in die sich darbietenden Verbesserungen mit Kraft einzugehen» (SCHLEIERMACHER 1983, S. 31; Auslassung: A. L.). Daß das, was sich der nachwachsenden Generation darbietet, Verbesserungen und nicht Verschlechterungen sind, hängt mit Schleiermachers Überzeugung vom mehr oder minder sicheren natürlichen Fortschritt der Gemeinschaften zusammen. Dieser reale Fortschritt wird von ihm zugleich im Entwicklungsgang der wissenschaftlichen Disziplinen (hier vor allem Ethik, Pädagogik und Politik) so reflektiert, daß die Frage der Geltung einer Theorie nicht nur wie bei Wolff, Campe, Greiling und Herbart an innertheoretische Gütekriterien, sondern auch an den Stand der Gesellschaftsentwicklung geknüpft wird. So können beispielsweise rigorose Anwendungspädagogiken wie die Greilings in ihrer (Entwicklung und) Geltung aus einem gesellschaftlichen Zustand verständlich gemacht werden, in dem das Vertrauen in die überkommenen erzieherischen → Institutionen und Regeln fast vollständig geschwunden ist und einer eher wirklichkeitsfremden Reflexion («Wünsche») Platz gemacht hat. Umgekehrt ist Schleiermachers Erziehungslehre von der vorsichtigen Einschätzung eines realen kontinuierlichen Progresses bestimmt. Und hieraus wird seine ganz andere Sicht des Verhältnisses von Theorie und Praxis klar: Erziehung ist wohl eine Kunst, aber als solche bedarf sie nicht von vornherein einer sie leitenden Theorie, denn bei jeder Kunst ist die «Praxis viel älter als die Theorie.» Aber die Praxis ist nicht nur zeitlich, sondern auch geltungsmäßig gegenüber der Theorie primär, «so daß man nicht einmal sagen kann, die Praxis bekomme ihren bestimmten Charakter erst mit der Theorie. Die Dignität der Praxis ist unabhängig von der Theorie, die Praxis wird nur mit der Theorie eine bewußtere» (SCHLEIERMACHER 1983, S. 11). Daher ist für Schleiermacher umgekehrt eine Praxis, in der alle Widersprüche getilgt sind, in höchstem Maße durch sich selbst klar, und braucht keine Theorie (mehr). Als Voraussetzung gelungener Praxis muß bei Herbart Theorie defizitär bleiben, bei Schleiermacher ist die Notwendigkeit von Theorie Indiz einer (noch) defizitären Praxis.

An Schleiermacher und Dilthey knüpft im 20. Jahrhundert die geisteswissenschaftliche Pädagogik (→ Pädagogik, Geisteswissenschaftliche) an, wenn sie ihr Verhältnis zu Theorie und Praxis bedenkt. Von Dilthey übernimmt sie die die Differenz von theoretischen und praktischen Wissenschaften ersetzende Dualität von erklärenden (Natur-)Wissenschaften und verstehenden (Geistes-)Wissenschaften, wobei letztere am Vorgang der autobiographischen Besinnung (→ Autobiographie) sowohl die Entgrenzung von Subjekt und Objekt als auch die von Normen und Tatsachen ablesen. Von Schleiermacher übernimmt sie die These vom zeitlichen und geltungstheoretischen Primat der Praxis vor der Theorie. Die geisteswissenschaftliche Pädagogik versteht sich demzufolge als eine die Ziele und Aufgaben ihrer Praxis engagiert reflektierende Besinnung. Erziehung wird in ihrem «Wesen» verstanden als pädagogischer Bezug (→Verhältnis, pädagogisches), als bildende →Bewegung. Deren Struktur muß in Abwehr rationalistischer, methodisierender oder werttheoretischer Mißverständnisse freigelegt werden. Die Theorie, so WENIGER (vgl. 1975), verdankt daher ihre wahre Objektivität nicht ihrer Distanz zur, sondern ihrer Befangenheit in die Ziele der Praxis. Schwierig ist für die geisteswissenschaftliche Pädagogik allerdings, Schleiermachers den sittlichen Progreß unterstellendes Modell des Primats der Praxis mit der anderen Einsicht zugleich festzuhalten, daß in allen Ziel- und Inhaltsfragen der Erziehung seit der →Aufklärung eine radikale «Skepsis» vorherrsche.

Die empirisch analytisch orientierte Erziehungswissenschaft des 20. Jahrhunderts (→Erziehungswissenschaft, kritisch-rationale) zeigt unter Aspekten des Theorie-Praxis-Verhältnisses einen Rückgang hinter Herbart auf das aufklärerische Anwendungsmodell. Wegen ihres empiristischen Sinnkriteriums fallen nun aber Fragen nach dem guten oder richtigen pädagogischen →Handeln aus dem Rahmen der Wissenschaft. Der wird vielmehr durch «Beschreibung, Erklärung und Prognose von empirisch feststellbaren Ereignissen» festgelegt. Der Bezug der empirisch-analytisch aufgebauten pädagogischen Theorie zur Praxis ergibt sich dabei mit der wissenschaftslogischen These der Identität von Erklärung und Prognose: Beide sind Deduktionen eines beschreibbaren Phänomens aus bekannten (Natur- oder Sozial-)Gesetzen bei Vorliegen bekannter Randbedingungen. Die Isomorphie von Erklärung und Prognose erlaubt also, bereits bekannte Gesetzmäßigkeiten durch Manipulation der Randbedingungen so zur Wirkung kommen zu lassen, daß sie ein im vorhinein als «Zweck» beschriebenes Phänomen auch wirklich hervorzubringen gestatten. Erziehungswissenschaft ist daher «praktisch» eine technologische Wissenschaft. Erziehung wird dementsprechend als Ensemble von Handlungen verstanden, durch die das Dispositionsgefüge menschlicher Persönlichkeiten mit kalkulierbaren Mitteln in Richtung auf größtmögliche Annäherung an gesteckte →Lernziele verändert werden soll (vgl. BREZINKA 1971). Die Zwiespältigkeit des spätaufklärerischen pädagogischen Anwendungsmodells (Erziehung am Bewußtsein des Heranwachsenden vorbei) wird hier gesteigert durch die zusätzliche wissenschaftliche Bewußtlosigkeit gegenüber den Fragen der Legitimität der Zwecke und des «Mitteleinsatzes», die beide die Kontinuität von Theorie und Praxis stören würden.

Während die bisher vorgestellten Konzeptionen in der einen oder anderen Weise davon ausgehen, daß es eine Tendenz zur Vervollkommnung oder doch eine latente Positivität der gesellschaftlichen Entwicklung gibt, und/oder davon überzeugt sind, daß die Kluft zwischen Theorie und Praxis überbrückt werden kann oder soll, nimmt die «kritische Erziehungswissenschaft» (→ Erziehungswissenschaft, Kritische) die Diagnose der «Kritischen Theorie» Horkheimers und Adornos auf: Nach dem Ausbleiben der durch die Marxsche Theorie erwartbaren revolutionären Praxis, und ebenso durch die Erfahrung des Faschismus verbietet sich eine affirmative Stellung zur Gesellschaft und daher auch eine naiv an «praktischer Orientierung» fixierte Theoriebildung, ohne daß die Theorie eine Ausrichtung auf mündige Praxis aufgäbe. In der «Theorie der Halbbildung» hat Adorno die soziale und theoretische Dialektik der Bildung nachgezeichnet. Ihr normatives Moment, «Bändigung der animalischen Menschen durch ihre Anpassung aneinander und Rettung des Natürlichen im Widerstand gegen den Druck der hinfälligen, vom Menschen gemachten Ordnung» (Adorno 1972, S. 95), war die andere Seite ihres bürgerlichen privilegierten Status. Aufgabe kritischer Theorie ist die Analyse der Bedingungen und Verlaufsformen des Verfalls der Bildung. Die soziale Entprivilegierung der Bildung geht einher mit einer Sozialisierung von Halbbildung. Zugleich überlebt das ehemals Widerständige der Bildung als Ideologie, nämlich falsches Bewußtsein und Vorschein des Besseren zugleich. Theorie der Bildung kann daher nicht pädagogische, sondern muß Gesellschaftstheorie sein, die diesen Prozeß bewußtmacht oder -hält. So kann Theorie nicht «aus dem gesellschaftlichen Gesamtprozeß herausoperiert werden» und hat doch Selbständigkeit, ist «nicht bloßes Mittel des Ganzen, sondern auch Moment [...] Diejenige Theorie dürfte noch am meisten Hoffnung auf Verwirklichung haben, welche nicht als Anweisung auf ihre Verwirklichung gedacht ist» (Adorno 1969, S. 190; Auslassung: A. L.). Die erziehungswissenschaftliche Rezeption dieser Theorie ist andere Wege als den der totalen Gesellschaftskritik gegangen: sie hat sich mehr auf eine Reethisierung der Theorie oder auf Handlungsforschung konzentriert (→ Erziehungswissenschaft, Kritische).

Kritik. Fast so alt wie die Erörterung des Theorie-Praxis-Verhältnisses in der Pädagogik ist auch die Kritik an ihr. Sie bringt vor allem den Verdacht vor, es handele sich dabei um Ausweichmanöver oder Ersatzdebatten: Statt etwas zu tun, denkt man beim «Theorie-Praxis-Problem» darüber nach, was man täte, wenn man etwas täte und in welchem Zusammenhang es dann mit dem Nachdenken stände – so Berger am Ende des 18. Jahrhunderts an Herbart (vgl. 1912, S. 87). Weil man nicht genau wissen kann, was in der Regel und im Besonderen zu tun ist, welche Effekte es hätte und wie auf deren Verarbeitung zu reagieren wäre, redet man, dieses strukturell bedingte Nichtwissenkönnen verheimlichend, über die Notwendigkeit der Theorie für die Praxis, und macht so allmählich diese Notwendigkeit glauben: Das «Theorie-Praxis-Problem» ist nur ein Ausweichen vor dem Technologiedefizit der Erziehung – so LUHMANN/SCHORR (vgl. 1979).

ADORNO, TH. W.: Marginalien zu Theorie und Praxis. In: Adorno, Th. W.: Stichworte. Kritische Modelle 2, Frankfurt/M. 1969, S. 169ff. ADORNO, TH. W.: Theorie der Halbbildung. Gesammelte Schriften 8, Soziologische Schriften 1, hg. v. R. Tiedemann, Frankfurt/M. 1972, S. 93ff. BLASS, J. L.: Pädagogische Theoriebildung bei Johann Friedrich Herbart, Meisenheim 1972. BREZINKA, W.: Von der Pädagogik zur Erziehungswissenschaft, Weinheim/Berlin/Basel 1971. CAMPE, J. H.: Von der nötigen Sorge für die Erhaltung des Gleichgewichts unter den menschlichen Kräften. Besondere Warnung vor dem Modefehler, die Empfindsamkeit zu überspannen. In: Allgemeine Revision des gesamten Schul- und Erziehungswesens von einer Gesellschaft praktischer Erzieher, hg. v. J. H. Campe, Bd. 3, Hamburg 1785, S. 291ff. GREILING, J. CH.: Über den Endzweck der Erziehung und über den ersten Grundsatz einer Wissenschaft derselben, Schneeberg 1793. HERBART, J. F.: Sämtliche Werke in chronologischer Reihenfolge, hg. v. K. Kehrbach u. a., Bd. 19, Langensalza 1912. HERBART, J. F.: Die ersten Vorlesungen über Pädagogik. Kleinere pädagogische Schriften, hg. v. W. Asmus, Bd. 1, Düsseldorf 1964, S. 121ff. LUHMANN, N./SCHORR, K.-E.: Reflexionsprobleme im Erziehungssystem, Stuttgart 1979. RIEDEL, M.: Metaphysik und Metapolitik, Frankfurt/M. 1975. RITTER, J.: Metaphysik und Politik, Frankfurt/M. 1977. SCHLEIERMACHER, F..: Pädagogische Schriften. Bd. 1: Die Vorlesungen aus dem Jahre 1826, u. Mitwirk. v. Th. Schulze hg. v. E. Weniger, Frankfurt/Berlin/Wien 1983. SNELL, B.: Die Entdekkung des Geistes, Göttingen 1975. SÜNKEL, W.: Friedrich Schleiermachers Begründung der Pädagogik als Wissenschaft, Ratingen 1964. WENIGER, E.: Ausgewählte Schriften zur geisteswissenschaftlichen Pädagogik, Weinheim/Basel 1975.

Alfred Langewand

Theorie (der Bildung) → Bildung; → Pädagogik, systematische
Theorie (der Erziehung) → Pädagogik, systematische
Theorie (der Gesellschaft) → Schicht, soziale
Theorie (der Schule) → Schule; → Schulpädagogik
Theorie (des Lernens) → Lernen – Lerntheorie
Theorie, Kritische (der Gesellschaft) → Erziehungswissenschaft, Kritische
Theorie (pädagogischer Institutionen) → Pädagogik, systematische
Theorie-Praxis-Verhältnis → Erziehungswissenschaft, Kritische; → Theorie – Praxis
Therapie (Behinderter) → Sonderpädagogik
Therapie (Suchtkranker) → Droge
Tischsitte → Eßkultur
Töchterschule, höhere → Frauenbildung
Totalität → Struktur

Tradition

Begriff. Tradition bedeutet Überlieferung und Übertragung. Das Wort wurde im 16. Jahrhundert aus dem lateinischen «traditio» ins Deutsche übernommen, hat aber nach zunächst fast ausschließlich theologischem und juristischem Sprachgebrauch erst im 19. Jahrhundert jene allgemeine Bedeutung bekommen, die es auch heute noch hat. Unter Tradition versteht man seitdem diejenigen Überlieferungszusammenhänge, die als Sitten, Bräuche, Lebensformen, Erfahrungsstandards, Handlungsregeln, Deutungsmuster, Symbolsysteme, Institutionen von Generation zu Generation weitergegeben werden und auf diese Weise die Kontinuität von Vergangenheit, Gegenwart und Zukunft erzeugen. In diesem Sinn stellt Tradition ein Grundphänomen menschlicher Existenz dar, das es unabhängig von jeder Wissenschaft und Reflexion immer schon gegeben hat. Die Notwendigkeit von Tradition für die Erhaltung der →Kultur hat die philosophische Anthropologie (vgl. GEHLEN 1968, 1976) betont, indem sie der Tradition die Funktion der Entlastung von Entscheidungsdruck durch Sicherung und Stabilisierung zuerkannte. Die Weitergabe von Traditionsbeständen wird häufig in eine bewußte und in eine unbewußte unterschieden. Die unbewußte Traditionsvermittlung, von WEBER (vgl. 1976a, S. 12) mit dem Begriff des «traditionalen Handelns» bezeichnet, vollzieht sich eher schematisch und unreflektiert. Demgegenüber wird unter der bewußten Übernahme der Tradition die wissentliche und gewollte Unterordnung eigener Handlungsorientierungen und Entscheidungen unter die Verbindlichkeit des Vorgegebenen verstanden.

Tradition und Aufklärung. Die Bestimmung von Tradition als den Kontinuitätszusammenhang von Vergangenheit, Gegenwart und Zukunft verbürgendes Element definiert zugleich die Aufgabe der Erziehung als Weitergabe von Verhaltens- und Wissensbeständen an die nachfolgende Generation. Diese Funktionsbestimmung reicht indessen nur so lange aus, wie ein bestimmtes gesellschaftlich-kulturelles Entwicklungsniveau für das Verhältnis der Generationen kein anderes als traditionsorientiertes Handeln verlangt. Sobald aber diese traditionsgeleitete Kontinuität fragwürdig wird und/oder sobald infolge sozialen Wandels die gesellschaftliche Weiterentwicklung nach Maßgabe tradierter Handlungsnormen und -regeln nicht mehr gewährleistet ist, entsteht die «pädagogische Frage» nach den Aufgaben und →Methoden der →Erziehung, ihrem Sinn und ihren Grenzen. Die sich hier stellende Frage nach dem Verhältnis von Tradition und Erziehung hat das pädagogische Denken seit seinen Anfängen begleitet und ist darum zu Recht als eines der «Hauptprobleme der Allgemeinen Pädagogik» bezeichnet worden (vgl. GAMM 1979, S. 185ff).

Wenngleich der durch Krise und Traditionsbruch gekennzeichnete Zweifel an einer bestehenden Praxis am Anfang aller pädagogischen (wie auch politischen) Reflexion stand – so etwa schon bei Platon –, ist es zu einer Radikalisierung der Frage nach der Tradition erst durch Neuzeit und → Aufklärung gekommen. Den Zweifel, den Descartes von den geltenden Sitten und tradierten Glaubensregeln noch fernhalten wollte, wendet die Aufklärung ins Grundsätzliche: Ihr gelten Tradition wie → Autorität generell als Quelle von Vorurteilen, die der Prüfung durch die Vernunft bedürfen. Die Kantische Philosophie markiert den Schritt von der Autonomie der erkennenden Vernunft zur sittlichen Autonomie des handelnden Subjekts (→ Autonomie). Wenn Aufklärung Kant zufolge heißt, sich seines Verstandes ohne Leitung eines anderen bedienen zu können, dann stellt sich der Erziehung die Aufgabe, zu diesem Vernunftgebrauch zu befähigen. Und das Prinzip aller Erziehung kann dann nur lauten, nicht für die «gegenwärtige Welt», deren Tradition und Sitte folgend, sondern «dem zukünftig möglich bessern Zustande des menschlichen Geschlechts, das ist: der Idee der Menschheit, und deren ganzer Bestimmung angemessen» zu erziehen (KANT 1975, S. 704).

Die Einsicht, daß die Aufgabe der Erziehung nicht den Verbindlichkeiten von Tradition und Sitte restlos subsumiert werden darf, hatte vor Kant schon Rousseau der pädagogischen Reflexion abverlangt. Unter dem Eindruck der Gesellschaft des vorrevolutionären Frankreichs geht er von der grundsätzlichen Fragwürdigkeit damaliger Sitte und Erziehung aus und sucht nach Antizipationen einer besseren Praxis, die er politisch im «Contrat social» und pädagogisch im «Emile» entfaltet. Rousseaus Erziehungsroman bestimmt das Verhältnis von Tradition und Erziehung «negativ»: Anstelle der Unterweisung in Tugend und Sitte soll Erziehung den «jungen Menschen urteilsfähig [...] machen, [soll sie] sein Urteil bilden, statt ihm unseres aufzudrängen» (ROUSSEAU 1975, S. 183). Der Zustand der bürgerlichen Ordnung seiner Zeit zwingt Rousseau in die pädagogische Utopie: Er zieht mit seinem Emile aufs Land, um ihn dort dem Prinzip negativer Erziehung gemäß erziehen zu können.

Schleiermacher durchschaut die Abstraktheit und Unzulänglichkeit einer von der übrigen Gesellschaft isolierenden und vor ihr bewahrenden Erziehung. Praxis und Theorie der Erziehung sind ihm zufolge vielmehr eingebettet in das durch Tradition und Geschichte bestimmte «faktisch Gegebene», ohne daß dieses freilich zur Norm erzieherischen Handelns hypostasiert werden darf und kann. Denn die Frage, wie der Mensch erzogen werden soll, ist für Schleiermacher nur aus der «Idee des Guten» beantwortbar. Von da aus fordert er ein dialektisches Verhältnis der Erziehung zur Tradition. Erziehung muß «unterstützend» und «gegenwirkend» an die jeweiligen Verhältnisse und Situationen anknüpfen.

Weder blinde Affirmation noch abstrakte Negation von Tradition und Sitte können von der Erziehung erwartet werden, sondern Anleitung der Jugend, «einzutreten in das, was sie vorfindet, aber auch tüchtig in die sich darbietenden Verbesserungen mit Kraft einzugehen» (SCHLEIERMACHER 1957, S. 31).

Dialektischer Traditionsbegriff. Während Rousseau und Schleiermacher ein praktisches Verhältnis zur Wirklichkeit und damit zur Tradition fordern, ist für Hegel die Frage nach der Stellung des →Bewußtseins zur Tradition keine Frage der Praxis und einer sie anleitenden Theorie, sondern eine der Erkenntnis. Anstelle der Forderung der Theorie nach einer Welt, wie sie sein soll, stellt er an die Theorie die Forderung, zu begreifen, was ist, «denn das, was ist, ist die Vernunft» (HEGEL 1970, S. 26). Unter dieser Voraussetzung wird die Stellung des (pädagogischen) Bewußtseins zur Tradition verständlich, wie sie Hegel im Rahmen seiner Philosophie des Geistes entwickelt. Einerseits treten dem einzelnen Bewußtsein Tradition und Überlieferung in den überindividuellen Selbstgestaltungen des Geistes entgegen. Zugleich stellen diese aber in ihrer geschichtlichen Vorgegebenheit die Substanz dar, in der das Bewußtsein allererst sich bildet. Weder der Erzieher, dessen Bewußtsein jene Gestaltungen schon in sich aufgenommen hat, noch der Heranwachsende, dessen Selbstwerdungsprozeß durch Überlieferung und Tradition erst möglich wird, können sich außerhalb ihrer geschichtlichen Gegenwart stellen. Andererseits ist diese Übermacht der Tradition doch nur eine scheinbare; denn das Wissen der Tradition bricht deren vermeintliche Allgewalt. Das Wissen, das um die Unüberspringbarkeit und Notwendigkeit von Tradition als seiner eigenen Voraussetzung weiß, steht nicht nur in der Tradition, sondern zugleich auch über ihr (vgl. LITT 1951). Unter der Voraussetzung der Richtigkeit der Hegelschen Prämisse von der Wirklichkeit der Vernunft und der Vernunft der Wirklichkeit sind Antizipationen eines «zukünftig möglich bessern Zustands des menschlichen Geschlechts» (KANT 1975, S. 705) weder möglich noch nötig.

Tradition und Kritik. Hegels dialektischer Begriff der Tradition ist selber traditionsbildend geworden. An ihn knüpfen zwei Denkrichtungen an, die für die Erziehungswissenschaft gleichermaßen Bedeutung gewonnen haben (vgl. KLAFKI 1971). Die Hermeneutik, die für die geisteswissenschaftliche Pädagogik die wissenschaftstheoretische Grundlage wurde, betont mit ihrer Absage an jegliche Erziehungsmetaphysik die Vorgängigkeit der Erziehungswirklichkeit und der in ihr wirksamen Traditionen. Allein über deren Auslegung und Interpretation vermag ihr zufolge das pädagogische Denken als «réflexion engagée» (FLITNER 1966, S. 18) zur Orientierung des Handelns zu gelangen.

Unabhängig von der Hermeneutik, wenngleich ihr nicht wesensfremd, hat sich theoriegeschichtlich die Ideologiekritik entwickelt. Ihr geht es nicht nur um die hermeneutische Aneignung der Tradition, sondern zugleich um deren Kritik. Die Stellung der Ideologiekritik zur Tradition zeigt eine doppelgleisige →Struktur. Sie prüft pädagogische Handlungsorientierungen, Theorien und Ideale auf ihren gesellschaftlich-ökonomischen Vermittlungszusammenhang und weist gegebenenfalls ihren Geltungsanspruch unter Hinweis auf ihre Interessenbedingtheit zurück. Als Traditionskritik ist sie aber zugleich immer auch Erinnerung und Rettung von Tradition, indem sie deren rationale Momente von den irrationalen trennt. Die Ideologiekritik, von sich aus keiner kritischen Maßstäbe mächtig, bleibt rückverwiesen auf die Tradition, die sie kritisch reflektiert und aus der sie selbst entstammt.

Die Ideologiekritik dokumentiert die dialektische Herkunft von Kritik und Antizipation aus der Tradition. Von da aus hat es seinen guten Sinn, die Erziehungswissenschaft zur Erinnerung an ihre eigene kritische Tradition aufzufordern, nicht um ihrer Restauration, sondern um ihrer Weiterentwicklung willen (vgl. Benner 1978). Ein bewußtes Verhalten zur Tradition kann nur bedeuten, diese sich ins Bewußtsein zu heben, ohne sich ihr zu beugen (vgl. Adorno 1977). Die sich gegenwärtig abzeichnenden Bemühungen um eine erziehungswissenschaftliche Handlungs- oder Interaktionstheorie, die sich der rationalen Elemente der Tradition vergewissert, könnten in diese Richtung führen.

Ansätze hierzu böte vielleicht eine erziehungstheoretische Reformulierung wichtiger Grundbegriffe der Entwicklungspsychologie Piagets. Piaget begreift Lernvorgänge durch die komplementären Funktionen von Assimilation und Akkommodation. Assimilation bedeutet – bezogen auf den hier behandelten Zusammenhang – die über das Handeln des Subjekts vermittelte Anpassung der äußeren Wirklichkeit an tradierte Erkenntnisschemata, während Akkommodation die Variation und Differenzierung bereits erworbener Schemata angesichts neuer Probleme und konträrer Erfahrungen bezeichnet. Die Betonung der handelnden Aneignung der Wirklichkeit als Voraussetzung für die Konstituierung des Subjekts verweist auf entsprechende Überlegungen Schleiermachers und Hegels: Prozesse des Tradierens implizieren ebenso Kritik und Auseinandersetzung, wie umgekehrt Kritik die Aneignung von Traditionen voraussetzt. Im Rahmen der Entwicklungspsychologie geschieht freilich dieser Vorgang «immer schon»; sie kann deshalb die erziehungstheoretische Reflexion nicht ersetzen, wohl aber ihr den Weg offenhalten.

ADORNO, TH. W.: Über Tradition. Gesammelte Schriften, Bd. 10.1, Frankfurt/M. 1977, S. 310ff. BENNER, D.: Hauptströmungen der Erziehungswissenschaft. Eine Systematik traditioneller und moderner Theorien, München [2]1978. FLITNER, W.: Das Selbstverständnis der Erziehungswissenschaft in der Gegenwart, Heidelberg 1966. GAMM, H.-J.: Allgemeine Pädagogik. Die Grundlagen von Erziehung und Bildung in der bürgerlichen Gesellschaft, Reinbek 1979. GEHLEN, A.: Anthropologische Forschung, Hamburg 1968. GEHLEN, A.: Der Mensch. Seine Natur und seine Stellung in der Welt, Wiesbaden 1976. HEGEL, G. W. F.: Grundlinien der Philosophie des Rechts. Werke in 20 Bänden, hg. v. E. Moldenhauer/K. M. Michel, Bd. 7, Frankfurt/M. 1970. KANT, I.: Über Pädagogik. Werke in 6 Bänden, hg. v. W. Weischedel, Bd. 6, Darmstadt 1975, S. 691ff. KLAFKI, W.: Erziehungswissenschaft als kritisch-konstruktive Theorie: Hermeneutik – Empirie – Ideologiekritik. In: Z. f. P. 17 (1971), S. 351ff. LITT, TH.: Hegels Begriff des «Geistes» und das Problem der Tradition. In: Stud. Gen. 4 (1951), S. 311ff. ROUSSEAU, J.-J.: Emil oder Über die Erziehung, Paderborn 1975. SCHLEIERMACHER, F.: Pädagogische Schriften, Bd. 1: Die Vorlesungen aus dem Jahre 1826 u. Mitarb. v. Th. Schulze hg. v. E. Weniger, Düsseldorf/München 1957. WEBER, M.: Wirtschaft und Gesellschaft. Grundriß der verstehenden Soziologie, hg. v. J. Winckelmann, 2 Bde., Tübingen [5]1976 (Bd. 1: 1976a).

Friedhelm Brüggen

Tradition, christliche → Erziehung, religiöse; → Mutter
Transferforschung → Bildung
Transformation → Kompetenz – Performanz
Transformationssyntax → Struktur
Transformationssystem → Struktur
Transition → Lebenslauf
Transzendentalphilosophie → Pädagogik, phänomenologische
Trennungsangst → Angst
Triebunterdrückung → Antipädagogik
trivium → Fach – Fächerkanon
Tugend → Wert
Typ → Struktur

U

Übergang (zu weiterführenden Schulen) → Bildungssystem (Bundesrepublik Deutschland); → Selektion
Übergangsphase → Lebenslauf
Übergangszeugnis → Zeugnis – Zertifikat
Überlegenheit → Autorität
Überlieferung → Tradition
Überprüfung (von Lernerfolgen) → Leistungsbeurteilung – Leistungsversagen; → Prüfung; → Zeugnis – Zertifikat
Übertragung → Pädagogik, psychoanalytische
Übung → Elementarunterricht
Übungsspiel → Spiel
Umgang → Handeln
Umschulung → Erwachsenenbildung; → Weiterbildung
Umwelt → Sozialisation
Umwelt – Anlage → Begabung

Umwelterziehung

Entstehungsgeschichte. Der Terminus «Umwelterziehung» signalisiert die pädagogische Antwort auf jene ökologischen Krisenerscheinungen, die seit den 70er Jahren des 20. Jahrhunderts durch die Studien des Club of Rome (vgl. EHRLICH/EHRLICH 1972) in breiterem Maße ins öffentliche Bewußtsein gedrungen sind. Seither spricht man vom «ökologischen Dreieck» als jenem Beziehungsgeflecht, das die künftigen (Über-) Lebensmöglichkeiten der Menschheit gefährdet: Die Bevölkerungsexplosion, der Ressourcenverschleiß sowie die Zerstörung, Vergiftung und Verschmutzung von Boden, Luft und Wasser führen zu Veränderungen in der Umwelt, die sich zu globalen Problemen auswachsen (vgl. GLOBAL 2000 1980). Bis Mitte der 70er Jahre wurden Ansätze zur Bewältigung der Krise primär im Bereich von Politik, Gesetzgebung, Ökonomie und Technik gesucht (vgl. ENZENSBERGER 1973). Allerdings verblieben diese Ansätze zumeist auf der proklamatorischen Ebene. Danach verschob und erweiterte sich die Debatte um Problemlösungen. Seither wird verstärkt an den einzelnen appelliert, daß er durch sein Verhalten zur Krisenbewältigung beitragen soll.

Diese Neuorientierung spiegelt sich in der UNESCO-Konferenz zur Umwelterziehung von 1977 ebenso wie in einer Studie des Club of Rome zur «Zukunftschance Lernen». Ziel ist die Erziehung zu einer neuen Ethik, die Solidarität, Konsumverzicht, freiwillige Geburtenbeschränkung und eine Abkehr vom Wachstumsdenken ebenso impliziert wie das «respektvolle Verhalten gegenüber der Natur» (UNESCO-Kommissionen 1979, S. 60). Ähnliches wird auch in der Studie des Club of Rome vorgeschlagen (vgl. Peccei 1979, S. 17ff), jedoch ergänzt um die Entwicklung eines «innovativen» Lernkonzeptes: Durch die Antizipation künftiger Entwicklungen, durch die Partizipation an Entscheidungsprozessen, durch Berücksichtigung komplexer Strukturen und die Nutzung der neuen Medien und der Kybernetik soll das Individuum in die Lage versetzt werden, die bestehenden ökologischen Probleme zu bewältigen und künftige vorauszusehen (vgl. Peccei 1979, S. 40ff).

Beide Studien hatten erheblichen Einfluß auf die Konzeptionierung der Umwelterziehung wie auf die Empfehlung der Ständigen Konferenz der Kultusminister der Länder in der Bundesrepublik Deutschland (KMK) von 1980 zu diesem Thema. In dieser Empfehlung wird die Umwelterziehung zum fächerübergreifenden Unterrichtsprinzip erklärt und eine breite Lehrerfortbildung für notwendig erachtet (vgl. KMK 1981, S. 4).

Konzepte. Die Umwelterziehung ist das zeitlich erste, nicht jedoch einzige Konzept einer pädagogischen Antwort auf die ökologische Krise. Daneben wurde der Ansatz des «ökologischen Lernens» und der «Ökopädagogik» entwickelt (vgl. de Haan 1984, Michelsen/Siebert 1985). Anhand von drei Fragen lassen sich diese Konzepte erörtern und ihre Divergenzen aufzeigen:

Erstens: Welchen Beitrag soll die Pädagogik zur Krisenbewältigung leisten?

Zweitens: Wie wird das Verhältnis zur Natur bestimmt?

Drittens: Wie wird das Verhältnis zur Zukunft behandelt?

Erstens: Die Umwelterziehung zielt auf die Erweiterung der Erfahrung von Natur, um darüber eine veränderte Bewertung von und einen geänderten Umgang mit Natur zu bewirken (vgl. Bolscho u. a. 1980, S. 16ff). Die Erziehung dient dann der Erzeugung spezifischer Einstellungen und Verhaltensweisen. Damit mag die Pädagogik zwar einen Beitrag zur Krisenbewältigung leisten, gerät jedoch gleichzeitig zu einer utilitären Erziehung beziehungsweise sozialtechnischen Lösung extern gesetzter Zwecke (vgl. de Haan 1985, S. 25ff). Durch die «Entwicklung lebensfähiger, subsistenzorientierter, überschaubarer und selbstgestaltbarer kleiner Lebensräume» (Dauber 1982, S. 129) soll hingegen das ökologische Lernen möglich werden. In diesen «Lebensräumen» kann sich ein «wildwucherndes Lernen» ereignen, das selbstgesteuert verläuft und auf Eigeninitiative beruht (vgl. DAUBER 1982, S. 133). Mit diesem Konzept gerät das Lernen jedoch in die Falle der Utopie. Denn die Kritik der herrschenden Gesellschaftsordnung schlägt um in ein affirmatives Verhältnis zu den neuen Lebensformen. Dann bleibt jedoch nirgends Raum für die Freiheit einer begründeten Entscheidung für oder gegen die gelebte Utopie (vgl. BEER/DE HAAN 1987, S. 34f). Dagegen argumentiert die «Ökopädagogik» für eine kritische Distanz sowohl gegenüber der herrschenden Gesellschaftsordnung, der bestehenden Ökonomie und Technik als auch gegenüber utopischen Entwürfen, die häufig glauben, unter der Maxime der «Natürlichkeit» der darin angestrebten Mensch-Natur-Gesellschafts-Beziehung gar nicht kritisierbar zu sein (vgl. DE HAAN 1985, S. 32; vgl. TREPL 1987, S. 224ff).

Zweitens: Die Naturzerstörung ist Ausdruck der «produktivistischen Logik» industriell orientierter Gesellschaften (vgl. GORZ 1977, S. 116ff). Diese Logik ist eng verbunden mit der neuzeitlichen Wissenschaft und Technik, in der die Natur zum Gegenstand quantifizierender, experimenteller Operationen, zum beliebig manipulierbaren Materialhaufen gerät (vgl. TREPL 1987, S. 32ff). Dieser Beziehung zwischen Naturzerstörung und neuzeitlicher Wissenschaft als Bedingung ihrer Möglichkeit stellen sich die hier verhandelten Konzepte in unterschiedlicher Form.

Die Umwelterziehung basiert auf der Annahme, daß es einer Effektivierung und Komplexitätssteigerung im Bereich der bestehenden Technik und Wissenschaft bedarf, um die Krise zu bewältigen (vgl. PECCEI 1979, S. 113). Die herrschende Instrumentalisierung der Natur wird somit fortgesetzt und bezieht auch die Lernenden ein, indem ihr Lernvermögen mit Hilfe kybernetischer Modelle erfaßt und optimiert werden soll (vgl. PECCEI 1979). Demgegenüber meinen Vertreter des ökologischen Lernens, daß neue, umweltschonende Techniken eine Abkehr von der bestehenden Wissenschaft und Technik signalisieren (vgl. DAUBER 1982, S. 132ff). Dabei wird jedoch leicht übersehen, daß auch die sanften Techniken nach den Gesetzen neuzeitlicher Naturwissenschaft konzipiert und entwickelt werden, das heißt, daß auch hier die Verfügungsgewalt über Natur sich fortsetzt (vgl. GAMM 1985). In der Ökopädagogik wird Kritik gerade dort für notwendig erachtet, wo das technisch-rechnerische Denken zur Selbstverständlichkeit zu werden droht oder Überlegungen zu einem anderen Umgang mit Natur unbedacht zur Maxime erhoben werden. Dies bezieht auch die Frage nach dem Bildungssinn von Naturwissenschaft und Technik ein, das heißt, es wird nach ihrer Bedeutung für die Menschwerdung des Menschen gefragt.

In der der → Aufklärung verpflichteten → Pädagogik wird die wissenschaftlich-technische Verfügungsgewalt über Natur als Bedingung der

Möglichkeit einer Befreiung des Menschen von jeglichen Herrschaftszwängen begriffen (vgl. ADORNO 1969, BLANKERTZ 1965, HABERMAS 1968); ihr Sinn für eine auf → Emanzipation orientierte Pädagogik ist damit gesichert. Demgegenüber signalisiert die ökologische Krise, daß weder die Verfügungsgewalt über Natur gelingen kann (vgl. MITTELSTRASS 1982), noch durch sie die zwischenmenschliche Herrschaft ein Ende finden dürfte (vgl. ULLRICH 1979). Von daher stellt sich auch die Frage nach dem Bildungssinn der herrschenden Wissenschaft und Technik neu.

Drittens: Legitimiert sich die Pädagogik seit der Aufklärung geradezu durch den Anspruch, der nachwachsenden Generation dazu verhelfen zu wollen, die eigene Zukunft selbst bestimmen zu könnnen (im Überblick: vgl. DE HAAN 1985, S. 10ff), so wird diese Selbstbestimmung in eben jenem Maße gefährdet, wie die Zukunft durch die ökologische Krise gefährdet ist. Dieses führt in der Umwelterziehung dazu, daß die Zukunft in immer stärkerem Maße überschaubar gemacht und somit gesichert werden soll. «Antizipatorisches Lernen» als «Fähigkeit, sich mit der Zukunft auseinanderzusetzen» (PECCEI 1979, S. 52), wird jedoch verstanden als Auseinandersetzung mit Simulationsmodellen, Trends und Prognosen (vgl. PECCEI 1979, S. 57). Diese können aber prinzipiell nicht mehr bieten als eine Verlängerung der Gegenwart in die Zukunft hinein. Somit bestimmt sich Zukunft von dem her, was gegenwärtig opportun erscheint, und das Individuum hat sich mit seinen Perspektiven dem um so mehr zu beugen, wie diese Zukunft als fragil behauptet wird.

Gegen diese durch die Gegenwart normierte und kybernetischen Modellen unterworfene Zukunft wenden sich das ökologische Lernen wie die Ökopädagogik (vgl. DAUBER 1985; vgl. DE HAAN 1984, S. 81ff). Solange nämlich der Anspruch auf eine selbstbestimmte Zukunft nicht utilitären Erwägungen geopfert werden soll, kann jedes Szenarium, jeder (utopische) Entwurf nur ein Mögliches präsentieren, aus dem keinerlei Orientierungsleitlinien erwachsen.

Ausblick. Während sich die Umwelterziehung in den pädagogischen Handlungsfeldern gerade erst etabliert (vgl. CALLIESS/LOB 1987), scheint sie sich zugleich von innen her aufzulösen. Denn mit der Orientierung an einer alles umfassenden → Systemtheorie beziehungsweise Kybernetik auf der Ebene des wissenschaftlichen Unterbaus (vgl. GAMM 1987) und der Orientierung an einer Ethik, die den einzelnen für alle – auch in Zukunft erst wirksam werdenden – Handlungen verantwortlich machen will (vgl. JONAS 1979), geraten die sogenannten Umweltprobleme zum bloßen Beispiel für die Anwendung dieser «Superwissenschaft» oder «Superethik», die auf dem Gebiet von Politik, Physik und Biologie ebenso Gültigkeit beansprucht wie in der Konsum-, Freizeit- oder Umwelterziehung (vgl. DE HAAN 1987).

Dennoch bleibt die mit der ökologischen Krise aufgeworfene Frage nach der Orientierung der Erziehung auf Zukunft hin virulent. In Frage steht dabei letztlich jenes «Projekt der Moderne» (zum Konzept der Moderne: vgl. HABERMAS 1985), das von der Idee getragen ist, durch die Verfügungsgewalt über Natur dem Menschen eine bessere Zukunft zu ermöglichen (vgl. KOSELLECK/MEIER 1975). Zum Problem wird auch die historisch dominante Naturwissenschaft und Technik, die mathematisch und experimentell den Fortschritt der Naturbeherrschung vorantreiben soll (zu den divergierenden Formen des Umgangs mit Natur in der Wissenschaftsgeschichte und Ästhetik: vgl. ZIMMERMANN 1982). So könnte Bildung – verstanden als Versuch, das eigene Verhältnis zur Welt zu klären – in die Enttäuschung münden, das Projekt Moderne mit der Vorstellung einer allseitigen Emanzipation von der Natur durch ihre Beherrschung aufgeben zu müssen.

ADORNO, TH. W.: Fortschritt. In: Adorno, Th. W.: Stichworte, Kritische Modelle 2, Frankfurt/M. 1969, S. 29ff. BEER, W./HAAN, G. DE: Ökopädagogik – neue Tendenzen im Verhältnis von Ökologie und Pädagogik. In: Calliess, J./Lob, R. E. (Hg.): Praxis..., Bd. 2, Düsseldorf 1987, S. 32ff. BLANKERTZ, H.: Die Menschlichkeit der Technik. In: Blankertz, H. u. a.: Technik – Freizeit – Politik. Neue Pädagogische Bemühungen 26, Essen 1965, S. 9ff. BOLSCHO, D. u. a.: Umwelterziehung. Neue Aufgaben für die Schule, München/Wien/Baltimore 1980. CALLIESS, J./LOB, R. E. (Hg.): Praxis der Umwelt- und Friedenserziehung, Bd. 2: Umwelterziehung, Düsseldorf 1987. DAUBER, H.: Vom «Leben lernen» zum «menschlichen Dilemma». In: Moser, H. (Hg.): Soziale Ökologie und pädagogische Alternativen, München 1982, S. 126ff. DAUBER, H.: Neue Reichweiten einer ökologischen Lernbewegung. In: ökopäd 5 (1985), 2, S. 36ff. EHRLICH, P. R./EHRLICH, A. H.: Bevölkerungswachstum und Umweltkrise, Frankfurt/M. 1972. ENZENSBERGER, H. M.: Zur Kritik der politischen Ökologie. In: Kursbuch (1973), 33, S. 1ff. GAMM, G.: Simulierte Natur. Zur Kritik der ökologischen Vernunft. In: Konkursbuch (1985), 14, S. 47ff. GAMM, G.: Gleiche Dichte. Über einige vergessene Zusammenhänge zwischen Systemtheorie und utopischem Bewußtsein. In: Konkursbuch (1987), 19, S. 159ff. GLOBAL 2000: Der Bericht an den Präsidenten, Frankfurt/M. 1980. GORZ, A.: Ökologie und Politik, Reinbek 1977. HAAN, G. DE: Die Schwierigkeiten der Pädagogik. In: Beer, W./Haan, G. de (Hg.): Ökopädagogik. Aufstehen gegen den Untergang der Natur, Weinheim/Basel 1984, S. 77ff. HAAN, G. DE: Natur und Bildung, Weinheim/Basel 1985. HAAN, G. DE: Postindustrielle Gesellschaft – Das Ende der Umwelterziehung und ihrer Theorie. In: ökopäd 7 (1987), 4, S. 30ff. HABERMAS, J.: Technik und Wissenschaft als «Ideologie», Frankfurt/M. 1968. HABERMAS, J.: Der philosophische Diskurs der Moderne, Frankfurt/M. 1985. JONAS, H.: Das Prinzip Verantwortung. Versuch einer Ethik für die technologische Zivilisation, Frankfurt/M. 1979. KOSELLECK, R./MEIER, C.: Fortschritt. In: Brunner, O. u. a. (Hg.): Geschichtliche Grundbegriffe, Bd. 2, Stuttgart 1975, S. 351ff. KMK: Umwelt und Unterricht. Beschluß der KMK vom 17.10.1980. In: ökopäd 1 (1981), Null-Nummer, S. 4f. MICHELSEN, G./SIEBERT, H.: Ökologie lernen. Anleitungen zu einem veränderten Umgang mit Natur, Frankfurt/M. 1985. MITTELSTRASS, J.: Wissenschaft als Lebensform, Frankfurt/M. 1982. PECCEI, A. (Hg.): Club of Rome, Bericht für die achtziger Jahre, Zukunftschance Lernen, Wien/Zürich/Innsbruck 1979. TREPL, L.: Geschichte der Ökologie. Vom 17. Jahrhundert bis zur Gegenwart, Frankfurt/M. 1987.

Ullrich, O.: Technik und Herrschaft, Frankfurt/M. 1979. UNESCO-Kommissionen: Zwischenstaatliche Konferenz über Umwelterziehung 1977 in Tiflis (UdSSR), Schlußbericht und Arbeitsdokumente, München u. a. 1979. Zimmermann, J. (Hg.): Das Naturbild des Menschen, München 1982.

Gerhard de Haan/Gerold Scholz

Unabhängigkeit → Autonomie
Ungleichheit, soziale → Schicht, soziale; → Selektion
Universität → Bildungssystem (Bundesrepublik Deutschland); → Studium Generale
Unternehmenserziehung → Management-Education
Unternehmenskultur → Management-Education

Unterricht

Begriff. Eine Bestimmung des Begriffs «Unterricht» kann nicht im Rückgriff auf semantische Selbstverständlichkeiten erfolgen, um deren Aufdeckung erziehungswissenschaftliche Reflexion sich nur zu bemühen hätte, sondern ist in Auseinandersetzung einerseits mit der unmittelbaren *Erziehungspraxis* und ihrem entsprechenden Selbstverständnis von Unterricht und andererseits mit der *Erziehungstheorie*, mit theoretischen Konzepten und Fragestellungen zum Unterricht zu entwickeln (→ Theorie – Praxis).

Verwissenschaftlichtes Verständnis. So finden wir eine historisch erste weittragende, bis in die heutige unterrichtliche Alltagspraxis und erziehungswissenschaftliche Unterrichtstheorie hineinwirkende Auseinandersetzung theoretischer Konzeptionalisierungen von Unterricht mit dessen in der unmittelbaren Erziehungswirklichkeit gewachsenen Selbstverständnis zu *Beginn der Neuzeit*, an jener historischen Stelle, wo die in 1000jähriger Entwicklung im heutigen Sinne weitgehend theorielos gewachsenen Selbstverständlichkeiten pädagogischer und unterrichtlicher Praxis durch die religiösen, politisch-territorialen und ökonomisch-technologischen Erschütterungen in Frage gestellt wurden und eine Neuorientierung von seiten der Theorie erwartet wurde. In diesem Rahmen entstanden die Theorie Ratkes und Comenius' als pädagogische Reformversuche jener unterrichtspraktischen Grundschicht, deren Wurzeln übrigens ebenfalls an einer weltgeschichtlichen Bruchstelle liegen, nämlich im frühen Mittelalter. Dort mußte sich nämlich die junge, noch unsichere christliche Kultur und Lebensweise gegen die antike abgrenzen und konstituieren, wobei besonders der klösterlichen Erziehung mit ihren weltabgewandt-asketischen Idealen für den gesellschaftlichen Umerziehungsprozeß eine entscheidende Sozialisationsfunktion zukam. Auf diese Basis baute sich im Hochmittelalter dann ein zunehmend expandierendes Unterrichtswesen auf, das besonders mit den Studien- und Schuleinrichtungen des Jesuitenordens seinen organisatorisch-institutionellen Höhepunkt und Abschluß fand und in deren Studien- und Schulordnung von 1599 die in 1000jähriger Entwicklung gewachsene historische Grundschicht unserer abendländischen Orientierungen unterrichtspraktischen Denkens, Handelns und Organisierens dokumentiert ist (vgl. PAULSEN 1919, S. 13ff, S. 387ff).

Didactica Magna. An dieser unterrichtspraktischen Tradition entzündete sich zu Beginn der Neuzeit pädagogische *Kritik*, wobei besonders Comenius den Begriff des Unterrichts nicht länger auf einen Lehr- und Lernprozeß beziehen mochte, welcher sich ausschließlich verbal, ohne jede Anschauung als Memorieren und Imitieren von Lernstoff des im wesentlichen mittelalterlichen, dann klassischen Lateins vollzog. Dieser engen und zwanghaften Unterrichtspraxis stellt COMENIUS (vgl. 1960) eine Theorie gegenüber, die Unterricht nicht vom Leben asketisch trennen will, sondern ihn in einem *harmonischen Gesamtprozeß* systematisch auf drei zentrale Bereiche der gesellschaftlichen Öffentlichkeit bezieht, nämlich Wissenschaft, Politik und Religion, und diese unterrichtsmethodisch dem Schüler im Medium der sachlichen →Anschauung, der sprachlichen Darstellung und der sensomotorischen Erprobung und Übung vermittelt (vgl. SCHALLER 1962). Trotz dieser radikalen Kritik bricht Comenius aber mit der unterrichtspraktischen Tradition nicht völlig, denn auch ihm ist es selbstverständlich, daß sich Unterricht in →Schulen abspielt, die eine institutionelle Isolierung vom alltäglichen Leben leisten und eine interne Ordnung, eine Disziplin konsolidieren, welche bei Verstößen mit einer Vielzahl zur Verfügung stehender Strafen zu verteidigen ist.

Herbartianismus. Diese zu Beginn der Neuzeit entwickelte theoretisch «breite» Bestimmung von Unterricht verengte sich im Laufe ihrer weiteren Entwicklung zunehmend und büßte damit immer mehr an gesamtgesellschaftlicher Kritikfähigkeit ein. Das wird besonders im 19. Jahrhundert an der Unterrichtstheorie Herbarts und ihrer Rezeption durch seine Epigonen, die «Herbartianer», deutlich. Strukturierte Comenius den Unterricht durch die drei zentralen Lebensbezüge, nämlich zum Sachlichen durch die Wissenschaft, zum Sozialen durch die Politik und zu Wertentscheidungen durch die Bindung an die Religion, läßt sich ein solches Unterrichtsverständnis ansatzweise, aber in verkürzter Gestalt auch noch bei Herbart finden (vgl. GEISSLER 1977, S. 78ff): Ins Zentrum rücken hier nämlich die kognitiven Lernprozesse, während die soziale

Dimension des Unterrichts im wesentlichen nur als Disziplinproblem (der «Regierung» der Kinder), als Vorbedingung inhaltlicher Lernprozesse gesehen wird, ohne allerdings ihre politischen Implikationen hinreichend zu erkennen. Der Bereich normativer Wertentscheidungen (die «Zucht») schließlich wird zum Grenzbereich unterrichtlicher Einwirkung und wegen seiner unsicheren theoretischen Fundierung dann von den Herbartianern faktisch an die Argumentationsmuster der «Regierung», also der Unterrichtsdisziplin bruchlos angekoppelt.

Empirische Unterrichtsforschung. Der nächste große und vorläufig letzte Verengungsschritt in dieser Tradition setzte in der Mitte der 60er Jahre mit der *«realistischen Wendung»* der erziehungswissenschaftlichen Forschung ein, mit der Adaptation der empirisch-analytischen Sozialforschung als favorisierter →Forschungsmethode, mit der Integration großteils positivistisch begründeter Ergebnisse nichtpädagogischer Disziplinen, also vorwiegend der Soziologie und Psychologie, und letztlich mit der Aufgabe historisch gewachsener genuin pädagogischer Interessenstandpunkte. So konnte es in diesem Rahmen nicht mehr gelingen, ein im Sinne von Comenius oder auch Herbart breites, umfassendes Bild von Unterricht zu entwickeln. Vielmehr tendierten die Untersuchungen dazu, immer detaillierter immer kleinere Ausschnitte des Unterrichtsganzen zu analysieren (vgl. BACHMAIR 1974) und damit die Frage nach dem in einem bestimmten historischen Entwicklungsprozeß stehenden Beziehungsgeflecht zwischen den verschiedenen inhaltlich-thematischen, interaktiven und institutionell-gesellschaftlichen Momenten «vorerst» beiseite zu schieben.

Schulkritik. Diese Tradition ist allerdings nicht ohne Widerspruch und Gegenströmungen geblieben. So beklagt schon 1925 BERNFELD (vgl. 1967) die Institutionsblindheit der Didaktik und stellt sich auf den Standpunkt, nicht inhaltlichen Unterrichtsgegenständen oder zwischenmenschlichen Beziehungen des Unterrichts, sondern allein der Schule als Institution komme die erzieherisch entscheidende Kraft zu. Dieser erweiterte, *gesellschaftlich-politische* Dimensionen mitthematisierende Zugriff auf Unterricht konnte sich allerdings erst ein knappes halbes Jahrhundert später im Zuge der reformpädagogischen Strömungen der auslaufenden 60er Jahre unter dem Stichwort des «heimlichen Lehrplans» (ZINNECKER 1975) intensiver weiterentwickeln (→Lehrplan, heimlicher). Damit war die historisch entstandene Verengung des Begriffs von Unterricht aufgebrochen, so daß nun auch manche unterrichtspraktischen Selbstverständlichkeiten in Frage gestellt werden konnten und sich damit ein neuer, stark gesellschaftspolitisch akzentuierter Zugriff für die Definition von Unterricht eröffnete. Ein solches alternatives

Unterrichtsverständnis wurde wohl in radikalster Form von ILLICH (vgl. 1972) und FREIRE (vgl. 1973) mit ihren Entschulungskonzeptionen entwickelt – bemerkenswerterweise im lateinamerikanischen und nicht im traditionsbelasteten europäisch-abendländischen Raum! So fragmentarisch diese Unterrichtstheorie und ihre Praxis auch erscheinen mögen, schließen sie doch an den in der Folgezeit zunehmend verschütteten pädagogischen Gedanken Comenius' an, die *Welt* als Schule zu verstehen und Unterricht in die Öffentlichkeit zu integrieren, in Wissenschaft, Politik und Religion; genau das intendiert beispielsweise Freires Unterrichtstheorie (vgl. GEISSLER 1977, S. 152ff).

Mit diesen kritischen Stimmen, die der bedenklichen Verengung des Unterrichtsbegriffs besonders in der empirisch-analytischen Unterrichtsforschung entgegenzuhalten sind, sollte jene erziehungswissenschaftliche Tradition der Unterrichtstheorie nicht völlig verworfen, sondern einer Revision zugänglich gemacht werden, die ihr Interesse auf die *Geschichte der Erziehungs- und im engeren Sinne Unterrichtswirklichkeit* richtet, um die gesellschaftspolitischen Funktionen zunächst partikular erscheinender unterrichtspraktischer Alltagselemente wie unterrichtlicher Artikulationsschemata, Sozialformen oder Beurteilungsverfahren und -normen zu erschließen und so den Gehalt entsprechender (Teil-) Theorien zu ermitteln (vgl. GEISSLER 1979, PETRAT 1979).

So läßt sich hinsichtlich *alltagspraktischer Handlungsmuster und -orientierungen im Unterrichtsfeld* eine erstaunliche historische Stabilität und Kontinuität auch bei variierenden gesellschaftlichen Funktionen dieser unterrichtlichen Ordnungsstrukturen beobachten: Die anfangs schon erwähnte Studien- und Schulordnung der Jesuiten mit ihren Begriffen von Disziplin und Leistungskonkurrenz als unterrichtlich und schulorganisatorisch tragenden Prinzipien spiegelt den mittelalterlichen Schul- und Unterrichtsbetrieb und in ihrer gesamten Ordnungsstruktur die besonders durch Religion und Kirche geprägte mittelalterliche Lebenswelt im allgemeinen wider. Interessanterweise finden wir drei Jahrhunderte später, nämlich besonders seit der Gründung des Deutschen Reiches, fast die gleichen Ordnungsstrukturen in den Ausbildungsanstalten für Volksschullehrer und den entsprechenden Schulen (vgl. MEYER 1976), so daß man den Eindruck gewinnt, daß es dem zunächst aufgeklärt-absolutistischen und dann konstitutionell-monarchischen preußischen Staat mit seinen militärisch-bürokratischen Ordnungsprinzipien gelang, jene unterrichtlichen und schulischen Organisationsstrukturen mit geringfügigen Modifikationen in das eigene Gesellschafts- und politische Steuerungsgefüge zu integrieren. Abschließend auf die heutige Unterrichtswirklichkeit blickend, scheint diese mit jener kaum vergleichbar – zumindest auf den ersten Blick. Untersuchenswert aber wäre die Hypothese, ob nicht strukturell ähnliche alltagspraktische

Ordnungsstrukturen den heutigen Unterricht beherrschen wie damals – nur mit dem Unterschied, daß sie sich mittels anderer Formen realisieren: Disziplin und Lernmotivation – früher in der Regel durch äußere Sanktionen erzwungen – lassen sich im Zeitalter der demokratischen Leistungs- und Konkurrenzgesellschaft wohl besser durch den gezielten Einsatz von Zensuren erreichen, die die ganze Lebenskarriere eines Schülers entscheidend mitbestimmen können (→ Selektion).

Unterrichtsbegriff. Im engeren Sinne ließe sich Unterricht zum einen definieren durch das schulisch-institutionell geregelte und soziohistorisch vermittelte interaktive Zusammenwirken zwischen → Lehrer und → Schülern und mit einem mehr oder weniger ausgeprägten, durch gesellschaftliche Rollenerwartungen (→ Rolle) begründeten Führungsanspruch des Lehrers. Zum anderen meint Unterricht die vermittels formeller Kommunikations-, Lehr- und Lernprozesse realisierte Auseinandersetzung mit einem schulisch-institutionell und gesellschaftlich vorgeschriebenen Inhalt der je dominanten → Kultur (Unterrichtsgegenstand). Damit wird vom Lehrer gesellschaftlich eine fachliche Kompetenzüberlegenheit und ein entsprechendes unterrichtsmethodisches Geschick erwartet. Mit diesen impliziten Verweisen auf die soziohistorische Einbettung jeden Unterrichts ist bereits seine begrifflich weitere Fassung eingeleitet, die die Schule als gesellschaftliche Institution mit einschließt und auf die gesellschaftlichen Funktionen des Unterrichts aufmerksam macht: Hierbei ist nicht nur auf die Sozialisationsfunktion (etwa durch den «heimlichen Lehrplan») hinzuweisen, sondern auch auf die Beaufsichtigungsfunktion (besonders deutlich im Elementarbereich) und die im historischen Rückblick (besonders durch die Curriculumrevision seit Ende der 60er Jahre) intensiver diskutierte Ausbildungsfunktion, wobei schließlich nicht die sich in diesem Zusammenhang (besonders durch den Numerus clausus der Hochschulen) zunehmend verschärfende Selektionsfunktion übersehen werden sollte.

Unterrichtsmethode. Die *Dynamik des Unterrichts* im weiteren Sinne als soziohistorischer Faktor und im engeren Sinne als unterrichtlicher Kommunikations-, Lehr- und Lernprozeß entwickelt sich – das konnte ansatzweise vielleicht schon im Zusammenhang der geschichtlichen Entwicklung des unterrichtlichen Theorie-Praxis-Problems (→ Theorie – Praxis) deutlich werden – einerseits im Spannungsfeld zwischen bestimmten Zielperspektiven (→ Lernziel) und Zwecken sowie den vorliegenden häufig restriktiven Unterrichtsbedingungen, andererseits auf der Basis traditionsbedinger Selbstverständlichkeiten zusammen mit aktuellen Zufälligkeiten und deren Folgen. Mit Bezug auf das unterrichtliche Feld im engeren Sinne ließe sich das besonders gut an der Unterrichtsmethode als vermittelnder Instanz zwischen den vorliegenden Unterrichtsbedingungen und zu erstrebenden Unterrichtszielen zeigen: Die Unterrichtsmethode (→Methode) kann nämlich zum einen als Mittel, bei fraglos vorausgesetzten Unterrichtsbedingungen, eingesetzt werden, um bestimmte Unterrichtsziele zu erreichen; zum anderen kann sie verschiedene Momente der vorliegenden Unterrichtsbedingungen weiterentwikkeln, um so allererst Unterrichtsziele als antizipierte Unterrichtsresultate zu konstituieren. Damit kann deutlich werden, daß Unterricht als *pädagogisches Experiment* und damit als ein *Wagnis* verstanden werden muß, weil einerseits nicht sichergestellt werden kann und darf, daß bestimmte pädagogische Ziele durch den Einsatz bestimmter pädagogischer Mittel sicher zu erreichen sind, und weil andererseits immer offen sein muß für das risikoreiche Aufbrechen pädagogischer Selbstverständlichkeiten und Gewohnheiten und für die auch überraschend-situative Konstitution unterrichtsmethodischer Entscheidungen und pädagogischer Ziele in Kooperation zwischen Lehrer und Schülern.

Bachmair, G.: Unterrichtsanalyse, Weinheim/Basel 1974. Bernfeld, S.: Sisyphos oder die Grenzen der Erziehung (1925), Frankfurt/M. 1967. Comenius, J. A.: Große Didaktik, hg. v. A. Flitner, Düsseldorf/München [2]1960. Freire, P.: Pädagogik der Unterdrückten, Reinbek 1973. Geissler, H.: Modelle der Unterrichtsmethode, Stuttgart 1977. Geissler, H.: Unterrichtsplanungsmodelle im historischen Aufriß. In: Geissler, H. (Hg.): Unterrichtsplanung zwischen Theorie und Praxis. Unterricht von 1861 bis zur Gegenwart, Stuttgart 1979, S. 17ff. Illich, I.: Entschulung der Gesellschaft, München 1972. Meyer, F.: Schule der Untertanen. Lehrer und Politik in Preußen 1848–1900, Hamburg 1976. Paulsen, F.: Geschichte des gelehrten Unterrichts auf den deutschen Schulen und Universitäten vom Ausgang des Mittelalters bis zur Gegenwart, Bd. 1, Leipzig [3]1919. Petrat, G.: Schulunterricht. Seine Sozialgeschichte in Deutschland 1750–1850, München 1979. Schaller, K.: Die Pädagogik des Johann Amos Comenius und die Anfänge des pädagogischen Realismus im 17. Jahrhundert, Heidelberg 1962. Zinnecker, J. (Hg.): Der heimliche Lehrplan, Weinheim/Basel 1975.

Harald Geißler

Unterricht, differenzierter →Differenzierung; →Differenzierungsform
Unterricht, elementarer →Elementarunterricht
Unterricht, gelehrter →Verwissenschaftlichung
Unterricht, gemeinsamer →Koedukation
Unterricht, projektorientierter →Projekt
Unterrichtsdifferenzierung →Differenzierungsform
Unterrichtsfach →Fach – Fächerkanon
Unterrichtsfilm →Medienpädagogik
Unterrichtsforschung →Ethnomethodologie; →Lehr-/Lernforschung; →Unterricht
Unterrichtsplanung →Didaktik, allgemeine; →Methode

V

Validität → Forschungsmethode; → Test
Variation → Pädagogik, phänomenologische

Vater

Begriff. Das Wort Vater ist im wesentlichen durch zwei Bedeutungslinien gekennzeichnet, die ursprünglich miteinander verbunden waren. Die etymologisch fundierte Bedeutung folgt einem im indogermanischen Verbstamm «pa» (= für nähren, hüten, schützen) enthaltenen Verständnis des Vaters, das ihn in seiner reproduktiven Rolle post partum (nach der Geburt des Kindes) definiert. In diesem Sinne wurde ursprünglich unter dem Vater der Ehe-, Familien- und Haushaltsvorstand verstanden. In ähnlicher Weise wird Vater in römisch-katholischer Tradition (heiliger Vater: Papst, aber auch Seelsorger beziehungsweise Klostervorsteher: Abt) oder auch bei Luther (Gott als Vater der Armen, Witwen und Waisen – vgl. Grimm/Grimm 1956, Spalte 21) verwendet. Neben diesem, seit der → Aufklärung sukzessive schwindenden Begriffsverständnis steht ein zweites, das im Vater als «genitor» den Erzeuger eines Kindes beziehungsweise im übertragenen Sinne den Urheber einer Sache sieht. Diese Vorstellung zielt auf seine reproduktive Rolle ante partum (vor der Geburt). Sie kann im ausgehenden 20. Jahrhundert im deutschsprachigen Raum als herrschend gelten, wo der Verlust einer gemeinsamen christlichen Weltanschauung, innerhalb deren der Vatername Gottes ihn als «Versorger und Behüter der Welt und aller Wesen» ausweist (Grimm/Grimm 1956, Spalte 21) zu einer biologistischen Reduktion des Begriffs geführt hat. Durch sie wird die Einheit des ältesten, religiösen Vaterbegriffs aufgelöst, der beides umfaßte: Gott als Erzeuger aller Geschöpfe und als ihr Beschützer. Dieser Entwicklung entspricht eine tiefgreifende Veränderung sowohl des individuellen Vaterverständnisses als auch der kollektiven Vaterfunktionen im Verlauf der Geschichte.

Geschichte. In einer der Herkunftskulturen des europäischen Denkens, im *alten Ägypten*, findet sich eine der wichtigsten Quellen für die reproduktive Funktion des Vaters post partum. Da die altägyptische Namensgebung mit der Mutter und nicht mit dem Vater verbunden war, die Ehen neolokal (kein Verbleib des Erben im Vaterhause) geschlossen wurden und die Vaterschaft durch den Vater aufkündbar war, spielte die genetisch-reproduktive Funktion des Vaters nur eine untergeordnete Rolle. Seine Bedeutung leitete sich nicht aus der *Vergangenheit* (im Sinne der Herkunft) ab, sondern aus seiner ökonomischen und – in der gegenwärtigen europäischen Kulturform verschwindenden – pädagogischen Reproduktionsaufgabe. Seine Versorgerrolle umfaßte – gewissermaßen auf seine jeweilige *Gegenwart* bezogen – sowohl eine Ernährungs- als auch eine Schutzkomponente in einer Gesellschaft, die als hierarchisches System von Versorgungsgemeinschaften bis zum König als einer Art Landesvater komponiert war. Die →Erziehung der Söhne und damit die Steuerung von *Zukunft* oblag exklusiv ihm. Sie wurde begriffen als Einführung des Sohnes «ins Leben und in die Gesellschaft» (Holanbek 1986, Spalte 914), richtete sich mehr auf habituelle Dispositionen als auf Wissen und Fertigkeiten und bereitete eine Verbindung zwischen Vater und Sohn vor, deren intensivste Phase im Zeitraum nach dem Tode des Vaters lag. Für diese Zeit war der Sohn als Nachfolger des Vaters in der Zelebrierung des Totenkults der Garant für den Verbleib des Vaters in der Gemeinschaft der Lebenden (vgl. Assmann 1976).

Wegen der historischen und kulturellen Nähe unterschied sich das Vaterkonzept des *alten Israel*, wie es im *Alten Testament* dokumentiert ist, in etlichen Hinsichten kaum. Diese Ähnlichkeiten beziehen sich aber ausschließlich auf die ökonomische beziehungsweise pädagogische Reproduktionsfunktion des Vaters. So war der Vater als Hausherr Ernährer, in ähnlich hervorgehobener Bedeutung aber auch Lehrer des Sohnes, und zwar sowohl im Kultisch-Religiösen (vgl. 2. Mose 12,26f; 13,14; vgl. 5. Mose 6,20–24; vgl. Josua 4,6f) wie in allen Angelegenheiten des Lebensweges (vgl. Sprüche 22,6; 1,8; 6,20–23). Indem der Gehorsam gegenüber der Erziehung des Vaters aber an der Tatsache festgemacht wurde, daß er der Erzeuger des Sohnes ist (vgl. Sprüche 23,22), wird deutlich, daß sich die gesamte nachgeburtliche Funktion des Vaters aus seiner vorgeburtlichen Erzeugerrolle ableitete. Die primäre Bedeutung des Vaters war die eines Stammesvaters, der Traditionen stiftet. Dieses genealogische Prinzip strukturierte seine gesamte Figuration: So war er Hausvater über seine Nachkommen beziehungsweise Verwandten wegen der genetischen Verbindung; seine Nachkommen wurden nach *ihm* benannt; das Vaterhaus war die Kontinuität in die Vergangenheit sichernde, kleinste Einheit einer Abstammung, die sich bis auf die 12 Stämme der Urväter zurückverfolgen ließ; Kontinuität in die Zukunft gewährleistete das Prinzip der Strafandrohung an Kindern bis zur vierten und fünften Generation (vgl. 2. Mose 20,5f) ebenso wie die Erziehungsnormen des Vaters, die er aus der Erziehung durch seinen eigenen Vater bezog (vgl. Perlitt 1976). Vor dem Hintergrund einer Gesellschaftsformation, die sich im Zustande von Nomadentum beziehungsweise Halbseßhaftigkeit befand («Auszug aus Ägypten»), war die Dominanz eines genealogischen Prinzips ein notwendiger sozialer Ordnungsfaktor, der einem entwurzelten Volk Geschichte sichern konnte. Gleichzeitig wurde mit diesem Prinzip indessen der Bedeutungsverlust des Vaters für einen späteren Zeitpunkt bereits angelegt, wenn das Moment der Vererbung seine Relevanz verlieren würde. Das genealogische Prinzip war auch die für die *griechische Antike* zunächst vorherrschende Orientierung (vgl. Gadamer 1976, S. 105f). Jedoch kam, zumindest in der literarischen Überlieferung, hier eine Reihe von Motiven auf, die dieses Prinzip bedrohten und mit ihm die altorientalische Vaterkonzeption. Diese Motive relativieren die Position des Vaters teilweise bis in die Gegenwart: Es handelt sich erstens um das Motiv des Vater-Sohn-Konfliktes, wie es im Ödipus-Mythos überliefert ist, aber auch in den «Wolken» des Aristophanes oder in Platons «Eutypheron». Damit ist, zweitens, das progressivistische Moment verbunden, dem zufolge der Sohn glücklicher oder besser werden soll als der Vater (so bei Homer und Sophokles). Sodann tritt, drittens, in der Gestalt des Phönix in der Ilias zum ersten Male in der Kulturgeschichte neben dem leiblichen Vater ein geistiger Vater und Erzieher in Erscheinung (vgl. Lemke 1976, S. 126), und viertens erscheint die Tochter (Antigone) im Ödipus-Mythos im Gegensatz zum Sohn (Polyneikes) in einer ungewöhnlich engen Beziehung zum Vater.

Die alttestamentarische und die griechische Pointierung der genetischen Dimension von Vaterschaft in Absetzung von einer «pädagogischen» erleichtern das *christliche Denken des Neuen Testaments*, soweit es Jesus Christus einerseits als leiblichen Nachkommen Davids (vgl. Römer 1,3f), den Messias, und andererseits als auferstandenen Sohn Gottes sieht. Die zweite Komponente der Christusfigur interpretiert insofern die Vaterschaft Gottes im übertragenen Sinne als eine Eigenschaft, die sich aus den ältesten Vorstellungen des Nährens, Hütens und Schützens speist. Diese Zuschreibung spiegelt sich am nachhaltigsten in der überlieferten aramäischen Anrede Gottes durch Jesus als «Abba», also in einer kindlichen Diminutivform (vgl. Galater 4,6; vgl. Römer 8,15). Der Vatername Gottes ist keine durch das Christentum eingeführte Erscheinung, sondern unter anderem bereits in Babylonien, Ägypten und im Hellenismus belegt (vgl. Bornkamm 1976, S. 136). Kulturgeschichtlich folgenreich ist indessen die christliche Ablösung der urgeschichtlichen Vatereigenschaften von der Figur des leiblichen Vaters und ihre Deifizierung (Zuschreibung auf Gott), weil dadurch einerseits die leibhaftigen Väter eine Art Vergötterung erfahren, andererseits aber die Erfüllung der Erwartungen an die Väterlichkeit irdischer Väter wegen der Gefahr der Blasphemie immer nur als defizienter Modus göttlicher Väterlichkeit erscheinen kann.

Die Ablösung der nicht genetischen Merkmale von Väterlichkeit und ihre Deifizierung durch die Frühchristen traf in *Rom* auf eine verwandte Denkstruktur und wurde durch sie unterstützt und weitergeführt. Hier trat die genetische Reproduktionsfunktion in den Hintergrund. Die Bezeichnung «pater» charakterisierte in der Form des «pater familias», des Hausvaters, eine Macht- und Rechtsposition, die indessen auch mit Pflichten und Erwartungen an Väterlichkeit verknüpft war. So soll nach Marcianus die patria potestas (väterliche Gewalt) auf pietas (Pflichtgefühl), nicht auf Unbarmherzigkeit (atrocitas) basieren. Autoren wie Cicero oder Seneca zeichnen das Bild des gütigen und gnädigen Vaters (vgl. Wlosok 1978, S. 25). Neben dem Konzept des Familienvaters stand eine Reihe nicht familialer Vaterfigurationen, die die Ausweitung des pater-Modells in den öffentlichen Raum zum wichtigsten kulturhistorischen Entwicklungsmoment Roms machten: die Bezeichnung «pater» für das Senatorenamt, «pater patratus» für ein Priesteramt, «pater patriae» für den Landesvater, aber auch als Kultname für Gottheiten, teilweise etymologisch erkennbar in «Iup-piter» und «Mars-piter».

Es waren letztlich diese Analogien, angelegt in der Figur des pater familias mit ihren Komponenten aus Herrschafts- und Strafgewalt (dominus) sowie Schutz- und Fürsorgepflicht (pater), an der Kirchenväter wie Tertullian und Laktanz ihre Gottesvorstellung orientierten, so daß Väterlichkeit nicht nur als Güte und Gnade deifiziert wurde, sondern auch in der Form des Richter- und Strafamtes Gottes. Auch diese Funktion der irdischen Väter unterlag damit in der Folge der Ausbreitung christlichen Denkens tendenziell der «Vergöttlichung» wie die Vorstellung väterlicher Gnade und Güte. Darüber hinaus läßt sich für die Zeit des Frühchristentums eine gegenläufige doppelte Tendenz konstatieren: Erstens eine schon bei Platon angelegte Neigung zur Universalisierung der göttlichen Vaterfigur in dem Sinne, daß nun zunehmend nur jene Instanz Vater genannt wurde, «die jenseits des welthaften Seins bleibt» (Schindler 1978a, S. 58); dadurch verlor die Differenzierung zwischen vorgeburtlichen und nachgeburtlichen Funktionen, das heißt die Konnotation der göttlichen Vaterfigur mit einer irdischen grundsätzlich an Bedeutung. In gleicher Weise wirkte zweitens die Praxis des alltäglichen Lebens, der Vaterschaft Gottes im Konfliktfall eine Präferenz vor der irdischen Vaterschaft eines konkreten Vaters einzuräumen, so bei Augustinus und bei Paulus (vgl. Schindler 1978b, S. 70). Aus dieser Tendenz erwuchs die Übertragung der Vater-Nomenklatur auf das Amt des Bischofs im 3. Jahrhundert («papa»), auf die Kirchenschriftsteller im

5. Jahrhundert («Kirchenväter») und auf das Amt des römischen Bischofs im 6. Jahrhundert («Papst»), verbunden mit einer erheblichen Relativierung der leiblichen Vater-Kind-Beziehung, die schon wegen der geistlichen Unterweisungspflicht durch den christlichen, leiblichen Vater zusätzlich vergeistigt wurde.

Im *Mittelalter* setzte sich der Prozeß insofern fort, als mit der Entstehung der Klöster und der Klosterschulen eine Instrumentalisierung der christlichen Erziehung einsetzte. Obgleich einflußreiche Autoren wie Thomas von Aquin die doppelte Funktion des leiblichen Vaters ante und post partum hervorhoben (vgl. Specht 1978), verlieh die Institutionalisierung der Erziehung der begrifflichen Relativierung des leiblichen Vaters weiter faktische Gewalt, indem die väterlichen Funktionen post partum an familienfremde Männer übertragen wurden. In der benediktinischen Mönchsregel wurde die Anrede des Klostervorstehers mit «Abt» (von «abba», Vater) verankert (vgl. Benedikt 1965, S. 10).

Die Krise des Papsttums in *Hochmittelalter* und *Frühneuzeit*, das heißt die Säkularisierung des Amtes (Alexander VI., Julius II.), die Einführung des Ablaßsystems (Leo X. Medici), das große abendländische Schisma mit der gleichzeitigen Wahl zweier Päpste (Urban VI. und Clemens VII.) sowie die ersten theoretischen Zweifel an der Unfehlbarkeit des Papstes durch Wiclif führten nicht zu einer Erschütterung der Praxis nichtleiblicher Vaterschaft und schon gar nicht zu einer Rekonstruktion der Funktion des leiblichen Vaters. Vielmehr wurde das Prinzip der Väterlichkeit als solches korrumpiert. Diese Entwicklung dürfte durch Ereignisse unterstützt worden sein, die zunächst ganz anderen Kontexten entstammten, etwa der Entdeckung außereuropäischer Völker, die die monogenetische Abstammungsidee des Menschen unwahrscheinlich machte. Der vermeintlich *eine* Vater Adam schien Brüder gehabt zu haben. Wichtiger als diese Vorgänge ist vermutlich das Erstarken des weiblichen, besonders mütterlichen Prinzips gewesen. So erreichte die Marienverehrung im Laufe des 15. Jahrhunderts ihren Höhepunkt und problematisierte die Verehrung der Dreieinigkeit aus Gott *Vater, Sohn* und *Heiligem Geist* (→Mutter). Gleichzeitig ergriffen Frauen an verschiedenen Orten Europas die Macht (Katharina Medici in Frankreich, Maria die Katholische und Elizabeth I. in England).

Die *Reformation* könnte als Gegenbewegung zu diesem Verfallsprozeß gesehen werden. So wurde Luthers Rolle als Familienvater zum Vorbild des protestantischen Familienlebens, in welchem nun aber auch der Frau (Katharina von Bora als Leitbild der tüchtigen Ehefrau) eine besondere Bedeutung zukam. Gleichzeitig wurde der Reformator gern und oft als zärtlicher Familienvater dargestellt (vgl. Buchwald 1957). Insoweit Luther mit der Befürwortung der standesamtlichen Trauung eine Verstaatlichung der Ehe tolerierte, ist in der reformatorischen Haltung zur Familie eine der wichtigsten Ursachen für die spätere absolutistische Funktionalisierung des leiblichen Vaters für die Zwecke des Staates zu sehen.

Zu dieser Entwicklung kam es sukzessive durch die Auflösung des Hausvater-Prinzips im 17. Jahrhundert, als dem Gesinde eines Hausvaters die Gründung von Subfamilien gestattet wurde (vgl. KUCZYNSKI 1982), wodurch das Haus als kleinste politische Einheit verschwand und die Staatstätigkeit erstarkte. Daneben sind Implikationen des Aufklärungsdenkens kaum zu übersehen. So ersetzte das Wahrheitsprinzip des Denkens (Descartes) tendenziell das Traditionsprinzip der Väter; die Prinzipien von Vernunft, Kritik, Freiheit und Toleranz richteten sich tendenziell gegen jede Form unbegründeter Autorität, also auch gegen eine solche, die wie die väterliche «nur» auf Verwandtschaft gründete; die Idee, daß Gott selbst nicht mehr in die Schöpfung eingreife (Shaftesbury), relativierte in Analogie dazu die Bedeutung väterlicher Tätigkeit «post partum»; der Gleichheitsgedanke ebnete virtuell auch die Differenz zwischen den Generationen und Geschlechtern ein; die Forderung und Durchsetzung staatlicher Bildung und Erziehung ließen den «Vater Staat» an die Stelle des leiblichen rücken.

Im *19. Jahrhundert* wurde dieser Prozeß der Marginalisierung des leiblichen Vaters beschleunigt. Dabei spielte die Auflösung der Produktionsfamilie und die damit verbundene Entfernung des arbeitenden Vaters aus dem Hause eine hervorragende Rolle (vgl. HAUSEN 1976). Mit diesem Vorgang war eine doppelte Verlagerung der pädagogischen Aufgaben des Vaters verbunden: innerhalb der Familie auf die Frau, außerhalb auf die Schulen des Staates.

Die Entwicklung des Privatrechts besonders im *20. Jahrhundert* korrespondierte dieser Dynamik (vgl. HATTENHAUER/BUSCHMANN 1967), insofern das noch im «Allgemeinen Landrecht für die preußischen Staaten» von 1794 verankerte Recht der «Väterlichen Gewalt» als Übernahme aus dem Römischen Recht über das Bürgerliche Gesetzbuch von 1900 und zahlreiche Gesetzesänderungen insbesondere im Scheidungs- und Scheidungsfolgerecht bis 1976 aufgegeben und durch einen Primat der Mutter ersetzt wurde (vgl. LENZEN 1985, S. 147ff). Dieser Vorgang spiegelt sich unter anderem in einer Rechtsprechung, der zufolge «in der Regel natürlicherweise die Mutter die wichtigste Bezugsperson» des Kindes ist (Beschluß des 19. Zivilsenats des Berliner Kammergerichts vom 22. 10. 1981, Az. 19WF4812/81). Diese, nicht nur für Sorgerechtsentscheidungen folgenreiche Sicht (nur in 7 % aller Scheidungsfälle wird das Sorgerecht dem Vater zugesprochen) spiegelt eine außerordentlich verbreitete Auffassung, der zufolge insbesondere aus feministischer Perspektive der Mann als Vater für überflüssig (vgl. BEHR/HÄSING 1980, BRONNEN 1978) oder sogar gefährlich (vgl. KAVEMANN/LOHSTÖTER

1984) gehalten wird. Aber nicht nur die väterliche Funktion nach der Geburt, sondern auch die Rolle des Vaters als leiblicher (Mit-)Erzeuger gerät an der Wende zum 3. Jahrtausend ins Wanken, beschleunigt durch die Entwicklung der neuen Reproduktionstechnologien (vgl. DELAISI DE PARSEVAL 1985, LENZEN 1987). Neben diesen Tendenzen steht eine Erscheinung, die als «neue Väterlichkeit» bezeichnet wird und den Vater in einer neuen Rolle beschreibt (vgl. v. CANITZ 1982, MOTSCHMANN 1987, PARKE 1982). Ihr entspricht die Propagierung einer «neuen Mütterlichkeit» (vgl. PASERO/PFÄFFLIN 1986). Beide Modi können als Bestandteil eines Prozesses gesehen werden, in dem die Entdifferenzierung der Geschlechter eine Auflösung der Rollenspezifika von Vater und Mutter nach sich zieht (vgl. BOPP 1984), begünstigt durch die Ausbreitung von Frauenarbeit einerseits und den Verlust von Arbeitsmöglichkeiten für Männer (Arbeitslosigkeit, «Hausmann») andererseits. Inwieweit dieser Entdifferenzierung neue Differenzierungsformen folgen werden und ob ein Typus von Väterlichkeit als ein ausschließlich an den männlichen Elternteil gebundener Habitus sich in den westlichen Kulturen noch einmal herausbilden wird, läßt sich gegenwärtig nicht voraussagen.

Der Beitrag der Humanwissenschaften. In der fiktionalen Literatur sind das Vatermotiv sowie damit verwandte Stoffe vielfältig auffindbar. Die *Literaturwissenschaft* verfügt deshalb über reichhaltige Studien zu diesem Thema (zum Vater: vgl. KÖBERLE 1958, LÜDERS 1973, TELLENBACH 1978; zum Vater-Sohn-Motiv: vgl. BERNARD 1949, WAIS 1931; zum Vater-Tochter-Motiv: vgl. FROBENIUS 1933; zur Vatersuche: vgl. VAN DER LEE 1957). Für die *Theologie* steht neben pastoralen Fragen (vgl. MOLL 1962, LOH 1984) das Problem der Vaterschaft beziehungsweise des Vaternamens Gottes im Vordergrund des Interesses (vgl. BAUR 1899, GYLLENBERG 1926).

Aus dem Rahmen der *Soziologie* sind für die pädagogische Fragestellung besonders solche Arbeiten von Interesse, die sich dem Vaterthema unter dem Gesichtspunkt der Autoritätsfrage zuwenden, ein Problem, das während des Faschismus und nach dem Zweiten Weltkrieg auch im Zusammenhang mit der Jugendforschung (→Jugend) in den Vordergrund gerückt ist (vgl. HORKHEIMER 1936; vgl. SCHELSKY 1957, S. 146ff), das im Rahmen der Bewegung antiautoritärer Erziehung zentral war und durch SENNETT (vgl. 1985) erneut thematisiert wurde (→Autorität; →Erziehung, antiautoritäre). Auch im Rahmen einer Soziologie der Familie (vgl. MITTERAUER/SIEDER 1977, SCHWÄGLER 1975) und im Kontext der Sozialisationsforschung (vgl. LYNN 1974, SCHARMANN/SCHARMANN 1975) werden Rollenprobleme des Vaters soziologisch erforscht und diskutiert.

Die Untersuchung der Sozialisationsfunktion des Vaters gehört, allerdings unter der Perspektive von psychischer Entwicklung und der Pathogenese psychischer Störungen, auch zum Gegenstandsbereich der *Psychologie* (umfassend: vgl. FTHENAKIS 1985). Hier hat die Tiefenpsychologie (vgl. JUNG 1962), vornehmlich die Psychoanalyse, gegen den langsamen Bedeutungsverfall des Vaters geltend gemacht, daß Vaterabwesenheit und Vaterschwäche in der familialen Konstellation nicht nur zu individuellen psychischen Erkrankungen bei den Kindern führen können (neben großen Teilen des Werkes von Freud vgl. in jüngerer Zeit: CHASSEGUET–SMIRGEL 1987; vgl. STORK 1974, 1986; vgl. WURR 1985), sondern auch gesamtgesellschaftlich von erheblicher Konsequenz sind (vgl. GREEN 1972, MARTIN 1979, MITSCHERLICH 1963, ZIEHE 1975).

Kulturvergleichende, *anthropologische* Studien gehen häufig von einem der genannten Gesichtspunkte aus den anderen Humanwissenschaften aus und untersuchen beispielsweise das Problem der väterlichen Autorität in China, die Rolle des Vaters in einer bestimmten Religion oder die Bedeutung des Vaters in der frühkindlichen Sozialisation bestimmter Kulturen (Übersichtsdarstellungen: vgl. LAMB 1987, TELLENBACH 1979).

Eine *pädagogische* Theorie des Vaters gibt es nicht. Ebensowenig kann von umfassenden erziehungswissenschaftlichen Untersuchungen zur Bedeutung des Vaters, auch im historischen Sinne, die Rede sein. Die wenigen, von Erziehungswissenschaftlern verfaßten Arbeiten liegen teilweise zeitlich erheblich zurück (vgl. GABERT 1949, STOCK 1956), befassen sich nur mit einer Detailfrage (vgl. LANGEVELD 1963) oder versuchen eine zu globale Annäherung (vgl. BRAUN 1980). Auch pädagogisch-anthropologische Ansätze (vgl. GAMM 1965, HARGASSER 1967) haben zu keiner nennenswerten Rezeption in der Erziehungswissenschaft geführt. Der Grund dafür dürfte in der Entstehungsgeschichte der →Pädagogik selbst und in ihrem daraus resultierenden Selbstverständnis zu suchen sein. Sie verdankt ihre Entstehung letztlich einem Wissensbedarf in einer historischen Phase des 18./19. Jahrhunderts, in welcher die Erziehung und die Bildung zu einer öffentlichen Aufgabe gemacht wurden. In dieser Phase wurde die Praxis einer naturwüchsigen Erziehung im Vaterhause und durch den Vater von der Schule und von den Lehrern sowie von anderen Erziehungsinstitutionen okkupiert. Als staatlich benötigte und geförderte Wissenschaft trug die Pädagogik somit zur Zerstörung der naturwüchsigen Erziehungsverhältnisse in der Familie selbst bei. Eine Erwartung an die Pädagogik, sich mit der Bedeutung des Vaters im Erziehungsprozeß konstruktiv (und nicht nur kritisch-analytisch) zu befassen, würde mithin ihre Existenzgrundlage in Frage stellen. Eine Änderung dieser Verhältnisse setzt eine veränderte politische Bewertung der Familie als Erziehungsinstanz voraus, die es der Erziehungswissenschaft gestatten würde, in deren, auch konstruktiver, Erforschung eine öffentliche Aufgabe zu sehen. Andererseits zeigt die in den 70er und 80er Jahren des 20. Jahrhunderts entstandene Erziehungsverdrossenheit (→Antipädagogik; →Entschulung) einen Tiefpunkt der Identifikation mit den Institutionen öffentlicher Erziehung an. Wenn daraus eine Rehabilitation der Familie als Erziehungsinstanz resultiert, wird auch der Vater in das Blickfeld pädagogischen Interesses rücken. Ob daraus indessen eine Beeinflussung des Wandels der Vater-Bedeutung erwachsen kann, dürfte unter anderem davon abhängen, ob die Pädagogik in der Lage ist, das verlorene Vertrauen in ihre anthropologische Dignität zurückzugewinnen.

ASSMANN, J.: Das Bild des Vaters im Alten Ägypten. In: Tellenbach, H. (Hg.): Das Vaterbild in Mythos und Geschichte, Stuttgart u. a. 1976, S. 12ff. BAUR, P.: Gott als Vater im Alten Testament. In: Theologische Studien und Kritiken 72 (1899), S. 483ff. BEHR, S./HÄSING, H.: «Ich erziehe allein», Reinbek 1980. BENEDIKT: Mönchsregel. In: Schoelen, E. (Hg.): Erziehung und Unterricht im Mittelalter, Paderborn 1965, S. 10ff. BERNARD, R. K.: Der Vater-Sohn-Konflikt im modernen deutschen Drama, Diss., University of Minnesota, Minneapolis 1949. BOPP, J.: Die Mamis und die Mappis. Zur Abschaffung der Vaterrolle. In: Kursbuch (1984), 76, S. 53ff. BORNKAMM, G.: Das Vaterbild im Neuen Testament. In: Tellenbach, H. (Hg.): Das Vaterbild in Mythos und Geschichte, Stuttgart u. a. 1976, S. 136ff. BRAUN, W.: Der Vater im familiären Erziehungsprozeß, Bad Heilbrunn 1980. BRONNEN, B.: Mütter ohne Männer, Düsseldorf/Wien 1978. BUCHWALD, G.: Martin Luther als Kind, Vater und Freund, Berlin 1957. CANITZ, H.-L. v.: Väter. Die neue Rolle des Mannes in der Familie, Frankfurt/Berlin 1982. CHASSEGUET-SMIRGEL, J.: Zwei Bäume im Garten. Zur psychischen Bedeutung der Vater- und Mutterbilder, München/Wien 1987. DELAISI DE PARSEVAL, G.: Was wird aus den Vätern? Künstliche Befruchtung und das Erlebnis der Vaterschaft, Weinheim/Basel 1985. FROBENIUS, I.: Väter und Töchter, Berlin 1933. FTHENAKIS, W. E.: Väter, 2 Bde., München/Wien/Baltimore 1985. GABERT, E.: Das mütterliche und das väterliche Element in der Erziehung, Stuttgart 1949. GADAMER, H.-G.: Das Vaterbild im griechischen Denken. In: Tellenbach, H. (Hg.): Das Vaterbild in Mythos und Geschichte, Stuttgart u. a. 1976, S. 102ff. GAMM, H.-J.: Anthropologische Untersuchungen zur Vater-Rolle, Essen 1965. GREEN, M.: Die Vater-Rolle, Reinbek 1977. GRIMM, J./GRIMM, W.: Deutsches Wörterbuch, Bd. 25, Leipzig 1956. GYLLENBERG, R.: Gott der Vater im Alten Testament und in der Predigt Jesu. In: Studia Orientalia 1 (1926), S. 3ff. HARGASSER, F.: Vaterschaft und Familie in anthropologisch-pädagogischer Sicht, München 1967. HATTENHAUER, H./BUSCHMANN, A.: Textbuch zur Privatrechtsgeschichte der Neuzeit mit Übersetzungen, München 1967. HAUSEN, K.: Die Polarisierung der «Geschlechtscharaktere» – Eine Spiegelung der Dissoziation von Erwerbs- und Familienleben. In: Conze, W. (Hg.): Sozialgeschichte der Familie in der Neuzeit Europas, Stuttgart 1976, S. 363ff. HOLANBEK, J.: Vater. In: Lexikon der Ägyptologie, Bd. 6, Wiesbaden 1986, Spalte 913ff. HORKHEIMER, M. (Hg.): Studien über Autorität und Familie, Paris 1936. JUNG, C. G.: Die Bedeutung des Vaters für das Schicksal des Einzelnen, Zürich 1962. KAVEMANN, B./LOHSTÖTER, I.: Väter als Täter, Reinbek 1984. KÖBERLE, S.: Vaterbilder in der neueren deutschen Literatur. In: Die Leibhaftigkeit des Wortes, Hamburg 1958, S. 476ff. KUCZYNSKI, J.: Geschichte des Alltags des deutschen Volkes, Bd. 1, Köln 1982. LAMB, M. E.: The Father's Role.

Cross-Cultural Perspectives, Hillsdale (N. J.) 1987. LANGEVELD, M. J.: Einen Vater zu haben. In: Z. f. P. 9 (1963), S. 1ff. LEE, A. VAN DER: Zum literarischen Motiv der Vatersuche, Amsterdam 1957. LEMKE, W.: Das Vaterbild in der Dichtung Griechenlands. In: Tellenbach, H. (Hg.): Das Vaterbild in Mythos und Geschichte, Stuttgart u. a. 1976, S. 116ff. LENZEN, D.: Mythologie der Kindheit, Reinbek 1985. LENZEN, D.: In-vitro-Fertilisation und Funktionswandel der Familie. In: Med., Mensch, Gesellsch. 12 (1987), 1, S. 33ff. LOH, J.: Gott der Vater, Frankfurt/Bern 1984. LÜDERS, A.: Die Vatergestalt auf der Bühne der Bundesrepublik nach dem Zweiten Weltkrieg, Diss., Köln 1973. LYNN, D. B.: The Father: His Role in Child Development, Monterey 1974. MARTIN, R.: Väter im Abseits, Stuttgart 1979. MITSCHERLICH, A.: Auf dem Weg zur vaterlosen Gesellschaft, München/Zürich 1963. MITTERAUER, M./SIEDER, R.: Vom Patriarchat zur Partnerschaft. Zum Strukturwandel der Familie, München 1977. MOLL, W.: Vater und Väterlichkeit, Graz/Wien/Köln 1962. MOTSCHMANN, E. (Hg.): Väter heute. Männer entdecken ihre Vaterrolle, Neuhausen/Stuttgart 1987. PARKE, R. D.: Erziehung durch den Vater, Stuttgart 1982. PASERO, U./PFÄFFLIN, U. (Hg.): Neue Mütterlichkeit, Gütersloh 1986. PERLITT, L.: Der Vater im Alten Testament. In: Tellenbach, H. (Hg.): Das Vaterbild in Mythos und Geschichte, Stuttgart u. a. 1976, S. 50ff. SCHARMANN, D. L./SCHARMANN, TH.: Die Vaterrolle im Sozialisations- und Entwicklungsprozeß des Kindes. In: Neidhardt, F. (Hg.): Frühkindliche Sozialisation, Stuttgart 1975, S. 270ff. SCHELSKY, H.: Die skeptische Generation, Düsseldorf/Köln 1957. SCHINDLER, A.: Gott als Vater in Theologie und Liturgie der christlichen Antike. In: Tellenbach, H. (Hg.): Das Vaterbild im Abendland I, Stuttgart u. a. 1978, S. 55ff (1978a). SCHINDLER, A.: Geistliche Väter und Hausväter in der christlichen Antike. In: Tellenbach, H. (Hg.): Das Vaterbild im Abendland I, Stuttgart u. a. 1978, S. 70ff (1978b). SCHWÄGLER, G.: Soziologie der Familie, Tübingen 1975. SENNETT, R.: Autorität, Frankfurt/M. 1985. SPECHT, R.: Über Funktionen des Vaters nach Thomas von Aquino. In: Tellenbach, H. (Hg.): Das Vaterbild im Abendland I, Stuttgart u. a. 1978, S. 95ff. STOCK, H.: Väter und Söhne. In: Westerm. P. Beitr. 8 (1956), S. 451ff. STORK, J. (Hg.): Fragen nach dem Vater. Französische Beiträge zu einer psychoanalytischen Anthropologie, Freiburg/München 1974. STORK, J. (Hg.): Das Vaterbild in Kontinuität und Wandlung, Stuttgart/Bad Cannstatt 1986. TELLENBACH, H. (Hg.): Das Vaterbild im Abendland II. Literatur und Dichtung Europas, Stuttgart u. a. 1978. TELLENBACH, H. (Hg.): Vaterbilder in Kulturen Asiens, Afrikas und Ozeaniens, Stuttgart u. a. 1979. WAIS, K. K. T.: Das Vater-Sohn-Motiv in der Dichtung, 2 Bde., Berlin 1931. WLOSOK, A.: Vater und Vatervorstellungen in der römischen Kultur. In: Tellenbach, H. (Hg.): Das Vaterbild im Abendland I, Stuttgart u. a. 1978, S. 18ff. WURR, F.: Prinzen und ihre Mütter. Zwei Biographien zur Entwicklung vaterloser Kinder, Stuttgart 1985. ZIEHE, TH.: Pubertät und Narzißmus, Frankfurt/Köln 1975.

Dieter Lenzen

Verantwortung

Begriff. In der deutschen Erziehungsphilosophie (vgl. NOHL 1949, S. 177ff; vgl. SPRANGER 1969a, S. 339ff; vgl. WILHELM 1977, S. 269ff) wurde Verantwortung als das der Erziehungspraxis innewohnende Endziel verstanden, das den Sinn des Erziehens repräsentiert. In der pädagogischen Rezeption wurde die rechtsphilosophische Bedeutungsdimension des Begriffes in besonderer Weise artikuliert.

Im rechtlichen Sinne bedeutet Verantwortung («apologia», «defensio») Rechtfertigung vor Gericht, bei der die Zurechenbarkeit von Taten und deren Folgen in Frage steht, insofern durch sie Rechtsansprüche, die im Rahmen einer Rechtsordnung geltend gemacht werden können, verletzt worden sind.

In existenzphilosophischer Verinnerlichung wurde der Begriff «Verantwortung» zur Erörterung des anthropologischen Sinnes der →Strafe, also der menschlichen Möglichkeit eingeführt, sich in freier Übernahme seiner Schuld zum Subjekt der Strafe erheben zu können (vgl. LIPPS 1954, S. 72ff). Die Problematik der Subjektivität der Strafe hatte sich durch den im 18. und 19. Jahrhundert vollzogenen Übergang von der traditionalen zur gesetzesförmigen Bestimmtheit von Sitte und Recht und der dadurch aufgeworfenen Frage der Begründbarkeit von Gesetzen ergeben. Im Zuge der zunehmenden Positivierung des Rechts werden die Probleme der Legitimität von Gesetzen und des Sinnes der Strafe als Fragen ihrer sozialen Funktion behandelt. Die Forderung rein juristischer Handhabbarkeit von Schuld und Strafe wird jedoch stets mit dem Hinweis auf die nichtjustitiable Intimität der moralischen Verantwortung vor dem eigenen Gewissen versehen, das – in der Nachfolge Kants – im Bilde des inneren Tribunals gedacht wird (vgl. BAUMANN 1969, S. 13). Im Begriff «Verantwortung» werden aufgrund dieser Entwicklung zwei Aspekte zusammengefaßt: der juristische und der moralische. Die Möglichkeit der Aufnahme gesellschaftlicher Normen in den davon zu unterscheidenden sittlichen Willen der Person wird dabei vorausgesetzt. So geht es Spranger im Begriff «Verantwortung» um die Übereinstimmung des unter den Bedingungen eines gesellschaftlichen Wertsystems Handelnden mit seinem die Menschheit im ganzen repräsentierenden «höheren Selbst» (vgl. SPRANGER 1969a, S. 347). In der Verantwortung realisiert sich die personale Identität in einer von disparaten Ansprüchen bestimmten gesellschaftlichen Wirklichkeit. Erziehung zur Verantwortung wird zu «Erweckung» des «sittlichen Selbst»; sie mündet ein in die Verantwortung des Edukanden für sich selbst im Sinne der Urheberschaft der eigenen →Identität (vgl. NOHL 1949, S. 177; vgl. SPRANGER 1969b, S. 410f). Der Zusammenhang von Verantwortung und Identität wird dabei metaphysisch begründet durch die Anwendung des Bildes vom Tribunal auf eine andere, der «hiesigen» entgegengesetzte, höhere Wirklichkeit. Dagegen hat WILHELM (vgl. 1977, S. 269) Verantwortung im Sinne der Weberschen Verantwortungsethik zur Beschreibung des Endziels der Erziehung in die Pädagogik eingeführt. Die Problematik des Verhältnisses von Verantwortung und Identität wird ausführlich von LÜBBE (vgl. 1979, S. 655f) und MARQUARD (vgl. 1979, S. 690ff) erörtert.

Prinzip der Ethik. Weber hat den Begriff «Verantwortung» als Prinzip einer der «reinen» Gesinnungsethik entgegengesetzten Verantwortungsethik eingeführt. Darin wird das Einstehen für die Folgen des →Handelns, dessen Motive auf nicht wahrheitsfähigen Wertentscheidungen beruhen, in einer unüberschaubar-komplexen Wirklichkeit unbedingt gefordert (vgl. Weber 1968, S. 505). Zu verantworten ist der Einsatz von Mitteln, durch deren Bemächtigung sich der Handelnde als Subjekt konstituiert und sich die Kraft zur rationalen Verarbeitung der Kontingenz durch deren Verwandlung in produktive Möglichkeiten zuschreibt. Verantwortung ist für Weber (vgl. 1958, S. 533ff) das Einstehen der von keiner Regel geschützten, von der leidenschaftlichen Hingabe an eine Sache bestimmten politischen Persönlichkeit für sich selbst.

Lipps (vgl. 1954, S. 77) hat Verantwortung als Vollzug der Geschichtlichkeit der menschlichen Existenz begriffen.

Neuerdings wird geltend gemacht, daß angesichts der Eigendynamik der Mittel der «Innenaspekt» des Handelns irrelevant werde. Verantwortlichkeit könne nicht mehr als Existential begriffen, sondern nur institutionell geregelt werden (vgl. Spaemann 1977, S. 167ff).

Nach Schulz (vgl. 1972, S. 630ff) muß das Prinzip Verantwortung in einer dialektischen Relativierung von Gesinnungs- und Verantwortungsethik auf die Wirklichkeit des Handelns bezogen werden. Verantwortung sei im Bezug auf das Handeln gefordert, das seine Rechtfertigung im Vorgriff auf die humane Ordnung finde, zu deren Realisierung es sich an politischen Aktionen in wechselnden Gruppierungen beteilige. In der Verantwortung erscheine der umfassende geschichtliche Horizont des Handelns.

Grundbegriff der Pädagogik. Einige Theoretiker haben versucht, die Erziehung im ganzen aus der Verantwortung als einer «Grundbeziehung des Wirklichen» (Grisebach 1924, S. 318) zu entfalten (vgl. Drechsler 1960).

Die spezifische Problematik des erzieherischen Handelns liegt darin, daß seine Folgen nur bedingt im Kausalschema erfaßbar sind (vgl. Luhmann/Schorr 1979). Auf die Mitwirkung des Edukanden angewiesen, sind Wirkungen des Erziehungshandelns Kommunikate. Im Sinne der Unterscheidung von Marquard (vgl. 1979, S. 690ff) ist die pädagogische Verantwortung nicht als Urheber-, sondern als Treuhänder-Verantwortung zu begreifen (vgl. Spranger 1969a, S. 345; vgl. Spranger 1969b, S. 408). Sie ist nicht primär auf die vom Handelnden beanspruchte Gestaltungsmächtigkeit bezogen, sondern auf etwas Gegebenes, das durch die Unverbürgtheit seiner Existenz Ansprüche geltend macht (vgl. Jonas 1979, S. 174ff). In Abhebung von der partikularen Verantwortung für abschließbare Handlungen wird die pädagogische

Verantwortung als totale, das ganze Leben des Edukanden umfassende postuliert (vgl. DRECHSLER 1960, S. 235; vgl. JONAS 1979, S. 196ff).

Erziehungshandeln sucht seine Rechtfertigung im Auftrag des «künftigen Mannes» (vgl. HERBART 1887, S. 26). Es konstituiert sich als eine Art «repräsentativer Tätigkeit» (vgl. DAHRENDORF 1979, S. 194ff). Im Unterschied zu den legitimativen Tätigkeiten sind die repräsentativen nicht im Hinblick auf ausformulierte Forderungen zu rechtfertigen; da sie im Namen derer vollzogen werden, die sich nicht artikulieren können, enthüllen sie vielmehr erst den Auftrag, dem sie entsprechen.

Mit dem praktischen Postulat der repräsentativen Tätigkeit ist ein theoretisches verbunden: Gefordert sind Modelle, welche die Erörterung des biographischen Stellenwertes von erzieherischen Interventionen ermöglichen, ihre Verflechtung in eine nur in Geschichten repräsentierbaren Lebensgeschichte. Die postulierte «narrative Erziehungswissenschaft» liegt erst in Ansätzen vor (vgl. BAACKE/SCHULZE 1979, LOCH 1979).

BAACKE, D./SCHULZE, TH. (Hg.): Aus Geschichten lernen. Zur Einübung pädagogischen Verstehens, München 1979. BAUMANN, J. (Hg.): Mißlingt die Strafrechtsreform? Neuwied 1969. DAHRENDORF, R.: Lebenschancen. Anläufe zur sozialen und politischen Theorie, Frankfurt/M. 1979. DRECHSLER, J.: Die pädagogische Verantwortung. In: Z. f. P. 6 (1960), S. 223ff. GRISEBACH, E.: Die Grenzen des Erziehers und seine Verantwortung, Halle 1924. HERBART, J. F.: Allgemeine Pädagogik, aus dem Zwecke der Erziehung abgeleitet (1806). Sämtliche Werke, hg. v. K. Kehrbach, Bd. 2, Langensalza 1887, S. 1ff. JONAS, H.: Das Prinzip Verantwortung. Versuch einer Ethik für die technologische Zivilisation, Frankfurt/M. 1979. LIPPS, H.: Die Wirklichkeit des Menschen, Frankfurt/M. 1954. LOCH, W.: Lebenslauf und Erziehung, Essen 1979. LÜBBE, H.: Identität und Kontingenz. In: Marquard, O./Stierle, K. (Hg.): Identität, München 1979, S. 655ff. LUHMANN. N./SCHORR, K. E.: Das Technologiedefizit der Erziehung und die Pädagogik. In: Z. f. P. 25 (1979), S. 345ff. MARQUARD, O.: Identität – Autobiographie – Verantwortung. In: Marquard, O./Stierle, K. (Hg.): Identität, München 1979, S. 690ff. NOHL, H.: Die pädagogische Bewegung in Deutschland und ihre Theorie, Frankfurt/M. [3]1949. SCHULZ, W.: Philosophie in der veränderten Welt, Pfullingen 1972. SPAEMANN, R.: Zur Kritik der politischen Utopie. Zehn Kapitel politischer Philosophie, Stuttgart 1977. SPRANGER, E.: Erziehung zum Verantwortungsbewußtsein. Gesammelte Schriften, Bd. 1, hg. v. G. Bräuer/A. Flitner, Heidelberg 1969, S. 339ff (1969a). SPRANGER, E.: Erziehungsethik. Gesammelte Schriften, Bd. 1, hg. v. G. Bräuer/A. Flitner, Heidelberg 1969, S. 406ff (1969b). WEBER, M.: Politik als Beruf (1919). Gesammelte politische Schriften, hg. v. J. Winckelmann, Tübingen [2]1958, S. 493ff. WEBER, M.: Der Sinn der «Wertfreiheit» der soziologischen und ökonomischen Wissenschaften. Gesammelte Aufsätze zur Wissenschaftslehre, hg. v. J. Winckelmann, Tübingen [3]1968, S. 489ff. WILHELM, TH.: Pädagogik der Gegenwart, Stuttgart [5]1977.

Klaus Giel

Verhaltensstörung

Begriff. Der Terminus «Verhaltensstörung» stammt ursprünglich aus der Psychiatrie und klinischen Psychologie und wird seit dem 1. Weltkongreß für Psychiatrie (1950) als Oberbegriff über so unterschiedliche Phänomene wie →Verwahrlosung, Schwererziehbarkeit, Psychopathie, Neurose und Entwicklungshemmung akzeptiert. Zunehmend wird auch von pädagogischen Autoren anstelle des Begriffs «Erziehungsschwierigkeit» immer häufiger der Begriff «Verhaltensstörung» verwendet.

«Unter einer Verhaltensstörung versteht man eine Regelübertretung, die vom Handelnden selbst oder von jemandem, der sich ihm gegenüber in einer Machtposition befindet, als störend und unangemessen beurteilt wird» (Havers 1978, S. 24). Spezifisch unter kindlichen Verhaltensstörungen versteht man dasjenige Verhalten, das «einen ungünstigen Einfluß auf die Entwicklung und Anpassungsfähigkeit des Kindes selbst hat und es mit anderen Personen in Konflikt bringt» (Kirk 1971, S. 418). Die traditionellen Erklärungsansätze von Psychologie und Psychiatrie, die dem medizinischen Krankheitsbegriff entstammen, tendieren dazu, Abweichungen ausschließlich vom Individuum her zu verstehen. Die Vertreter der sozialwissenschaftlichen Forschung hingegen orientieren sich zunächst an den von der Gesellschaft absolut gesetzten Verhaltensnormen, die vom Individuum nicht befolgt werden. Sie sehen in den sogenannten Verhaltensstörungen eher Handlungen, die für die abweichende Person problemlösendes Verhalten innerhalb einer individuellen Konfliktlage bedeuten, im Grunde jedoch von strukturellen gesellschaftlichen Problemen und Widersprüchen determiniert sind.

Geschichte. Bemühungen, verhaltensgestörten und sozial auffälligen Kindern zu helfen, haben schon sehr früh eingesetzt. Seit dem 16. Jahrhundert gibt es Besserungsanstalten. Im 17. Jahrhundert führten die Einflüsse des Pietismus zur Gründung von Rettungsanstalten. In ganz besonderem Maße setzten sich im 19. Jahrhundert Sozialreformer und Sozialpädagogen wie J. H. Wichern und G. Don Bosco ein. Während jedoch im Mittelalter Verhaltensauffälligkeiten von Kindern als eindeutige Verstöße und als alleinige Schuld der Kinder selbst angesehen wurden, sind sich die Lehrbuchautoren des 19. Jahrhunders darüber einig, daß die mit dem Funktionsverlust der →Familie einhergehende nachlassende Erziehungsleistung in den unteren Schichten der Bevölkerung die eigentliche Ursache zunehmender Verhaltensprobleme von Kindern ist. Grundsätzlich begegnete man diesen Problemen mit normalpädagogischen Mitteln. Im Laufe der gesellschaftlichen Entwicklung läßt sich ein Wandel in der Anschauung und Definition von Verhaltensauffälligkeiten feststellen. Entsprechend folgt auch eine Differenzierung in der Art der zu ergreifenden pädagogischen Maßnahmen. Eine qualitativ deutliche Änderung ist die erstmalige Absonderung von schwierigen Kindern aus der Normalschule, die in den 20er Jahren des 20. Jahrhunderts ihren Ausdruck fand in einer gesonderten Unterrichtung der betroffenen Schüler in «Erziehungsklassen» (vgl. FUCHS 1930). Diese Entwicklung setzte sich nach dem Zweiten Weltkrieg in einer eigenständigen Sonderschulform fort. Dieser Wandel der →Schulpädagogik hing eng zusammen mit der Entwicklung in den sogenannten Nachbarwissenschaften der Pädagogik. Tiefenpsychologie und ihre Erweiterung zur «Jugendkunde» sowie die Entwicklung der Psychopathologie innerhalb der Kinderpsychiatrie gewannen eine zunehmende Bedeutung für die allgemeine und die schulische Pädagogik. Das Kind mit seinen spezifischen Entwicklungsbedürfnissen und seinen Erlebnisweisen sowie seinen körperlichen und psychischen Entwicklungshemmungen wurde zunehmend Gegenstand psychiatrischer, psychologischer und pädagogischer Forschung (vgl. MÜLLER 1970). Es entwickelte sich die «Lehre von den Kinderfehlern», die pädagogische Pathologie. Hier wurden erstmalig Erziehungsschwierigkeiten von Kindern nach psychogenetischen Gesichtspunkten untersucht (vgl. STRÜMPELL 1890).

Klassifikation. Der Psychologe Graefe teilt die kindlichen Verhaltensstörungen ein in «*Funktionsstörungen innerhalb der Körpersphäre* (Einnässen, Einkoten, Verstopfung, Eßstörungen, allgemeine motorische Unruhe, Tics, Sprechstörungen wie Stottern und Stammeln, motorische Ungeschicklichkeit, Haltungsfehler und -schwächen, Kopfschmerzen, Schlafstörungen und Sinnesschwächen), *abnorme Gewohnheiten inner-*

halb der Körpersphäre (Daumenlutschen, Nägelknabbern, Haarausreißen, Zähneknirschen und exzessive Masturbation), *Störungen der Ichgefühle und Grundstimmung* (allgemeine Ängstlichkeit, Ängstlichkeit in bestimmten Situationen, Kränkelei, Depression, Selbstmordversuche, Euphorien und Lachzustände), *soziale Störungen* (Trotz, Ungehorsam, übertriebene Eifersucht, emotionale Bindungsschwäche, Sprachstörungen wie Mutismus, Einzelgängertum, Schulschwänzen, Übergefügigkeit, Streitsucht, Quälereien von Menschen und Tieren, Hang zum Zerstören und Beschädigen, Brandstiftung, Furcht vor bestimmten Menschen, Tieren oder Dingen, masochistische Regungen, vorzeitiger Geschlechtsverkehr, Exhibitionismus, Clownerien, Prahlerei, Lügen, Naschhaftigkeit, Diebereien und Betrügereien), *Störungen im Tätigkeits- und Leistungsbereich* (Spielstörungen oder Interessenmangel, Auffassungsstörungen, Konzentrationsstörungen, Träumerei, Initiativlosigkeit, Arbeitsunlust, Faulheit, Überfleiß, Unreinlichkeit, Unpünktlichkeit, Unordentlichkeit und Pedanterie)» (GRAEFE 1956, S. 1ff; Hervorhebungen: H. K.).

Die *Häufigkeit* verhaltensgestörter Schüler im Grundschulalter schwankt, prozentual gesehen, zwischen 17 und 40% (vgl. v. HARNACK 1958, KLUGE 1975, SANDER 1973, THALMANN 1971).

Geschlechtsspezifische Unterschiede. Vor allem Verhaltensstörungen aggressiver Art tauchen bei Jungen häufiger auf als bei Mädchen. Als wichtigste Ursache betrachtet man heute die Einflüsse der →Sozialisation in der Familie (Imitationslernen von aggressiven Vätern oder Brüdern, Ermutigung oder Tolerieren physischer Aggressionen bei Jungen, dagegen Unterdrückung dieser Verhaltensweisen bei Mädchen durch Verbot und strengere Strafen). Umgekehrt sind die Verhältnisse bei den Verhaltensstörungen gehemmter Art. Dabei lassen sich in den ersten beiden Schuljahren kaum geschlechtsspezifische Unterschiede feststellen, was das Verhalten von Abhängigkeit, Passivität und Überempfindlichkeit betrifft. Während diese Verhaltensweisen bei Mädchen etwa gleichbleiben, kommen sie bei Jungen in zunehmendem Alter immer seltener vor. Den Grund für diese unterschiedliche Entwicklung sehen die meisten Autoren darin, daß Verhaltensweisen wie Weinen, Träumen und Äußerungen übermäßiger Empfindlichkeit bei Jungen zunehmend als unmännlich verurteilt werden, je älter sie werden. Mädchen lernen eher, daß sie Weinen und Empfindlichkeit erfolgreich als Druckmittel gegen Erwachsene einsetzen können. Das Risiko, dafür abgelehnt oder bestraft zu werden, ist für sie weniger groß als bei einer Selbstbehauptung durch Aggressionen. Insgesamt sind es mehr Jungen, die als verhaltensgestört bezeichnet werden (vgl. BEILIN/WERNER 1957, OTTO 1970). Entscheidend zu diesem Ergebnis trägt sicher bei, daß Verhaltensstörungen gehemmter Art viel seltener dazu führen, ein Kind als verhaltensgestört zu bezeichnen, als Aggressivität (→ Aggression).

Zur Entwicklung kindlicher Verhaltensstörungen. *Altersstufen,* in denen Verhaltensstörungen gehäuft auftreten, sogenannte «kritische Phasen», durchlebt das Kind um das fünfte und um das zehnte Lebensjahr. Die Zeit des Übergangs von der «privaten Welt» der Familie in die «öffentliche Welt» des Kindergartens oder der Schule ist als eine Periode besonderer Spannungen zu interpretieren. Sowohl in deutschen als auch in englischen und amerikanischen Untersuchungen stellt sich die Zeit der Übergangsauslese für die höhere Schule als zweite besonders kritische Phase heraus (vgl. SANDER 1973, SHEPHERD u. a. 1973, THALMANN 1971). Situative Faktoren, wie Prüfungsdruck, Verlassen der vertrauten Schule, Übertritt in eine fremde Schule mit fremden Lehrern und Mitschülern, tragen eindeutig zu einer Steigerung von Verhaltensstörungen bei. Deutlich zeigt sich, daß in der Zeit bis zum 12. Lebensjahr Verhaltensstörungen mit größerer Häufigkeit auftreten, als dies nach dem 12. Lebensjahr der Fall ist (vgl. HARBAUER 1968). Die Kindergarten- und Grundschulzeit zählt also keineswegs zur problemlosen Periode im Leben eines Kindes, auch wenn Eltern und Lehrer die Phase der Pubertät subjektiv als schwieriger erleben. Tatsächlich nehmen dann jedoch Anzahl und Häufigkeit der Verhaltensstörungen deutlich ab.

Bei der *Entstehung* kindlicher Verhaltensstörungen handelt es sich grundsätzlich immer um ein komplexes Interaktionsgefüge von verschiedenen Komponenten, deren Auswirkungen auf jede einzelne Störung im nachhinein nur schwer bestimmt werden können. Die Ergebnisse der Erbforschung sprechen dafür, daß es eine genetische Komponente der Persönlichkeitsmerkmale Angstbereitschaft, Soziabilität, Impulsivität und Hyperaktivität gibt (vgl. ZERBIN-RÜDIN 1974). Die Höhe der → Intelligenz scheint eher mit schulischen als mit außerschulischen Verhaltensstörungen in Zusammenhang zu stehen, und zwar eher im Sinne einer Wechselwirkung, nicht so sehr in einem Ursache-Wirkung-Verhältnis in nur einer Richtung. Zu den wichtigsten Ursachen gehören nach Meinung einiger Kinderpsychiater die frühkindlichen Hirnschäden (minimale zerebrale Dysfunktion), die durch Krankheiten und Komplikationen bei der Geburt (etwa Sauerstoffmangel des Kindes) entstehen können (vgl. GÖLLNITZ 1954, LEMPP 1964).

Das pädagogische Denken der letzten 35 Jahre wurde stark geprägt von der psychologischen Erkenntnis, daß es sich auf die Entwicklung eines Säuglings oder Kleinkindes nachteilig auswirkt, wenn das Kind keine Gelegenheit erhält, eine Bindung zu einer oder einigen wenigen Pflegepersonen aufzubauen. Dauer und Häufigkeit von Trennungen haben einen starken Einfluß auf die psychische Gesundheit des Kindes. Dabei scheinen kurze Trennungen, die sich wiederholen (so beispielsweise bei Berufstätigkeit der Mütter), nur dann negative Auswirkungen zu haben, wenn das Kind in dieser Zeit vernachlässigt, also nicht ausreichend versorgt ist (vgl. BOWLBY 1975, MAHLER 1983, SPITZ 1974).

Nicht nur unterbrochene Bindungen, sondern auch unbefriedigende Beziehungen zwischen Eltern und Kind wirken krankheitserzeugend. Deutliche Zusammenhänge wurden nachgewiesen zwischen kindlichen Verhaltensstörungen und gestörten Familienverhältnissen oder unvollständigen Familien (längere Abwesenheit eines Elternteils, chronische Krankheit eines Elternteils, eheliche Disharmonie und ausgeprägte Krisensituation wie Ehescheidung, Verwaisung). Elternkonflikt und kindliche Verhaltensstörung bedingen einander (vgl. RICHTER 1963). Faktoren, die eine erzieherische Belastungssituation zusätzlich beeinflussen können, sind eine ungünstige wirtschaftliche Lage, beengte Wohnverhältnisse, Kinderreichtum und ungünstige Wohnumgebung.

Die *Eltern von Problemkindern* sind in der Regel belastete Eltern, deren Verhalten sich nicht nur durch gelegentliche, situationsbedingte Erziehungsfehler auszeichnet, sondern durch eine relativ fixierte Praxis falscher oder fehlender Erziehung. Fehlerziehungsformen, die Verhaltensstörungen bei Kindern begünstigen, sind sowohl die sehr dirigistische Erziehung als auch die eher vernachlässigende Erziehung (vgl. TAUSCH/TAUSCH 1971). Auch Erziehungshärte in Form von Drohungen, abwertender Kritik, Warnung vor harten Strafen, Beschämung und ähnlichem wirkt sich negativ aus und kann beim Kind zu allgemeiner Ängstlichkeit und Unsicherheit oder zu Trotz- und Abwendungshaltungen führen. Überbehütung, ein Zuviel an Hilfe und Wunscherfüllung kann andererseits sehr dynamische Kinder geradezu drängen, eigene Wünsche zu übersteigern und die Ansprüche der Umgebung unbeachtet zu lassen oder sie völlig zurückzudrängen. Leistungen stehen ausschließlich im Dienste der Selbstdarstellung. Weniger dynamische Kinder werden initiativ-schwach und unselbständig. Wenn das Kind sehr divergierenden Erziehungseinflüssen ausgesetzt ist, wenn also die Eltern zwischen Härte und Gewährenlassen schwanken, reagiert es oft mit Verwirrung, Desorientierung, Unsicherheit und → Angst.

Deutliche Einflüsse auf die psychische Entwicklung des Kindes haben die *Stellung in der Geschwisterreihe* und die Geschwisterrivalität. Das älteste Kind ist oft aggressiver, empfindlicher, motorisch unruhiger als später geborene. Das jüngste Kind ist seltener in der Problemkindergruppe vertreten als ältere oder mittlere Kinder. Geschwisterrivalität ist, verbunden mit der oft unangemessenen Reaktion der Eltern, häufig Ursache von Verhaltensstörungen (vgl. THALMANN 1971). Bei Einzelkindern findet man häufiger Ängstlichkeit, phobische Reaktionen, während Konzentrationsstörungen und antisoziales Verhalten fast gänzlich fehlen.

Ein stark verhaltensauffälliges Kind wird sowohl zu Hause als auch in der Schule Anlaß für Probleme geben. Eine Übereinstimmung von 80–91% fand sich bei den Symptomen Psychomotorik, Stereotypien, Daumenlutschen, Sprachstörungen, Kontaktfähigkeit, Konzentrationsfähigkeit und Schulschwänzen (vgl. THALMANN 1971). Trotzdem kann ein Einzelkind seinen Eltern völlig angepaßt und unauffällig erscheinen, während in der Klassengemeinschaft ernste Probleme sozialer Anpassung auftreten. Eltern können an ihrem Kind Überforderungserscheinungen wahrnehmen, die ein ausschließlich an der Leistung orientierter Lehrer nicht erkennt. Eltern und Lehrer gehen oft von verschiedenen Normen für normales Verhalten aus.

Verhaltensstörungen sind häufig gekoppelt mit *Störungen im schulischen Leistungsbereich*. Hauptsächlich betroffen sind die Kulturtechniken Lesen, Rechtschreiben und Rechnen, aber auch Erfahrungswissen und Sprachvermögen. Die →Leistung eines Schülers beeinflußt in der Regel stark das Bild, das sich der Lehrer von ihm macht. Ein guter →Schüler wird vom →Lehrer häufig auch allgemein positiv, ein schlechter Schüler eher allgemein negativ gesehen. Angesichts dieses ausgeprägt negativen Stereotyps des schlechten Schülers konstatieren und erwarten viele Lehrer Unaufmerksamkeit, mangelndes Interesse an der Schule, Langsamkeit, Unordentlichkeit, sogar ausgesprochen moralische Minderwertigkeit wie Unehrlichkeit, Lügen, Stehlen, verfrühtes sexuelles Interesse (vgl. HÖHN 1967, THALMANN 1971).

Verhaltensgestörte Schüler haben in ihrer Klasse wenig soziales Prestige und bekommen in der Regel von ihren Mitschülern wenig Integrationsmöglichkeiten geboten. Meist werden sie von diesen getadelt, abgelehnt, verächtlich gemacht, aggressiv behandelt und beim Lehrer angeschwärzt. Nur am Einzelfall läßt sich feststellen, ob Verhaltensstörung abweisende Reaktionen von Mitschülern provoziert oder ob Verhaltensstörung ihrerseits als Reaktion auf die Ablehnung der Mitschüler zu verstehen ist. Möglicherweise offenbart sich hier ein Circulus vitiosus, der, wenn er nicht durchbrochen wird, diesen Kindern keine befriedigende Sozialisation ermöglicht (→Sitgmatisierung).

Maßnahmen. Die hohe Zahl von verhaltensgestörten Kindern macht deutlich, daß bisher vorhandene Fachkräfte und Institutionen keineswegs ausreichen. Hinzu kommt, daß vor allem bei Eltern der soziokulturell deprivierten Schicht ein massives Informationsdefizit in Erziehungs- und Bildungsfragen vorliegt, trotz zunehmender staatlicher

Präventivmaßnahmen in der →Elternbildung (vgl. BUNDESMINISTERIUM FÜR JUGEND, FAMILIE UND GESUNDHEIT 1975). Noch immer ist es so, daß Eltern der Ober- und Mittelschicht häufiger den Rat einer Institution aufsuchen als Eltern der Unterschicht; verhaltensgestörte Kinder der Arbeiterschicht werden meist einem praktischen Arzt vorgestellt, Kinder der Ober- und Mittelschicht dagegen in der Regel einer Erziehungsberatungsstelle, einem Psychiater oder einem Psychotherapeuten.

Nach den Empfehlungen der Ständigen Konferenz der Kultusminister der Länder in der Bundesrepublik Deutschland (vgl. KMK 1972) soll den Schülern, deren Verhalten von Lehrern als auffällig angesehen wird, mit einem Katalog von Maßnahmen geholfen werden. Zunächst hat der Klassenlehrer die Aufgabe, den Ursachen und Störungen im psychischen und sozialen Bereich nachzugehen und abzuhelfen. In der pädagogischen Praxis sind an diesem Punkt viele Lehrer überfordert. Intensiver als bisher müßten bereits Pädagogikstudenten mit der Tatsache von verhaltensgestörten Schülern, den möglichen Ursachen und praktikablen schulischen Präventivmaßnahmen vertraut gemacht werden. Dringend erforderlich ist die ständige Weiterbildung der Lehrer vor Ort, also in der Schule, in Form von Fallbesprechungen mit psychologisch geschulten Beratern. Bewährt hat sich das psychoanalytische Fallseminar in Gestalt der Balintgruppe, in welcher Lehrer wirksame Hilfe in aktuellen Konfliktsituationen finden können. Nach Empfehlung der KMK sollen akute Problemfälle unter Einbeziehung der Eltern und Lehrer von schulpsychologischen Diensten mit Hilfe von Einzelberatung betreut oder an die Erziehungsberatungsstelle außerhalb der Schule verwiesen werden. Häufen sich jedoch trotz aller Hilfsangebote die auffälligen und störenden Verhaltensweisen eines Schülers, wird von der KMK als weitere schulische Maßnahme Versetzung in eine Parallelklasse derselben Schule oder die Versetzung in die entsprechende Klasse einer anderen Schule angeraten. Als äußerste Maßnahme gilt schließlich die Versetzung eines Schülers in eine «Schule für Verhaltensgestörte» (→Sonderpädagogik). Die Lösung eines Schülers aus einem bestimmten Klassenverband kann eine durchaus sinnvolle Maßnahme sein. Die Zusammensetzung einer Klasse gilt ja als echter Risikofaktor im Hinblick auf den Modelleinfluß, den Schüler gegenseitig haben können (vgl. HAVERS 1978). Umschulung hat sich jedoch wie Sitzenbleiben als äußerst problematische pädagogische Maßnahme erwiesen (vgl. KERN 1974). Mit der Einrichtung von «Schulen für Verhaltensgestörte» erfolgte eine institutionelle Separierung vom Normalschulwesen mit allen Nachteilen, die Aussonderungsmaßnahmen beinhalten können, wie Stigmatisierungsprozesse, verminderte Sozialchancen... (vgl. HOMFELDT 1974). Zu Recht sprachen sich daher verschiedene pädagogische Gutachter in ihrem Gutachten für den Deutschen Bildungsrat 1974 für ein System abgestufter, sonderpädagogischer Maßnahmen von unterschiedlicher Intensität und Reichweite im Rahmen der Normalschulen aus (vgl. BITTNER u. a. 1974). All diese Vorschläge blieben jedoch bis heute weitgehend ohne Wirkung. Ausgliederung von verhaltensgestörten Schülern findet nach wie vor statt.

BEILIN, H./WERNER, E.: Sex Differences among Teachers in the Use of the Criteria of Adjustment. In: J. of E. Psych. 48 (1957), S. 426ff. BELSCHNER, W. u. a.: Verhaltenstherapie in Erziehung und Unterricht, Stuttgart 1973. BITTNER, G./THALMANN, H.-C.: Über die Verbreitung psychischer Störungen bei Kindern im Grundschulalter. In: Z. f. P. 16 (1970), S. 83ff. BITTNER, G. u. a.: Schule und Unterricht bei verhaltensgestörten Kindern. In: Deutscher Bildungsrat (Hg.): Sonderpädagogik 4. Gutachten und Studien der Bildungskommission, Bd. 35, Stuttgart 1974, S. 13ff. BOWLBY, J.: Bindung, München 1975. BOWLBY, J.: Trennung, München 1976. BUNDESMINISTER FÜR JUGEND, FAMILIE UND GESUNDHEIT (Hg.): Bericht über die Lage der Familie in der Bundesrepublik Deutschland. Zweiter Familienbericht, Bundestagsdrucksache 7/3502, Bad Godesberg 1975. DÜHRSSEN, A.: Psychogene Erkrankungen bei Kindern und Jugendlichen, Göttingen 1976. FLISSIKOWSKI, R.: Vom Prügelstock zur Erziehungsklasse für «schwierige» Kinder, München 1980. FUCHS, A.: Erziehungsklassen für schwererziehbare Kinder der Volksschulen, Halle 1930. GÖLLNITZ, G.: Die Bedeutung der frühkindlichen Hirnschädigung für die Kinderpsychiatrie, Leipzig 1954. GRAEFE, O.: Zur Klassifizierung kindlicher Verhaltensstörungen. In: Psych. Rsch. 7 (1956), S. 1ff. HARBAUER, H.: Anfälligkeiten des Kindes im Schulalter bis zur Pubertät. In: Stutte, H./Harbauer, H.: Concilium paedopsychiatricum, Basel 1968, S. 120ff. HARBAUER, H. u. a.: Lehrbuch der speziellen Kinder- und Jugendpsychiatrie, Berlin/Heidelberg/New York 1971. HARNACK, G. A. v.: Nervöse Verhaltensstörungen beim Schulkind, Stuttgart 1958. HAVERS, N.: Erziehungsschwierigkeiten in der Schule, Weinheim/Basel 1978. HÖHN, E.: Der schlechte Schüler, München 1967. HOMFELDT, H. G.: Stigma und Schule, Düsseldorf 1974. HUBER, F.: Pädopathologie der Verhaltensauffälligkeit, Diss., Heidelberg 1982. KERN, H. J.: Verhaltensmodifikation in der Schule, Stuttgart/Berlin/Köln/Mainz 1974. KIRK, S. A.: Verhaltensstörungen bei Kindern. In: Kirk, S. A.: Lehrbuch der Sondererziehung, Berlin 1971, S. 418ff. KLUGE, K. J.: Sie prügeln sich und leisten wenig, Neuburgweier 1975. KLUGE, K. J./BENZEL, W.: Schulen für Verhaltensauffällige, Berlin 1974. KMK: Empfehlungen zur Ordnung des Sonderschulwesens, Neuwied 1972. KNOCHE, W.: Jungen, Mädchen, Lehrer und Schulen im Zensurenvergleich, Weinheim 1969. LEMPP, R.: Frühkindliche Hirnschädigung und Neurose, Bern/Stuttgart 1964. LEMPP, R.: Eine Pathologie der psychischen Entwicklung, Bern/Stuttgart 1967. MAHLER, M. S.: Symbiose und Individuation, Stuttgart 1983. MÜLLER, R. G. E.: Verhaltensstörungen bei Schulkindern, München/Basel 1970. OTTO, K.: Disziplin bei Mädchen und Jungen, Berlin 1970. RICHTER, H.-E.: Eltern, Kind und Neurose, Stuttgart 1963. SANDER, A.: Die statistische Erfassung von Behinderten in der Bundesrepublik Deutschland. In: Muth, J. (Hg.): Behindertenstatistik, Früherkennung, Frühförderung. Deutscher Bildungsrat: Gutachten und Studien der Bildungskommission, Bd. 25, Stuttgart 1973, S. 13ff. SHEPHERD, M. u. a.: Auffälliges Verhalten bei Kindern. Verbreitung und Verlauf, Göttingen 1973. SPITZ, R. A.: Vom Säugling zum Kleinkind, Stuttgart 1974. STRÜMPELL, L.: Die Pädagogische Pathologie oder die Lehre von den Fehlern der Kinder, Leipzig 1890. TAUSCH, R./TAUSCH, A.-M.: Erziehungspsychologie, Göttingen 1971. THAL-

MANN, H.-C.: Verhaltensstörungen bei Kindern im Grundschulalter, Stuttgart 1971. ZERBIN-RÜDIN, E.: Vererbung und Umwelt bei der Entstehung psychischer Störungen, Darmstadt 1974.

Hildburg Kagerer

Verhaltensweise, soziale → Lernen, soziales; → Management-Education

Verhältnis, pädagogisches

Begriffe. Die Begriffe «pädagogischer Bezug» und «pädagogisches Feld» mit ihren vielfältigen Synonymen wie «pädagogisches Verhältnis», «pädagogischer Kontakt», «erzieherische Begegnung», «pädagogische Situation» gehören insofern zusammen, als mit ihnen versucht wird, in Korrespondenz zum jeweils intendierten Erziehungsbegriff (→ Erziehung) den Ort erzieherischen Geschehens zu bestimmen. Allerdings ist der Begriff «pädagogisches Feld» mit seinem umfassenden sozialwissenschaftlichen Anspruch kritisch gegen die traditionelle Pädagogik gewendet, der zum Vorwurf gemacht wird, daß sie die Analyse des Erziehungsgeschehens von allen übrigen Faktoren weitgehend abstrahierend auf die Wechselwirkung lediglich zweier, als → «Erzieher» und «Zögling» voreinander stehender Menschen beschränkt hat. Der Begriff «pädagogische Situation» (→ Situation, pädagogische) wird besonders dort verwendet, wo beabsichtigt ist, neben dem überindividuellen auch den geschichtlichen Charakter von Erziehungsgeschehen in den Blick zu rücken, das sich zielgerichtet im Zeitablauf vollzieht, rückgebunden in weiterreichende soziale und geschichtliche Zusammenhänge, die die jeweils aktuelle pädagogische Situation prinzipiell unwiederholbar und unvorhersehbar machen. Unter der Voraussetzung eines emphatischen, an existenzphilosophischen Prämissen orientierten Erziehungsbegriffs, für den «Erziehung» menschlicher Verfügung letztlich entzogenes Ereignis bleibt, ist die «pädagogische Situation» und entsprechend auch der «pädagogische Bezug» nicht gleichsam als Erziehungsmittel methodisch herstellbar, sondern nur der vorbereitenden Anbahnung zugänglich: Die erzieherische Situation als solche ergibt sich erst, wenn sich «Erziehung» ereignet, gewissermaßen über uns hinweg in einem Geschehen, das uns selbst fordernd einbezieht (vgl. LICHTENSTEIN 1962, S. 161ff). Im Zusammenhang mit der Rezeption des Symbolischen Interaktionismus (→ Interaktionismus, Symbolischer) hat der Begriff der pädagogischen Situation erneut an Bedeutung gewonnen. Die in der praktischen Erziehertätigkeit erfahrbare Nötigung, sich in der aktuellen Situation von Antizipationen, auch von etwaigen theoretisch geleiteten Vorbereitungen so weit zu lösen, daß rasch genug pädagogisch «richtig», also innerhalb der Situation, gehandelt werden kann, hat andererseits auf den Begriff des «pädagogischen Taktes» geführt.

Pädagogischer Bezug. Die Einschränkung auf die Betrachtung des Erzieher-Zögling-Verhältnisses ergab sich innerhalb der im wesentlichen auf Locke, Rousseau und Pestalozzi sich stützenden Tradition der europäischen Pädagogik durch die Hinwendung zur Analyse der Erziehungswirkungen der →Familie. Dies gilt auch, wo wie bei LOCKE (vgl. 1967) und wie im «Emile» von ROUSSEAU (vgl. 1978) der Hofmeister die Stelle des →Vaters vertritt. PESTALOZZI (1961, S. 226ff) erklärt 1799 im «Brief aus Stans», Schulunterricht «ohne Umfassung des ganzen Geistes, den die Menschenerziehung bedarf, und ohne auf das ganze Leben der häuslichen Verhältnisse gebaut», führe nur zu einer «künstlichen Verschrumpfungsmethode» des Menschengeschlechts.

Herbart hat diese Wendung des Erziehungsbegriffs in vollem Bewußtsein mitvollzogen. Unter Verweis auf Locke stellt er fest, nur so habe das wahre Wesen der Erziehung hervortreten können; das «Aufmerken auf das Individual-Persönliche eines bestimmten Zöglings», was aus ihm werden könne und was nicht, wollte er streng unterschieden wissen vom «Wirken auf die Massen in Schulen und auf die Nation durch Schulen» (HERBART 1965a, S. 280). Letzteres rechnete er überhaupt nicht mehr zur Pädagogik. Natürlich wußte man immer mehr oder weniger deutlich, daß die Tätigkeit des Erziehers keineswegs als alleiniger Wirkungsfaktor im Ablauf des Heranwachsens behandelt werden kann (vgl. HERBART 1964a, S. 129). Nur war dies nicht «Erziehung». Erziehung soll als bewußtes und geplantes Handeln den Heranwachsenden «dem Spiel des Zufalls entreißen» (HERBART 1964b, S. 32). Als Kern des Erziehungshandelns sah Herbart das an, was er gelegentlich «das rechte pädagogische Verhältnis» nannte. Er verlangte hierfür einerseits «herzlichste Anschließung» an das Individuum (HERBART 1965b, S. 14), andererseits ein hohes Maß selbstdistanzierter Instrumentalisierung der eigenen Person (vgl. HERBART 1965c, S. 131). Ähnlich äußert sich zur gleichen Zeit SALZMANN (o. J., S. 89ff) mit sehr direkten Aufforderungen wie «sei gesund», «sei immer heiter». Eine derartig differenzierte, zugleich affektiv ausgestaltete wie um des planvollen Handelns willen distanzierte Zuwendung kann und muß erlernt werden.

Der Terminus «pädagogischer Bezug» wurde um 1926 von NOHL (vgl. 1935, S. 164ff; vgl. NOHL 1949, S. 153) eingeführt. Er schloß dabei an seinen Lehrer Dilthey an, der 1888 der Fragestellung eine eigentümliche Wendung gegeben hatte, indem er vom «pädagogischen Genius» sprach, «Urphänomen» wie der Genius des Dichters. Beispiele sind Sokrates, Pestalozzi, Salzmann, Campe, Fröbel; sie geben die Richtung vor für die Durchbildung einer Technik, die es auch «untergeordneten Köpfen», dem «tüchtigen, herzlichen, kinderlieben, treuen Menschen», ermöglicht, mitzutun. DILTHEY (vgl. 1958, S. 74f) legte dabei großen Wert auf die emotionale Seite. Wir verstehen und bestimmen einen Menschen nur, indem wir mit ihm fühlen und seine Regungen in uns nachleben. Nohl hat diesen Ansatz zu Aussagen über das «Wesen» des erzieherischen Verhaltens verfestigt. Am tiefsten offenbare es sich in der Familie; in den großen Erziehergestalten manifestiere es sich in unterschiedlicher Ausformung (vgl. NOHL 1935, S. 159ff, S. 192ff). Der «richtige pädagogische Bezug» war für Nohl das entscheidende «Geheimnis» der pädagogischen Arbeit, ein «schöpferisches» Verhältnis, das Erzieher und Zögling verbindet: «Liebe» und «Haltung» auf seiten des Erziehers, Vertrauen, Achtung, ein Gefühl eigener Bedürftigkeit, Anschlußwille auf seiten des Zöglings (vgl. NOHL 1949, S. 153, S. 282). In ähnlicher Tendenz spricht 1927 KERSCHENSTEINER von der «Seele des Erziehers», SPRANGER (1958) vom «geborenen Erzieher», wobei das Moment der Naturanlage noch etwas stärker in den Vordergrund rückt.

Einen ganz eigenen Akzent in der Betonung der Wechselwirkung zwischen Erzieher und Zögling brachte BUBER (1969, S. 7ff) in die Diskussion, indem er das erzieherische Verhältnis 1925 in der Rede «Über das Erzieherische» als ein «rein dialogisches» bezeichnete. Das eigentlich Erzieherische gründe sich auf die «Erfahrung der Gegenseite». «Da-Sein» und «So-Sein» der Zöglinge seien für den Erzieher das entscheidende Faktum (→ Begegnung).

Pädagogisches Feld – pädagogische Situation. Der Terminus «pädagogisches Feld» wird zuerst von WINNEFELD (vgl. 1957) gebraucht im Zusammenhang der Arbeiten der Petersen-Schule. Petersen selbst spricht von «pädagogischer Situation», wobei er von der durch Krieck vorgenommenen Ausweitung des Erziehungsbegriffs ausgeht. Eine Erweiterung des Erziehungsbegriffs hatte – wenn auch ohne weiterreichende Folgen für die erziehungswissenschaftliche Diskussion – bereits Schleiermacher 1826 in seinen pädagogischen Vorlesungen vorgenommen, indem er das erzieherische Verhältnis als eines der Generationen faßte: Die ältere Generation erzieht die jüngere; dies vollzieht sich sowohl in der Familie als auch im «Gemeinwesen» (SCHLEIERMACHER 1957, S. 9, S. 21). Krieck geht wesentlich weiter. Erziehung ist, wie er 1922 formuliert, eine «Urfunktion» der Gesellschaft – bei Krieck heißt es «Gemeinschaft» –, in welcher sich die ewige Idee der Erziehung realisiert: «Alle erziehen alle jederzeit» (KRIECK 1930, S. 47). Absichtliche Erziehung hat nur geringen Anteil an der Gesamtheit des in der Gesellschaft sich vollziehenden Erziehungsgeschehens. PETERSEN (vgl. 1937, S. 17) übernimmt Kriecks Definition einer allumfassenden «funktionalen» gesellschaftlichen Erziehung, bemüht sich aber, das Moment absichtlichen pädagogischen Handelns stärker zur Geltung zu bringen. Deswegen trennt er das «Pädagogische» terminologisch ab und will es als besonderen Teil innerhalb des umfassenden Gesamts von «Erziehung» verstanden wissen (vgl. PETERSEN 1937, S. 257). «Pädagogische Situationen» sind dann solche, die unter Voraussetzung und Einbeziehung aller sonst noch darin enthaltenen erzieherischen Wirkungen bewußt unter pädagogischem Gesichtspunkt gestaltet werden. Dieser Situationsbegriff wurde innerhalb der Petersen-Schule unter Einschluß des normativen Moments zugleich auch zur Grundlage eines empirischen Forschungsprogramms gemacht, der sogenannten «Pädagogischen Tatsachenforschung», die sich eben hierdurch von rein psychologischer Forschung abheben sollte (vgl. WINNEFELD 1957, S. 23 ff).

Ganz offensichtlich in der Absicht, pädagogische «Geschehensbereiche» als «sozialpsychische Spannungsfelder hochkomplizierter Art» besser der empirischen Forschung, auch der experimentellen Forschung zugänglich zu machen, ersetzte WINNEFELD (vgl. 1957, S. 30 ff) den Begriff «pädagogische Situation» durch «pädagogisches Feld», unter Berufung auf den psychologischen Feldbegriff Lewins: Pädagogische Felder sind in umfassendere Lebensfelder eingelagert, sie sind an ihren Grenzflächen durchlässig, und sie sind labil. Wesentlichstes Kennzeichen des pädagogischen Feldes ist seine «teleologische Strukturiertheit», die auf Ausgleich der Differenzen des Reifeniveaus der Beteiligten gerichtet ist und sich aus den kulturspezifischen pädagogischen Wertungen und den von diesen getragenen Absichten des Erziehers ergibt.

In der Abwehr der traditionellen Beschränkung auf das Erzieher-Zögling-Verhältnis und die damit implizierte Dominanz der personalen Beziehung nimmt auch MOLLENHAUER (vgl. 1972, S. 17 ff) den Begriff auf: «Pädagogisches Feld» ist ein Sinnzusammenhang, für den neben den Handlungsintentionen aller im Feld Interagierenden die gesellschaftlichen Bedingungen, die dieses Feld begrenzen, konstitutiv sind. Das pädagogische Feld ist eingebettet in die →«Lebenswelt» der Betroffenen. Da sich pädagogische Felder von anderen gesellschaftlichen Handlungsfeldern dadurch unterscheiden, daß infolge der durch die Heranwachsenden noch nicht voll vollzogenen Übernahme gesellschaftlich vorgeprägter Rollen und Bedürfnispositionen der Interaktion ein hohes Maß von Spontaneität zu eigen ist, sind pädagogische Felder in besonderem Maße nicht nur «sinntradierend» und «sinnerschließend», sondern auch «sinnkonstituierend», sie sind nicht nur Ort gesellschaftlicher Reproduktion, sondern auch der das Gegebene transzendierenden Produktion neuer Möglichkeiten.

Der Versuch einer Verwendung des in der Physik erfolgreichen Feldbegriffes in der Erziehungswissenschaft lag nach der Übernahme in die Psychologie durch Köhler und Lewin (vgl. WITTE 1972, Spalte 926) und später auch in die Soziologie nahe. Sofern damit wie bei Winnefeld und auch bei Mollenhauer intendiert ist, über die bloße Addition der Wirkungen einzelner im Gegenstandsbereich auffindbaren Faktoren hinaus übersummative Eigenschaften des «Feldes» in den Blick zu rücken, muß die Verwendung als gerechtfertigt erscheinen. Unter diesem Aspekt läßt sich dann mit Gewinn auch das Erzieher-Zögling-Verhältnis als «pädagogisches Feld» ansehen und gesonderter Betrachtung unterwerfen. Weniger sinnvoll muß es erscheinen, wenn, wie Klafki (vgl. 1977, S. 13f) dies vorschlägt, «pädagogisches Feld» gleichgesetzt wird mit Familie, Schule, Jugendgruppe, Volkshochschulkurs und ähnlichem. Klafki argumentiert gegen Lewin, das pädagogische Feld müsse trotz seiner Dynamik und Wandelbarkeit eine gewisse Konstanz in zeitlicher Erstreckung aufweisen. Dem ist entgegenzuhalten, daß ohne das Zeitmoment in der Definition des pädagogischen Feldes gerade der alleinige Gewinn seiner Verwendung verlorengeht, nämlich der, die übersummativen Momente begrifflich faßbar zu machen, die sich der Natur der Sache nach nur im Zeitablauf erzieherischen Geschehens manifestieren können; der Begriff «pädagogisches Feld» läßt sich in der Weise, wie Klafki dies will, nicht begrifflich überzeugend von dem der «pädagogischen Situation», aber auch nicht von dem der «pädagogischen Institution» abrücken. Im Zusammenhang der Interaktionismus-Rezeption der letzten Jahre hat andererseits der Begriff der pädagogischen Situation erneut an Bedeutung gewonnen. Mollenhauer weist in ähnlicher Tendenz wie Petersen darauf hin, daß Erziehung schlechthin sich als strukturierendes Gestalten von «Situationen» begreifen läßt. Die konkrete «Situation» mit ihren interaktionsstrukturellen und -dynamischen, aber auch mit ihren inhaltlich-normativen Implikationen stellt dann den primären Referenzrahmen dar sowohl für die wissenschaftliche Analyse wie für den handelnden Erzieher, der die kommunikativen Akte innerhalb dieser konkreten Situation und nach den ihr «entnehmbaren» Kriterien beurteilen muß (vgl. Mollenhauer 1972, S. 107ff). Schulze (vgl. 1978, S. 31ff, S. 45, S. 90) verwendet das Situationskonzept für die Neuformulierung der Problematik der Erziehungs- und Lehrmethoden. Lernsituationen lassen sich als spezifisch gestaltete Situationen begreifen, die die Bewältigung einer für den Lernenden schwierigen Lebenssituation vorbereiten und ermöglichen sollen. Von hier aus erweist sich das methodische Handeln als primär nicht auf Lernprozesse gerichtet, sondern auf die Gestaltung von Lernsituationen zu ihrer Ermöglichung. Lernbedingungen lassen sich als begrenzte und begrenzbare, zugleich komplexe und bedeutungsvolle Einheit erfassen, als Verbindung von Umwelt und Handlungszusammenhang, → Lernziel und Lernbedingungen.

Pädagogischer Takt. Der Begriff «pädagogischer Takt» geht auf HERBART (vgl. 1964a, S. 124f) zurück. Er erläutert, die Theorie in ihrer Allgemeinheit übergehe das Detail, die individuellen Umstände, in denen sich der Erzieher später befinden wird und denen er entsprechen muß. Seine Tätigkeit geht unaufhörlich fort, auch wider Willen wirkt er gut oder schlecht oder versäumt es, zu wirken, und ebenso unaufhörlich kehrt die Rückwirkung seines Tuns zu ihm zurück. An dieser Stelle, wo er, wenn auch ohne Verwendung des Terminus, das später mit «pädagogische Situation» Gemeinte anspricht, führt er den Begriff «pädagogischer Takt» ein, womit er einen für seine Zeit neuen und gerade erst in Mode gekommenen Ausdruck aufnimmt (vgl. BLOCHMANN 1950, S. 712ff). Er konzipiert ihn als «Mittelglied» zwischen Theorie und Praxis (vgl. MÜSSENER 1977, S. 259ff): Eine «vollkommen durchgeführte» pädagogische Theorie – diesen Anspruch will Herbart prinzipiell festhalten – müßte die praktischen Anforderungen des individuellen Falles ganz treffen (HERBART 1964a, S. 126). Nur, wer Theorie so anwenden wollte, wäre zu langsam, es sei denn, er wäre ein übermenschliches Wesen. Die Alternative darf jedoch nicht Routine sein, Schlendrian, der ewig gleichförmig verfährt. Wenn schon der Erzieher schnell zu Situationsbeurteilungen und Handlungsentscheidungen kommen muß, so sollte dies doch im Rahmen des durch Theorie eröffneten weiteren Horizonts geschehen. Die Möglichkeit dazu ist dadurch gegeben, daß sich, durch wissenschaftliche Ausbildung vorbereitet, im praktischen Erziehungshandeln «pädagogischer Takt» erwerben läßt, eine «mehr zur Art und Sitte gewordene Entscheidungs- und Beurteilungsweise» (HERBART 1964a, S. 131), eine «Handlungsweise, welche zunächst von seinem Gefühl und nur entfernt von seiner Überzeugung abhängt» (HERBART 1964a, S. 126). In dieser Form wurde der Begriff besonders in der Herbartschule tradiert. PETERSEN (vgl. 1937, S. 165f) greift den Zusammenhang von «pädagogischer Situation» und «pädagogischem Takt» in systematischer Absicht auf, wobei er auf die Arbeiten seines Jenenser Vorgängers, des Herbartianers Stoy, verweist. In jüngerer Vergangenheit wurde der Begriff einige Male neu bearbeitet (vgl. BLOCHMANN 1950, 1951; vgl. IPFLING 1966, MUTH 1967), wobei teils von der auf Herbart zurückgehenden Bedeutung ausgegangen wird, teils Veränderungen des Bedeutungsgehalts vorgenommen werden, und zwar einerseits in Annäherung an umgangssprachlich «Takt», «Taktgefühl», andererseits an die Bedeutung «überindividuelle erzieherische Sitte». In einer dem Begriff «pädagogischer Takt» ähnlichen Tendenz spricht W. FLITNER (vgl. o. J., S. 165ff) von «pädagogischer Bildung»: Die Vermittlung wissenschaftlicher Einzelerkenntnisse hilft dem Praktiker nicht viel, sie kann sogar sinnvolle erzieherische Sitte gefährden, wo diese noch vorhanden ist. Um in der Situation handeln zu können, braucht der Erzieher «Erkenntnis des Zusammenhangs», «pädagogische Bildung», die durch wissenschaftlich geleitete Reflexion auf die eigene Praxis gewonnen wird.

Bartels, K.: Die Pädagogik Herman Nohls, Weinheim/Berlin 1968. Bartels, K.: Pädagogischer Bezug. In: Speck, J./Wehle, G. (Hg.): Handbuch pädagogischer Grundbegriffe, Bd. 2, München 1970, S. 268ff. Blochmann, E.: Der pädagogische Takt. In: D. Samml. 5 (1950), S. 712ff. Blochmann, E.: Die Sitte und der pädagogische Takt. In: D. Samml. 6 (1951), S. 589ff. Buber, M.: Reden über Erziehung, Heidelberg 1969. Dilthey, W.: Über die Möglichkeit einer allgemeingültigen pädagogischen Wissenschaft (1888). Gesammelte Werke, Bd. 6, Stuttgart 1958, S. 56ff. Flitner, W.: Allgemeine Pädagogik, München o. J. (1950). Herbart, J. F.: Die ersten Vorlesungen über Pädagogik (1802). Pädagogische Schriften, hg. v. W. Asmus, Bd. 1, Düsseldorf/München 1964, S. 121ff (1964a). Herbart, J. F.: Berichte an Herrn Karl Friedrich Steiger (1797/1798). Pädagogische Schriften, hg. v. W. Asmus, Bd. 1, Düsseldorf/München 1964, S. 19ff (1964b). Herbart, J. F.: Rezension von Schwarz: Erziehungslehre (1832). Pädagogische Schriften, hg. v. W. Asmus, Bd. 2, Düsseldorf/München 1965, S. 269ff (1965a). Herbart, J. F.: Entwurf zur Anlage eines pädagogischen Seminars (1809). Pädagogische Schriften, hg. v. W. Asmus, Bd. 3, Düsseldorf/München 1965, S. 13ff (1965b). Herbart, J. F.: Allgemeine Pädagogik, aus dem Zwecke der Erziehung abgeleitet (1806). Pädagogische Schriften, hg. v. W. Asmus, Bd. 2, Düsseldorf/München 1965, S. 9ff (1965c). Ipfling, H. J.: Über den Takt im pädagogischen Bezug. In: P. Rsch. 20 (1966), S. 551ff. Kerschensteiner, G.: Die Seele des Erziehers, Stuttgart 1927. Klafki, W.: Organisation und Interaktion in pädagogischen Feldern. In: Z. f. P., 13. Beiheft, 1977, S. 11ff. Kluge, N. (Hg.): Das Pädagogische Verhältnis, Darmstadt 1973. Krieck, E.: Philosophie der Erziehung, Jena 1930. Kron, F. W.: Theorie des erzieherischen Verhältnisses, Bad Heilbrunn 1971. Lichtenstein, E.: Bildungsgeschichtliche Perspektiven, Ratingen 1962. Locke, J.: Einige Gedanken über die Erziehung, Paderborn 1967. Mollenhauer, K.: Theorien zum Erziehungsprozeß, München 1972. Müssener, G.: Begriff und Funktion des pädagogischen Taktes in Herbarts System der Pädagogik. In: Z. f. P., 14. Beiheft, 1977, S. 259ff. Muth, J.: Pädagogischer Takt, Heidelberg 1967. Nohl, H.: Die pädagogische Bewegung in Deutschland und ihre Theorie, Frankfurt/M. 1935. Nohl, H.: Pädagogik aus 30 Jahren, Frankfurt/M. 1949. Pestalozzi, J. H.: Aus Pestalozzis Rede an sein Haus am Neujahrstage 1817. Über die rechte Grundstimmung für die Tätigkeit des Erziehers. Ausgewählte Schriften, hg. v. W. Flitner, Düsseldorf/München 1961, S. 224ff. Petersen, P.: Führungslehre des Unterrichts, Langensalza/Berlin/Leipzig 1937. Rousseau, J.-J.: Emil oder über die Erziehung, Paderborn [4]1978. Salzmann, C. G.: Ameisenbüchlein, Leipzig o. J. (1887). Schleiermacher, F.: Pädagogische Schriften, u. Mitwirk. v. Th. Schulze hg. v. E. Weniger, Bd. 1: Die Vorlesungen aus dem Jahre 1826, Düsseldorf/München 1957, S. 7ff. Schulze, Th.: Methoden und Medien der Erziehung, München 1978. Spranger, E.: Der geborene Erzieher, Heidelberg 1958. Ulich, D.: Pädagogische Interaktion, Weinheim/Basel 1976. Winnefeld, F.: Pädagogischer Kontakt und pädagogisches Feld, München/Basel 1957. Witte, W.: Feldtheorie II. In: Ritter, J./Gründer, K. (Hg.): Historisches Wörterbuch der Philosophie, Bd. 2, Basel/Stuttgart 1972, Spalte 926ff.

Bernhard Schwenk

Vermittlung → Struktur
Vernunftzwang (Kritik am –) → Antipädagogik
Verrechtlichung (des Bildungswesens) → Schulrecht

Verwahrlosung

Zwei kontroverse Erklärungsmodelle. Die Verwahrlosungsforschung ist durch zwei Erklärungsansätze geprägt, und zwar durch ein im Bereich der Kinder- und Jugendpsychiatrie entwickeltes Erklärungsmodell (I), das hier von Klaus Hartmann dargestellt wird, und durch ein sozialwissenschaftlich orientiertes Erklärungsmodell (II), dessen theoretische Grundlagen, die Sozialisationstheorie und die Labeling-Theorie, von Norbert Herriger gekennzeichnet werden.

I Das psychiatrische Erklärungsmodell

Begriff. Im weiteren Sinne wird der Begriff auf jedes sozial auffällige Verhalten bezogen. Im engeren Sinne gilt er nur für die fortgesetzte und generalisierte soziale Auffälligkeit. Der weitere Begriff bezeichnet keine bestimmte psychologische Struktur, insofern sich jeder irgendwann irgendwie sozial auffällig verhält. Der engere Begriff beschreibt dagegen eine distinkte psychologische Struktur oder charakteristische Lebensläufe von gewisser Uniformität und «Typizität» (vgl. SCHÜLER-SPRINGORUM/SIEVERTS 1970). Alle weiteren Ausführungen beziehen sich auf diese engere Wortbedeutung von Verwahrlosung im Sinne des fortgesetzten und generalisierten Sozialversagens (vgl. HARTMANN 1977).

Das Wort «Verwahrlosung» wird vom althochdeutschen «wara» abgeleitet, das «Achtung» bedeutet und auch den Worten «Gewahrsam» und «Wahrnehmung» zugrunde liegt; Verwahrlosung ist also eine Folge unzureichender Wahrung.

Wenn die Gesamtheit sozial auffälligen Verhaltens im Jugendalter als (Jugend-)Dissozialität oder (Jugend-)Delinquenz bezeichnet wird, lassen sich zwei Subkategorien dissozialen Verhaltens ausmachen: die Kriminalität als inkriminierte Dissozialität und die Verwahrlosung als fortgesetzte und generalisierte Dissozialität. Die Subkategorien Verwahrlosung und Kriminalität können sich überschneiden. Verwahrlosung kann darüber hinaus als Neurose gelten, wenn unter Neurosen alle psychogenen Störungen zusammengefaßt werden, da Verwahrlosung hauptsächlich als eine psychogene Störung erscheint. Verwahrlosung kann aber auch als Psychopathie gelten, wenn Psychopathie mit Soziopathie gleichgesetzt wird, weil Verwahrlosung wesentlich als ein soziopathisches (gemeinschaftswidriges) Verhalten imponiert.

Verwahrlosung wirft, wie alle Manifestationen abweichenden Verhaltens, konzeptionelle Fragen auf, die kontrovers diskutiert werden (beispielsweise Fragen nach der Legitimation der diagnostischen und therapeutischen Intervention). Die therapeutische Intervention wird der Repression, die diagnostische Intervention der Denunziation verdächtigt. Um Denunziation zu vermeiden, wird der belastete Begriff Verwahrlosung vermieden und durch andere (noch) unbelastete Begriffe zu ersetzen versucht. Das gilt sowohl für die juristische als auch für die pädagogische Terminologie, in der aus der Verwahrlosung «Schwererziehbarkeit», aus der Schwererziehbarkeit «Erziehungsschwierigkeit» und die Erziehungsschwierigkeit schließlich zur «Verhaltensauffälligkeit» reduziert wurde.

Symptomatologie. Die klassische amerikanische Vergleichsuntersuchung von GLUECK/GLUECK (vgl. 1972) ergab ein charakteristisches Erscheinungsbild: Die Vorgeschichte des Verwahrlosten ist durch Kränklichkeit in der Kindheit sowie Leistungs- und →Verhaltensstörungen in der Schulzeit auffällig. Sein Verhalten zeigt Störungen im Sinne von Labilität (etwa Bindungsschwäche, Belastungsschwäche), Impulsivität (etwa Schulschwänzen, Weglaufen), Aggressivität (etwa Aggressionen gegen Personen, Aggressionen gegen Objekte; →Aggression) und Kriminalität (häufig als Eigentumskriminalität, Wiederholungskriminalität, Frühkriminalität; →Kinder-/Jugendkriminalität). Charakteristisch ist auch die Aufnahme dissozialer Kontakte, der sogenannte «schlechte Umgang». Er wird oft als eine Ursache von Verwahrlosung behauptet, erweist sich aber häufig als ihre Folge. Deutsche Untersuchungen ergaben, daß die amerikanischen Untersuchungsbefunde im wesentlichen ebenfalls auf den verwahrlosten deutschen Jugendlichen zutreffen. Doch bestehen auch nationale Unterschiede (geringere Tendenz zur Bandenbildung in deutschen Untersuchungsgruppen) und epochaltypische Modifikationen (zunehmender Rauschmittelkonsum in beiden Populationen). Über die Häufigkeit der Verwahrlosung liegen unterschiedliche Angaben vor. Richtzahl: Der Anteil bundesdeutscher Minderjähriger, der wegen Verwahrlosungserscheinungen sonderschulischer Maßnahmen bedarf, wird auf etwa 2% geschätzt.

Das Erscheinungsbild der Verwahrlosung bei weiblichen Jugendlichen ist different. Ihre kriminelle Belastung erscheint geringer, ihre Psychopathologie auffälliger. Die Deutung dieses Geschlechtsunterschiedes ist umstritten. Einerseits wird vermutet, daß Mädchen stärker sozial kontrolliert werden als Jungen; andererseits wird argumentiert, daß die Differenzen nicht nur durch Unterschiede in der sozialen Umwelt, sondern auch durch Unterschiede in der biologischen Anlage bedingt seien (vgl. COWIE u. a. 1968, SCHWARZMANN 1971).

Ursachen. Als charakteristisches ätiologisches Merkmal verwahrloster Jugendlicher wurden in der Untersuchung von GLUECK/GLUECK (vgl. 1972) familiäre Störungen ermittelt: Die Familien verwahrloster Minderjähriger sind signifikant schwerer alteriert als die Familien nicht-verwahrloster Minderjähriger, häufig dissoziiert und depraviert. Den konsekutiven emotionalen Entbehrungen wird für die Verwahrlosung der Kinder eine entscheidende Bedeutung beigemessen.

Die enge Korrelation zwischen emotionalen Entbehrungen in der frühen Kindheit und Verwahrlosung folgt auch aus Untersuchungen über hospitalisierte, deportierte und ausgesetzte Kinder sowie aus Beobachtungen über Affenkinder, die ohne Mutter oder nur mit Mutterattrappen aufgezogen wurden. In allen Studien zeigte sich, daß die emotionale Deprivation in der frühen Kindheit zu schweren Fehlentwicklungen analog einer Verwahrlosung führt. Die Korrelation zwischen Fürsorgemängeln und Verwahrlosung ist auch so groß, daß Verwahrlosung vorausgesagt werden kann, wenn wesentliche Fürsorgemängel vorliegen.

Außer psychosozialen Belastungen wurden von GLUECK/GLUECK (vgl. 1972) bei verwahrlosten Jugendlichen konstitutionelle Besonderheiten festgestellt (überzufällige Häufung athletischer Konstitutionen). Möglicherweise hat die Konstitution für die Verwahrlosungsgenese eine ähnliche Bedeutung wie das Geschlecht und das Alter. Wie in bezug auf Konstitutionstypen der athletische Konstitutionstyp, so dominiert in bezug auf das Geschlecht das männliche Geschlecht und in bezug auf das Alter der Heranwachsende in der Kriminalstatistik. Da der athletische Konstitutionstyp, das männliche Geschlecht und der Heranwachsende oder Jungerwachsene insbesondere zum «acting out» neigen, ist anzunehmen, daß ihnen vielleicht für das «Ausagieren» von Verwahrlosungstendenzen eine Bedeutung zukommt.

Therapie. Da Verwahrlosung zumeist aus Fürsorgemängeln in der frühen Kindheit entsteht und hauptsächlich als ein Sozialisationsrückstand in Erscheinung tritt, kommt es bei der Behandlung vor allem auf ein Vorbeugen und Nachlernen, auf die Verhütung von Pflegeschäden und den Ausgleich der Sozialisationsdefizite an. Seit AICHHORN (vgl. 1974) wird auch die psychoanalytische Behandlung der Verwahrlosung versucht (vgl. KÜNZEL 1976). Sie kommt jedoch eher bei leichterer Dissozialität als bei jener fortgesetzten und generalisierten Dissozialität in Frage, die als Verwahrlosung im engeren Sinne gilt. Bei dieser ist jede psychoanalytische Behandlung schwierig. Probleme gibt auch die Beschulung Verwahrloster auf.

Insbesondere in schweren Fällen wird die Beschulung in Sonderklassen und Sonderschulen empfohlen (→ Sonderpädagogik).

Verlauf. Was die Kriminalität Verwahrloster betrifft, so lassen kriminalstatistische Verlaufsuntersuchungen je nach Bewertungsmaßstab geringere oder größere Bewährungschancen vorhersagen. Wenn jedoch das gesamte Verhaltensspektrum Verwahrloster bedacht wird, ist eine differenzierte Beurteilung erforderlich: Die mit den Stichworten «Labilität», «Impulsivität», «Aggressivität» und «Kriminalität» charakterisierten Syndrome manifestieren sich oft nicht zu gleicher Zeit in gleicher Stärke. In der Adoleszenz treten die Syndrome Aggressivität und Kriminalität heftiger in Erscheinung, so daß der Verwahrloste vor allem als ein «Störer» und sein Problem vor allem als ein disziplinarisches Problem erscheint. Vor und nach dieser Zeit fallen mehr die Syndrome Labilität und Impulsivität auf, so daß der Verwahrloste eher als ein «Gestörter» und sein Problem als ein therapeutisches verstanden wird. Die Veränderungen im Prozeß der Verwahrlosung sind bei Beurteilungen des Verwahrlosungsverlaufs mit zu berücksichtigen.

II Das sozialwissenschaftlich orientierte Erklärungsmodell

Das Ziel des sozialisationstheoretisch geleiteten Forschungsansatzes (vgl. LORENZER 1972) ist es, die Entstehung von Verwahrlosung aus dem Sinnzusammenhang lebensgeschichtlich bedeutsamer Interaktionen zu rekonstruieren. Das fehlangepaßte Verhalten von Kindern und Jugendlichen wird so als der subjektive Niederschlag von Mängeln in den Sozialisationsleistungen der Eltern, als das Produkt je spezifischer familiärer Interaktionsstörungen dargestellt. Das Forschungsprogramm zielt dabei auf zwei nur analytisch zu trennende Problemzusammenhänge: Auf der ersten Ebene geht es um die lebensgeschichtlich genaue Rekonstruktion der Beschädigung subjektiver Strukturen im Vollzug des Sozialisationsprozesses. Die Sozialisationsforschung hat inzwischen eine Vielzahl gestörter Sozialisationsmuster dechiffriert, die die kindliche Entwicklung mit der Hypothek unerledigter Konflikte belasten und die Weichen in eine dissoziale Karriere stellen können (vgl. HERRIGER 1979, S. 74ff). Hierzu gehören: körperliche Strafgewalt und eine negative Gratifikationsbilanz, die aggressive Zurückweisung kindlicher Liebeswünsche, die Unterwerfung des Kindes unter eine machtbestimmt-imperative Handlungskontrolle sowie familienintern ablaufende Prozesse der Ausschließung und der → Stigmatisierung (Sündenbockrolle).

Auf der zweiten Ebene versucht die Sozialisationsforschung, den strukturellen Vermittlungszusammenhang zwischen der objektiven Lebenslage von Familien und diesen gestörten Sozialisationsmustern empirisch aufzuweisen. Es wird hier ein Bedingungszusammenhang zwischen der sozialökonomischen und der sozialkulturellen Lebenssituation der Familie, der Binnenstruktur familiärer Interaktionen und den konkreten Mustern elterlicher Sozialisationspraxis angenommen. Danach entscheidet der soziale Ort der familiären →Lebenswelt wesentlich darüber, welche (materiellen, sozialen, psychischen) Ressourcen zur Bewältigung alltäglicher Lebensprobleme mobilisiert und auf welchem Niveau Problemlösungen antizipiert werden können. Die Forschung hat überzeugend nachgewiesen, daß mit dem Ausschluß von der gleichberechtigten Partizipation an gesellschaftlichen Chancen das Risiko zunimmt, daß die kollektiv auferlegten Belastungen nicht mehr bewältigt werden können und unverarbeitet in die familiäre Praxis eingehen (vgl. Herriger 1979, S. 144ff).

Besaß das sozialisationstheoretische Erklärungsmodell bis in die Mitte der 70er Jahre hinein unumschränkte Gültigkeit, so ist in den letzten Jahren ein neuer Erklärungsansatz an seine Seite getreten, der in seiner nur kurzen Rezeptionsgeschichte eine produktive theoretische Beunruhigung und eine forschungspraktische Neuorientierung mit sich gebracht hat: der Erklärungsansatz der Labeling-Theorie.

Gegenstand der *Labeling-Theorie* ist die gesellschaftlich organisierte Definition und Verfolgung abweichenden Verhaltens durch die Vollzugsbehörden der öffentlichen Sozialkontrolle. Nicht die soziale Herstellung des «störenden» Verhaltens von Kindern und Jugendlichen in der familiären →Sozialisation ist hier analytischer Bezugspunkt. Das Forschungsinteresse richtet sich vielmehr auf die Muster der sozialen Reaktion, mit denen die öffentlichen →Institutionen – und hier insbesondere die Institutionen der Jugendkontrolle (Jugend- und Vormundschaftsgericht, Jugendamt, die Heime «öffentlicher Ersatzerziehung») – auf dieses Störverhalten eingehen und es kontrollierenden Verfahrensweisen unterwerfen (vgl. Keckeisen 1974, Keupp 1976).

In der Verwahrlosungsforschung rückte mit dieser neuen Forschungsperspektive die Analyse jener institutionellen Verhandlungssituationen in den Mittelpunkt, in denen über die Diagnose «Verwahrlosung» und über notwendige pädagogische Maßnahmen entschieden wird. Die vorliegenden empirischen Befunde zeigen, daß die jugendbehördliche Vergabe von *Verwahrlosungsdefinitionen* meist nicht das Ergebnis von problemlos ablaufenden und wertfreien Rechtsanwendungsprozessen ist, daß es vielmehr in der Interaktion zwischen den beteiligten Parteien stets einer spezifischen und konfliktreichen Definitionsarbeit bedarf, um das problematische Verhalten des Minderjährigen als einen «typischen Fall von Verwahrlosung» darzustellen und es so einer «angemessenen» Behandlung (beispielsweise im Rahmen von Fürsorgeerziehung) zuzuführen. Diese Definitionsarbeit aber, an deren Ende einem Minderjährigen öffentlich das Etikett «verwahrlost» angeheftet wird, ist durch eine spezifische Selektivität gekennzeichnet: Gerade den Kindern und Jugendlichen, die aus problematischen Lebensverhältnissen stammen (etwa einem zerrütteten Elternhaus, Unehelichkeit, deprivierte Lebensumstände), wird von den Sozialarbeitern des Jugendamtes oder den Vormundschaftsrichtern eher eine typisch dissoziale Fehlentwicklung unterstellt, die eine korrigierende Nacherziehung notwendig macht, während hingegen das Problemverhalten von Kindern und Jugendlichen aus «geordneten Verhältnissen» eher als Ausrutscher, Übermut und einmaliger Fehltritt normalisiert und damit in den Bereich privater Regulierung zurückverwiesen wird.

Ist der Minderjährige in diesem Definitionsprozeß aber erst einmal zu einem «Fall» für die öffentliche Erziehung geworden, so setzt – zwar nicht notwendig und automatisch, aber doch in vielen Fällen – eine Entwicklung ein, in der sich das abweichende Verhalten in ein eigenständiges Rollenspiel verfestigen kann. Die Erfahrung, öffentlich als abweichend etikettiert und zum Zwecke der «Besserung» und der «Nacherziehung» der kontrollierenden Aufsicht der →Heimerziehung unterstellt zu werden, läßt die ohnehin schon geringen Chancen des Minderjährigen auf soziale Anerkennung weiter schwinden und macht konforme Handlungsalternativen immer schwerer erreichbar. Der offiziell zum Delinquenten Gestempelte und sozial Ausgegliederte lockert – in Antwort auf diese *Stigmatisierungserfahrungen* – seine Kontakte zu «Nicht-Auffälligen». Er schließt sich denen an, die ebenfalls als «abweichend» definiert werden, und übernimmt mehr und mehr das kulturelle Muster einer abweichenden Rolle. Die Erfahrungen des «Heimzöglings» sind fortan um diese abweichende Rolle organisiert und schlagen sich allmählich in einem veränderten Selbstbild nieder. Er beginnt, sich selbst als «andersartig» zu empfinden, und übernimmt die ihm in der Interaktion mit anderen vermittelten Fremddefinitionen des «sozial Auffälligen» in das eigene Selbstkonzept. So führen die aufgezeigten eskalierenden Prozesse der öffentlichen Stigmatisierung, der Beschneidung konformer Handlungschancen und des sozialen Ausschusses am Ende zur Übernahme einer relativ stabilen «devianten Identität», welche die weitere Außenseiter-Karriere programmiert (vgl. Herriger 1979, S. 154ff).

Beide sozialwissenschaftlichen Erklärungsansätze konvergieren in der Bestimmung notwendiger pädagogisch-therapeutischer Maßnahmen.

Die «nachgehende» Korrektur des abweichenden Verhaltens von Kindern und Jugendlichen wird als nur unzureichendes Handlungsinstrument angesehen, das durch die *Verstärkung präventiver Handlungsformen* im Vorfeld manifester Verwahrlosungserscheinungen ergänzt werden sollte. Gefordert wird so ein System präventiver Familienhilfe, das darauf gerichtet ist, durch kurzzeitige beratende Betreuung «vor Ort» das Normalisierungspotential von Familien zu stärken und angemessene pädagogische Lösungsstrategien einzuüben, so daß die Eltern selbst das problematische Verhalten ihrer Kinder bewältigen können (vgl. HERRIGER 1986).

AICHHORN, A.: Verwahrloste Jugend, Bern 1974. COWIE, J. u. a.: Delinquency in Girls, Cambridge Studies in Criminology, Bd. 23, London 1968. GLUECK, S./GLUECK, E.: Jugendliche Rechtsbrecher, Stuttgart 1972. HARTMANN, K.: Theoretische und empirische Beiträge zur Verwahrlosungsforschung, Berlin 1977. HERRIGER, N.: Verwahrlosung und medizinisches Modell. Argumente wider die Medikalisierung abweichenden Verhaltens. In: N. Prax. 8 (1978), S. 213 ff. HERRIGER, N.: Verwahrlosung. Eine Einführung in Theorien sozialer Auffälligkeit, München 1979. HERRIGER, N.: Präventives Handeln und soziale Praxis, Weinheim/München 1986. KECKEISEN, W.: Die gesellschaftliche Definition abweichenden Verhaltens. Perspektiven und Grenzen des labeling approach, München 1974. KEUPP, H.: Abweichung und Alltagsroutine. Die Labeling-Perspektive in Theorie und Praxis, Hamburg 1976. KÜNZEL, E.: Jugendkriminalität und Verwahrlosung, Göttingen 1976. LORENZER, A.: Zur Begründung einer materialistischen Sozialisationstheorie, Frankfurt/M. 1972. SCHÜLER-SPRINGORUM, H./SIEVERTS, R.: Sozial auffällige Jugendliche, München 1970. SCHWARZMANN, J.: Die Verwahrlosung des weiblichen Jugendlichen, München 1971.

Klaus Hartmann/Norbert Herriger

Verwissenschaftlichung

Funktionen von Wissenschaft. Wissenschaft ist sowohl ein besonderes Gebiet gesellschaftlicher Arbeitsteilung mit zugehörigen Institutionalisierungen (Einrichtungen der Forschung und der akademischen Ausbildung) als auch eine besondere Form des gesellschaftlichen →Bewußtseins. Sie ist sowohl Produktivkraft als auch Instrument der Entscheidungshilfe und des →Handelns. Im Gegensatz zum lediglich akkumulierenden, ungeordneten Erfahrungswissen stellt Wissenschaft ein System der Erkenntnisse über Eigenschaften, Zusammenhänge, Ursachen und Wirkungen sowie Gesetzmäßigkeiten von Erscheinungen der Natur, auch der menschlichen, der Gesellschaft und des Verhaltens, Fühlens und →Denkens der Menschen bereit. Insoweit sie darauf zielt, die Beherrschung der natürlichen und gesellschaftlichen Lebensprozesse zu erweitern und zu verbessern, bemißt sich der Wahrheitsgehalt ihrer Aussagen nicht nur an den Regeln der Logik und an der Stimmigkeit und Angemessenheit der Methoden (→Forschungsmethode). Er wird zusätzlich und vor allem durch die *Praxis* evaluiert (→Evaluation; →Theorie – Praxis). Sie ist Gegenstand und Möglichkeitsbedingung wissenschaftlichen Arbeitens zugleich. Die Praxis führt auch zu Veränderungen in der Absteckung der Gegenstandsbereiche von Wissenschaft (Objektgebiete und Disziplinen) und deren Beziehungen zueinander sowie zu einer Dynamik der möglichen Fragen über die Wirklichkeit, der Methoden ihrer Erforschung und die Fixierung der Erkenntnisse in Begriffen, Kategorien, Gesetzen und Theorien.

Aus der existentiellen Bedeutung der Wissenschaft als Produktivkraft und Handlungsinstrument folgt die Notwendigkeit, Wissenschaft in Erziehung und Unterricht so zu berücksichtigen, daß die heranwachsende Generation deren Potential nutzen und weiterentwickeln kann. Aus der Tatsache, daß Wissenschaft eine besondere Form des gesellschaftlichen Bewußtseins ist, ergibt sich, daß die Erziehungs- und Bildungsprozesse von wissenschaftlichen Denkweisen und Methoden geprägt sind. Verwissenschaftlichung bezieht sich auf beide Aspekte. Hierzu zwei Komplexe als Beispiel: Verwissenschaftlichung des →Curriculums und der Lehrertätigkeit (→Lehrer).

Verwissenschaftlichung des Curriculums. Seit es Wissenschaft und Gelehrsamkeit gibt, kennt die Pädagogik «gelehrten Unterricht», der die in und durch Wissenschaft geordneten Erkenntnisse, Denk- und Arbeitsmethoden tradiert – freilich nur an eine kleine Zahl Privilegierter, die das wissenschaftliche Erbe weiterzuentwickeln hatten oder sich seiner Ergebnisse sollten bedienen können. Gelehrte Bildung für alle wurde erst denkmöglich, als der Zwang zur Produktivitätssteigerung im Merkantilismus wirtschaftliche, soziale und arbeitstechnische Veränderungen verlangte, die →Aufklärung und →Bildung auch der Massen der Arbeitenden voraussetzten. Deren Zugang zu den besonderen Schulen gelehrter Bildung, den Gymnasien, blieb bis nach dem Zweiten Weltkrieg abhängig von den Zufällen persönlicher und materieller Förderung. Die Verwirklichung eines breiteren Zugangs zur gelehrten Bildung wurde begünstigt durch die Einführung der allgemeinen Grundschulpflicht nach dem Ersten Weltkrieg (1919), die formaljuristisch allen Kindern die gleichen Voraussetzungen in der Vorbildung verschaffte, und durch die Abschaffung des Schulgeldes nach dem Zweiten Weltkrieg. Dennoch blieb die Wissenschaftlichkeit des Unterrichts an besondere Bildungsinstitutionen gebunden. Erst 1970 wurde sie im «Strukturplan für das Bildungswesen» des DEUTSCHEN BILDUNGSRATS als Element und Charakteristikum *aller* Bildungsgänge gefordert. Die Begründung spiegelt sich in der bildungspolitischen Diskussion wider, die Anfang der 60er Jahre begann.

Als die Bundesrepublik zu dieser Zeit in eine wirtschaftliche Wachstumskrise geriet, wurde die aus den angelsächsischen Ländern stammende These von der Wachstumswirkung insbesondere der gehobenen Ausbildungsgänge aufgegriffen. Unter dem Schlagwort «Deutsche Bildungskatastrophe» begann eine intensive Erörterung über notwendige Reformen, die vor allem eine Expansion in denjenigen Bildungssektoren erbrachte, die zu mittleren und höheren Abschlüssen führten. Neben die Argumentationen, die ökonomisches Wachstum von einem möglichst hohen Grad an Bildung abhängig sahen, traten solche, die «höhere», das heißt an den Wissenschaften orientierte Bildung zur Sicherung der parlamentarischen Demokratie und zugleich als Ausdruck der in ihr zu verwirklichenden Gleichheit und Gerechtigkeit sahen.

Die Erörterung der Funktion von Wissenschaft in der Sekundarstufe II begann mit der Reflexion der Funktion der Gymnasien im Bildungs- und Gesellschaftssystem. Es bestand weitgehend Einmütigkeit darin, daß die Gymnasien allgemeine und nicht berufsspezifische Bildung zu vermitteln hätten. Zwar seien sie insofern ausbildungs- und berufsbezogen, als sie zum Studium führten; jedoch nicht fachspezifisch, sondern in einem für alle Studienrichtungen grundlegenden, allgemeinen Sinne, nämlich dem, die Wissenschaften als besondere Formen des verstehenden sowie handelnd-bewältigenden Zugriffs auf die Welt zur Kenntnis zu bringen. Von daher erörterte man den Fächerkanon, das heißt die Auswahl und Gruppierung, Abgrenzung und Integration der Schulfächer (zum Beispiel Gemeinschaftskunde und ihre Elemente Politikwissenschaft, Geographie und Geschichte), in seinem Bezug zu den wissenschaftlichen Disziplinen, diese wiederum in ihrer Beispielhaftigkeit oder Besonderheit für Weltbewältigung (→Fach – Fächerkanon). Die curricularen Entscheidungen, also die über Fächer(gebiete), deren Gegenstände und über Methoden, sollten beides ausgewogen berücksichtigen und zusätzlich garantieren, daß mit den je charakteristischen wissenschaftlichen Fragestellungen und Methoden vertraut gemacht würde.

Wissenschaftspropädeutik wurde demzufolge Einführung in die Wissenschaft sowohl in hermeneutischer, das heißt verstehender, als auch in technischer Absicht. Damit die Curricula diesen Ansprüchen genügten, wurde ihre Konstruktion selbst abhängig von wissenschaftlichen Theorien und Instrumentarien, die neu und vielfältig entwickelt wurden. Dieser Doppelaspekt nun von Wissenschaft, über dessen Berücksichtigung in der Diskussion um die Aufgaben der Gymnasien Einmütigkeit bestand, wurde zum Katalysator für die Klärung der gesellschaftspolitischen Hintergründe curricularer Reformdiskussionen. Ihre Zuspitzung erfuhr diese für den Bereich der Sekundarstufe II in der Forderung nach der Integration allgemeiner und beruflicher Bildung beziehungsweise allgemeiner und beruflicher Bildungsgänge. Die im Strukturplan, der Magna Charta liberaler, demokratischer Bildungsreform, geforderte Wissenschaftsorientiertheit beziehungsweise Rückbindung an die Wissenschaft für *alle* Bildungsinstitutionen erfuhr in der Integration allgemeiner und beruflicher Bildungsgänge ihre konsequente strukturelle und didaktische Umsetzung. Es hatte sich nämlich gezeigt, daß aufgrund der hierarchisch arbeitsteiligen Verfaßtheit von Produktion und Distribution trotz hochgradiger technischer und ökonomischer Verkomplizierung der Arbeitsprozesse bei weitem nicht von allen Beschäftigten, ja eher von einer immer geringeren Zahl, am Arbeitsplatz wissenschaftliche oder wissenschaftsbezogene Qualifizierung verlangt wurde. Technologisch betrachtet, erwies sich Wissenschaftspropädeutik demnach als eine didaktische Vorstufe lediglich der wissenschaftlichen Berufsausbildung (→ Propädeutik). Konsequenterweise gab es in der bildungspolitischen Diskussion Stimmen, die dafür plädierten, die Wissenschaftspropädeutik aus dem Schulwesen herauszunehmen und organisatorisch den Hochschulen zuzuordnen, wie beispielsweise in den USA. Gymnasien brauche es nicht zu geben. Deren vorgebliche Doppelaufgabe, allgemeine Bildung zu vermitteln und grundlegende akademische Bildung zu betreiben, also Zulieferfunktion für die Hochschulen zu haben, könnte dann entkoppelt werden. Dadurch werde im schulischen Institutionengefüge Wissenschaftsorientierung als grundlegendes Bildungsziel für alle freigesetzt, könne sie auch didaktisch beziehungsweise curriculumtheoretisch gezielter reflektiert und verwirklicht werden.

Die gesellschaftspolitische Funktion wissenschaftspropädeutischer Bildung für *alle* wurde demnach eindeutig und offensichtlich, als die technologische Rechtfertigung nur mehr für eine gehobene, spezielle und privilegierte Ausbildung zutraf. Es wurde klar, daß es darüber hinaus darum gehen mußte, allen Volksschichten zugänglich zu machen, was in den ständischen, nicht demokratisch verfaßten Gesellschaften das Vorrecht nur weniger Gebildeter war, nämlich: die Menschen, ihr Verhalten und ihre Lebensäußerungen zu verstehen (auch in ihren dinglichen und geistigen Produkten) und darüber reflektierend zu kommunizieren. Ein Ziel übrigens, das der humanistischen Tradition des Bildungswesens entspricht, nun aber alle Schulen in diese Tradition rückt.

Von den Grundannahmen des freiheitlichen und sozialen Rechtsstaates her betrachtet und von seinen Verfassungspostulaten Freiheit (was geistiges und psychisches Vermögen zu ihrer Nutzung einschließt) und Gerechtigkeit aus gesehen, ist Wissenschaftspropädeutik *für alle* ein unverzichtbarer Anspruch, denn die parlamentarisch verfaßte Demokratie lebt von der kommunikativen Partizipation und der Beteiligung aller Bürger am Prozeß der Gestaltung von Wirtschaft, Politik, Kultur und anderen Bereichen des öffentlichen Lebens. Mit der Reaktion gegen Wissenschaftlichkeit wird vielfach unterstellt, sie gefährde Demokratie und Lebensqualität. Auch fehlt es nicht an polemischen Beschwörungen, in denen Wissenschaftlichkeit als subversive Kraft – als «rote Gefahr» – gebrandmarkt wird. Dabei wird übersehen oder bewußt verschwiegen, daß der Demokratie ganz andere Gefahren drohen, nämlich solche, die sich aus der Verselbständigung der aus Verantwortung und Kontrolle entlassenen wissenschaftlich-technischen Rationalität ergeben. Als zentrales Problem stellt sich in diesem Zusammenhang die

Frage, wie gewährleistet werden kann, daß Wissenschaft und Technik dem Dienst an einer humanen, menschliche Lebensmöglichkeiten nicht zerstörenden, freiheitlichen und demokratischen Zukunft verpflichtet bleiben. Die Gefahren der Verwissenschaftlichung, deren Anfälligkeit für technologische Systemblindheit und Mißbrauch zu Herrschaftszwekken, können nicht durch Verzicht auf Wissenschaftsorientiertheit des →Lernens, sondern – wenn überhaupt – nur unter der Voraussetzung der Wissenschaftsorientiertheit *allen* Lernens überwunden werden. Das gilt jedoch nur, wenn eine wesentliche Bedingung erfüllt ist, so, wie sie für den Schulversuch Kollegschule in Nordrhein-Westfalen gefordert wird (vgl. KULTUSMINISTER NORDRHEIN-WESTFALEN 1972, S. 22f): daß Wissenschaftsorientiertheit des Lernens gleichzeitig Kritik und politische Reflexion einschließt. Inwieweit dieser didaktische Grundsatz pädagogisch, das heißt im Interesse der Mündigkeit der Heranwachsenden, legitimiert werden kann, hängt ab von der wissenschaftstheoretischen Grundposition und der mit dieser einhergehenden Ausblendung oder Einbeziehung gesellschaftspolitischer Wertvorstellungen.

Verwissenschaftlichung der Lehrertätigkeit. Spätestens seit Veröffentlichung des Strukturplans des Deutschen Bildungsrats wird die Tätigkeit der Lehrer nicht mehr bloß als unterrichtende, lediglich ausführende gesehen. Erziehen, Beraten, Beurteilen und Reformieren gehören zu den pädagogischen Aufgaben des Lehrers; sie schließen die Kompetenz ein, das Ursachen- und Determinantengefüge von Erziehungs- und Unterrichtssituationen zu analysieren und zu den Zielen in Verbindung zu setzen. Lehrertätigkeit ist demzufolge notwendig theoretisch rückvermittelt, weil nur über wissenschaftliche Theoriebildung das komplexe Ursachen-Wirkungs-Gefüge von Entstehungsbedingungen, Verlaufformen und Wirkungen pädagogisch relevanter Einflußgrößen systematisch erfaßt werden kann.

Die Verwissenschaftlichung der Lehrertätigkeit (die sich unter anderem in der Diskussion um die Professionalisierung des Lehrerberufs niederschlägt) wird wie die der curricularen Reform aus technologischer und gesellschaftspolitisch-humanistischer Sicht erörtert. In das Umfeld der rein ökonomisch-technologischen Ausrichtung gehören die kybernetische Pädagogik beziehungsweise die informationstheoretische Didaktik, der programmierte und computerunterstützte Unterricht sowie alle Konzepte von →Unterricht, deren Erkenntnis- und Handlungsinteressen auf technische und ökonomische Effizienz ausgerichtet sind. In den technologischen Konzepten erfolgt eine Gleichsetzung von «wissenschaftlich» und «objektiv». Besonders prägnant kommt dies bei der Operationalisierung von →Lernzielen und in der Anwendung psychometrischer Prüfungsverfahren sowie in der Erziehung durch Verhaltensmodifikation zum Ausdruck. Rein formal betrachtet, beanspruchen die objektivierten Verfahren, Ziele und Ergebnisse von Unterricht auch und gerade im Interesse der Lernenden eindeutig zu formulieren und für Vergleichszwecke kommunizierbar zu machen. «Objektiv» bedeutet in diesem Zusammenhang, daß im Unterricht subjektive Willkür, insbesondere individuelle Interpretationen durch den Lehrer, dessen Vorurteile, Vorlieben, Einseitigkeiten, Irrtümer und Unaufgeklärtheiten ausgeschaltet werden.

Dem wird entgegengehalten, daß der Entpersönlichung auf seiten der Lehrertätigkeit eine Entpersönlichung der Lernenden entspreche. Mit welcher Intentionalität zum Beispiel ein Thema behandelt, ein Grobziel ausdifferenziert wird, bestimmen zwar nicht mehr die einzelnen Lehrer, aber noch weniger die Lernenden selbst. Deren Vorwissen, Fähigkeiten, Bedürfnisse, Motivationen, mit denen sich der Lehrer, wäre er «Bezugsperson», auseinanderzusetzen hätte, werden gleichfalls «objektiviert». Die «objektivierten» → Schüler sind nicht mehr die in Wirklichkeit vorfindlichen, in einer Klasse sitzenden Individuen, sondern (auch nur im Glücksfall) die über empirische Verfahren wie → Tests und Befragungen gewonnenen Durchschnitts- oder Normalschüler. Besonders verhängnisvoll wirkt sich dies dort aus, wo die Verfahren der sogenannten objektivierten Leistungsmessung auch auf informelle → Prüfungen, Übungsarbeiten und Klassenarbeiten angewandt werden. Sie bewirken eine Zufallsauslese und verlieren den Charakter der *helfenden* Kontrolle, weil die *individuellen* Befähigungen nicht mehr entfaltet und genutzt werden können. Objektivität beziehungsweise Wissenschaftlichkeit werden damit ihrem Ziel entfremdet, stehen für sich selbst und geraten so zur Unvernunft.

Dieses Argument gilt auch hinsichtlich der objektivierten Verfahren, die auf der Grundlage der Verhaltenstheorie entwickelt werden, und zwar mit dem Zweck, Erziehungsprobleme im Unterricht, vor allem Verhaltensschwierigkeiten und -störungen, zu überwinden. Die erfahrungswissenschaftlich konzipierten und empirisch-experimentell überprüften Verfahren der Verhaltenstheorie zielen fast ausschließlich auf die Veränderung der beobachtbaren Lernumwelt ab und berücksichtigen nicht die Ereignisse im Innern der an Lehr- und Lernprozessen beteiligten Personen. Verhaltensmodifikation, soweit sie sich am klassischen Konzept der Verhaltenstheorie orientiert, steht deshalb in Verdacht, Dressur und Manipulation zu begünstigen. Die Verabsolutierung des Wissenschaftsverständnisses im Sinne der Anwendung empirisch-quantitativer Verfahren läßt die Praxis trotz oder gerade wegen ihrer formal einwandfreien Methoden ins Vorwissenschaftlich-Unaufgeklärte zurückfallen. Im Extremfall wird dabei die Tätigkeit des Lehrers derjenigen in gehobenen Technikerpositionen vergleichbar, reduziert auf «human engineering». Wo es aber nur mehr darum geht, technische Verfahren – wie wissenschaftlich sie auch konstruiert sein mögen – zu handhaben, wird die Notwendigkeit des Wissenschaftsbezugs für die Ausführenden stark vermindert, wenn nicht hinfällig; denn sie haben selbst nichts mehr aus Theorie heraus zu entscheiden und zu entwickeln.

Becker, M. u. a.: Kritik der Verhaltenstherapie, Frankfurt/M. 1979. Deutscher Bildungsrat (Hg.): Strukturplan für das Bildungswesen. Empfehlungen der Bildungskommission, Stuttgart 1970. Eckerle, G.: Zur Geschichte wissenschaftlicher Grundbildung. In: N. Samml. 17 (1977), S. 434ff. Kultusminister Nordrhein-Westfalen (Hg.): Kollegstufe NW. Strukturförderung im Bildungswesen des Landes Nordrhein-Westfalen, Heft 17, Ratingen/Kastellaun/Düsseldorf 1972. Kutscha, G.: Wissenschaftliche Grundbildung – ein ungelöstes Problem in Praxis und Theorie der gymnasialen Oberstufe. In: P. Rsch. 32 (1978), S. 452ff. Lingelbach, K. Ch. (Hg.): Materialien zur Reform der Sekundarstufe II, Kronberg 1975. Reese, J. u. a.: Gefahren der informationstechnologischen Entwicklung, Frankfurt/M. 1979.

Ingrid Lisop

Video → Medienpädagogik
Volkshochschule → Bildungssystem (Bundesrepublik Deutschland); → Erwachsenenbildung; → Weiterbildung
Volksschule → Pädagogik, Geisteswissenschaftliche (historisch)
Volksschullehrer → Lehrer
Volksschullehrerausbildung → Lehrerausbildung
Vorbereitungsfach → Propädeutik

Vorbild

Begriff. Als Vorbild wird eine lebende oder schon verstorbene Person beziehungsweise fiktive Gestalt (eines Romans, eines Films, einer TV-Serie...) bezeichnet, wenn das direkt erfahrbare oder indirekt vermittelte *Sein* dieser Person einen anderen Menschen so nachhaltig beeindruckt, daß dieser in Bewunderung, Verehrung oder Liebe versucht, das Vorbild nachzuahmen, ihm nachzueifern und nachzufolgen. Dieser Vorgang muß weder dem Vorbild bekannt noch dem sich am Vorbild Orientierenden bewußt sein. Obwohl das zunächst Anziehende persönliche Integrität, Erfolg, Macht, Sportlichkeit, Schönheit... oder Kombinationen davon sein können, wirkt das Vorbild in der Regel als Ganzes. Es ist also – im Gegensatz zur Orientierung an Gruppenstandards, Beispielen, Idealen oder kollektiven Leitbildern – an die reale oder fiktive Person gebunden und als solches auch mit Fehlern und Schwächen versehen, wenngleich diese im Prozeß der Idealisierung «verkleinert» werden. Das Vorbild kann eine wichtige Erziehungskraft haben, ist aber kein Erziehungsmittel, weil bewußtes Vorbildsein-Wollen oft auf Ablehnung stößt und das Vorbild meist ohne Absicht auf andere wirkt.

Hierin unterscheidet es sich vom *Beispiel*, das je nach pädagogischer Intention von Fall zu Fall zur Verdeutlichung erwünschter Einstellungen und Verhaltensweisen gegeben wird und weder persönliches Erleben noch personale Bindung voraussetzt. Das *Ideal* hingegen ist ein vorgestelltes Maximum an Vollkommenheit, das weit über die Verwirklichung in einer Person hinausreicht. Es ist unerreichbar und doch Ansporn zu ständiger Anstrengung.

Das Wort *Leitbild* hat in den einzelnen Wissenschaftsdisziplinen unterschiedliche Bedeutung (vgl. DÄUMLING 1960). Ganz allgemein bezeichnen «Leitbilder [...] eine strukturierte Gesamtheit, einen Symbolkomplex von Informationen, Ideen und Gefühlen, die Menschen Sinn vermitteln und so Orientierung geben» (GRIESWELLE/WEIGELT 1985, S. 20).

Vorbildnachfolge. In der Konzeption von Vorbild und Nachfolge steht die europäische Pädagogik in der Tradition der Geschichte des Christentums. Die imitatio Christi, also die Nachfolge Jesu (vgl. THOMAS VON KEMPEN 1980), ist als personal-ganzheitliches Gefolgschaftsverhältnis gefaßt worden, das auch Orientierung für den Erziehungsprozeß bot. Das lateinische Wort imitatio hat die Bedeutung von Nachahmung und Nachfolge. Die Abwertung des Begriffs der Nachahmung ist mit der allmählichen Entwicklung einer Vorstellung verknüpft, die unverwechselbare →Individualität beziehungsweise →Identität fordert. Ein derartiger Einstellungswandel läßt sich spätestens am Ende des 18. Jahrhunderts feststellen.

Theoretisch ist die pädagogische Erörterung des Vorbild-Gefolgschaftsverhältnisses nachhaltig durch Scheler beeinflußt worden. Nach SCHELER (1966, S. 558) ist der «sittliche Sinn der Welt das mögliche Sein höchstwertiger und positivwertiger Personen». Aus dem Personwert, dem er vor Sach-, Zustands- und Gesetzeswert den höchsten Rang zuerkennt, leitet er das Vorbild oder Ideal ab, das – im Gegensatz zur Norm als allgemeingültigem idealen Sollens*satz* – einen *Seins*wert darstellt. Dieser kann nur im Vorbild als anschaubarem Bild der personalen Wertgestalt «erblickt» werden, denn →Werte sind an sich «leer» und auch nicht unmittelbar handlungsleitend.

Wer ein Vorbild hat, tendiert dazu, seinem Vorbild ähnlich oder gleich zu *werden*, nicht aus Pflicht im Kantschen Sinne, sondern letztlich aus Liebe zum Vorbild. Werterkennen wird nach SCHELER (vgl. 1966, S. 560) weitaus mehr durch die →Anschauung vorgelebten Lebens bestimmt als durch die kognitive Vermittlung von Wissen und Normen im Erziehungsprozeß, wobei die Umbildung zu einem höherwertigen *Sein* durch die Wirksamkeit des Vorbildwertes hervorgerufen wird. Allein im Vorbild-Gefolgschaftsverhältnis ist sowohl autonome Einsicht als auch autonomes Wollen der sich am Vorbild orientierenden Person *trotz* Fremdbestimmung bewahrbar (→Autonomie).

Obwohl sein Vorbildbegriff und dessen Ausformung in einer Rangordnung von Wertpersontypen (vgl. SCHELER 1966, S. 570), die als mögliche Vorbild*modelle* bestimmte Leitideen verkörpern, idealistischen Charakter haben, ist Schelers materiale Ethik über das intuitive Wertfühlen und (Fremd-)Werterkennen in der Anschauung von Personen mit der Realität verknüpft.

Identifizierung mit anderen. Während Scheler eher die Freiheit des Heranwachsenden bei der Vorbildwahl hervorhebt, betont die Psychoanalyse, daß Identifizierungsprozesse des Kindes – aufgrund «der langen kindlichen Hilflosigkeit und Abhängigkeit des Menschen und der Tatsache seines Ödipuskomplexes» (FREUD 1980a, S. 302) – *ontogenetisch* und qua familialer Konstellation *zwangsläufig* stattfinden. Identifizierungsprozesse sind aber nicht nur auf die Phase der Kindheit und Jugend beschränkt: Gerade im Umgang mit Kindern spielen die Identifizierungen der Erwachsenen mit den Objekten der *eigenen* Kindheit eine große Rolle. «Die rührende, im Grunde so kindliche Elternliebe ist nichts anderes als der wiedergeborene Narzißmus der Eltern» (FREUD 1980b, S. 58), der eventuell zu einer Überschätzung, Idealisierung und Überforderung des Kindes durch seine Eltern führen kann.

Betrachtet man die Ontogenese des Kleinkinds, so entwickelt es nach Auffassung der Psychoanalyse aus der Dualunion mit der →Mutter heraus Differenzierungen von Selbst und Außenwelt sowie von Ich und Es. In der oralen Phase, dem Stadium des reinen Lust-Ichs, in dem das Kind sich allmächtig zu fühlen scheint, wird alles Lustvolle ins Ich hereingeholt («Introjektion») und versucht, alles Unlustvolle in die Außenwelt loszuwerden («Projektion»). Hinter dem Elternideal, das jedes Kind von frühauf entwickelt, sind unschwer seine eigenen Wünsche erkennbar, die – aufgrund des schwindenden Allmachtgefühls und der zunehmend empfundenen Abhängigkeit von anderen – in die Eltern hineinphantasiert werden. Das Kind ahmt aber nicht nur beobachtete Handlungen anderer nach, sondern identifiziert sich vor allem mit den Ge- und Verboten, dem Über-Ich der Eltern. Es folgt jedoch nicht nur aus →Angst vor →Tadel, sondern auch den Eltern *zuliebe* und entwickelt eine aus liebevollen und feindseligen Regungen bestehende ambivalente Gefühlsbindung an die Eltern (wie diese an das Kind). Eine besondere Bedeutung wird in der Freudschen Theorie der triadischen Ödipus-Konstellation (→Pädagogik, psychoanalytische) zugemessen, in der zu der ersten Form der Identifizierung nach dem Anlehnungstypus noch eine zweite Form, die Identifizierung mit dem Rivalen/der Rivalin, hinzutritt, der/die geliebt, gefürchtet und bekämpft wird (vgl. FREUD 1980a, S. 300). Die aus dem Untergang des Ödipuskomplexes hervorgehenden Veränderungen treten als innere ambivalente Mahnung des Ichideals den anderen Inhalten des Ichs entgegen (vgl. FREUD 1980a, S. 301f). Der Charakter des Ichideals formt sich/wird geformt in Resultaten der aufgegebenen Objektbesetzungen und ist verbunden mit einer Aufspaltung und Desexualisierung der Bezugspersonen.

Im Normalfall erfolgt die «Entthronung» der Eltern während der Latenzzeit langsam und ohne große Erschütterungen, indem das Kind zunehmend die Schwächen sowie die fehlende Allmacht und Allwissenheit seiner Eltern wahrnimmt. Vorbilder wie Lehrer, entferntere Verwandte sowie Kinder und Jugendliche, die dem Bedürfnis des Heranwachsenden nach Sicherheit und Anerkennung entsprechen, gewinnen an Bedeutung. Die unter dem Triebdruck der Pubertät entstehenden Spannungszustände werden gemildert durch Projektionen des Ichideals in andere Personen, die sich zur Identifizierung zu eignen scheinen: Die Leidenschaftlichkeit der Verliebtheit in Gleichaltrige, in unerreichbare Idealgestalten und Leitfiguren ist meist von kurzer Dauer. Die Liebesobjekte werden gewechselt, die Art der Beziehung wiederholt; das Ziel ist nicht die Eroberung des Objekts, sondern die Ähnlichkeit mit der geliebten Person des Augenblicks (vgl. EPPEL 1965, S. 524).

FREUD (vgl. 1980c) entwickelt noch eine dritte, sozialpsychologisch relevante Form der Identifizierung, wonach das soziale Gewissen einer Gruppe in der Liebe zu einer Führungspersönlichkeit entsteht, auf die man gemeinsam verzichten lernen muß.

Zusammenfassend lassen sich Identifizierungen nach Ansicht der Psychoanalyse als mit der Ambivalenz von Liebe und Haß verbundene Gefühlsbindungen charakterisieren, die als Äquivalente ganz oder partiell aufgegebener Objektbesetzungen ein Leben ohne die faktische Anwesenheit dieser Objekte ermöglichen und die der Reflexion teilweise, aber nicht völlig entzogen sind.

Ausblick. MITSCHERLICH (vgl. 1987, S. 50) betont, daß ohne den notwendigen Reichtum an Identifizierungen – besonders während →Kindheit und →Jugend – seelische Mangelerscheinungen, Selbstwertstörungen, Frustrationsintoleranz und Liebesunfähigkeit auftreten können. Sie weist aber auch darauf hin, daß die derzeit widersprüchlichen familialen und gesellschaftlichen moralischen Forderungen eine «Doppelmoral» bilden, die Konflikte und Orientierungslosigkeit verursachen kann.

Es bleibt uns jedoch nichts anderes übrig: «Sofern wir mit Kindern leben, müssen wir – es geht gar nicht anders – mit ihnen *unser* Leben führen [...] Das ist zwar eine Trivialität, aber gleichsam die erste und ernsteste pädagogische Tatsache» (MOLLENHAUER 1983, S. 20; Auslassung: F. R.). Dabei kann das Vor-Leben anderer Personen Heranwachsenden aufzeigen, daß die →Entwicklung einer positiv bewerteten Persönlichkeit und Existenzweise – auch heute noch – möglich ist. Da direkte Vorbilder aber auch Schwächen haben, können sie dem Lebensentwurf von Jugendlichen eine realistischere Basis geben als die Ausrichtung an hohen – oft zu hohen – Idealen. Selbstverständlich kann Vorbildnachfolge allein – zumal in modernen Gesellschaften – keine Zukunftsorientierung ersetzen, aber Vorbilder können einerseits dem Individuum Mut machen, Schwierigkeiten des eigenen Lebenswegs zu meistern, und andererseits – auch gesellschaftlich gesehen – die Erinnerung wachhalten an hervorragende Persönlichkeiten und ihr Sein, wobei aber tendenziell die Gefahr einer Idealisierung und Legendenbildung besteht.

DÄUMLING, A.: Psychologische Leitbildtheorien. In: Psych. Rsch. 9 (1960), S. 92ff. DÜRR, O.: Autorität – Vorbild – Strafe – Hindernisse neuzeitlichen Erziehens? Stuttgart/Würzburg 1970. EPPEL, H.: Über Identifizierung. In: Psyche 19 (1965), S. 516ff. ETTL, TH.: Zur Bedeutung von Nachahmung und Identifizierung im Sozialisationsprozeß, Diss., Bremen 1977. FREUD, S.: Das Ich und das Es (1923). In: Sigmund Freud Studienausgabe, Bd. 3, Frankfurt/M. 1980, S. 273ff (1980a). FREUD, S.: Zur Einführung des Narzißmus (1914). In: Sigmund Freud Studienausgabe, Bd. 3, Frankfurt/M. 1980, S. 37ff (1980b). FREUD, S.: Massenpsychologie und Ich-Analyse (1921). In: Sigmund Freud Studienausgabe, Bd. 9, Frankfurt/M. [3]1980, S. 61ff (1980c). GRIESWELLE, D./WEIGELT, K.: Prinzipien politischen Handelns. In: Weigelt, K. (Hg.): Werte, Leitbilder, Tugenden, Mainz 1985, S. 11ff. HAASE, K.: Das Wesen des Vorbilds und seine Bedeutung für die Erziehung (1927), Darmstadt 1964. MITSCHERLICH, M.: Väter, Vorbilder und der Wandel der Werte. In: Mitscherlich, M.: Erinnerungsarbeit, Frankfurt/M. 1987, S. 47ff. MOLLENHAUER, K.: Vergessene Zusammenhänge, München 1983. SCHELER, M.: Der Formalismus in der Ethik und die materiale Wertethik (1916). Gesammelte Werke, Bd. 2, Bern/München [5]1966. THOMAE, H.: Vorbilder und Leitbilder der Jugend, München 1965. THOMAS VON KEMPEN: Das Buch von der Nachfolge Christi, Stuttgart 1980.

Friedrich Rost

Vorhaben →Projekt
Vorklasse →Bildungssystem (Bundesrepublik Deutschland); →Vorschulerziehung
Vorlesekultur →Kinderliteratur
Vorschule →Bildungssystem (Bundesrepublik Deutschland)

Vorschulerziehung

Begriff. Vorschulerziehung ist ein uneinheitlich gebrauchter pädagogischer Begriff. In einer verengten Auslegung bezeichnet er eine kürzere, unmittelbar schulvorbereitend orientierte Förderung vor Beginn der Schulpflicht (zum Beispiel einjährige Förderung in *Vorklassen* für Fünfjährige). In einer weiter gefaßten Bedeutung erstreckt er sich auf die Erziehung 3- bis 6jähriger Kinder in pädagogischen Institutionen mit einem eigenständigen, nicht mehr durch die Schule vordefinierten Erziehungskonzept. In seiner unverkürzten Bedeutung ist der Begriff Vorschulerziehung auf das Gesamt der pädagogischen Fragen und Handlungsfelder bezogen, die für Kinder von der Geburt, teilweise auch der pränatalen Phase bis zur Übernahme der Schülerrolle einschließlich der damit gegebenen Übergangsproblematik bedeutsam sind. Vorschulerziehung erstreckt sich in dieser Bedeutung auf familiale Erziehung (→Familie – Familienerziehung) ebenso wie auf alle Formen institutioneller Erziehung, thematisiert Fragen der Qualifizierung von professionellen →Erziehern wie von Eltern und hat die pädagogische Gestaltung der unmittelbaren sozialen und materiellen Umwelt des kleinen Kindes zum Gegenstand. Darüber hinaus ist der Begriff auf die einschlägigen gesellschaftlichen Rahmenbedingungen und auf entsprechende bildungs- und sozialplanerische Aufgaben bezogen.

Die hier unterschiedenen drei Bedeutungsvarianten des Begriffs Vorschulerziehung markieren zugleich Schwerpunkte in der Reformdiskussion seit Mitte der 60er Jahre des 20. Jahrhunderts. Diese nahm ihren Ausgangspunkt von einem schulvorbereitenden Ansatz, war im Gefolge der Etablierung des Elementarbereichs als eigenständiger Bildungsstufe für 3- bis 6jährige Kinder (vgl. Deutscher Bildungsrat 1970) auf die Umsetzung des damit gegebenen Anspruchs eines angemessenen Kindergartenkonzepts gerichtet und sieht sich seit einigen Jahren angesichts veränderter gesellschaftlicher und familialer Rahmenbedingungen umfassenderen Problemstellungen gegenüber. Zur Abgrenzung von verengten Bedeutungsinhalten und zur Vermeidung von Mißverständnissen wird der Begriff Vorschulerziehung zunehmend durch den unbelasteten Terminus «Pädagogik der frühen Kindheit» ersetzt.

Geschichte. Vorschulische Erziehung im Sinne mehr oder weniger ausformulierter und bewußt eingesetzter Erziehungskonzepte hat sich in den letzten 200 Jahren entwickelt. Ihre Entstehung ist auf dem Hindergrund der Herausbildung einer *bürgerlichen Familienkonzeption* in der zweiten Hälfte des 18. Jahrhunderts zu sehen, die – allgemein gekennzeichnet durch eine «Erwärmung des familialen Binnenklimas» – einer engen Mutter-Kind-Beziehung einen zentralen Stellenwert zumißt

(SHORTER 1977, S. 196ff) (→Familie; →Kindheit; →Mutter; →Vater). *Mütterliche Erwerbstätigkeit* mußte allerdings in den unteren Bevölkerungsschichten vor der mütterlichen Betreuung und Erziehung des kleinen Kindes rangieren, das eine Belastung für den Haushalt und indirekt eine Quelle zusätzlicher Armut darstellte. Aus dieser Konstellation heraus entwickelten sich – initiiert vom Bürgertum, auch vom Adel – verschiedene lokale Formen einer institutionellen Betreuung und Erziehung für junge Kinder (vgl. KRECKER 1983). REYER (1987, S. 252ff) spricht von einem «Doppelmotiv öffentlich veranstalteter Kleinkinderziehung», insofern die Zielsetzung sowohl auf die Ermöglichung mütterlicher Erwerbstätigkeit und damit auf eine ökonomische und soziale Stabilisierung der Unterschichtshaushalte gerichtet war als auch auf eine Erziehung der kleinen Kinder nach bürgerlichen Ordnungsvorstellungen. Konkret erhoffte man sich, der physischen und psychischen Verwahrlosung der Kinder vorzubeugen, eine auf ihre Klassenlage bezogene Sittlichkeit in ihnen zu befestigen, aber auch Armenkassen zu entlasten und das sich herausbildende Schulwesen von der teilweise übernommenen Bewahrfunktion für junge Kinder zu befreien (vgl. ERNING 1987). Regierungsstellen erkannten diese systemstabilisierende Funktionalität der Einrichtungen rasch und befürworteten ihre Ausbreitung. Eine wichtige Rolle spielte dabei eine 1826 in deutscher Übersetzung erschienene Schrift des Engländers Wilderspin, in der dieser die «Wichtigkeit, die kleinen Kinder der Armen im Alter von 1 ½ bis 7 Jahren zu erziehen» darlegte. Um die Jahrhundertmitte gewannen die nach der Methode des evangelischen Pfarrers Fliedner in gleicher Funktion arbeitenden christlichen Kleinkinderschulen an Breitenwirkung. Gemessen an dem bürgerlichen Familienideal konnten Formen der institutionellen Kleinkinderziehung nur einen minderwertigen Ersatz bilden, der dort als gerechtfertigt erschien, wo die eigentlich erstrebte Qualität der Mutter-Kind-Beziehung aus sozialen Gründen ohnehin nicht gegeben war. Ein eigenständiges, ausschließlich kindbezogenes Motiv für eine außerfamiliale Erziehung des kleinen Kindes gab es nicht.

Dies gilt tendenziell auch für Fröbel (1782–1852), der mit seinem *«Kindergarten»* zunächst nicht die Gründung einer neuen Institution beabsichtigte, sondern ihn als ein pädagogisches Prinzip begriff, das auf eine neue Fundierung der Kleinkinderziehung in den Familien gerichtet war (vgl. HEILAND 1987). Die Fröbelsche Konzeption der Kleinkinderziehung richtete sich zwar nicht ihrer Intention nach, aber de facto an die bürgerlichen Schichten. Allerdings war es damit nicht der Kindergarten in seiner Variante als pädagogisches Modell für Mütter, sondern der Kindergarten als die auf Spielpflege gerichtete pädagogische Institution, der die Kleinkindpädagogik in Deutschland und weit über seine Grenzen hinaus nachhaltig beeinflußte, so daß der Begriff Kindergarten direkt oder in Übersetzung Eingang in verschiedene Sprachen fand.

Die zweite Hälfte des 19. Jahrhunderts ist durch eine teilweise Übernahme konkreter pädagogischer Arbeitsweisen des bürgerlichen Fröbel-Kindergartens in die sozialfürsorgerischen Kleinkinderschulen und Bewahranstalten im Konzept der sogenannten «Volkskindergärten» gekennzeichnet. Gleichwohl blieb es bei Einrichtungen getrennt nach sozialen Klassen. Die weiterbestehende Fixierung auf eine idealisierte Mutter-Kind-Beziehung kommt darin zum Ausdruck, daß sich öffentliche Kleinkinderziehung zu einem ausschließlich weiblichen Beruf entwickelte und die hier tätigen Frauen im Sinne «geistiger Mütterlichkeit» (Schrader-Breymann) handeln sollten (vgl. v. DERSCHAU 1985, 1987). Nach REYER (vgl. 1987) ist etwa seit der Jahrhundertwende eine Verselbständigung kindbezogener Motive festzustellen, insofern als – jedenfalls für einen Teil der 3- bis 6jährigen Kinder – von einer eigenständigen, die familiale Erziehung ergänzenden Sozialisationsleistung bei institutioneller Betreuung ausgegangen wurde. Begleitet wurde dieser Prozeß der Verselbständigung durch staatliche Ausbildungsregelungen für Kindergärtnerinnen (vgl. v. DERSCHAU 1984, 1987); seinen rechtlichen Ausdruck fand er in den Regelungen des Reichsjugendwohlfahrtsgesetzes von 1922, das jedem Kind ein Recht auf Erziehung zusprach.

Bei dieser Entwicklung sind die alles in allem bescheidenen quantitativen Relationen im Auge zu behalten. Schätzungen gehen davon aus, daß um 1850 etwa 1 % der 3- bis 6jährigen Kinder eine Einrichtung besuchten. Um 1910 belief sich das Platzangebot auf ca. 13 % mit leicht rückläufiger Tendenz in der Weimarer Zeit. Die regionalen Disparitäten waren enorm, und es gab ein deutliches, noch heute spürbares (Süd-Nord-)Versorgungsgefälle. Nach einem vorwiegend kriegswirtschaftlich bedingten Ausbau im Nationalsozialismus war die Versorgung in der Bundesrepublik bis in die 60er Jahre wieder rückläufig (vgl. ERNING 1987).

Ein uneingeschränkt eigenständiger, die Familie ergänzender *Bildungsauftrag* wurde dem *Kindergarten* seit der zweiten Hälfte der 60er Jahre zuerkannt. Seit dem «Strukturplan für das Deutsche Bildungswesen» (DEUTSCHER BILDUNGSRAT 1970) gilt der Kindergarten als *Elementarbereich* des Bildungswesens (→Bildungssystem [Bundesrepublik Deutschland]) und soll als Angebot allen Kindern offenstehen. Als Bildungsbereich mit eigenständigem Auftrag ist er damit in seiner Legitimation von bestimmten familialen Lebenslagen entkoppelt. Allerdings wirft diese Abkoppelung neue Probleme auf. Indem Mütter junger Kinder die ihnen zugedachten, aus der tradierten bürgerlichen Familienkonzeption resultierenden engen Rollenvorstellungen als Ehefrauen und Mütter zunehmend abstreifen (vgl. NAVE-HERZ 1988, SIEBENTER JU-

GENDBERICHT 1986), erweisen sich die bestehenden Formen institutioneller vorschulischer Erziehung häufig als unzulänglich. Es entstehen neue Anforderungen an Selbstverständnis und institutionelle Weiterentwicklung öffentlicher Kleinkinderziehung. Dazu gehören vermehrte Ganztagsangebote, flexiblere institutionelle Regelungen (Öffnungszeiten), breitere Angebote für jüngere Kinder und damit veränderte pädagogische Arbeitsweisen (vgl. TIETZE 1986).

Ein eigenständiger Bildungsauftrag, wie er für den Kindergarten anerkannt ist, konnte sich bei den Tageseinrichtungen für Kinder unter 3 Jahren *(Krippen, Krabbelstuben)* bislang nicht durchsetzen. Historisch gehören sie zwar demselben Entstehungszusammenhang an wie die Einrichtungen für die älteren Vorschulkinder. Nach wie vor dominiert jedoch ihr Nothilfecharakter und ein Mangel an eigenständiger Legitimation.

Die ersten *Krippen* für Kinder im Säuglingsalter sind im deutschsprachigen Raum für die Mitte des 19. Jahrhunderts belegt. Eine gewisse Ausdehnung erfuhr das Krippenwesen um die Jahrhundertwende im Zusammenhang eines sich abzeichnenden Geburtenrückgangs und darauf bezogener bevölkerungspolitischer Maßnahmen zur Reduzierung der Säuglingssterblichkeit. Jedoch erreichte die Zahl der Einrichtungen zu keinem Zeitpunkt eine ähnliche Größenordnung wie die für die älteren Kinder. Für die Zeit vor dem Ersten Weltkrieg ist von einigen wenigen hundert Krippen auszugehen (vgl. REYER 1985). Nach gemeindestatistischen Daten gab es 1986 in der Bundesrepublik einschließlich Berlin (West) 29 000 Plätze in Tageseinrichtungen für Kinder unter 3 Jahren (vgl. DEUTSCHES JUGENDINSTITUT... 1986); dies entspricht einem Platzangebot von weniger als 2 % für die Altersgruppe gegenüber 80 % für die 3- bis 6jährigen Kinder.

Organisatorische und rechtliche Verankerung. Institutionalisierte vorschulische Erziehung ist in der Bundesrepublik nicht dem Bildungssystem, sondern dem *Jugendhilfebereich* zugeordnet. Für die verschiedenartigen Einrichtungen hat sich der Oberbegriff Tageseinrichtungen für Kinder durchgesetzt (unter den auch Horte als Einrichtungen für Schulkinder fallen). Die wichtigsten Einzelformen sind: *Krippen* für Kinder unter 3 Jahren, *Kindergärten* als vormittags und nachmittags geöffnete Einrichtungen (jedoch ohne Betreuung über Mittag), *Kindertagesstätten*, auch Kindertagesheime genannt, als ganztägig geöffnete Einrichtungen mit Versorgung über Mittag und Ruhemöglichkeiten. Daneben finden sich Kümmerformen (Halbtagskindergarten) und verschiedenartige Mischformen. *Sonderkindergärten* für behinderte Kinder fallen in den Bereich der Bundessozialhilfe; Vorklassen und Eingangsstufen für 5jährige sowie *Schulkindergärten* als Einrichtungen für dem Alter nach schulpflichtige, aber noch nicht schulfähige Kinder gehören zum Schulbereich.

Die Zuordnung institutionalisierter vorschulischer Erziehung zum Jugendhilfebereich wurde durch das Reichsjugendwohlfahrtsgesetz von 1922 festgelegt und in der Bundesrepublik Deutschland übernommen. Nach § 5 Jugendwohlfahrtsgesetz (JWG) ist es Aufgabe der Jugendämter, «Einrichtungen und Veranstaltungen anzuregen, zu fördern und gegebenenfalls zu schaffen, insbesondere für [...] Pflege und Erziehung von Säuglingen, Kleinkindern und von Kindern im schulpflichtigen Alter außerhalb der Schule». Entsprechend dem Subsidiaritätsprinzip kommt dabei den *freien Trägern*, von denen die Kirchen mit zirka 70 % aller Einrichtungen die bedeutsamsten sind, ein Vorrang zu. Den Bundesländern obliegt es, durch eigene Bestimmungen die sogenannte Heimaufsicht auszuüben. Dies geschieht durch Ausführungsgesetze zum JWG und ergänzende Bestimmungen (vgl. HERZBERG/LÜLF 1985, S. 100f). Pädagogische Zielsetzung und Konzeption werden von den Trägern weitgehend autonom bestimmt, ebenso liegen Dienstaufsicht und Fachberatung des Personals bei Trägern beziehungsweise Trägerverbänden. Im Gegensatz zum Kindergarten ist der Krippenbereich auch in den Rahmenbedingungen gesetzlich weitgehend ungeregelt. In keinem Bundesland existieren «landesrechtliche Regelungen, die die Angebotsgestaltung grundlegend und erstmalig rechtlich ausgestalten» (BRIEL 1986, S. 13). Heimrichtlinien der Länder verknüpfen Krippenplätze zudem häufig an enge Vergabebedingungen (vgl. DEUTSCHES JUGENDINSTITUT... 1986).

Nach dem geltenden Recht haben Kinder vor der Schulpflicht keinen Rechtsanspruch auf eine institutionelle Erziehung. Der grundgesetzlich geschützte Erziehungsauftrag liegt allein bei den Eltern. Die tatsächlichen Möglichkeiten der Teilnahme an institutioneller vorschulischer Erziehung unterliegen einer hohen länderspezifischen, lokalen und sozialen Variation.

Mit der Zuordnung zum Jugendhilfebereich hängt auch eine spezifische Personalstruktur in den Tageseinrichtungen zusammen. Anders als im Bildungssystem sind kaum akademisch gebildete Pädagogen tätig (vgl. v. DERSCHAU 1987, S. 79). Die dreijährige Ausbildung zum *«Staatlich anerkannten Erzieher»*, die auch auf die Tätigkeit als Jugend-, Hort- und Heimerzieher/in vorbereitet, erfolgt an Fachschulen für Sozialpädagogik, wobei rund 50 % der Erzieher an nichtöffentlichen (kirchlichen) Schulen ausgebildet werden (vgl. v. DERSCHAU 1985, S. 172). Eingangsvoraussetzung ist ein mittlerer Bildungsabschluß, das dritte Ausbildungsjahr besteht aus einem von der Fachschule begleiteten Berufspraktikum. Allerdings hat nur rund die Hälfte des in den Tageseinrichtungen pädagogisch tätigen Personals eine solche Ausbildung. Ein fast ebenso großer Teil ist lediglich als Kinderpflegerin ausgebildet, hat keine oder nur eine pädagogikfremde Ausbildung beziehungsweise befindet sich noch in der Erzieherausbildung (vgl. v. Derschau 1987, S. 79). Im Verhältnis zu fachwissenschaftlichen Entwicklungen und bereichsspezifischen universitären Ausbildungsgängen (Diplom-Pädagoge mit dem Schwerpunkt Vorschulerziehung) ist die Personalsituation insgesamt durch ein Professionalisierungsdefizit gekennzeichnet. 98 % des Personals in Tageseinrichtungen sind Frauen.

Pädagogische Konzepte. Die Reformdiskussion in der vorschulischen Erziehung hat ein breites Spektrum unterschiedlicher pädagogischer Orientierungen und curricularer Ansätze hervorgebracht. Bis in die Mitte der 60er Jahre herrschten in der Kindergartenpädagogik mit Bezug auf entwicklungspsychologische Reifungstheorien Auffassungen vor, nach denen der Kindergarten in bewußter Abkehr von dem «Treibhausklima» der modernen Welt einen «Schonraum» bilden sollte, in dem sich Kinder ihren Anlagen gemäß ungestört entfalten können sollten (Hoffmann 1968, S. 347). Solche Auffassungen wurden im Zuge der einsetzenden Bildungsreform sehr bald als «kulturelle Vernachlässigung» der Kinder und als «inaktive Zuschauerpädagogik» disqualifiziert, an deren Stelle eine «basale Begabungs- und Bildungsförderung» zu treten habe (Lückert 1967). Die «Entdeckung der kindlichen Intellektualität» (Schmalohr 1970) brachte eine starke kognitive Orientierung in der Vorschulpädagogik mit sich, verbunden mit einer Tendenz der Vorverlegung traditionell schulischer Inhalte und Formen des Lernens; ein Trend, der von vielen Eltern im Bestreben um eine Früheinschulung für ihre Kinder aufgenommen wurde (vgl. Tietze 1978, S. 9ff). Eine besondere Rolle spielte zeitweise das *frühe Lesenlernen* im vorschulischen Alter (vgl. Schmalohr 1973), dem als intelligenzfördernde und welterschließende Fähigkeit ein hoher Stellenwert zugeschrieben wurde.

Mit gewissen Phasenverschiebungen bildeten sich im engeren vier curriculare Ansätze heraus, die für die Praxis unterschiedlich bedeutsam sind und selten in Reinform adaptiert wurden: der funktionsorientierte und der disziplinorientierte Ansatz, der Sozialisations- sowie der Situationsansatz (vgl. Retter 1978). Letzterer wurde spätestens seit Mitte der 70er Jahre zum vorherrschenden Bezugsrahmen für die pädagogische Arbeit im Kindergarten.

Der *Situationsansatz* (vgl. Zimmer 1973) orientiert sich weder an vorweg bestimmten Lehrgegenständen noch an festgelegten zu vermittelnden Fähigkeiten und Fertigkeiten des Kindes, sondern rückt die kindlichen Lebenssituationen selbst und die zu ihrer Bewältigung erforderliche Sozial- und Sachkompetenz des Kindes in den Mittelpunkt der pädagogischen Arbeit. In einem ganzheitlich angelegten Bildungsprozeß soll das Kind befähigt werden, sich Wirklichkeit anzueignen und eine autonome und zur Kooperation fähige Persönlichkeit zu entwickeln. Die Identifikation relevanter Lebenssituationen erfolgt dabei induktiv, durch Recherchen über die Lebenswelt von Kindern und mit diesen zusammen. Pädagogische Zielsetzungen werden weniger von außen herangetragen als vielmehr auf der Grundlage gemeinsamer Erfahrungen mit den Kindern und in einer situationsbezogenen Einschätzung ihrer (noch begrenzten) Handlungsmöglichkeiten entwickelt. Sachkompetenz soll nicht isoliert, sondern in sozialen Zusammenhängen und diesen untergeordnet vermittelt werden.

Neben der Orientierung des Lernens an Lebenssituationen von Kindern, der Verbindung von sachbezogenem und sozialem Lernen gehören zu den Kennzeichen des vollentwickelten Situationsansatzes im Kindergarten die pädagogische Arbeit in altersgemischten Gruppen mit einer wechselseitigen Anregung der Kinder, pädagogische Mitwirkung von Eltern und anderen Erwachsenen im Sinne eines generationsübergreifenden Lernens, eine gemeinwesenorientierte Arbeit sowie eine offene Planung und Einrichtung des Kindergartens als Lebensraum (vgl. ZIMMER 1985, S. 22f).

Mit dem Situationsansatz gewann die vorschulische Erziehung im Kindergarten ein weithin eigenständiges Konzept. Die Interpretationsfähigkeit des Ansatzes trug zur Konsensbildung bei, so daß verschiedene Varianten, von denen das Curriculum «Soziales Lernen» (DEUTSCHES JUGENDINSTITUT... 1980/1981) das bekannteste darstellt, mit gemeinsamem Bezug auf den Situationsansatz in einem bundesweit angelegten Erprobungsprogramm in Modelleinrichtungen erprobt wurden (vgl. KRAPPMANN 1985). Systematische Untersuchungen darüber, welche Effekte eine situationsorientierte pädagogische Arbeit bei den Kindern hervorbringt beziehungsweise ob und in welcher Form die in Modelleinrichtungen entwickelten pädagogischen Arbeitsformen in Regeleinrichtungen aufgenommen wurden, liegen bislang allerdings nicht vor.

Neben den genannten Ansätzen im Rahmen offizieller Reformbestrebungen haben Konzepte der Reformpädagogik eine gewisse Renaissance erfahren. Einem Bedürfnis nach Ganzheitlichkeit und übergreifender Sinnorientierung folgend kam es zur Gründung von *Waldorf-Kindergärten* (→Waldorfpädagogik), deren Zahl sich mittlerweile auf einige hundert beläuft. Ebenso wurden Kindergärten gegründet, die nach dem *Montessori-Modell* (→Montessoripädagogik) arbeiten. Diese konnten sich besonders bei der integrierten Förderung behinderter und nichtbehinderter Kinder einen festen Platz sichern (vgl. GROSSMANN 1987). Mit reformpädagogischem Gedankengut verbunden (vgl. NEILL 1969), jedoch in ihrem Bezug auf psychoanalytische Sozialisationstheorie und auf politische Kritik an der bürgerlich-kapitalistischen Gesellschaft mit eigenem unverwechselbaren Profil gingen *antiautoritäre Kinderläden* aus der Studentenbewegung der 60er Jahre hervor. Mit einer antiautoritären Erziehung (→ Erziehung, antiautoritäre) in einem sich selbst regulierenden Kinderkollektiv grenzt sich dieses Erziehungskonzept von einer repressionsbeladenen Erziehung in der Kleinfamilie ebenso ab wie von einer Erziehung in den Regeleinrichtungen, die als auf gesellschaftliche Anpassung gerichtet kritisiert wird (vgl. BREITENEICHER u. a. 1971). Die Propagierung dieses Konzepts blieb allerdings auf wenige Jahre begrenzt. Die in der Nachfolge sich ausbreitenden *Eltern-Initiativ-Gruppen*, deren Zahl von UNGELENK (1985, S. 18ff) für die erste Hälfte der 70er Jahre mit zirka 800, für die Zeit zehn Jahre später mit zirka 500 angegeben wird, sind keinem einheitlichen Erziehungskonzept verpflichtet. Eine Untersuchung von Nickel und Mitarbeitern (vgl. NICKEL 1985, S. 92ff) zeigt zudem, daß es keine ausgeprägten Unterschiede im Erzieherverhalten und auch im Verhalten der Kinder zwischen Kindergärten und Eltern-Initiativ-Gruppen gibt, daß aber eine erhebliche Variabilität zwischen den Einrichtungen des jeweiligen Typs existiert.

Im Gegensatz zur Vielfalt pädagogischer Konzepte und curricularer Ansätze im Elementarbereich, ihrer jedenfalls phasenweise breiten wissenschaftlichen Erörterung und Begleitung im Rahmen von Modellprojekten fristen pädagogische Konzepte im Bereich der *Krippen*erziehung ein Schattendasein. Ein Erziehungsauftrag wird der Kinderkrippe neben ihrer traditionellen Pflege- und Betreuungsfunktion erst in Ansätzen zuerkannt. Anders als in der DDR, wo in übergreifender Form ein differenziertes pädagogisches Programm der Krippenerziehung entwickelt wurde (vgl. SCHMIDT-KOLMER 1983), liegen in der Bundesrepublik nur in ihrer Reichweite begrenzte pädagogische Anregungen vor, die zumeist im Rahmen lokaler Projekte entstanden sind (vgl. Übersicht in DEUTSCHES JUGENDINSTITUT... 1986, S. 84ff). Ein detailliertes pädagogisches Modell für Kleinstkinder in familienergänzenden Betreuungsumwelten wurde von BELLER (vgl. 1985, 1987) entwickelt. Zu seinen zentralen Bestandteilen gehört es, das kleine Kind in seinem jeweiligen individuellen Entwicklungsstand differenziert wahrzunehmen, Pflegesituationen und Alltagsroutinen pädagogisch zu erweitern, dem Kind als aktiven, mit Konpetenzen ausgestatteten Interaktionspartner zu begegnen und ihm durch individuelles Eingehen Selbstvertrauen, Erkundung seiner Umwelt und Kooperation zu ermöglichen.

Andere Formen familienergänzender Erziehung. Neben der Erziehung in Tageseinrichtungen und der in der Kernfamilie existiert eine Reihe von Erziehungs- und Betreuungsarrangements gleichsam zwischen beiden Polen. Knappe Ressourcen innerhalb der Familie (mütterliche Erwerbstätigkeit, Alleinerziehende), Mangel an geeigneten Plätzen in Einrichtungen, zum Familienrhythmus unpassende Öffnungszeiten, aber auch der Vorzug familienähnlicher Arrangements gegenüber institutionellen Formen führen dazu, daß Eltern Erziehungs- und Betreuungsarrangements im sozialen Netzwerk des erweiterten Familien- und Bekanntenkreises bzw. in halbformellen Arrangements wie Tagespflege nachsuchen.

Nach einer Mikrozensuszusatzerhebung in Baden-Württemberg sind nach der Mutter – und vor dem Vater – die *Großeltern* die wichtigsten Betreuungspersonen für 0- bis 6jährige Kinder im elterlichen Haushalt. Für Kinder unter 3 Jahren bilden sie zudem die wichtigste außerhäusliche Betreuungsinstanz. Für diese Altersgruppe rangiert auch die Betreuung durch Nachbarn, Bekannte und andere in ihrer Häufigkeit noch vor derjenigen in Tageseinrichtungen, wobei nach dieser Erhebung insgesamt 15 % der unter Dreijährigen außerhalb des elterlichen Haushalts betreut werden (vgl. STATISTISCHES LANDESAMT BADEN-WÜRTTEMBERG 1985, S. 96ff).

Die regelmäßige außerhäusliche Betreuung des Kindes gilt als Pflegeverhältnis, das vom Jugendamt genehmigt werden muß, soweit die Pflegeperson nicht bis zum 3. Grad verwandt ist (vgl. §§ 27ff JWG). Tatsächlich kommen aber auf eine offiziell registrierte Tagespflegestelle mehrere nicht genehmigte (vgl. MARTIN/PETTINGER 1985, S. 239; vgl. SIEBENTER JUGENDBERICHT 1986, S. 36).

Ein Vorteil der Tagespflege, für die sich auch die Bezeichnung *Tagesmutter*betreuung eingebürgert hat, wird in der familienähnlichen Atmosphäre und ihrer Flexibilität, ein Nachteil in der zum Teil geringen Stabilität dieser Betreuungsverhältnisse gesehen (vgl. BUNDESMINISTER FÜR JUGEND, FAMILIE UND GESUNDHEIT 1980a, S. 209ff; vgl. KRÜGER u. a. 1987). Ein vom Deutschen Jugendinstitut begleitetes Modellprojekt, bei dem die Qualität der Tagesmütterbetreuung durch eine Reihe von Regelungen und praxisbegleitenden Maßnahmen (etwa Ausbildung und Beratung der Tagesmütter, Vertretungsregelungen) gesichert wurde, ergab, daß die fremdbetreuten Kinder im Vergleich zu familienbetreuten keine konflikthaftere Mutter-Kind-Beziehung aufwiesen und in Spielsituationen tendenziell selbständiger und motivierter waren. In Entwicklungstests gab es praktisch keine Unterschiede zwischen beiden Gruppen (vgl. MARTIN/PETTINGER 1985; vgl. BUNDESMINISTER FÜR JUGEND, FAMILIE UND GESUNDHEIT 1980a).

Unterstützung familialer Erziehung. Die Familie ist der primäre Ort, an dem das kleine Kind grundlegende kognitive, sprachliche und soziale Fähigkeiten erwirbt. Dieser Prozeß gelingt am besten, wenn Eltern hierin eine explizite Aufgabe erkennen. Dazu gehören auch entwicklungsangemessene elterliche Forderungen an das Kind, deren fördernde Potenz jedoch an affektive Zuwendung, Aufmerksamkeit und an ein Vertrauensverhältnis mit dem Kind gebunden ist (vgl. BELLER 1985, MACCOBY/MARTIN 1983).

Die Forschung zur familialen Erziehung und Entwicklung des Kleinkindes hat sich lange Zeit – in einer unausgesprochenen Orientierung am bürgerlichen Familienmodell – auf die →Mutter als zentrale Person für die Erziehung und Entwicklung des Kindes konzentriert. Größeres Interesse für den →*Vater* läßt sich erst seit etwa 1970 feststellen (vgl. FTHENAKIS 1985). Neuere Ansätze betonen darüber hinaus, daß neben den Interaktionsprozessen in der Familie (vgl. MACCOBY/MARTIN 1983) das Familiensystem beeinflussende externale Bedingungen berücksichtigt werden müssen, wie etwa die Unterstützung durch das soziale Netzwerk, in das die Familie eingebettet ist, Bedingungen des Beschäftigungssystems, des Wohnumfeldes... (vgl. BRONFENBRENNER 1986).

Im Gegensatz zur Erziehung in öffentlichen Einrichtungen, die mehr oder weniger nach pädagogischen Rationalitätskriterien geplant wird und sich vor solchen zu verantworten hat, erfolgt familiale Erziehung im Regelfall nicht nach konstruierten pädagogischen Konzepten, sondern in einem von der Familie in weitgehender Eigenverantwortung gestalteten Binnenraum. Die Öffentlichkeit stellt hierzu Hilfen bereit, die von der Familie entsprechend den Bedürfnissen der jeweils individuellen Familienlage aufgegriffen und genutzt werden können. In leichter Abwandlung einer Klassifikation des Wissenschaftlichen Beirats für Familienfragen (vgl. BUNDESMINISTER FÜR JUGEND, FAMILIE UND GESUNDHEIT 1980b, S. 181ff) können drei Arten unterschieden werden. Erstens: *Materielle Hilfen* – Wichtigste Hilfen dieser Art sind die staatlichen *Kindergeld*zahlungen und die steuerliche Entlastung für ein Kind. Sie dienen dazu, Familien bei den materiellen Aufwendungen im Rahmen der Erziehung des Kindes zu entlasten. Bezogen auf die tatsächlich zu erbringenden Aufwendungen für ein Kleinkind ist das Gesamt der finanziellen Transferleistungen jedoch gering; über 90% der Aufwendungen müssen von den Familien selbst erbracht werden, wobei sich in Abhängigkeit vom Alter des Kindes und von der familialen Lebenslage beträchtliche Schwankungen ergeben (vgl. BUNDESMINISTER FÜR JUGEND, FAMILIE UND GESUNDHEIT 1980b, S. 41f). Zweitens: *Hilfen bei der Gestaltung der Wohnumwelt* – Die Bedürfnisse des Kindes nach einem angemessenen Lebens- und Erkundungsraum verlangen nach geeignetem Wohnraum und wohnungsnaher Spielmöglichkeiten (vgl. VASKOVICS

1988). Staatliche finanzielle Leistungen für die Beschaffung solchen Wohnraums, Wohnungsberatung und -vermittlung sowie kommunale Förderung wohnungsnaher Spielplätze sind öffentliche Hilfen dieser Kategorie (vgl. SCHOTTMAYER/CHRISTMANN 1977). Drittens: *Hilfen für Pflege und Erziehung* – Für das Kleinstkind sind Erziehung, Pflege und seine gesundheitliche Entwicklung aufs engste miteinander verbunden. Von daher bestehen schon seit langem gesetzliche Regelungen, die Kind und Mutter besonders in der perinatalen Phase schützen sollen (Mutterschutz, Vorsorgeuntersuchungen). Seit 1986 haben Mütter (oder Väter), die ihr Kind betreuen und gleichzeitig mit weniger als 19 Wochenstunden erwerbstätig sind, Anspruch auf *Erziehungsgeld* (ab 1988 bis zum 12. Lebensmonat des Kindes). In Verbindung mit dem Erziehungsurlaubsgesetz besteht die Rückkehrmöglichkeit auf den zum Zwecke der persönlichen Betreuung und Pflege des Kindes aufgegebenen Arbeitsplatz. Eine Reihe weiterer Hilfen richtet sich direkt auf eine Unterstützung der elterlichen Erziehungsfähigkeit. Neben der Information durch *Elternbriefe* (vgl. LÜSCHER u. a. 1983), verschiedenen institutionell gestützten Formen der →*Elternbildung* und -beratung (vgl. BUNDESMINISTER FÜR JUGEND, FAMILIE UND GESUNDHEIT 1980c, RUPPELT/RUPPELT 1982, SIEBTER JUGENDBERICHT 1986) kommt den Massenmedien hier eine große Bedeutung zu (vgl. BERTRAM 1984). In extremen Belastungssituationen kann durch *sozialpädagogische Familienhilfen* auch eine direkte Unterstützung in den Familien erfolgen (vgl. SIEBTER JUGENDBERICHT 1986; vgl. auch BELLER 1985, 1987).

Langfristige Wirkungen. Es steht zu erwarten, daß Bedarf an vorschulischer Erziehung in ihren institutionellen, halbformellen und sonstigen, nicht kernfamilialen Formen in dem Maße wachsen wird, in dem das bürgerliche Familienmodell an normativer Kraft einbüßt. Zugleich wird damit die Frage nach den langfristigen Effekten solcher Erziehungsformen wie auch nach Kosten und Nutzen aufgeworfen, die mit der Verlagerung eines größeren Anteils vorschulischer Erziehung aus der Kernfamilie verbunden sind.

In der Bundesrepublik existieren nur wenige kontrollierte Längsschnittstudien. Nach amerikanischen Forschungsübersichten zur *Krippen*erziehung sind in Gruppen betreute Kleinkinder nicht häufiger krank als vergleichbare, zu Hause betreute. Die Bindung dieser Kinder an ihre Mutter wird nicht beeinträchtigt. Kleinkinder sind danach in der Lage, mit verschiedenen Erwachsenen positiv zu interagieren. Allerdings können in der Eingewöhnungsphase Kummerreaktionen des Kindes auftreten. Die Krippenbetreuung mit täglicher Wiedervereinigung mit der Mutter darf aber nicht verwechselt werden mit der Situation längerer Trennung von der Mutter (oder dem Vater). Krippenbetreute Kinder unterscheiden sich in den meisten Entwicklungsdimensionen nicht von familienbetreuten (Herkunftsfamilie oder Tagesmutter) mit vergleichbarem Hindergrund. Dies gilt nicht für Kinder aus anregungsarmem Milieu. Diese Kinder profitieren von der Krippenerziehung in nachhaltiger Weise für ihre Entwicklung (vgl. BELSKY 1985, CALDWELL/FREYER 1982).

Während die Forschung im Krippenbereich zu einem erheblichen Teil auf die Frage konzentriert ist, ob eine frühe institutionelle Betreuung dem Kind schadet, steht bei den älteren Vorschulkindern (ab zirka 3 Jahre) die Frage nach Ausmaß und Dauer positiver Effekte im Mittelpunkt. Besonders im Rahmen der kompensatorischen Erziehungsbemühungen (→Erziehung, kompensatorische) der 60er Jahre wurden hochgespannte Erwartungen hinsichtlich überdauernder Intelligenzgewinne gehegt. Diese Erwartungen bestätigten sich nicht (vgl. BRONFENBRENNER 1974), und der anfängliche überhöhte Optimismus wurde durch einen nicht minder ausgeprägten Pessimismus verdrängt. Die in der Zwischenzeit vorliegenden Längsschnittuntersuchungen, bei denen Kinder zum Teil bis ins Erwachsenenalter verfolgt wurden, vermitteln ein differenzierteres Bild.

In der Bundesrepublik durchgeführte Längsschnittuntersuchungen bis zum Ende der Grundschulzeit (vgl. KULTUSMINISTER DES LANDES NORDRHEIN-WESTFALEN 1978, TIETZE 1984) zeigen, daß sich Kindergartenerziehung positiv auf die mit der Schülerrolle verbundenen Herausforderungen in der Grundschulzeit auswirkt (bessere Schulleistungen, geringere Sitzenbleiber- und Sonderschulzuweisungsquoten). Bessere Schulleistungen im Alter von 10 Jahren als Langzeitwirkung vorschulischer Erziehung wurden auch in einer in Großbritannien durchgeführten Längsschnittstudie mit über 8000 Kindern gefunden (vgl. OSBORN/MILBANK 1987). Eine breit angelegte Studie unter Einbezug verschiedenartiger vorschulischer Erziehungsprogramme für sozial benachteiligte Kinder in den USA kommt zu dem Ergebnis, daß vorschulische Erziehung deutlich positive Auswirkungen für die Bewältigung einer normalen Schullaufbahn auch im Sekundarbereich hat (vgl. LAZAR/DARLINGTON 1982).

Es sind offensichtlich weniger die häufig angewandten psychometrischen Testkriterien (→Test) als vielmehr globale, lebensnahe Kriterien, in denen sich die Effekte vorschulischer Erziehung niederschlagen. BERRUETA-CLEMENT u. a. (vgl. 1984) fanden, daß die vorschulisch geförderten Kinder gegenüber der Kontrollgruppe im Alter von 19 Jahren häufiger einen High School-Abschluß erreicht hatten, sich häufiger in einer Berufsausbildung befanden oder ein College besuchten, häufiger erwerbstätig waren, seltener mit dem Gesetz in Konflikt geraten waren, seltener von der Wohlfahrt lebten sowie eine höhere Kompetenz in der

Bewältigung von Aufgaben des täglichen Lebens erworben hatten. Unter solchen Gesichtspunkten gewinnt Vorschulerziehung auch ein gesellschaftlich-ökonomisches Interesse: Die ökonomische Analyse des untersuchten Vorschulprogramms zeigt, daß die gesellschaftlichen Kosten dieser vorschulischen Erziehung durch ihren gesellschaftlichen Nutzen mehr als ausgewogen werden (vgl. BERRUETA-CLEMENT u.a. 1984; Übersicht zu ökonomischen Analysen vorschulischer Erziehung: vgl. BARNETT/ESCOBAR 1987).

Vieles spricht dafür, daß eine verantwortungsvolle und durchdachte vorschulische Erziehung wichtig ist, um Kinder mit den Basisfähigkeiten auszustatten, die für eine erfolgreiche Bewältigung bedeutsamer Lebenssituationen in ihrem weiteren Leben erforderlich sind. In dieser Perspektive ist ein stärkeres Engagement der Gesellschaft im Hinblick auf vorschulische Erziehung nicht nur ein aufgenötigter Reflex auf veränderte Familienstrukturen und verändertes Rollenverständnis von Müttern, sondern eine Zukunftsinvestition aus eigenem Interesse.

ARIÈS, PH.: Geschichte der Kindheit, München/Wien 1975. BARNETT, W. ST./ESCOBAR, C. M.: The Economics of Early Education Intervention: A Review. In: Rev. of E. Res. 57(1987), S. 387ff. BELLER, E. K.: Untersuchungen zur familialen und familienergänzenden Erziehung von Kleinstkindern. In: Enzyklopädie Erziehungswissenschaft, Bd. 6, Stuttgart 1985, S. 207ff. BELLER, E. K.: Intervention in der frühen Kindheit. In: Oerter, R./Montada, L. (Hg.): Entwicklungspsychologie, München/Weinheim [2]1987, S. 789ff. BELSKY, J.: The Science and Politics of Day Care. In: Shotland, R./Mark, M. (Hg.): Social Science and Social Policy, Beverly Hills/London/New Delhi 1985, S. 237ff. BERRUETA-CLEMENT, J. R. u.a.: Changed Lives: The Effects of the Perry Preschool Program on Youths through Age 19, Ypsilanti 1984. BERTRAM, H.: Elternbildung: Aktuelle Formen und Probleme der Verbreitung von Sozialisationswissen in der Bundesrepublik Deutschland. In: Lüscher, K. (Hg.): Sozialpolitik für das Kind, Frankfurt [2]1984, S. 97ff. BREITENEICHER, H. J. u.a.: Kinderläden. Revolution der Erziehung oder Erziehung zur Revolution? Reinbek 1971. BRIEL, R.: Rechtliche Regelungen für Kindertageseinrichtungen und bedarfsgerechte Nutzung. Expertise im Auftrag des Deutschen Jugendinstituts, Mimeo, Freiburg 1986. BRONFENBRENNER, U.: Wie wirksam ist die kompensatorische Erziehung? Stuttgart 1974. BRONFENBRENNER, U.: Ecology of the Family as a Context for Human Development: Research Perspectives. In: Dev. Psych. 22 (1986), S. 723ff. BUNDESMINISTER FÜR JUGEND, FAMILIE UND GESUNDHEIT (Hg.): Das Modellprojekt «Tagesmütter» – Abschlußbericht der wissenschaftlichen Begleitung. Schriftenreihe des Bundesministeriums für Jugend, Familie und Gesundheit, Bd. 85, Stuttgart u.a. 1980a. BUNDESMINISTER FÜR JUGEND, FAMILIE UND GESUNDHEIT (Hg.): Familien mit Kleinkindern. Schriftenreihe des Bundesministers für Jugend, Familie und Gesundheit, Bd. 84, Stuttgart u.a. 1980b. BUNDESMINISTER FÜR JUGEND, FAMILIE UND GESUNDHEIT (Hg.): Orientierungsmaterialien für die Elternarbeit, Schriftenreihe des Bundesministers für Jugend, Familie und Gesundheit, Bd. 94, Stuttgart 1980c. CALDWELL, B. M./FREYER, M.: Day Care and Early Education. In: Spodek, B. (Hg.): Handbook of Research in Early Childhood Education, New York/London 1982, S. 341ff. DERSCHAU, D. v.: Die Ausbildung des pädagogischen Personals. In: Enzyklopädie Erziehungswissenschaft, Bd. 6, Stuttgart 1985, S. 169ff. DERSCHAU, D. v.: Personal: Entwicklung der Ausbildung und der Personalstruktur im Kindergarten. In: Erning, G. u. a. (Hg.): Geschichte des Kindergartens, Bd. 2, Freiburg 1987, S. 67ff. DEUTSCHER BILDUNGSRAT: Strukturplan für das Bildungswesen, Empfehlungen der Bildungskommission, Stuttgart 1970. DEUTSCHES JUGENDINSTITUT, ARBEITSGRUPPE VORSCHULERZIEHUNG u. a.: Curriculum Soziales Lernen, 10 Textteile und 10 Bildteile, München 1980/1981. DEUTSCHES JUGENDINSTITUT, PROJEKT «EINRICHTUNGEN FÜR KINDER IM WOHNUMFELD» (Hg.): Tageseinrichtungen für Kinder. Informationen, Erfahrungen, Analysen. Stichwort: Kinder unter 3, Heft 3, München 1986. ERNING, G.: Quantitative Entwicklung der Angebote öffentlicher Kleinkinderziehung. In: Erning, G. u. a. (Hg.): Geschichte des Kindergartens, Bd. 2, Freiburg 1987, S. 29ff. FTHENAKIS, W. E.: Väter, 2 Bde., München/Wien/Baltimore 1985. GROSSMANN, W.: Kindergarten. Eine historisch-systematische Einführung in seine Entwicklung und Pädagogik, Weinheim/Basel 1987. HEILAND, H.: Erziehungskonzepte der Klassiker der Frühpädagogik. In: Erning, G. u. a. (Hg.): Geschichte des Kindergartens, Bd. 2, Freiburg 1987, S. 148ff. HERZBERG, I./LÜLF, U.: Administrative Rahmenbedingungen und quantitative Entwicklungen im Elementarbereich. In: Enzyklopädie Erziehungswissenschaft, Bd. 6, Stuttgart 1985, S. 99ff. HOFFMANN, E.: Frühkindliche Bildung und Schulanfang. In: Bittner, G./Schmid-Cords, E. (Hg.): Erziehung in früher Kindheit, München 1968, S. 344ff. KRAPPMANN, L.: Das Erprobungsprogramm und seine Folgen. In: Enzyklopädie Erziehungswissenschaft, Bd. 6, Stuttgart 1985, S. 39ff. KRECKER, M. (Hg.): Quellen zur Geschichte der Vorschulerziehung, Berlin ^{4}1983. KRÜGER, H. u. a.: Privatsache Kind – Privatsache Beruf: «...und dann hab' ich ja noch Haushalt, Mann und Wäsche». Zur Lebenssituation von Frauen mit Kindern in unserer Gesellschaft, Opladen 1987. KULTUSMINISTER DES LANDES NORDRHEIN-WESTFALEN (Hg.): Modellversuch Vorklasse in NW – Abschlußbericht. In: Strukturförderung im Bildungswesen des Landes Nordrhein-Westfalen, Heft 34, Köln 1978. LAZAR, I./DARLINGTON, J.: Lasting Effects of Early Education: A Report from the Consortium of Longitudinal Studies. Monogr. of the Society f. Res. in Ch. Dev. 47 (1982), 2–3. LÜCKERT, H.-R.: Begabungsforschung und basale Bildungsförderung. In: S. u. Psych. 14 (1967), 1, S. 9ff. LÜSCHER, K. u. a.: Elternbriefe und Elternbildung. Möglichkeiten und Grenzen einer aktuellen familienpolitischen Maßnahme, Konstanz 1983. MACCOBY, E. E./MARTIN, J. A.: Socialization in the Context of the Family. In. Hetherington, E. M. (Hg.): Socialization, Personality, and Social Development. Handbook of Child Psychology, Bd. 4, New York 1983, S. 1ff. MARTIN, B./PETTINGER, R.: Frühkindliche institutionalisierte Sozialisation. In: Enzyklopädie Erziehungswissenschaft, Bd. 6, Stuttgart 1985, S. 235ff. NAVE-HERZ, R. (Hg.): Wandel und Kontinuität der Familie in der Bundesrepublik Deutschland, Stuttgart 1988. NEILL, A. S.: Theorie und Praxis der antiautoritären Erziehung. Das Beispiel Summerhill, Reinbek 1969. NICKEL, H.: Sozialisation im Vorschulalter, Weinheim 1985. OSBORN, A. F./MILBANK, J. E.: The Effects of Early Education. A Report from the Child Health and Education Study, Oxford 1987. RETTER, H.: Typen pädagogischer und didaktischer Ansätze im Elementarbereich. In: Dollase, R. (Hg.): Handbuch der Früh- und Vorschulpädagogik, Bd. 2, Düsseldorf 1978, S. 135ff. REYER, J.: Wenn die Mütter arbeiten gingen. Eine sozialhistorische Studie zur Entstehung der öffentlichen Kleinkinderziehung im 19. Jahrhundert in Deutschland, Köln ^{2}1985. REYER, J.: Kindheit zwischen privat-familialer Lebenswelt und öffentlich veranstalteter Kleinkinderziehung. In: Erning, G. u. a. (Hg.): Geschichte des Kindergartens, Bd. 2, Freiburg 1987, S. 232ff. RUPPELT, H./RUPPELT, C.: Bewegungs- und Spielanregungen für das erste Lebensjahr. Das Prager Eltern-Kind-Programm. In: Geist. Beh. (1982), 1, S. 1ff. SCHMALOHR, E.: Möglichkeiten und Grenzen einer kognitiven Frühförderung. In: Z. f. P. 16 (1970), S. 1ff. SCHMALOHR, E.: Frühes Lesenlernen, Heidelberg 1973. SCHMIDT-KOLMER, E. (Hg.): Krippenpädagogik, Berlin 1983. SCHOTTMAYER, G./CHRISTMANN, R.:

Kinderspielplätze. Beiträge zur kindorientierten Gestaltung der Wohnumwelt. Schriftenreihe des Bundesministers für Jugend, Familie und Gesundheit, Bd. 44, Teil 1 u. 2, Stuttgart 1977. SHORTER, E.: Die Geburt der modernen Familie, Reinbek 1977. SIEBTER JUGENDBERICHT: Jugendhilfe und Familie – die Entwicklung familienunterstützender Leistungen der Jugendhilfe und ihre Perspektiven, Bundestagsdrucksache 10/6730, Bonn 1986. STATISTISCHES LANDESAMT BADEN-WÜRTTEMBERG (Hg.): Die Erwerbstätigkeit von Müttern und die Betreuung ihrer Kinder in Baden-Württemberg, Materialien und Berichte, Heft 13, Stuttgart 1985. TIETZE, W.: Früheinschulung, Kronberg 1978. TIETZE, W.: Was soll in der Früherziehung evaluiert werden? Ein Plädoyer und Konzept für die Evaluation der Regeleinrichtung Kindergarten. In: Fthenakis, W. E. (Hg.): Tendenzen der Frühpädagogik, Düsseldorf 1984, S. 143ff. TIETZE, W.: Bedarf und Nachfrage nach Tageseinrichtungen. In: Caritas '87. Jahrbuch des Deutschen Caritasverbandes, Freiburg 1986, S. 58ff. UNGELENK, B.: Die gegenwärtige Situation der Eltern-Initiativ-Gruppen. In: Nickel, H. (Hg.): Sozialisation im Vorschulalter, Weinheim 1985, S. 18ff. VASKOVICS, L. A.: Veränderungen der Wohn- und Wohnumfeldbedingungen in ihren Auswirkungen auf die Sozialisationsleistung der Familie. In: Nave-Herz, R. (Hg.): Wandel und Kontinuität der Familie in der Bundesrepublik Deutschland, Stuttgart 1988, S. 36ff. ZIMMER, H. (Hg.): Curriculumentwicklung im Vorschulbereich, 2 Bde., München 1973. ZIMMER, J.: Der Situationsansatz als Bezugsrahmen der Kindergartenreform. In: Enzyklopädie Erziehungswissenschaft, Bd. 6, Stuttgart 1985, S. 21ff.

Wolfgang Tietze

Vorschulung → Propädeutik

Vorsorgeerziehung → Gesundheitserziehung; → Sonderpädagogik

Vorstellungskraft → Phantasie

Vorstudium → Propädeutik; → Studium Generale

Vorurteilsabbau → Friedenserziehung

W

Wahldifferenzierung → Differenzierungsform
Wahrheit → Pragmatismus
Wahrnehmung, sinnliche → Anschauung; → Bildung, ästhetische; → Elementarunterricht

Waldorfpädagogik

Begriff und Geschichte. Der Erzieher muß «so wirken, daß er gewissermaßen das Wahre, Gute und Schöne dem Kinde nicht bloß darstellt, sondern es *ist*. Was er *ist*, geht auf das Kind über, nicht was er ihm *lehrt*. Alle Lehre muß wesenhaft, im *Vorbilde* vor das Kind hingestellt werden. Das Lehren selbst muß ein Kunstwerk, kein theoretischer Inhalt sein.» Mit diesen Worten hat Rudolf STEINER (1981, S. 51) zentrale Gedanken seiner Pädagogik zur Sprache gebracht. Dabei ist der Begriff «Waldorfpädagogik» ausschließlich biographisch bedingt. Nach einem mathematisch-naturwissenschaftlichen Studium an der Technischen Hochschule Wien wurde Steiner Hauslehrer, ging nach Weimar, um an der Herausgabe der naturwissenschaftlichen Schriften Goethes mitzuarbeiten und zog mit 37 Jahren nach Berlin, wo er «Das Magazin für Litteratur» herausgab, zugleich an der von W. Liebknecht begründeten Arbeiterbildungsschule tätig war und an der Grundlegung und Ausbreitung seiner Geisteswissenschaft arbeitete, die er *Anthroposophie* nannte. Ab 1913 baute er in Dornach bei Basel die «Freie Hochschule für Geisteswissenschaft» (das Goetheanum) auf, lernte am 25. 1. 1919 den Direktor der Stuttgarter Waldorf-Astoria Zigarettenfabrik und bereits anthroposophisch tätigen Emil Molt kennen, und auf dessen Initiative und mit seiner finanziellen Hilfe wurde am 7. 9. 1919 die erste Waldorfschule in Stuttgart eröffnet (vgl. HEMLEBEN 1963 und umfänglich-kritischer: WEHR 1987).

Von Australien bis Brasilien gibt es weltweit über 400 Waldorfschulen, allein in der Bundesrepublik Deutschland 1988 insgesamt 110, wobei fast jedes Jahr eine Neugründung zu verzeichnen ist. Darüber hinaus beziehen sich zahlreiche Bereiche und Institutionen der Heilpädagogik, Medizin, Psychiatrie, Kunst, Eurythmie, biologisch-dynamischen Wirtschaftsweise, Kleidung, Nahrungsmittel, Architektur ... auf eben jene Waldorfpädagogik, die treffender die «Anthroposophie Rudolf Steiners» heißen sollte, weil sie ohne Steiner gar nicht denkbar ist und als umfassende Erkenntnislehre in alle gesellschaftlichen Bereiche hineinwirken möchte.

Steiner hat seine Theorie und Lehre allmählich entwickelt. In mehr als 350 Bänden liegt das schriftstellerische, wissenschaftliche und rhetorische Werk Steiners mittlerweile fast vollständig vor und ist im Rudolf-Steiner-Verlag in Dornach erschienen. Obwohl sich Steiner in immer neuen Ausführungen zu fast allen Fragen der Menschheit geäußert hat, läßt sich dennoch seine Pädagogik auf wenige, aber entscheidende Grundaussagen reduzieren.

Die Entwicklungstheorie Steiners. Nach STEINER (1981, S. 10) bildet sich in einem 7er-Rhythmus zunächst in der frühkindlichen Lebensphase der *Physische Leib*, womit das gemeint ist, «was dieselben Stoffe nach denselben Gesetzen zur Mischung, Verbindung, Gestaltung und Auflösung bringt, die auch in der mineralischen Welt als Stoffe nach eben diesen Gesetzen wirken.» Bis etwa zum Zahnwechsel muß «alles in den ersten Lebensjahren durch Nachahmung gelernt werden» (STEINER 1927, S. 88). Danach ent-wickelt sich eine zweite Wesenheit des Menschen, der *Äther-* oder *Lebensleib*. «Er bewirkt, daß die Stoffe und Kräfte des physischen Leibes sich zu den Erscheinungen des Wachstums, der Fortpflanzung, der inneren Bewegung der Säfte usw. gestalten» (STEINER 1981, S. 13), was ohne einen intensiven «Pädagogischen Bezug» (H. Nohl) (→Verhältnis, pädagogisches) nicht möglich ist. Der dritte Bildungsschritt läßt den *Empfindungs-* oder *Astralleib* möglich werden. «Er ist Träger von Schmerz und Lust, von Trieb, Begierde und Leidenschaft» (STEINER 1981, S. 13), aber auch des Denkens, Abstrahierens und Theoretisierens. Hat der werdende Mensch den ersten Leib mit den Mineralien, den zweiten mit den Pflanzen, den dritten mit den Tieren gemeinsam, so ist das vierte Glied seiner Wesenheit solitär. «Dieser ‹*Ich-Leib*› ist der Träger der höheren Menschenseele» (STEINER 1981, S. 14); erst jetzt sagt der so gebildete Mensch «sich gegenüber gewissen Neigungen und Lüsten: diesen darfst du folgen, andere zügelt und unterdrückt er» (STEINER 1981, S. 15). Im Medium von Nachahmung *(imitatio)*, Nachfolge *(auctoritas)*, Denken *(intelligentia)* und Weisheit *(sophia)* vollzieht sich die Entwicklung des Menschen (vgl. Abbildung 1) aus der Sicht der Waldorfpädagogik, deren Entwicklungstheorie keine psychologische, sondern eine pädagogische, keine empirische, wohl aber eine normative und keine isolierte, jedoch in andere Wesenheiten des sozialen Organismus eingebettete Theorie des Werdens und Vergehens ist. Sie kann deshalb auch nicht mit anderen Ansätzen «widerlegt» und muß dennoch auf

Die Entwicklung des Kindes aus der Sicht der Waldorfpädagogik

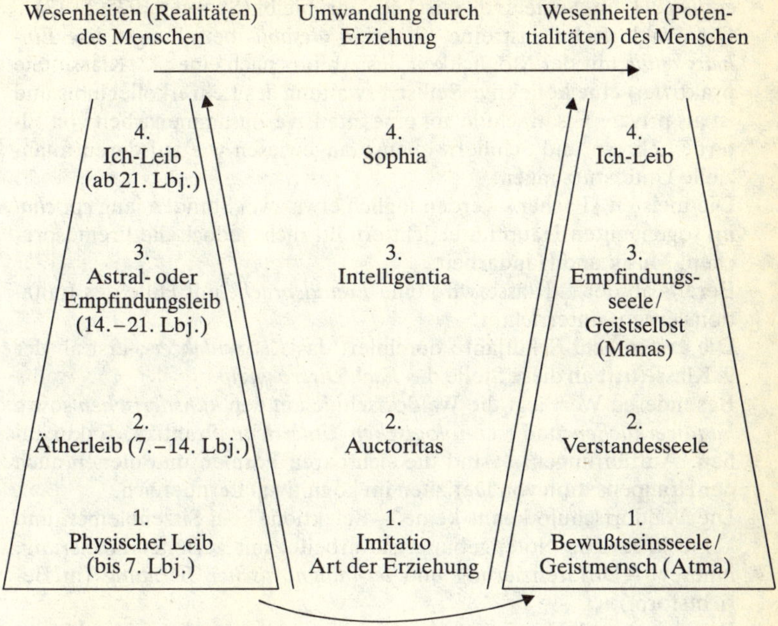

Abbildung 1: Die Entwicklung des Kindes aus der Sicht der Waldorfpädagogik (Quelle: Winkel 1987, S. 253)

ihre Wissenschaftlichkeit, pädagogische Relevanz und soziale Funktion hin kritisch bedacht werden.

Die Praxis der Waldorfpädagogik. Sicherlich hat jede Waldorfschule ihr eigenes Profil (vgl. Bai u. a. 1976, Rist/Schneider 1977), doch gibt es eine gemeinsame Varianz von Werten, Merkmalen und praktischen →Ritualen, die aber durchaus unterschiedlich akzentuiert werden:

- Die Waldorfschule fühlt sich dem *«erziehenden Unterricht»* (Herbart) insofern verpflichtet, als sie Lehren und →Lernen auf →Bildung und →Erziehung hin ausrichtet.
- Dabei begreift sie den Lehrer als *«Erziehungskünstler»*, der dem jungen Menschen hilft, seine Realität in ihre Potentialität überzuführen, wobei «jedem der drei Jahrsiebte des Kindes- und Jugendalters ein eigener, von Stufe zu Stufe völlig veränderter pädagogischer Stil angemessen ist» (Kiersch 1976, S. 23).
- Alle übrigen Merkmale treten in den Dienst dieses anthroposophi-

schen Anliegens, und zwar dergestalt, daß die zu erziehende *«Lebenseinheit»* (Leib, Seele und Geist) gewahrt bleibt (STEINER 1975, S. 13).

- Die Waldorfschule ist eine 12jährige *Gesamt-* beziehungsweise *Einheitsschule* mit der Möglichkeit des Abiturs nach einer 13. Klasse. Sie praktiziert eine kollektive Selbstverwaltung des Lehrerkollegiums und ist als private Ersatzschule auf eine intensive Zusammenarbeit von Eltern, Lehrern und Schülern ebenso angewiesen wie auf deren finanzielle Unterstützungen.
- Die meisten «Fächer» werden täglich etwa zwei Stunden lang *epochal* im sogenannten Hauptunterricht erteilt, nicht jedoch die Fremdsprachen, Musik und Handarbeit.
- Bereits ab der 1. Klasse wird eine *Fremdsprache* mit Hilfe des Imitationslernens unterrichtet.
- Die ersten acht Schuljahre dominiert das *Klassenlehrer-*, erst ab der 9. Klasse tritt an diese Stelle das *Fachlehrerprinzip*.
- Besonderen Wert legt die Waldorfschule auf den *künstlerischen* sowie *handwerklichen* und *technologischen Unterricht*: Praktika, Exkursionen, Aufführungen ... sind die sichtbaren Formen und dienen auch der Kompensation von Defiziten im kognitiven Lernbereich.
- Die Waldorfschule kennt keine →Selektion, kein Sitzenbleiben und keine klassische Notengebung; sie arbeitet mit gezielter *Förderung*, innerer →Differenzierung und *lerndiagnostischer Beratung* (in Berichtsform).
- Besonderes Merkmal ist die *Eurythmie*, in der Sprache, Musik, Rhythmus, Takt und Melodie mit der Leibesbewegung verbunden werden, während der klassische Sportunterricht kaum Beachtung findet.
- Auch die *Architektur* der Waldorfschulen fällt durch ihre natürliche, harmonische, rechte Winkel vermeidende sowie Holz und bestimmte Farben bevorzugende Bauweise ins Auge.
- Die *Selbstfortbildung* der Lehrer ist in den wöchentlichen Konferenzen institutionalisiert und wird darüber hinaus in Kontaktstudien an den eigenen Lehrerbildungsinstituten betrieben.

Bedeutung im Kontext der Erziehungswissenschaft. Von einer wirklichen Bedeutung der Waldorfpädagogik für die akademische Erziehungswissenschaft kann man erst mit dem Aufkommen der Alternativschulbewegung in den 70er Jahren sprechen. Vorher dominierten Desinteresse, Despektierung und wechselseitige Irritation. Erst die Entschulungsprogramme der Schulkritiker und deren zum Teil heftige Kritik an der staatlichen Regelschule lenkten die Aufmerksamkeit *auch* auf die «Alternative Waldorfpädagogik». Sie ist durch zwei Merkmale gekennzeichnet: Weitgehend akzeptiert werden die praktischen Rituale reformpädagogischer Provenienz, während die sie begründende Anthroposophie wie bisher auf erhebliche Bedenken beziehungsweise entschiedene Absage stößt. Prange (vgl. 1985) hat diese einer radikalen Kritik unterzogen, wohingegen Winkel (vgl. 1987) Irrtümer *und* Wahrheiten der Waldorfpädagogik herausgearbeitet hat, so daß einem Gespräch zwischen Erziehungswissenschaft und Waldorfpädagogik unter folgenden Prämissen nichts mehr im Wege stehen müßte: Die Waldorfpädagogik sollte ihre normative Fundierung ebensowenig leugnen wie ihre transzendente Perspektive und ihren Hang zur systematischen Geschlossenheit (in Anlehnung an barocke Triaden und mythische 7er-Reihen). Umgekehrt hätte die Erziehungswissenschaft zu akzeptieren, daß ihr gerade die Waldorfpädagogik das weitgehende Fehlen einer überzeugenden Wertevermittlung, einer intersubjektiv nachvollziehbaren Verbesserung des einzelnen und seiner Verhältnisse sowie einer offenen Systematik bewußt machen kann. Auf der Basis eines solchen Begegnens unterschiedlicher Theorien und Praxen könnten und würden wichtige Forschungen möglich werden. Denn noch ist die Stellung Steiners innerhalb der Reformpädagogik ebensowenig geklärt wie manches abstruse anthroposophisch-karmatöse Diktum, das offensichtliche Steckenbleiben der staatlichen Schulreform oder die bestmögliche Differenzierung der unterschiedlich, aber auf gemeinsame Ziele hin lernenden Schüler.

Becker, K. E./Schreiner, H.-P.: Anthroposophie heute, Frankfurt/M. 1984. Bai, S. u. a.: Die Rudolf Steiner Schule Ruhrgebiet, Reinbek 1976. Hemleben, J.: Rudolf Steiner in Selbstzeugnissen und Bilddokumenten, Reinbek 1963. Kiersch, J.: Die Waldorfpädagogik, Stuttgart 41976. Prange, K.: Erziehung zur Anthroposophie, Bad Heilbrunn 1985. Rist, G./Schneider, P.: Die Hiberniaschule, Reinbek 1977. Schneider, P.: Einführung in die Waldorfpädagogik, Stuttgart 1982. Steiner, R.: Gesamtausgabe. Bisher 354 Bde., Dornach 1955ff. Steiner, R.: Gegenwärtiges Geistesleben, Dornach 1927. Steiner, R.: Zur Dreigliederung des sozialen Organismus, Dornach 1962. Steiner, R.: Aspekte der Waldorfpädagogik, München 1975. Steiner, R.: Die Erziehung des Kindes vom Gesichtspunkte der Geisteswissenschaft, Dornach 1981. Wehr, G.: Rudolf Steiner, München 1987. Winkel, R.: Sympathie und Distanz: (Fast) Vierzig Jahre Erfahrungen mit der Waldorfpädagogik. In Hansmann, O. (Hg.): Pro und Contra Waldorfpädagogik, Würzburg 1987, S. 238ff.

Rainer Winkel

Wandel, sozialer → Reform
Wandervogel → Jugendbewegung
Warenkultur (für Kinder) → Kinderkultur

Weiterbildung

Gegen Ende der 60er Jahre des 20. Jahrhunderts wurden für einen großen Teil der → Erwachsenenbildung neue Aufgaben formuliert: Nicht mehr die Ausrichtung an vorwiegend zweckfreien, persönlichkeitsbildenden und kulturellen Inhalten war Ziel eines Bildungsangebotes, sondern die Hinwendung zu zweckgebundener berufsbezogener und qualifizierender Bildungsarbeit, orientiert an Arbeitssituationen und am Arbeitsmarkt. Dieser Wandel im Selbst- und Aufgabenverständnis traditioneller Erwachsenenbildung fand seinen Niederschlag auch in der terminologischen Verwendung. Seither werden vorrangig mit dem Begriff der Weiterbildung *die* Aktivitäten belegt, die im Zusammenhang mit technischem Fortschritt, Industrialisierung und Wirtschaftswachstum stehen; das heißt, es wird ein starker Akzent auf die qualifizierende Funktion von Weiterbildung gelegt, und andere Bereiche, wie etwa allgemeine oder politische Bildung, werden dieser Zielsetzung untergeordnet. Das Verständnis von Weiterbildung gerät so unter das Primat technologischer und ökonomischer Bedingungen und unterliegt einer inhaltlichen wie auch begrifflichen Engführung und Verkürzung. Eine solche Vorstellung von Weiterbildung legt die *instrumentelle* Funktion dieses Bildungsbereichs nahe und läßt die *pädagogische* Reflexion von Aufgaben und Zielen nur bedingt zu (vgl. GEISSLER 1986, STRUNK 1988).

Begriffsgeschichte. Weiterbildung wird erstmalig im Strukturplan für das Bildungswesen im Jahre 1970 genannt, in dem die Bildungskommission des Deutschen Bildungsrates diesen Terminus als Oberbegriff für Erwachsenenbildung, Umschulung und Fortbildung festsetzte. Damit sollten unterschiedliche Sachverhalte hervorgehoben werden: Durch die Orientierung an Umschulung und Fortbildung wird erstens Weiterbildung als ein Mittel zur effizienten Lösung von Veränderungs- und Innovationsproblemen gesehen, die sich der Gesellschaft laufend stellen (Qualifikations- und Mobilitätsaspekte, Beschäftigungssituation, Status- und Chancenverteilung). Um diesem sozialen und ökonomischen Wandel gerecht zu werden, bedarf es der dauernden Weiterbildung *aller* Gesellschaftsmitglieder, denn «immer mehr Menschen müssen durch organisiertes Weiterlernen neue Kenntnisse, Fertigkeiten und Fähigkeiten erwerben können, um den wachsenden und wechselnden beruflichen und gesellschaftlichen Anforderungen gerecht zu werden» (DEUTSCHER BILDUNGSRAT 1970, S. 51). Der technische Fortschritt wird dabei als dauerhafte Größe apostrophiert, dem es durch individuelles Weiterlernen und bewußte Teilhabe an diesen Prozeß sich anzupassen gilt. Die Vorstellung eines «Anpassungslernens» tritt damit in den Vordergrund, um auf eintretende Entwicklungen reagieren zu können.

Diese Vorstellung von Weiterbildung als eines «Prozesses in Permanenz» verweist auf einen weiteren Aspekt im Strukturplan: Weiterbildung wird zweitens als «Fortsetzung oder Wiederaufnahme organisierten Lernens nach Abschluß einer unterschiedlich ausgedehnten ersten Bildungsphase» (DEUTSCHER BILDUNGSRAT 1970, S. 51) definiert und reflektiert somit auf eine veränderte Einschätzung des nachschulischen Lernens; denn es wird abgerückt von der Vorstellung, die Bildungsphase bleibe im wesentlichen auf die Jugendzeit beschränkt. «Der Begriff der ständigen Weiterbildung schließt ein, daß das organisierte Lernen auf spätere Phasen des Lebens ausgedehnt wird, und daß sich die Bildungsmentalität weitgehend ändert. Die traditionelle Vorstellung von zwei Lebensphasen, die ausschließlich und voneinander getrennt entweder mit der Aneignung oder mit der Anwendung von Bildung zusammenfallen, wird abgelöst durch die Auffassung, daß organisiertes Lernen sich nicht auf eine Bildungsphase am Anfang des Lebens beschränken kann» (DEUTSCHER BILDUNGSRAT 1970, S. 51). So wird Weiterbildung in ein Konzept lebenslangen Lernens integriert (vgl. SCHMITZ 1980, S. 285ff; vgl. LENZ 1987, S. 69f), um darüber der konstatierten Beschleunigung gesellschaftlichen Wandels gerecht zu werden und den Fortschritt zukünftig sichern zu helfen. Der Bezugsrahmen eines solchen Lernens beschränkt sich dabei nicht ausschließlich auf den qualifikatorischen Aspekt, sondern integriert allgemeine und politische Bildungszusammenhänge, jedoch unter dem Anspruch der ökonomischen Rationalität und beruflichen Präferenz. Dieser Vorstellung von Lernen kann nur entsprochen werden, wenn dieses nicht zufällig, individuell und beiläufig, sondern institutionalisiert, geplant und finanziell abgesichert geschieht.

Weiterbildung wird – als ein zusätzlicher Gesichtspunkt – drittens zur «öffentlichen Aufgabe», zum vierten Bereich des Bildungswesens deklariert, neben Schule, Berufsschule und Universität. Damit verbunden sind einmal die Eigenständigkeit und Gleichberechtigung dieses Bildungsbereichs im Vergleich zu den anderen. Ferner wird damit die Legitimation öffentlicher Förderung deutlich: Der Bildungsgesamtplan nennt denn auch als oberstes Ziel die «Förderung des Auf- und Ausbaus eines Weiterbildungssystems zu einem Hauptbereich des Bildungswesens als öffentliche Aufgabe, auch wenn der einzelne für eine persönliche Weiterbildung selbst die Initiative erbringen muß» (BUND-LÄNDER-KOMMISSION... 1973, S. 59). So gewinnt auch der Begriff des «organisierten Lernens» seinen bestimmten Bedeutungszusammenhang. Er wird auf Planung und Bereitstellung eines *bestimmten* Lernangebots abgestellt, verstanden als «institutionelles Einwirken auf Erwachsene zum Zwecke größerer Befähigung» (KNOLL 1972, S. 115) im Verhaltensbereich wie auch in den auf «berufliche Situationsbemächtigung abzielenden Qualifizierungsmaßnahmen» (KNOLL 1968, S. 70). Die so formulierten

Erwartungen und Vorstellungen einer öffentlich verantworteten Weiterbildung finden zwangsläufig ihren Ausdruck in den gesetzlichen Regelungen für diesen Bildungsbereich, wobei die Gesetzgebungskompetenzen zwischen Bund (Arbeitsförderungsgesetz und Berufsbildungsgesetz für die primär berufliche Weiterbildung) und den Ländern (insbesondere acht Erwachsenen-/Weiterbildungsgesetze für die primär nicht berufliche Weiterbildung) aufgeteilt sind. Diese gesetzlichen Grundlagen sollen die angestrebten Entwicklungen sichern, die beabsichtigten Förderungen regeln, ein Mindestmaß an Transparenz des Bildungsangebots erreichen und eine Kontrolle ermöglichen, ohne Lehrfreiheiten anzutasten (vgl. TIETGENS 1979, S. 76ff).

Ausprägungen. Seit der Formulierung des Strukturplans hat sich in der Auseinandersetzung um die Frage, wie durch organisierte Bildung (besser: organisiertes Lernen) die Bemühung des einzelnen Erwachsenen um die Befähigung zur kritisch-solidarischen Teilhabe zu unterstützen sei, immer mehr die Vorstellung herauskristallisiert, daß nicht so sehr die Person und ihre Möglichkeiten zur aktiven Mitgestaltung im Mittelpunkt der Aufgaben von Weiterbildung stehen, sondern hauptsächlich die Sicherung des gesellschaftlichen Qualifikationsbedarfs. Dieser Bedeutungswandel spiegelt sich auch in der begrifflichen Orientierung – analog zu dem «Transfer» zwischen →Bildung und →Lernen –, wenn Weiterbildung gegenüber Erwachsenenbildung als dominierender Ausdruck verstanden wird, verstärkt noch durch die Gewichtung auf *beruflicher Weiterbildung*. Dabei bezeichnet diese berufliche Weiterbildung die organisierten Lehr-/Lernprozesse Erwachsener, in denen berufliche Qualifikationen, aber auch soziale Kompetenzen, vermittelt, erhalten, ergänzt, gesteigert, verändert oder wiederhergestellt werden. Dies geschieht in sehr unterschiedlichen Formen (von der Erstausbildung bis zur Rehabilitation) und durch eine Vielzahl von Weiterbildungsträgern mit differierenden, zum Teil gegensätzlichen Interessen, und zwar vor allem durch Gewerkschaften, Arbeitgeberverbände, Betriebe, Volkshochschulen, Fachschulen, öffentliche Verwaltungen, Kammern, Berufsförderungswerke und in zunehmendem Maße auch kommerzielle Institute der verschiedensten Art. Außerdem bieten Fernlehrinstitute, Einrichtungen des Zweiten Bildungsweges (→Bildungsweg, zweiter) sowie Hochschulen und Rundfunkanstalten Weiterbildungsmaßnahmen an. Diese generelle Umschreibung beruflicher Weiterbildung bedarf aber der Modifikation unter zwei Aspekten: einmal rückt die Arbeitsmarktproblematik das Alter der Teilnehmer in den Vordergrund. Die berufliche Weiterbildung richtet sich zunehmend an Jugendliche, die entweder noch nie erwerbstätig waren oder nur unqualifizierte Arbeiten ausführten; damit einher geht auch eine inhaltliche Verlagerung von der

«Weiter»bildung hin zur Berufs«aus»bildung (vgl. BRACKHANE 1986, S. 108). Berufliche Weiterbildung wendet sich somit an Personen, die in der Regel bereits über Lern- und Berufserfahrungen verfügen und denen durch organisierte Lernangebote eine berufliche «Neu-Anpassung» (Brackhane) ermöglicht wird, einmal im Sinne der Anpassung an technologische Entwicklungen, zum andern in der Anpassung an erwartete soziale Fähigkeiten, Loyalitäten und Arbeitsmotivationen (vgl. SCHMITZ 1978, S. 117; vgl. PREUSS 1980, S. 53).

Vor diesem Hintergrund lassen sich unterschiedliche Bereich beruflicher Weiterbildung identifizieren (vgl. BRACKHANE 1986, S. 110):

- die *Anpassungs-Weiterbildung:* Sie umfaßt alle weiterqualifizierenden Maßnahmen des Um- oder Hinzulernens, die notwendig sind, um aufgrund technologischer oder struktureller Entwicklungen neue berufliche Qualifikationen zu erlernen;
- die *Aufstiegs-Weiterbildung:* Darunter werden alle Maßnahmen verstanden, die bereits berufstätigen Personen über eine erweiterte oder verbesserte Qualifikation die Möglichkeit zum beruflichen Aufstieg eröffnen;
- die *Erwerbs-Weiterbildung:* Mit diesem Begriff sollen einmal die Angebote umschrieben werden, die zum erstmaligen Erwerb eines Arbeitsplatzes (beispielsweise für Jugendliche) beitragen wie auch diejenigen Maßnahmen, die den Wieder-Erwerb eines Arbeitsplatzes ermöglichen;
- die *berufliche Reaktivierung:* Hauptsächlich werden darunter Qualifizierungsmaßnahmen für Frauen verstanden, die nach einer längeren Unterbrechung ihres Berufslebens wieder in ein Arbeitsverhältnis eintreten möchten;
- die *berufliche Resozialisation:* Sie richtet sich mit ihren Maßnahmen an straffällig Gewordene, die über berufliche Erst- oder Weiterqualifizierung wieder in das Arbeitsleben integriert werden sollen;
- die *berufliche Rehabilitation:* Diese umfaßt alle Bildungsangebote, die berufliche Qualifikations-Änderungen oder -Erweiterungen zur Sicherung oder zum Erwerb von Arbeitsplätzen für Behinderte vorsehen.

Wenn auch die unterschiedlichen Weiterbildungsformen generell unter dem Begriff der «Anpassungs-Weiterbildung» zu subsumieren sind, so ist diese rein operationale Unterscheidung doch wichtig. Denn einmal spiegelt sich darin die gängige Begrifflichkeit, die bestimmte Vorstellungen und Assoziationen nahelegt, zum andern sind diese verschiedenen Weiterbildungsmaßnahmen auf einzelne Personengruppen zugeschnitten und haben es daher mit teilweise recht differierenden Problemstellungen zu tun, die noch zu wenig Eingang in die didaktischen Überlegungen zur beruflichen Weiterbildung gefunden haben. Denn es ist eine grundsätzliche Frage, «ob es bei den jeweiligen beruflichen Weiterbildungs-Maßnahmen vorrangig um die Vermittlung neuer beruflicher Kompetenzen – wie Abstraktion, Flexibilität, Mobilität, Kooperation – geht (z. B. im Rahmen der Anpassungs- oder Aufstiegsweiterbildung) oder in erster Linie um das Aufholen von Bildungsdefiziten und um die Vermittlung von fundamentalen Lerntechniken, um das Gegensteuern gegen frühere Mißerfolge oder um die Verminderung von Angst, Unsicherheit und Resignation (z. B. in der Umschulung, in der Rehabilitation oder Resozialisation)» (BRACKHANE 1986, S. 111). Neben diesen unterschiedlichen Anforderungen, die aus dem Adressatenprofil an eine berufliche Weiterbildung gestellt werden müssen, bedarf es noch eines subjektorientierten Zugangs; denn es ist kaum möglich, die berufliche Qualifikation ohne jene Dimension zu reflektieren, die die Identität und die Weiterentwicklung der Identität des sich Qualifizierenden mit einbezieht (vgl. VOIGT 1983, S. 118ff).

Wirkungen. Im Gegensatz zu anderen Bildungsbereichen ist die Weiterbildung als Subsystem des Bildungswesens unmittelbar mit Entwicklungen der Industriegesellschaft verbunden. Sie wird – besonders in Zeiten technologischer Umbrüche – mit besonderen Aufgabenzuweisungen versehen: als «Treibriemen» der wirtschaftlichen und technischen Innovationen, als Vermittlungsinstanz der notwendigen Berufsqualifikationen und als Akzeptanzinstitution der politisch-ökonomischen Entscheidungen. Deutlich zeigt sich, wie sehr und beinahe ausschließlich Bildung damit – in Umkehrung traditioneller Vorstellungen des Bildungsbegriffs – als berufliche Qualifizierung definiert wird, deren nähere Bestimmung von Instanzen aus dem politischen und wirtschaftlichen Bereich vorgenommen wird. Für einen «Modernisierungsschub» (Strunk) bedarf es dann offenbar aus dieser Sicht nur der Unterstützung der Weiterbildung im Bereich der An- und Übernahme neuer Technologien, nicht mehr in der Auseinandersetzung um die grundlegende Frage der Einführung und der Folgen dieser Techniken. Erst im Kontext solcher Einschätzungen werden Motive und Interessen deutlich, die die Weiterbildung als Instrument der Qualifizierung unter Zurückdrängung ihrer aufklärerischen Funktion sehen.

Ein solches Aufgabenverständnis von Weiterbildung wird in zahlreichen Dokumenten und Verlautbarungen postuliert, die in Zusammenhang mit der Diskussion um «neue Technologien» entstanden sind. So wird im Bericht der Kommission Weiterbildung, der im Auftrag der baden-württembergischen Landesregierung erstellt wurde, der Weiterbildung die Aufgabe zugeteilt, «dem modernen Menschen die personale Annahme seines Berufes auch in einer hochtechnischen Arbeitswelt» zu ermöglichen und ihn auf den «immer größer werdenden Wissensumfang, den schnelleren Wissensverlust, auf Komplexität und Interdependenz» (KOMMISSION WEITERBILDUNG 1984, S. 101) vorzubereiten. Dabei sollen berufliche und allgemeine Bildungsinhalte zu einer «ganzheitlichen Weiterbildung» verschmelzen, allerdings mit eindeutiger Prioritätensetzung: denn «auch für die Teilnahme an nicht-berufsorientierter Weiterbildung ist der Beruf von ausschlaggebender Bedeutung» (KOMMISSION WEITERBILDUNG 1984, S. 83). Die Idee der breiten, beruflich verwertbaren Qualifikation wird allerdings nur denjenigen zuteil, die in der Arbeitswelt stehen. Andere Gruppen, der Bericht spricht von Älteren, Arbeitslosen und ausländischen Arbeitnehmern, werden Angebote der allgemeinen Weiterbildung angetragen mit sozial-politisch motivierten Aspekten. Die berufliche Weiterbildung hat – im Zusammenhang mit der Ganzheitsvorstellung – auch den Erwerb von Schlüsselqualifikationen zu ermöglichen, das heißt von Fähigkeiten zum analytischen Denken, zur Abstraktion, zum Transfer, zur Problemlösung ... Dies muß neben der ständig zu erneuernden Qualifikation für konkrete Arbeitsaufgaben – der «Anpassungsfortbildung» – geleistet werden (vgl. KOMMISSION WEITERBILDUNG 1984, S. 26, S. 41, S. 106f). Überall steht dabei der Weiterbildungsgedanke unter dem Primat der Erfordernisse ökonomischer Verwertbarkeit. Berufliche und allgemeine Weiterbildung haben die notwendigen Qualifikationen zu vermitteln, aber auch komplementäre Funktionen zu erfüllen. Die «Ganzheitlichkeit der Weiterbildung entsteht dadurch, daß die gesamte Weiterbildung für Anforderungen aus dem System wirtschaftlicher Expansion instrumentalisiert wird» (NUISSL 1985, S. 22).

Auch in den «Thesen zur Weiterbildung» des BUNDESMINISTERIUMS FÜR BILDUNG UND WISSENSCHAFT (1985) wird von einem Weiterbildungsgedanken ausgegangen, der in der beruflichen Orientierung seine Priorität sieht und politisch-gesellschaftliche wie auch sozialpädagogische Aufgabenschwerpunkte als Begleitung auf einem Weg in die Informationsgesellschaft sieht; das heißt, die einzelnen Weiterbildungsschwerpunkte sind als sich wechselseitig ergänzende Instrumente angelegt, um die Akzeptanz dieser Entwicklung bei möglichst vielen zu gewährleisten und weil in der Weiterbildung «ökonomische, technische, humane und soziale Aspekte und Bedürfnisse in Übereinstimmung gebracht werden [müssen]» (BUNDESMINISTERIUM... 1985, S. 18). Die Weiterbildung wird als «ein Stück Lebensgrundlage» für alle Erwerbstätigen apostrophiert, weshalb «eine vertrauensvolle Zusammenarbeit zwischen allen am Beschäftigungssystem Beteiligten» (BUNDESMINISTERIUM... 1985, S. 18) von Bedeutung sei. Aber mit dieser Ausrichtung erfolgt eine doppelte Indienstnahme der Weiterbildung: einmal instrumentalisiert im Zusammenhang mit Wirtschaftswachstum und technischer Entwicklung, andererseits durch die Festschreibung wirtschaftlicher Machtverteilung und Herrschaft. Diese Vorstellungen, die ihre Zielsetzung in der «Vorbereitung der Menschen auf das Leben und Arbeiten in einer Informationsgesellschaft» (BUNDESMINISTERIUM... 1985, S. 16) sehen, bleiben der Idee der Weiterbildung als «wichtiges Instrument der Beschäftigungspolitik» (BUNDESMINISTERIUM... 1985, S. 11) verhaftet und richten sich nach einseitigen Interessen der auf diesem «Markt» Tätigen.

Dieser «Marktgedanke» spiegelt sich auch in einem anderen Bereich, in dem Weiterbildung im Zusammenhang mit einer «Qualifizierungsoffensive» genannt wird. Dabei sollen Maßnahmen zur beruflichen Weiterbildung gefördert und initiiert werden. Nun heißt dieses Vorhaben nicht «Bildungs»-, sondern «Qualifizierungsoffensive», was eine Verschiebung der begrifflichen Bedeutung von Bildung nahelegt: «Bildungsziele und Bildungsinhalte [werden] kontinuierlich am Qualifikationsbedarf der Wirtschaft orientiert gestaltet und angepaßt» (Bundesanstalt für Arbeit 1986, zitiert nach GEISSLER/HEID 1987, S. 19). Das heißt, die angestrebte berufliche Weiterbildung gerät in den Sog der Anpassung an die vorgefundene Realität, die den ökonomischen Gesetzen entspricht: Bildung als Mittel der Ökonomie (vgl. MARKERT 1986).

Weiterbildung steht – das haben die aufgeführten Beispiele gezeigt – unter starken Verwertungsinteressen. Statt solchen Vorstellungen zu entsprechen, die «richtige» Didaktik, die «passende» Methode oder die medientechnische Optimierungsstrategie vermitteln zu können, muß sie «kritische Fragen [stellen] nach der Begründung solchen Qualifikationsbedarfs und der Legitimation jener Instanzen (z. B. Wirtschaft, Industrie oder staatliche Bildungspolitik), die diesen Bedarf festlegen bzw. durch politische, ökonomische oder technologische Entscheidungen schaffen (STRUNK 1988, S. 116; Einfügung: R.-J. H.). Wie stark auch immer das «Technologiedefizit» einer Bearbeitung bedarf, es kann nicht ausschließlich über die Weiterbildungsvorstellungen gelöst werden. Und durch die Ersetzung des Bildungs- durch den Qualifizierungsbegriff verfällt die Bildungsidee (→Bildung), ohne ein inhaltliches Korrektiv zur Verfügung zu haben, der blanken Funktionalität, der dauernden Instrumentalisierung.

BRACKHANE, R.: Berufliche Weiterbildung. In: Sarges, W./Fricke, R. (Hg.): Psychologie für die Erwachsenen-Weiterbildung, Göttingen/Toronto/Zürich 1986, S. 108ff. BUND-LÄNDER-KOMMISSION FÜR BILDUNGSPLANUNG: Bildungsgesamtplan, Bd. 1, Stuttgart 1973. BUNDESMINISTERIUM FÜR BILDUNG UND WISSENSCHAFT: Thesen zur Weiterbildung, Bonn 1985. DEUTSCHER BILDUNGSRAT: Strukturplan für das Bildungswesen, Stuttgart 1970. GEISSLER, K.-A.: Strukturelle Verschiebungen in der beruflichen Weiterbildung – Vernachlässigte Aspekte zum Thema Technik-Folgen. In: Lisop, I. (Hg.): Bildung und neue Technologien, Frankfurt/M. 1986, S. 71ff. GEISSLER, K.-A./HEID, H.: Die Opfer der Qualifizierungsoffensive. In: Geissler, K.-A. u. a.: Opfer der Qualifizierungsoffensive, Tutzing 1987, S. 11ff. KNOLL, J. H.: Außerschulische Pädagogik als Wissenschaft von der Erwachsenenbildung. In: Ritters, C. (Hg.): Theorien der Erwachsenenbildung, Weinheim/Berlin/Basel 1968, S. 63ff. KNOLL,

J. H.: Erwachsenenbildung. Aufgaben – Möglichkeiten – Perspektiven, Stuttgart 1972. KOMMISSION WEITERBILDUNG: Weiterbildung. Herausforderung und Chance. Bericht, erstellt im Auftrag der Landesregierung von Baden-Württemberg, Stuttgart 1984. LENZ, W.: Lehrbuch der Erwachsenenbildung, Stuttgart 1987. MARKERT, W.: Qualifizierungsoffensive – theoretische Begründung und praktische Relevanz für die berufliche Erwachsenenbildung. In: Siebert, H./Weinberg, J. (Hg.): Literatur- und Forschungsreport Weiterbildung, Heft 17, Juli 1986, Münster 1986, S. 126ff. NUISSL, E.: Zukunftschance Weiterbildung?! In: Siebert, H./Weinberg, J. (Hg.): Literatur- und Forschungsreport Weiterbildung, Heft 15, Juli 1985, Münster 1985, S. 16ff. PREUSS, V.: Berufliche Weiterbildung. In: Wörterbuch der Weiterbildung, hg. v. G. Dahm u. a., München 1980, S. 52ff. SCHMITZ, E.: Leistung und Loyalität, Stuttgart 1978. SCHMITZ, E.: «Recurrent education», «lifelong education», «education permanente». In: Wörterbuch der Weiterbildung, hg. v. G. Dahm u. a., München 1980, S. 285ff. STRUNK, G.: Bildung zwischen Qualifizierung und Aufklärung, Bad Heilbrunn 1988. TIETGENS, H.: Einleitung in die Erwachsenenbildung, Darmstadt 1979. VOIGT, W.: Qualifikation oder Identität. Berufliche Weiterbildung als Bildung Erwachsener. In: Schlutz, E. (Hg.): Erwachsenenbildung zwischen Schule und sozialer Arbeit, Bad Heilbrunn 1983, S. 111ff.

Rolf-Joachim Heger

Weiterbildung, betriebliche → Betriebspädagogik
Weiterbildung (von Führungskräften) → Management-Education
Weiterbildungsplanung → Bildungsplanung
Weltanschauung, christliche → Erziehung, religiöse

Wert

Begriff. Ausdrücke wie *Wert, Norm, Erwartung, Standard* werden nicht eindeutig und häufig auch unscharf verwendet, so daß sich hier ein festes terminologisches System nicht aufstellen läßt. Im Anschluß an die angelsächsische Meta-Ethik (vgl. FRANKENA 1972, HARE 1972) läßt sich zunächst eine grobe Unterscheidung treffen zwischen Sätzen, die Sachverhalte beschreiben – *deskriptive* Sätze –, und solchen, die die Funktion haben, jemanden zu bestimmten Handlungen zu beeinflussen, die also Handlungen vorschreiben, erlauben, verbieten oder empfehlen – *normative* Sätze, Normen (vgl. FRANKENA 1972, S. 27f; vgl. KÖNIG 1975a, S. 27ff; vgl. TAYLOR 1961, S. 280) oder präskriptive (vorschreibende) Sätze (vgl. HARE 1972, S. 19ff; vgl. KLAUER 1973, S. 83ff). Normen können sprachlich verschiedenartig formuliert sein: mit «sollen» und «dürfen» (als Imperativsätze), mit «gut», «richtig» oder auch als Indikativ- oder Fragesätze. Die Unterscheidung zwischen deskriptiven und normativen Sätzen ist also nicht aufgrund der sprachlichen Form der Sätze, sondern im Blick auf die jeweilige Funktion des Satzes zu treffen (vgl. v. WRIGHT 1979, S. 100ff).

Innerhalb der normativen Sätze werden von verschiedenen Autoren zusätzliche Unterscheidungen getroffen (vgl. BOKELMANN 1965, HILGENHEGER 1976): Zuweilen werden singulare Handlungsanweisungen («Gib mir das Buch!») als Imperative bezeichnet. Normen sind dann generelle Handlungsanweisungen, in denen keine Kennzeichnungen einmaliger historischer Situationen auftreten, die also für alle Personen in einer Situation vom Typ S gelten (vgl. KAMLAH 1973, S. 118ff; vgl. v. KUTSCHERA 1973, S. 11ff; vgl. LORENZEN/SCHWEMMER 1973, S. 89ff). Wenn zwischen Werten und Normen unterschieden wird (vgl. LAUTMANN 1969), dann werden als Werturteile im engeren Sinn meist diejenigen Sätze bezeichnet, in denen Personen, deren Handlungen, Absichten und dergleichen, aber auch Sachen als gut/schlecht, richtig/falsch oder ähnlich beurteilt werden (vgl. FRANKENA 1972, S. 27f; vgl. v. KUTSCHERA 1973, S. 85ff; vgl. NAJDER 1975; vgl. PEPPER 1958, S. 7), oder es gelten allgemeine grundlegende Normen als Werte (vgl. WILLIAMS 1972, S. 284).

Der Ausdruck *«Erwartung»* hat zwei verschiedene Bedeutungen: *Erwartung* ist ein deskriptiver Terminus (Erwartung zukünftiger Sachverhalte): Ich erwarte, daß dies oder jenes geschehen wird. Wenn man jedoch davon ausgeht, daß eine solche Erwartung in der Regel auf der Geltung gesellschaftlicher Normen basiert, liegt es nahe, den Erwartungsbegriff auch präskriptiv zu verwenden. LUHMANN (vgl. 1967, S. 625ff; vgl. 1969, 1970) unterscheidet in diesem Sinn zwischen «kognitiven» und «normativen» Erwartungen, wobei letztere mit Normen gleichgesetzt werden.

Wertungen in der Wissenschaft. Im Anschluß an den Positivismusstreit in der Soziologie der 60er Jahre ist auch in der Erziehungswissenschaft das Problem diskutiert worden, ob sie als Wissenschaft Wertungen vornehmen dürfe (vgl. BÜTTEMEYER/MÖLLER 1979). Während sich am exponiertesten BREZINKA (vgl. 1971) für eine wertfreie Erziehungswissenschaft ausspricht, wird von anderer Seite (vgl. KÖNIG 1975a, 1978; vgl. MOLLENHAUER 1969) die Möglichkeit einer wissenschaftlichen Legitimation von Wertungen positiver eingeschätzt.

Von diesem Werturteilsbereich zu unterscheiden ist das sogenannte Wertbasisproblem (vgl. KÖNIG 1972): Hier besteht Konsens, daß jede Wissenschaft in der Festlegung von Auswahlkriterien, Begriffen und Prüfverfahren ein normatives Fundament, eine sogenannte *Wertbasis* (vgl. ALBERT 1968, S. 188ff; vgl. FEIL 1974, SCHULER 1980) besitze. Damit stellt sich freilich das Problem der Legitimation der jeweiligen Wertbasis (vgl. KÖNIG 1978); Legitimationsfragen werden so zum Bestandteil innerwissenschaftlicher Diskussionen.

Legitimationsprobleme. Legitimations- und Rechtfertigungsfragen treten in der →Pädagogik dann auf, wenn →Erziehung nicht mehr fraglos durch anerkannte Autoritäten und →Traditionen gesichert ist. Als in der Folge der neuzeitlichen →Aufklärung die christliche Tradition für die Erziehung nicht mehr unbefragte Geltung besaß, stellte sich explizit die Frage, wozu und wie erzogen werden solle. Die damit einsetzenden Versuche, Pädagogik als Wissenschaft zu begründen, stellen zugleich Versuche dar, wissenschaftlich begründete Antworten auf Norm- und Wertprobleme zu geben, Verfahrensregeln (vgl. IWIN 1975) festzulegen, mit deren Hilfe über die Legitimation entschieden werden kann (→Pädagogik, normative).

Dabei läßt sich zwischen einer deduktiven und einer zweckrationalen Argumentation unterscheiden. Die *Deduktion* spezieller pädagogischer aus allgemeinen Normen ist kennzeichnend für die traditionelle normative Pädagogik, wie sie zuweilen in der katholischen Pädagogik (vgl. ERLINGHAGEN 1963, HENZ 1967), aber etwa auch von MÖLLER (vgl. 1966) insbesondere in den 60er Jahren vertreten wurde. Im Rahmen einer solchen deduktiven Argumentation werden Normen nach (meist nicht explizierten) Regeln einer sogenannten deontischen Logik (vgl. HILPINEN 1971, V. WRIGHT 1977; vgl. V. WRIGHT 1979, S. 133ff) aus allgemeineren mit Hilfe material-analytischer Sätze (unter Rückgriff auf die terminologischen Bestimmungen) abgeleitet. So kann man zum Beispiel aus einem allgemeinen Wert der *Tugend* unter der Voraussetzung, daß Wahrhaftigkeit als eine Tugend gilt (analytischer Satz), einen Wert der *Wahrhaftigkeit* ableiten. Die Problematik einer solchen deduktiven Pädagogik besteht, wie bereits Schleiermacher gegenüber Herbart eingewandt hat, darin, daß die Ableitung *«empiriefrei»* erfolgt, daß sie damit die jeweilige besondere Situation unberücksichtigt läßt und zu starren und unabänderlichen Normensystemen führt (vgl. BLANKERTZ 1969, S. 18ff; vgl. MEYER 1972).

Bei zweckrationalen Argumentationen (vgl. GEULEN 1977, S. 202ff; vgl. KÖNIG 1975b, WEBER 1968) werden zunächst Folgen beziehungsweise Wirkungen der ins Auge gefaßten Handlung diskutiert und diese dann als beabsichtigt oder zu vermeidend bewertet. Beabsichtigte Folgen werden dann als Zwecke (Ziele) bezeichnet; die Handlungen, die zur Erreichung der Zwecke eingesetzt werden können, sind die Mittel. Eine zweckrationale Begründung enthält stets zwei Argumente: ein empirisches über die zu erwartenden Folgen einer Handlung sowie ein normatives (Angabe des Ziels).

Sowohl im Rahmen deduktiver als auch im Rahmen zweckrationaler Argumentationen werden Normen also auf andere Normen zurückgeführt. Damit stellt sich das Problem der Festlegung erster Basisnormen (Basiswerte). Im Groben lassen sich hier drei Ansätze unterscheiden:

Der *naturalistische* Ansatz versucht, Normen auf deskriptive Sätze zurückzuführen (vgl. ZEDLER 1976, S. 84ff). Ein neueres Beispiel dafür ist der Versuch von KOHLBERG (vgl. 1971), Normen aus empirischen Befunden über die Stufen der moralischen Entwicklung herzuleiten (zur Kritik vgl. PETERS 1971). – Im *intuitionistischen* Ansatz – im deutschsprachigen Raum vor allem in der Wertphilosophie (vgl. HARTMANN 1962, SAUER 1973, SCHELER 1954) und in der daran anschließenden Wertpädagogik (vgl. HENZ 1967, TRÖGER 1978) vertreten – gelten erste Normen als intuitiv einsehbar. – In der gegenwärtigen Diskussion nehmen *konsenstheoretische Verfahren* einen verhältnismäßig großen Raum ein: Man bindet die Geltung von Normen an einen allgemeinen Konsens, indem als gerechtfertigt diejenigen Normen gelten, die *universalisierbar* sind, das heißt, denen *prinzipiell jeder zustimmen könnte*. Gegebenenfalls werden dann noch weitere Verfahrensregeln zur Erziehung eines solchen Konsenses vorgeschlagen *(praktischer Diskurs)*. Konsenstheoretische Ansätze finden sich in der angelsächsischen Moralphilosophie (vgl. BAIER 1974, RAZ 1975, SINGER 1975, WINCH 1972, S. 151ff), bei HABERMAS (vgl. 1973) und APEL (vgl. 1971) sowie in der Tradition der «Erlanger Philosophie» (vgl. KÖNIG 1975b, 1978; vgl. LORENZEN/SCHWEMMER 1973). In der Pädagogik werden Möglichkeiten der diskursiven Legitimation insbesondere diskutiert im Zusammenhang mit der Curriculumforschung (vgl. KÖNIG u. a. 1980, KÜNZLI 1975, MANZ 1975, TREML 1975, ZEDLER 1976). Das Problem konsenstheoretischer Ansätze liegt aber unter anderem darin, daß die Forderung nach herrschaftsfreier Kommunikation eine ideative und damit in praktischen Situationen nie voll erfüllbare Norm ist, deren Befolgung zum Beispiel durch gesellschaftliche Faktoren oder durch Beziehungsprobleme während des Diskurses eingeschränkt ist (vgl. REIMANN 1979, RUHLOFF 1980).

Wertanalyse. Die Analyse faktisch geltender Normen gehört zu den zentralen Aufgaben empirischer Sozialwissenschaft. Dabei gibt es grundsätzlich zwei Möglichkeiten festzustellen, welche Werte beziehungsweise Normen Individuen oder Gruppen anerkennen: Man kann versuchen, diese Werte durch direkte Befragung zu ermitteln. In diesem Zusammenhang sind verschiedene Analyseverfahren entwickelt worden (vgl. KLAGES/KNIECIAK 1979, S. 463ff, S. 485). Angewandt werden solche Befragungen häufig bei der Analyse kultureller Werte (vgl. KLUCKHOHN/STRODTBECK 1973), aber auch in der Psychologie, so bei der Erfassung von Wertvorstellungen Jugendlicher (vgl. OERTER 1966, 1978).

Die Schwierigkeit einer *direkten* Erfragung von Werten liegt darin, daß die verbal genannten Werte beziehungsweise Normen nicht unbedingt mit den tatsächlich befolgten übereinstimmen müssen. Als Ergänzung bietet sich deshalb die Möglichkeit des Erschließens von Werten und Normen aus tatsächlichen Handlungen an. Das ist jedoch nicht allein durch bloße Beobachtung, sondern nur durch *interpretative* Verfahren zu leisten: Man kann zwar Verhaltensregelmäßigkeiten empirisch feststellen, die zugrundeliegenden Werte, Ziele und Normen jedoch nur hermeneutisch deuten. Diskutiert werden gegenwärtig verschiedene Möglichkeiten der methodischen Absicherung eines solchen Handlungsverstehens (vgl. OEVERMANN u. a. 1979, SCHWEMMER 1976, WINCH 1966, v. WRIGHT 1974).

Moralische Entwicklung. Zur moralischen Entwicklung, zur Frage, wie ein Kind Werte und Normen erlernt, lassen sich mehrere Ansätze unterscheiden (vgl. PORTELE 1978): Die *kognitiven Theorien* (vgl. KOHLBERG 1974, PIAGET 1973) deuten die moralische Entwicklung als Entwicklung des moralischen Denkens und unterscheiden dabei verschiedene Entwicklungsstufen. Piaget setzt zwei Stufen (heteronome und autonome Moral) an, Kohlberg sechs: Orientierung an Gehorsam und Strafe; instrumental-relativistische Orientierung (Moral der Gegenseitigkeit); Orientierung an interpersoneller Eintracht; Orientierung an Gesetz und legaler Autorität; Orientierung an sozialen Verträgen und individuellen Rechten; Orientierung an universellen ethischen Prinzipien. *Psychoanalytisch* orientierte Entwicklungstheorien wie bei Freud und Erikson sehen die Wertentwicklung im Spannungsfeld von Es, Ich und Über-Ich, wobei für ERIKSON (vgl. 1966) das Lernen von Werten und Normen im Zusammenhang mit der Entwicklung der Ich-Identität steht. Schließlich lassen sich einer dritten Gruppe stärker *sozialpsychologische* Ansätze zuordnen, in denen der (verstärkende oder bestrafende) Einfluß der Umwelt (Familie, Schule, Peer-group) beim Erlernen von Werten besonders hervorgehoben wird (vgl. AUSUBEL/SULLIVAN 1974, S. 489ff; vgl. BERTRAM 1978; vgl. SECORD/BACKMAN 1976, S. 370ff).

Moralische Erziehung. Die Beantwortung der Frage nach Zielen und Inhalten der moralischen Erziehung ist abhängig von den zugrunde gelegten philosophischen und entwicklungspsychologischen Theorien. Das zeigt bereits die von KRATHWOHL u. a. (vgl. 1975) entwickelte Taxonomie affektiver Lernziele, die keineswegs inhaltsneutral ist, sondern letztlich auf einer intuitionistischen Wertphilosophie basiert und damit nicht einfach auf andere Ansätze übertragbar ist. Von Autoren, die einer *intuitionistischen* Ethik nahestehen, wird in der Regel die Internalisierung bestimmter Grundwerte als vordringliche Aufgabe einer moralischen Erziehung angesehen (vgl. HAMMEL 1976, S. 34). Im Rückgriff auf *gesellschaftskritische* Ansätze, insbesondere der Kritischen Theorie, hat man dann in den 60er Jahren die Aufgabe einer moralischen (hier sprach man meist von einer politischen) Erziehung nicht in der Vermittlung von

Normen, sondern vor allem in der Kritik gesellschaftsgeltender Normen gesehen (vgl. SCHMIEDERER 1971, TESCHNER 1968). Gegenwärtig scheint (zum Teil beeinflußt von der angelsächsischen *moral education* – vgl. LICKONA 1976, SCHARF 1978) die Diskussion über moralische Erziehung eine Renaissance zu erleben (vgl. MAUERMANN/WEBER 1978). Auf dem Hintergrund der Konsenstheorien nimmt die Einübung von Legitimations- oder Konsensverfahren im Unterricht verhältnismäßig großen Raum ein (vgl. HALL 1979, KLARE/KROPE 1977; vgl. MAUERMANN/WEBER 1978, S. 183ff). Ein Konsensverfahren ist aber auch GORDONS (1975) «Familienkonferenz», wo jedoch auf die Klärung der eigenen Ziele besonderes Gewicht gelegt wird – ein Ansatz, der entsprechend auch von RATHS u. a. (vgl. 1976, S. 67ff) verfolgt wird.

Für die weitere Diskussion dürfte es wichtig sein, den Zusammenhang zwischen Einstellungsfaktoren und der Anwendung und Einübung rationaler Normenbegründungsverfahren weiter zu klären: Es scheint (das zeigt die Kritik an Konsensverfahren), daß Normenbegründungsverfahren nicht so weit abzusichern sind, daß ihre rein technische Anwendung *gute* (gerechtfertigte) Entscheidungen garantiert. Solche Normenbegründungsverfahren machen offenbar nur Sinn, wenn ihrer Anwendung gewisse Grundeinstellungen vorausgehen, die dann Gewähr dafür bieten, daß rationales Argumentieren nicht zu einem Mittel der Manipulation wird, und wenn zum anderen der Diskurs nicht durch Probleme der Diskutierenden auf der Beziehungsebene zu stark belastet wird. Die Diskussion über Moralerziehung wird also neben Normenbegründungsfragen Fragen der Internalisierung gewisser (freilich konsensfähiger) Grundeinstellungen und auch den Zusammenhang zwischen Sach- und Beziehungsproblemen zu thematisieren haben.

ALBERT, H.: Theorie und Prognose in den Sozialwissenschaften. In: Topitsch, E. (Hg.): Logik der Sozialwissenschaften, Köln/Berlin 1968, S. 126ff. APEL, K.-O.: Szientistik, Hermeneutik, Ideologiekritik. Entwurf einer Wissenschaftslehre in erkenntnisanthropologischer Sicht. In: Apel, K.-O. u. a.: Hermeneutik und Ideologiekritik, Frankfurt/M. 1971, S. 7ff. AUSUBEL, D. P./SULLIVAN, E. V.: Das Kindesalter, Fakten–Probleme–Theorie, München 1974. BAIER, K.: Der moralische Standpunkt. In: Grewendorf, G./Meggle, G. (Hg.): Seminar: Sprache und Ethik, Frankfurt/M. 1974, S. 27ff. BERTRAM, H.: Gesellschaft, Familie und moralisches Urteil, Weinheim/Basel 1978. BLANKERTZ, H.: Theorien und Modelle der Didaktik, München 1969. BOKELMANN, H.: Maßstäbe pädagogischen Handelns. Normenkonflikte und Reformversuche in Erziehung und Bildung, Würzburg 1965. BREZINKA, W.: Von der Pädagogik zur Erziehungswissenschaft, Weinheim/Basel 1971. BÜTTEMEYER, W./MÖLLER, B. (Hg.): Der Positivismusstreit in der deutschen Erziehungswissenschaft, München 1979. ERIKSON, E. H.: Identität und Lebenszyklus, Frankfurt/M. 1966. ERLINGHAGEN, K.: Grundfragen katholischer Erziehung, Freiburg 1963. FEIL, H. D.: Erziehungswissenschaft zwischen Empirie und Normativität, Stuttgart 1974. FRANKENA, W. K.: Analytische Ethik. Eine Einführung, München 1972. GEULEN, D.: Das vergesellschaftete Subjekt. Zur Grundlegung der Sozialisationstheorie, Frankfurt/M. 1977. GORDON,

TH.: Familienkonferenz. Die Lösung von Konflikten zwischen Eltern und Kind, Hamburg 1975. HABERMAS, J.: Wahrheitstheorien. In: Fahrenbach, H. (Hg.): Wirklichkeit und Reflexion. Walter Schulz zum 60. Geburtstag, Pfullingen 1973, S. 211 ff. HALL, R. T.: Unterricht über Werte. Lernhilfen und Unterrichtsmodelle, München 1979. HAMMEL, W.: Aspekte sittlicher Erziehung, Bad Heilbrunn 1976. HARE, R. M.: Die Sprache der Moral, Frankfurt/M. 1972. HARTMANN, N.: Ethik (1926), Berlin [4]1962. HENZ, H.: Lehrbuch der systematischen Pädagogik. Allgemeine und differentielle Erziehungswissenschaft. Einführung in die pädagogischen Forschungsmethoden, Freiburg/Basel/Wien 1967. HILGENHEGER, N.: «Brückenprinzipien» und die Kritik pädagogischer Normen. In: P. Rsch. 30 (1976), S. 83 ff. HILPINEN, R.: Deontic Logic: Introductory and Systematic Readings, Dordrecht 1971. IWIN, A. A.: Grundlagen der Logik von Wertungen, Berlin (DDR) 1975. KAMLAH, W.: Philosophische Anthropologie. Sprachkritische Grundlegung und Ethik, Mannheim 1973. KLAGES, H./KNIECIAK, P. (Hg.): Wertwandel und gesellschaftlicher Fortschritt, Frankfurt/New York 1979. KLARE, TH./KROPE, P.: Verständigung über Alltagsnormen, München 1977. KLAUER, K. J.: Revision des Erziehungsbegriffs. Grundlagen einer empirisch-rationalen Pädagogik. Studien zur Weltforschung, Bd. 5, Düsseldorf 1973. KLUCKHOHN, E./STRODTBECK, F.: Variations in Value Orientations, Westport 1973. KOHLBERG, L.: From Is to Ought. In: Mischel, Th. (Hg.): Cognitive Development and Epistemology, New York/London 1971, S. 151 ff. KOHLBERG, L.: Zur kognitiven Entwicklung des Kindes, Frankfurt/M. 1974. KÖNIG, E.: Wertfreiheit und Rechtfertigung von Normen im Positivismus. In: Z. f. Soziol. 1 (1972), S. 225 ff. KÖNIG, E.: Wissenschaftstheoretische Richtungen der Pädagogik. Theorie der Erziehungswissenschaft, Bd. 1, München 1975 a. KÖNIG, E.: Normen und ihre Rechtfertigung. Theorie der Erziehungswissenschaft, Bd. 2, München 1975 b. KÖNIG, E.: Erziehungswissenschaft als praktische Disziplin. Theorie der Erziehungswissenschaft, Bd. 3, München 1978. KÖNIG, E. u. a.: Diskussion: Unterrichtsvorbereitung, München 1980. KRATHWOHL, D. R. u. a.: Taxonomie von Lernzielen im affektiven Bereich, Weinheim/Basel 1975. KÜNZLI, R. (Hg.): Curriculumentwicklung, Begründung und Legitimation, München 1975. KUTSCHERA, F. V.: Einführung in die Logik der Normen, Werte und Entscheidungen, München 1973. LAUTMANN, R.: Wert und Norm. Begriffsanalysen für die Soziologie, Köln/Opladen 1969. LICKONA, T. (Hg.): Moral Development and Behavior, New York 1976. LORENZEN, P./SCHWEMMER, O.: Konstruktive Logik, Ethik und Wissenschaftstheorie, Mannheim/Wien/Zürich 1973. LUHMANN, N.: Soziologie als Theorie sozialer Systeme. In: Köln. Z. f. Soziol. u. Sozpsych. 19 (1967), S. 615 ff. LUHMANN, N.: Normen in soziologischer Perspektive. In: Soz. Welt 20 (1969), S. 28 ff. LUHMANN, N.: Institutionalisierung – Funktion und Mechanismus im sozialen System der Gesellschaft. In: Schelsky, H. (Hg.): Zur Theorie der Institution, Düsseldorf 1970, S. 27 ff. MANZ, W.: Schule und Legitimation: Zur curricularen Entscheidungsproblematik, Hamburg 1975. MAUERMANN, L./WEBER, E. (Hg.): Der Erziehungsauftrag der Schule, Donauwörth 1978. MEAD, G. H.: Geist, Identität und Gesellschaft aus der Sicht des Sozialbehaviorismus, hg. v. Ch. W. Morris, Frankfurt/M. 1968. MEYER, H. L.: Einführung in die Curriculum-Methodologie, München 1972. MOLLENHAUER, K.: Erziehung und Emanzipation. Polemische Skizzen, München [2]1969. MÖLLER, CH.: Zur Methodik der Lehrplan-Aufstellung. In: B. u. E. 19 (1966), S. 44 ff. NAJDER, Z.: Values and Evaluations, Oxford 1975. OERTER, R.: Die Entwicklung von Werthaltungen während der Reifezeit, München/Basel 1966. OERTER, R.: Entwicklung und Sozialisation, Donauwörth 1978. OEVERMANN, U. u. a.: Die Methodologie einer objektiven Hermeneutik und ihre allgemeine forschungslogische Bedeutung in den Sozialwissenschaften. In: Soeffner, H.-G. (Hg.): Interpretative Verfahren in den Sozial- und Textwissenschaften, Stuttgart 1979, S. 352 ff. PEPPER, S. C.: The Sources of Value, Berkeley 1958. PETERS, R.:

Moral Development. A Plea for Pluralism. In: Mischel, Th. (Hg.): Cognitive Development and Epistemology, New York 1971, S. 237 ff. PIAGET, J.: Das moralische Urteil beim Kinde, Frankfurt/M. 1973. PORTELE, G. (Hg.): Sozialisation und Moral, Weinheim/Basel 1978. RATHS, L. E. u. a.: Werte und Ziele. Methoden zur Sinnfindung im Unterricht, München 1976. RAZ, J.: Practical Reason and Norms, London 1975. REIMANN, B.: Die Pädagogik des Diskurses in soziologischer Perspektive. In: N. Samml. 19 (1979), S. 379ff. RUHLOFF, J.: Das ungelöste Normenproblem in der Pädagogik, Heidelberg 1980. SAUER, E. F.: Axiologie, Göttingen 1973. SCHARF, P. (Hg.): Readings in Moral Education, Minneapolis 1978. SCHELER, M.: Der Formalismus in der Ethik und die materiale Wertethik. Neuer Versuch der Grundlegung eines ethischen Personalismus, Bern [4]1954. SCHMIEDERER, R.: Zur Kritik der politischen Bildung. Ein Beitrag zur Soziologie und Didaktik des politischen Unterrichts, Frankfurt/M. 1971. SCHULER, H.: Ethische Probleme psychologischer Forschung, Göttingen 1980. SCHWEMMER, O.: Theorie der rationalen Erklärung. Zu den methodischen Grundlagen der Kulturwissenschaften, München 1976. SECORD, P. F./BACKMAN, C. W.: Sozialpsychologie, Frankfurt/M. 1976. SINGER, M. G.: Verallgemeinerung in der Ethik, Frankfurt/M. 1975. TAYLOR, P. W.: Normative Discourse, Englewood 1961. TESCHNER, M.: Politik und Gesellschaft im Unterricht, Frankfurt/M. 1968. TREML, A. K.: Über die Unfähigkeit zu begründen. Vorbereitende Bemerkungen zu einer Begründungstheorie in praktischer Absicht. In: Künzli, R. (Hg.): Curriculumentwicklung, Begründung und Legitimation, München 1975, S. 57ff. TRÖGER, W.: Allgemeine Überlegungen zu Werten und Normen: In: P. Welt 32 (1978), S. 588ff. WEBER, M.: Die «Objektivität» sozialwissenschaftlicher Erkenntnis. In: Weber, M.: Soziologie, Weltgeschichtliche Analysen, Politik, Stuttgart 1968, S. 186ff. WILLIAMS, R. M.: Values. In: International Encyclopedia of the Social Sciences, Bd. 16, New York 1972, S. 283ff. WINCH, P.: Die Idee der Sozialwissenschaft und ihr Verhältnis zur Philosophie, Frankfurt/M. 1966. WINCH, P.: Ethics and Action, London 1972. WRIGHT, G. H. v.: Erklären und Verstehen, Frankfurt/M. 1974. WRIGHT, G. H. v.: Deontische Logik. In: Poser, R. (Hg.): Handlung, Norm und Intention, Berlin 1977, S. 1ff. WRIGHT, G. H. v.: Norm und Handlung. Eine logische Untersuchung, Königstein 1979. ZEDLER, H.-P.: Zur Logik von Legitimationsproblemen. Möglichkeiten der Begründung von Normen, München 1976.

Eckard König

Wertbasisproblem (von Wissenschaft) → Wert
Werturteilsstreit → Erziehungswissenschaft, kritisch-rationale
Wesensintuition → Pädagogik, phänomenologische
Wirksamkeitsüberprüfung → Evaluation
Wirtschaftspädagogik → Berufs-/Wirtschaftspädagogik
Wissen → Intelligenz; → Interdisziplinarität
Wissenschaft → Fachdidaktik; → Interdisziplinarität; → Verwissenschaftlichung
Wissenschaft, historische (vom Menschen) → Anthropologie, historische
Wissenschaftsdisziplin → Interdisziplinarität
Wissenschaftslogik, kritisch-rationale → Erziehungswissenschaft, kritisch-rationale
Wissenschaftsorientierung → Verwissenschaftlichung

Wohnkultur

Begriff. Unter «Wohnkultur» sind die räumlichen Vergegenständlichungen unterschiedlicher menschlicher Lebensformen sowie die im Umgang mit diesen Gegenständen entwickelten Verhaltensweisen zu verstehen (vgl. MÜLLER 1979, S. 252). In der Architektur der Wohnung, in der Aufteilung der Räume, in der Ausstattung mit Möbeln, Geräten, mit Schmuck, Pflanzen, in der Gestaltung der näheren Umgebung der Wohnung, des Hauses, des Wohnblocks kommen die individuellen Bedürfnisse und Interessen der Bewohner, aber auch soziokulturell gewachsene Verhaltensnormen zum Ausdruck, deren Befriedigung von vielfältigen gesellschaftlichen, politischen und ökonomischen Bedingungen begrenzt wird (vgl. TRÄNKLE 1972, S. 1). Der Begriff «Wohnkultur» umfaßt auch die «Tätigkeit» des Wohnens selber und die damit verbundenen primären und sekundären Sozialisationsprozesse. Dem heranwachsenden Kind liefert die Wohnung einen ersten, entscheidenden Ausschnitt gegenständlicher Realität. Wichtig für die Analyse der Bedeutung der Wohnkultur im Erziehungsprozeß ist es deshalb, nicht nur die gegenständlich sedimentierten Formen dieser Wohnkultur (die Architektur, die Möbel, das Gerät, die Lage der Wohnung) in den Blick zu nehmen, sondern den Umgang der Bewohner mit diesen Gegenständen, die Art des Zusammenlebens in der Wohnung, die Förderung oder Behinderung bestimmter Interaktionsformen sowie die historische (auch familiengeschichtliche) Entwicklung dieser → Kultur zu berücksichtigen. An der Vernachlässigung dieses zweiten Teils der Frage scheiterten letztlich immer wieder alle obrigkeitsstaatlichen oder reform- und kulturpädagogischen Versuche, durch «gutes Bauen» auch zum «guten Menschen» erziehen zu wollen (vgl. die Beispiele bei SELLE 1979). Da noch keine abgesicherten Methoden zur Untersuchung der Wohnkultur entwickelt worden sind, haben die bisher vorgelegten Beiträge zur Wohnkultur entweder den Charakter von Einzelfallstudien (vgl. ANDRITZKY/SELLE 1979) oder sie dienen einer grundsätzlichen wissenschaftstheoretischen Reflexion und Gegenstandsbestimmung der Wohnkultur als Erziehungsmoment (vgl. PAZZINI 1983, S. 116ff). Dennoch können bei vorsichtiger Interpretation der vorliegenden historischen, soziologischen und psychologischen Daten einige begründete Aussagen über die Erziehungsrelevanz der Wohnkultur getroffen werden, auch wenn eine eindeutige Zuordnung bestimmter Merkmale der Persönlichkeitsstruktur eines Menschen zu seiner Wohnumwelt sicherlich nicht möglich ist.

Das Wohnen ist – ähnlich wie das Essen (→Eßkultur), das Sich-Kleiden (→Kleidermode) oder Bewegen (→Körper) – die Manifestation eines menschlichen Grundbedürfnisses und gehört deshalb in das Zentrum einer Analyse der Alltagskultur. Entsprechend vielfältig sind die in der Geschichte der Menschheit ausgeprägten, oft nebeneinander existierenden, zugleich einem beständigen technisch-wissenschaftlichen und gesellschaftlichen Wandel unterliegenden Formen der Wohnkultur. Und ebenso groß ist die Vielfalt wissenschaftlicher Disziplinen, die sich mit dem Wohnen befaßt haben: die Kulturphilosophie (vgl. Bollnow 1963, Heidegger 1959), die Geschichtswissenschaft (vgl. Elias 1969), die Soziologie (vgl. Chapman 1955, Silbermann 1966), die Psychologie (vgl. Burnett 1983, Hellpach 1953, Merton 1948, Mitscherlich 1969), die Geographie (vgl. Schramke/Strassel 1978), Umwelt- und Architekturtheorien, Designtheorien, volkskundliche Ansätze (vgl. Fränkle 1972, Ittelson u. a. 1977), Beiträge zur Ethnologie, Ergonomie (vgl. Kaminski 1976) und in begrenztem Maße auch die Pädagogik (vgl. Langeveld 1963, S. 71ff).

Drei Aspekte seien im folgenden herausgehoben, weil sie für die Untersuchung der erziehungsrelevanten Momente der Wohnkultur eine unverzichtbare Matrix abgeben: der kulturhistorische Aspekt, der ontogenetisch-sozialisationstheoretische Aspekt und schließlich der Aspekt des Zusammenhangs von Wohnverhältnissen und postmoderner Kultur.

Geschichte. Die Betrachtung der Wohnkultur unter kulturhistorischem Aspekt geht von der oben formulierten Einsicht aus, daß die Geschichte des Wohnens nicht nur im Sinne einer herkömmlichen Stilgeschichte zu betrachten ist, daß sie nicht nur eine Geschichte gegenständlicher Erscheinungen ist, sondern «die Geschichte handelnder Menschen, die sich in ihren Gewohnheiten und Verkehrsformen, in der Ausdifferenzierung und Selbstkontrolle ihrer Triebregungen und Affekte verändert haben» (Müller 1979, S. 255). Deshalb sind zivilisationstheoretische Ansätze wie die von Elias (vgl. 1969) oder von Ariès (vgl. 1975) für unsere Fragestellung besonders aussagekräftig.

Mit dem *Beginn der Neuzeit* verlagert sich besonders in unseren Breiten – noch heute im Unterschied zu südlicheren Ländern – das Leben der Menschen hinter eine «Mauer der Heimlichkeit» (Elias 1969, S. 249; vgl. Pazzini 1983, S. 80ff); es kommt zu einer stärkeren Trennung von Privatsphäre und Öffentlichkeit, aber auch innerhalb der «eigenen vier Wände» beginnt ein Differenzierungsprozeß, welcher einzelnen Räumen bestimmte, voneinander abgegrenzte Funktionen zuweist.

Diese Entwicklung erfolgt schichtenspezifisch; insbesondere für die Unterschichten wird sie zum Teil erst im 20. Jahrhundert zur Realität.

Die Wohnung erhält im Verlauf dieser Entwicklung eine immer zentralere Bedeutung für die Ausbildung und Formung sämtlicher *vitaler menschlicher Funktionen:* für das Essen und Trinken, für die Körperpflege, die Harn- und Kotentleerung, für das Be- und Entkleiden, für Schlafen und Sexualität, für Gastlichkeit und Geselligkeit (vgl. ELIAS 1969, S. 174ff; vgl. GLEICHMANN 1973, 1976). Körpersozialisation und Wohnkultur sind also unmittelbar miteinander verknüpft: «Wir erlernen den Umgang mit der eigenen und mit der fremden Leiblichkeit in der Wohnung. Hier erfahren wir Grundprinzipien sozialer Distanz und Nähe, lernen unser Schamgefühl zu handhaben, mit unseren ‹Affekten hauszuhalten› [Elias 1939; identisch mit ELIAS 1969: K.-J. P.]. Wir können deshalb von einer ‹Verhäuslichung der Techniken unserer Affektbeherrschung› sprechen» (GLEICHMANN 1976, S. 322). Der bis zum Beginn der Neuzeit sowohl bei der Landbevölkerung wie auch im städtischen Handwerk vorherrschende multifunktionale Großraum, wie er in anderen Kulturen noch heute anzutreffen ist, wird abgelöst durch die Aufgliederung des Hauses in differenzierte Wohnbereiche mit fester Einrichtung (vgl. ARIÈS 1975, S. 61, S. 542, S. 548; vgl. ELSCHENBROICH 1977, S. 99). Das Bewußtsein von der Schutzwürdigkeit und -bedürftigkeit der Privatsphäre entwickelt sich und wird juristisch kodifiziert. So wird die Wohnung einerseits gegenüber der ebenfalls einem Strukturwandel ausgesetzten Öffentlichkeit (vgl. HABERMAS 1962), andererseits – und dieser Aspekt ist ebenso folgenreich – gegenüber der Erwerbsarbeit abgegrenzt; zugleich setzt die Abwertung der auf die Wohnung begrenzten Arbeit der Hausfrau ein. Der bis heute nicht zum Abschluß gebrachte (durch wachsende Freizeit ebenso wie durch zunehmende Arbeitslosigkeit verstärkte) Funktionszuwachs der privaten Wohnung hat nachhaltige Folgen für alle Sozialisations- und Erziehungsprozesse, und zwar sowohl für die häuslich-familialen als auch für außerhäusliche institutionalisierte und nichtinstitutionalisierte Lernprozesse. Es scheint kein Zufall zu sein, daß etwa zur selben Zeit, in der in der europäisch-abendländischen Geschichte die Ausdifferenzierung von Öffentlichkeit und privatem Wohn- und Lebensraum stattfindet, auch das *öffentliche Schulwesen* ausgebaut und die allgemeine Schulpflicht durchgesetzt wird. Erlaubte es die private Wohnsphäre, sich der öffentlichen Kontrolle durch Gemeinwesen, Kirche und Staat ein Stück weit zu entziehen, so entstand andererseits eine das «Lernen durch Nachahmung» behindernde Distanz zwischen Wohnumwelt des Kindes und Arbeitsplatz des Vaters. Durch die Institutionalisierung der schulischen Erziehung wurde einerseits eine methodische Überbrückung zwischen Wohnen und Arbeiten geschaffen, andererseits sicherte sich die im Absolutismus herausgebildete zentralstaatliche Macht durch den Aufbau des schulischen Berechtigungswesens neue und wirksame Mechanismen der sozialen Kontrolle der Bevölkerung (vgl. LESCHINSKY/ROEDER 1983, S. 67). Die Lebensbedingungen der Kinder verändern sich im Zuge dieser Entwicklungen grundlegend. Erst jetzt kann in einem soziologischen und psychologischen Sinne von einer → «Kindheit» gesprochen werden (vgl. ARIÈS 1975). Die immer stärker auf die Kleinfamilie zugeschnittene Form des Wohnens schafft zugleich die Voraussetzungen für eine spezifisch bürgerliche Form der Modellierung von Sinnlichkeit: Die Abgeschlossenheit einer kleinen Gruppe in einem relativ kleinen Raum schafft einerseits Intimität und Geborgenheit, andererseits jedoch auch neue Formen der Isolation und Einsamkeit. Beide Tendenzen – Intimität und Einsamkeit – werden zu einer spannungsreichen Voraussetzung der Ontogenese und Sozialisation des Individuums.

Ontogenetisch-sozialisationstheoretische Aspekte des Wohnens. → Erziehung und → Sozialisation des Kindes finden zu wesentlichen Teilen in der Wohnung statt; und sie werden durch die spezifische Form der Gegenständlichkeit der Wohnung (durch den Grundriß, die Raumzuweisung an die Kinder, durch Gebote und Verbote, durch Spiel- und Arbeitsmöglichkeiten, durch Enge oder Weite der Räume, durch Armut oder Reichtum der Ausstattung) entscheidend geprägt (vgl. HOLZKAMP 1973, LEONTJEW 1973, PAZZINI 1983). Durch die Formung der Wohnung und des Lebens in ihr nimmt das Kind erste Grundzüge gesellschaftlich geltender Normen wahr (vgl. KROVOZA 1975). Die Wohnkultur nimmt so auch Einfluß auf die Ich-Entwicklung des Kindes. Darauf machen – in relativ unspezifischer Weise – psychoanalytische (vgl. LORENZER 1972; vgl. WINNICOTT 1973a, b) und sozialisationstheoretische Arbeiten (vgl. BERGER/LUCKMANN 1970, S. 139ff) aufmerksam. Geht es in diesen Studien mehr um die emotionale und affektive Prägung des Kindes aufgrund der in einer spezifischen Wohnumwelt möglichen Interaktionen, so wird in anderen kognitionspsychologischen Untersuchungen (vgl. BRUNER 1974, PIAGET/INHELDER 1977) auch nach dem Einfluß der Wohnumwelt auf die kognitive Entwicklung gefragt. Insgesamt läßt sich aber feststellen, daß die Wohnkultur in ihren komplexen Zusammenhängen erst in jüngster Zeit zum Gegenstand sozialisationstheoretischer Forschungen gemacht worden ist (vgl. ABT 1972; vgl. HECKHAUSEN 1974, S. 2; vgl. HERZKA 1977; vgl. MEINHOLD/HOLLSTEIN 1975, S. 16ff; vgl. OERTER 1967, S. 313; vgl. ZIEHE 1975, S. 191ff), obwohl schon einige Jahre früher auf die Bedeutung der Wohnumwelt für den Sozialisationsprozeß hingewiesen wurde und auch differenzierte theoretische Modelle (vgl. BRONFENBRENNER 1981) vorgelegt worden sind (vgl. den Überblick von KUTSCHA 1986).

In der Geschichte der →Pädagogik ist – wenn auch mit wechselnder Intensität – immer wieder auf die Erziehungsmächtigkeit der «Wohnstube» hingeweisen worden, seit je ist der Unterricht in Analogie zur häuslichen Familienerziehung (→Familie – Familienerziehung) modelliert worden, ja die Anfänge didaktischer Theoriebildung weisen auf die ursprüngliche Einheit von Hofmeister-, Hauslehrer- und schulischer Erziehung hin. Comenius (1592–1670) fordert in seiner «Didactica magna», die Erziehung in früher Kindheit in der «Mutterschule» zu beginnen (vgl. Comenius 1954, S. 188ff); Rousseau (1712–1778) konstruiert in seinem bis heute für die pädagogische Theoriebildung fruchtbar gebliebenen Erziehungsroman «Émile» (1762) eine der Eigenstruktur der Erziehung genügende ideale Lebens- und Wohnumwelt des Zöglings Émile; Pestalozzi (1746–1827) hat in seinen Schriften immer wieder das Leben in der «Wohnstube» zum Vorbild und Ausgangspunkt jeglicher erfolgreichen Erziehung emphatisch beschrieben (vgl. Pestalozzi 1966). Und noch der Reformpädagoge Berthold Otto (1859–1933) hat sein Konzept eines schulischen Gesamtunterrichts auf das freie Gespräch am häuslichen Mittagstisch zurückgeführt und selbst «Ratschläge für den häuslichen Unterricht» (Otto 1908) veröffentlicht, die eine Fülle von Detailbemerkungen zur Erziehungsmächtigkeit des Wohnhauses enthalten (zur Geschichte pädagogischer Reflexion der Wohnumwelt vgl. Pazzini 1983, S. 96ff).

Die «Wohnkultur» im Sinne einer pädagogisch-ästhetischen Gestaltung gerät jedoch erst zum Ende des 19. Jahrhunderts in den Blick der Pädagogik, und zwar in dem Augenblick, in dem sich die zuvor gleichsam naturwüchsig tradierten Wohnkulturen unter den Bedingungen einer forcierten Industrialisierung nicht mehr von selbst reproduzierten, sondern zum Gegenstand einer öffentlich geforderten, planmäßigen Geschmacksbildung und Konsumerziehung gemacht werden sollten (vgl. Busemann 1927, 1937; vgl. Loewenberg 1903; vgl. Popp 1928, 1930; vgl. Waitz 1875). Das Interesse an der Vergrößerung von Absatzmärkten für industriell gefertigte Wohnungseinrichtungen und an der Förderung der internationalen Konkurrenzfähigkeit führte bereits vor 1914 zu einer «Reform» der Arbeiterwohnkultur und in der Weimarer Republik dann zur Entwicklung des sozialen Wohnungsbaus. In der Schule bleibt die Thematisierung der Wohnkultur im wesentlichen auf ein Fach, die Kunsterziehung, beschränkt (vgl. Ehmer 1979; vgl. Selle 1979, 1981), auch wenn Teilaspekte der Thematik im Sachunterricht der Grundschule und im Sozialkunde- und Geographieunterricht der Sekundarstufe I auftauchen (vgl. Schramke/Strassel 1978).

Wohnkultur und Postmoderne. Ein enger Zusammenhang zwischen der in einer Gesellschaft entwickelten Wohnkultur und den ökonomisch-technischen und soziokulturellen Reproduktionsbedingungen dieser Gesellschaft liegt auf der Hand. Der Nachweis dieses Zusammenhangs ist sowohl auf eine theoretische Bestimmung der gegenwärtigen Gesellschaftsformation als auch auf Detailanalysen angewiesen. Die aktuelle Diskussion in verschiedenen Disziplinen mit dem vorerst noch rein deskriptiven Begriff der *«Postmoderne»* (vgl. den ursprünglich architekturtheoretischen Gebrauch bei KLOTZ 1984, S. 15ff, S. 133ff; vgl. die philosophische Diskussion bei HABERMAS 1985; vgl. WELLMER 1985, S. 48ff) kann Hilfen für die Erarbeitung eines solchen theoretischen Bezugsrahmens geben; bereits vorliegende Detailanalysen (vgl. GLASER 1979, GÖTZE 1979, GÜNTHER 1979, HIPP 1982; vgl. INTERNATIONALES DESIGN ZENTRUM [IDZ] o. J., 1973; vgl. STURM 1977; vgl. WENZ-GAHLER 1979a, b) liefern jedoch nur erst einen bruchstückhaften Einblick.

Als generelle Entwicklungstendenz läßt sich feststellen, daß die jeweilige Wohnkultur in eine immer schärfer ausgeprägte, abstrakte Negation zum Arbeitsplatz gerät. Dem privaten Wohnen werden immer stärker Kompensationsfunktionen aufgebürdet, die am jeweiligen Arbeitsplatz nicht mehr erfüllt werden können: Die Wohnung soll Erholung, Entspannung, Geborgenheit, Gemütlichkeit liefern, sie soll zur Gestaltung der Freizeit taugen, sie soll der Selbstverwirklichung und dem Selbstwertgefühl dienen; sie soll andererseits - wie eh und je – als Statussymbol der sozialen Etikettierung und der Abgrenzung gegenüber anderen dienen. So bilden sich berufs- und sozialschichtspezifische Wohnstile heraus, die als Kompensation der jeweiligen Arbeitssituation auf die Arbeit bezogen bleiben (vgl. KOELBL/SACK 1980).

Gegen diese in sich totlaufenden Tendenzen einer immer stärkeren Kompensation der am Arbeitsplatz nicht befriedigten Bedürfnisse wenden sich verschiedene Ansätze *alternativen Wohnens* (vgl. ANDRITZKY u. a. 1981). Insgesamt läßt sich eine collageartige Vielfalt unterschiedlicher Wohnkonzepte ausmachen, es gibt vielfältige Vermischungen von eigentlich unverträglichen Wohnkonzepten in ein und derselben Wohnung, es gibt Ausbruchsversuche und die Flucht in den Historismus. Auf diesem Hintergrund scheinen staatliche und halbstaatliche Maßnahmen einer Wohnungsbaupolitik, die partikularen ökonomischen und bestenfalls architektonischen Überlegungen verhaftet bleiben, ebenso zu versagen wie die gutgemeinte pädagogische Ratgeberliteratur zur Wohnungsgestaltung (vgl. DESSAI 1974). Nicht einmal theoretische Konzeptionen stehen zur Verfügung, wie dies FRANK/SCHUBERT (vgl. 1983) festhalten und versuchsweise ältere Konzeptionen zur «Wohnungsfrage» zu Rate ziehen. Nach wie vor läßt sich jedoch beobachten, daß die Wohnkultur im Alltagsbewußtsein der Betroffenen und in utopischen Entwürfen einer nichtentfremdeten Lebenswelt unverändert zentrale Bedeutung hat (vgl. BLOCH 1959; vgl. JUGENDWERK DER DEUTSCHEN SHELL 1982, S. 103ff, S. 326ff, S. 582ff).

ABT, U.: Kind und Wohnen, Teufen 1972. ANDRITZKY, M./SELLE, G. (Hg.): Lernbereich Wohnen. Didaktisches Sachbuch zur Wohnumwelt vom Kinderzimmer bis zur Stadt, 2 Bde., Reinbek 1979. ANDRITZKY, M. u. a.: Für eine andere Architektur, 2 Bde., Frankfurt/M. 1981. ARIÈS, PH.: Geschichte der Kindheit, München/Wien 1975. BERGER, P. L./LUCKMANN, TH.: Die gesellschaftliche Konstruktion der Wirklichkeit, Frankfurt/M. 1970. BLOCH, E.: Das Prinzip Hoffnung, 2 Bde., Frankfurt/M. 1959. BOLLEREY, F./HARTMANN, K.: Zur Geschichte des alternativen Wohnens – ein Bildessay. In: Andritzky, M./Selle, G. (Hg.): Lernbereich..., Bd. 2, Reinbek 1979, S. 326ff. BOLLNOW, O. F.: Mensch und Raum, Stuttgart 1963. BRONFENBRENNER, U.: Die Ökologie der menschlichen Entwicklung, Stuttgart 1981. BRUNER, J. S.: Entwurf einer Unterrichtstheorie, Berlin/Düsseldorf 1974. BURNETT, J.: The Social History of Housing. 1815–1970, London 1983. BUSEMANN, A.: Pädagogische Milieukunde I, Halle 1927. BUSEMANN, A.: Handbuch der pädagogischen Milieukunde, Frankfurt/M. 1937. CHAPMAN, D.: The Home and The Social Status, London 1955. COMENIUS, J. A.: Große Didaktik, hg. v. A. Flitner, Düsseldorf/München 1954. DESSAI, E.: Kinderfreundliche Erziehung in der Dreizimmerwohnung, Frankfurt/M. 1974. EHMER, H. K. (Hg.): Ästhetische Erziehung und Alltag, Gießen 1979. ELIAS, N.: Über den Prozeß der Zivilisation, Bd. 1, Bern/München 1969. ELSCHENBROICH, F.: Kinder werden nicht geboren. Studien zur Entstehung der Kindheit, Frankfurt/M. 1977. FRANK, H./SCHUBERT, D. (Hg.): Lesebuch zur Wohnungsfrage, Köln 1983. FRÄNKLE, M.: Wohnkultur und Wohnwesen, Tübingen 1972. GEORGSDORF, H.: Betroffenheit: ernst genommen. Zum Thema Wohnen in der Oberstufe. In: Ehmer, H. K. (Hg.): Ästhetische Erziehung..., Gießen 1979, S. 43ff. GLASER, H.: Wohnbilder – Seelenbilder. In: Andritzky, M./Selle, G. (Hg.): Lernbereich..., Bd. 1, Reinbek 1979, S. 321ff. GLEICHMANN, P. R.: Gastlichkeit als soziales Verhältnis. Ein Baustein zu einer soziologischen Theorie des Tourismus. In: Mitteilungen des Instituts für Fremdenverkehrsforschung der Hochschule für Welthandel, Jahresheft, Wien 1973, S. 25ff. GLEICHMANN, P. R.: Wandel der Wohnverhältnisse, Verhäuslichung der Vitalfunktion, Verstädterung und siedlungsräumliche Gestaltungsmacht. In: Z. f. Soziol. 5 (1976), S. 319ff. GÖTZE, U.: Die gute Stube. In: Andritzky, M./Selle, G. (Hg.): Lernbereich..., Bd. 1, Reinbek 1979, S. 288ff. GÜNTHER, S.: Arbeitermöbel vor dem Ersten Weltkrieg. In: Andritzky, M./Selle, G. (Hg.): Lernbereich..., Bd. 1, Reinbek 1979, S. 312ff. HABERMAS, J.: Strukturwandel der Öffentlichkeit, Neuwied/Berlin 1962. HABERMAS, J.: Der philosophische Diskurs der Moderne, Frankfurt/M. 1985. HARTWIG, H.: Projekt 2: Wohnen. Arbeitsgruppe unter Vorsitz von H. Hartwig der Kommission zur Reform der hessischen Bildungspläne, Marburg 1971. HECKHAUSEN, H.: Faktoren des Entwicklungsprozesses. In: Weinert, F. E. u. a. (Hg.): Funkkolleg Pädagogische Psychologie, Bd. 1, Frankfurt/M. 1974, S. 101ff. HEIDEGGER, M.: Bauen, Wohnen, Denken. In: Heidegger, M.: Vorträge und Aufsätze, Pfullingen 1959, S. 145ff. HELLPACH, W.: Psychologie der Umwelt. In: Abderhalden, E. (Hg.): Handbuch der biologischen Arbeitsmethoden, Abt. VI, Teil C, Heft 3, Wien 1924. HELLPACH, W.: Kulturpsychologie, Stuttgart 1953. HERZKA, H. ST.: Spielzeug – Thesen. Über die Wirkung der Dinge auf das Kind, Zürich 1977. HIPP, H.: Wohnstadt Hamburg. Mietshäuser zwischen Inflation und Weltwirtschaftskrise, Hamburg 1982. HOLZKAMP, K.: Sinnliche Erkenntnis. Historischer Ursprung und gesellschaftliche Funktion der Wahrnehmung, Frankfurt/M. 1973. INTERNATIONALES DESIGN ZENTRUM (IDZ): Mode – das inszenierte Leben, Nr. 4, Berlin o. J. INTERNATIONALES DESIGN ZENTRUM (IDZ): Baderaum – sozialer Raum der Familie, Nr. 5, Berlin 1973. ITTELSON, W. H. u. a.: Einführung in die Umweltpsychologie, Stuttgart 1977. JUGENDWERK DER DEUTSCHEN SHELL (Hg.): Jugend '81, Opladen ²1982. KAMINSKI, G. (Hg.): Umweltpsychologie. Perspektiven – Probleme – Praxis, Stuttgart 1976. KLOTZ, H. (Hg.): Moderne und Postmoderne. Architektur der Gegenwart 1960–1980, Braunschweig/Wiesbaden 1984. KOELBL, H./SACK, M.: Das deutsche Wohnzimmer, München/Luzern 1980. KROVOZA, A.: Zur Genese der Normen abstrakter Arbeit. Eine sozialisationstheoretische Untersuchung aus dem Grenzbereich von Psychologie, Soziologie und Sozialgeschichte, Diss., Hannover 1975. KUTSCHA, G.: Lernfeld. In: Enzyklopädie Erziehungswissenschaft, Bd. 3, Stuttgart 1986, S. 531 ff. LANGEVELD, M. J.: Die Schule als Weg des Kindes, Braunschweig ²1963. LEONTJEW, A. N.: Probleme der Entwicklung des Psychischen, Frankfurt/M. 1973. LESCHINSKY, A./ROEDER, P. M.: Schule im historischen Prozeß, Berlin 1983. LOEWENBERG, J.: Geheime Miterzieher, Hamburg 1903. LORENZER, A.: Zur Begründung einer materialistischen Sozialisationstheorie, Frankfurt/M. 1972. MEINHOLD, M./HOLLSTEIN, W.: Erziehung und Veränderung. Entwurf einer handlungsbezogenen Sozialisationstheorie, Neuwied/Darmstadt 1975. MERTON, R. K.: The Psychology of Housing. In: Dennis, W. (Hg.): Current Trends in Social Psychology, Pittsburgh 1948, S. 163 ff. MITSCHERLICH, A.: Die Unwirtlichkeit unserer Städte. Anstiftung zum Unfrieden, Frankfurt/M. 1969. MÜLLER, M.: Sozialgeschichtliche Aspekte des Wohnens. In: Andritzky, M./Selle, G. (Hg.): Lernbereich..., Bd. 1, Reinbek 1979, S. 252 ff. OERTER, R.: Moderne Entwicklungspsychologie, Donauwörth 1967. OTTO, B.: Ratschläge für den häuslichen Unterricht, Berlin ³1908. PAZZINI, K.-J.: Unterrichtsanregung zur Funktion alltäglicher Gebrauchsgegenstände um das Essen herum. In: Ehmer, H. K. (Hg.): Ästhetische Erziehung..., Gießen 1979, S. 19 ff. PAZZINI, K.-J.: Die gegenständliche Umwelt als Erziehungsmoment. Zur Funktion alltäglicher Gebrauchsgegenstände in Erziehung und Sozialisation, Weinheim/Basel 1983. PESTALOZZI, J. H.: Lienhard und Gertrud, Bad Heilbrunn ²1966. PIAGET, J./INHELDER, B.: Die Psychologie des Kindes, Frankfurt/M. 1977. POPP, W.: Das pädagogische Milieu. Studien zum Milieubegriff und eine Milieupädagogik, Langensalza 1928. POPP, W.: Milieu und Selbstbestimmung in der individuellen Entwicklung, Langensalza 1930. SCHRAMKE, W./STRASSEL, J. (Hg.): Wohnen und Stadtentwicklung. Ein Reader für Lehrer und Planer, Oldenburg 1978. SELLE, G.: Weshalb keine Geschmackserziehung? In: Andritzky, M./Selle, G. (Hg.): Lernbereich..., Bd. 1, Reinbek 1979, S. 240 ff. SELLE, G.: Kultur der Sinne und ästhetische Erziehung. Alltag, Sozialisation, Kunstunterricht in Deutschland. Vom Kaiserreich zur Bundesrepublik, Köln 1981. SILBERMANN, A.: Vom Wohnen der Deutschen. Eine Studie über das Wohnerlebnis, Frankfurt/Hamburg 1966. STURM, H.: Fabrikarchitektur, Willer Arbeitersiedlung, München 1977. TRÄNKLE, M.: Wohnkultur und Wohnweisen, Tübingen 1972. WAITZ, TH.: Allgemeine Pädagogik und allgemeine Schriften, hg. v. O. Willmann, Braunschweig ²1875. WELLMER, A.: Zur Dialektik von Moderne und Postmoderne, Frankfurt/M. 1985. WENZ-GAHLER, I.: Die Küche. In: Andritzky, M./Selle, G. (Hg.): Lernbereich..., Bd. 1, Reinbek 1979, S. 266 ff (1979 a). WENZ-GAHLER, I.: Wohnen mit Kindern. In: Andritzky, M./Selle, G. (Hg.): Lernbereich..., Bd. 1, Reinbek 1979, S. 298 ff (1979 b). WINNICOTT, D. W.: Übergangsobjekte und Übergangsphänomene. In: Ammon, G. (Hg.): Psychoanalytische Pädagogik, Hamburg 1973, S. 141 ff (1973 a). WINNICOTT, D. W.: Objektverwendung und Identifizierung. In: Winnicott, D. W.: Vom Spiel zur Kreativität, Stuttgart 1973, S. 101 ff (1973 b). ZIEHE, TH.: Pubertät und Narzißmus, Frankfurt/Köln 1975.

Karl-Josef Pazzini

Z

Zeichen → Diskurs
Zeichentheorie → Elementarunterricht

Zeit

Begriff und Geschichte. Bei der «Zeit» handelt es sich nicht um etwas objektiv Gegebenes, sondern um ein von Menschen entwickeltes Bestimmungsverhältnis im Nacheinander einer Vielfalt von unterschiedlichen Geschehensabfolgen. Dabei werden unabhängig voneinander bestehende Abläufe oder Ereignisse zueinander in Beziehung gesetzt (etwa die Ankunft eines Reisenden in einer Stadt und ein sich dort ereignendes Fest). Daß diese Geschehnisse miteinander in Beziehung gebracht werden können, setzt die Bestimmung eines «Standardkontinuums» voraus. Dies können natürliche Abfolgen sein, in denen ein wiederkehrendes Muster identifiziert wird (etwa: Mondphasen, das Reifen von Früchten), das können auch sozial normierte Kontinua sein, wie etwa Monate oder Sekunden. Somit drückt die Zeit eine Syntheseleistung von Sozietäten aus, bei der drei oder mehr Kontinuen/Ereignisse aufeinander bezogen werden:

- erstens die verknüpfenden Menschen, die selbst einer ständigen Veränderung unterliegen,
- zweitens mindestens ein Wandlungskontinuum oder Ereignis, wie etwa ein zurückgelegter Weg, die Herstellung von Gegenständen oder eine Überschwemmung,
- drittens der feste Bezugsrahmen, das heißt das Standardkontinuum.

Das Standardkontinuum für sozialen oder physikalischen Wandel ist seit der Reformation in zunehmendem Maße und global die Uhr (vgl. ELIAS 1984).

Wort-/Problemgeschichte. Das Wort «Zeit» hat seine Wurzeln im indogermanischen «dā» und altindogermanischen «dāti»; die Bedeutung ist «teilen, zerreißen, schneidet ab, trennt». Darin drückt sich eine von der Zeit ausgehende Beunruhigung aus, die so lange fortwirkt, wie Geschehnisse überraschend hereinbrechen, also Unsicherheiten bezüglich des Standardkontinuums bestehen. Die Wahrnehmung von periodisch Wiederkehrendem (Mondphasen, Jahreszeiten, körperlichen Bedürfnissen) und die Formulierung sozialer Ereignisse (Kulthandlungen, Feste) erlauben eine Einteilung des Tages, des Jahres und des Lebens. Damit kann sich die Sozietät auf Ereignisse einstellen und das Leben rhythmisieren, ohne zu permanenter Zeitbestimmung genötigt zu sein. Einen entscheidenden Wandel erfährt das Zeitverständnis im europäischen Kulturkreis zwischen 1300 und 1650. Im Zuge fortschreitender gesellschaftlicher Differenzierung (vgl. LUHMANN 1978) erfolgt eine Umstellung von der durch Naturrhythmen und durch das Kirchenjahr bestimmten periodischen Zeit auf den durch die Uhr bestimmten linearen Zeittakt (vgl. WENDORFF 1980, S. 151ff).

Bedeutung im Kontext der Pädagogik. Die Schrift «De civilitate morum puerilium» des ERASMUS von 1529 (vgl. 1963) enthält ein breites Reglement, das der Erziehung bäuerischer Jungen zu zivilen Knaben dienen soll. «Affectui temperare», die Affekte zu beherrschen, wird darin zum Kern der →Erziehung erklärt. Diese Affektkontrolle muß erlernt werden, da sie dem Leib (→Körper) zunächst äußerlich ist. Das Kontroll- und Regelungsinstrument ist der Zeittakt.

Deutlich wird diese in den seit 1528 formulierten staatlichen Schulordnungen. In ihnen werden die Dauer der Schulzeit, der Schultag, die Jahrgangsklassen und die Pausen festgelegt (vgl. VORMBAUM 1860). Diesem öffentlich verordneten Standardkontinuum hat sich das subjektive, leib- und/oder naturorientierte Zeitempfinden der Heranwachsenden anzupassen. Die Anpassung ist nur durch die Überwindung starker Widerstände möglich, wie sich aus den zahlreichen Disziplinregeln in den Schulordnungen ablesen läßt. Etwa zur gleichen Zeit werden die ersten Armenordnungen (primär für Erwachsene) erlassen. Darin wird das Verhalten der gesamten Bevölkerung, speziell der niederen Schichten geregelt; Faulheit, Spielleidenschaft und Bettelei werden unter Strafe gestellt. Bei der Arbeit und in der Öffentlichkeit wird dem einzelnen seither eine durch die Uhr verifizierbare Pünktlichkeit und Stetigkeit zum Zwecke gesellschaftlicher Nützlichkeit, Sicherheit und Kontrolle abverlangt (vgl. DRESSEN 1982).

Die allgemeine Verstetigung des Tagesablaufes und speziell die Regulierung der Schulzeit ist im Zusammenhang mit der Idee des Fortschreitens von Individuum und Gesellschaft hin zu besseren Zuständen zu sehen. Parallel zur Orientierung an der Uhr wird «das immer Gleiche der eschatologischen Erwartung [...] abgelöst durch das immer Neue einer sich entlaufenden Zeit» (KOSELLECK 1968, S. 560). Seither wird auf die offene, weltliche Zukunft gesetzt, auf «progressus» statt «perfectus», statt auf eine transhistorische göttliche Vollkommenheit auf die Vervollkommnungsfähigkeit des einzelnen und der Sozietät im Geschichtsverlauf. Dieses wird als «Projekt der Moderne» bezeichnet (vgl. HABERMAS 1985).

Das damit verbundene Auseinanderfallen von Vergangenheit, Gegenwart und zu erwartender besserer Zukunft führt zu jener «Öffnung der Zeitschere» (BLUMENBERG 1986, S. 69ff), die das Individuum in eine problematische Situation bringt. Die eigene Lebenszeit enthält die Vergangenheit vor, da man in sie nicht zurückkann. Auch ist das eigene Leben zu kurz, um noch in den Genuß der Vollkommenheit der Welt der Zukunft zu gelangen. Ferner ist der einzelne aufgrund der zunehmenden Komplexität der Welt und ihrer Dynamisierung immer weniger in der Lage, auch nur die gegenwärtige Welt in seiner Lebenszeit einzuholen (→Lebenslauf). Auf diese Problemlage suchten schon die ersten Schulordnungen und, ein Jahrhundert später, Comenius eine Antwort. In der «Didactica magna» heißt es: «Wir müssen nunmehr zeigen, daß in den Schulen *alle alles* gelehrt werden müssen». Doch sei dies nicht so zu verstehen, «daß wir von allen die Kenntnisse aller Wissenschaften und Künste [...] verlangten. Das ist weder an sich nützlich noch bei der Kürze unsres Lebens irgendjemandem überhaupt möglich» (COMENIUS 1954, S. 58). Darin spiegelt sich ein erstes Zeitdilemma der →Pädagogik. Wenn die Zukunft vom Menschen gemacht werden soll, dann verzögert die (institutionalisierte) Erziehung als Vorbereitungszeit diese Möglichkeit und Aufgabe. Je komplexer die Welt wird, desto länger droht die Vorbereitungszeit zu geraten – bis hin zu jener Limesgestalt, nach der die ganze Lebenszeit als Lernzeit einzig Vorbereitung bleibt.

Ein zweites Zeitdilemma der Pädagogik resultiert aus dem «Eigenrecht des Kindes». Seit ROUSSEAUS «Emile» (1762; vgl. 1981) gilt das Kind gemäß seinem Entwicklungsstand als vollkommen – und ist zugleich unvollkommen. Die Gegenwart des Kindes darf demgemäß nicht der – wie auch immer für besser erachteten – Zukunft geopfert werden (vgl. SCHLEIERMACHER 1957, S. 47ff). Diese Orientierung an den Bedürfnissen und an der Entwicklung des Kindes gerät jedoch in Konflikt mit jener Idee der Gleichheit, nach der jeder Zugang zu jedem Wissen haben soll (→Kindheit). Wird den Bedürfnissen des Kindes der Primat zugesprochen, dann ist die Einsicht in die Notwendigkeit, das zu lernen, was die Erwachsenen für wesentlich halten, ein Appell an jene Vernunft, die bei Unmündigen noch gar nicht vorausgesetzt werden kann. Daher spricht vieles für die Orientierung an einer hypostasierten «normalen» Entwicklung, an kanonisierten Curricula, für feste Schulzeiten, Schulpflicht und Stundenpläne zwecks Realisierung egalisierender Bedingungen und der Stabilisierung des Fortschritts. Der Preis ist jedoch tendenziell die Einschränkung des Eigenrechtes des Kindes im Hinblick auf eigene Zeitgestaltung und →Entwicklung.

Stand und Ausblick. Die Debatte um die Zeitproblematik bewegt sich in der Pädagogik im spannungsreichen Dreieck von Weltaneignung, Fortschrittsinteressen und Eigenrecht. Wird die Orientierung des einzelnen am gesellschaftlichen Fortschritt erwartet, fällt die Entscheidung zugunsten der gesellschaftlich auferlegten Zeitschemata, das heißt zugunsten der Uhr (vgl. MOLLENHAUER 1986). Wird das Eigenrecht betont, führt dies zur Orientierung an individuellen Zeitstrukturen (vgl. GEISSLER 1985, RUMPF 1987). Auch wird versucht, zwischen der chronometrischen Zeit und der Eigenzeit zu vermitteln (vgl. die Beispiele bei MOLLENHAUER 1986, S. 90).

Wird die Legitimität des Projektes Moderne bezweifelt (im Überblick: vgl. WELSCH 1987), dann expandieren die Probleme des Umgangs mit der Zeit (vgl. KAMPER/WULF 1987). Werden der Fortschritt und absolute Wahrheitsansprüche kritisiert, so werden auch die Begründungen für die Auswahl von Unterrichtsinhalten und die Negierung des Rechts auf Eigenzeit fragil, weil es damit an legitimierbaren, universalen Zukunftsorientierungen fehlt. Rückwirkungen hätte ein Ende der Moderne auch auf die Identitätsbildung des Individuums. Erziehung zur → Identität als Programm der Wahrung von Kontinuität in der Zeit ist nur dort plausibel, wo ein stetiger Fortschritt von Individuum und Gesellschaft postuliert wird. Wird aber die Ausschließlichkeit des Projektes Moderne kritisiert und werden Differenzen sowie Pluralität deskriptiv und präskriptiv artikuliert, so bedeutet jegliche Orientierung an einer kontinuierlichen Identität das Vorenthalten von dem, was das Individuum auch noch sein könnte, wäre es nicht an *eine* Identität gebunden. Identitätsbildung ist dann nicht mehr Formung der → Individualität, sondern repressiv.

Die Konsequenz kann nicht eine Orientierung an der subjektiven Gestaltung von Zeit sein. Denn mit dem Ende der Moderne verlöre sich auch die Idee vom autonomen Subjekt (vgl. WELSCH 1987, S. 315ff). Die Konsequenz liegt vielleicht in der Orientierung am beziehungsweise im Augenblick – oder in der Einordnung des Menschen in eine neue Kosmologie als neuem Standardkontinuum.

BLUMENBERG, H.: Lebenszeit und Weltzeit, Frankfurt/M. 1986. COMENIUS, J. A.: Große Didaktik (1657), übers. u. hg. v. A. Flitner, Düsseldorf/München 1954. DRESSEN, W.: Die pädagogische Maschine. Zur Geschichte des industrialisierten Bewußtseins in Preußen/Deutschland, Frankfurt/Berlin/Wien 1982. ELIAS, N.: Über die Zeit. Arbeiten zur Wissenssoziologie II, hg. v. H. Schröter, Frankfurt/M. 1984. ERASMUS VON ROTTERDAM: Über die Umgangserziehung der Kinder (1529). In: Erasmus von Rotterdam: Ausgewählte pädagogische Schriften, besorgt v. A. J. Gail, Paderborn 1963, S. 89ff. GEISSLER, K. A.: Zeit leben, Weinheim/Basel 1985. HABERMAS, J.: Der philosophische Diskurs der Moderne, Frankfurt/M. 1985. KAMPER, D./WULF, CH. (Hg.): Die sterbende Zeit. Zwanzig Diagnosen, Darmstadt/Neuwied 1987. KOSELLECK, R.: Vergangene Zukunft der frühen Neuzeit. In: Barion, H. u. a. (Hg.): Epirrlosis. Festgabe für Carl Schmitt. Zweiter Teilband, Berlin 1968, S. 549ff. LUHMANN, N.: Handlungstheorie und Systemtheorie. In: Köln. Z. f. Soziol. u. Sozpsych. 30 (1978), S. 211ff. MOLLENHAUER, K.: Zur Entstehung des modernen Konzepts von Bildungszeit. In: Mollenhauer, K.: Umwege. Über Bildung, Kunst und Interaktion, Weinheim/München 1986, S. 68ff. ROUSSEAU, J.-J.: Emil oder Über die Erziehung (1762), Paderborn u. a. 1981. RUMPF, H.: Belebungsversuche. Ausgrabungen gegen die Verödung der Lernkultur, Weinheim/München 1987. SCHLEIERMACHER, F.: Pädagogische Schriften u. Mitwirk. v. Th. Schulze hg. v. E. Weniger, Bd. 1: Die Vorlesungen aus dem Jahr 1826, Düsseldorf/München 1957. VORMBAUM, R.: Die evangelischen Schulordnungen des sechzehnten Jahrhunderts, Gütersloh 1860. WELSCH, W.: Unsere postmoderne Moderne, Weinheim 1987. WENDORFF, R.: Zeit und Kultur. Geschichte des Zeitbewußtseins in Europa, Wiesbaden 1980.

Gerhard de Haan

Zeitung → Medienpädagogik
Zensur → Zeugnis – Zertifikat
Zerstörung → Aggression
Zertifikat → Zeugnis – Zertifikat

Zeugnis – Zertifikat

Staatliche Schulzeugnisse sind rechtswirksame Urkunden, in denen →Lehrer die von ihnen wahrgenommenen Lernleistungen von Schülern im Rahmen ihrer dienstlichen Verpflichtung zur Beurteilung, staatlich autorisiert und extern verbindlich, beurteilen. Sie dienen erstens der →Selektion durch die zusammenfassende Feststellung der Eignung von Schülern gegenüber Dritten (schulintern, Bildungssystem, Beschäftigungssystem); als Darstellung der Ergebnisse der Leistungskontrollen sollen sie zweitens Schülern und Eltern Orientierungshilfen geben, →Schüler motivieren wie auch gegebenenfalls disziplinieren. Sie enthalten in der Regel Angaben über die Schule, den Schüler, die unterrichteten Fächer, die erreichten Noten und gegebenenfalls Berechtigungen, ferner urkundliche Unterschriften der Lehrer und des Schulleiters. Während Halbjahreszeugnisse überwiegend Informationszwecken dienen, sind die meisten anderen Zeugnisarten (Schuljahreszeugnisse, Übergangszeugnisse beim Wechsel zwischen Schulstufen, Abgangs- und Abschlußzeugnisse) mit der Vergabe oder Verweigerung von Berechtigungen verknüpft:

- Das Schuljahreszeugnis gibt oder verweigert das Recht, die nächsthöhere Klassenstufe zu besuchen.
- Das Übergangszeugnis der Grundschule oder der Förder-/Orientierungsstufe gibt oder verweigert – mit gewissen Einschränkungen zu-

gunsten der Eltern – das Recht, zwischen verschiedenen Schulformen des Sekundarbereichs I zu wählen.

- Das Abgangszeugnis – soweit es nicht ein mobilitätsbedingtes Übergangszeugnis ist – verweigert in der Regel den innerhalb der Schulpflichtzeit erfolglosen Schülern das Recht auf weiteren Schulbesuch innerhalb des öffentlichen allgemeinbildenden Schulwesens – es bestätigt lediglich das Absolvieren der Pflichtschulzeit, gibt aber keine weiteren Berechtigungen.
- Das Abschlußzeugnis gibt je nach Schultyp, Schulstufe und Qualität gestufte Rechte auf weitere Bildungs-/Ausbildungsgänge. Hier handelt es sich um *Zertifikate*, die mit *externen* Berechtigungen verknüpft sind.

Zeugniserteilung und Zertifizierung unterliegen als Schulverwaltungsakte formalen bürokratischen Regeln und Kontrollen, was ihren Charakter als staatliche Hoheitsakte mit rechtsverbindlicher Qualität verdeutlicht. Die Entwicklung der Zeugnisse zum Ausdruck staatlich-administrativer Steuerungs- und Kontrollbedürfnisse geht historisch mit dem Ausbau des Schulwesens einher: Im höheren Schulwesen dienten Zeugnisse der staatlich-utilitaristischen Bildungssteuerung bei der Auslese für den staatlichen und gesellschaftlichen «Führungskräfte»-Nachwuchs; im Elementarschulwesen hatten sie als Hauptzweck, die Erfüllung der Schulpflicht zu kontrollieren. Nicht pädagogische, sondern politisch-administrative, soziale und organisatorische Motive begründen die Entwicklung, die zum heutigen staatlichen Schulzeugnis geführt hat (vgl. DOHSE 1967, S. 39ff).

Die rechtlichen Regelungen sind im einzelnen von Bundesland zu Bundesland höchst unterschiedlich. Sie haben nur in Ausnahmefällen Gesetzescharakter, überwiegend handelt es sich um Verwaltungsverordnungen, Erlasse oder Bekanntmachungen, also kultus-*administrative* Regelungen (vgl. KEIM 1978a). So können *formal* gleichwertige Zertifikate auf *inhaltlich* höchst unterschiedliche Weise erworben werden – die Berechtigungen selbst sagen über den Lernweg, seine Bedingungen und das tatsächliche Qualifikationsprofil nichts aus. Daraus folgen erhebliche Probleme der wechselseitigen Anerkennung von Schulabschlüssen zwischen den Bundesländern. KEIM (1978b, S. 215) kommt nach ausführlicher Untersuchung und Darstellung der Rechtslage und ihrer sozialen und pädagogischen Folgen zu folgendem Resümee: «Für das System der bestehenden Abschlüsse gilt [...] insgesamt, daß sie erstens unüberschaubar, zweitens kaum vergleichbar und drittens rein formale Nachweise über die Schuldauer und Schulform, teilweise noch über allgemeine Notendurchschnitte sind.»

Im folgenden werden Zeugnisse/Zertifikate unter zwei Aspekten behandelt:

- Funktion und Kritik von Zeugnissen/Zertifikaten im Lernprozeß: der pädagogische Aspekt.
- Funktion und Kritik des Berechtigungswesens im gesellschaftlichen Reproduktionszusammenhang: der politisch-soziale Aspekt.

Der pädagogische Aspekt. Zeugnisse sollen für den Lernprozeß die Funktion haben, dem Schüler und seinen Eltern beziehungsweise Erziehungsberechtigten den Grad des Erreichens von Leistungsanforderungen in einzelnen Schulfächern oder Kursen rückzumelden und damit Hinweise auf Defizite und Erfolge zu geben. Sie vermitteln damit halbjährlich ein Gesamtbild des Leistungsstandes von Schülern, wie er von den unterrichtenden und beurteilenden Lehrern wahrgenommen und mit Zensuren bewertet wird, stellen also eine *Diagnose* dar. Sie dient gleichzeitig als *Prognose* auf die erwartete künftige Leistungsfähigkeit des Schülers – die Versetzung beispielsweise ist Ausdruck der Annahme, daß der Schüler die Leistungsanforderungen des höheren Schuljahres bewältigen kann.

Allerdings ist der objektive diagnostische und prognostische Gehalt der Zensurenaussage minimal, wie die entsprechende Forschung hinreichend nachgewiesen hat (vgl. INGENKAMP 1976, SCHAUB 1979). Abgesehen von unlösbaren Bewertungsproblemen schriftlicher und mündlicher Leistungen genügt die Zensurierung nicht einmal minimalen Diagnosekriterien: weder sagt die Zensur etwas über die situativen, institutionellen, sozialen und curricularen Umstände des →Lernens, noch gibt sie Auskunft über die Bewertungskriterien und den Prozeß oder die Verfahren der Bewertung. Von Objektivität im Sinne intersubjektiver Kontrollierbarkeit und Überprüfbarkeit der jeweiligen Bewertung kann keine Rede sein.

Während die wissenschaftliche Kritik an der mangelnden Objektivität der Zensurengebung Allgemeingut der Erziehungswissenschaften ist, äußert sich etwa ab Mitte der 70er Jahre eine grundsätzlichere pädagogische Kritik, die sich unter Gesichtspunkten förderungs- und schülerorientierter Pädagogik gegen das System der quantitativen Leistungsmessung und Zensurengebung richtet und versucht, qualitative kommunikative Verfahren einer förderungsorientierten Lerndiagnostik zu entwickeln (vgl. BRANDT/LIEBAU 1978, HERRLITZ 1979, SCHECKENHOFER 1975). Diese Kritik richtet sich vor allem auch gegen die der Praxis der Zensuren- und Zeugniserteilung zugrundeliegende Normalverteilungsannahme, die besagt, daß nach Kriterien statistischer Repräsentativität Schülerleistungen im Durchschnitt so streuen, daß es immer relativ wenige extreme (gute oder schlechte), aber relativ breite mittlere Leistungen gäbe. Diese Annahme wird kritisiert, weil es im Rahmen gezielter Lehr- und Lernprozesse gerade um die bewußte und gezielte Einwirkung auf das Leistungsvermögen geht, wobei förderungsorientierte Pädagogik möglichst allen Schülern zum Lernerfolg verhelfen soll (vgl. CARROLL 1972). Die Normalverteilungsannahme erklärt dieses Ziel von vornherein für unerreichbar – unabhängig davon, was an tatsächlichen Lernerfolgen erzielt worden sein mag. Sie hat zur Folge, daß es immer und in jeder Klassenstufe wieder auch erfolglose – schwache – Schüler geben *muß*, also die Folge funktionierender Selektion anhand einer gruppenbezogenen Maßstabsbildung (vgl. SCHAUB 1979).

Auch die weiteren der Zensurierung und Zeugnisvergabe zugrundeliegenden Prinzipien sind in der Erziehungswissenschaft scharf kritisiert worden:

- Das individualistische Leistungsprinzip mit der Folge der Konkurrenz zwischen den Schülern widerspricht dem Bildungs- und Förderungsauftrag der Schule und widerlegt tagtäglich alle gutgemeinten Bemühungen um kooperatives und soziales Lernen;
- Lernkontrollen richten sich in der Regel nur auf – mehr oder minder – leicht abprüfbare *kognitive* Lernleistungen in vorgegebenen Lernbereichen; personale und soziale Bildungsziele und -prozesse bleiben aus der Bewertung ebenso ausgeschlossen wie kooperative Lernprozesse, etwa die Lösung gemeinsamer Aufgaben in Gruppen;
- für die Veränderung und Verbesserung von →Unterricht oder schulischen Lernbedingungen sind Zensuren sowie Zeugnisse völlig untauglich, weil sie keine Aussagen über Lehr-/Lernprozesse, Lernerfolge und Lernschwierigkeiten zulassen, die Veränderungsansätze an den Bedingungen des Lernens zur Folge haben könnten.

Es ist erstaunlich, wie resistent die Schulpraxis der Zensuren- und Zeugniserteilung gegenüber dieser wohlfundierten wissenschaftlichen Kritik geblieben ist und noch immer bleibt. Das psychosoziale Elend insbesondere der Verlierer – der Zurückgestellten, Sitzenbleiber, Schulabgänger, der drop-outs, der Haupt- und Sonderschüler, der Ausländerkinder – ist inzwischen vielfach beschrieben: Die sozialen Kosten der Selektion sind sehr hoch und widerlegen alle politischen Beteuerungen der positiven Qualität des Schulsystems.

Der politisch-soziale Aspekt. Zielt die pädagogische Kritik primär auf die negativen Binnenwirkungen von Zensuren und Zeugnissen, so richtet sich die politisch-soziale Kritik gegen die externen Effekte: Durch Zeugnisse, insbesondere durch Zertifikate werden Qualifikationszuschreibungen rechtswirksam; sie öffnen oder schließen den Zugang zu Ausbildungen und Berufen. Sie haben so eine unmittelbar statuswirksame Funktion, weil sie innerhalb des Systems gesellschaftlicher Ungleichheit die Chancen auf bildungs- und berufsbezogene soziale Teilhabe nach Maßgabe der Berechtigungen ungleich verteilen. Daß das

Zertifikatswesen überwiegend nur administrativ geregelt ist, obwohl hier Grundrechte tangiert werden, wird auch von juristischer Seite zunehmend kritisiert (vgl. OPPERMANN 1976). Damit trägt das Berechtigungswesen als Ausdruck der Selektionsfunktion der Schule zur Reproduktion gesellschaftlicher Ungleichheit bei und überformt den pädagogischen Bildungs- und Förderungsauftrag der Schule.

Ist Ungleichheit schon für das auch in der Schule institutionalisierte liberale Leistungs- und Konkurrenzprinzip (vgl. OFFE 1972) konstitutiv, so zeigt sich doch die gesellschaftliche Bedeutung erst bei der Analyse der Folgen: Die Chancen auf den Erwerb von Berechtigungen sind von vornherein je nach den Voraussetzungen der sozialen Herkunft unterschiedlich. Herkunftsspezifische Selektion (→Schicht, soziale) funktioniert trotz Ausbau des Bildungswesens und trotz aller – wenn auch ohnehin nur gebremsten – Chancengleichheitsbemühungen nahezu unverändert, wenn sich auch insgesamt der Anteil der Unterschichtkinder an weiterführenden Schulen und höheren Abschlüssen leicht erhöht hat und die geschlechtsspezifische Selektion nahezu verschwunden ist (vgl. EIGLER u. a. 1980); die Aufsteiger kommen aber im wesentlichen aus den mittleren und unteren Mittelschichten, nicht aus den unteren Schichten (vgl. KEMMLER 1976).

Damit erweist sich das Berechtigungswesen auch als Instrument gesellschaftlicher Herrschaft: Die Schule als vorwiegend mittelschichtgeprägte Institution reproduziert in der Vergabe von Berechtigungen im wesentlichen die gesellschaftliche Hierarchie; die Dominanz von Mittelschichteinflüssen in der Definition der Leistungsanforderungen und Verkehrsformen privilegiert die entsprechend sozialisierten Kinder von vornherein. Die im Leistungs- und Konkurrenzprinzip enthaltene Gleichheits- und Gerechtigkeitsvorstellung erweist sich real als Ideologie. Gerade durch die abstrakten, für alle Kinder idealiter gleichen Leistungsmaßstäbe wird die konkrete Unterschiedlichkeit der Voraussetzungen negiert – die abstrakte Gleichheit führt bei konkret unterschiedlichen Motivationslagen, psychischen Stabilitätsbedingungen, Erfahrungs- und Verkehrsformen notwendig zu den unterschiedlichen Lernergebnissen, die der Lehrer als Leistungsbeurteiler zu registrieren hat (vgl. BRANDT/LIEBAU 1978, S. 64): Das Ergebnis ist die herkunftspezifische Selektion. Daß dies keineswegs nur eine Errungenschaft des deutschen Schulwesens ist, sondern eine allgemeine Folge bürokratischer Schulstrukturen in Industrieländern, sei ausdrücklich vermerkt: Die Selektionsfunktion der → Schule scheint eine grundlegende Struktureigenschaft industrieller Gesellschaften zu sein, wie immer unterschiedlich das Schulwesen auch ausgeprägt sein mag.

Eine wesentliche Folge dieser Form der Selektion liegt in der Internalisierung des Leistungs- und Konkurrenzprinzips durch die Schüler. Die

Verlierer des Konkurrenzkampfes müssen sich den Mißerfolg als *selbstverursacht* zuschreiben, weil sie an den gleichen, auch für die Gewinner geltenden Anforderungen gescheitert zu sein scheinen – und auch die Gewinner müssen sich ihren Erfolg als eigenen bestätigen; Mißerfolg oder Erfolg werden so als objektiv gerechtfertigt erlebt, ohne daß in den Blick kommt, daß das Ergebnis im Durchschnitt von vornherein programmiert war (vgl. ARBEITSGRUPPE SCHULFORSCHUNG 1980). Unterschiedlicher Erfolg und gesellschaftliche Hierarchie erfahren hier eine individuell äußerst wirksame, scheinbare Rechtfertigung; beide scheinen durch individuelle Unterschiede des Leistungsvermögens begründet (vgl. SCHLÖMERKEMPER 1976). Institutionelle Zuschreibung von Leistungsvermögen und Selbstattribution treffen sich so im Legitimationsmuster: ein Beitrag des Berechtigungswesens zur Stabilisierung gesellschaftlicher Ungleichheitsstrukturen.

Zusammenfassend läßt sich sagen, daß sich im Beurteilungs- und Berechtigungswesen dominierende gesellschaftliche Interessen ausdrükken:
- Interessen des Beschäftigungssystems an der flexiblen Reproduktion der Qualifikationspyramide und der Aufrechterhaltung hierarchischer Strukturen der Arbeitsteilung;
- Interessen des Staates an der Loyalisierung der Staatsbürger durch die Herstellung formaler Gleichheit und Gerechtigkeit bei faktischer gesellschaftlicher Ungleichheit und Herrschaft;
- Interessen der Schule als staatlicher Institution an der Loyalisierung und Disziplinierung der Schüler;
- Interessen der Mittelschichten an der Aufrechterhaltung des erworbenen familialen Status oder Aufstiegs und der kulturellen Dominanz;
- schließlich auch Interessen des privilegierten Teils der Lehrerschaft an der Aufrechterhaltung der Statusdiskrepanz zwischen den verschiedenen Lehrergruppen.

Damit sind auch die wesentlichen Nutznießer des Berechtigungswesens angegeben. Den Schaden haben demgegenüber:
- alle Schüler, weil sie gezwungen sind, unter Bedingungen des Leistungs- und Konkurrenzprinzips zu lernen, insbesondere aber die von vornherein unterlegenen Kinder aus den unteren Sozialschichten und natürlich deren Eltern;
- alle Lehrer (wenn auch in unterschiedlichem Ausmaß und widersprüchlichen Formen), weil sie ihre genuine pädagogische Bildungs- und Förderungsaufgabe immer nur untergeordnet erfüllen dürfen;
- in einem weiteren Sinne schließlich all jene, die aufgrund ihrer sozialen Lage oder ihrer Einsicht und Entscheidung ein Interesse am Abbau gesellschaftlicher Ungleichheit haben: und das ist die große Mehrheit der Bevölkerung.

Perspektiven. Die hier dargestellte Kritik des Zeugnis-, Zertifikats- und Berechtigungswesens darf nicht so mißverstanden werden, daß es eine realistische Perspektive der schlichten Abschaffung von Berechtigungen geben könnte. Eher geht es darum, pädagogische und politische Bemühungen um die Durchsetzung des Bildungs- und Förderungsauftrags der Schule gegenüber ihrer Selektionsfunktion zu verstärken. Pädagogische Bedingungen liegen beispielsweise in der Erforschung, Entwicklung und Durchsetzung kommunikativer, förderungsorientierter Lerndiagnostik in Verbindung mit schülerorientierter pädagogischer Organisation und Unterricht (vgl. HERRLITZ 1979); politische Bedingungen sind zuallererst in der rechtlichen Vereinheitlichung des Übergangs- und Abschlußwesens bei gleichzeitiger Verstärkung und rechtlicher Sicherung der pädagogischen Selbständigkeit der einzelnen Schulen zu suchen (vgl. KEIM 1978a, b). Daß diese Bemühungen freilich im größeren gesellschaftlichen Rahmen der sozialen und politischen Kräfteverteilung stehen und ihr Erfolg oder Mißerfolg letztlich auf den Hauptfeldern der gesellschaftlichen Auseinandersetzungen entschieden wird, darf allerdings nicht vergessen werden.

ARBEITSGRUPPE SCHULFORSCHUNG: Leistung und Versagen. Alltagstheorien von Schülern und Lehrern, München 1980. BRANDT, H./LIEBAU, E.: Das Team-Kleingruppen-Modell. Ein Ansatz zur Pädagogisierung der Schule, München 1978. CARROLL, J. B.: Lernerfolg für alle. In: Westerm. P. Beitr. 24 (1972), S. 7ff. DOHSE, W.: Das Schulzeugnis. Sein Wesen und seine Problematik, Weinheim/Berlin [2]1967. EIGLER, H. u. a.: Quantitative Entwicklungen: Wem hat die Bildungsexpansion genutzt? In: Rolff, H.-G. u. a. (Hg.): Jahrbuch für Schulentwicklung, Bd. 1, Weinheim/Basel 1980, S. 45ff. HERRLITZ, H.-G. (Hg.): Die Praxis der Lerndiagnose und Lernförderung im Team-Kleingruppen-Modell, Mimeo, Göttingen 1979. INGENKAMP, K. (Hg.): Die Fragwürdigkeit der Zensurengebung, Weinheim/Basel [6]1976. KEIM, W.: Abschlüsse und Abschlußsysteme im Sekundarbereich I. In: Bundesminister für Bildung und Wissenschaft (Hg.): Bericht der Bundesregierung über die strukturellen Probleme des föderativen Bildungssystems, Bonn 1978, S. 168ff (1978a). KEIM, W.: Der Sekundarstufen-I-Abschluß im Spannungsfeld bildungsökonomischer, gesellschaftspolitischer und pädagogischer Intentionen. In: Keim, W. (Hg.): Sekundarstufe I. Modelle, Probleme, Perspektiven, Königstein 1978, S. 214ff (1978b). KEMMLER, L.: Schulerfolg und Schulversagen, Göttingen 1976. OFFE, C.: Leistungsprinzip und industrielle Arbeit. Mechanismen der Statusverteilung in Arbeitsorganisationen der industriellen «Leistungsgesellschaft», Frankfurt/M. [2]1972. OPPERMANN, TH.: Nach welchen rechtlichen Grundsätzen sind das öffentliche Schulwesen und die Stellung der an ihm Beteiligten zu ordnen? In: Ständige Deputation des Deutschen Juristentages (Hg.): Verhandlungen des 51. Deutschen Juristentages Stuttgart 1976, Bd. 1 (Gutachten), Teil C, München 1976, S. C5ff. SCHAUB, H.: Das Problem der Lerndiagnose und der Lernförderung in der erziehungswissenschaftlichen Diskussion. In: Herrlitz, H.-G. (Hg.): Die Praxis der Lerndiagnose und Lernförderung im Team-Kleingruppen-Modell, Göttingen 1979, S. 5ff. SCHECKENHOFER, H.: Objektivierte Selektion oder Pädagogische Diagnostik? In: Z. f. P. 21 (1975), S. 929ff. SCHLÖMERKEMPER, J.: Konfliktquellen im reformierten Schulsystem. Der Schüler im Widerspruch zwischen Entfremdung und Emanzipation. In: Tillmann, K.-J. (Hg.): Sozialpädagogik in der Schule. Neue Ansätze und Modelle, München 1976, S. 70ff.

Eckart Liebau

Zielformulierung → Erziehungsziel; → Lernziel
Zielgruppenorientierung → Erwachsenenbildung
Zögling → Pädagogik, Geisteswissenschaftliche; → Schüler; → Verhältnis, pädagogisches
Züchtigung, körperliche → Erziehung; → Kindesmißhandlung
Zugangschance → Chancengleichheit; → Prüfung; → Selektion
Zukunft → Zeit
Zukunftsangst → Angst
Zusammenarbeit (Lehrer – Eltern) → Elternarbeit
Zwillingsforschung → Begabung

Autorenverzeichnis

ASSELMEYER, HERBERT; M. A.; Institut für Entwicklungsplanung und Strukturforschung (IES) an der Universität Hannover: *Autodidaktik; Selbsttätigkeit – Selbständigkeit.*

AUSTERMANN, ANTON; Univ.-Prof. Dr.; Hochschule der Künste Berlin: *Erziehung, geschlechtsspezifische; Medienpädagogik.*

BAACKE, DIETER; Univ.-Prof. Dr.; Universität Bielefeld: *Jugend.*

BARTSCH, NORBERT; Univ.-Prof.; Freie Universität Berlin: *Gesundheitserziehung* (mit Basler).

BASLER, HEINZ-DIETER; Univ.-Prof. Dr. Dr.; Universität Marburg: *Gesundheitserziehung* (mit Bartsch).

BAST, ROLAND; Dr.; FernUniversität Gesamthochschule Hagen: *Autonomie.*

BECHTHOLD, MARITA; Universität Oldenburg: *Kleidermode.*

BENNER, DIETRICH; Univ.-Prof. Dr.; Humboldt-Universität Berlin: *Pädagogik, systematische.*

BENNER, HERMANN; Dr., Wissenschaftlicher Direktor; Bundesinstitut für Berufsbildung, Berlin: *Ausbildungsberuf.*

BICHLER, THOMAS; M. A.; Berlin: *Prüfung* (mit Brauner); *Ritual; Stigmatisierung.*

BLANKERTZ, HERWIG; Univ.-Prof. Dr. (†); zuletzt Universität Münster: *Neuhumanismus* (mit Matthiesen).

BLANKERTZ, STEFAN; Dr. habil.; Bonn: *Erziehung, anarchistische.*

BOCKOW, JÖRG; Dipl.-Päd.; Universität Münster: *Droge* (mit Kindermann).

BÖNSCH, MANFRED; Univ.-Prof. Dr.; Universität Hannover: *Anspruchsniveau; Differenzierungsform.*

BRACHT, ULLA; Dr.; Universität Münster: *Fach – Fächerkanon.*

BRAUNER, KLAUS; Dr.; Evangelisches Zentralinstitut für Familienfragen GmbH, Berlin: *Pädagogik, psychoanalytische; Prüfung* (mit Bichler).

BRÜGGEN, FRIEDHELM; Priv.-Doz. Dr.; Universität Münster: *Tradition.*

BRUMLIK, MICHA; Univ.-Prof. Dr.; Universität Heidelberg: *Anschauung; Begegnung; Erziehungsziel; Interaktionismus, Symbolischer.*

BRUNKHORST, HAUKE; Univ.-Prof. Dr.; Universität Frankfurt/Main: *Systemtheorie.*

BÜNDER, WOLFGANG; Dr.; Institut für die Pädagogik der Naturwissenschaften (IPN) an der Universität Kiel: *Lehrerfortbildung* (mit Haft).

BUSSMANN, HANS-W.; Dr.; Universität Bielefeld: *Kreativität* (mit Heymann).

DIECKMANN, BERNHARD; Priv.-Doz. Dr.; Freie Universität Berlin: *Erfahrung; Phantasie* (mit Wimmer); *Spontaneität* (mit Wimmer).

DÜRR, WALTER; Univ.-Prof. Dr.; Freie Universität Berlin: *Betriebspädagogik.*

EDDING, FRIEDRICH; em. Prof. Dr. Dr.; Technische Universität Berlin: *Bildungsökonomie.*

ERTLE, CHRISTOPH; Prof. Dr.; Pädagogische Hochschule Ludwigsburg (Abt. Reutlingen): *Aggression.*

FINGERLE, KARLHEINZ; Univ.-Prof. Dr.; Gesamthochschule Kassel: *Schule; Schüler.*

FRANZKE, REINHARD; Univ.-Prof. Dr.; Universität Hannover: *Qualifikation – Qualifikationsforschung.*

FROMM, MARTIN; Priv.-Doz. Dr.; Universität Gesamthochschule Paderborn: *Lehrplan, heimlicher.*

GEISSLER, ERICH E.; em. Univ.-Prof. Dr. Dr. h.c.; Universität Bonn: *Strafe.*

GEISSLER, HARALD; Univ.-Prof. Dr.; Universität der Bundeswehr Hamburg: *Management-Education; Methode; Unterricht.*

GEULEN, DIETER; Univ.-Prof. Dr.; Freie Universität Berlin: *Ich; Sozialisation.*

GIEL, KLAUS; Univ.-Prof. Dr.; Universität Ulm: *Elementarunterricht; Verantwortung.*

GIESECKE, HERMANN; Univ.-Prof. Dr.; Universität Göttingen: *Bildung, politische.*

GIPSER, DIETLINDE; Univ.-Prof. Dr.; Universität Hannover: *Kinder-/Jugendkriminalität.*

GLANTSCHNIG, HELGA; Dr.; Wien: *Frauenbildung.*

GLÜCK, GERHARD; Univ.-Prof. Dr.; Universität Köln: *Sexualerziehung* (mit Schliewert).

GRAMMES, TILMAN; Univ.-Prof. Dr.; Technische Universität Dresden: *Reform.*

GROOTHOFF, HANS-HERMANN; em. Prof. Dr. Dr. h.c.; Universität Köln: *Erzieher.*

HAAN, GERHARD DE; Univ.-Prof. Dr.; Freie Universität Berlin: *Autobiographie* (mit Langewand und Schulze); *Beratung; Umwelterziehung* (mit Scholz); *Zeit.*

HACKER, HARTMUT; Univ.-Prof. Dr.; Technische Universität Chemnitz: *Lehrplan.*

HAEN, IMME DE; Dipl.-Päd.; Christliche Presse Akademie Frankfurt/Main: *Kindesmißhandlung.*

HAFT, HENNING; Univ.-Prof. Dr. (†); zuletzt Universität Kiel: *Lehrerfortbildung* (mit Bünder).

HÄNDLE, CHRISTA; Dr.; Max-Planck-Institut für Bildungsforschung, Berlin: *Lehrerausbildung.*

HARTMANN, KLAUS; Univ.-Prof. Dr.; Universität Köln: *Verwahrlosung* (mit Herriger).

HEGER, ROLF-JOACHIM; Dipl.-Päd.; Berlin: *Erwachsenenbildung; Weiterbildung.*

HEID, HELMUT; Univ.-Prof. Dr.; Universität Regensburg: *Interdisziplinarität.*

HEIDBRINK, HORST; Dipl.-Psych.; FernUniversität Gesamthochschule Hagen: *Erziehungs-/Unterrichtsstil* (mit Lück).

HERRIGER, NORBERT; Prof. Dr.; Berufsakademie Villingen-Schwenningen: *Verwahrlosung* (mit Hartmann).

HERRMANN, ULRICH; Univ.-Prof. Dr.; Universität Ulm: *Pädagogik, Geisteswissenschaftliche (systematisch).*

HEURSEN, GERD; Dr.; Freie Universität Berlin: *Didaktik, allgemeine; Fachdidaktik; Kompetenz – Performanz; Lernen, soziales.*

HEYMANN, HANS WERNER; Dr.; Universität Bielefeld: *Kreativität* (mit Bussmann).

HILDEBRAND, BODO; Dr.; Berlin: *Studium Generale.*

HOLTSTIEGE, HILDEGARD; Univ.-Prof. Dr.; Universität Münster: *Montessoripädagogik.*

HURRELMANN, KLAUS; Univ.-Prof. Dr.; Universität Bielefeld: *Differenzierung; Schicht, soziale.*

IBEN, GERD; Univ.-Prof. Dr.; Universität Frankfurt/Main: *Erziehung, kompensatorische.*

INGENKAMP, KARLHEINZ; em. Prof. Dr.; Erziehungswissenschaftliche Hochschule Rheinland-Pfalz, Landau: *Leistungsbeurteilung – Leistungsversagen.*

JENSCHKE, BERNHARD; Dr.; Leitender Verwaltungsdirektor; Landesarbeitsamt Berlin: *Berufsberatung.*

KAGERER, HILDBURG; Lehrerin, Kinder- und Jugendpsychotherapeutin; Berlin: *Verhaltensstörung.*

KAISER, FRANZ-JOSEF; Univ.-Prof. Dr.; Universität Gesamthochschule Paderborn: *Projekt.*

KALLMEYER, GABRIELE; Dipl.-Psych.; Pädagogische Arbeitsstelle des Deutschen Volkshochschul-Verbandes e. V., Frankfurt/Main: *Elternbildung.*

KAMPER, DIETMAR; Univ.-Prof. Dr.; Freie Universität Berlin: *Anthropologie, pädagogische.*

KECKEISEN, WOLFGANG; Dipl.-Päd. (†); zuletzt Universität Göttingen: *Erziehungswissenschaft, Kritische.*

KELL, ADOLF; Univ.-Prof. Dr.; Universität Gesamthochschule Siegen: *Berufswahl.*

KERSTING, CHRISTA; Dr.; Humboldt-Universität Berlin: *Koedukation.*

KIEPE, HEINZ; Univ.-Prof. Dr.; Universität Gesamthochschule Siegen: *Ausbildungsförderung.*

KINDERMANN, WALTER; Dr.; Jugendberatung und Jugendhilfe e. V., Frankfurt/Main: *Droge* (mit Bockow).

KLAFKI, WOLFGANG; em. Univ.-Prof. Dr.; Universität Marburg: *Leistung.*

KLAUER, KARL JOSEF; em. Univ.-Prof. Dr.; Technische Universität Aachen: *Intelligenz.*

KOCH, GERD; Prof. Dr.; Fachhochschule für Sozialarbeit und Sozialpädagogik, Berlin: *Kulturpädagogik – Kulturarbeit.*

KOKEMOHR, RAINER; Univ.-Prof. Dr.; Universität Hamburg: *Sprach-/Sozialverhalten, schichtenspezifisches.*

KÖNIG, ECKARD; Univ.-Prof. Dr.; Universität Gesamthochschule Paderborn: *Wert.*

KORDES, HAGEN; Univ.-Prof. Dr.; Universität Münster: *Evaluation.*

KRAFT, HEIKE; Dr.; Hessischer Rundfunk, Frankfurt/Main: *Museumspädagogik.*

KRAPPMANN, LOTHAR; Hon.-Prof. Dr.; Max-Planck-Institut für Bildungsforschung, Freie Universität Berlin: *Identität; Rolle.*

KRÜGER, HELGA; Univ.-Prof. Dr.; Universität Bremen: *Bildungsweg, zweiter.*

KRUMM, VOLKER; Univ.-Prof. Dr.; Universität Salzburg: *Erziehungswissenschaft, kritisch-rationale.*

KUCKARTZ, UDO; Priv.-Doz. Dr.; Freie Universität Berlin: *Berufsfeld, außerschulisches (Pädagogen); Informationstechnik.*

LANGEWAND, ALFRED; Univ.-Prof. Dr.; Universität München: *Aufklärung; Autobiographie* (mit de Haan und Schulze); *Bildsamkeit; Handeln; Theorie – Praxis.*

LASSAHN, RUDOLF; em. Univ.-Prof. Dr.; Universität Bonn: *Elite.*

LEMKE, DIETRICH; Univ.-Prof. Dr.; Universität Bielefeld: *Lernziel.*

LENZEN, DIETER; Univ.-Prof. Dr.; Freie Universität Berlin: *Anthropologie, historische; Kinderkultur; Kindheit; Kommunikation; Lebenslauf; Pädagogik – Erziehungswissenschaft; Struktur; Vater.*

LIEBAU, ECKART; Univ.-Prof. Dr.; Universität Erlangen – Nürnberg: *Zeugnis – Zertifikat.*

LISOP, INGRID; Univ.-Prof. Dr.; Universität Frankfurt/Main: *Verwissenschaftlichung.*

LOCH, WERNER; em. Univ.-Prof. Dr.; Universität Kiel: *Pädagogik, phänomenologische.*

LÜCK, HELMUT E.; Univ.-Prof. Dr.; FernUniversität Gesamthochschule Hagen: *Erziehungs-/Unterrichtsstil* (mit Heidbrink).

MARX, RITA; Dr.; Fachhochschule für Sozialpädagogik, Potsdam: *Mutter* (mit Rost); *Sonderpädagogik.*

MATTHIESSEN, KJELD; Univ.-Prof. Dr.; Universität Münster: *Neuhumanismus* (mit H. Blankertz).

MENZE, CLEMENS; em. Univ.-Prof. Dr.; Universität Köln: *Individualität.*

MERKENS, HANS; Univ.-Prof. Dr.; Freie Universität Berlin: *Forschungsmethode.*

MEYER-DRAWE, KÄTE; Univ.-Prof. Dr.; Ruhr-Universität Bochum: *Lebenswelt.*

MITTER, WOLFGANG; Prof. Dr.; Deutsches Institut für Internationale Pädagogische Forschung, Frankfurt/Main: *Pädagogik, vergleichende.*

MOLLENHAUER, KLAUS; Univ.-Prof. Dr. Dr. h.c.; Universität Göttingen: *Bildung, ästhetische; Familie – Familienerziehung; Kultur.*

MÜLLER, WALTER; Priv.-Doz. Dr.; Universität Gesamthochschule Duisburg: *Entschulung* (mit Vogel); *Jugendbewegung.*

NIEKE, WOLFGANG; Univ.-Prof. Dr.; Universität Rostock: *Erziehungswissenschaft (Studium).*

NIEMEYER, CHRISTIAN; Univ.-Prof. Dr.; Technische Universität Dresden: *Einzelfallhilfe; Sozialpädagogik – Sozialarbeit.*

OEHLSCHLÄGER, HEINZ-JÖRG; Dr. (†); zuletzt FernUniversität Gesamthochschule Hagen: *Alternativschule.*

OPASCHOWSKI, HORST W.; Univ.-Prof. Dr.; Universität Hamburg: *Freizeitpädagogik.*

ORTNER, GERHARD E.; Univ.-Prof. Dr. Dr.; FernUniversität Gesamthochschule Hagen: *Bildungstechnologie.*

OSWALD, HANS; Univ.-Prof. Dr.; Universität Potsdam: *Interaktion.*

PARMENTIER, MICHAEL; Univ.-Prof. Dr.; Humboldt-Universität Berlin: *Ethnomethodologie.*

PAZZINI, KARL-JOSEF; Univ.-Prof. Dr.; Universität Hamburg: *Eßkultur; Körper; Wohnkultur.*

PERSCHEL, WOLFGANG; Univ.-Prof. Dr.; Universität Gesamthochschule Siegen: *Freiheit, pädagogische.*

PREUSS-LAUSITZ, ULF; Univ.-Prof. Dr.; Technische Universität Berlin: *Freinetpädagogik.*

PRIOR, HARM; Univ.-Prof. Dr.; Universität Hamburg: *Gruppendynamik – Gruppenpädagogik.*

RABE-KLEBERG, URSULA; Univ.-Prof. Dr.; Universität Halle: *Erziehung, antiautoritäre.*

REICHWEIN, ROLAND; Univ.-Prof. Dr.; Universität Münster: *Autorität.*

RHEINBERG, FALKO; Univ.-Prof. Dr.; Universität Heidelberg: *Motivation.*

RIEDEL, KLAUS; Univ.-Prof. Dr.; Freie Universität Berlin: *Curriculum; Lehrer; Lehr-/Lernforschung; Schulpädagogik.*

ROLFF, HANS-GÜNTER; Univ.-Prof. Dr.; Universität Dortmund: *Chancengleichheit.*

ROST, FRIEDRICH; Dr.; Freie Universität Berlin: *Mitbestimmung – Mitwirkung; Mutter* (mit Marx); *Propädeutik; Vorbild.*

RUHLOFF, JÖRG; Univ.-Prof. Dr.; Universität Gesamthochschule Wuppertal: *Allgemeinbildung – Berufsbildung; Emanzipation.*

SAUTER, GERHARD; Univ.-Prof. Dr.; Universität Bonn: *Erziehung, religiöse.*

SCHÄFER, KARL-HERMANN; Univ.-Prof. Dr.; Universität Dortmund: *Pragmatismus.*

SCHLIEWERT, HANS-JÜRGEN; Dr.; Aachen: *Sexualerziehung* (mit Glück).

SCHNEIDER, HEINZ; Dr.; Universität Bonn: *Lob; Tadel.*

SCHOLZ, GEROLD; Univ.-Prof. Dr.; Universität Frankfurt/Main: *Entwicklung; Umwelterziehung* (mit de Haan).

SCHONIG, BRUNO; em. Univ.-Prof. Dr.; Technische Universität Berlin: *Reformpädagogik.*

SCHRÜNDER-LENZEN, AGI; Dr.; Berlin: *Alltag; Bewußtsein.*

SCHULTZE-SCHARNHORST, EBERHARD; Dr.; Institut für soziale und kulturelle Arbeit (ISKA), Nürnberg: *Schulrecht.*

SCHULZE, THEODOR; em. Univ.-Prof. Dr.; Universität Bielefeld: *Autobiographie* (mit de Haan und Langewand); *Situation, pädagogische.*

SCHWENK, BERNHARD; Univ.-Prof. Dr. (†); zuletzt Freie Universität Berlin: *Bildung; Erziehung; Pädagogik, historische; Pädagogik, normative; Verhältnis, pädagogisches.*

SEMMERLING, RÜDIGER; Universität Oldenburg: *Integration.*

SENGLING, DIETER; Univ.-Prof. Dr.; Universität Münster: *Heimerziehung.*

SIMONS-SCHNEIDER, GERDA; Dr.; Ev. Fachhochschule für Sozialpädagogik Berlin: *Antipädagogik.*

SKOWRONEK, HELMUT; Univ.-Prof. Dr.; Universität Bielefeld: *Begabung; Denken.*

SPEICHERT, HORST; Dr.; Büro für wissenschaftliche Publizistik, Wiesbaden: *Elternarbeit.*

SPIES, WERNER E.; em. Univ.-Prof. Dr.; Universität Dortmund: *Bildungssystem (Bundesrepublik Deutschland).*

STRATMANN, KARLWILHELM; Univ.-Prof. Dr.; Ruhr-Universität Bochum: *Berufs-/Wirtschaftspädagogik.*

STROSS, ANNETTE M.; Dr.; Berlin: *Indoktrination.*

THIEL, THOMAS; Dipl.-Päd.; Berlin: *Ausländerpädagogik.*

THIERSCH, HANS; Univ.-Prof. Dr.; Universität Tübingen: *Pädagogik, geisteswissenschaftliche (historisch).*

TIETZE, WOLFGANG; Univ.-Prof. Dr.; Freie Universität Berlin: *Vorschulerziehung.*

TITZE, HARTMUT; Univ.-Prof. Dr.; Universität Lüneburg: *Pädagogik, historisch-materialistische; Professionalisierung; Selektion.*

VEEN, RUDIE VAN DER; Katholische Universität Nimwegen: *Gemeinwesenarbeit.*

VOGEL, PETER; Priv.-Doz. Dr.; Universität Duisburg: *Entschulung* (mit Müller).

WEIDENMANN, BERND; Univ.-Prof. Dr.; Universität der Bundeswehr München: *Lernen – Lerntheorie.*

WELLENDORF, FRANZ; Univ.-Prof. Dr.; Universität Hannover: *Institution.*

WESTMEYER, HANS; Univ.-Prof. Dr.; Freie Universität Berlin: *Test.*

WILBERT, JÜRGEN; Dr.; Volkshochschule Hilden-Haan: *Jugendforschung.*

WIMMER, KLAUS-MICHAEL; Dr.; Universität Halle: *Diskurs; Erziehung, sozialistische; Phantasie* (mit Dieckmann); *Simulation; Spontaneität* (mit Dieckmann); *Subjektivität.*

WINKEL, RAINER; Univ.-Prof. Dr.; Hochschule der Künste Berlin: *Angst; Waldorfpädagogik.*

WUDTKE, HUBERT; Univ.-Prof.; Universität Hamburg: *Kinderliteratur; Spiel.*

WULF, CHRISTOPH; Univ.-Prof. Dr.; Freie Universität Berlin: *Friedenserziehung.*

ZEDLER, HANS-PETER; Prof. Dr.; Pädagogische Hochschule Erfurt: *Bildungsplanung.*

ZINNECKER, JÜRGEN; Univ.-Prof. Dr.; Universität Gesamthochschule Siegen: *Schülerkultur.*